EUROPA LEHRMITTEL

EUROPA-FACHBUCHREIHE
für Metallberufe

Ulrich Fischer
Roland Gomeringer
Max Heinzler
Roland Kilgus
Friedrich Näher
Stefan Oesterle
Heinz Paetzold
Andreas Stephan

Tabellenbuch Metall

44., neu bearbeitete Auflage

Europa-Nr.: 10609 mit Formelsammlung
Europa-Nr.: 1060X ohne Formelsammlung
Europa-Nr.: 10706 XXL, mit Formelsammlung und CD

VERLAG EUROPA LEHRMITTEL · Nourney, Vollmer GmbH & Co. KG
Düsselberger Straße 23 · 42781 Haan-Gruiten

Autoren:

Ulrich Fischer	Dipl.-Ing. (FH)	Reutlingen
Roland Gomeringer	Dipl.-Gwl.	Meßstetten
Max Heinzler	Dipl.-Ing. (FH)	Wangen im Allgäu
Roland Kilgus	Dipl.-Gwl.	Neckartenzlingen
Friedrich Näher	Dipl.-Ing. (FH)	Balingen
Stefan Oesterle	Dipl.-Ing.	Amtzell
Heinz Paetzold	Dipl.-Ing. (FH)	Mühlacker
Andreas Stephan	Dipl.-Ing. (FH)	Kressbronn

Lektorat:
Ulrich Fischer, Reutlingen

Bildbearbeitung:
Zeichenbüro des Verlages Europa-Lehrmittel, Leinfelden-Echterdingen

Das vorliegende Buch wurde auf der **Grundlage der neuen amtlichen Rechtschreibregeln** erstellt.

Maßgebend für die Anwendung der Normen und der anderen Regelwerke sind deren neueste Ausgaben. Sie können durch die Beuth Verlag GmbH, Burggrafenstr. 6, 10787 Berlin, bezogen werden.

Inhalte des Kapitels „Programmaufbau bei CNC-Maschinen nach PAL" (Seiten 386 bis 400) richten sich nach Veröffentlichungen der PAL-Prüfungsaufgaben- und Lehrmittelentwicklungsstelle der IHK Region Stuttgart.

44. Auflage 2008

Druck 6 5 4 3 2

Alle Drucke dieser Auflage sind im Unterricht nebeneinander einsetzbar, da sie bis auf die korrigierten Druckfehler und kleine Normänderungen unverändert sind.

ISBN 978-3-8085-1724-6 mit Formelsammlung
ISBN 978-3-8085-1674-4 ohne Formelsammlung
ISBN 978-3-8085-1078-0 XXL, mit Formelsammlung und CD

Umschlaggestaltung unter Verwendung eines Fotos der Firma TESA/Brown & Sharpe, CH-Renens

Satz: Satz+Layout Werkstatt Kluth GmbH, 50374 Erftstadt
Druck: Media-Print Informationstechnologie, 33100 Paderborn

Vorwort

Das Tabellenbuch Metall eignet sich für die Ausbildung, besonders beim lernfeldorientierten Unterrichten, für die Weiterbildung und die betriebliche Praxis in den Berufen des Maschinenbaues und der Fertigungstechnik.

Zielgruppen

- Industrie- und Handwerksmechaniker
- Fertigungsmechaniker
- Werkzeugmechaniker
- Zerspanungsmechaniker
- Technische Zeichner
- Meister- und Technikerausbildung
- Praktiker in Handwerk und Industrie
- Studenten des Maschinenbaues

Hinweise für den Benutzer

Der Inhalt des Buches umfasst Tabellen und Formeln in sieben Hauptkapiteln sowie Inhalts-, Sachwort- und Normenverzeichnisse.

Die **Tabellen** enthalten die wichtigsten Regeln, Bauarten, Sorten, Abmessungen und Richtwerte der aufgenommenen Sachgebiete.

Bei den **Formeln** wird in der Legende auf die Nennung von Einheiten verzichtet, wenn mehrere Einheiten möglich sind. Die jeder Formel angefügten Rechenbeispiele verwenden aber die in der Praxis üblichen Einheiten. Auch die oft parallel zum Buch verwendeten **„Formeln für Metallberufe"** geben die Einheiten an, um vor allem den Berufsanfängern beim Berechnen eine Hilfestellung zu geben.

Mit der CD **„Tabellenbuch Metall digital"**, der digitalen Form des Tabellenbuches, können die Formeln und Einheiten auch durch das Programm umgestellt und nach Eingabe der Zahlenwerte berechnet werden.

Bezeichnungsbeispiele, die bei allen Normteilen, Werkstoffen und bei den Kurzangaben in Zeichnungen eingefügt sind, werden durch einen roten Pfeil (⇒) hervorgehoben.

Das **Inhaltsverzeichnis** am Anfang des Buches wird durch Teilinhaltsverzeichnisse vor jedem Hauptkapitel ergänzt.

Das **Sachwortverzeichnis** am Schluss des Buches (Seiten 412 ... 432) ist besonders ausführlich gehalten und enthält neben den deutschen auch die englischen Bezeichnungen.

Im **Normenverzeichnis** (Seiten 407 ... 411) sind alle im Buch zitierten aktuellen Normen und Regelwerke aufgeführt, oft auch noch die Vorgängernormen, um dem Leser den Übergang von gewohnten zu neuen Normen zu erleichtern.

Anmerkung zur 44. Auflage

Die rasche technische Entwicklung und Internationalisierung der Normen erforderten eine grundlegende Neubearbeitung. Dabei wurden auch wieder viele Anregungen unserer Leser berücksichtigt und das **PAL-Programmiersystem** für CNC-Maschinen auf den aktuellen Stand (2008) gebracht und wesentlich erweitert. Hinweise und Verbesserungsvorschläge können dem Verlag und damit den Autoren unter der E-Mail-Adresse lektorat@europa-lehrmittel.de gerne mitgeteilt werden.

Sommer 2008 — Autoren und Verlag

Inhaltsverzeichnis

3 Technische Kommunikation 57

4 Werkstofftechnik 115

5 Maschinenelemente 201

6 Fertigungstechnik 273

7 Automatisierungs- und Informationstechnik 345

Normen und andere Regelwerke

Normung und Normbegriffe

Normung ist eine planmäßig durchgeführte Vereinheitlichung von materiellen und nichtmateriellen Gegenständen, wie z.B. Bauteilen, Berechnungsverfahren, Prozessabläufen und Dienstleistungen, zum Nutzen der Allgemeinheit.

Normbegriff	Beispiel	Erklärung
Norm	DIN 7157	Eine Norm ist das veröffentlichte Ergebnis der Normungsarbeit, z.B. die Auswahl bestimmter Passungen in DIN 7157.
Teil	DIN 30910-2	Der Teil einer Norm steht im Zusammenhang zu anderen Teilen mit gleicher Hauptnummer. DIN 30910-2 beschreibt z.B. Sinterwerkstoffe für Filter, während die Teile 3 und 4 Sinterwerkstoffe für Lager und Formteile beschreiben.
Beiblatt	DIN 743 Bbl 1	Ein Beiblatt enthält Informationen zu einer Norm, jedoch keine zusätzlichen Festlegungen. Das Beiblatt DIN 743 Bbl 1 enthält z.B. Anwendungsbeispiele zu den in DIN 743 beschriebenen Tragfähigkeitsberechnungen von Wellen und Achsen.
Entwurf	E DIN 6316 (2007-02)	Ein Norm-Entwurf ist das vorläufig abgeschlossene Ergebnis einer Normungsarbeit, das in der Fassung der vorgesehenen Norm der Öffentlichkeit zur Stellungnahme vorgelegt wird. Die geplante Neufassung DIN 6316 für gekröpfte Spanneisen liegt der Öffentlichkeit z.B. seit Februar 2007 als Entwurf E DIN 6316 vor.
Vornorm	DIN V 66304 (1991-12)	Eine Vornorm ist das Ergebnis einer Normungsarbeit, das wegen bestimmter Vorbehalte nicht als Norm herausgegeben wird. DIN V 66304 behandelt z.B. ein Format zum Austausch von Normteildaten für das rechnerunterstützte Konstruieren.
Ausgabedatum	DIN 76-1 (2004-06)	Zeitpunkt des Erscheinens, welcher im DIN-Anzeiger veröffentlicht wird und mit dem die Norm Gültigkeit bekommt. Die DIN 76-1, welche Freistiche für metrische ISO-Gewinde festlegt, ist z.B. seit Juni 2004 gültig.

Normenarten und Regelwerke (Auswahl)

Art	Kurzzeichen	Erklärung	Zweck und Inhalte
Internationale Normen (ISO-Normen)	ISO	**I**nternational **O**rganisation for **S**tandardization, Genf (O und S werden in der Abkürzung vertauscht)	Den internationalen Austausch von Gütern und Dienstleistungen sowie die Zusammenarbeit auf wissenschaftlichem, technischem und ökonomischem Gebiet erleichtern.
Europäische Normen (EN-Normen)	EN	**E**uropäische **N**ormungsorganisation CEN (Comunité Européen de Normalisation), Brüssel	Technische Harmonisierung und damit verbundener Abbau von Handelshemmnissen zur Förderung des Binnenmarktes und des Zusammenwachsens von Europa.
Deutsche Normen (DIN-Normen)	DIN	**D**eutsches **I**nstitut für **N**ormung e.V., Berlin	Die nationale Normungsarbeit dient der Rationalisierung, der Qualitätssicherung, der Sicherheit, dem Umweltschutz und der Verständigung in Wirtschaft, Technik, Wissenschaft, Verwaltung und Öffentlichkeit.
	DIN EN	Europäische Norm, deren deutsche Fassung den Status einer deutschen Norm erhalten hat.	
	DIN ISO	Deutsche Norm, in die eine Internationale Norm unverändert übernommen wurde.	
	DIN EN ISO	Europäische Norm, in die eine Internationale Norm unverändert übernommen wurde und deren deutsche Fassung den Status einer deutschen Norm hat.	
	DIN VDE	Druckschrift des VDE, die den Status einer deutschen Norm hat.	
VDI-Richtlinien	VDI	**V**erein **D**eutscher **I**ngenieure e.V., Düsseldorf	Diese Richtlinien geben den aktuellen Stand der Technik zu bestimmten Themenbereichen wieder und enthalten z.B. konkrete Handlungsanleitungen zur Durchführung von Berechnungen oder zur Gestaltung von Prozessen im Maschinenbau bzw. in der Elektrotechnik.
VDE-Druckschriften	VDE	**V**erband **D**eutscher **E**lektrotechniker e.V., Frankfurt am Main	
DGQ-Schriften	DGQ	**D**eutsche **G**esellschaft für **Q**ualität e.V., Frankfurt am Main	Empfehlungen für den Bereich der Qualitätstechnik.
REFA-Blätter	REFA	Verband für Arbeitsstudien REFA e.V., Darmstadt	Empfehlungen für den Bereich der Fertigung und Arbeitsplanung.

M

1 Technische Mathematik

d	$\sqrt{d}$	$A = \frac{\pi \cdot d^2}{4}$
1	1,0000	0,7854
2	1,4142	3,1416
3	1,7321	7,0686

Sinus = $\frac{\text{Gegenkathete}}{\text{Hypotenuse}}$

Kosinus = $\frac{\text{Ankathete}}{\text{Hypotenuse}}$

Tangens = $\frac{\text{Gegenkathete}}{\text{Ankathete}}$

Kotangens = $\frac{\text{Ankathete}}{\text{Gegenkathete}}$

$$\frac{3}{x} + \frac{5}{x} = \frac{1}{x} \cdot (3+5)$$

$$1\ \text{kW} \cdot \text{h} = 3{,}6 \cdot 10^6\ \text{W} \cdot \text{s}$$

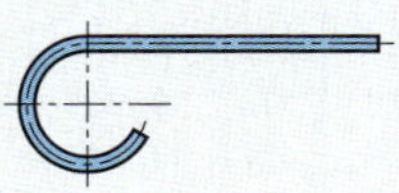

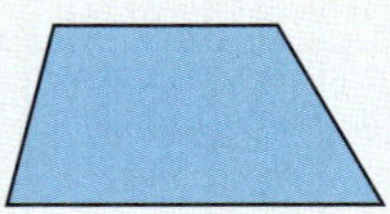

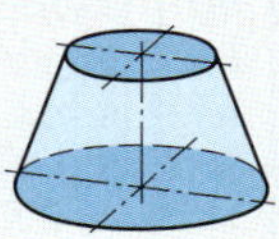

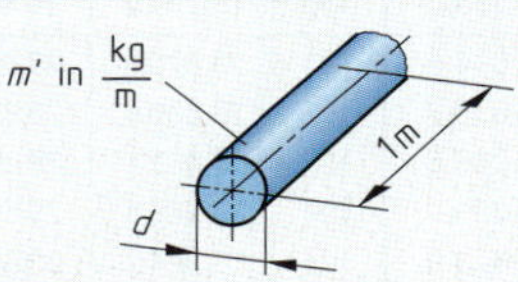

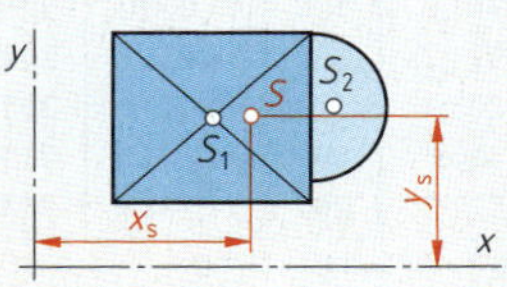

M

Quadratwurzel, Kreisfläche

d	$\sqrt{d}$	$A = \frac{\pi \cdot d^2}{4}$	d	$\sqrt{d}$	$A = \frac{\pi \cdot d^2}{4}$	d	$\sqrt{d}$	$A = \frac{\pi \cdot d^2}{4}$	d	$\sqrt{d}$	$A = \frac{\pi \cdot d^2}{4}$
1	1,0000	0,7854	51	7,1414	2042,82	101	10,0499	8011,85	151	12,2882	17907,9
2	1,4142	3,1416	52	7,2111	2123,72	102	10,0995	8171,28	152	12,3288	18145,8
3	1,7321	7,0686	53	7,2801	2206,18	103	10,1489	8332,29	153	12,3693	18385,4
4	2,0000	12,5664	54	7,3485	2290,22	104	10,1980	8494,87	154	12,4097	18626,5
5	2,2361	19,6350	55	7,4162	2375,83	105	10,2470	8659,01	155	12,4499	18869,2
6	2,4495	28,2743	56	7,4833	2463,01	106	10,2956	8824,73	156	12,4900	19113,4
7	2,6458	38,4845	57	7,5498	2551,76	107	10,3441	8992,02	157	12,5300	19359,3
8	2,8284	50,2655	58	7,6158	2642,08	108	10,3923	9160,88	158	12,5698	19606,7
9	3,0000	63,6173	59	7,6811	2733,97	109	10,4403	9331,32	159	12,6095	19855,7
10	3,1623	78,5398	**60**	7,7460	2827,43	**110**	10,4881	9503,32	**160**	12,6491	20106,2
11	3,3166	95,0332	61	7,8102	2922,47	111	10,5357	9676,89	161	12,6886	20358,3
12	3,4641	113,097	62	7,8740	3019,07	112	10,5830	9852,03	162	12,7279	20612,0
13	3,6056	132,732	63	7,9373	3117,25	113	10,6301	10028,7	163	12,7671	20867,2
14	3,7417	153,938	64	8,0000	3216,99	114	10,6771	10207,0	164	12,8062	21124,1
15	3,8730	176,715	65	8,0623	3318,31	115	10,7238	10386,9	165	12,8452	21382,5
16	4,0000	201,062	66	8,1240	3421,19	116	10,7703	10568,3	166	12,8841	21642,4
17	4,1231	226,980	67	8,1854	3525,65	117	10,8167	10751,3	167	12,9228	21904,0
18	4,2426	254,469	68	8,2462	3631,68	118	10,8628	10935,9	168	12,9615	22167,1
19	4,3589	283,529	69	8,3066	3739,28	119	10,9087	11122,0	169	13,0000	22431,8
20	4,4721	314,159	**70**	8,3666	3848,45	**120**	10,9545	11309,7	**170**	13,0384	22698,0
21	4,5826	346,361	71	8,4261	3959,19	121	11,0000	11499,0	171	13,0767	22965,8
22	4,6904	380,133	72	8,4853	4071,50	122	11,0454	11689,9	172	13,1149	23235,2
23	4,7958	415,476	73	8,5440	4185,39	123	11,0905	11882,3	173	13,1529	23506,2
24	4,8990	452,389	74	8,6023	4300,84	124	11,1355	12076,3	174	13,1909	23778,7
25	5,0000	490,874	75	8,6603	4417,86	125	11,1803	12271,8	175	13,2288	24052,8
26	5,0990	530,929	76	8,7178	4536,46	126	11,2250	12469,0	176	13,2665	24328,5
27	5,1962	572,555	77	8,7750	4656,63	127	11,2694	12667,7	177	13,3041	24605,7
28	5,2915	615,752	78	8,8318	4778,36	128	11,3137	12868,0	178	13,3417	24884,6
29	5,3852	660,520	79	8,8882	4901,67	129	11,3578	13069,8	179	13,3791	25164,9
30	5,4772	706,858	**80**	8,9443	5026,55	**130**	11,4018	13273,2	**180**	13,4164	25446,9
31	5,5678	754,768	81	9,0000	5153,00	131	11,4455	13478,2	181	13,4536	25730,4
32	5,6569	804,248	82	9,0554	5281,02	132	11,4891	13684,8	182	13,4907	26015,5
33	5,7446	855,299	83	9,1104	5410,61	133	11,5326	13892,9	183	13,5277	26302,2
34	5,8310	907,920	84	9,1652	5541,77	134	11,5758	14102,6	184	13,5647	26590,4
35	5,9161	962,113	85	9,2195	5674,50	135	11,6190	14313,9	185	13,6015	26880,3
36	6,0000	1017,88	86	9,2736	5808,80	136	11,6619	14526,7	186	13,6382	27171,6
37	6,0828	1075,21	87	9,3274	5944,68	137	11,7047	14741,1	187	13,6748	27464,6
38	6,1644	1134,11	88	9,3808	6082,12	138	11,7473	14957,1	188	13,7113	27759,1
39	6,2450	1194,59	89	9,4340	6221,14	139	11,7898	15174,7	189	13,7477	28055,2
40	6,3246	1256,64	**90**	9,4868	6361,73	**140**	11,8322	15393,8	**190**	13,7840	28352,9
41	6,4031	1320,25	91	9,5394	6503,88	141	11,8743	15614,5	191	13,8203	28652,1
42	6,4807	1385,44	92	9,5917	6647,61	142	11,9164	15836,8	192	13,8564	28952,9
43	6,5574	1452,20	93	9,6437	6792,91	143	11,9583	16060,6	193	13,8924	29255,3
44	6,6332	1520,53	94	9,6954	6939,78	144	12,0000	16286,0	194	13,9284	29559,2
45	6,7082	1590,43	95	9,7468	7088,22	145	12,0416	16513,0	195	13,9642	29864,8
46	6,7823	1661,90	96	9,7980	7238,23	146	12,0830	16741,5	196	14,0000	30171,9
47	6,8557	1734,94	97	9,8489	7389,81	147	12,1244	16971,7	197	14,0357	30480,5
48	6,9282	1809,56	98	9,8995	7542,96	148	12,1655	17203,4	198	14,0712	30790,7
49	7,0000	1885,74	99	9,9499	7697,69	149	12,2066	17436,6	199	14,1067	31102,6
50	7,0711	1963,50	**100**	10,0000	7853,98	**150**	12,2474	17671,5	**200**	14,1421	31415,9

Die für $\sqrt{d}$ und A angegebenen Werte sind gerundet.

Werte der Winkelfunktionen Sinus und Kosinus

Grad ↓	Sinus 0° … 45° – Minuten → 0′	15′	30′	45′	60′		Grad ↓	Sinus 45° … 90° – Minuten → 0′	15′	30′	45′	60′	
0°	0,0000	0,0044	0,0087	0,0131	0,0175	89°	45°	0,7071	0,7102	0,7133	0,7163	0,7193	44°
1°	0,0175	0,0218	0,0262	0,0305	0,0349	88°	46°	0,7193	0,7224	0,7254	0,7284	0,7314	43°
2°	0,0349	0,0393	0,0436	0,0480	0,0523	87°	47°	0,7314	0,7343	0,7373	0,7402	0,7431	42°
3°	0,0523	0,0567	0,0610	0,0654	0,0698	86°	48°	0,7431	0,7461	0,7490	0,7518	0,7547	41°
4°	0,0698	0,0741	0,0785	0,0828	0,0872	85°	49°	0,7547	0,7576	0,7604	0,7632	0,7660	**40°**
5°	0,0872	0,0915	0,0958	0,1002	0,1045	84°	**50°**	0,7660	0,7688	0,7716	0,7744	0,7771	39°
6°	0,1045	0,1089	0,1132	0,1175	0,1219	83°	51°	0,7771	0,7799	0,7826	0,7853	0,7880	38°
7°	0,1219	0,1262	0,1305	0,1349	0,1392	82°	52°	0,7880	0,7907	0,7934	0,7960	0,7986	37°
8°	0,1392	0,1435	0,1478	0,1521	0,1564	81°	53°	0,7986	0,8013	0,8039	0,8064	0,8090	36°
9°	0,1564	0,1607	0,1650	0,1693	0,1736	**80°**	54°	0,8090	0,8116	0,8141	0,8166	0,8192	35°
10°	0,1736	0,1779	0,1822	0,1865	0,1908	79°	55°	0,8192	0,8216	0,8241	0,8266	0,8290	34°
11°	0,1908	0,1951	0,1994	0,2036	0,2079	78°	56°	0,8290	0,8315	0,8339	0,8363	0,8387	33°
12°	0,2079	0,2122	0,2164	0,2207	0,2250	77°	57°	0,8387	0,8410	0,8434	0,8457	0,8480	32°
13°	0,2250	0,2292	0,2334	0,2377	0,2419	76°	58°	0,8480	0,8504	0,8526	0,8549	0,8572	31°
14°	0,2419	0,2462	0,2504	0,2546	0,2588	75°	59°	0,8572	0,8594	0,8616	0,8638	0,8660	**30°**
15°	0,2588	0,2630	0,2672	0,2714	0,2756	74°	**60°**	0,8660	0,8682	0,8704	0,8725	0,8746	29°
16°	0,2756	0,2798	0,2840	0,2882	0,2924	73°	61°	0,8746	0,8767	0,8788	0,8809	0,8829	28°
17°	0,2924	0,2965	0,3007	0,3049	0,3090	72°	62°	0,8829	0,8850	0,8870	0,8890	0,8910	27°
18°	0,3090	0,3132	0,3173	0,3214	0,3256	71°	63°	0,8910	0,8930	0,8949	0,8969	0,8988	26°
19°	0,3256	0,3297	0,3338	0,3379	0,3420	**70°**	64°	0,8988	0,9007	0,9026	0,9045	0,9063	25°
20°	0,3420	0,3461	0,3502	0,3543	0,3584	69°	65°	0,9063	0,9081	0,9100	0,9118	0,9135	24°
21°	0,3584	0,3624	0,3665	0,3706	0,3746	68°	66°	0,9135	0,9153	0,9171	0,9188	0,9205	23°
22°	0,3746	0,3786	0,3827	0,3867	0,3907	67°	67°	0,9205	0,9222	0,9239	0,9255	0,9272	22°
23°	0,3907	0,3947	0,3987	0,4027	0,4067	66°	68°	0,9272	0,9288	0,9304	0,9320	0,9336	21°
24°	0,4067	0,4107	0,4147	0,4187	0,4226	65°	69°	0,9336	0,9351	0,9367	0,9382	0,9397	**20°**
25°	0,4226	0,4266	0,4305	0,4344	0,4384	64°	**70°**	0,9397	0,9412	0,9426	0,9441	0,9455	19°
26°	0,4384	0,4423	0,4462	0,4501	0,4540	63°	71°	0,9455	0,9469	0,9483	0,9497	0,9511	18°
27°	0,4540	0,4579	0,4617	0,4656	0,4695	62°	72°	0,9511	0,9524	0,9537	0,9550	0,9563	17°
28°	0,4695	0,4733	0,4772	0,4810	0,4848	61°	73°	0,9563	0,9576	0,9588	0,9600	0,9613	16°
29°	0,4848	0,4886	0,4924	0,4962	0,5000	**60°**	74°	0,9613	0,9625	0,9636	0,9648	0,9659	15°
30°	0,5000	0,5038	0,5075	0,5113	0,5150	59°	75°	0,9659	0,9670	0,9681	0,9692	0,9703	14°
31°	0,5150	0,5188	0,5225	0,5262	0,5299	58°	76°	0,9703	0,9713	0,9724	0,9734	0,9744	13°
32°	0,5299	0,5336	0,5373	0,5410	0,5446	57°	77°	0,9744	0,9753	0,9763	0,9772	0,9781	12°
33°	0,5446	0,5483	0,5519	0,5556	0,5592	56°	78°	0,9781	0,9790	0,9799	0,9808	0,9816	11°
34°	0,5592	0,5628	0,5664	0,5700	0,5736	55°	79°	0,9816	0,9825	0,9833	0,9840	0,9848	**10°**
35°	0,5736	0,5771	0,5807	0,5842	0,5878	54°	**80°**	0,9848	0,9856	0,9863	0,9870	0,9877	9°
36°	0,5878	0,5913	0,5948	0,5983	0,6018	53°	81°	0,9877	0,9884	0,9890	0,9897	0,9903	8°
37°	0,6018	0,6053	0,6088	0,6122	0,6157	52°	82°	0,9903	0,9909	0,9914	0,9920	0,9925	7°
38°	0,6157	0,6191	0,6225	0,6259	0,6293	51°	83°	0,9925	0,9931	0,9936	0,9941	0,9945	6°
39°	0,6293	0,6327	0,6361	0,6394	0,6428	**50°**	84°	0,9945	0,9950	0,9954	0,9958	0,9962	5°
40°	0,6428	0,6461	0,6494	0,6528	0,6561	49°	85°	0,9962	0,9966	0,9969	0,9973	0,9976	4°
41°	0,6561	0,6593	0,6626	0,6659	0,6691	48°	86°	0,9976	0,9979	0,9981	0,9984	0,9986	3°
42°	0,6691	0,6724	0,6756	0,6788	0,6820	47°	87°	0,9986	0,9988	0,9990	0,9992	0,9994	2°
43°	0,6820	0,6852	0,6884	0,6915	0,6947	46°	88°	0,9994	0,9995	0,9997	0,9998	0,99985	1°
44°	0,6947	0,6978	0,7009	0,7040	0,7071	45°	89°	0,99985	0,99991	0,99996	0,99999	1,0000	0°
	60′	45′	30′	15′	0′	↑ Grad		60′	45′	30′	15′	0′	↑ Grad
	← Minuten – Kosinus 45° … 90°							← Minuten – Kosinus 0° … 45°					

Die angegebenen Werte der Winkelfunktionen sind auf vier Stellen nach dem Komma gerundet.

Werte der Winkelfunktionen Tangens und Kotangens

Tangens 0° … 45°						
Grad	Minuten →					
↓	0′	15′	30′	45′	60′	
0°	0,0000	0,0044	0,0087	0,0131	0,0175	89°
1°	0,0175	0,0218	0,0262	0,0306	0,0349	88°
2°	0,0349	0,0393	0,0437	0,0480	0,0524	87°
3°	0,0524	0,0568	0,0612	0,0655	0,0699	86°
4°	0,0699	0,0743	0,0787	0,0831	0,0875	85°
5°	0,0875	0,0919	0,0963	0,1007	0,1051	84°
6°	0,1051	0,1095	0,1139	0,1184	0,1228	83°
7°	0,1228	0,1272	0,1317	0,1361	0,1405	82°
8°	0,1405	0,1450	0,1495	0,1539	0,1584	81°
9°	0,1584	0,1629	0,1673	0,1718	0,1763	**80°**
10°	0,1763	0,1808	0,1853	0,1899	0,1944	79°
11°	0,1944	0,1989	0,2035	0,2080	0,2126	78°
12°	0,2126	0,2171	0,2217	0,2263	0,2309	77°
13°	0,2309	0,2355	0,2401	0,2447	0,2493	76°
14°	0,2493	0,2540	0,2586	0,2633	0,2679	75°
15°	0,2679	0,2726	0,2773	0,2820	0,2867	74°
16°	0,2867	0,2915	0,2962	0,3010	0,3057	73°
17°	0,3057	0,3105	0,3153	0,3201	0,3249	72°
18°	0,3249	0,3298	0,3346	0,3395	0,3443	71°
19°	0,3443	0,3492	0,3541	0,3590	0,3640	**70°**
20°	0,3640	0,3689	0,3739	0,3789	0,3839	69°
21°	0,3839	0,3889	0,3939	0,3990	0,4040	68°
22°	0,4040	0,4091	0,4142	0,4193	0,4245	67°
23°	0,4245	0,4296	0,4348	0,4400	0,4452	66°
24°	0,4452	0,4505	0,4557	0,4610	0,4663	65°
25°	0,4663	0,4716	0,4770	0,4823	0,4877	64°
26°	0,4877	0,4931	0,4986	0,5040	0,5095	63°
27°	0,5095	0,5150	0,5206	0,5261	0,5317	62°
28°	0,5317	0,5373	0,5430	0,5486	0,5543	61°
29°	0,5543	0,5600	0,5658	0,5715	0,5774	**60°**
30°	0,5774	0,5832	0,5890	0,5949	0,6009	59°
31°	0,6009	0,6068	0,6128	0,6188	0,6249	58°
32°	0,6249	0,6310	0,6371	0,6432	0,6494	57°
33°	0,6494	0,6556	0,6619	0,6682	0,6745	56°
34°	0,6745	0,6809	0,6873	0,6937	0,7002	55°
35°	0,7002	0,7067	0,7133	0,7199	0,7265	54°
36°	0,7265	0,7332	0,7400	0,7467	0,7536	53°
37°	0,7536	0,7604	0,7673	0,7743	0,7813	52°
38°	0,7813	0,7883	0,7954	0,8026	0,8098	51°
39°	0,8098	0,8170	0,8243	0,8317	0,8391	**50°**
40°	0,8391	0,8466	0,8541	0,8617	0,8693	49°
41°	0,8693	0,8770	0,8847	0,8925	0,9004	48°
42°	0,9004	0,9083	0,9163	0,9244	0,9325	47°
43°	0,9325	0,9407	0,9490	0,9573	0,9657	46°
44°	0,9657	0,9742	0,9827	0,9913	1,0000	45°
	60′	45′	30′	15′	0′	↑
	← Minuten					Grad
	Kotangens 45° … 90°					

Tangens 45° … 90°						
Grad	Minuten →					
↓	0′	15′	30′	45′	60′	
45°	1,0000	1,0088	1,0176	1,0265	1,0355	44°
46°	1,0355	1,0446	1,0538	1,0630	1,0724	43°
47°	1,0724	1,0818	1,0913	1,1009	1,1106	42°
48°	1,1106	1,1204	1,1303	1,1403	1,1504	41°
49°	1,1504	1,1606	1,1708	1,1812	1,1918	**40°**
50°	1,1918	1,2024	1,2131	1,2239	1,2349	39°
51°	1,2349	1,2460	1,2572	1,2685	1,2799	38°
52°	1,2799	1,2915	1,3032	1,3151	1,3270	37°
53°	1,3270	1,3392	1,3514	1,3638	1,3764	36°
54°	1,3764	1,3891	1,4019	1,4150	1,4281	35°
55°	1,4281	1,4415	1,4550	1,4687	1,4826	34°
56°	1,4826	1,4966	1,5108	1,5253	1,5399	33°
57°	1,5399	1,5547	1,5697	1,5849	1,6003	32°
58°	1,6003	1,6160	1,6319	1,6479	1,6643	31°
59°	1,6643	1,6808	1,6977	1,7147	1,7321	**30°**
60°	1,7321	1,7496	1,7675	1,7856	1,8040	29°
61°	1,8040	1,8228	1,8418	1,8611	1,8807	28°
62°	1,8807	1,9007	1,9210	1,9416	1,9626	27°
63°	1,9626	1,9840	2,0057	2,0278	2,0503	26°
64°	2,0503	2,0732	2,0965	2,1203	2,1445	25°
65°	2,1445	2,1692	2,1943	2,2199	2,2460	24°
66°	2,2460	2,2727	2,2998	2,3276	2,3559	23°
67°	2,3559	2,3847	2,4142	2,4443	2,4751	22°
68°	2,4751	2,5065	2,5386	2,5715	2,6051	21°
69°	2,6051	2,6395	2,6746	2,7106	2,7475	**20°**
70°	2,7475	2,7852	2,8239	2,8636	2,9042	19°
71°	2,9042	2,9459	2,9887	3,0326	3,0777	18°
72°	3,0777	3,1240	3,1716	3,2205	3,2709	17°
73°	3,2709	3,3226	3,3759	3,4308	3,4874	16°
74°	3,4874	3,5457	3,6059	3,6680	3,7321	15°
75°	3,7321	3,7983	3,8667	3,9375	4,0108	14°
76°	4,0108	4,0876	4,1653	4,2468	4,3315	13°
77°	4,3315	4,4194	4,5107	4,6057	4,7046	12°
78°	4,7046	4,8077	4,9152	5,0273	5,1446	11°
79°	5,1446	5,2672	5,3955	5,5301	5,6713	**10°**
80°	5,6713	5,8197	5,9758	6,1402	6,3138	9°
81°	6,3138	6,4971	6,6912	6,8969	7,1154	8°
82°	7,1154	7,3479	7,5958	7,8606	8,1443	7°
83°	8,1443	8,4490	8,7769	9,1309	9,5144	6°
84°	9,5144	9,9310	10,3854	10,8829	11,4301	5°
85°	11,4301	12,0346	12,7062	13,4566	14,3007	4°
86°	14,3007	15,2571	16,3499	17,6106	19,0811	3°
87°	19,0811	20,8188	22,9038	25,4517	28,6363	2°
88°	28,6363	32,7303	38,1885	45,8294	57,2900	1°
89°	57,2900	76,3900	114,5887	229,1817	∞	**0°**
	60′	45′	30′	15′	0′	↑
	← Minuten					Grad
	Kotangens 0° … 45°					

Die angegebenen Werte der Winkelfunktionen sind auf vier Stellen nach dem Komma gerundet.

M

Winkelfunktionen im rechtwinkligen Dreieck

Definitionen

Bezeichnungen im rechtwinkligen Dreieck

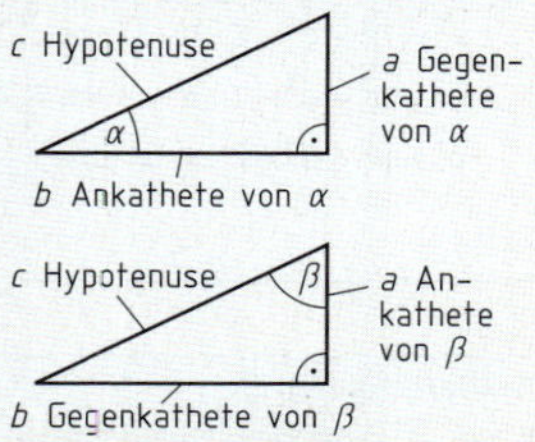

Bezeichnungen der Seitenverhältnisse	Anwendung für ∢ α	Anwendung für ∢ β
Sinus = $\frac{\text{Gegenkathete}}{\text{Hypotenuse}}$	$\sin\alpha = \frac{a}{c}$	$\sin\beta = \frac{b}{c}$
Kosinus = $\frac{\text{Ankathete}}{\text{Hypotenuse}}$	$\cos\alpha = \frac{b}{c}$	$\cos\beta = \frac{a}{c}$
Tangens = $\frac{\text{Gegenkathete}}{\text{Ankathete}}$	$\tan\alpha = \frac{a}{b}$	$\tan\beta = \frac{b}{a}$
Kotangens = $\frac{\text{Ankathete}}{\text{Gegenkathete}}$	$\cot\alpha = \frac{b}{a}$	$\cot\beta = \frac{a}{b}$

Verlauf der Winkelfunktionen zwischen 0° und 360°

Darstellung am Einheitskreis

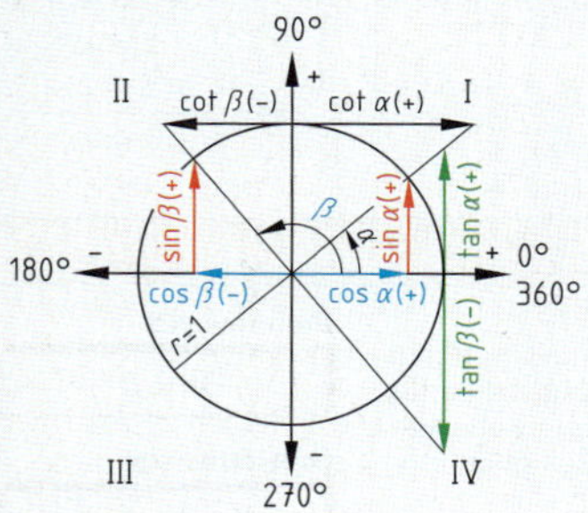

Verlauf der Winkelfunktionen

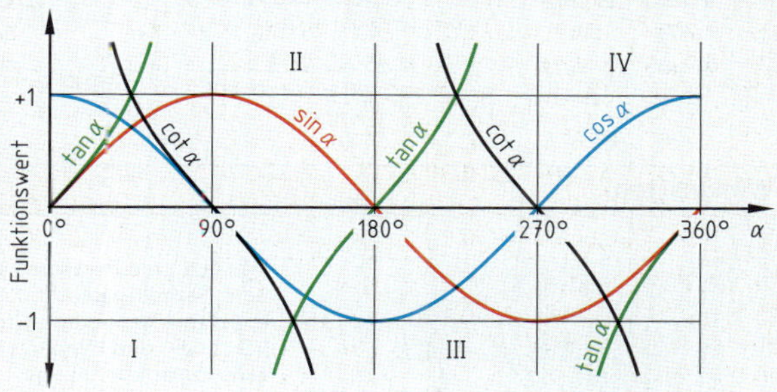

Die Werte der Winkelfunktionen von Winkeln > 90° können auf die Werte der Winkel zwischen 0° und 90° zurückgeführt und dann aus Tabellen (Seite 11 und 12) abgelesen werden. Das Vorzeichen der Funktionswerte ergibt sich aus dem Verlaufsdiagramm. Taschenrechner mit Winkelfunktionen geben die Werte und das Vorzeichen für beliebige Winkel direkt aus.

Beispiel: Beziehungen für den II. Quadranten

Beziehungen	Beispiel: Funktionswerte für den Winkel 120° (α = 30° in den Formeln)	
$\sin(90° + \alpha) = +\cos\alpha$	$\sin(90° + 30°) = \sin 120° = +0{,}8660$	$\cos 30° = +0{,}8660$
$\cos(90° + \alpha) = -\sin\alpha$	$\cos(90° + 30°) = \cos 120° = -0{,}5000$	$-\sin 30° = -0{,}5000$
$\tan(90° + \alpha) = -\cot\alpha$	$\tan(90° + 30°) = \tan 120° = -1{,}7321$	$-\cot 30° = -1{,}7321$

Funktionswerte für ausgewählte Winkel

Funktion	0°	90°	180°	270°	360°	Funktion	0°	90°	180°	270°	360°
sin	0	+1	0	–1	0	tan	0	∞	0	∞	0
cos	+1	0	–1	0	+1	cot	∞	0	∞	0	∞

Beziehungen zwischen den Funktionen eines Winkels

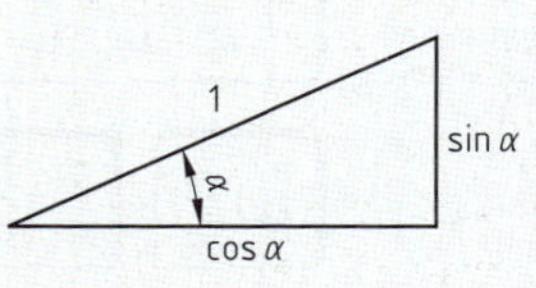

$\sin^2\alpha + \cos^2\alpha = 1$	$\tan\alpha \cdot \cot\alpha = 1$
$\tan\alpha = \frac{\sin\alpha}{\cos\alpha}$	$\cot\alpha = \frac{\cos\alpha}{\sin\alpha}$

Beispiel: Berechnung von $\tan\alpha$ aus $\sin\alpha$ und $\cos\alpha$ für α = 30°:
$\tan\alpha = \sin\alpha / \cos\alpha = 0{,}5000/0{,}8660 = 0{,}5774$

M

Winkelfunktionen im schiefwinkligen Dreieck, Winkel, Strahlensatz

Definition des Sinus- und Kosinussatzes

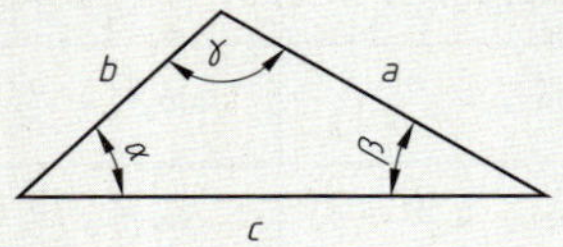

Sinussatz	Kosinussatz
$a : b : c = \sin\alpha : \sin\beta : \sin\gamma$ $\frac{a}{\sin\alpha} = \frac{b}{\sin\beta} = \frac{c}{\sin\gamma}$	$a^2 = b^2 + c^2 - 2 \cdot b \cdot c \cdot \cos\alpha$ $b^2 = a^2 + c^2 - 2 \cdot a \cdot c \cdot \cos\beta$ $c^2 = a^2 + b^2 - 2 \cdot a \cdot b \cdot \cos\gamma$

Anwendung zur Seiten- und Winkelberechnung

Seitenberechnung		Winkelberechnung	
mit dem Sinussatz	mit dem Kosinussatz	mit dem Sinussatz	mit dem Kosinussatz
$a = \frac{b \cdot \sin\alpha}{\sin\beta} = \frac{c \cdot \sin\alpha}{\sin\gamma}$	$a = \sqrt{b^2 + c^2 - 2 \cdot b \cdot c \cdot \cos\alpha}$	$\sin\alpha = \frac{a \cdot \sin\beta}{b} = \frac{a \cdot \sin\gamma}{c}$	$\cos\alpha = \frac{b^2 + c^2 - a^2}{2 \cdot b \cdot c}$
$b = \frac{a \cdot \sin\beta}{\sin\alpha} = \frac{c \cdot \sin\beta}{\sin\gamma}$	$b = \sqrt{a^2 + c^2 - 2 \cdot a \cdot c \cdot \cos\beta}$	$\sin\beta = \frac{b \cdot \sin\alpha}{a} = \frac{b \cdot \sin\gamma}{c}$	$\cos\beta = \frac{a^2 + c^2 - b^2}{2 \cdot a \cdot c}$
$c = \frac{a \cdot \sin\gamma}{\sin\alpha} = \frac{b \cdot \sin\gamma}{\sin\beta}$	$c = \sqrt{a^2 + b^2 - 2 \cdot a \cdot b \cdot \cos\gamma}$	$\sin\gamma = \frac{c \cdot \sin\alpha}{a} = \frac{c \cdot \sin\beta}{b}$	$\cos\gamma = \frac{a^2 + b^2 - c^2}{2 \cdot a \cdot b}$

Winkelarten

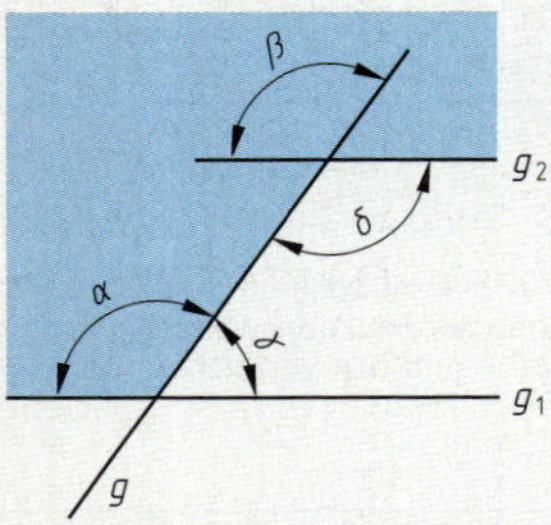

Werden zwei Parallelen g_1 und g_2 durch eine Gerade g geschnitten, bestehen für die dabei gebildeten Stufen-, Scheitel-, Wechsel- und Nebenwinkel geometrische Zusammenhänge.

Stufenwinkel

$\alpha = \beta$

Scheitelwinkel

$\beta = \delta$

Wechselwinkel

$\alpha = \delta$

Nebenwinkel

$\alpha + \gamma = 180°$

Winkelsumme im Dreieck

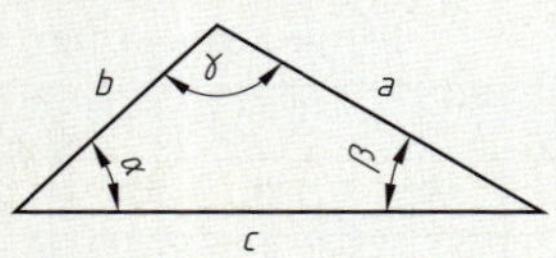

In jedem Dreieck ist die Summe der Innenwinkel gleich 180°.

Winkelsumme im Dreieck

$\alpha + \beta + \gamma = 180°$

Strahlensatz

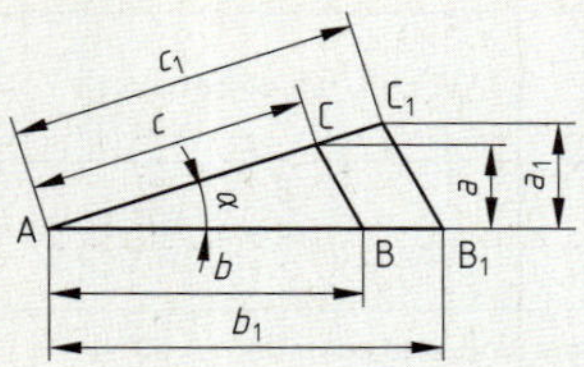

Werden zwei vom Punkt A ausgehende Strahlen von zwei Parallelen BC und B_1C_1 geschnitten, bilden die Abschnitte der Parallelen und die zugehörigen Strahlenabschnitte gleiche Verhältnisse.

Strahlensatz

$\frac{a}{a_1} = \frac{b}{b_1} = \frac{c}{c_1}$

$\frac{a}{b} = \frac{a_1}{b_1}$ $\frac{b}{c} = \frac{b_1}{c_1}$

M

Klammerrechnung, Potenzieren, Radizieren

Klammerrechnung

Art	Erklärung	Beispiel
Ausklammern	Gemeinsame Faktoren (Divisoren) in Summen und Differenzen werden vor eine Klammer gesetzt.	$3 \cdot x + 5 \cdot x = x \cdot (3+5) = 8 \cdot x$ $\frac{3}{x} + \frac{5}{x} = \frac{1}{x} \cdot (3+5)$
	Ein Bruchstrich fasst Ausdrücke in gleicher Weise zusammen wie eine Klammer.	$\frac{a+b}{2} \cdot h = (a+b) \cdot \frac{h}{2}$
Auflösen von Klammern	Ein Klammerausdruck wird mit einem Wert (Zahl, Variable, Klammerausdruck) multipliziert, indem man jedes Glied der Klammer mit diesem Wert multipliziert.	$5 \cdot (b + c) = 5b + 5c$ $(a + b) \cdot (c - d) = ac - ad + bc - bd$
	Ein Klammerausdruck wird durch einen Wert (Zahl, Variable, Klammerausdruck) dividiert, indem man jedes Glied der Klammer durch diesen Wert dividiert.	$(a+b) : c = a : c + b : c$ $\frac{a-b}{5} = \frac{a}{5} - \frac{b}{5}$
Binomische Formeln	Multiplikationen des Terms $(a + b)$ oder $(a - b)$, jeweils mit sich selbst, sind binomische Formeln.	$(a + b)^2 = a^2 + 2ab + b^2$ $(a - b)^2 = a^2 - 2ab + b^2$ $(a + b) \cdot (a - b) = a^2 - b^2$
Punkt- und Strichrechnung	Bei gemischten Ausdrücken müssen zuerst die Klammern aufgelöst werden. Danach wird die Punkt- und dann die Strichrechnung ausgeführt.	$a \cdot (3x - 5x) - b \cdot (12y - 2y)$ $= a \cdot (-2x) - b \cdot 10y$ $= -2ax - 10by$

Potenzieren

Art	Erklärung	Beispiel
Begriffe	a Basis; x Exponent; y Potenzwert Produkt aus gleichen Faktoren	$a^x = y$ $a \cdot a \cdot a \cdot a = a^4$ $4 \cdot 4 \cdot 4 \cdot 4 = 4^4 = 256$
Addition Subtraktion	Potenzen mit gleicher Basis und gleichen Exponenten werden wie gleichartige Zahlen behandelt.	$3a^3 + 5a^3 - 4a^3$ $= a^3 \cdot (3 + 5 - 4) = 4a^3$
Multiplikation Division	Potenzen mit gleicher Basis werden multipliziert (dividiert), indem man die Exponenten addiert (subtrahiert) und die Basis beibehält.	$a^4 \cdot a^2 = a \cdot a \cdot a \cdot a \cdot a \cdot a = a^6$ $2^4 \cdot 2^2 = 2^{(4+2)} = 2^6 = 64$ $3^2 : 3^3 = 3^{(2-3)} = 3^{-1} = 1/3$
Negativer Exponent	Zahlen mit negativen Exponenten können auch als Bruch geschrieben werden. Die Zahl erhält dann den positiven Exponenten und steht im Nenner.	$m^{-1} = \frac{1}{m^1} = \frac{1}{m}$ $a^{-3} = \frac{1}{a^3}$
Bruch im Exponenten	Potenzen mit gebrochenen Exponenten können auch als Wurzeln geschrieben werden.	$a^{\frac{4}{3}} = \sqrt[3]{a^4}$
Null im Exponenten	Jede Potenz mit dem Exponenten null hat den Wert eins.	$(m + n)^0 = 1$ $a^4 : a^4 = a^{(4-4)} = a^0 = 1$ $2^0 = 1$

Radizieren

Art	Erklärung	Beispiel
Begriffe	x Wurzelexponent; a Radikant; y Wurzelwert	$\sqrt[x]{a} = y$ oder $a^{1/x} = y$
Vorzeichen	Gerade Wurzelexponenten ergeben positive und negative Werte, wenn der Radikant positiv ist. Bei negativem Radikant ist der Wert eine imaginäre Zahl.	$\sqrt[2]{9} = \pm 3$ $\sqrt[2]{-9} = +3\mathrm{i}$
	Ungerade Wurzelexponenten ergeben positive Werte, wenn der Radikant positiv ist, und negative Werte, wenn der Radikant negativ ist.	$\sqrt[3]{8} = 2$ $\sqrt[3]{-8} = -2$
Addition Subtraktion	Gleiche Wurzeln können addiert und subtrahiert werden.	$\sqrt{a} + 3\sqrt{a} - 2\sqrt{a} = 2\sqrt{a}$
Multiplikation Divison	Wurzeln mit gleichem Wurzelexponenten werden multipliziert (dividiert), indem man das Produkt (den Quotienten) der Radikanten radiziert.	$\sqrt[n]{a} \cdot \sqrt[n]{b} = \sqrt[n]{ab}$ $\frac{\sqrt[3]{a}}{\sqrt[3]{n}} = \sqrt[3]{\frac{a}{n}}$

M

Gleichungsarten, Umformregeln

Gleichungen

Art	Erklärung	Beispiel
Größengleichung	Äquivalente Terme (gleichwertige Formelausdrücke) stellen Beziehungen zwischen Größen dar (vgl. Umformungsregeln).	$v = \pi \cdot d \cdot n$ $(a+b)^2 = a^2 + 2ab + b^2$
Zahlenwertgleichung	Sofortige Umrechnung von Einheiten und Konstanten in eine SI-Einheit im Ergebnis. Wird nur in besonderen Fällen verwendet, z. B. wenn technische Größen vorgegeben sind oder zur Vereinfachung.	$P = \frac{M \cdot n}{9550}$; P in kW, wenn n in 1/min und M in Nm
Bestimmungsgleichung	Berechnung des Wertes einer Variablen.	$x + 3 = 8$ $x = 8 - 3 = 5$
Funktionsgleichung	Zuordnungsgleichung: y ist die Funktion von x mit x als unabhängige Variable; y als abhängige Variable. Die Zahlenpaare (x/y) einer Wertetabelle bilden den Graphen der Funktion im x/y-Koordinatensystem.	$y = f(x)$ $\Re \rightarrow$ reelle Zahlen
	Konstante Funktion Der Graph ist eine Parallele zur x-Achse.	$y = f(x) = b$
	Proportionalfunktion Der Graph ist eine Gerade durch den Ursprung.	$y = f(x) = mx$ $y = 2x$
	Lineare Funktion Der Graph ist eine Gerade mit der Steigung m und dem y-Abschnitt b (Beispiel unten).	$y = f(x) = mx + b$ $y = 0{,}5x + 1$
	Quadratische Funktion Der Graph jeder quadratischen Funktion ist eine Parabel (Beispiel unten).	$y = f(x) = x^2$ $y = a_2x^2 + a_1x + a_0$

Lineare Funktion $y = mx + b$

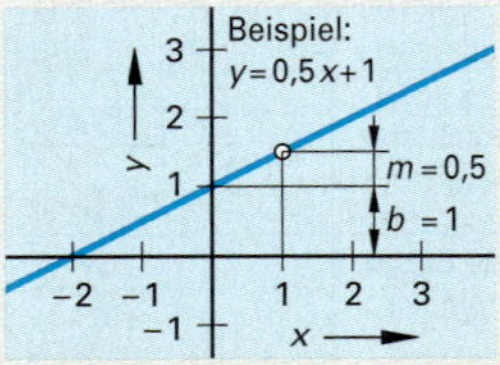

Quadratische Funktion $y = x^2$

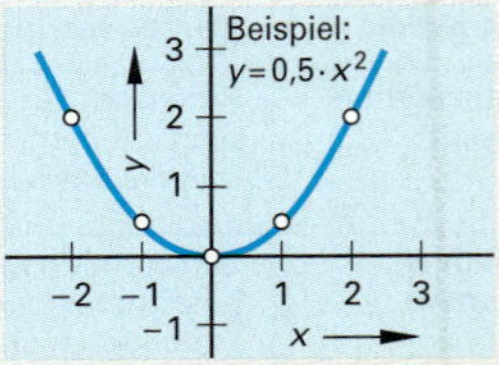

Umformungsregeln

Die Umformung gegebener Gleichungen wird meist verwendet, damit die gesuchte Größe allein auf der linken Seite der Gleichung steht.

Addition Subtraktion	Man kann auf beiden Seiten die gleiche Zahl addieren oder subtrahieren. Die Gleichungen $x + 5 = 15$ und $x + 5 - 5 = 15 - 5$ sind gleichwertig, d. h., sie sind äquivalent.	$x + 5 = 15 \quad \vert -5$ $x + 5 - 5 = 15 - 5$ $x = 10$ $y - c = d \quad \vert +c$ $y - c + c = d + c$ $y = d + c$
Multiplikation Division	Man kann auf beiden Seiten mit der gleichen Zahl multiplizieren oder durch die gleiche Zahl dividieren.	$a \cdot x = b \quad \vert :a$ $\frac{a \cdot x}{a} = \frac{b}{a}$ $x = \frac{b}{a}$
Potenzieren	Man kann auf beiden Seiten der Gleichung die Werte mit dem gleichen Exponenten potenzieren.	$\sqrt{x} = a + b \quad \vert ()^2$ $(\sqrt{x})^2 = (a+b)^2$ $x = a^2 + 2ab + b^2$
Radizieren	Man kann auf beiden Seiten der Gleichung die Werte mit dem gleichen Wurzelexponent radizieren.	$x^2 = a + b \quad \vert \sqrt{\ }$ $(\sqrt{x})^2 = \sqrt{a+b}$ $x = \pm\sqrt{a+b}$

Dezimale Vielfache und Teile von Einheiten, Zinsrechnung

Dezimale Vielfache und Teile von Einheiten

vgl. DIN 1301-1 (2002-10)

Mathematik			SI-Einheiten			
Zehnerpotenz	Name	Zahlenwert (Faktor)	Vorsatz- Name	Vorsatz- Zeichen	Beispiele Einheit	Beispiele Bedeutung
10^{18}	Trillion	1 000 000 000 000 000 000	Exa	E	Em	10^{18} Meter
10^{15}	Billiarde	1 000 000 000 000 000	Peta	P	Pm	10^{15} Meter
10^{12}	Billion	1 000 000 000 000	Tera	T	TV	10^{12} Volt
10^{9}	Milliarde	1 000 000 000	Giga	G	GW	10^{9} Watt
10^{6}	Million	1 000 000	Mega	M	MW	10^{6} Watt
10^{3}	Tausend	1 000	Kilo	k	kN	10^{3} Newton
10^{2}	Hundert	100	Hekto	h	hl	10^{2} Liter
10^{1}	Zehn	10	Deka	da	dam	10^{1} Meter
10^{0}	Eins	1	–	–	m	10^{0} Meter
10^{-1}	Zehntel	0,1	Dezi	d	dm	10^{-1} Meter
10^{-2}	Hundertstel	0,01	Zenti	c	cm	10^{-2} Meter
10^{-3}	Tausendstel	0,001	Milli	m	mV	10^{-3} Volt
10^{-6}	Millionstel	0,000 001	Mikro	µ	µA	10^{-6} Ampere
10^{-9}	Milliardstel	0,000 000 001	Nano	n	nm	10^{-9} Meter
10^{-12}	Billionstel	0,000 000 000 001	Piko	p	pF	10^{-12} Farad
10^{-15}	Billiardstel	0,000 000 000 000 001	Femto	f	fF	10^{-15} Farad
10^{-18}	Trillionstel	0,000 000 000 000 000 001	Atto	a	am	10^{-18} Meter

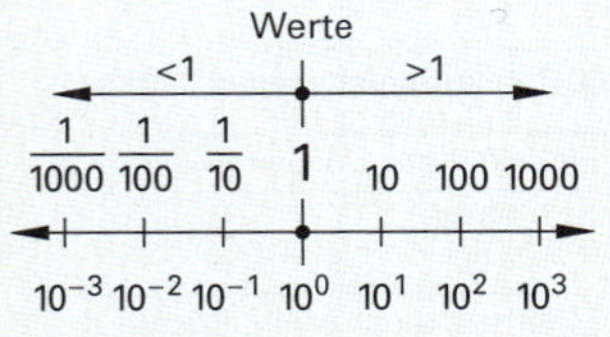

Zahlen größer 1 werden mit **positivem** und Zahlen kleiner 1 werden mit **negativem Exponenten** dargestellt.

Beispiele: $4300 = 4{,}3 \cdot 1000 = 4{,}3 \cdot 10^3$

$14\,638 = 1{,}4638 \cdot 10^4$

$0{,}07 = \frac{7}{100} = 7 \cdot 10^{-2}$

Zinsrechnung

K_0 Anfangskapital
K_t Endkapital
Z Zinsen
p Zinssatz pro Jahr
t Laufzeit in Tagen, Verzinsungszeit

Zins

$$Z = \frac{K_0 \cdot p \cdot t}{100\,\% \cdot 360}$$

1 Zinsjahr (1 a) = 360 Tage (360 d)
360 d = 12 Monate
1 Zinsmonat = 30 Tage

1. Beispiel:

$K_0 = 2800{,}00\ €;\ p = 6\frac{\%}{a};\ t = {}^1/_2\ a;\ Z = ?$

$$Z = \frac{2800{,}00\ € \cdot 6\frac{\%}{a} \cdot 0{,}5\,a}{100\,\%} = \mathbf{84{,}00\ €}$$

2. Beispiel:

$K_0 = 4800{,}00\ €;\ p = 5{,}1\frac{\%}{a};\ t = 50\ d;\ Z = ?$

$$Z = \frac{4800{,}00\ € \cdot 5{,}1\frac{\%}{a} \cdot 50\ d}{100\,\% \cdot 360\frac{d}{a}} = \mathbf{34{,}00\ €}$$

Zinseszinsrechnung bei Einmalzahlung

K_0 Anfangskapital
K_n Endkapital
Z Zinsen
p Zinssatz pro Jahr
n Laufzeit
q Aufzinsungsfaktor

Endkapital

$$K_n = K_0 \cdot q^n$$

Aufzinsungsfaktor

$$q = 1 + \frac{p}{100\,\%}$$

Beispiel:

$K_0 = 8000{,}00\ €;\ n = 7$ Jahre; $p = 6{,}5\,\%;\ K_n = ?$

$q = 1 + \frac{6{,}5\,\%}{100\,\%} = 1{,}065$

$K_n = K_0 \cdot q^n = 8000{,}00\ € \cdot 1{,}065^7 = 8000{,}00\ € \cdot 1{,}553986$
$= \mathbf{12\,431{,}89\ €}$

M

Prozentrechnung, Schlussrechnung

Prozentrechnung

Der **Prozentsatz** gibt den Teil des Grundwertes in Hundertstel an.
Der **Grundwert** ist der Wert, von dem die Prozente zu rechnen sind.
Der **Prozentwert** ist der Betrag, den die Prozente des Grundwertes ergeben.

P_s Prozentsatz, Prozent P_w Prozentwert G_w Grundwert

Prozentwert

$$P_w = \frac{G_w \cdot P_s}{100\,\%}$$

Prozentsatz

$$P_s = \frac{P_w}{G_w} \cdot 100\,\%$$

1. Beispiel:

Werkstückrohteilgewicht 250 kg (Grundwert); Abbrand 2% (Prozentsatz)
Abbrand in kg = ? (Prozentwert)

$$\mathbf{P_w} = \frac{G_w \cdot P_s}{100\,\%} = \frac{250\text{ kg} \cdot 2\,\%}{100\,\%} = \mathbf{5\text{ kg}}$$

2. Beispiel:

Rohgewicht eines Gussstückes 150 kg, Gewicht nach der Bearbeitung 126 kg, zerspantes Gewicht in %?

$$\mathbf{P_s} = \frac{P_w}{G_w} \cdot 100\,\% = \frac{150\text{ kg} - 126\text{ kg}}{150\text{ kg}} \cdot 100\,\% = \mathbf{16\,\%}$$

Schlussrechnung

Dreisatz für direkt proportionale Verhältnisse

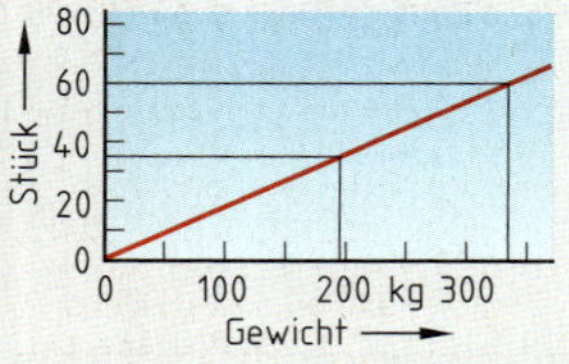

Beispiel:

60 Rohrkrümmer wiegen 330 kg. Wie groß ist das Gewicht von 35 Rohrkrümmern?

1. Satz: Behauptung — 60 Rohrkrümmer wiegen 330 kg

2. Satz: Berechnung der Einheit: durch Dividieren

1 Rohrkrümmer wiegt $\frac{330\text{ kg}}{60}$

3. Satz: Berechnung der Mehrheit: durch Multiplizieren

35 Rohrkrümmer wiegen $\frac{330\text{ kg} \cdot 35}{60} = \mathbf{192{,}5\text{ kg}}$

Dreisatz für indirekt proportionale Verhältnisse

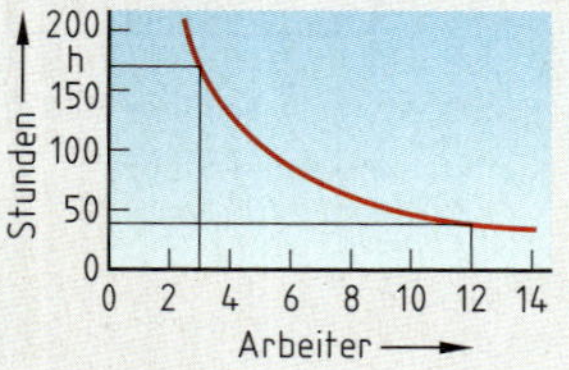

Beispiel:

3 Arbeiter benötigen für einen Auftrag 170 Stunden. Wie viel Stunden benötigen 12 Arbeiter für den gleichen Auftrag?

1. Satz: Behauptung — 3 Arbeiter benötigen 170 Stunden

2. Satz: Berechnung der Einheit: durch Multiplizieren

1 Arbeiter benötigt $3 \cdot 170$ h

3. Satz: Berechnung der Mehrheit: durch Dividieren

12 Arbeiter benötigen $\frac{3 \cdot 170\text{ h}}{12} = \mathbf{42{,}5\text{ h}}$

Dreisatz mit mehrgliedrigen Verhältnissen

Beispiel:

660 Werkstücke werden durch 5 Maschinen in 24 Tagen hergestellt.

In welcher Zeit können 312 Werkstücke gleicher Art von 9 Maschinen angefertigt werden?

1. Dreisatz: 5 Maschinen fertigen 660 Werkstücke in 24 Tagen
1 Maschine fertigt 660 Werkstücke in $24 \cdot 5$ Tagen

9 Maschinen fertigen 660 Werkstücke in $\frac{24 \cdot 5}{9}$ Tagen

2. Dreisatz: 9 Maschinen fertigen 660 Werkstücke in $\frac{24 \cdot 5}{9}$ Tagen

9 Maschinen fertigen 1 Werkstück in $\frac{24 \cdot 5}{9 \cdot 660}$ Tagen

9 Maschinen fertigen 312 Werkstücke in $\frac{24 \cdot 5 \cdot 312}{9 \cdot 660} = \mathbf{6{,}3\text{ Tagen}}$

M

Formelzeichen, mathematische Zeichen

Formelzeichen

vgl. DIN 1304-1 (1994-03)

Formelzeichen	Bedeutung	Formelzeichen	Bedeutung	Formelzeichen	Bedeutung
Länge, Fläche, Volumen, Winkel					
l	Länge	r, R	Radius	α, β, γ	ebener Winkel
b	Breite	d, D	Durchmesser	Ω	Raumwinkel
h	Höhe	A, S	Fläche, Querschnittsfläche	λ	Wellenlänge
s	Weglänge	V	Volumen		
Mechanik					
m	Masse	F	Kraft	G	Schubmodul
m'	längenbezogene Masse	F_G, G	Gewichtskraft	μ, f	Reibungszahl
m''	flächenbezogene Masse	M	Drehmoment	W	Widerstandsmonent
ϱ	Dichte	T	Torsionsmoment	I	Flächenmoment 2. Grades
J	Trägheitsmoment	M_b	Biegemoment	W, E	Arbeit, Energie
p	Druck	σ	Normalspannung	W_p, E_p	potenzielle Energie
p_{abs}	absoluter Druck	τ	Schubspannung	W_k, E_k	kinetische Energie
p_{amb}	Atmosphärendruck	ε	Dehnung	P	Leistung
p_e	Überdruck	E	Elastizitätsmodul	η	Wirkungsgrad
Zeit					
t	Zeit, Dauer	f, ν	Frequenz	a	Beschleunigung
T	Periodendauer	v, u	Geschwindigkeit	g	örtliche Fallbeschleunigung
n	Umdrehungsfrequenz, Drehzahl	ω	Winkelgeschwindigkeit	α	Winkelbeschleunigung
				$Q, \dot{V}, q_V$	Volumenstrom
Elektrizität					
Q	Ladung, Elektrizitätsmenge	L	Induktivität	X	Blindwiderstand
U	Spannung	R	Widerstand	Z	Scheinwiderstand
C	Kapazität	ϱ	spezifischer Widerstand	φ	Phasenverschiebungswinkel
I	Stromstärke	$\gamma, \varkappa$	elektrische Leitfähigkeit	N	Windungszahl
Wärme					
T, Θ	thermodynamische Temperatur	Q	Wärme, Wärmemenge	$\Phi, \dot{Q}$	Wärmestrom
$\Delta T, \Delta t, \Delta\vartheta$	Temperaturdifferenz	λ	Wärmeleitfähigkeit	a	Temperaturleitfähigkeit
t, ϑ	Celsius-Temperatur	α	Wärmeübergangskoeffizient	c	spezifische Wärmekapazität
α_l, α	Längenausdehnungskoeffizient	k	Wärmedurchgangskoeffizient	H_u	spezifischer Heizwert
Licht, elektromagnetische Strahlung					
E_v	Beleuchtungsstärke	f	Brennweite	I_e	Strahlstärke
		n	Brechzahl	Q_e, W	Strahlungsenergie
Akustik					
p	Schalldruck	L_P	Schalldruckpegel	N	Lautheit
c	Schallgeschwindigkeit	I	Schallintensität	L_N	Lautstärkepegel

Mathematische Zeichen

vgl. DIN 1302 (1999-12)

Math. Zeichen	Sprechweise	Math. Zeichen	Sprechweise	Math. Zeichen	Sprechweise
≈	ungefähr gleich, rund, etwa	~	proportional	log	Logarithmus (allgemein)
≙	entspricht	a^x	a hoch x, x-te Potenz von a	lg	dekadischer Logarithmus
…	und so weiter	$\sqrt{\ }$	Quadratwurzel aus	ln	natürlicher Logarithmus
∞	unendlich	$\sqrt[n]{\ }$	n-te Wurzel aus	e	Eulersche Zahl (e = 2,718281 ...)
=	gleich	|x|	Betrag von x	sin	Sinus
≠	ungleich	⊥	senkrecht zu	cos	Kosinus
≝	ist definitionsgemäß gleich	∥	ist parallel zu	tan	Tangens
<	kleiner als	↑↑	gleichsinnig parallel	cot	Kotangens
≤	kleiner oder gleich	↑↓	gegensinnig parallel	(), [], {}	runde, eckige, geschweifte Klammer auf und zu
>	größer als	∢	Winkel		
≥	größer oder gleich	△	Dreieck	π	pi (Kreiszahl = 3,14159…)
+	plus	≅	kongruent zu		
–	minus	Δx	Delta x (Differenz zweier Werte)	$\overline{AB}$	Strecke AB
·	mal, multipliziert mit			$\overset{\frown}{AB}$	Bogen AB
–, /, :	durch, geteilt durch, zu, pro	%	Prozent, vom Hundert	a', a"	a Strich, a zwei Strich
Σ	Summe	‰	Promille, vom Tausend	a_1, a_2	a eins, a zwei

M

Einheiten im Messwesen

SI[1]-Basisgrößen und Basiseinheiten

vgl. DIN 1301-1 (2002-10), -2 (1978-02), -3 (1979-10)

Basisgröße	Länge	Masse	Zeit	Elektrische Stromstärke	Thermodynamische Temperatur	Stoffmenge	Lichtstärke
Basiseinheit	Meter	Kilogramm	Sekunde	Ampere	Kelvin	Mol	Candela
Einheitenzeichen	m	kg	s	A	K	mol	cd

[1] Die Einheiten im Messwesen sind im Internationalen Einheitensystem (SI = **S**ystème **I**nternational d'Unités) festgelegt. Es baut auf den sieben Basiseinheiten (SI-Einheiten) auf, von denen weitere Einheiten abgeleitet sind.

Basisgrößen, abgeleitete Größen und ihre Einheiten

Größe	Formelzeichen	Einheit Name	Einheit Zeichen	Beziehung	Bemerkung Anwendungsbeispiele
Länge, Fläche, Volumen, Winkel					
Länge	l	**Meter**	m	1 m = 10 dm = 100 cm = 1000 mm 1 mm = 1000 µm 1 km = 1000 m	1 inch = 1 Zoll = 25,4 mm In der Luft- und Seefahrt gilt: 1 internationale Seemeile = 1852 m
Fläche	A, S	Quadratmeter Ar Hektar	m^2 a ha	1 m^2 = 10 000 cm^2 = 1 000 000 mm^2 1 a = 100 m^2 1 ha = 100 a = 10 000 m^2 100 ha = 1 km^2	Zeichen S nur für Querschnittsflächen Ar und Hektar nur für Flächen von Grundstücken
Volumen	V	Kubikmeter Liter	m^3 l, L	1 m^3 = 1000 dm^3 = 1 000 000 cm^3 1 l = 1 L = 1 dm^3 = 10 dl = 0,001 m^3 1 ml = 1 cm^3	Meist für Flüssigkeiten und Gase
ebener Winkel (Winkel)	$\alpha, \beta, \gamma \ldots$	Radiant Grad Minute Sekunde	rad ° ′ ″	1 rad = 1 m/m = 57,2957…° = 180°/π 1° = $\frac{\pi}{180}$ rad = 60′ 1′ = 1°/60 = 60″ 1″ = 1′/60 = 1°/3600	1 rad ist der Winkel, der aus einem um den Scheitelpunkt geschlagenen Kreis mit 1 m Radius einen Bogen von 1 m Länge schneidet. Bei technischen Berechnungen statt α = 33° 17′ 27,6″ besser α = 33,291° verwenden.
Raumwinkel	Ω	Steradiant	sr	1 sr = 1 m^2/m^2	Ein Objekt, dessen Ausdehnung in einer Richtung 1 Grad misst und senkrecht dazu ebenfalls 1 Grad, bedeckt einen Raumwinkel von 1 sr.
Mechanik					
Masse	m	**Kilogramm** Gramm Megagramm Tonne	kg g Mg t	1 kg = 1000 g 1 g = 1000 mg 1 t = 1000 kg = 1 Mg 0,2 g = 1 Kt	Gewicht im Sinne eines Wägeergebnisses oder eines Wägestückes ist eine Größe von der Art der Masse (Einheit kg). Masse für Edelsteine in Karat (Kt).
längenbezogene Masse	m'	Kilogramm pro Meter	kg/m	1 kg/m = 1 g/mm	Zur Berechnung der Masse von Stäben, Profilen, Rohren.
flächenbezogene Masse	m''	Kilogramm pro Meter hoch zwei	kg/m^2	1 kg/m^2 = 0,1 g/cm^2	Zur Berechnung der Masse von Blechen.
Dichte	ϱ	Kilogramm pro Meter hoch drei	kg/m^3	1000 kg/m^3 = 1 t/m^3 = 1 kg/dm^3 = 1 g/cm^3 = 1 g/ml = 1 mg/mm^3	Die Dichte ist eine vom Ort unabhängige Größe.

Einheiten im Messwesen

Größen und Einheiten (Fortsetzung)

Größe	Formelzeichen	Einheit Name	Einheit Zeichen	Beziehung	Bemerkung Anwendungsbeispiele
Mechanik					
Trägheitsmoment, Massenmoment 2. Grades	J	Kilogramm mal Meter hoch zwei	kg · m²	Für homogene Körper gilt: $J = \varrho \cdot r^2 \cdot V$	Das (Massen-)Trägheitsmoment hängt neben der Gesamtmasse des Körpers auch von dessen Form und der Lage der Drehachse ab.
Kraft Gewichtskraft	F F_G, G	Newton	N	$1\ \text{N} = 1\ \frac{\text{kg} \cdot \text{m}}{\text{s}^2} = 1\ \frac{\text{J}}{\text{m}}$ 1 MN = 10^3 kN = 1000000 N	Die Kraft 1 N bewirkt bei der Masse 1 kg in 1 s eine Geschwindigkeitsänderung von 1 m/s.
Drehmoment Biegemoment Torsionsmoment	M M_b T	Newton mal Meter	N · m	$1\ \text{N} \cdot \text{m} = 1\ \frac{\text{kg} \cdot \text{m}^2}{\text{s}^2}$	1 N · m ist das Moment, das eine Kraft von 1 N bei einem Hebelarm von 1 m bewirkt.
Impuls	p	Kilogramm mal Meter pro Sekunde	kg · m/s	1 kg · m/s = 1 N · s	Der Impuls ist das Produkt aus Masse mal Geschwindigkeit. Er hat die Richtung der Geschwindigkeit.
Druck mechanische Spannung	p σ, τ	Pascal Newton pro Millimeter hoch zwei	Pa N/mm²	1 Pa = 1 N/m² = 0,01 mbar 1 bar = 100000 N/m² = 10 N/cm² = 10^5 Pa 1 mbar = 1 hPa 1 N/mm² = 10 bar = 1 MN/m² = 1 MPa 1 daN/cm² = 0,1 N/mm²	Unter Druck versteht man die Kraft je Flächeneinheit. Für Überdruck wird das Formelzeichen p_e verwendet (DIN 1314). 1 bar = 14,5 psi (pounds per square inch = Pfund pro Quadratinch)
Flächenmoment 2. Grades	I	Meter hoch vier Zentimeter hoch vier	m⁴ cm⁴	1 m⁴ = 100000000 cm⁴	früher: Flächenträgheitsmoment
Energie, Arbeit, Wärmemenge	E, W	Joule	J	1 J = 1 N · m = 1 W · s = 1 kg · m²/s²	Joule für jede Energieart, kW · h bevorzugt für elektrische Energie.
Leistung, Wärmestrom	P Φ	Watt	W	1 W = 1 J/s = 1 N · m/s = 1 V · A = 1 m² · kg/s³	Leistung beschreibt die Arbeit, die in einer bestimmten Zeit verrichtet wurde.
Zeit					
Zeit, Zeitspanne, Dauer	t	**Sekunde** Minute Stunde Tag Jahr	s min h d a	1 min = 60 s 1 h = 60 min = 3600 s 1 d = 24 h = 86400 s	3 h bedeutet eine Zeitspanne (3 Std.), 3^h bedeutet einen Zeitpunkt (3 Uhr). Werden Zeitpunkte in gemischter Form, z. B. $3^h 24^m 10^s$ geschrieben, so kann das Zeichen min auf m verkürzt werden.
Frequenz	f, ν	Hertz	Hz	1 Hz = 1/s	1 Hz ≙ 1 Schwingung in 1 Sekunde.
Drehzahl, Umdrehungsfrequenz	n	1 pro Sekunde 1 pro Minute	1/s 1/min	1/s = 60/min = 60 min⁻¹ $1/\text{min} = 1\ \text{min}^{-1} = \frac{1}{60\ \text{s}}$	Die Anzahl der Umdrehungen pro Zeiteinheit ergibt die Drehzahl, auch Drehfrequenz genannt.
Geschwindigkeit	v	Meter pro Sekunde Meter pro Minute Kilometer pro Stunde	m/s m/min km/h	1 m/s = 60 m/min = 3,6 km/h $1\ \text{m/min} = \frac{1\ \text{m}}{60\ \text{s}}$ $1\ \text{km/h} = \frac{1\ \text{m}}{3{,}6\ \text{s}}$	Geschwindigkeit bei der Seefahrt in Knoten (kn): 1 kn = 1,852 km/h mile per hour = 1 mile/h = 1 mph 1 mph = 1,60934 km/h
Winkelgeschwindigkeit	ω	1 pro Sekunde Radiant pro Sekunde	1/s rad/s	$\omega = 2\,\pi \cdot n$	Bei einer Drehzahl von n = 2/s beträgt die Winkelgeschwindigkeit $\omega = 4\ \pi$/s.
Beschleunigung	a, g	Meter pro Sekunde hoch zwei	m/s²	$1\ \text{m/s}^2 = \frac{1\ \text{m/s}}{1\ \text{s}}$	Formelzeichen g nur für Fallbeschleunigung. g = 9,81 m/s² ≈ 10 m/s²

M

Einheiten im Messwesen

Größen und Einheiten (Fortsetzung)

Größe	Formelzeichen	Einheit Name	Einheit Zeichen	Beziehung	Bemerkung Anwendungsbeispiele
Elektrizität und Magnetismus					
Elektrische Stromstärke Elektr. Spannung Elektr. Widerstand Elektr. Leitwert	I U R G	**Ampere** Volt Ohm Siemens	A V Ω S	 1 V = 1 W/1 A = 1 J/C 1 Ω = 1 V/1 A 1 S = 1 A/1 V = 1/Ω	Die Bewegung elektrischer Ladung nennt man Strom. Die Spannung ist gleich der Potentialdifferenz zweier Punkte im elektrischen Feld. Den Kehrwert des elektrischen Widerstands nennt man elektrischen Leitwert.
Spezifischer Widerstand Leitfähigkeit	ϱ $\gamma, \varkappa$	Ohm mal Meter Siemens pro Meter	Ω · m S/m	10^{-6} Ω · m = 1 Ω · mm²/m	$\varrho = \frac{1}{\varkappa}$ in $\frac{\Omega \cdot mm^2}{m}$ $\varkappa = \frac{1}{\varrho}$ in $\frac{m}{\Omega \cdot mm^2}$
Frequenz	f	Hertz	Hz	1 Hz = 1/s 1000 Hz = 1 kHz	Frequenz öffentlicher Stromnetze: EU 50 Hz, USA 60 Hz
Elektr. Arbeit	W	Joule	J	1 J = 1 W · s = 1 N · m 1 kW · h = 3,6 MJ 1 W · h = 3,6 kJ	In der Atom- und Kernphysik wird die Einheit eV (Elektronenvolt) verwendet.
Phasenverschiebungswinkel	φ	–	–	für Wechselstrom gilt: $\cos\varphi = \frac{P}{U \cdot I}$	Winkel zwischen Strom und Spannung bei induktiver oder kapazitiver Belastung.
Elektr. Feldstärke Elektr. Ladung Elektr. Kapazität Induktivität	E Q C L	Volt pro Meter Coulomb Farad Henry	V/m C F H	 1 C = 1 A · 1 s; 1 A · h = 3,6 kC 1 F = 1 C/V 1 H = 1 V · s/A	$E = \frac{F}{Q}$, $C = \frac{Q}{U}$, $Q = I \cdot t$
Leistung Wirkleistung	P	Watt	W	1 W = 1 J/s = 1 N · m/s = 1 V · A	In der elektrischen Energietechnik: Scheinleistung S in V · A
Thermodynamik und Wärmeübertragung					
Thermodynamische Temperatur Celsius-Temperatur	T, Θ t, ϑ	**Kelvin** Grad Celsius	K °C	0 K = –273,15 °C 0 °C = 273,15 K 0 °C = 32 °F 0 °F = –17,77 °C	Kelvin (K) und Grad Celsius (°C) werden für Temperaturen und Temperaturdifferenzen verwendet. $t = T - T_0$; T_0 = 273,15 K Grad Fahrenheit (°F): 1,8 °F = 1 °C
Wärmemenge	Q	Joule	J	1 J = 1 W · s = 1 N · m 1 kW · h = 3600000 J = 3,6 MJ	1 kcal ≙ 4,1868 kJ
Spezifischer Heizwert	H_u	Joule pro Kilogramm Joule pro Meter hoch drei	J/kg J/m³	1 MJ/kg = 1000000 J/kg 1 MJ/m³ = 1000000 J/m³	Freiwerdende Wärmeenergie je kg Brennstoff abzüglich der Verdampfungswärme des in den Abgasen enthaltenen Wasserdampfes.

Einheiten außerhalb des SI

Länge	Fläche	Volumen	Masse	Energie, Leistung
1 inch = 25,4 mm	1 sq.in = 6,452 cm²	1 cu.in = 16,39 cm³	1 oz = 28,35 g	1 PSh = 0,735 kWh
1 foot = 0,3048 m	1 sq.ft = 9,29 dm²	1 cu.ft = 28,32 dm³	1 lb = 453,6 g	1 PS = 735 W
1 yard = 0,9144 m	1 sq.yd = 0,8361 m²	1 cu.yd = 764,6 dm³	1 t = 1000 kg	1 kcal = 4186,8 Ws
1 Seemeile = 1,852 km	**Druck**	1 gallon = 3,785 dm³	1 short ton = 907,2 kg	1 kcal = 1,166 Wh
	1 bar = 14,5 psi	1 barrel = 158,8 dm³	1 Karat = 0,2 g	1 kpm/s = 9,807 W
				1 Btu = 1055 Ws
				1 hp = 745,7 W

Vorsätze dezimaler Teile und Vielfache

Vorsatz	Piko	Nano	Mikro	Milli	Zenti	Dezi	Deka	Hekto	Kilo	Mega	Giga	Tera
Vorsatzzeichen	P	N	µ	m	c	d	da	h	k	M	G	T
Zehnerpotenz	10^{-12}	10^{-9}	10^{-6}	10^{-3}	10^{-2}	10^{-1}	10^{1}	10^{2}	10^{3}	10^{6}	10^{9}	10^{12}

← Teile | Vielfache →

1 mm = 10^{-3} m = 1/1000 m, 1 km = 1000 m, 1 kg = 1000 g, 1 GB (Gigabyte) = 1000000000 Byte

Berechnungen am rechtwinkligen Dreieck

Lehrsatz des Pythagoras

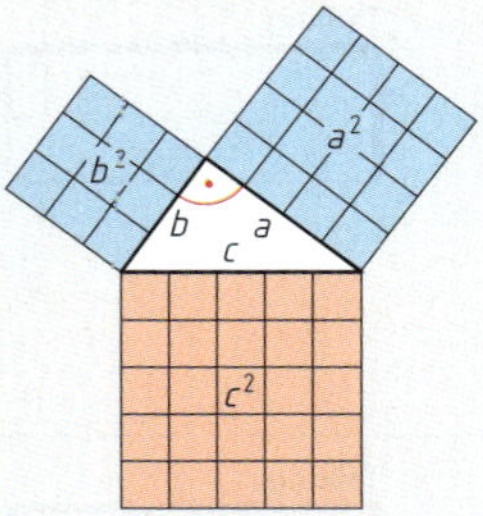

Im **rechtwinkligen Dreieck** ist das Hypotenusenquadrat flächengleich der Summe der beiden Kathetenquadrate.

a Kathete
b Kathete
c Hypotenuse

1. Beispiel:

$c = 35$ mm; $a = 21$ mm; $b = ?$

$\mathbf{b} = \sqrt{c^2 - a^2} = \sqrt{(35\ \text{mm})^2 - (21\ \text{mm})^2} = \mathbf{28\ mm}$

2. Beispiel:

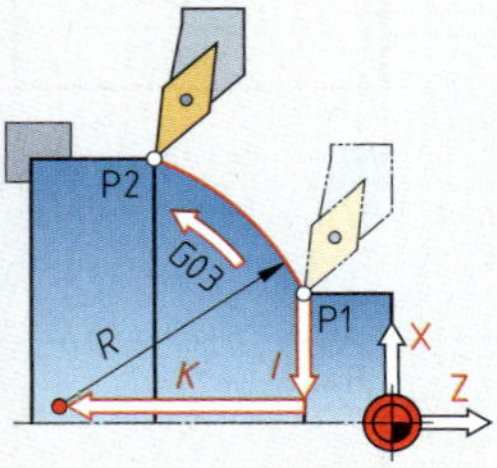

CNC-Programm mit $R = 50$ mm und $I = 25$ mm.
$K = ?$

$c^2 = a^2 + b^2$

$R^2 = I^2 + K^2$

$K = \sqrt{R^2 - I^2} = \sqrt{50^2\ \text{mm}^2 - 25^2\ \text{mm}^2}$

$\mathbf{K = 43,3\ mm}$

Quadrat über der Hypotenuse

$$c^2 = a^2 + b^2$$

Länge der Hypotenuse

$$c = \sqrt{a^2 + b^2}$$

Länge der Katheten

$$a = \sqrt{c^2 - b^2}$$

$$b = \sqrt{c^2 - a^2}$$

Lehrsatz des Euklid (Kathetensatz)

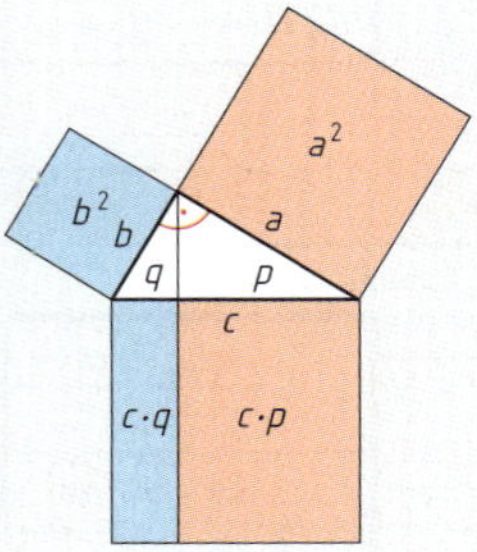

Das Quadrat über einer Kathete ist flächengleich einem Rechteck aus der Hypotenuse und dem anliegenden Hypotenusenabschnitt.

a, b Katheten
c Hypotenuse
p, q Hypotenusenabschnitte

Beispiel:

Ein Rechteck mit $c = 6$ cm und $p = 3$ cm soll in ein flächengleiches Quadrat verwandelt werden.
Wie groß ist die Quadratseite a?

$a^2 = c \cdot p$

$\mathbf{a} = \sqrt{c \cdot p} = \sqrt{6\ \text{cm} \cdot 3\ \text{cm}} = \mathbf{4,24\ cm}$

Quadrat über der Kathete

$$b^2 = c \cdot q$$

$$a^2 = c \cdot p$$

Höhensatz

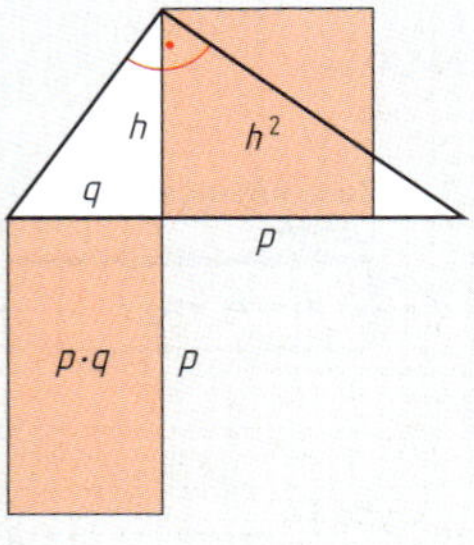

Das Quadrat über der Höhe h ist flächengleich dem Rechteck aus den Hypotenusenabschnitten p und q.

h Höhe
p, q Hypotenusenabschnitte

Beispiel:

Rechtwinkliges Dreieck
$p = 6$ cm; $q = 2$ cm; $h = ?$

$h^2 = p \cdot q$

$\mathbf{h} = \sqrt{p \cdot q} = \sqrt{6\ \text{cm} \cdot 2\ \text{cm}} = \sqrt{12\ \text{cm}^2} = \mathbf{3,46\ cm}$

Quadrat über der Höhe

$$h^2 = p \cdot q$$

Teilung von Längen, Bogenlänge, zusammengesetzte Länge

Teilung von Längen

Randabstand = Teilung

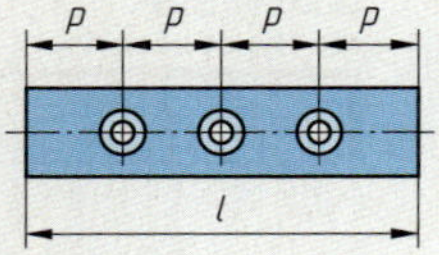

l Gesamtlänge
p Teilung
n Anzahl der Bohrungen

Teilung

$$p = \frac{l}{n+1}$$

Beispiel:

$l = 2$ m; $n = 24$ Bohrungen; $p = ?$

$$\boldsymbol{p} = \frac{l}{n+1} = \frac{2000\ \text{mm}}{24+1} = \mathbf{80\ mm}$$

Randabstand ≠ Teilung

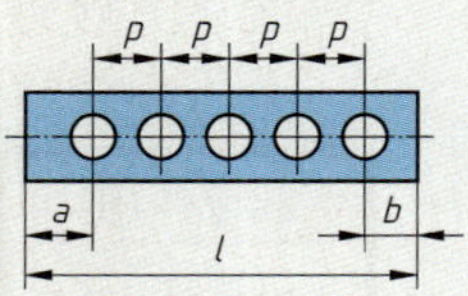

l Gesamtlänge
p Teilung
n Anzahl der Bohrungen
a, b Randabstände

Teilung

$$p = \frac{l-(a+b)}{n-1}$$

Beispiel:

$l = 1950$ mm; $a = 100$ mm; $b = 50$ mm;
$n = 25$ Bohrungen; $p = ?$

$$\boldsymbol{p} = \frac{l-(a+b)}{n-1} = \frac{1950\ \text{mm} - 150\ \text{mm}}{25-1} = \mathbf{75\ mm}$$

Trennung von Teilstücken

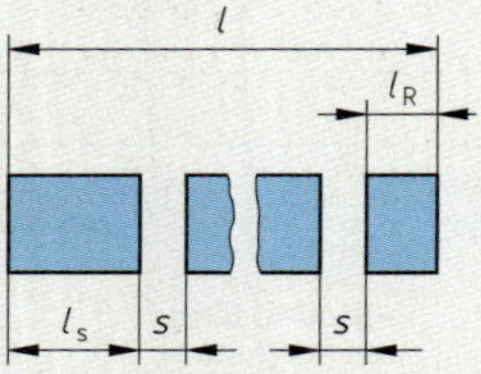

l Stablänge
z Anzahl der Teile
l_s Teillänge
s Sägeschnittbreite
l_R Restlänge

Anzahl der Teile

$$z = \frac{l}{l_s + s}$$

Restlänge

$$l_R = l - z \cdot (l_s + s)$$

Beispiel:

$l = 6$ m; $l_s = 230$ mm; $s = 1{,}2$ mm; $z = ?$; $l_R = ?$

$$\boldsymbol{z} = \frac{l}{l_s + s} = \frac{6000\ \text{mm}}{230\ \text{mm} + 1{,}2\ \text{mm}} = \mathbf{25{,}95 = 25\ Teile}$$

$$\boldsymbol{l_R} = l - z \cdot (l_s + s) = 6000\ \text{mm} - 25 \cdot (230\ \text{mm} + 1{,}2\ \text{mm}) = \mathbf{220\ mm}$$

Bogenlänge

Beispiel: Schenkelfeder

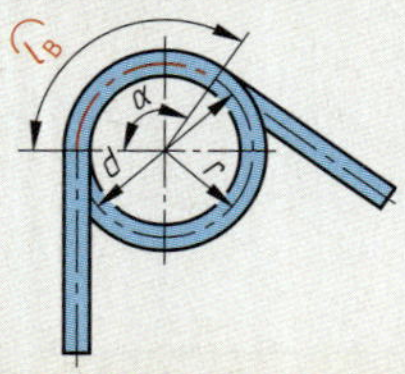

l_B Bogenlänge
r Radius
α Mittelpunktswinkel
d Durchmesser

Bogenlänge

$$l_B = \frac{\pi \cdot r \cdot \alpha}{180°}$$

$$l_B = \frac{\pi \cdot d \cdot \alpha}{360°}$$

Beispiel:

$r = 36$ mm; $\alpha = 120°$; $l_B = ?$

$$\boldsymbol{l_B} = \frac{\pi \cdot r \cdot \alpha}{180°} = \frac{\pi \cdot 36\ \text{mm} \cdot 120°}{180°} = \mathbf{75{,}36\ mm}$$

Zusammengesetzte Länge

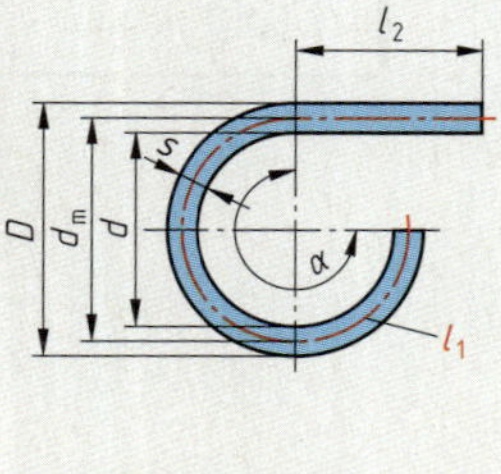

D Außendurchmesser
d_m mittlerer Durchmesser
l_1, l_2 Teillängen
α Mittelpunktswinkel
d Innendurchmesser
s Dicke
L zusammengesetzte Länge

Zusammengesetzte Länge

$$L = l_1 + l_2 + \ldots$$

Beispiel (Zusammengesetzte Länge, Bild links):

$D = 360$ mm; $s = 5$ mm; $\alpha = 270°$; $l_2 = 70$ mm;
$d_m = ?$; $L = ?$

$$\boldsymbol{d_m} = D - s = 360\ \text{mm} - 5\ \text{mm} = \mathbf{355\ mm}$$

$$\boldsymbol{L} = l_1 + l_2 = \frac{\pi \cdot d_m \cdot \alpha}{360°} + l_2$$

$$= \frac{\pi \cdot 355\ \text{mm} \cdot 270°}{360°} + 70\ \text{mm} = \mathbf{906{,}45\ mm}$$

Gestreckte Länge, Federdrahtlänge, Rohlänge

Gestreckte Längen

Kreisring

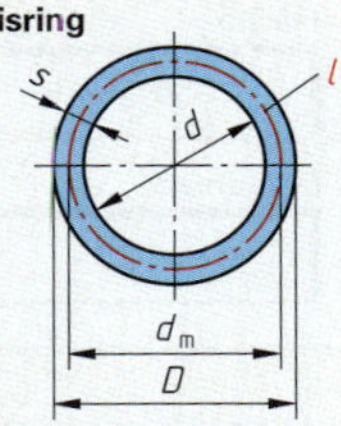

D	Außendurchmesser
d	Innendurchmesser
d_m	mittlerer Durchmesser
s	Dicke
l	gestreckte Länge
α	Mittelpunktswinkel

Gestreckte Länge beim Kreisring

$$l = \pi \cdot d_m$$

Kreisringausschnitt

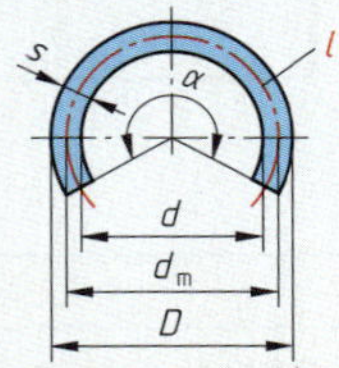

Gestreckte Länge beim Kreisringausschnitt

$$l = \frac{\pi \cdot d_m \cdot \alpha}{360°}$$

Beispiel (Kreisringausschnitt):

$D = 36$ mm; $s = 4$ mm; $\alpha = 240°$; $d_m = ?$; $l = ?$

$d_m = D - s = 36\text{ mm} - 4\text{ mm} = 32\text{ mm}$

$l = \frac{\pi \cdot d_m \cdot \alpha}{360°} = \frac{\pi \cdot 32\text{ mm} \cdot 240°}{360°} = \mathbf{67{,}02\ mm}$

Mittlerer Durchmesser

$$d_m = D - s$$

$$d_m = d + s$$

Federdrahtlänge

Beispiel: Druckfeder

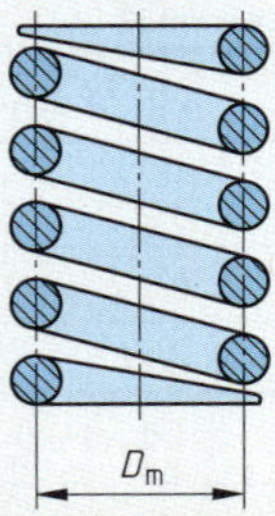

l	gestreckte Länge der Schraubenlinie
D_m	mittlerer Windungsdurchmesser
i	Anzahl der federnden Windungen

Gestreckte Länge der Schraubenlinie

$$l = \pi \cdot D_m \cdot i + 2 \cdot \pi \cdot D_m$$

$$l = \pi \cdot D_m \cdot (i + 2)$$

Beispiel:

$D_m = 16$ mm; $i = 8{,}5$; $l = ?$

$l = \pi \cdot D_m \cdot i + 2 \cdot \pi \cdot D_m$

$= \pi \cdot 16\text{ mm} \cdot 8{,}5 + 2 \cdot \pi \cdot 16\text{ mm} = \mathbf{528\ mm}$

Rohlänge von Schmiedeteilen und Pressstücken

Beim Umformen ohne Abbrand ist das Volumen des Rohteiles gleich dem Volumen des Fertigteiles. Tritt Abbrand oder Gratbildung auf, wird dies durch einen Zuschlag zum Volumen des Fertigteiles berücksichtigt.

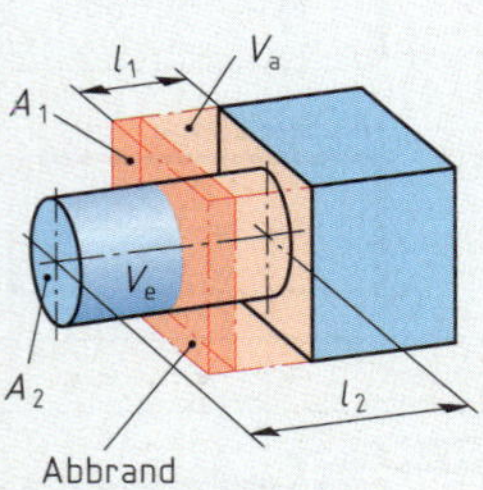

V_a	Volumen des Rohteiles
V_e	Volumen des Fertigteiles
q	Zuschlagsfaktor für Abbrand oder Gratverluste
A_1	Querschnittsfläche des Rohteiles
A_2	Querschnittsfläche des Fertigteiles
l_1	Ausgangslänge der Zugabe
l_2	Länge des angeschmiedeten Teiles

Volumen ohne Abbrand

$$V_a = V_e$$

Volumen mit Abbrand

$$V_a = V_e + q \cdot V_e$$

$$V_a = V_e \cdot (1 + q)$$

$$A_1 \cdot l_1 = A_2 \cdot l_2 \cdot (1 - q)$$

Beispiel:

An einem Flachstahl 50 x 30 mm wird ein zylindrischer Zapfen mit $d = 24$ mm und $l_2 = 60$ mm abgesetzt. Der Verlust durch Abbrand beträgt 10 %. Wie groß ist die Ausgangslänge l_1 der Schmiedezugabe?

$V_a = V_e \cdot (1 + q)$

$A_1 \cdot l_1 = A_2 \cdot l_2 \cdot (1 + q)$

$l_1 = \frac{A_2 \cdot l_2 \cdot (1 + q)}{A_1} =$

$= \frac{\pi \cdot (24\text{ mm})^2 \cdot 60\text{ mm} \cdot (1 + 0{,}1)}{4 \cdot 50\text{ mm} \cdot 30\text{ mm}} = \mathbf{20\ mm}$

Eckige Flächen

Quadrat

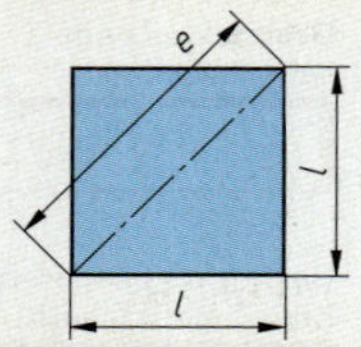

A Fläche
l Seitenlänge
e Eckenmaß

Beispiel:

$l = 14$ mm; $A = ?$; $e = ?$

$\mathbf{A} = l^2 = (14\ \text{mm})^2 = \mathbf{196\ mm^2}$

$\mathbf{e} = \sqrt{2} \cdot l = \sqrt{2} \cdot 14\ \text{mm} = \mathbf{19{,}8\ mm}$

Fläche

$$A = l^2$$

Eckenmaß

$$e = \sqrt{2} \cdot l$$

Rhombus (Raute)

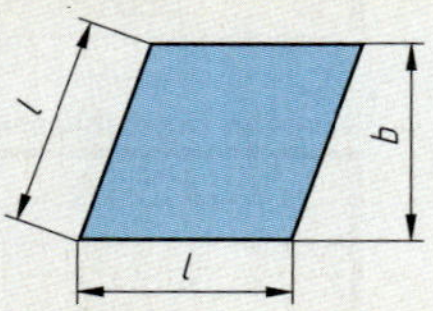

A Fläche
l Seitenlänge
b Breite

Beispiel:

$l = 9$ mm; $b = 8{,}5$ mm; $A = ?$

$\mathbf{A} = l \cdot b = 9\ \text{mm} \cdot 8{,}5\ \text{mm} = \mathbf{76{,}5\ mm^2}$

Fläche

$$A = l \cdot b$$

Rechteck

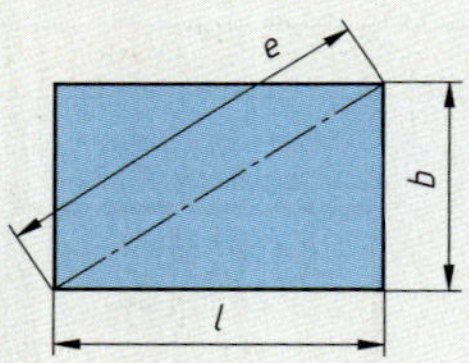

A Fläche
l Länge
b Breite
e Eckenmaß

Beispiel:

$l = 12$ mm; $b = 11$ mm; $A = ?$; $e = ?$

$\mathbf{A} = l \cdot b = 12\ \text{mm} \cdot 11\ \text{mm} = \mathbf{132\ mm^2}$

$\mathbf{e} = \sqrt{l^2 + b^2} = \sqrt{(12\ \text{mm})^2 + (11\ \text{mm})^2} = \sqrt{265\ \text{mm}^2}$
$= \mathbf{16{,}28\ mm}$

Fläche

$$A = l \cdot b$$

Eckenmaß

$$e = \sqrt{l^2 + b^2}$$

Rhomboid (Parallelogramm)

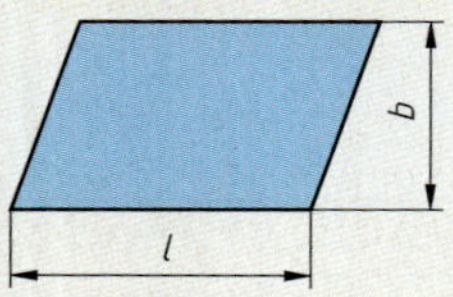

A Fläche
l Länge
b Breite

Beispiel:

$l = 36$ mm; $b = 15$ mm; $A = ?$

$\mathbf{A} = l \cdot b = 36\ \text{mm} \cdot 15\ \text{mm} = \mathbf{540\ mm^2}$

Fläche

$$A = l \cdot b$$

Trapez

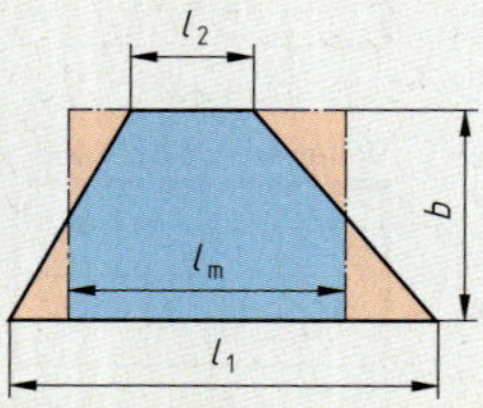

A Fläche
l_1 große Länge
l_2 kleine Länge
l_m mittlere Länge
b Breite

Beispiel:

$l_1 = 23$ mm; $l_2 = 20$ mm; $b = 17$ mm; $A = ?$

$\mathbf{A} = \frac{l_1 + l_2}{2} \cdot b = \frac{23\ \text{mm} + 20\ \text{mm}}{2} \cdot 17\ \text{mm}$
$= \mathbf{365{,}5\ mm^2}$

Fläche

$$A = \frac{l_1 + l_2}{2} \cdot b$$

Mittlere Länge

$$l_m = \frac{l_1 + l_2}{2}$$

Dreieck

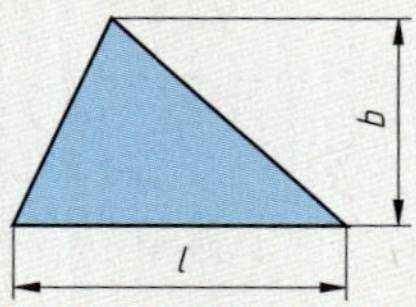

A Fläche
l Seitenlänge
b Breite

Beispiel:

$l_1 = 62$ mm; $b = 29$ mm; $A = ?$

$\mathbf{A} = \frac{l_1 \cdot b}{2} = \frac{62\ \text{mm} \cdot 29\ \text{mm}}{2} = \mathbf{899\ mm^2}$

Fläche

$$A = \frac{l \cdot b}{2}$$

Dreieck, Vielecke, Kreis

Gleichseitiges Dreieck

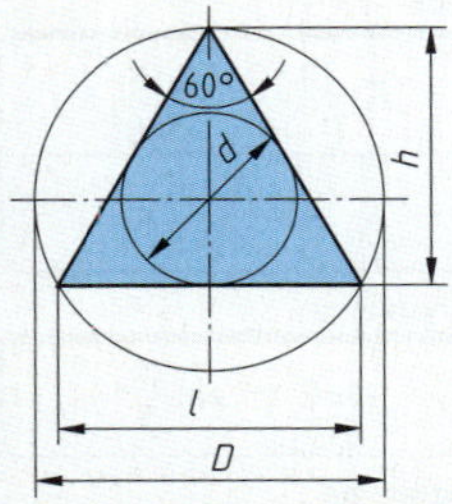

A Fläche
d Inkreisdurchmesser
l Seitenlänge
h Höhe
D Umkreisdurchmesser

Beispiel:

$l = 42$ mm; $A = ?$; $h = ?$

$\mathbf{A} = \frac{1}{4} \cdot \sqrt{3} \cdot l^2 = \frac{1}{4} \cdot \sqrt{3} \cdot (42\ \text{mm})^2$
$= \mathbf{763{,}9\ mm^2}$

Umkreisdurchmesser

$$D = \frac{2}{3} \cdot \sqrt{3} \cdot l = 2 \cdot d$$

Fläche

$$A = \frac{1}{4} \cdot \sqrt{3} \cdot l^2$$

Inkreisdurchmesser

$$d = \frac{1}{3} \cdot \sqrt{3} \cdot l = \frac{D}{2}$$

Dreieckshöhe

$$h = \frac{1}{2} \cdot \sqrt{3} \cdot l$$

Regelmäßige Vielecke

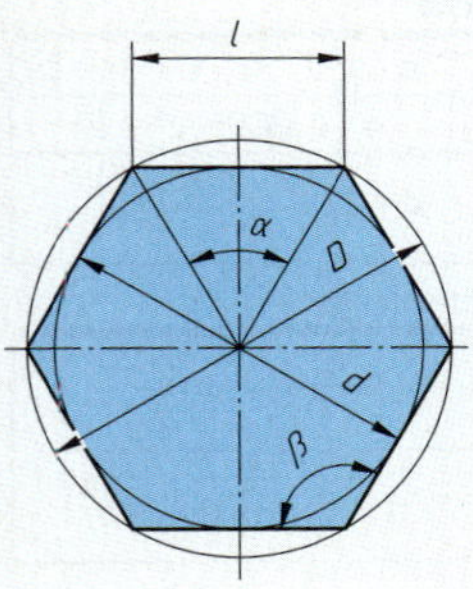

A Fläche
l Seitenlänge
D Umkreisdurchmesser
d Inkreisdurchmesser
n Eckenzahl
α Mittelpunktswinkel
β Eckenwinkel

Beispiel:

Sechseck mit $D = 80$ mm; $l = ?$; $d = ?$; $A = ?$

$\mathbf{l} = D \cdot \sin\left(\frac{180°}{n}\right) = 80\ \text{mm} \cdot \sin\left(\frac{180°}{6}\right) = \mathbf{40\ mm}$

$\mathbf{d} = \sqrt{D^2 - l^2} = \sqrt{6400\ \text{mm}^2 - 1600\ \text{mm}^2} = \mathbf{69{,}282\ mm}$

$\mathbf{A} = \frac{n \cdot l \cdot d}{4} = \frac{6 \cdot 40\ \text{mm} \cdot 69{,}282\ \text{mm}}{4} = \mathbf{4156{,}92\ mm^2}$

Inkreisdurchmesser

$$d = \sqrt{D^2 - l^2}$$

Fläche

$$A = \frac{n \cdot l \cdot d}{4}$$

Umkreisdurchmesser

$$D = \sqrt{d^2 + l^2}$$

Seitenlänge

$$l = D \cdot \sin\left(\frac{180°}{n}\right)$$

Mittelpunktswinkel

$$\alpha = \frac{360°}{n}$$

Eckenwinkel

$$\beta = 180° - \alpha$$

Berechnung regelmäßiger Vielecke mit Hilfe von Tabellenwerten

Eckenzahl *n*	Fläche *A* ≈			Umkreisdurchmesser *D* ≈		Inkreisdurchmesser *d* ≈		Seitenlänge *l* ≈	
3	$0{,}325 \cdot D^2$	$1{,}299 \cdot d^2$	$0{,}433 \cdot l^2$	$1{,}154 \cdot l$	$2{,}000 \cdot d$	$0{,}578 \cdot l$	$0{,}500 \cdot D$	$0{,}867 \cdot D$	$1{,}732 \cdot d$
4	$0{,}500 \cdot D^2$	$1{,}000 \cdot d^2$	$1{,}000 \cdot l^2$	$1{,}414 \cdot l$	$1{,}414 \cdot d$	$1{,}000 \cdot l$	$0{,}707 \cdot D$	$0{,}707 \cdot D$	$1{,}000 \cdot d$
5	$0{,}595 \cdot D^2$	$0{,}908 \cdot d^2$	$1{,}721 \cdot l^2$	$1{,}702 \cdot l$	$1{,}236 \cdot d$	$1{,}376 \cdot l$	$0{,}809 \cdot D$	$0{,}588 \cdot D$	$0{,}727 \cdot d$
6	$0{,}649 \cdot D^2$	$0{,}866 \cdot d^2$	$2{,}598 \cdot l^2$	$2{,}000 \cdot l$	$1{,}155 \cdot d$	$1{,}732 \cdot l$	$0{,}866 \cdot D$	$0{,}500 \cdot D$	$0{,}577 \cdot d$
8	$0{,}707 \cdot D^2$	$0{,}829 \cdot d^2$	$4{,}828 \cdot l^2$	$2{,}614 \cdot l$	$1{,}082 \cdot d$	$2{,}414 \cdot l$	$0{,}924 \cdot D$	$0{,}383 \cdot D$	$0{,}414 \cdot d$
10	$0{,}735 \cdot D^2$	$0{,}812 \cdot d^2$	$7{,}694 \cdot l^2$	$3{,}236 \cdot l$	$1{,}052 \cdot d$	$3{,}078 \cdot l$	$0{,}951 \cdot D$	$0{,}309 \cdot D$	$0{,}325 \cdot d$
12	$0{,}750 \cdot D^2$	$0{,}804 \cdot d^2$	$11{,}196 \cdot l^2$	$3{,}364 \cdot l$	$1{,}035 \cdot d$	$3{,}732 \cdot l$	$0{,}966 \cdot D$	$0{,}259 \cdot D$	$0{,}268 \cdot d$

Beispiel: Achteck mit $l = 20$ mm $A = ?$; $D = ?$
$\mathbf{A} \approx 4{,}828 \cdot l^2 = 4{,}828 \cdot (20\ \text{mm})^2 = \mathbf{1931{,}2\ mm^2}$; $D \approx 2{,}614 \cdot l = 2{,}614 \cdot 20\ \text{mm} = \mathbf{52{,}28\ mm}$

Kreis

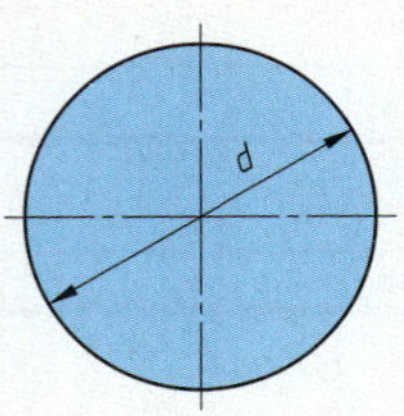

A Fläche
d Durchmesser
U Umfang

Beispiel:

$d = 60$ mm; $A = ?$; $U = ?$

$\mathbf{A} = \frac{\pi \cdot d^2}{4} = \frac{\pi \cdot (60\ \text{mm})^2}{4} = \mathbf{2827\ mm^2}$

$\mathbf{U} = \pi \cdot d = \pi \cdot 60\ \text{mm} = \mathbf{188{,}5\ mm}$

Fläche

$$A = \frac{\pi \cdot d^2}{4}$$

Umfang

$$U = \pi \cdot d$$

M

M

Kreisausschnitt, Kreisabschnitt, Kreisring, Ellipse

Kreisausschnitt

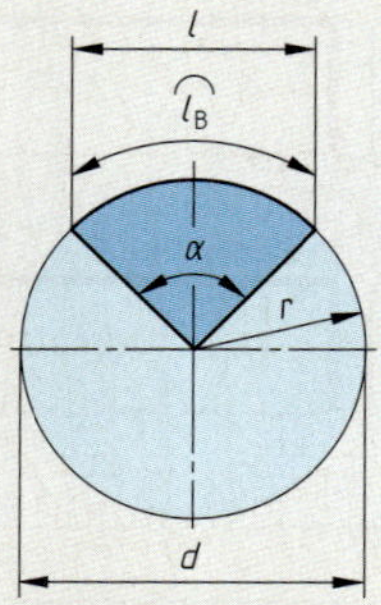

A Fläche
d Durchmesser
l_B Bogenlänge
l Sehnenlänge
r Radius
α Mittelpunktswinkel

Beispiel:

$d = 48$ mm; $\alpha = 110°$; $l_B = ?$; $A = ?$

$$l_B = \frac{\pi \cdot r \cdot \alpha}{180°} = \frac{\pi \cdot 24\,\text{mm} \cdot 110°}{180°} = \mathbf{46{,}1\,mm}$$

$$A = \frac{l_B \cdot r}{2} = \frac{46{,}1\,\text{mm} \cdot 24\,\text{mm}}{2} = \mathbf{553\,mm^2}$$

Fläche

$$A = \frac{\pi \cdot d^2}{4} \cdot \frac{\alpha}{360°}$$

$$A = \frac{l_B \cdot r}{2}$$

Sehnenlänge

$$l = 2 \cdot r \cdot \sin\frac{\alpha}{2}$$

Bogenlänge

$$l_B = \frac{\pi \cdot r \cdot \alpha}{180°}$$

Kreisabschnitt

Kreisabschnitt mit $\alpha \le 180°$

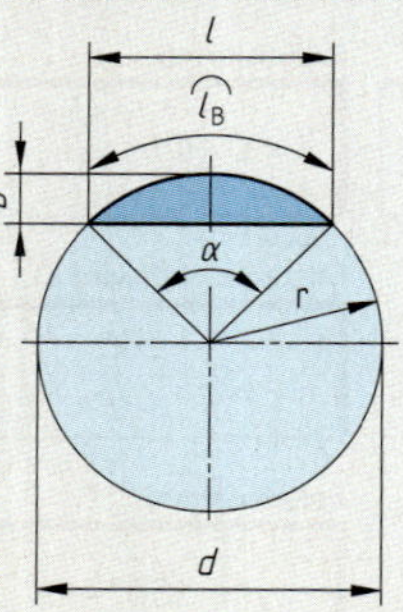

A Fläche
d Durchmesser
l_B Bogenlänge
l Sehnenlänge
b Breite
r Radius
α Mittelpunktswinkel

Beispiel:

$r = 30$ mm; $\alpha = 120°$; $l = ?$; $b = ?$; $A = ?$

$$l = 2 \cdot r \cdot \sin\frac{\alpha}{2} = 2 \cdot 30\,\text{mm} \cdot \sin\frac{120°}{2} = \mathbf{51{,}96\ mm}$$

$$b = \frac{l}{2} \cdot \tan\frac{\alpha}{4} = \frac{51{,}96\,\text{mm}}{2} \cdot \tan\frac{120°}{4} = 14{,}999\,\text{mm} = \mathbf{15\ mm}$$

$$A = \frac{\pi \cdot d^2}{4} \cdot \frac{\alpha}{360°} - \frac{l \cdot (r-b)}{2}$$

$$= \frac{\pi \cdot (60\,\text{mm})^2}{4} \cdot \frac{120°}{360°} - \frac{51{,}96\,\text{mm} \cdot (30\,\text{mm} - 15\,\text{mm})}{2}$$

$$= \mathbf{552{,}8\ mm^2}$$

Radius

$$r = \frac{b}{2} + \frac{l^2}{8 \cdot b}$$

Bogenlänge

$$l_B = \frac{\pi \cdot r \cdot \alpha}{180°}$$

Fläche

$$A = \frac{\pi \cdot d^2}{4} \cdot \frac{\alpha}{360°} - \frac{l \cdot (r-b)}{2}$$

$$A = \frac{l_B \cdot r - l \cdot (r-b)}{2}$$

Sehnenlänge

$$l = 2 \cdot r \cdot \sin\frac{\alpha}{2}$$

$$l = 2 \cdot \sqrt{b \cdot (2 \cdot r - b)}$$

Breite

$$b = \frac{l}{2} \cdot \tan\frac{\alpha}{4}$$

$$b = r - \sqrt{r^2 - \frac{l^2}{4}}$$

Kreisring

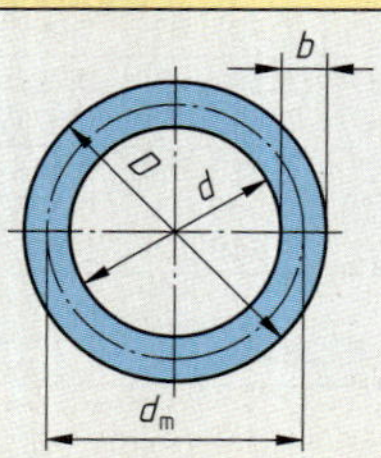

A Fläche
D Außendurchmesser
d Innendurchmesser
d_m mittlerer Durchmesser
b Breite

Beispiel:

$D = 160$ mm; $d = 125$ mm; $A = ?$

$$A = \frac{\pi}{4} \cdot (D^2 - d^2) = \frac{\pi}{4} \cdot (160^2\,\text{mm}^2 - 125^2\,\text{mm}^2)$$

$$= \mathbf{7834\ mm^2}$$

Fläche

$$A = \pi \cdot d_m \cdot b$$

$$A = \frac{\pi}{4} \cdot (D^2 - d^2)$$

Ellipse

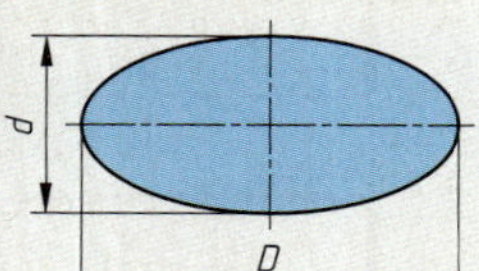

A Fläche
D Länge
d Breite
U Umfang

Beispiel:

$D = 65$ mm; $d = 20$ mm; $A = ?$

$$A = \frac{\pi \cdot D \cdot d}{4} = \frac{\pi \cdot 65\,\text{mm} \cdot 20\,\text{mm}}{4}$$

$$= \mathbf{1021\ mm^2}$$

Fläche

$$A = \frac{\pi \cdot D \cdot d}{4}$$

Umfang

$$U \approx \pi \cdot \frac{D + d}{2}$$

M

Würfel, Vierkantprisma, Zylinder, Hohlzylinder, Pyramide

Würfel

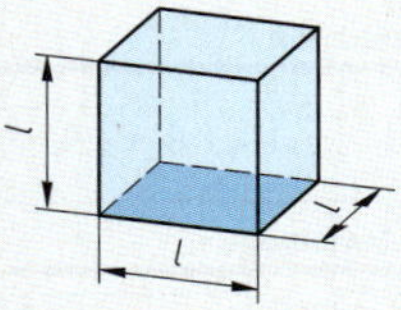

V Volumen
A_O Oberfläche
l Seitenlänge

Beispiel:

l = 20 mm; V = ?; A_O = ?

$\mathbf{V} = l^3 = (20\text{ mm})^3 = \mathbf{8000\ mm^3}$

$\mathbf{A_O} = 6 \cdot l^2 = 6 \cdot (20\text{ mm})^2 = \mathbf{2400\ mm^2}$

Volumen

$$V = l^3$$

Oberfläche

$$A_O = 6 \cdot l^2$$

Vierkantprisma

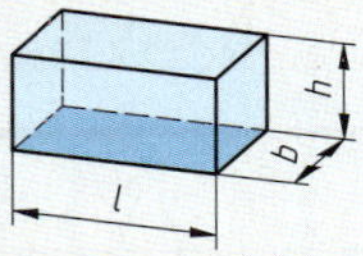

V Volumen
A_O Oberfläche
l Seitenlänge
h Höhe
b Breite

Beispiel:

l = 6 cm; b = 3 cm; h = 2 cm; V = ?

$\mathbf{V} = l \cdot b \cdot h = 6\text{ cm} \cdot 3\text{ cm} \cdot 2\text{ cm} = \mathbf{36\ cm^3}$

Volumen

$$V = l \cdot b \cdot h$$

Oberfläche

$$A_O = 2 \cdot (l \cdot b + l \cdot h + b \cdot h)$$

Zylinder

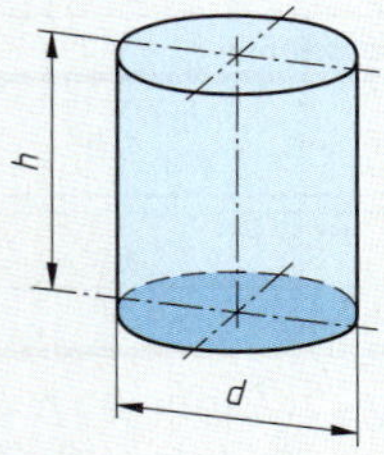

V Volumen
A_O Oberfläche
A_M Mantelfläche
d Durchmesser
h Höhe

Beispiel:

d = 14 mm; h = 25 mm; V = ?

$$\mathbf{V} = \frac{\pi \cdot d^2}{4} \cdot h = \frac{\pi \cdot (14\text{ mm})^2}{4} \cdot 25\text{ mm} = \mathbf{3848\ mm^3}$$

Volumen

$$V = \frac{\pi \cdot d^2}{4} \cdot h$$

Oberfläche

$$A_O = \pi \cdot d \cdot h + 2 \cdot \frac{\pi \cdot d^2}{4}$$

Mantelfläche

$$A_M = \pi \cdot d \cdot h$$

Hohlzylinder

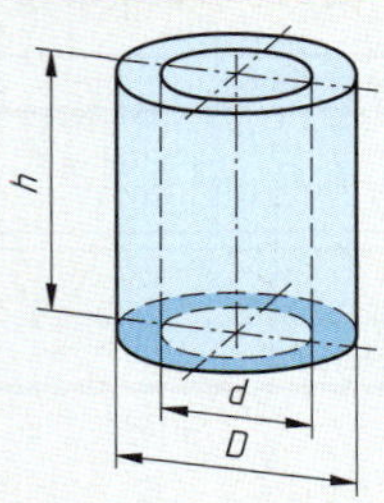

V Volumen
A_O Oberfläche
D, d Durchmesser
h Höhe

Beispiel:

D = 42 mm; d = 20 mm; h = 80 mm; V = ?

$$\mathbf{V} = \frac{\pi \cdot h}{4} \cdot (D^2 - d^2) = \frac{\pi \cdot 80\text{ mm}}{4} \cdot (42^2\text{ mm}^2 - 20^2\text{ mm}^2) = \mathbf{85\,703\ mm^3}$$

Volumen

$$V = \frac{\pi \cdot h}{4} \cdot (D^2 - d^2)$$

Oberfläche

$$A_O = \pi \cdot (D + d) \cdot \left[\frac{1}{2} \cdot (D - d) + h\right]$$

Pyramide

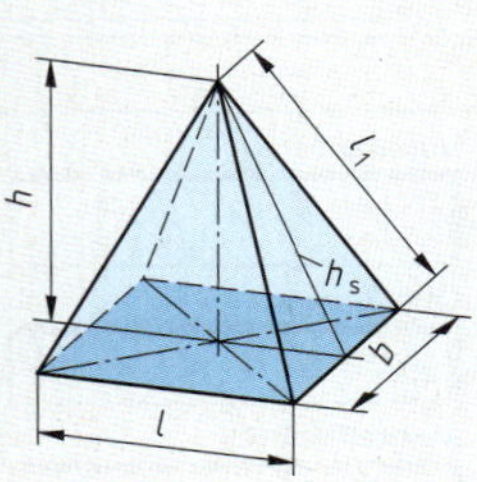

V Volumen
h Höhe
h_s Mantelhöhe
l Seitenlänge
l_1 Kantenlänge
b Breite

Beispiel:

l = 16 mm; b = 21 mm; h = 45 mm; V = ?

$$\mathbf{V} = \frac{l \cdot b \cdot h}{3} = \frac{16\text{ mm} \cdot 21\text{ mm} \cdot 45\text{ mm}}{3} = \mathbf{5040\ mm^3}$$

Volumen

$$V = \frac{l \cdot b \cdot h}{3}$$

Kantenlänge

$$l_1 = \sqrt{h_s^2 + \frac{b^2}{4}}$$

Mantelhöhe

$$h_s = \sqrt{h^2 + \frac{l^2}{4}}$$

Pyramidenstumpf, Kegel, Kegelstumpf, Kugel, Kugelabschnitt

Pyramidenstumpf

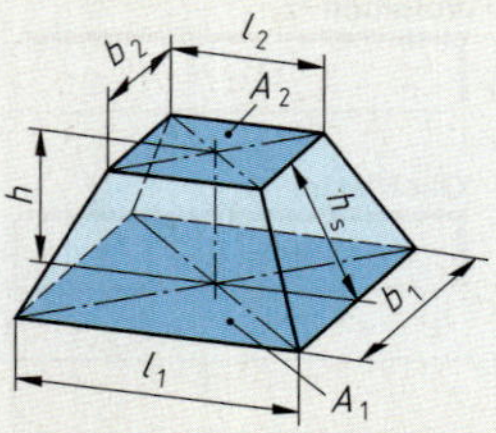

V Volumen
A_1 Grundfläche
l_1, l_2 Seitenlängen
A_2 Deckfläche
h_s Mantelhöhe
b_1, b_2 Breiten
h Höhe

Beispiel:

$l_1 = 40$ mm; $l_2 = 22$ mm; $b_1 = 28$ mm; $b_2 = 15$ mm; $h = 50$ mm; $V = ?$

$$\boldsymbol{V} = \frac{h}{3} \cdot (A_1 + A_2 + \sqrt{A_1 \cdot A_2})$$
$$= \frac{50\text{ mm}}{3} \cdot (1120 + 330 + \sqrt{1120 \cdot 330})\text{ mm}^2$$
$$= \mathbf{34\,299\ mm^3}$$

Volumen

$$V = \frac{h}{3} \cdot (A_1 + A_2 + \sqrt{A_1 \cdot A_2})$$

Mantelhöhe

$$h_s = \sqrt{h^2 + \left(\frac{l_1 - l_2}{2}\right)^2}$$

Kegel

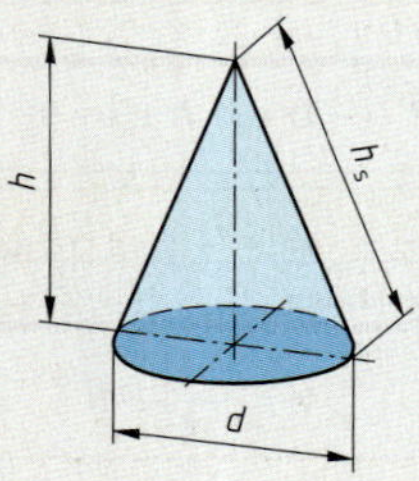

V Volumen
A_M Mantelfläche
d Durchmesser
h Höhe
h_s Mantelhöhe

Beispiel:

$d = 52$ mm; $h = 110$ mm; $V = ?$

$$\boldsymbol{V} = \frac{\pi \cdot d^2}{4} \cdot \frac{h}{3}$$
$$= \frac{\pi \cdot (52\text{ mm})^2}{4} \cdot \frac{110\text{ mm}}{3}$$
$$= \mathbf{77\,870\ mm^3}$$

Volumen

$$V = \frac{\pi \cdot d^2}{4} \cdot \frac{h}{3}$$

Mantelfläche

$$A_M = \frac{\pi \cdot d \cdot h_s}{2}$$

Mantelhöhe

$$h_s = \sqrt{\frac{d^2}{4} + h^2}$$

Kegelstumpf

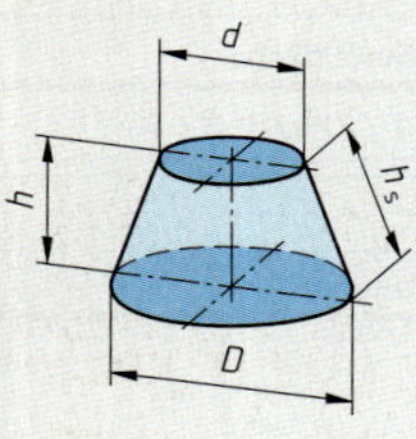

V Volumen
A_M Mantelfläche
D großer Durchmesser
d kleiner Durchmesser
h Höhe
h_s Mantelhöhe

Beispiel:

$D = 100$ mm; $d = 62$ mm; $h = 80$ mm; $V = ?$

$$\boldsymbol{V} = \frac{\pi \cdot h}{12} \cdot (D^2 + d^2 + D \cdot d)$$
$$= \frac{\pi \cdot 80\text{ mm}}{12} \cdot (100^2 + 62^2 + 100 \cdot 62)\text{ mm}^2$$
$$= \mathbf{419\,800\ mm^3}$$

Volumen

$$V = \frac{\pi \cdot h}{12} \cdot (D^2 + d^2 + D \cdot d)$$

Mantelfläche

$$A_M = \frac{\pi \cdot h_s}{2} \cdot (D + d)$$

Mantelhöhe

$$h_s = \sqrt{h^2 + \left(\frac{D - d}{2}\right)^2}$$

Kugel

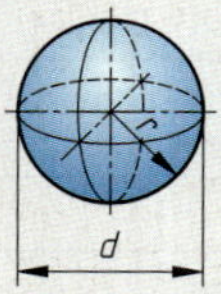

V Volumen
A_O Oberfläche
d Kugeldurchmesser

Beispiel:

$d = 9$ mm; $V = ?$

$$\boldsymbol{V} = \frac{\pi \cdot d^3}{6} \cdot \frac{\pi \cdot (9\text{ mm})^3}{6} = \mathbf{382\ mm^3}$$

Volumen

$$V = \frac{\pi \cdot d^3}{6}$$

Oberfläche

$$A_O = \pi \cdot d^2$$

Kugelabschnitt

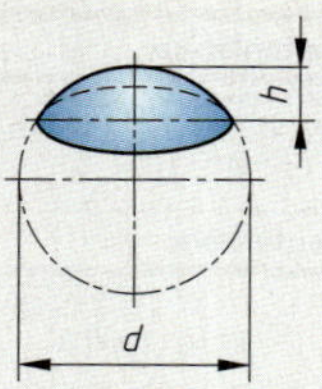

V Volumen
A_M Mantelfläche
A_O Oberfläche
d Kugeldurchmesser
h Höhe

Beispiel:

$d = 8$ mm; $h = 6$ mm; $V = ?$

$$\boldsymbol{V} = \pi \cdot h^2 \cdot \left(\frac{d}{2} - \frac{h}{3}\right)$$
$$= \pi \cdot 6^2\text{ mm}^2 \cdot \left(\frac{8\text{ mm}}{2} - \frac{6\text{ mm}}{3}\right)$$
$$= \mathbf{226\ mm^3}$$

Volumen

$$V = \pi \cdot h^2 \cdot \left(\frac{d}{2} - \frac{h}{3}\right)$$

Oberfläche

$$A_O = \pi \cdot h \cdot (2 \cdot d - h)$$

Mantelfläche

$$A_M = \pi \cdot d \cdot h$$

M

Volumen zusammengesetzter Körper, Berechnung der Masse

Volumen zusammengesetzter Körper

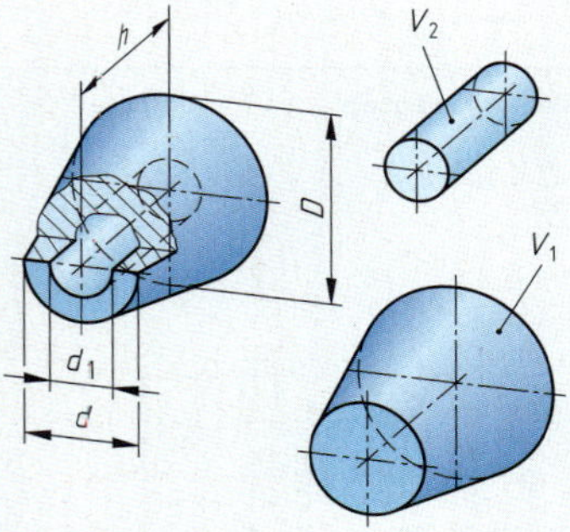

V Gesamtvolumen

V_1, V_2 Teilvolumen

Gesamtvolumen

$$V = V_1 + V_2 + \ldots - V_3 - V_4$$

Beispiel:

Kegelhülse; $D = 42$ mm; $d = 26$ mm; $d_1 = 16$ mm; $h = 45$ mm; $V = ?$

$$V_1 = \frac{\pi \cdot h}{12} \cdot (D^2 + d^2 + D \cdot d)$$

$$= \frac{\pi \cdot 45\,\text{mm}}{12} \cdot (42^2 + 26^2 + 42 \cdot 26)\,\text{mm}^2$$

$$= 41\,610\,\text{mm}^3$$

$$V_2 = \frac{\pi \cdot d_1^2}{4} \cdot h = \frac{\pi \cdot 16^2\,\text{mm}^2}{4} \cdot 45\,\text{mm} = 9048\,\text{mm}^3$$

$$\boldsymbol{V} = V_1 - V_2 = 41\,610\,\text{mm}^3 - 9048\,\text{mm}^3 = \mathbf{32\,562\,mm^3}$$

Berechnung der Masse

Masse, allgemein

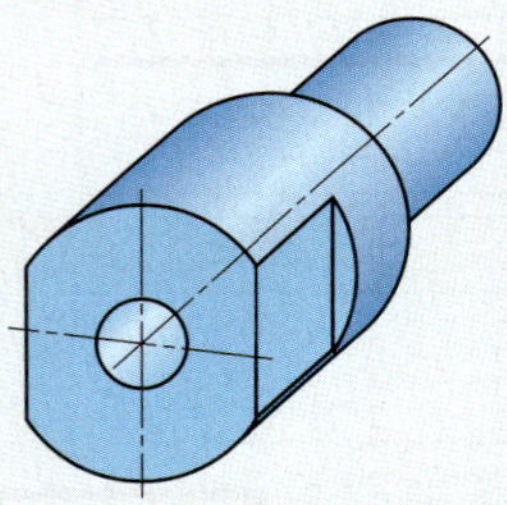

m Masse

V Volumen

ϱ Dichte

Masse

$$m = V \cdot \varrho$$

Beispiel:

Werkstück aus Aluminium;
$V = 6{,}4$ dm³; $\varrho = 2{,}7$ kg/dm³; $m = ?$

$$\boldsymbol{m} = V \cdot \varrho = 6{,}4\,\text{dm}^3 \cdot 2{,}7\,\frac{\text{kg}}{\text{dm}^3}$$

$$= \mathbf{17{,}28\,kg}$$

Werte für Dichte von festen Stoffen, Flüssigkeiten und Gasen: Seite 116 und 117

Längenbezogene Masse

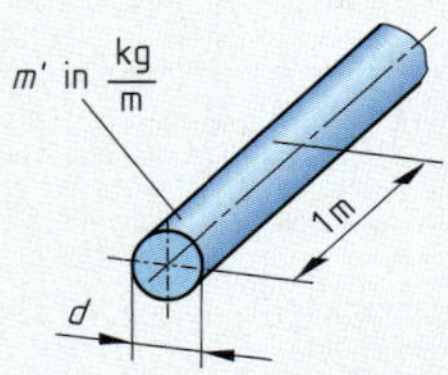

m Masse

m' längenbezogene Masse

l Länge

Längenbezogene Masse

$$m = m' \cdot l$$

Beispiel:

Rundstahl mit $d = 15$ mm;
$m' = 1{,}39$ kg/m; $l = 3{,}86$ m; $m = ?$

$$\boldsymbol{m} = m' \cdot l = 1{,}39\,\frac{\text{kg}}{\text{m}} \cdot 3{,}86\,\text{m}$$

$$= \mathbf{5{,}37\,kg}$$

Anwendung: Berechnung der Masse von Profilen, Rohren, Drähten ... mit Hilfe von Tabellenwerten für m'

Flächenbezogene Masse

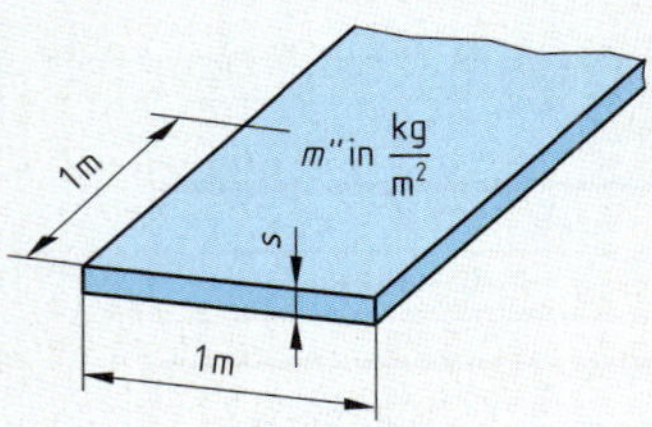

m Masse

m'' flächenbezogene Masse

A Fläche

Flächenbezogene Masse

$$m = m'' \cdot A$$

Beispiel:

Stahlblech
$s = 1{,}5$ mm; $m'' = 11{,}8$ kg/m²;
$A = 7{,}5$ m²; $m = ?$

$$\boldsymbol{m} = m'' \cdot A = 11{,}8\,\frac{\text{kg}}{\text{m}^2} \cdot 7{,}5\,\text{m}^2$$

$$= \mathbf{88{,}5\,kg}$$

Anwendung: Berechnung der Masse von Blechen, Folien, Belägen ... mit Hilfe von Tabellenwerten für m''

M

Linien- und Flächenschwerpunkte

Linienschwerpunkte

l, l_1, l_2 Länge der Linien — S, S_1, S_2 Schwerpunkte der Linien
x_s, x_1, x_2 waagerechte Abstände der Linienschwerpunkte von der y-Achse
y_s, y_1, y_2 senkrechte Abstände der Linienschwerpunkte von der x-Achse

Strecke

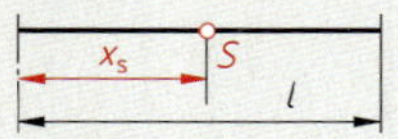

$$x_s = \frac{l}{2}$$

Kreisbogen

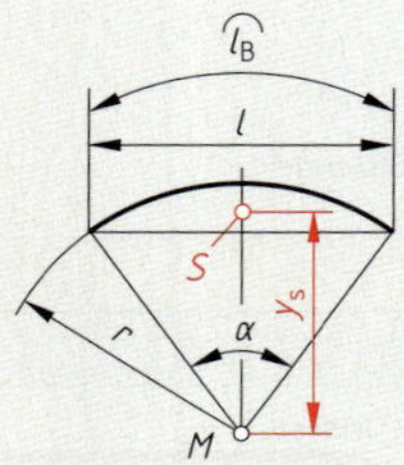

Berechnung von l und l_B: Seite 28

allgemein

$$y_s = \frac{r \cdot l}{l_B}$$

$$y_s = \frac{l \cdot 180°}{\pi \cdot \alpha}$$

Halbkreisbogen

$$y_s \approx 0{,}6366 \cdot r$$

Viertelkreisbogen

$$y_s \approx 0{,}9003 \cdot r$$

zusammengesetzter Linienzug

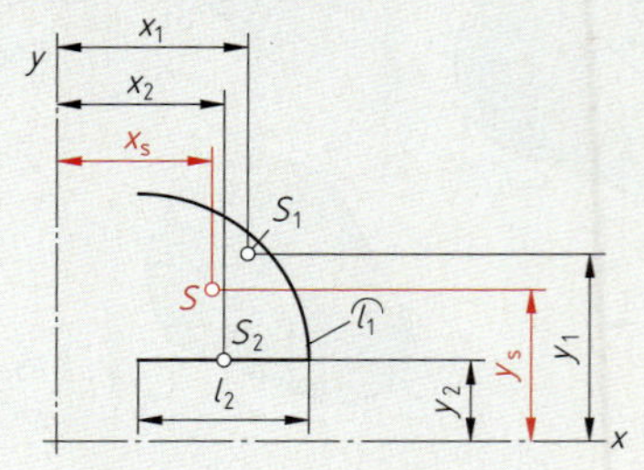

$$x_s = \frac{l_1 \cdot x_1 + l_2 \cdot x_2 + \ldots}{l_1 + l_2 + \ldots}$$

$$y_s = \frac{l_1 \cdot y_1 + l_2 \cdot y_2 + \ldots}{l_1 + l_2 + \ldots}$$

Flächenschwerpunkte

A, A_1, A_2 Flächen — S, S_1, S_2 Schwerpunkte der Flächen
x_s, x_1, x_2 waagerechte Abstände der Flächenschwerpunkte von der y-Achse
y_s, y_1, y_2 senkrechte Abstände der Flächenschwerpunkte von der x-Achse

Rechteck

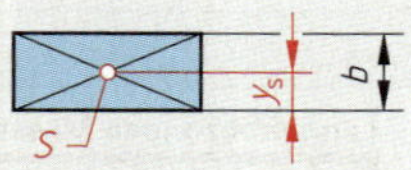

$$y_s = \frac{b}{2}$$

Dreieck

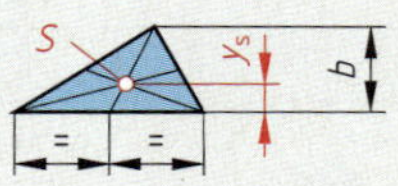

$$y_s = \frac{b}{3}$$

Kreisausschnitt

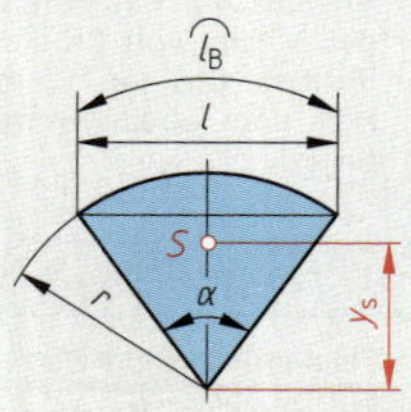

allgemein

$$y_s = \frac{2 \cdot r \cdot l}{3 \cdot l_B}$$

Halbkreisfläche

$$y_s \approx 0{,}4244 \cdot r$$

Viertelkreisfläche

$$y_s \approx 0{,}6002 \cdot r$$

Kreisabschnitt

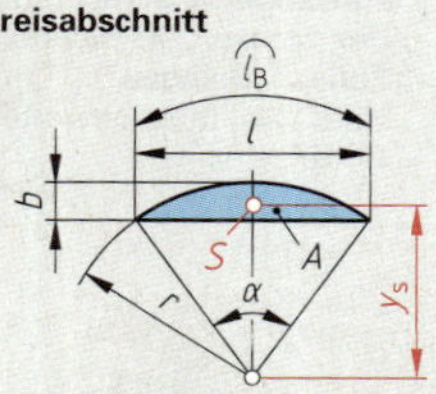

$$y_s = \frac{l^3}{12 \cdot A}$$

zusammengesetzte Flächen

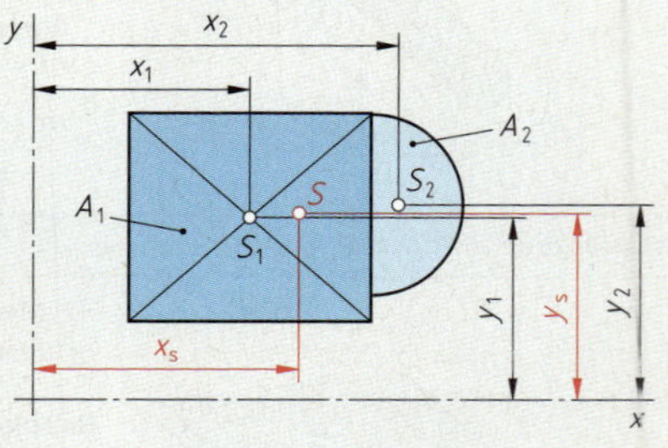

$$x_s = \frac{A_1 \cdot x_1 + A_2 \cdot x_2 + \ldots}{A_1 + A_2 + \ldots}$$

$$y_s = \frac{A_1 \cdot y_1 + A_2 \cdot y_2 + \ldots}{A_1 + A_2 + \ldots}$$

2 Technische Physik

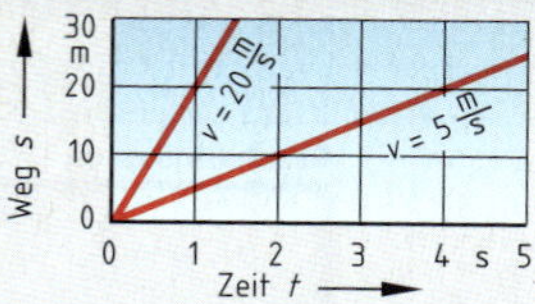

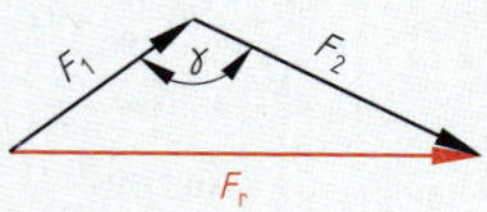

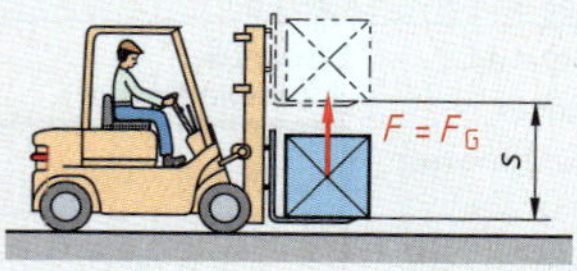

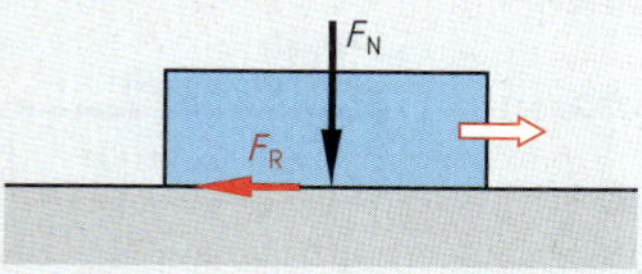

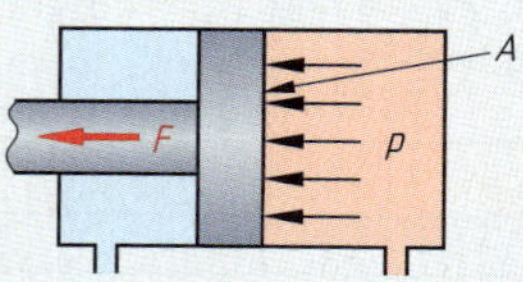

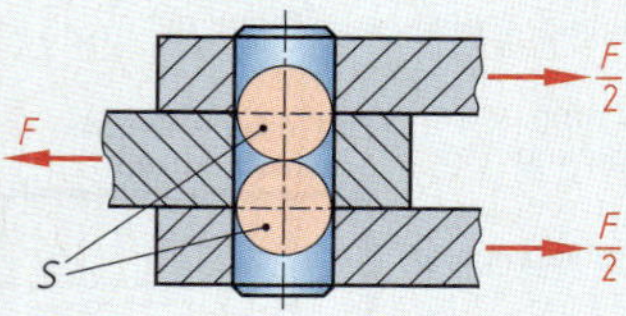

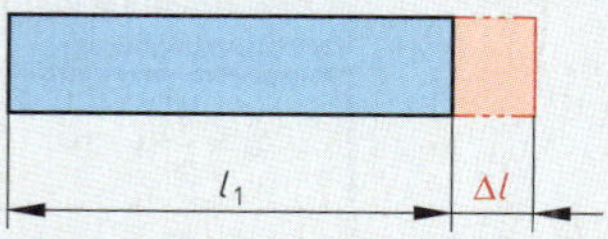

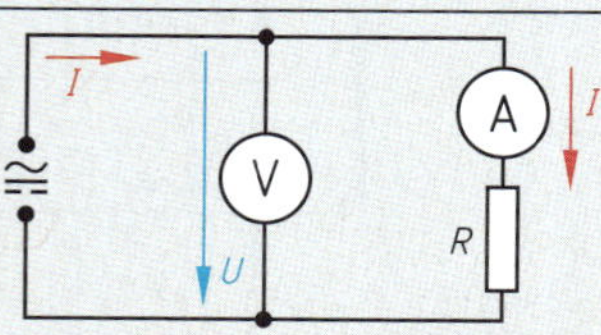

Gleichförmige und gleichförmig beschleunigte Bewegung

Gleichförmige Bewegung

Geradlinige Bewegung

Weg-Zeit-Schaubild

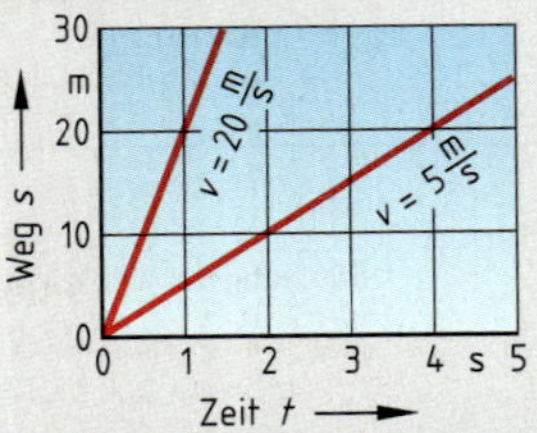

v Geschwindigkeit
t Zeit
s Weg

Beispiel:

v = 48 km/h; s = 12 m; t = ?

Umrechnung: $48\,\frac{\text{km}}{\text{h}} = \frac{48\,000\text{ m}}{3600\text{ s}} = 13{,}33\,\frac{\text{m}}{\text{s}}$

$t = \frac{s}{v} = \frac{12\text{ m}}{13{,}33\text{ m/s}} = \mathbf{0{,}9\text{ s}}$

Geschwindigkeit

$$v = \frac{s}{t}$$

$1\,\frac{\text{m}}{\text{s}} = 60\,\frac{\text{m}}{\text{min}} = 3{,}6\,\frac{\text{km}}{\text{h}}$

$1\,\frac{\text{km}}{\text{h}} = 16{,}667\,\frac{\text{m}}{\text{min}} = 0{,}2778\,\frac{\text{m}}{\text{s}}$

Kreisförmige Bewegung

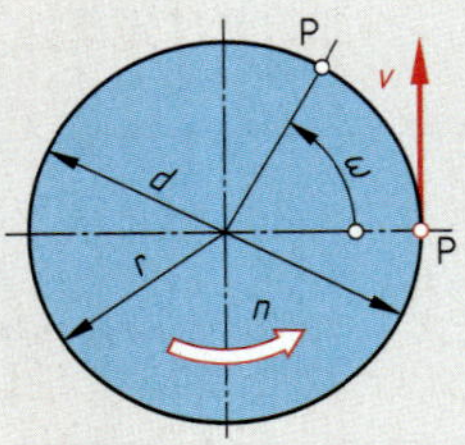

v Umfangsgeschwindigkeit, Schnittgeschwindigkeit
ω Winkelgeschwindigkeit
n Drehzahl
r Radius
d Durchmesser

Beispiel:

Riemenscheibe, d = 250 mm; n = 1400 min^{-1};
v = ?; ω = ?

Umrechnung: $n = 1400\text{ min}^{-1} = \frac{1400}{60\text{ s}} = 23{,}33\text{ s}^{-1}$

$\boldsymbol{v} = \pi \cdot d \cdot n = \pi \cdot 0{,}25\text{ m} \cdot 23{,}33\text{ s}^{-1} = \mathbf{18{,}3\,\frac{m}{s}}$

$\boldsymbol{\omega} = 2 \cdot \pi \cdot n = 2 \cdot \pi \cdot 23{,}33\text{ s}^{-1} = \mathbf{146{,}6\text{ s}^{-1}}$

Schnittgeschwindigkeit bei kreisförmiger Schnittbewegung: Seite 35

Umfangsgeschwindigkeit

$$v = \pi \cdot d \cdot n$$

$$v = \omega \cdot r$$

Winkelgeschwindigkeit

$$\omega = 2 \cdot \pi \cdot n$$

$\frac{1}{\text{min}} = \text{min}^{-1} = \frac{1}{60\text{ s}}$

Gleichförmig beschleunigte Bewegung

Geradlinig beschleunigte Bewegung

Geschwindigkeit-Zeit-Schaubild

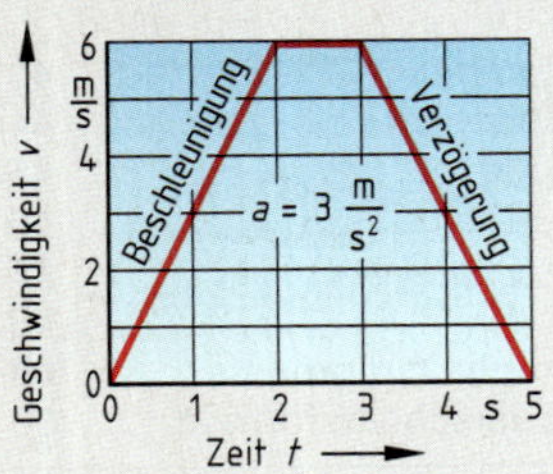

Weg-Zeit-Schaubild

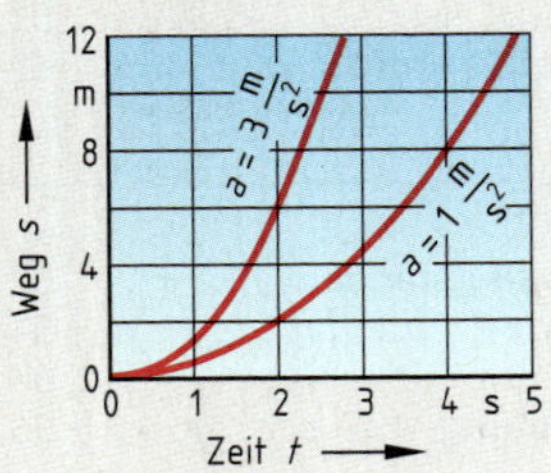

Die Zunahme der Geschwindigkeit in 1 Sekunde heißt **Beschleunigung,** die Abnahme **Verzögerung.** Der freie Fall ist eine gleichförmig beschleunigte Bewegung, bei der die Fallbeschleunigung g wirksam ist.

v Endgeschwindigkeit bei Beschleunigung, Anfangsgeschwindigkeit bei Verzögerung
s Weg
a Beschleunigung
t Zeit
g Fallbeschleunigung

1. Beispiel:

Gegenstand, freier Falls aus s = 3 m; v = ?

$a = g = 9{,}81\,\frac{\text{m}}{\text{s}^2}$

$\boldsymbol{v} = \sqrt{2 \cdot a \cdot s} = \sqrt{2 \cdot 9{,}81\text{ m/s}^2 \cdot 3\text{ m}} = \mathbf{7{,}7\,\frac{m}{s}}$

2. Beispiel:

Kraftfahrzeug, v = 80 km/h; a = 7 m/s^2;
Bremsweg s = ?

Umrechnung: $v = 80\,\frac{\text{km}}{\text{h}} = \frac{80\,000\text{ m}}{3600\text{ s}} = 22{,}22\,\frac{\text{m}}{\text{s}}$

$v = \sqrt{2 \cdot a \cdot s}$

$\boldsymbol{s} = \frac{v^2}{2 \cdot a} = \frac{(22{,}22\text{ m/s})^2}{2 \cdot 7\text{ m/s}^2} = \mathbf{35{,}3\text{ m}}$

Bei Beschleunigung aus dem Stand oder bei Verzögerung bis zum Stand gilt:

End- oder Anfangsgeschwindigkeit

$$v = a \cdot t$$

$$v = \sqrt{2 \cdot a \cdot s}$$

Beschleunigungsweg/ Verzögerungsweg

$$s = \frac{1}{2} \cdot v \cdot t$$

$$s = \frac{1}{2} \cdot a \cdot t^2$$

$$s = \frac{v^2}{2 \cdot a}$$

Geschwindigkeiten an Maschinen

Vorschubgeschwindigkeit

Drehen

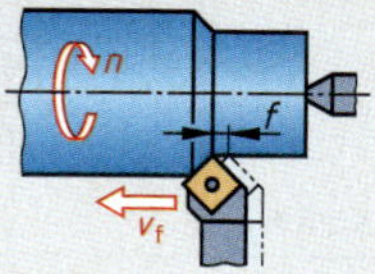

Fräsen

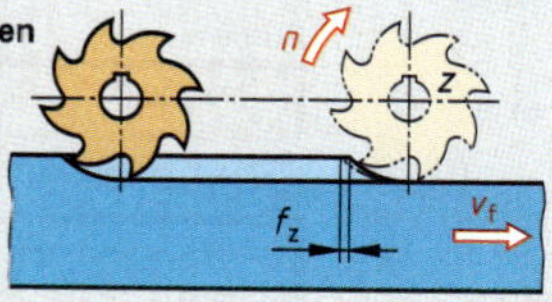

Gewindetrieb

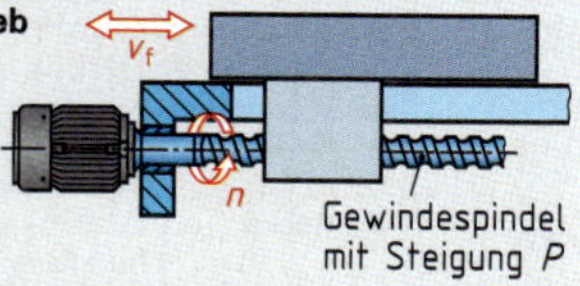

Zahnstangentrieb

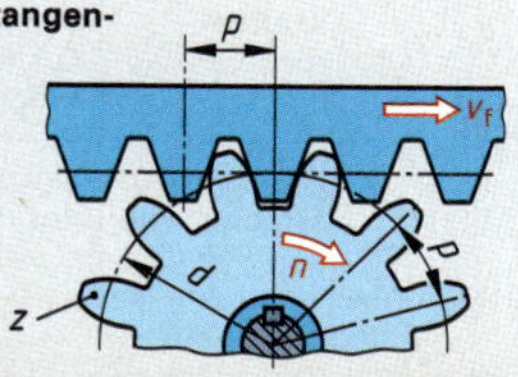

v_f Vorschubgeschwindigkeit
n Drehzahl
f Vorschub
f_z Vorschub je Schneide
z Anzahl der Schneiden, Zähnezahl des Ritzels
P Gewindesteigung
p Teilung der Zahnstange

1. Beispiel:

Walzenfräser, $z = 8$; $f_z = 0{,}2$ mm; $n = 45$/min; $v_f = ?$

$$\mathbf{v_f} = n \cdot f_z \cdot z = 45\,\frac{1}{\text{min}} \cdot 0{,}2\text{ mm} \cdot 8 = \mathbf{72\,\frac{mm}{min}}$$

2. Beispiel:

Vorschubantrieb mit Gewindespindel, $P = 5$ mm; $n = 112$/min; $v_f = ?$

$$\mathbf{v_f} = n \cdot P = 112\,\frac{1}{\text{min}} \cdot 5\text{ mm} = \mathbf{560\,\frac{mm}{min}}$$

3. Beispiel:

Vorschub mit Zahnstangentrieb, $n = 80$/min; $d = 75$ mm; $v_f = ?$

$$\mathbf{v_f} = \pi \cdot d \cdot n = \pi \cdot 75\text{ mm} \cdot 80\,\frac{1}{\text{min}} = 18\,850\,\frac{\text{mm}}{\text{min}} = \mathbf{18{,}85\,\frac{m}{min}}$$

Vorschubgeschwindigkeit beim Bohren, Drehen

$$v_f = n \cdot f$$

Vorschubgeschwindigkeit beim Fräsen

$$v_f = n \cdot f_z \cdot z$$

Vorschubgeschwindigkeit beim Gewindetrieb

$$v_f = n \cdot P$$

Vorschubgeschwindigkeit beim Zahnstangentrieb

$$v_f = n \cdot z \cdot p$$

$$v_f = \pi \cdot d \cdot n$$

Schnittgeschwindigkeit, Umfangsgeschwindigkeit

Schnittgeschwindigkeit

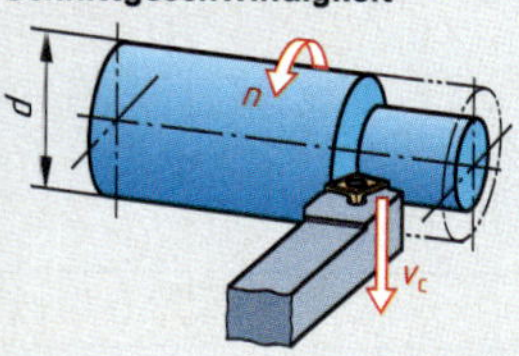

Umfangsgeschwindigkeit

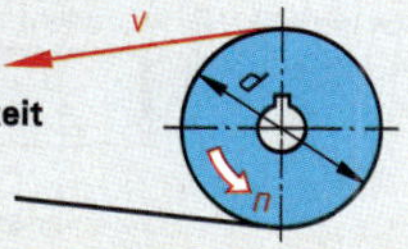

v_c Schnittgeschwindigkeit
v Umfangsgeschwindigkeit
d Durchmesser
n Drehzahl

Beispiel:

Drehen, $n = 1200$/min; $d = 35$ mm; $v_c = ?$

$$\mathbf{v_c} = \pi \cdot d \cdot n = \pi \cdot 0{,}035\text{ m} \cdot 1200\,\frac{1}{\text{min}} = \mathbf{132\,\frac{m}{min}}$$

Schnittgeschwindigkeit

$$v_c = \pi \cdot d \cdot n$$

Umfangsgeschwindigkeit

$$v = \pi \cdot d \cdot n$$

Mittlere Geschwindigkeit bei Kurbeltrieben

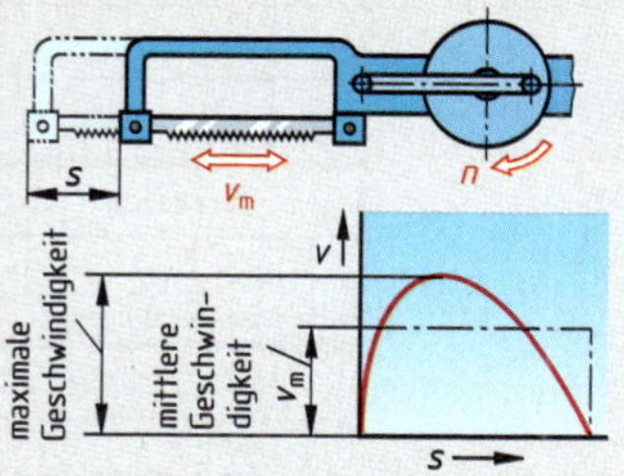

v_m mittlere Geschwindigkeit
n Anzahl der Doppelhübe
s Hublänge

Beispiel:

Maschinenbügelsäge, $s = 280$ mm; $n = 45$/min; $v_m = ?$

$$\mathbf{v_m} = 2 \cdot s \cdot n = 2 \cdot 0{,}28\text{ m} \cdot 45\,\frac{1}{\text{min}} = \mathbf{25{,}2\,\frac{m}{min}}$$

Mittlere Geschwindigkeit

$$v_m = 2 \cdot s \cdot n$$

P

Arten von Kräften

Zusammensetzung und Zerlegung von Kräften

Für die folgenden Beispiele gewählt: $M_k = 10\ \frac{N}{mm}$

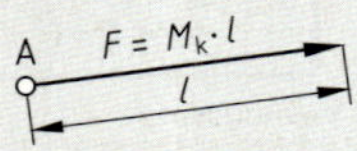

F_1, F_2 Teilkräfte
F_r Resultierende
l Pfeillänge
M_k Kräftemaßstab

Darstellen von Kräften

Kräfte werden durch Pfeile dargestellt.
Die Länge l des Pfeils entspricht der Größe der Kraft F.

Pfeillänge

$$l = \frac{F}{M_k}$$

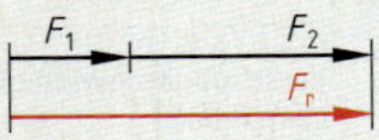

Addieren von Kräften auf gleicher Wirkungslinie

Beispiel: $F_1 = 80\ N;\ F_2 = 160\ N;\ F_r = ?$
$\mathbf{F_r} = F_1 + F_2 = 80\ N + 160\ N = \mathbf{240\ N}$

Summe

$$F_r = F_1 + F_2$$

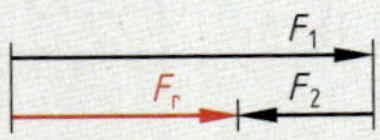

Subtrahieren von Kräften auf gleicher Wirkungslinie

Beispiel: $F_1 = 240\ N;\ F_2 = 90\ N;\ F_r = ?$
$\mathbf{F_r} = F_1 - F_2 = 240\ N - 90\ N = \mathbf{150\ N}$

Differenz

$$F_r = F_1 - F_2$$

Zusammensetzung

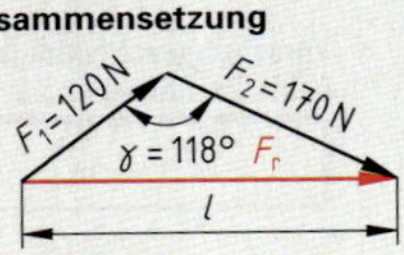

Zerlegung

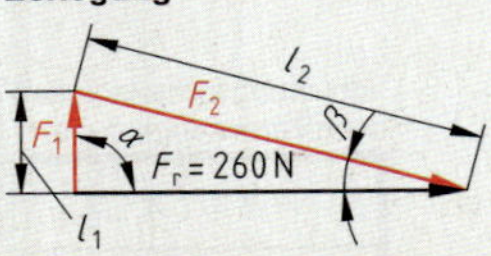

Zusammensetzung und Zerlegung von Kräften, deren Wirkungslinien sich schneiden

Beispiel zeichnerische Zusammensetzung:

$F_1 = 120\ N;\ F_2 = 170\ N;\ \gamma = 118°;$
$M_k = 10\ N/mm;\ F_r = ?;$ Gemessen: $l = 25\ mm$
$\mathbf{F_r} = l \cdot M_k = 25\ mm \cdot 10\ N/mm = \mathbf{250\ N}$

Beispiel zeichnerische Zerlegung:

$F_r = 260\ N;\ \alpha = 90°;\ \beta = 15°;\ M_k = 10\ N/mm;$
$F_1 = ?;\ F_2 = ?;$ Gemessen: $l_1 = 7\ mm;\ l_2 = 27\ mm$
$\mathbf{F_1} = l_1 \cdot M_k = 7\ mm \cdot 10\ N/mm = \mathbf{70\ N}$
$\mathbf{F_2} = l_2 \cdot M_k = 27\ mm \cdot 10\ N/mm = \mathbf{270\ N}$

Berechnung des Kraftecks bei Zusammensetzung oder Zerlegung

Form des Kraftecks	benötigte Winkelfunktion
Krafteck rechtwinklig	Sinus, Kosinus, Tangens
Krafteck schiefwinklig	Sinussatz, Kosinussatz

Kräfte bei Beschleunigung und Verzögerung

Für die Beschleunigung und die Verzögerung von Massen ist eine Kraft erforderlich.

F Beschleunigungskraft
m Masse
a Beschleunigung

Beispiel:

$m = 50\ kg;\quad a = 3\ \frac{m}{s^2};\quad F = ?$

$\mathbf{F} = m \cdot a = 50\ kg \cdot 3\ \frac{m}{s^2} = 150\ kg \cdot \frac{m}{s^2} = \mathbf{150\ N}$

Beschleunigungskraft

$$F = m \cdot a$$

$1\ N = 1\ kg \cdot \frac{m}{s^2}$

Gewichtskraft

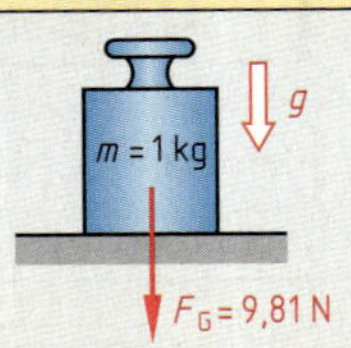

Die Erdanziehung bewirkt bei Massen eine Gewichtskraft.

F_G Gewichtskraft
m Masse
g Fallbeschleunigung

Beispiel:

Stahlträger, $m = 1200\ kg;\ F_G = ?$

$\mathbf{F_G} = m \cdot g = 1200\ kg \cdot 9{,}81\ \frac{m}{s^2} = \mathbf{11\,772\ N}$

Gewichtskraft

$$F_G = m \cdot g$$

$g = 9{,}81\ \frac{m}{s^2} \approx 10\ \frac{m}{s^2}$

Berechnung der Masse: Seite 31

Federkraft (Hooke'sches Gesetz)

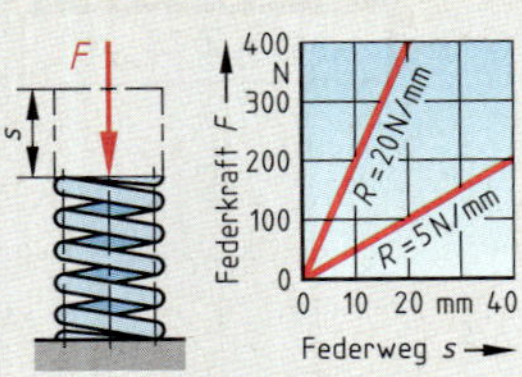

Innerhalb des elastischen Bereiches sind Kraft und zugehörige Längenänderung einer Feder proportional.

F Federkraft
R Federrate
s Federweg

Beispiel:

Druckfeder, $R = 8\ N/mm;\ s = 12\ mm;\ F = ?$

$\mathbf{F} = R \cdot s = 8\ \frac{N}{mm} \cdot 12\ mm = \mathbf{96\ N}$

Federkraft

$$F = R \cdot s$$

Federkraftänderung

$$\Delta F = R \cdot \Delta s$$

Drehmoment, Hebel, Fliehkraft

Drehmoment und Hebel

einseitiger Hebel

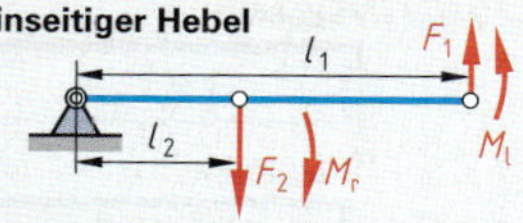

zweiseitiger Hebel

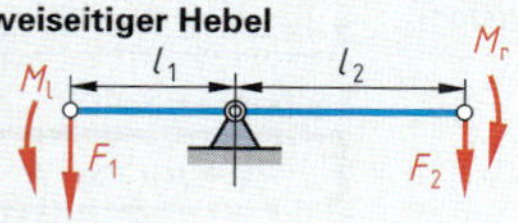

Winkelhebel

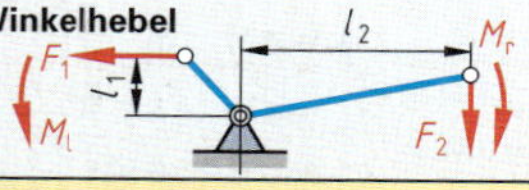

Die **wirksame Hebellänge** ist der rechtwinklige Abstand zwischen Drehpunkt und Wirkungslinie der Kraft. Bei scheibenförmigen drehbaren Teilen entspricht die Hebellänge dem Radius *r*.

M	Drehmoment	F	Kraft
l	wirksame Hebellänge		
ΣM_l	Summe aller linksdrehenden Momente		
ΣM_r	Summe aller rechtsdrehenden Momente		

Beispiel:

Winkelhebel, F_1 = 30 N; l_1 = 0,15 m; l_2 = 0,45 m; F_1 = ?

$$\mathbf{F_2} = \frac{F_1 \cdot l_1}{l_2} = \frac{30\ \text{N} \cdot 0{,}15\ \text{m}}{0{,}45\ \text{m}} = \mathbf{10\ N}$$

Drehmoment

$$M = F \cdot l$$

Hebelgesetz

$$\Sigma M_l = \Sigma M_r$$

Hebelgesetz bei nur 2 Kräften

$$F_1 \cdot l_1 = F_2 \cdot l_2$$

P

Auflagerkräfte

Beispiel für Auflagerkraft

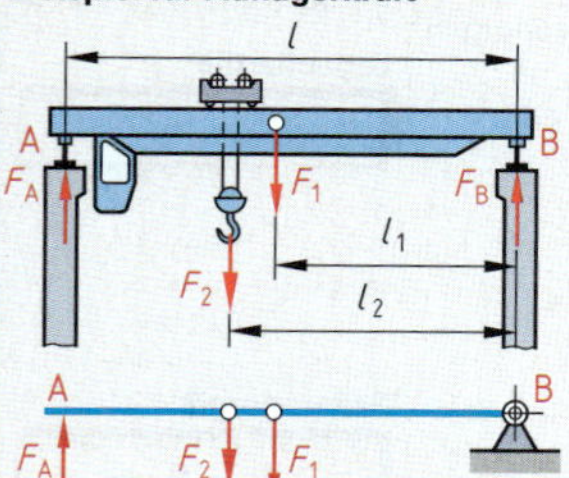

Zur Berechnung der Auflagerkräfte nimmt man einen Auflagerpunkt als Drehpunkt an.

F_A, F_B	Auflagerkräfte	l, l_1, l_2	wirksame Hebellängen
F_1, F_2	Kräfte		

Beispiel:

Laufkran, F_1 = 40 kN; F_2 = 15 kN; l_1 = 6 m; l_2 = 8 m; l = 12 m; F_A = ?

Lösung: gewählter Drehpunkt B; die Lagerkraft F_A wird am einseitigen Hebel angenommen.

$$\mathbf{F_A} = \frac{F_1 \cdot l_1 + F_2 \cdot l_2}{l} = \frac{40\ \text{kN} \cdot 6\ \text{m} + 15\ \text{kN} \cdot 8\ \text{m}}{12\ \text{m}} = \mathbf{30\ kN}$$

Hebelgesetz

$$\Sigma M_l = \Sigma M_r$$

Auflagerkraft in A

$$F_A = \frac{F_1 \cdot l_1 + F_2 \cdot l_2 \ldots}{l}$$

$$F_A + F_B = F_1 + F_2 \ldots$$

Drehmoment bei Zahnradtrieben

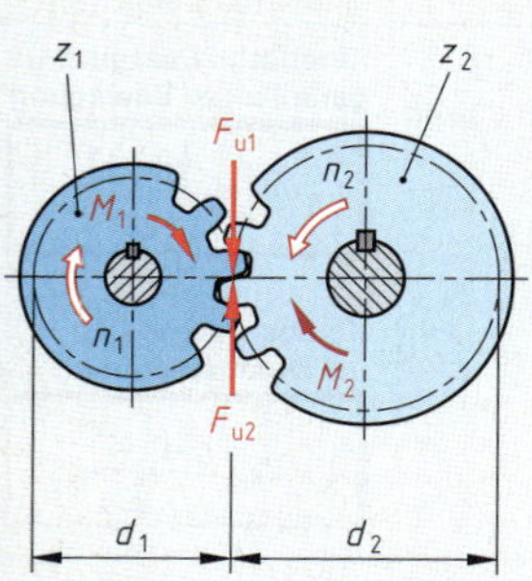

Der Hebelarm bei Zahnrädern entspricht dem halben Teilkreisdurchmesser *d*. Sind die Zähnezahlen zweier ineinandergreifender Zahnräder verschieden, ergeben sich unterschiedliche Drehmomente.

Treibendes Rad		**Getriebenes Rad**	
F_{u1}	Umfangskraft	F_{u2}	Umfangskraft
M_1	Drehmoment	M_2	Drehmoment
d_1	Teilkreisdurchmesser	d_2	Teilkreisdurchmesser
z_1	Zähnezahl	z_2	Zähnezahl
n_1	Drehzahl	n_2	Drehzahl

i Übersetzungsverhältnis

Beispiel:

Getriebe, i = 12; M_1 = 60 N · m; M_2 = ?

$\mathbf{M_2} = i \cdot M_1 = 12 \cdot 60\ \text{N} \cdot \text{m} = \mathbf{720\ N \cdot m}$

Übersetzungen bei Zahnradtrieben: Seite 259

Drehmomente

$$M_1 = \frac{F_{u1} \cdot d_1}{2}$$

$$M_2 = \frac{F_{u2} \cdot d_2}{2}$$

$$M_2 = i \cdot M_1$$

$$\frac{M_2}{M_1} = \frac{z_2}{z_1}$$

$$\frac{M_2}{M_1} = \frac{n_1}{n_2}$$

Fliehkraft

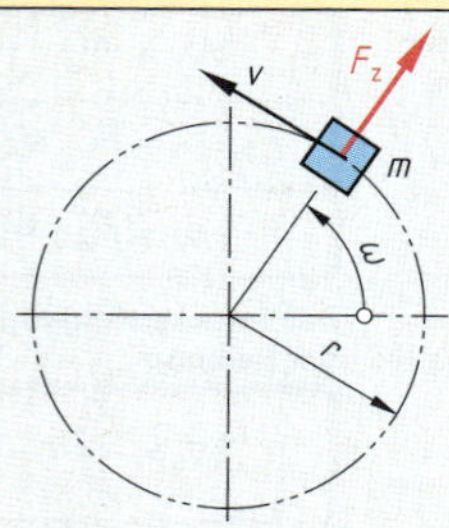

Die **Fliehkraft F_z** entsteht, wenn eine Masse auf einer gekrümmten Bahn, z.B. einem Kreis, bewegt wird.

F_z	Fliehkraft	ω	Winkelgeschwindigkeit
m	Masse	v	Umfangsgeschwindigkeit
r	Radius		

Beispiel:

Turbinenschaufel, m = 160 g; v = 80 m/s; d = 400 mm; F_z = ?

$$\mathbf{F_z} = \frac{m \cdot v^2}{r} = \frac{0{,}16\ \text{kg} \cdot (80\ \text{m/s})^2}{0{,}2\ \text{m}} = 5120\ \frac{\text{kg} \cdot \text{m}}{\text{s}^2} = \mathbf{5120\ N}$$

Fliehkraft

$$F_z = m \cdot r \cdot \omega^2$$

$$F_z = \frac{m \cdot v^2}{r}$$

Arbeit und Energie

Mechanische Arbeit, Hubarbeit und Reibungsarbeit

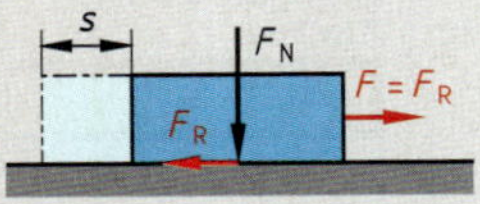

Arbeit wird verrichtet, wenn eine Kraft längs eines Weges wirkt.

F	Kraft in Wegrichtung	W	Arbeit
F_G	Gewichtskraft	s	Kraftweg
F_R	Reibungskraft	s, h	Hubhöhe
F_N	Normalkraft	μ	Reibungszahl

1. Beispiel:

$F = 300$ N; $s = 4$ m; $W = ?$

$\mathbf{W} = F \cdot s = 300\ \text{N} \cdot 4\ \text{m} = 1200\ \text{N} \cdot \text{m} = \mathbf{1200\ J}$

2. Beispiel:

Reibungsarbeit, $F_N = 0{,}8$ kN; $s = 1{,}2$ m; $\mu = 0{,}4$; $W = ?$

$\mathbf{W} = \mu \cdot F_N \cdot s = 0{,}4 \cdot 800\ \text{N} \cdot 1{,}2\ \text{m} = 384\ \text{N} \cdot \text{m} = \mathbf{384\ J}$

Arbeit

$$W = F \cdot s$$

Hubarbeit

$$W = F_G \cdot h$$

Reibungsarbeit

$$W = \mu \cdot F_N \cdot s$$

$1\ \text{J} = 1\ \text{N} \cdot 1\ \text{m}$

$= 1\ \text{W} \cdot \text{s} = 1\ \dfrac{\text{kg} \cdot \text{m}^2}{\text{s}^2}$

$1\ \text{kW} \cdot \text{h} = 3{,}6\ \text{MJ}$

Potenzielle Energie

Lageenergie

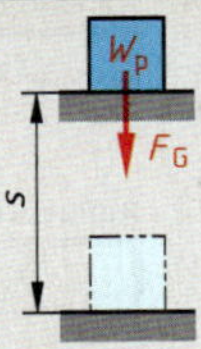

Federenergie

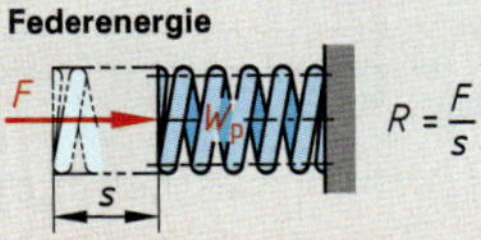

Potenzielle Energie ist gespeicherte Arbeit (Lageenergie, Federenergie).

W_p	potenzielle Energie	s, h	Weg, Hub- oder Fallhöhe
F_G	Gewichtskraft		
F	Federkraft	s	Federweg
R	Federrate		

Beispiel:

Fallhammer, $m = 30$ kg; $s = 2{,}6$ m; $W_p = ?$

$\mathbf{W_p} = F_G \cdot s = 30\ \text{kg} \cdot 9{,}81\ \dfrac{\text{m}}{\text{s}^2} \cdot 2{,}6\ \text{m} = \mathbf{765\ J}$

Lageenergie

$$W_p = F_G \cdot s$$

Federenergie

$$W_p = \frac{R \cdot s^2}{2}$$

Kinetische Energie

geradlinige Bewegung

Drehbewegung (Rotation)

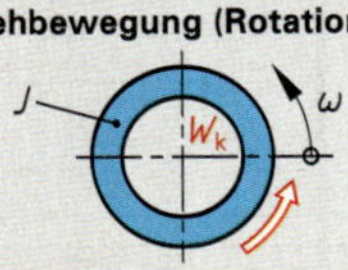

Kinetische Energie ist Energie der Bewegung.

W_k	kinetische Energie	v	Geschwindigkeit
ω	Winkelgeschwindigkeit	m	Masse
J	Massenträgheitsmoment		

Beispiel:

Fallhammer, $m = 30$ kg; $s = 2{,}6$ m; $W_k = ?$

$v = \sqrt{2 \cdot g \cdot s} = \sqrt{2 \cdot 9{,}81\ \text{m/s}^2 \cdot 2{,}6\ \text{m}} = 7{,}14\ \text{m/s}$

$\mathbf{W_k} = \dfrac{m \cdot v^2}{2} = \dfrac{30\ \text{kg} \cdot (7{,}14\ \text{m/s})^2}{2} = \mathbf{765\ J}$

Kinetische Energie bei geradliniger Bewegung

$$W_k = \frac{m \cdot v^2}{2}$$

Kinetische Energie bei Drehbewegung

$$W_k = \frac{J \cdot \omega^2}{2}$$

Goldene Regel der Mechanik

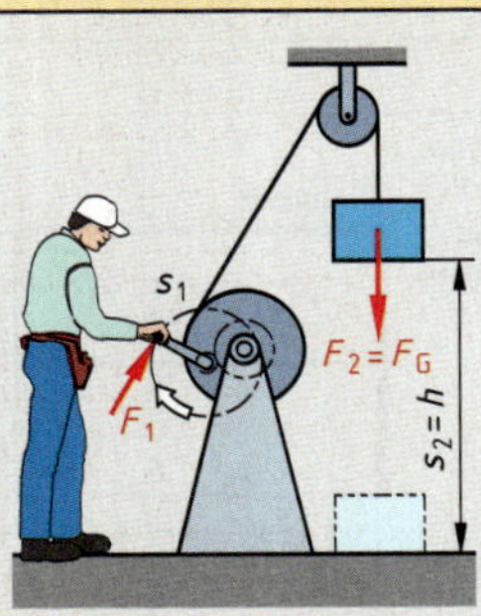

Was an Kraft gewonnen wird, geht an Weg verloren.

W_1	aufgewendete Arbeit	W_2	abgegebene Arbeit
F_1	aufgewendete Kraft	F_2	abgegebene Kraft
s_1	Weg der Kraft F_1	s_2	Weg der Kraft F_2
F_G	Gewichtskraft	η	Wirkungsgrad
h	Hubhöhe		

Beispiel:

Hubeinrichtung, $F_G = 5$ kN; $h = 2$ m; $F = 300$ N; $s = ?$

$\mathbf{s} = \dfrac{F_G \cdot h}{F} = \dfrac{5000\ \text{N} \cdot 2\ \text{m}}{300\ \text{N}} = \mathbf{33{,}3\ m}$

„Goldene Regel" der Mechanik

$$W_1 = W_2$$

$$F_1 \cdot s_1 = F_2 \cdot s_2$$

$$F_1 \cdot s_1 = F_G \cdot h$$

Bei Berücksichtigung der Reibung

$$W_1 = \frac{W_2}{\eta}$$

P

Einfache Maschinen

Feste Rolle[1)]

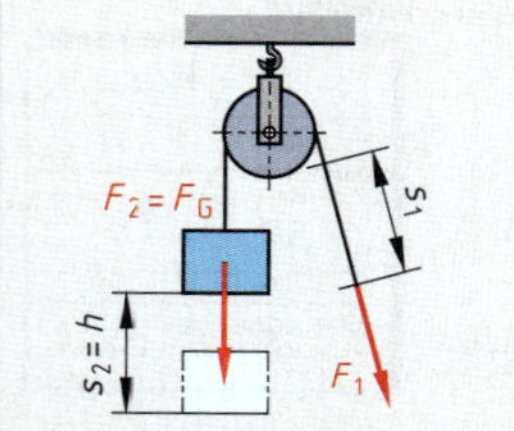

$$F_1 = F_G$$

$$s_1 = h$$

$$W_2 = F_G \cdot h$$

Lose Rolle[1)]

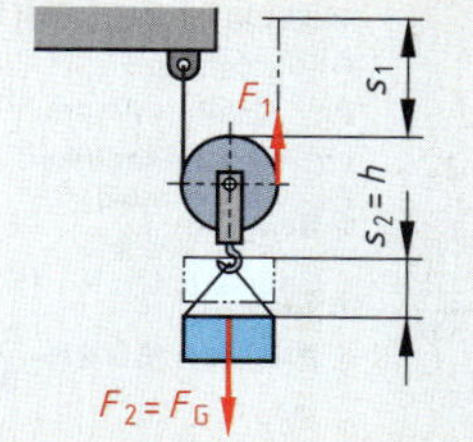

$$F_1 = \frac{F_G}{2}$$

$$s_1 = 2 \cdot h$$

$$W_2 = F_G \cdot h$$

Flaschenzug[1)]

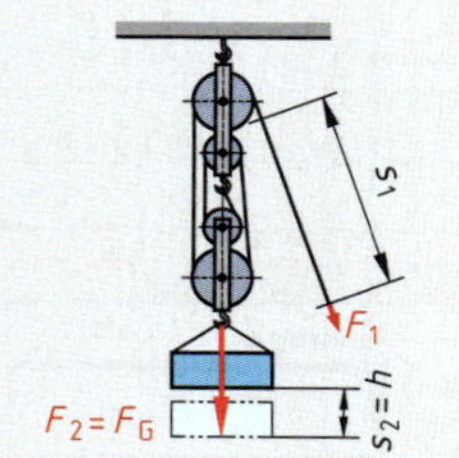

n Anzahl der tragenden Seilstränge, Rollenzahl

$$F_1 = \frac{F_G}{n}$$

$$s_1 = n \cdot h$$

$$W_2 = F_G \cdot h$$

Schiefe Ebene[1)]

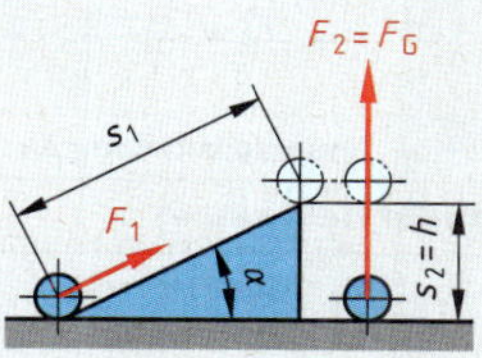

α Neigungswinkel

$$F_1 \cdot s_1 = F_G \cdot h$$

$$F_1 = F_G \cdot \sin\alpha$$

$$W_2 = F_G \cdot h$$

Keil[1)]

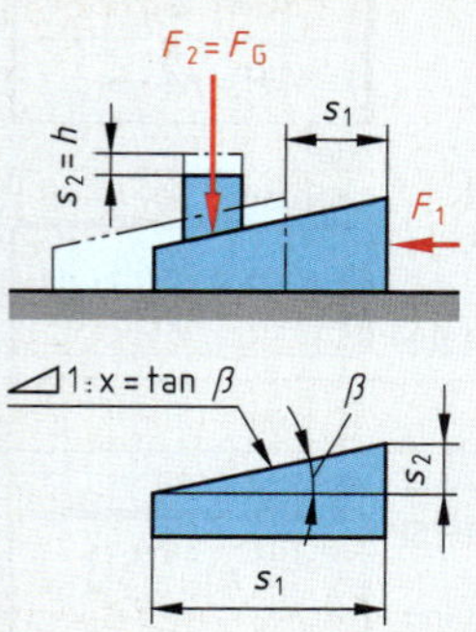

β Neigungswinkel
$\tan\beta$ Neigung

$$F_1 \cdot s_1 = F_2 \cdot h$$

$$F_2 = \frac{F_1}{\tan\beta}$$

$$s_2 = s_1 \cdot \tan\beta$$

$$W_2 = F_2 \cdot h$$

Schraube[1)]

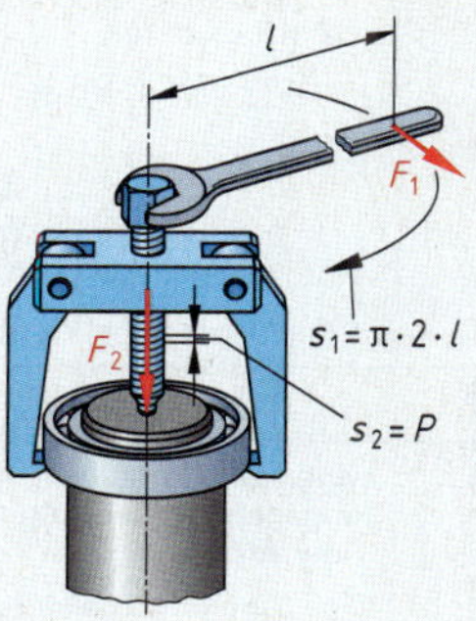

P Gewindesteigung
l Hebellänge
Für 1 volle Umdrehung

$$F_1 \cdot 2 \cdot \pi \cdot l = F_2 \cdot P$$

$$s_1 = 2 \cdot \pi \cdot l$$

$$W_1 = F_1 \cdot 2 \cdot \pi \cdot l$$

$$W_2 = F_2 \cdot P$$

Seilwinde[1)]

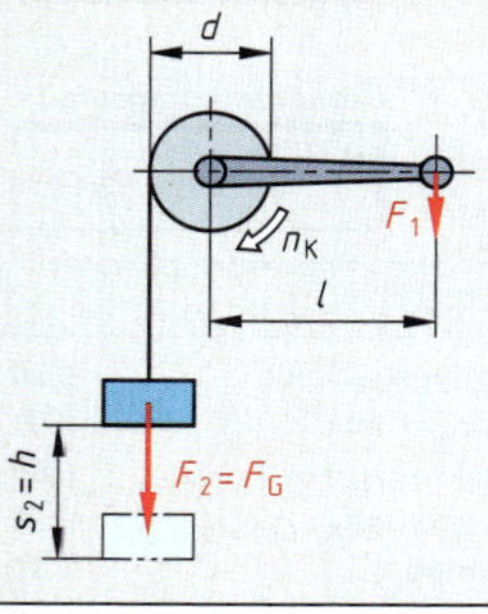

l Kurbellänge
d Trommeldurchmesser
n_K Zahl der Kurbelumdrehungen

$$F_1 \cdot l = \frac{F_G \cdot d}{2}$$

$$h = \pi \cdot d \cdot n_K$$

$$W_2 = F_G \cdot h$$

Räderwinde[1)]

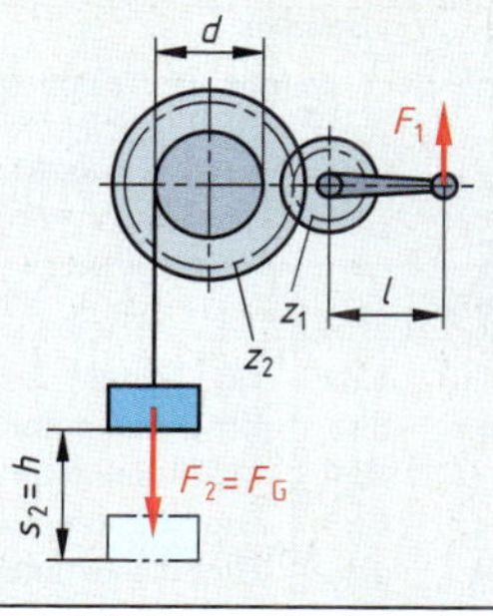

l Kurbellänge
d Trommeldurchmesser
i Übersetzungsverhältnis

$$F_1 \cdot l \cdot i = \frac{F_G \cdot d}{2}$$

$$i = \frac{z_2}{z_1}$$

$$W_2 = F_G \cdot h$$

1) Die Formeln gelten für den gedachten reibungsfreien Zustand. Bei diesem ist die aufgewendete Arbeit W_1 gleich der abgegebenen Arbeit W_2.

P

Leistung und Wirkungsgrad

Leistung bei geradliniger Bewegung

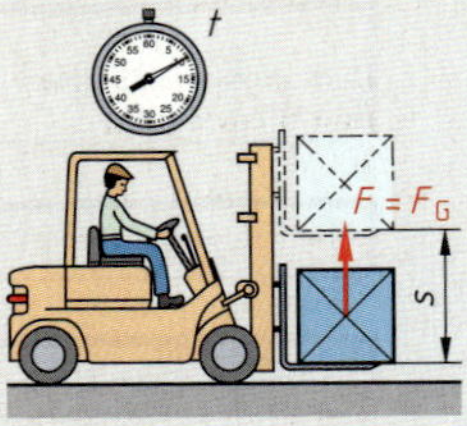

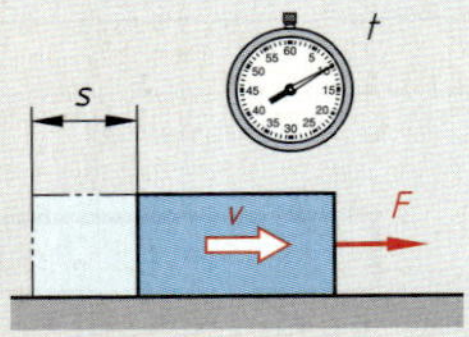

Leistung ist die Arbeit in der Zeiteinheit.

P	Leistung	s	Weg in Kraftrichtung
W	Arbeit	t	Zeit
v	Geschwindigkeit		

1. Beispiel:

Gabelstapler, $F = 15$ kN; $v = 25$ m/min; $P = ?$

$$\boldsymbol{P} = F \cdot v = 15\,000\,\text{N} \cdot \frac{25\,\text{m}}{60\,\text{s}} = 6250\,\frac{\text{N} \cdot \text{m}}{\text{s}} = 6250\,\text{W} = \mathbf{6{,}25\,kW}$$

2. Beispiel:

Kran hebt Werkzeugmaschine, $m = 1{,}2$ t; $s = 2{,}5$ m; $t = 4{,}5$ s; $P = ?$

$$F_G = m \cdot g = 1200\,\text{kg} \cdot 9{,}81\,\text{m/s}^2 = 11\,772\,\text{N}$$

$$\boldsymbol{P} = \frac{F_G \cdot s}{t} \cdot \frac{11\,772\,\text{N} \cdot 2{,}5\,\text{m}}{4{,}5\,\text{s}} = 6540\,\text{W} = \mathbf{6{,}5\,kW}$$

Leistung von Pumpen und Zylindern: Seite 371

Leistung

$$P = \frac{W}{t}$$

$$P = \frac{F \cdot s}{t}$$

$$P = F \cdot v$$

$$1\,\text{W} = 1\,\frac{\text{J}}{\text{s}} = 1\,\frac{\text{N} \cdot \text{m}}{\text{s}}$$

$1\,\text{kW} = 1{,}36$ PS

Leistung bei kreisförmiger Bewegung

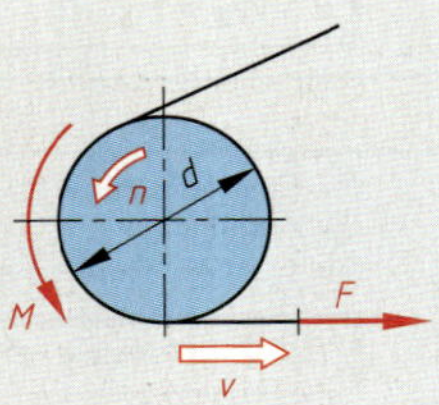

P	Leistung	s	Weg in Kraftrichtung
M	Drehmoment	t	Zeit
F	Umfangskraft	n	Drehzahl
v	Geschwindigkeit	ω	Winkelgeschwindigkeit

Beispiel:

Riementrieb, $F = 1{,}2$ kN; $d = 200$ mm; $n = 2800$/min; $P = ?$

$$\boldsymbol{P} = F \cdot \pi \cdot d \cdot n$$

$$= 1{,}2\,\text{kN} \cdot \pi \cdot 0{,}2\,\text{m} \cdot \frac{2800}{60\,\text{s}} = 35{,}2\,\frac{\text{kN} \cdot \text{m}}{\text{s}} = \mathbf{35{,}2\,kW}$$

Zahlenwertgleichung:
Einsetzen → M in N · m, n in 1/min
Ergebnis → P in kW

Schnittleistung bei Werkzeugmaschinen: Seiten 299 und 300

Leistung

$$P = F \cdot v$$

$$P = F \cdot \pi \cdot d \cdot n$$

$$P = M \cdot 2 \cdot \pi \cdot n$$

$$P = M \cdot \omega$$

oder:

Leistung

$$P = \frac{M \cdot n}{9550}$$

Wirkungsgrad

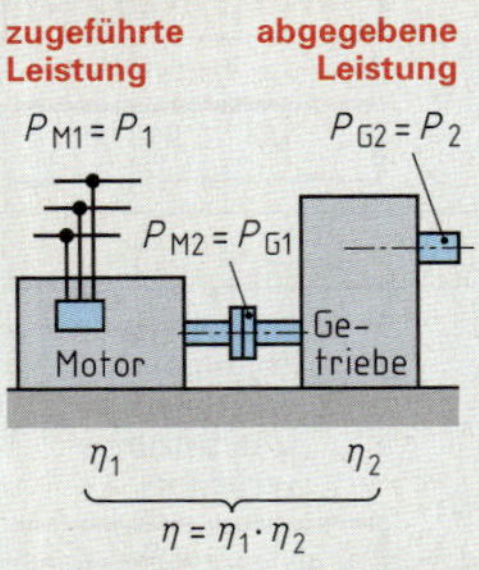

Unter dem Wirkungsgrad versteht man das Verhältnis von abgegebener Leistung oder Arbeit zu zugeführter Leistung oder Arbeit.

P_1	zugeführte Leistung	P_2	abgegebene Leistung
W_1	zugeführte Arbeit	W_2	abgegebene Arbeit
η	Gesamtwirkungsgrad	η_1, η_2	Teilwirkungsgrade

Beispiel:

Antrieb, $P_1 = 4$ kW; $P_2 = 3$ kW; $\eta_1 = 85\,\%$; $\eta = ?$; $\eta_2 = ?$

$$\boldsymbol{\eta} = \frac{P_2}{P_1} = \frac{3\,\text{kW}}{4\,\text{kW}} = \mathbf{0{,}75}; \qquad \boldsymbol{\eta_2} = \frac{\eta}{\eta_1} = \frac{0{,}75}{0{,}85} = \mathbf{0{,}88}$$

Wirkungsgrad

$$\eta = \frac{P_2}{P_1}$$

$$\eta = \frac{W_2}{W_1}$$

Gesamtwirkungsgrad

$$\eta = \eta_1 \cdot \eta_2 \cdot \eta_3 \ldots$$

Wirkungsgrade η (Richtwerte)

Braunkohlekraftwerk	0,32	Otto-Motor	0,27	Bewegungsgewinde	0,30
Steinkohlekraftwerk	0,41	Kfz-Dieselmotor (Teillast)	0,24	Zahnradgetriebe	0,97
Erdgaskraftwerk	0,50	Kfz-Dieselmotor (Volllast)	0,40	Schneckengetriebe $i = 40$	0,65
Gasturbine	0,38	Großdieselmotor (Teillast)	0,33	Reibradgetriebe	0,80
Dampfturbine (Hochdruck)	0,45	Großdieselmotor (Volllast)	0,55	Kettentrieb	0,90
Wasserturbine	0,85	Drehstrom-Motor	0,85	Breitkeilriemengetriebe	0,85
Kraft-Wärmekopplung	0,75	Werkzeugmaschine	0,75	Hydrogetriebe	0,75

Reibungsarten, Reibungszahlen

Reibungskraft

Haftreibung, Gleitreibung

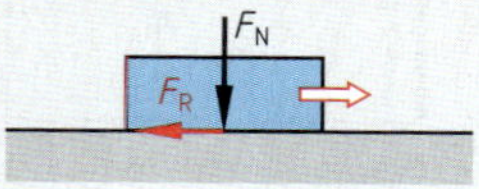

Haftreibung, Gleitreibung

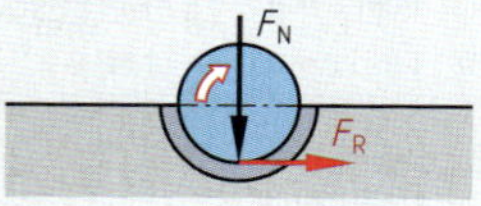

Rollreibung

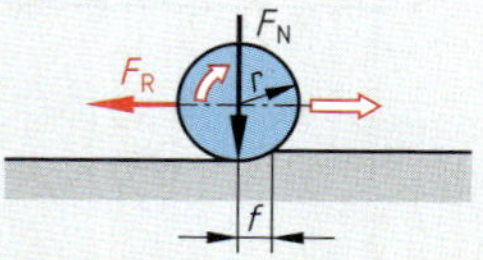

Die auftretende Reibungskraft ist von der Normalkraft F_N abhängig und von

- der Reibungsart: Haft-, Gleit- oder Rollreibung
- dem Reibungszustand (Schmierzustand): Festkörper-, Misch- oder Flüssigkeitsreibung
- der Oberflächenrauheit
- der Werkstoffpaarung (Werkstoffkombination)

Die Einflüsse werden in der aus Versuchen ermittelten Reibungszahl μ zusammengefasst.

F_N Normalkraft
F_R Reibungskraft
f Rollreibungszahl
μ Reibungszahl
r Radius

Reibungskraft bei Haft- und Gleitreibung

$$F_R = \mu \cdot F_N$$

Reibungskraft bei Rollreibung[1]

$$F_R = \frac{f \cdot F_N}{r}$$

1. Beispiel:

Gleitlager, $F_N = 100$ N; $\mu = 0{,}03$; $F_R = ?$

$\boldsymbol{F_R} = \mu \cdot F_N = 0{,}03 \cdot 100\ \text{N} = \mathbf{3\ N}$

2. Beispiel:

Kranrad auf Stahlschiene, $F_N = 45$ kN; $d = 320$ mm; $f = 0{,}5$ mm; $F_R = ?$

$$\boldsymbol{F_R} = \frac{f \cdot F_N}{r} = \frac{0{,}5\ \text{mm} \cdot 45\,000\ \text{N}}{160\ \text{mm}} = \mathbf{140{,}6\ N}$$

[1] verursacht durch elastische Verformungen zwischen Rollkörper und Rollbahn

Reibungszahlen (Richtwerte)

Werkstoffpaarung	Anwendungsbeispiel	Haftreibungszahl μ trocken	Haftreibungszahl μ geschmiert	Gleitreibungszahl μ trocken	Gleitreibungszahl μ geschmiert
Stahl/Stahl	Schraubstockführung	0,20	0,10	0,15	0,10…0,05
Stahl/Gusseisen	Maschinenführung	0,20	0,15	0,18	0,10…0,08
Stahl/Cu-Sn-Legierung	Welle in Massivgleitlager	0,20	0,10	0,10	0,06…0,03[2]
Stahl/Pb-Sn-Legierung	Welle in Verbundgleitlager	0,15	0,10	0,10	0,05…0,03[2]
Stahl/Polyamid	Welle in PA-Gleitlager	0,30	0,15	0,30	0,12…0,03[2]
Stahl/PTFE	Tieftemperaturlager	0,04	0,04	0,04	0,04[2]
Stahl/Reibbelag	Backenbremse	0,60	0,30	0,55	0,03…0,02
Stahl/Holz	Bauteil auf Montagebock	0,55	0,10	0,35	0,05
Holz/Holz	Unterleghölzer	0,50	0,20	0,30	0,10
Gusseisen/Cu-Sn-Legierung	Einstellleiste an Führung	0,28	0,16	0,21	0,20…0,10
Gummi/Gusseisen	Riemen auf Riemenscheibe	0,50	–	–	–
Wälzkörper/Stahl	Wälzlager[3], Wälzführung[3]	–	–	–	0,003…0,001

[2] Mit zunehmender Gleitgeschwindigkeit und sich einstellender Misch- und Flüssigkeitsreibung verliert die Werkstoffpaarung ihren Einfluss.
[3] Berechnung erfolgt trotz rollender Bewegung üblicherweise wie bei Haft- bzw. Gleitreibung.

Rollreibungszahlen (Richtwerte)[4]

Werkstoffpaarung	Anwendungsbeispiel	Rollreibungszahl f in mm
Stahl/Stahl	Stahlrad auf Führungsschiene	0,5
Kunststoff/Beton	Transportrollen auf Hallenboden	5
Gummi/Asphalt	Autoreifen auf Straße	8

[4] Angaben zu Rollreibungszahlen schwanken in der Fachliteratur z.T. stark.

Reibungsmoment und Reibungsleistung in Lagern

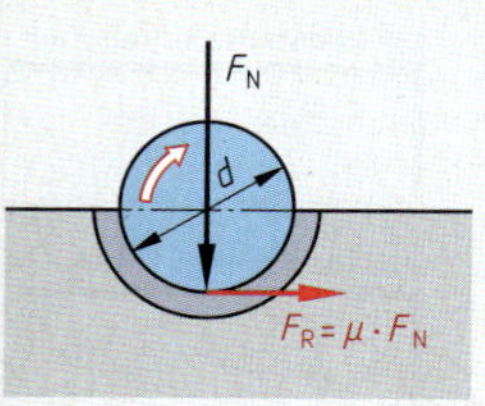

M Reibungsmoment
F_N Normalkraft
P Reibungsleistung
μ Reibungszahl
d Durchmesser
n Drehzahl

Reibungsmoment

$$M = \frac{\mu \cdot F_N \cdot d}{2}$$

Reibungsleistung

$$P = \mu \cdot F_N \cdot \pi \cdot d \cdot n$$

Beispiel:

Stahlwelle in Cu-Sn-Gleitlager, $\mu = 0{,}05$; $F_N = 6$ kN; $d = 160$ mm; $M = ?$

$$\boldsymbol{M} = \frac{\mu \cdot F_N \cdot d}{2} = \frac{0{,}05 \cdot 6000\ \text{N} \cdot 0{,}16\ \text{m}}{2} = \mathbf{24\ N \cdot m}$$

P

Druckarten

Druck

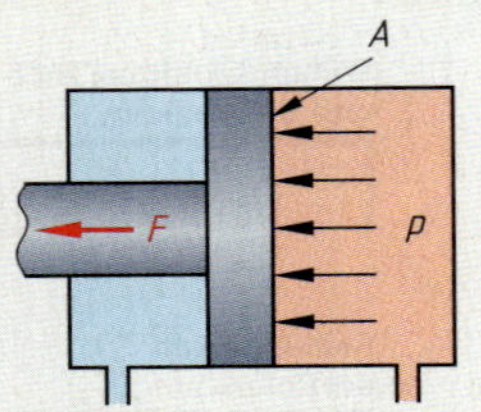

p Druck
F Kraft
A Fläche

Beispiel:

F = 2 MN; Kolben-Ø d = 400 mm; p = ?

$$\mathbf{p} = \frac{F}{A} = \frac{2000000\ \text{N}}{\frac{\pi \cdot (40\ \text{cm})^2}{4}} = 1591\ \frac{\text{N}}{\text{cm}^2} = \mathbf{159{,}1\ bar}$$

Berechnungen zur Hydraulik und Pneumatik: Seite 370

Druck

$$p = \frac{F}{A}$$

Druckeinheiten

$1\ \text{Pa} = 1\ \frac{\text{N}}{\text{m}^2} = 0{,}00001\ \text{bar}$

$1\ \text{bar} = 10\ \frac{\text{N}}{\text{cm}^2} = 0{,}1\ \frac{\text{N}}{\text{mm}^2}$

1 mbar = 100 Pa = 1 hPa

Überdruck, Luftdruck, absoluter Druck

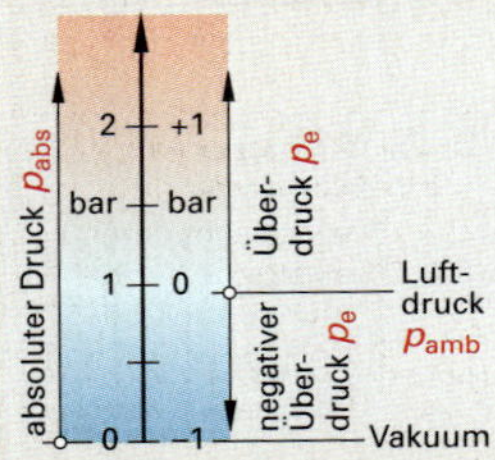

p_e Überdruck (excedens, überschreitend)
p_{amb} Luftdruck (ambient, umgebend)
p_{abs} absoluter Druck

Der Überdruck ist
positiv, wenn $p_{abs} > p_{amb}$ ist und
negativ, wenn $p_{abs} < p_{amb}$ ist (Unterdruck)

Beispiel:

Autoreifen, p_e = 2,2 bar; p_{amb} = 1 bar; p_{abs} = ?

$\mathbf{p_{abs}} = p_e + p_{amb}$ = 2,2 bar + 1 bar = **3,2 bar**

Überdruck

$$p_e = p_{abs} - p_{amb}$$

p_{amb} = 1,013 bar ≈ 1 bar
(Normal-Luftdruck)

Hydrostatischer Druck, Auftrieb

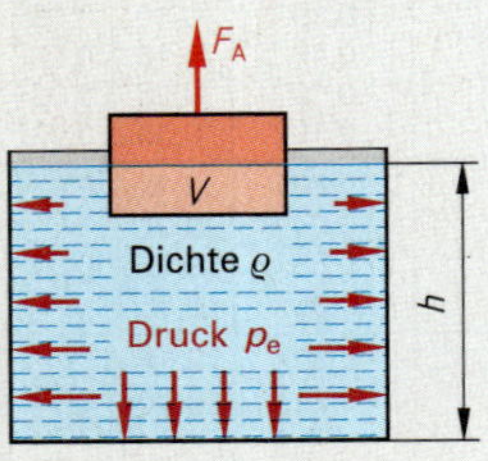

p_e hydrostatischer Druck, Eigendruck
ϱ Dichte der Flüssigkeit
g Fallbeschleunigung
F_A Auftriebskraft
V Eintauchvolumen
h Flüssigkeitstiefe

Beispiel:

Welcher Druck herrscht in 10 m Wassertiefe?

$$\mathbf{p_e} = g \cdot \varrho \cdot h = 9{,}81\ \frac{\text{m}}{\text{s}^2} \cdot 1000\ \frac{\text{kg}}{\text{m}^3} \cdot 10\ \text{m}$$

$$= 98\,100\ \frac{\text{kg}}{\text{m} \cdot \text{s}^2} = 98\,100\ \text{Pa} \approx \mathbf{1\ bar}$$

Hydrostatischer Druck

$$p_e = g \cdot \varrho \cdot h$$

Auftriebskraft

$$F_A = g \cdot \varrho \cdot V$$

$g = 9{,}81\ \frac{\text{m}}{\text{s}^2} \approx 10\ \frac{\text{m}}{\text{s}^2}$

Dichtewerte: Seite 117

Zustandsänderung bei Gasen

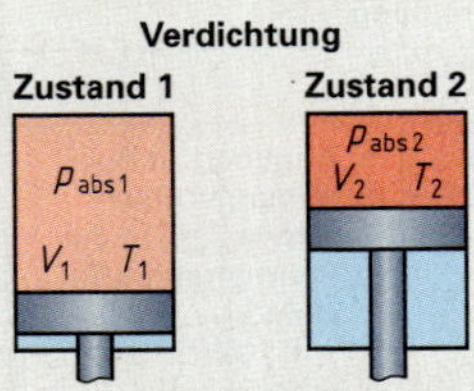

Gesetz von Boyle-Mariotte

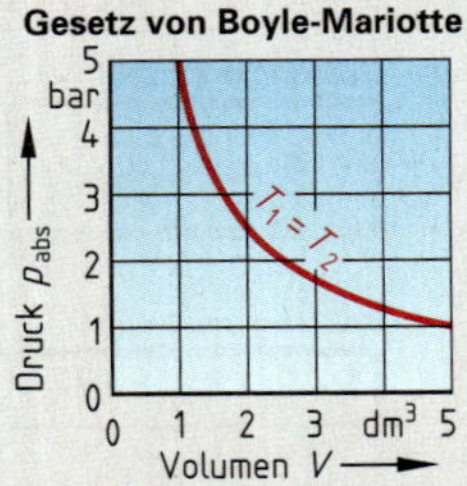

Zustand 1

p_{abs1} absoluter Druck
V_1 Volumen
T_1 absolute Temperatur

Zustand 2

p_{abs2} absoluter Druck
V_2 Volumen
T_2 absolute Temperatur

Beispiel:

Ein Kompressor saugt V_1 = 30 m³ Luft mit p_{abs1} = 1 bar und t_1 = 15 °C an und verdichtet sie auf V_2 = 3,5 m³ und t_2 = 150 °C.
Welcher Druck p_{abs2} herrscht?

Berechnung der absoluten Temperaturen (Seite 51):

$T_1 = t_1 + 273 = (15 + 273)\ \text{K} = 288\ \text{K}$

$T_2 = t_2 + 273 = (150 + 273)\ \text{K} = 423\ \text{K}$

$$\mathbf{p_{abs2}} = \frac{p_{abs1} \cdot V_1 \cdot T_2}{T_1 \cdot V_2}$$

$$= \frac{1\ \text{bar} \cdot 30\ \text{m}^3 \cdot 423\ \text{K}}{288\ \text{K} \cdot 3{,}5\ \text{m}^3} = \mathbf{12{,}6\ bar}$$

Allgemeine Gasgleichung

$$\frac{p_{abs1} \cdot V_1}{T_1} = \frac{p_{abs2} \cdot V_2}{T_2}$$

Sonderfälle:

bei konstanter Temperatur

$$p_{abs1} \cdot V_1 = p_{abs2} \cdot V_2$$

bei konstantem Volumen

$$\frac{p_{abs1}}{T_1} = \frac{p_{abs2}}{T_2}$$

bei konstantem Druck

$$\frac{V_1}{T_1} = \frac{V_2}{T_2}$$

Belastungsfälle, Beanspruchungsarten, Werkstoffkennwerte, Grenzspannungen

Belastungsfälle

statische Belastung	dynamische Belastung	
ruhend	schwellend	wechselnd
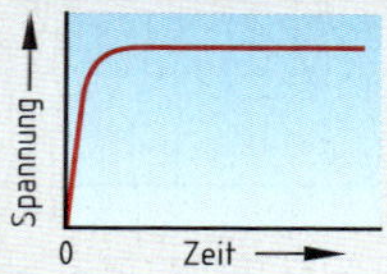	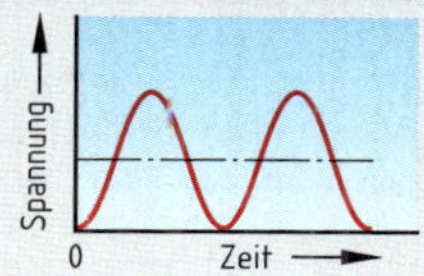	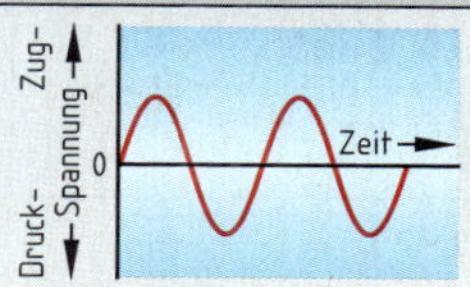
Belastungsfall I Größe und Richtung der Belastung sind gleichbleibend, z. B. bei einer Gewichtsbelastung auf Pfeilern.	**Belastungsfall II** Die Belastung steigt auf einen Höchstwert an und geht auf null zurück, z. B. bei Kranseilen und Federn.	**Belastungsfall III** Die Belastung wechselt zwischen einem positiven und einem gleich großen negativen Höchstwert, z. B. bei umlaufenden Achsen.

Beanspruchungsarten, Werkstoffkennwerte und Grenzspannungen

Beanspruchungsart	Spannung	Werkstoffkennwerte			Maßgebende Grenzspannung σ_{lim} für Belastungsfall		
		Festigkeit	Grenzwerte gegen plastische Formänderung	Formänderung	I	II	III
Zug 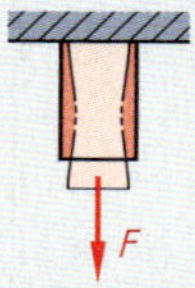	Zug-spannung σ_z	Zug-festigkeit R_m	Streckgrenze R_e 0,2 %-Dehn-grenze $R_{p0,2}$	Dehnung ε Bruch-dehnung A	Werkstoff zäh (Stahl): R_e, $R_{p0,2}$ spröd (Gusseisen): R_m	Zug-Schwell-festigkeit σ_{zSch}	Zug-Wechsel-festigkeit σ_{zW}
Druck 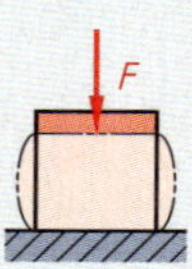	Druck-spannung σ_d	Druck-festigkeit σ_{dB}	Quetsch-grenze σ_{dF} 0,2 %-Stauch-grenze $\sigma_{d0,2}$	Stauchung ε_d Bruch-stauchung ε_{dB}	Werkstoff zäh (Stahl): σ_{dF}, $\sigma_{d0,2}$ spröd (Gusseisen): σ_{dB}	Druck-Schwell-festigkeit σ_{dSch}	Druck-Wechsel-festigkeit σ_{dW}
Biegung 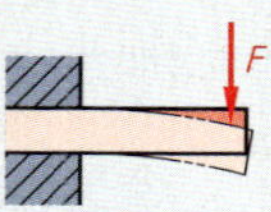	Biege-spannung σ_b	Biege-festigkeit σ_{bB}	Biege-grenze σ_{bF}	Durch-biegung f	Biege-grenze σ_{bF}	Biege-Schwell-festigkeit σ_{bSch}	Biege-Wechsel-festigkeit σ_{bW}
Abscherung 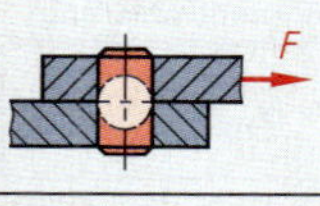	Scher-spannung τ_a	Scher-festigkeit τ_{aB}	–	–	Scher-festigkeit τ_{aB}	–	–
Verdrehung (Torsion) 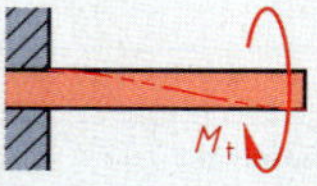	Torsions-spannung τ_t	Torsions-festigkeit τ_{tB}	Verdreh-grenze τ_{tF}	Verdreh-winkel φ	Verdreh-grenze τ_{tF}	Torsions-Schwell-festigkeit τ_{tSch}	Torsions-Wechsel-festigkeit τ_{tW}
Knickung 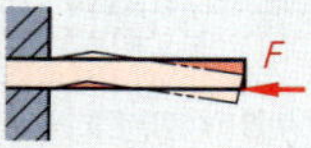	Knick-spannung σ_k	Knick-festigkeit σ_{kB}	–	–	Knick-festigkeit σ_{kB}	–	–

P

Festigkeitswerte, zulässige Spannungen, Sicherheitszahlen

Festigkeitswerte für statische und dynamische Belastung[1)]

Beanspruchungsart	Zug, Druck			Abscherung	Biegung			Verdrehung		
Belastungsfall	I	II	III	I	I	II	III	I	II	III
Grenzspannung σ_{lim}	R_e, $R_{p0,2}$ σ_{dF}, $\sigma_{d0,2}$	σ_{zSch} σ_{dSch}	σ_{zW} σ_{dW}	τ_{aB}	σ_{bF}	σ_{bSch}	σ_{bW}	τ_{tF}	τ_{tSch}	τ_{tW}
Werkstoff	Grenzspannung σ_{lim} in N/mm²									
S235	235	235	150	290	330	290	170	140	140	120
S275	275	275	180	340	380	350	200	160	160	140
E295	295	295	210	390	410	410	240	170	170	150
E335	335	335	250	470	470	470	280	190	190	160
E360	365	365	300	550	510	510	330	210	210	190
C15	440	440	330	600	610	610	370	250	250	210
17Cr3	510	510	390	800	710	670	390	290	290	220
16MnCr5	635	635	430	880	890	740	440	360	360	270
20MnCr5	735	735	480	940	1030	920	540	420	420	310
18CrNiMo7-6	835	835	550	960	1170	1040	610	470	470	350
C22E	340	340	220	400	490	410	240	245	245	165
C45E	490	490	280	560	700	520	310	350	350	210
C60E	580	580	325	680	800	600	350	400	480	240
46Cr2	650	630	370	720	910	670	390	455	455	270
41Cr4	800	710	410	800	1120	750	440	560	510	330
50CrMo4	900	760	450	880	1260	820	480	630	560	330
30CrNiMo8	1050	870	510	1000	1470	930	550	735	640	375
GS-38	200	200	160	300	260	260	150	115	115	90
GS-45	230	230	185	360	300	300	180	135	135	105
GS-52	260	260	210	420	340	340	210	150	150	120
GS-60	300	300	240	480	390	390	240	175	175	140
EN-GJS-400	250	240	140	400	350	345	220	200	195	115
EN-GJS-500	300	270	155	500	420	380	240	240	225	130
EN-GJS-600	360	330	190	600	500	470	270	290	275	160
EN-GJS-700	400	355	205	700	560	520	300	320	305	175

1) Die Werte wurden ermittelt mit zylindrischen Proben von $d \leq 16$ mm und polierter Oberfläche. Sie gelten für: Baustähle im normalgeglühten Zustand; Einsatzstähle für die Kernfestigkeit nach Einsatzhärtung und Rückfeinung; Vergütungsstähle im vergüteten Zustand.
Die Druckfestigkeit für Gusseisen mit Lamellengraphit ist $\sigma_{dB} \approx 4 \cdot R_m$.
Für den Stahlhochbau sind die Werte nach DIN 18800 zu verwenden.

Zulässige Spannung für Vordimensionierung von Maschinenbauteilen

Aus Sicherheitsgründen dürfen Bauteile nur mit einem Teil der zur bleibenden Verformung, zum Bruch oder Dauerbruch führenden Grenzspannung σ_{lim} belastet werden.

σ_{zul} zulässige Spannung
ν Sicherheitszahl (untere Tabelle)
σ_{lim} Grenzspannung je nach Beanspruchungsart und Belastungsfall

zulässige Spannung (Vordimensionierung)

$$\sigma_{zul} = \frac{\sigma_{lim}}{\nu}$$

Beispiel:

Wie groß ist die zulässige Zugspannung $\sigma_{z\,zul}$ für eine Sechskantschraube ISO 4017 – M12 x 50 – 10.9, wenn bei statischer Belastung 1,5fache Sicherheit gefordert wird?

$$\sigma_{lim} = R_e = 10 \cdot 9 \cdot 10 \frac{N}{mm^2} = 900 \frac{N}{mm^2}; \quad \boldsymbol{\sigma_{z\,zul}} = \frac{\sigma_{lim}}{\nu} = \frac{900\ N/mm^2}{1{,}5} = \mathbf{600 \frac{N}{mm^2}}$$

Festigkeitswerte für Schrauben: Seite 211

Sicherheitszahlen ν für Vordimensionierung von Maschinenbauteilen

Belastungsfall	I (statisch)		II und III (dynamisch)	
Werkstoffart	Zähe Werkstoffe, z.B. Stahl	Spröde Werkstoffe, z.B. Gusseisen	Zähe Werkstoffe, z.B. Stahl	Spröde Werkstoffe, z.B. Gusseisen
Sicherheitszahl ν	1,2…1,8	2,0…4,0	3…4[1)]	3…6[1)]

1) Die hohen Sicherheiten gegenüber den Grenzspannungen berücksichtigen die bei der Vordimensionierung noch nicht erfassbaren festigkeitsmindernden Einflüsse der Bauteilgestalt (Gestaltfestigkeit Seite 48).

Beanspruchung auf Zug, Druck, Flächenpressung

Beanspruchung auf Zug

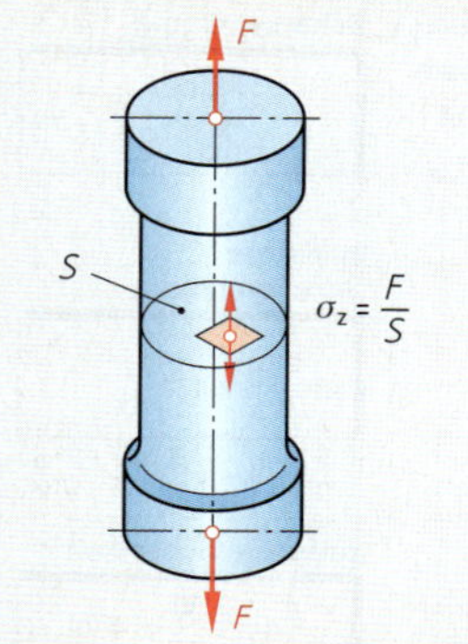

Die Berechnung der zulässigen Spannung gilt nur für statische Belastung (Belastungsfall I).

σ_z	Zugspannung	R_e	Streckgrenze
F	Zugkraft	R_m	Zugfestigkeit
S	Querschnittsfläche	ν	Sicherheitszahl
$\sigma_{z\,zul}$	zulässige Zugspannung	F_{zul}	zulässige Zugkraft

Beispiel:

Rundstahl, $\sigma_{z\,zul} = 130\ \text{N/mm}^2$ (S235JR, $\nu = 1{,}8$)
$F_{zul} = 13{,}7\ \text{kN}$; $d = ?$

$$S = \frac{F_{zul}}{\sigma_{z\,zul}} = \frac{13\,700\ \text{N}}{130\ \text{N/mm}^2} = 105\ \text{mm}^2$$

d = **12 mm** (nach Tabelle Seite 10)

Festigkeitswerte R_e und R_m: Seiten 130 bis 138
Berechnung der elastischen Dehnung: Seite 190

Zugspannung

$$\sigma_z = \frac{F}{S}$$

zulässige Zugkraft

$$F_{zul} = \sigma_{z\,zul} \cdot S$$

zulässige Zugspannung

für Stahl: $$\sigma_{z\,zul} = \frac{R_e}{\nu}$$

für Gusseisen: $$\sigma_{z\,zul} = \frac{R_m}{\nu}$$

Beanspruchung auf Druck

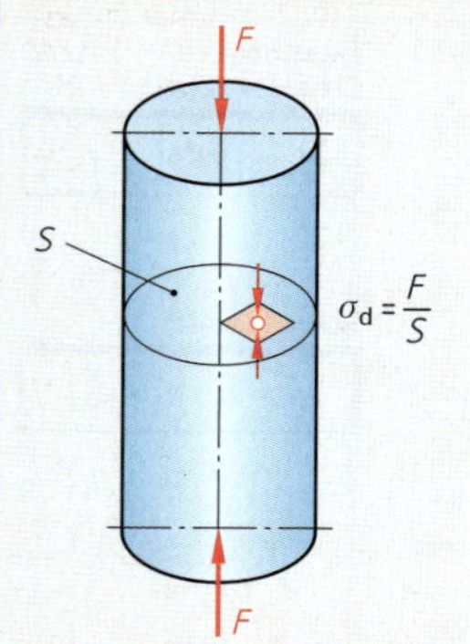

Die Berechnung der zulässigen Spannung gilt nur für statische Belastung (Belastungsfall I).

σ_{dF}	Quetschgrenze	F	Druckkraft
σ_d	Druckspannung	F_{zul}	zulässige Druckkraft
$\sigma_{d\,zul}$	zulässige Druckspannung	S	Querschnittsfläche
ν	Sicherheitszahl	R_m	Zugfestigkeit

Beispiel:

Gestell aus EN-GJL-300; $S = 2800\ \text{mm}^2$;
$\nu = 2{,}5$; $F_{zul} = ?$

$$F_{zul} = \sigma_{d\,zul} \cdot S = \frac{4 \cdot R_m}{\nu} \cdot S$$

$$= \frac{4 \cdot 300\ \text{N/mm}^2}{2{,}5} \cdot 2800\ \text{mm}^2 = 1\,344\,000\ \text{N}$$

Festigkeitswerte: Seite 44 sowie Seiten 160 und 161

Druckspannung

$$\sigma_d = \frac{F}{S}$$

zulässige Druckkraft

$$F_{zul} = \sigma_{d\,zul} \cdot S$$

zulässige Druckspannung

für Stahl: $$\sigma_{d\,zul} = \frac{\sigma_{dF}}{\nu}$$

für Gusseisen: $$\sigma_{d\,zul} \approx \frac{4 \cdot R_m}{\nu}$$

Beanspruchung auf Flächenpressung

[Festlager (auch Lochlaibung)]

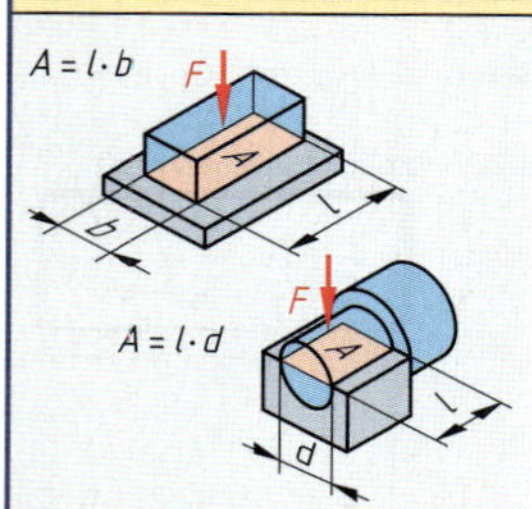

F	Kraft	A	Berührungsfläche, projizierte Fläche
p	Flächenpressung		

Beispiel:

Zwei Bleche mit je 8 mm Dicke werden mit einem Bolzen DIN 1445-10h11 x 16 x 30 verbunden. Wie groß ist die übertragbare Kraft bei einer zulässigen Flächenpressung von 280 N/mm²?

$$F = p \cdot A = 280\ \frac{\text{N}}{\text{mm}^2} \cdot 8\ \text{mm} \cdot 10\ \text{mm}$$

$$= \mathbf{22\,400\ N}$$

Flächenpressung

$$p = \frac{F}{A}$$

Zulässige Flächenpressung bei Stift- und Bolzenverbindungen mit Stiften und Bolzen aus Stahl (Richtwerte)

Einbaufall	Presssitz glatter Stift			Sitz mit gekerbtem Teil			Gleitsitz glatter Bolzen		
Belastungsfall	I	II	III	I	II	III	I	II	III
Bauteilwerkstoff	zulässige Flächenpressung in N/mm²								
S235	100	70	35	70	50	25	30	25	10
E295	105	75	40	75	55	30	30	25	10
Stahlguss	85	60	30	60	45	20	30	25	10
Gusseisen	70	50	25	50	35	20	40	30	15
CuSn-, CuZn-Legierung	40	30	15	30	20	10	40	30	15
AlCuMg-Legierung	65	45	25	45	35	15	20	15	10

Anhaltswerte für zulässige spezifische Lagerbelastung verschiedener Gleitlagerwerkstoffe: Seite 261

Beanspruchung auf Abscherung und Knickung

Beanspruchung auf Abscherung

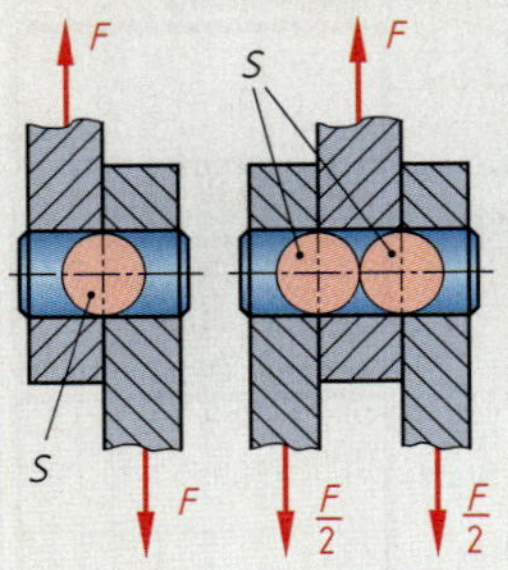

Der belastete Querschnitt darf nicht abgeschert werden.

τ_a	Scherspannung	F_{zul}	zulässige Scherkraft
$\tau_{a\,zul}$	zul. Scherspannung	S	Querschnittsfläche
τ_{aB}	Scherfestigkeit	ν	Sicherheitszahl

Beispiel:

Zylinderstift ∅ 6 mm, einschnittig beansprucht, E 295, $\nu = 3$; $F_{zul} = ?$

$$\tau_{a\,zul} = \frac{\tau_{aB}}{\nu} = \frac{390\ \text{N/mm}^2}{3} = 130\ \frac{\text{N}}{\text{mm}^2}$$

$$S = \frac{\pi \cdot d^2}{4} = \frac{\pi \cdot (6\ \text{mm})^2}{4} = 28{,}3\ \text{mm}^2$$

$$\mathbf{F_{zul}} = S \cdot \tau_{a\,zul} = 28{,}3\ \text{mm}^2 \cdot 130\ \frac{\text{N}}{\text{mm}^2} = \mathbf{3679\ N}$$

Festigkeitswerte τ_{aB} und Sicherheitszahlen: Seite 44

Scherspannung

$$\tau_a = \frac{F}{S}$$

zulässige Scherspannung

$$\tau_{a\,zul} = \frac{\tau_{aB}}{\nu}$$

zulässige Scherkraft

$$F_{zul} = S \cdot \tau_{a\,zul}$$

Schneiden von Werkstoffen

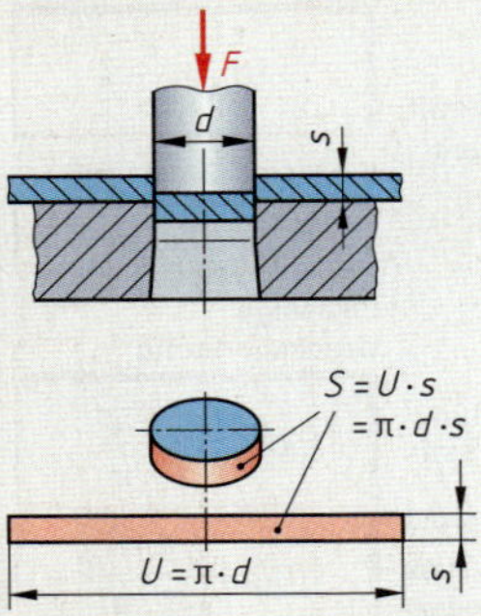

Der belastete Querschnitt muss abgeschert werden.

$\tau_{aB\,max}$	max. Scherfestigkeit	S	Scherfläche
$R_{m\,max}$	max. Zugfestigkeit	F	Schneidkraft

Beispiel:

Lochen eines 3 mm dicken Bleches aus S235JR; $d = 16$ mm; $F = ?$

$R_{m\,max} = 470\ \text{N/mm}^2$ (Tabelle Seite 130)

$\tau_{aB\,max} \approx 0{,}8 \cdot R_{m\,max} = 0{,}8 \cdot 470\ \text{N/mm}^2 = 376\ \text{N/mm}^2$

$S = \pi \cdot d \cdot s = \pi \cdot 16\ \text{mm} \cdot 3\ \text{mm} = 150{,}8\ \text{mm}^2$

$\mathbf{F} = S \cdot \tau_{aB\,max} = 150{,}8\ \text{mm}^2 \cdot 376\ \text{N/mm}^2 = 56701\ \text{N} = \mathbf{56{,}7\ kN}$

Festigkeitswerte $R_{m\,max}$ für Stähle Seiten: 130 bis 138

maximale Scherfestigkeit

$$\tau_{aB\,max} \approx 0{,}8 \cdot R_{m\,max}$$

Schneidkraft

$$F = S \cdot \tau_{aB\,max}$$

Beanspruchung auf Knickung (nach Euler)

Belastungsfall und freie Knicklänge (nach Euler)

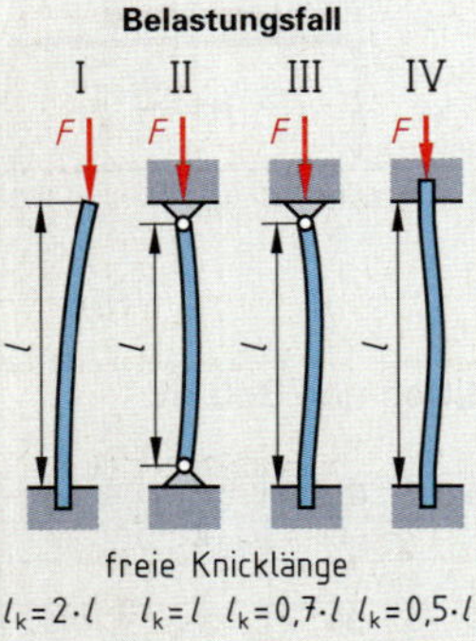

Die Berechnung der Knickung nach Euler gilt nur für schlanke Bauteile und innerhalb des elastischen Bereiches der Werkstücke.

$F_{k\,zul}$	zulässige Knickkraft	E	Elastizitätsmodul
l	Länge	I	Flächenmoment 2. Grades
l_k	freie Knicklänge		
ν	Sicherheitszahl (im Maschinenbau ≈ 3 … 10)		

Beispiel:

Träger IPB200, $l = 3{,}5$ m; beidseitig eingespannt; $\nu = 10$; $F_{kzul} = ?$; $E = 210000\ \text{N/mm}^2 = 21 \cdot 10^6\ \text{N/cm}^2$ (Tabelle unten); I[1] $= 2000\ \text{cm}^4$

$$\mathbf{F_{kzul}} = \frac{\pi^2 \cdot E \cdot I}{l_k^2 \cdot \nu} = \frac{\pi^2 \cdot 21 \cdot 10^6\ \frac{\text{N}}{\text{cm}^2} \cdot 2000\ \text{cm}^4}{(0{,}5 \cdot 350\ \text{cm})^2 \cdot 10} = 1{,}35 \cdot 10^6\ \text{N} = \mathbf{1{,}35\ MN}$$

[1] Flächenmomente 2. Grades: Seite 49 und 146 bis 151. Für den Stahlhochbau sind nach DIN 18800 und DIN 4114 besondere Berechnungsverfahren vorgeschrieben.

zulässige Knickkraft

$$F_{k\,zul} = \frac{\pi^2 \cdot E \cdot I}{l_k^2 \cdot \nu}$$

Elastizitätsmodul E in kN/mm²

Stahl	EN-GJL-150	EN-GJL-300	EN-GJS-400	GS-38	EN-GJMW-350-4	CuZn40	Al-Leg.	Ti-Leg.
196 … 216	80 … 90	110 … 140	170 … 185	210	170	80 … 100	60 … 80	112 … 130

Beanspruchung auf Biegung und Torsion

Beanspruchung auf Biegung

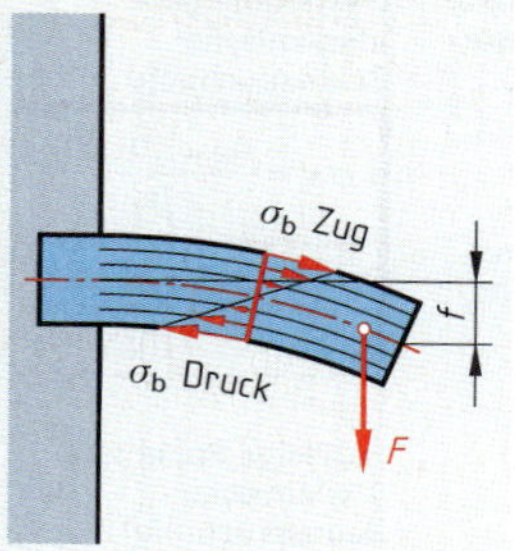

Bei Beanspruchung auf Biegung treten im Bauteil Zug- und Druckspannungen auf. Die maximale Spannung in der Randzone des Bauteils wird berechnet; sie darf die zulässige Biegespannung nicht überschreiten.

σ_b	Biegespannung	F	Biegekraft
M_b	Biegemoment	f	Durchbiegung
W	axiales Widerstandsmoment		

Beispiel:

Träger IPE-240, $W = 324\ \text{cm}^3$ (Seite 149); einseitig eingespannt; Einzelkraft $F = 25$ kN; $l = 2{,}6$ m; $\sigma_b = ?$

$$\boldsymbol{\sigma_b} = \frac{M_b}{W} = \frac{25\,000\ \text{N} \cdot 260\ \text{cm}}{324\ \text{cm}^3} = 20\,061\ \frac{\text{N}}{\text{cm}^2} \approx \mathbf{200\ \frac{N}{mm^2}}$$

Biegespannung

$$\sigma_b = \frac{M_b}{W}$$

Zulässige Biegespannung $\sigma_{b\,zul}$ Seite 44

Biegebelastungsfälle auf Bauteilen

Träger mit einer Einzelkraft belastet

einseitig eingespannt

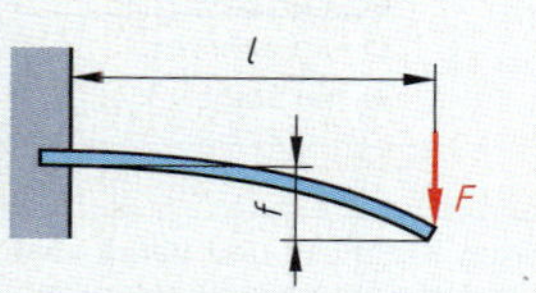

$$M_b = F \cdot l$$

$$f = \frac{F \cdot l^3}{3 \cdot E \cdot I}$$

auf zwei Stützen

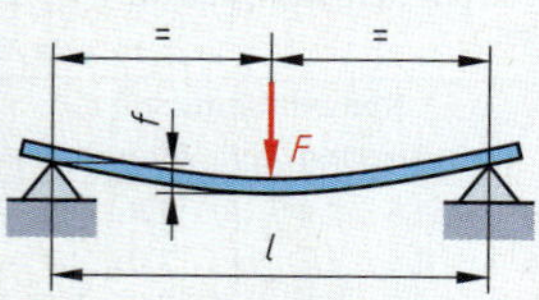

$$M_b = \frac{F \cdot l}{4}$$

$$f = \frac{F \cdot l^3}{48 \cdot E \cdot I}$$

doppelseitig eingespannt

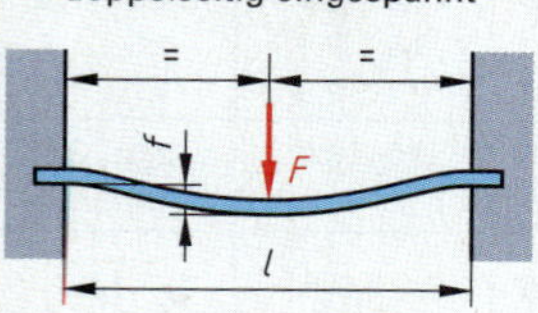

$$M_b = \frac{F \cdot l}{8}$$

$$f = \frac{F \cdot l^3}{192 \cdot E \cdot I}$$

Träger mit gleichmäßig verteilter Belastung

einseitig eingespannt

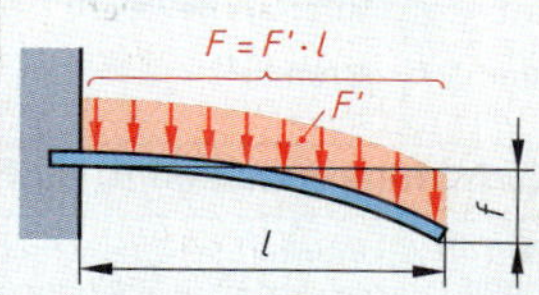

$$M_b = \frac{F \cdot l}{2}$$

$$f = \frac{F \cdot l^3}{8 \cdot E \cdot I}$$

auf zwei Stützen

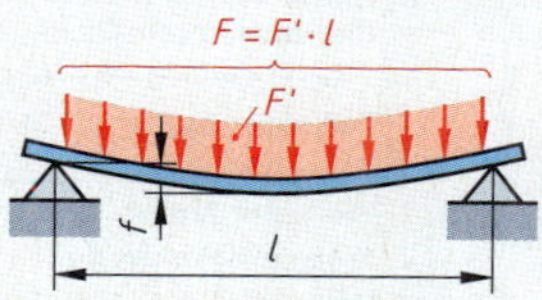

$$M_b = \frac{F \cdot l}{8}$$

$$f = \frac{5 \cdot F \cdot l^3}{384 \cdot E \cdot I}$$

doppelseitig eingespannt

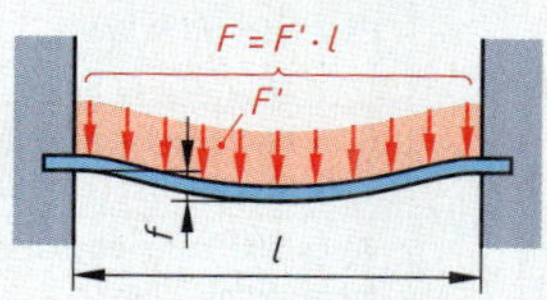

$$M_b = \frac{F \cdot l}{12}$$

$$f = \frac{F \cdot l^3}{384 \cdot E \cdot I}$$

E Elastizitätsmodul; Werte: Seite 46 — I Flächenmoment 2. Grades; Formeln: Seite 49; Werte: Seiten 146 bis 151

F' Streckenlast (Last pro Längeneinheit, z.B. N/cm) — l Länge der Streckenlast

Beanspruchung auf Verdrehung (Torsion)

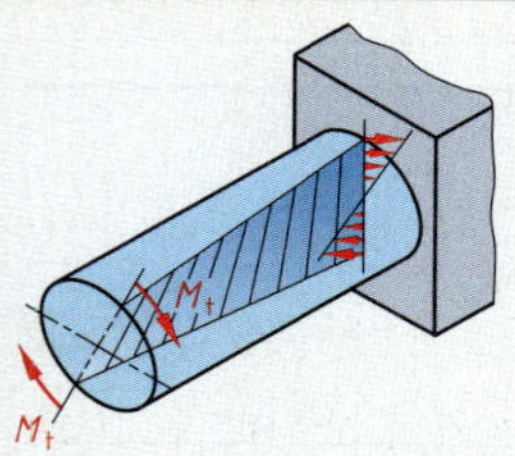

M_t	Torsionsmoment	τ_t	Torsionsspannung
W_p	polares Widerstandsmoment		

Beispiel:

Welle, $d = 32$ mm; $M_t = 420\ \text{N} \cdot \text{m}$; $\tau_t = ?$

$$W_p = \frac{\pi \cdot d^3}{16} = \frac{\pi \cdot (32\ \text{mm})^3}{16} = 6\,434\ \text{mm}^3$$

$$\boldsymbol{\tau_t} = \frac{M_t}{W_p} = \frac{420\,000\ \text{N} \cdot \text{mm}}{6434\ \text{mm}^3} = \mathbf{65{,}3\ \frac{N}{mm^2}}$$

Torsionsspannung

$$\tau_t = \frac{M_t}{W_p}$$

Zulässige Torsionsspannung $\tau_{t\,zul}$: Seite 44 bzw. Seite 48

Polare Widerstandsmomente: Seiten 49 und 151

Gestaltfestigkeit

Gestaltfestigkeit und zulässige Spannung bei dynamischer Beanspruchung

Die Gestaltfestigkeit ist die Dauerfestigkeit eines dynamisch beanspruchten Bauteilquerschnitts unter zusätzlicher Berücksichtigung der festigkeitsmindernden Einflüsse der Bauteilgestalt. Die wesentlichen Einflüsse sind dabei

- die Form des Bauteils (auftretende Kerbwirkung)
- Bearbeitungsqualität (Oberflächenrauigkeit)
- Rohteilabmessungen (Bauteildicke).

Unter Berücksichtigung einer erforderlichen Sicherheit ergibt sich die zulässige Spannung für den Festigkeitsnachweis eines dynamisch beanspruchten Bauteilquerschnitts.

P

σ_G	Gestaltfestigkeit	b_1	Oberflächenbeiwert
σ_{lim}	Grenzspannung des ungekerbten Querschnitts, z. B. σ_{bw} oder τ_{tSch} (Seite 44)	b_2	Größenbeiwert
		β_k	Kerbwirkungszahl
ν_D	Sicherheit gegen Dauerbruch	$\sigma(\tau)_{zul}$	zulässige Spannung

Beispiel:

Umlaufende Achse, E335, Querbohrung, Oberflächenrauigkeit $Rz = 25$ µm, Rohteildurchmesser $d = 50$ mm, Sicherheit $\nu_D = 1{,}7$; $\sigma_G = ?$; $\sigma_{zul} = ?$

$\sigma_{bW} = 280$ N/mm² (Seite 44); $b_1 = 0{,}8$ ($R_m = 570$ N/mm², Diagramm unten);
$b_2 = 0{,}8$ (Diagramm unten); $\beta_k = 1{,}7$ (Tabelle unten)

$$\boldsymbol{\sigma_G} = \frac{\sigma_{bW} \cdot b_1 \cdot b_2}{\beta_k} = \frac{280\ \text{N/mm}^2 \cdot 0{,}8 \cdot 0{,}8}{1{,}7} = \mathbf{105\ N/mm^2}$$

$$\boldsymbol{\sigma_{zul}} = \sigma_G / \nu_D = 105\ \text{N/mm}^2 / 1{,}7 = \mathbf{62\ N/mm^2}$$

Gestaltfestigkeit (dynamische Beanspruchung)

$$\sigma_G = \frac{\sigma_{lim} \cdot b_1 \cdot b_2}{\beta_k}$$

$$\tau_G = \frac{\tau_{lim} \cdot b_1 \cdot b_2}{\beta_k}$$

zulässige Spannung (dynamische Beanspruchung)

$$\sigma_{zul} = \frac{\sigma_G}{\nu_D}$$

$$\tau_{zul} = \frac{\tau_G}{\nu_D}$$

ν_D bei Stahl ≈ 1,7

Kerbwirkung und Kerbwirkungszahlen β_k für Stahl

Beispiel: Spannungsverteilung bei Zugbeanspruchung

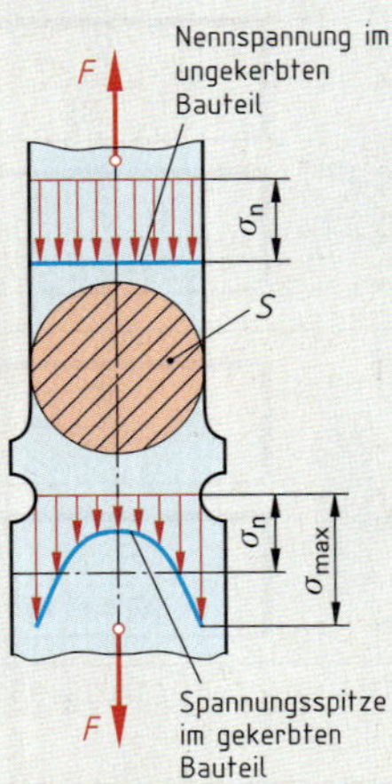

Ungekerbte Querschnitte weisen einen ungestörten Kraftfluss und damit eine gleichmäßige Spannungsverteilung auf. Querschnittsveränderungen führen zu Verdichtungen der Kraftlinien und somit zu Spannungsspitzen. Die Festigkeitsminderung, die sich dadurch ergibt, wird in erster Linie von der Kerbform, aber auch von der Kerbempfindlichkeit des Werkstoffes beeinflusst.

Form der Kerbe	Werkstoff	Kerbwirkungszahl β_k	
		Biegung	Verdrehung
Welle mit Absatz	S185…E335	1,5…2,0	1,3…1,8
Welle mit Rundkerbe	S185…E335	1,5…2,2	1,3…1,8
Welle mit Einstich für Sicherungsring	S185…E335	2,5…3,0	2,5…3,0
Passfedernut in Welle	S185…E335	1,9…1,9	1,5…1,6
	C45E+QT	1,9…2,1	1,6…1,7
	50CrMo4+QT	2,1…2,3	1,7…1,8
Scheibenfedernut in Welle	S185…E335	2,0…3,0	2,0…3,0
Vielkeilwelle	S185…E335	–	1,6…1,8
Welle an Übergangsstelle zu festsitzender Nabe	S185…E335	2,0	1,5
Welle oder Achse mit Querbohrung	S185…E335	1,4…1,7	1,4…1,8
Flachstab mit Bohrung	S185…E335	1,3…1,5	Zugbelastung 1,6…1,8

Oberflächenbeiwert b_1 und Größenbeiwert b_2 für Stahl

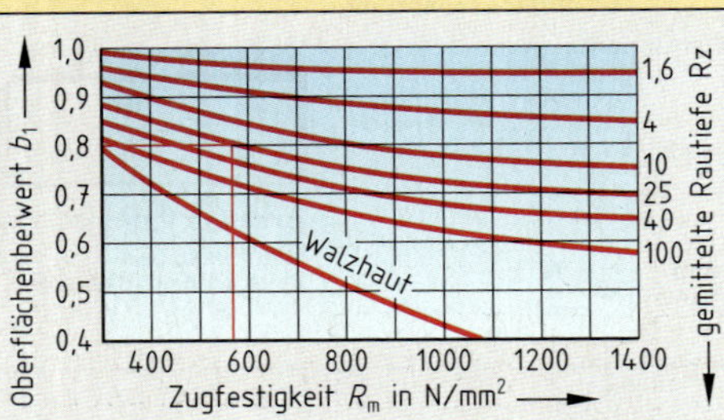

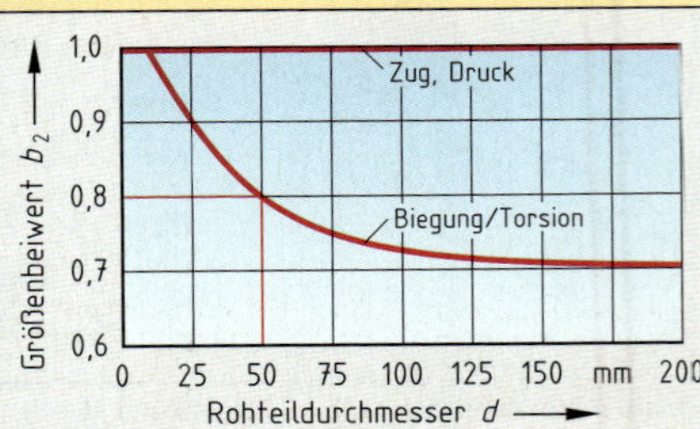

Flächenmomente und Widerstandsmomente[1]

Form des Querschnitts	Biegung und Knickung: Flächenmoment 2. Grades I	Biegung und Knickung: axiales Widerstandsmoment W	Vedrehung (Torsion): polares Widerstandsmoment W_p
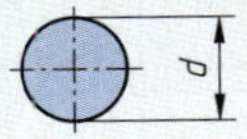	$I = \frac{\pi \cdot d^4}{64}$	$W = \frac{\pi \cdot d^3}{32}$	$W_p = \frac{\pi \cdot d^3}{16}$
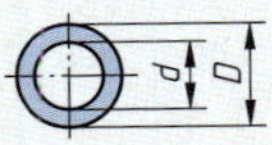	$I = \frac{\pi \cdot (D^4 - d^4)}{64}$	$W = \frac{\pi \cdot (D^4 - d^4)}{32 \cdot D}$	$W_p = \frac{\pi \cdot (D^4 - d^4)}{16 \cdot D}$
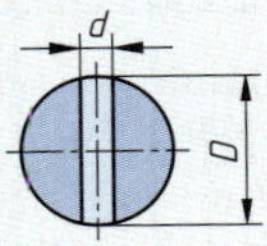	$I = 0{,}05 \cdot D^4 - 0{,}083\, d \cdot D^3$	$W = 0{,}1 \cdot D^3 - 0{,}17\, d \cdot D^2$	$W_p = 0{,}2 \cdot D^3 - 0{,}34\, d \cdot D^2$
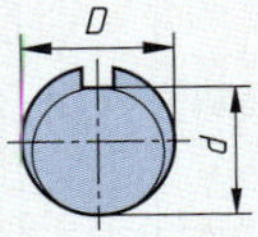	$I = 0{,}003 \cdot (D + d)^4$	$W = 0{,}012 \cdot (D + d)^3$	$W_p = 0{,}2 \cdot d^3$
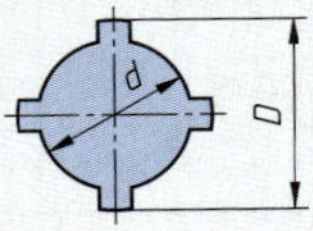 auch für mehr Keile gültig	$I = 0{,}003 \cdot (D + d)^4$	$W = 0{,}012 \cdot (D + d)^3$	$W_p = 0{,}024 \cdot (D + d)^3$
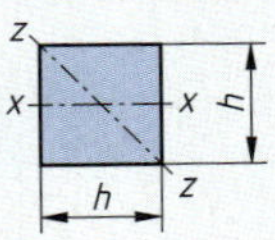	$I_x = I_z = \frac{h^4}{12}$	$W_x = \frac{h^3}{6}$ $W_z = \frac{\sqrt{2} \cdot h^3}{12}$	$W_p = 0{,}208 \cdot h^3$
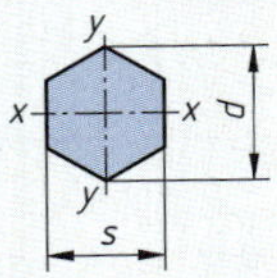	$I_x = I_y = \frac{5 \cdot \sqrt{3} \cdot s^4}{144}$ $I_x = I_y = \frac{5 \cdot \sqrt{3} \cdot d^4}{256}$	$W_x = \frac{5 \cdot s^3}{48} = \frac{5 \cdot \sqrt{3} \cdot d^3}{128}$ $W_y = \frac{5 \cdot s^3}{24 \cdot \sqrt{3}} = \frac{5 \cdot d^3}{64}$	$W_p = 0{,}188 \cdot s^3$ $W_p = 0{,}123 \cdot d^3$
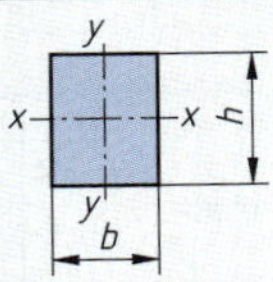	$I_x = \frac{b \cdot h^3}{12}$ $I_y = \frac{h \cdot b^3}{12}$	$W_x = \frac{b \cdot h^2}{6}$ $W_y = \frac{h \cdot b^2}{6}$	$W_p = \eta \cdot b^2 \cdot h$ Werte für η siehe Tabelle unten
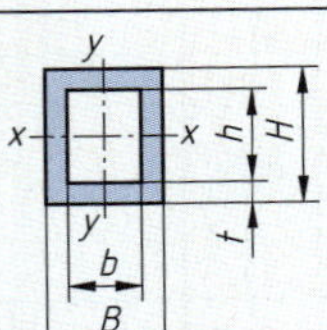	$I_x = \frac{B \cdot H^3 - b \cdot h^3}{12}$ $I_y = \frac{H \cdot B^3 - h \cdot b^3}{12}$	$W_x = \frac{B \cdot H^3 - b \cdot h^3}{6 \cdot H}$ $W_y = \frac{H \cdot B^3 - h \cdot b^3}{6 \cdot B}$	$W_p = \frac{t \cdot (H + h) \cdot (B + b)}{2}$

[1] Flächenmomente 2. Grades und axiale Widerstandsmomente für Profile: Seiten 146 bis 151

Hilfswerte η für polare Widerstandsmomente von Rechteckquerschnitten

h/b	1	1,5	2	3	4	6	8	10	∞
η	0,208	0,231	0,246	0,267	0,282	0,299	0,307	0,313	0,333

P

Vergleich verschiedener Querschnittsformen

Querschnitt		längenbezogene Masse		Widerstands- oder Flächenmomente bei Beanspruchungsart							
				Biegung				Knickung		Verdrehung	
Form	Normbezeichnung	m'		W_x		W_y		I_{min}		W_p	
		kg/m	Faktor[1]	cm^3	Faktor[1]	cm^3	Faktor[1]	cm^3	Faktor[1]	cm^3	Faktor[1]
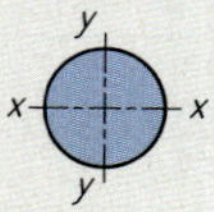	Rundstab EN 10060 – 100	61,7	1,00	98	1,00	98	1,00	491	1,00	196	1,00
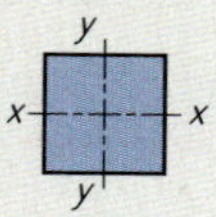	Vierkantstab EN 10059 – 100	78,5	1,27	167	1,70	167	1,70	833	1,70	208	1,06
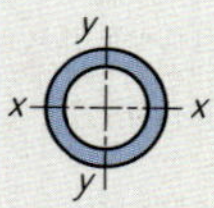	Rohr EN 10220 – 114,3 x 6,3	16,8	0,27	55	0,56	55	0,56	313	0,64	110	0,56
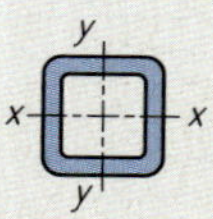	Hohlprofil EN 10210-2 100 x 100 x 6,3	18,3	0,30	67,8	0,69	67,8	0,69	339	0,69	110	0,56
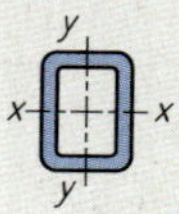	Hohlprofil EN 10210-2 120 x 60 x 6,3	16,1	0,26	59	0,60	38,6	0,39	116	0,24	77	0,39
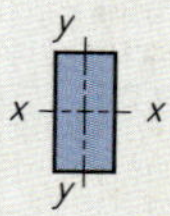	Flachstab EN 10058 – 100 x 50	39,3	0,64	83	0,85	41,7	0,43	104	0,21	–	–
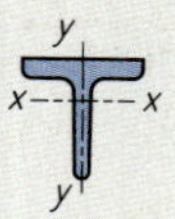	T-Profil EN 10055 – T100	16,4	0,27	24,6	0,25	17,7	0,18	88,3	0,18	–	–
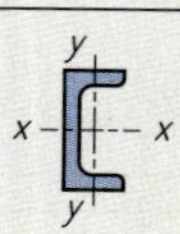	U-Profil DIN 1026 – U100	10,6	0,17	41,2	0,42	8,5	0,08	29,3	0,06	–	–
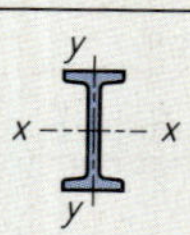	I-Profil DIN 1025-I100	8,3	0,13	34,2	0,35	4,9	0,05	12,2	0,02	–	–
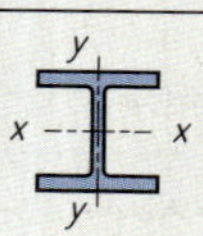	I-Profil DIN 1025-IPB100	20,4	0,33	89,9	0,92	33,5	0,34	167	0,34	–	–

[1] Faktor, bezogen auf Rundstab EN 10060-100 (Querschnitt erste Tabellenzeile)

Auswirkungen bei Temperaturänderungen

Temperatur

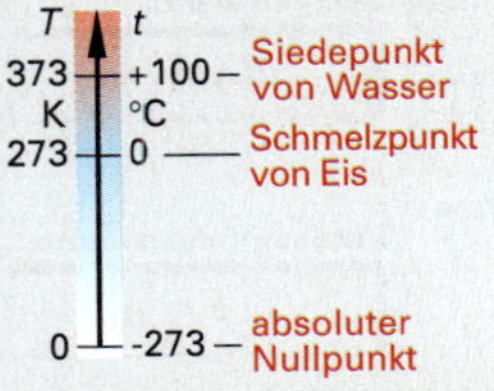

Temperaturen werden in **Kelvin** (K), **Grad Celsius** (°C) oder **Grad Fahrenheit** (°F) gemessen. Die Kelvinskale geht von der tiefstmöglichen Temperatur, dem absoluten Nullpunkt, aus, die Celsiusskale vom Schmelzpunkt des Eises.

T Temperatur in K (thermodynamische Temperatur)
t, ϑ Temperatur in °C
t_F Temperatur in °F

Beispiel:

$t = 20\,°C$; $T = ?$
$\mathbf{T} = t + 273 = (20 + 273)\,K = \mathbf{293\,K}$

Temperatur in Kelvin

$$T = t + 273$$

Temperatur in Fahrenheit

$$t_F = 1{,}8 \cdot t + 32$$

P

Längenänderung, Durchmesseränderung

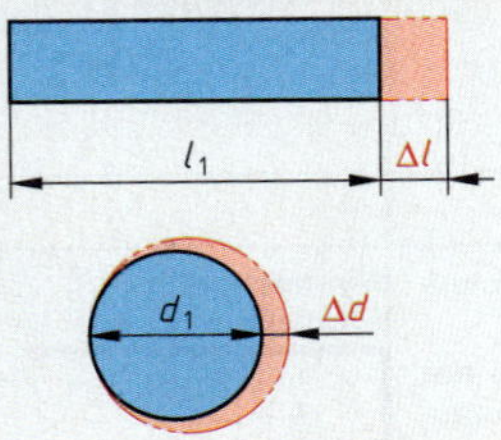

α_l Längenausdehnungskoeffizient
$\Delta t, \Delta\vartheta$ Temperaturänderung
Δl Längenänderung
Δd Durchmesseränderung
l_1 Anfangslänge
d_1 Anfangsdurchmesser

Beispiel:

Platte aus unlegiertem Stahl, $l_1 = 120$ mm; $\alpha_l = 0{,}000\,0119\,\frac{1}{°C}$
$\Delta t = 550\,°C$; $\Delta l = ?$
$\mathbf{\Delta l} = \alpha_l \cdot l_1 \cdot \Delta t$
$= 0{,}000\,0119\,\frac{1}{°C} \cdot 120\,\text{mm} \cdot 550\,°C = \mathbf{0{,}785\,mm}$

Längenänderung

$$\Delta l = \alpha_l \cdot l_1 \cdot \Delta t$$

Durchmesseränderung

$$\Delta d = \alpha_l \cdot d_1 \cdot \Delta t$$

Längenausdehnungskoeffizienten: Seiten 116 und 117

Volumenänderung

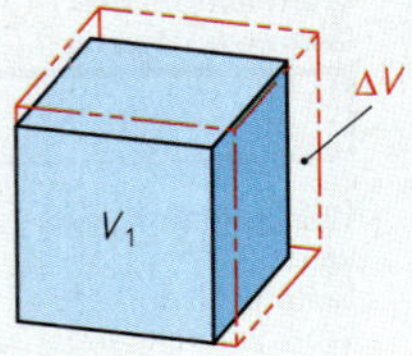

α_V Volumenausdehnungskoeffizient
$\Delta t, \Delta\vartheta$ Temperaturänderung
ΔV Volumenänderung
V_1 Anfangsvolumen

Beispiel:

Benzin, $V_1 = 60\,l$; $\alpha_V = 0{,}001\,\frac{1}{°C}$; $\Delta t = 32\,°C$; $\Delta V = ?$
$\mathbf{\Delta V} = \alpha_V \cdot V_1 \cdot \Delta t = 0{,}001\,\frac{1}{°C} \cdot 60\,l \cdot 32\,°C = \mathbf{1{,}9\,l}$

Volumenänderung

$$\Delta V = \alpha_V \cdot V_1 \cdot \Delta t$$

Für feste Stoffe
$\alpha_V = 3 \cdot \alpha_l$

Volumenausdehnungskoeffizienten: Seite 117
Volumenausdehnung (Zustandsänderung) der Gase: Seite 42

Schwindung

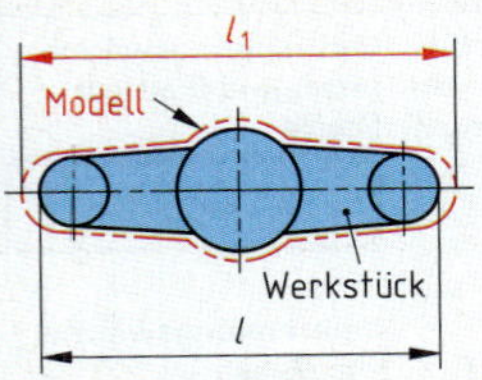

S Schwindmaß in %
l Werkstücklänge
l_1 Modelllänge

Beispiel:

Al-Gussteil, $l = 680$ mm; $S = 1{,}2\,\%$; $l_1 = ?$
$l_1 = \frac{l \cdot 100\,\%}{100\,\% - S} = \frac{680\,\text{mm} \cdot 100\,\%}{100\,\% - 1{,}2\,\%}$
$= \mathbf{688{,}2\,mm}$

Modelllänge

$$l_1 = \frac{l \cdot 100\,\%}{100\,\% - S}$$

Schwindmaße: Seite 163

Wärmemenge bei Temperaturänderung

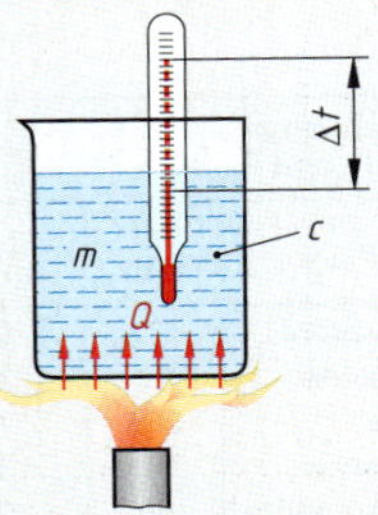

Die **spezifische Wärmekapazität *c*** gibt an, wie viel Wärme nötig ist, um 1 kg eines Stoffes um 1 °C zu erwärmen. Bei Abkühlung wird die gleiche Wärmemenge wieder frei.

c spez. Wärmekapazität
$\Delta t, \Delta\vartheta$ Temperaturänderung
Q Wärmemenge
m Masse

Beispiel:

Stahlwelle, $m = 2$ kg; $c = 0{,}48\,\frac{kJ}{kg \cdot °C}$;
$\Delta t = 800\,°C$; $Q = ?$
$\mathbf{Q} = c \cdot m \cdot \Delta t = 0{,}48\,\frac{kJ}{kg \cdot °C} \cdot 2\,kg \cdot 800\,°C = \mathbf{768\,kJ}$

Wärmemenge

$$Q = c \cdot m \cdot \Delta t$$

$1\,kJ = \frac{1\,kW \cdot h}{3600}$

$1\,kW \cdot h = 3{,}6\,MJ$

Spezifische Wärmekapazitäten: Seiten 116 und 117

Wärme beim Schmelzen, Verdampfen, Verbrennen

Schmelzwärme, Verdampfungswärme

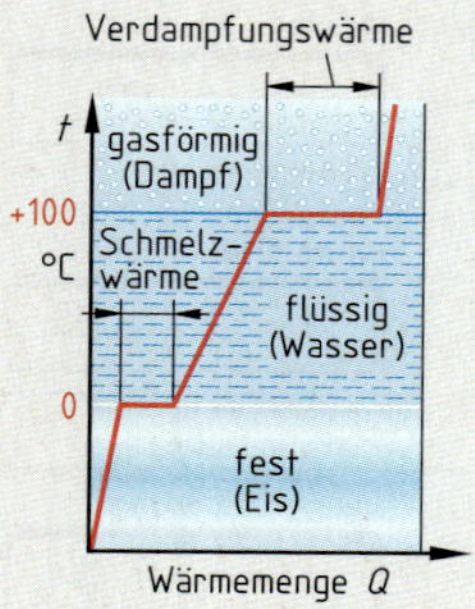

Um Stoffe vom festen in den flüssigen bzw. vom flüssigen in den gasförmigen Zustand zu überführen wird Wärmeenergie (sog. Schmelz- bzw. Verdampfungswärme) benötigt.

Q	Schmelzwärme, Verdampfungswärme	r	spezifische Verdampfungswärme
q	spez. Schmelzwärme	m	Masse

Beispiel:

Kupfer, $m = 6{,}5\ \text{kg}$; $q = 213\ \dfrac{\text{kJ}}{\text{kg}}$; $Q = ?$

$\boldsymbol{Q} = q \cdot m = 213\ \dfrac{\text{kJ}}{\text{kg}} \cdot 6{,}5\ \text{kg} = 1384{,}5\ \text{kJ} \approx \mathbf{1{,}4\ MJ}$

Schmelzwärme

$$Q = q \cdot m$$

Verdampfungswärme

$$Q = r \cdot m$$

Spezifische Schmelz- und Verdampfungswärme: Seiten 116 und 117

Wärmestrom

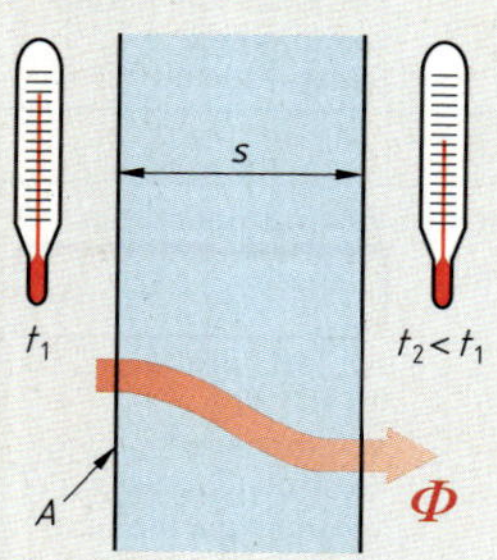

Der **Wärmestrom** Φ verläuft innerhalb eines Stoffes stets von der höheren zur niedrigeren Temperatur.

Die **Wärmedurchgangszahl** $\boldsymbol{k}$ berücksichtigt neben der Wärmeleitfähigkeit eines Bauteils die Wärmeübergangswiderstände an den Grenzflächen der Bauteile.

Φ	Wärmestrom	Δt, $\Delta \vartheta$	Temperaturdifferenz
λ	Wärmeleitfähigkeit	s	Bauteildicke
k	Wärmedurchgangszahl	A	Fläche des Bauteils

Beispiel:

Wärmeschutzglas, $k = 1{,}9\ \dfrac{\text{W}}{\text{m}^2 \cdot {}^\circ\text{C}}$; $A = 2{,}8\ \text{m}^2$; $\Delta t = 32\ {}^\circ\text{C}$; $\Phi = ?$

$\boldsymbol{\Phi} = k \cdot A \cdot \Delta t = 1{,}9\ \dfrac{\text{W}}{\text{m}^2 \cdot {}^\circ\text{C}} \cdot 2{,}8\ \text{m}^2 \cdot 32\ {}^\circ\text{C} = \mathbf{170\ W}$

Wärmestrom bei Wärmeleitung

$$\Phi = \frac{\lambda \cdot A \cdot \Delta t}{s}$$

Wärmestrom bei Wärmedurchgang

$$\Phi = k \cdot A \cdot \Delta t$$

Wärmeleitfähigkeitswerte λ: Seiten 116 und 117, Wärmedurchgangszahlen k: unten auf dieser Seite

Verbrennungswärme

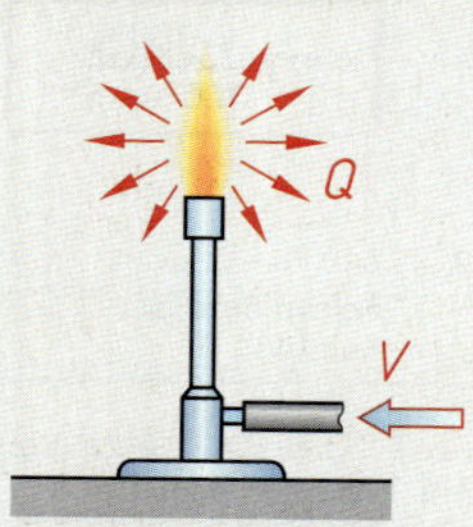

Unter dem **spezifischen Heizwert** $\boldsymbol{H_u}$ **($\boldsymbol{H}$)** eines Stoffes versteht man die bei der vollständigen Verbrennung von 1 kg oder 1 m³ des Stoffes frei werdende Wärmemenge.

Q	Verbrennungswärme
H_u, H	spezifischer Heizwert
m	Masse fester und flüssiger Brennstoffe
V	Volumen von Brenngasen

Beispiel:

Erdgas, $V = 3{,}8\ \text{m}^3$; $H_u = 35\ \dfrac{\text{MJ}}{\text{m}^3}$; $Q = ?$

$\boldsymbol{Q} = H_u \cdot V = 35\ \dfrac{\text{MJ}}{\text{m}^3} \cdot 3{,}8\ \text{m}^3 = \mathbf{133\ MJ}$

Verbrennungswärme fester und flüssiger Stoffe

$$Q = H_u \cdot m$$

Verbrennungswärme von Gasen

$$Q = H_u \cdot V$$

Spezifische Heizwerte H_u (H) für Brennstoffe						Wärmedurchgangszahlen k für Baustoffe und Bauteile		
Feste Brennstoffe	**H_u MJ/kg**	**Flüssige Brennstoffe**	**H_u MJ/kg**	**Gasförmige Brennstoffe**	**H_u MJ/m³**	**Baulemente**	**s mm**	**k $\frac{\text{W}}{\text{m}^2 \cdot {}^\circ\text{C}}$**
Holz	15…17	Spiritus	27	Wasserstoff	10	Außentüre, Stahl	50	5,8
Biomasse (trocken)	14…18	Benzol	40	Erdgas	34…36	Verbundfenster	12	1,3
Braunkohle	16…20	Benzin	43	Acetylen	57	Ziegelmauer	365	1,1
Koks	30	Diesel	41…43	Propan	93	Geschossdecke	125	3,2
Steinkohle	30…34	Heizöl	40…43	Butan	123	Wärmedämmplatte	80	0,39

Größen und Einheiten, Ohmsches Gesetz, Widerstand

Elektrische Größen und Einheiten

Größe Name	Zeichen	Einheit Name	Zeichen
Elektrische Spannung	U	Volt	V
Elektrische Stromstärke	I	Ampere	A
Elektrischer Widerstand	R	Ohm	Ω
Elektrischer Leitwert	G	Siemens	S
Elektrische Leistung	P	Watt	W

$$1\,\Omega = \frac{1\,\text{V}}{1\,\text{A}}$$

$$1\,\text{W} = 1\,\text{V} \cdot 1\,\text{A}$$

Ohmsches Gesetz

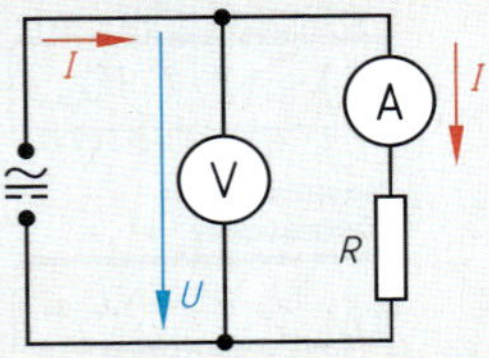

U Spannung in V
I Stromstärke in A
R Widerstand in Ω

Beispiel:

$R = 88\,\Omega$; $U = 230\,\text{V}$; $I = ?$

$\boldsymbol{I} = \frac{U}{R} = \frac{230\,\text{V}}{88\,\Omega} = \mathbf{2{,}6\,A}$

Stromstärke

$$I = \frac{U}{R}$$

Schaltzeichen: Seite 351

Widerstand und Leitwert

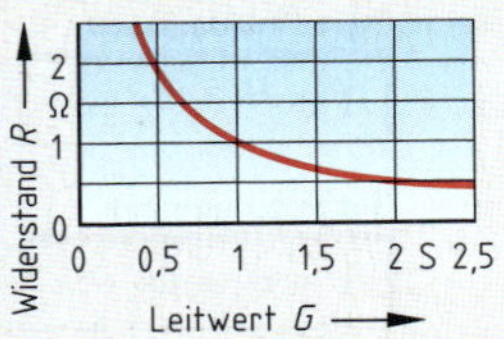

R Widerstand in Ω
G Leitwert in S

Beispiel:

$R = 20\,\Omega$; $G = ?$

$\boldsymbol{G} = \frac{1}{R} = \frac{1}{20\,\Omega} = \mathbf{0{,}05\,S}$

Widerstand

$$R = \frac{1}{G}$$

Leitwert

$$G = \frac{1}{R}$$

Spezifischer elektrischer Widerstand, elektrische Leitfähigkeit, Leiterwiderstand

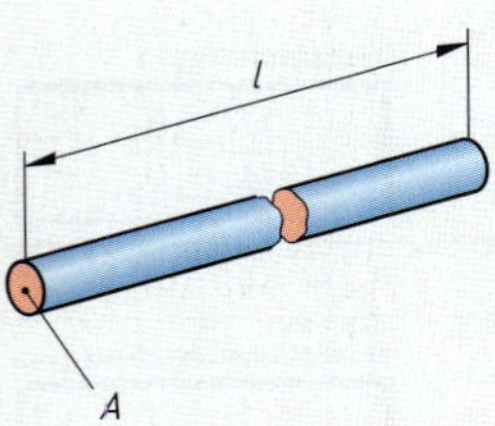

ϱ spezifischer elektrischer Widerstand in $\Omega \cdot \text{mm}^2/\text{m}$
γ elektrische Leitfähigkeit in $\text{m}/(\Omega \cdot \text{mm}^2)$
R Widerstand in Ω
A Leiterquerschnitt in mm^2
l Leiterlänge in m

Beispiel:

Kupferdraht, $l = 100\,\text{m}$;

$A = 1{,}5\,\text{mm}^2$; $\varrho = 0{,}0179\,\frac{\Omega \cdot \text{mm}^2}{\text{m}}$; $R = ?$

$\boldsymbol{R} = \frac{\varrho \cdot l}{A} = \frac{0{,}0179\,\frac{\Omega \cdot \text{mm}^2}{\text{m}} \cdot 100\,\text{m}}{1{,}5\,\text{mm}^2} = \mathbf{1{,}19\,\Omega}$

Spezifische elektrische Widerstände: Seiten 116 und 117

Spezif. elektrischer Widerstand

$$\varrho = \frac{1}{\gamma}$$

Leiterwiderstand

$$R = \frac{\varrho \cdot l}{A}$$

Widerstand und Temperatur

Werkstoff	T_k-Wert α in 1/K
Aluminium	0,0040
Blei	0,0039
Gold	0,0037
Kupfer	0,0039
Silber	0,0038
Wolfram	0,0044
Zinn	0,0045
Zink	0,0042
Grafit	– 0,0013
Konstantan	± 0,00001

ΔR Widerstandsänderung in Ω
R_{20} Widerstand bei 20 °C in Ω
R_t Widerstand bei der Temperatur t in Ω
α Temperaturkoeffizient (T_k-Wert) in 1/K
Δt Temperaturdifferenz in K

Beispiel:

Widerstand aus Cu; $R_{20} = 150\,\Omega$; $t = 75\,°\text{C}$; $R_t = ?$

$\boldsymbol{\alpha} = \mathbf{0{,}0039\,1/K}$; $\boldsymbol{\Delta t} = 75\,°\text{C} - 20\,°\text{C} = 55\,°\text{C} \mathrel{\hat{=}} \mathbf{55\,K}$

$\boldsymbol{R_t} = R_{20} \cdot (1 + \alpha \cdot \Delta t)$

$= 150\,\Omega \cdot (1 + 0{,}0039\,1/\text{K} \cdot 55\,\text{K}) = \mathbf{182{,}2\,\Omega}$

Widerstandsänderung

$$\Delta R = \alpha \cdot R_{20} \cdot \Delta t$$

Widerstand bei Temperatur *t*

$$R_t = R_{20} + \Delta R$$

$$R_t = R_{20} \cdot (1 + \alpha \cdot \Delta t)$$

P

Stromdichte, Schaltung von Widerständen

Stromdichte in Leitern

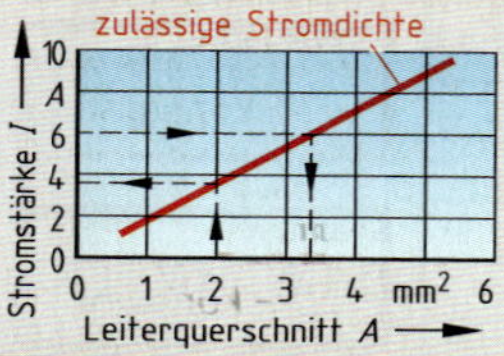

J Stromdichte in A/mm²
I Stromstärke in A
A Leiterquerschnitt in mm²

Beispiel:

$A = 2{,}5\ \text{mm}^2;\ I = 4\ \text{A};\ J = ?$

$J = \frac{I}{A} = \frac{4\ \text{A}}{2{,}5\ \text{mm}^2} = \mathbf{1{,}6\ \frac{A}{mm^2}}$

Stromdichte

$$J = \frac{I}{A}$$

Spannungsabfall in Leitern

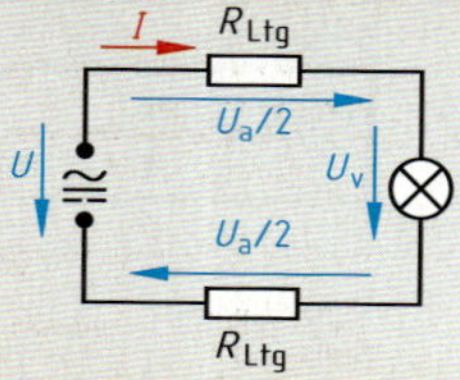

U_a Spannungsabfall im Leiter in V
U Klemmenspannung in V
U_v Spannung am Verbraucher in V
I Stromstärke in A
R_{Ltg} Leiterwiderstand für Zuleitung bzw. Rückleitung in Ω

Spannungsabfall

$$U_a = 2 \cdot I \cdot R_{Ltg}$$

Spannung am Verbraucher

$$U_v = U - U_a$$

Reihenschaltung von Widerständen

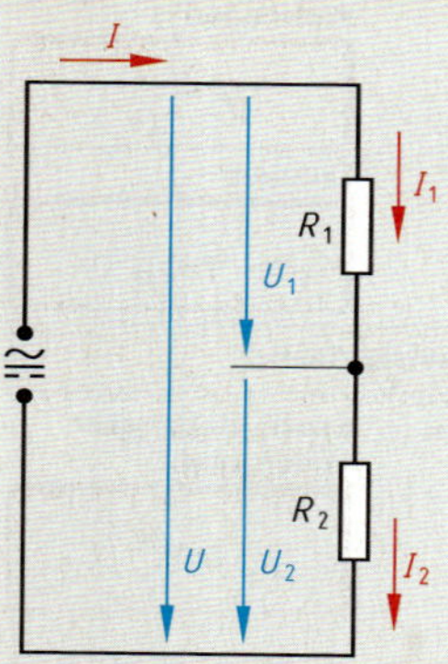

R Gesamtwiderstand, Ersatzwiderstand in Ω
I Gesamtstrom in A
U Gesamtspannung in V
R_1, R_2 Einzelwiderstände in Ω
I_1, I_2 Teilströme in A
U_1, U_2 Teilspannungen in V

Beispiel:

$R_1 = 10\ \Omega;\ R_2 = 20\ \Omega;\ U = 12\ \text{V};\ R = ?;\ I = ?;$
$U_1 = ?;\ U_2 = ?$

$\mathbf{R} = R_1 + R_2 = 10\ \Omega + 20\ \Omega = \mathbf{30\ \Omega}$

$\mathbf{I} = \frac{U}{R} = \frac{12\ \text{V}}{30\ \Omega} = \mathbf{0{,}4\ A}$

$\mathbf{U_1} = R_1 \cdot I = 10\ \Omega \cdot 0{,}4\ \text{A} = \mathbf{4\ V}$

$\mathbf{U_2} = R_2 \cdot I = 20\ \Omega \cdot 0{,}4\ \text{A} = \mathbf{8\ V}$

Gesamtwiderstand

$$R = R_1 + R_2 + \ldots$$

Gesamtspannung

$$U = U_1 + U_2 + \ldots$$

Gesamtstrom

$$I = I_1 = I_2 = \ldots$$

Teilspannungen

$$\frac{U_1}{U_2} = \frac{R_1}{R_2}$$

Parallelschaltung von Widerständen

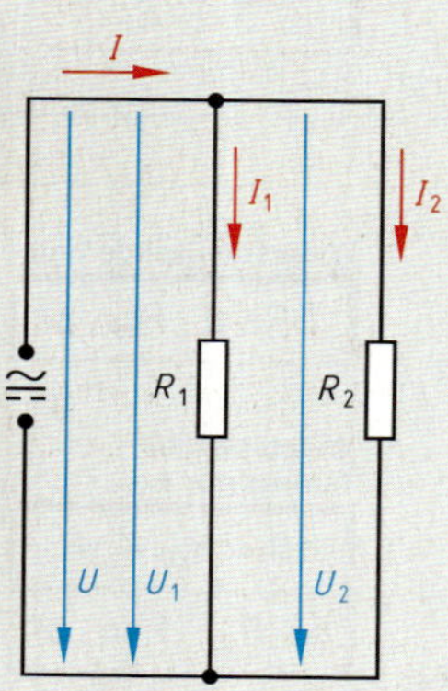

R Gesamtwiderstand, Ersatzwiderstand in Ω
I Gesamtstrom in A
U Gesamtspannung in V
R_1, R_2 Einzelwiderstände in Ω
I_1, I_2 Teilströme in A
U_1, U_2 Teilspannungen in V

Beispiel:

$R_1 = 15\ \Omega;\ R_2 = 30\ \Omega;\ U = 12\ \text{V};\ R = ?;\ I = ?;$
$I_1 = ?;\ I_2 = ?$

$\mathbf{R} = \frac{R_1 \cdot R_2}{R_1 + R_2} = \frac{15\ \Omega \cdot 30\ \Omega}{15\ \Omega + 30\ \Omega} = \mathbf{10\ \Omega}$

$\mathbf{I} = \frac{U}{R} = \frac{12\ \text{V}}{10\ \Omega} = \mathbf{1{,}2\ A}$

$\mathbf{I_1} = \frac{U_1}{R_1} = \frac{12\ \text{V}}{15\ \Omega} = \mathbf{0{,}8\ A};\quad \mathbf{I_2} = \frac{U_2}{R_2} = \frac{12\ \text{V}}{30\ \Omega} = \mathbf{0{,}4\ A}$

[1] Berechnung mit dieser Formel nur möglich bei zwei parallel geschalteten Widerständen.

Gesamtwiderstand

$$\frac{1}{R} = \frac{1}{R_1} + \frac{1}{R_2} + \ldots$$

$$R^{1)} = \frac{R_1 \cdot R_2}{R_1 + R_2}$$

Gesamtspannung

$$U = U_1 = U_2 = \ldots$$

Gesamtstrom

$$I = I_1 + I_2 + \ldots$$

Teilströme

$$\frac{I_1}{I_2} = \frac{R_2}{R_1}$$

Stromarten

Gleichstrom (DC[1]; Zeichen –), Gleichspannung

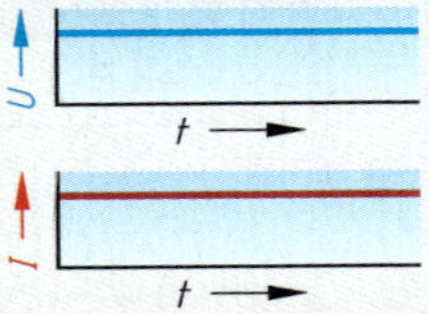

Gleichstrom fließt nur in einer Richtung und mit gleich bleibender Stromstärke. Die Spannung ist ebenfalls konstant.

- I Stromstärke in A
- U Spannung in V
- t Zeit in s

[1] von Direct Current (engl.) = Gleichstrom

Stromstärke

$$I = \text{konstant}$$

Spannung

$$U = \text{konstant}$$

Wechselstrom (AC[2]; Zeichen ~), Wechselspannung

Periodendauer und Frequenz

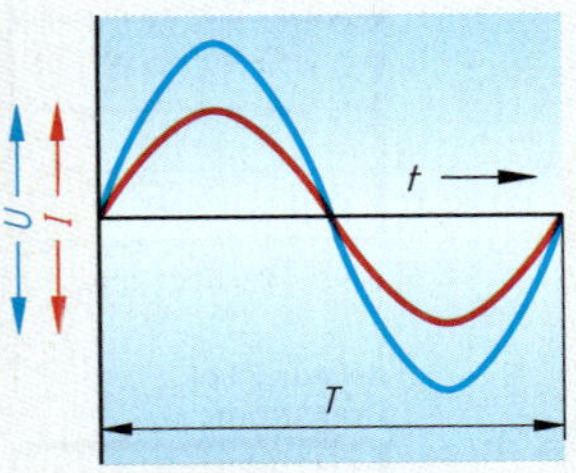

Bei einer sich ständig nach einer Sinuskurve verändernden Spannung wechseln auch die freien Elektronen ständig ihre Fließrichtung.

- f Frequenz in 1/s, Hz
- T Periodendauer in s
- ω Kreisfrequenz in 1/s
- I Stromstärke in A
- U Spannung in V
- t Zeit in s

Beispiel:

Frequenz 50 Hz; $T = ?$

$$\mathbf{T} = \frac{1}{50\,\frac{1}{\text{s}}} = \mathbf{0{,}02\ s}$$

[2] von Alternating Current (engl.) = Wechselstrom

Periodendauer

$$T = \frac{1}{f}$$

Frequenz

$$f = \frac{1}{T}$$

Kreisfrequenz

$$\omega = 2 \cdot \pi \cdot f$$

$$\omega = \frac{2 \cdot \pi}{T}$$

1 Hertz = 1 Hz = 1/s = 1 Periode je Sekunde

Maximalwert und Effektivwert von Strom und Spannung

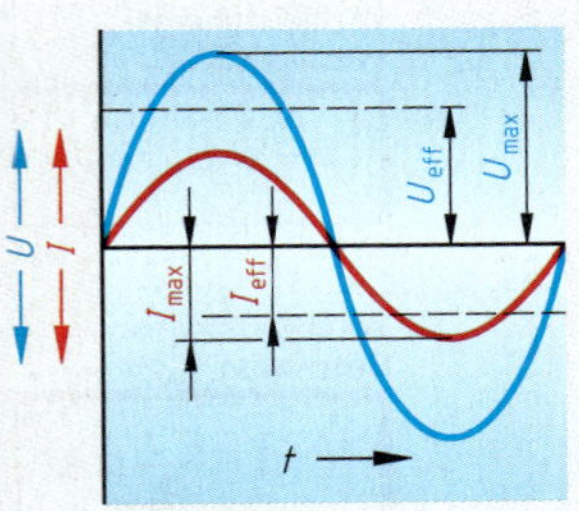

- I_{max} Maximalwert der Stromstärke in A
- I_{eff} Effektivwert der Stromstärke in A
- U_{max} Maximalwert der Spannung in V
- U_{eff} Effektivwert der Spannung in V (ergibt an einem Ohmschen Widerstand die gleiche Leistung wie eine ebenso große Gleichspannung)
- I Stromstärke in A
- U Spannung in V
- t Zeit in s

Beispiel:

$U_{eff} = 230$ V; $U_{max} = ?$

$\mathbf{U_{max}} = \sqrt{2} \cdot 230\ \text{V} = \mathbf{325\ V}$

Maximalwert der Stromstärke

$$I_{max} = \sqrt{2} \cdot I_{eff}$$

Maximalwert der Spannung

$$U_{max} = \sqrt{2} \cdot U_{eff}$$

Drehstrom (Dreiphasenwechselstrom)

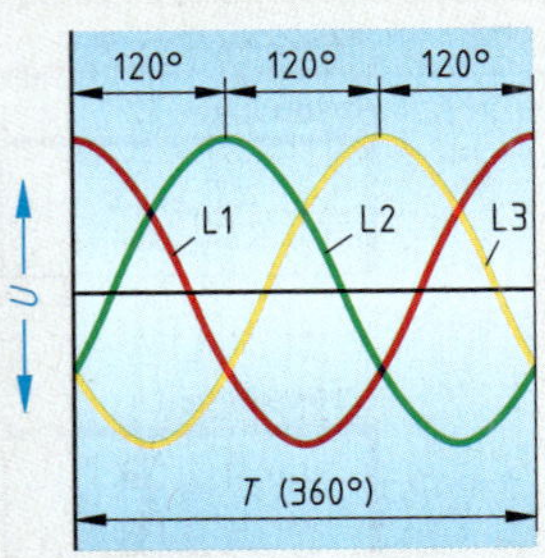

Drehstrom wird aus drei um je 120° versetzte Wechselspannungen erzeugt.

- U Spannung in V
- T Periodendauer in s
- L1 Phase 1
- L2 Phase 2
- L3 Phase 3
- U_{eff} Effektivspannung zwischen Phase und Nullleiter = 230 V
- U_{eff} Effektivspannung zwischen zwei Phasenleitern = 400 V

Maximalwert der Spannung

$$U_{max} = \sqrt{2} \cdot U_{eff}$$

Elektrische Arbeit und Leistung, Transformator

Elektrische Arbeit

W elektrische Arbeit in kW · h
P elektrische Leistung in W
t Zeit (Einschaltdauer) in h

Beispiel:

Kochplatte, $P = 1{,}8$ kW; $t = 3$ h;
$W = ?$ in kW · h und MJ

$\boldsymbol{W} = P \cdot t = 1{,}8\ \text{kW} \cdot 3\ \text{h} = \mathbf{5{,}4\ kW \cdot h = 19{,}44\ MJ}$

Elektrische Arbeit

$$W = P \cdot t$$

1 kW · h = 3,6 MJ
= 3600000 W · s

P

Elektrische Leistung bei Gleichstrom und induktionsfreiem Wechsel- oder Drehstrom[1)]

Gleich- oder Wechselstrom

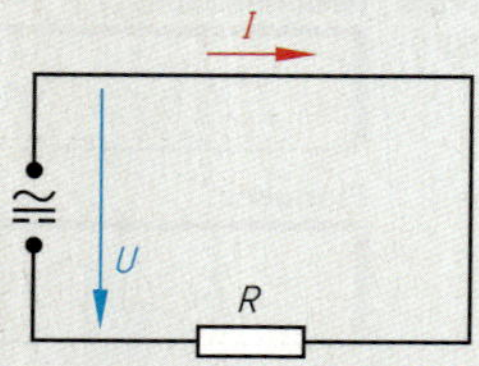

Drehstrom

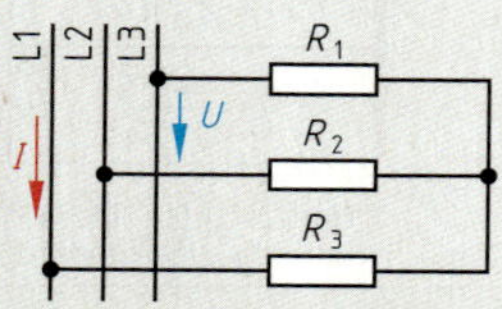

P elektrische Leistung in W
U Spannung (Leiterspannung) in V
I Stromstärke in A
R Widerstand in Ω

1. Beispiel:

Glühlampe, $U = 6$ V; $I = 5$ A; $P = ?$; $R = ?$

$\boldsymbol{P} = U \cdot I = 6\ \text{V} \cdot 5\ \text{A} = \mathbf{30\ W}$

$\boldsymbol{R} = \frac{U}{I} = \frac{6\ \text{V}}{5\ \text{A}} = \mathbf{1{,}2\ \Omega}$

2. Beispiel:

Glühofen, Drehstrom, $U = 400$ V; $P = 12$ kW; $I = ?$

$\boldsymbol{I} = \frac{P}{\sqrt{3} \cdot U} = \frac{12000\ \text{W}}{\sqrt{3} \cdot 400\ \text{V}} = \mathbf{17{,}3\ A}$

Leistung bei Gleich- oder Wechselstrom

$$P = U \cdot I$$

$$P = I^2 \cdot R$$

$$P = \frac{U^2}{R}$$

Leistung bei Drehstrom

$$P = \sqrt{3} \cdot U \cdot I$$

1) d.h. nur bei Wärmegeräten (Ohmsche Widerstände)

Elektrische Leistung bei Wechsel- und Drehstrom mit induktivem Lastanteil[2)]

Wechselstrom

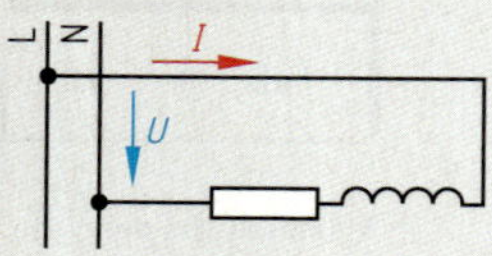

Drehstrom

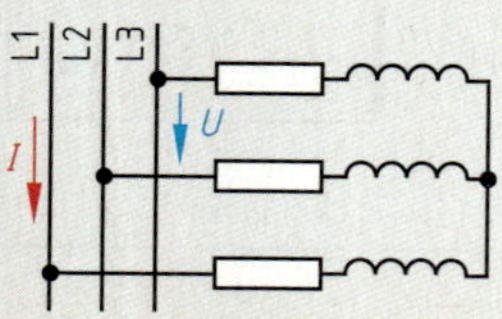

P Wirkleistung in W
U Spannung (Leiterspannung) in V
I Stromstärke in A
$\cos\varphi$ Leistungsfaktor

Beispiel:

Drehstrommotor, $U = 400$ V; $I = 2$ A;
$\cos\varphi = 0{,}85$; $P = ?$

$\boldsymbol{P} = \sqrt{3} \cdot U \cdot I \cdot \cos\varphi = \sqrt{3} \cdot 400\ \text{V} \cdot 2\ \text{A} \cdot 0{,}85$
$= 1178\ \text{W} \approx \mathbf{1{,}2\ kW}$

Wirkleistung bei Wechselstrom

$$P = U \cdot I \cdot \cos\varphi$$

Wirkleistung bei Drehstrom

$$P = \sqrt{3} \cdot U \cdot I \cdot \cos\varphi$$

Schein + Blindleistung $S = \sqrt{3} \cdot U \cdot I$

2) z.B. bei Elektro-Motoren und -Generatoren $Q = \sqrt{3} \cdot U \cdot I \cdot \sin\varphi$

Transformator

Eingangsseite (Primärspule) **Ausgangsseite** (Sekundärspule)

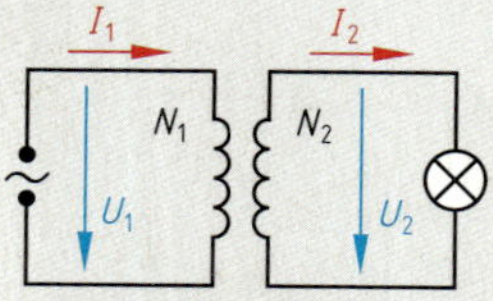

N_1, N_2 Windungszahlen
U_1, U_2 Spannungen in V
I_1, I_2 Stromstärken in A

Beispiel:

$N_1 = 2875$; $N_2 = 100$; $U_1 = 230$ V; $I_1 = 0{,}25$ A; $U_2 = ?$; $I_2 = ?$

$\boldsymbol{U_2} = \frac{U_1 \cdot N_2}{N_1} = \frac{230\ \text{V} \cdot 100}{2875} = \mathbf{8\ V}$

$\boldsymbol{I_2} = \frac{I_1 \cdot N_1}{N_2} = \frac{0{,}25\ \text{A} \cdot 2875}{100} = \mathbf{7{,}2\ A}$

Spannungen

$$\frac{U_1}{U_2} = \frac{N_1}{N_2}$$

Stromstärken

$$\frac{I_1}{I_2} = \frac{N_2}{N_1}$$

Formelsammlung S. 160

3 Technische Kommunikation

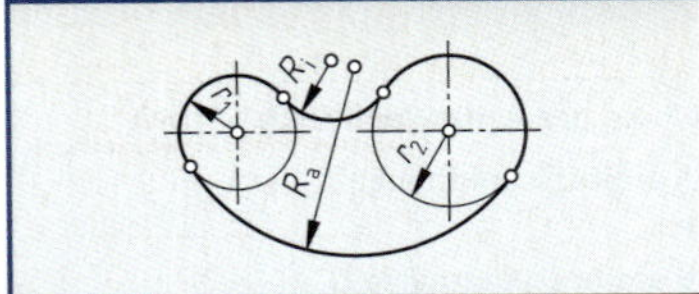

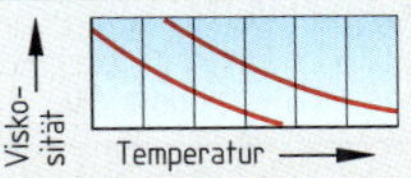

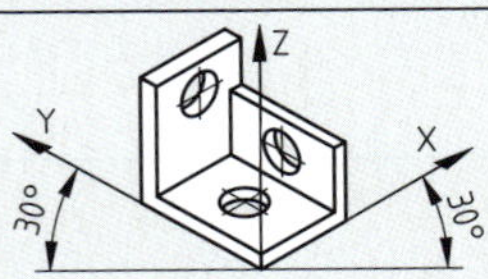

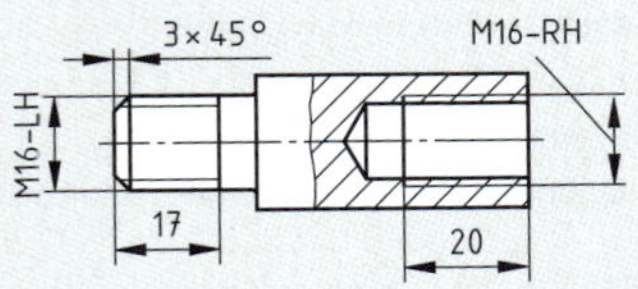

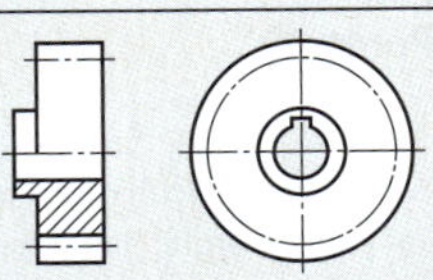

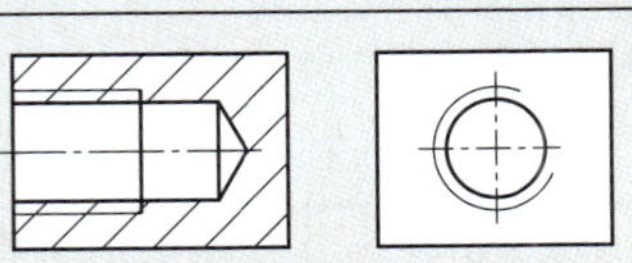

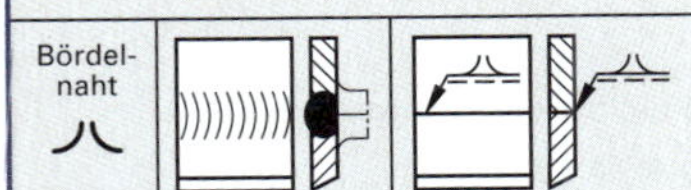

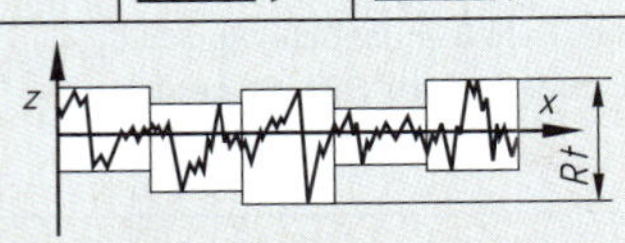

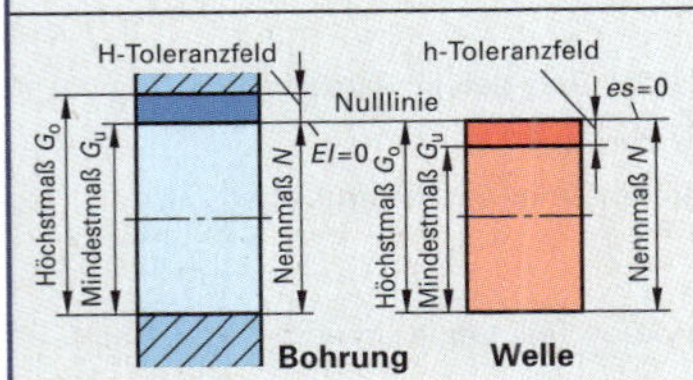

Strecken, Lote, Winkel

Parallele zu einer Strecke

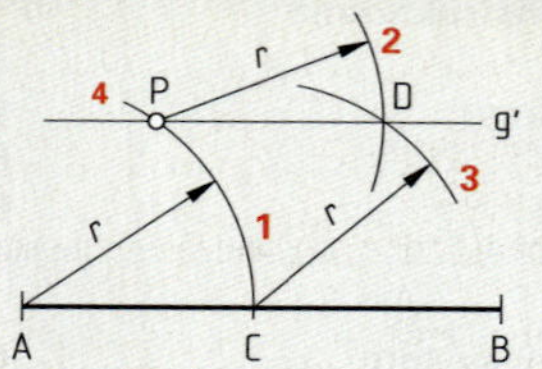

Gegeben: Strecke $\overline{AB}$ und Punkt P auf gesuchter Parallele g'

1. Kreisbogen mit Radius *r* um A ergibt Schnittpunkt C.
2. Kreisbogen mit Radius *r* um P.
3. Kreisbogen mit Radius *r* um C ergibt Schnittpunkt D.
4. Verbindungslinie $\overline{PD}$ ist Parallele g' zu $\overline{AB}$.

Halbieren einer Strecke

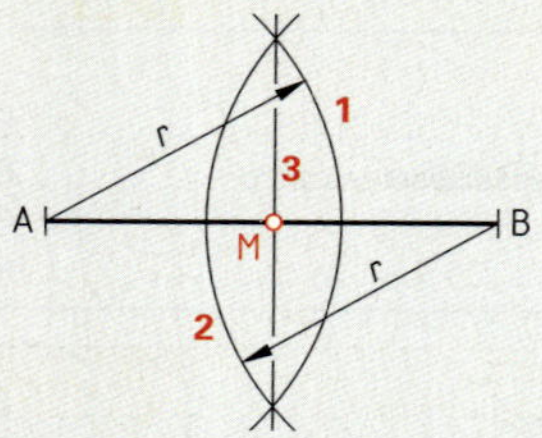

Gegeben: Strecke $\overline{AB}$

1. Kreisbogen 1 mit Radius *r* um A; $r > \frac{1}{2}\,\overline{AB}$.
2. Kreisbogen 2 mit gleichem Radius *r* um B.
3. Die Verbindungslinie der Kreisschnittpunkte ist die Mittelsenkrechte bzw. die Halbierende der Strecke $\overline{AB}$.

Fällen eines Lotes

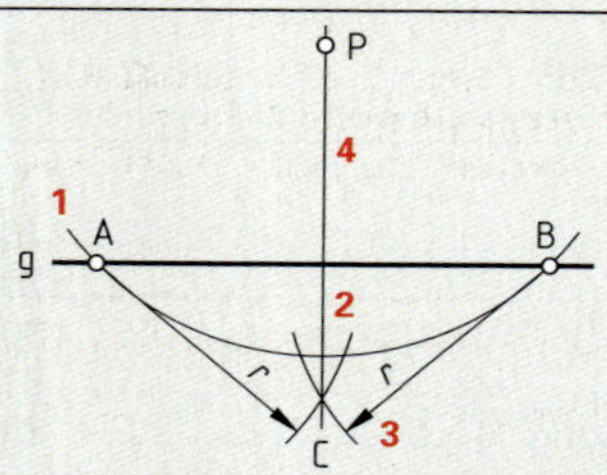

Gegeben: Gerade g und Punkt P

1. Beliebiger Kreisbogen 1 um P ergibt Schnittpunkte A und B.
2. Kreisbogen 2 mit Radius *r* um A; $r > \frac{1}{2}\,\overline{AB}$.
3. Kreisbogen 3 mit gleichem Radius *r* um B (Schnittpunkt C).
4. Die Verbindungslinie des Schnittpunktes C mit P ist das gesuchte Lot.

Errichten einer Senkrechten im Punkt P

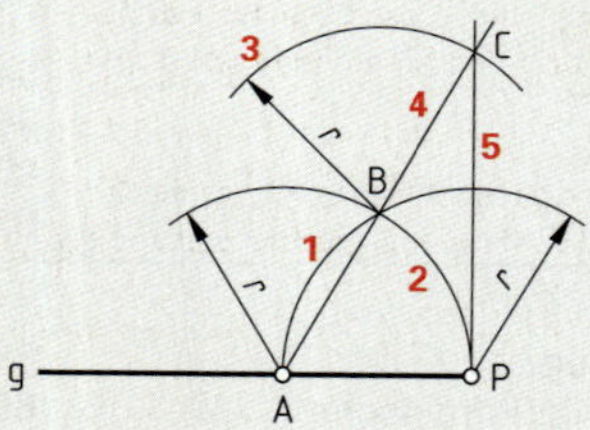

Gegeben: Gerade g und Punkt P

1. Kreisbogen 1 um P mit beliebigem Radius *r* ergibt Schnittpunkt A.
2. Kreisbogen 2 mit gleichem Radius *r* um Punkt A ergibt Schnittpunkt B.
3. Kreisbogen 3 mit gleichem Radius *r* um B.
4. A und B verbinden und Gerade verlängern (Schnittpunkt C).
5. Punkt C mit Punkt P verbinden.

Halbieren eines Winkels

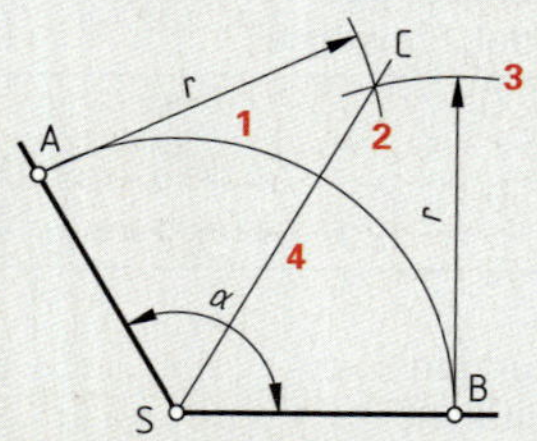

Gegeben: Winkel α

1. Beliebiger Kreisbogen 1 um S ergibt Schnittpunkte A und B.
2. Kreisbogen 2 mit Radius *r* um A; $r > \frac{1}{2}\,\overline{AB}$.
3. Kreisbogen 3 mit gleichem Radius *r* um B ergibt Schnittpunkt C.
4. Die Verbindungslinie des Schnittpunktes C mit S ist die gesuchte Winkelhalbierende.

Teilen einer Strecke

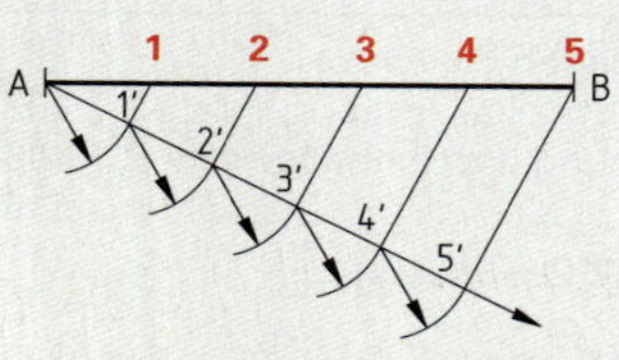

Gegeben: Strecke $\overline{AB}$ soll in 5 gleiche Teile geteilt werden.

1. Strahl von A unter beliebigem Winkel.
2. Auf dem Strahl von A aus mit dem Zirkel 5 beliebige, aber gleich große Teile abtragen.
3. Endpunkt 5' mit B verbinden.
4. Parallelen zu $\overline{5'B}$ durch die anderen Teilpunkte ziehen.

Tangenten, Kreisbögen, Vielecke

Tangente durch Kreispunkt P

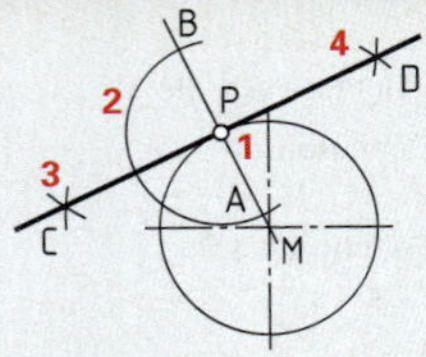

Gegeben: Kreis und Punkt P

1. Verbindungslinie $\overline{MP}$ ziehen und verlängern.
2. Kreis um P ergibt Schnittpunkte A und B.
3. Kreisbögen um A und B mit gleichem Radius ergeben Schnittpunkte C und D.
4. Verbindungslinie CD ist Senkrechte zu $\overline{PM}$.

Tangente von einem Punkt P an den Kreis

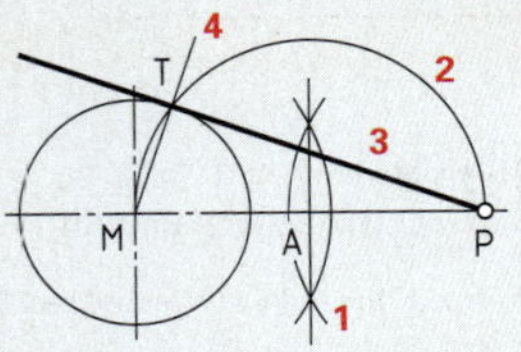

Gegeben: Kreis und Punkt P

1. $\overline{MP}$ halbieren. A ist Mittelpunkt.
2. Kreis um A mit Radius $r = \overline{AM}$. T ist Tangentenpunkt.
3. T mit P verbinden.
4. $\overline{MT}$ ist senkrecht zu $\overline{PT}$.

Rundung am Winkel

K

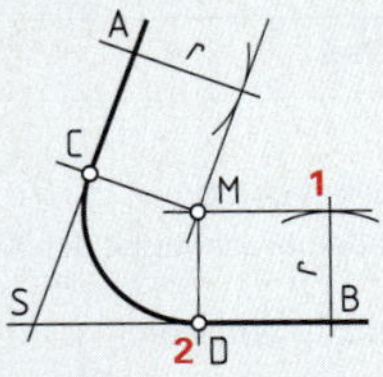

Gegeben: Winkel ASB und Radius r

1. Parallelen zu $\overline{AS}$ und $\overline{BS}$ im Abstand r ziehen. Ihr Schnittpunkt M ist der gesuchte Mittelpunkt des Kreisbogens mit dem Radius r.
2. Die Schnittpunkte der Lote von M mit den Schenkeln $\overline{AS}$ und $\overline{BS}$ sind die Übergangspunkte C und D.

Verbindung zweier Kreise durch Kreisbögen

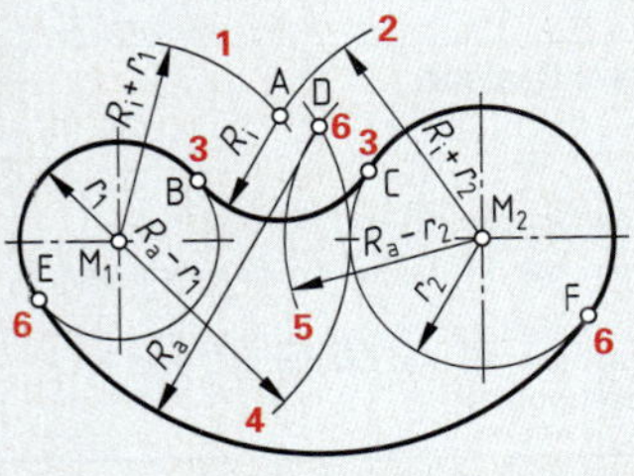

Gegeben: Kreis 1 und Kreis 2; Radien R_i und R_a

1. Kreis um M_1 mit Radius $R_i + r_1$.
2. Kreis um M_2 mit Radius $R_i + r_2$ ergibt mit 1 den Schnittpunkt A.
3. A mit M_1 und M_2 verbunden ergibt die Berührungspunkte B und C für den Innenradius R_i.
4. Kreis um M_1 mit Radius $R_a - r_1$.
5. Kreis um M_2 mit Radius $R_a - r_2$ ergibt mit 4 den Schnittpunkt D.
6. D mit M_1 und M_2 verbunden und verlängert ergibt die Berührungspunkte E und F für den Außenradius R_a.

Regelmäßiges Vieleck im Umkreis (z. B. Fünfeck)

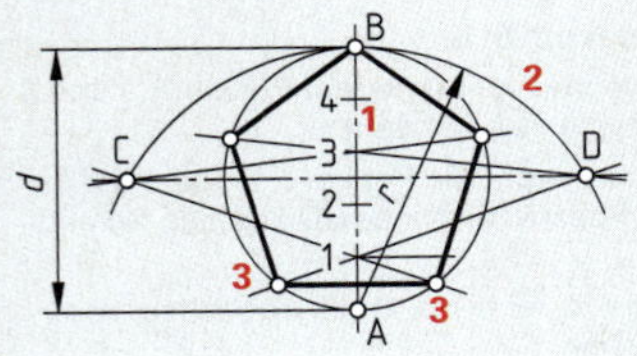

Gegeben: Kreis mit Durchmesser d

1. $\overline{AB}$ in 5 gleiche Teile teilen (Seite 58).
2. Kreisbogen mit Radius $r = \overline{AB}$ um A ziehen ergibt C und D.
3. C und D mit 1, 3 … (sämtlichen ungeraden Zahlen) verbinden. Die Schnittpunkte mit dem Kreis ergeben das gesuchte Fünfeck.

   Bei **Vielecken** mit **gerader Eckzahl** sind C und D mit 2, 4, 6 usw. (sämtlichen geraden Zahlen) zu verbinden.

Sechseck, Zwölfeck im Umkreis

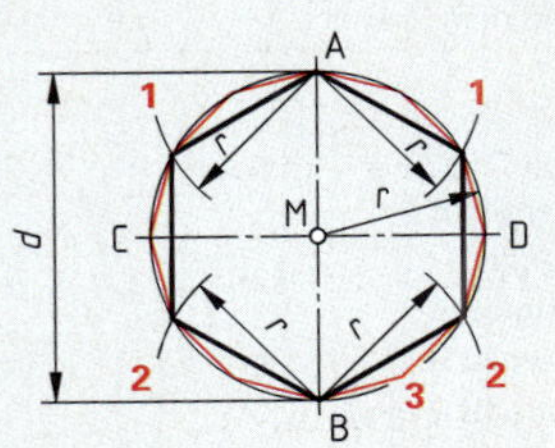

Gegeben: Kreis mit Durchmesser d

1. Kreisbögen mit Radius $r = \frac{d}{2}$ um A.
2. Kreisbögen mit Radius r um B.
3. Verbindungslinien ergeben Sechseck.

   Für Zwölfeck sind die Zwischenpunkte festzulegen. Einstiche zusätzlich in C und D.

Inkreis und Umkreis beim Dreieck, Kreismittelpunkt, Ellipse, Spirale

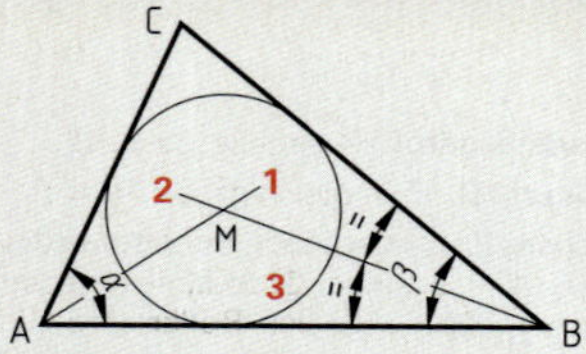

Inkreis eines Dreiecks

Gegeben: Dreieck

1. Winkel α halbieren.
2. Winkel β halbieren (Schnittpunkt M).
3. Inkreis um M.

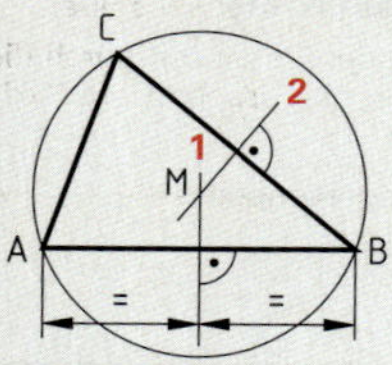

Umkreis eines Dreiecks

Gegeben: Dreieck

1. Mittelsenkrechte auf der Strecke $\overline{AB}$ errichten.
2. Mittelsenkrechte auf der Strecke $\overline{BC}$ errichten (Schnittpunkt M).
3. Umkreis um M.

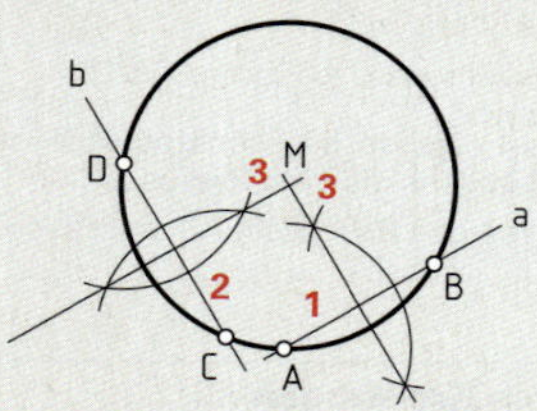

Bestimmung des Kreismittelpunktes

Gegeben: Kreis

1. Beliebige Gerade a schneidet den Kreis in A und B.
2. Gerade b (möglichst senkrecht zur Geraden a) schneidet den Kreis in C und D.
3. Mittelsenkrechte auf den Sehnen $\overline{AB}$ und $\overline{CD}$ errichten.
4. Schnittpunkt der Mittelsenkrechten ist Kreismittelpunkt *M*.

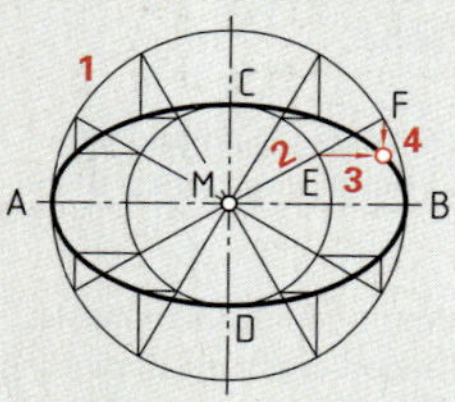

Ellipsenkonstruktion aus zwei Kreisen

Gegeben: Achsen $\overline{AB}$ und $\overline{CD}$

1. Zwei Kreise um M mit den Durchmessern $\overline{AB}$ und $\overline{CD}$.
2. Durch M mehrere Strahlen ziehen, die die beiden Kreise schneiden (E, F).
3. Parallelen zu den beiden Hauptachsen $\overline{AB}$ und $\overline{CD}$ durch E und F ziehen. Schnittpunkte sind Ellipsenpunkte.

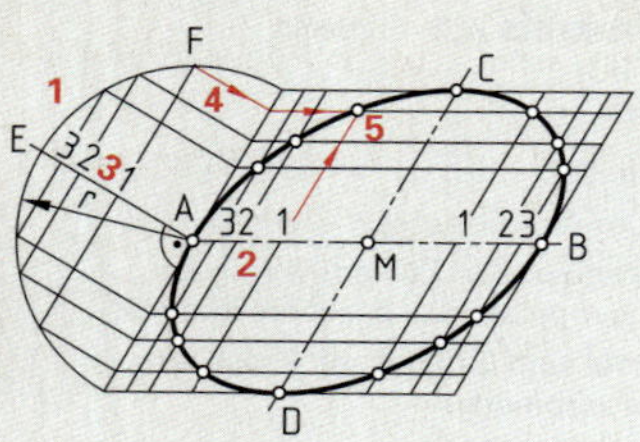

Ellipsenkonstruktion in einem Parallelogramm

Gegeben: Parallelogramm mit den Achsen $\overline{AB}$ und $\overline{CD}$

1. Halbkreis mit Radius $r = \overline{MC}$ um A ergibt E.
2. $\overline{AM}$ (bzw. $\overline{BM}$) halbieren, vierteln und achteln ergibt Punkte 1, 2 und 3. Durch diese Punkte Parallelen zur Achse $\overline{CD}$ ziehen.
3. $\overline{EA}$ halbieren, vierteln und achteln ergibt die Punkte 1, 2 und 3 auf der Achse $\overline{AE}$. Parallelen durch die Punkte zur Achse $\overline{CD}$ ergeben Schnittpunkte F am Kreisbogen.
4. Durch Schnittpunkte F Parallelen zu $\overline{AE}$ bis zur Halbkreisachse, von dort Parallelen zur Achse $\overline{AB}$ ziehen.
5. Parallelenschnittpunkte entsprechender Zahlen sind Ellipsenpunkte.

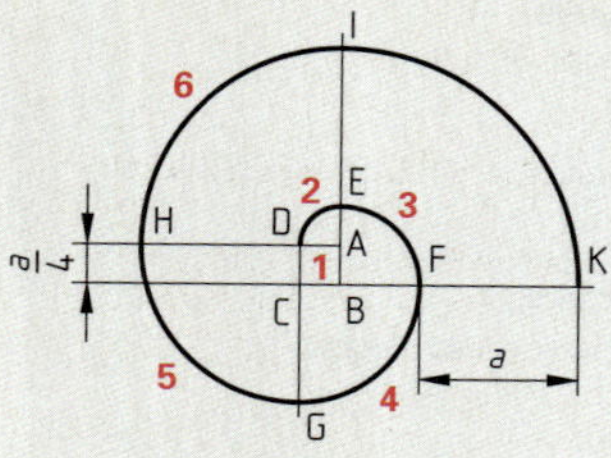

Spirale (Näherungskonstruktion mit dem Zirkel)

Gegeben: Steigung *a*

1. Quadrat ABCD mit *a*/4 zeichnen.
2. Viertelkreis mit Radius $\overline{AD}$ um A ergibt E.
3. Viertelkreis mit Radius $\overline{BE}$ um B ergibt F.
4. Viertelkreis mit Radius $\overline{CF}$ um C ergibt G.
5. Viertelkreis mit Radius $\overline{DG}$ um D ergibt H.
6. Viertelkreis mit Radius $\overline{AH}$ um A ergibt I (usw.).

Zykloide, Evolvente, Parabel, Hyperbel, Schraubenlinie

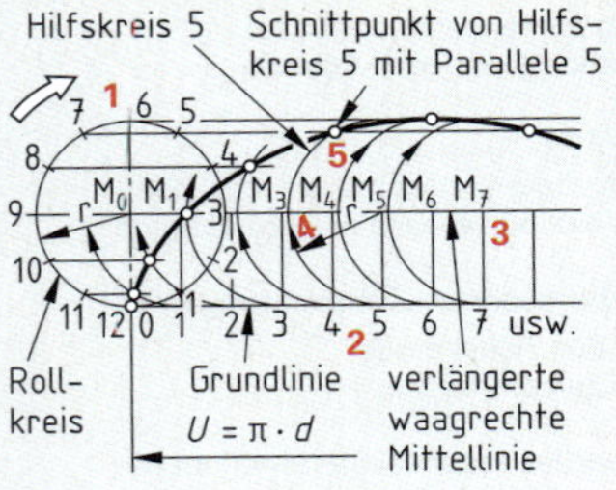

Zykloide

Gegeben: Rollkreis mit Radius *r*

1. Rollkreis in beliebig viele, aber gleich große Teile einteilen, z.B. 12.
2. Grundlinie (≙ Umfang des Rollkreises = $\pi \cdot d$) in gleich große Teile einteilen, hier ebenfalls 12.
3. Senkrechte Linien in den Teilpunkten 1 … 12 auf der Grundlinie ergeben mit der verlängerten waagerechten Mittellinie des Rollkreises die Mittelpunkte $M_1 \dots M_{12}$.
4. Um die Mittelpunkte $M_1 \dots M_{12}$ Hilfskreise mit Radius *r* ziehen.
5. Die Schnittpunkte dieser Hilfskreise mit den Parallelen durch die Rollkreispunkte mit der gleichen Nummerierung ergeben die Zykloidenpunkte.

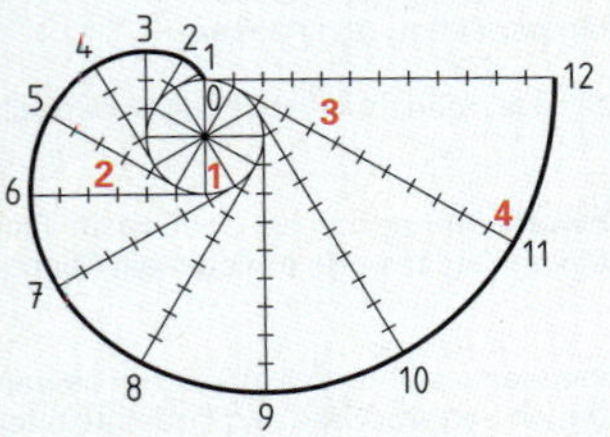

Evolvente

Gegeben: Kreis

1. Kreis in beliebig viele, aber gleich große Teile einteilen, z.B. 12.
2. In den Teilpunkten Tangenten an den Kreis ziehen.
3. Vom Berührungspunkt aus auf jeder Tangente die Länge des abgewickelten Kreisumfanges abtragen.
4. Die Kurve durch die Endpunkte ergibt die Evolvente.

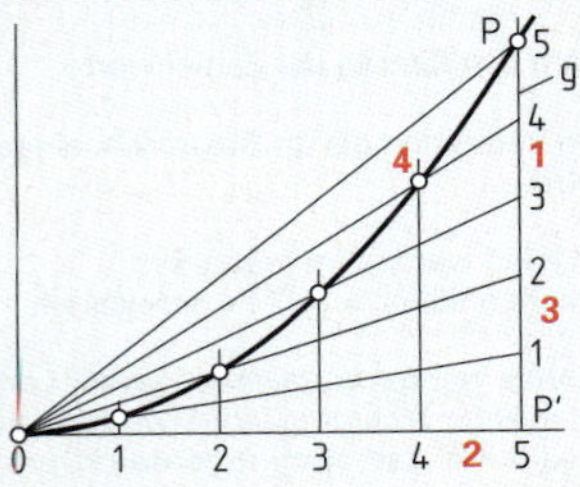

Parabel

Gegeben: Rechtwinklige Parabelachsen und Parabelpunkt P

1. Parallele g zur senkrechten Achse durch Punkt P ergibt P'.
2. Abstand $\overline{0P'}$ auf der waagrechten Achse in beliebig viele Teile (z.B. 5) einteilen und Parallele zur senkrechten Achse ziehen.
3. Abstand $\overline{PP'}$ in gleich viele Teile einteilen und mit 0 verbinden.
4. Schnittpunkte der Linien mit gleichen Zahlen ergeben weitere Parabelpunkte.

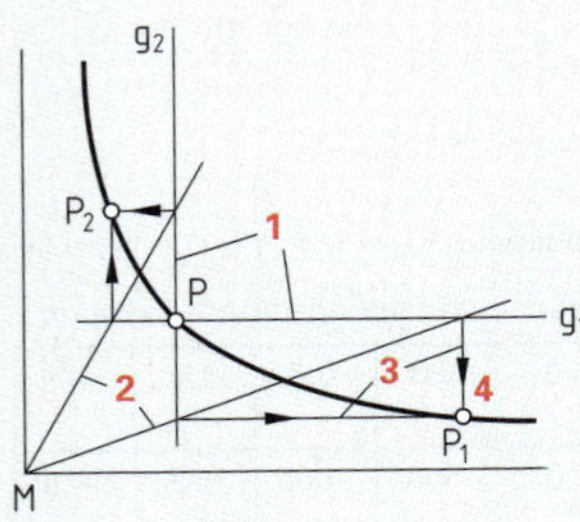

Hyperbel

Gegeben: Rechtwinklige Asymptoten durch M und Hyperbelpunkt P

1. Parallelen g_1 und g_2 zu den Asymptoten durch Hyperbelpunkt P ziehen.
2. Von M aus beliebige Strahlen ziehen.
3. Durch die Schnittpunkte der Strahlen mit g_1 und g_2 Parallelen zu den Asymptoten ziehen.
4. Schnittpunkte der Parallelen (P_1, P_2 …) sind Hyperbelpunkte.

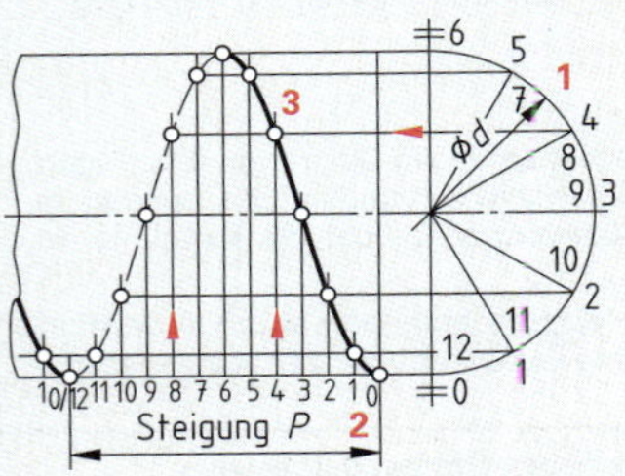

Schraubenlinie (Wendel)

Gegeben: Kreis mit Durchmesser *d* und Steigung *P*

1. Halbkreis in z.B. 6 gleiche Teile teilen.
2. Die Steigung *P* in die doppelte Anzahl, z.B. 12, gleicher Strecken unterteilen.
3. Gleiche Zahlen waagerechter und senkrechter Linien zum Schnitt bringen. Die Schnittpunkte ergeben Punkte der Schraubenlinie.

K

Kartesisches Koordinatensystem

vgl. DIN 461 (1973-03)

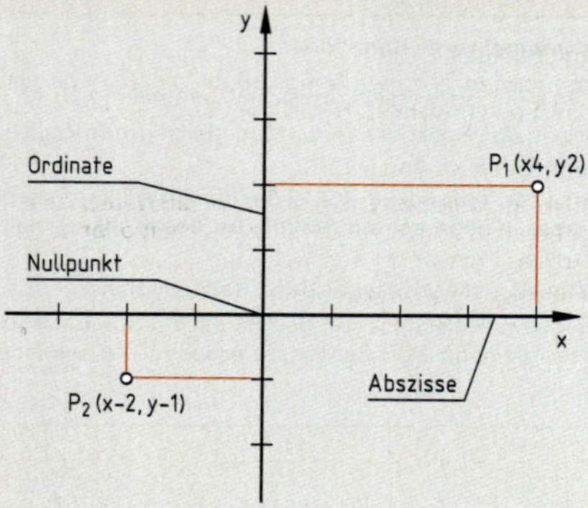

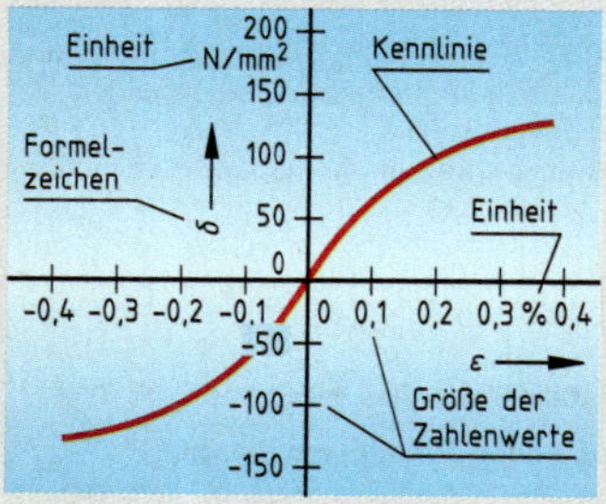

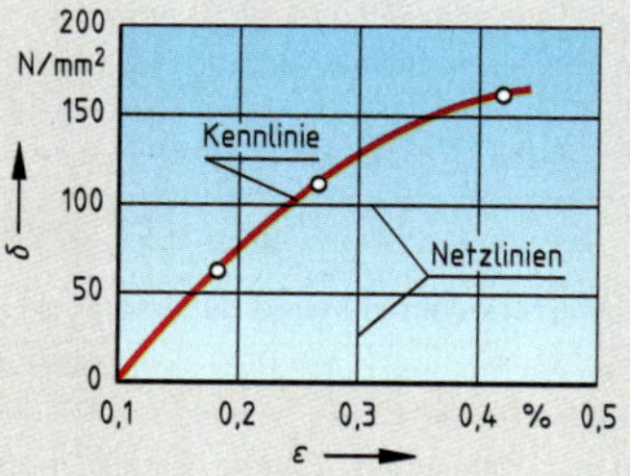

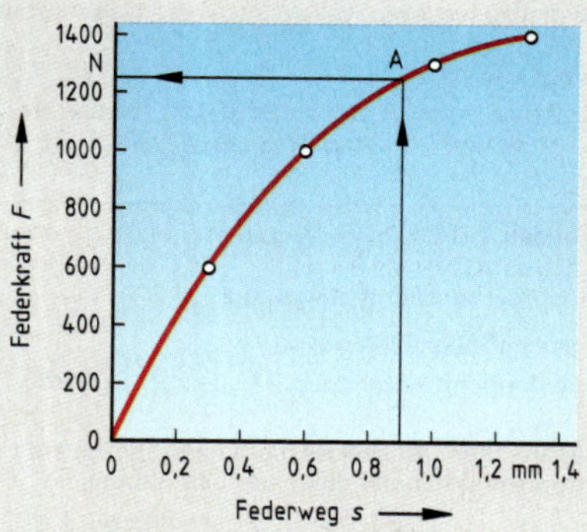

K

Koordinatenachsen

- Abszisse (waagrechte Achse; x-Achse)
- Ordinate (senkrechte Achse; y-Achse)

Abzutragende Werte

- Positive: vom Nullpunkt nach rechts bzw. oben
- Negative: vom Nullpunkt nach links bzw. unten

Kennzeichnung der positiven Achsrichtungen mit

- Pfeilspitzen an den Achsen oder
- Pfeilen parallel zu den Achsen

Formelzeichen werden kursiv eingetragen an der

- Abszisse unterhalb der Pfeilspitze
- Ordinate links neben der Pfeilspitze

bzw. vor den Pfeilen parallel zu den Achsen.

Skalen sind meist linear, manchmal auch logarithmisch geteilt.

Größen für Zahlenwerte. Sie stehen bei den Skalen-Teilstrichen. Alle negativen Zahlenwerte erhalten ein Minuszeichen.

Einheiten der Zahlenwerte stehen zwischen den beiden letzten positiven Zahlen von Abszisse und Ordinate oder hinter den Formelzeichen.

Netzlinien erleichtern den Eintrag der Zahlenwerte.

Kennlinien (Kurven) verbinden die im Diagramm eingetragenen Zahlenwerte.

Linienbreiten. Die Linien werden im Verhältnis Netzlinien : Achsen : Kennlinien = 1 : 2 : 4 gezeichnet.

Diagramm-Ausschnitte werden gezeichnet, wenn vom Nullpunkt aus nicht in jeder Richtung Zahlenwerte abzutragen sind. Der Nullpunkt darf auch unterdrückt werden.

Beispiel (Federkennlinie):

Von einer Tellerfeder sind folgende Werte bekannt:

Federweg *s* in mm	0	0,3	0,6	1,0	1,3
Federkraft *F* in N	0	600	1000	1300	1400

Wie groß ist die Federkraft *F* bei einem Federweg $s = 0{,}9$ mm?

Lösung:

Die Kennwerte werden in ein Diagramm übertragen und mit einer Kennlinie verbunden. Eine senkrechte Linie bei $s = 0{,}9$ mm schneidet die Kennlinie im Punkt A.

Mit Hilfe einer waagrechten Linie durch A wird an der Ordinate eine Federkraft $F \approx 1250$ N abgelesen.

[1)] Mit Diagrammen werden wertmäßige Zusammenhänge zwischen veränderlichen Größen dargestellt.

Polarkoordinatensysteme, Flächendiagramme

Kartesisches Koordinatensystem (Fortsetzung)

vgl. DIN 461 (1973-03)

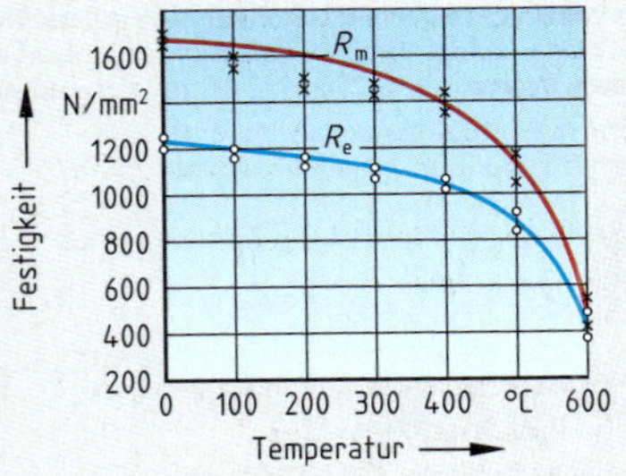

Diagramme mit mehreren Kennlinien

Bei stark streuenden Messwerten werden für jede Kennlinie besondere Zeichen verwendet, z. B.: ○, ×, □

Kennzeichnung der Kennlinien

- bei Verwendung derselben Linienart durch die Namen der Veränderlichen bzw. durch deren Formelzeichen oder durch unterschiedliche Farben der Kennlinien
- durch unterschiedliche Linienarten

Polarkoordinatensystem

vgl. DIN 461 (1973-03)

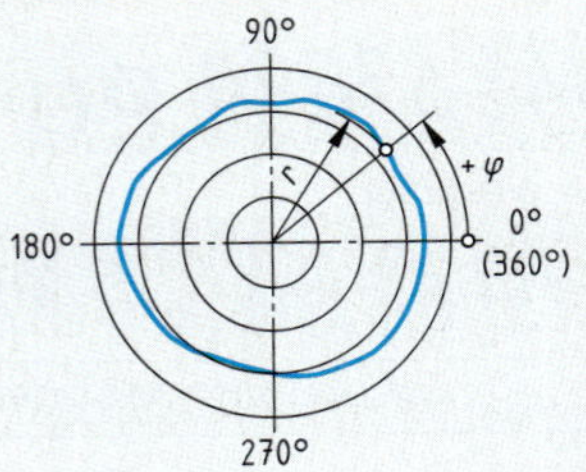

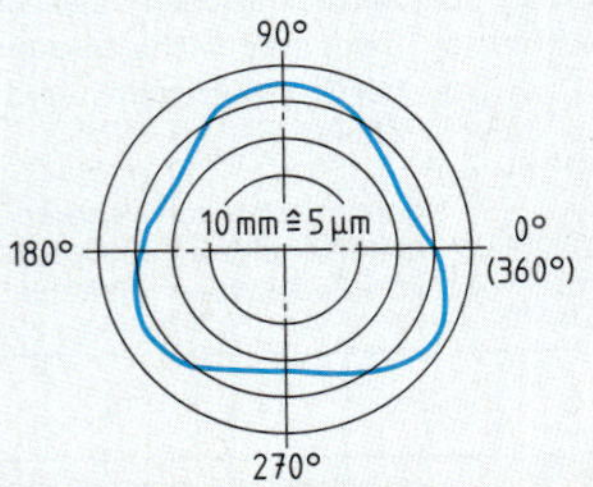

Polarkoordinatensysteme besitzen eine 360°-Teilung

Nullpunkt (Pol). Schnittpunkt von waagrechter und senkrechter Achse

Winkelzuordnung. Die waagrechte Achse rechts vom Nullpunkt wird dem Winkel 0° zugeordnet.

Winkelabtrag. Positive Winkel werden entgegen dem Uhrzeigersinn abgetragen.

Radius. Der Radius entspricht der Größe des abzutragenden Wertes. Zum leichteren Abtragen der Werte können um den Nullpunkt konzentrische Kreise gezogen werden.

Beispiel:

Mit Hilfe einer Messmaschine wird überprüft, ob die Rundheit einer gedrehten Buchse innerhalb einer geforderten Toleranz liegt.

Die ermittelte Unrundheit wurde vermutlich durch zu starkes Spannen der Buchse im Backenfutter verursacht.

Flächendiagramme

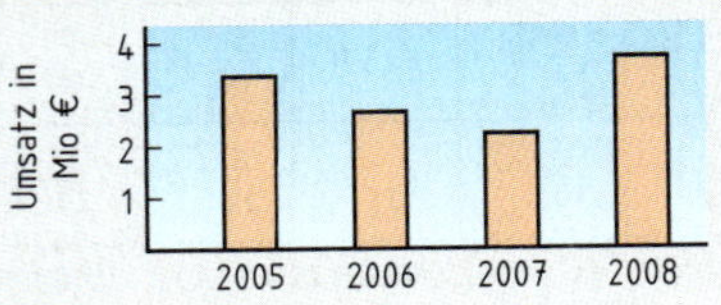

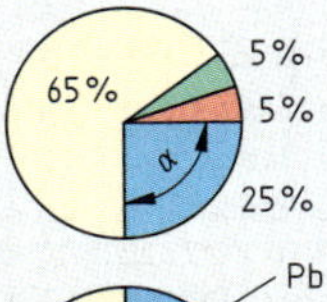

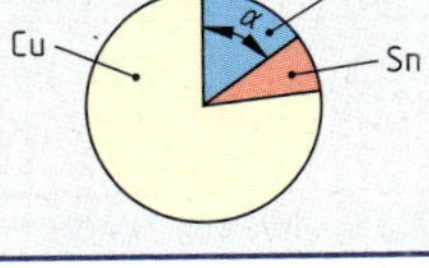

Säulendiagramme

Mit Säulendiagrammen werden die darzustellenden Größen als waagrechte oder senkrechte, jeweils gleich dicke Balken gezeigt.

Kreisflächendiagramme

Mit Kreisflächendiagrammen werden meist Prozentwerte dargestellt. Dabei entspricht der Umfang einer Kreisfläche 100 % (≙ 360°).

Mittelpunktswinkel. Der zu einem abzutragenden Prozentanteil x gehörende Mittelpunktswinkel beträgt:

$$\alpha = \frac{360° \cdot x\,\%}{100\,\%}$$

Beispiel:

Wie groß ist der Mittelpunktswinkel für den Bleianteil der Legierung CuPb15Sn8?

Lösung: $\alpha = \frac{360° \cdot 15\,\%}{100\,\%} = 54°$

K

Schriftzeichen

Beschriftung, Schriftzeichen

vgl. DIN EN ISO 3098-0 (1998-04) und DIN EN ISO 3098-2 (2000-11)

Die Beschriftung von technischen Zeichnungen kann nach Schriftform A (Engschrift) oder nach Schriftform B erfolgen. Beide Formen dürfen senkrecht (V = vertikal) oder um 15° nach rechts geneigt (S = schräg) ausgeführt werden. Um eine gute Lesbarkeit zu gewährleisten, soll der Abstand zwischen den Schriftzeichen zwei Linienbreiten betragen. Der Abstand darf auf eine Linienbreite verringert werden, wenn bestimmte Schriftzeichen zusammentreffen, z. B. LA, TV, Tr.

Schriftform B, V (vertikal)

ABCDEFGHIJKLMNOPQRSTUVWXYZ

abcdefghijklmnopqrstuvwxyz□

1234567890 IVX[(!?:;"-=+ ×·:√ %&)] ϕ

Schriftform B, S (schräg)

ABCDEFGHIJ abcdefghij 1234567890 ϕ□

Schriftform A, V (vertikal)

ABCD efghijk 123456 ϕ□

Schriftform A, S (schräg)

ABCD efghijk 123456 ϕ□

Maße

vgl. DIN EN ISO 3098-0 (1998-04)

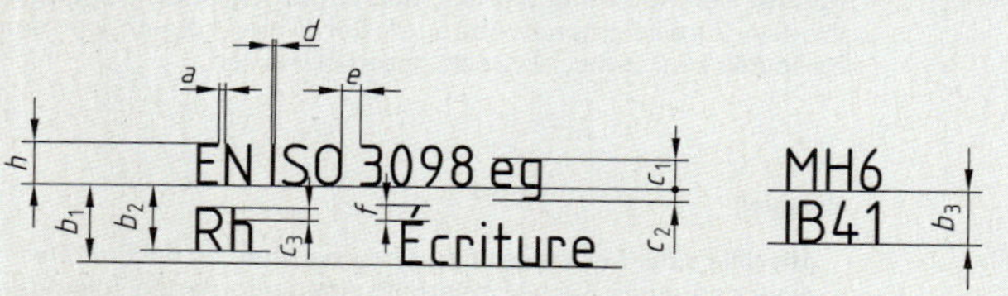

b_1 bei diakritischen[1] Zeichen
b_2 ohne diakritische Zeichen
b_3 bei Großbuchstaben und Zahlen

[1] diaktritisch = zur weiteren Unterscheidung, insbesondere von Buchstaben, dienend

Schrifthöhe *h* bzw. Höhe der Großbuchstaben (Nennmaße) in mm	1,8	2,5	3,5	5	7	10	14	20

Verhältnis der Maße zur Schrifthöhe *h*

vgl. DIN EN ISO 3098-0 (1998-04)

Schriftform	a	b_1	b_2	b_3	c_1	c_2	c_3	d	e	f
A	$\frac{2}{14}\cdot h$	$\frac{25}{14}\cdot h$	$\frac{21}{14}\cdot h$	$\frac{17}{14}\cdot h$	$\frac{10}{14}\cdot h$	$\frac{4}{14}\cdot h$	$\frac{4}{14}\cdot h$	$\frac{1}{14}\cdot h$	$\frac{6}{14}\cdot h$	$\frac{5}{14}\cdot h$
B	$\frac{2}{10}\cdot h$	$\frac{19}{10}\cdot h$	$\frac{15}{10}\cdot h$	$\frac{13}{10}\cdot h$	$\frac{7}{10}\cdot h$	$\frac{3}{10}\cdot h$	$\frac{3}{10}\cdot h$	$\frac{1}{10}\cdot h$	$\frac{6}{10}\cdot h$	$\frac{4}{10}\cdot h$

Griechisches Alphabet

vgl. DIN EN ISO 3098-3 (2000-11)

Α α Alpha	Ζ ζ Zeta	Λ λ Lambda	Π π Pi	Φ φ (ph) Phi
Β β Beta	Η η Eta	Μ μ Mü	Ρ ϱ Rho	Χ χ Chi
Γ γ Gamma	Θ ϑ Theta	Ν ν Nü	Σ σ Sigma	Ψ ψ Psi
Δ δ Delta	Ι ι Jota	Ξ ξ Ksi	Τ τ Tau	Ω ω Omega
Ε ε Epsilon	Κ ϰ Kappa	Ο ο Omikron	Υ υ Ypsilon	

Römische Ziffern

I = 1	II = 2	III = 3	IV = 4	V = 5	VI = 6	VII = 7	VIII = 8	IX = 9
X = 10	XX = 20	XXX = 30	XL = 40	L = 50	LX = 60	LXX = 70	LXXX = 80	XC = 90
C = 100	CC = 200	CCC = 300	CD = 400	D = 500	DC = 600	DCC = 700	DCCC = 800	CM = 900
M = 1000	MM = 2000	Beispiele: MDCLXXXVII = 1687		MCMXCIX = 1999		MMVIII = 2008		

Normzahlen, Radien, Maßstäbe

Normzahlen und Normzahlreihen[1]

vgl. DIN 323-1 (1974-08)

R 5	R 10	R 20	R 40	R 5	R 10	R 20	R 40
1,00	1,00	1,00	1,00	4,00	4,00	4,00	4,00
			1,06				4,25
		1,12	1,12			4,50	4,50
			1,18				4,75
	1,25	1,25	1,25		5,00	5,00	5,00
			1,32				5,30
		1,40	1,40			5,60	5,60
			1,50				6,00
1,60	1,60	1,60	1,60	6,30	6,30	6,30	6,30
			1,70				6,70
		1,80	1,80			7,10	7,10
			1,90				7,50
	2,00	2,00	2,00		8,00	8,00	8,00
			2,12				8,50
		2,24	2,24			9,00	9,00
			2,36				9,50
2,50	2,50	2,50	2,50	10,00	10,00	10,00	10,00
			2,65				
		2,80	2,80				
			3,00				
	3,15	3,15	3,15				
			3,35				
		3,55	3,55				
			3,75				

Reihe	Multiplikator
R 5	$q_5 = \sqrt[5]{10} \approx 1,6$
R 10	$q_{10} = \sqrt[10]{10} \approx 1,25$
R 20	$q_{20} = \sqrt[20]{10} \approx 1,12$
R 40	$q_{40} = \sqrt[40]{10} \approx 1,06$

Radien

vgl. DIN 250 (2002-04)

						0,2				0,3		**0,4**		0,5		**0,6**		0,8	
1		1,2		**1,6**		2		**2,5**		3		**4**		5		**6**		8	
10		12		**16**	18	**20**	22	**25**	28	**32**	36	**40**	45	**50**	56	**63**	70	**80**	90
100	110	**125**	140	**160**	180	**200**	Die fett gedruckten Tabellenwerte sind zu bevorzugen.												

Maßstäbe[2]

vgl. DIN ISO 5455 (1979-12)

Natürlicher Maßstab	Verkleinerungsmaßstäbe				Vergrößerungsmaßstäbe		
1 : 1	1 : 2 1 : 5 1 : 10	1 : 20 1 : 50 1 : 100	1 : 200 1 : 500 1 : 1000	1 : 2000 1 : 5000 1 : 10000	2 : 1 20 : 1	5 : 1 50 : 1	10 : 1

[1] Normzahlen sind Vorzugszahlen, z. B. für Längenmaße und Radien. Durch ihre Verwendung werden willkürliche Abstufungen vermieden. Bei den Normzahlreihen (Grundreihen R5 ... R40) ergibt sich jede Zahl der Reihe durch Multiplizieren der vorhergehenden mit einem für die Reihe gleichbleibenden Multiplikator. Reihe 5 (R 5) ist R 10, diese R 20 und diese R 40 vorzuziehen. Die Zahlen jeder Reihe können mit 10, 100, 1000 usw. multipliziert oder durch 10, 100, 1000 usw. dividiert werden.

[2] Für besondere Anwendungen können die angegebenen Vergrößerungs- und Verkleinerungsmaßstäbe durch Multiplizieren mit ganzzahligen Vielfachen von 10 erweitert werden.

K

Zeichenblätter

Zeichnungsvordrucke

vgl. DIN EN ISO 5457 (1999-07) und DIN EN ISO 216 (2002-03)

Format	A0	A1	A2	A3	A4	A5	A6
Abmessungen der Formate[1] in mm	841 x 1189	594 x 841	420 x 594	297 x 420	210 x 297	148 x 210	105 x 148
Abmessungen der Zeichenfläche in mm	821 x 1159	574 x 811	400 x 564	277 x 390	180 x 277	–	–

[1] Die Abmessungen Höhe : Breite der Zeichnungsvordrucke verhalten sich wie $1 : \sqrt{2}$ (= 1 : 1,414).

Faltung auf DIN-Format A4

vgl. DIN 824 (1981-03)

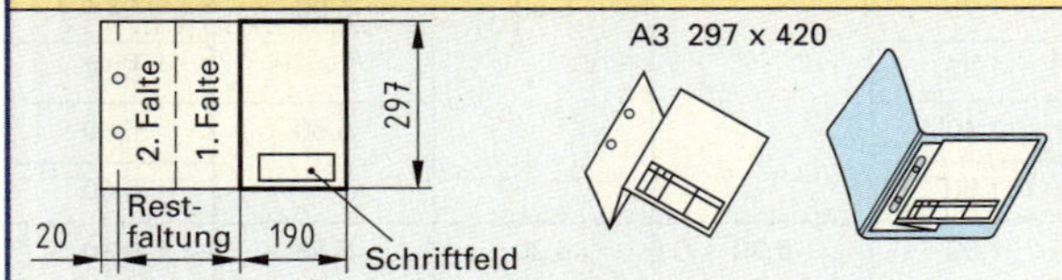

1. Falte: Rechten Streifen (190 mm breit) nach rückwärts einschlagen.

2. Falte: Restblatt so falten, dass die Kante der 1. Falte vom linken Blattrand einen Abstand von 20 mm hat.

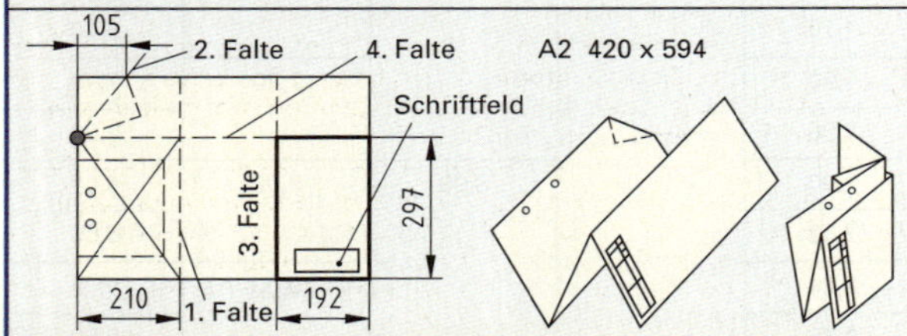

1. Falte: Linken Streifen (210 mm breit) nach rechts einschlagen.

2. Falte: Dreieck in 297 mm Höhe bei 105 mm Breite nach links umlegen.

3. Falte: Rechten Streifen (192 mm breit) nach rückwärts einschlagen.

4. Falte: Faltpaket in 297 mm Höhe nach rückwärts einschlagen.

Schriftfelder

vgl. DIN EN ISO 7200 (2004-05), Ersatz für DIN 6771-1

Die Breite des Schriftfeldes beträgt 180 mm. Die Maße für die einzelnen Datenfelder (Feldbreiten und Feldhöhen) sind, im Gegensatz zur Vorgängernorm, nicht mehr vorgeschrieben. Die Tabelle unten auf dieser Seite enthält Beispiele für mögliche Feldmaße.

Beispiel für ein Schriftfeld:

<table>
<tr><td>Verantwortl. Abtlg.
AB 131 11</td><td>Technische Referenz
Susanne Müller 12</td><td colspan="2">Erstellt durch
Christiane Schmid 13</td><td colspan="3">Genehmigt von
Wolfgang Maier 14</td><td>15</td></tr>
<tr><td colspan="2" rowspan="3">Schuler AG 1
Bergstadt</td><td colspan="2">Dokumentenart
Zusammenbauzeichnung 9</td><td colspan="4">Dokumentenstatus
freigegeben 10</td></tr>
<tr><td colspan="2" rowspan="2">Titel, Zusätzlicher Titel
2 3
Kreissägewelle
komplett mit Lagerung</td><td colspan="4">A225-03300-012 4</td></tr>
<tr><td>Änd. 5
A</td><td>Ausgabedatum 6
2008-01-15</td><td>Spr. 7
de</td><td>Blatt 8
1/3</td></tr>
</table>

Zeichnungsspezifische Angaben, wie z. B. Maßstab, Projektionssinnbild, Toleranzen und Oberflächenangaben, werden außerhalb des Schriftfeldes auf dem Zeichnungsvordruck angegeben.

Datenfelder in Schriftfeldern

Feld-Nr.	Feldname	Höchstzahl der Zeichen	Feldbezeichnung erforderlich	optional	Feldmaße (mm) Breite	Höhe
1	Eigentümer der Zeichnung	nicht festgelegt	ja	–	69	27
2	Titel (Zeichnungsname)	25	ja	–	60	18
3	Zusätzlicher Titel	25	–	ja	60	
4	Sachnummer	16	ja	–	51	9
5	Änderungsindex (Zeichnungsversion)	2	–	ja	7	
6	Ausgabedatum der Zeichnung	10	ja	–	25	
7	Sprachenzeichen (de = deutsch)	4	–	ja	10	
8	Blatt-Nummer und Anzahl der Blätter	4	–	ja	9	
9	Dokumentenart	30	ja	–	60	
10	Dokumentenstatus	20	–	ja	51	
11	Verantwortliche Abteilung	10	–	ja	25	
12	Technische Referenz	20	–	ja	43	
13	Zeichnungs-Ersteller	20	ja	–	43	
14	Genehmigende Person	20	ja	–	43	
15	Klassifikation/Schlüsselwörter	nicht festgelegt	–	ja	19	

Linien

Linien in Zeichnungen der mechanischen Technik

vgl. DIN ISO 128-24 (1999-12)

Nr.	Benennung, Darstellung	Beispiele für die Anwendung	
01.1	Volllinie, schmal	• Maß- und Maßhilfslinien • Hinweis- und Bezugslinien • Gewindegrund • Schraffuren • Lagerichtung von Schichtungen (z. B. Trafoblech) • Umrisse eingeklappter Schnitte • kurze Mittellinien • Lichtkanten bei Durchdringungen • Ursprungskreise und Maßlinienbegrenzungen	• Diagonalkreuze zur Kennzeichnung ebener Flächen • Umrahmungen von Einzelheiten • Projektions- und Rasterlinien • Biegelinien an Rohteilen und bearbeiteten Teilen • Kennzeichnung sich wiederholender Einzelheiten (z. B. Fußkreisdurchmesser bei Verzahnungen)
	Freihandlinie, schmal[1]	• Vorzugsweise manuell dargestellte Begrenzung von Teil- oder unterbrochenen Ansichten und Schnitten, wenn die Begrenzung keine Symmetrie- oder Mittellinie ist	
	Zickzacklinie, schmal[1]	• Vorzugsweise mit Zeichenautomaten dargestellte Begrenzung von Teil- oder unterbrochenen Ansichten und Schnitten, wenn die Begrenzung keine Symmetrie- oder Mittellinie ist	
01.2	Volllinie, breit	• sichtbare Kanten und Umrisse • Gewindespitzen • Grenze der nutzbaren Gewindelänge • Schnittpfeillinien • Oberflächenstrukturen (z. B. Rändel)	• Hauptdarstellungen in Diagrammen, Kanten und Fließbildern • Systemlinien (Stahlbau) • Formteillinien in Ansichten
02.1	Strichlinie, schmal	• verdeckte Kanten	• verdeckte Umrisse
02.2	Strichlinie, breit	• Kennzeichnung von Bereichen mit zulässiger Oberflächenbehandlung (z. B. Wärmebehandlung)	
04.1	Strich-Punktlinie (langer Strich), schmal	• Mittellinien • Symmetrielinien	• Teilkreise bei Verzahnungen • Lochkreise
04.2	Strich-Punktlinie (langer Strich), breit	• Kennzeichnung von Bereichen mit (begrenzter) geforderter Oberflächenbehandlung (z. B. Wärmebehandlung)	• Kennzeichnung von Schnittebenen
05.1	Strich-Zweipunktlinie (langer Strich), schmal	• Umrisse benachbarter Teile • Endstellungen beweglicher Teile • Schwerlinien • Umrisse vor der Formgebung • Teile vor der Schnittebene • Umrisse alternativer Ausführungen	• Umrisse von Fertigteilen in Rohteilen • Umrahmung besonderer Bereiche oder Felder • Projizierte Toleranzzone

[1] Es soll nur eine der Linienarten Freihandlinie und Zickzacklinie in einer Zeichnung angewendet werden.

Längen von Linienelementen

vgl. DIN EN ISO 128-20 (2002-10)

Linienelement	Linienart Nr.	Länge	Linienelement	Linienart Nr.	Länge
lange Striche	04.1 und 05.1	$24 \cdot d$	Lücken	02.1, 02.2, 04.1, 04.2 und 05.1	$3 \cdot d$
kurze Striche	02.1 und 02.2	$12 \cdot d$	**Beispiel: Linienart 04.2**		
Punkte	04.1, 04.2 und 05.1	$< 0{,}5 \cdot d$			

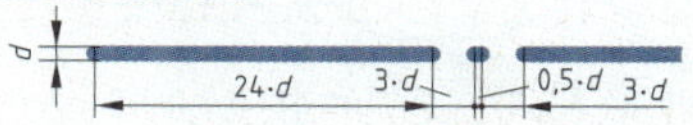

K

Linien

Linienbreiten und Liniengruppen

vgl. DIN ISO 128-24 (1999-12)

Linienbreiten. In Zeichnungen werden meist zwei Linienarten verwendet. Sie stehen zueinander im Verhältnis 1: 2.

Liniengruppen. Die Liniengruppen sind im Verhältnis $1:\sqrt{2}$ ($\approx 1:1{,}4$) gestuft.

Auswahl. Linienbreiten und Liniengruppen werden entsprechend der Zeichnungsart und -größe sowie dem Zeichnungsmaßstab und den Anforderungen für die Mikroverfilmung und/oder das Reproduktionsverfahren ausgewählt.

Liniengruppe	zugehörige Linienbreiten (Maße in mm) für		
	breite Linien	schmale Linien	Maß- und Toleranzangaben, grafische Sinnbilder
0,25	0,25	0,13	0,18
0,35	0,35	0,18	0,25
0,5	0,5	0,25	0,35
0,7	0,7	0,35	0,5
1	1	0,5	0,7
1,4	1,4	0,7	1
2	2	1	1,4

Beispiele für Linien in technischen Zeichnungen

vgl. DIN ISO 128-24 (1999-12)

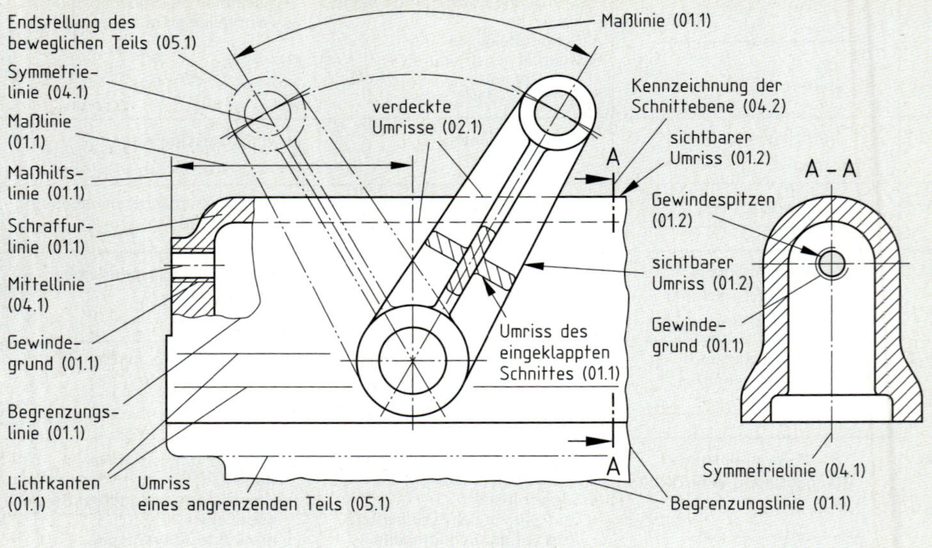

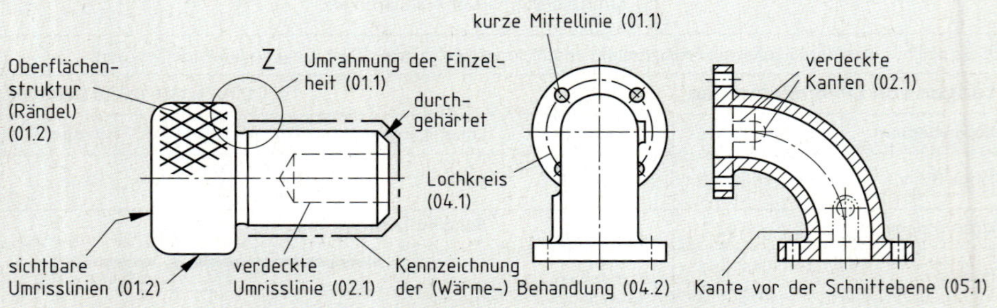

Grundregeln für die Darstellung, Projektionsmethoden

Grundregeln für die Darstellung

vgl. DIN ISO 128-30 (2002-05) und DIN ISO 5456-2 (1998-04)

Auswahl der Vorderansicht. Als Vorderansicht wird die Ansicht gewählt, die bezüglich Form und Abmessungen die meisten Informationen liefert.

Weitere Ansichten. Wenn für die eindeutige Darstellung oder die vollständige Bemaßung eines Werkstückes weitere Ansichten erforderlich sind, ist zu beachten:

- Die Auswahl der Ansichten ist auf das Notwendige zu beschränken.
- In den zusätzlichen Ansichten sollen möglichst wenig verdeckt darzustellende Kanten und Umrisse vorhanden sein.

Lage weiterer Ansichten. Die Lage weiterer Ansichten ist von der Projektionsmethode abhängig. Bei Zeichnungen nach den Projektionsmethoden 1 und 3 (Seite 70) muss das Symbol für die Projektionsmethode im Schriftfeld angegeben werden.

Axonometrische Darstellungen[1)]

vgl. DIN ISO 5456-3 (1998-04)

Isometrische Projektion

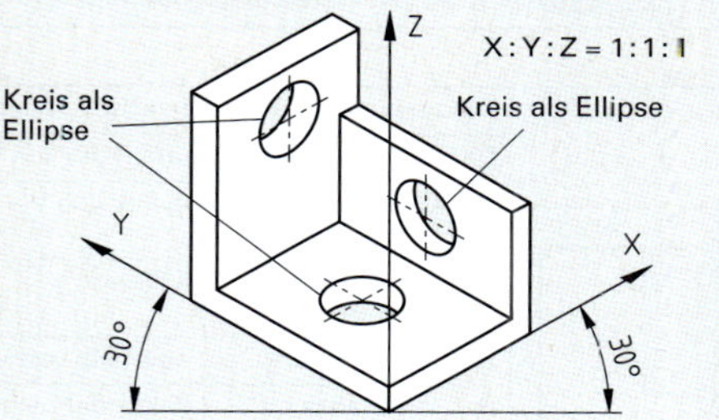

Näherungskonstruktion der Ellipse:

1. Rhombus tangential um Bohrung zeichnen, Rhombusseiten halbieren ergibt die Schnittpunkte M_1, M_2 und N.
2. Verbindungslinien von M_1 nach 1 und von M_2 nach 2 ziehen ergibt die Schnittpunkte 3 und 4.
3. Kreisbögen mit Radius *R* um 1 und 2 und mit Radius *r* um 3 und 4.

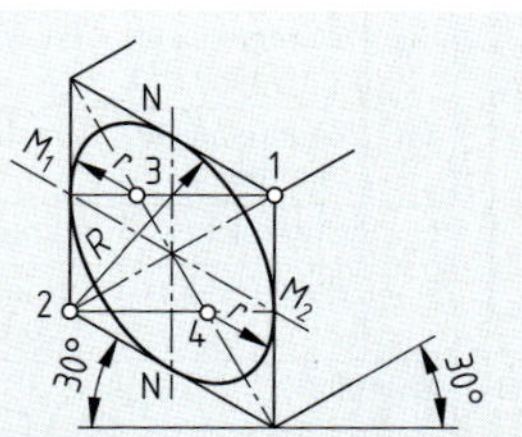

Dimetrische Projektion

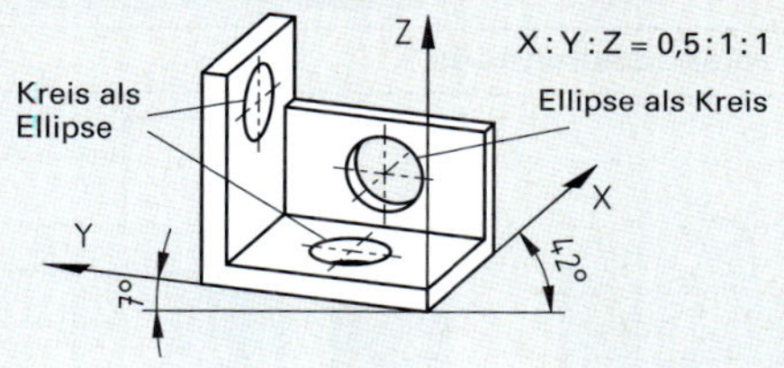

Konstruktion der Ellipsen:

1. Hilfskreis mit Radius $r = d/2$ zeichnen.
2. Höhe *d* in beliebige Anzahl gleicher Strecken teilen und Felder (1bis 3) zeichnen.
3. Hilfskreis-Durchmesser in gleiche Felderzahl teilen.
4. Aus Hilfskreis Streckenlängen *a*, *b* usw. in Rhombus übertragen.

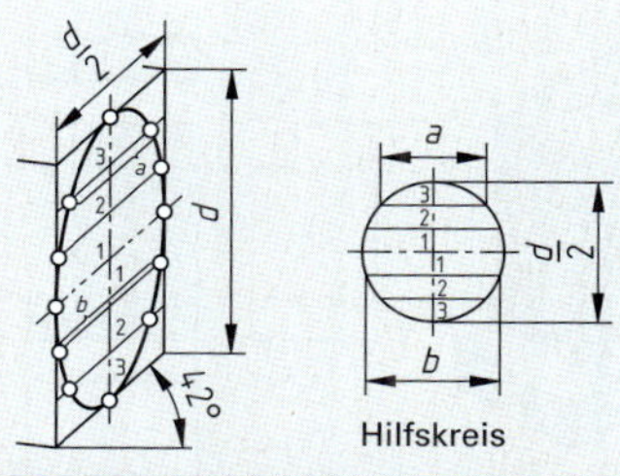

Kavalier-Projektion

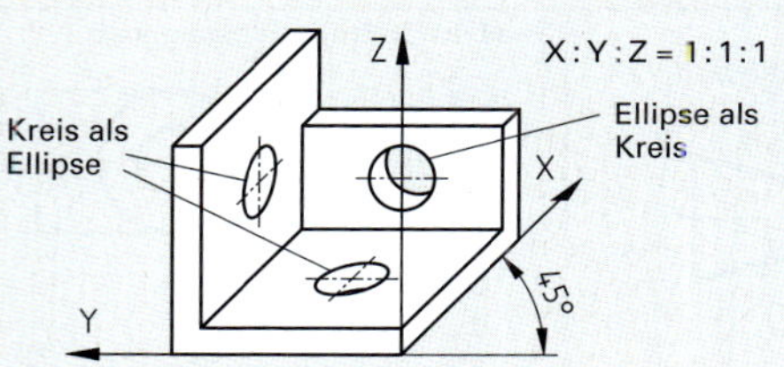

Ellipsenkonstruktion wie Seite 60 (Ellipsenkonstruktion in einem Parallelogramm).

Kabinett-Projektion

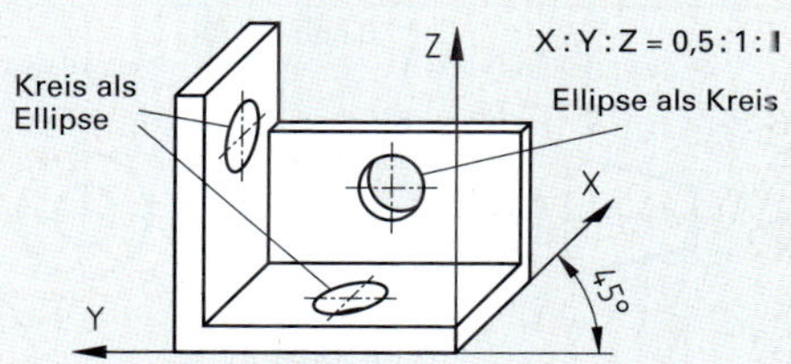

Ellipsenkonstruktion wie bei der dimetrischen Projektion (oben).

1) Axonometrische Darstellungen: einfache, bildliche Darstellungen.

Projektionsmethoden

vgl. DIN ISO 128-30 (2002-05) und DIN ISO 5456-2 (1998-04)

Pfeilmethode

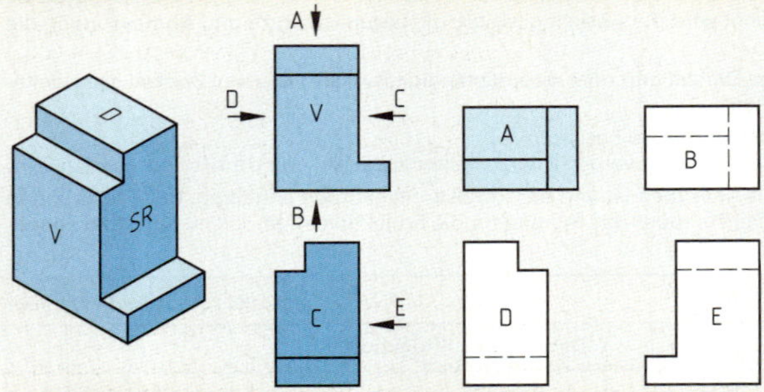

Kennzeichnung der Betrachtungsrichtung:
- mit Pfeillinie und Großbuchstaben

Kennzeichnung der Ansichten:
- mit Großbuchstaben

Lage der Ansichten:
- beliebig zur Vorderansicht

Anordnung der Großbuchstaben:
- oberhalb der Ansichten
- senkrecht in Leserichtung
- oberhalb oder rechts der Pfeillinie

K

Projektionsmethode 1

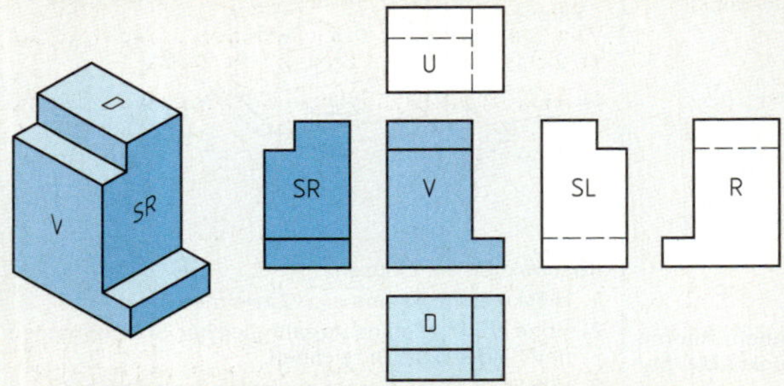

Bezogen auf die Vorderansicht V liegen:

D	Draufsicht	unterhalb von V
SL	Seitenansicht von links	rechts von V
SR	Seitenansicht von rechts	links von V
U	Untersicht	oberhalb von V
R	Rückansicht	links oder rechts von V

Sinnbild

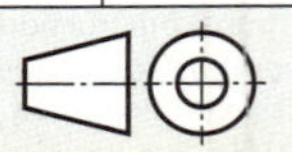

Projektionsmethode 3[1]

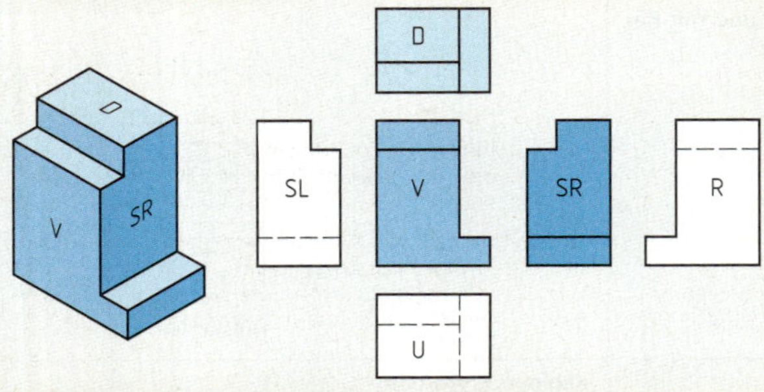

Bezogen auf die Vorderansicht V liegen:

D	Draufsicht	oberhalb von V
SL	Seitenansicht von links	links von V
SR	Seitenansicht von rechts	rechts von V
U	Untersicht	unterhalb von V
R	Rückansicht	links oder rechts von V

Sinnbild

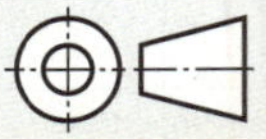

Sinnbilder für Projektionsmethoden

Sinnbild[2] für

Projektionsmethode 1	Projektionsmethode 3
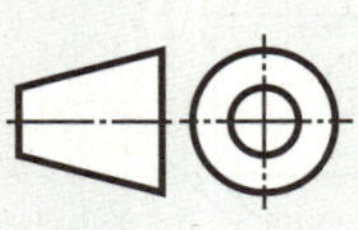	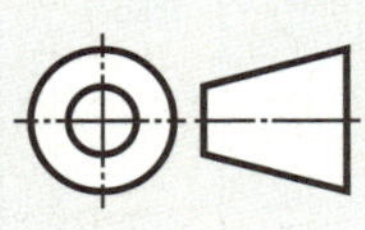

Anwendung in

Deutschland und den meisten europäischen Ländern	englischsprachigen Ländern, z.B. USA

Sinnbild für Projektionsmethode 1

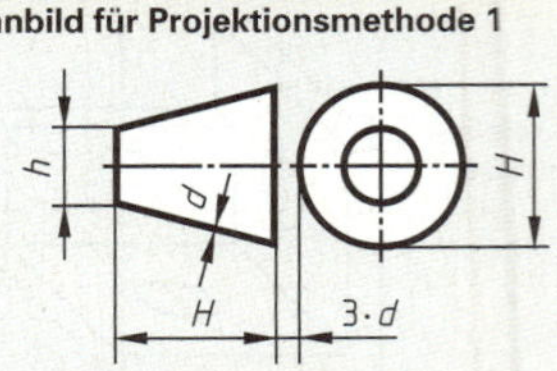

h Schrifthöhe in mm (Seite 64)
$H = 2 \cdot h$
$d = 0{,}1 \cdot h$

[1] Eine Projektionsmethode 2 ist nicht vorgesehen.
[2] Das Sinnbild wird auf dem Zeichnungsvordruck (Seite 66) angegeben.

Ansichten

vgl. DIN ISO 128-30 und -34 (2002-05)

Teilansichten

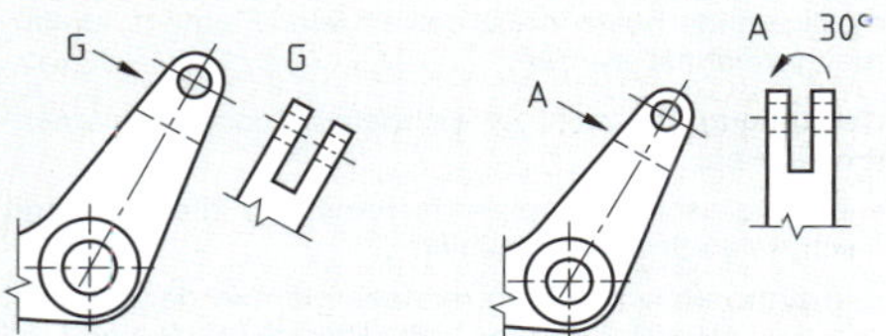

Anwendung. Teilansichten werden gekenzeichnet, wenn ungünstige Projektionen oder verkürzte Darstellungen vermieden werden sollen.

Lage. Die Teilansicht wird in Pfeilrichtung oder gedreht dargestellt. Der Drehwinkel muss angegeben werden.

Begrenzung. Diese erfolgt durch eine Zickzacklinie.

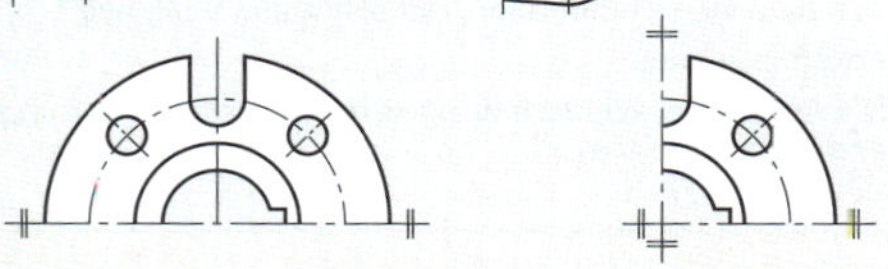

Anwendung. Bei Platzmangel z.B. genügt die Darstellung eines Bruchteils des ganzen Werkstückes.

Kennzeichnung. Durch zwei kurze, parallele Volllinien durch die Symmetrielinie außerhalb der Ansicht.

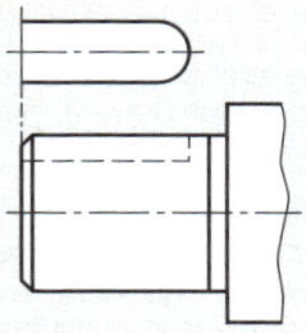

Anwendung. Wenn die Darstellung eindeutig ist, genügt statt einer Gesamtansicht eine Teilansicht.

Darstellung. Die Teilansicht (Projektionsmethode 3) wird durch eine schmale Strich-Punktlinie mit der Hauptansicht verbunden.

K

Angrenzende Teile

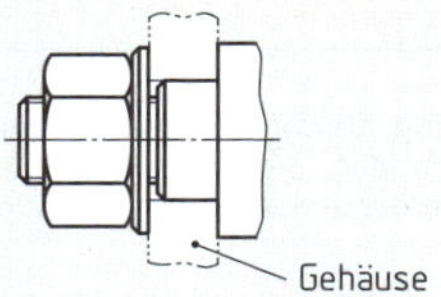

Anwendung. Angrenzende Teile werden gezeichnet, wenn diese zum Verständnis der Zeichnung beitragen.

Darstellung. Diese erfolgt mit schmalen Strich-Zweipunktlinien. Geschnittene angrenzende Teile werden nicht schraffiert.

Vereinfachte Durchdringungen

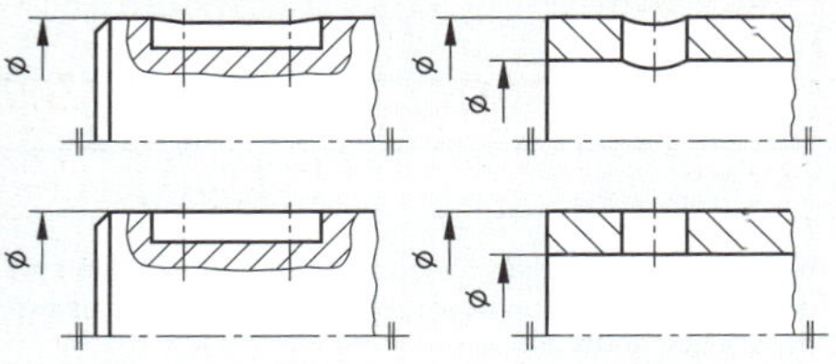

Anwendung. Wenn die Zeichnung verständlich bleibt, dürfen gerundete Durchdringungslinien durch gerade Linien ersetzt werden.

Darstellung. Mit breiten Volllinien gezeichnet werden gerundete Durchdringungslinien bei Nuten in Wellen und Durchdringungen von Bohrungen, deren Durchmesser sich wesentlich unterscheiden.

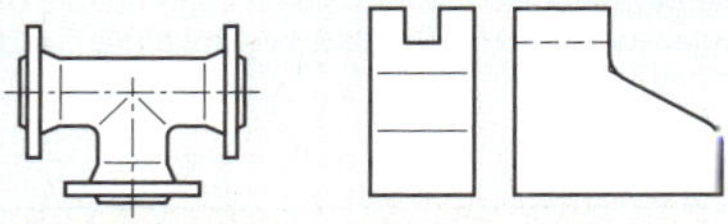

Mit schmalen Volllinien werden gedachte Durchdringungslinien von Lichtkanten und gerundeten Kanten an der Stelle gezeichnet, an der bei scharfkantigem Übergang die (Umlauf-)Kante wäre. Die schmalen Volllinien berühren die Umrisse nicht.

Unterbrochene Ansichten

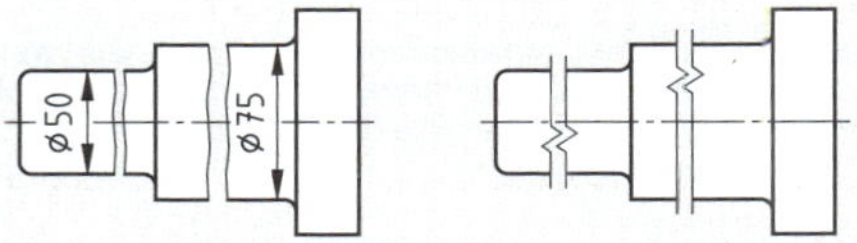

Anwendung. Um Platz zu sparen, können von langen Werkstücken nur die wichtigen Bereiche dargestellt werden.

Darstellung. Die Begrenzung der belassenen Teile erfolgt durch Freihandlinien oder Zickzacklinien. Die Teile müssen eng aneinander gezeichnet werden.

Ansichten

vgl. DIN ISO 128-30 und -34 (2002-05)

Wiederkehrende Geometrieelemente

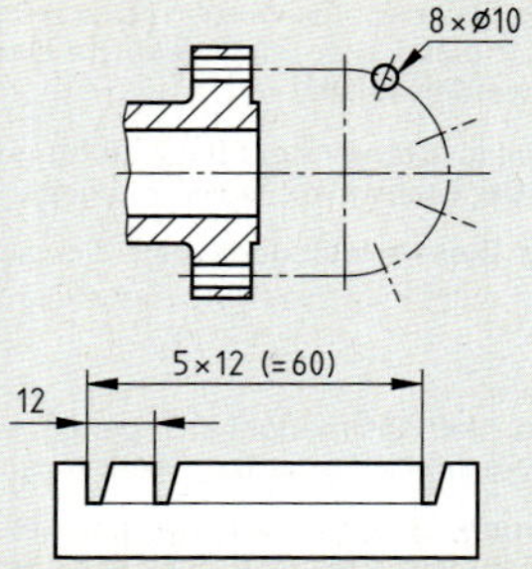

Anwendung. Bei Geometrieelementen, die sich regelmäßig wiederholen, muss das einzelne Element nur einmal gezeichnet werden.

Darstellung. Bei nicht gezeichneten Geometrieelementen wird bei

- symmetrischen Geometrieelementen die Lage mit schmalen Strich-Punktlinien
- unsymmetrischen Geometrieelementen der Bereich, in dem sie sich befinden, mit schmalen Volllinien

gekennzeichnet.

Die Anzahl der Wiederholungen muss durch Bemaßung angegeben werden.

Bauteile in größerem Maßstab (Einzelheiten)

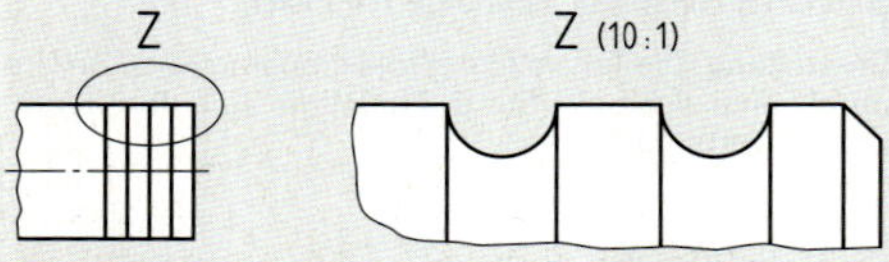

Anwendung. Teilbereiche eines Werkstücks, die nicht deutlich dargestellt werden können, dürfen in größerem Maßstab gezeichnet werden.

Darstellung. Der Teilbereich wird durch eine schmale Volllinie eingerahmt oder eingekreist und mit einem Großbuchstaben versehen. Nach der Darstellung des Teilbereichs in einem größeren Maßstab wird dieser mit demselben Großbuchstaben gekennzeichnet. Zusätzlich wird der Vergrößerungsmaßstab angegeben.

Geringe Neigungen

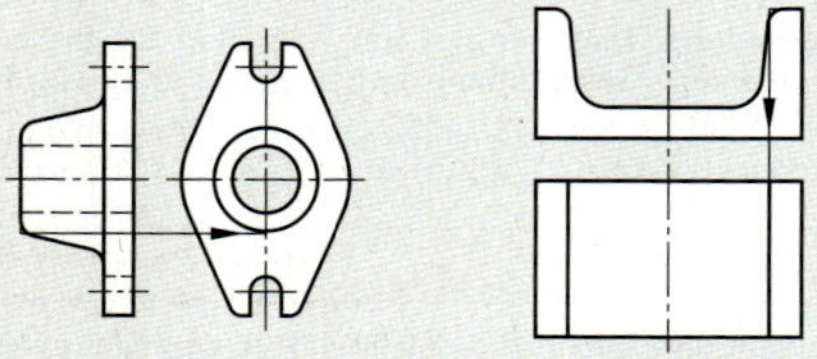

Anwendung. Geringe Neigungen an Schrägen, Kegeln oder Pyramiden, die sich nicht deutlich zeigen lassen, müssen in der zugehörigen Projektion nicht gezeichnet werden.

Darstellung. Mit einer breiten Volllinie wird diejenige Kante gezeichnet, die der Projektion des kleineren Maßes entspricht.

Bewegliche Teile

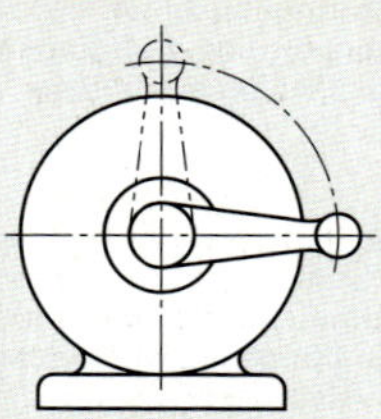

Anwendung. Kenntlichmachung alternativer Lagen und Extremstellungen von beweglichen Bauteilen in Zusammenbauzeichnungen.

Darstellung. Bauteile in alternativen Lagen und Extremstellungen werden mit Strich-Zweipunktlinien gezeichnet.

Oberflächenstrukturen

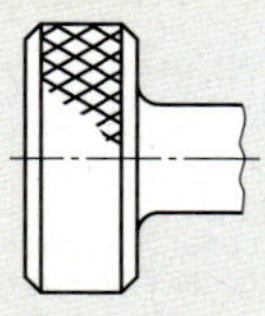

Darstellung. Strukturen wie Rändel und Prägungen werden mit breiten Volllinien dargestellt. Vorzugsweise soll die Struktur nur teilweise gezeichnet werden.

Schnittdarstellung

vgl. DIN ISO 128-40, -44 und -50 (2002-05)

Schnittarten

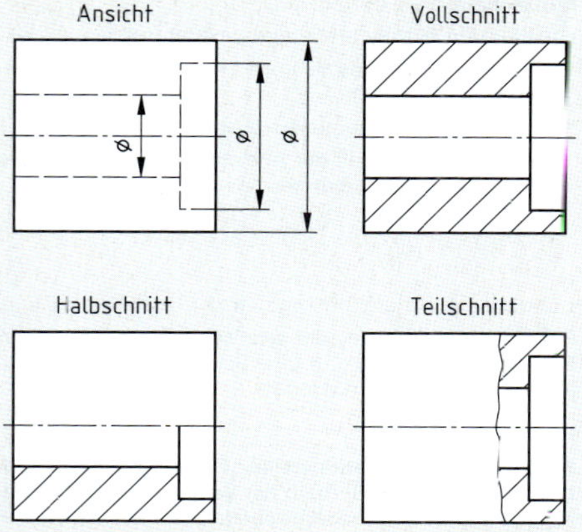

Schnitt. Mit einem Schnitt kann das Innere eines Werkstückes gezeigt werden. Den vorderen Teil des Werkstückes, der die Sicht auf das Innere verdeckt, denkt man sich dabei als herausgeschnitten.

In einem Schnitt werden

- die Schnittebene und zusätzlich hinter der Schnittebene liegenden Werkstückumrisse oder
- nur die Schnittebene

dargestellt.

Vollschnitt. Der Vollschnitt zeigt das in einer Ebene durchschnitten gedachte Werkstück.

Halbschnitt. Von einem symmetrischen Werkstück wird eine Hälfte als Ansicht, die andere als Schnitt dargestellt.

Teilschnitt. Ein Teilschnitt zeigt nur einen Teil des Werkstückes im Schnitt.

K

Begriffe

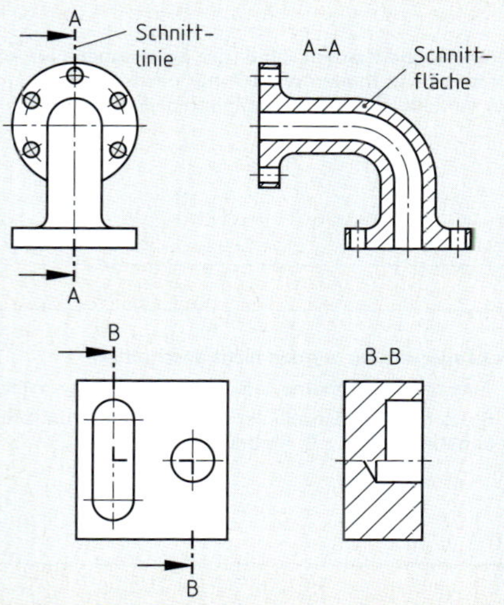

Schnittebene. Die Schnittebene ist eine gedachte Ebene, in der das Werkstück durchschnitten ist. Komplizierte Werkstücke können auch in zwei oder mehreren Schnittebenen dargestellt werden.

Schnittfläche. Sie entsteht beim gedachten Durchschneiden des Werkstückes. Die Schnittfläche wird durch eine Schraffur (unten und Seite 75) gekennzeichnet.

Schnittlinie. Sie markiert die Lage der Schnittebene, bei zwei oder mehreren Schnittebenen den Schnittverlauf. Die Schnittlinie wird mit einer breiten Strich-Punktlinie gezeichnet.

Bei zwei oder mehreren Schnittebenen wird der Verlauf der Schnittlinie an den Enden der jeweiligen Schnittebene mit kurzen breiten Volllinien angedeutet.

Kennzeichnung der Schnittlinie. Sie erfolgt mit gleichen Großbuchstaben. Pfeile, die mit breiten Volllinien gezeichnet werden, geben die Blickrichtung auf die Schnittebene an.

Kennzeichnung des Schnittes. Der Schnitt wird mit den gleichen Großbuchstaben wie die Schnittlinie gekennzeichnet.

Schraffur bei Schnitten

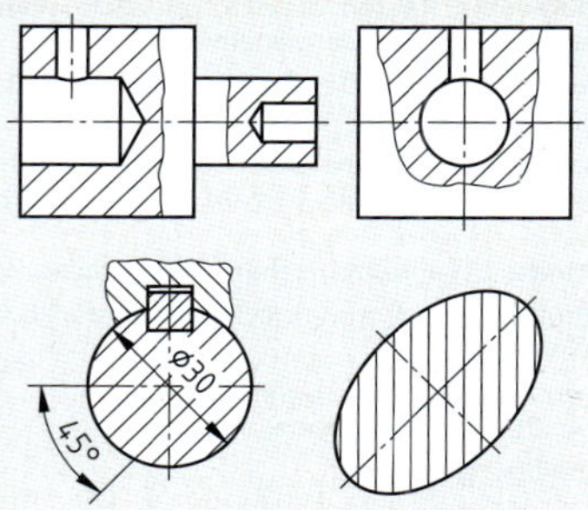

Schraffurlinien. Die Schraffurlinien werden mit parallelen Volllinien, vorzugsweise unter einem Winkel von 45° zur Mittellinie oder zu den Hauptumrisslinien, gezeichnet. Für Beschriftungen wird die Schraffur unterbrochen.

Schraffiert werden bei

- Einzelteilen: alle Schnittflächen in gleicher Richtung und in gleichem Abstand,
- aneinander grenzenden Teilen: die Teile in unterschiedlichen Richtungen oder Abständen,
- großen Schnittflächen: vorzugsweise die Randzonen

Schnittdarstellung

vgl. DIN ISO 128-40, -44 und -50 (2002-05)

Besondere Schnitte

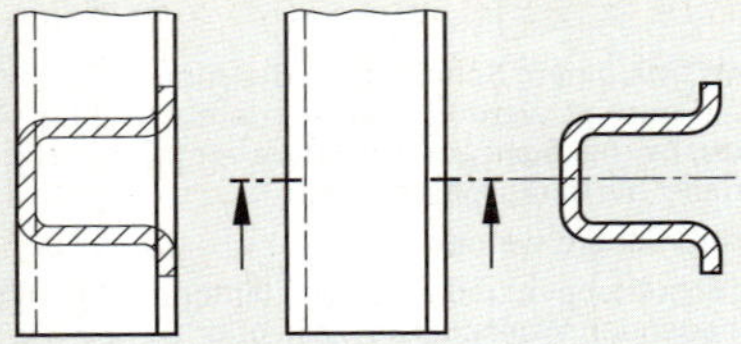

Profilschnitte. Sie dürfen

- in eine Ansicht gedreht eingezeichnet werden.
  Die Umrisslinien des Schnittes werden mit schmalen Volllinien dargestellt.
- aus einer Ansicht herausgezogen werden.
  Der Schnitt muss mit der Ansicht durch eine schmale Strich-Punktlinie verbunden sein.

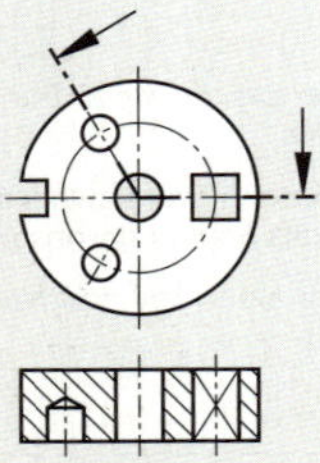

Schnitte von Ebenen, die sich schneiden. Schneiden sich zwei Ebenen, so darf eine Schnittebene in die Projektionsebene gedreht werden.

K

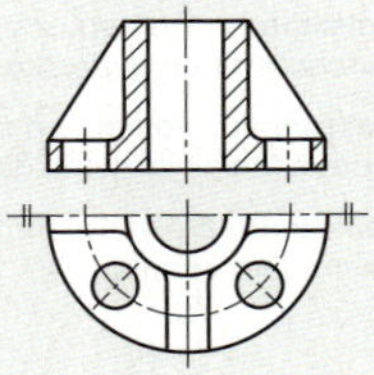

Einzelheiten bei Rotationsteilen. Gleichmäßig angeordnete Einzelheiten außerhalb der Schnittfläche, z.B. Bohrungen, dürfen in die Schnittebene gedreht werden.

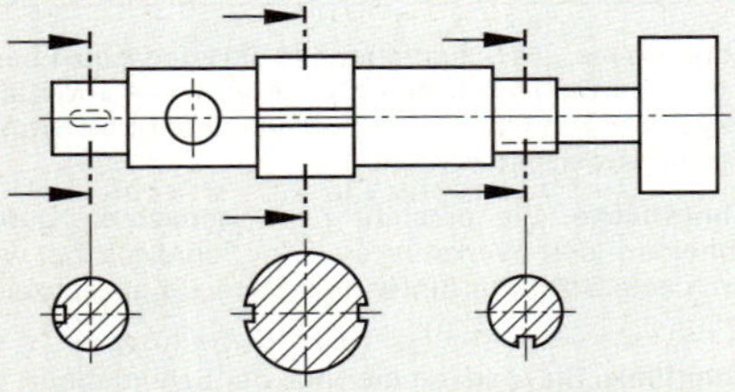

Umrisse und Kanten. Hinter der Schnittebene liegende Umrisse und Kanten werden nur gezeichnet, wenn sie zur Verdeutlichung der Zeichnung beitragen.

Teile, die nicht geschnitten werden

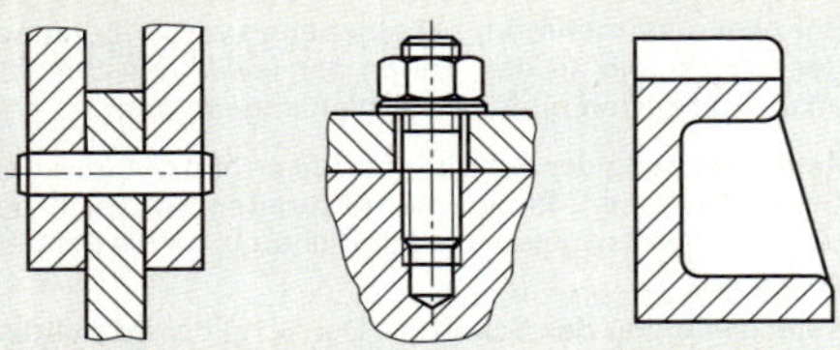

In Längsrichtung werden nicht geschnitten:

- Teile ohne Hohlräume, z.B. Schrauben, Stifte, Wellen
- Bereiche eines Einzelteils, die sich vom Grundkörper abheben sollen, z.B. Rippen.

Zeichnerische Hinweise

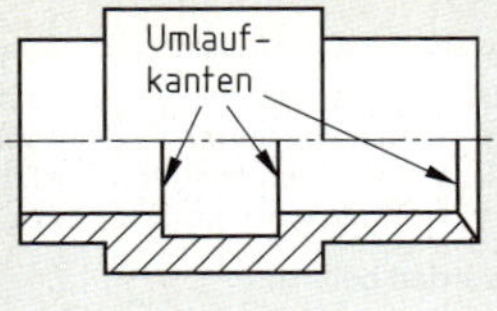

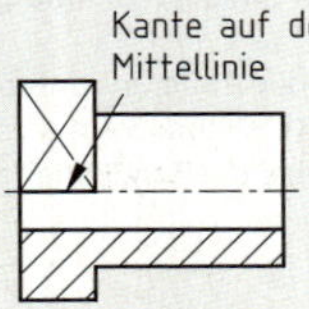

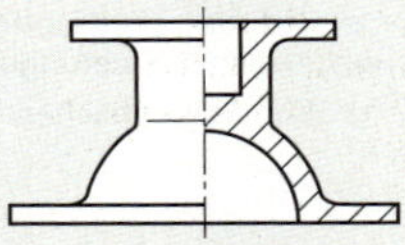

Werkzeugkanten

- **Umlaufkanten.** Kanten, die durch das Schneiden sichtbar werden, müssen dargestellt werden.
- **Verdeckte Kanten.** In Schnitten werden verdeckte Kanten nicht dargestellt.
- **Kanten auf der Mittellinie.** Fällt bei einem Schnitt eine Kante auf die Mittellinie, so wird sie dargestellt.

Halbschnitte bei symmetrischen Werkstücken

Die Schnitthälften symmetrischer Werkstücke werden vorzugsweise bei

- waagrechter Mittellinie unterhalb
- senkrechter Mittellinie rechts

der Mittellinie gezeichnet.

Schraffuren, Systeme der Maßeintragung

Schraffuren

vgl. DIN ISO 128-50 (2002-05)

Schnittflächen werden im Allgemeinen ohne Rücksicht auf den Werkstoff mit der Grundschraffur gekennzeichnet. Teile, deren Stoff besonders herausgehoben werden soll, können mit einer besonderen Schraffur versehen werden.

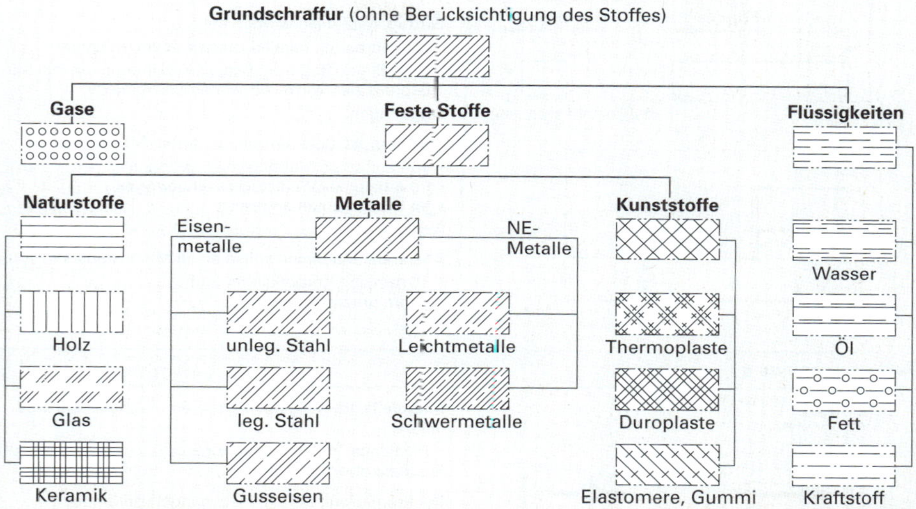

Systeme der Maßeintragung

vgl. DIN 406-10 (1992-12)

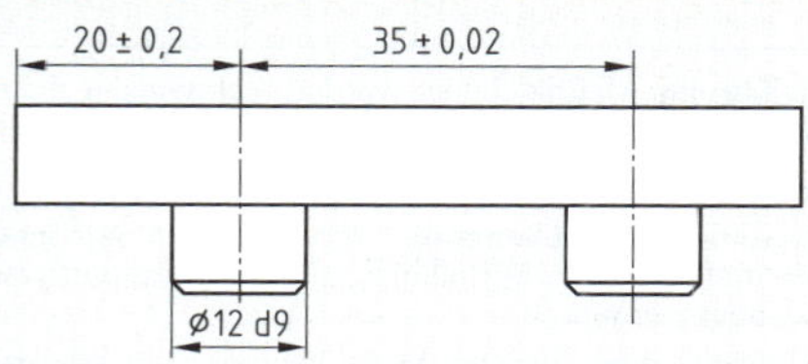

Die **Bemaßung und Tolerierung von Werkstücken** kann

- funktionsbezogen,
- fertigungsbezogen oder
- prüfbezogen

erfolgen.

In einer Zeichnung dürfen mehrere Systeme der Maßeintragung verwendet werden.

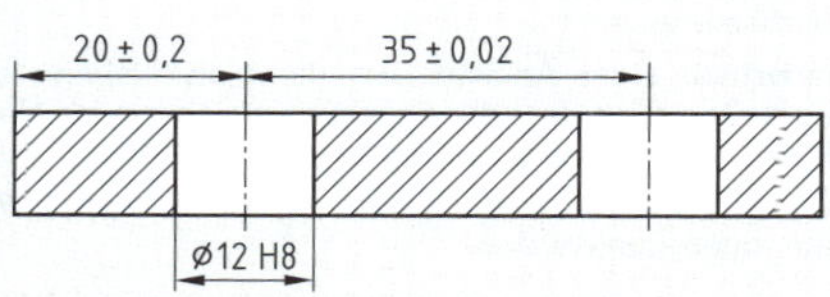

Funktionsbezogene Maßeintragung

Merkmal. Auswahl, Eintrag und Tolerierung der Maße erfolgen nach konstruktiven Erfordernissen.

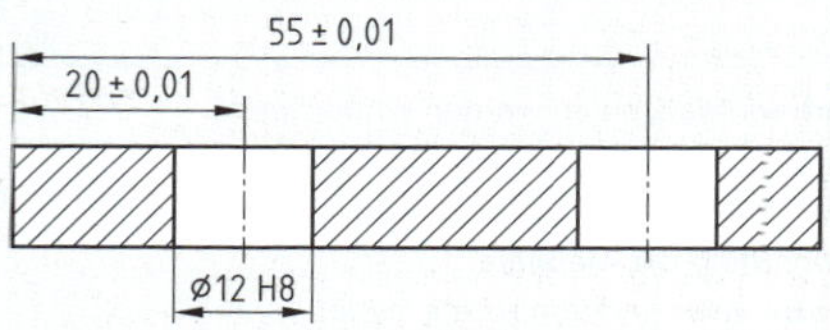

Fertigungsbezogene Maßeintragung

Merkmal. Maße, die für die Fertigung erforderlich sind, werden aus den Maßen der funktionsbezogenen Maßeintragung berechnet.

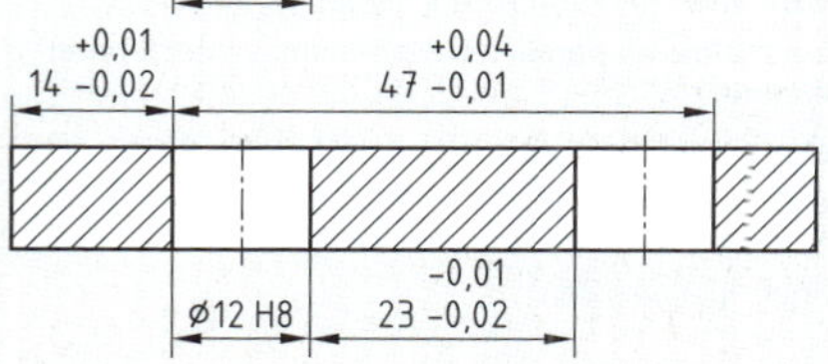

Prüfbezogene Maßeintragung

Merkmal. Maße und Toleranzen werden entsprechend der vorgesehenen Prüfung in die Zeichnung eingetragen.

Maßeintragung in Zeichnungen

Maßlinien, Maßlinienbegrenzung, Maßhilfslinien, Maßzahlen

vgl. DIN 406-11 (1992-12)

Maßlinien

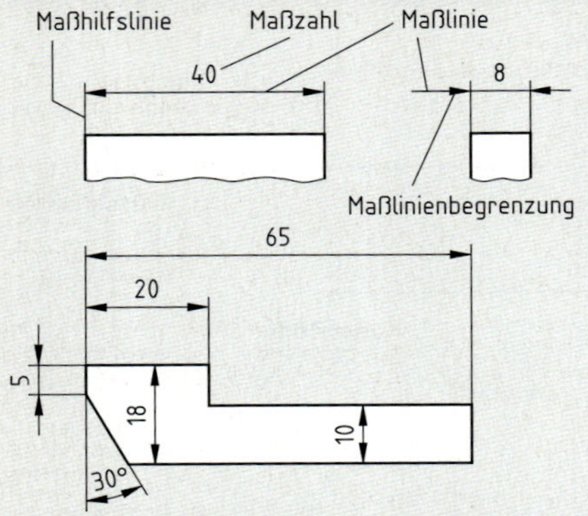

Ausführung. Maßlinien werden mit schmalen Volllinien gezeichnet.

Eintrag. Maßlinien werden bei

- Längenmaßen parallel zur bemaßenden Länge
- Winkel- und Bogenmaßen als Kreisbogen um den Mittelpunkt des Winkels bzw. des Kreisbogens

eingetragen.

Platzmangel. Bei Platzmangel dürfen Maßlinien

- von außen an Maßhilfslinien gezogen
- innerhalb des Werkstückes eingetragen
- an Körperkanten angesetzt

werden.

Abstände. Maßlinien sollen einen Mindestabstand von

- 10 mm von Körperkanten und
- 7 mm untereinander

haben.

K

Maßlinienbegrenzung

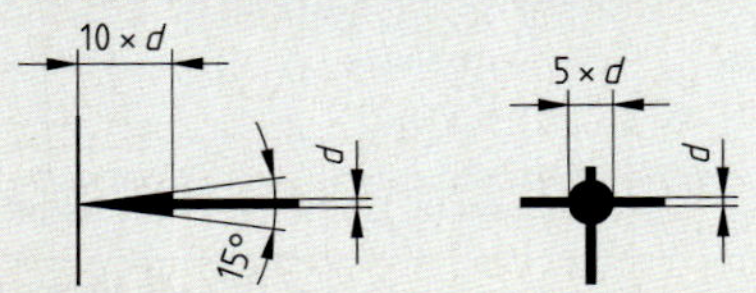

Maßpfeile. Im Regelfall begrenzen Maßpfeile die Maßlinien.

- Pfeillänge: 10 x Maßlinienbreite
- Schenkelwinkel: 15°

Punkte. Sie werden bei Platzmangel verwendet.

- Durchmesser: 5 x Maßlinienbreite

Maßhilfslinien

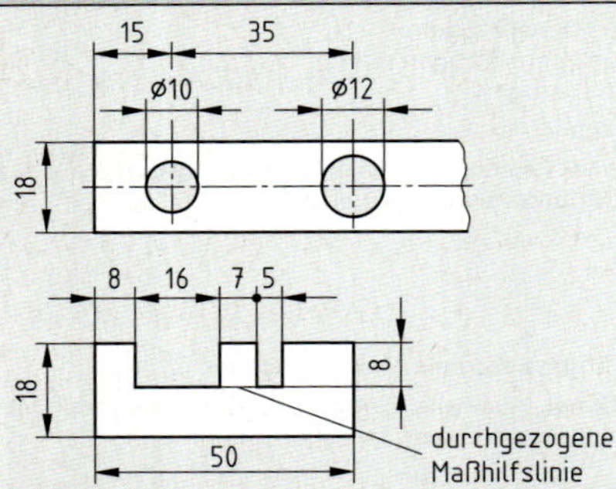

Ausführung. Maßhilfslinien werden rechtwinklig zur zu bemaßenden Länge mit schmalen Volllinien dargestellt.

Besonderheiten

- **Symmetrische Elemente.** Innerhalb symmetrischer Elemente dürfen Mittellinien als Maßhilfslinien verwendet werden.
- **Unterbrochen** werden Maßhilfslinien z.B. für den Maßeintrag.
- **Innerhalb einer Ansicht** darf die Maßhilfslinie zur Bemaßung auseinander liegender gleicher oder ähnlicher Formelemente durchgezogen werden.
- **Zwischen zwei Ansichten** dürfen Maßhilfslinien nicht durchgezogen werden.

Maßzahlen

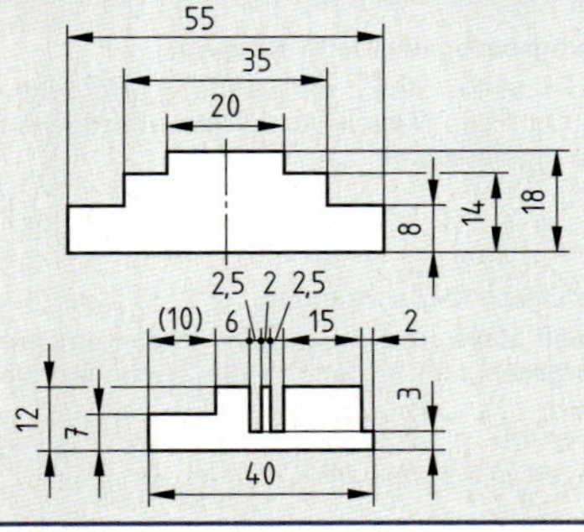

Eintrag. Maßzahlen werden eingetragen

- in Normschrift nach DIN EN ISO 3098
- in einer Mindestgröße von 3,5 mm
- oberhalb der Maßlinie
- von unten und von rechts lesbar
- bei mehreren parallelen Maßlinien: versetzt untereinander.

Platzmangel. Bei Platzmangel darf die Maßzahl

- an einer Hinweislinie
- über der Verlängerung der Maßlinie

eingetragen werden.

Maßeintragung in Zeichnungen

Bemaßungsregeln, Hinweis- und Bezugslinien, Winkelmaße, Quadrat und Schlüsselweite

vgl. DIN 406-11 (1992-12) und DIN ISO 128-22 (1999-11)

Bemaßungsregeln

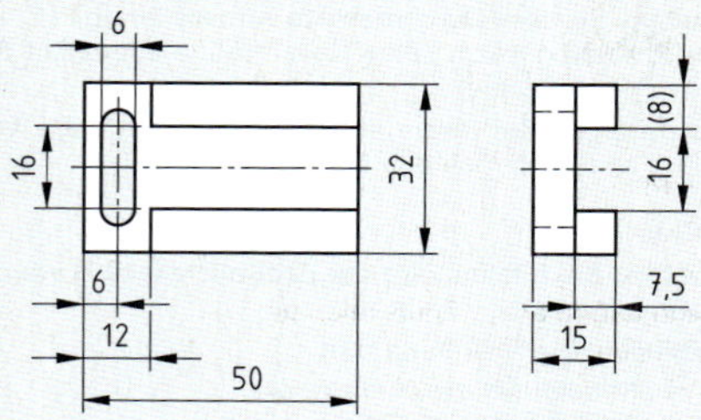

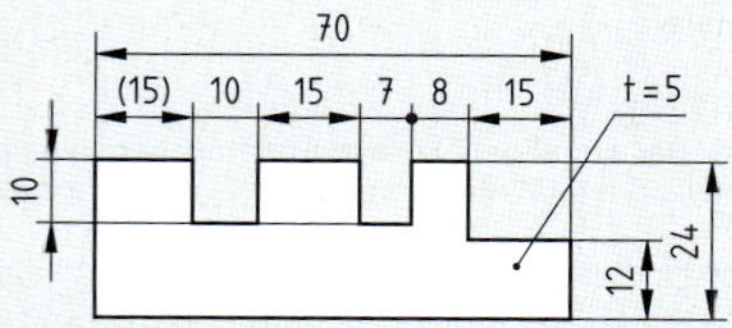

Maßeintrag

- Jedes Maß wird nur einmal eingetragen. Gleiche Maße verschiedener Formelemente sind aber getrennt einzutragen.
- Sind mehrere Ansichten gezeichnet, so erfolgt der Maßeintrag dort, wo die Form des Werkstücks am besten erkennbar ist.
- Symmetrische Werkstücke. Die Lage der Mittellinie wird nicht bemaßt.

Maßketten. Geschlossene Maßketten sind zu vermeiden. Falls aus fertigungstechnischen Gründen Maßketten erforderlich sind, muss ein Maß der Kette in Klammern gesetzt werden.

Flächige Werkstücke. Bei flächigen Werkstücken, die nur in einer Ansicht gezeichnet sind, kann das Dickenmaß mit der Kennzeichnung t

- in der Ansicht oder
- in der Nähe der Ansicht

eingetragen werden.

Hinweis- und Bezugslinien

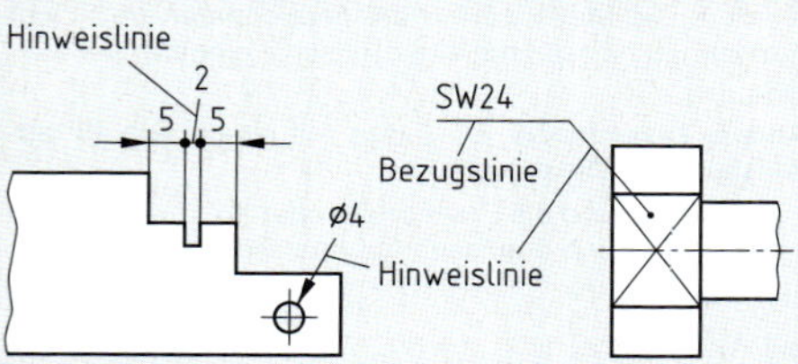

Hinweislinien. Hinweislinien werden mit schmalen Volllinien dargestellt. Sie enden

- mit einem Pfeil, wenn sie auf Körperkanten
- mit einem Punkt, wenn sie auf eine Fläche
- ohne Kennzeichnung, wenn sie auf andere Linien

zeigen.

Bezugslinien. Bezugslinien werden in Leserichtung mit schmalen Volllinien gezeichnet. Sie dürfen an Hinweislinien angebracht werden.

Winkelmaße

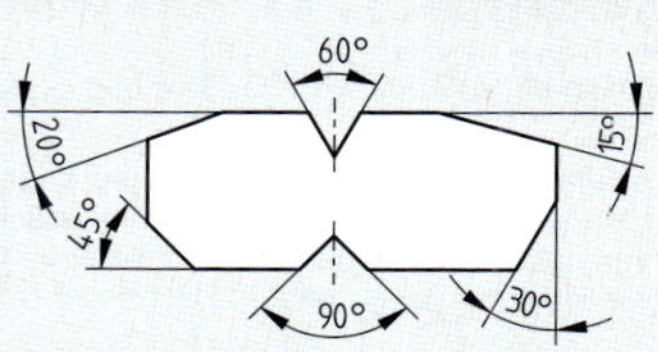

Maßhilfslinien. Die Maßhilfslinien zeigen zum Scheitelpunkt des Winkels.

Maßzahlen. Diese werden im Regelfall tangential zur Maßlinie so eingetragen, dass sie oberhalb der waagrechten Mittellinie mit ihrem Fuß, unterhalb mit ihrem Kopf zum Scheitelpunkt des Winkels zeigen.

Quadrat, Schlüsselweite

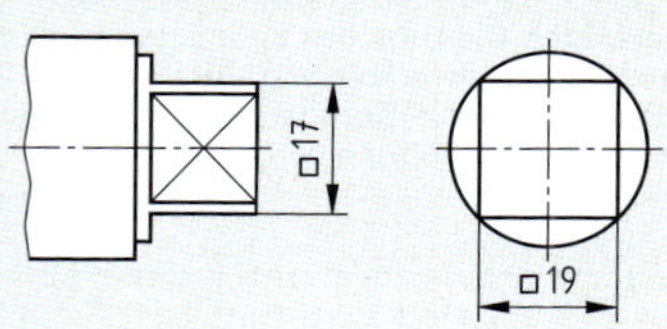

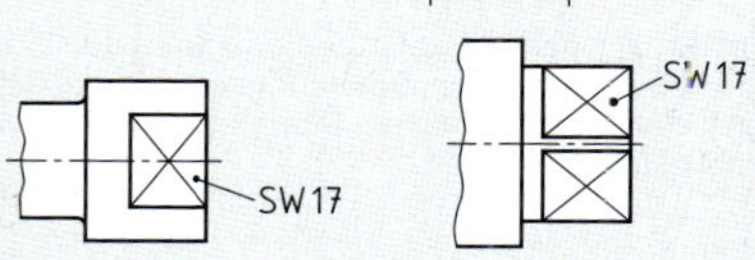

Quadrat

Sinnbild. Bei quadratischen Formelementen wird das Sinnbild vor die Maßzahl gesetzt. Die Größe des Sinnbilds entspricht der Größe der Kleinbuchstaben.

Bemaßung. Quadratische Formen sollen vorzugsweise in der Ansicht bemaßt werden, in der ihre Form erkennbar ist. Es ist nur eine Seitenlänge des Quadrates anzugeben.

Schlüsselweite

Sinnbild. Bei Schlüsselweiten werden die Großbuchstaben SW vor die Maßzahl gesetzt, wenn der Abstand der Schlüsselflächen nicht bemaßt werden kann.

Maßeintragung in Zeichnungen

Durchmesser, Radius, Kugel, Fasen, Neigung, Verjüngung, Bogenmaße

vgl. DIN 406-11 (1992-12)

Durchmesser, Radius, Kugel (sphärisch)

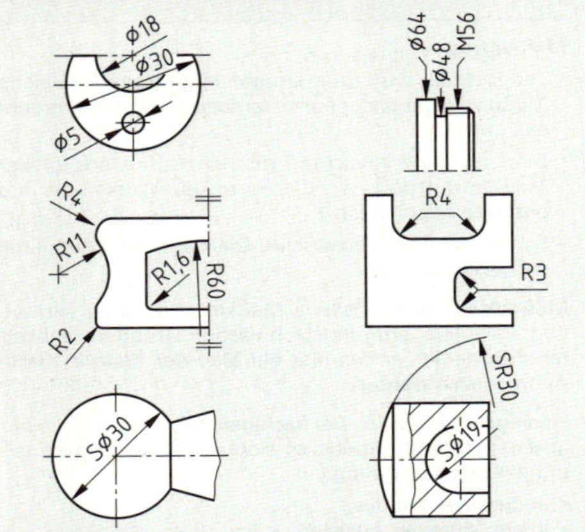

Durchmesser

Sinnbild. Bei allen Durchmessern wird als Sinnbild ∅ vor die Maßzahl gesetzt. Seine Gesamthöhe entspricht der Höhe der Maßzahlen.

Platzmangel. Bei Platzmangel werden die Maße von außen an die Formelemente gesetzt.

Radius

Sinnbild. Bei Radien wird der Großbuchstabe R vor die Maßzahl gesetzt.

Maßlinien. Die Maßlinien sind

- vom Mittelpunkt des Radius oder
- aus der Richtung des Mittelpunktes

zu zeichnen.

Kugel (sphärisch)

Sinnbild. Bei kugeligen Formelementen wird vor die Durchmesser- oder Radiusangabe der Großbuchstabe S gesetzt.

Fasen, Senkungen

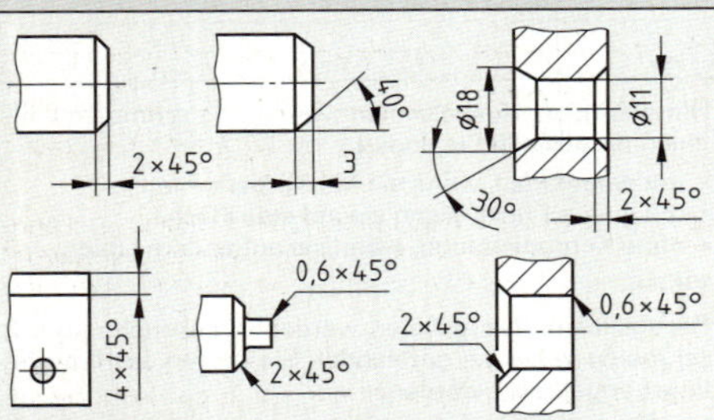

45°-Fasen und Senkungen von 90° können unter Angabe des Winkels und der Fasenbreite vereinfacht bemaßt werden. Die Maße dürfen bei gezeichneten und nicht gezeichneten Fasen mit einer Hilfslinie eingetragen werden.

Andere Fasenwinkel. Bei Fasen mit einem von 45° abweichenden Winkel sind

- der Winkel und die Fasenbreite oder
- der Winkel und der Fasendurchmesser

einzutragen.

Neigung, Verjüngung

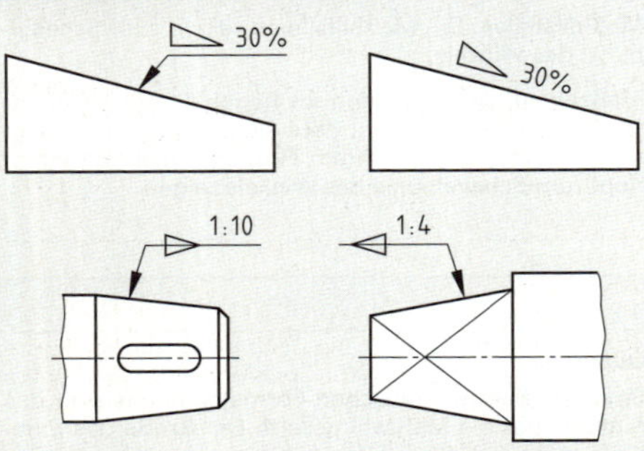

Neigung

Sinnbild. Vor der Maßzahl wird das Sinnbild ⊿ angegeben.

Lage des Sinnbildes. Das Sinnbild wird so angeordnet, dass dessen Neigung der Neigung des Werkstückes entspricht. Vorzugsweise wird das Sinnbild mit einer Bezugs- und Hinweislinie mit der geneigten Fläche verbunden.

Verjüngung

Sinnbild. Vor der Maßzahl wird das Sinnbild ▷ auf einer Bezugslinie angegeben.

Lage des Sinnbildes. Die Lage des Sinnbildes muss der Richtung der Werkstückverjüngung entsprechen. Mit einer Hinweislinie wird die Bezugslinie des Sinnbildes mit dem Umriss der Verjüngung verbunden.

Bogenmaße

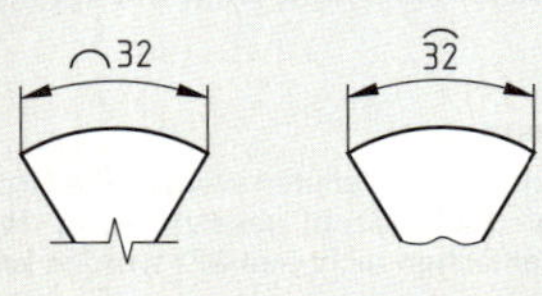

Sinnbild. Vor der Maßzahl wird das Sinnbild ⌒ eingetragen. Bei manueller Zeichnungserstellung darf der Bogen mit einem ähnlichen Sinnbild über der Maßzahl gekennzeichnet werden.

Maßeintragung in Zeichnungen

Nuten, Gewinde, Teilungen

vgl. DIN 406-11 (1992-12) und DIN ISO 6410-1 (1993-12)

Nuten

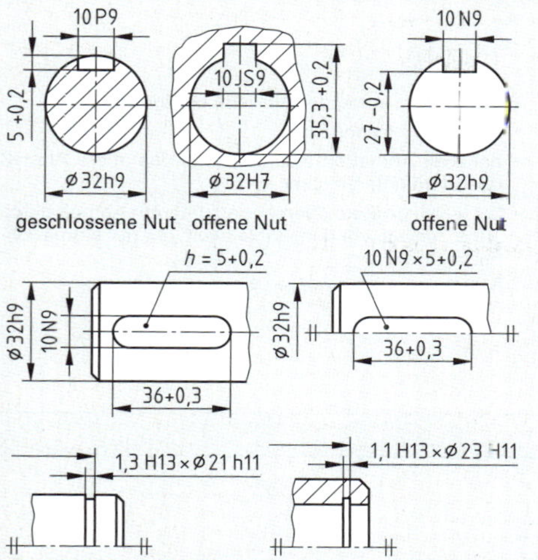

Nuttiefe. Die Nuttiefe wird bei

- geschlossenen Nuten von der Nutseite
- offenen Nuten von der Gegenseite

bemaßt.

Vereinfachte Bemaßung. Bei nur in der Draufsicht dargestellten Nuten erfolgt der Eintrag der Nuttiefe

- mit dem Buchstaben *h* oder
- in Kombination mit der Nutbreite.

Bei **Nuten für Sicherungsringe** darf die Nuttiefe ebenfalls durch Kombination mit der Nutbreite eingetragen werden.

Grenzabmaße für die Toleranzklassen JS9, N9, P9 und H11: Seite 109

Nutenmaße
- für Keile: Seite 239
- für Passfedern: Seite 240
- für Sicherungsringe: Seite 269

Gewinde

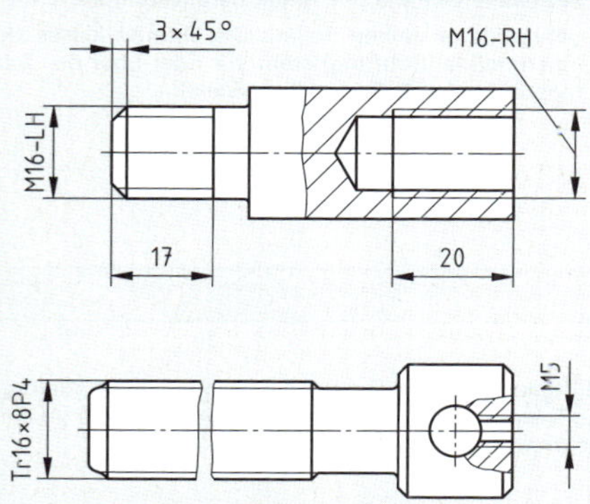

Kurzbezeichnungen. Für genormte Gewinde werden Kurzbezeichnungen verwendet.

Linksgewinde. Linksgewinde werden mit LH gekennzeichnet. Befinden sich an einem Werkstück sowohl Links- als auch Rechtsgewinde, so erhalten diese den Zusatz RH.

Mehrgängige Gewinde. Bei mehrgängigen Gewinden werden hinter dem Nenndurchmesser die Gewindesteigung und die Teilung angegeben.

Längenangaben. Diese geben die nutzbare Gewindelänge an. Die Tiefe des Grundloches (Seite 211) wird im Regelfall nicht bemaßt.

Fasen. Fasen an Gewinden werden nur dann bemaßt, wenn ihr Durchmesser nicht dem Gewindekern- bzw. dem Gewindeaußendurchmesser entspricht.

Teilungen

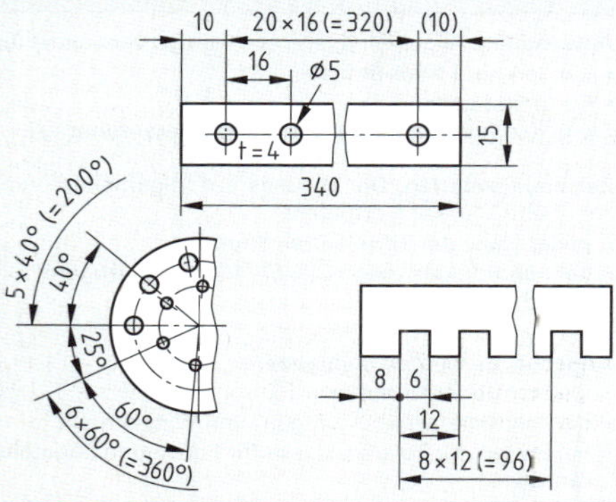

Gleiche Formelemente. Bei Teilungen gleicher Formelemente, die untereinander dieselben Abstände oder Winkel aufweisen, werden

- die Anzahl der Elemente
- der Abstand der Elemente
- die Gesamtlänge bzw. der Gesamtwinkel (in Klammern)

angegeben.

Maßeintragung in Zeichnungen

Toleranzangaben

vgl. DIN 406-12 (1992-12), DIN ISO 2768-1 (1991-06) und DIN ISO 2768-2 (1991-04)

Toleranzangaben durch Abmaße

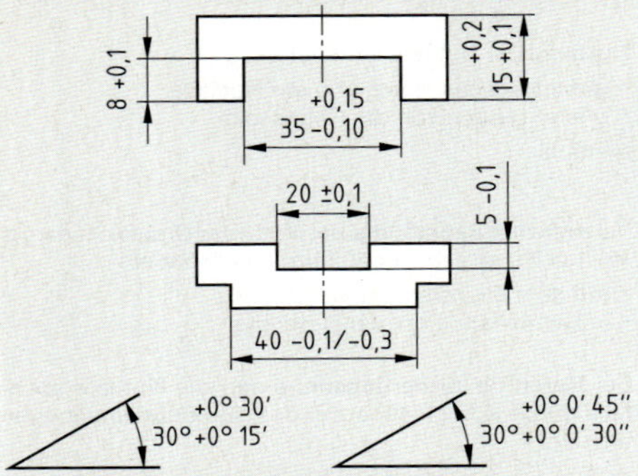

Eintrag. Der Eintrag der Abmaße erfolgt

- hinter dem Nennmaß
- bei zwei Abmaßen auch so, dass das obere Abmaß über dem unteren steht
- bei gleich großem oberem und unterem Abmaß durch ein ±-Zeichen vor dem Zahlenwert, der nur einmal eingetragen wird
- bei Winkelmaßen mit der Angabe der Einheit

K

Toleranzangaben durch Toleranzklassen

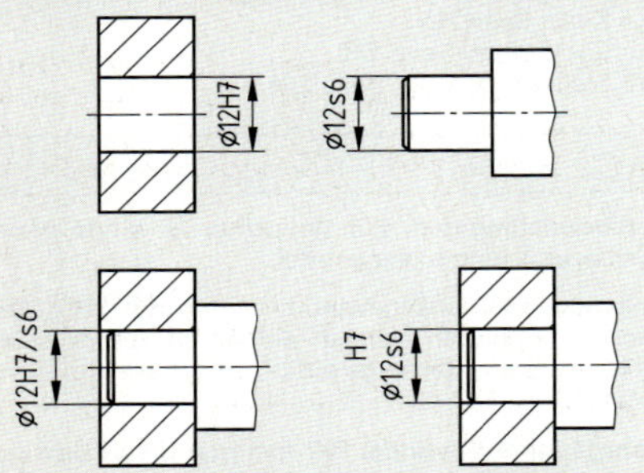

Eintrag. Der Eintrag der Toleranzklassen erfolgt bei

- einzelnen Nennmaßen: hinter dem Nennmaß
- gefügt dargestellten Teilen: Die Toleranzklasse des Innenmaßes (Bohrung) steht vor oder über der Toleranzklasse des Außenmaßes (Welle).

Toleranzangaben für bestimmte Bereiche

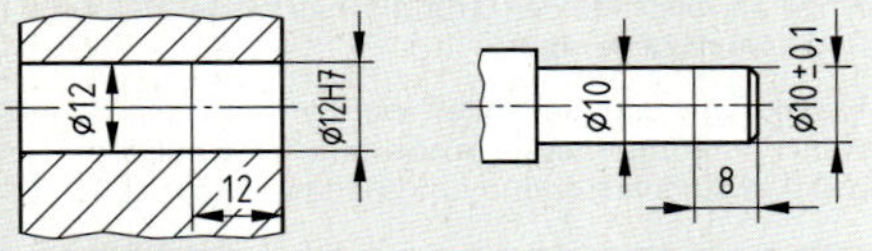

Gültigkeitsbereich. Der Bereich, in dem eine eingetragene Toleranz gültig ist, wird durch eine schmale Volllinie begrenzt.

Toleranzangaben durch Allgemeintoleranzen

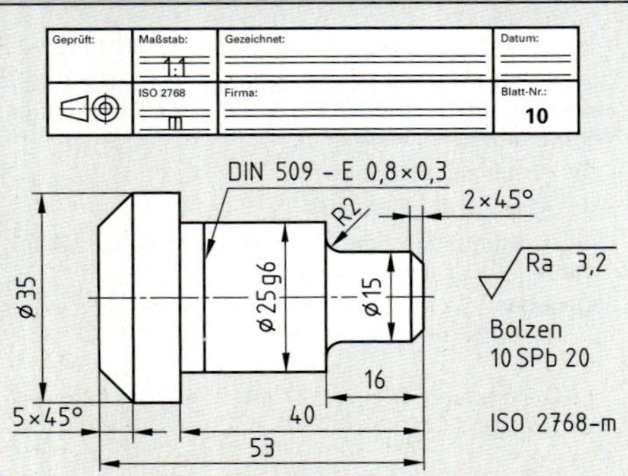

Anwendung. Allgemeintoleranzen werden verwendet für

- Längen- und Winkelmaße
- Form und Lage.

Sie gelten für Maße ohne einzelnen Toleranzeintrag.

Zeichnungseintrag. Der Hinweis auf Allgemeintoleranzen (Seite 110) kann erfolgen:

- in der Nähe der Einzelteilzeichnung
- bei Schriftfeldern nach DIN 6771 (zurückgezogen): im Schriftfeld.

Angaben. Es werden angegeben:

- die Normblatt-Nummer
- die Toleranzklasse für Längen- und Winkelmaße
- bei Bedarf die Toleranzklasse für Form- und Lagetoleranzen.

K

Maßeintragung in Zeichnungen

Maße

vgl. DIN 406-10 und -11 (1992-12)

Maßarten

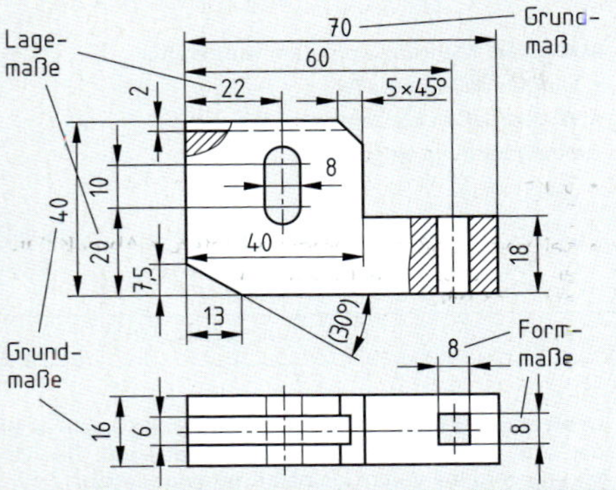

Grundmaße. Grundmaße geben die

- Gesamtlänge
- Gesamtbreite
- Gesamthöhe

eines Werkstückes an.

Formmaße. Mit Formmaßen werden z. B. die

- Maße von Nuten
- Maße von Absätzen

festgelegt.

Lagemaße. Mit ihnen wird z. B. die Lage von

- Bohrungen
- Nuten
- Langlöchern

vorgeschrieben.

Besondere Maße

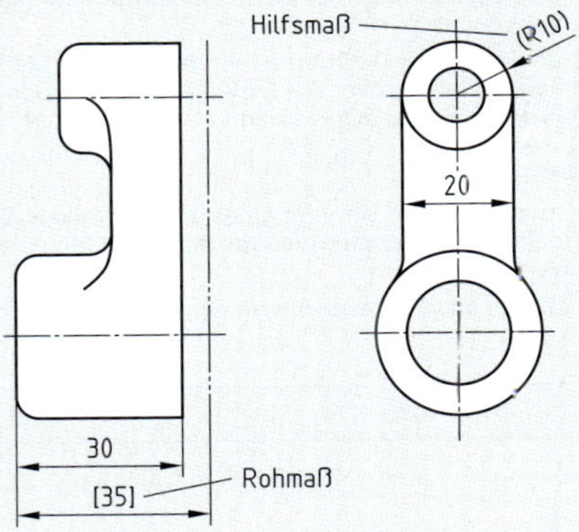

Rohmaße

Aufgabe. Rohmaße informieren z. B. über die Abmessungen von gegossenen oder geschmiedeten Werkstücken vor der spanenden Bearbeitung.

Kennzeichnung. Rohmaße werden in eckige Klammern gesetzt.

Hilfsmaße

Aufgabe. Hilfsmaße dienen der zusätzlichen Information. Zur geometrischen Bestimmung des Werkstückes sind sie nicht erforderlich.

Kennzeichnung. Hilfsmaße werden

- in runde Klammern gesetzt
- ohne Toleranzen eingetragen.

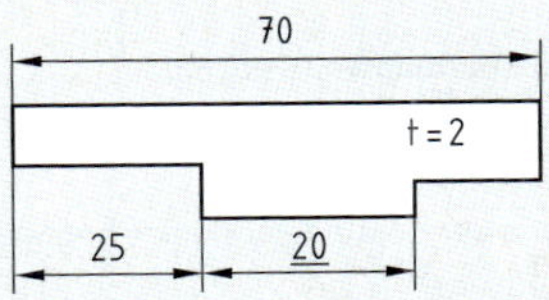

Nicht maßstäblich gezeichnete Maße

Kennzeichnung. Nicht maßstäblich gezeichnete Maße werden, z. B. bei Zeichnungsänderungen, durch Unterstreichen gekennzeichnet.

Unzulässig sind unterstrichene Maße bei Zeichnungen, die rechnerunterstützt angefertigt werden (CAD).

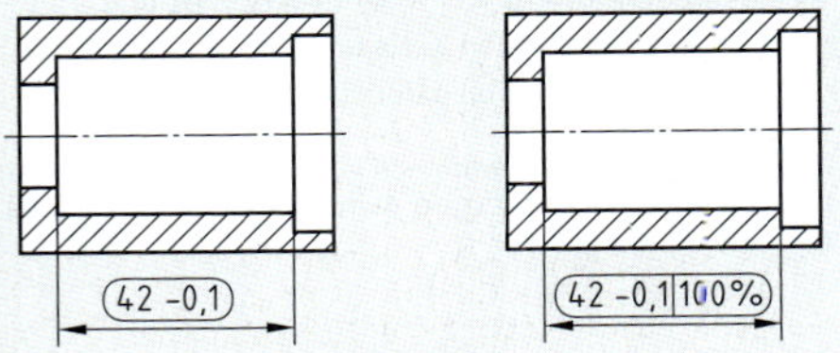

Prüfmaße

Aufgabe. Es wird darauf hingewiesen, dass diese Maße vom Besteller besonders geprüft werden. Gegebenenfalls werden sie einer 100-%-Prüfung unterzogen.

Kennzeichnung. Prüfmaße werden in seitlich abgerundete Rahmen gesetzt.

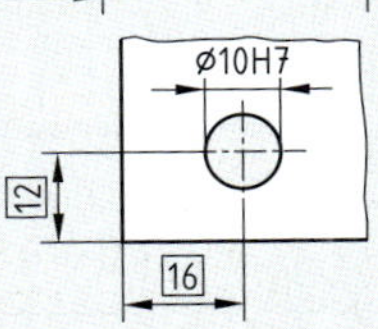

Theoretisch genaue Maße

Aufgabe. Diese Maße geben die geometrisch ideale (theoretisch genaue) Lage der Form eines Formelementes an.

Kennzeichnung. Die Maße werden ohne Toleranzangaben in einen Rahmen gesetzt.

Bemaßungsarten

Parallelbemaßung, steigende Bemaßung, Koordinatenbemaßung[1]

vgl. DIN 406-11 (1992-12)

Parallelbemaßung

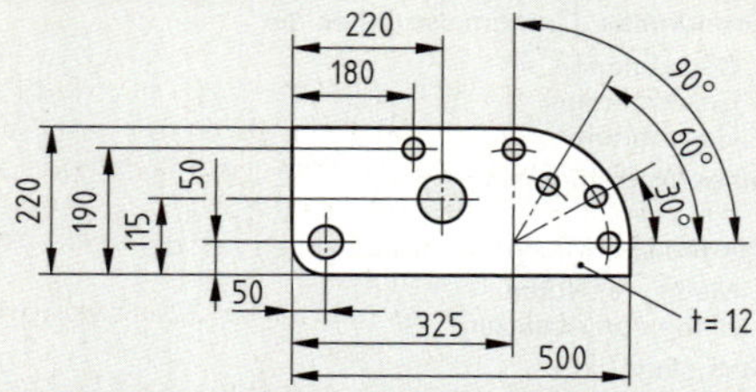

Maßlinien. Mehrere Maßlinien werden bei
- Längenmaßen parallel
- Winkelmaßen konzentrisch

zueinander eingetragen.

CNC
absolut: am Werkstücknullpunkt
inkremental: steigend

Steigende Bemaßung

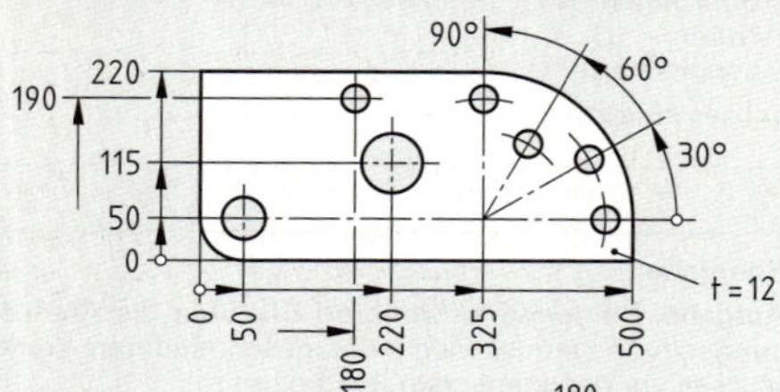

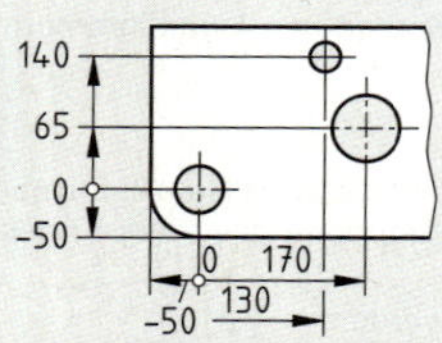

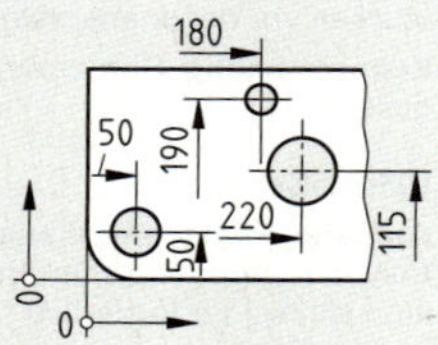

Ursprung. Die Maße werden vom Ursprung aus in jeder der drei möglichen Richtungen eingetragen. Der Ursprung wird mit einem kleinen Kreis angegeben.

Maßlinien. Für den Eintrag gilt:
- im Regelfall wird für jede Richtung nur eine Maßlinie verwendet
- bei Platzmangel dürfen zwei oder mehrere Maßlinien verwendet werden. Die Maßlinien dürfen auch abgebrochen dargestellt werden.

Maße. Diese
- müssen, wenn sie vom Ursprung aus in der Gegenrichtung eingetragen werden, mit einem Minuszeichen versehen sein
- dürfen auch in Leserichtung eingetragen werden.

Koordinatenbemaßung

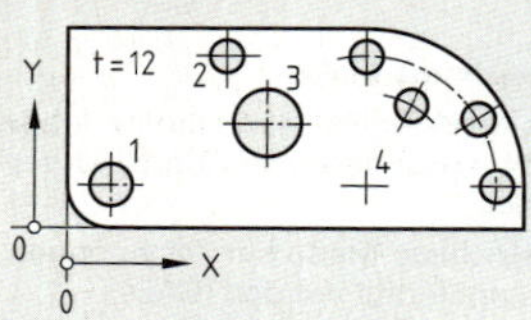

Pos.	X	Y	*d*
1	50	50	⌀40
2	180	190	⌀30
3	220	115	⌀75
4	325	50	–

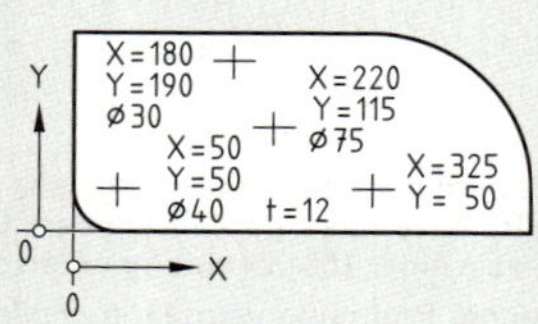

Kartesische Koordinaten (Seite 63)

Koordinatenwerte. Diese werden
- in Tabellen eingetragen oder
- in der Nähe der Koordinatenpunkte angegeben.

Koordinatenursprung. Der Koordinatenursprung
- wird mit einem kleinen Kreis angegeben
- kann an beliebiger Stelle der Darstellung liegen.

Maße. Diese müssen, wenn sie vom Ursprung aus in der Gegenrichtung eingetragen werden, mit einem Minuszeichen versehen sein.

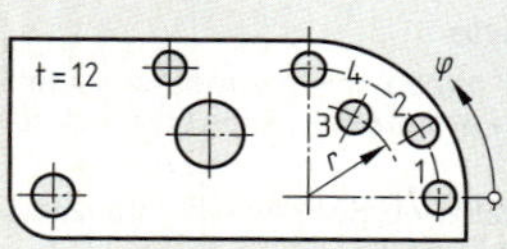

Pos.	*r*	*φ*	*d*
1	140	0°	⌀30
2	140	30°	⌀30
3	100	60°	⌀30
4	140	90°	⌀30

Polarkoordinaten (Seite 63)

Koordinatenwerte. Die Koordinatenwerte werden in Tabellen eingetragen.

[1] Parallelbemaßung, steigende Bemaßung und Koordinatenbemaßung dürfen miteinander kombiniert werden.

Zeichnungsvereinfachung

Vereinfachte Darstellung von Löchern

vgl. DIN 6780 (2000-10)

Lochgrund, Linienbreiten bei vereinfachter Darstellung

vollständige Darstellung, vollständige Bemaßung	vollständige Darstellung, vereinfachte Bemaßung	vereinfachte Darstellung, vereinfachte Bemaßung

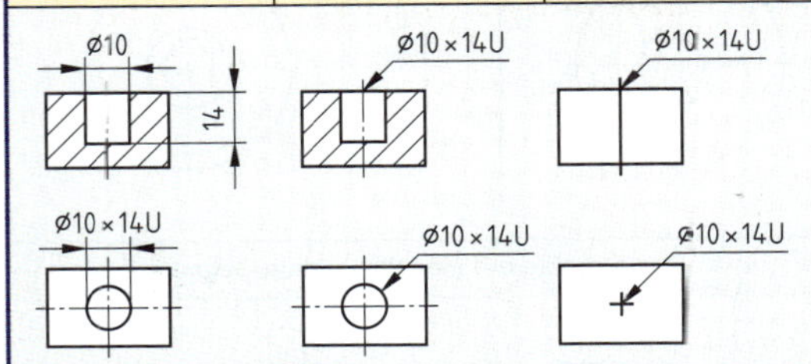

Lochgrund

Die Form des Lochgrundes wird, falls erforderlich, durch ein Sinnbild angegeben.

Das **Sinnbild U** z. B. bedeutet einen **flachen Lochgrund** (zylindrische Senkung).

Linienbreiten

Bei Löchern, die vereinfacht dargestellt werden, sind in

- der Draufsicht das Achsenkreuz
- achsparalleler Darstellung die Lage der Löcher

mit breiten Volllinien zu zeichnen.

Gestufte Löcher, Senkungen und Fasen, Innengewinde

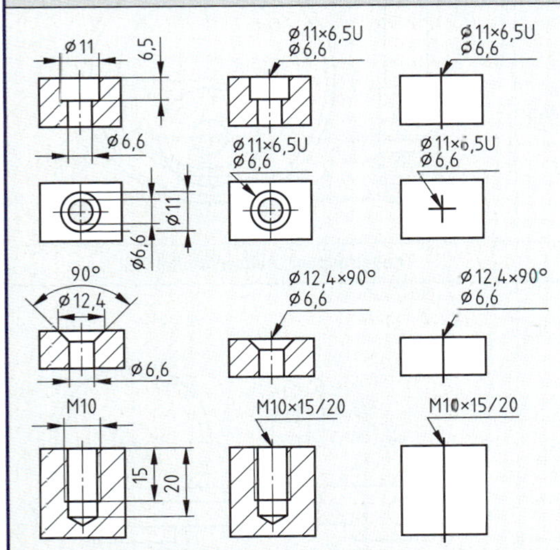

Gestufte Löcher

Bei zwei oder mehreren gestuften Löchern werden die Maße untereinander geschrieben. Dabei wird der größte Durchmesser in der ersten Zeile genannt.

Senkungen und Fasen

Bei Senkungen und Bohrungsfasen werden der größte Senkdurchmesser und der Senkungswinkel angegeben.

Innengewinde

Die Gewindelänge und die Bohrlochtiefe werden durch einen Schrägstrich getrennt. Löcher ohne Tiefenangabe werden durchgebohrt.

Beispiele

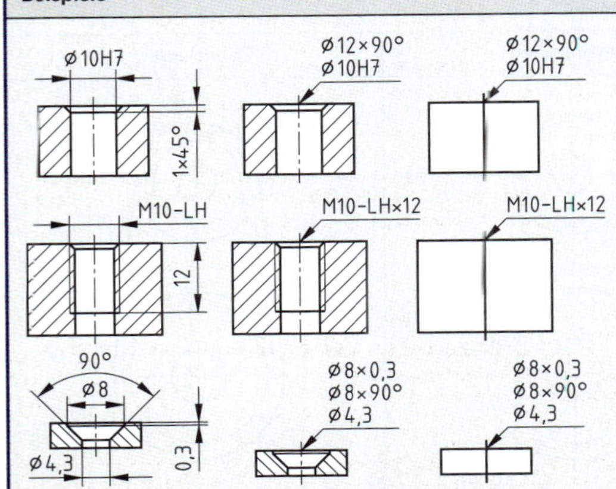

Bohrung ∅10H7
Bohrung durchgehend
Fase 1 x 45°

Linksgewinde M10
Gewindelänge 12 mm
durchgebohrtes Kernloch

Zylindrische Ansenkung ∅8
Senktiefe 0,3 mm
Durchgangsbohrung ∅4,3 mit
kegeliger Ansenkung 90°
Senkdurchmesser ∅8

Darstellung von Zahnrädern

Darstellung von Zahnrädern

vgl. DIN ISO 2203 (1976-06)

Stirnrad

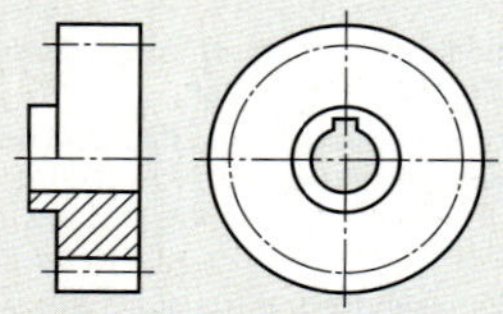

Kegelrad

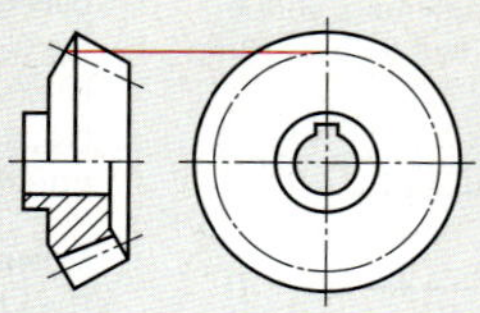

Schneckenrad

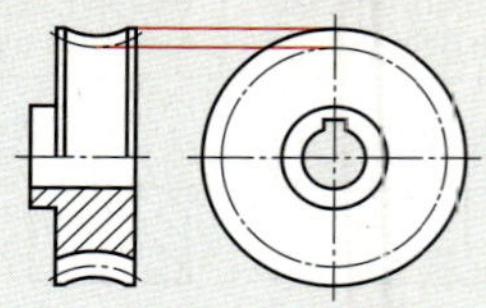

Stirnrad mit außenliegendem Gegenrad

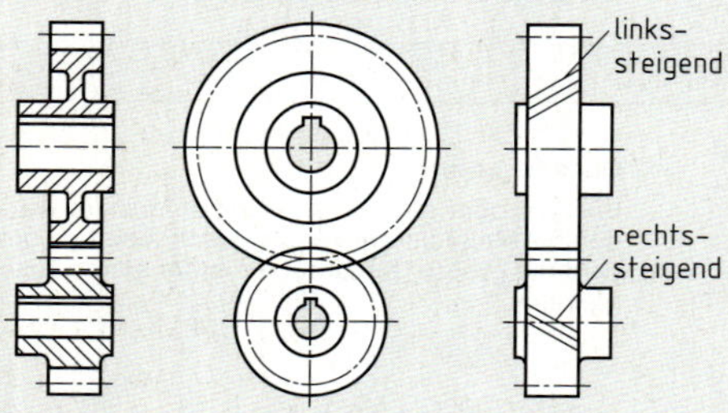

Stirnrad mit innenliegendem Gegenrad

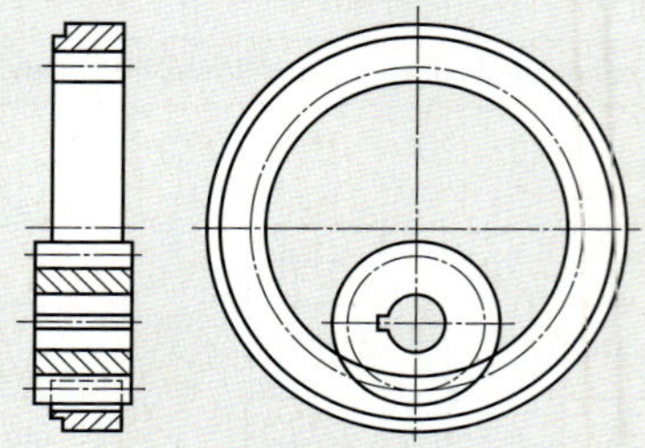

Stirnrad mit Zahnstange

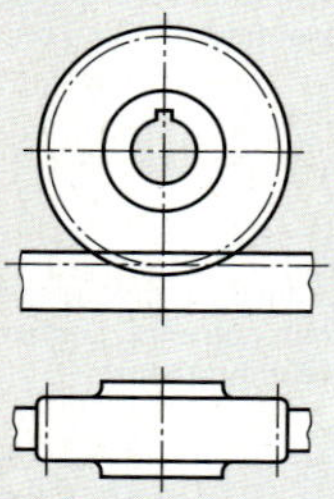

Kegelradpaar (Achsenwinkel 90°)

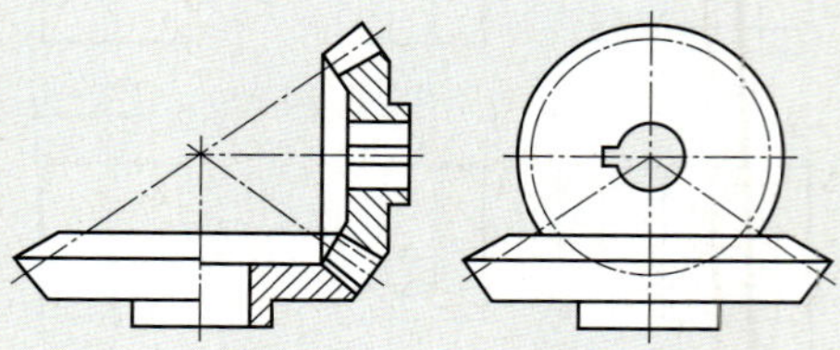

Schnecke und Schneckenrad

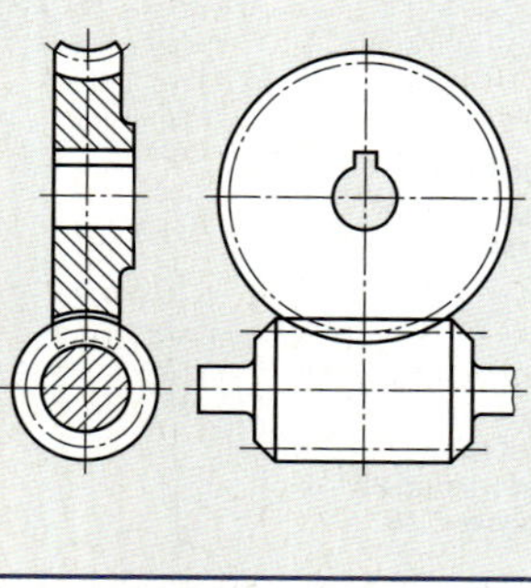

Kettenräder

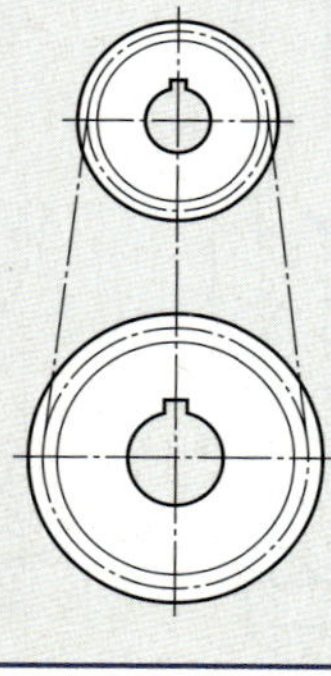

Zahnriemen

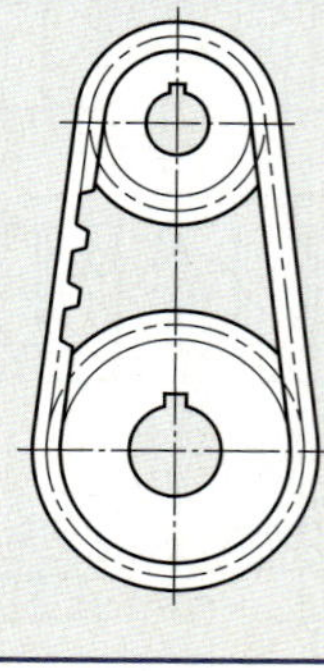

Darstellung von Wälzlagern

Darstellung von Wälzlagern

vgl. DIN ISO 8826-1 (1990-12) und DIN ISO 8826-2 (1995-10)

Darstellung vereinfacht	Darstellung bildlich	Erläuterung
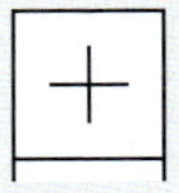	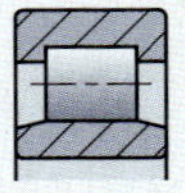	Für allgemeine Zwecke wird ein Wälzlager durch ein Quadrat oder Rechteck und ein freistehendes, aufrechtes Kreuz dargestellt.
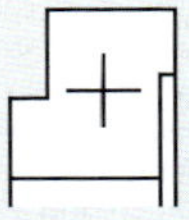	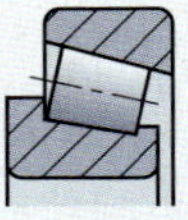	Falls erforderlich, kann das Wälzlager durch die Umrisse und ein freistehendes, aufrechtes Kreuz dargestellt werden.

Elemente der detaillierten vereinfachten Darstellung

Element	Erläuterung, Verwendung
	Lange, gerade Linie; zur Darstellung der Achse des Wälzelements bei Lagern ohne Einstellmöglichkeit.
	Lange gebogene Linie; zur Darstellung der Achse des Wälzelements bei Lagern mit Einstellmöglichkeit (Pendellager).
	Kurze gerade Linie; zur Darstellung der Lage und Anzahl der Reihen von Wälzelementen.
	Kreis; zur Darstellung von Wälzelementen (Kugel, Rolle, Nadel), die rechtwinklig zu ihrer Achse gezeichnet sind.

Beispiele für die detaillierte vereinfachte Darstellung von Wälzlagern

Darstellung einreihiger Wälzlager: detailliert vereinfacht	bildlich	Bezeichnung	Darstellung zweireihiger Wälzlager: detailliert vereinfacht	bildlich	Bezeichnung
	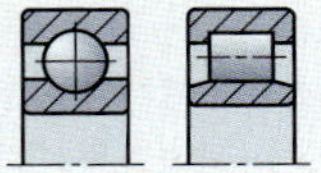	Radial-Rillenkugellager, Zylinderrollenlager	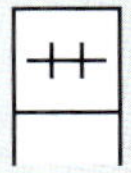	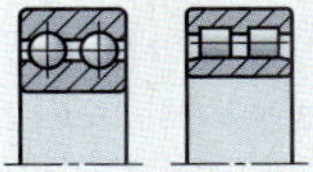	Radial-Rillenkugellager, Zylinderrollenlager
	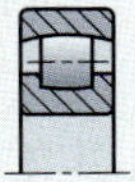	Radial-Pendelrollenlager (Tonnenlager)		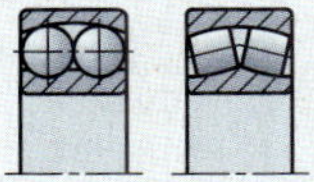	Pendelkugellager, Radial-Pendelrollenlager
	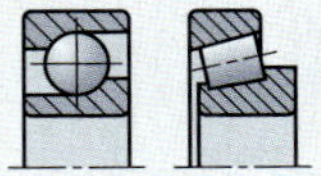	Schrägkugellager, Kegelrollenlager		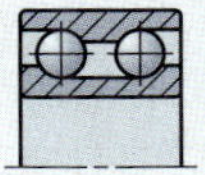	Schrägkugellager
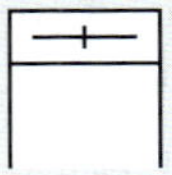	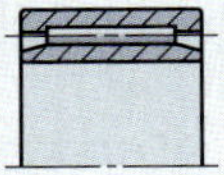	Nadellager, Nadelkranz	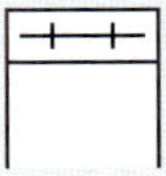	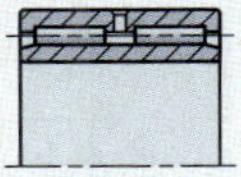	Nadellager, Nadelkranz
	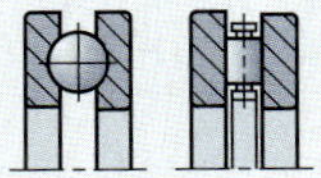	Axial-Rillenkugellager, Axial-Rollenlager	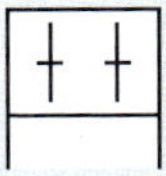	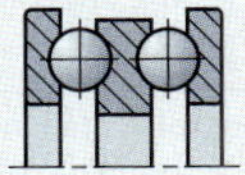	Axial-Rillenkugellager, zweiseitig wirkend
	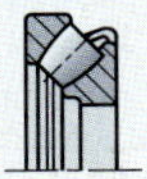	Axial-Pendelrollenlager	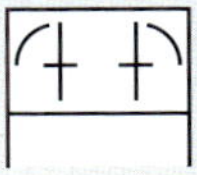	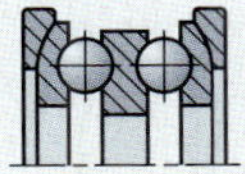	Axial-Rillenkugellager mit kugeligen Gehäusescheiben, zweiseitig wirkend

Kombinierte Lager

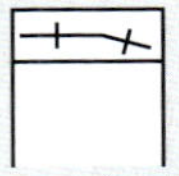	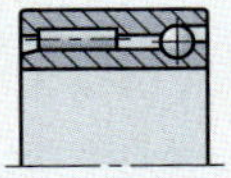	Kombiniertes Radial-Nadellager mit Schrägkugellager
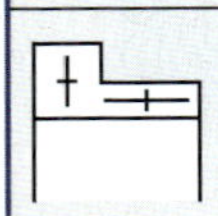	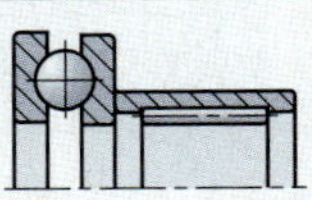	Kombiniertes Axial-Kugellager mit Radial-Nadellager

Darstellung rechtwinklig zur Wälzkörperachse

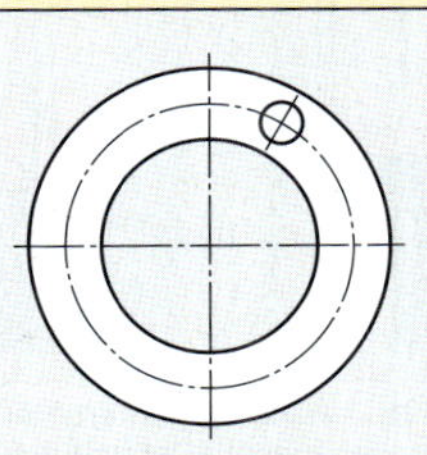	Wälzlager mit beliebiger Wälzkörperform (Kugeln, Rollen, Nadeln)

K

K

Darstellung von Dichtungen und Wälzlagern

Vereinfachte Darstellung von Dichtungen

vgl. DIN ISO 9222-1 (1990-12) und DIN ISO 9222-2 (1991-03)

Darstellung vereinfacht	Darstellung bildlich	Erläuterung
		Für allgemeine Zwecke wird eine Dichtung durch ein Quadrat oder Rechteck und ein freistehendes, diagonales Kreuz dargestellt. Die Dichtrichtung kann durch einen Pfeil angegeben werden.
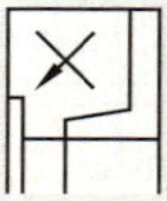	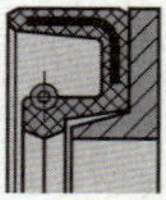	Falls erforderlich, kann die Dichtung durch die Umrisse und ein freistehendes, diagonales Kreuz dargestellt werden.

Elemente der detaillierten vereinfachten Darstellung: Element	Erläuterung, Verwendung
	Lange Linie parallel zur Dichtfläche; für das fest sitzende (statische) Dichtelement.
	Lange diagonale Linie; für das dynamische Dichtelement; z.B. die Dichtlippe. Die Dichtrichtung kann durch einen Pfeil angegeben werden.
	Kurze diagonale Linie; für Staublippen, Abstreifringe.
	Kurze Linie, die zur Mitte des Sinnbilds zeigt; für den statischen Teil von U- und V-Ringen, Packungen.
	Kurze Linie, die zur Mitte des Sinnbilds zeigt; für Dichtlippen von U- und V-Ringen, Packungen.
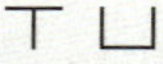	T und U; für berührungsfreie Dichtungen.

Beispiele für die detaillierte vereinfachte Darstellung von Dichtungen

Wellendichtringe und Kolbenstangendichtungen				Profildichtungen, Packungssätze, Labyrinthdichtungen			
		Bezeichnung bei					
detailliert vereinfacht	bildlich	Drehbewegung	geradliniger Bewegung	detailliert vereinfacht	bildlich	detailliert vereinfacht	bildlich
		Wellendichtring ohne Staublippe	Stangendichtung ohne Abstreifer	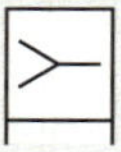			
		Wellendichtring mit Staublippe	Stangendichtung mit Abstreifer				
		Wellendichtring, doppelt wirkend	Stangendichtung, doppelt wirkend			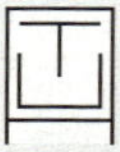	

Beispiele für die vereinfachte Darstellung von Dichtungen und Wälzlagern

Rillenkugellager und Radial-Wellendichtring mit Staublippe[1)]

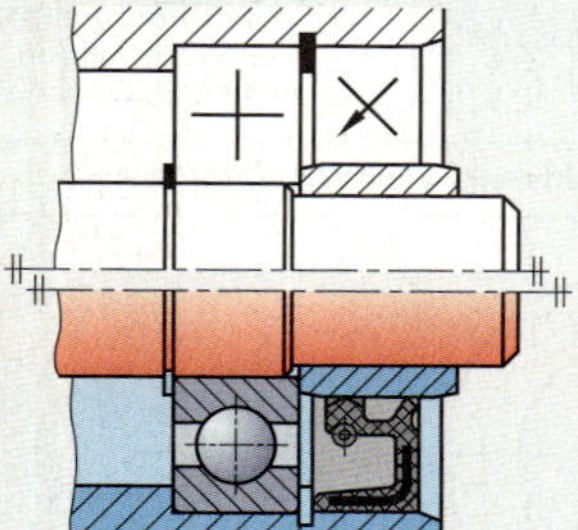

Zweireihiges Rillenkugellager und Radial-Wellendichtring[2)]

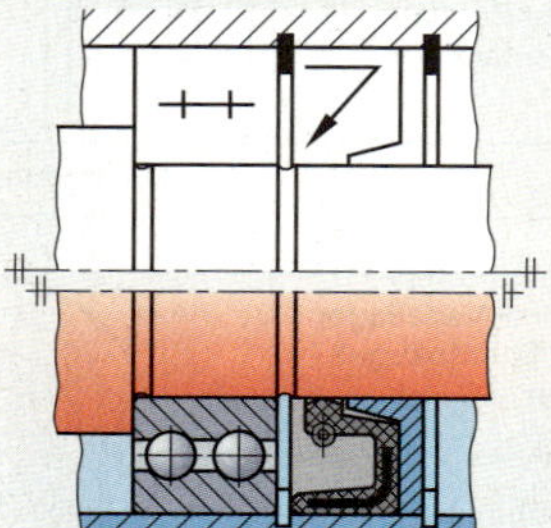

Packungssatz[2)]

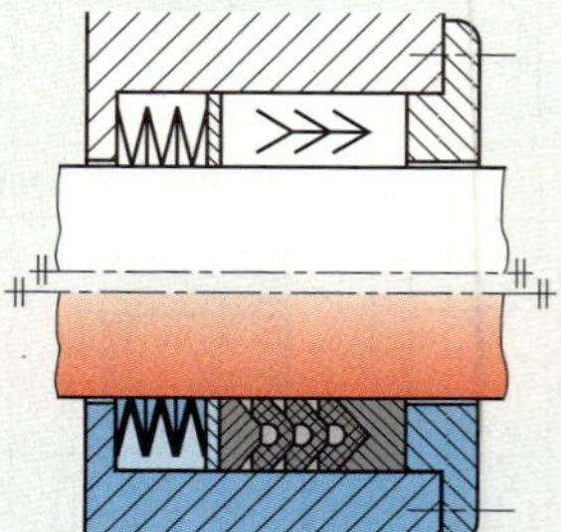

[1)] Obere Hälfte: vereinfachte Darstellung; untere Hälfte: bildliche Darstellung.
[2)] Obere Hälfte: detaillierte vereinfachte Darstellung; untere Hälfte: bildliche Darstellung.

Darstellung von Sicherungsringen, Nuten von Sicherungsringen, Federn, Keilwellen und Kerbverzahnungen

Darstellung von Sicherungsringen und Nuten von Sicherungsringen

	Darstellung	Einbaumaße	Abmaße
Sicherungsringe für Wellen (Seite 269)	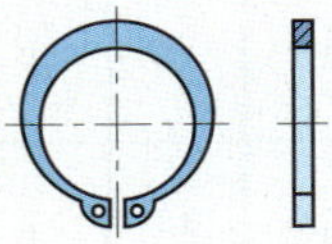	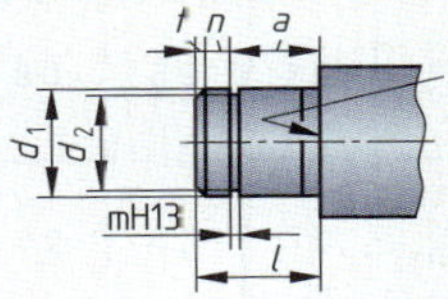 Bezugsfläche für Bemaßung[1)] a = Wälzlagerbreite + Sicherungsringbreite	Abmaße für d_2: oberes Abmaß: 0 (null) unteres Abmaß: negativ Abmaße für a: oberes Abmaß: positiv unteres Abmaß: 0 (null)
Sicherungsringe für Bohrungen (Seite 269)	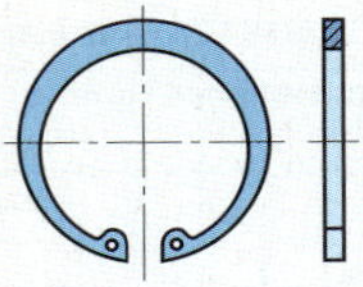	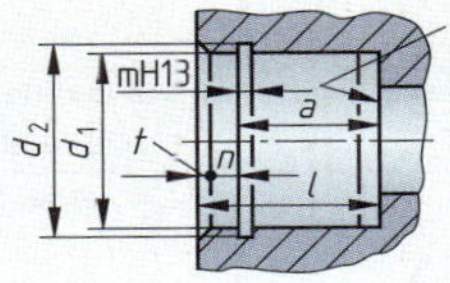 Bezugsfläche für Bemaßung[1)]	Abmaße für d_2: oberes Abmaß: positiv unteres Abmaß: 0 (null) Abmaße für a: oberes Abmaß: positiv unteres Abmaß: 0 (null)

[1)] Bezugsfläche für die Bemaßung der Nuten ist aus Funktionsgründen die Anlagefläche des zu sichernden Bauteils.

Darstellung von Federn

vgl. DIN ISO 2162-1 (1994-08)

Benennung	Darstellung Ansicht	Darstellung Schnitt	Sinnbild	Benennung	Darstellung Ansicht	Darstellung Schnitt	Sinnbild
Zylindrische Schrauben-Druckfeder (runder Draht)	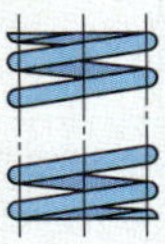	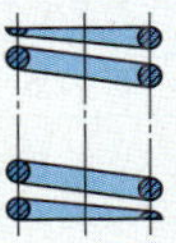	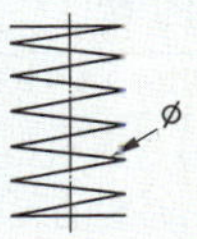	Zylindrische Schrauben-Zugfeder	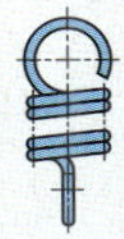	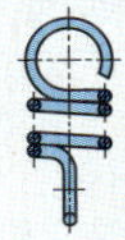	
Zylindrische Schrauben-Drehfeder	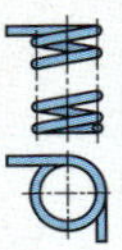			Zylindrische Schrauben-Druckfeder (quadr. Draht)	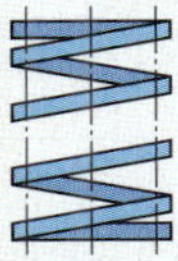	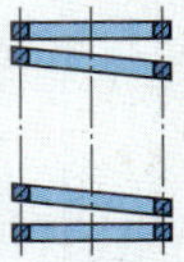	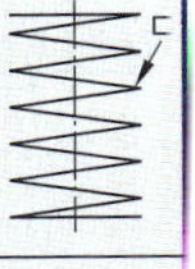
Tellerfeder (einfach)				Tellerfederpaket (Teller wechselsinnig geschichtet)	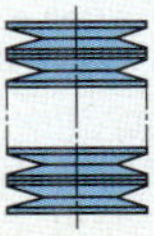	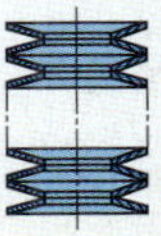	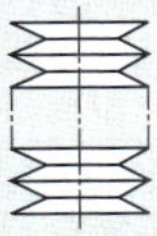
Tellerfederpaket (gleichsinnig geschichtet)	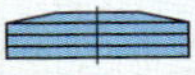	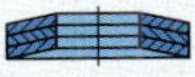	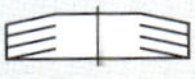				

Darstellung von Keilwellen und Kerbverzahnungen

vgl. DIN ISO 6413 (1990-03)

	Welle	Nabe	Verbindung
Keilwellen oder Keilnaben mit geraden Flanken. Symbol: 	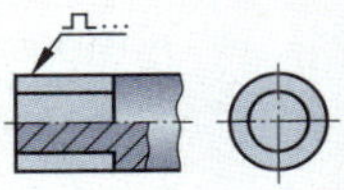	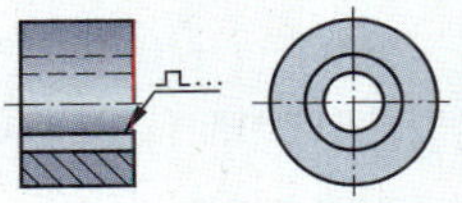	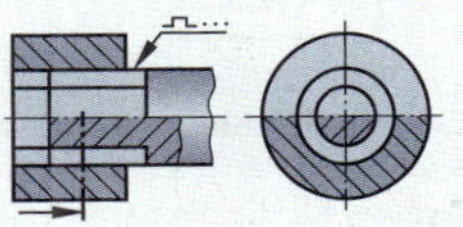
Zahnwellen oder Zahnnaben mit Evolventenflanken oder Kerbverzahnungen. Symbol: 	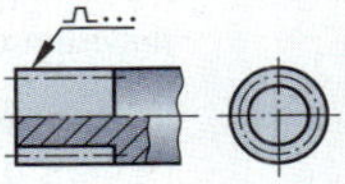	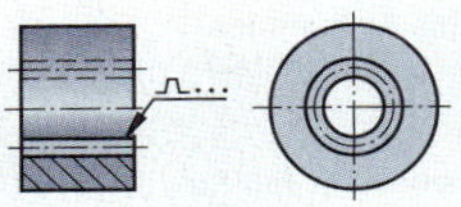	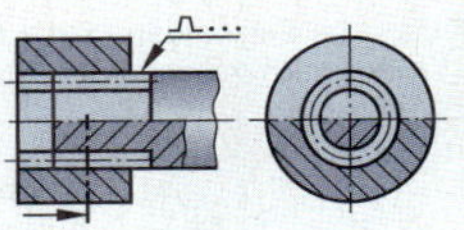

⇒ **Keilwelle ISO 14-6 x 26 f7 x 30:** Keilwellenprofil mit geraden Flanken nach ISO 14, Keilzahl N = 6, Innendurchmesser d = 26f7, Außendurchmesser D = 30 (Seite 241)

K

Butzen an Drehteilen, Werkstückkanten

Butzen an Drehteilen

vgl. DIN 6785 (1991-11)

Butzenmaße

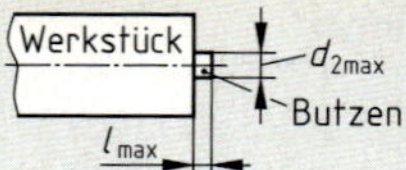

Beispiel

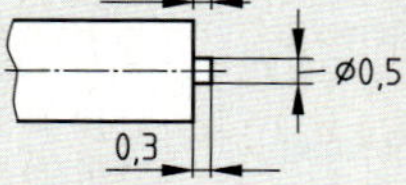

Zeichnungseintrag

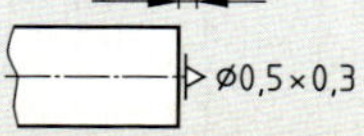

Butzenmaße	Größtdurchmesser des Fertigteils in mm							
	bis 3	über 3 bis 5	über 5 bis 8	über 8 bis 12	über 12 bis 18	über 18 bis 26	über 26 bis 40	über 40 bis 60
d_{2max} in mm	0,3	0,5	0,8	1,0	1,5	2,0	2,5	3,5
l_{max} in mm	0,2	0,3	0,5	0,6	0,9	1,2	2,0	3,0

Werkstückkanten

vgl. DIN ISO 13715 (2000-12), Ersatz für DIN 6784

Kante	Werkstückkante liegt bezüglich der ideal-geometrischen Form		
	innerhalb	**außerhalb**	**im Bereich**
Außenkante 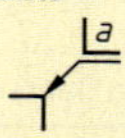	**Abtragung** 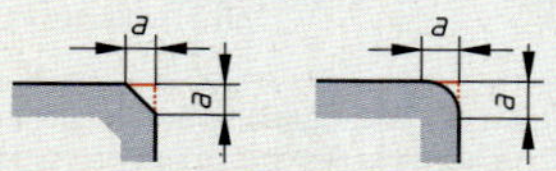	**Grat** 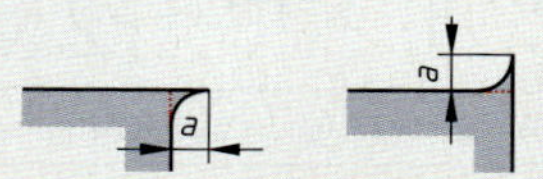	**scharfkantig** 
Innenkante 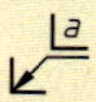	**Abtragung** 	**Übergang** 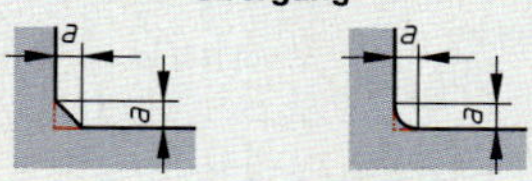	**scharfkantig** 
Maß *a* (mm)	−0,1; −0,3; −0,5; −1,0; −2,5	+0,1; +0,3; +0,5; +1,0; +2,5	−0,05; −0,02; +0,02; +0,05

Sinnbild zur Kennzeichnung von Werkstückkanten

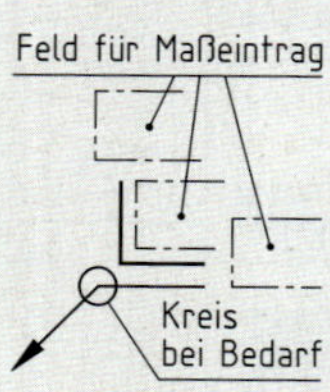

Sinnbildelement	Bedeutung für Außenkante	Bedeutung für Innenkante
+	Grat zugelassen, Abtragung nicht zugelassen	Übergang zugelassen, Abtragung nicht zugelassen
−	Abtragung gefordert, Grat nicht zugelassen	Abtragung gefordert, Übergang nicht zugelassen
± [1]	Grat oder Übergang zugelassen	Abtragung oder Übergang zugelassen

[1] nur mit einer Maßangabe zulässig

Grat- und Abtragungsrichtung	Außenkante	Innenkante
Festlegung zugelassen für	Grat	Abtragung
Beispiel	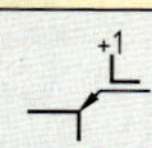	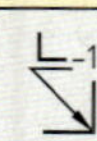
Bedeutung	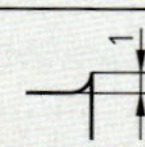	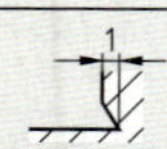

Kennzeichnung von Werkstückkanten

Sammelangaben

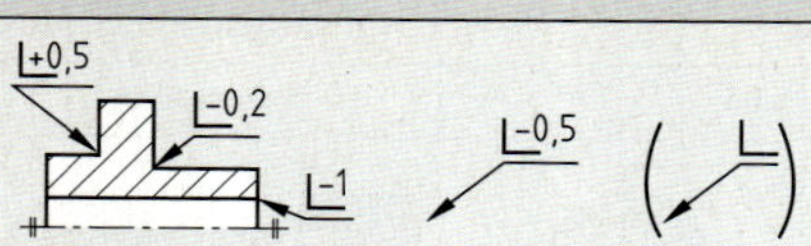

Sammelangaben gelten für alle Kanten, für die kein eigener Kantenzustand eingetragen ist.

Kanten, für die die Sammelangabe nicht gilt, müssen in der Zeichnung gekennzeichnet werden.

Hinter der Sammelangabe werden die Ausnahmen in Klammern gesetzt oder durch das Grundsinnbild angedeutet.

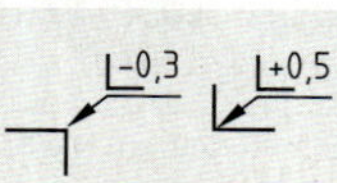

Sammelangaben, die **nur für Außen- bzw. Innenkanten** gelten, werden durch entsprechende Sinnbilder eingetragen.

Beispiele

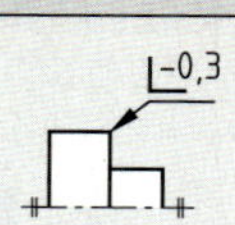

Außenkante ohne Grat. Die zugelassene Abtragung liegt zwischen 0 und 0,3 mm.

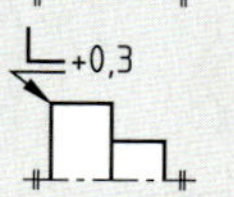

Außenkante mit zugelassenem Grat von 0 bis 0,3 mm (Gratrichtung bestimmt).

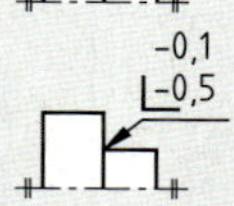

Innenkante mit zugelassener Abtragung zwischen 0,1 und 0,5 mm (Abtragungsrichtung unbestimmt).

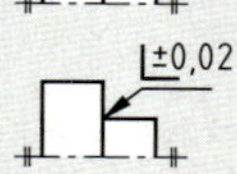

Innenkante mit zugelassener Abtragung zwischen 0 und 0,02 mm oder zugelassenem Übergang bis 0,02 mm (scharfkantig).

Gewindeausläufe, Gewindefreistiche

Gewindeausläufe für Metrische ISO-Gewinde

vgl. DIN 76-1 (2004-06)

Außengewinde

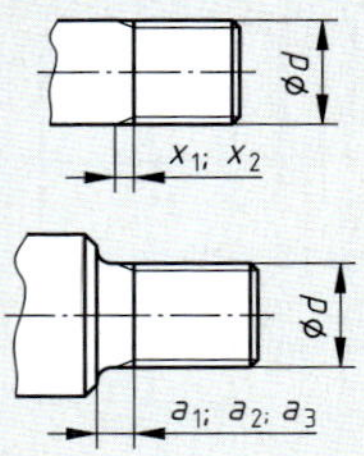

Innengewinde

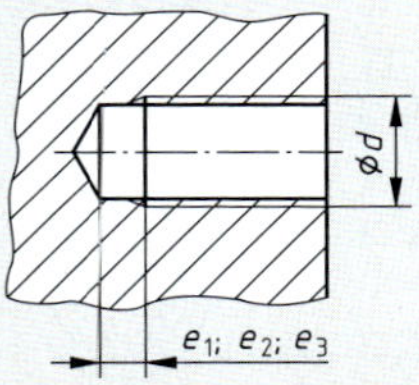

Steigung[1] P	ISO-Regelgewinde d	Gewindeauslauf[2] x_1 max.	a_1 max.	e_1	Steigung[1] P	ISO-Regelgewinde d	Gewindeauslauf[2] x_1 max.	a_1 max.	e_1
0,2	–	0,5	0,6	1,3	1,25	M8	3,2	3,75	6,2
0,25	M1	0,6	0,75	1,5	1,5	M10	3,8	4,5	7,3
0,3	–	0,75	0,9	1,8	1,75	M12	4,3	5,25	8,3
0,35	M1,6	0,9	1,05	2,1	2	M16	5	6	9,3
0,4	M2	1	1,2	2,3	2,5	M20	6,3	7,5	11,2
0,45	M2,5	1,1	1,35	2,6	3	M24	7,5	9	13,1
0,5	M3	1,25	1,5	2,8	3,5	M30	9	10,5	15,2
0,6	–	1,5	1,8	3,4	4	M36	10	12	16,8
0,7	M4	1,75	2,1	3,8	4,5	M42	11	13,5	18,4
0,75	–	1,9	2,25	4	5	M48	12,5	15	20,8
0,8	M5	2	2,4	4,2	5,5	M56	14	16,5	22,4
1	M6	2,5	3	5,1	6	M64	15	18	24

1) Für Feingewinde sind die Maße des Gewindeauslaufs nach der Steigung P zu wählen.

2) Regelfall; gilt immer dann, wenn keine anderen Angaben gemacht sind.
Ist ein kurzer Gewindeauslauf erforderlich, so gilt:
$x_2 \approx 0{,}5 \cdot x_1$; $a_2 \approx 0{,}67 \cdot a_1$; $e_2 \approx 0{,}625 \cdot e_1$
Ist ein langer Gewindeauslauf erforderlich, so gilt:
$a_3 \approx 1{,}3 \cdot a_1$; $e_3 \approx 1{,}6 \cdot e_1$

Gewindefreistiche für Metrische ISO-Gewinde

vgl. DIN 76-1 (2004-06)

Außengewinde
Form A und Form B

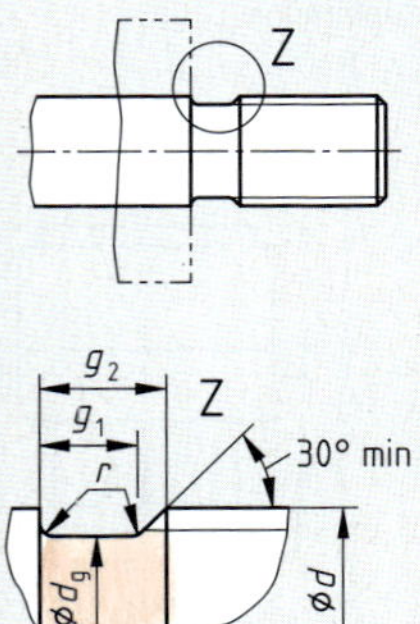

Innengewinde
Form C und Form D

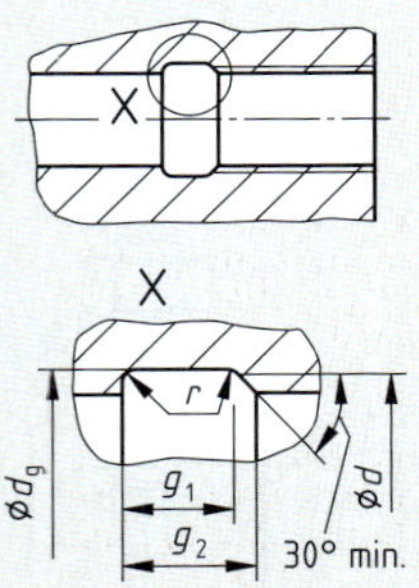

Steigung[1] P	ISO-Regelgewinde d	r	Außengewinde d_g h13	Form A[2] g_1 min.	Form A[2] g_2 max.	Form B[3] g_1 min.	Form B[3] g_2 max.	Innengewinde d_g H13	Form C[2] g_1 min.	Form C[2] g_2 max.	Form D[3] g_1 min.	Form D[3] g_2 max.
0,2	–	0,1	$d-0{,}3$	0,45	0,7	0,25	0,5	$d+0{,}1$	0,8	1,2	0,5	0,9
0,25	M1	0,12	$d-0{,}4$	0,55	0,9	0,25	0,6	$d+0{,}1$	1	1,4	0,6	1
0,3	–	0,16	$d-0{,}5$	0,6	1,05	0,3	0,75	$d+0{,}1$	1,2	1,6	0,75	1,25
0,35	M1,6	0,16	$d-0{,}6$	0,7	1,2	0,4	0,9	$d+0{,}2$	1,4	1,9	0,9	1,4
0,4	M2	0,2	$d-0{,}7$	0,8	1,4	0,5	1	$d+0{,}2$	1,6	2,2	1	1,6
0,45	M2,5	0,2	$d-0{,}7$	1	1,6	0,5	1,1	$d+0{,}2$	1,8	2,4	1,1	1,7
0,5	M3	0,2	$d-0{,}8$	1,1	1,75	0,5	1,25	$d+0{,}3$	2	2,7	1,25	2
0,6	–	0,4	$d-1$	1,2	2,1	0,6	1,5	$d+0{,}3$	2,4	3,3	1,5	2,4
0,7	M4	0,4	$d-1{,}1$	1,5	2,45	0,8	1,75	$d+0{,}3$	2,8	3,8	1,75	2,75
0,75	–	0,4	$d-1{,}2$	1,6	2,6	0,9	1,9	$d+0{,}3$	3	4	1,9	2,9
0,8	M5	0,4	$d-1{,}3$	1,7	2,8	0,9	2	$d+0{,}3$	3,2	4,2	2	3
1	M6	0,6	$d-1{,}6$	2,1	3,5	1,1	2,5	$d+0{,}5$	4	5,2	2,5	3,7
1,25	M8	0,6	$d-2$	2,7	4,4	1,5	3,2	$d+0{,}5$	5	6,7	3,2	4,9
1,5	M10	0,8	$d-2{,}3$	3,2	5,2	1,8	3,8	$d+0{,}5$	6	7,8	3,8	5,6
1,75	M12	1	$d-2{,}6$	3,9	6,1	2,1	4,3	$d+0{,}5$	7	9,1	4,3	6,4
2	M16	1	$d-3$	4,5	7	2,5	5	$d+0{,}5$	8	10,3	5	7,3
2,5	M20	1,2	$d-3{,}6$	5,6	8,7	3,2	6,3	$d+0{,}5$	10	13	6,3	9,3
3	M24	1,6	$d-4{,}4$	6,7	10,5	3,7	7,5	$d+0{,}5$	12	15,2	7,5	10,7
3,5	M30	1,6	$d-5$	7,7	12	4,7	9	$d+0{,}5$	14	17,7	9	12,7
4	M36	2	$d-5{,}7$	9	14	5	10	$d+0{,}5$	16	20	10	14
4,5	M42	2	$d-6{,}4$	10,5	16	5,5	11	$d+0{,}5$	18	23	11	16
5	M48	2,5	$d-7$	11,5	17,5	6,5	12,5	$d+0{,}5$	20	26	12,5	18,5
5,5	M56	3,2	$d-7{,}7$	12,5	19	7,5	14	$d+0{,}5$	22	28	14	20
6	M64	3,2	$d-8{,}3$	14	21	8	15	$d+0{,}5$	24	30	15	21

⇒ **DIN 76-C:** Gewindefreistich Form C

1) Für Feingewinde sind die Maße des Gewindefreistichs nach der Steigung P zu wählen.

2) Regelfall; gilt immer dann, wenn keine anderen Angaben gemacht sind.

3) Nur für Fälle, bei denen ein kurzer Gewindefreistich erforderlich ist.

K

Darstellung von Gewinden und Schraubenverbindungen

Darstellung von Gewinden

vgl. DIN ISO 6410-1 (1993-12)

Innengewinde

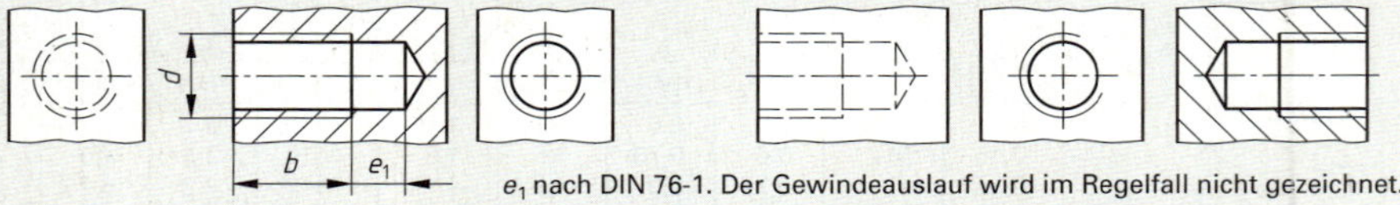

e_1 nach DIN 76-1. Der Gewindeauslauf wird im Regelfall nicht gezeichnet.

Bolzengewinde

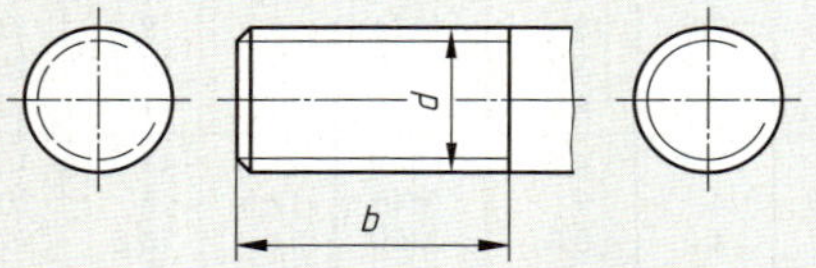

Bolzen in Innengewinde

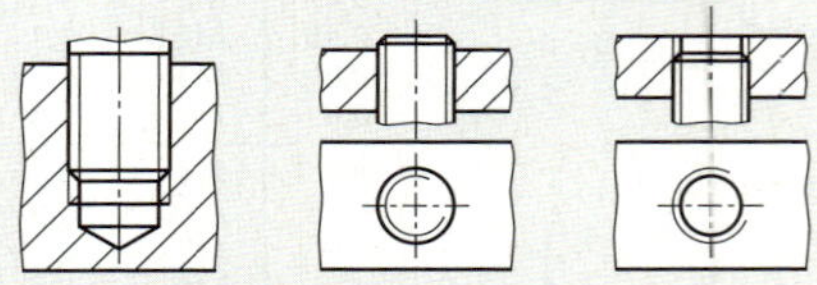

Gewindefreistich

bildlich

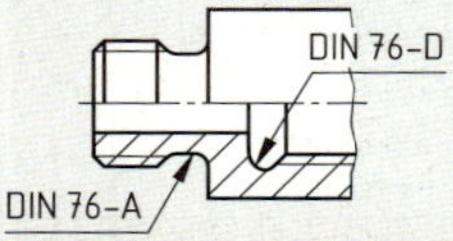

sinnbildlich

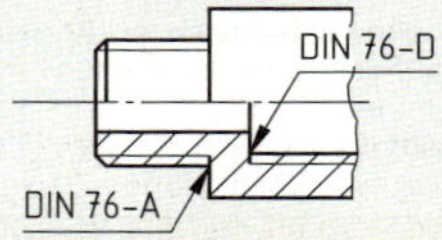

Rohrgewinde und Rohrverschraubung

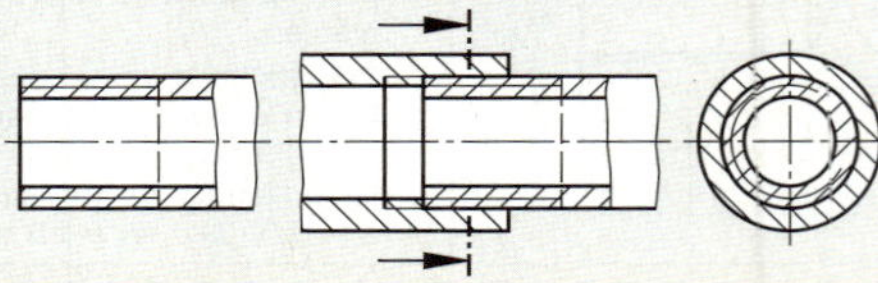

Darstellung von Schraubenverbindungen

Sechskantschraube und Mutter

ausführlich

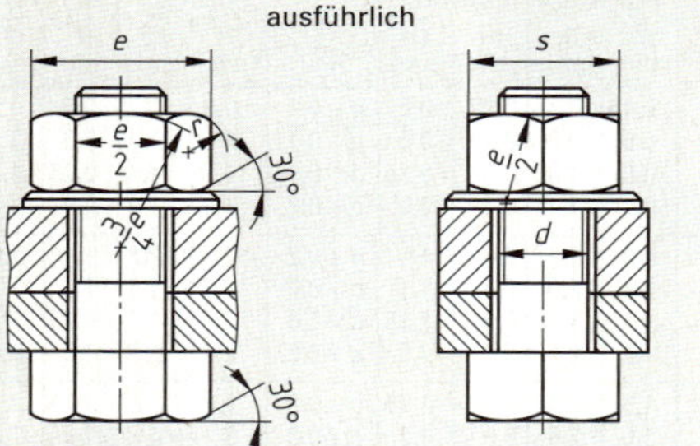

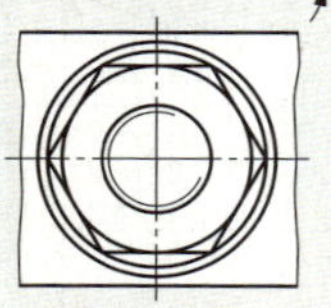

h_1 Schraubenkopfhöhe
h_2 Mutternhöhe
h_3 Scheibenhöhe
e Eckenmaß
s Schlüsselweite
d Gewinde-Nenn-ø

vereinfacht

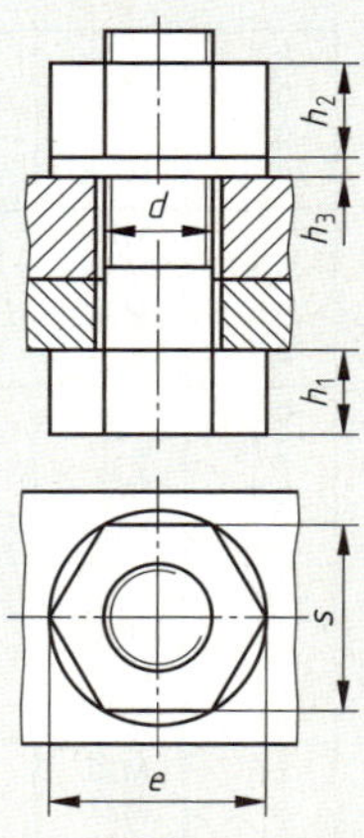

$h_1 \approx 0{,}7 \cdot d$
$h_2 \approx 0{,}8 \cdot d$
$h_3 \approx 0{,}2 \cdot d$
$e \approx 2 \cdot d$
$s \approx 0{,}87 \cdot e$

Verbindung mit Zylinderschraube

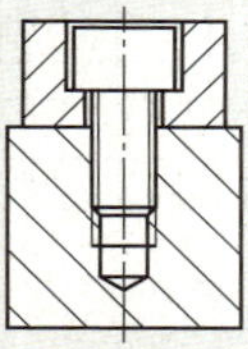

Verbindung mit Sechskantschraube

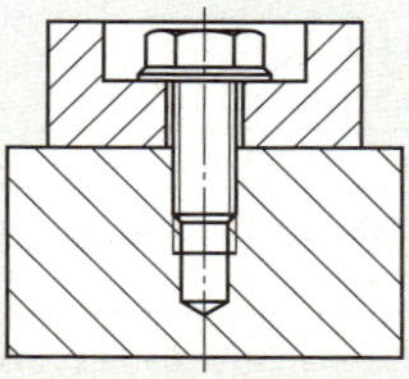

Verbindung mit Senkschraube

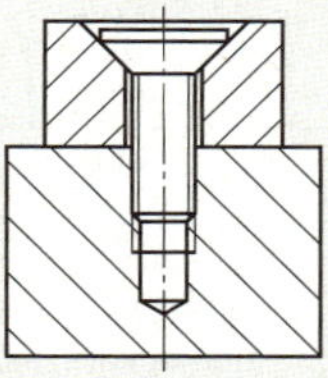

Verbindung mit Stiftschraube

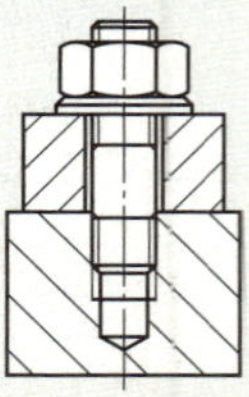

Zentrierbohrungen, Rändel

Zentrierbohrungen

vgl. DIN 332-1 (1986-04)

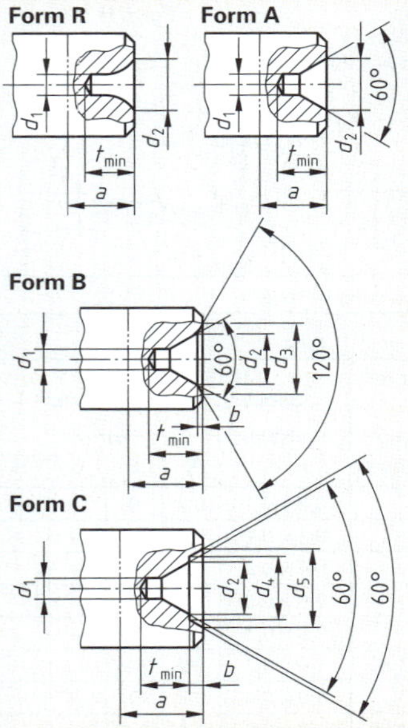

Form	Nennmaße										
	d_1	1	1,25	1,6	2	2,5	3,15	4	5	6,3	8
	d_2	2,12	2,65	3,35	4,25	5,3	6,7	8,5	10,6	13,2	17
R	t_{min}	1,9	2,3	2,9	3,7	4,6	5,8	7,4	9,2	11,4	14,7
	a	3	4	5	6	7	9	11	14	18	22
A	t_{min}	1,9	2,3	2,9	3,7	4,6	5,9	7,4	9,2	11,5	14,8
	a	3	4	5	6	7	9	11	14	18	22
B	t_{min}	2,2	2,7	3,4	4,3	5,4	6,8	8,6	10,8	12,9	16,4
	a	3,5	4,5	5,5	6,6	8,3	10	12,7	15,6	20	25
	b	0,3	0,4	0,5	0,6	0,8	0,9	1,2	1,6	1,4	1,6
	d_3	3,15	4	5	6,3	8	10	12,5	16	18	22,4
C	t_{min}	1,9	2,3	2,9	3,7	4,6	5,9	7,4	9,2	11,5	14,8
	a	3,5	4,5	5,5	6,6	8,3	10	12,7	15,6	20	25
	b	0,4	0,6	0,7	0,9	0,9	1,1	1,7	1,7	2,3	3
	d_4	4,5	5,3	6,3	7,5	9	11,2	14	18	22,4	28
	d_5	5	6	7,1	8,5	10	12,5	16	20	25	31,5

Form
- **R**: gewölbte Laufflächen, ohne Schutzsenkung
- **A**: gerade Laufflächen, ohne Schutzsenkung
- **B**: gerade Laufflächen, kegelförmige Schutzsenkung
- **C**: gerade Laufflächen, kegelstumpfförmige Schutzsenkung

Zeichnungsangabe bei Zentrierbohrungen

vgl. DIN ISO 6411 (1997-11)

Zentrierbohrung **ist** am Fertigteil erforderlich	Zentrierbohrung **darf** am Fertigteil vorhanden sein	Zentrierbohrung **darf** am Fertigteil **nicht** vorhanden sein
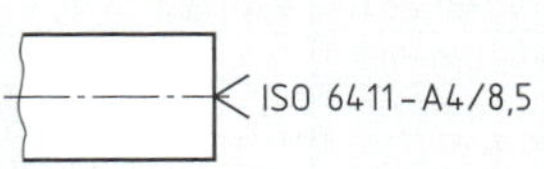	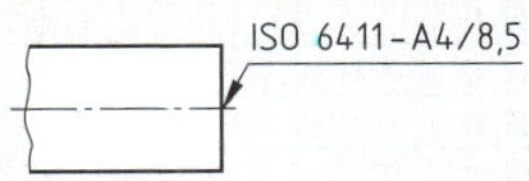	

⇒ **< ISO 6411 – A4/8,5:** Zentrierbohrung ISO 6411: Zentrierbohrung ist am Fertigteil erforderlich. Form und Maße der Zentrierbohrung nach DIN 332: Form A; d_1 = 4 mm; d_2 = 8,5 mm.

Rändel

vgl. DIN 82 (1973-01)

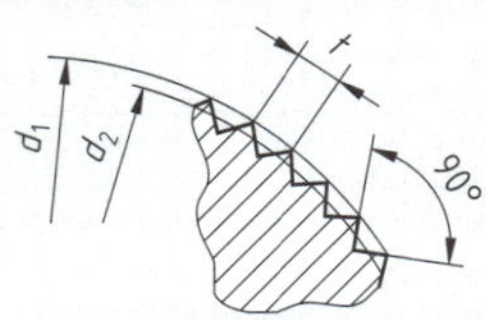

d_1 Nenndurchmesser
d_2 Ausgangsdurchmesser
t Teilung

Genormte Teilungen
t: 0,5; 0,6; 0,8; 1,0; 1,2; 1,6 mm

Zeichnungsangabe (Beispiel):

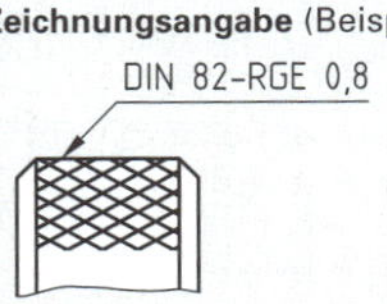

Kurzzeichen	Darstellung	Benennung	Spitzenform	Ausgangsdurchmesser d_2
RAA	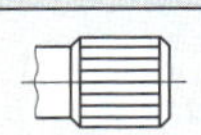	Rändel mit achsparallelen Riefen	–	$d_2 = d_1 - 0{,}5 \cdot t$
RBR	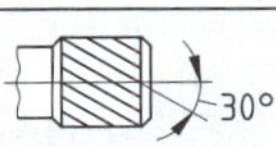	Rechtsrändel	–	$d_2 = d_1 - 0{,}5 \cdot t$
RBL	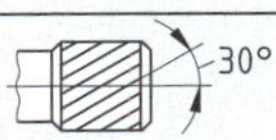	Linksrändel	–	$d_2 = d_1 - 0{,}5 \cdot t$
RGE	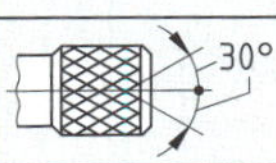	Links-Rechtsrändel	erhöht	$d_2 = d_1 - 0{,}67 \cdot t$
RGV			vertieft	$d_2 = d_1 - 0{,}33 \cdot t$
RKE	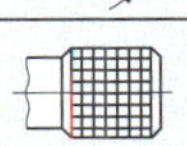	Kreuzrändel	erhöht	$d_2 = d_1 - 0{,}67 \cdot t$
RKV			vertieft	$d_2 = d_1 - 0{,}33 \cdot t$
⇒	**DIN 82-RGE 0,8:** Links-Rechtsrändel, Spitzen erhöht, t = 0,8 mm			

K

Freistiche

Freistiche[1]

vgl. DIN 509 (2006-12)

Form E	Form F	Form G	Form H
für weiter zu bearbeitende Zylinderfläche	für weiter zu bearbeitende Plan- und Zylinderfläche	für kleinen Übergang (bei geringer Beanspruchung)	für weiter zu bearbeitende Plan- und Zylinderfläche

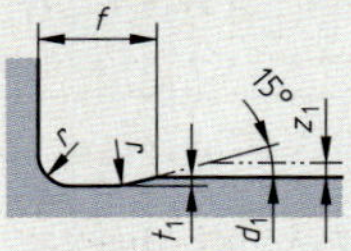

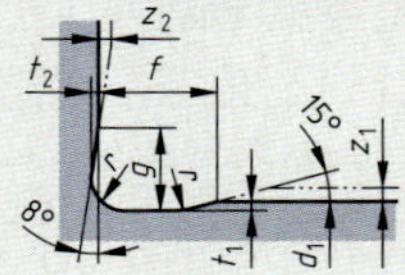

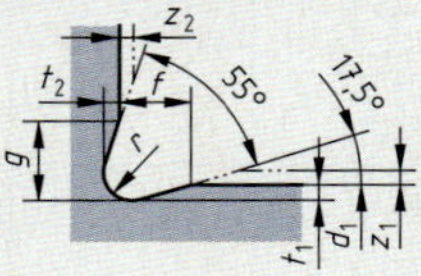

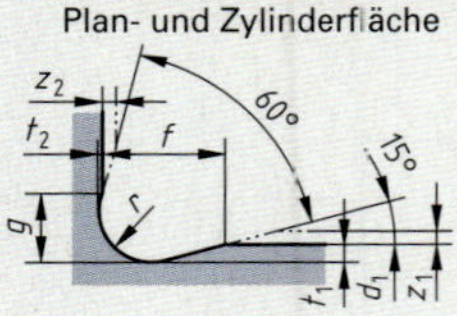

z_1, z_2 = Bearbeitungszugabe

⇒ **Freistich DIN 509 – E 0,8 x 0,3:** Form E, Radius r = 0,8 mm, Einstichtiefe t_1 = 0,3 mm

Freistichmaße und Senkungsmaße

Form	r[2] ± 0,1		t_1	t_2	f	g	Zuordnung zum Durchmesser d_1[3] für Werkstücke		Mindestmaß a für Senkung am Gegenstück[4]				
	Reihe 1	Reihe 2	+ 0,1 / 0	+ 0,05 / 0	+ 0,2 / 0		mit üblicher Beanspruchung	mit erhöhter Wechselfestigkeit	Freistich $r \times t_1$	Form E	F	G	H
E und F	–	R0,2	0,1	0,1	1	(0,9)	> ∅ 1,6 … ∅ 3	–	0,2 x 0,1	0,2	0	–	–
	R0,4	–	0,2	0,1	2	(1,1)	> ∅ 3 … ∅ 18	–	0,4 x 0,2	0,3	0	–	–
	–	R0,6	0,2	0,1	2	(1,4)	> ∅ 10 … ∅ 18	–	0,6 x 0,2	0,5	0,15	–	–
	–	R0,6	0,3	0,2	2,5	(2,1)	> ∅ 18 … ∅ 80	–	0,6 x 0,3	0,4	0	–	–
	R0,8	–	0,3	0,2	2,5	(2,3)	> ∅ 18 … ∅ 80	–	0,8 x 0,3	0,6	0,05	–	–
	–	R1	0,2	0,1	2,5	(1,8)	–	> ∅ 18 … ∅ 50	1,0 x 0,2	0,9	0,45	–	–
	–	R1	0,4	0,3	4	(3,2)	> ∅ 80	–	1,0 x 0,4	0,7	0	–	–
	R1,2	–	0,2	0,1	2,5	(2)	–	> ∅ 18 … ∅ 50	1,2 x 0,2	1,1	0,6	–	–
	R1,2	–	0,4	0,3	4	(3,4)	> ∅ 80	–	1,2 x 0,4	0,9	0,1	–	–
	R1,6	–	0,3	0,2	4	(3,1)	–	> ∅ 50 … ∅ 80	1,6 x 0,3	1,4	0,6	–	–
	R2,5	–	0,4	0,3	5	(4,8)	–	> ∅ 80 … ∅ 125	2,5 x 0,4	2,2	1,0	–	–
	R4	–	0,5	0,3	7	(6,4)	–	> ∅ 125	4,0 x 0,5	3,6	2,1	–	–
G	R0,4	–	0,2	0,2	(0,9)	(1,1)	> ∅ 3 … ∅ 18	–	0,4 x 0,2	–	–	0	–
H	R0,8	–	0,3	0,05	(2,0)	(1,1)	> ∅ 18 … ∅ 80	–	0,8 x 0,3	–	–	–	0,35
	R1,2	–	0,3	0,05	(2,4)	(1,5)	–	> ∅ 18 … ∅ 50	1,2 x 0,3	–	–	–	0,65

1) Alle Freistichformen gelten sowohl für Wellen als auch für Bohrungen.

2) Freistiche mit Radien der Reihe 1 sind zu bevorzugen.

3) Die Zuordnung zum Durchmesserbereich gilt nicht bei kurzen Ansätzen und dünnwandigen Teilen. Bei Werkstücken mit unterschiedlichen Durchmessern kann es zweckmäßig sein, die Freistiche bei allen Durchmessern in gleicher Form und Größe auszuführen.

4) Senkungsmaß a am Gegenstück

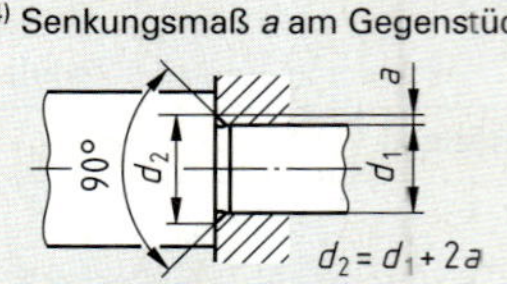

Zeichnungsangabe bei Freistichen

In Zeichnungen werden Freistiche meist vereinfacht mit der Bezeichnung dargestellt. Sie können jedoch auch vollständig gezeichnet und bemaßt werden.

Beispiel: Welle mit Freistich DIN 509 – F1,2 x 0,2

vereinfachte Angabe

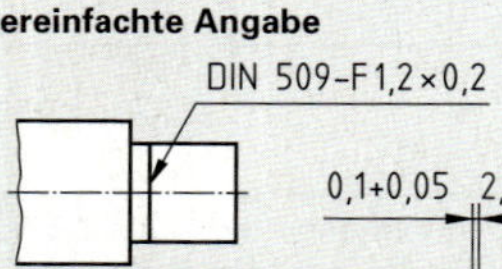

vollständige Angabe

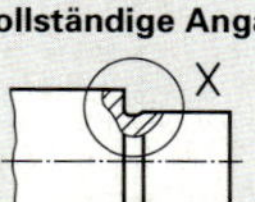

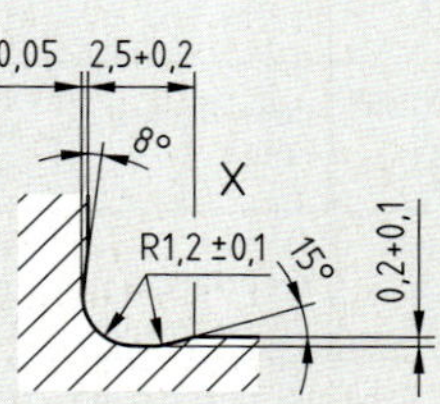

Beispiel: Bohrung mit Freistich DIN 509 – E1,2 x 0,2

vereinfachte Angabe

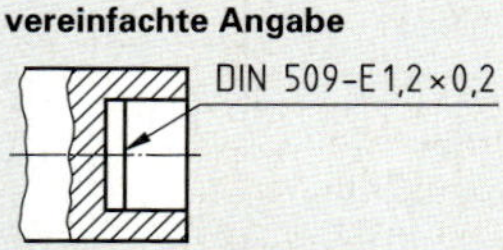

vollständige Angabe

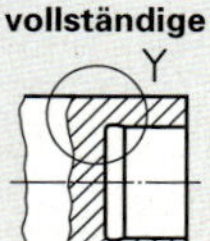

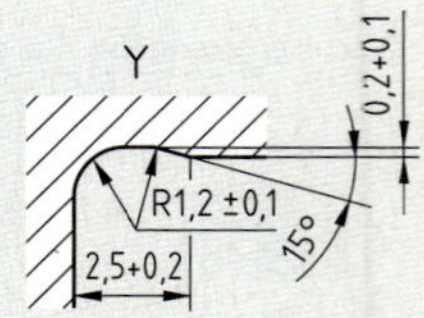

Sinnbilder für Schweißen und Löten

Lage der Sinnbilder für Schweißen und Löten in Zeichnungen

vgl. DIN EN 22553 (1997-03)

Grundbegriffe

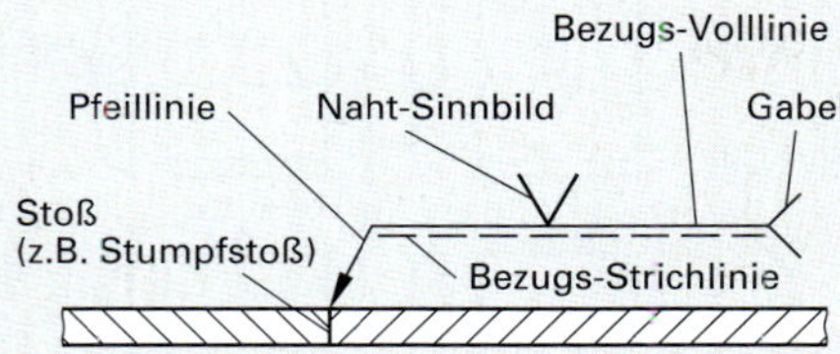

Bezugslinie. Sie besteht aus der Bezugs-Volllinie und der Bezugs-Strichlinie. Die Bezugs-Strichlinie verläuft parallel zur Bezugs-Volllinie oberhalb oder unterhalb dieser. Bei symmetrischen Nähten entfällt die Bezugs-Strichlinie.

Pfeillinie. Sie verbindet die Bezugs-Volllinie mit dem Stoß.

Gabel. In ihr können bei Bedarf zusätzliche Angaben gemacht werden über:

- Verfahren, Prozess
- Bewertungsgruppe
- Arbeitsposition
- Zusatzwerkstoff

Stoß. Lage der zu verbindenden Teile zueinander.

Nahtkennzeichnung

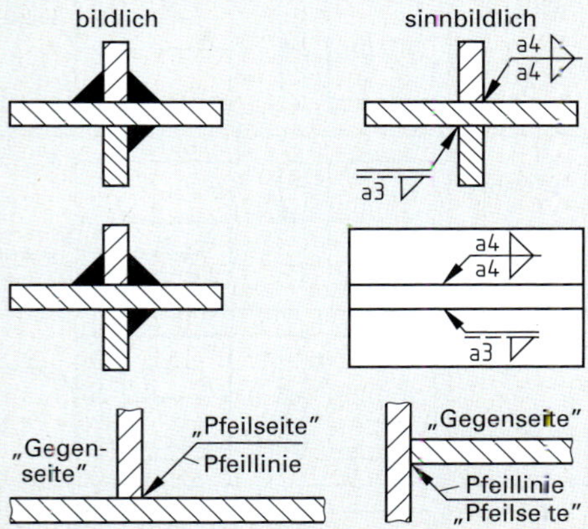

Sinnbild. Das Sinnbild kennzeichnet die Nahtform. Es steht vorzugsweise senkrecht auf der Bezugs-Volllinie, bei Bedarf auf der Bezugs-Strichlinie.

Anordnung des Nahtsinnbildes	
Lage des Nahtsinnbildes	Lage der Naht (Nahtoberfläche)
Bezugs-Vollinie	„Pfeilseite"
Bezugs-Strichlinie	„Gegenseite"

Bei Nähten, die im Schnitt oder in Ansicht dargestellt sind, muss die Stellung des Sinnbilds mit dem Nahtquerschnitt übereinstimmen.

Pfeilseite. Pfeilseite ist diejenige Seite des Stoßes, auf die die Pfeillinie hinweist.

Gegenseite. Gegenseite ist die Seite des Stoßes, die der Pfeilseite gegenüberliegt.

Ergänzungs- und Zusatzsinnbilder

vgl. DIN EN 22553 (1997-03)

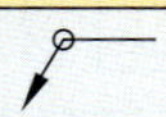	ringsum verlaufende Naht		Nahtoberfläche: hohl (konkav)
	Baustellennaht (Naht wird auf der Baustelle gefertigt)		Nahtoberfläche: flach (eben)
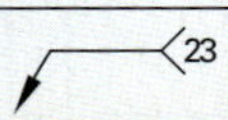	Angabe des Schweiß-prozesses in der Gabel		Nahtoberfläche: gewölbt (konvex)
			Nahtoberfläche: kerbfrei

Darstellung in Zeichnungen (Grundsinnbilder)

vgl. DIN EN 22553 (1997-03)

Nahtart/ Sinnbild	Darstellung bildlich	sinnbildlich	Nahtart/ Sinnbild	Darstellung bildlich	sinnbildlich
I-Naht ‖	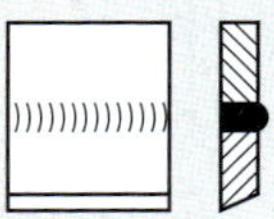	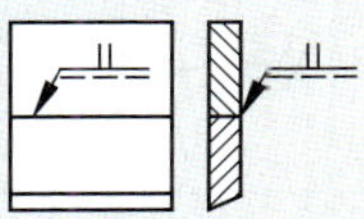	V-Naht V	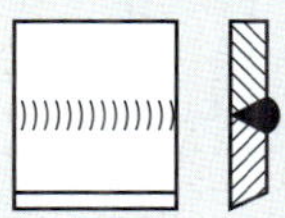	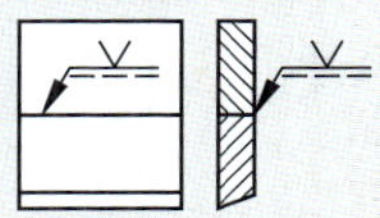
	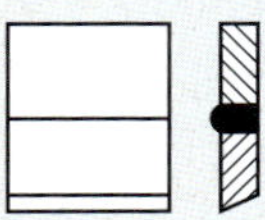	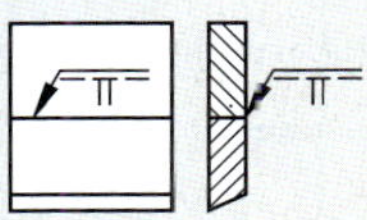		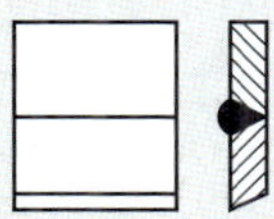	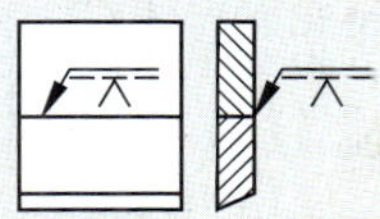

K

K

Sinnbilder für Schweißen und Löten

Darstellung in Zeichnungen (Grundsinnbilder)

vgl. DIN EN 22553 (1997-03)

Nahtart/ Sinnbild	Darstellung bildlich / sinnbildlich	Nahtart/ Sinnbild	Darstellung bildlich / sinnbildlich
Bördelnaht	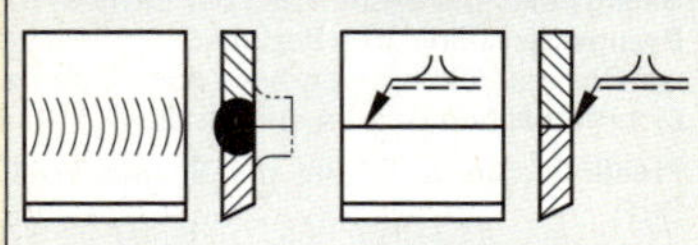	HV-Naht	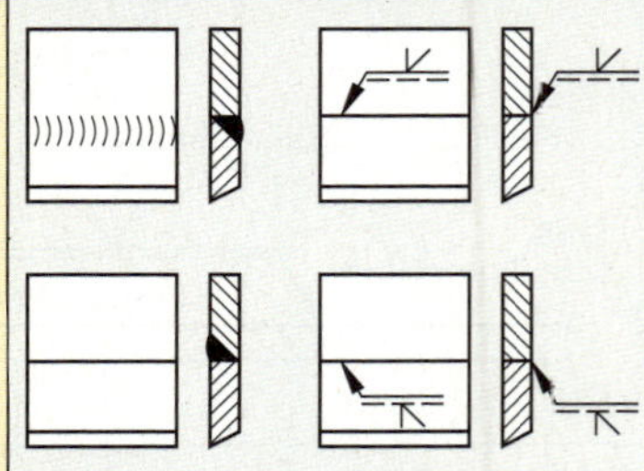
Lochnaht	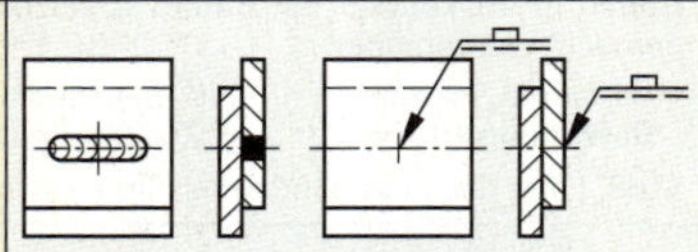		
Stirnflachnaht III	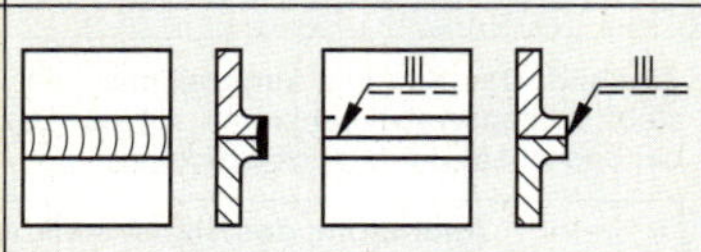	Y-Naht Y	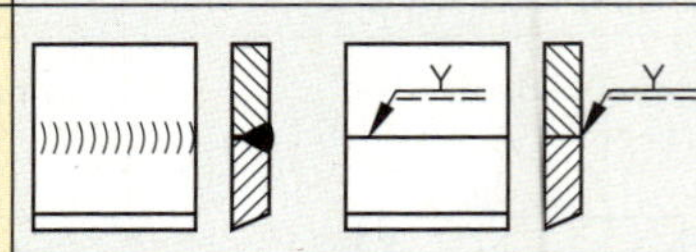
Steilflankennaht	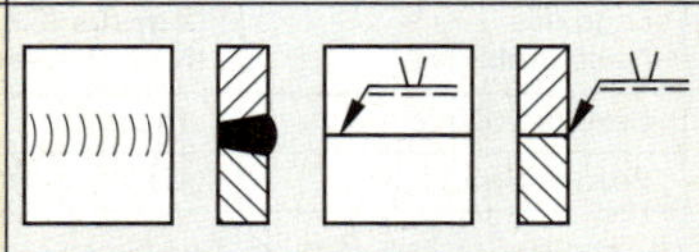	HY-Naht	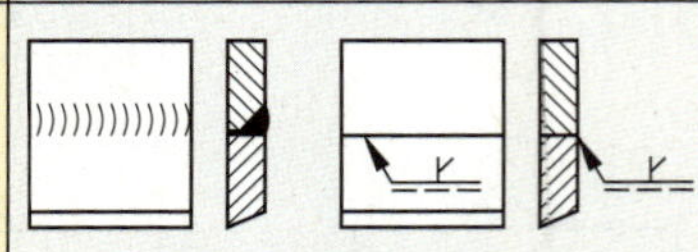
Auftragung	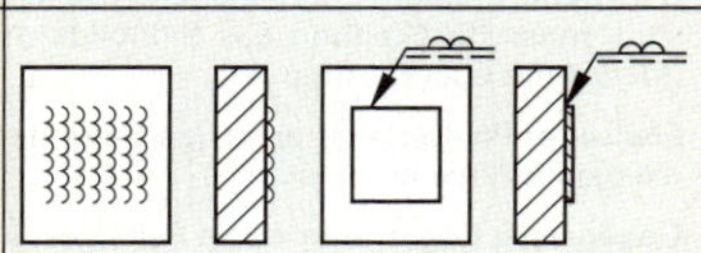	U-Naht	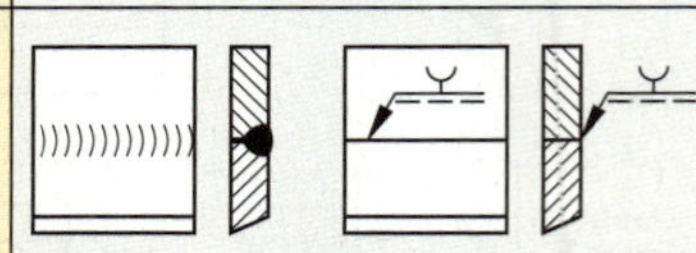
Falznaht	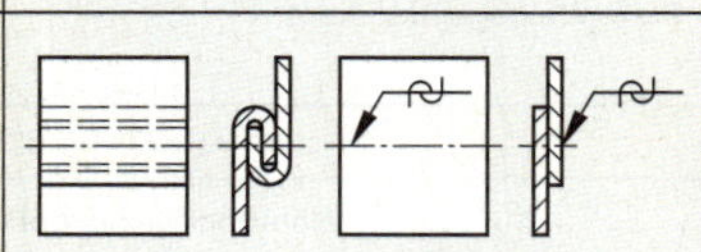	HU-Naht	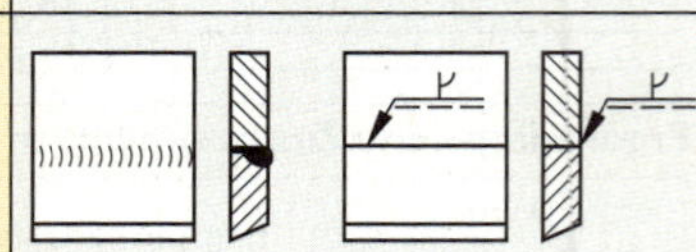
ringsum verlaufend	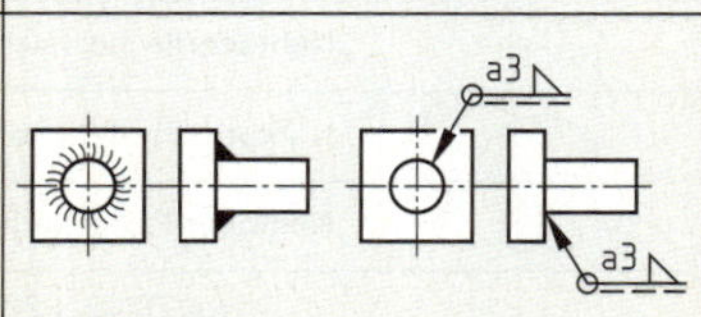	Punktnaht ○	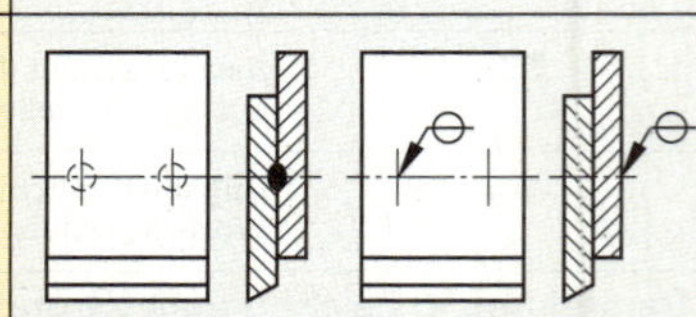
Kehlnaht	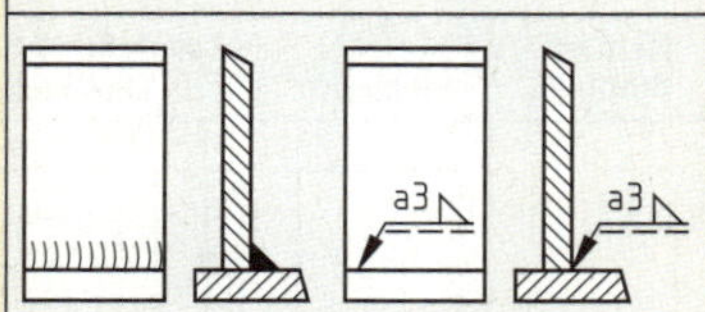	Liniennaht	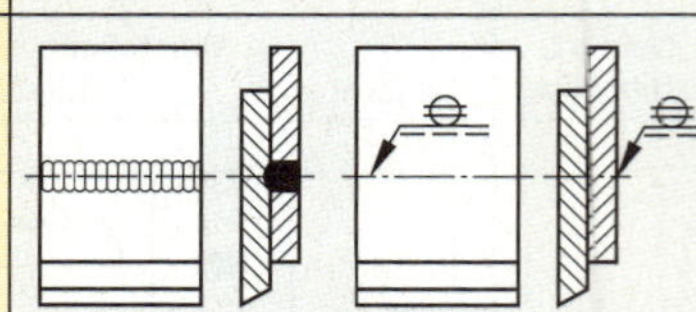
Baustellennaht mit 3 mm Nahtdicke	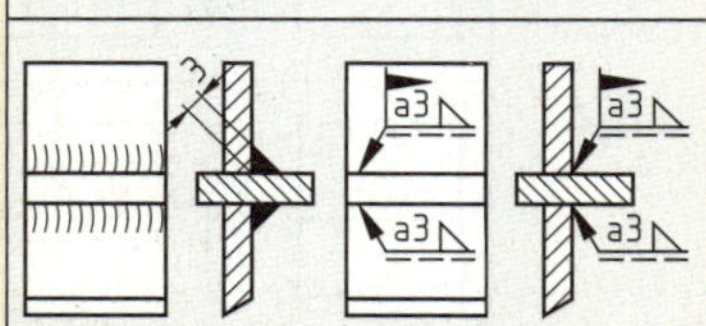	Flächennaht =	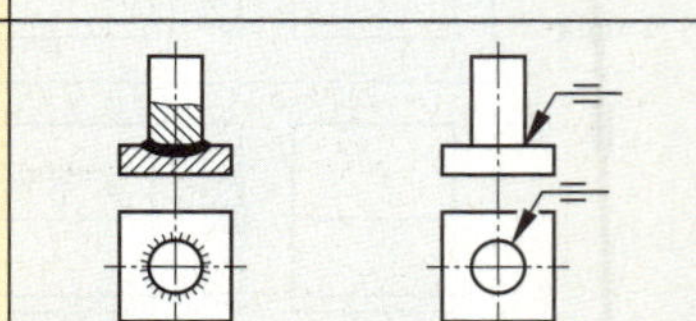

Sinnbilder für Schweißen und Löten

Zusammengesetzte Sinnbilder für symmetrische Nähte[1] (Beispiele)

vgl. DIN EN 22553 (1997-03)

Nahtart	Sinnbild	Darstellung	Nahtart	Sinnbild	Darstellung
D(oppel)-V-Naht (X-Naht)			D(oppel)-HY-Naht		
D(oppel)-HV-Naht			D(oppel)-U-Naht		
D(oppel)-Y-Naht			[1] Die Sinnbilder werden symmetrisch zur Bezugslinie angeordnet. Beispiel:	bildlich 	sinnbildlich 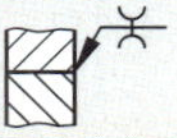

Anwendungsbeispiele für Zusatzsinnbilder

vgl. DIN EN 22553 (1997-03)

Nahtart	Sinnbild	Darstellung	Nahtart	Sinnbild	Darstellung
Flache V-Naht			Flach nachbearbeitete V-Naht		
Gewölbte Doppel-V-Naht			Flache V-Naht mit flacher Gegenlage		
Y-Naht mit Gegenlage			Hohlkehlnaht, Nahtübergang kerbfrei		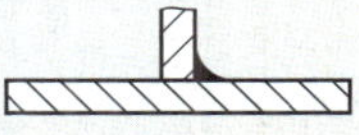

Bemaßungsbeispiele

vgl. DIN EN 22553 (1997-03)

Nahtart	Darstellung und Bemaßung bildlich	Darstellung und Bemaßung sinnbildlich	Bedeutung des sinnbildlichen Maßeintrages
I-Naht (durchgehend)	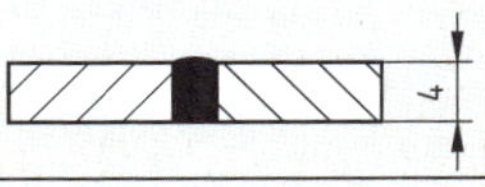	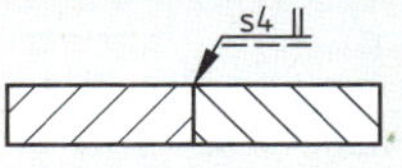	I-Naht, durchgehend, Nahtdicke $s = 4$ mm
I-Naht (nicht durchgehend)	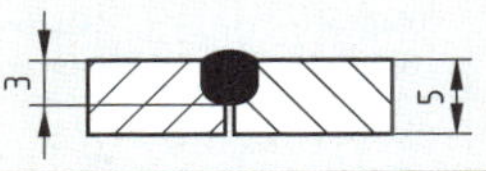	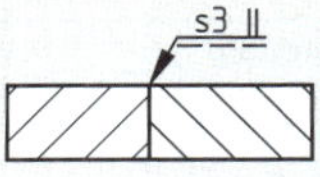	I-Naht, nicht durchgehend, Nahtdicke $s = 3$ mm, über die gesamte Werstücklänge verlaufend
Bördelnaht	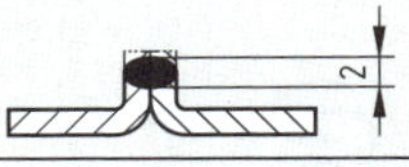	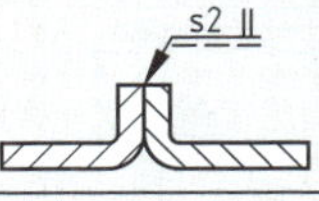	Bördelnaht, nicht vollständig niedergeschmolzen, Nahtdicke $s = 2$ mm
V-Naht (durchgeschweißt) mit Gegenlage	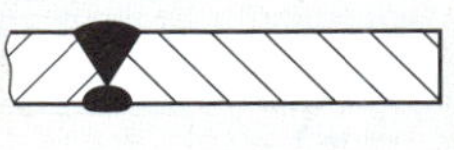	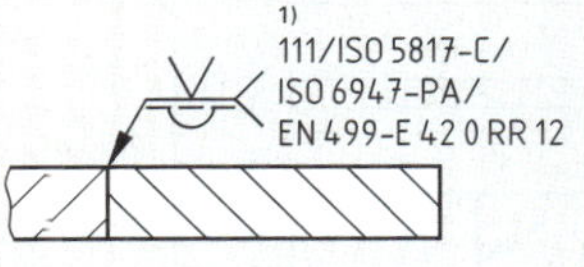	V-Naht (durchgeschweißt) mit Gegenlage, hergestellt durch Lichtbogenhandschweißen (Kennzahl 111 nach DIN EN ISO 4063), geforderte Bewertungsgruppe C nach ISO 5817; Wannenposition PA nach ISO 6947; Stabelektroden E 42 0 RR 12 nach DIN EN 499

[1] Am Ende einer Bezugslinie können in einer Gabel ergänzende Anforderungen eingetragen werden.

K

K

Sinnbilder für Schweißen und Löten, Darstellung von Klebe-, Falz- und Druckfügeverbindungen

Bemaßungsbeispiele (Fortsetzung)

Nahtart	Darstellung und Bemaßung bildlich	Darstellung und Bemaßung sinnbildlich	Bedeutung des sinnbildlichen Maßeintrages
Kehlnaht (durchgehend)	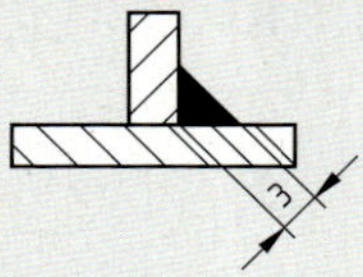	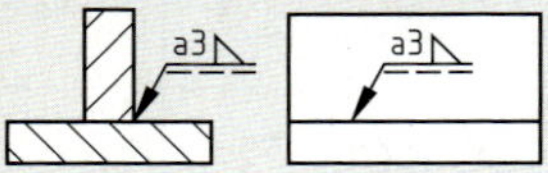	Kehlnaht, Nahtdicke $a = 3$ mm (Höhe des gleichschenkligen Dreiecks)
	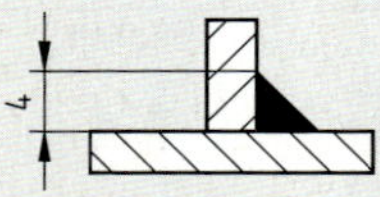	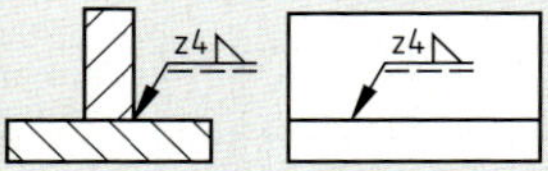	Kehlnaht, Nahtdicke $z = 4$ mm (Schenkellänge des gleichschenkligen Dreiecks)
Kehlnaht (unterbrochen)	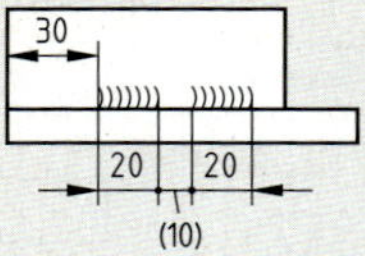	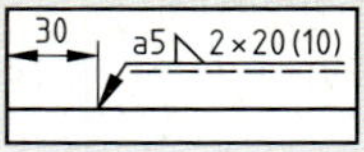	Kehlnaht (unterbrochen), Nahtdicke $a = 5$ mm; 2 Einzelnähte mit je $l = 20$ mm Länge; Nahtabstand $e = 10$ mm, Vormaß $v = 30$ mm
Doppel-Kehlnaht (unterbrochen)	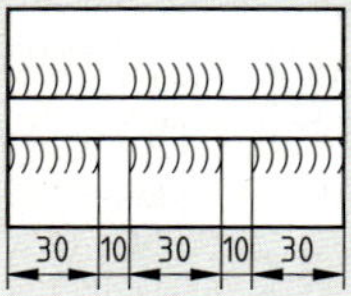	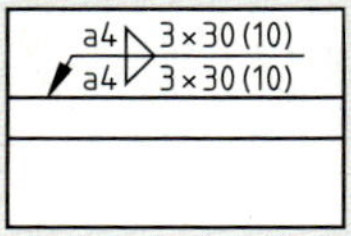	Doppel-Kehlnaht (unterbrochen, symmetrisch), Nahtdicke $a = 4$ mm; Einzelnahtlänge $l = 30$ mm, Nahtabstand $e = 10$ mm, ohne Vormaß
Doppel-Kehlnaht (unterbrochen, versetzt)	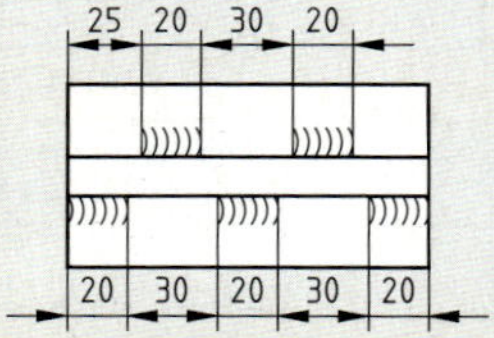	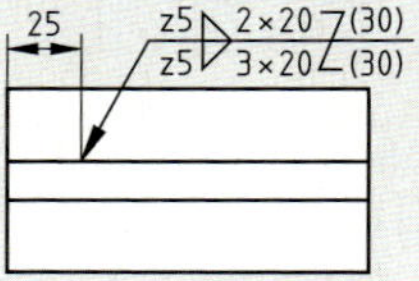	Doppel-Kehlnaht (unterbrochen, versetzt), Nahtdicke $z = 5$ mm; Einzelnahtlänge $l = 20$ mm, Nahtabstand $e = 30$ mm, Vormaß $v = 25$ mm

Sinnbildliche Darstellung von Klebe-, Falz- und Druckfügeverbindungen (Beispiele)

vgl. DIN EN ISO 15785 (2002-12)

Verbindungsart	Nahtart/ Sinnbild	Bedeutung/ Zeichnungsangabe	Verbindungsart	Nahtart/ Sinnbild	Bedeutung/ Zeichnungsangabe
Klebeverbindungen	Flächennaht[1)] =	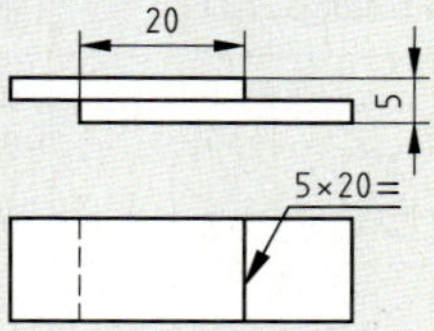	Falzverbindung	Falznaht 	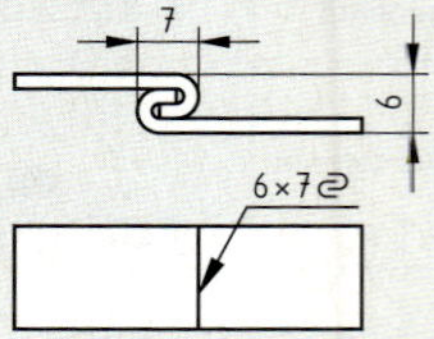
	Schrägnaht[1)] //	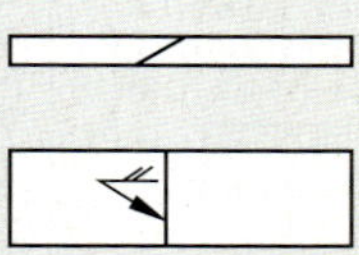	Druckfügeverbindung	Druckfügeverbindung 	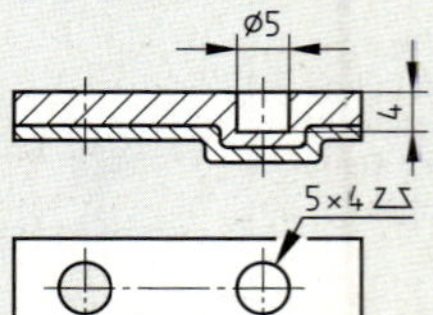

1) Bei Klebeverbindungen wird das Klebemittel nicht dargestellt.

Wärmebehandelte Teile – Härteangaben

Angaben wärmebehandelter Teile in Zeichnungen

vgl. DIN 6773 (2001-04)

Aufbau der Wärmebehandlungsangaben

Wortangabe(n) für Werkstoffzustand

Beispiele:
vergütet
gehärtet
gehärtet und angelassen
geglüht
nitriert

Messbare Größen des Werkstoffzustandes

Härtewert	HRC HV HB	Rockwellhärte Vickershärte Brinellhärte
Härtetiefe	Eht Nht Rht	Einsatzhärtungstiefe Nitrierhärtetiefe Einhärtungstiefe
	At VS	Aufkohlungstiefe Verbindungsschichtdicke
Alle Angaben erfolgen mit Plus-Toleranzen.		

Mögliche Ergänzungen

Messstellen. Eintragung und Bemaßung in der Zeichnung mit Sinnbild (⏚)

Wärmebehandlungsbild. Vereinfachte, meist verkleinerte Darstellung des Bauteils in der Nähe des Schriftfeldes

Mindestzugfestigkeit oder Gefügezustand. Wenn Prüfung an einem mitbehandelten Teil möglich ist

Kennzeichnung der Oberflächenbereiche bei örtlich begrenzter Wärmebehandlung

Linienart	Bedeutung
—·—·— (breite Strichpunktlinie)	Bereich muss wärmebehandelt werden.
– – – – (breite Strichlinie)	Bereich darf wärmebehandelt werden.
——··——	Zwischenbereich darf nicht wärmebehandelt werden.

Wärmebehandlungsangaben in Zeichnungen (Beispiele)

Verfahren	Wärmebehandlung des ganzen Teiles: gleiche Anforderung	Wärmebehandlung des ganzen Teiles: unterschiedliche Anforderung	Wärmebehandlung örtlich begrenzt
Vergüten, Härten, Härten und Anlassen	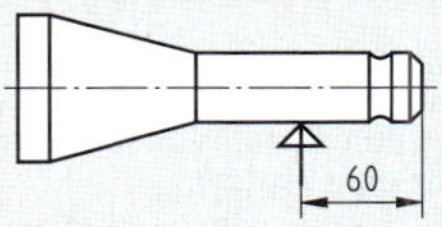 vergütet 350 + 50 HBW 2,5/187,5	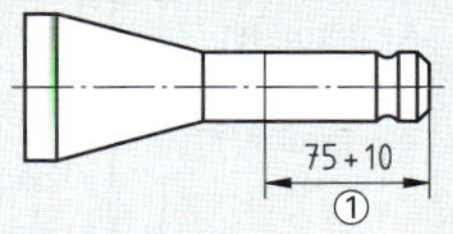 gehärtet und angelassen 58 + 4 HRC ① 40 + 5 HRC	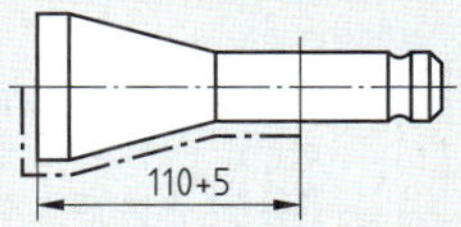 —·— gehärtet und ganzes Teil angelassen 60 + 3 HRC
Nitrieren, Einsatzhärten	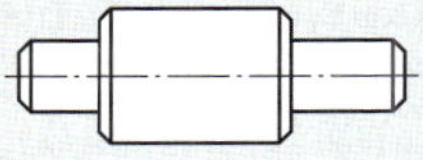 nitriert ≥ 900 HV 10 Nht = 0,3 + 0,1	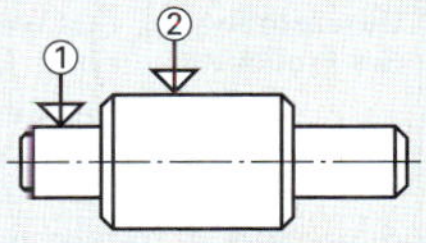 einsatzgehärtet und angelassen ① 60 + 4 HRC Eht = 0,5 + 0,3 ② ≤ 52 HRC	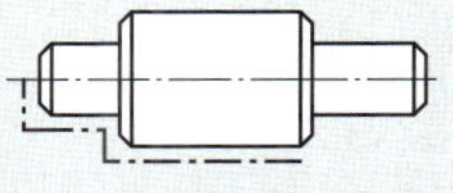 —·— einsatzgehärtet und angelassen 700 + 100 HV 10 Eht = 1,2 + 0,5
Randschichthärten	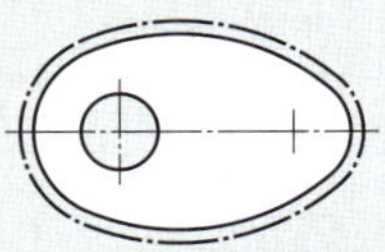 —·— randschichtgehärtet 620 + 120 HV 50 Rht 500 = 0,8 + 0,8	 —·— randschichtgehärtet und ganzes Teil angelassen ① 54 + 6 HRC ② ≤35 HRC ③ ≤30 HRC	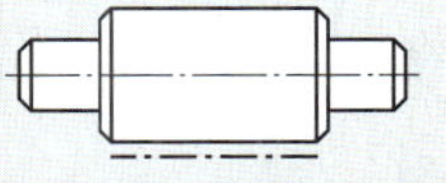 —·— randschichtgehärtet und angelassen 61 + 4 HRC Rht 600 = 0,8 + 0,8

Härtungstiefen und Toleranzen in mm

Einsatzhärtungstiefe Eht	0,05+0,03	0,1+0,1	0,3+0,2	0,5+0,3	0,8+0,4	1,2+0,5	1,6+0,6
Nitrierhärtetiefe Nht	0,05+0,02	0,1+0,05	0,15+0,02	0,2+0,1	0,25+0,1	0,3+0,1	0,35+0,15
Induktionshärtetiefe Rht	0,2+0,2	0,4+0,4	0,6+0,6	0,8+0,8	1,0+1,0	1,3+1,1	1,6+1,3
Laser-/Elektronenstrahlhärtetiefe Rht	0,2+0,1	0,4+0,2	0,6+0,3	0,8+0,4	1,0+0,5	1,3+0,6	1,6+0,8

Regelgrenzhärten in den angegebenen Härtungstiefen

Einsatzhärtungstiefe Eht	550 HV 1
Nitrierhärtetiefe Nht	Kernhärte + 50 HV 0,5
Einhärtungstiefe Rht	0,8 · Oberflächenmindesthärte, gerechnet in HV

K

Gestaltabweichungen und Rauheitskenngrößen

Gestaltabweichungen

vgl. DIN 4760 (1982-06)

Gestaltabweichungen sind die Abweichungen der Ist-Oberfläche (messtechnisch erfassbare Oberfläche) von der geometrisch idealen Oberfläche, deren Nennform durch die Zeichnung definiert ist.

Ordnung: Gestaltabweichung (Profilschnitt überhöht dargestellt)	**Beispiele**	**Mögliche Entstehungsursachen**
1. Ordnung: Formabweichung 	Geradheits-, Rundheits-abweichung	Durchbiegungen des Werkstückes oder der Maschine bei der Herstellung des Teiles, Fehler oder Verschleiß in den Führungen der Werkzeugmaschine
2. Ordnung: Welligkeit 	Wellen	Schwingungen der Maschine, Lauf- oder Formabweichungen eines Fräsers bei der Herstellung des Teiles
3. Ordnung: Rauheit 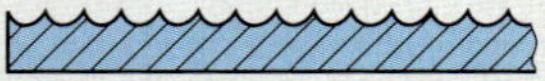	Rillen	Form der Werkzeugschneide, Vorschub oder Zustellung des Werkzeuges bei der Herstellung des Teiles
4. Ordnung: Rauheit 	Riefen, Schuppen, Kuppen	Vorgang der Spanbildung (z. B. Reißspan), Oberflächenverformung durch Strahlen bei der Herstellung des Teiles
5. und 6. Ordnung: Rauheit Nicht mehr als einfacher Profilschnitt darstellbar	Gefügestruktur, Gitteraufbau	Kristallisationsvorgänge, Gefügeänderungen durch Schweißen oder Warmumformungen, Veränderungen durch chemische Einwirkungen, z. B. Korrosion, Beizen

K

Oberflächenprofile und Kenngrößen

vgl. DIN EN ISO 4287 (1998-10) und DIN EN ISO 4288 (1998-04)

Oberflächenprofil	**Kenngrößen**	**Erläuterungen**
Primärprofil (Ist-Profil; P-Profil) 	**Gesamthöhe des Profils *Pt***	Das **Primärprofil** ist die Grundlage für die Berechnung der Kenngrößen des Primärprofils und Ausgangsbasis für das Welligkeits- und Rauheitsprofil. Die **Gesamthöhe des Profils *Pt*** ist die Summe aus der Höhe der größten Profilspitze *Zp* und der Tiefe des größten Profiltales *Zv* innerhalb der Messstrecke l_n.
Welligkeitsprofil (W-Profil) 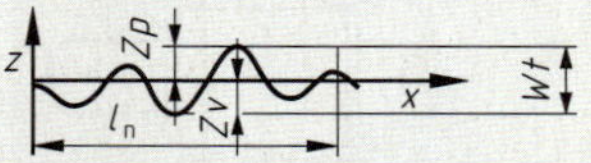	**Gesamthöhe des Profils *Wt***	Das **Welligkeitsprofil** entsteht durch Tiefpassfilterung, d. h. durch Unterdrücken der kurzwelligen Profilanteile. Die **Gesamthöhe des Profils *Wt*** ist die Summe aus der Höhe der größten Profilspitze *Zp* und der Tiefe des größten Profiltales *Zv* innerhalb der Messstrecke l_n.
Rauheitsprofil (R-Profil) 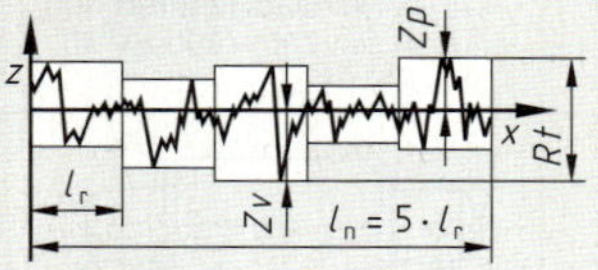	**Gesamthöhe des Profils *Rt***	Das **Rauheitsprofil** entsteht durch Hochpassfilterung, d. h. durch Unterdrücken der langwelligen Profilanteile. Die **Gesamthöhe des Profils *Rt*** ist die Summe aus der Höhe der größten Profilspitze *Zp* und der Tiefe des größten Profiltales *Zv* innerhalb der Messstrecke l_n.
	Rp, Rv	**Höhe der größten Profilspitze *Zp*, Tiefe des größten Profiltales *Zv*** innerhalb der Einzelmessstrecke l_r.
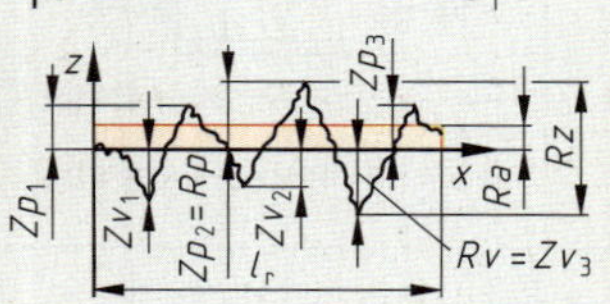	**Größte Höhe des Profils *Rz*[1)]**	Die **Größte Höhe des Profils *Rz*** ist die Summe aus der Höhe der größten Profilspitze *Zp* und der Tiefe des größten Profiltales *Zv* innerhalb der Einzelmessstrecke l_r.
	Arithmetischer Mittelwert der Profilordinaten *Ra*[1)]	Der **Arithmetische Mittelwert der Profilordinaten *Ra*** ist der arithmetische Mittelwert der Beträge aller Ordinatenwerte *Z(x)* innerhalb einer Einzelmessstrecke l_r.
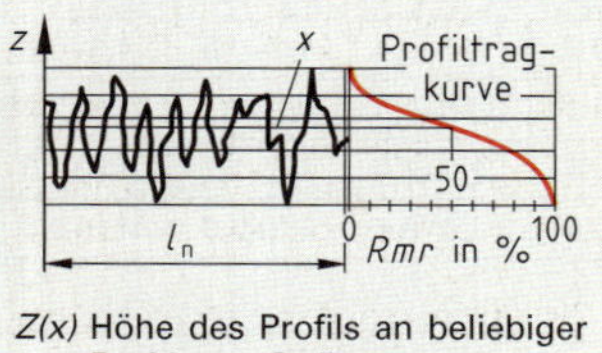	**Materialanteil des Profils *Rmr***	Der **Materialanteil des Profils *Rmr*** ergibt sich als Quotient aus der Summe der tragenden Materiallängen in einer vorgegebenen Schnitthöhe und der Messstrecke l_n.
	Mittellinie (x-Achse) *x*	Die **Mittellinie (x-Achse) *x*** ist die Linie, die den langwelligen Profilanteilen entspricht, die durch die Profilfilterung unterdrückt werden.
Z(x) Höhe des Profils an beliebiger Position x; Ordinatenwert l_n Messstrecke l_r Einzelmessstrecke	1) Bei Kenngrößen, die über eine Einzelmessstrecke definiert sind, wird nach DIN EN ISO 4288 zur Kenngrößenermittlung im Regelfall das arithmetische Mittel aus fünf Einzelmessstrecken verwendet.	

Oberflächenprüfung, Oberflächenangaben

Messstrecken für die Rauheit

vgl. DIN EN ISO 4288 (1998-04)

Periodische Profile (z.B. Drehprofile)	Aperiodische Profile (z.B. Schleif- und Läppprofile)		Grenzwellenlänge	Einzel-/Gesamtmessstrecke	Periodische Profile (z.B. Drehprofile)	Aperiodische Profile (z.B. Schleif- und Läppprofile)		Grenzwellenlänge	Einzel-/Gesamtmessstrecke
Rillenbreite *RSm* mm	*Rz* µm	*Ra* µm	µm	l_r, l_n mm	Rillenbreite *RSm* mm	*Rz* µm	*Ra* µm	µm	l_r, l_n mm
> 0,01…0,04	bis 0,1	bis 0,02	0,08	0,08/0,4	> 0,13…0,4	> 0,5…10	> 0,1…2	0,8	0,8/4
> 0,04…0,13	> 0,1…0,5	> 0,02…0,1	0,25	0,25/1,25	> 0,4…1,3	> 10…50	> 2…10	2,5	2,5/12,5

Angabe der Oberflächenbeschaffenheit

vgl. DIN EN ISO 1302 (2002-06)

Sinnbild	Bedeutung
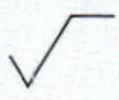	Alle Fertigungsverfahren sind erlaubt.
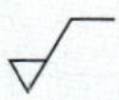	Materialabtrag vorgeschrieben, z.B. drehen, fräsen.
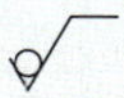	Materialabtrag unzulässig oder Oberfläche verbleibt im Anlieferungszustand.
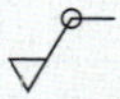	Alle Flächen rundum die Kontur müssen die gleiche Oberflächenbeschaffenheit aufweisen.

Zusätzliche Angaben

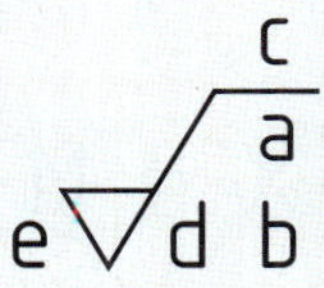

a Oberflächenkenngröße[1] mit Zahlenwert in µm, Übertragungscharakteristik[2]/Einzelmessstrecke in mm

b Zweite Anforderung an die Oberflächenbeschaffenheit (wie bei a beschrieben)

c Fertigungsverfahren

d Sinnbild für die geforderte Rillenrichtung (Tabelle Seite 100)

e Bearbeitungszugabe in mm

Beispiele

Sinnbild	Bedeutung
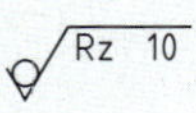	• materialabtragende Bearbeitung nicht zulässig • *Rz* = 10 µm (obere Grenze) • Regelübertragungscharakteristik[3] • Regelmessstrecke[4] • „16%-Regel"[5]
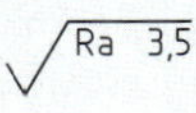	• Bearbeitung kann beliebig erfolgen • Regelübertragungscharakteristik[3] • *Ra* = 3,5 µm (obere Grenze) • Regelmessstrecke[4] • „16%-Regel"[5]
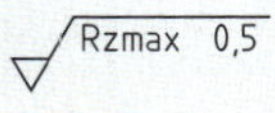	• Bearbeitung materialabtragend • *Rz* = 0,5 µm (obere Grenze) • Regelübertragungscharakteristik[3] • Regelmessstrecke[4] • „max.-Regel"[6]
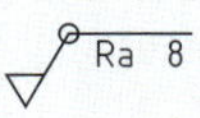	• Bearbeitung materialabtragend • *Ra* = 8 µm (obere Grenze) • Regelübertragungscharakteristik[3] • Regelmessstrecke[4] • „16%-Regel"[5] • gilt rundum die Kontur
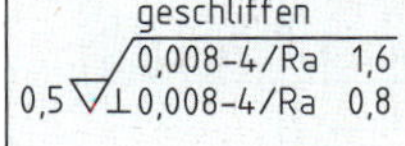	• Bearbeitung materialabtragend • Fertigungsverfahren Schleifen • *Ra* = 1,6 µm (obere Grenze) • *Ra* = 0,8 µm (untere Grenze) • für beide *Ra*-Werte: „16%-Regel"[5] • Übertragungscharakteristik jeweils 0,008 bis 4 mm • Regelmessstrecke[4] • Bearbeitungszugabe 0,5 mm • Oberflächenrillen senkrecht

[1] **Oberflächenkenngröße,** z.B. *Rz*, besteht aus dem Profil (hier: Rauheitsprofil *R*) und der Kenngröße (hier: *z*).

[2] **Übertragungscharakteristik:** Wellenlängenbereich zwischen dem Kurzwellenfilter λ_s und dem Langwellenfilter λ_c. Die Wellenlänge des Langwellenfilters entspricht der Einzelmessstrecke l_r. Ist keine Übertragungscharakteristik eingetragen, dann gilt die Regelübertragungscharakteristik[3].

[3] **Regelübertragungscharakteristik:** Die Grenzwellenlängen zur Messung der Rauheitskenngrößen sind abhängig vom Rauheitsprofil und werden Tabellen entnommen.

[4] **Regelmessstrecke** l_n = 5 x Einzelmessstrecke l_r.

[5] **„16%-Regel":** Nur 16% aller gemessenen Werte dürfen die gewählte Kenngröße überschreiten.

[6] **„max.-Regel"** („Höchstwert-Regel"): Kein Messwert darf über dem festgelegten Höchstwert liegen.

Oberflächenangaben

Angabe der Oberflächenbeschaffenheit

vgl. DIN EN ISO 1302 (2002-06)

Sinnbilder für die Rillenrichtung

Darstellung der Rillenrichtung	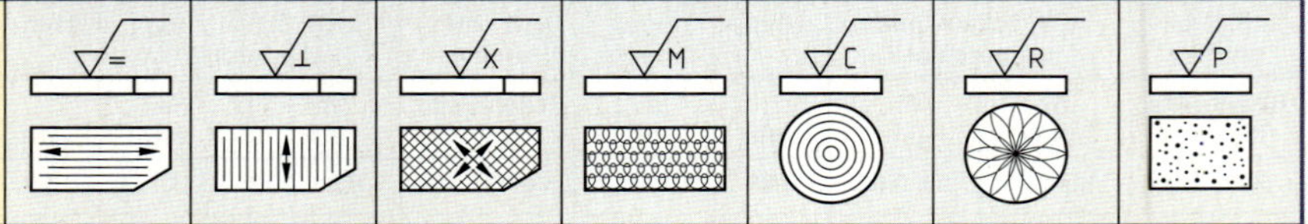						
Sinnbild	=	⊥	X	M	C	R	P
Rillenrichtung	parallel zur Projektionsebene	senkrecht zur Projektionsebene	gekreuzt in zwei schrägen Richtungen	viele Richtungen	annähernd zentrisch zum Mittelpunkt	annähernd radial zum Mittelpunkt	nichtrillige Oberfläche, ungerichtet oder muldig

Größen der Sinnbilder

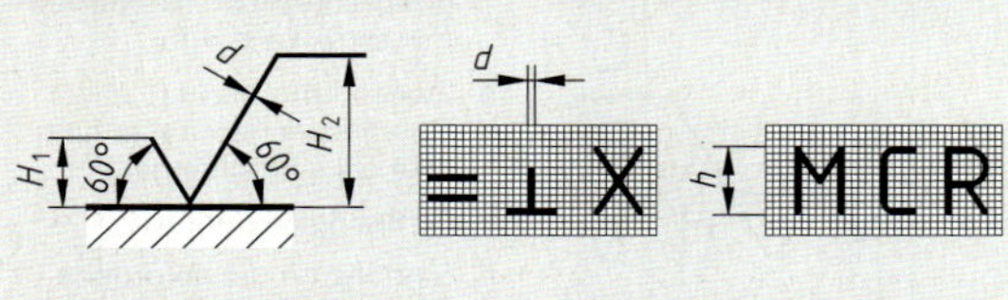

	Schrifthöhe h in mm						
	2,5	3,5	5	7	10	14	20
d	0,25	0,35	0,5	0,7	1,0	1,4	2,0
H_1	3,5	5	7	10	14	20	28
H_2	8	11	15	21	30	42	60

Anordnung der Sinnbilder in Zeichnungen

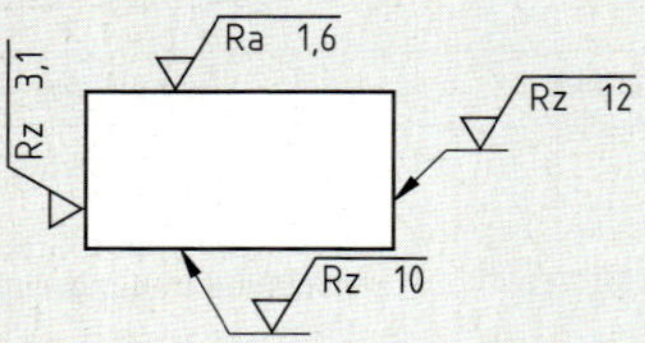

Lesbarkeit
von unten oder von rechts

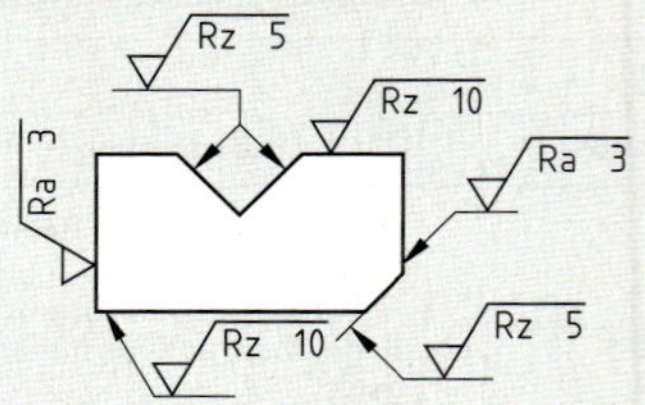

Anordnung
direkt auf der Oberfläche oder mit Bezugs- und Hinweislinie

Beispiele für den Zeichnungseintrag

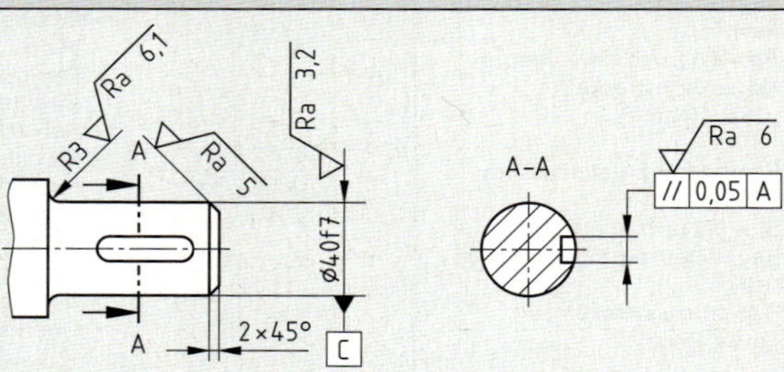

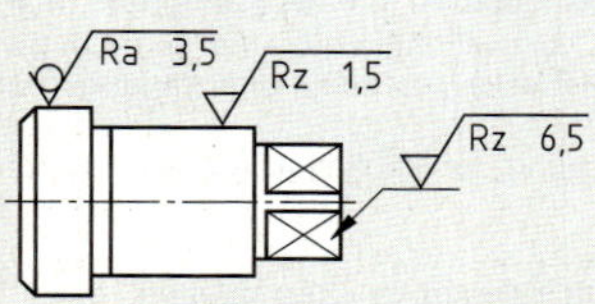

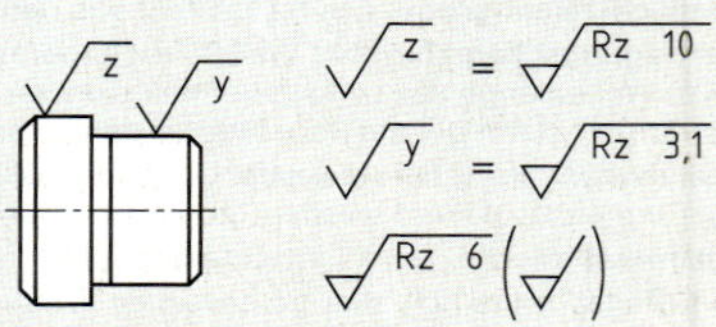

Rauheit von Oberflächen

Empfohlene Zuordnung von Rauheitswerten zu ISO-Toleranzgraden[1]

Nennmaß-bereich über… bis mm	Empfohlene Werte für *Rz* und *Ra* µm	ISO-Toleranzgrad 5	6	7	8	9	10	11
1…6	*Rz*	2,5	4	6,3	6,3	10	16	25
	Ra	0,4	0,3	0,8	1,6	1,6	3,2	6,3
6…10	*Rz*	2,5	4	6,3	10	16	25	40
	Ra	0,4	0,8	0,8	1,6	3,2	6,3	12,5
10…18	*Rz*	4	4	6,3	10	16	25	40
	Ra	0,8	0,8	0,8	1,6	3,2	6,3	12,5
18…80	*Rz*	4	6,3	10	16	16	40	63
	Ra	0,8	0,8	1,6	3,2	3,2	6,3	12,5
80…250	*Rz*	6,3	10	16	25	25	40	63
	Ra	0,8	1,6	1,6	3,2	3,2	6,3	12,5
250…500	*Rz*	6,3	10	16	25	40	63	100
	Ra	0,8	1,6	1,6	3,2	6,3	12,5	25

Erreichbare Rauheit von Oberflächen[1]

	Fertigungsverfahren			*Rz* in µm bei Fertigungsart genau min.	üblich von … bis	grob max.	*Ra* in µm bei Fertigungsart genau min.	üblich von … bis	grob max.
Urformen	Gießen:	Druckguss		4	10...100	160	–	0,8...30	–
		Kokillenguss		10	25...160	250	–	3,2...50	–
		Sandformguss		25	63...250	1000	–	12,5...50	–
	Sintern:	Sinterglatt		–	2,5...10	–	–	0,4...1,6	–
		Kalibrierglatt		–	1,6...7	–	–	0,3...0,8	–
Umformen	Fließpressen			4	25...100	400	0,8	3,2...12,5	25
	Gesenkformen			10	63...400	1000	0,8	2,5...12,5	25
	Strangpressen			4	25...100	400	0,8	3,2...12,5	25
	Tiefziehen von Blechen			0,4	4...10	16	0,2	1...3,2	6,3
	Walzen:	Glattwalzen		0,1	0,5...6,3	10	0,025	0,06...1,6	2
Trennen	Abtragen:	Drahterodieren		0,8	2,8...10	16	0,1	0,4...1	3,2
		Senkerodieren		1,5	5...10	31	0,2	0,45	6,3
	Zerteilen:	Autogenes Brennschneiden		16	40...100	1000	3,2	8...16	50
		Laserstrahlschneiden		–	10...100	–	–	1...10	–
		Plasmaschneiden		–	6...280	–	–	1...10	–
		Scherschneiden		–	10...63	–	–	1,6...12,5	–
		Wasserstrahlschneiden		4	16...100	400	1,6	6,3...25	50
	Spanen:	Bohren:	ins Volle bohren	16	40...160	250	1,6	6,3...12,5	25
			Aufbohren	0,1	2,5...25	40	0,05	0,4...3,2	12,5
			Senken	6,3	10...25	40	0,8	1,6...6,3	12,5
			Reiben	0,4	4...10	25	0,2	0,8...2	6,3
		Drehen:	Längsdrehen	1	4...63	250	0,2	0,8...12,5	50
			Plandrehen	2,5	10...63	250	0,4	1,6...12,5	50
		Fräsen:	Umfangs-, Stirnfräsen	1,6	10...63	160	0,4	1,6...12,5	25
		Honen:	Kurzhubhonen	0,04	0,1...1	2,5	0,006	0,02...0,17	0,34
			Langhubhonen	0,04	1...11	15	0,006	0,13...0,65	1,6
		Läppen		0,04	0,25...1,6	10	0,006	0,025...0,2	0,21
		Polierläppen		–	0,04...0,25	0,4	–	0,005...0,035	0,05
		Schleifen		0,1	1,6...4	25	0,012	0,2...0,8	6,3

[1] Rauheitswerte, sofern sie nicht in DIN 4766-1 (zurückgezogen) enthalten sind, nach Angaben der Industrie.

Ablese-Beispiel:
Reiben (für Oberflächenkenngröße *Rz*)

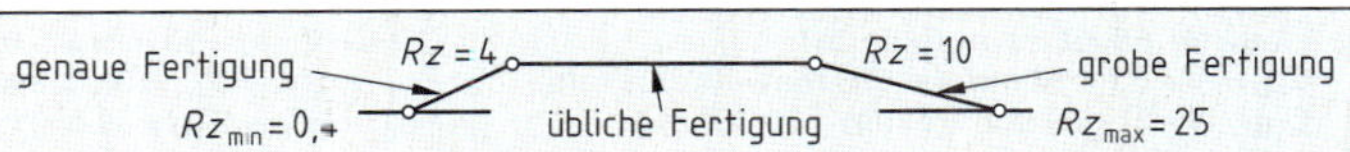

K

ISO-System für Grenzmaße und Passungen

Begriffe

vgl. DIN ISO 286-1 (1990-11)

Bohrung

- N Nennmaß
- G_{oB} Höchstmaß Bohrung
- G_{uB} Mindestmaß Bohrung
- ES oberes Abmaß Bohrung
- EI unteres Abmaß Bohrung
- T_B Toleranz Bohrung

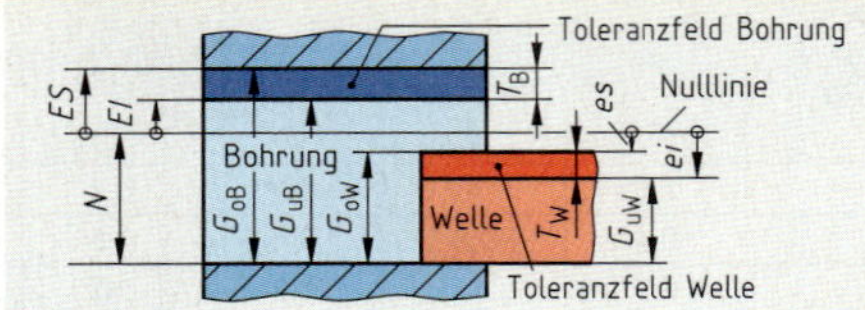

Welle

- N Nennmaß
- G_{oW} Höchstmaß Welle
- G_{uW} Mindestmaß Welle
- es oberes Abmaß Welle
- ei unteres Abmaß Welle
- T_W Toleranz Welle

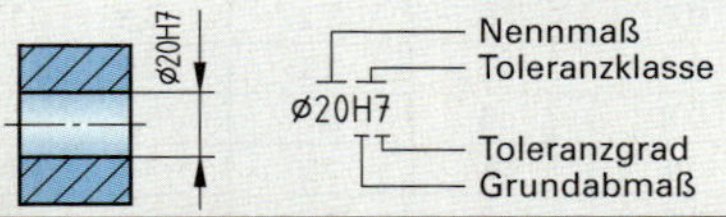

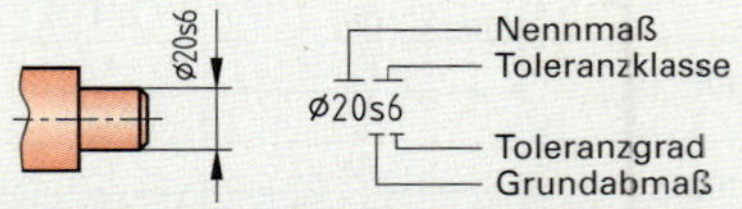

Bezeichnung	Erklärung	Bezeichnung	Erklärung
Nulllinie	Sie stellt das Nennmaß dar, auf das sich die Abmaße und Toleranzen beziehen.	**Grundtoleranzgrad**	Eine Gruppe von Toleranzen, die dem gleichen Genauigkeitsniveau, z. B. IT7, zugeordnet sind.
Grundabmaß	Das Grundabmaß bestimmt die Lage des Toleranzfeldes zur Nulllinie.	**Toleranzgrad**	Zahl des Grundtoleranzgrades, z. B. 7 beim Grundtoleranzgrad IT7.
Toleranz	Differenz zwischen dem Höchstmaß und dem Mindestmaß bzw. zwischen dem oberen und unteren Abmaß.	**Toleranzklasse**	Benennung für eine Kombination eines Grundabmaßes mit einem Toleranzgrad, z. B. H7.
Grundtoleranz	Die einem Grundtoleranzgrad, z. B. IT7, und einem Nennmaßbereich, z. B. 30 … 50 mm, zugeordnete Toleranz.	**Passung**	Geplanter Fügezustand zwischen Bohrung und Welle.

Grenzmaße, Abmaße und Toleranzen

vgl. DIN ISO 286-1 (1990-11)

Bohrung

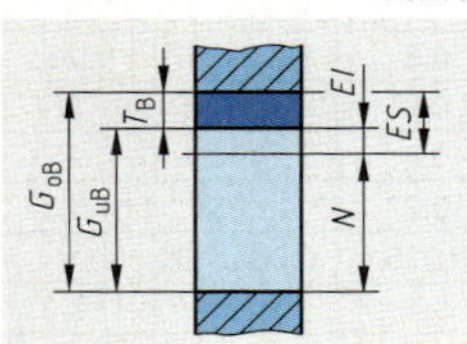

$$G_{oB} = N + ES$$

$$G_{uB} = N + EI$$

$$T_B = ES - EI$$

$$T_B = G_{oB} - G_{uB}$$

Beispiel: Bohrung ∅50+0,3/+0,1; G_{oB} = ?; T_B = ?

$G_{oB} = N + ES = 50\ \text{mm} + 0{,}3\ \text{mm} = 50{,}30\ \text{mm}$

$T_B = ES - EI = 0{,}3\ \text{mm} - 0{,}1\ \text{mm} = 0{,}2\ \text{mm}$

Welle

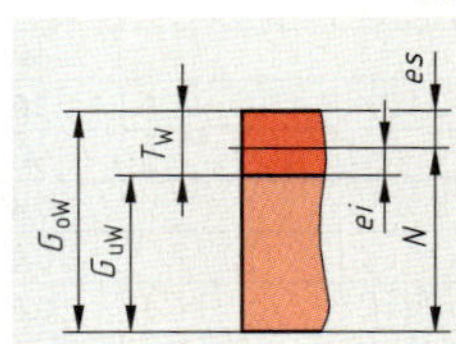

$$G_{oW} = N + es$$

$$G_{uW} = N + ei$$

$$T_W = es - ei$$

$$T_W = G_{oW} - G_{uW}$$

Beispiel: Welle ∅20e8; G_{uW} = ?; T_W = ?

Werte für *ei* und *es*: Seite 107

$ei = -73\ \mu m = -0{,}073\ \text{mm}$; $es = -40\ \mu m = -0{,}040\ \text{mm}$

$G_{uW} = N + ei = 20\ \text{mm} + (-0{,}073\ \text{mm}) = 19{,}927\ \text{mm}$

$T_W = es - ei = -40\ \mu m - (-73\ \mu m) = 33\ \mu m$

Passungen

vgl. DIN ISO 286-1 (1990-11)

Spielpassung

- P_{SH} Höchstspiel
- P_{SM} Mindestspiel

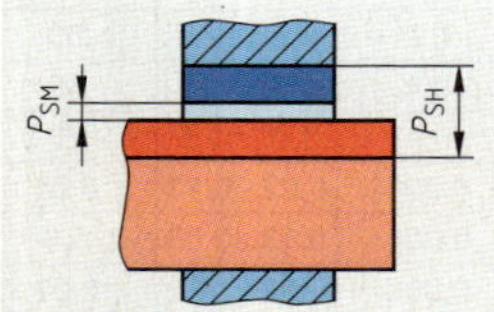

Übergangspassung

- P_{SH} Höchstspiel
- $P_{ÜH}$ Höchstübermaß

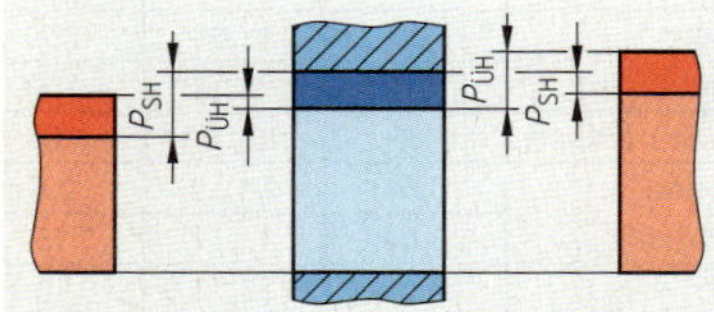

Übermaßpassung

- $P_{ÜH}$ Höchstübermaß
- $P_{ÜM}$ Mindestübermaß

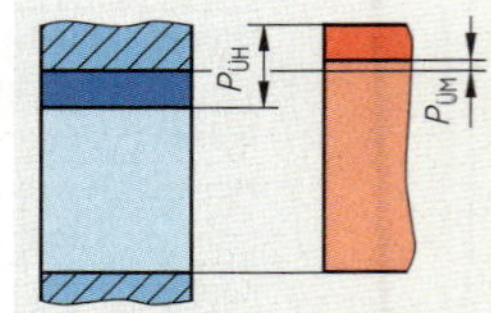

$$P_{SM} = G_{uB} - G_{oW}$$

$$P_{SH} = G_{oB} - G_{uW}$$

$$P_{ÜH} = G_{uB} - G_{oW}$$

$$P_{ÜM} = G_{oB} - G_{uW}$$

Beispiel: Passung ∅30 H8/f7; P_{SH} = ?; P_{SM} = ?

Werte für *ES, EI, es, ei*: Seite 107

$G_{oB} = N + ES = 30\ \text{mm} + 0{,}033\ \text{mm} = 30{,}033\ \text{mm}$

$G_{uB} = N + EI = 30\ \text{mm} + 0\ \text{mm} = 30{,}000\ \text{mm}$

$G_{oW} = N + es = 30\ \text{mm} + (-0{,}020\ \text{mm}) = 29{,}980\ \text{mm}$

$G_{uW} = N + ei = 30\ \text{mm} + (-0{,}041\ \text{mm}) = 29{,}959\ \text{mm}$

$P_{SH} = G_{oB} - G_{uW} = 30{,}033\ \text{mm} - 29{,}959\ \text{mm} = 0{,}074\ \text{mm}$

$P_{SM} = G_{uB} - G_{oW} = 30{,}000\ \text{mm} - 29{,}980\ \text{mm} = 0{,}02\ \text{mm}$

ISO-System für Grenzmaße und Passungen

Passungssysteme

vgl. DIN ISO 286-1 (1990-11)

Passungssystem Einheitsbohrung (alle Bohrungsmaße besitzen das Grundabmaß H)

Grundabmaße für Wellen

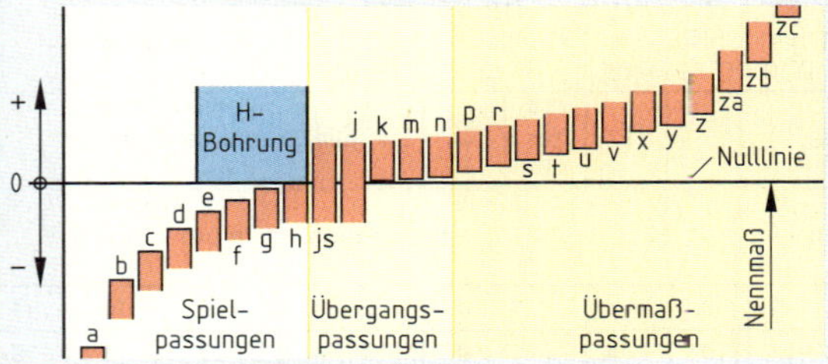

Beispiele für Nennmaß 25, Toleranzgrad 7

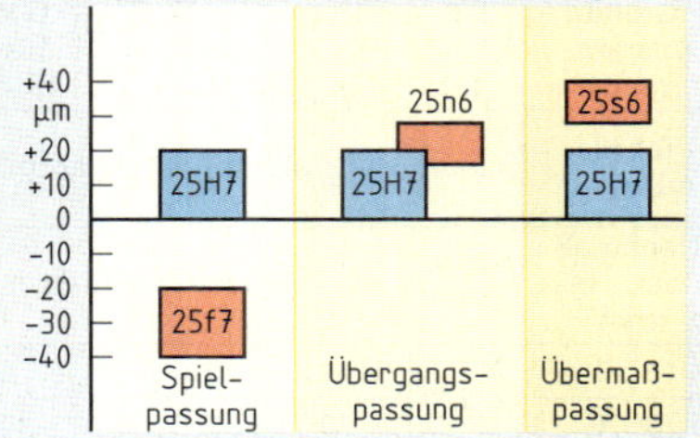

Passungssystem Einheitswelle (alle Wellenmaße besitzen das Grundabmaß h)

Grundabmaße für Bohrungen

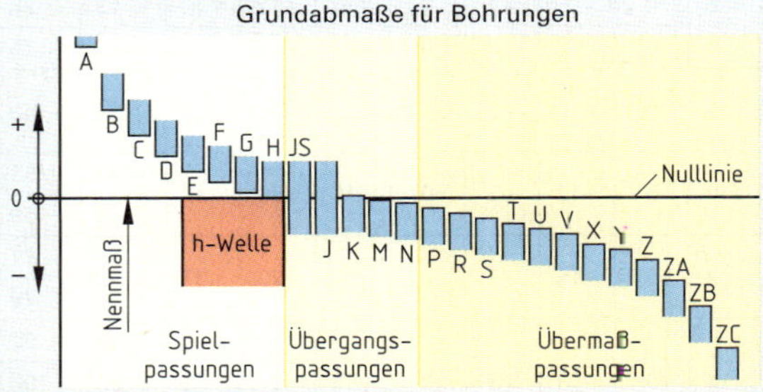

Beispiele für Nennmaß 25, Toleranzgrad 6

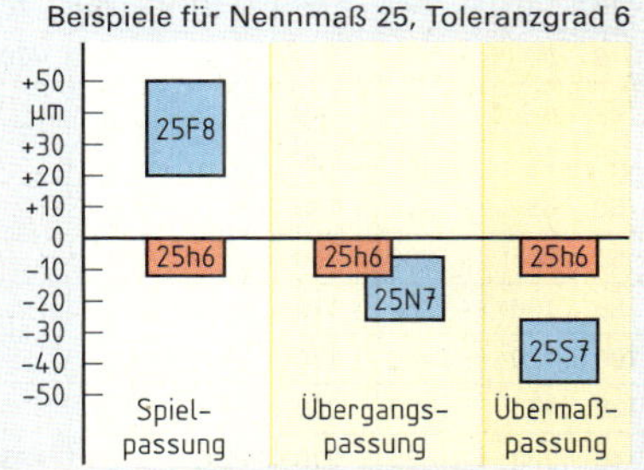

Grundtoleranzen

vgl. DIN ISO 286-1 (1990-11)

Nennmaßbereich über ... bis mm	Grundtoleranzgrade																	
	IT1	IT2	IT3	IT4	IT5	IT6	IT7	IT8	IT9	IT10	IT11	IT12	IT13	IT14	IT15	IT16	IT17	IT18
	Grundtoleranzen																	
	µm											mm						
bis 3	0,8	1,2	2	3	4	6	10	14	25	40	60	0,1	0,14	0,25	0,4	0,6	1	1,4
3...6	1	1,5	2,5	4	5	8	12	18	30	48	75	0,12	0,18	0,3	0,48	0,75	1,2	1,8
6...10	1	1,5	2,5	4	6	9	15	22	36	58	90	0,15	0,22	0,36	0,58	0,9	1,5	2,2
10...18	1,2	2	3	5	8	11	18	27	43	70	110	0,18	0,27	0,43	0,7	1,1	1,8	2,7
18...30	1,5	2,5	4	6	9	13	21	33	52	84	130	0,21	0,33	0,52	0,84	1,3	2,1	3,3
30...50	1,5	2,5	4	7	11	16	25	39	62	100	160	0,25	0,39	0,62	1	1,6	2,5	3,9
50...80	2	3	5	8	13	19	30	46	74	120	190	0,3	0,46	0,74	1,2	1,9	3	4,6
80...120	2,5	4	6	10	15	22	35	54	87	140	220	0,35	0,54	0,87	1,4	2,2	3,5	5,4
120...180	3,5	5	8	12	18	25	40	63	100	160	250	0,4	0,63	1	1,6	2,5	4	6,3
180...250	4,5	7	10	14	20	29	46	72	115	185	290	0,46	0,72	1,15	1,85	2,9	4,6	7,2
250...315	6	8	12	16	23	32	52	81	130	210	320	0,52	0,81	1,3	2,1	3,2	5,2	8,1
315...400	7	9	13	18	25	36	57	89	140	230	360	0,57	0,89	1,4	2,3	3,6	5,7	8,9
400...500	8	10	15	20	27	40	63	97	155	250	400	0,63	0,97	1,55	2,5	4	6,3	9,7
500...630	9	11	16	22	32	44	70	110	175	280	440	0,7	1,1	1,75	2,8	4,4	7	11
630...800	10	13	18	25	36	50	80	125	200	320	500	0,8	1,25	2	3,2	5	8	12,5
800...1000	11	15	21	28	40	56	90	140	230	360	560	0,9	1,4	2,3	3,6	5,6	9	14
1000...1250	13	18	24	33	47	66	105	165	260	420	660	1,05	1,65	2,6	4,2	6,6	10,5	16,5
1250...1600	15	21	29	39	55	78	125	195	310	500	780	1,25	1,95	3,1	5	7,8	12,5	19,5
1600...2000	18	25	35	46	65	92	150	230	370	600	920	1,5	2,3	3,7	6	9,2	15	23
2000...2500	22	30	41	55	78	110	175	280	440	700	1100	1,75	2,8	4,4	7	11	17,5	28
2500...3150	26	36	50	68	96	135	210	330	540	860	1350	2,1	3,3	5,4	8,6	13,5	21	33

Die Grenzabmaße der Toleranzgrade für die Grundabmaße h, js, H und JS können aus den Grundtoleranzen abgeleitet werden: **h**: *es* = 0; *ei* = – IT **js**: *es* = + IT/2; *ei* = – IT/2 **H**: *ES* = + IT; *EI* = 0 **JS**: *ES* = + IT/2; *EI* = – IT/2

K

ISO-Passungen

Grundabmaße für Wellen (Auswahl)

vgl. DIN ISO 286-1 (1990-11)

Grundabmaße	a	c	d	e	f	g	h	j	k		m	n	p	r	s
Grundtoleranzgrade	IT9 bis IT13	IT8 bis IT12	IT5 bis IT13	IT5 bis IT10	IT3 bis IT10	IT3 bis IT10	IT1 bis IT18	IT5 bis IT8	IT3 bis IT13		IT3 bis IT9	IT3 bis IT9	IT3 bis IT10		
Tabelle gültig für	alle Grundtoleranzgrade							IT7	IT4 bis IT7	über IT7	alle Grundtoleranzgrade				
Nennmaß über … bis mm	oberes Abmaß *es* in µm							unteres Abmaß *ei* in µm							
bis 3	− 270	− 60	− 20	− 14	− 6	− 2	0	− 4	0	0	+ 2	+ 4	+ 6	+ 10	+ 14
3…6		− 70	− 30	− 20	−10	− 4	0	− 4	+1	0	+ 4	+ 8	+12	+ 15	+ 19
6…10	− 280	− 80	− 40	− 25	−13	− 5	0	− 5	+1	0	+ 6	+10	+15	+ 19	+ 23
10…18	− 290	− 95	− 50	− 32	−16	− 6	0	− 6	+1	0	+ 7	+12	+18	+ 23	+ 28
18…30	− 300	−110	− 65	− 40	−20	− 7	0	− 8	+2	0	+ 8	+15	+22	+ 28	+ 35
30…40	− 310	−120	− 80	− 50	−25	− 9	0	−10	+2	0	+ 9	+17	+26	+ 34	+ 43
40…50	− 320	−130													
50…65	− 340	−140	−100	− 60	−30	−10	0	−12	+2	0	+11	+20	+32	+ 41	+ 53
65…80	− 360	−150												+ 43	+ 59
80…100	− 380	−170	−120	− 72	−36	−12	0	−15	+3	0	+13	+23	+37	+ 51	+ 71
100…120	− 410	−180												+ 54	+ 79
120…140	− 460	−200	−145	− 85	−43	−14	0	−18	+3	0	+15	+27	+43	+ 63	+ 92
140…160	− 520	−210												+ 65	+100
160…180	− 580	−230												+ 68	+108
180…200	− 660	−240	−170	−100	−50	−15	0	−21	+4	0	+17	+31	+50	+ 77	+122
200…225	− 740	−260												+ 80	+130
225…250	− 820	−280												+ 84	+140
250…280	− 920	−300	−190	−110	−56	−17	0	−26	+4	0	+20	+34	+56	+ 94	+158
280…315	−1050	−330												+ 98	+170
315…355	−1200	−360	−210	−125	−62	−18	0	−28	+4	0	+21	+37	+62	+108	+190
355…400	−1350	−400												+114	+208
400…450	−1500	−440	−230	−135	−68	−20	0	−32	+5	0	+23	+40	+68	+126	+232
450…500	−1650	−480												+132	+252

Berechnung von Grenzabmaßen

Mit Hilfe der Tabellen auf dieser Seite und auf Seite 105 und den unten stehenden Formeln können die Grenzabmaße für die in der Tabellenzeile „Tabelle gültig für" (oben und Seite 105) angegebenen Grundtoleranzgrade berechnet werden. Die dazu erforderlichen Werte für die Grundtoleranzen IT sind in der Tabelle Seite 103 enthalten.

Formeln

- für Wellenabmaße

$$ei = es - IT$$

$$es = ei + IT$$

- für Bohrungsabmaße

$$EI = ES - IT$$

$$ES = EI + IT$$

Beispiel 1: Welle (Außenmaß) ∅ 40g5; *es* = ?; *ei* = ?

es (Tabelle oben) = −9 µm

IT5 (Tabelle Seite 103) = 11 µm

ei = *es* − IT = −9 µm − 11 µm = −20 µm

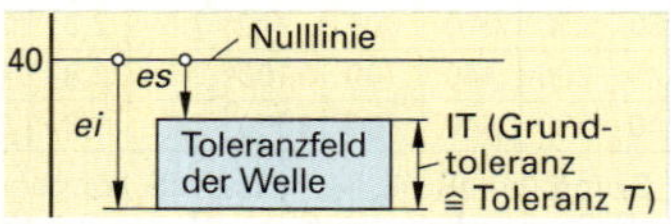

Beispiel 2: Bohrung (Innenmaß) ∅ 100K6; *ES* = ?; *EI* = ?

ES (Tabelle Seite 105) = −3 µm + Δ (Wert Δ für Grundtoleranzgrad IT6 nach Tabelle Seite 105 unten: 7 µm)

ES = −3 µm + 7 µm = 4 µm

IT6 (Tabelle Seite 103) = 22 µm

EI = *ES* − IT = +4 µm − 22 µm = −18 µm

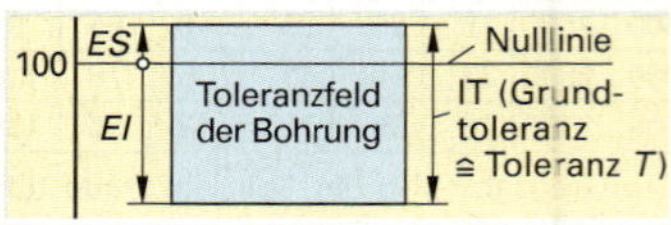

ISO-Passungen

Grundabmaße für Bohrungen (Auswahl)[1]

vgl. DIN ISO 286-1 (1990-11)

Grundabmaße	A	C	D	E	F	G	H	J	K	M	N	P, R, S	P	R	S
Grundtoleranzgrade	IT9 bis IT13	IT8 bis IT13	IT6 bis IT13	IT5 bis IT10	IT3 bis IT10	IT3 bis IT10	IT1 bis IT18	IT6 bis IT8	IT3 bis IT10	IT3 bis IT10	IT3 bis IT11	IT3 bis IT10			
Tabelle gültig für	alle Grundtoleranzgrade							IT8	IT3 bis IT8			bis IT7	IT 8 bis IT10		
Nennmaß über … bis mm	unteres Abmaß *EI* in µm							oberes Abmaß *ES* in µm							
bis 3	+ 270	+ 60	+ 20	+ 14	+ 6	+ 2	0	+ 6	0	−2	−4	Werte für obere Abmaße *ES*: wie Grundtoleranzgrade IT8 bis IT10, plus Δ	− 6	− 10	− 14
3…6		+ 70	+ 30	+ 20	+10	+ 4	0	+10	−1 +Δ	− 4 +Δ	− 8 +Δ		−12	− 15	− 19
6…10	+ 280	+ 80	+ 40	+ 25	+13	+ 5	0	+12	−1 +Δ	− 6 +Δ	−10 +Δ		−15	− 19	− 23
10…18	+ 290	+ 95	+ 50	+ 32	+16	+ 6	0	+15	−1 +Δ	− 7 +Δ	−12 +Δ		−18	− 23	− 28
18…30	+ 300	+110	+ 65	+ 40	+20	+ 7	0	+20	−2 +Δ	− 8 +Δ	−15 +Δ		−22	− 28	− 35
30…40	+ 310	+120	+ 80	+ 50	+25	+ 9	0	+24	−2 +Δ	− 9 +Δ	−17 +Δ		−26	− 34	− 43
40…50	+ 320	+130													
50…65	+ 340	+140	+100	+ 60	+30	+10	0	+28	−2 +Δ	−11 +Δ	−20 +Δ		−32	− 41	− 53
65…80	+ 360	+150												− 43	− 59
80…100	+ 380	+170	+120	+ 72	+36	+12	0	+34	−3 +Δ	−13 +Δ	−23 +Δ		−37	− 51	− 71
100…120	+ 410	+180												− 54	− 79
120…140	+ 460	+200	+145	+ 85	+43	+14	0	+41	−3 +Δ	−15 +Δ	−27 +Δ		−43	− 63	− 92
140…160	+ 520	+210												− 65	−100
160…180	+ 580	+230												− 68	−108
180…200	+ 660	+240	+170	+100	+50	+15	0	+47	−4 +Δ	−17 +Δ	−31 +Δ		−50	− 77	−122
200…225	+ 740	+260												− 80	−130
225…250	+ 820	+280												− 84	−140
250…280	+ 920	+300	+190	+110	+56	+17	0	+55	−4 +Δ	−20 +Δ	−34 +Δ		−56	− 94	−158
280…315	+1050	+330												− 98	−170
315…355	+1200	+360	+210	+125	+62	+18	0	+60	−4 +Δ	−21 +Δ	−37 +Δ		−62	−108	−190
355…400	+1350	+400												−114	−208
400…450	+1500	+440	+230	+135	+68	+20	0	+66	−5 +Δ	−23 +Δ	−40 +Δ		−68	−126	−232
450…500	+1650	+480												−132	−252

Werte für Δ[1] in µm

Grundtoleranzgrad	Nennmaß über … bis in mm: 3 bis 6	6 bis 10	10 bis 18	18 bis 30	30 bis 50	50 bis 80	80 bis 120	120 bis 180	180 bis 250	250 bis 315	315 bis 400	400 bis 500
IT3	1	1	1	1,5	1,5	2	2	3	3	4	4	5
IT4	1,5	1,5	2	2	3	3	4	4	4	4	5	5
IT5	1	2	3	3	4	5	5	6	6	7	7	7
IT6	3	3	3	4	5	6	7	7	9	9	11	13
IT7	4	6	7	8	9	11	13	15	17	20	21	23
IT8	6	7	9	12	14	16	19	23	26	29	32	34

[1] Berechnungsbeispiele: Seite 104

K

ISO-Passungen

System Einheitsbohrung

vgl. DIN ISO 286-2 (1990-11)

Nennmaß-bereich über … bis mm	Grenzabmaße in µm für Toleranzklassen[1]															
	für Bohrung	für Wellen					für Bohrung	für Wellen								
		Beim Fügen mit einer H6-Bohrung entsteht eine						Beim Fügen mit einer H7-Bohrung entsteht eine								
		Spiel-, Übergangs-, Übermaß-passung						Spiel-passung			Übergangs-passung				Übermaß-passung	
	H6	h5	j5	k6	n5	r5	**H7**	**f7**	g6	**h6**	j6	k6	m6	**n6**	**r6**	s6
bis 3	+ 6	0	± 2	+ 6	+ 8	+ 14	+ 10	− 6	− 2	0	+ 4	+ 6	+ 8	+ 10	+ 16	+ 20
	0	− 4		0	+ 4	+ 10	0	− 16	− 8	− 6	− 2	0	+ 2	+ 4	+ 10	+ 14
3 … 6	+ 8	0	+ 3	+ 9	+ 13	+ 20	+ 12	− 10	− 4	0	+ 6	+ 9	+ 12	+ 16	+ 23	+ 27
	0	− 5	− 2	+ 1	+ 8	+ 15	0	− 22	− 12	− 8	− 2	+ 1	+ 4	+ 8	+ 15	+ 19
6 … 10	+ 9	0	+ 4	+ 10	+ 16	+ 25	+ 15	− 13	− 5	0	+ 7	+ 10	+ 15	+ 19	+ 28	+ 32
	0	− 6	− 2	+ 1	+ 10	+ 19	0	− 28	− 14	− 9	− 2	+ 1	+ 6	+ 10	+ 19	+ 23
10 … 14	+ 11	0	+ 5	+ 12	+ 20	+ 31	+ 18	− 16	− 6	0	+ 8	+ 12	+ 18	+ 23	+ 34	+ 39
14 … 18	0	− 8	− 3	+ 1	+ 12	+ 23	0	− 34	− 17	− 11	− 3	+ 1	+ 7	+ 12	+ 23	+ 28
18 … 24	+ 13	0	+ 5	+ 15	+ 24	+ 37	+ 21	− 20	− 7	0	+ 9	+ 15	+ 21	+ 28	+ 41	+ 48
24 … 30	0	− 9	− 4	+ 2	+ 15	+ 28	0	− 41	− 20	− 13	− 4	+ 2	+ 8	+ 15	+ 28	+ 35
30 … 40	+ 16	0	+ 6	+ 18	+ 28	+ 45	+ 25	− 25	− 9	0	+ 11	+ 18	+ 25	+ 33	+ 50	+ 59
40 … 50	0	− 11	− 5	+ 2	+ 17	+ 34	0	− 50	− 25	− 16	− 5	+ 2	+ 9	+ 17	+ 34	+ 43
50 … 65						+ 54									+ 60	+ 72
	+ 19	0	+ 6	+ 21	+ 33	+ 41	+ 30	− 30	− 10	0	+ 12	+ 21	+ 30	+ 39	+ 41	+ 53
65 … 80	0	− 13	− 7	+ 2	+ 20	+ 56	0	− 60	− 29	− 19	− 7	+ 2	+ 11	+ 20	+ 62	+ 78
						+ 43									+ 43	+ 59
80 … 100						+ 66									+ 73	+ 93
	+ 22	0	+ 6	+ 25	+ 38	+ 51	+ 35	− 36	− 12	0	+ 13	+ 25	+ 35	+ 45	+ 51	+ 71
100 … 120	0	− 15	− 9	+ 3	+ 23	+ 69	0	− 71	− 34	− 22	− 9	+ 3	+ 13	+ 23	+ 76	+ 101
						+ 54									+ 54	− 79
120 … 140						+ 81									+ 88	+ 117
						+ 63									+ 63	+ 92
140 … 160	+ 25	0	+ 7	+ 28	+ 45	+ 83	+ 40	− 43	− 14	0	+ 14	+ 28	+ 40	+ 52	+ 90	+ 125
	0	− 18	− 11	+ 3	+ 27	+ 65	0	− 83	− 39	− 25	− 11	+ 3	+ 15	+ 27	+ 65	+ 100
160 … 180						+ 86									+ 93	+ 133
						+ 68									+ 68	+ 108
180 … 200						+ 97									+ 106	+ 151
						+ 77									+ 77	+ 122
200 … 225	+ 29	0	+ 7	+ 33	+ 51	+ 100	+ 46	− 50	− 15	0	+ 16	+ 33	+ 46	+ 60	+ 109	+ 159
	0	− 20	− 13	+ 4	+ 31	+ 80	0	− 96	− 44	− 29	− 13	+ 4	+ 17	+ 31	+ 80	+ 130
225 … 250						+ 104									+ 113	+ 169
						+ 84									+ 84	+ 140
250 … 280						+ 117									+ 126	+ 190
	+ 32	0	+ 7	+ 36	+ 57	+ 94	+ 52	− 56	− 17	0	+ 16	+ 36	+ 52	+ 66	+ 94	+ 158
280 … 315	0	− 23	− 16	+ 4	+ 34	+ 121	0	− 108	− 49	− 32	− 16	+ 4	+ 20	+ 34	+ 130	+ 202
						+ 98									+ 98	+ 170
315 … 355						+ 133									+ 144	+ 226
	+ 36	0	+ 7	+ 40	+ 62	+ 108	+ 57	− 62	− 18	0	+ 18	+ 40	+ 57	+ 73	+ 108	+ 190
355 … 400	0	− 25	− 18	+ 4	+ 37	+ 139	0	− 119	− 54	− 36	− 18	+ 4	+ 21	+ 37	+ 150	+ 244
						+ 114									+ 114	+ 208
400 … 450						+ 153									+ 166	+ 272
	+ 40	0	+ 7	+ 45	+ 67	+ 126	+ 63	− 68	− 20	0	+ 20	+ 45	+ 63	+ 80	+ 126	+ 232
450 … 500	0	− 27	− 20	+ 5	+ 40	+ 159	0	− 131	− 60	− 40	− 20	+ 5	+ 23	+ 40	+ 172	+ 292
						+ 132									+ 132	+ 252

[1] Die **fett** gedruckten Toleranzklassen entsprechen der Reihe 1 in DIN 7157; sie sind bevorzugt zu verwenden.

K

ISO-Passungen

System Einheitsbohrung

vgl. DIN ISO 286-2 (1990-11)

Nennmaßbereich über … bis mm	Grenzabmaße in µm für Toleranzklassen[1]													
	für Bohrung	für Wellen – Beim Fügen mit einer H8-Bohrung entsteht eine						für Bohrung	für Wellen – Beim Fügen mit einer H11-Bohrung entsteht eine					
		Spielpassung				Übermaßpassung			Spielpassung					
	H8	d9	e8	**f7**	h9	**u8**[2]	x8[2]	**H11**	a11	c11	d9	d11	h9	h11
bis 3	+14 0	−20 −45	−14 −28	−6 −16	0 −25	+32 +18	+34 +20	+60 0	−270 −330	−60 −120	−20 −45	−20 −80	0 −25	0 −60
3 … 6	+18 0	−30 −60	−20 −38	−10 −22	0 −30	+41 +23	+46 +28	+75 0	−270 −345	−70 −145	−30 −60	−30 −105	0 −30	0 −75
6 … 10	+22 0	−40 −76	−25 −47	−13 −28	0 −36	+50 +28	+56 +34	+90 0	−280 −370	−80 −170	−40 −76	−40 −130	0 −36	0 −90
10 … 14	+27 0	−50 −93	−32 −59	−16 −34	0 −43	+60 +33	+67 +40	+110 0	−290 −400	−95 −205	−50 −93	−50 −160	0 −43	0 −110
14 … 18							+72 +45							
18 … 24	+33 0	−65 −117	−40 −73	−20 −41	0 −52	+74 +41	+87 +54	+130 0	−300 −430	−110 −240	−65 −117	−65 −195	0 −52	0 −130
24 … 30						+81 +48	+97 +64							
30 … 40	+39 0	−80 −142	−50 −89	−25 −50	0 −62	+99 +60	+119 +80	+160 0	−310 −470	−120 −280	−80 −142	−80 −240	0 −62	0 −160
40 … 50						+109 +70	+136 +97		−320 −480	−130 −290				
50 … 65	+46 0	−100 −174	−60 −106	−30 −60	0 −74	+133 +87	+168 +122	+190 0	−340 −530	−140 −330	−100 −174	−100 −290	0 −74	0 −190
65 … 80						+148 +102	+192 +146		−360 −550	−150 −340				
80 … 100	+54 0	−120 −207	−72 −126	−36 −71	0 −87	+178 +124	+232 +178	+220 0	−380 −600	−170 −390	−120 −207	−120 −340	0 −87	0 −220
100 … 120						+198 +144	+264 +210		−410 −630	−180 −400				
120 … 140	+63 0	−145 −245	−85 −148	−43 −83	0 −100	+233 +170	+311 +248	+250 0	−460 −710	−200 −450	−145 −245	−145 −395	0 −100	0 −250
140 … 160						+253 +190	+343 +280		−520 −770	−210 −460				
160 … 180						+273 +210	+373 +310		−580 −830	−230 −480				
180 … 200	+72 0	−170 −285	−100 −172	−50 −96	0 −115	+308 +236	+422 +350	+290 0	−660 −950	−240 −530	−170 −285	−170 −460	0 −115	0 −290
200 … 225						+330 +258	+457 +385		−740 −1030	−260 −550				
225 … 250						+356 +284	+497 +425		−820 −1110	−280 −570				
250 … 280	+81 0	−190 −320	−110 −191	−56 −108	0 −130	+396 +315	+556 +475	+320 0	−920 −1240	−300 −620	−190 −320	−190 −510	0 −130	0 −320
280 … 315						+431 +350	+606 +525		−1050 −1370	−330 −650				
315 … 355	+89 0	−210 −350	−125 −214	−62 −119	0 −140	+479 +390	+679 +590	+360 0	−1200 −1560	−360 −720	−210 −350	−210 −570	0 −140	0 −360
355 … 400						+524 +435	+749 +660		−1350 −1710	−400 −760				
400 … 450	+97 0	−230 −385	−135 −232	−68 −131	0 −155	+587 +490	+837 +740	+400 0	−1500 −1900	−440 −840	−230 −385	−230 −630	0 −155	0 −400
450 … 500						+637 +540	+917 +820		−1650 −2050	−480 −880				

[1] Die **fett** gedruckten Toleranzklassen entsprechen der Reihe 1 in DIN 7157; sie sind bevorzugt zu verwenden.
[2] DIN 7157 empfiehlt: Nennmaße bis 24 mm: H8/x8; Nennmaße über 24 mm: H8/u8.

K

ISO-Passungen

System Einheitswelle

vgl. DIN ISO 286-2 (1990-11)

Nennmaßbereich über … bis mm	Grenzabmaße in µm für Toleranzklassen[1] für Welle	für Bohrungen – Beim Fügen mit einer h5-Welle entsteht eine Spielpass.	Übergangspassung		Übermaßpassung		für Welle	für Bohrungen – Beim Fügen mit einer h6-Welle entsteht eine Spielpassung			Übergangspassung				Übermaßpassung	
	h5	H6	J6	M6	N6	P6	**h6**	**F8**	G7	**H7**	J7	K7	M7	N7	R7	S7
bis 3	0 − 4	+ 6 0	+ 2 − 4	− 2 − 8	− 4 − 10	− 6 − 12	0 − 6	+ 20 + 6	+ 12 + 2	+ 10 0	+ 4 − 6	0 − 10	− 2 − 12	− 4 − 14	− 10 − 20	− 14 − 24
3…6	0 − 5	+ 8 0	+ 5 − 3	− 1 − 9	− 5 − 13	− 9 − 17	0 − 8	+ 28 + 10	+ 16 + 4	+ 12 0	+ 6 − 6	+ 3 − 9	0 − 12	− 4 − 16	− 11 − 23	− 15 − 27
6…10	0 − 6	+ 9 0	+ 5 − 4	− 3 − 12	− 7 − 16	− 12 − 21	0 − 9	+ 35 + 13	+ 20 + 5	+ 15 0	+ 8 − 7	+ 5 − 10	0 − 15	− 4 − 19	− 13 − 28	− 17 − 32
10…18	0 − 8	+ 11 0	+ 6 − 5	− 4 − 15	− 9 − 20	− 15 − 26	0 − 11	+ 43 + 16	+ 24 + 6	+ 18 0	+ 10 − 8	+ 6 − 12	0 − 18	− 5 − 23	− 16 − 34	− 21 − 39
18…30	0 − 9	+ 13 0	+ 8 − 5	− 4 − 17	− 11 − 24	− 18 − 31	0 − 13	+ 53 + 20	+ 28 + 7	+ 21 0	+ 12 − 9	+ 6 − 15	0 − 21	− 7 − 28	− 20 − 41	− 27 − 48
30…40 40…50	0 − 11	+ 16 0	+ 10 − 6	− 4 − 20	− 12 − 28	− 21 − 37	0 − 16	+ 64 + 25	+ 34 + 9	+ 25 0	+ 14 − 11	+ 7 − 18	0 − 25	− 8 − 33	− 25 − 50	− 34 − 59
50…65	0 − 13	+ 19 0	+ 13 − 6	− 5 − 24	− 14 − 33	− 26 − 45	0 − 19	+ 76 + 30	+ 40 + 10	+ 30 0	+ 18 − 12	+ 9 − 21	0 − 30	− 9 − 39	− 30 − 60	− 42 − 72
65…80															− 32 − 62	− 48 − 78
80…100	0 − 15	+ 22 0	+ 16 − 6	− 6 − 28	− 16 − 38	− 30 − 52	0 − 22	+ 90 + 36	+ 47 + 12	+ 35 0	+ 22 − 13	+ 10 − 25	0 − 35	− 10 − 45	− 38 − 73	− 58 − 93
100…120															− 41 − 76	− 66 − 101
120…140	0 − 18	+ 25 0	+ 18 − 7	− 8 − 33	− 20 − 45	− 36 − 61	0 − 25	+ 106 + 43	+ 54 + 14	+ 40 0	+ 26 − 14	+ 12 − 28	0 − 40	− 12 − 52	− 48 − 88	− 77 − 117
140…160															− 50 − 90	− 85 − 125
160…180															− 53 − 93	− 93 − 133
180…200	0 − 20	+ 29 0	+ 22 − 7	− 8 − 37	− 22 − 51	− 41 − 70	0 − 29	+ 122 + 50	+ 61 + 15	+ 46 0	+ 30 − 16	+ 13 − 33	0 − 46	− 14 − 60	− 60 − 106	− 105 − 151
200…225															− 63 − 109	− 113 − 159
225…250															− 67 − 113	− 123 − 169
250…280	0 − 23	+ 32 0	+ 25 − 7	− 9 − 41	− 25 − 57	− 47 − 79	0 − 32	+ 137 + 56	+ 69 + 17	+ 52 0	+ 36 − 16	+ 16 − 36	0 − 52	− 14 − 66	− 74 − 126	− 138 − 190
280…315															− 78 − 130	− 150 − 202
315…355	0 − 25	+ 36 0	+ 29 − 7	− 10 − 46	− 26 − 62	− 51 − 87	0 − 36	+ 151 + 62	+ 75 + 18	+ 57 0	+ 39 − 18	+ 17 − 40	0 − 57	− 16 − 73	− 87 − 144	− 169 − 226
355…400															− 93 − 150	− 187 − 244
400…450	0 − 27	+ 40 0	+ 33 − 7	− 10 − 50	− 27 − 67	− 55 − 95	0 − 40	+ 165 + 68	+ 83 + 20	+ 63 0	+ 43 − 20	+ 18 − 45	0 − 63	− 17 − 80	− 103 − 166	− 209 − 272
450…500															− 109 − 172	− 229 − 292

[1] Die **fett** gedruckten Toleranzklassen entsprechen der Reihe 1 in DIN 7157; sie sind bevorzugt zu verwenden.

ISO-Passungen

System Einheitswelle

vgl. DIN ISO 286-2 (1990-11)

Nennmaßbereich über … bis mm	Grenzabmaße in µm für Toleranzklassen[1]													
	für Welle	für Bohrungen – Beim Fügen mit einer h9-Welle entsteht eine								für Welle	für Bohrungen – Beim Fügen mit einer h11-Welle entsteht eine			
		Spielpassung					Übergangspassung				Spielpassung			
	h9	C11	D10	E9	F8	H8	J9/JS9[2]	N9[3]	P9	**h11**	A11	C11	D10	H11
bis 3	0 − 25	+ 120 + 60	+ 60 + 20	+ 39 + 14	+ 20 + 6	+ 14 0	+ 12,5 − 12,5	− 4 − 29	− 6 − 31	0 − 60	+ 330 + 270	+ 120 + 60	+ 60 + 20	+ 60 0
3…6	0 − 30	+ 145 + 70	+ 78 + 30	+ 50 + 20	+ 28 + 10	+ 18 0	+ 15 − 15	0 − 30	− 12 − 42	0 − 75	+ 345 + 270	+ 145 + 70	+ 78 + 30	+ 75 0
6…10	0 − 36	+ 170 + 80	+ 98 + 40	+ 61 + 25	+ 35 + 13	+ 22 0	+ 18 − 18	0 − 36	− 15 − 51	0 − 90	+ 370 + 280	+ 170 + 80	+ 98 + 40	+ 90 0
10…18	0 − 43	+ 205 + 95	+ 120 + 50	+ 75 + 32	+ 43 + 16	+ 27 0	+ 21,5 − 21,5	0 − 43	− 18 − 61	0 − 110	+ 400 + 290	+ 205 + 95	+ 120 + 50	+ 110 0
18…30	0 − 52	+ 240 + 110	+ 149 + 65	+ 92 + 40	+ 53 + 20	+ 33 0	+ 26 − 26	0 − 52	− 22 − 74	0 − 130	+ 430 + 300	+ 240 + 110	+ 149 + 65	+ 130 0
30…40	0 − 62	+ 280 + 120	+ 180 + 80	+ 112 + 50	+ 64 + 25	+ 39 0	+ 31 − 31	0 − 62	− 26 − 88	0 − 160	+ 470 + 310	+ 280 + 120	+ 180 + 80	+ 160 0
40…50		+ 290 + 130									+ 480 + 320	+ 290 + 130		
50…65	0 − 74	+ 330 + 140	+ 220 + 100	+ 134 + 60	+ 76 + 30	+ 46 0	+ 37 − 37	0 − 74	− 32 − 106	0 − 190	+ 530 + 340	+ 330 + 140	+ 220 + 100	+ 190 0
65…80		+ 340 + 150									+ 550 + 360	+ 340 + 150		
80…100	0 − 87	+ 390 + 170	+ 260 + 120	+ 159 + 72	+ 90 + 36	+ 54 0	+ 43,5 − 43,5	0 − 87	− 37 − 124	0 − 220	+ 600 + 380	+ 390 + 170	+ 260 + 120	+ 220 0
100…120		+ 400 + 180									+ 630 + 410	+ 400 + 180		
120…140		+ 450 + 200									+ 710 + 460	+ 450 + 200		
140…160	0 − 100	+ 460 + 210	+ 305 + 145	+ 185 + 85	+ 106 + 43	+ 63 0	+ 50 − 50	0 − 100	− 43 − 143	0 − 250	+ 770 + 520	+ 460 + 210	+ 305 + 145	+ 250 0
160…180		+ 480 + 230									+ 820 + 580	+ 480 + 230		
180…200		+ 530 + 240									+ 950 + 660	+ 530 + 240		
200…225	0 − 115	+ 550 + 260	+ 355 + 170	+ 215 + 100	+ 122 + 50	+ 72 0	+ 57,5 − 57,5	0 − 115	− 50 − 165	0 − 290	+ 1030 + 740	+ 550 + 260	+ 355 + 170	+ 290 0
225…250		+ 570 + 280									+ 1110 + 820	+ 570 + 280		
250…280	0 − 130	+ 620 + 300	+ 400 + 190	+ 240 + 110	+ 137 + 56	+ 81 0	+ 65 − 65	0 − 130	− 56 − 186	0 − 320	+ 1240 + 920	+ 620 + 300	+ 400 + 190	+ 320 0
280…315		+ 650 + 330									+ 1370 + 1050	+ 650 + 330		
315…355	0 − 140	+ 720 + 360	+ 440 + 210	+ 265 + 125	+ 151 + 62	+ 89 0	+ 70 − 70	0 − 140	− 62 − 202	0 − 360	+ 1560 + 1200	+ 720 + 360	+ 440 + 210	+ 360 0
355…400		+ 760 + 400									+ 1710 + 1350	+ 760 + 400		
400…450	0 − 155	+ 840 + 440	+ 480 + 230	+ 290 + 135	+ 165 + 68	+ 97 0	+ 77,5 − 77,5	0 − 155	− 68 − 223	0 − 400	+ 1900 + 1500	+ 840 + 440	+ 480 + 230	+ 400 0
450…500		+ 880 + 480									+ 2050 + 1650	+ 880 + 480		

[1] Die **fett** gedruckten Toleranzklassen entsprechen der Reihe 1 in DIN 7157; sie sind bevorzugt zu verwenden.
[2] Die Toleranzfelder J9/JS9, J10/JS10 usw. sind jeweils gleich groß und liegen symmetrisch zur Nulllinie.
[3] Die Toleranzklasse N9 ist für Nennmaße ≤ 1 mm nicht anzuwenden.

K

Allgemeintoleranzen, Wälzlagerpassungen

Allgemeintoleranzen[1] für Längen- und Winkelmaße

vgl. DIN ISO 2768-1 (1991-06)

<table>
<tr><th rowspan="3">Toleranzklasse</th><th colspan="8">Längenmaße</th></tr>
<tr><th colspan="8">Grenzabmaße in mm für Nennmaßbereiche</th></tr>
<tr><th>0,5 bis 3</th><th>über 3 bis 6</th><th>über 6 bis 30</th><th>über 30 bis 120</th><th>über 120 bis 400</th><th>über 400 bis 1000</th><th>über 1000 bis 2000</th><th>über 2000 bis 4000</th></tr>
<tr><td>f (fein)</td><td>± 0,05</td><td>± 0,05</td><td>± 0,1</td><td>± 0,15</td><td>± 0,2</td><td>± 0,3</td><td>± 0,5</td><td>–</td></tr>
<tr><td>m (mittel)</td><td>± 0,1</td><td>± 0,1</td><td>± 0,2</td><td>± 0,3</td><td>± 0,5</td><td>± 0,8</td><td>± 1,2</td><td>± 2</td></tr>
<tr><td>c (grob)</td><td>± 0,2</td><td>± 0,3</td><td>± 0,5</td><td>± 0,8</td><td>± 1,2</td><td>± 2</td><td>± 3</td><td>± 4</td></tr>
<tr><td>v (sehr grob)</td><td>–</td><td>± 0,5</td><td>± 1</td><td>± 1,5</td><td>± 2,5</td><td>± 4</td><td>± 6</td><td>± 8</td></tr>
</table>

<table>
<tr><th rowspan="3">Toleranzklasse</th><th colspan="3">Radien und Fasen</th><th colspan="5">Winkelmaße</th></tr>
<tr><th colspan="3">Grenzabmaße in mm für Nennmaßbereiche</th><th colspan="5">Grenzabmaße in Grad und Minuten für Nennmaßbereiche (kürzerer Winkelschenkel)</th></tr>
<tr><th>0,5 bis 3</th><th>über 3 bis 6</th><th>über 6</th><th>bis 10</th><th>über 10 bis 50</th><th>über 50 bis 120</th><th>über 120 bis 400</th><th>über 400</th></tr>
<tr><td>f (fein)</td><td rowspan="2">± 0,2</td><td rowspan="2">± 0,5</td><td rowspan="2">± 1</td><td rowspan="2">± 1°</td><td rowspan="2">± 0° 30′</td><td rowspan="2">± 0° 20′</td><td rowspan="2">± 0° 10′</td><td rowspan="2">± 0° 5′</td></tr>
<tr><td>m (mittel)</td></tr>
<tr><td>c (grob)</td><td rowspan="2">± 0,4</td><td rowspan="2">± 1</td><td rowspan="2">± 2</td><td>± 1° 30′</td><td>± 1°</td><td>± 0° 30′</td><td>± 0° 15′</td><td>± 0° 10′</td></tr>
<tr><td>v (sehr grob)</td><td>± 3°</td><td>± 2°</td><td>± 1°</td><td>± 0° 30′</td><td>± 0° 20′</td></tr>
</table>

Allgemeintoleranzen[1] für Form und Lage

vgl. DIN ISO 2768-2 (1991-04)

<table>
<tr><th rowspan="4">Toleranzklasse</th><th colspan="15">Toleranzen in mm für</th></tr>
<tr><th colspan="6">Geradheit und Ebenheit</th><th colspan="4">Rechtwinkligkeit</th><th colspan="4">Symmetrie</th><th rowspan="3">Lauf</th></tr>
<tr><th colspan="6">Nennmaßbereiche in mm</th><th colspan="4">Nennmaßbereiche in mm (kürzerer Winkelschenkel)</th><th colspan="4">Nennmaßbereiche in mm (kürzeres Formelement)</th></tr>
<tr><th>bis 10</th><th>über 10 bis 30</th><th>über 30 bis 100</th><th>über 100 bis 300</th><th>über 300 bis 1000</th><th>über 1000 bis 3000</th><th>bis 100</th><th>über 100 bis 300</th><th>über 300 bis 1000</th><th>über 1000 bis 3000</th><th>bis 100</th><th>über 100 bis 300</th><th>über 300 bis 1000</th><th>über 1000 bis 3000</th></tr>
<tr><td>H</td><td>0,02</td><td>0,05</td><td>0,1</td><td>0,2</td><td>0,3</td><td>0,4</td><td>0,2</td><td>0,3</td><td>0,4</td><td>0,5</td><td colspan="4">0,5</td><td>0,1</td></tr>
<tr><td>K</td><td>0,05</td><td>0,1</td><td>0,2</td><td>0,4</td><td>0,6</td><td>0,8</td><td>0,4</td><td>0,6</td><td>0,8</td><td>1</td><td colspan="2">0,6</td><td>0,8</td><td>1</td><td>0,2</td></tr>
<tr><td>L</td><td>0,1</td><td>0,2</td><td>0,4</td><td>0,8</td><td>1,2</td><td>1,6</td><td>0,6</td><td>1</td><td>1,5</td><td>2</td><td>0,6</td><td>1</td><td>1,5</td><td>2</td><td>0,5</td></tr>
</table>

[1] Allgemeintoleranzen gelten für Maße ohne einzelne Toleranzeintragung. Zeichnungseintrag Seite 80.

Toleranzen für den Einbau von Wälzlagern

vgl. DIN 5425-1 (1984-11)

Radiallager

<table>
<tr><th colspan="5">Innenring (Welle)</th><th colspan="5">Außenring (Gehäuse)</th></tr>
<tr><th rowspan="2">Lastfall</th><th rowspan="2">Passung</th><th rowspan="2">Belastung</th><th colspan="2">Grundabmaße für Welle[1] bei</th><th rowspan="2">Lastfall</th><th rowspan="2">Passung</th><th rowspan="2">Belastung</th><th colspan="2">Grundabmaße für Gehäuse[1] bei</th></tr>
<tr><th>Kugellager</th><th>Rollenlager</th><th>Kugellager</th><th>Rollenlager</th></tr>
<tr><td rowspan="3">Umfangslast </td><td rowspan="3">Übergangs- oder Übermaßpassung erforderlich</td><td>niedrig</td><td>h, k</td><td>k, m</td><td rowspan="3">Punktlast </td><td rowspan="3">Spielpassung zulässig</td><td rowspan="3">beliebig groß</td><td colspan="2" rowspan="3">J, H, G, F</td></tr>
<tr><td>mittel</td><td>j, k, m</td><td>k, m, n, p</td></tr>
<tr><td>hoch</td><td>m, n</td><td>n, p, r</td></tr>
<tr><td rowspan="3">Punktlast </td><td rowspan="3">Spielpassung zulässig</td><td rowspan="3">beliebig groß</td><td colspan="2" rowspan="3">j, h, g, f</td><td rowspan="3">Umfangslast </td><td rowspan="3">Übergangs- oder Übermaßpassung erforderlich</td><td>niedrig</td><td>J</td><td>K</td></tr>
<tr><td>mittel</td><td>K, M</td><td>M, N</td></tr>
<tr><td>hoch</td><td>–</td><td>N, P</td></tr>
</table>

Axiallager

<table>
<tr><th rowspan="2">Belastungsart</th><th rowspan="2">Lager-Bauform</th><th colspan="2">Wellenscheibe (Welle)</th><th colspan="2">Gehäusescheibe (Gehäuse)</th></tr>
<tr><th>Lastfall</th><th>Grundabmaße für Welle[1]</th><th>Lastfall</th><th>Grundabmaße für Gehäuse[1]</th></tr>
<tr><td rowspan="2">Kombinierte Radial-/Axial-Last</td><td rowspan="2">Schrägkugellager
Pendelrollenlager
Kegelrollenlager</td><td>Umfangslast</td><td>j, k, m</td><td>Punktlast</td><td>H, J</td></tr>
<tr><td>Punktlast</td><td>j</td><td>Umfangslast</td><td>K, M</td></tr>
<tr><td>Reine Axial-Last</td><td>Kugellager
Rollenlager</td><td>–</td><td>h, j, k</td><td>–</td><td>H, G, E</td></tr>
</table>

[1] Grundtoleranzgrade: für Wellen meist IT6, für Bohrungen meist IT7. Bei erhöhten Anforderungen an die Laufruhe und die Laufgenauigkeit werden auch kleinere Toleranzgrade verwendet.

K

Passungsempfehlungen, Passungsauswahl

Passungsempfehlungen[1] — vgl. DIN 7157 (1966-01)

aus Reihe 1	C11/h9, D10/h9, E9/h9, F8/h9, H8/f7, F8/h6, H7/f7, H8/h9, H7/h6, H7/n6, H7/r6, H8/x8 bzw. u8
aus Reihe 2	C11/h11, D10/h11, H8/d9, H8/e8, H7/g6, G7/h6, H11/h9, H7/j6, H7/k6, H7/s6

Passungsauswahl (Beispiele) — vgl. DIN 7157 (1966-01)

Einheitsbohrung[2]		Merkmal/Anwendungsbeispiele	Einheitswelle[2]	
		Spielpassungen		
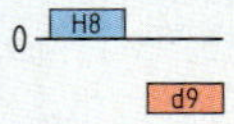	H8/d9	**Großes Passungsspiel** Distanzbuchsen auf Wellen	**D10/h9**	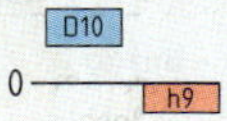
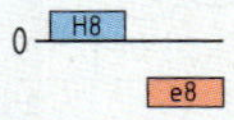	H8/e8	**Merkliches Passungsspiel:** Die Teile können sehr leicht von Hand gegeneinander verschoben werden. Hebellagerungen, Stellringe auf Wellen	**E9/h9**	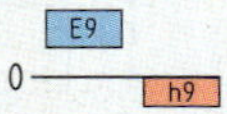
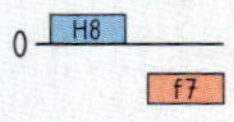	**H8/f7**	**Größeres Passungsspiel:** Die Teile können leicht von Hand gegeneinander verschoben werden. Wellen-Gleitlagerungen	**F8/h9**	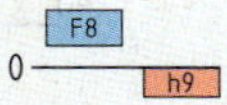
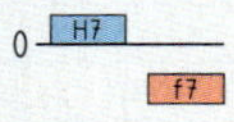	**H7/f7**	**Kleines Passungsspiel:** Die Teile sind noch leicht von Hand gegeneinander verschiebbar. Gleitlager allgemein, Schieberäder, Steuerkolben in Zylindern	**F8/h6**	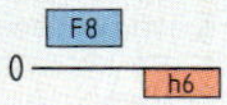
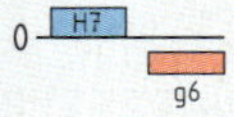	H7/g6	**Geringes Passungsspiel:** Die Teile können noch von Hand gegeneinander verschoben werden. Aufnahmebolzen in Bohrungen, Wellen in Gleitlagern	G7/h6	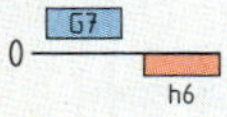
	**H8/h9**	**Kaum merkliches Passungsspiel:** Die Teile können mit Handkraft gegeneinander verschoben werden. Distanzbuchsen, Stellringe auf Wellen	**H8/h9**	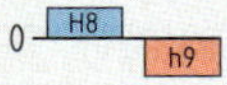
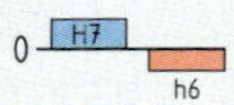	**H7/h6**	**Ganz geringes Passungsspiel:** Ein Verschieben der Teile mit Handkraft ist eventuell noch möglich. Zentrierungen für Lagerdeckel, Schneidstempel in Stempelplatte	**H7/h6**	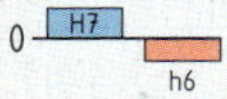
		Übergangspassungen		
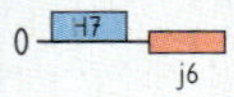	H7/j6	**Eher Passungsspiel als Passungsübermaß:** Ein Verschieben der Teile mit Handkraft ist eventuell noch möglich. Zahnräder auf Wellen	nicht festgelegt	
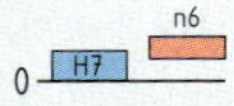	**H7/n6**	**Eher Passungsübermaß als Passungsspiel:** Zum Verschieben der Teile ist eine geringe Presskraft erforderlich. Bohrbuchsen, Auflagebolzen in Vorrichtungen		
		Übermaßpassungen		
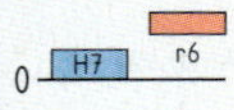	**H7/r6**	**Geringes Passungsübermaß:** Zum Verschieben der Teile ist eine größere Presskraft erforderlich. Buchsen in Gehäusen	nicht festgelegt	
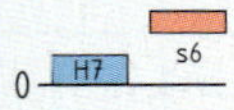	H7/s6	**Reichliches Passungsübermaß:** Zum Verschieben der Teile ist eine große Presskraft erforderlich. Gleitlagerbuchsen, Kränze auf Schneckenradkörpern		
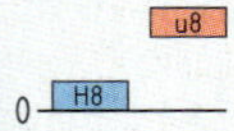	**H8/u8**	**Großes Passungsübermaß:** Die Teile lassen sich nur durch Dehnen oder Schrumpfen fügen. Schrumpfringe, Räder auf Achsen, Kupplungen auf Wellen		
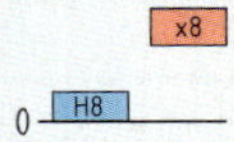	**H8/x8**	**Sehr großes Passungsübermaß:** Die Teile lassen sich nur durch Dehnen oder Schrumpfen fügen. Schrumpfringe, Räder auf Achsen, Kupplungen auf Wellen		

[1] Von diesen Passungsempfehlungen soll nur in Ausnahmefällen, z.B. beim Einbau von Wälzlagern, abgewichen werden.
[2] Die **fett** gedruckten Passungen sind Toleranzkombinationen nach Reihe 1. Sie sind bevorzugt zu verwenden.

K

K

Geometrische Tolerierung

Tolerierung von Form, Richtung, Ort und Lauf
vgl. DIN EN ISO 1101 (2006-02)

Aufbau der Toleranzangaben

Bezug	Toleriertes Element
• **Kennzeichnung** 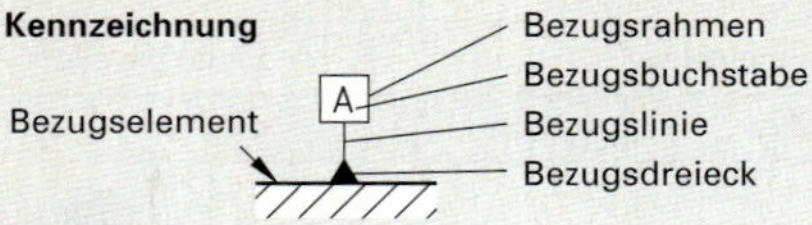 • **Bezug** ist 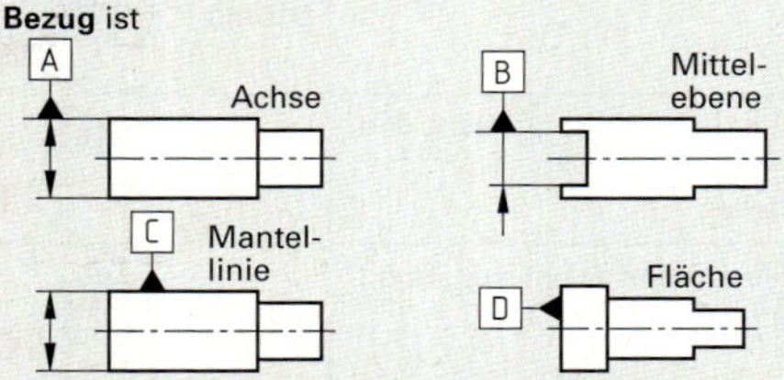	• **Kennzeichnung** 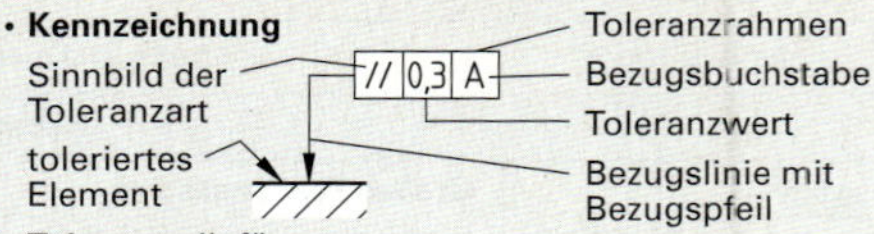 • **Toleranz** gilt für 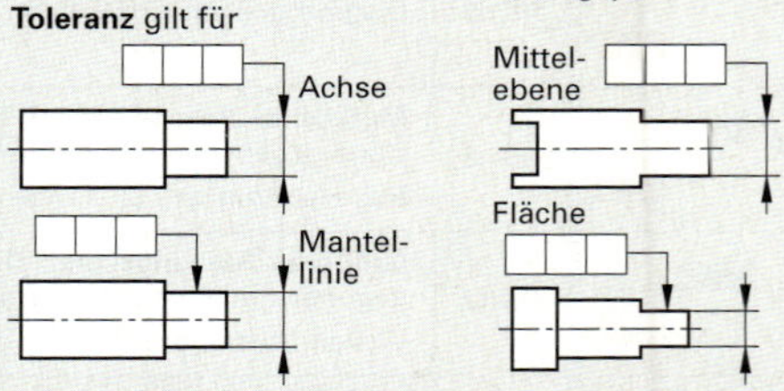

Zeichnungseintrag für Bezüge und tolerierte Elemente

Bezüge	Einfachbezug	Gemeinsamer Bezug	Mehrfachbezug (zwei oder drei Elemente)
Beispiel	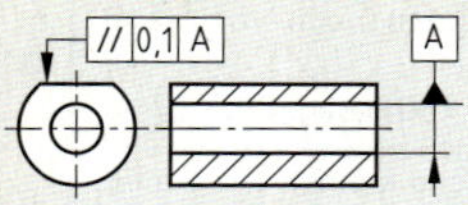	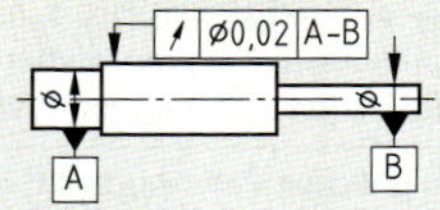	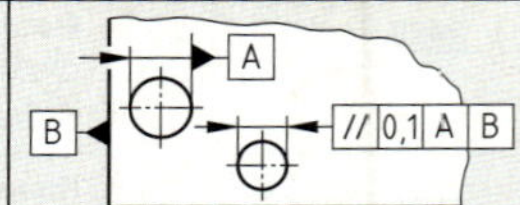
Bezug im Toleranzrahmen	einzelner Bezugsbuchstabe	Bezugsbuchstaben durch Bindestrich getrennt	Reihenfolge der Bezugsbuchstaben nach ihrer Wichtigkeit

Beispiele

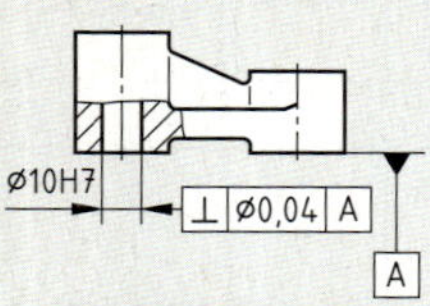

Die Achse der Bohrung muss rechtwinkling zur Auflagefläche verlaufen (Toleranzwert 0,04 mm).

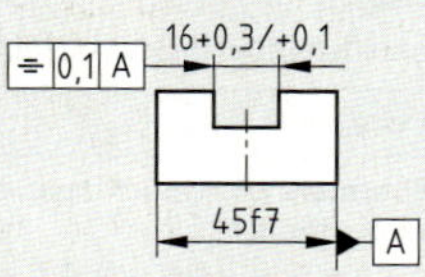

Die Mittelebene der Nut muss symmetrisch zur Mittelebene der Außenflächen verlaufen (Toleranzwert 0,1 mm).

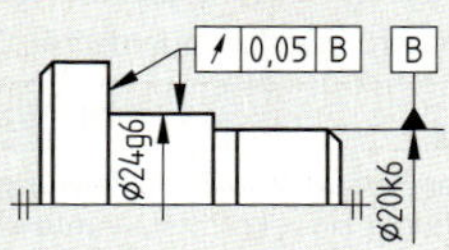

Zur Achse ⌀20k6 muss die zylindrische Fläche ⌀24g6 rund und die ebene Fläche plan laufen (Toleranzwert 0,05 mm).

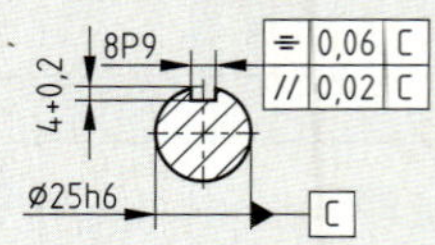

Zur Achse ⌀25h6 muss die Nut symmetrisch (Toleranzwert 0,06 mm) und parallel (Toleranzwert 0,02 mm) liegen.

Angaben in Zeichnungen
vgl. DIN ISO 1101 (1985-03)

Sinnbild und tolerierte Eigenschaft		Zeichnungsangabe	Erklärung	Toleranzzone
Formtoleranzen				
—	Geradheit	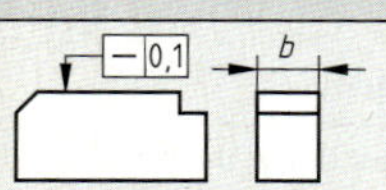	Die Linie muss an jeder Stelle der Breite *b* zwischen zwei Geraden vom Abstand *t* = 0,1 mm liegen.	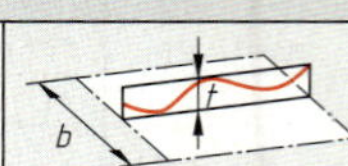
		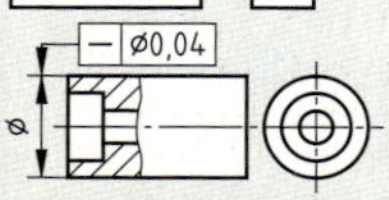	Die Achse des Zylinders muss sich innerhalb eines Zylinders vom Durchmesser *t* = 0,04 mm befinden.	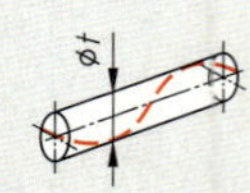
⏥	Ebenheit	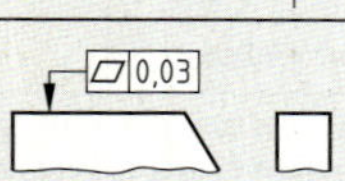	Die Fläche muss zwischen zwei parallelen Ebenen vom Abstand *t* = 0,03 mm liegen.	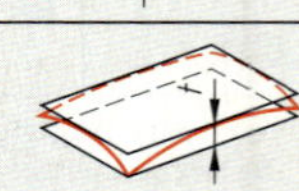

Geometrische Tolerierung

Angaben in Zeichnungen (Fortsetzung)

vgl. DIN EN ISO 1101 (2006-02)

Sinnbild und tolerierte Eigenschaft		Zeichnungsangabe	Erklärung	Toleranzzone
Formtoleranzen (Fortsetzung)				
○	Rundheit	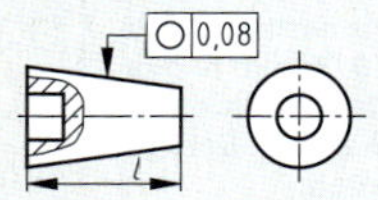	Die Umfangslinie des Kegelquerschnittes muss an jeder Stelle der Kegellänge *l* innerhalb zweier konzentrischer Kreise vom radialen Abstand *t* = 0,08 mm liegen.	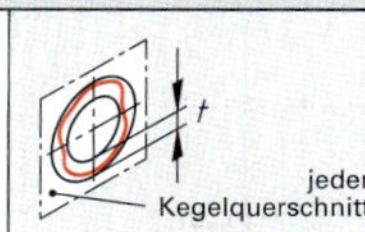
⌭	Zylinderform	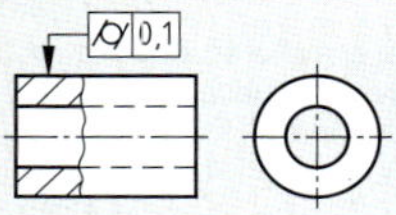	Die Mantelfläche des Zylinders muss zwischen zwei koaxialen Zylindern liegen, die einen radialen Abstand von *t* = 0,1 mm haben.	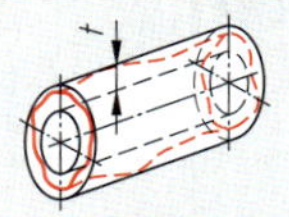
⌒	Profilform (Linie)	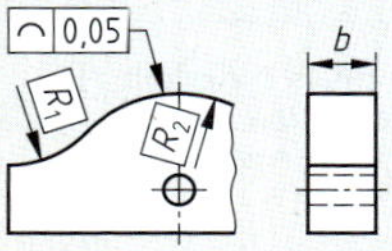	Die Profillinie muss an jeder Stelle der Werkstückdicke *b* zwischen zwei Hülllinien liegen, deren Abstand durch Kreise vom Durchmesser *t* = 0,05 mm begrenzt ist. Die Mittelpunkte der Kreise befinden sich auf einer Linie von geometrisch idealer Form.	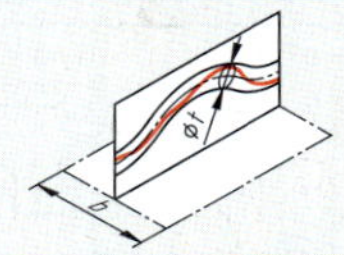
⌓	Profilform (Fläche)	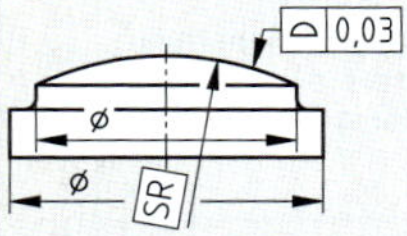	Die Kugelfläche muss sich zwischen zwei Hüllflächen befinden, deren Abstand *t* = 0,03 mm durch Kugeln gebildet wird. Die Kugelmittelpunkte liegen auf der geometrisch idealen Fläche.	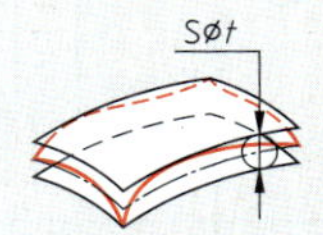
Richtungstoleranzen				
//	Parallelität	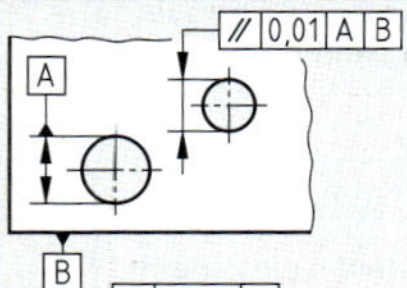 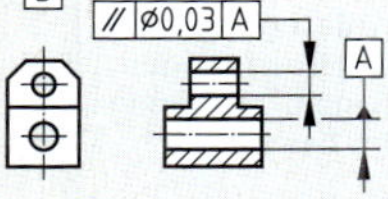	Die Achse der Bohrung muss zwischen zwei parallelen Ebenen vom Abstand *t* = 0,01 mm liegen. Die Ebenen liegen parallel zur Bezugsgeraden A und zur Bezugsebene B und in der festgelegten (hier senkrechten) Richtung. Die Achse der Bohrung muss innerhalb eines Zylinders vom Durchmesser *t* = 0,03 mm liegen, dessen Achse parallel zur Bezugsgeraden (Achse) A ist.	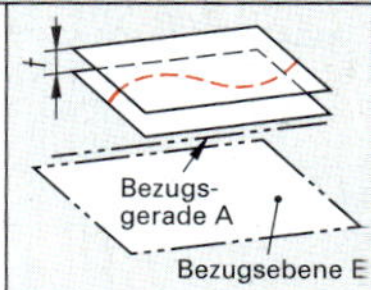 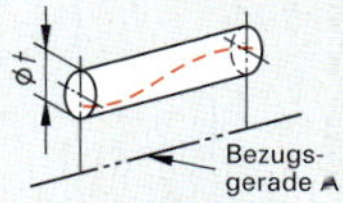
⊥	Rechtwinkligkeit	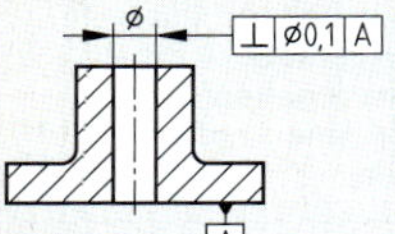 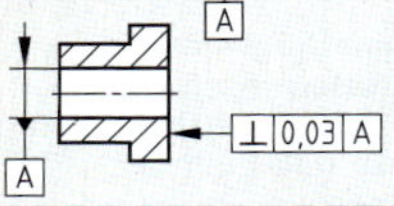	Die Achse der Bohrung muss innerhalb eines zur Bezugsebene A rechtwinkligen Zylinders vom Durchmesser *t* = 0,1 mm liegen. Die Planfläche muss zwischen zwei zur Bezugsgeraden A senkrechten Ebenen vom Abstand *t* = 0,03 mm liegen.	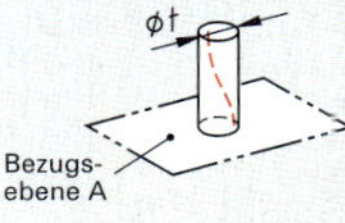 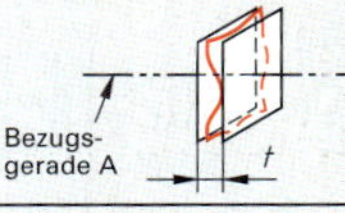
∠	Neigung	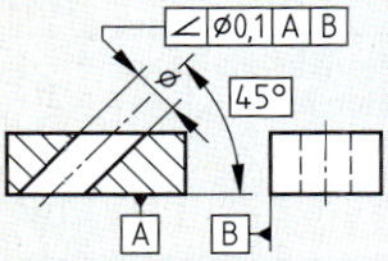 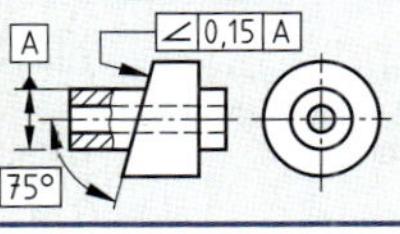	Die Achse der Bohrung muss innerhalb eines Zylinders vom Durchmesser *t* = 0,1 mm liegen. Die Zylinderachse liegt parallel zur Bezugsebene B und ist im theoretisch genauen Winkel von α = 45° zur Bezugsebene A geneigt. Die geneigte Fläche muss zwischen zwei parallelen Ebenen vom Abstand *t* = 0,15 mm liegen, die im theoretisch genauen Winkel von α = 75° zur Bezugsgeraden A geneigt sind.	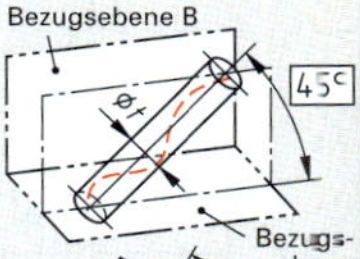 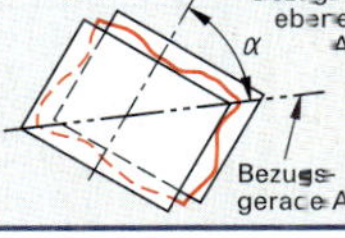

K

Geometrische Tolerierung

Angaben in Zeichnungen (Fortsetzung)

vgl. DIN EN ISO 1101 (2006-02)

Sinnbild und tolerierte Eigenschaft		Zeichnungsangabe	Erklärung	Toleranzzone
Ortstoleranzen				
⌖	Position	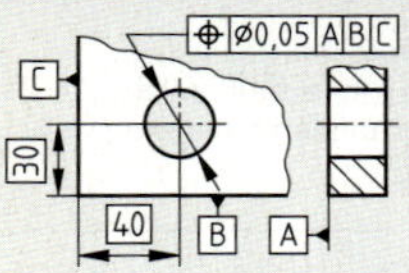 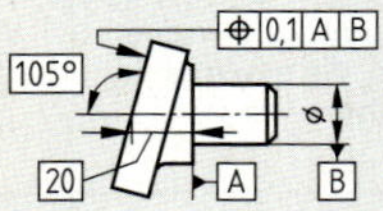	Die Achse der Bohrung muss innerhalb eines Zylinders vom Durchmesser $t = 0{,}05$ mm liegen. Die Zylinderachse muss mit dem theoretisch genauen Ort der Bohrungsachse zu den Bezugsebenen A, B und C übereinstimmen. Die Fläche muss zwischen zwei parallelen Ebenen vom Abstand $t = 0{,}1$ mm symmetrisch zum theoretisch genauen Ort der tolerierten Fläche, bezogen auf die Bezugsebene A und die Bezugsgerade B, liegen.	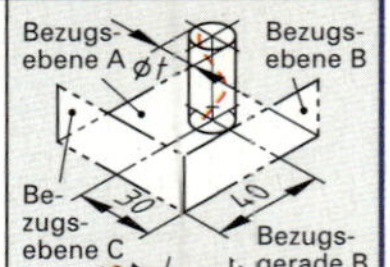 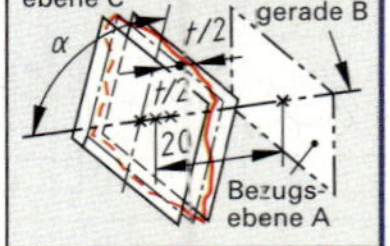
◎	Konzentrizität	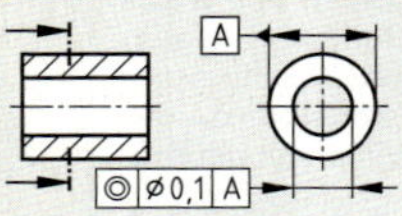	Der Mittelpunkt der Bohrung muss innerhalb eines Kreises vom Durchmesser $t = 0{,}1$ mm liegen, konzentrisch zum Bezugspunkt A im Querschnitt.	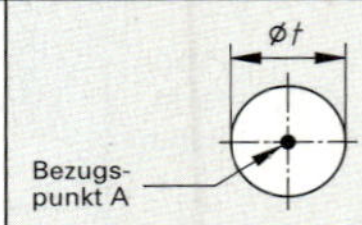
	Koaxialität	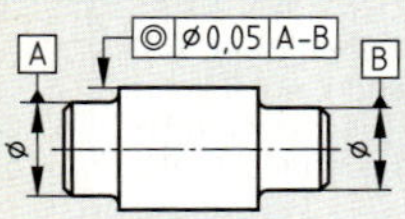	Die Achse des Durchmessers muss sich innerhalb eines Zylinders vom Durchmesser $t = 0{,}05$ mm befinden, dessen Achse auf der gemeinsamen Bezugsachse A-B liegt.	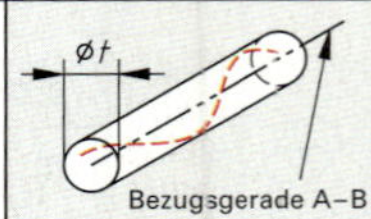
⌯	Symmetrie	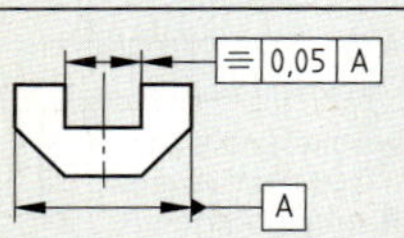	Die Mittelebene der Nut muss zwischen zwei parallelen Ebenen vom Abstand $t = 0{,}05$ mm liegen, die symmetrisch zur Bezugsebene A angeordnet sind.	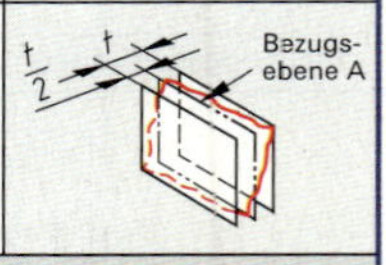
Lauftoleranzen				
↗	Rundlauf radial	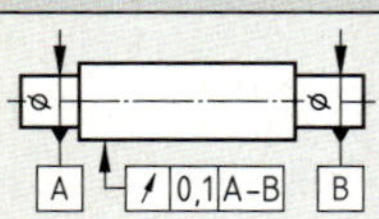 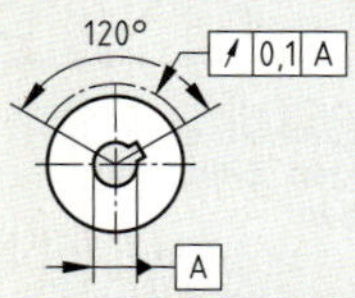	Die Umfangslinie muss in jedem Querschnitt rechtwinklig zur gemeinsamen Bezugsgeraden A-B zwischen zwei in der gleichen Ebene liegenden konzentrischen Kreisen liegen, die einen radialen Abstand von $t = 0{,}1$ mm besitzen. Die 120°-Umfangslinie muss in jedem Querschnitt rechtwinklig zur Bezugsgeraden A zwischen zwei in der gleichen Ebene liegenden konzentrischen Kreisen liegen, die einen radialen Abstand von $t = 0{,}1$ mm besitzen.	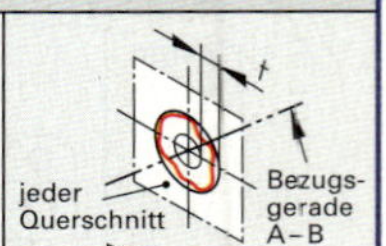 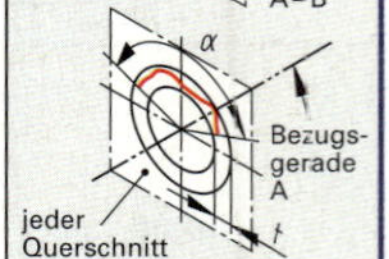
	Rundlauf axial	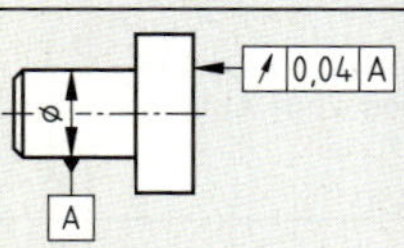	Die Umfangslinie muss an jedem Durchmesser der Planfläche zwischen zwei Kreisen liegen, die einen axialen Abstand von $t = 0{,}04$ mm haben. Die jeweilige Durchmesserachse muss mit der Bezugsgeraden A übereinstimmen.	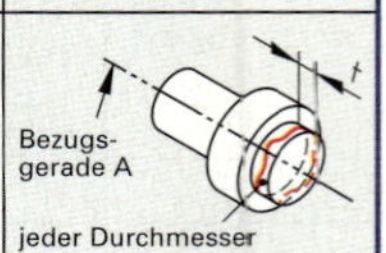
⌰	Gesamtlauf radial	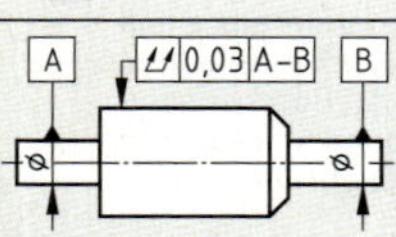	Die Mantelfläche muss zwischen zwei koaxialen Zylindern liegen, die einen radialen Abstand von $t = 0{,}03$ mm haben. Die Achsen der Zylinder müssen mit der gemeinsamen Bezugsgeraden A-B übereinstimmen.	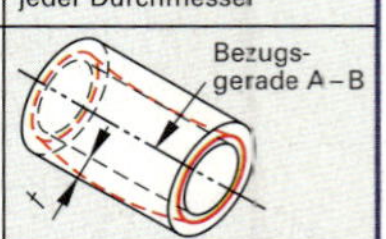
	Gesamtlauf axial	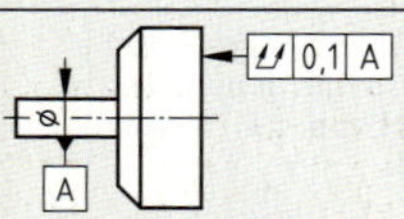	Die Planfläche muss zwischen zwei parallelen Ebenen vom Abstand $t = 0{,}1$ mm liegen, die rechtwinklig zur Bezugsgeraden A sind.	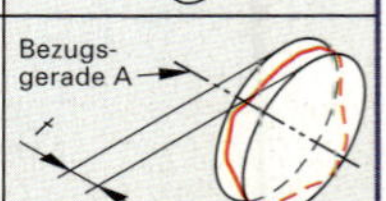

4 Werkstofftechnik

Wolfram (W)	19,27	3390
Zink (Zn)	7,13	419,5
Zinn (Sn)	7,29	231,9

Unlegierte Stähle	Legierte Stähle	Nichtrost. Stähle

S235	16MnCr5	C60E
31CrMo12	Cf45	35S20
60WCrV8	X12Cr13	38Si7

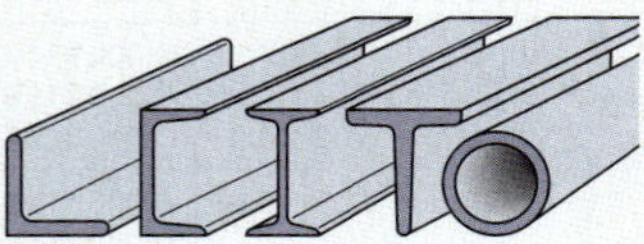

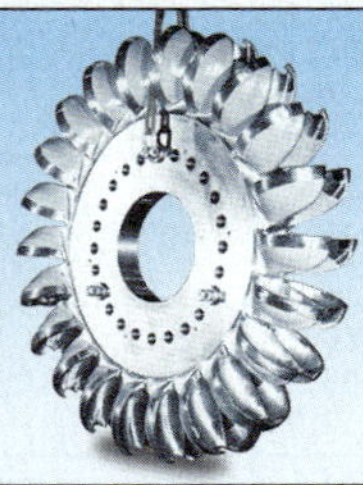

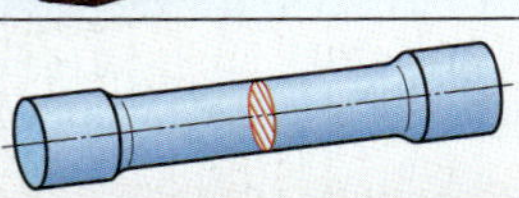

W

Stoffwerte von festen Stoffen

Feste Stoffe

Stoff	Dichte ϱ kg/dm³	Schmelztemperatur bei 1,013 bar ϑ °C	Siedetemperatur bei 1,013 bar ϑ °C	Spezif. Schmelzwärme bei 1,013 bar q kJ/kg	Wärmeleitfähigkeit bei 20°C λ W/(m · K)	Mittlere spezif. Wärmekapazität bei 0…100°C c kJ/(kg · K)	Spezif. Widerstand bei 20°C ϱ_{20} Ω · mm²/m	Längenausdehnungskoeffizient 0…100°C α_l 1/°C od. 1/K
Aluminium (Al)	2,7	659	2467	356	204	0,94	0,028	0,0000238
Antimon (Sb)	6,69	630,5	1637	163	22	0,21	0,39	0,0000108
Asbest	2,1…2,8	≈ 1300	–	–	–	0,81	–	–
Beryllium (Be)	1,85	1280	≈ 3000	–	165	1,02	0,04	0,0000123
Beton	1,8…2,2	–	–	–	≈ 1	0,88	–	0,00001
Bismut (Bi)	9,8	271	1560	59	8,1	0,12	1,25	0,0000125
Blei (Pb)	11,3	327,4	1751	24,3	34,7	0,13	0,208	0,000029
Cadmium (Cd)	8,64	321	765	54	91	0,23	0,077	0,00003
Chrom (Cr)	7,2	1903	2642	134	69	0,46	0,13	0,0000084
Cobalt (Co)	8,9	1493	2880	268	69,1	0,43	0,062	0,0000127
CuAl-Legierungen	7,4…7,7	1040	2300	–	61	0,44	–	0,0000195
CuSn-Legierungen	7,4…8,9	900	2300	–	46	0,38	0,02…0,03	0,0000175
CuZn-Legierungen	8,4…8,7	900…1000	2300	167	105	0,39	0,05…0,07	0,0000185
Eis	0,92	0	100	332	2,3	2,09	–	0,000051
Eisen, rein (Fe)	7,87	1536	3070	276	81	0,47	0,13	0,000012
Eisenoxid (Rost)	5,1	1570	–	–	0,58 (pulv.)	0,67	–	–
Fette	0,92…0,94	30…175	≈ 300	–	0,21	–	–	–
Gips	2,3	1200	–	–	0,45	1,09	–	–
Glas (Quarzglas)	2,4…2,7	520…550 [1)]	–	–	0,8…1,0	0,83	10^{18}	0,000009
Gold (Au)	19,3	1064	2707	67	310	0,13	0,022	0,0000142
Grafit (C)	2,26	≈ 3550	≈ 4800	–	168	0,71	–	0,0000078
Gusseisen	7,25	1150…1200	2500	125	58	0,50	0,6…1,6	0,0000105
Hartmetall (K 20)	14,8	> 2000	≈ 4000	–	81,4	0,80	–	0,000005
Holz (lufttrocken)	0,20…0,72	–	–	–	0,06…0,17	2,1…2,9	–	≈ 0,00004 [2)]
Iridium (Ir)	22,4	2443	> 4350	135	59	0,13	0,053	0,0000065
Iod (I)	5,0	113,6	183	62	0,44	0,23	–	–
Kohlenst. (Diamant)	3,51	≈ 3550	–	–	–	0,52	–	0,00000118
Koks	1,6…1,9	–	–	–	0,18	0,83	–	–
Konstantan	8,89	1260	≈ 2400	–	23	0,41	0,49	0,0000152
Kork	0,1…0,3	–	–	–	0,04…0,06	1,7…2,1	–	–
Korund (Al_2O_3)	3,9…4,0	2050	2700	–	12…23	0,96	–	0,0000065
Kupfer (Cu)	8,96	1083	≈ 2595	213	384	0,39	0,0179	0,0000168
Magnesium (Mg)	1,74	650	1120	195	172	1,04	0,044	0,000026
Magnesium-Leg.	≈ 1,8	≈ 630	1500	–	46…139	–	–	0,0000245
Mangan (Mn)	7,43	1244	2095	251	21	0,48	0,39	0,000023
Molybdän (Mo)	10,22	2620	4800	287	145	0,26	0,054	0,0000052
Natrium (Na)	0,97	97,8	890	113	126	1,3	0,04	0,000071
Nickel (Ni)	8,91	1455	2730	306	59	0,45	0,095	0,000013
Niob (Nb)	8,55	2468	≈ 4800	288	53	0,273	0,217	0,0000071
Phosphor, gelb (P)	1,82	44	280	21	–	0,80	–	–
Platin (Pt)	21,5	1769	4300	113	70	0,13	0,098	0,000009
Polystyrol	1,05	–	–	–	0,17	1,3	10^{10}	0,00007
Porzellan	2,3…2,5	≈ 1600	–	–	1,6 [3)]	1,2 [3)]	10^{12}	0,000004
Quarz, Flint (SiO_2)	2,1…2,5	1480	2230	–	9,9	0,8	–	0,000008
Schaumgummi	0,06…0,25	–	–	–	0,04…0,06	–	–	–
Schwefel (S)	2,07	113	344,6	49	0,2	0,70	–	–
Selen, rot (Se)	4,4	220	688	83	0,2	0,33	–	–
Silber (Ag)	10,5	961,5	2180	105	407	0,23	0,015	0,0000193

1) Transformationstemperatur 2) quer zur Faser 3) bei 800°C

Stoffwerte von festen, flüssigen und gasförmigen Stoffen

Feste Stoffe (Fortsetzung)

Stoff	Dichte ϱ kg/dm³	Schmelztemperatur bei 1,013 bar ϑ °C	Siedetemperatur bei 1,013 bar ϑ °C	Spezif. Schmelzwärme bei 1,013 bar q kJ/kg	Wärmeleitfähigkeit bei 20 °C λ W/(m · K)	Mittlere spezif. Wärmekapazität bei 0…100 °C c kJ/(kg · K)	Spezif. Widerstand bei 20 °C ϱ_{20} Ω · mm²/m	Längenausdehnungskoeffizient 0…100 °C α_l 1/°C od. 1/K
Silicium (Si)	2,33	1423	2355	1658	83	0,75	2,3 · 10⁹	0,0000042
Siliciumkarbid (SiC)	2,4	zerfällt über 3000 °C in C und Si			9[1]	1,05[1]	–	–
Stahl, unlegiert	7,85	≈ 1500	2500	205	48…58	0,49	0,14…0,18	0,0000119
Stahl, legiert	7,9	≈ 1500	–	–	14	0,51	0,7	0,0000161
Steinkohle	1,35	–	–	–	0,24	1,02	–	–
Tantal (Ta)	16,6	2996	5400	172	54	0,14	0,124	0,0000065
Titan (Ti)	4,5	1670	3280	88	15,5	0,47	0,42	0,0000082
Uran (U)	19,1	1133	≈ 3800	356	28	0,12	–	–
Vanadium (V)	6,12	1890	≈ 3380	343	31,4	0,50	0,2	–
Wolfram (W)	19,27	3390	5500	54	130	0,13	0,055	0,0000045
Zink (Zn)	7,13	419,5	907	101	113	0,4	0,06	0,000029
Zinn (Sn)	7,29	231,9	2687	59	65,7	0,24	0,114	0,000023

Flüssige Stoffe

Stoff	Dichte bei 20 °C ϱ kg/dm³	Zündtemperatur ϑ °C	Gefrier- bzw. Schmelztemperatur bei 1,013 bar ϑ °C	Siedetemperatur bei 1,013 bar ϑ °C	Spezif. Verdampfungswärme[2] r kJ/kg	Wärmeleitfähigkeit bei 20 °C λ W/(m · K)	Spezif. Wärmekapazität bei 20 °C c kJ/(kg · K)	Volumenausdehnungskoeffizient α_V 1/°C od. 1/K
Äthyläther $(C_2H_5)_2O$	0,71	170	– 116	35	377	0,13	2,28	0,0016
Benzin	0,72…0,75	220	–30…–50	25…210	419	0,13	2,02	0,0011
Dieselkraftstoff	0,81…0,85	220	– 30	150…360	628	0,15	2,05	0,00096
Heizöl EL	≈ 0,83	220	– 10	> 175	628	0,14	2,07	0,00096
Maschinenöl	0,91	400	– 20	> 300	–	0,13	2,09	0,00093
Petroleum	0,76…0,86	550	– 70	> 150	314	0,13	2,16	0,001
Quecksilber (Hg)	13,5	–	– 39	357	285	10	0,14	0,00018
Spiritus 95 %	0,81	520	– 114	78	854	0,17	2,43	0,0011
Wasser, destilliert	1,00[3]	–	0	100	2256	0,60	4,18	0,00018

[1] über 1000 °C [2] bei Siedetemperatur und 0,013 bar [3] bei 4 °C

Gasförmige Stoffe

Stoff	Dichte bei 0 °C und 1,013 bar ϱ kg/m³	Dichtezahl[1] ϱ/ϱ_L	Schmelztemperatur bei 1,013 bar ϑ °C	Siedetemperatur bei 1,013 bar ϑ °C	Wärmeleitfähigkeit bei 20 °C λ W/(m · K)	Wärmeleitzahl[2] λ/λ_L	Spezifische Wärmekapazität bei 20 °C und 1,013 bar c_p[3] kJ/(kg · K)	 c_v[4]
Acetylen (C_2H_2)	1,17	0,905	– 84	– 82	0,021	0,81	1,64	1,33
Ammoniak (NH_3)	0,77	0,596	– 78	– 33	0,024	0,92	2,06	1,56
Butan (C_4H_{10})	2,70	2,088	– 135	– 0,5	0,016	0,62	–	–
Frigen (CF_2Cl_2)	5,51	4,261	– 140	– 30	0,010	0,39	–	–
Kohlenoxid (CO)	1,25	0,967	– 205	– 190	0,025	0,96	1,05	0,75
Kohlendioxid (CO_2)	1,98	1,531	– 57[5]	– 78	0,016	0,62	0,82	0,63
Luft	1,293	1,0	– 220	– 191	0,026	1,00	1,005	0,716
Methan (CH_4)	0,72	0,557	– 183	– 162	0,033	1,27	2,19	1,68
Propan (C_3H_8)	2,00	1,547	– 190	– 43	0,018	0,69	–	–
Sauerstoff (O_2)	1,43	1,106	– 219	– 183	0,026	1,00	0,91	0,65
Stickstoff (N_2)	1,25	0,967	– 210	– 196	0,026	1,00	1,04	0,74
Wasserstoff (H_2)	0,09	0,07	– 259	– 253	0,180	6,92	14,24	10,10

[1] Dichtezahl = Dichte eines Gases ϱ geteilt durch die Dichte der Luft ϱ_L.
[2] Wärmeleitzahl = Wärmeleitfähigkeit λ eines Gases durch die Wärmeleitfähigkeit λ_L der Luft.
[3] bei konstantem Druck [4] bei konstantem Volumen [5] bei 5,3 bar

Periodisches System der Elemente

Ordnungszahl (= Protonenzahl) — 11 **Na** — Kurzzeichen
Natrium — Elementname; Zustand bei 273 K (0°C) und 1,013 bar:
22,989 — Relative Atommasse

fest: Schwarze Schrift
flüssig: Braune Schrift
gasförmig: Blaue Schrift

Radioaktive Elemente in Rot, z.B. 222
künstlich hergestellte Elemente in Klammern, z.B. (261)

1) Leichtmetalle $\varrho \leq 5\ kg/dm^3$; Schwermetalle $\varrho > 5\ kg/dm^3$

Periode	Hauptgruppen		Nebengruppen										Hauptgruppen					
	I A	II A	III B	IV B	V B	VI B	VII B	VIII B			I B	II B	III A	IV A	V A	VI A	VII A	VIII A
1	1 **H** Wasserstoff 1,008																	2 **He** Helium 4,002
2	3 **Li** Lithium 6,941	4 **Be** Beryllium 9,012											5 **B** Bor 10,811	6 **C** Kohlenstoff 12,011	7 **N** Stickstoff 14,007	8 **O** Sauerstoff 15,999	9 **F** Fluor 18,998	10 **Ne** Neon 20,179
3	11 **Na** Natrium 22,989	12 **Mg** Magnesium 24,305											13 **Al** Aluminium 26,982	14 **Si** Silicium 28,086	15 **P** Phosphor 30,974	16 **S** Schwefel 32,066	17 **Cl** Chlor 35,453	18 **Ar** Argon 39,948
4	19 **K** Kalium 39,102	20 **Ca** Calcium 40,078	21 **Sc** Scandium 44,950	22 **Ti** Titan 47,880	23 **V** Vanadium 50,942	24 **Cr** Chrom 51,996	25 **Mn** Mangan 54,938	26 **Fe** Eisen 55,847	27 **Co** Cobalt 58,933	28 **Ni** Nickel 58,690	29 **Cu** Kupfer 63,546	30 **Zn** Zink 65,390	31 **Ga** Gallium 69,732	32 **Ge** Germanium 75,590	33 **As** Arsen 74,922	34 **Se** Selen 78,960	35 **Br** Brom 79,904	36 **Kr** Krypton 83,800
5	37 **Rb** Rubidium 85,468	38 **Sr** Strontium 87,620	39 **Y** Yttrium 88,906	40 **Zr** Zirconium 91,224	41 **Nb** Niob 92,906	42 **Mo** Molybdän 95,940	43 **Tc** Technetium (98)	44 **Ru** Ruthenium 101,070	45 **Rh** Rhodium 102,906	46 **Pd** Palladium 106,420	47 **Ag** Silber 107,868	48 **Cd** Cadmium 112,410	49 **In** Indium 114,820	50 **Sn** Zinn 118,710	51 **Sb** Antimon 121,750	52 **Te** Tellur 127,600	53 **I** Iod 126,905	54 **Xe** Xenon 131,290
6	55 **Cs** Cäsium 132,905	56 **Ba** Barium 137,340	71 **Lu** Lutecium 174,967	72 **Hf** Hafnium 178,490	73 **Ta** Tantal 180,948	74 **W** Wolfram 183,850	75 **Re** Rhenium 186,207	76 **Os** Osmium 190,200	77 **Ir** Iridium 192,200	78 **Pt** Platin 195,080	79 **Au** Gold 196,967	80 **Hg** Quecksilber 200,590	81 **Tl** Thallium 204,383	82 **Pb** Blei 207,200	83 **Bi** Bismut 208,980	84 **Po** Polonium 210	85 **At** Astat 210	86 **Rn** Radon 222
7	87 **Fr** Francium 223	88 **Ra** Radium 226,025	103 **Lr** Lawrencium (260)	104 **Rf** Rutherfordium* (261)	105 **Ha** Hahnium* (262)	106 **Sg** Seaborgium* (263)	107 **Ns** Nielsbohrium* (264)	108 **Hs** Hassium* (265)	109 **Mt** Meitnerium* (266)									

* Für die Elemente 104 bis 109 bestehen nur Namenvorschläge
* **Element 104:** auch Kurtschatovium (**Ku**) oder Dubnium (**Db**);
* **Element 105:** auch Joliotium; * **Element 106:** auch Unilhexium (**Unh**);
* **Element 107:** auch Bohrium (**Bh**) oder Unilsptium (**Uns**);
* **Element 108:** auch Hahnium (**Hn**) oder Uniloctium (**Uno**);
* **Element 109:** auch Unilenneadium (**Une**)

Lanthanoide 57…71	57 **La** Lanthan 138,906	58 **Ce** Cer 140,120	59 **Pr** Praseodym 140,908	60 **Nd** Neodym 144,240	61 **Pm** Promethium 145	62 **Sm** Samarium 150,360	63 **Eu** Europium 151,960	64 **Gd** Gadolinium 157,250	65 **Tb** Terbium 158,925	66 **Dy** Dysprosium 162,500	67 **Ho** Holmium 164,930	68 **Er** Erbium 167,260	69 **Tm** Thulium 168,934	70 **Yb** Ytterbium 173,040
Actinoide 89…103	89 **Ac** Actinium 227,028	90 **Th** Thorium 232,038	91 **Pa** Protactinium 231,036	92 **U** Uran 238,029	93 **Np** Neptunium 237	94 **Pu** Plutonium 244	95 **Am** Americum (243)	96 **Cm** Curium (247)	97 **Bk** Berkelium (247)	98 **Cf** Californium (251)	99 **Es** Einsteinium (252)	100 **Fm** Fermium (257)	101 **Md** Mendelevium (258)	102 **No** Nobelium (260)

Nichtmetalle
Halbmetalle
Leichtmetalle[1]
Schwermetalle[1]
Edelmetalle
Halogene
Edelgase

Chemikalien der Metalltechnik, Molekülgruppen, pH-Wert

Wichtige Chemikalien der Metalltechnik

Technische Bezeichnung	Chemische Bezeichnung	Formel	Eigenschaften	Verwendung
Aceton	Aceton, Propanon	$(CH_3)_2CO$	farblose, brennbare, leicht verdunstende Flüssigkeit	Lösungsmittel für Farben, Acetylen und Kunststoffe
Acetylen	Acetylen, Äthin	C_2H_2	reaktionsfreudiges, farbloses Gas, hoch explosiv	Brenngas beim Schweißen, Ausgangsstoff für Kunststoffe
Kaltreiniger	organische Lösungsmittel	C_nH_{2n+2}	farblose, z.T. leicht brennbare Flüssigkeiten	Lösungsmittel für Fette und Öle, Reinigungsmittel
Kochsalz	Natriumchlorid	NaCl	farbloses, kristallines Salz, leicht wasserlöslich	Würzmittel, für Kältemischungen, zur Chlorgewinnung
Kohlensäure	Kohlendioxid	CO_2	wasserlösliches, unbrennbares Gas, erstarrt bei −78 °C	Schutzgas beim MAG-Schweißen, Kohlensäureschnee als Kältemittel
Korund	Aluminiumoxid	Al_2O_3	sehr harte, farblose Kristalle, Schmelzpunkt 2050 °C	Schleif- und Poliermittel, oxidkeramische Werkstoffe
Kupfervitriol	Kupfersulfat	$CuSO_4$	blaue, wasserlösliche Kristalle, mäßig giftig	galvanische Bäder, Schädlingsbekämpfung, zum Anreißen
Salmiakgeist	Ammoniumhydroxid	NH_4OH	farblose, stechend riechende Flüssigkeit, schwache Lauge	Reinigungsmittel (Fettlöser), Neutralisation von Säuren
Salpetersäure	Salpetersäure	HNO_3	sehr starke Säure, löst Metalle (außer Edelmetalle) auf	Ätzen und Beizen von Metallen, Herstellung von Chemikalien
Salzsäure	Chlorwasserstoff	HCl	farblose, stechend riechende, starke Säure	Ätzen und Beizen von Metallen, Herstellung von Chemikalien
Schwefelsäure	Schwefelsäure	H_2SO_4	farblose, ölige, geruchlose Flüssigkeit, starke Säure	Beizen von Metallen, galvanische Bäder, Akkumulatoren
Soda	Natriumcarbonat	Na_2CO_3	farblose Kristalle, leicht wasserlöslich, basische Wirkung	Entfettungs- und Reinigungsbäder, Wasserenthärtung
Spiritus	Ethylalkohol, vergällt	C_2H_5OH	farblose, leicht brennbare Flüssigkeit, Siedepunkt 78 °C	Lösungsmittel, Reinigungsmittel, für Heizzwecke, Treibstoffzusatz
Tetra	Tetrachlorkohlenstoff	CCl_4	farblose, nicht brennbare Flüssigkeit, gesundheitsschädlich	Lösungsmittel für Fette, Öle und Farben
Wässrige Reiniger	verschiedene Tenside	--COO– $--OSO_3$– $--SO_3$–	verschiedene wasserlösliche Substanzen	Lösungsmittel, Reinigungsmittel; Emulgatoren und Verdickungsmittel

Häufig vorkommende Molekülgruppen

NAOH + HCl = NaCl + H2O *

Molekülgruppe Bezeichnung	Formel	Erläuterung	Beispiel Bezeichnung	Formel
Carbid	≡C	Kohlenstoffverbindungen; teilweise sehr hart	Siliciumcarbid	SiC
Carbonat	$=CO_3$	Verbindungen der Kohlensäure; spalten bei Wärmeeinwirkung CO_2 ab	Calciumcarbonat	$CaCO_3$
Chlorid	−Cl	Salze der Salzsäure; in Wasser meist leicht löslich	Natriumchlorid	NaCl
Hydroxid	−OH	Hydroxide entstehen aus Metalloxiden und Wasser; sie reagieren basisch	Calciumhydroxid	$Ca(OH)_2$
Nitrat	$-NO_3$	Salze der Salpetersäure; in Wasser meist leicht löslich	Kaliumnitrat	KNO_3
Nitrid	≡N	Stickstoffverbindungen; teilweise sehr hart	Siliciumnitrid	SiN
Oxid	=O	Sauerstoffverbindungen; häufigste Verbindungsgruppe der Erde	Aluminiumoxid	Al_2O_3
Sulfat	$=SO_4$	Salze der Schwefelsäure; in Wasser meist leicht löslich	Kupfersulfat	$CuSO_4$
Sulfid	=S	Schwefelverbindungen; wichtige Erze, Spanbrecher in Automatenstählen	Eisen(II)sulfid	FeS

pH-Wert

Art der wässerigen Lösung	← zunehmend sauer							neutral	zunehmend basisch →						
pH-Wert	0	1	2	3	4	5	6	7	8	9	10	11	12	13	14
Konzentration H^+ in g/l	10^0	10^{-1}	10^{-2}	10^{-3}	10^{-4}	10^{-5}	10^{-6}	10^{-7}	10^{-8}	10^{-9}	10^{-10}	10^{-11}	10^{-12}	10^{-13}	10^{-14}

W

Definition und Einteilung von Stahl

vgl. DIN EN 10020 (2000-07)

Stahl – Legierung mit Eisen als Hauptbestandteil und einem Kohlenstoffgehalt unter 2,0%.

Gefüge – Die **Gefügebestandteile**, z.B. Ferrit, Perlit, Karbide, und die **Gefügeausbildung**, z.B. Feinkorn, Grobkorn, Zeilen, bestimmen die **Stahleigenschaften**, z.B. Festigkeit, Zähigkeit, Umformbarkeit, Zerspanbarkeit, Schweißbarkeit.

Beeinflussung durch

Stahlherstellung

Zusammensetzung	Reinheitsgrad	Desoxidation
– Kohlenstoffgehalt – Legierungselemente	– nichtmetallische Einschlüsse – Phosphor- und Schwefelgehalt	unberuhigt, beruhigt oder vollberuhigt vergossen

Weiterverarbeitung

Zum Beispiel durch
- **Umformen:** Walzen, Prägen, Ziehen, Biegen …
- **Wärmebehandlung:** Vergüten, Randschichthärten …
- **Glühen:** Normalglühen, Weichglühen, Grobkornglühen …
- **Fügen:** Schweißen, Hartlöten …
- **Beschichten:** Verzinken …

Einteilung (Zusammensetzung)

Unlegierte Stähle

Kein Legierungselement erreicht den Grenzwert nach **Tabelle 1**

Legierte Stähle

- mindestens ein Legierungselement erreicht den Grenzwert nach **Tabelle 1**
- Stahlsorten entsprechen nicht der Definition für nichtrostende Stähle

Nichtrostende Stähle[2]

- Chromgehalt mindestens 10,5 %
- Kohlenstoffgehalt höchstens 1,2 %

Einteilung nach Haupteigenschaften in
- korrosionsbeständige Stähle (Seiten 136, 137)
- hitzebeständige Stähle
- warmfeste Stähle

Einteilung[1] (Reinheitsgrad, Desoxidation)

Qualitätsstähle | Edelstähle

Edelstähle unterscheiden sich von Qualitätsstählen durch:
- sorgfältigere Herstellung
- höheren Reinheitsgrad
- verbesserte Desoxidation
- genauere Zusammensetzung
- verbesserte Härtbarkeit

Tabelle 1: Grenzwerte für unlegierte Stähle

Element	%	Element	%	Element	%
Al	0,30	Mn	1,65	Se	0,10
Bi	0,10	Mo	0,08	Si	0,60
Co	0,30	Nb	0,06	Ti	0,05
Cu	0,40	Ni	0,30	V	0,10
Cr	0,30	Pb	0,40	W	0,30

Hauptgüteklassen

Unlegierte Qualitätsstähle		Legierte Qualitätsstähle	
Stahlgruppe (Auszug)	Beispiel	Stahlgruppe (Auszug)	Beispiel
unleg. Baustähle	S235JR	Schienenstähle	R0900Mn
unleg. Vergütungsstähle	C45	Elektroblech und -band	M390-50E
Automatenstähle	10S20	mikrolegierte Stähle mit höheren Streckgrenzen	H400M
unleg. schweißgeeignete Feinkornbaustähle	S275N	phosphorleg. Stähle mit höheren Streckgrenzen	H180P
unleg. Druckbehälterstähle	P235GH		

Unlegierte Edelstähle		Legierte Edelstähle	
Stahlgruppe (Auszug)	Beispiel	Stahlgruppe (Auszug)	Beispiel
unleg. Vergütungsstähle	C45E	leg. Vergütungsstähle	42CrMo4
unleg. Einsatzstähle	C15E	leg. Einsatzstähle	16MnCr5
unleg. Werkzeugstähle	C45U	Nitrierstähle	34CrAlNi7
unleg. Stähle für Flamm- und Induktionshärtung	C60E	leg. Werkzeugstähle	X40Cr14
		Schnellarbeitsstähle	HS6-5-2-5

[1] Die Hauptgütegruppe „Grundstähle" wurde gestrichen. Alle bisherigen Grundstähle werden als Qualitätsstähle hergestellt.
[2] Die nichtrostenden Stähle bilden eine eigenständige Stahlgruppe, ohne Unterteilung in Qualitäts- und Edelstähle. Der Begriff „nichtrostende Stähle" gilt für korrosionsbeständige, hitzebeständige und warmfeste Stähle.

W

Bezeichnung von Stählen durch Werkstoffnummern

Werkstoffnummern

vgl. DIN EN 10027-2 (1992-09), Ersatz für DIN 17007[1)]

Zur Identifizierung und Unterscheidung von Stählen werden Kurznamen (Seite 122) oder Werkstoffnummern verwendet.

	Kurzname		Werkstoffnummer (mit Zusatzsymbol +N)
Bezeichnung von Stahl (Beispiele):	42CrMo4+N	oder	1.7225+N

Die Werkstoffnummern bestehen aus einer Zahlenkombination mit jeweils sechs Stellen (fünf Ziffern und ein Punkt). Sie sind für die Datenverarbeitung besser geeignet als die Kurznamen.

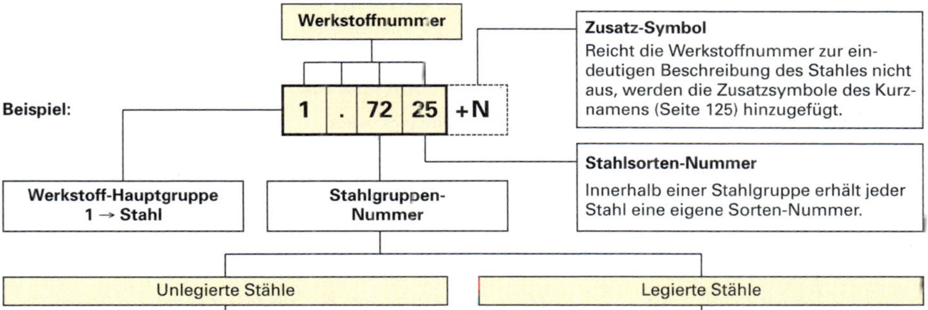

Unlegierte Stähle

Stahlgruppennummer	Stahlgruppen[2)]
	Qualitätsstähle
01, 91	allgemeine Baustähle, R_m < 500 N/mm²
02, 92	sonstige, nicht für eine Wärmebehandlung bestimmte Baustähle mit R_m < 500 N/mm²
03, 93	Stähle mit C < 0,12% oder R_m < 400 N/mm²
04, 94	Stähle mit 0,12% ≤ C < 0,25% oder 400 N/mm² ≤ R_m < 500 N/mm²
05, 95	Stähle mit 0,25% ≤ C < 0,55% oder 500 N/mm² ≤ R_m < 700 N/mm²
06, 96	Stähle mit C ≥ 0,55% oder R_m ≥ 700 N/mm²
07, 97	Stähle mit höherem Phosphor- und Schwefelgehalt
	Edelstähle
10	Stähle mit besonderen physikalischen Eigenschaften
11	Bau-, Maschinenbau- und Behälterstähle mit C < 0,5%
12	Maschinenbaustähle mit C ≥ 0,5%
13	Bau-, Maschinenbau- und Behälterstähle mit besonderen Anforderungen
15…18	Unlegierte Werkzeugstähle

Legierte Stähle

Stahlgruppennummer	Stahlgruppen
	Qualitätsstähle
08, 98	Stähle mit besonderen physikalischen Eigenschaften
09, 99	Stähle für verschiedene Anwendungsbereiche
	Edelstähle
20…28	Legierte Werkzeugstähle
32	Schnellarbeitsstähle ohne Cobalt
33	Schnellarbeitsstähle mit Cobalt
35	Wälzlagerstähle
36, 37	Stähle mit besonderen magnetischen Eigenschaften
38, 39	Stähle mit besonderen physikalischen Eigenschaften
40…45	Nichtrostende Stähle
46	Nickellegierungen, chemisch beständig, hochwarmfest
47, 48	Hitzebeständige Stähle
49	Hochwarmfeste Werkstoffe
50…84	Bau-, Maschinenbau- und Behälterstähle mit verschiedenen Legierungskombinationen
85	Nitrierstähle
87…89	Hochfeste schweißgeeignete Stähle

1) Bei der Umstellung von DIN 17007 auf DIN EN 10027-2 wurden die Werkstoffnummern unverändert übernommen.

2) C Kohlenstoff, R_m Zugfestigkeit
Die Werte für die Zugfestigkeit R_m und für den Kohlenstoffgehalt C stellen Mittelwerte dar.

Bezeichnungssystem der Stähle

vgl. DIN EN 10027-1 (2005-10)

Bezeichnung nach dem Verwendungszweck

Die Kurznamen für Stähle bestehen aus Hauptsymbolen und Zusatzsymbolen. Hauptsymbole werden nach dem Verwendungszweck oder nach der chemischen Zusammensetzung gebildet. Die Zusatzsymbole sind von der Stahlgruppe bzw. Erzeugnisgruppe abhängig.

Beispiel: Ritzelwelle

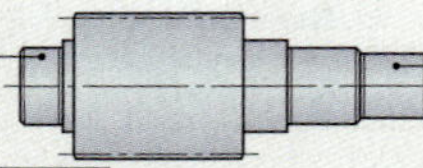

Werkstoff (Beispiele) | Rohteil

Hauptsymbol | Zusatzsymbole

S355JR+AR — unlegierter Baustahl

Kurzname — Stahlgruppe

DIN EN 10027-1 — DIN EN 10025-2

42CrMo4+N: Bezeichnung nach der chemischen Zusammensetzung (Seite 124)

Rundstahl, warmgewalzt — DIN EN 10060

Hauptsymbole bei Bezeichnung nach dem Verwendungszweck

Verwendungszweck	Hauptsymbol[1]		Verwendungszweck	Hauptsymbol[1]	
Stähle für den Stahlbau	**S**	**235**[2]	Spannstähle	**Y**	**1770**[3]
Stähle für den Maschinenbau	**E**	**360**[2]	Flacherzeugnisse zum Kaltumformen	**D**	**X52**[4]
Stähle für den Druckbehälterbau	**P**	**265**[2]	Schienenstähle	**R**	**880**[5]
Stähle für Leitungsrohre	**L**	**360**[2]	Flacherzeugnisse aus höherfesten Stählen	**H**	**C400**[6]
Betonstähle	**B**	**500**[2]	Elektroblech und -band	**M**	**400-50**[7]
Verpackungsblech und -band	**T**	**S550**[2]	Bei **Stahlguss** wird dem Hauptsymbol ein **G** voran gestellt.		

[1] Das Hauptsymbol setzt sich zusammen aus dem Kennbuchstaben und einer Zahl bzw. einem weiteren Buchstaben und einer Zahl.
[2] Streckgrenze R_e für kleinste Erzeugnisdicke
[3] Nennwert für Mindestzugfestigkeit R_m
[4] Walzzustand C, D, X gefolgt von zwei Symbolen
[5] Mindesthärte nach Brinell HBW
[6] Walzzustand C, D, X und Mindeststreckgrenze R_e bzw. Walzzustand CT, DT, XT und Mindestzugfestigkeit R_m
[7] Höchstzulässiger Ummagnetisierungsverlust in W/kg x 100 und Nenndicke x 100, durch Bindestrich getrennt

Stähle für den Stahlbau

Bezeichnungsbeispiel: **S 235 JR+N**

- S: Kennbuchstabe Stahlbau
- 235: Streckgrenze R_e für kleinste Erzeugnisdicke
- JR+N: Zusatzsymbole

Erzeugnisgruppe (Auswahl)	Norm	Zusatzsymbole
Warmgewalzte unlegierte Baustähle	DIN EN 10025-2	Kerbschlagarbeit in J bei °C: JR 27 20°; J2 27 −20°; J0 27 0°; K2 40 −20° C besondere Kaltumformbarkeit +AR Lieferzustand wie gewalzt +N normalgeglüht
Normalgeglühte/normalisierend gewalzte, schweißgeeignete Feinkornbaustähle	DIN EN 10025-3	N normalgeglüht oder normalisierend gewalzt, Werte für Kerbschlagarbeit festgelegt bei −20 °C NL wie N, aber Werte für Kerbschlagarbeit festgelegt bei −50 °C
Thermomechanisch gewalzte, schweißgeeignete Baustähle	DIN EN 10025-4	M thermomechanisch gewalzt, Werte für Kerbschlagarbeit festgelegt bei −20 °C ML wie M, aber Werte für Kerbschlagarbeit festgelegt bei −50 °C
Warmgewalzte Baustähle mit höherer Streckgrenze im vergüteten Zustand	DIN EN 10025-6	Q vergütet, Werte für Kerbschlagarbeit festgelegt bei −20 °C QL vergütet, Werte für Kerbschlagarbeit festgelegt bei −40 °C QL1 vergütet, Werte für Kerbschlagarbeit festgelegt bei −60 °C
Stähle für Blankstahlerzeugnisse	DIN EN 10277-1, 2	C besondere Kaltumformbarkeit +C gezogen; +PL poliert +SH geschält; +SL geschliffen
Warmgewalzte Hohlprofile aus unlegierten Baustählen und Feinkornbaustählen	DIN EN 10210-1	JR, J0, J2 und K2 wie bei DIN EN 10025-2 N, NL wie bei DIN EN 10025-3 H Hohlprofil

⇒ **S235JR+N:** Stahlbaustahl R_e = 235 N/mm², Kerbschlagarbeit 27 J bei 20 °C, normalgeglüht (+N)

W

Bezeichnungssystem der Stähle

vgl. DIN EN 10027-1 (2005-10)

Stähle für den Maschinenbau

Bezeichnungsbeispiel: **E 355 +AR**

- E: Kennbuchstabe Maschinenbau
- 355: Streckgrenze für kleinste Erzeugnisdicke
- +AR: Zusatzsymbole

Erzeugnisgruppe (Auswahl)	Norm	Zusatzsymbole
Warmgewalzte unlegierte Baustähle	DIN EN 10025-2	GC besondere Kaltumformbarkeit +AR Lieferzustand wie gewalzt +N normalgeglüht
Stähle für Blankstahlerzeugnisse	DIN EN 10277-1, 2	GC besondere Kaltumformbarkeit +C gezogen +PL poliert +SH geschält +SL geschliffen
Rohre, nahtlos kalt gezogen	DIN EN 10305-1	+A geglüht +C zugblank/hart +LC zugblank/weich +N normalgeglüht +SR zugblank und spannungsarmgeglüht
Nahtlose Rohre aus unlegiertem und legiertem Stahl	DIN EN 10297-1	J2 Werte für Kerbschlagarbeit festgelegt bei −20 °C K2 Werte für Kerbschlagarbeit festgelegt bei −40 °C +AR Lieferzustand wie gewalzt +N normalgeglüht +QT vergütet

⇒ **E355+AR:** Maschinenbaustahl, Streckgrenze R_e = 355 N/mm², Lieferzustand wie gewalzt (+AR)

Flacherzeugnisse zum Kaltumformen

Bezeichnungsbeispiel: **D C 04 – A – m**

- D: Kennbuchstabe Flacherzeugnis zum Kaltumformen
- C: Kennbuchstabe für Walzzustand: X Walzzustand nicht festgelegt, C kaltgewalzt, D warmgewalzt
- 04: Kennzahl Stahlsorte, Haupteigenschaften Seite 141
- A – m: Zusatzsymbole (eigene Festlegung für jede Erzeugnisgruppe)

Erzeugnisgruppe (Auswahl)	Norm	Zusatzsymbole
Kaltgewalzte Flacherzeugnisse aus weichen Stählen zum Kaltumformen	DIN EN 10130	**Oberflächenart und -ausführung** A Fehler, die die Umformbarkeit und die Haftung von Oberflächenbezügen nicht beeinträchtigen, zulässig. B bessere Seite muss soweit fehlerfrei sein, dass Aussehen von Qualitätslackierung oder Überzug nicht beeinträchtigt wird. b besonders glatt g glatt m matt r rau
Kontinuierlich schmelztauchveredeltes Band und Blech aus weichen Stählen zum Kaltumformen	DIN EN 10327	D Schmelztauchüberzug **Überzüge** (gefolgt von Auflagemasse in g/m², z.B. Z140) +AS Aluminium-Silicium-Leg. +AZ Aluminium-Zink-Leg. +Z Zink +ZA Zink-Aluminium-Leg. +ZF Zink-Eisen-Leg. **Ausführung des Überzugs:** M kleine Zinkblume bei +Z N übliche Zinkblume bei +Z R übliche Beschaffenheit bei +ZF **Oberflächenart:** A übliche Oberfläche B verbesserte Oberfläche C beste Oberfläche

⇒ **DC04 – A – m:** Flacherzeugnis zum Kaltumformen (D), kaltgewalzt (C), Stahlsorte 04 (Seite 141), Oberflächenart A, Oberflächenausführung matt (m)

Flacherzeugnisse aus höherfesten Stählen zum Kaltumformen

Bezeichnungsbeispiel: **H C 300 – B – g**

- H: Kennbuchstabe Flacherzeugnis höherfester Stahl zum Kaltumformen
- C: Kennbuchstabe für Walzzustand: X Walzzustand nicht festgelegt, C kaltgewalzt, D warmgewalzt
- 300: 300 Streckgrenze R_e = 300 N/mm²; T500 Mindestzugfestigkeit R_m = 500 N/mm²
- B – g: Zusatzsymbole (eigene Festlegung für jede Erzeugnisgruppe)

Erzeugnisgruppe (Auswahl)	Norm	Zusatzsymbole
Kalt gewalztes Band und Blech aus mikrolegierten Stählen	DIN EN 10268	B bake-hardening-Stahl Y höherfester IF-Stahl I isotroper Stahl P phosphorlegierter Stahl LA niedriglegierter/mikrolegierter Stahl **Oberflächenart und -ausführung** für Walzbreiten < 600 mm wie bei DIN EN 10139 für Walzbreiten ≥ 600 mm wie bei DIN EN 10130

⇒ **HCT500 – B – g:** Kalt gewalztes Flacherzeugnis aus höherfestem Stahl (H), kaltgewalzt (C), Mindestzugfestigkeit R_m = 500 N/mm² (T500), Oberflächenart B, glatte Oberfläche (g)

Bezeichnungssystem der Stähle

vgl. DIN EN 10027-1 (2005-10)

Bezeichnung nach der chemischen Zusammensetzung

Hauptsymbole nach der chemischen Zusammensetzung werden nach vier verschiedenen Bezeichnungsgruppen gebildet. Die Zusatzsymbole sind von der Stahlgruppe bzw. Erzeugnisgruppe abhängig.

Beispiel: Ritzelwelle

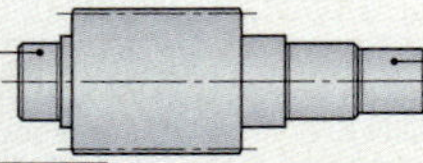

Haupt-symbol **Zusatz-symbol**

Werkstoff (Beispiele)

42CrMo4+N	Vergütungsstahl	S355JR+AR	
Kurzname	Stahlgruppe	Bezeichnung nach dem Verwendungszweck (Seite 122)	
DIN EN 10027-1	DIN EN 10083-1		

Rohteil

Rundstahl, warmgewalzt

DIN EN 10060

Bezeichnungsgruppen, -beispiele und -anwendung der Hauptsymbole[1]

Unlegierte Stähle Mangangehalt < 1% außer Automatenstähle	**Legierte Stähle, Automatenstähle,** unlegierte Stähle mit Mangangehalt > 1%	**Legierte Stähle** Mittlerer Gehalt eines Legierungselementes über 5%	**Schnellarbeitsstähle** HS 10-4-3-10
C15E	**42CrMo4**	**X12CrNi18-8**	Kennbuchstaben Schnellarbeitsstahl
Anwendung für z.B. unlegierte Einsatzstähle, unlegierte Vergütungsstähle, unlegierte Werkzeugstähle	**Anwendung für z.B.** Automatenstähle, legierte Einsatzstähle, legierte Vergütungsstähle, legierte Werkzeugstähle, Federstähle	**Anwendung für z.B.** **Nichtrostende Stähle** korrosionsbeständige, hitzebeständige, warmfeste Stähle **Werkzeugstähle** Kaltarbeitsstähle, Warmarbeitsstähle	Prozentualer Gehalt der Legierungselemente in der Reihenfolge W-Mo-V-Co 10 → 10 % Wolfram (W) 4 → 4 % Molybdän (Mo) 3 → 3 % Vanadium (V) 10 → 10 % Cobalt (Co)

[1] Bei Stahlguss wird dem Hauptsymbol der Buchstabe **G** voran gestellt; Bei pulvermetallurgisch hergestelltem Stahl werden dem Hauptsymbol die Buchstaben **PM** voran gestellt.

Unlegierte Stähle mit einem Mangangehalt < 1%, außer Automatenstähle

Bezeichnungsbeispiel: **C15 E+S+BC**

Hauptsymbole	Zusatzsymbole
C Kennbuchstabe (Kohlenstoffstahl) 15 Kennzahl für den Kohlenstoffgehalt C_{mittel} = 15/100 ≙ 0,15%	z.B. für besondere Verwendung, Regelung des Schwefelgehaltes, besondere Kaltumformbarkeit, Wärmebehandlungszustände. Die Zusatzsymbole sind für jede Stahlgruppe separat festgelegt (Seite 125)

⇒ **C45E+S+BC**: unlegierter Vergütungsstahl, 0,45% C-Gehalt, vorgeschriebener max. Schwefelgehalt (E), behandelt auf Scherbarkeit (+S), gestrahlt (+BC) (Zusatzsymbole Seite 125, Vergütungsstähle)

Legierte Stähle, Automatenstähle, unlegierte Stähle mit einem Mangangehalt > 1%

Bezeichnungsbeispiel: **18CrNiMo7-6 +TH+BC**

Hauptsymbole

18 Kennzahl für den Kohlenstoffgehalt
C_{mittel} = 18/100 ≙ 0,18%
Cr, Ni, Mo Legierungselemente (geordnet nach Massenanteilen)
7-6 Legierungsanteile
Cr_{mittel} = 7/4 ≙ 1,75%
Ni_{mittel} = 6/4 ≙ 1,5%
Mo = geringer Gehalt

Faktoren für Legierungsanteile

Legierungselemente	Faktor
Cr, Co, Mn, Ni, Si, W	4
Al, Be, Cu, Mo, Nb, Pb, Ta, Ti, V, Zr	10
C, Ce, N, P, S	100
B	1000

Zusatzsymbole

z.B. für besondere Verwendung, Wärmebehandlungszustand, Härtespanne, Oberflächenausführung, Verformungsgrade.
Die Zusatzsymbole sind für jede Stahlgruppe separat festgelegt (Seite 125)

⇒ **17CrNiMo6-4+TH+BC**: Legierter Einsatzstahl, 0,17% C-Gehalt (17), 1,5% Cr-Gehalt (6), 1,0% Ni-Gehalt (4), geringer Mo-Gehalt, behandelt auf Härtespanne (+TH), und gestrahlt (+BC) (Zusatzsymbole Seite 125, Einsatzstähle)

Bezeichnungssystem der Stähle vgl. DIN EN 10027-1 (2005-10)

Stahlgruppe/ Erzeugnisgruppe (Auswahl)	Norm	Zusatzsymbole
Einsatzstähle, warmgeformt	DIN EN 10084	E vorgeschriebener maximaler Schwefelgehalt R vorgeschriebener Legierungsbereich für Schwefel +H normale Härtbarkeit +HH engere Härtetoleranz oberer Bereich +HL engere Härtetoleranz unterer Bereich **Behandlungszustände:** +A weichgeglüht +S behandelt auf Scherbarkeit +FP behandelt auf Ferrit-Perlit-Gefüge und Härtespanne +U unbehandelt +TH behandelt auf Härtespanne **Oberflächenausführungen:** +BC gestrahlt +HW warmumgeformt +PI gebeizt
Vergütungsstähle, warmgeformt	DIN EN 10083-1 10083-2	E, R wie bei Einsatzstählen nach DIN EN 10084 (oben) **Behandlungszustände:** +A weichgeglüht +H normale Härtbarkeit +N normalgeglüht +HL engere Härtetoleranz unterer Bereich +HH engere Härtetoleranz oberer Bereich +QT vergütet +S behandelt auf Scherbarkeit +U unbehandelt **Oberflächenausführungen:** +BC gestrahlt +HW warmgeformt +P gebeizt +RM warmgeformt und vorbearbeitet
Automatenstähle, warmgeformt	DIN EN 10087	in der Regel keine Zusatzsymbole vorgesehen (in Sonderfällen bei direkthärtenden Sorten: +QT vergütet)
Blankstahlerzeugnisse aus Einsatzstahl, Vergütungsstahl, Automatenstahl	DIN EN 10277-1 10277,3..5	+C kalt gezogen +SH geschält +SL geschliffen +PL poliert
Nahtlose Stahlrohre aus Einsatzstählen und Vergütungsstählen	DIN EN 10297-1	+A weichgeglüht +AR wie gewalzt +N normalgeglüht +FP behandelt auf Ferrit-Perlit-Gefüge und Härtespanne +QT vergütet +TH behandelt auf Härtespanne

⇒ **16MnCr5+A:** legierter Einsatzstahl, 0,16% C-Gehalt (16), 1,25% Mn-Gehalt (5), geringer Cr-Gehalt, weichgeglüht (+A)

Legierte Stähle, mindestens ein Legierungselement liegt über 5% (ohne Schnellarbeitsstähle)

Bezeichnungsbeispiel: **X4CrNi18-12 +2D**

Hauptsymbole

X Kennbuchstabe für Bezeichnungsgruppe
4 Kennzahl für mittleren Kohlenstoffgehalt $C_{mittel} = 4/100 = 0{,}04\,\%$
Cr, Ni Hauptlegierungselemente (Cr > Ni)
18-12 Legierungsanteile in % Chrom = 18%, Nickel = 12%

Zusatzsymbole

Angaben über Wärmebehandlungszustände, Walzzustand, Ausführungsart, Oberflächenbeschaffenheit.
Die Zusatzsymbole sind für jede Stahl- und Erzeugnisgruppe separat festgelegt.

Stahlgruppe/ Erzeugnisgruppe (Auswahl)	Norm	Zusatzsymbole (Auswahl)	
		Behandlungszustand	Ausführungsart/Oberflächenbeschaffenheit
Korrosionsbeständige Bleche und Bänder, warmgewalzt	DIN EN 10088-2	+A geglüht +QT vergütet +QT650 vergütet auf $R_m = 650$ N/mm² –AT lösungsgeglüht +P ausscheidungsgehärtet +P1300 ausscheidungsgehärtet auf $R_m = 1300$ N/mm² +SR spannungsarm geglüht	+1 warmgewalzte Erzeugnisse 1U nicht wärmebehandelt, nicht entzundert 1C wärmebehandelt, nicht entzundert 1E wärmebehandelt, mechanisch entzundert 1D wärmebehandelt, gebeizt, glatt 1G geschliffen
Korrosionsbeständige Bleche und Bänder, kaltgewalzt	DIN EN 10088-2		+2 kaltgewalzte Erzeugnisse 2C, E, D, G wie warmgewalzte Erzeugnisse 2B wie D, zusätzlich aber kalt nachgewalzt 2R blankgeglüht 2Q gehärtet und angelassen, zunderfrei 2H kaltverfestigt (mit unterschiedlichen Festigkeitsstufen), blanke Oberfläche

⇒ **X2CrNi18-9+AT+2D:** Legierter Stahl, 0,02% C-Gehalt (2), 18% Cr-Gehalt, 9% Ni-Gehalt, lösungsgeglüht (+AT) kaltgewalzt (+2), wärmebehandelte, gebeizte, glatte Oberfläche (D)

Stähle – Übersicht

Untergruppen, Lieferzustände	Norm	Haupteigenschaften	Anwendungsbereiche	Erzeugnisformen[1] B	S	P	D
Unlegierte Baustähle, warm gewalzt			Seite 130				
Stähle für den Stahl- und Maschinenbau	DIN EN 10025-2	• gut spanend bearbeitbar • schweißbar, außer S185 • kalt und warm umformbar	Schweißkonstruktionen im Stahl- und Maschinenbau, einfache Maschinenteile	•	•	•	•
Stähle für den Maschinenbau		• spanend bearbeitbar • nicht schweißbar • kalt und warm umformbar	Maschinenteile ohne Wärmebehandlung, z. B. durch härten, vergüten	•	•	–	•
Schweißgeeignete Feinkornbaustähle			Seite 131				
normalgeglüht	DIN EN 10025-3	• schweißbar • warm umformbar	Schweißkonstruktionen mit hoher Zähigkeit, Sprödbruch- und Alterungsbeständigkeit im Maschinen- und Stahlbau	•	•	•	•
thermomechanisch gewalzt	DIN EN 10025-4	• schweißbar • nicht warm umformbar		•	•	–	•
Vergütete Baustähle mit höherer Streckgrenze			Seite 131				
legierte Stähle	DIN EN 10025-6	• schweißbar • warm umformbar	hochfeste Schweißkonstruktionen im Maschinen- und Stahlbau	•	–	–	–
Einsatzstähle			Seite 132				
unlegierte Stähle	DIN EN 10084	• im ungehärteten Zustand gut spanend bearbeitbar • warm umformbar • nach Randaufkohlung oberflächenhärtbar	Kleinteile mit verschleißfester Oberfläche	•	•	–	•
legierte Stähle			dynamisch beanspruchte Teile mit verschleißfester Oberfläche	•	•	–	•
Vergütungsstähle			Seite 133				
unlegierte Qualitätsstähle	DIN EN 10083-2	• im weichgeglühten Zustand gut spanend bearbeitbar • warm umformbar • vergütbar (unsichere Ergebnisse bei unlegierten Qualitätsstählen)	Teile mit höherer Festigkeit, die nicht vergütet werden	•	•	–	•
unlegierte Edelstähle			Teile mit höherer Festigkeit und guter Zähigkeit	•	•	–	•
legierte Stähle	DIN EN 10083-3		hoch beanspruchte Teile mit guter Zähigkeit	•	•	–	•
Stähle für Flamm- und Induktionshärtung			Seite 134				
unlegierte Stähle	DIN EN 10083-2, DIN EN 10083-3	• im weichgeglühten Zustand gut spanend bearbeitbar • warm umformbar • direkt härtbar; Härtung einzelner Werkstückbereiche ist möglich, z. B. Zahnflanken • Vergüten der Werkstücke vor dem Härten	Teile mit geringen Kernfestigkeiten und gehärteten Teilbereichen	•	•	–	•
legierte Stähle			Teile mit hoher Kernfestigkeit, gehärteten Teilbereichen und größeren Abmessungen	•	•	–	•
Nitrierstähle			Seite 134				
legierte Stähle	DIN EN 10085	• im weichgeglühten Zustand gut spanend bearbeitbar • härtbar durch Nitridbildner, geringster Härteverzug • Vergüten der Werkstücke vor dem Nitrieren	Teile mit erhöhter Dauerfestigkeit, auf Verschleiß beanspruchte Teile, auf Temperatur beanspruchte Teile bis 500 °C	•	•	–	•
Federstähle			Seite 138				
unlegierte und legierte Stähle	DIN EN 10270, DIN EN 10089	• kalt oder warm umformbar • großes elastisches Formänderungsvermögen • hohe Dauerfestigkeit	Blattfedern, Schraubenfedern, Tellerfedern, Drehstabfedern	–	–	–	•

[1] Erzeugnisformen: B Bleche, Bänder; D Drähte; S Stäbe, z. B. Flach-, Vierkant- und Rundstäbe; P Profile, z. B. U-Profile, L-Profile, T-Profile

Stähle – Übersicht

Untergruppen, Lieferzustände	Norm	Haupteigenschaften	Anwendungsbereiche	Erzeugnisformen[1]			
				B	S	P	D
Automatenstähle			Seite 134				
nicht wärmebehandelbare Stähle	DIN EN 10087	• bestens spanend bearbeitbar (kurzspanig) • nicht schweißbar • beim Einsatzhärten oder Vergüten ggf. nicht gleichmäßiges Ansprechen auf die Wärmebehandlung	Massendrehteile mit geringen Anforderungen an die Festigkeit	–	•	–	•
Automateneinsatzstähle	DIN EN 10087		wie unlegierte Einsatzstähle; besser spanend bearbeitbar	–	•	–	•
Automatenvergütungsstähle	DIN EN 10087		wie unlegierte Vergütungsstähle; besser spanend bearbeitbar, weniger dauerfest	–	•	–	•
Werkzeugstähle			Seite 135				
Kaltarbeitsstähle, unlegiert	DIN EN ISO 4957	• im weichgeglühten Zustand gut spanend bearbeitbar • spanlos kalt und warm umformbar • Durchhärtung bis max. 10 mm Durchmesser	gering beanspruchte Werkzeuge für spanende und spanlose Formgebung bei Arbeitstemperaturen bis 200 °C	•	•	•	•
Kaltarbeitsstähle, legiert	DIN EN ISO 4957	• im weichgeglühten Zustand spanend bearbeitbar • warm umformbar • größere Einhärtetiefe, höhere Festigkeit, verschleißfester als unlegierte Kaltarbeitsstähle	höher beanspruchte Werkzeuge für spanende und spanlose Formgebung bei Arbeitstemperaturen über 200 °C	•	•	–	•
Warmarbeitsstähle	DIN EN ISO 4957	• im weichgeglühten Zustand spanend bearbeitbar • warm umformbar • Härteannahme über den gesamten Querschnitt	Werkzeuge zur spanlosen Formgebung für Arbeitstemperaturen über 200 °C	•	•	–	•
Schnellarbeitsstähle	DIN EN ISO 4957	• im weichgeglühten Zustand spanend bearbeitbar • warm umformbar • Härteannahme über den gesamten Querschnitt	Schneidstoff für spanende Werkzeuge, Arbeitstemperaturen bis 600 °C, hoch beanspruchte Umformwerkzeuge	•	•	–	•
Korrosionsbeständige Stähle			Seiten 136, 137				
Ferritische Stähle	DIN 10022-2, DIN EN 10088-3	• spanend bearbeitbar • gut kalt umformbar • schweißbar • keine Festigkeitssteigerung durch Wärmebehandlung	gering beanspruchte nichtrostende Teile; Teile mit hoher Beständigkeit gegen chlorbedingte Spannungsrisskorrosion	•	•	•	•
Austenitische Stähle	DIN 10022-2, DIN EN 10088-3	• spanend bearbeitbar • sehr gut kalt umformbar • schweißbar • keine Festigkeitssteigerung durch Wärmebehandlung	nichtrostende Teile mit hoher Korrosionsbeständigkeit, breitester Anwendungsbereich aller nichrostenden Stähle	•	•	•	•
Martensitische Stähle	DIN 10022-2, DIN EN 10088-3	• spanend bearbeitbar • im Zustand weichgeglüht kalt umformbar • bei niedrigem Kohlenstoffgehalt schweißbar • vergütbar	höher beanspruchte nichtrostende Teile, die auch vergütet werden können	•	•	•	•

[1] Erzeugnisformen: B Bleche, Bänder; D Drähte; S Stäbe, z. B. Flach-, Vierkant- und Rundstäbe; P Profile, z. B. U-Profile, L-Profile, T-Profile

Auswahl von Baustählen nach dem Verwendungszweck

Unlegierte Stähle

- Wärmebehandlung, z.B. härten oder vergüten, nicht vorgesehen
  - **Auswahl nach dem Verwendungszweck**
- Wärmebehandlung vorgesehen (Seite 129)

Haupteigenschaften werden bestimmt durch

Beispiel: Unlegierte Baustähle (Seite 130)

Mindest-anforderungen	Stahlsorte, Kurzname	Zusammensetzung • Kohlenstoff (C) • Mangan (Mn) • Silicium (Si) • Kupfer (Cu) Höchstwerte in %				Reinheitsgrad • Phosphor (P) • Schwefel (S) • Stickstoff (N) Höchstwerte in %			Desoxidation
		C	Mn	Si	Cu	P	S	N	DO[1]
• Festigkeit	S185	nicht festgelegt				nicht festgelegt			–
• Festigkeit • Zähigkeit	E295, E335, E360	nicht festgelegt				0,045	0,045	0,014	FN
• Festigkeit • Zähigkeit • Schweißbarkeit	S235JR	0,17	1,40	–	0,35	0,035	0,035	0,012	FN
	S275JR	0,21	1,50	–					
	S355JR	0,24	1,60	0,55					
• Festigkeit • höhere Zähigkeit • Schweißbarkeit	S235J0	0,17	1,40	–	0,55	0,030	0,030	0,012	FN
	S275J0	0,18	1,50	–					
	S355J0	0,20	1,60	0,55	0,55	0,030	0,030	0,012	FN
	S450J0[2]	0,20	1,70	0,55				0,025	FF
• Festigkeit • höchste Zähigkeit • Schweißbarkeit	S235J2	0,17	1,40	–	0,55	0,025	0,025	0,012	FF
	S275J2	0,18	1,50	–					
	S355J2	0,20	1,60	0,55	0,55	0,025	0,025	–	FF
	S355K2	0,20	1,60	0,55					

Weitere Stahlgruppen, z.B.

- kalt gewalzte Flacherzeugnisse aus höherfesten Stählen
- Flacherzeugnisse zum Kaltumformen
- Druckbehälterstähle
- Verpackungsblech und -band
- Stähle für Leitungsrohre
- Betonstähle
- Spannstähle
- Elektroblech

Geforderte Eigenschaften werden nicht erreicht

Auswahl nach chemischer Zusammensetzung: Seite 129

[1] DO Desoxidationsart: FN beruhigter Stahl; FF vollberuhigter Stahl mit stickstoffbindenden Elementen
[2] zusätzliche Legierungselemente: max. 0,06% Niob, max. 0,15% Vanadium, max. 0,06% Titan

Auswahl von Baustählen nach der chemischen Zusammensetzung

Unlegierte Stähle

Wärmebehandlung vorgesehen, z.B. härten oder vergüten

ja → **Auswahl nach dem Kohlenstoffgehalt**

nein → Seite 128 oder → Weitere Anforderungen

Haupteigenschaften werden bestimmt durch: Zusammensetzung (• Kohlenstoff (C) • Mangan (Mn) • Silicium (Si) • weitere Legierungselemente (L)); Reinheitsgrad (• Phosphor (P) • Schwefel (S)); Desoxidation DO[2]

Mindestanforderungen	Stahlgruppe	Kurzname	C in %	Mn in %	Si in %	L[1] in %	P_{max} in %	S_{max} in %	DO
• Wärmebehandlung	Einsatzstähle[3]	C10	0,10	0,45	0,40	–	0,045	0,045	FN
		C15	0,15	0,45		–			FN
	Vergütungsstähle	C35	0,35	0,65		0,63			FN
		C60	0,60	0,75					FN
• Wärmebehandlung mit gesicherten Werten	Einsatzstähle	C10E	0,10	0,45	0,40	–	0,035	0,035	FN
		C15E	0,15	0,45		–			FN
	Vergütungsstähle	C35E	0,35	0,65		0,63			FN
		C60E	0,60	0,75					FN

Weitere Anforderungen → Legierte Stähle

[1] L Maximaler Anteil (Cr + Mo + Ni)
[2] DO Desoxidationsart: FN beruhigt vergossen
[3] Die Stähle C10 und C15 wurden in die Norm Einsatzstähle DIN EN 10084 nicht mehr aufgenommen. Sie werden vom Fachhandel aber weiterhin angeboten.

Einfluss der Legierungselemente (Auswahl)

Durch Legierungselemente beeinflusste Eigenschaften	Legierungselemente Cr	Ni	Al	W	V	Co	Mo	Si	Mn	S	F
Zugfestigkeit	●	●	–	●	●	●	●	●	●	–	●
Streckgrenze	●	●	–	●	●	●	●	●	●	–	●
Kerbschlagzähigkeit	○	–	○	–	●	○	●	○	–	○	○
Verschleißfestigkeit	●	○	–	●	●	●	●	○	○	–	–
Warmumformbarkeit	○	●	○	○	●	○	●	○	●	○	–
Kaltumformbarkeit	–	–	–	○	–	○	○	○	○	○	○
Zerspanbarkeit	–	○	–	○	–	–	○	○	○	●	●
Warmfestigkeit	●	●	–	●	●	●	●	●	–	–	–
Korrosionsbeständigkeit	●	–	–	–	●	–	–	–	–	○	–
Härtetemperatur	●	–	–	●	●	–	●	●	○	–	–
Härtbarkeit, Vergütbarkeit	●	●	–	●	●	●	●	●	●	–	–
Nitrierbarkeit	●	–	●	●	●	–	●	○	●	–	–
Schweißbarkeit	○	○	●	–	●	–	○	–	○	○	○

● Erhöhung ○ Verminderung – ohne nennenswerten Einfluss

Beispiel: Zahnräder, einsatzgehärtet, Rohteile gesenkgeschmiedet, sichere Wärmebehandlung wird verlangt
Gesucht: Geeignete Stähle
Lösung: Wärmebehandlung (Einsatzhärtung) vorgesehen → Einsatzstahl, C ≤ 0,2 %
Die Eigenschaften der unlegierten Qualitäts- und Edelstähle reichen nicht aus → legierte Stähle
Steigerung der Warmumformbarkeit: Mn, V; Steigerung der Härtbarkeit: Cr, Ni
Stahlauswahl: 16MnCr5, 20MnCr5, 15NiCr13 (Seite 132)

W

Unlegierte Baustähle

Unlegierte Baustähle, warm gewalzt

vgl. DIN EN 10025-2 (2005-04), Ersatz für DIN EN 10025

Stahlsorte Kurzname	Werkstoffnummer	DO[1]	Kerbschlagarbeit bei °C	Kerbschlagarbeit KV J	Zugfestigkeit R_m[2] N/mm²	Streckgrenze R_e in N/mm² für Erzeugnisdicken in mm ≤ 16	> 16 ≤ 40	> 40 ≤ 63	> 63 ≤ 80	Bruchdehnung A[3] %	Eigenschaften, Verwendung
Stähle für den Stahl- und Maschinenbau											
S185	1.0035	–	–	–	290…510	185	175	175	175	18	nicht schweißbar, einfache Stahlkonstruktionen
S235JR S235J0 S235J2	1.0038 1.0114 1.0117	FN FN FF	20 0 –20	27	360…510	235	225	215	215	26	einfache Maschinenteile, Schweißkonstruktionen im Stahl- und Maschinenbau; Hebel, Bolzen, Achsen, Wellen
S275JR S275J0 S275J2	1.0044 1.0143 1.0145	FN FN FF	20 0 –20	27	410…560	275	265	255	245	23	
S355JR S355J0 S355J2	1.0045 1.0553 1.0577	FN FN FF	20 0 –20	27	470…630	355	345	335	325	22	hoch beanspruchte Schweißkonstruktionen im Stahl-, Kran- und Brückenbau
S355K2 S450J0	1.0596 1.0590	FF FF	–20 0	40 27	470…630 550…720	355 450	345 430	335 410	325 390	22 17	
Stähle für den Maschinenbau											
E295	1.0050	FN	–	–	470…610	295	285	275	265	20	Achsen, Wellen, Bolzen
E335	1.0060	FN	–	–	570…710	335	325	315	305	16	Verschleißteile; Ritzel, Schnecken, Spindeln
E360	1.0070	FN	–	–	670…830	360	355	345	335	11	

[1] DO Desoxidationsart: – dem Hersteller freigestellt; FN beruhigt vergossener Stahl; FF voll beruhigt vergossener Stahl

[2] Die Werte gelten für Erzeugnisdicken von 3 mm bis 100 mm.

[3] Die Werte gelten für Erzeugnisdicken von 3 mm bis 40 mm und Längsproben mit $L_0 = 5{,}65 \cdot \sqrt{S_o}$ (Seite 190).

Die in der Tabelle erfassten Stahlsorten sind unlegierte Qualitätsstähle nach DIN EN 10020 (Seite 120).

Technologische Eigenschaften

Schweißbarkeit

Stähle mit den Gütegruppen JR – J0 – J2 – K2 sind nach allen Verfahren schweißbar. Zunehmende Festigkeit und steigende Erzeugnisdicke erhöhen die Gefahr von Kaltrissen.
Die Stähle S185, E295, E335 und E360 sind nicht schweißbar, weil die chemische Zusammensetzung nicht festgelegt ist.

Warmumformbarkeit

Die Stähle sind warm umformbar. Nur Erzeugnisse, die im normalgeglühten (+N) oder normalisierend gewalzten (+N) Zustand bestellt und angeliefert werden, müssen den Anforderungen nach obiger Tabelle entsprechen. Der Behandlungszustand ist bei der Bestellung anzugeben.
Beispiel: S235J0+N oder 1.0114+N

Kaltumformbarkeit

Zur Kaltumformung (Abkanten, Walzprofilieren, Kaltziehen) geeignete Stahlsorten erhalten im Kurznamen das Zusatzsymbol C oder GC und jeweils eine eigene Werkstoffnummer.

Stahlsorten zur Kaltumformung

Kurzname	Werkstoffnummer	geeignet zum[1] A	W	K	Kurzname	Werkstoffnummer	geeignet zum[1] A	W	K	Kurzname	Werkstoffnummer	geeignet zum[1] A	W	K
S235JRC S235J0C S235J2C	1.0122 1.0115 1.0119	•	•	•	S275JRC S275J0C S275J2C	1.0128 1.0140 1.0142	•	•	•	S355J0C S355J2C S355K2C	1.0554 1.0579 1.0594	•	•	•
E295GC	1.0533	–	–	•	E335GC	1.0543	–	–	•	E360GC	1.0633	–	–	•

[1] Umformverfahren: A Abkanten W Walzprofilieren K Kaltziehen • gut geeignet – nicht geeignet

Schweißgeeignete Feinkornbaustähle, vergütete Baustähle

Schweißgeeignete Feinkornbaustähle (Auswahl)

vgl. DIN EN 10025-3 und DIN EN 10025-4 (2005-04) Ersatz für DIN EN 10113

Stahlsorte Kurzname	Werkstoffnummer	L[1]	Kerbschlagarbeit KV[2] in J bei Temperaturen in °C +20	0	−20	Zugfestigkeit R_m N/mm²	Streckgrenze R_e in N/mm² für Nenndicken in mm ≤ 16	> 16 ≤ 40	> 40 ≤ 63	Bruchdehnung A %	Eigenschaften, Verwendung
Unlegierte Qualitätsstähle											
S275N S275M	1.0490 1.8818	N M	55	47	40	370…510 370…530	275	265	255	24	hohe Zähigkeit, sprödbruch- und alterungsbeständig; Schweißkonstruktionen im Maschinen-, Kran-, Brücken- und Fahrzeugbau, Förderanlagen
S355N S355M	1.0545 1.8823	N M	55	47	40	470…630	355	345	335	22	
Legierte Edelstähle											
S420N S420M	1.8902 1.8825	N M	55	47	40	520…680	420	400	390	19	
S460N S460M	1.8901 1.8827	N M	55	47	40	550…720 540…720	460	440	430	17	

[1] L Lieferzustand: N normalgeglüht/normalisierend gewalzt; M thermomechanisch gewalzt

[2] Die Werte gelten für Spitzkerb-Längsproben.

Zuordnung der Stähle: DIN EN 10025-3 → S275N, S355N, S420N, S460N
DIN EN 10025-4 → S275M, S355M, S420M, S460M.

Technologische Eigenschaften

Schweißbarkeit	Warmumformbarkeit	Kaltumformbarkeit
Die Stähle sind schweißgeeignet. Zunehmende Festigkeit und steigende Erzeugnisdicke erhöhen die Gefahr von Kaltrissen.	Nur die Stähle S275N, S355N, S420N und S480N sind warm umformbar.	Kaltbiegen oder Abkanten ist bis 16 mm Nenndicke gewährleistet, wenn die Kaltumformbarkeit bei der Bestellung vereinbart wurde.

Vergütete Baustähle mit höherer Streckgrenze (Auswahl)

vgl. DIN EN 10025-6 (2005-02) Ersatz für DIN EN 10137-2

Stahlsorte Kurzname[1]	Werkstoffnummer	Kerbschlagarbeit KV in J bei Temperaturen in °C 0	−20	−40	Zugfestigkeit R_m N/mm²	Streckgrenze R_e in N/mm² für Nenndicken in mm > 3 ≤ 50	> 50 ≤ 100	> 100 ≤ 150	Bruchdehnung A %	Eigenschaften, Verwendung
S460Q S460QL	1.8908 1.8906	40 50	30 40	– 30	550… 720	460	440	400	17	hohe Zähigkeit, hohe Sprödbruch- und Alterungsbeständigkeit; hoch belastete Schweißkonstruktionen im Maschinen-, Kran-, Brücken- und Fahrzeugbau, Förderanlagen
S500Q S500QL	1.8924 1.8909	40 50	30 40	– 30	590… 770	500	480	440	17	
S620Q S620QL	1.8914 1.8927	40 50	30 40	– 30	700… 890	620	580	560	15	
S890Q S890QL	1.8940 1.8983	40 50	30 40	– 30	940…1100	890	830	–	11	
S960Q S960QL	1.8941 1.8933	40 50	30 40	– 30	980…1150	960	–	–	10	

[1] Q vergütet; QL vergütet, garantierte Mindestwerte für die Kerbschlagarbeit bis −40 °C

Technologische Eigenschaften

Schweißbarkeit	Warmumformbarkeit	Kaltumformbarkeit
Die Stähle sind nicht uneingeschränkt schweißbar. Eine fachkompetente Planung der Schweißparameter ist notwendig. Zunehmende Festigkeit und steigende Erzeugnisdicke erhöhen die Gefahr von Kaltrissen.	Bis zur Temperaturgrenze für das Spannungsarmglühen sind die Stähle warm umformbar.	Kaltbiegen und Abkanten ist bis 16 mm Nenndicke gewährleistet, wenn die Kaltumformung bei der Bestellung vereinbart wurde.

Einsatzstähle, unlegiert und legiert

Einsatzstähle (Auswahl) vgl. DIN EN 10084 (1998-06)

Stahlsorte Kurzname[1]	Werkstoffnummer	Härte HB im Lieferzustand[2] +A	+FP	Kerneigenschaften nach der Einsatzhärtung[3] Zugfestigkeit R_m N/mm²	Streckgrenze R_e N/mm²	Bruchdehnung A %	Härteverfahren[4] D	E	Eigenschaften, Verwendung
Unlegierte Einsatzstähle									
C10E C10R	1.1121 1.1207	131	90…125	490…640	295	16	•	•	Kleinteile mit mittlerer Beanspruchung; Hebel, Zapfen, Bolzen, Rollen, Spindeln, Press- und Stanzteile
C15E C15R	1.1141 1.1140	143	103…140	590…780	355	–	•	•	
Legierte Einsatzstähle									
17Cr3 17CrS3	1.7016 1.7014	174	–	700…900	450	11	•	•	Teile mit wechselnder Beanspruchung, z.B. im Getriebebau; Zahnräder, Kegel- und Tellerräder, Antriebsritzel, Wellen, Gelenkwellen
28Cr4 28CrS4	1.7030 1.7036	217	156…207	≥ 700	–	–	•	•	
16MnCr5 16MnCrS5	1.7131 1.7139	207	140…187	780…1080 780…1080	590 590	10 10	○	•	
16NiCr4 16NiCrS4	1.5714 1.5715	217	156…207	≥ 900	–	–	–	•	
18CrMo4 18CrMoS4	1.7243 1.7244	207	140…187	≥ 900	–	–	○	•	
20MoCr3 20MoCrS3	1.7320 1.7319	217	145…185	≥ 900	–	–	•	–	
20MoCr4 20MoCrS4	1.7321 1.7323	207	140…187	880…1180	590	10	•	–	
17CrNi6-6 22CrMoS3-3	1.5918 1.7333	229 217	156…207 152…201	≥ 1100 –	– –	– –	– ○	• •	
15NiCr13 10NiCr5-4	1.5752 1.5805	229 192	166…207 137…187	920…1230 ≥ 900	785 –	10 –	– –	• •	Teile mit hoher wechselnder Beanspruchung, z.B. im Getriebebau; Zahnräder, Kegel- und Tellerräder, Antriebsritzel, Wellen, Gelenkwellen
20NiCrMo2-2 20NiCrMoS2-2	1.6523 1.6526	212	149…194	780…1080	590	10	•	•	
17NiCrMo6-4 17NiCrMoS6-4 20NiCrMoS6-4	1.6566 1.6569 1.6571	229	149…201 149…201 154…207	≥ 1000 ≥ 1000 ≥ 1100	– – –	– – –	–	•	
20MnCr5 20MnCrS5	1.7147 1.7149	217	152…201	980…1270	685	8	○	•	Teile mit größeren Abmessungen; Ritzelwellen, Zahnräder, Tellerräder
18NiCr5-4 14NiCrMo13-4 18CrNiMo7-6	1.5810 1.6657 1.6587	223 241 229	156…207 166…217 159…207	≥ 1100 1030…1390 1060…1320	– – 785	– 10 8	– – –	• • •	

[1] Stahlsorten mit Schwefelzusatz, z.B. 16MnCrS5, weisen eine verbesserte Zerspanbarkeit auf.

[2] Lieferzustand: +A weich geglüht; +FP behandelt auf Ferrit-Perlitgefüge und Härtespanne

[3] Die Festigkeitswerte gelten für Proben mit 30 mm Nenndurchmesser.

[4] Härteverfahren:
- D Direkthärtung: Die Werkstücke werden direkt aus der Aufkohlungstemperatur abgeschreckt.
- E Einfachhärtung: Nach der Aufkohlung lässt man die Werkstücke in der Regel auf Raumtemperatur abkühlen. Zum Härten werden sie erneut erwärmt.

• gut geeignet; ○ bedingt geeignet; – nicht geeignet

Wärmebehandlung der Einsatzstähle: Seite 155

W

Vergütungsstähle, unlegiert und legiert

Vergütungsstähle (Auswahl) vgl. DIN EN 10083-2 und DIN EN 10083-3

Stahlsorte		B[1]	Festigkeitswerte für Walzdurchmesser *d* in mm						Eigenschaften, Verwendung
			Zugfestigkeit R_m N/mm²		Streckgrenze R_e N/mm²		Bruchdehnung *A* in %		
Kurzname	Werkstoffnummer		> 16 ≤ 40	> 40 ≤ 100	> 16 ≤ 40	> 40 ≤ 100	> 16 ≤ 40	> 40 ≤ 100	
Unlegierte Vergütungsstähle[2]									vgl. DIN EN 10083-2 (2006-10)
C22E	1.1151	+N	410	410	210	210	25	25	Teile mit geringer Beanspruchung und kleinen Vergütungsdurchmessern; Schrauben, Bolzen, Achsen, Wellen, Zahnräder
		+QT	470…620	–	290	–	22	–	
C35	1.0501	+N	520	520	270	270	19	19	
C35E	1.1181	+QT	600…750	550…700	380	320	19	20	
C45	1.0503	+N	580	580	305	305	16	16	
C45E	1.1191	+QT	650…800	630…780	430	370	16	17	
C55	1.0535	+N	640	640	330	330	12	12	
C55E	1.1203	+QT	750…900	700…850	490	420	14	15	
C60	1.0601	+N	670	670	340	340	11	11	
C60E	1.1221	+QT	800…950	750…900	520	450	13	14	
28Mn6	1.1170	+N	600	600	310	310	18	18	
		+QT	700…850	650…800	490	440	15	16	
Legierte Vergütungsstähle									vgl. DIN EN 10083-3 (2007-01)
38Cr2 46Cr2	1.7003 1.7006	+QT	700… 850 800… 950	600… 750 650… 800	450 550	350 400	15 14	17 15	Teile mit mittlerer Beanspruchung; Getriebewellen, Schnecken, Zahnräder
34Cr4 37Cr4	1.7033 1.7034	+QT	800… 950 850…1000	700… 850 750… 900	590 630	460 510	14 13	15 14	
25CrMo4 25CrMoS4	1.7218 1.7213	+QT	800… 950	700… 850	600	450	14	15	
41Cr4 41CrS4	1.7035 1.7039	+QT	900…1100	800… 950	660	560	12	14	Teile mit hoher Beanspruchung und größeren Vergütungsdurchmessern; Wellen, Zahnräder, größere Schmiedeteile
34CrMo4 34CrMoS4	1.7220 1.7226	+QT	900…1100	800… 950	650	550	12	14	
42CrMo4 42CrMoS4	1.7225 1.7227	+QT	1000…1200	900…1100	750	650	11	12	
50CrMo4 51CrV4	1.7228 1.8159	+QT	1000…1200	900…1100	780 800	700	10	12	
30NiCrMo16-6 34CrNiMo6	1.6747 1.6582	+QT	1080…1230 1100…1300	1080…1230 1000…1200	880 900	880 900	10	10 11	Teile mit höchster Beanspruchung und großen Vergütungsdurchmessern
36NiCrMo16 30CrNiMo8	1.6773 1.6580	+QT	1250…1450	1100…1300	1050	900	9	10	
20MnB5 30MnB5	1.5530 1.5531	+QT	750… 900 800… 950	– –	600 650	– –	15 13	– –	mit Bor legiert; warmgeformte Teile mit verbesserter Härtbarkeit
27MnCrB5-2 39MnCrB6-2	1.7182 1.7189	+QT	900…1150 1050…1250	800…1000 1000…1200	750 850	700 800	14 12	15 12	

[1] B Behandlungszustand: +N normalgeglüht; +QT vergütet
Bei den unlegierten Vergütungsstählen gelten die Behandlungszustände +N und +QT jeweils für die Qualitäts- und die Edelstähle, zum Beispiel für C45 und C45E

[2] Die unlegierten Vergütungsstähle C35, C45, C55 und C60 sind Qualitätsstähle, die Stähle C22E, C35E, C45E, C55E und C60E werden als Edelstähle hergestellt.

Wärmebehandlung der Vergütungsstähle: Seite 156

W

Nitrierstähle, Stähle für Flamm- und Induktionshärtung, Automatenstähle

Nitrierstähle (Auswahl)

vgl. DIN EN 10085 (2001-07), Ersatz für DIN 17211

Stahlsorte Kurzname	Werkstoffnummer	weichgeglüht Härte HB	Zugfestigkeit[1] R_m N/mm²	Streckgrenze[1] R_e N/mm²	Bruchdehnung[1] A %	Eigenschaften, Verwendung
31CrMo12	1.8515	248	980…1180	785	11	Verschleißteile bis 250 mm Dicke
31CrMoV9	1.8519	248	1000…1200	800	10	Verschleißteile bis 100 mm Dicke
34CrAlMo5-10	1.8507	248	800…1000	600	14	Verschleißteile bis 80 mm Dicke
40CrAlMo7-10	1.8509	248	900…1100	720	13	warmfeste Verschleißteile bis 500 °C
34CrAlNi7-10	1.8550	248	850…1050	650	12	große Teile; Kolbenstangen, Spindeln

[1] Festigkeitswerte: Die Werte für die Zugfestigkeit R_m, die Streckgrenze R_e und die Bruchdehnung A gelten für Erzeugnisdicken von 40…100 mm im vergüteten Zustand.

Wärmebehandlung der Nitrierstähle: Seite 157

Stähle für Flamm- und Induktionshärtung (Auswahl)

vgl. DIN EN 10083[1]

Stahlsorte Kurzname	Werkstoffnummer	weichgeglüht Härte HB	B[2]	Zugfestigkeit[2] R_m N/mm²	Streckgrenze R_e in N/mm² für Nenndicken in mm ≤ 16	> 16 ≤ 40	> 40 ≤ 100	Bruchdehnung A %	Eigenschaften, Verwendung
C45E[1] C60E[1]	1.1191 1.1221	207 241	+QT	650… 800 800… 950	490 580	430 520	370 450	16 13	Verschleißteile mit hoher Kernfestigkeit und guter Zähigkeit; Kurbelwellen, Getriebewellen, Nockenwellen, Schnecken, Zahnräder
37Cr4 46Cr2	1.7034 1.7006	255	+QT	850…1000 800… 950	750 650	630 550	510 400	14 13	
41Cr4 42CrMo4	1.7035 1.7225	255	+QT	900…1100 1000…1200	800 900	660 750	560 650	12 11	

[1] Die bisherige Norm DIN 17212 wurde ersatzlos zurückgezogen. Flamm- und induktionshärtbare Stähle siehe Vergütungsstähle DIN EN 10083-3 (Seite 133). Für unlegierte Edelstähle nach DIN EN 10083-2 ist das Härteergebnis nur dann gesichert, wenn die Stähle mit der Austenitkorngröße ≤ 5 bestellt werden.

[2] B Behandlungszustand: +QT vergütet

Wärmebehandlung der Stähle für Flamm- und Induktionshärtung: Seite 156

Automatenstähle (Auswahl)

vgl. DIN EN 10087 (1999-01)

Stahlsorte Kurzname[1]	Werkstoffnummer	B[2]	Für Erzeugnisdicken von 16…40 mm: Härte HB	Zugfestigkeit R_m N/mm²	Streckgrenze R_e N/mm²	Bruchdehnung A %	Eigenschaften, Verwendung
11SMn30 11SMnPb30	1.0715 1.0718	+U	112…169	380…570	–	–	• Zur Wärmebehandlung nicht geeignete Stähle Kleinteile mit geringer Beanspruchung; Hebel, Zapfen
11SMn37 11SMnPb37	1.0736 1.0737	+U	112…169	380…570	–	–	
10S20 10SPb20	1.0721 1.0722	+U	107…156	360…530	–	–	• Einsatzstähle verschleißfeste Kleinteile; Wellen, Bolzen, Stifte
15SMn13	1.0725	+U	128…178	430…600	–	–	
35S20	1.0726	+U	154…201	520…680	–	–	• Vergütungsstähle größere Teile mit höherer Beanspruchung; Spindeln, Wellen, Zahnräder
35SPb20	1.0756	+QT	–	600…750	380	16	
44SMn28	1.0762	+U	187…238	630…800	–	–	
44SMnPb28	1.0763	+QT	–	700…850	420	16	
46S20	1.0727	+U	175…225	590…760	–	–	
46SPb20	1.0757	+QT	–	650…800	430	13	

[1] Stahlsorten mit Bleizusätzen, z. B. 11SMnPb30, sind besser zerspanbar.

[2] B Behandlungszustand: +U unbehandelt; +QT vergütet

Alle Automatenstähle sind unlegierte Qualitätsstähle. Ein gleichmäßiges Ansprechen auf Einsatzhärten oder Vergüten ist nicht gesichert.

Wärmebehandlung der Automatenstähle: Seite 157

Kaltarbeitsstähle, Warmarbeitsstähle, Schnellarbeitsstähle

Werkzeugstähle (Auswahl)

vgl. DIN EN ISO 4957 (2001-02), Ersatz für DIN 17350

Stahlsorte Kurzname	Werkstoff-nummer	Härte HB[1] max.	Härte-temperatur °C	A[2]	Anlass-temperatur °C	Anwendungsbeispiele, Eigenschaften
Kaltarbeitsstähle, unlegiert						
C45U	1.1730	190	800…830	W	180…300	ungehärtete Aufbauteile für Werkzeuge, Schraubendreher, Meißel, Messer
C70U	1.1520	190	790…820	Ö	180…300	Zentrierdorne, kleine Gesenke, Schraubstockbacken, Abgratstempel
C80U	1.1525	190	780…810	W	180…300	Gesenke mit flachen Gravuren, Meißel, Kaltschlagmatrizen, Messer
C105U	1.1545	213	770…800	W	180…300	einfache Schneidwerkzeuge, Prägestempel, Reißnadeln, Lochdorne, Spiralbohrer
Kaltarbeitsstähle, legiert						
21MnCr5	1.2162	215	810…840	Ö	150…180	komplizierte einsatzgehärtete Kunststoffpressformen; gut polierbar
60WCrV8	1.2550	230	880…930	Ö	180…300	Schnitte für Stahlblech von 6 … 15 mm, Kaltlochstempel, Meißel, Körner
90MnCrV8	1.2842	220	790…820	Ö	150…250	Schneidplatten, Stempel, Kunststoffpressformen, Reibahlen, Messzeuge
102Cr6	1.2067	230	820…850	Ö	100…180	Bohrer, Fräser, Reibahlen, kleine Schneidplatten, Spitzen für Drehmaschinen
X38CrMo16	1.2316	250	1000…1040	Ö	650…700	Werkzeuge für die Verarbeitung von chemisch angreifenden Thermoplasten
40CrMnNiMo8-6-4	1.2738	235	840…870	Ö	180…220	Kunststoffformen aller Art
45NiCrMo16	1.2767	260	840…870	Ö, L	160…250	Biege- und Prägewerkzeuge, Schermesser für dickes Schneidgut
X153CrMoV12	1.2379	250	1020…1050	Ö, L	180…250	bruchempfindliche Schneidwerkzeuge, Fräser, Räumwerkzeuge, Schermesser
X210CrW12	1.2436	255	950…980	Ö, L	180…250	Hochleistungs-Schneidwerkzeuge, Räumwerkzeuge, Presswerkzeuge
Warmarbeitsstähle						
55NiCrMoV7	1.2714	250	840…870	Ö	400…650	Kunststoffpressformen, kleine und mittelgroße Gesenke, Warmschermesser
X37CrMoV5-1	1.2343	235	1020…1050	Ö, L	550…650	Druckgießformen für Leichtmetalle, Strangpresswerkzeuge
32CrMoV12-28	1.2365	230	1020…1050	Ö, L	500…670	Druckgießformen für Schwermetalle, Strangpresswerkzeuge für alle Metalle
X38CrMoV5-3	1.2367	235	1030…1080	Ö, L	600…700	hochwertige Gesenke, hoch beanspruchte Werkzeuge zur Schraubenherstellung
Schnellarbeitsstähle						
HS6-5-2C	1.3343	250	1190…1230	Ö, L	540…560	Spiralbohrer, Reibahlen, Fräser, Gewindebohrer, Kreissägeblätter
HS6-5-2-5	1.3243	270	1210…1250	Ö, L	550…570	Höchstbeanspruchte Spiralbohrer, Fräser, Schruppwerkzeuge mit hoher Zähigkeit
HS10-4-3-10	1.3207	270	1210…1250	Ö, L	550…570	Drehmeißel für Automatenbearbeitung, hohe Abspanleistung
HS2-9-2	1.3348	250	1190…1230	Ö, L	540…580	Fräser, Spiral- und Gewindebohrer, hohe Schneidhärte, Warmfestigkeit, Zähigkeit

[1] Anlieferungszustand: geglüht [2] A Abschreckmittel; W Wasser; Ö Öl; L Luft

Bezeichnung der Werkzeugstähle: Seite 125; Wärmebehandlung der Werkzeugstähle: Seite 155

W

Nichtrostende Stähle

Korrosionsbeständige Stähle (Auswahl)

vgl. DIN EN 10088-2 und 10088-3 (2005-09)

Stahlsorte Kurzname	Werkstoffnummer	L[1] B	L[1] S	A[2]	Dicke d mm	Zugfestigkeit R_m N/mm²	Dehngrenze $R_{p0,2}$ N/mm²	Bruchdehnung A %	Eigenschaften, Verwendung
Austenitische Stähle									
X10CrNi18-8	1.4310	•		C	≤ 8	600…950	250	40	Federn für Temperaturen bis 300 °C, Fahrzeugbau
			•	–	≤ 40	500…750	195	40	
X2CrNi18-9	1.4307	• •		C P	≤ 8 ≤ 75	520…700 500…650	220 200	45	Behälter für Haushalt, chemische und Lebensmittelindustrie
			•	–	≤ 160	500…700	175	45	
X2CrNi19-11	1.4306	• •		C P	≤ 8 ≤ 75	520…700 500…700	220 200	45	Geräte und Teile, die organischen und Fruchtsäuren ausgesetzt sind
			•	–	≤ 160	460…680	180	45	
X2CrNiN18-10	1.4311	• •		C P	≤ 8 ≤ 75	550…750 540…750	290 270	40	Geräte des Molkerei- und Brauereigewerbes, Druckgefäße
			•	–	≤ 160	550…760	270	40	
X5CrNi18-10	1.4301	• •		C P	≤ 8 ≤ 75	540…750	230 210	45	gut polierbar; Tiefziehteile in der Nahrungsmittelindustrie
			•	–	≤ 160	500…700	190	45	
X8CrNiS18-9	1.4305	•		P	≤ 75	500…700	190	35	Teile im Nahrungsmittel- und Molkereigewerbe
			•	–	≤ 160	500…750	190	35	
X6CrNiTi18-10	1.4541	• •		C P	≤ 8 ≤ 75	520…720 500…700	220 200	40	Gebrauchsgegenstände im Haushalt, Teile in der Fotoindustrie
			•	–	≤ 160	500…700	190	40	
X4CrNi18-12	1.4303	•		C	≤ 8	500…650	220	45	Chemische Industrie; Schrauben, Muttern
			•	–	≤ 160	500…700	190	45	
X5CrNiMo17-12-2	1.4401	• •		C P	≤ 8 ≤ 75	530…680 520…670	240 220	40 45	Teile in der Farben-, Öl- und Textilindustrie
			•	–	≤ 160	500…700	200	40	
X6CrNiMoTi17-12-2	1.4571	• •		C P	≤ 8 ≤ 75	540…690 520…670	240 220	40	Teile in der Textil-, Kunstharz- und Gummiindustrie
			•	–	≤ 160	500…700	200	40	
X2CrNiMo18-14-3	1.4435	• •		C P	≤ 8 ≤ 75	550…700 520…670	240 220	40 45	Teile mit erhöhter chemischer Beständigkeit in der Zellstoffindustrie
			•	–	≤ 160	500…700	200	40	
X2CrNiMoN17-13-3	1.4429	• •		C P	≤ 8 ≤ 75	580…780	300 280	35 40	erhöhte chemische Beständigkeit; Druckbehälter
			•	–	≤ 160	580…800	280	35	
X2CrNiMoN17-13-5	1.4439	• •		C P	≤ 8 ≤ 75	580…780	290 270	35 40	beständig gegen Chlor und höhere Temperaturen; chemische Industrie
			•	–	≤ 160	580…800	280	35	
X1NiCrMoCu25-20-5	1.4539	• •		C P	≤ 8 ≤ 75	530…730 520…720	240 220	35	beständig gegen Phosphor-, Schwefel- und Salzsäure; chemische Industrie
			•	–	≤ 160	700…800	200	40	

[1] L Lieferformen, Normzuordnung: B Bleche, Bänder → DIN EN 10088-2; S Stäbe, Profile → DIN EN 10088-3

[2] A Anlieferungszustand: C kaltgewalzte Bänder; P warmgewalzte Bleche

Nichtrostende Stähle

Korrosionsbeständige Stähle (Fortsetzung) vgl. DIN EN 10088-2 und 10088-3 (2005-09)

Stahlsorte Kurzname	Werkstoffnummer	L[1] B	L[1] S	A[2]	Dicke d mm	Zugfestigkeit R_m N/mm²	Dehngrenze $R_{p0,2}$ N/mm²	Bruchdehnung A %	Eigenschaften, Verwendung
Ferritische Stähle									
X2CrNi12	1.4003	•		C P	≤ 8 ≤ 25	450…650	280 250	20 18	Fahrzeug- und Containerbau, Fördertechnik
			•	–	≤ 100	450…600	260	20	
X6Cr13	1.4000	• •		C P	≤ 8 ≤ 25	400…600	240 220	19	beständig gegen Wasser und Dampf; Haushaltsgeräte, Beschläge
			•	–	≤ 25	400…630	230	20	
X6Cr17	1.4016	• •		C P	≤ 8 ≤ 25	450…600	260 240	20	gut kalt umformbar, polierbar; Bestecke, Stoßstangen
			•	–	≤ 100	400…630	240	20	
X2CrTi12	1.4512	•		C	≤ 8	450…650	280	23	Katalysatoren
X6CrMo17-1	1.4113	•		C	≤ 8	450…630	260	18	Automobilbau; Zierleisten, Radkappen
			•	–	≤ 100	440…660	280	18	
X3CrTi17	1.4510	•		C	≤ 8	450…600	260	20	Schweißteile im Nahrungsmittelbereich
X2CrMoTi18-2	1.4521	• •		C P	≤ 8 ≤ 12	420…640 420…620	300 280	20	Schrauben, Muttern, Heizkörper

1) L Lieferformen, Normzuordnung; B Bleche, Bänder → DIN EN 10088-2; S Stäbe, Profile → DIN EN 10088-3
2) A Anlieferungszustand: C kaltgewalzte Bänder; P warmgewalzte Bleche

Martensitische Stähle

Stahlsorte Kurzname	Werkstoffnr.	L[1] B	L[1] S	A[2]	Dicke d mm	W[3]	Zugfestigkeit R_m N/mm²	Dehngrenze $R_{p0,2}$ N/mm²	Bruchdehnung A %	Eigenschaften, Verwendung
X12Cr13	1.4006	• •		C P	≤ 8 ≤ 75	A QT650	≤ 600 650…850	– 450	20 12	beständig gegen Wasser und Dampf, Lebensmittelindustrie
			•	–	≤ 160	QT650	650…850	450	15	
X20Cr13	1.4021	• •		C P	≤ 8 ≤ 75	A QT750	≤ 700 750…950	– 550	15 10	Achsen, Wellen, Pumpenteile, Schiffsschrauben
			•	–	≤ 160	QT800	800…950	600	12	
X30Cr13	1.4028	• •		C P	≤ 8 ≤ 75	A QT800	≤ 740 800…1000	– 600	15 10	Schrauben, Muttern, Federn, Kolbenstangen
			•	–	≤ 160	QT850	850…1000	650	10	
X46Cr13	1.4034	•	 •	C –	≤ 8 ≤ 160	A QT800	≤ 780 850…1000	245 650	12 10	härtbar; Tafel- und Maschinenmesser
X39CrMo17-1	1.4122	•	 •	C –	≤ 8 ≤ 60	A QT900	≤ 900 900…1100	280 800	12 11	Wellen, Spindeln, Armaturen bis 600 °C
X3CrNiMo13-4	1.4313	•		P	≤ 75	QT900	900…1100	800	11	hohe Zähigkeit; Pumpen, Turbinenlaufräder, Reaktorbau
			• •	–	– ≤ 160	A QT900	≤ 1100 900…1100	320 800	– 12	

1) L Lieferformen, Normzuordnung; B Bleche, Bänder → DIN EN 10088-2; S Stäbe, Profile → DIN EN 10088-3
2) A Anlieferungszustand: C kaltgewalzte Bänder; P warmgewalzte Bleche
3) W Wärmebehandlungszustand: A geglüht; QT750 → vergütet auf Mindestzugfestigkeit R_m = 750 N/mm²

Federstahl

Stahldraht für Federn, patentiert gezogen

vgl. DIN EN 10270-1 (2001-12), Ersatz für DIN 17223

Drahtsorte	Mindestzugfestigkeit R_m in N/mm² für die Nenndurchmesser d in mm															
	0,5	0,8	1,0	1,5	2,0	2,5	3,0	3,4	4,0	4,5	5,0	6,0	8,0	10,0	15,0	20,0
SL	–	–	1720	1600	1510	1460	1410	1370	1320	1290	1260	1210	1120	1060	–	–
SM	2200	2050	1980	1850	1740	1690	1630	1590	1530	1500	1460	1400	1310	1240	1110	1020
SH	2480	2310	2330	2090	1970	1900	1840	1790	1740	1690	1660	1590	1490	1410	1270	1160
DM	2200	2050	1980	1850	1740	1690	1630	1590	1530	1500	1460	1400	1310	1240	1110	1020
DH	2480	2310	2230	2090	1970	1900	1840	1790	1740	1690	1660	1590	1490	1410	1270	1160

Drahtdurchmesser *d* in mm (Auswahl)

alle Sorten, außer SL[1]	0,30 – 0,32 – 0,34 – 0,36 – 0,38 – 0,40 – 0,43 – 0,48 – 0,50 – 0,53 – 0,56 – 0,60 – 0,63 – 0,65 – 0,70 – 0,75 – 0,80 – 0,90 – 1,00 – 1,10 – 1,20 – 1,25 – 1,30 – 1,40 – 1,50 – 1,60 – 1,70 – 1,80 – 1,90 – 2,00 – 2,10 – 2,25 – 2,40 – 2,50 – 2,60 – 2,80 – 3,00 – 3,20 – 3,40 – 3,60 – 3,80 – 4,00 – 4,25 – 4,50 – 4,75 – 5,00 – 5,30 – 5,60 – 6,00 – 6,30 – 6,50 – 7,00 – 7,50 – 8,00 – 8,50 – 9,00 – 9,50 – 10,00

[1] Drahtsorte SL ist nur im Duchmesserbereich d = 1...10 mm lieferbar.

Einsatzbedingungen, Verwendung

Drahtsorte	Geeignet für Federn mit	Verwendung
SL	niedriger statischer Beanspruchung	Zugfedern, Druckfedern, Drehfedern im Geräte- und Maschinenbau, Drahtsorte DH ist auch für Formfedern geeignet.
SM	mittlerer statischer **oder** seltener dynamischer Beanspruchung	
SH	hoher statischer **oder** niedriger dynamischer Beanspruchung	
DM	mittlerer dynamischer Beanspruchung	
DH	hoher statischer **oder** mittlerer dynamischer Beanspruchung	

Drahtoberflächen, Lieferformen

Kurzzeichen	Drahtoberfläche	Kurzzeichen	Drahtoberfläche	Lieferformen
ph	phosphatiert	Z	mit Zinküberzug	• in Ringen oder auf Spulen • gerichtete Stäbe im Bündel
cu	verkupfert	ZA	mit Zink/Aluminium-Überzug	

⇒ **Federdraht EN 10270-1 DM 3,4 ph:** Drahtsorte DM, d = 3,4 mm, phosphatierte Oberfläche (ph)

Federstahl, warm gewalzt, vergütbar

vgl. DIN EN 10089 (2003-04), Ersatz für DIN 17221

Stahlsorte Kurzname	Stahlsorte Werkstoffnummer	warm gewalzt Härte HB	weichgeglüht +A Härte HB	im vergüteten Zustand (+QT)[1] Zugfestigkeit R_m N/mm²	Dehngrenze $R_{p\,0,2}$ N/mm²	Bruchdehnung A %	Eigenschaften, Verwendung
38Si7	1.5023	240	217	1300...1600	1150	8	federnde Schraubensicherungen
46Si7	1.5024	270	248	1400...1700	1250	7	Blattfedern, Schraubenfedern
55Cr3	1.7176	> 310	248	1400...1700	1250	3	größere Zug- und Druckfedern
54SiCr6	1.7102	310	248	1450...1750	1300	6	Federdraht
61SiCr7	1.7108	310	248	1550...1850	1400	5,5	Blattfedern, Tellerfedern
51CrV4	1.8159	> 310	248	1400...1700	1200	6	hoch beanspruchte Federn

Erläuterung: [1] Die Festigkeitswerte gelten für Proben mit d = 10 mm Durchmesser.

⇒ **Rundstab EN 10089 – 20 x 8000 – 51CrV4+A:** Stabdurchmesser d = 20 mm, Stablänge l = 8000 mm, Stahlsorte 51CrV4, Anlieferungszustand weichgeglüht (+A)

Drahtdurchmesser *d* in mm (Auswahl)	**Lieferformen**
5,0 – 5,5 – 6,0 – 6,5 – 7,0 – 7,5 – 8,0 – 8,5 – 9,0 – 9,5 – 10,0 – 10,5 – 11,0 – 11,5 – 12,0 ... 19,0 – 19,5 – 20,0 – 21,0 – 22,0 – 23,0 ... 27,0 – 28,0 – 29,0 – 30,0	• gerichtete Stäbe • Drahtringe

Bleche und Bänder – Einteilung, Übersicht

Einteilung nach

Lieferformen

Bezeichnung	handelsübliche Formate
Bleche 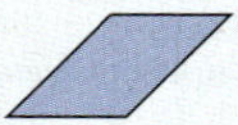	meist rechteckige Tafeln im Kleinformat: *b* x *l* = 1000 x 2000 mm Mittelformat: *b* x *l* = 1250 x 2500 mm Großformat: *b* x *l* = 1500 x 3000 mm Blechdicken *s* = 0,14...250 mm
Bänder 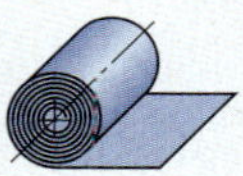	zu Rollen (Coils) aufgewickelte Endlos-Blechstreifen Streifendicke *s* = 0,14... ca. 10 mm Streifenbreite *b* bis 2000 mm Coildurchmesser bis 2400 mm • zur Beschickung von automatischen Fertigungsanlagen oder für Tafelzuschnitte bei der Weiterverarbeitung

Herstellverfahren

Verfahren	Bemerkungen
warm gewalzt	Blechdicken bis ca. 250 mm, Oberflächen im Walzzustand oder entzundert
kalt gewalzt	Blechdicken bis ca. 10 mm, glatte Oberflächen, enge Fertigungstoleranzen
kalt gewalzt mit Oberflächenveredelung	• höhere Korrosionsbeständigkeit, z. B. durch Verzinken, organische Beschichtung • für dekorative Zwecke, z. B. durch Kunststoffbeschichtung • bessere Umformbarkeit, z. B. durch strukturierte Oberflächen

Blechsorten – Übersicht (Auswahl)

Haupteigenschaften	Bezeichnung, Stahlsorten	Norm	Lieferformen[1] Bl	Ba	Dickenbereich
Kalt gewalzte Bleche und Bänder					
• kalt umformbar (Tiefziehen) • schweißbar • Oberfläche lackierbar	Flacherzeugnisse aus weichen Stählen	DIN EN 10130	•	•	0,35...3 mm
	Kaltband aus weichen Stählen	DIN EN 10207	–	•	≤ 10 mm
	Flacherzeugnisse mit hoher Streckgrenze	DIN EN 10268	•	•	≤ 3 mm
	Flacherzeugnisse zum Emaillieren	DIN EN 10209	•	•	≤ 3 mm
Kalt gewalzte Bleche und Bänder mit Oberflächenveredelung					
• höhere Korrosionsbeständigkeit • ggf. bessere Umformbarkeit	Schmelztauchveredeltes Blech und Band	DIN EN 10327	•	•	≤ 3 mm
	Elektrolytisch verzinkte Flacherzeugnisse aus Stahl zum Kaltumformen	DIN EN 10152	•	•	0,35...3 mm
	Organisch beschichtete Flacherzeugnisse aus Stahl	DIN EN 10169-1	•	•	≤ 3 mm
Kalt gewalzte Bleche und Bänder für Verpackungen					
• korrosionsbeständig • kalt umformbar • schweißbar	Feinstblech zur Herstellung von Weißblech	DIN EN 10205	•	•	0,14...0,49 mm
	Verpackungsblech aus elektrolytisch verzinntem oder verchromtem Stahl	DIN EN 10202	•	•	0,14...0,49 mm
Warm gewalzte Bleche und Bänder					
Eigenschaften wie entsprechende Stahlgruppen (Seiten 126, 127)	Blech und Band aus unlegierten und legierten Stählen, z. B. aus Baustählen nach DIN EN 10025, Feinkornbaustählen nach DIN EN 10113, Einsatzstählen nach DIN EN 10084, Vergütungsstählen nach DIN EN 10083, nichtrostenden Stählen nach DIN EN 10088	DIN EN 10051	•	•	Bleche bis 25 mm Dicke, Bänder bis 10 mm Dicke
• hohe Streckgrenze	Blech aus Baustählen mit höherer Streckgrenze in vergütetem Zustand	DIN EN 10137-2	•	–	3...150 mm
• Kaltumformbarkeit	Flacherzeugnisse aus Stählen mit hoher Streckgrenze	DIN EN 10149-1	•	•	Bleche bis 20 mm Dicke

[1] Lieferformen: Bl Bleche; Ba Bänder

Kaltgewalzte Bleche und Bänder zur Kaltumformung

Kaltgewalztes Band und Blech aus weichen Stählen

vgl. DIN EN 10130 (2007-02)

Stahlsorte Kurzname	Stahlsorte Werkstoffnummer	Oberflächenart	Zugfestigkeit R_m N/mm²	Streckgrenze R_e N/mm²	Bruchdehnung A %	Freiheit von Fließfiguren[1)]	Eigenschaften, Verwendung
DC01	1.0330	A B	270…410	140 280	28	– 3 Monate	kalt umformbar, z.B. durch Tiefziehen, schweißbar, Oberflächen lackierbar; umgeformte Blechteile im Fahrzeugbau, im allgemeinen Maschinen- und Gerätebau, in der Bauindustrie
DC03	1.0347	A B	270…370	140 240	34	6 Monate	
DC04	1.0338	A B	270…350	140 210	38	6 Monate	
DC05	1.0312	A B	270…330	140 180	40	6 Monate	
DC06	1.0873	A B	270…350	120 180	38	unbegrenzt	
Lieferformen (Richtwerte)	Blechdicken: 0,25 – 0,35 – 0,4 – 0,5 – 0,6 – 0,7 – 0,8 – 0,9 – 1,0 – 1,2 – 1,5 – 2,0 – 2,5 – 3,0 mm Blechtafel-Abmessungen: 1000 x 2000 mm, 1250 x 2500 mm, 1500 x 3000 mm, 2000 x 6000 mm Bänder (Coils) bis ca. 2000 mm Breite						
Erläuterung	1) Bei der spanlosen Weiterverarbeitung, z.B. durch Tiefziehen, treten innerhalb der angegebenen Frist keine Fließfiguren auf. Die Frist gilt ab der vereinbarten Lieferung.						

Oberflächenart		Oberflächenausführung		
Bezeichnung	Beschreibung der Oberfläche	Bezeichnung	Ausführung	Mittenrauwert Ra
A	Fehler, z.B. Poren, Riefen, dürfen die Umformbarkeit und die Haftung von Oberflächenüberzügen nicht beeinträchtigen.	b g	besonders glatt glatt	$Ra \leq 0{,}4$ µm $Ra \leq 0{,}9$ µm
B	Eine Blechseite muss so weit fehlerfrei sein, dass das Aussehen einer Qualitätslackierung nicht beeinträchtigt wird.	m r	matt rau	0,6 µm $< Ra \leq$ 1,9 µm $Ra >$ 1,6 µm
⇒	**Blech EN 10130 – DC06 – B – g:** Blech aus Werkstoff DC06, Oberflächenart B, glatte Oberfläche			

Kaltgewalztes Band und Blech aus Stählen mit hoher Streckgrenze (Auswahl)

vgl. DIN EN 10268 (2006-10)

Stahlsorte Kurzname	Stahlsorte Werkstoffnummer	Zugfestigkeit R_m N/mm²	Streckgrenze R_e N/mm²	Bruchdehnung A %	Eigenschaften, Verwendung
HC180Y HC220Y HC260Y	1.0922 1.0925 1.0928	340…400 350…420 380…440	180…230 220…270 260…320	36 34 32	kalt umformbar bei hoher mechanischer Festigkeit; komplizierte Tiefziehteile
HC180B HC220B HC300B	1.0395 1.0396 1.0444	300…360 320…400 400…480	180…230 220…270 300…360	34 32 26	gut kalt umformbar, Erhöhung der Streckgrenze durch Erwärmung nach der Umformung; Karosserieteile im Außenbereich
HC180P HC260P HC300P	1.0342 1.0417 1.0448	280…360 360…440 400…480	180…230 280…320 300…360	34 29 26	gut kalt umformbar, hohe Schlag- und Ermüdungsfestigkeit; Teile der Karosserieaußenhaut, Tiefziehteile
HC260LA HC380LA HC420LA	1.0480 1.0550 1.0556	350…430 440…560 470…590	260…330 380…480 420…520	26 19 17	gut schweißbar bei begrenzter Kaltumformbarkeit, gute Schlag- und Ermüdungsfestigkeit; Verstärkungsteile in Karosserien
Lieferformen, Oberflächen	Lieferform siehe DIN EN 10130 (Tabelle oben) Oberflächenart: Die Erzeugnisse werden in den Oberflächen A und B nach DIN EN 10130 geliefert. Für LA-Sorten, z.B. HC380LA, kommt nur Oberflächenart A in Betracht. Für Walzbreiten > 600 mm entsprechen die Oberflächenausführungen ebenfalls DIN EN 10130.				
⇒	**Blech EN 10268 – HC380LA – A – m:** Blech aus Werkstoff HC380LA, Oberflächenart A, Oberflächenausführung matt (m)				

W

Kaltgewalzte Bleche und Bänder zur Kaltumformung

Schmelztauchveredeltes Band und Blech aus weichen Stählen zum Kaltumformen

vgl. DIN EN 10327 (2004-09)
Ersatz für DIN EN 10142

Stahlsorte Kurzname	Werkstoffnummer	Garantie für Festigkeitswerte[1]	Zugfestigkeit R_m N/mm²	Streckgrenze R_e N/mm²	Bruchdehnung A %	Freiheit von Fließfiguren[2]	Kaltumformgüteklasse
DX51D+Z DX51D+ZF	1.0226+Z 1.0226+ZF	8 Tage	270…500	–	22	1 Monat	Maschinenfalzgüte
DX52D+Z DX52D+ZF	1.0350+Z 1.0350+ZF	8 Tage	270…420	140…300	26	1 Monat	Ziehgüte
DX53D+Z DX53D+ZF	1.0355+Z 1.0355+ZF	6 Monate	270…380	140…260	30	6 Monate	Tiefziehgüte
DX54D+Z DX54D+ZF	1.0306+Z 1.0306+ZF	6 Monate	260…350	120…220	36 34	6 Monate	Sondertiefziehgüte
DX56D+Z DX56D+ZF	1.0322+Z 1.0322+ZF	6 Monate	270…350	120…180	39 37	6 Monate	Spezialtiefziehgüte

Lieferformen (Richtwerte)	Blechdicken: 0,25 – 0,35 – 0,4 – 0,5 – 0,6 – 0,7 – 0,8 – 0,9 – 1,0 – 1,2 – 1,5 – 2,0 – 2,5 – 3,0 mm Blechtafel-Abmessungen: 1000 x 2000 mm, 1250 x 2500 mm, 1500 x 3000 mm, 2000 x 6000 mm Bänder (Coils) bis ca. 2000 mm Breite
Erläuterungen	[1] Die Kennwerte für die Zugfestigkeit R_m, die Streckgrenze R_e und die Bruchdehnung A werden nur innerhalb der angegebenen Frist garantiert. Die Frist gilt ab der vereinbarten Lieferung. [2] Bei der umformenden Weiterverarbeitung, z. B. durch Tiefziehen, treten innerhalb der angegebenen Frist keine Fließfiguren auf. Die Frist gilt ab der vereinbarten Lieferung.

Zusammensetzung, Eigenschaften und Strukturen der Beschichtung

Bezeichnung	Zusammensetzung, Eigenschaften	Bezeichnung	Struktur
+Z	Beschichtung aus Reinzink, glänzend-blumige Oberfläche, Schutz gegen atmosphärische Korrosion	N M	Zinkblumen in unterschiedlicher Größe kleine Zinkblumen, oft nicht sichtbar
+ZF	abriebfeste Beschichtung aus einer Zink-Eisen-Legierung, einheitlich mattgraue Oberfläche, Korrosionsschutz wie bei +Z	R	einheitlich mattgraue Oberfläche (Strukturangabe nur in Verbindung mit Beschichtung +ZF)

Oberflächenart

Bezeichnung	Bedeutung
A	kleine Oberflächenfehler sind zulässig, z. B. Punkte, Streifen
B	verbesserte Oberfläche gegenüber A
C	beste Oberfläche, auf einer Blechseite muss eine Qualitätslackierung gesichert sein
⇒	**Blech EN 10142 – DX53D+ZF100-R-B:** Blech aus Werkstoff DX53D, Beschichtung aus Eisen-Zink-Legierung mit 100 g/m², einheitlich mattgraue (R) und verbesserte (B) Oberfläche

Warmgewalzte Bleche und Bänder

vgl. DIN EN 10051 (1997-11)

Werkstoffe: Warm gewalzte Bleche und Bänder nach DIN EN 10051 werden aus Stählen verschiedener Werkstoffgruppen hergestellt, z. B.

Stahlgruppe, Bezeichnung	Norm	Seite
Baustähle Einsatzstähle Vergütungsstähle	DIN EN 10025 DIN EN 10084 DIN EN 10083	130 132 133
Schweißgeeignete Feinkornbaustähle Vergütbare Baustähle, hohe Streckgrenze	DIN EN 10113 DIN EN 10137	131 131
Nichtrostende Stähle Druckbehälterstähle	DIN EN 10088 DIN EN 10028	136 –

Eigenschaften und Verwendung der Stähle entsprechen den Angaben auf den entsprechenden Stahlseiten.

Lieferformen (Richtwerte)	Blechdicken: 0,5 – 1,0 – 1,5 – 2,0 – 2,5 – 3,0 – 3,5 – 4,0 – 4,5 – 5,0 – 6,0 – 8,0 – 10,0 – 12,0 – 15,0 – 18,0 – 20,0 – 25,0 mm. Tafel- und Bandabmessungen siehe DIN EN 10142.
⇒	**Blech EN 10051 – 2,0 x 1200 x 2500:** Blechdicke 2,0 mm, Tafelabmessungen 1200 x 2500 mm **Stahl EN 10083-1 – 34Cr4:** legierter Vergütungsstahl 34Cr4

W

Rohre für den Maschinenbau, Präzisionsstahlrohre

Nahtlose Rohre für den Maschinenbau (Auswahl) vgl. DIN EN 10297-1 (2003-06)

d Außendurchmesser
s Wanddicke
S Querschnittsfläche
m' längenbezogene Masse
W_x axiales Widerstandsmoment
I_x axiales Flächenträgheitsmoment

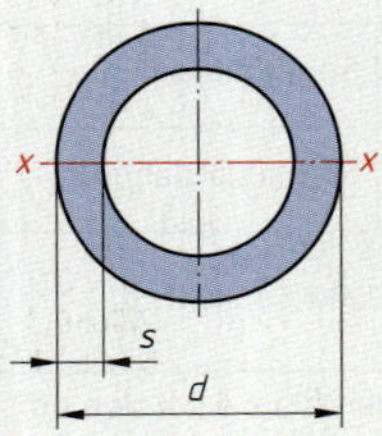

d x *s*	*S* cm²	*m'* kg/m	W_x cm³	I_x cm⁴	*d* x *s*	*S* cm²	*m'* kg/m	W_x cm³	I_x cm⁴
26,9 x 2,3	1,78	1,40	1,01	1,36	54 x 5,0	7,70	6,04	8,64	23,34
26,9 x 2,6	1,98	1,55	1,10	1,48	54 x 8,0	11,56	9,07	11,67	31,50
26,9 x 3,2	2,38	1,87	1,27	1,70	54 x 10,0	13,82	10,85	13,03	35,18
35 x 2,6	2,65	2,08	2,00	3,50	60,3 x 8	13,14	10,31	15,25	45,99
35 x 4,0	3,90	3,06	2,72	4,76	60,3 x 10	15,80	12,40	17,23	51,95
35 x 6,3	5,68	4,46	3,50	6,13	60,3 x 12,5	18,77	14,73	19,00	57,28
40 x 4	4,52	3,55	3,71	7,42	70 x 8	15,58	12,23	21,75	76,12
40 x 5	5,50	4,32	4,30	8,59	70 x 12,5	22,58	17,73	27,92	97,73
40 x 8	8,04	6,31	5,47	10,94	70 x 16	27,14	21,30	30,75	107,6
44,5 x 4	5,09	4,00	4,74	10,54	82,5 x 8	18,72	14,70	31,85	131,4
44,5 x 5	6,20	4,87	5,53	12,29	82,5 x 12,5	27,49	21,58	42,12	173,7
44,5 x 8	9,17	7,20	7,20	16,01	82,5 x 20	39,27	30,83	51,24	211,4
51 x 5	7,23	5,68	7,58	19,34	88,9 x 10	24,79	19,46	44,09	196,0
51 x 8	10,81	8,49	10,13	25,84	88,9 x 16	36,64	28,76	57,40	255,2
51 x 10	12,88	10,11	11,25	28,68	88,9 x 20	43,29	33,98	62,66	278,6

	Stahlgruppe	Stahlsorte, Beispiele	Glühzustand[1)]
Werkstoffe, Glühzustand	Maschinenbaustähle unlegiert	E235, E275, E315	+AR oder +N
	legiert	E355K2, E420J2	+N
	Vergütungsstähle unlegiert	C22E, C45E, C60E	+N oder +QT
	legiert	41Cr4, 42CrMo4	+QT
	Einsatzstähle, unlegiert, legiert	C10E, C15E, 16MnCr5	+A oder +N
	Eigenschaften und Verwendung der Stähle: Seiten 126 und 127		

W

Präzisionsstahlrohre, nahtlos gezogen (Auswahl) vgl. DIN EN 10305-1 (2003-02)

d Außendurchmesser
s Wanddicke
S Querschnittsfläche
m' längenbezogene Masse
W_x axiales Widerstandsmoment
I_x axiales Flächenträgheitsmoment

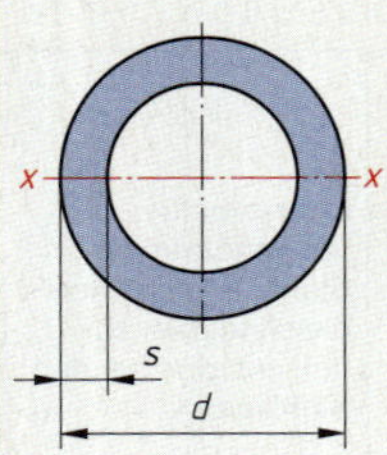

d x *s*	*S* cm²	*m'* kg/m	W_x cm³	I_x cm⁴	*d* x *s*	*S* cm²	*m'* kg/m	W_x cm³	I_x cm⁴
10 x 1	0,28	0,22	0,06	0,03	35 x 3	3,02	2,37	2,23	3,89
10 x 1,5	0,40	0,31	0,07	0,04	35 x 5	4,71	3,70	3,11	5,45
10 x 2	0,50	0,39	0,09	0,04	35 x 8	5,53	4,34	2,53	3,79
12 x 1	0,35	0,27	0,09	0,05	40 x 4	4,52	3,55	3,71	7,42
12 x 1,5	0,49	0,38	0,12	0,07	40 x 5	5,50	4,32	4,30	8,59
12 x 2	0,63	0,49	0,14	0,08	40 x 8	8,04	6,31	5,47	10,94
15 x 2	0,82	0,64	0,24	0,18	50 x 5	7,07	5,55	7,25	18,11
15 x 2,5	0,98	0,77	0,27	0,20	50 x 8	10,56	8,29	9,65	24,12
15 x 3	1,13	0,89	0,29	0,22	50 x 10	12,57	9,87	10,68	26,70
20 x 2,5	1,37	1,08	0,54	0,54	60 x 5	8,64	6,78	10,98	32,94
20 x 4	2,01	1,58	0,68	0,68	60 x 8	13,07	10,26	15,07	45,22
20 x 5	2,36	1,85	0,74	0,74	60 x 10	15,71	12,33	17,02	51,05
25 x 2,5	1,77	1,39	0,91	1,13	70 x 5	10,21	8,01	15,50	54,24
25 x 5	3,14	2,46	1,34	1,67	70 x 10	18,85	14,80	24,91	87,18
25 x 6	3,58	2,81	1,42	1,78	70 x 12	21,87	17,17	27,39	95,88
30 x 3	2,54	1,99	1,56	2,35	80 x 8	18,10	14,21	29,68	118,7
30 x 5	3,93	3,08	2,13	3,19	80 x 10	21,99	17,26	34,36	137,4
30 x 6	4,52	3,55	2,31	3,46	80 x 16	32,17	25,25	43,75	175,0

	Stahlgruppe	Oberflächen	Glühzustand[1)]
Werkstoffe, Oberfläche, Glühzustand	unlegierte Baustähle, Automatenstähle, Vergütungsstähle	Rohre mit glatten inneren und äußeren Oberflächen, Oberflächenrauheit $Ra \leq 0{,}4$ µm	+C oder +A oder +N
	Eigenschaften und Verwendung der Stähle: Seiten 126 und 127		
Erläuterung	[1)] +A weichgeglüht; +AR Zustand nach der Warmumformung; +C kalt gewalzt; +N normalgeglüht; +QT vergütet		

Warm gewalzte Stahlprofile

Querschnitt	Bezeichnung, Abmessungen	Norm, Seite	Querschnitt	Bezeichnung, Abmessungen	Norm, Seite
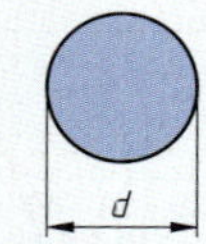	**Rundstahl** *d* = 8…200	DIN EN 10060 Seite 144	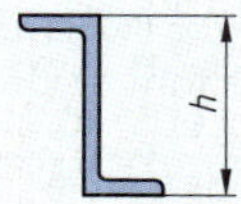	**Z-Stahl** *h* = 30…200	DIN 1027
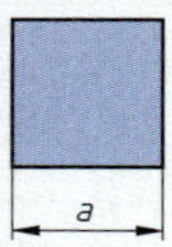	**Vierkantstahl** *a* = 8…120	DIN EN 10059 Seite 144	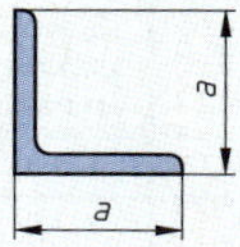	**Gleichschenkliger Winkelstahl** *a* = 20…250	DIN EN 10056-1 Seite 148
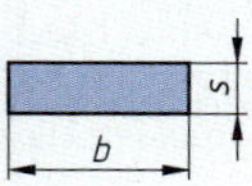	**Flachstahl** *b* x *s* = 10 x 5…150 x 60	DIN EN 10058 Seite 144	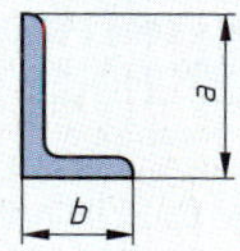	**Ungleichschenkliger Winkelstahl** *a* x *b* = 30 x 20…200 x 150	DIN EN 10056-1 Seite 147
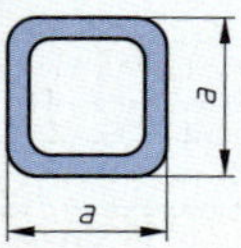	**Quadratisches Hohlprofil** *a* = 40…400	DIN EN 10210-2 Seite 151	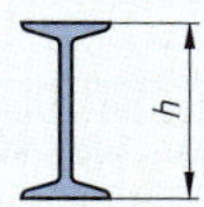	**Schmaler I-Träger** I-Reihe *h* = 80…160	DIN 1025-1
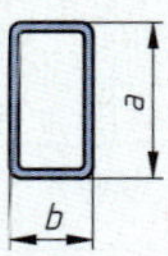	**Rechteckiges Hohlprofil** *a* x *b* = 50 x 25…500 x 300	DIN EN 10210-2 Seite 151	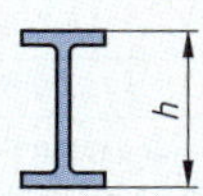	**Mittelbreiter I-Träger** IPE-Reihe *h* = 80…600	DIN 1025-5 Seite 149
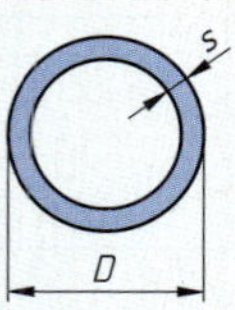	**Rundes Hohlprofil** *D* x *s* = 21,3 x 2,3…1219 x 25	DIN EN 10210-1		**Breiter I-Träger** IPB-Reihe[1] *h* = 100…1000	DIN 1025-2 Seite 150
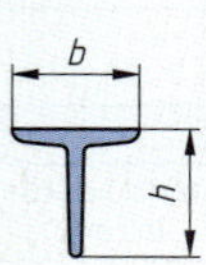	**Gleichschenkliger T-Stahl** *b* = *h* = 30…140	DIN EN 10055 Seite 146	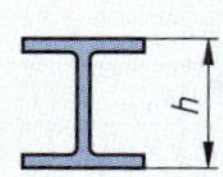	**Breiter I-Träger** leichte Ausführung IPBl-Reihe[1] *h* = 100…1000	DIN 1025-3 Seite 149
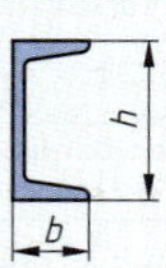	**U-Stahl** *h* = 30…400	DIN EN 1026-1 Seite 146	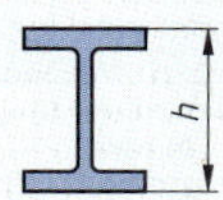	**Breiter I-Träger** verstärkte Ausführung IPBv-Reihe[1] *h* = 100…1000	DIN 1025-4 Seite 150

[1] Nach EURONORM 53-62: IPB = HE…B, IPBl = HE…A, IPBv = HE…M

Stabstahl, warm gewalzt

Warm gewalzter Rundstahl

vgl. DIN EN 10060 (2004-02), Ersatz für DIN 1013-1

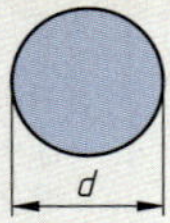

Werkstoff: Unlegierter Baustahl nach DIN 10025 oder Vergütungsstahl nach DIN 10083

Lieferart: Herstelllängen (M) ≥ 3 m < 13 m, Festlängen (F) ≤ 13 m ± 100 mm, Genaulängen (E) < 6 m ± 25 mm, ≥ 6 m < 13 m ± 50 mm

Durchmesser *d* in mm	10 – 12 – 13 – 14 – 15 – 16 – 18 – 19 – 20 – 22 – 24 – 25 – 26 – 27 – 28 – 30 – 32 – 35 – 36 – 38 – 40 – 42 – 45 – 48 – 50 – 52 – 55 – 60 – 63 – 65 – 70 – 73 – 75 – 80 – 85 – 90 – 95 – 100 – 105 – 110 – 115 – 120 – 125 – 130 – 135 – 140 – 145 – 150 – 155 – 160 – 165 – 170 – 175 – 180 – 190 – 200 – 220 – 250

Durchmesser *d* in mm	Grenzabmaße in mm	Durchmesser *d* in mm	Grenzabmaße in mm	Durchmesser *d* in mm	Grenzabmaße in mm	Durchmesser *d* in mm	Grenzabmaße in mm
10…15	± 0,4	36…50	± 0,8	105…120	± 1,5	220	± 3,0
16…25	± 0,5	52…80	± 1,0	125…160	± 2,0	250	± 4,0
26…35	± 0,6	85…100	± 1,3	165…200	± 2,5		

⇒ **Rundstab EN 10060 – 40 x 6000 F Stahl EN 100025-S235JR:** Warm gewalzter Rundstahl, *d* = 40 mm, Festlänge 6000 mm, aus S235JR

Warm gewalzter Vierkantstahl

vgl. DIN EN 10059 (2004-02), Ersatz für DIN 1014-1

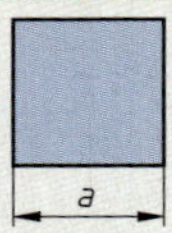

Werkstoff: Unlegierter Baustahl nach DIN 10025

Lieferart: Herstelllängen (M) ≥ 3 m < 13 m, Festlängen (F) ≤ 13 m ± 100 mm, Genaulängen (E) < 6 m ± 25 mm, ≥ 6 m < 13 m ± 50 mm

Seitenlänge *a* in mm	8 – 10 – 12 – 13 – 14 – 15 – 16 – 18 – 20 – 22 – 24 – 25 – 26 – 28 – 30 – 32 – 35 – 40 – 45 – 50 – 55 – 60 – 65 – 70 – 75 – 80 – 90 – 100 – 110 – 120 – 130 – 140 – 150

Seitenlänge *a* in mm	Grenzabmaße in mm	Seitenlänge *a* in mm	Grenzabmaße in mm	Seitenlänge *a* in mm	Grenzabmaße in mm	Seitenlänge *a* in mm	Grenzabmaße in mm
8…14	± 0,4	26…35	± 0,6	55…90	± 1,0	110…120	± 1,5
15…25	± 0,5	40…50	± 0,8	100	± 1,3	130…150	± 1,8

⇒ **Vierkantstab EN 10059 – 60 x 6000 F Stahl EN 10025-S235JR:** Warm gewalzter Vierkantstahl, *a* = 60 mm, Festlänge 6000 mm, aus S235JR

W

Warm gewalzter Flachstahl

vgl. DIN EN 10058 (2004-02), Ersatz für DIN 1017-1

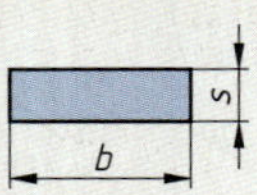

Werkstoff: Unlegierter Baustahl nach DIN 10025

Lieferart: Herstelllängen (M) ≥ 3 m < 13 m, Festlängen (F) ≤ 13 m ± 100 mm, Genaulängen (E) < 6 m ± 25 mm, ≥ 6 m < 13 m ± 50 mm

Nennbreite *b* in mm	10 – 12 – 15 – 16 – 20 – 25 – 30 – 35 – 40 – 45 – 50 – 60 – 70 – 80 – 90 – 100 – 120 – 150
Nenndicke *s* in mm	5 – 6 – 8 – 10 – 12 – 15 – 20 – 25 – 30 – 35 – 40 – 50 – 60 – 80

Zulässige Abweichungen der Nennbreite *b*

Nennbreite *b* in mm	Grenzabmaße in mm	Nennbreite *b* in mm	Grenzabmaße in mm	Nennbreite *b* in mm	Grenzabmaße in mm
10…40	± 0,75	85…100	± 1,5	150	± 2,5
45…80	± 1,0	120	± 2,0		

Zulässige Abweichungen der Nenndicke *s*

Nenndicke *s* in mm	Grenzabmaße in mm	Nenndicke *s* in mm	Grenzabmaße in mm	Nenndicke *s* in mm	Grenzabmaße in mm
5…20	± 0,5	25…40	± 1,0	50…80	± 1,5

⇒ **Flachstab EN 10058 – 20 x 5 x 6000 F Stahl EN 10025-S235JR:** Warm gewalzter Flachstahl, *b* = 20 mm, *s* = 5 mm, Festlänge 6000 mm, aus S235JR

Stabstahl, blank

Gängige Abmessungen blanker Stabstähle (Auswahl)

Flachstahl

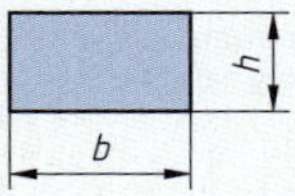

Nennmaße: Breite *b*, Höhe *h* in mm

b	*h*	*b*	*h*	*b*	*h*	*b*	*h*	*b*	*h*	*b*	*h*
5	2…3	12	2…10	18	2…12	28	2…20	45	2…32	70	4…40
6	2…4	14	2…10	20	2…16	32	2…25	50	2…32	80	5…25
8	2…6	15	2…12	22	2…12	36	2…20	56	3…32	90	5…25
10	2…8	16	2…12	25	2…20	40	2…32	63	3…40	100	5…25

Nenndicken *h* in mm: 2 – 2,5 – 3 – 4 – 5 – 6 – 8 – 10 – 12 – 15 – 16 – 20 – 25 – 30 – 32 – 35 – 40

Vierkantstahl

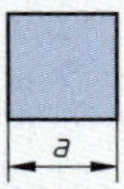

Seitenlänge *a* in mm

4	6	9	12	16	22	36	50	80
4,5	7	10	13	18	25	40	63	100
5	8	11	14	20	28	45	70	

Sechskantstahl

Seitenlänge *s* in mm

2	4	7	12	17	27	41	65	
2,5	4,5	8	13	19	30	46	70	90
3	5	9	14	21	32	50	75	95
3,2	5,5	10	15	22	36	55	80	100
3,5	6	11	16	24	38	60	85	

Rundstahl

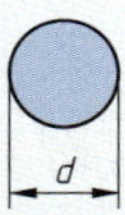

Durchmesser *d* in mm

2,5	6,5	11	19	27	38	58	90	160
3	7	12	20	28	40	60	100	180
3,5	7,5	13	21	29	42	63	110	200
4	8	14	22	30	45	65	120	
4,5	8,5	15	23	32	48	70	125	
5	9	16	24	34	50	75	130	
5,5	9,5	17	25	35	52	80	140	
6	10	18	26	36	55	85	150	

Polierter Rundstahl

übliche Lieferdurchmesser	1 mm bis 13 mm	> 13 mm bis 25 mm	> 25 mm bis 50 mm
übliche Durchmesserstufung	0,5 mm	1 mm	5 mm

Lieferzustände

vgl. DIN EN 10278 (1999-12)

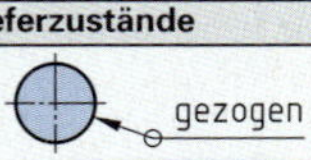

Kennung	+C	+SH	+SL	+PL
Fertigzustand	kaltgezogen	geschält	geschliffen	poliert

⇒ **Rund EN 10278 – 20 h9 x Lager 6000 EN 10277-3 – 44SMn28+C – Klasse 3:** Blanker Stabstahl rund, d = 20 mm, Toleranzklasse h9, Lagerlänge 6000 mm, Automatenstahl 44SMn28, kaltgezogen, Oberflächengüteklasse 3

Werkstoffgruppen und zugeordnete Lieferzustände

vgl. DIN EN 10277-1 bis -5 (1999-10)

Werkstoffgruppen	Lieferzustände[1]							
	+SH	+C	+C +QT	+QT +C	+A +SH	+A +C	+FP +SH	+FP –C
Stähle für allg. techn. Verwendung	•	•						
Automatenstähle	•	•						
Automateneinsatzstähle	•	•						
Automatenvergütungsstähle	•	•	•	•				
Einsatzstähle unlegiert	•	•			•	•		
Einsatzstähle legiert					•	•	•	•
Vergütungsstähle unlegiert	•	•	•	•				
Vergütungsstähle legiert			•	•	•	•		

[1] Erläuterung Seiten 124 und 125

Längenarten und Grenzabmaße der Länge

vgl. DIN EN 10278 (1999-12)

Längenart	Länge im mm	Grenzabmaße in mm	Bestellangabe
Herstelllänge	3000…9000	± 500	Länge
Lagerlänge	3000…6000	0/+200	z.B. Lager 6000
Genaulänge	bis zu 9000	nach Vereinbarung, min. jedoch ± 5	Länge und Grenzabmaß

W

T-Stahl, U-Stahl

Gleichschenkliger T-Stahl, warm gewalzt

vgl. DIN EN 10055 (1995-12)

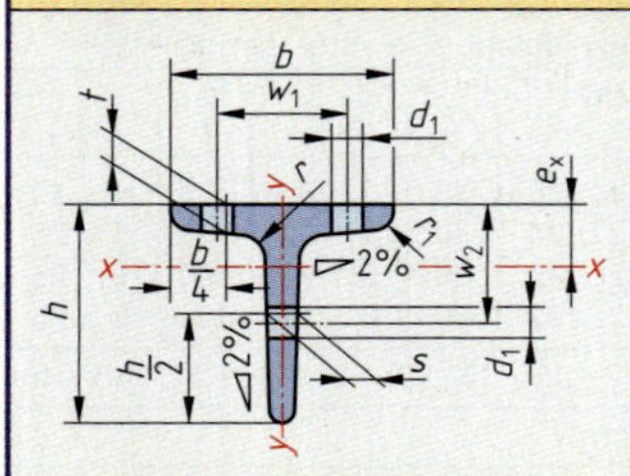

S Querschnittsfläche
I Flächenmoment 2. Grades
W axiales Widerstandsmoment
m' längenbezogene Masse

Werkstoff: Unlegierter Baustahl DIN EN 10025, z.B. S235JR

Lieferart: Längen auf Bestellung mit dem üblichen Grenzabmaß von ± 100 mm oder den eingeschränkten Grenzabmaßen ± 50 mm, ± 25 mm, ± 10 mm

$r = s$

$r_1 = \frac{s}{2}$

Kurzzeichen	Abmessungen in mm				Abstand der x-Achse	Für die Biegeachse				Anreißmaße nach DIN 997		
						x – x		y – y				
T	$b = h$	$s = t$	S cm²	m' kg/m	e_x cm	I_x cm⁴	W_x cm³	I_y cm⁴	W_y cm³	w_1 mm	w_2 mm	d_1 mm
30	30	4	2,26	1,77	0,85	1,72	0,80	0,87	0,58	17	17	4,3
35	35	4,5	2,97	2,33	0,99	3,10	1,23	1,04	0,90	19	19	4,3
40	40	5	3,77	2,96	1,12	5,28	1,84	2,58	1,29	21	22	6,4
50	50	6	5,66	4,44	1,39	12,1	3,36	6,06	2,42	30	30	6,4
60	60	7	7,94	6,23	1,66	23,8	5,48	12,2	4,07	34	35	8,4
70	70	8	10,6	8,23	1,94	44,4	8,79	22,1	6,32	38	40	11
80	80	9	13,6	10,7	2,22	73,7	12,8	37,0	9,25	45	45	11
100	100	11	20,9	16,4	2,74	179	24,6	88,3	17,7	60	60	13
120	120	13	29,6	23,2	3,28	366	42,0	179	29,7	70	70	17
140	140	15	39,9	31,3	3,80	660	64,7	330	47,2	80	75	21

⇒ **T-Profil EN 10055 – T50 – S235JR:** T-Stahl, h = 50 mm, aus S235JR

W

U-Stahl, warm gewalzt

vgl. DIN 1026-1 (2000-03)

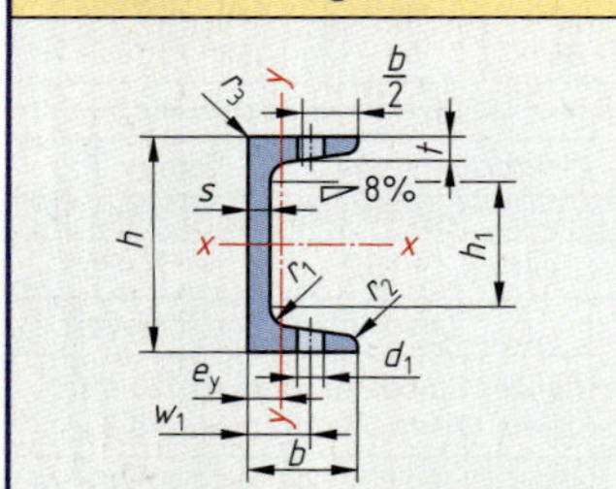

S Querschnittsfläche
I Flächenmoment 2. Grades
W axiales Widerstandsmoment
m' längenbezogene Masse

Werkstoff: Unlegierter Baustahl DIN EN 10025, z.B. S235J0

Lieferart: Herstelllängen 3 m bis 15 m; Festlängen bis 15 m ± 50 mm
Neigung bei $h \le 300$ mm: 8%; $h > 300$ mm: 5%

$r_1 = t$

$r_2 \approx \frac{t}{2}$

$r_3 \le 0{,}3 \cdot t$

Kurzzeichen	Abmessungen in mm							Abstand der y-Achse	Für die Biegeachse				Anreißmaße DIN 997	
									x – x		y – y			
U	h	b	s	t	h_1	S cm²	m' kg/m	e_y cm	I_x cm⁴	W_x cm³	I_y cm⁴	W_y cm³	w_1 mm	d_1 mm
30 x 15	30	15	4	4,5	12	2,21	1,74	0,52	2,53	1,69	0,38	0,39	10	4,3
30	30	33	5	7	10	5,44	4,27	1,31	6,39	4,26	5,33	2,68	20	8,4
40 x 20	40	20	5	5,5	18	3,66	2,87	0,67	7,58	3,97	1,14	0,86	11	6,4
40	40	35	5	7	11	6,21	4,87	1,33	14,1	7,05	6,68	3,08	20	8,4
50 x 25	50	25	5	6	25	4,92	3,86	0,81	16,8	6,73	2,49	1,48	16	8,4
50	50	38	5	7	20	7,12	5,59	1,37	26,4	10,6	9,12	3,75	20	11
60	60	30	6	6	35	6,46	5,07	0,91	31,6	10,5	4,51	2,16	18	8,4
80	80	45	6	8	46	11,0	8,64	1,45	106	26,5	19,4	6,36	25	13
100	100	50	6	8,5	64	13,5	10,6	1,55	206	41,2	29,3	8,49	30	13
120	120	55	7	9	82	17,0	13,4	1,60	364	60,7	43,2	11,1	30	17
160	160	65	7,5	10,5	115	24,0	18,8	1,84	925	116	85,3	18,3	35	21
200	200	75	8,5	11,5	151	32,2	25,3	2,01	1 910	191	148	27,0	40	23
260	260	90	10	14	200	48,3	37,9	2,36	4 820	371	317	47,7	50	25
300	300	100	10	16	232	58,8	46,2	2,70	8 030	535	495	67,8	55	28
350	350	100	14	17,5	276	77,3	60,6	2,40	12 840	734	570	75,0	58	28
400	400	110	14	18	324	91,5	71,8	2,65	20 350	1020	846	102	60	28

⇒ **U-Profil DIN 1026 – U100 – S235J0:** U-Stahl, h = 100 mm, aus S235J0

Winkelstahl

Ungleichschenkliger Winkelstahl, warm gewalzt (Auswahl) vgl. DIN EN 10056-1 (1998-10)

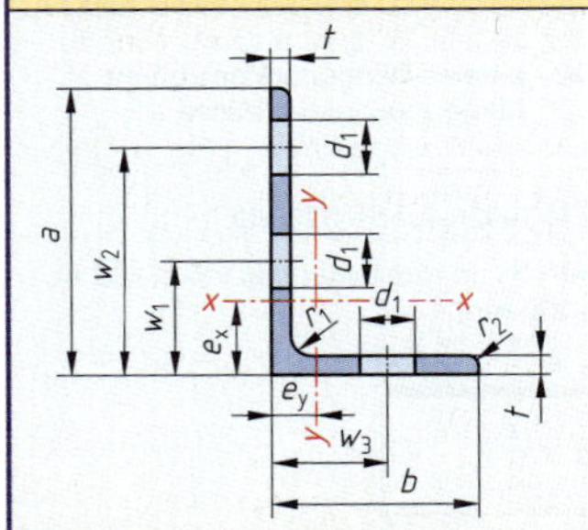

S Querschnittsfläche
I Flächenmoment 2. Grades
W axiales Widerstandsmoment
m' längenbezogene Masse

Werkstoff: Unlegierter Baustahl DIN EN 10025-2, z. B. S235J0

Lieferart: Von 30 x 20 x 3 bis 200 x 150 x 15, in Herstelllängen ≥ 6 m < 12 m, Festlängen ≥ 6 m < 12 m ± 100 mm

$r_1 \approx t$

$r_2 \approx \frac{t}{2}$

Kurzzeichen	Abmessungen in mm					Abstände der Achsen		Für die Biegeachse x – x		y – y		Anreißmaße nach DIN 997			
L	*a*	*b*	*t*	*S* cm²	*m'* kg/m	e_x cm	e_y cm	I_x cm⁴	W_x cm³	I_y cm⁴	W_y cm³	w_1 mm	w_2 mm	w_3 mm	d_1 mm
30 x 20 x 3	30	20	3	1,43	1,12	0,99	0,50	1,25	0,62	0,44	0,29	17	–	12	8,4
30 x 20 x 4	30	20	4	1,86	1,46	1,03	0,54	1,59	0,81	0,55	0,38	17	–	12	8,4
40 x 20 x 4	40	20	4	2,26	1,77	1,47	0,48	3,59	1,42	0,60	0,39	22	–	12	11
40 x 25 x 4	40	25	4	2,46	1,93	1,36	0,62	3,89	1,47	1,16	0,69	22	–	15	11
45 x 30 x 4	45	30	4	2,87	2,25	1,48	0,74	5,78	1,91	2,05	0,91	25	–	17	13
50 x 30 x 5	50	30	5	3,78	2,96	1,73	0,74	9,36	2,86	2,51	1,11	30	–	17	13
60 x 30 x 5	60	30	5	4,28	3,36	2,17	0,68	15,6	4,07	2,63	1,14	35	–	17	17
60 x 40 x 5	60	40	5	4,79	3,76	1,96	0,97	17,2	4,25	6,11	2,02	35	–	22	17
60 x 40 x 6	60	40	6	5,68	4,46	2,00	1,01	20,1	5,03	7,12	2,38	35	–	22	17
65 x 50 x 5	65	50	5	5,54	4,35	1,99	1,25	23,2	5,14	11,9	3,19	35	–	30	21
70 x 50 x 6	70	50	6	6,89	5,41	2,23	1,25	33,4	7,01	14,2	3,78	40	–	30	21
75 x 50 x 6	75	50	6	7,19	5,65	2,44	1,21	40,5	8,01	14,4	3,81	40	–	30	21
75 x 50 x 8	75	50	8	9,41	7,39	2,52	1,29	52,0	10,4	18,4	4,95	40	–	30	23
80 x 40 x 6	80	40	6	6,89	5,41	2,85	0,88	44,9	8,73	7,59	2,44	45	–	22	23
80 x 40 x 8	80	40	8	9,01	7,07	2,94	0,96	57,6	11,4	9,61	3,16	45	–	22	23
80 x 60 x 7	80	60	7	9,38	7,36	2,51	1,52	59,0	10,7	28,4	6,34	45	–	35	23
100 x 50 x 6	100	50	6	8,71	6,84	3,51	1,05	89,9	13,8	15,4	3,89	55	–	30	25
100 x 50 x 8	100	50	8	11,4	8,97	3,60	1,13	116	18,2	19,7	5,08	55	–	30	25
100 x 65 x 7	100	65	7	11,2	8,77	3,23	1,51	113	16,6	37,6	7,53	55	–	35	25
100 x 65 x 8	100	65	8	12,7	9,94	3,27	1,55	127	18,9	42,2	8,54	55	–	35	25
100 x 65 x 10	100	65	10	15,6	12,3	3,36	1,63	154	23,2	51,0	10,5	55	–	35	25
100 x 75 x 8	100	75	8	13,5	10,6	3,10	1,87	133	19,3	64,1	11,4	55	–	40	25
100 x 75 x 10	100	75	10	16,6	13,0	3,19	1,95	162	23,8	77,6	14,0	55	–	40	25
100 x 75 x 12	100	75	12	19,7	15,4	3,27	2,03	189	28,0	90,2	16,5	55	–	40	25
120 x 80 x 8	120	80	8	15,5	12,2	3,83	1,87	226	27,6	80,8	13,2	50	80	45	25
120 x 80 x 10	120	80	10	19,1	15,0	3,92	1,95	276	34,1	98,1	16,2	50	80	45	25
120 x 80 x 12	120	80	12	22,7	17,8	4,00	2,03	323	40,4	114	19,1	50	80	45	25
125 x 75 x 8	125	75	8	15,5	12,2	4,14	1,68	247	29,6	67,6	11,6	50	–	40	25
125 x 75 x 10	125	75	10	19,1	15,0	4,23	1,76	302	36,5	82,1	14,3	50	–	40	25
125 x 75 x 12	125	75	12	22,7	17,8	4,31	1,84	354	43,2	95,5	16,9	50	–	40	25
135 x 65 x 8	135	65	8	15,5	12,2	4,78	1,34	291	33,4	45,2	8,75	50	–	35	25
135 x 65 x 10	135	65	10	19,1	15,0	4,88	1,42	356	41,3	54,7	10,8	50	–	35	25
150 x 75 x 9	150	75	9	19,6	15,4	5,26	1,57	455	46,7	77,9	13,1	60	105	40	28
150 x 75 x 10	150	75	10	21,7	17,0	5,30	1,61	501	51,6	85,6	14,5	60	105	40	28
150 x 75 x 12	150	75	12	25,7	20,2	5,40	1,69	588	61,3	99,6	17,1	60	105	40	28
150 x 75 x 15	150	75	15	31,7	24,8	5,52	1,81	713	75,2	119	21,0	60	105	40	28
150 x 90 x 12	150	90	12	27,5	21,6	5,08	2,12	627	63,3	171	24,8	60	105	50	28
150 x 90 x 15	150	90	15	33,9	26,6	5,21	2,23	761	77,7	205	30,4	60	105	50	28
150 x 100 x 10	150	100	10	24,2	19,0	4,81	2,34	553	54,2	199	25,9	60	105	55	28
150 x 100 x 12	150	100	12	28,7	22,5	4,89	2,42	651	64,4	233	30,7	60	105	55	28
200 x 100 x 10	200	100	10	29,2	23,0	6,93	2,01	1220	93,2	210	26,3	65	150	55	28
200 x 100 x 15	200	100	15	43,0	33,8	7,16	2,22	1758	137	299	38,5	65	150	55	28

⇒ **L EN 10056-1 – 65 x 50 x 5 – S235J0**: Ungleichschenkliger Winkelstahl, *a* = 65 mm, *b* = 50 mm, *t* = 5 mm, aus S235J0

W

Winkelstahl

Gleichschenkliger Winkelstahl, warm gewalzt (Auswahl) vgl. DIN EN 10056-1 (1998-10)

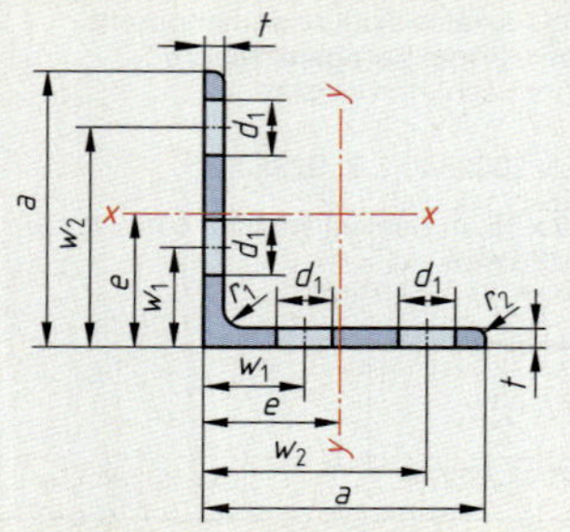

S Querschnittsfläche
I Flächenmoment 2. Grades
W axiales Widerstandsmoment
m' längenbezogene Masse

Werkstoff: Unlegierter Baustahl DIN EN 10025-2, z. B. S235J0

Lieferart: Von 20 x 20 x 3 bis 200 x 250 x 35, in Herstelllängen ≥ 6 m < 12 m, Festlängen ≥ 6 m < 12 m ± 100 mm

$r_1 \approx t$

$r_2 \approx \frac{t}{2}$

Kurzzeichen	Abmessungen in mm				Abstände der Achsen	Für die Biegeachse x – x und y – y		Anreißmaße nach DIN 997		
L	a	t	S cm²	m' kg/m	e cm	$I_x = I_y$ cm⁴	$W_x = W_y$ cm³	w_1 mm	w_2 mm	d_1 mm
20 x 20 x 3	20	3	1,12	0,882	0,598	0,39	0,28	12	–	4,3
25 x 25 x 3	25	3	1,42	1,12	0,723	0,80	0,45	15	–	6,4
25 x 25 x 4	25	4	1,85	1,45	0,762	1,02	0,59	15	–	6,5
30 x 30 x 3	30	3	1,74	1,36	0,835	1,40	0,65	17	–	8,4
30 x 30 x 4	30	4	2,27	1,78	0,878	1,80	0,85	17	–	8,4
35 x 35 x 4	35	4	2,67	2,09	1,00	2,95	1,18	18	–	11
40 x 40 x 4	40	4	3,08	2,42	1,12	4,47	1,55	22	–	11
40 x 40 x 5	40	5	3,79	2,97	1,16	5,43	1,91	22	–	11
45 x 45 x 4,5	45	4,5	3,90	3,06	1,25	7,14	2,20	25	–	13
50 x 50 x 4	50	4	3,89	3,06	1,36	8,97	2,46	30	–	13
50 x 50 x 5	50	5	4,80	3,77	1,40	11,0	3,05	30	–	13
50 x 50 x 6	50	6	5,69	4,47	1,45	12,8	3,61	30	–	13
60 x 60 x 5	60	5	5,82	4,57	1,64	19,4	4,45	35	–	17
60 x 60 x 6	60	6	6,91	5,42	1,69	22,8	5,29	35	–	17
60 x 60 x 8	60	8	9,03	7,09	1,77	29,2	6,89	35	–	17
65 x 65 x 7	65	7	8,70	6,83	1,85	33,4	7,18	35	–	21
70 x 70 x 6	70	6	8,13	6,38	1,93	36,9	7,27	40	–	21
70 x 70 x 7	70	7	9,40	7,38	1,97	42,3	8,41	40	–	21
75 x 75 x 6	75	6	8,73	6,85	2,05	45,8	8,41	40	–	23
75 x 75 x 8	75	8	11,4	8,99	2,14	59,1	11,0	40	–	23
80 x 80 x 8	80	8	12,3	9,63	2,26	72,2	12,6	45	–	23
80 x 80 x 10	80	10	15,1	11,9	2,34	87,5	15,4	45	–	23
90 x 90 x 7	90	7	12,2	9,61	2,45	92,6	14,1	50	–	25
90 x 90 x 8	90	8	13,9	10,9	2,50	104	16,1	50	–	25
90 x 90 x 9	90	9	15,5	12,2	2,54	116	17,9	50	–	25
90 x 90 x 10	90	10	17,1	13,4	2,58	127	19,8	50	–	25
100 x 100 x 8	100	8	15,5	12,2	2,74	145	19,9	55	–	25
100 x 100 x 10	100	10	19,2	15,0	2,82	177	24,6	55	–	25
100 x 100 x 12	100	12	22,7	17,8	2,90	207	29,1	55	–	25
120 x 120 x 10	120	10	23,2	18,2	3,31	313	36,0	50	80	25
120 x 120 x 12	120	12	27,5	21,6	3,40	368	42,7	50	80	25
130 x 130 x 12	130	12	30,0	23,6	3,64	472	50,4	50	90	25
150 x 150 x 10	150	10	29,3	23,0	4,03	624	56,9	60	105	28
150 x 150 x 12	150	12	34,8	27,3	4,12	737	67,7	60	105	28
150 x 150 x 15	150	15	43,0	33,8	4,25	898	83,5	60	105	28
160 x 160 x 15	160	15	46,1	36,2	4,49	1100	95,6	60	115	28
180 x 180 x 18	180	18	61,9	48,6	5,10	1870	145	65	135	28
200 x 200 x 16	200	16	61,8	48,5	5,52	2340	162	65	150	28
200 x 200 x 20	200	20	76,3	59,9	5,68	2850	199	65	150	28
200 x 200 x 24	200	24	90,6	71,1	5,84	3330	235	70	150	28
250 x 250 x 28	250	28	133	104	7,24	7700	433	75	150	28

⇒ **L EN 10056-1 – 70 x 70 x 7 – S235J0:** Gleichschenkliger Winkelstahl, a = 70 mm, t = 7 mm, aus S235J0

Mittelbreite und breite I-Träger

Mittelbreite I-Träger (IPE), warm gewalzt, (Auswahl) vgl. DIN 1025-5 (1994-03)

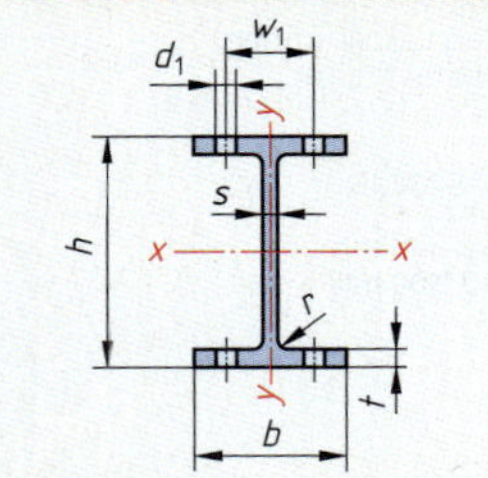

S Querschnittsfläche
I Flächenmoment 2. Grades
W axiales Widerstandsmoment
m' längenbezogene Masse

Werkstoff: Unlegierter Baustahl DIN EN 10025-2, z. B. S235JR

Lieferart: Normallängen, 8 m bis 16 m ± 50 mm bei $h < 300$ mm, 8 m bis 18 m ± 50 mm bei $h \geq 300$ mm

Kurzzeichen	Abmessungen in mm							Für die Biegeachse				Anreißmaße nach DIN 997	
								x – x		y – y			
IPE	h	b	s	t	r	S cm²	m' kg/m	I_x cm⁴	W_x cm³	I_y cm⁴	W_y cm³	w_1 mm	d_1 mm
100	100	55	4,1	5,7	7	10,3	8,1	171	34,2	15,9	5,8	30	8,4
120	120	64	4,4	6,3	7	13,2	10,4	318	53,0	27,7	8,7	36	8,4
140	140	73	4,7	6,9	7	16,4	12,9	541	77,3	44,9	12,3	40	11
160	160	82	5,0	7,4	9	20,1	15,8	869	109	68,3	16,7	44	13
180	180	91	5,3	8,0	9	23,9	18,8	1320	146	101	22,2	50	13
200	200	100	5,6	8,5	12	28,5	22,4	1940	194	142	28,5	56	13
240	240	120	6,2	9,8	15	39,1	30,7	3890	324	284	47,3	68	17
270	270	135	6,6	10,2	15	45,9	36,1	5790	429	420	62,2	72	21
300	300	150	7,1	10,7	15	53,8	42,2	8360	557	604	80,5	80	23
360	360	170	8,0	12,7	18	72,7	57,1	16270	904	1040	123	90	25
400	400	180	8,6	13,5	21	84,5	66,3	23130	1160	1320	146	96	28
500	500	200	10,2	16,0	21	116	90,7	48200	1930	2140	214	110	28
600	600	220	12,0	19,0	24	156	122	92080	3070	3390	308	120	28

⇒ **I-Profil DIN 1025 – S235JR – IPE 300:** Mittelbreiter I-Träger mit parallelen Flanschflächen, $h = 300$ mm, aus S235JR

Breite I-Träger leichte Ausführung (IPBl), warm gewalzt, (Auswahl) vgl. DIN 1025-3 (1994-03)

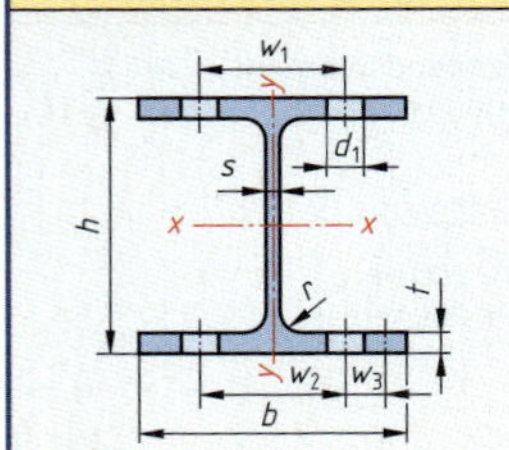

S Querschnittsfläche
I Flächenmoment 2. Grades
W axiales Widerstandsmoment
m' längenbezogene Masse

Werkstoff: Unlegierter Baustahl DIN EN 10025-2, z. B. S235JR

Lieferart: Normallängen, 8 m bis 16 m ± 50 mm bei $h < 300$ mm

$$r \approx 3 \cdot s$$

Kurzzeichen	Abmessungen in mm						Für die Biegeachse				Anreißmaße nach DIN 997 in mm			
							x – x		y – y					
IPBl	h	b	s	t	S cm²	m' kg/m	I_x cm⁴	W_x cm³	I_y cm⁴	W_y cm³	w_1	w_2	w_3	d_1
100	96	100	5	8	21,2	16,7	349	72,8	4,06	134	56	–	–	13
120	114	120	5	8	25,3	19,9	606	106	4,89	231	66	–	–	17
140	133	140	5,5	8,5	31,4	24,7	1030	155	5,73	389	76	–	–	21
160	152	160	6	9	38,8	30,4	1670	220	6,57	616	86	–	–	23
180	171	180	6	9,5	45,3	35,5	2510	294	7,45	925	100	–	–	25
200	190	200	6,5	10	53,8	42,3	3690	389	8,28	1340	110	–	–	25
240	230	240	7,5	12	76,8	60,3	7760	675	10,1	2770	–	94	35	25
280	270	280	8	13	97,3	76,4	13670	1010	11,9	4760	–	110	45	25
320	310	300	9	15,5	124,0	97,6	22930	1480	13,6	6990	–	120	45	28
400	390	300	11	19	159,0	125,0	45070	2310	16,8	8560	–	120	45	28
500	490	300	12	23	198,0	155,0	86970	3550	21	10370	–	120	45	28
600	590	300	13	25	226,0	178,0	141200	4790	25	11270	–	120	45	28
800	790	300	15	28	286,0	224,0	303400	7680	32,6	12640	–	130	40	28

⇒ **I-Profil DIN 1025 – S235JR – IPBl 320:** Breiter I-Träger leichte Ausführung, aus S235JR
Bezeichnung nach EURONORM 53-62: **HE 320 A**

Breite I-Träger

Breite I-Träger (IPB), warm gewalzt, (Auswahl) vgl. DIN 1025-2 (1995-11)

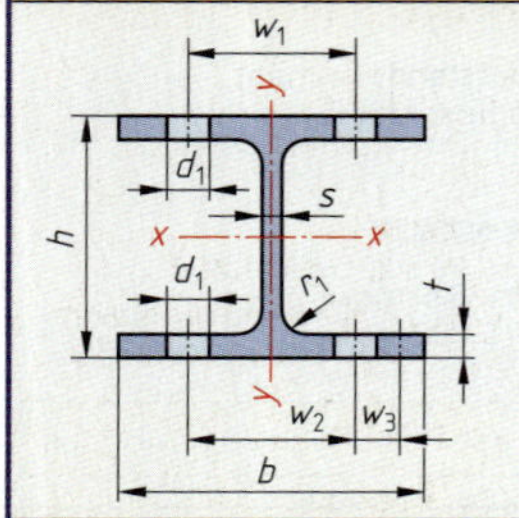

S Querschnittsfläche
I Flächenmoment 2. Grades
W axiales Widerstandsmoment
m' längenbezogene Masse

Werkstoff: Unlegierter Baustahl DIN EN 10025-2, z. B. S235JR

Lieferart: Normallängen, 8 m bis 16 m ± 50 mm bei $h < 300$ mm, 8 m bis 18 m ± 50 mm bei $h \geq 300$ mm

$r_1 \approx 2 \cdot s$

Kurzzeichen IPB	Abmessungen in mm *h*	*b*	*s*	*t*	*S* cm²	*m'* kg/m	Für die Biegeachse x – x I_x cm⁴	W_x cm³	y – y I_y cm⁴	W_y cm³	Anreißmaße nach DIN 997 w_1 mm	w_2 mm	w_3 mm	d_1 mm
100	100	100	6	10	26,0	20,4	450	89,9	167	33,5	56	–	–	13
120	120	120	6,5	11	34,0	26,7	864	144	318	52,9	66	–	–	17
140	140	140	7	12	43,0	33,7	1510	216	550	78,5	76	–	–	21
160	160	160	8	13	54,3	42,6	2490	311	889	111	86	–	–	23
180	180	180	8,5	14	65,3	51,2	3830	426	1360	151	100	–	–	25
200	200	200	9	15	78,1	61,3	5700	570	2000	200	110	–	–	25
240	240	240	10	17	106	83,2	11260	938	3920	327	–	96	35	25
280	280	280	10,5	18	131	103	19270	1380	6590	471	–	110	45	25
320	320	300	11,5	20,5	161	127	30820	1930	9240	616	–	120	45	28
400	400	300	13,5	24	198	155	57680	2880	10820	721	–	120	45	28
500	500	300	14,5	28	239	187	107200	4290	12620	842	–	120	45	28
600	600	300	15,5	30	270	212	171000	5700	13530	902	–	120	45	28
800	800	300	17,5	33	334	262	359100	8980	14900	994	–	130	40	28

⇒ **I-Profil DIN 1025 – S235JR – IPB 240:** Breiter I-Träger mit parallelen Flanschflächen, $h = 240$ mm, aus S235JR
Bezeichnung nach EURONORM 53-62: **HE 240 B**

Breite I-Träger verstärkte Ausführung (IPBv), warm gewalzt, (Auswahl) vgl. DIN 1025-4 (1994-03)

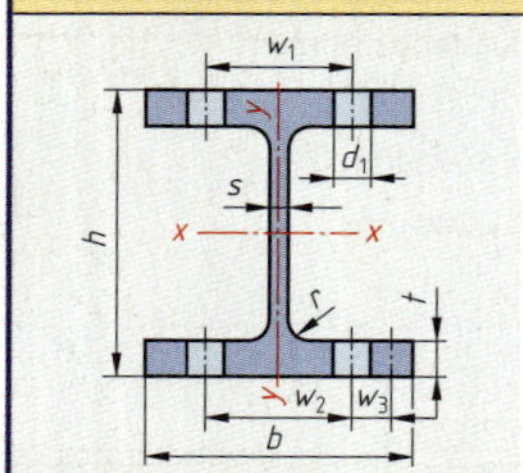

S Querschnittsfläche
I Flächenmoment 2. Grades
W axiales Widerstandsmoment
m' längenbezogene Masse

Werkstoff: Unlegierter Baustahl DIN EN 10025-2, z. B. S235JR

Lieferart: Normallängen, 8 m bis 16 m ± 50 mm bei $h < 300$ mm, 8 m bis 16 m ± 50 mm bei $h \geq 300$ mm

$r \approx s$

Kurzzeichen IPBv	Abmessungen in mm *h*	*b*	*s*	*t*	*S* cm²	*m'* kg/m	Für die Biegeachse x – x I_x cm⁴	W_x cm³	y – y I_y cm⁴	W_y cm³	Anreißmaße nach DIN 997 in mm w_1	w_2	w_3	d_1
100	120	106	12	20	53,2	41,8	1140	190	399	75,3	60	–	–	13
120	140	126	12,5	21	66,4	52,1	2020	283	703	112	68	–	–	17
140	160	146	13	22	80,5	63,2	3290	411	1140	157	76	–	–	21
160	180	166	14	23	97,1	76,2	5100	568	1760	212	86	–	–	23
180	200	186	14,5	24	113	88,9	7480	748	2580	277	100	–	–	25
200	220	206	15	25	131	103	10640	967	3650	354	110	–	–	25
240	270	248	18	32	200	157	24290	1800	8150	657	–	100	35	25
280	310	288	18,5	33	240	189	39550	2550	13160	914	–	116	45	25
320	359	309	21	40	312	245	68130	3800	19710	1280	–	126	47	28
400	432	307	21	40	319	250	104100	4820	19340	1260	–	126	47	28
500	524	306	21	40	344	270	161900	6180	19150	1250	–	130	45	28
600	620	305	21	40	364	285	237400	7660	18280	1240	–	130	45	28
800	814	303	21	40	404	317	442600	10870	18630	1230	–	132	42	28

⇒ **I-Profil DIN 1025 – S235JR – IPBv 400:** Breiter I-Träger verstärkte Ausführung, aus S235JR
Bezeichnung nach EURONORM 53-62: **HE 400 M**

Hohlprofile

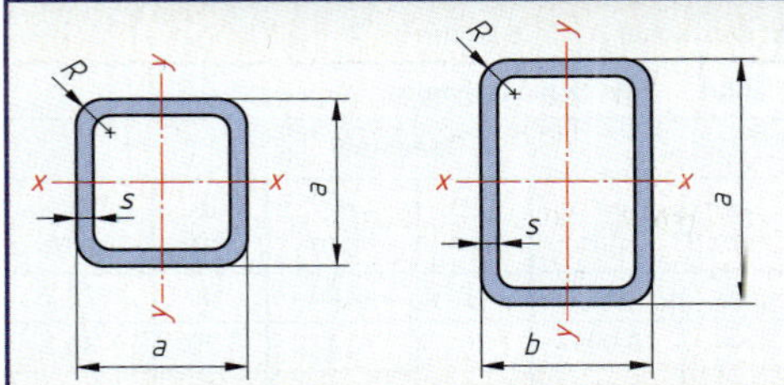

Werkstoff: Unlegierter Baustahl DIN EN 10025 oder Feinkornbaustahl DIN EN 10113

Lieferart: DIN EN 10210-2
Herstelllängen 4 m bis 16 m,
Profilmaße a x a = 20 x 20 … 400 x 400
DIN EN 10219-2
Herstelllängen 4 m bis 16 m,
Profilmaße a x a = 20 x 20 … 400 x 400

DIN EN 10210 und DIN EN 10219 enthalten außer quadratischen und rechteckigen Profilen auch runde Hohlprofile.

Warm gefertigte quadratische und rechteckige Hohlprofile

vgl. DIN EN 10210-2 (1997-11)

Nennmaß a x a a x b mm	Wanddicke s mm	Längenbezogene Masse m' kg/m	Querschnitt S cm²	Flächen- und Widerstandsmomente für die Biegeachsen x – x I_x cm⁴	x – x W_x cm³	y – y I_y cm⁴	y – y W_y cm³	für Torsion I_p cm⁴	für Torsion W_p cm³
40 x 40	3,0	3,41	4,34	9,78	4,89	9,78	4,89	15,7	7,10
	4,0	4,39	5,59	11,8	5,91	11,8	5,91	19,5	8,54
50 x 50	2,5	3,68	4,68	17,5	6,99	17,5	6,99	27,5	10,2
	3,0	4,35	5,54	20,2	8,08	20,2	8,08	32,1	11,8
60 x 60	3,0	5,29	6,74	36,2	12,1	36,2	12,1	56,9	17,7
	4,0	6,90	8,79	45,4	15,1	45,4	15,1	72,5	22,0
	5,0	8,42	10,7	53,3	17,8	53,3	17,8	86,4	25,7
50 x 30	3,0	3,41	4,34	13,6	5,43	5,94	3,96	13,5	6,51
	4,0	4,39	5,59	16,5	6,60	7,08	4,72	16,6	7,77
60 x 40	3,0	4,35	5,54	26,5	8,82	13,9	6,95	29,2	11,2
	4,0	5,64	7,19	32,8	10,9	17,0	8,52	36,7	13,7
80 x 40	4,0	6,90	8,79	68,2	17,1	22,2	11,1	55,2	18,9
	5,0	8,42	10,7	80,3	20,1	25,7	12,9	65,1	21,9
	6,0	9,87	12,6	90,5	22,6	28,5	14,2	73,4	24,2
100 x 50	4,0	8,78	11,2	140	27,9	46,2	18,5	113	31,4
	5,0	10,8	13,7	167	33,3	54,3	21,7	135	36,9

⇒ **Hohlprofil DIN EN 10210 – 60 x 60 x 5 – S355J0:** Quadratisches Hohlprofil, a = 60 mm, s = 5 mm, aus S355J0

Kalt gefertigte, geschweißte, quadratische und rechteckige Hohlprofile

vgl. DIN EN 10219-2 (1997-11)

Nennmaß a x a a x b mm	Wanddicke s mm	Längenbezogene Masse m' kg/m	Querschnitt S cm²	Flächen- und Widerstandsmomente für die Biegeachsen x – x I_x cm⁴	x – x W_x cm³	y – y I_y cm⁴	y – y W_y cm³	für Torsion I_p cm⁴	für Torsion W_p cm³
30 x 30	2,0	1,68	2,14	2,72	1,81	2,72	1,81	4,54	2,75
	2,5	2,03	2,59	3,16	2,10	3,16	2,10	5,40	3,20
	3,0	2,36	3,01	3,50	2,34	3,50	2,34	6,15	3,58
40 x 40	2,0	2,31	2,94	6,94	3,47	6,94	3,47	11,3	5,23
	2,5	2,82	3,59	8,22	4,11	8,22	4,11	13,6	6,21
	3,0	3,30	4,21	9,32	4,66	9,32	4,66	15,8	7,07
	4,0	4,20	5,35	11,1	5,54	11,1	5,54	19,4	8,48
80 x 80	3,0	7,07	9,01	87,8	22,0	87,8	22,0	140	33,0
	4,0	9,22	11,7	111	27,8	111	27,8	180	41,8
	5,0	11,3	14,4	131	32,9	131	32,9	218	49,7
40 x 20	2,0	1,68	2,14	4,05	2,02	1,34	1,34	3,45	2,36
	2,5	2,03	2,59	4,69	2,35	1,54	1,54	4,06	2,72
	3,0	2,36	3,01	5,21	2,60	1,68	1,68	4,57	3,00
60 x 40	3,0	4,25	5,41	25,4	8,46	13,4	6,72	29,3	11,2
	4,0	5,45	6,95	31,0	10,3	16,3	8,14	36,7	13,7
	5,0	6,56	8,36	35,3	11,8	18,4	9,21	42,8	15,6
80 x 40	3,0	5,19	6,61	52,3	13,1	17,6	8,78	43,9	15,3
	4,0	6,71	8,55	64,8	16,2	21,5	10,7	55,2	18,8
	5,0	8,13	10,4	75,1	18,8	24,6	12,3	65,0	21,7
100 x 40	3,0	6,13	7,81	92,3	18,5	21,7	10,8	59,0	19,4
	4,0	7,97	10,1	116	23,1	26,7	13,3	74,5	24,0
	5,0	9,70	12,4	136	27,1	30,8	15,4	87,9	27,9

⇒ **Hohlprofil DIN EN 10219 – 60 x 40 x 4 – S355J0:** Rechteckiges Hohlprofil, a = 60 mm, b = 40 mm, s = 4 mm, aus S355J0

W

Längen- und flächenbezogene Masse

Längenbezogene Masse[1] (Tabellenwerte für Stahl mit der Dichte ϱ = 7,85 kg/dm³)

d Durchmesser *m'* längenbezogene Masse *a* Seitenlänge SW Schlüsselweite

Stahldraht						Rundstahl					
d mm	*m'* kg/1000 m	*d* mm	*m'* kg/1000 m	*d* mm	*m'* kg/1000 m	*d* mm	*m'* kg/m	*d* mm	*m'* kg/m	*d* mm	*m'* kg/m
0,10	0,062	0,55	1,87	1,1	7,46	3	0,055	18	2,00	60	22,2
0,16	0,158	0,60	2,22	1,2	8,88	4	0,099	20	2,47	70	30,2
0,20	0,247	0,65	2,60	1,3	10,4	5	0,154	25	3,85	80	39,5
0,25	0,385	0,70	3,02	1,4	12,1	6	0,222	30	5,55	100	61,7
0,30	0,555	0,75	3,47	1,5	13,9	8	0,395	35	7,55	120	88,8
0,35	0,755	0,80	3,95	1,6	15,8	10	0,617	40	9,86	140	121
0,40	0,986	0,85	4,45	1,7	17,8	12	0,888	45	12,5	150	139
0,45	1,25	0,90	4,99	1,8	20,0	15	1,39	50	15,4	160	158
0,50	1,54	1,0	6,17	2,0	24,7	16	1,58	55	18,7	200	247

Vierkantstahl						Sechskantstahl					
a mm	*m'* kg/m	*a* mm	*m'* kg/m	*a* mm	*m'* kg/m	SW mm	*m'* kg/m	SW mm	*m'* kg/m	SW mm	*m'* kg/m
6	0,283	20	3,14	40	12,6	6	0,245	20	2,72	40	10,9
8	0,502	22	3,80	50	19,6	8	0,435	22	3,29	50	17,0
10	0,785	25	4,91	60	28,3	10	0,680	25	4,25	60	24,5
12	1,13	28	6,15	70	38,5	12	0,979	28	5,33	70	33,3
14	1,54	30	7,07	80	50,2	14	1,33	30	6,12	80	43,5
16	2,01	32	8,04	90	63,6	16	1,74	32	6,96	90	55,1
18	2,54	35	9,62	100	78,5	18	2,20	35	8,33	100	68,0

Längenbezogene Masse sonstiger Profile

Profil		Seite	Profil		Seite
T-Stahl	EN 10055	146	Hohlprofile	EN 10210-2	151
Winkelstahl, gleichschenklig	EN 10056-1	148	Hohlprofile	EN 10219-2	151
Winkelstahl, ungleichschenklig	EN 10056-1	147	Aluminium-Rundstangen	DIN 1798	169
U-Stahl	DIN 1026-1	146	Aluminium-Vierkantstangen	DIN 1796	169
I-Träger IPE	DIN 1025-5	149	Aluminium-Rechteckstangen	DIN 1769	170
I-Träger IPB	DIN 1025-2	149	Aluminium-Rundrohre	DIN 1795	171
I-Träger, schmal	DIN 1025-1	150	Aluminium-U-Profile	DIN 9713	171

Flächenbezogene Masse[1] (Tabellenwerte für Stahl mit der Dichte ϱ = 7,85 kg/dm³)

Bleche

s Dicke des Bleches *m''* flächenbezogene Masse

s mm	*m''* kg/m²	*s* mm	*m''* kg/m²	*s* mm	*m''* kg/m²	*s* mm	*m''* kg/m²	*s* mm	*m''* kg/m²	*s* mm	*m''* kg/m²
0,35	2,75	0,70	5,50	1,2	9,42	3,0	23,6	4,75	37,3	10,0	78,5
0,40	3,14	0,80	6,28	1,5	11,8	3,5	27,5	5,0	39,3	12,0	94,2
0,50	3,93	0,90	7,07	2,0	15,7	4,0	31,4	6,0	47,1	14,0	110
0,60	4,71	1,0	7,85	2,5	19,6	4,5	35,3	8,0	62,8	15,0	118

[1] Die Tabellenwerte können auf andere Werkstoffe im Verhältnis der Dichte des anderen Werkstoffes zur Dichte von Stahl (7,85 kg/dm³) umgerechnet werden.

Beispiel: Blech mit *s* = 4,0 mm aus AlMg3Mn (Dichte 2,66 kg/dm³). Aus Tabelle: *m''* = 31,4 kg/m² für Stahl. $AlMg_3Mn$: *m''* = 31,4 kg/m² · 2,66 kg/dm³/7,85 kg/dm³ = **10,64 kg/m²**

Eisen-Kohlenstoff-Zustands-Diagramm

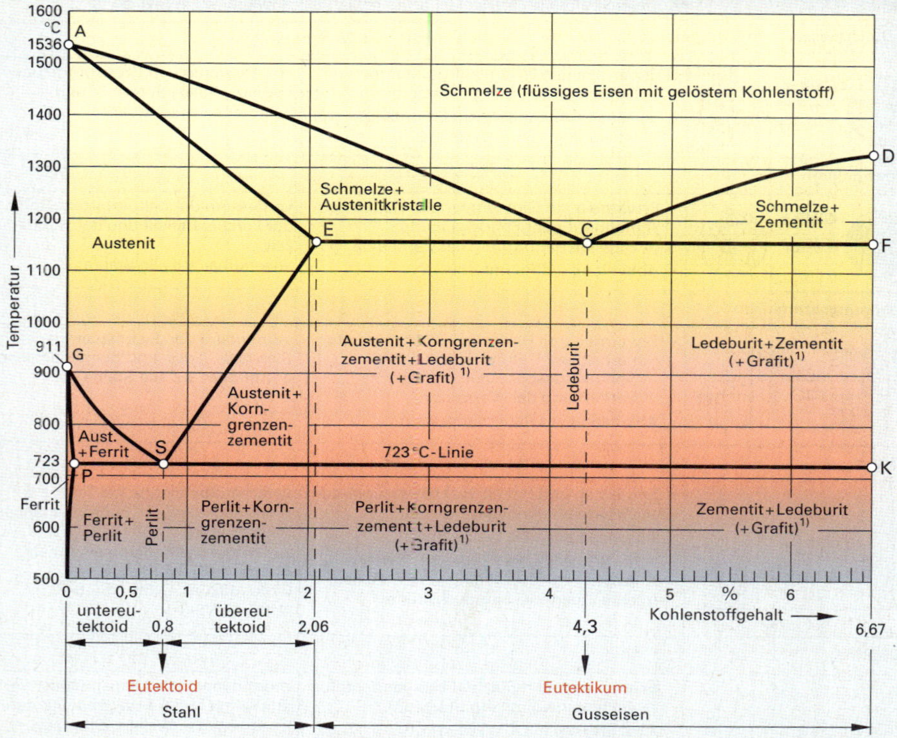

1) Bei Eisensorten mit einem C-Gehalt über 2,06% (Gusseisen) und zusätzlichem Si-Gehalt scheidet sich ein Teil des Kohlenstoffes in Form von Grafit aus.

W

Wärmebehandlung von Stahl

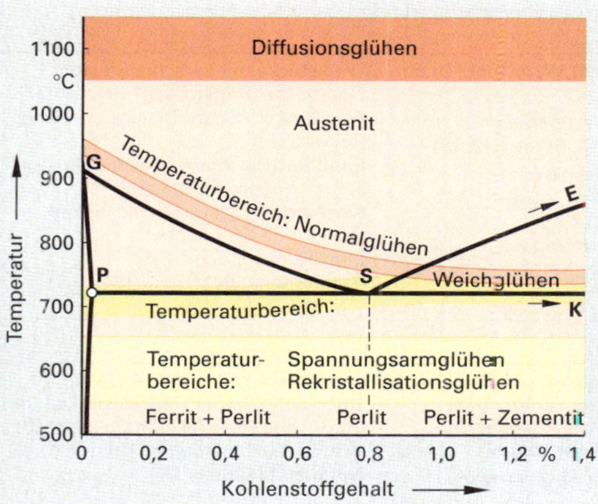

Gefüge von unlegierten Stählen

Kohlenstoffgehalt und Gefügeausbildung
Ätzung: 3%ige alkoholische Salpetersäure
Vergrößerung ca. 500 : 1

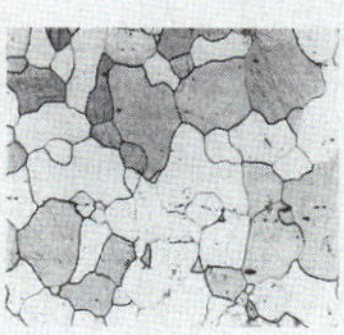

0,1% C
Ferrit

0,45% C
Ferrit + Perlit

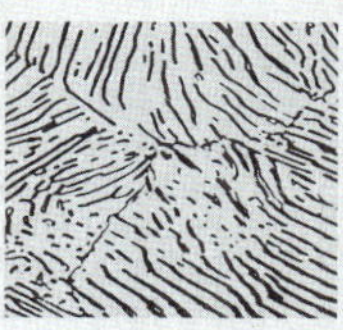

0,8% C
Perlit

1,3% C
Perlit + Korngrenzenzementit

Wärmebehandlung der Stähle – Übersicht

Bild	Kurzbeschreibung	Anwendung, Hinweise[1]
Normalglühen		
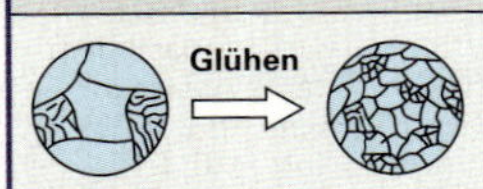	• **Erwärmen** und Halten auf Glühtemperatur → Gefügeumwandlung (Austenit) • gesteuerte **Abkühlung** auf Raumtemperatur → feinkörniges Normalgefüge	normalisieren von Grobkorngefügen in Walz-, Guss-, Schweiß- und Schmiedeerzeugnissen
Weichglühen		
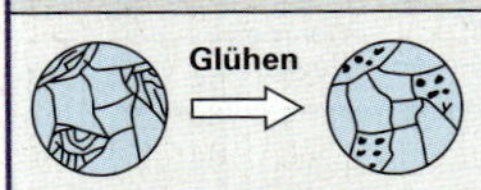	• **Erwärmen** auf Glühtemperatur, Halten der Temperatur oder Pendelglühung → kugelige Einformung des Zementits • **Abkühlung** auf Raumtemperatur	verbessern der Kaltumformbarkeit, der Zerspanbarkeit und der Härtbarkeit; anwendbar auf alle Stähle
Spannungsarmglühen		
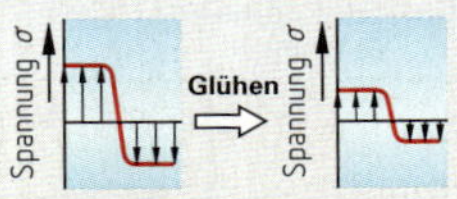	• **Erwärmen** und Halten auf Glühtemperatur (unterhalb der Gefügeumwandlung) → Spannungsabbau durch plastische Verformung der Werkstücke • **Abkühlung** auf Raumtemperatur	vermindern von Eigenspannungen in Schweiß-, Guss- und Schmiedeteilen; anwendbar auf alle Stähle
Härten		
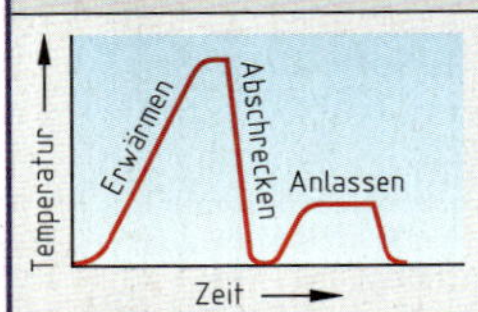	• **Erwärmen** und Halten auf Härtetemperatur → Gefügeumwandlung (Austenit) • **Abschrecken** in Öl, Wasser, Luft → sprödhartes, feines Gefüge (Martensit) • **Anlassen** → Umwandlung von Martensit, höhere Zähigkeit, Gebrauchshärte	verschleißbeanspruchte Teile, z. B. Werkzeuge, Federn, Führungsbahnen, Pressformen; zur Wärmebehandlung geeignete Stähle mit C > 0,3%, z. B. C70U, 102Cr6, C45E, HS6-5-2C, X38CrMoV5-3
Vergüten		
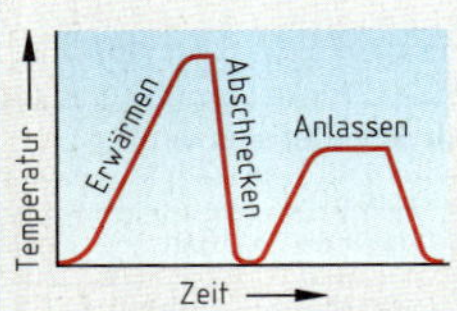	• **Erwärmen** und Halten auf Härtetemperatur → Gefügeumwandlung (Austenit) • **Abschrecken** in Öl, Wasser, Luft → sprödhartes, feines Gefüge (Martensit), bei größeren Abmessungen feines Kerngefüge (Zwischenstufengefüge) • **Anlassen** bei höheren Temperaturen als beim Härten → Martensitabbau, feines Gefüge, hohe Festigkeit bei guter Zähigkeit	meist dynamisch beanspruchte Werkstücke mit hoher Festigkeit und guter Zähigkeit, z. B. Wellen, Zahnräder, Schauben; Vergütungsstähle: Seite 133, Nitrierstähle: Seite 134, Stähle für Flamm- und Induktionshärtung: Seite 134, Stähle für vergütbare Federn: Seite 138
Einsatzhärten		
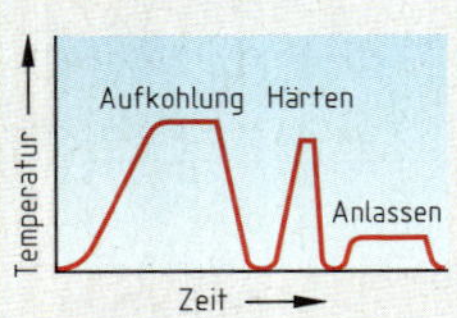	• **Aufkohlung** bearbeiteter Werkstücke in der Randschicht • **Abkühlung** auf Raumtemperatur → Normalgefüge (Ferrit, Perlit, Karbide) • **Härten** (Ablauf siehe Härten) → Randhärtung: Erwärmung auf Randhärtetemperatur Kernhärtung: Erwärmung auf Härtetemperatur des Kernbereiches	Werkstücke mit verschleißfester Oberfläche, hoher Dauer- und guter Kernfestigkeit, z. B. Zahnräder, Wellen, Bolzen; **Randhärtung:** hohe Verschleißfestigkeit, geringere Kernfestigkeit **Kernhärtung:** hohe Kernfestigkeit, sprödharte Oberfläche; Einsatzstähle: Seite 133, Automatenstähle: Seite 134
Nitrieren		
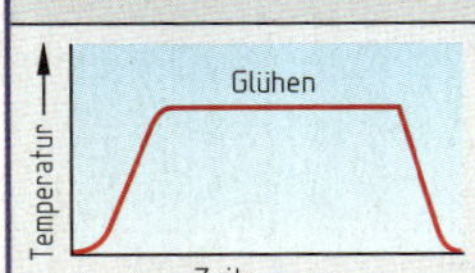	• **Glühen** meist fertig bearbeiteter Werkstücke in Stickstoff abgebender Atmosphäre → Bildung harter, verschleißfester und temperaturbeständiger Nitride • **Abkühlung** an ruhender Luft oder im Stickstoffstrom	Werkstücke mit verschleißfester Oberfläche, hoher Dauerfestigkeit und guter Temperaturbeständigkeit, z. B. Ventile, Kolbenstangen, Spindeln; Nitrierstähle: Seite 134

[1] Glüh- und Anlasstemperaturen, Abschreckmedien und erreichbare Härtewerte: Seiten 155 bis 157

W

Werkzeugstähle, Einsatzstähle

Wärmebehandlung von unlegierten Kaltarbeitsstählen

vgl. DIN EN ISO 4957 (2001-02)

Stahlsorte Kurzname	Stahlsorte Werkstoff-Nr.	Warmformgebungstemperatur °C	Weichglühen Temperatur °C	Weichglühen Härte HB max.	Härten Temperatur °C	Härten Abkühlmittel	Härten Einhärtetiefe[1] mm	Härten Durchhärtung bis Ø mm	Oberflächenhärte in HRC ≈ nach dem Härten	nach dem Anlassen[2] bei 100 °C	200 °C	300 °C
C45U	1.1730	1000…800	680…710	207	800…820	Wasser	3,5	15	58	58	54	48
C70U	1.1520			183	790…810		3,0	10	64	63	60	53
C80U	1.1525	1050…800	680…710	192	780…800	Wasser	3,0	10	64	64	60	54
C90U	1.1535	1050…800		207	770…790				64	64	61	54
C105U	1.1545	1000…800		212	770…790				65	64	62	56

[1] Für Durchmesser von 30 mm.

[2] Die Höhe der Anlasstemperatur richtet sich nach dem Verwendungszweck und der gewünschten Gebrauchshärte. Die Stähle werden in der Regel weichgeglüht angeliefert.

Wärmebehandlung von legierten Kaltarbeitsstählen, Warmarbeitsstählen und Schnellarbeitsstählen

vgl. DIN EN ISO 4957 (2001-02)

Stahlsorte Kurzname	Stahlsorte Werkstoff-Nr.	Warmformgebungstemperatur °C	Weichglühen Temperatur °C	Weichglühen Härte HB max.	Härten Temperatur[1] °C	Härten Abkühlmittel	Oberflächenhärte in HRC ≈ nach dem Härten	nach dem Anlassen[2] bei 200 °C	300 °C	400 °C	500 °C	550 °C
105V	1.2834	1050…850	710…750	212	780…800	Wasser	68	64	56	48	40	36
X153CrMoV12	1.2379		800…850	255	1010…1030	Luft	63	61	59	58	58	56
X210CrW12	1.2436	1050…850	800…840	255	960…980	Öl	64	62	60	58	56	52
90MnCrV8	1.2842		680…720	229	780…800		65	62	56	50	42	40
102Cr6	1.2067		710…750	223	830…850		65	62	57	50	43	40
60WCrV8	1.2550	1050…850	710…750	229	900…920	Öl	62	60	58	53	48	46
X37CrMoV5-1	1.2343	1100…900	750…800	229	1010…1030		53	52	52	53	54	52
HS6-5-2C	1.3343	1100…900	770…840	269	1200…1220	Öl, Warmbad, Luft	64	62	62	62	65	65
HS10-4-3-10	1.3207			302	1220…1240		66	61	61	62	66	67
HS2-9-1-8	1.3247			277	1180…1200		66	62	62	61	68	69

[1] Die Austenitisierungsdauer ist die Dauer des Haltens auf Härtetemperatur und beträgt bei Kaltarbeitsstählen ca. 25 min, bei Schnellarbeitsstählen ca. 3 min. Das Erwärmen erfolgt in Stufen.

[2] Schnellarbeitsstähle werden mindestens zweimal bei 540…570 °C angelassen. Diese Temperatur wird mindestens 60 min gehalten.

Wärmebehandlung von Einsatzstählen

vgl. DIN EN 10084 (1998-06)

Stahlsorte[1] Kurzname	Stahlsorte[1] Werkstoff-Nr.	Aufkohlungstemperatur °C	Härten von Kernhärtetemperatur °C	Härten von Randhärtetemperatur °C	Anlassen °C	Abkühlmittel	Stirnabschreckversuch Temp. °C	Härte HRC im Abstand max.[2]	3 mm	5 mm	7 mm
C10E	1.1121	880…980	880…920	780…820	150…200	Wasser	–	–	–	–	–
C15E	1.1141						–	–	–	–	–
17Cr3	1.7016		860…900			Öl	880	47	44	40	33
16MnCr5	1.7131						870	47	46	44	41
20MnCr5	1.7147						870	49	49	48	46
20MoCr4	1.7321						910	49	47	44	41
17CrNi6-6	1.5918		830…870				870	47	47	46	45
15NiCr13	1.5752		840…880				880	48	48	48	47
20NiCrMo2-2	1.6523		860…900				920	49	48	45	42
18CrNiMo7-6	1.6587		830…870				860	48	48	48	48

[1] Für Stähle mit geregeltem Schwefelgehalt, z. B. C10R, 20MnCrS5, gelten dieselben Werte.

[2] Für Stähle mit normaler Härtbarkeit (+H) in 1,5 mm Abstand von der Stirnfläche.

W

Vergütungsstähle

Wärmebehandlung von unlegierten Vergütungsstählen

vgl. DIN EN 10083-2 (2006-10)[1]

Stahlsorten[2] Kurzname	Werkstoff-Nr.	Normalglühen °C	Stirnabschreckversuch °C	Härte HRC bei Einhärtetiefe in mm[3] 1	3	5	Vergüten: Härten[4] °C	Abschreckmittel	Anlassen[5] °C
C22E	1.1151	880…940	–	–	–	–	860…900	Wasser	550…660
C35E[1] C40E C45E[1]	1.1181 1.1186 1.1191	860…920 850…910 840…900	870 870 850	48…58 51…60 55…62	33…55 35…59 37…61	22…49 25…53 28…57	840…880 830…870 820…860	Wasser oder Öl	550…660
C50E[1] C55E[1] C60E	1.1206 1.1203 1.1221	830…890 825…885 820…880	850 830 830	56…63 58…65 60…67	44…61 47…63 50…65	31…58 33…60 35…62	810…850 810…850 810…850	Öl oder Wasser	550…660
28Mn6	1.1170	850…890	850	45…54	42…53	37…51	840…880	Wasser oder Öl	540…680

Wärmebehandlung von legierten Vergütungsstählen (Auswahl)

vgl. DIN EN 10083-3 (2007-01)[1]

Stahlsorten Kurzname	Werkstoff-Nr.	Oberflächenhärte[6] HRC	Stirnabschreckversuch °C	Härte HRC bei Einhärtetiefe in mm[3] 1,5	5	15	Vergüten: Härten[4] °C	Abschreckmittel	Anlassen[5] °C
38Cr2 46Cr2[1]	1.7003 1.7006	– 54	850	51…59 54…63	37…54 40…59	…35 22…39	830…870 820…860	Öl oder Wasser Öl oder Wasser	540…680
34Cr4 37Cr4[1] 41Cr4[1]	1.7033 1.7034 1.7035	– 51 53	850	49…57 51…59 53…61	45…56 48…58 50…60	27…44 31…48 32…52	830…870 825…865 820…860	Wasser oder Öl Öl oder Wasser Öl oder Wasser	540…680
25CrMo4 34CrMo4 42CrMo4[1]	1.7218 1.7220 1.7225	– – 53	850	44…52 49…57 53…61	40…51 48…57 52…61	27…41 34…52 37…58	840…900 830…890 820…880	Wasser oder Öl Öl oder Wasser Öl oder Wasser	540…680
50CrMo4[1] 51CrV4 39NiCrMo3	1.7228 1.8159 1.6510	58 – –	850	58…65 57…65 52…60	57…64 56…64 50…59	48…62 48…62 43…56	820…870 820…870 820…850	Öl Öl Öl oder Wasser	540…680
34CrNiMo6 30CrNiMo8 36NiCrMo16	1.6582 1.6580 1.6773	– – –	850	50…58 48…56 50…57	50…58 48…56 48…56	48…57 46…55 47…55	830…860 830…860 865…885	Öl oder Wasser Öl oder Wasser Luft oder Öl	540…660 540…660 550…650
38MnB5	1.5532	–	850	52…60	50…59	31…47	840…880	Wasser/Öl	400…600
33MnCrB5-2	1.7185	–	880	48…57	47…57	41…54	860…900	Öl	400…600

1) DIN 17212 „Stähle für Flamm- und Induktionshärtung" wurde ersatzlos zurückgezogen. Stähle für Flamm- und Induktionshärtung siehe unter Vergütungsstähle Seite 133 f.
2) Für die Qualitätsstähle C35 bis C60 und die Stähle mit geregeltem Schwefelgehalt, z. B. C35R, gelten die gleichen Werte.
3) Härtbarkeitsanforderungen: +H: normale Härtbarkeit
4) Der untere Temperaturbereich gilt für das Abschrecken in Wasser, der obere für das Abschrecken in Öl.
5) Anlassdauer mindestens 60 min.
6) Mindestoberflächenhärte bei Stählen nach dem Flamm- oder Induktionshärten.

Härtbarkeit und Einhärtungstiefe der Vergütungsstähle (Streubänder)

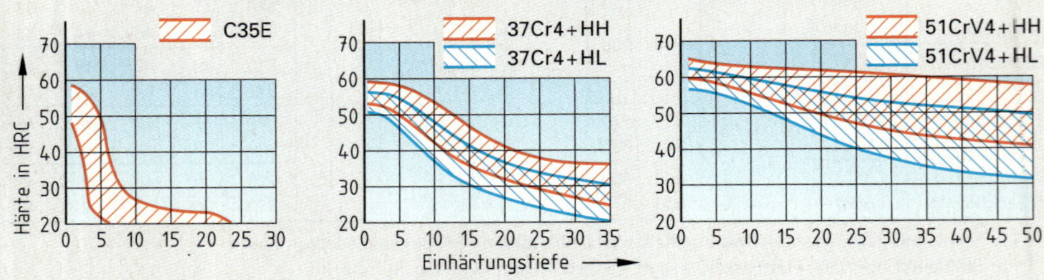

Nitrierstähle, Automatenstähle, Aluminiumlegierungen

Wärmebehandlung von Nitrierstählen

vgl. DIN EN 10085 (2001-01)

Stahlsorte Kurzname	Stahlsorte Werkstoffnummer	Wärmebehandlung vor dem Nitrieren: Weichglühen Temperatur °C	Vergüten – Härten: Temperatur[2] °C	Vergüten – Härten: Abkühlmittel	Vergüten – Anlasstemperatur[3][4] °C	Nitrierbehandlung[1]: Gasnitrieren °C	Nitrierbehandlung[1]: Nitrocarburieren °C	Nitrierbehandlung[1]: Härte[5] HV1
24CrMo13-6	1.8516	650…700	870…970	Öl oder Wasser	580…700	500…600	570…650	–
31CrMo12	1.8515	650…700	870…930					800
32CrAlMo7-10	1.8505	650…750	870…930					–
31CrMoV9	1.8519	680…720	870…930					800
33CrMoV12-9	1.8522	680…720	870…970					–
34CrAlNi7-10	1.8550	650…700	870…930					950
41CrAlMo7-10	1.8509	650…750	870…930					950
40CrMoV13-9	1.8523	680…720	870…970					–
34CrAlMo5-10	1.8507	650…750	870…930					950

1) Die Nitrierdauer hängt von der gewünschten Nitrierhärtetiefe ab.
2) Austenitisierungsdauer mindestens 0,5 Stunden.
3) Anlassdauer mindestens 1 Stunde.
4) Die Anlasstemperatur sollte nicht weniger als 50 °C über der Nitriertemperatur liegen.
5) Härte der nitrierten Oberfläche.

Wärmebehandlung von Automatenstählen

vgl. DIN EN 10087 (1999-01)

Automateneinsatzstähle

Stahlsorte Kurzname	Stahlsorte Werkstoffnummer	Aufkohlungstemperatur °C	Kernhärtetemperatur °C	Randhärtetemperatur °C	Abkühlmittel[1]	Anlasstemperatur[2] °C
10S20 10SPb20 15SMn13	1.0721 1.0722 1.0725	880 … 980	880 … 920	780 … 820	Wasser, Öl, Emulsion	150 … 200

Automatenvergütungsstähle

Stahlsorte Kurzname	Stahlsorte Werkstoffnummer	Härtetemperatur °C	Abkühlmittel[1]	Vergütungstemperatur °C	vergütet[3] R_e N/mm²	vergütet[3] R_m N/mm²	vergütet[3] A %
35S20 35SPb20	1.0726 1.0756	860…890	Wasser oder Öl	540 … 680	430	630 … 780	15
36SMn14 36SMnPb14	1.0764 1.0765	850…880			460	700 … 850	14
38SMn28 38SMnPb28	1.0760 1.0761	850…880	Öl oder Wasser		460		15
44SMn28 44SMnPb28	1.0762 1.0763	840…870			480		16
46S20	1.0757				490		12

1) Die Wahl des Abkühlmittels hängt von der Gestalt der Werkstücke ab.
2) Anlassdauer mindestens 1 Stunde
3) Die Werte beziehen sich auf einen Durchmesser $10 < d \leq 16$.

Aushärten von Aluminiumlegierungen

Legierung EN AW- Kurzname	Legierung EN AW- Werkstoffnummer	Auslagerungsart[2]	Lösungsglühtemperatur °C	Warmauslagerung Temperatur °C	Warmauslagerung Haltezeit h	Kaltauslagerzeit Tage	ausgelagert R_m N/mm²	ausgelagert A %
Al Cu4MgSi	2017	T4	500	100 … 300	8 … 24	5 … 8	390	12
Al Cu4SiMg	2014	T6				–	420	8
Al MgSi	6060	T4	525			5 … 8	130	15
Al MgSi1MgMn	6082	T6				–	280	6
Al Zn4,5Mg1	7020	T6	470			–	210	12
Al Zn5,5MgCu	7075	T6				–	545	8
Al Si7Mg[1]	42000[1]	T6	525			4	250	-

1) Aluminiumgusslegierung EN AC-Al Si7Mg bzw. EN AC 42000.
2) T4 lösungsgeglüht und kalt ausgelagert; T6 lösungsgeglüht und warm ausgelagert.

Bezeichnungssystem für Gusseisenwerkstoffe

Kurznamen und Werkstoffnummern

vgl. DIN EN 1560 (1997-08)

Gusseisenwerkstoffe werden entweder mit einem Kurznamen oder mit einer Werkstoffnummer angegeben.

Beispiel:

Gusseisen mit Lamellengrafit, Zugfestigkeit R_m = 300 N/mm²

Kurzname	**Werkstoffnummer**
EN-GJL-300	EN-JL1050

Werkstoffkurznamen

Werkstoffkurznamen haben bis zu sechs Bezeichnungspositionen ohne Zwischenraum, beginnend mit **EN** (europäische Norm) und **GJ** (Guss-Eisen; I Iron)

Bezeichnungsbeispiele:

EN	-	**GJ**	**L**		-	**350**		Gusseisen mit Lamellengrafit
EN	-	**GJ**	**L**		-	**HB155**		Gusseisen mit Lamellengrafit
EN	-	**GJ**	**S**		-	**350-22U**		Gusseisen mit Kugelgrafit
EN	-	**GJ**	**M**	**B**	-	**450-6**		Temperguss – schwarz
EN	-	**GJ**	**M**	**W**	-	**360-12**	**W**	Temperguss – weiß
EN	-	**GJ**	**M**		-	**HV600(XCr14)**		Verschleißfestes Gusseisen
EN	-	**GJ**	**L**	**A**	-	**XNiCuCr15-6-2**		Austenitisches Gusseisen

Grafitstruktur (Buchstabe)

- L Lamellengrafit
- S Kugelgrafit
- M Temperkohle
- V Vermikulargrafit
- N grafitfrei
- Y Sonderstruktur

Mikro- oder Makrostruktur (Buchstabe)

- A Austenit
- F Ferrit
- P Perlit
- M Martensit
- L Ledeburit
- Q abgeschreckt
- T vergütet
- B nicht entkohlend geglüht
- W entkohlend geglüht

Mechanische Eigenschaften oder chemische Zusammensetzung (Zahlen/Buchstaben)

Mechanische Eigenschaften

350	Mindestzugfestigkeit R_m in N/mm²	
350-22	zusätzlich Bruchdehnung A in %	
S	**Probe**	getrennt gegossen
U		angegossen
C		dem Gussstück entnommen
HB155	max. Härte	

Chemische Zusammensetzung

Angaben entsprechen den Stahlbezeichnungen Seite 125

Zusätzliche Anforderungen

- D Rohgussstück
- H wärmebehandeltes Gussstück
- W schweißgeeignet
- Z zusätzliche Anforderungen

Werkstoffnummern

Werkstoffnummern haben sieben Bezeichnungspositionen ohne Zwischenraum, beginnend mit **EN** (europäische Norm) und **J** (Eisen; I Iron)

Bezeichnungsbeispiele:

EN	-	J	L	2	0 4	7	Gusseisen mit Lamellengrafit und Härte als Merkmal
EN	-	J	S	1	0 2	2	Kugelgrafitguss mit angegossenem Probestück, Merkmal R_m
EN	-	J	M	1	1 3	0	Temperguss ohne besondere Anforderungen, Merkmal R_m

Grafitstruktur (Buchstabe)

- L Lamellengrafit
- S Kugelgrafit
- M Temperkohle
- V Vermikulargrafit
- N grafitfrei
- Y Sonderstruktur

Hauptmerkmal (Ziffer)

- 1 Zugfestigkeit
- 2 Härte
- 3 chemische Zusammensetzung

Werkstoffkennziffer

Jedem Gusseisenwerkstoff wird eine zweistellige Kennziffer zugeordnet. Eine höhere Kennziffer weist auf höhere Festigkeit hin.

Werkstoffanforderungen (Ziffer)

- 0 keine besonderen Anforderungen
- 1 getrennt gegossenes Probestück
- 2 angegossenes Probestück
- 3 Probe aus dem Gussstück
- 4 Zähigkeit bei Raumtemperatur
- 5 Zähigkeit bei Tieftemperatur
- 6 festgelegte Schweißeignung
- 7 Rohgussstück
- 8 wärmebehandeltes Gussstück
- 9 zusätzliche Anforderungen

Einteilung der Eisen-Gusswerkstoffe

Art	Norm	Beispiele/ Werkstoff-nummer	Zug-festigkeit R_m N/mm²	Eigenschaften	Anwendungsbeispiele
Gusseisen					
mit Lamellen-grafit	DIN EN 1561	EN-GJL-150 (GG-15)[1] EN-JL1020	100 bis 450	sehr gute Gießbarkeit, gute Druckfestigkeit, Dämpfungsfähigkeit und Notlauffähigkeit sowie gute Korrosionsbeständig-keit	für konturenreiche, komplizierte Werkstücke; sehr vielseitig einsetzbar. Maschinengestelle, Getriebegehäuse
mit Kugelgrafit	DIN EN 1563	EN-GJS-400 (GGG-40)[1] EN-JS1030	350 bis 900	sehr gute Gießbarkeit, hohe Festigkeit auch bei dynamischer Belastung, oberflächenhärtbar	verschleißbeanspruchte Werkstücke; Kupplungsteile, Fittings, Motorenbau
mit Vermikular-grafit	ISO 16112	ISO 16112/JV/300	300 bis 500	sehr gute Gießbarkeit, hohe Festigkeit ohne teure Legierungszusätze	Fahrzeugteile, Motorenbau, Getriebegehäuse
Bainitisches Gusseisen	DIN EN 1564	EN-GJS-800-8 EN-JS1100	800 bis 1400	durch Wärmebehandlung und gesteuerte Abkühlung entstehen Bainit und Austenit mit hoher Festig-keit bei guter Zähigkeit	hoch beanspruchte Bauteile, z.B. Radnaben, Zahnkränze, ADI-Guss[2]
verschleiß-beständiger Guss, Hartguss	DIN EN 12513	EN-GJN-HV350 EN-JN2019	> 1000	Verschleißfestigkeit durch Martensit und Karbide, auch mit Cr und Ni legiert.	verschleißfestes Gusseisen, z.B. Abrichtrollen, Baggerschaufeln, Laufräder für Pumpen
Temperguss					
entkohlend geglüht (weiß)	DIN EN 1562	EN-GJMW-350 (GTW-35)[1] EN-JM1010	270 bis 570	Entkohlung der Randschicht durch Tempern. Hohe Festigkeit und Zähigkeit, plastisch verformbar.	formgenaue, dünnwandige, stoßbeanspruchte Teile; Hebel, Bremstrommeln
nicht entkohlend geglüht (schwarz)	DIN EN 1562	EN-GJMB-450 (GTS-45)[1] EN-JM1140	300 bis 800	Flockiger Grafit im ganzen Querschnitt durch Tempern. Hohe Festigkeit und Zähigkeit bei größeren Wandstärken.	formgenaue, dickwandige, stoßbeanspruchte Teile; Hebel, Kardangabeln
Stahlguss					
für allgemeine Verwendung	DIN EN 10293[3]	GE240 1.0446	380 bis 600	unlegierter und niedrig-legierter Stahlguss für allgemeine Verwendung	mechanische Mindestwerte von –10 °C bis 300 °C
mit verbesserter Schweiß-eignung	DIN EN 10293[4]	G20Mn5 1.6220	430 bis 650	geringer Kohlenstoffgehalt mit Mangan und Mikro-legierung	Schweißverbundkonstruk-tionen, Feinkornbaustähle mit großer Wanddicke
Vergütungs-stahlguss	DIN EN 10293[5]	G30CrMoV6-4 1.7725	500 bis 1250	feines Vergütungsgefüge mit hoher Zähigkeit	Ketten, Panzerungen
für Druck-behälter	DIN EN 10213	GP280GH 1.0625	420 bis 960	Sorten mit hoher Festigkeit und Zähigkeit bei tiefen und bei hohen Temperaturen	Druckbehälter für heiße bzw. kalte Medien, warmfest und kaltzäh; nichtrostend
nichtrostend	DIN EN 10283	GX6CrNi26-7 1.4347	450 bis 1100	Beständigkeit gegenüber chemischer Beanspruchung und Korrosion	Pumpenlaufräder in Säuren, Duplex-Stahl
hitzebeständig	DIN EN 10295	GX25CrNiSi18-9 1.4825	400 bis 550	Beständigkeit gegenüber verzundernden Gasen	Turbinenteile, Ofenroste

[1] bisherige Bezeichnung [2] ADI → Austempered Ductile Iron („angelassenes zähes Eisen")
[3] Ersatz für DIN 1681 [4] Ersatz für DIN 17182 [5] Ersatz für DIN EN 17205

Gusseisen mit Lamellengrafit, Gusseisen mit Kugelgrafit

Gusseisen mit Lamellengrafit

vgl. DIN EN 1561 (1997-08)

Zugfestigkeit R_m als kennzeichnende Eigenschaft

Sorte Kurzname	Sorte Werkstoff-nummer	Wanddicke mm	Zugfestigkeit R_m N/mm²
EN-GJL-100	EN-JL1010	5…40	100…200
EN-GJL-150	EN-JL1020	2,5…300	150…250
EN-GJL-200	EN-JL1030	2,5…300	200…300
EN-GJL-250	EN-JL1040	5…300	250…350
EN-GJL-300	EN-JL1050	10…300	300…400
EN-GJL-350	EN-JL1060	10…300	350…450

⇒ **EN-GJL-100:** Gusseisen mit Lamellengrafit, Mindestzugfestigkeit R_m = 100 N/mm²

Härte HB als kennzeichnende Eigenschaft

Sorte Kurzname	Sorte Werkstoff-nummer	Wanddicke mm	Brinellhärte HB30
EN-GJL-HB155	EN-JL2010	40…80	max. 155
EN-GJL-HB175	EN-JL2020	40…80	100…175
EN-GJL-HB195	EN-JL2030	40…80	120…195
EN-GJL-HB215	EN-JL2040	40…80	145…215
EN-GJL-HB235	EN-JL2050	40…80	165…235
EN-GJL-HB255	EN-JL2060	40…80	185…255

⇒ **EN-GJL-HB215:** Gusseisen mit Lamellengrafit, maximale Brinellhärte = 215 HB

Eigenschaften
Gut gießbar und zerspanbar, schwingungsdämpfend, korrosionsbeständig, hohe Druckfestigkeit, gute Gleiteigenschaften.

Anwendungsbeispiele
Maschinengestelle, Lagergehäuse, Gleitlager, druckfeste Teile, Turbinengehäuse.
Die Härte als kennzeichnende Eigenschaft gibt Hinweise auf die Zerspanbarkeit.

Gusseisen mit Kugelgrafit

vgl. DIN EN 1563 (2005-10)

Zugfestigkeit R_m als kennzeichnende Eigenschaft

Sorte Kurzname	Sorte Werkstoff-nummer	Zugfestigkeit R_m N/mm²	Dehngrenze $R_{p\,0,2}$ N/mm²	Dehnung A %	Eigenschaften, Anwendungsbeispiele
EN-GJS-350-22-LT[1]	EN-JS1015	350	220	22	gut bearbeitbar, geringe Verschleißfestigkeit; Gehäuse
EN-GJS-350-22-RT[2]	EN-JS1014	350	220	22	
EN-GJS-350-22	EN-JS1010	350	220	22	
EN-GJS-400-18-LT[1]	EN-JS1025	400	250	18	
EN-GJS-400-18-RT[2]	EN-JS1024	400	250	18	
EN-GJS-400-18	EN-JS1020	400	250	18	
EN-GJS-400-15	EN-JS1030	400	250	15	
EN-GJS-450-10	EN-JS1040	450	310	10	gut bearbeitbar, mittlere Verschleißfestigkeit; Fittings, Pressenkörper
EN-GJS-500-7	EN-JS1050	500	320	7	
EN-GJS-600-3	EN-JS1060	600	370	3	
EN-GJS-700-2	EN-JS1070	700	420	2	gute Oberflächenhärte; Zahnräder, Lenk- und Kupplungsteile, Ketten
EN-GJS-800-2	EN-JS1080	800	480	2	
EN-GJS-900-2	EN-JS1090	900	600	2	

[1] LT für tiefe Temperaturen [2] RT für Raumtemperatur

⇒ **EN-GJS-400-18:** Gusseisen mit Kugelgrafit, Mindestzugfestigkeit R_m = 400 N/mm²; Bruchdehnung A = 18%

Härte HB als kennzeichnende Eigenschaft

Sorte Kurzname	Sorte Werkstoff-nummer	Zugfestigkeit R_m N/mm²	Dehngrenze $R_{p\,0,2}$ N/mm²	Brinell-härte HB	Eigenschaften, Anwendungsbeispiele
EN-GJS-HB130	EN-JS2010	350	220	< 160	Durch die Angabe der Härtewerte kann der Besteller seine Bearbeitungsmaschinen besser auf die Zerspanung der Gussstücke einstellen. Anwendungen wie oben
EN-GJS-HB150	EN-JS2020	400	250	130…175	
EN-GJS-HB155	EN-JS2030	400	250	135…180	
EN-GJS-HB185	EN-JS2040	450	310	160…210	
EN-GJS-HB200	EN-JS2050	500	320	170…230	
EN-GJS-HB230	EN-JS2060	600	370	190…270	
EN-GJS-HB265	EN-JS2070	700	420	225…305	
EN-GJS-HB300	EN-JS2080	800	480	245…335	
EN-GJS-HB330	EN-JS2090	900	600	270…360	

⇒ **EN-GJS-HB130:** Gusseisen mit Kugelgrafit, Brinellhärte HB130, Maximalhärte HB160

Temperguss, Stahlguss

Temperguss[1]

vgl. DIN EN 1562 (2006-08)

Sorte Kurzname	Sorte Werkstoff-nummer	Zugfestigkeit R_m N/mm²	Dehngrenze $R_{p0,2}$ N/mm²	Bruchdehnung A %	Brinellhärte HB	Eigenschaften, Anwendungsbeispiele
Entkohlend geglühter Temperguss (weißer Temperguss)						
EN-GJMW-350-4	EN-JM1010	350	–	4	230	Alle Sorten sind gut gießbar und gut spanend bearbeitbar. Werkstücke mit kleiner Wanddicke, z. B. Hebel, Kettenglieder
EN-GJMW-400-5	EN-JM1030	400	220	5	220	
EN-GJMW-450-7	EN-JM1040	450	260	7	250	
EN-GJMW-550-4	EN-JM1050	550	340	4	250	
EN-GJMW-360-12	EN-JM1020	360	190	12	200	Zum Schweißen besonders geeignet.
⇒ **EN-GJMW-350-4:** Entkohlend geglühter Temperguss, R_m = 350 N/mm², A = 4%						
Nicht entkohlend geglühter Temperguss (schwarzer Temperguss)						
EN-GJMB-300-6	EN-JM1110	300	–	6	...150	hohe Druckdichtheit
EN-GJMB-350-10	EN-JM1130	350	200	10	...150	Alle Sorten sind gut gießbar und gut spanend bearbeitbar. Werkstücke mit größerer Wanddicke, z. B. Gehäuse, Kardangabeln, Kolben
EN-GJMB-450-6	EN-JM1140	450	270	6	150...200	
EN-GJMB-500-5	EN-JM1150	500	300	5	165...215	
EN-GJMB-550-4	EN-JM1160	550	340	4	180...230	
EN-GJMB-600-3	EN-JM1170	600	390	3	195...245	
EN-GJMB-650-2	EN-JM1180	650	430	2	210...260	
EN-GJMB-700-2	EN-JM1190	700	530	2	240...290	
EN-GJMB-800-1	EN-JM1200	800	600	1	270...320	
⇒ **EN-GJMB-350-10:** Nicht entkohlend geglühter Temperguss, R_m = 350 N/mm², A = 10%						

[1] Bisherige Bezeichnungen: Seite 159

Stahlguss für allgemeine Anwendungen (Auswahl)

vgl. DIN EN 10293 (2005-06)[1]

Sorte Kurzname	Sorte Werkstoff-nummer	Zugfestigkeit R_m N/mm²	Dehngrenze $R_{p0,2}$ N/mm²	Dehnung A %	Kerbschlagarbeit K_V J	Eigenschaften, Anwendungsbeispiele
GE200[2]	1.0420	380... 530	200	25	27	für Werkstücke mit mittlerer dynamischer Beanspruchung; Radsterne, Hebel
GE240[2]	1.0445	450... 600	240	22	31	
GE300[2]	1,0558	600... 750	300	15	27	
G17Mn5[3]	1.1131	450... 600	240	24	70	verbesserte Schweißeignung Schweißverbundkonstruktionen
G20Mn5[2]	1.6220	480... 620	300	20	60	
GX4CrNiMo16-5-1[3]	1.4405	760... 960	540	15	60	
G28Mn6[2]	1.1165	520... 670	260	18	27	für Werkstücke mit hoher dynamischer Beanspruchung; Wellen
G10MnMoV6-3[3]	1.5410	600... 750	500	18	60	
G34CrMo4[3]	1.7230	620... 770	480	10	35	
G32NiCrMo8-5-4[3]	1.6570	850...1000	700	16	50	Korrosionsgeschützte Werkstücke mit hoher dynamischer Beanspruchung
GX23CrMoV12-1[3]	1.4931	740... 880	540	15	27	

[1] DIN 17182 „Stahlgusssorten mit verbesserter Schweißeignung und Zähigkeit" wurde ersatzlos zurückgezogen.
[2] normalgeglüht [3] vergütet

Stahlguss für Druckbehälter (Auswahl)

vgl. DIN EN 10213 (2004-03)

Sorte Kurzname	Sorte Werkstoff-nummer	Zugfestigkeit[1] R_m N/mm²	Dehngrenze[1] $R_{p0,2}$ N/mm²	Bruchdehnung A %	Kerbschlagarbeit K_V J	Eigenschaften, Anwendungsbeispiele
GP240GH	1.0619	420	240	22	27	Für hohe und tiefe Temperaturen, z. B. Dampfturbinen, Heißdampfarmaturen, auch korrosionsbeständig
G17CrMo5-5	1.7357	490	315	20	27	
GX8CrNi12	1.4107	540	355	18	45	
GX4CrNiMo16-5-1	1.4405	760	540	15	60	

[1] Werte bei einer Wanddicke bis 40 mm

W

Modelle, Modelleinrichtungen und Kernkästen

vgl. DIN EN 12890 (2000-06)

Werkstoffe und Güteklassen

Merkmale	Werkstoffe Holz	 Kunststoff	 Metall
Werkstoffart	Sperrholz-, Span- oder Verbundplatten, Hart- und Weichholz	Epoxidharze oder Polyurethane mit Füllstoffen	Cu-, Sn-, Zn-Legierung Al-Legierung Gusseisen oder Stahl
Verwendung	Wiederkehrende Einzelstücke und kleinere Serien, geringere Anforderung an die Genauigkeit; meist Handformerei	Einzel- und Serienfertigung mit höherer Anforderung an die Genauigkeit; Hand- und Maschinenformerei	mittlere bis große Serien mit hohen Anforderungen an die Genauigkeit; Maschinenformerei
Max. Stückzahl beim Formen	ca. 750	ca. 10 000	ca. 150 000
Güteklassen[1)]	H1[2)], H2, H3	K1[2)], K2	M1[2)], M2
Oberflächengüte	Schleifpapier Korngröße 60…80	Ra = 12,5 µm	Ra = 3,2…6,3 µm

[1)] Klassifizierungssystem für die Herstellung und Verwendung von Modellen, Modelleinrichtungen und Kernkästen, über deren Zweckeignung, Qualität und Haltbarkeitsdauer: H Holz; K Kunststoff; M Metall

[2)] beste Güteklasse

Formschrägen

Höhe *H*	Formschräge *T* in mm					
	kleine Aushebeflächen			hohe Aushebeflächen		
	Handformerei		Maschinenformerei	Handformerei		Maschinenformerei
mm	Formsand tongebunden	Formsand chem. geb.		Formsand tongebunden	Formsand chem. geb.	
…30	1,0	1,0	1,0	1,5	1,0	1,0
> 30…80	2,0	2,0	2,0	2,5	2,0	2,0
> 80…180	3,0	2,5	2,5	3,0	3,0	3,0
> 180…250	3,5	3,0	3,0	4,0	4,0	4,0
> 250…1000	+ 1,0 mm je 250 mm					
> 1000…4000	+ 2,0 mm je 1000 mm					

W

Anstrich und Farbkennzeichnung der Modelle

Fläche oder Flächenteil	Stahlguss	Gusseisen mit Kugelgrafit	Gusseisen mit Lamellengrafit	Temperguss	Schwermetallguss	Leichtmetallguss
Grundfarbe für Flächen, die am Gussteil unbearbeitet bleiben	blau	violett	rot	grau	gelb	grün
Am Gussteil zu bearbeitende Flächen	gelbe Streifen	gelbe Streifen	gelbe Streifen	gelbe Streifen	rote Streifen	gelbe Streifen
Sitzstellen für Losteile und deren Befestigungen	schwarz umrandet					
Stellen für Abschreckplatten	rot	rot	blau	rot	blau	blau
Kernmarken	schwarz					
Speiser	gelbe Streifen					

Schwindmaße, Maßtoleranzen, Form- und Gießverfahren

Schwindmaße

vgl. DIN EN 12890 (2000-06)

Gusseisen	Schwindmaß in %	Sonstige Gusswerkstoffe	Schwindmaß in %
mit Lamellengrafit	1,0	Stahlguss	2,0
mit Kugelgrafit, geglüht	0,5	Manganhartstahlguss	2,3
mit Kugelgrafit, ungeglüht	1,2	Al-, Mg-, CuZn-Legierungen	1,2
austenitisch	2,5	CuSnZn-, Zn-Legierungen	1,3
Temperguss, entkohlend geglüht	1,6	CuSn-Legierungen	1,5
Temperguss, nicht entkohlend geglüht	0,5	Cu	1,9

Maßtoleranzen und Bearbeitungszugaben, RMA

vgl. DIN ISO 8062 (1998-08)

Beispiele für die Toleranzangabe in einer Zeichnung:

1. **ISO 8062-CT12-RMA6 (H)**
   Toleranzgrad 12, Materialzugabe 6 mm
2. Individuelle Toleranzen und Bearbeitungszugaben werden direkt nach einem Maß angegeben.

R Rohgussstück – Nennmaß
F Maß nach der Endbearbeitung
CT Gusstoleranzgrad
T gesamte Gusstoleranz
RMA Materialzugabe für eine Bearbeitung

$$R = F + 2 \cdot RMA + T/2$$

Gusstoleranzen

Nennmaß in mm	gesamte Gusstoleranz *T* in mm bei Gusstoleranzgrad *CT*															
	1	2	3	4	5	6	7	8	9	10	11	12	13	14	15	16
… 10	0,09	0,13	0,18	0,26	0,36	0,52	0,74	1,0	1,5	2,0	2,8	4,2	–	–	–	–
> 10 … 16	0,10	0,14	0,20	0,28	0,38	0,54	0,78	1,1	1,6	2,2	3,0	4,4	–	–	–	–
> 16 … 25	0,11	0,15	0,22	0,30	0,42	0,58	0,82	1,2	1,7	2,4	3,2	4,6	6	8	10	12
> 25 … 40	0,12	0,17	0,24	0,32	0,46	0,64	0,9	1,3	1,8	2,6	3,6	5	7	9	11	14
> 40 … 63	0,13	0,18	0,26	0,36	0,50	0,70	1,0	1,4	2,0	2,8	4,0	5,6	8	10	12	16
> 63 … 100	0,14	0,20	0,28	0,40	0,56	0,78	1,1	1,6	2,2	3,2	4,4	6	9	11	14	18
> 100 … 160	0,15	0,22	0,30	0,44	0,62	0,88	1,2	1,8	2,5	3,6	5	7	10	12	16	20
> 160 … 250	–	0,24	0,34	0,50	0,70	1,0	1,4	2,0	2,8	4,0	5,6	8	11	14	18	22
> 250 … 400	–	–	0,40	0,56	0,78	1,1	1,6	2,2	3,2	4,4	6,2	9	12	16	20	25
> 400 … 630	–	–	–	0,64	0,90	1,2	1,8	2,6	3,6	5	7	10	14	18	22	28
> 630 … 1000	–	–	–	–	1,0	1,4	2,0	2,8	4	6	8	11	16	20	25	32

Form- und Gießverfahren

Verfahren	Anwendung	Vor- und Nachteile	Gusswerkstoffe	Relative Maßgenauigkeit[1] in mm/mm	Erreichbare Rauheit *Ra* in µm
Handformen	große Gussstücke, Kleinserien	alle Größen, teuer, geringe Maßgenauigkeit	GJL, GJS, GS, GJM, Al- und Cu-Leg.	0,00 … 0,10	40 … 320
Maschinenformen	kleine bis mittelgroße Teile, Serien	maßgenau, gute Oberfläche	GJL, GJS, GS, GJM, Al-Leg.	0,00 … 0,06	20 … 160
Vakuumformen	mittlere bis große Teile, Serien	maßgenaue gute Oberfläche, hohe Investition	GJL, GJS, GS, GJM, Al- und Cu-Leg.	0,00 … 0,08	40 … 160
Maskenformen	kleine Teile, große Serien	maßgenau, hohe Formkosten	GJL, GS, Al- und Cu-Leg.	0,00 … 0,06	20 … 160
Feingießen	kleine Teile, große Serien	komplizierte Teile, hohe Formkosten	GS, Al-Leg.	0,00 … 0,04	10 … 80
Druckgießen	kleine bis mittelgroße Teile, große Serien	maßgenau auch bei geringen Wanddicken, feinkörniges Gefüge, hohe Investition	Warmkammer: Zn, Pb, Sn, Mg Kaltkammer: Cu, Al	0,00 … 0,04	10 … 40

[1] Als relative Maßgenauigkeit bezeichnet man das Verhältnis von größtem Abmaß zum Nennmaß.

W

Aluminium, Aluminiumlegierungen – Übersicht

Legierungsgruppe	Werkstoffnummer	Haupteigenschaften	Hauptanwendungsbereiche	Erzeugnisformen[1] B	S	R
Reinaluminium						Seite 166
Al (Al-Gehalt > 99,00 %)	AW-1000 bis AW-1990 (Serie 1000)	• sehr gut kalt umformbar • schweiß- und hartlötbar • schwer spanend bearbeitbar • korrosionsbeständig • für dekorative Zwecke anodisch oxidierbar	Behälter, Rohrleitungen und Einrichtungen in der Nahrungsmittel- und chemischen Industrie, elektrische Leiter, Reflektoren, Zierleisten, Kennzeichen im Fahrzeugbau	•	•	•
Aluminium, Aluminium-Knetlegierungen, nicht aushärtbar (Auswahl)						Seite 166
AlMn	AW-3000 bis AW-3990 (Serie 3000)	• kalt umformbar • schweiß- und lötbar • im kalt verfestigten Zustand gut spanend bearbeitbar Im Vergleich mit Serie 1000: • höhere Festigkeit • verbesserte Laugenbeständigkeit	Dachdeckungen, Fassadenverkleidungen und tragende Konstruktionen in der Bautechnik, Teile für Kühler und Klimaanlagen in der Fahrzeugtechnik, Getränke- und Konservendosen in der Verpackungsindustrie	•	•	•
AlMg	AW-5000 bis AW-5990 (Serie 5000)	• gut kalt umformbar mit hoher Kaltverfestigung • bedingt schweißbar • im kalt verfestigten Zustand und bei höheren Legierungsanteilen gut spanend bearbeitbar • witterungs- und seewasserbeständig	Leichtbauwerkstoff für Aufbauten von Nutzfahrzeugen, Tank- und Silofahrzeuge, Metallschilder, Verkehrszeichen, Rollläden und Rolltore, Fenster, Türen, Beschläge in der Bautechnik, Maschinengestelle, Teile im Vorrichtungs- und Formenbau	•	•	•
AlMgMn		• gut kalt umformbar mit hoher Kaltverfestigung • gut schweißbar • gut spanend bearbeitbar • seewasserbeständig		•	•	•
Aluminium, Aluminium-Knetlegierungen, aushärtbar (Auswahl)						Seite 167
AlMgSi	AW-6000 bis AW-6990 (Serie 6000)	• gut kalt und warm umformbar • korrosionsbeständig • gut schweißbar • im ausgehärteten Zustand gut spanend bearbeitbar	tragende Konstruktionen in der Bautechnik, Fenster, Türen, Maschinentische, Hydraulik- und Pneumatikteile; mit Pb-, Sn- oder Bi-Anteilen: sehr gut spanend bearbeitbare Automatenlegierungen	•[2]	•[2]	•[2]
AlCuMg	AW-2000 bis AW-2990 (Serie 2000)	• hohe Festigkeitswerte • gute Warmfestigkeit • bedingt korrosionsbeständig • bedingt schweißbar • im ausgehärteten Zustand gut spanend bearbeitbar	Leichtbauwerkstoff im Fahrzeug- und Flugzeugbau; mit Pb-, Sn- oder Bi-Anteilen: sehr gut spanend bearbeitbare Automatenlegierungen	•[2]	•[2]	•[2]
AlZnMgCu	AW-7000 bis AW-7990 (Serie 7000)	• höchste Festigkeit aller Al-Legierungen • beste Korrosionsbeständigkeit im Zustand warm ausgehärtet • bedingt schweißbar • im ausgehärteten Zustand gut spanend bearbeitbar	hochfester Leichtbauwerkstoff im Flugzeug- und Maschinenbau, Werkzeuge und Formen zur Kunststoffformung, Schrauben, Fließpressteile	•	•	•

[1] Erzeugnisformen: B Bleche; S Stangen; R Rohre

[2] Automatenlegierungen werden nur als Stangen oder als Rohre geliefert.

W

Aluminium, Aluminium-Knetlegierungen: Kurznamen und Werkstoffnummern

Kurznamen für Aluminium und Aluminium-Knetlegierungen

vgl. DIN EN 573-2 (1994-12)

Die Kurznamen gelten für Halbzeuge, z. B. Bleche, Stangen, Rohre, Drähte und für Schmiedeteile.

Bezeichnungsbeispiele:

EN AW - Al 99,98
EN AW - Al Mg1SiCu - H111

EN Europäische Norm
AW Aluminium-Halbzeug

Chemische Zusammensetzung, Reinheitsgrad

Al 99,98 → Reinaluminium, Reinheitsgrad 99,98% Al
Al Mg1SiCu → 1% Mg, geringe Anteile Si und Cu

Werkstoffzustand (Auszug)

vgl. DIN EN 515 (1993-12)

Zustand	Kurzzeichen	Bedeutung der Kurzzeichen	Bedeutung der Werkstoffzustände
Herstellzustand	F	Die Halbzeuge werden ohne Festlegung mechanischer Grenzwerte hergestellt, z. B. Zugfestigkeit, Streckgrenze, Bruchdehnung.	Halbzeuge ohne Nachbehandlung
weich geglüht	O O1 O2	Weichglühen kann durch Warmumformung ersetzt werden. lösungsgeglüht, langsame Abkühlung auf Raumtemperatur, thermomechanisch umgeformt, höchste Umformbarkeit	Wiederherstellung der Umformbarkeit nach einer Kaltumformung
kalt verfestigt	H12 bis H18	kalt verfestigt mit folgenden Härtegraden: H12 1/4-hart, H14 1/2-hart, H16 3/4-hart, H18 4/4-hart	Einhaltung garantierter mechanischer Kennwerte, z. B. Zugfestigkeit, Streckgrenze
	H111 H112	geglüht mit nachfolgender geringer Kaltverfestigung geringe Kaltverfestigung	
wärmebehandelt	T1 T2 T3	lösungsgeglüht, entspannt und kalt ausgelagert, nicht nachgerichtet abgeschreckt wie T1, kalt umgeformt und kalt ausgelagert lösungsgekühlt, kalt umgeformt und kalt ausgelagert	Erhöhung der Zugfestigkeit, der Streckgrenze und der Härte, Verringerung der Kaltumformbarkeit
	T3510 T3511	lösungsgeglüht, entspannt und kalt ausgelagert wie T3510, nachgerichtet zur Einhaltung der Grenzabmaße	
	T4 T4510	lösungsgeglüht, kalt ausgelagert lösungsgeglüht, entspannt und kalt ausgelagert, nicht nachgerichtet	
	T6 T6510	lösungsgeglüht, warm ausgelagert lösungsgeglüht, entspannt und warm ausgelagert, nicht nachgerichtet	
	T8 T9	lösungsgeglüht, kalt umgeformt, warm ausgelagert lösungsgeglüht, warm ausgelagert, kalt umgeformt	

Werkstoffnummern für Aluminium und Aluminium-Knetlegierungen

vgl. DIN EN 573-1 (2004-02)

Die Werkstoffnummern gelten für Halbzeuge, z. B. Bleche, Stangen, Rohre, Drähte und für Schmiedeteile.

Bezeichnungsbeispiele:

EN AW - 1050A
EN AW - 5154

EN Europäische Norm
AW Aluminium-Halbzeug

Nationale Legierungsvariante
Die Originallegierung wurde durch ein anderes Land registriert. Die nationale Variante weicht in der Zusammensetzung geringfügig von der Originallegierung ab.

Legierungsgruppen

Ziffer	Gruppe	Ziffer	Gruppe
1 2	Rein-Al AlCu	5 6	AlMg AlMgSi
3 4	AlMn AlSi	7 8	AlZn sonstige

Legierungsabweichungen

Ziffer	Legierung
0	Originallegierung
1…9	Legierungen, die von der Originallegierung abweichen

Sorten-Nummer

Innerhalb einer Legierungsgruppe, z. B. AlCu, AlMgSi, AlMn oder AlMg, wird jeder Sorte eine eigene Nummer zugewiesen.

W

Aluminium, Aluminium-Knetlegierungen

Aluminium und Aluminium-Knetlegierungen, nicht aushärtbar (Auswahl) — vgl. DIN EN 485-2 (2004-09), DIN EN 754-2, 755-2 (1997-08)

Kurzname (Werkstoffnummer)[1]	Lieferformen[2] S	Lieferformen[2] B	A[3]	Werkstoffzustand[4]	Dicke/Durchmesser mm	Zugfestigkeit R_m N/mm²	Dehngrenze $R_{p0,2}$ N/mm²	Bruchdehnung A %	Verwendung, Beispiele
Al 99,5 (1050A)	•	–	p z z	F, H112 O, H111 H14	≤ 200 ≤ 80 ≤ 40	≥ 60 60…95 100…135	≥ 20 – ≥ 70	25 25 6	Apparatebau, Druckbehälter, Schilder, Verpackungen, Zierleisten
	–	•	w	O, H111	0,5…1,4 1,5…2,9 3,0…5,9	65…95 65…95 65…95	≥ 20 ≥ 20 ≥ 20	22 26 29	
Al Mn1 (3103)	•	–	p z z	F, H112 O, H111 H14	≤ 200 ≤ 60 ≤ 10	≥ 95 95…130 130…165	≥ 35 ≥ 35 ≥ 110	25 25 6	Apparatebau, Fließpressteile, Fahrzeugaufbauten, Wärmetauscher
	–	•	w	O, H111	0,5…1,4 1,5…2,9 3,0…5,9	90…130 90…130 90…130	≥ 35 ≥ 35 ≥ 35	19 21 24	
Al Mn1Cu (3003)	•	–	p z z	F, H112 O, H111 H14	≤ 200 ≤ 80 ≤ 40	≥ 95 95…130 130…165	≥ 35 ≥ 35 ≥ 110	25 25 6	Dachdeckungen, Fassaden, tragende Konstruktionen im Metallbau
	–	•	w	O, H111	0,5…1,4 1,5…2,9 3,0…5,9	95…135 95…135 95…135	≥ 35 ≥ 35 ≥ 35	17 20 23	
Al Mg1 (5005)	•	–	p z z	F, H112 O, H111 H14	≤ 200 ≤ 80 ≤ 40	≥ 100 100…145 ≥ 140	≥ 40 ≥ 40 ≥ 110	18 18 6	Dachdeckungen, Fassaden, Fenster, Türen, Beschläge
	–	•	w	O, H111	0,5…1,49 1,5…2,9 3,0…5,9	100…145 100…145 100…145	≥ 35 ≥ 35 ≥ 35	19 20 22	
Al Mg2 (5251)	•	–	p z z	F, H112 O, H111 H14	≤ 200 ≤ 80 ≤ 30	≥ 160 150…200 200…240	≥ 60 ≥ 60 ≥ 160	16 17 5	Einrichtungen und Geräte der Nahrungsmittelindustrie
	–	•	w	O, H111	0,5…1,4 1,5…2,9 3,0…5,9	160…200 160…200 160…200	≥ 60 ≥ 60 ≥ 60	14 16 18	
Al Mg3 (5754)	•	–	p z z	F, H112 O, H111 H14	≤ 150 ≤ 80 ≤ 25	≥ 180 180…250 240…290	≥ 80 ≥ 80 ≥ 180	14 16 4	Apparatebau, Flugzeugbau, Karosserieteile, Formenbau
	–	•	w	O, H111	0,5…1,4 1,5…2,9 3,0…5,9	190…240 190…240 190…240	≥ 80 ≥ 80 ≥ 80	14 16 18	
Al Mg5 (5019)	•	–	p z z	F, H112 O, H111 H14	≤ 200 ≤ 80 ≤ 40	≥ 250 250…320 270…350	≥ 110 ≥ 110 ≥ 180	14 16 8	optische Geräte, Verpackungen
Al Mg3Mn (5454)	•	–	p	F, H112 O, H111	≤ 200	≥ 200 200…275	≥ 85 ≥ 85	10 18	Behälterbau, auch Druckbehälter, Rohrleitungen, Tank- und Silofahrzeuge
	–	•	w	O, H111	0,5…1,4 1,5…2,9 3,0…5,9	215…275 215…275 215…275	≥ 85 ≥ 85 ≥ 85	13 15 17	
Al Mg4,5Mn0,7 (5083)	•	–	p z z	F, H111 O, H111 H12	≤ 200 ≤ 80 ≤ 30	≥ 270 270…350 ≥ 280	≥ 110 ≥ 110 ≥ 200	12 16 6	Formen- und Vorrichtungsbau, Maschinengestelle

[1] Zur Vereinfachung sind alle Kurznamen und Werkstoffnummern ohne den Zusatz „EN AW-“ geschrieben.
[2] Lieferformen: S Rundstäbe; B Bleche, Bänder
[3] A Anlieferungszustand: p stranggepresst; z gezogen; w kalt gewalzt
[4] Werkstoffzustand: Seite 165

Aluminium-Knetlegierungen

Aluminium-Knetlegierungen, aushärtbar (Auswahl) — vgl. DIN EN 485-2 (2004-09), DIN EN 754-2, 755-2 (1997-08)

Kurzname (Werkstoff-nummer)[1]	Liefer-formen[2] S	Liefer-formen[2] B	A[3]	Werkstoff-zustand[4]	Dicke/ Durch-messer mm	Zugfestig-keit R_m N/mm²	Dehn-grenze $R_{p\,0,2}$ N/mm²	Bruch-dehnung A %	Verwendung, Beispiele
Al CuPbMgMn (2007)	•	–	p z z	T4, T4510 T3 T3	≤ 80 ≤ 30 30…80	≥ 370 ≥ 370 ≥ 340	≥ 250 ≥ 240 ≥ 220	8 7 6	Automatenlegierungen, auch bei hohen Spanleistungen gut zerspanbar, z. B. für Drehteile, Frästeile
Al Cu4PbMg (2030)	•	–	p z z	T4, T4510 T3 T3	≤ 80 ≤ 30 30…80	≥ 370 ≥ 370 ≥ 340	≥ 250 ≥ 240 ≥ 220	8 7 6	
Al MgSiPb (6012)	•	–	p z z	T5, T6510 T3 T6	≤ 150 ≤ 80 ≤ 80	≥ 310 ≥ 200 ≥ 310	≥ 260 ≥ 100 ≥ 260	8 10 8	
Al Cu4SiMg (2014)	•	–	p z z	O, H111 T3 T4	≤ 200 ≤ 80 ≤ 80	≤ 250 ≥ 380 ≥ 380	≤ 135 ≥ 290 ≥ 220	12 8 12	Teile in der Hydraulik, der Pneumatik, im Fahrzeug- und Flugzeugbau, tragende Konstruktionen im Metallbau
	–	•	w	O	0,5…1,4 1,5…2,9 3,0…5,9	≤ 220 ≤ 220 ≤ 220	≤ 140 ≤ 140 ≤ 140	12 13 16	
Al Cu4Mg1 (2024)	•	–	p z z	O, H111 T3 T6	≤ 200 10…80 ≤ 80	≤ 250 ≥ 425 ≥ 425	≤ 150 ≥ 290 ≥ 315	12 9 5	Teile im Fahrzeug- und Flugzeugbau, tragende Konstruktionen im Metallbau
	–	•	w	O	0,5…1,4 1,5…2,9 3,0…5,9	≤ 220 ≤ 220 ≤ 220	≤ 140 ≤ 140 ≤ 140	12 13 13	
Al MgSi (6060)	•	–	p z z	T4 T4 T6	≤ 150 ≤ 80 ≤ 80	≤ 120 ≥ 130 ≥ 215	≤ 60 ≥ 65 ≥ 160	16 15 12	Fenster, Türen, Fahrzeugaufbauten, Maschinentische, optische Geräte
Al Si1MgMn (6082)	•	–	p z z	O, H111 T4 T6	≤ 200 ≤ 80 ≤ 80	≤ 160 ≥ 205 ≥ 310	≤ 110 ≥ 110 ≥ 255	14 14 10	Beschläge, Teile im Formen- und Vorrichtungsbau, Maschinentische, Geräte in der Nahrungsmittelindustrie
	–	•	w	O	0,5… 1,4 1,5… 2,9 3,0…5,9	≤ 150 ≤ 150 ≤ 150	≤ 85 ≤ 85 ≤ 85	14 16 18	
Al Zn4,5Mg1 (7020)	•	–	p z	T6 T6	≤ 50 ≤ 80	≥ 350 ≥ 350	≥ 290 ≥ 280	10 10	Teile im Fahrzeug- und Flugzeugbau, Maschinentische, Aufbauten von Schienenfahrzeugen
	–	•	w	O	0,5…1,4 1,5…2,9 3,0…5,9	≤ 220 ≤ 220 ≤ 220	≤ 140 ≤ 140 ≤ 140	12 13 15	
Al Zn5Mg3Cu (7022)	•	–	p z	T6, T6510 T6	≤ 80 ≤ 80	≥ 490 ≥ 460	≥ 420 ≥ 380	7 8	Teile in der Hydraulik, Pneumatik und im Flugzeugbau, Schrauben
	–	•	w	T6	3,0…12 12,5…24 25…50	≥ 450 ≥ 450 ≥ 450	≥ 370 ≥ 370 ≥ 370	8 8 7	
Al Zn5,5MgCu (7075)	•	–	p z z	O, H111 T6 T73	≤ 200 ≤ 80 ≤ 80	≤ 275 ≥ 540 ≥ 455	≤ 165 ≥ 485 ≥ 385	10 7 10	Teile im Fahrzeug-, Flugzeug-, Formen- und Vorrichtungsbau, Schrauben
	–	•	w	O	0,4…0,75 0,8…1,45 1,5…2,9	≥ 275 ≥ 275 ≥ 275	≥ 145 ≥ 145 ≥ 145	10 10 10	

[1] Zur Vereinfachung sind alle Kurznamen und Werkstoffnummern ohne den Zusatz „EN AW-“ geschrieben.
[2] Lieferformen: S Rundstäbe; B Bleche, Bänder
[3] A Anlieferungszustand: p stranggepresst; z gezogen; w kalt gewalzt
[4] Werkstoffzustand: Seite 165

W

Aluminium-Gusslegierungen

Bezeichnung von Aluminium-Gussstücken

vgl. DIN EN 1780-1…3 (2003-01), DIN EN 1706 (1998-06)

Aluminium-Gussstücke werden durch Kurznamen oder durch Werkstoffnummern bezeichnet.

Bezeichnungsbeispiele:

Kurzname EN AC - Al Mg5KF

- EN Europäische Norm; AC Aluminium-Gussstück
- Al Mg5 → Chemische Zusammensetzung
- K → Gießverfahren; F → Werkstoffzustand (Tabelle unten)

Werkstoffnummer EN AC - 51300KF

- 5 → Legierungsgruppen
- 1300 → Sorten-Nummer
- K → Gießverfahren; F → Werkstoffzustand (Tabelle unten)

Chemische Zusammensetzung

Beispiel	Legierungsanteile
AlMg5 AlSi6Cu	5% Mg 6% Si, Anteile Cu
AlCu4MgTi	4% Cu, Anteile Mg und Ti

Legierungsgruppen

Ziffern	Gruppe	Ziffern	Gruppe
21 41	AlCu AlSiMgTi	46 47	AlSi9Cu AlSi(Cu)
42 44	AlSi7Mg AlSi	51 71	AlMg AlZnMg

Sorten-Nummer

Innerhalb einer Legierungsgruppe erhält jede Sorte eine eigene Nummer.

Gießverfahren

Buchstabe	Gießverfahren
S	Sandguss
K	Kokillenguss
D	Druckguss
L	Feinguss

Werkstoffzustand

Buchstabe	Bedeutung
F O	Gusszustand, ohne Nachbehandlung weich geglüht
T1 T4	kontrolliertes Abkühlen nach dem Gießen, kalt ausgelagert lösungsgeglüht und kalt ausgelagert
T5 T6	kontrolliertes Abkühlen nach dem Gießen, warm ausgelagert lösungsgeglüht und warm ausgelagert

Aluminium-Gusslegierungen

vgl. DIN EN 1706 (1998-06)

Kurzname (Werkstoffnummer)[1]	V[2]	W[3]	Festigkeitswerte im Gusszustand (F): Härte HB	Zugfestigkeit R_m N/mm²	Dehngrenze $R_{p\,0,2}$ N/mm²	Bruchdehnung A %	Eigenschaften[4]: G	D	Z	Verwendung
AC-AlMg3 (AC-51000)	S K	F F	50 50	140 150	70 70	3 5	–	–	•	korrosionsbeständig, polierbar, für dekorative Zwecke anodisch oxidierbar; Beschlagteile, Haushaltsgeräte, Schiffbau, chemische Industrie
AC-AlMg5 (AC-51300)	S K	F F	55 60	160 180	90 100	3 4	–	–	•	
AC-AlMg5(Si) (AC-51400)	S K	F F	60 65	160 180	100 110	3 3	–	–	•	
AC-AlSi12 (AC-44100)	S K L	F F F	50 55 60	150 170 160	70 80 80	4 5 1	•	•	○	beständig gegen Witterungseinflüsse, für komplizierte, dünnwandige und druckdichte Teile; Pumpen- und Motorengehäuse, Zylinderköpfe, Teile im Flugzeugbau
AC-AlSi7Mg (AC-42000)	S K L	T6 T6 T6	75 90 75	220 260 240	180 220 190	2 1 1	○	•	○	
AC-AlSi12(Cu) (AC-47000)	S K	F F	50 55	150 170	80 90	1 2	•	•	–	
AC-AlCu4Ti (AC-21100)	S K	T6 T6	95 95	300 330	200 220	3 7	–	–	•	höchste Festigkeitswerte, schwingungs- und warmfest; einfache Gussstücke

[1] Zur Vereinfachung sind alle Kurznamen und Werkstoffnummern ohne den Zusatz „EN" geschrieben, z.B. AC-AlMg3 statt EN AC-AlMg3 oder AC-51000 statt EN AC-51000.

[2] V Gießverfahren (Tabelle oben)

[3] W Werkstoffzustand (Tabelle oben)

[4] G Gießbarkeit, D Druckdichtheit, Z Zerspanbarkeit; • sehr gut, ○ gut, – bedingt gut

Aluminium-Profile – Übersicht, Rundstangen, Vierkantstangen

Aluminium-Profile, Übersicht

Bild	Herstellung, Abmessungen	Norm	Bild	Herstellung, Abmessungen	Norm
Rundstangen			**Rundrohre**		
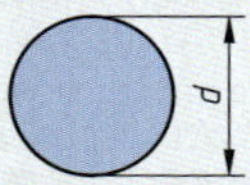	stranggepresst d = 3…100 mm	DIN EN 755-3	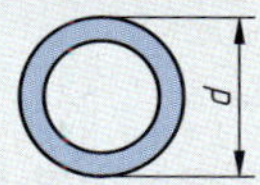	nahtlos gepresst d = 20…250 mm	DIN EN 755-7
	gezogen d = 8…320 mm	DIN EN 754-3		nahtlos gezogen d = 3…270 mm	DIN EN 754-7
Vierkantstangen			**Quadratrohre**		
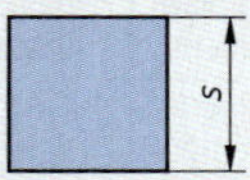	stranggepresst s = 10…220 mm	DIN EN 755-4	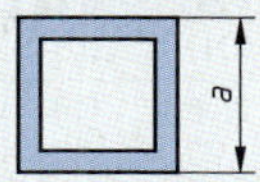	stranggepresst a = 15…100 mm	DIN EN 754-4
	gezogen s = 3…100 mm	DIN EN 754-4			
Rechteckstangen			**Rechteckrohre**		
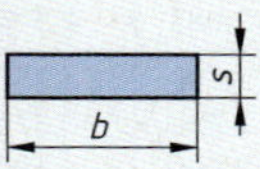	stranggepresst b = 10…600 mm s = 2…240 mm	DIN EN 755-4	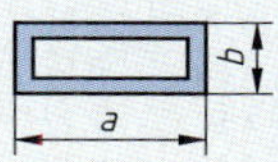	nahtlos gepresst a = 15…250 mm b = 10…100 mm	DIN EN 755-7
	gezogen b = 5…200 mm s = 2…60 mm	DIN EN 754-4		nahtlos gezogen a = 15…250 mm b = 10…100 mm	DIN EN 754-7
Bleche und Bänder			**L-Profile**		
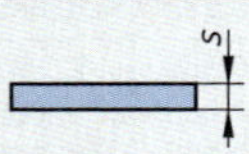	gewalzt s = 0,4…15 mm	DIN EN 485	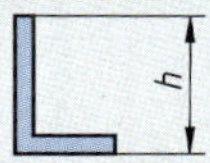	scharfkantig oder rundkantig h = 10…200 mm	DIN 1771[1)]
U-Profile			**T-Profile**		
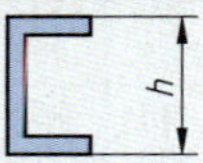	scharfkantig oder rundkantig h = 10…160 mm	DIN 9713[1)]		scharfkantig oder rundkantig h = 15…100 mm	DIN 9714[1)]

[1)] Die Normen wurden ersatzlos zurückgezogen.

Rundstangen, Vierkantstangen, gezogen

vgl. DIN EN 754-3, 754-4 (1996-01), DIN 1798[1)], DIN 1796[1)]

S Querschnittsfläche
m' längenbezogene Masse
W axiales Widerstandsmoment
I axiales Flächenträgheitsmoment

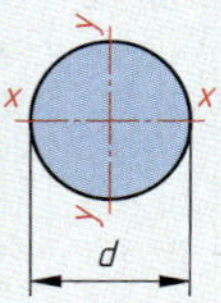

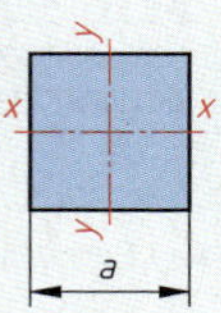

d, a mm	S cm² ○	S cm² □	m' kg/m ○	m' kg/m □	$W_x = W_y$ cm³ ○	$W_x = W_y$ cm³ □	$I_x = I_y$ cm⁴ ○	$I_x = I_y$ cm⁴ □
10	0,79	1,00	0,21	0,27	0,10	0,17	0,05	0,08
12	1,13	1,44	0,31	0,39	0,17	0,29	0,10	0,17
16	2,01	2,56	0,54	0,69	0,40	0,68	0,32	0,55
20	3,14	4,00	0,85	1,08	0,79	1,33	0,79	1,33
25	4,91	6,25	1,33	1,69	1,53	2,60	1,77	3,26
30	7,07	9,00	1,91	2,43	2,65	4,50	3,98	6,75
35	9,62	12,25	2,60	3,31	4,21	7,15	7,37	12,51
40	12,57	16,00	3,40	4,32	6,28	10,68	12,57	21,33
45	15,90	20,25	4,30	5,47	8,95	15,19	20,13	34,17
50	19,64	25,00	5,30	6,75	12,28	20,83	30,69	52,08
55	23,76	30,25	6,42	8,17	16,33	27,73	44,98	76,26
60	28,27	36,00	7,63	9,72	21,21	36,00	63,62	108,00
Werkstoffe	Aluminium-Knetlegierungen: Seiten 166 und 167							

[1)] DIN 1796 und DIN 1798 wurden durch DIN EN 754-3 bzw. DIN EN 754-4 ersetzt. Die DIN EN-Normen enthalten keine Abmessungen. Der Fachhandel bietet jedoch Rund- und Vierkantstangen weiterhin nach DIN 1798 und DIN 1796 an.
○ Rundstangen; □ Vierkantstangen

W

Rechteckstangen aus Aluminium-Legierungen

Rechteckstangen, gezogen (Auswahl)

vgl. DIN EN 754-5 (1996-01), Ersatz für DIN 1769[1)]

S Querschnittsfläche
m' längenbezogene Masse
e Randabstände
W axiales Widerstandsmoment
I axiales Flächenträgheitsmoment

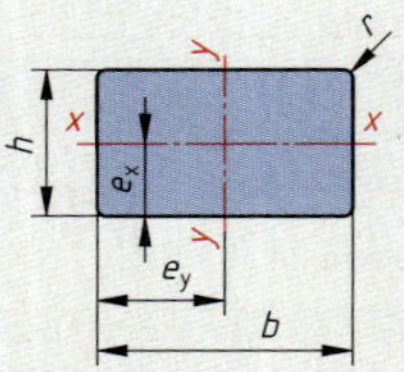

$b \times h$ mm	S cm²	m' kg/m	e_x cm	e_y cm	W_x cm³	I_x cm⁴	W_y cm³	I_y cm⁴
10 × 3	0,30	0,08	0,15	0,5	0,015	0,0007	0,033	0,016
10 × 6	0,60	0,16	0,3	0,5	0,060	0,018	0,100	0,050
10 × 8	0,80	0,22	0,4	0,5	0,106	0,042	0,133	0,066
15 × 3	0,45	0,12	0,15	0,75	0,022	0,003	0,112	0,084
15 × 5	0,75	0,24	0,25	0,75	0,090	0,027	0,225	0,168
15 × 8	1,20	0,32	0,4	0,75	0,230	0,064	0,300	0,225
20 × 5	1,00	0,27	0,25	1,0	0,083	0,020	0,333	0,333
20 × 8	1,60	0,43	0,4	1,0	0,213	0,085	0,533	0,533
20 × 10	2,00	0,54	0,5	1,0	0,333	0,166	0,666	0,666
20 × 15	3,00	0,81	0,75	1,0	0,750	0,562	1,000	1,000
25 × 5	1,25	0,34	0,25	1,25	0,104	0,026	0,520	0,651
25 × 8	2,00	0,54	0,4	1,25	0,266	0,106	0,833	1,041
25 × 10	2,50	0,67	0,5	1,25	0,416	0,208	1,041	1,302
25 × 15	3,75	1,01	0,75	1,25	0,937	0,703	1,562	1,953
25 × 20	5,00	1,35	1,0	1,25	1,666	1,666	2,083	2,604
30 × 10	3,00	0,81	0,5	1,5	0,500	0,250	1,500	2,250
30 × 15	4,50	1,22	0,75	1,5	1,125	0,843	2,250	3,375
30 × 20	6,00	1,62	1,0	1,5	2,000	2,000	3,000	4,500
40 × 10	4,00	1,08	0,5	2,0	0,666	0,333	2,666	5,333
40 × 15	6,00	1,62	0,75	2,0	1,500	1,125	4,000	8,000
40 × 20	8,00	2,16	1,0	2,0	2,666	2,666	5,333	10,666
40 × 25	10,00	2,70	1,25	2,0	4,166	5,208	6,666	13,333
40 × 30	12,00	3,24	1,5	2,0	6,000	9,000	8,000	16,000
40 × 35	14,00	3,78	1,75	2,0	8,166	14,291	9,333	18,666
50 × 10	5,00	1,35	0,5	2,5	0,833	0,416	4,166	10,416
50 × 15	7,50	2,03	0,75	2,5	1,875	1,406	6,250	15,625
50 × 20	10,00	2,70	1,0	2,5	3,333	3,333	8,333	20,833
50 × 25	12,50	3,37	1,25	2,5	5,208	6,510	10,416	26,041
50 × 30	15,00	4,05	1,5	2,5	7,500	11,250	12,500	31,250
50 × 35	17,50	4,73	1,75	2,5	10,208	17,864	14,583	36,458
50 × 40	20,00	5,40	2,0	2,5	13,333	26,666	16,666	41,668
60 × 10	6,00	1,62	0,5	3,0	1,000	0,500	6,000	18,000
60 × 15	9,00	2,43	0,75	3,0	2,250	1,687	9,000	27,000
60 × 20	12,00	3,24	1,0	3,0	4,000	4,000	12,000	36,000
60 × 25	15,00	4,05	1,25	3,0	6,250	7,812	15,000	45,000
60 × 30	18,00	4,86	1,5	3,0	9,000	13,500	18,000	54,000
60 × 35	21,00	5,67	1,75	3,0	12,250	21,437	21,000	63,000
60 × 40	24,00	6,48	2,0	3,0	16,000	32,000	24,000	72,000
80 × 10	8,00	2,16	0,5	4,0	1,333	0,666	10,666	42,666
80 × 15	12,00	3,24	0,75	4,0	3,000	2,250	16,000	64,000
80 × 20	16,00	4,52	1,0	4,0	5,433	5,333	21,333	85,333
80 × 25	20,00	5,40	1,25	4,0	8,333	10,416	26,666	106,66
80 × 30	24,00	6,48	1,5	4,0	12,000	18,000	32,000	128,00
80 × 35	28,00	7,56	1,75	4,0	16,333	28,583	37,333	149,33
80 × 40	32,00	8,64	2,0	4,0	21,333	42,666	42,666	170,66
100 × 20	20,00	5,40	1,0	5,0	6,666	3,666	33,333	166,66
100 × 30	30,00	8,10	1,5	5,0	15,000	22,500	50,000	250,00
100 × 40	40,00	10,8	2,0	5,0	26,666	53,333	66,666	333,33
Werkst.	Aluminium-Knetlegierungen: Seiten 166 und 167							

Kantenradien *r*

h mm	r_{max} mm
≤ 10	0,6
> 10…30	1,0
> 30…60	2,0

[1)] DIN EN 754-5 enthält keine Abmessungen. Der Fachhandel bietet aber Rechteckstangen weiterhin in Abmessungen nach DIN 1769 an.

W

Rundrohre, U-Profile aus Aluminium-Legierungen

Rundrohre, nahtlos gezogen (Auswahl)

vgl. DIN EN 754-7 (1998-10), Ersatz für DIN 1795[1)]

d Außendurchmesser
s Wanddicke
S Querschnittsfläche
m' längenbezogene Masse
W axiales Widerstandsmoment
I axiales Flächenträgheitsmoment

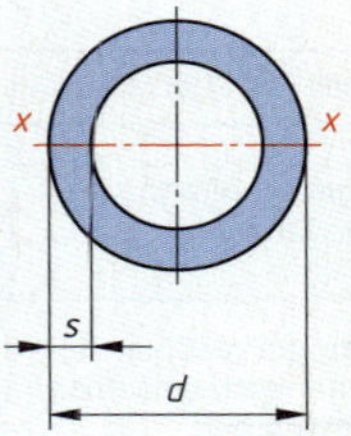

$d \times s$ mm	S cm²	m' kg/m	W_x cm³	I_x cm⁴	$d \times s$ mm	S cm²	m' kg/m	W_x cm³	I_x cm⁴
10 × 1	0,281	0,076	0,058	0,029	35 × 3	3,016	0,814	2,225	3,894
10 × 1,5	0,401	0,108	0 075	0,037	35 × 5	4,712	1,272	3,114	5,449
10 × 2	0,503	0,136	0,085	0,043	35 × 10	7,854	2,121	4,067	7,118
12 × 1	0,346	0,093	0,088	0,053	40 × 3	3,487	0,942	3,003	6,007
12 × 1,5	0,495	0,134	0,116	0,070	40 × 5	5,498	1,484	4,295	8,590
12 × 2	0,628	0,170	0,136	0,082	40 × 10	9,425	2,545	5,890	11,781
16 × 1	0,471	0,127	0,133	0,133	50 × 3	4,430	1,196	4,912	12,281
16 × 2	0,880	0,238	0,220	0,220	50 × 5	7,069	1,909	7,245	18,113
16 × 3	1,225	0,331	0,273	0,273	50 × 10	12,566	3,393	10,681	26,704
20 × 1,5	0,872	0,235	0,375	0,375	55 × 3	4,901	1,323	6,044	16,201
20 × 3	1,602	0,433	0,597	0,597	55 × 5	7,854	2,110	9,014	24,789
20 × 5	2,356	0,636	0,736	0,736	55 × 10	14,137	3,817	13,655	37,552
25 × 2	1,445	0,390	0,770	0,963	60 × 5	8,639	2,333	10,979	32,938
25 × 3	2,073	0,560	1,022	1,278	60 × 10	15,708	4,241	17,017	51,051
25 × 5	3,142	0,848	1,335	1,669	60 × 16	22,117	4,890	20,200	60,600
30 × 2	1,759	0,475	1,155	1,733	70 × 5	10,210	2,757	15,498	54,242
30 × 4	3,267	0,882	1,884	2,826	70 × 10	18,850	5,089	24,908	87,179
30 × 6	4,524	1,220	2,307	3,461	70 × 16	27,143	7,331	30,750	107,62

Werkstoffe	z. B. Aluminium-Legierungen, nicht aushärtbar: Seite 166 Aluminium-Legierungen, aushärtbar: Seite 167

[1)] DIN EN 754-7 enthält keine Abmessungen. Der Fachhandel bietet aber Rundrohre weiterhin in Abmessungen nach DIN 1795 an.

U-Profile, gepresst (Auswahl)

vgl. DIN 9713 (1981-09)[1)]

b Breite
h Höhe
S Querschnittsfläche
m' längenbezogene Masse
W axiales Widerstandsmoment
I axiales Flächenträgheitsmoment

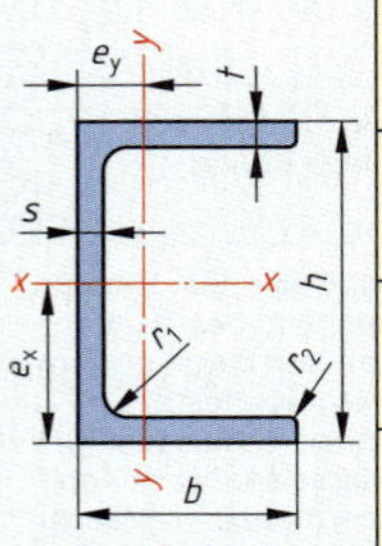

Rundungen r_1 und r_2

t mm	r_1 mm	r_2 mm
3 u. 4	2,5	0,4
5 u. 6	4	0,6
8 u. 9	6	0,6

$h \times b \times s \times t$ mm	S cm²	m' kg/m	e_x cm	e_y cm	W_x cm³	I_x cm⁴	W_y cm³	I_y cm⁴
20 × 20 × 3 × 3	1,62	0,437	1,00	0,780	0,945	0,945	0,805	0,628
30 × 30 × 3 × 3	2,52	0,687	1,50	1,10	2,43	3,64	2,06	2,29
35 × 35 × 3 × 3	2,97	0,802	1,75	1,28	3,44	6,02	2,91	3,73
40 × 15 × 3 × 3	1,92	0,518	2,0	0,431	2,04	4,07	0,810	0,349
40 × 20 × 3 × 3	2,25	0,608	2,0	0,610	2,59	5,17	1,30	0,795
40 × 30 × 3 × 3	2,85	0,770	2,0	3,62	7,24	2,49	2,49	2,52
40 × 30 × 4 × 4	3,71	1,00	2,0	1,05	4,49	8,97	3,03	3,17
40 × 40 × 4 × 4	4,51	1,22	2,0	1,49	5,80	11,6	4,80	7,12
40 × 40 × 5 × 5	5,57	1,50	2,0	1,52	6,80	13,6	5,64	8,59
50 × 30 × 3 × 3	3,15	0,851	2,5	0,929	4,88	12,2	2,91	2,70
50 × 30 × 4 × 4	4,91	1,33	2,5	1,38	7,83	19,6	5,65	7,80
50 × 40 × 5 × 5	6,07	1,64	2,5	1,42	9,32	23,3	6,54	9,26
60 × 30 × 4 × 4	4,51	1,22	3,0	0,896	7,90	23,7	4,12	3,69
60 × 40 × 4 × 4	5,31	1,43	3,0	1,29	10,1	30,3	6,35	8,20
60 × 40 × 5 × 5	6,57	1,77	3,0	1,33	12,0	36,0	7,47	9,94
80 × 40 × 6 × 6	8,95	2,42	4,0	1,22	20,6	82,4	10,6	20,3
80 × 45 × 6 × 8	11,2	3,02	4,0	1,57	27,1	108	13,9	21,3
100 × 40 × 6 × 6	10,1	2,74	5,0	1,11	28,3	142	12,5	13,8
100 × 50 × 6 × 9	14,1	3,80	5,0	1,72	43,4	217	19,9	34,3
120 × 55 × 7 × 9	17,2	4,64	6,0	1,74	61,9	295	28,2	49,1
140 × 60 × 4 × 6	12,35	3,35	7,0	1,83	56,4	350	24,7	45,2

Werkstoffe	AlMgSi0,5; AlMgSi1; AlZn4,5Mg1

[1)] DIN 9713 wurde ersatzlos zurückgezogen. Der Fachhandel bietet aber U-Profile weiterhin nach dieser Norm an.

W

Magnesiumlegierungen, Titan, Titanlegierungen

Magnesium-Knetlegierungen (Auswahl)

vgl. DIN 9715 (1982-08)

Kurzname	Werkstoffnummer	Lieferformen[1] S	R	G	W[2]	Stangendurchmesser mm	Zugfestigkeit R_m N/mm²	Streckgrenze $R_{p0,2}$ N/mm²	Bruchdehnung A %	Eigenschaften, Verwendung
MgMn2	3.3520	•	•	•	F20	≤ 80	200	145	15	korrosionsbeständig, schweißbar, kalt umformbar; Verkleidungen, Behälter
MgAl3Zn	3.5312				F24	≤ 80	240	155	10	
MgAl6Zn	3.5612	•	•	•	F27	≤ 80	270	195	10	höhere Festigkeit, bedingt schweißbar; Leichtbauwerkstoff im Fahrzeug-, Maschinen- und Flugzeugbau
MgAl8Zn	3.5812	•	•	•	F29	≤ 80	290	205	10	
					F31	≤ 80	310	215	6	

[1] Lieferformen: S Stangen, z.B. Rundstangen; R Rohre; G Gesenkschmiedestücke

[2] W Werkstoffzustand F20 → $R_m = 10 \cdot 20 = 200$ N/mm²

Magnesium-Gusslegierungen (Auswahl)

vgl. DIN EN 1753 (1997-08)

Kurzname[1]	Werkstoffnummer[1]	V[2]	Werkstoffzustand[3]	Härte HB	Zugfestigkeit R_m N/mm²	Streckgrenze $R_{p0,2}$ N/mm²	Bruchdehnung A %	Eigenschaften, Verwendung
MCMgAl8Zn1	MC21110	S	F	50…65	160	90	2	sehr gut gießbar, dynamisch belastbar, schweißbar; Getriebe- und Motorengehäuse
			T6	50…65	240	90	8	
		K	F	50…65	160	90	2	
		K	T4	50…65	160	90	8	
		D	F	60…85	200…250	140…160	≤ 7	
MCMgAl9Zn1	MC21120	S	F	55…70	160	90	6	hohe Festigkeiten, gute Gleiteigenschaften, schweißbar; Fahr- und Flugzeugbau, Armaturen
			T6	60…90	240	150	2	
		K	F	55…70	160	110	2	
		K	T6	60…90	240	150	2	
		D	F	65…85	200…260	140…170	1…6	
MCMgAl6Mn	MC21230	D	F	55…70	190…250	120…150	4…14	dauerfest, dynamisch belastbar, warmfest; Getriebe- und Motorengehäuse
MCMgAl7Mn	MC21240	D	F	60…75	200…260	130…160	3…10	
MCMgAl4Si	MC21320	D	F	55…80	200…250	120…150	3…12	

[1] Zur Vereinfachung sind die Kurznamen und die Werkstoffnummern ohne den Zusatz „EN-" geschrieben, z.B. MCMgAlBZn1 anstatt EN-MCMgAl8Zn1.

[2] V Gießverfahren: S Sandguss; K Kokillenguss; D Druckguss

[3] Werkstoffzustand siehe Bezeichnung von Aluminium-Gusslegierungen: Seite 168

Titan, Titanlegierungen (Auswahl)

vgl. DIN 17860 (1990-11)

Kurzname	Werkstoffnummer	Lieferformen[1] B	S	R	Blechdicke s mm	Härte HB	Zugfestigkeit R_m N/mm²	Streckgrenze $R_{p0,2}$ N/mm²	Bruchdehnung A %	Eigenschaften, Verwendung
Ti1	3.7025	•	•	•	0,4…35	120	290…410	180	30	schweiß-, löt-, klebbar, spanend bearbeitbar, kalt und warm umformbar, dauerfest, korrosionsbeständig; Masse sparende Konstruktionen im Maschinenbau, der Elektrotechnik, der Feinmechanik, der Optik und der Medizintechnik, chemische Industrie, Lebensmittelindustrie, Flugzeugbau
Ti2	3.7035					150	390…540	250	22	
Ti3	3.7055					170	460…590	320	18	
Ti1Pd	3.7225	•	•	•	0,4…35	120	290…410	180	30	
Ti2Pd	3.7235					150	390…540	250	22	
TiAl6V6Sn2	3.7175	•	•	•	< 6	320	≥ 1070	1000	10	
					6…50	320	≥ 1000	950	8	
TiAl6V4	3.7165	•	•	•	< 6	310	≥ 920	870	8	
					6…100	310	≥ 900	830	8	
TiAl4Mo4Sn2	3.7185	•	•	•	6…65	350	≥ 1050	1050	9	

[1] Lieferformen: B Bleche und Bänder; S Stangen, z.B. Rundstangen; R Rohre

Übersicht über die Schwermetalle

Schwermetalle sind Nichteisenmetalle mit einer Dichte ϱ > 5 kg/dm³. Als Grenze zu den Leichtmetallen wird in der Fachliteratur aber auch $\varrho \geq 4{,}5$ kg/dm³ verwendet.

- Konstruktionswerkstoffe im Maschinen- und Anlagenbau: Kupfer, Zinn, Zink, Nickel, Blei und ihre Legierungen
- Legierungsmetalle: Chrom, Vanadium, Cobalt (Einfluss der Legierungsmetalle: Seite 129)
- Edelmetalle: Gold, Silber, Platin

Reinmetalle: Homogenes Gefüge; geringe Festigkeiten; untergeordnete Bedeutung als Konstruktionswerkstoffe; Anwendung meist aufgrund werkstofftypischer Eigenschaften, wie z. B. guter elektrischer Leitfähigkeit.

Schwermetall-Legierungen: Verbesserte Eigenschaften gegenüber ihren Grundmetallen, wie z. B. höhere Festigkeit, höhere Härte, bessere Zerspanbarkeit und Korrosionsbeständigkeit; Konstruktionswerkstoffe für unterschiedlichste Einsatzbereiche. Nach der Herstellung in **Knetlegierungen und Gusslegierungen** eingeteilt.

Übersicht über gängige Schwermetalle und Schwermetall-Legierungen

Metall, Legierungsgruppe	Haupteigenschaften	Anwendungsbeispiele
Kupfer (Cu)	hohe elektrische Leitfähigkeit und Wärmeleitfähigkeit, hemmt Bakterien, Viren und Pilze, korrosionsbeständig, optisch ansprechend, gut recycelbar	Rohre in Heizungs- und Sanitärtechnik, Kühl- und Heizschlangen, elektrische Leitungen, elektrotechnische Bauteile, Kochgeschirr, Fassadenverkleidungen
CuZn (Messing)	verschleißfest, korrosionsbeständig, gut warm und kalt umformbar, gut zerspanbar, polierbar, goldglänzend, mittlere Festigkeiten	• Knetlegierungen: Tiefziehteile, Schrauben, Federn, Rohre, Instrumententeile • Gusslegierungen: Armaturengehäuse, Gleitlager, Feinmechanikteile
CuZnPb	sehr gut zerspanbar, bedingt kalt umformbar, sehr gut warm umformbar	Automatendrehteile, Feinmechanikteile, Fittings, Warmpressteile
CuZn-Mehrstoff	gut warm umformbar, hohe Festigkeiten, verschleißbeständig, witterungsbeständig	Armaturengehäuse, Gleitlager, Flansche, Ventilteile, Wassergehäuse
CuSn (Bronze)	sehr korrosionsbeständig, gute Gleiteigenschaften, gute Verschleißfestigkeit, Festigkeit durch Kaltumformen stark veränderbar	• Knetlegierungen: Beschläge, Schrauben, Federn, Metallschläuche • Gusslegierungen: Spindelmuttern, Schneckenräder, Massivgleitlager
CuAl	hohe Festigkeit und Zähigkeit, sehr korrosionsbeständig, meerwasserbeständig, warmfest, hohe Kavitationsbeständigkeit	• Knetlegierungen: hoch belastete Druckmuttern, Schalträder • Gusslegierungen: Armaturen in chemischer Industrie, Pumpenkörper, Propeller
CuNi(Zn)	äußerst korrosionsbeständig, silberartiges Aussehen, gut zerspanbar, polierbar, kalt umformbar	Münzen, elektrische Widerstände, Wärmetauscher, Pumpen, Ventile in Meerwasserkühlsystemen, Schiffsbau
Zink (Zn)	beständig gegen atmosphärische Korrosion	Korrosionsschutz von Stahlteilen
ZnTi	gut umformbar, durch Weichlöten fügbar	Dachverkleidungen, Regenrinnen, Fallrohre
ZnAlCu	sehr gut gießbar	dünnwandige, feingliedrige Druckgussteile
Zinn (Sn)	gute chemische Beständigkeit, ungiftig	Beschichtung von Stahlblechen
SnPb	dünnflüssig	Weichtlote
SnSb	gute Notlaufeigenschaften	kleine, maßgenaue Druckgussteile, Gleitlager mit mittlerer Belastung
Nickel (Ni)	korrosionsbeständig, warmfest	Korrosionsschutzschicht auf Stahlteilen
NiCu	äußerst korrosionsbeständig und warmfest	Apparate, Kondensatoren, Wärmetauscher
NiCr	äußerst korrosionsbeständig, sehr warmfest und zunderbeständig, z. T. aushärtbar	chemische Anlagen, Heizrohre, Kesseleinbauten in Kraftwerken, Gasturbinen
Blei (Pb)	schirmt gegen Röntgen- und Gammastrahlen ab, korrosionsbeständig, giftig	Abschirmungen, Kabelummantelungen, Rohre für chemischen Apparatebau
PbSn	dünnflüssig, weich, gute Notlaufeigenschaften	Weichlote, Gleitschichten
PbSbSn	dünnflüssig, korrosionsbeständig, gute Lauf- und Gleiteigenschaften	Gleitlager, kleine, maßgenaue Druckgussteile wie Pendel, Teile für Messgeräte, Zähler

W

Bezeichnung von Schwermetallen

Systematische Bezeichnung (Auszug)

vgl. DIN 1700 (1954-07)[1)]

Beispiel: **NiCu30Fe F45**
GD - Sn80Sb

Herstellung, Verwendung	
E	Elektrowerkstoff
G	Sandguss
GC	Strangguss
GD	Druckguss
GK	Kokillenguss
GZ	Schleuderguss
L	Lot
S	Schweißzusatzlegierung

Chemische Zusammensetzung

Beispiel	Bemerkung
NiCu30Fe	Ni-Cu-Legierung, 30% Cu, Anteile Eisen
Sn80Sb	Sn-Sb-Legierung, 80% Sn, ca. 20% Sb

Besondere Eigenschaften	
F45	Mindestzugfestigkeit $R_m = 10 \cdot 45$ N/mm² = 450 N/mm²
a	ausgehärtet
g	geglüht
h	hart
ka	kalt ausgehärtet
ku	kalt umgeformt
ta	teilausgehärtet
wa	warm ausgehärtet
wu	warm umgeformt
zh	ziehhart

1) Die Norm wurde zurückgezogen. In Einzelnormen werden die Werkstoff-Kurzzeichen jedoch noch verwendet.

Systematische Bezeichnung von Kupferlegierungen

vgl. DIN EN 1982 (1998-12) und 1173 (1995-11)

Beispiele: **CuZn31Si - R620**
CuZn38Pb2
CuSn11Pb2 - C - GS

Chemische Zusammensetzung

Beispiel	Bedeutung
CuZn31Si	Cu-Legierung, 31% Zn, Anteile Si
CuZn38Pb2	Cu-Legierung, 38% Zn, 2% Pb
CuSn11Pb2	Cu-Legierung, 11% Sn, 2% Pb

Gießverfahren

GS	Sandguss	GM	Kokillenguss
GZ	Schleuderguss	GC	Strangguss
GP	Druckguss		

Erzeugnisformen

C Werkstoff in Form von Gussstücken
Knetlegierung (ohne Kennbuchstabe)

W

Werkstoffzustand

Beispiel	Bedeutung	Beispiel	Bedeutung
A007	Bruchdehnung $A = 7\%$	Y450	Dehngrenze $R_p = 450$ N/mm²
D	gezogen, ohne Festlegung mechanischer Eigenschaften	M	Herstellzustand, ohne Festlegung mechanischer Eigenschaften
H160	Vickershärte HV = 160	R620	Mindestzugfestigkeit $R_m = 620$ N/mm²

Werkstoffnummern für Kupfer und Kupferlegierungen

vgl. DIN EN 1412 (1995-12)

Beispiel: **C W 024 A**

- C Kupferwerkstoff
- C Gusswerkstoff
  B Werkstoff in Blockform
  W Knetwerkstoff
- Zahl zwischen 000 und 999 ohne bestimmte Bedeutung (Zählnummer)

Kennbuchstabe für Werkstoffgruppen

Buchstabe	Werkstoffgruppe	Buchstabe	Werkstoffgruppe
A oder B	Kupfer	H	Kupfer-Nickel-Legierungen
C oder D	Kupferlegierungen, Anteil der Legierungselemente < 5%	J K	Kupfer-Zink-Legierungen Kupfer-Zinn-Legierungen
E oder F	Kupferlegierungen, Anteil der Legierungselemente ≥ 5%	L oder M N oder P	Kupfer-Zink-Zweistoff-Legierungen Kupfer-Zink-Blei-Legierungen
G	Kupfer-Aluminium-Legierungen	R oder S	Kupfer-Zink-Mehrstoff-Legierungen

Werkstoffnummern für Gussstücke aus Zinklegierungen

vgl. DIN EN 12844 (1999-01)

Beispiel: **Z P 04 1 0**

- Z Zinklegierung
- P Gussstück
- Al-Gehalt
  04 ≙ 4% Aluminium
- Cu-Gehalt
  1 ≙ 1% Kupfer
- Gehalt des nächsthöheren Legierungselementes
  0 = nächsthöheres Legierungslement < 1%

Kupferlegierungen

Kupfer-Knetlegierungen

Bezeichnung, Kurzname (Werkstoff-nummer[1])	Z[2]	Stangen D[3] mm	Härte HB	Zug-festigkeit R_m N/mm²	Dehn-grenze $R_{p0,2}$ N/mm²	Bruch-dehnung A %	Eigenschaften, Anwendungsbeispiele
Kupfer-Zink-Legierungen							vgl. DIN EN 12163 (1998-04)
CuZn28 (CW504L)	R310 R460	4…80 4…10	– –	310 460	120 420	27 –	sehr gut kalt umformbar, gut warm umformbar, zerspanbar, sehr gut polierbar; Instrumententeile, Hülsen
	H085 H145	4…80 4…10	85…115 ≥ 145	– –	– –	– –	
CuZn37 (CW508L)	R310 R440	2…80 2…10	– –	310 440	120 400	30 –	sehr gut kalt umformbar, gut warm umformbar, zerspanbar, sehr gut polierbar; Tiefziehteile, Schrauben, Federn, Druckwalzen
	H070 H140	4…80 4…10	70…100 ≥ 140	– –	– –	– –	
CuZn40 (CW509L)	R340 H080	2…80	– ≥ 80	340 –	260 –	25 –	sehr gut warm umformbar, zerspanbar; Niete, Schrauben
Kupfer-Zink-Legierungen (Mehrstofflegierungen)							vgl. DIN EN 12163 (1998-04)
CuZn31Si (CW708R)	R460 R530	5…40 5…14	– –	460 530	250 330	22 12	gut kalt umformbar, warm umformbar, zerspanbar, gute Gleiteigenschaften; Gleitelemente, Lagerbuchsen, Führungen
	H115 H140	5…40 5…14	115…145 ≥ 140	– –	– –	– –	
CuZn38Mn1Al (CW716R)	R490 R550	5…40 5…14	– –	490 550	210 280	18 10	gut warm umformbar, kalt umformbar, zerspanbar, gute Gleiteigenschaften, witterungsbeständig; Gleitelemente, Führungen
	H120 H150	5…40 5…14	120…150 ≥ 150	– –	– –	– –	
CuZn40Mn2Fe1 (CW723R)	R460 R540	5…40 5…14	– –	460 540	270 320	20 8	gut warm umformbar, kalt umformbar, zerspanbar, mittlere Festigkeit, witterungsbeständig; Apparatebau, Architektur
	H110 H150	5…40 5…14	110…140 ≥ 150	– –	– –	– –	
Kupfer-Zink-Blei-Legierungen							vgl. DIN EN 12164 (2000-09)
CuZn36Pb3 (CW603N)	R340 R550	40…80 2… 4	90 150	340 550	160 450	20 –	sehr gut zerspanbar, begrenzt kalt umformbar; Automatendrehteile
CuZn38Pb2 (CW608N)	R360 R550	40…80 2… 6	90 150	360 550	150 420	25 –	sehr gut zerspanbar, gut kalt und warm umformbar; Automatenteile
CuZn40Pb2 (CW617N)	R360 R550	40…80 2… 4	90 150	360 550	150 420	20 –	sehr gut zerspanbar, gut warm umformbar; Platinen, Zahnräder
Kupfer-Zinn-Legierungen							vgl. DIN EN 12163 (1998-04)
CuSn6 (CW452K)	R340 R550	2…60 2… 6	– –	340 550	230 500	45 –	hohe chemische Beständigkeit, gute Festigkeit; Federn, Metallschläuche, Rohre und Hülsen für Federungskörper
	H085 H180	2…60 2… 6	85…115 ≥ 180	– –	– –	– –	
CuSn8 (CW453K)	R390 R620	2…60 2… 6	– –	390 620	260 550	45 –	hohe chemische Beständigkeit, hohe Festigkeit, gute Gleiteigenschaften; Gleitlager, gerollte Lagerbuchsen, Kontaktfedern
	H090 H185	2…60 2… 6	90…120 ≥ 185	– –	– –	– –	
CuSn8P (CW459K)	R390 R620	2…60 2… 6	– –	390 620	260 550	45 –	sehr gute Gleiteigenschaften, hohe Verschleißfestigkeit, dauerschwingfest; hoch belastete Gleitlager im Fahrzeug- und Maschinenbau
	H090 H185	2…60 2… 6	90…120 ≥ 185	– –	– –	– –	

[1] Werkstoffnummern nach DIN EN 1412: Seite 174.

[2] Z Werkstoffzustand nach DIN EN 1173: Seite 174. Im Herstellzustand M sind alle Legierungen bis zum Durchmesser D = 80 mm lieferbar.

[3] D Durchmesser bei Rundstangen, Schlüsselweite bei Vier- und Sechskantstangen, Dicke bei Rechteckstangen.

W

Kupfer- und Feinzink-Legierungen

Bezeichnung, Kurzname (Werkstoffnummer[1])	Z[2]	Stangen D[3] mm	Härte HB	Zugfestigkeit R_m N/mm²	Dehngrenze $R_{p0,2}$ N/mm²	Bruchdehnung A %	Eigenschaften, Anwendungsbeispiele
Kupfer-Aluminium-Legierungen							vgl. DIN EN 12163 (1998-04)
CuAl10Fe3Mn2 (CW306G)	R590	10…80	–	590	330	12	korrosionsbeständig, verschleißfest, dauerfest, warmfest; Schrauben, Wellen, Zahnräder, Schneckenräder, Ventilsitze
	R690	10…50	–	690	510	6	
	H140	10…80	140…180	–	–	–	
	H170	10…50	≥ 170	–	–	–	
CuAl10Ni5Fe4 (CW307G)	R680	10…80	–	680	480	10	korrosionsbeständig, verschleißfest, zunderbeständig, dauerfest, warmfest; Kondensatorböden, Steuerteile für Hydraulik
	R740		–	740	530	8	
	H170	10…80	170…210	–	–	–	
	H200		≥ 200	–	–	–	
Kupfer-Nickel-Zink-Legierungen							vgl. DIN EN 12163 (1998-04)
CuNi12Zn24 (CW430J)	R380	2…50	–	380	270	38	sehr gut kalt umformbar, zerspanbar, gut polierbar; Tiefziehteile, Bestecke, Kunstgewerbe, Architektur, Kontaktfedern
	R640	2… 4	–	640	550	–	
	H090	2…50	90…130	–	–	–	
	H190	2… 4	≥ 190	–	–	–	
CuNi18Zn20 (CW409J)	R400	2…50	–	400	280	35	gut kalt umformbar, zerspanbar, anlaufbeständig, gut polierbar; Membranen, Kontaktfedern, Bestecke
	R650	2… 4	–	650	580	–	
	H100	2…50	100…140	–	–	–	
	H200	2… 4	≥ 200	–	–	–	

[1] Werkstoffnummern nach DIN EN 1412: Seite 174. [2] Z Werkstoffzustand nach DIN EN 1173: Seite 174.
[3] *D* Durchmesser bei Rundstangen, Schlüsselweite bei Vier- und Sechskantstangen, Dicke bei Rechteckstangen.

W

Bezeichnung, Kurzname (Werkstoffnummer[1])	Zugfestigkeit R_m N/mm²	Dehngrenze $R_{p0,2}$ N/mm²	Bruchdehnung A %	Härte HB	Eigenschaften, Verwendung
Kupfer-Gusslegierungen					vgl. DIN EN 1982 (1998-12)
CuZn15As-C (CC760S)	160	70	20	45	sehr gut weich- und hartlötbar, meerwasserbeständig; Flansche
CuZn32Pb2-C (CC750S)	180	70	12	45	gut zerspanbar, beständig gegen Brauchwasser bis 90 °C; Armaturen
CuZn25Al5Mn4Fe-C (CC762S)	750	450	8	180	sehr hohe Festigkeit und Härte, gut zerspanbar; Gleitlager
CuSn12-C (CC483K)	260	140	7	80	hohe Verschleißfestigkeit; Spindelmuttern, Schneckenräder
CuSn11Pb2-C (CC482K)	240	130	5	80	verschleißfest, gute Notlaufeigenschaften; Gleitlager
CuAl10Fe2-C (CC331G)	500	180	18	100	mechanisch beanspruchte Teile; Hebel, Gehäuse, Kegelräder
CuAl10Ni3Fe2-C (CC332G)	500	180	18	130	korrosionsbeanspruchte Teile; Armaturen, Schiffsschrauben
CuAl10Fe5Ni5-C (CC333G)	600	250	13	140	auf Festigkeit und Korrosion beanspruchte Teile; Pumpen

[1] Werkstoffnummern nach DIN EN 1412: Seite 174. Weitere Cu-Gusslegierungen für Gleitlager: Seite 261.
Die Festigkeitswerte gelten für getrennt gegossene Sandgussprobestäbe.

Feinzink-Gusslegierungen					vgl. DIN EN 12844 (1999-01)
ZP3 (ZP0400)	280	200	10	83	sehr gut gießbar; Vorzugslegierungen für Druckgussstücke
ZP5 (ZP0410)	330	250	5	92	
ZP2 (ZP0430)	335	270	5	102	gut gießbar; sehr gut zerspanbar, universell einsetzbar;
ZP8 (ZP0810)	370	220	8	100	
ZP12 (ZP1110)	400	300	5	100	Spritzgieß-, Blas- und Tiefziehformen für Kunststoffe, Blechformwerkzeuge
ZP27 (ZP2720)	425	300	2,5	120	

Verbundwerkstoffe, keramische Werkstoffe

Verbundwerkstoffe

Verbund-werkstoff	Grund-werk-stoff[1]	Faser-anteil %	Dichte ϱ g/cm³	Zug-festig-keit σ_B N/mm²	Reiß-dehnung ε_R %	Elastizi-täts-modul E N/mm²	Ge-brauchs-tempe-ratur bis °C	Anwendungsbeispiele
GFK (glasfaser-verstärkter Kunststoff)	EP	60	–	365	3,5	–	–	Wellen, Gelenke, Pleuel, Bootskörper, Rotorblätter
	UP	35	1,5	130	3,5	10800	50	Behälter, Tanks, Rohre, Lichtkuppeln, Karosserieteile
	PA 66	35	1,4	160[2]	5[3]	5000	190	großflächige, steife Gehäuseteile, Kraftstromstecker
	PC	30	1,42	90[2]	3,5[3]	6000	145	Gehäuse für Drucker, Rechner, Fernsehgeräte
	PPS	30	1,56	140	3,5	11200	260	Lampenfassungen und Spulen in der Elektrotechnik
	PAI	30	1,56	205	7	11700	280	Lager, Ventilsitzringe, Dichtungen, Kolbenringe
	PEEK	30	1,44	155	2,2	10300	315	Leichtbauwerkstoff in der Luft- und Raumfahrt, Metallersatz
CFK (kohlen-stofffaser-verstärkter Kunststoff)	PPS	30	1,45	190	2,5	17150	260	wie GFK-PPS
	PAI	30	1,42	205	6	11700	180	wie GFK-PAI
	PEEK	30	1,44	210	1,3	13000	315	wie GFK-PEEK

[1] EP Epoxid; UP ungesättigter Polyester; PA 66 Polyamid 66, teilkristallin; PC Polycarbonat; PPS Polyphenylensulfid; PAI Polyamidimid; PEEK Polyetheretherketon

[2] σ_y Streckspannung

[3] ε_S Dehnung bei Streckspannung

Keramische Werkstoffe

Werkstoff Bezeich-nung	Kurz-name	Dichte ϱ g/cm³	Biege-festig-keit σ_b N/mm²	Elastizi-täts-modul E N/mm²	Längenaus-dehnungs-koeffizient α 1/K	Eigenschaften, Anwendungsbeispiele
Alu-minium-silikat	C130	2,5	160	100000	0,000005	hart, verschleißfest, chemisch und thermisch beständig, hoher Isolationswiderstand; Isolatoren, Katalysatoren, feuerfeste Gehäuse
Alu-minium-oxid	C799	3,7	300	300000	0,000007	hart, verschleißfest, chemisch und thermisch beständig; Schneidkeramik, Ziehsteine, Biomedizin
Zirkonium-dioxid	ZrO_2	5,5	800	210000	0,000010	bruchunempfindlich, hochfest, thermisch und chemisch beständig, verschleißfest; Ziehringe, Strangpressmatrizen
Silicium-karbid	SiC	3,1	600	440000	0,000005	hart, verschleißfest, temperaturwechselbeständig, korrosionsbeständig auch bei hohen Temperaturen; Schleifmittel, Ventile, Lager, Brennkammern
Silicium-nitrid	Si_3N_4	3,2	900	330000	0,000004	bruchunempfindlich, temperaturwechselbeständig, hochfest; Schneidkeramik, Leit- und Laufschaufeln für Gasturbinen
Alu-minium-nitrid	AlN	3,0	200	300000	0,000005	hohe Wärmeleitfähigkeit, hohes elektrisches Isolationsvermögen; Halbleiter, Gehäuse, Kühlkörper, Isolierteile

Sintermetalle

Bezeichnungssystem der Sintermetalle

vgl. DIN 30910-1 (1990-10)

Bezeichnungsbeispiel: **Sint - A 1 0 sinterglatt**

- Sint – Sintermetall
- A – Kennbuchstabe für Werkstoffklasse
- 1 – 1. Kennziffer für chemische Zusammensetzung
- 0 – 2. Kennziffer für weitere Unterscheidung ohne Systematik
- sinterglatt – Behandlungszustand

Kennbuchstabe für Werkstoffklasse		
Kennbuchstabe	**Raumerfüllung R_x in %**	**Einsatzgebiet**
AF	< 73	Filter
A	75 ± 2,5	Gleitlager
B	80 ± 2,5	Gleitlager Formteile mit Gleiteigenschaften
C	85 ± 2,5	Gleitlager, Formteile
D	90 ± 2,5	Formteile
E	94 ± 1,5	Formteile
F	> 95,5	sintergeschmiedete Formteile

1. Kennziffer für chemische Zusammensetzung	
Kennziffer	**Chemische Zusammensetzung Massenanteil in %**
0	**Sintereisen, Sinterstahl,** Cu < 1% mit oder ohne C
1	**Sinterstahl,** 1% bis 5% Cu, mit oder ohne C
2	**Sinterstahl,** Cu > 5%, mit oder ohne C
3	**Sinterstahl,** mit oder ohne Cu bzw. C, andere Legierungselemente < 6%, z. B. Ni
4	**Sinterstahl,** mit oder ohne Cu bzw. C, andere Legierungselemente > 6%, z. B. Ni, Cr
5	**Sinterlegierungen,** Cu > 60%, z. B. Sinter-CuSn
6	**Sinterbuntmetalle,** außerhalb Kennziffer 5
7	**Sinterleichtmetalle,** z. B. Sinteraluminium
8 u. 9	**Reserveziffern**

Pulverherstellung | Gießen in Form | Pressen | Glühen | Nachpressen

Behandlungszustand	
Behandlungszustand des Werkstoffes	Behandlungszustand der Oberfläche
• gesintert • kalibriert • wärmebehandelt • dampfbehandelt • sintergeschmiedet • isostatisch gepresst	• sinterglatt • kalibrierglatt • sinterschmiedeglatt • mechanisch bearbeitet • oberflächenbehandelt

W

Sintermetalle (Auswahl, ohne weichmagnetische Sintermetalle)

vgl. DIN 30910-2…6 (1990-10)

Kurzname	Härte HB_{min}	Zugfestigkeit R_m N/mm²	chemische Zusammensetzung	Eigenschaften, Anwendungsbeispiele
Sint-AF 40	–	80…200	Sinterstahl, Cr 16…19%, Ni 10…14%	Filterteile für Gas- und Flüssigkeitsfilter
Sint-AF 50	–	40…160	Sinterbronze, Sn 9…11%, Rest Cu	
Sint-A 00	> 25	> 60	Sintereisen, C < 0,3%, Cu < 1%	Lagerwerkstoffe mit besonders großem Porenraum für beste Notlaufeigenschaften; Lagerschalen, Lagerbuchsen
Sint-A 20	> 40	> 150	Sinterstahl, C < 0,3%, Cu > 15…25%	
Sint-A 50	> 25	> 70	Sinterbronze, C < 0,2%, Sn 9…1%, Rest Cu	
Sint-A 51	> 18	> 60	Sinterbronze, C 0,2…2%, Sn 9…11%, Rest Cu	
Sint-B 00	> 30	> 80	Sintereisen, C < 0,3%, Cu < 1%	Gleitlager mit sehr guten Notlaufeigenschaften; niedrig beanspruchte Formteile
Sint-B 10	> 40	> 150	Sinterstahl, C < 0,3%, Cu 1…5%	
Sint-B 50	> 30	> 90	Sinterbronze, C < 0,2%, Sn 9…11%, Rest Cu	
Sint-C 00	> 45	> 150	Sintereisen, C < 0,3%, Cu < 1%	Gleitlager, Formteile mittlerer Beanspruchung mit guten Gleiteigenschaften; Kfz-Teile, Hebel, Kupplungsteile
Sint-C 10	> 60	> 200	Sinterstahl, C < 0,3%, Cu > 1…1,5%	
Sint-C 40	> 100	> 300	Sinterstahl, Cr 16…19%, Ni 10…14%, Mo 2%	
Sint-C 50	> 35	> 140	Sinterbronze, C < 0,2%, Sn 9…11%, Rest Cu	
Sint-D 00	> 50	> 250	Sintereisen, C < 0,3%, Cu < 1%	Formteile für höhere Beanspruchung; verschleißfeste Pumpenteile, Zahnräder, z. T. korrosionsbeständig
Sint-D 10	> 80	> 300	Sinterstahl, C < 0,3%, Cu 1…5%	
Sint-D 30	> 110	> 550	Sinterstahl, C < 0,3%, Cu 1…5%, Ni 1…5%	
Sint-D 40	> 100	> 450	Sinterstahl, Cr 16…19%, Ni 10…14%, Mo 2%	
Sint-E 00	> 60	> 200	Sintereisen, C < 0,3%, Cu < 1%	Formteile der Feinmechanik, für Haushaltsgeräte, für Elektroindustrie
Sint-E 10	> 100	> 350	Sinterstahl, C < 0,3%, Cu 1…5%	
Sint-E 73	> 55	> 200	Sinteraluminium, Cu 4…6%	
Sint-F 00	> 140	> 600	Sinterschmiedestahl, C- und Mn-haltig	Dichtringe, Flansche für Schalldämpfersysteme
Sint-F 31	> 180	> 770	Sinterschmiedestahl, C-, Ni-, Mn-, Mo-haltig	

Übersicht über die Kunststoffe

Allgemeine Eigenschaften	**Vorteile:** • geringe Dichte • elektrisch isolierend • wärme- und schalldämmend • dekorative Oberfläche • kostengünstige Formgebung • witterungs- und chemikalienbeständig	**Nachteile:** • im Vergleich zu Metallen geringere Festigkeit und Wärmebeständigkeit • zum Teil brennbar • zum Teil unbeständig gegen Lösungsmittel • nur begrenzt wieder verwertbar

Einteilung	**Thermoplaste**	**Duroplaste**	**Elastomere**
Bearbeitung	warm umformbar schweißbar im Allgemeinen klebbar zerspanbar	nicht umformbar nicht schweißbar klebbar zerspanbar	nicht umformbar nicht schweißbar klebbar zerspanbar bei tiefen Temperaturen
Verarbeitung	Spritzgießen Spritzblasen Extrudieren	Pressen Spritzpressen Spritzgießen, Gießen	Pressen Spritzgießen Extrudieren
Recycling	gut recycelbar	nicht recycelbar, evtl. als Füllstoff verwertbar	nicht recycelbar

Struktur | **Temperaturverhalten**

amorphe Thermoplaste

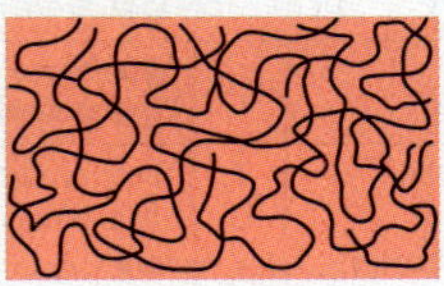

fadenförmige Makromoleküle ohne Vernetzung

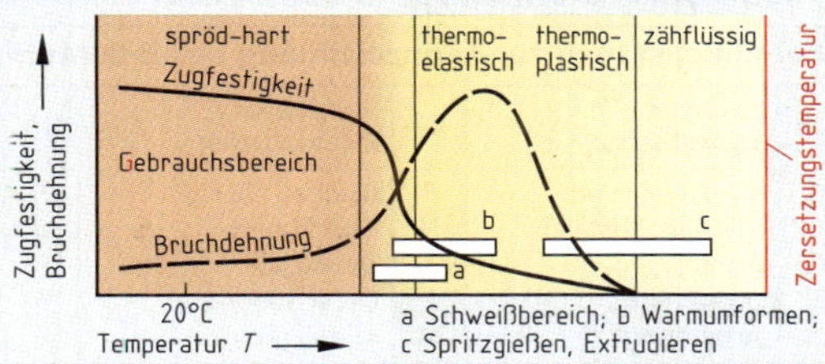

teilkristalline Thermoplaste

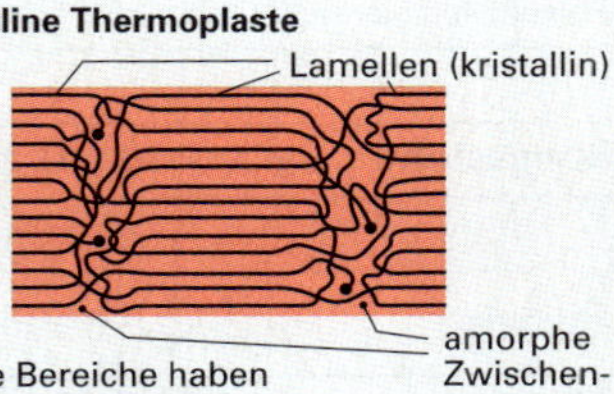

kristalline Bereiche haben größere Bindungskräfte

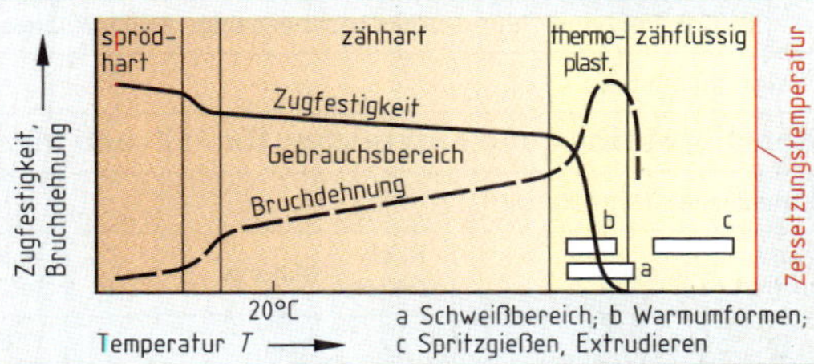

fadenförmige Duroplaste

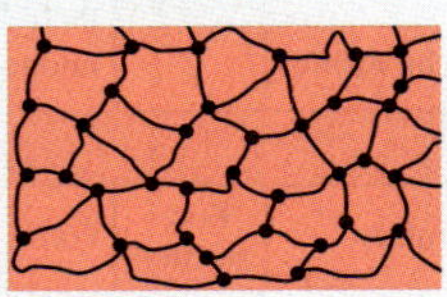

Makromoleküle mit vielen Vernetzungsstellen

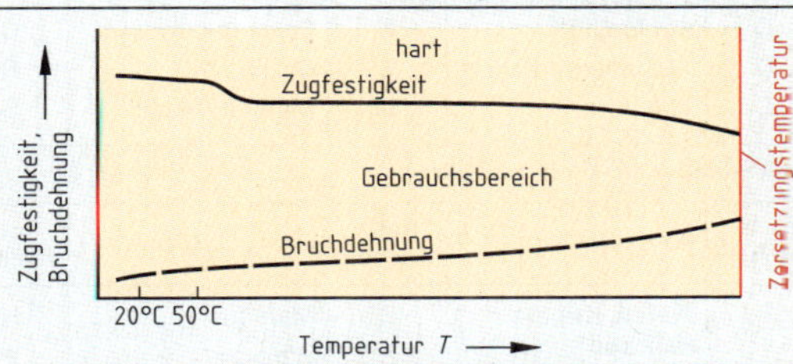

fadenförmige Elastomere

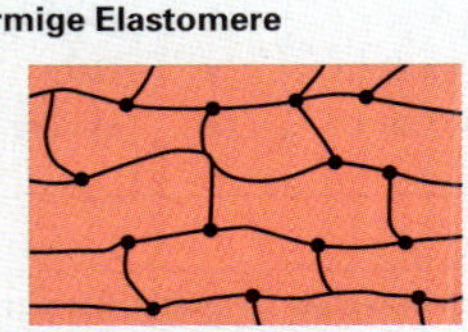

Makromoleküle in ungeordnetem Zustand mit wenig Vernetzungsstellen

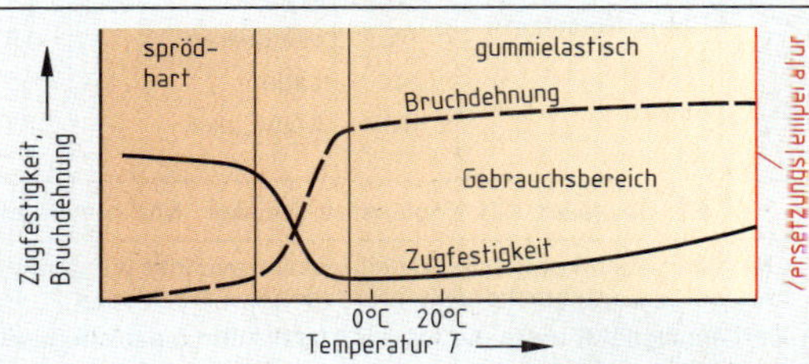

W

Basis-Polymere, Füll- und Verstärkungsstoffe

Kurzzeichen für Basis-Polymere

vgl. DIN EN ISO 1043-1 (2002-06)

Kurzzeichen	Bedeutung	Art[1]	Kurzzeichen	Bedeutung	Art[1]	Kurzzeichen	Bedeutung	Art[1]
ABS	Acrylnitril-Butadien-Styrol	T	PAK	Polyacrylat	T	PTFE	Polytetrafluorethylen	T
			PAN	Polyacrylnitril	T	PUR	Polyurethan	D
AMMA	Acrylnitril-Methylmethacrylat	T	PB	Polybuten	T	PVAC	Polyvinylacetat	T
			PBT	Polybutylenterephthalat	T	PVB	Polyvinylbutyrat	T
ASA	Acrylnitril-Styrol-Acrylat	T	PC	Polycarbonat	T	PVC	Polyvinylchlorid	T
CA	Celluloseacetat	T	PCTFE	Polychlortrifluorethylen	T	PVDC	Polyvinylidenchlorid	T
CAB	Celluloseacetatbutyrat	T	PE	Polyethylen	T	PVF	Polyvinylfluorid	T
CF	Cresol-Formaldehyd	D	PET	Polyethylenterephthalat	T	PVFM	Polyvinylformal	T
CMC	Carboxymethylcellulose	AN	PF	Phenol-Formaldehyd	D	PVK	Poly-N-vinylcarbazol	T
CN	Cellulosenitrat	AN	PIB	Polyisobuten	T	SAN	Styrol-Acrylnitril	T
CP	Cellulosepropionat	T	PMMA	Polymethylmethacrylat	T	SB	Styrol-Butadien	T
EC	Ethylcellulose	AN	POM	Polyoxymethylen; Polyformaldehyd	T	SI	Silikon	D
EP	Epoxid	D				SMS	Styrol-α-Methylstyrol	T
EVAC	Ethylen-Vinylacetat	E	PP	Polypropylen	T	UF	Urea-Formaldehyd	D
MF	Melamin-Formaldehyd	D	PS	Polystyrol	T	UP	Ungesättigter Polyester	D
PA	Polyamid	T	PSU	Polysulfon	T	VCE	Vinylchlorid-Ethylen	T

[1] AN abgewandelte Naturstoffe; E Elastomere; D Duroplaste; T Thermoplaste

Kennbuchstaben zur Kennzeichnung besonderer Eigenschaften

vgl. DIN EN ISO 1043-1 (2002-06)

K[1]	Besondere Eigenschaften	K[1]	Besondere Eigenschaften	K[1]	Besondere Eigenschaften	K[1]	Besondere Eigenschaften
B	Block, bromiert	F	flexibel; flüssig	N	normal; Novolak	T	Temperatur
C	chloriert; kristallin	H	hoch; homo	O	orientiert	U	ultra; weichmacherfrei
D	Dichte	I	schlagzäh	P	weichmacherhaltig	V	sehr
E	verschäumt; elastomer	L	linear, niedrig	R	erhöht; Resol; hart	W	Gewicht
		M	mittel, molekular	S	gesättigt; sulfoniert	X	vernetzt, vernetzbar

⇒ **PVC-P:** Polyvinylchlorid, weichmacherhaltig; **PE-LLD:** Lineares Polyethylen niedriger Dichte

[1] Kennbuchstabe

Kennbuchstaben und Kurzzeichen für Füll- und Verstärkungsstoffe

vgl. DIN ISO 1043-2 (2002-04)

Kurzzeichen für Material[1]

Kurzzeichen	Material	Kurzzeichen	Material	Kurzzeichen	Material	Kurzzeichen	Material
B	Bor	G	Glas	P	Glimmer	T	Talk
C	Kohlenstoff	K	Calciumkarbonat	Q	Silikat	W	Holz
D	Aluminiumtrihydrat	L	Cellulose	R	Aramid	X	nicht festgelegt
E	Ton	M	Mineral, Metall[2]	S	Sythetische Stoffe	Z	andere

Kurzzeichen für Form und Struktur

Kurzzeichen	Form, Struktur	Kurzzeichen	Form, Struktur	Kurzzeichen	Form, Struktur	Kurzzeichen	Form, Struktur
B	Perlen, Kugeln, Bällchen	G	Mahlgut	N	Faservlies (dünn)	VV	Furnier
C	Chips, Schnitzel	H	Whisker	P	Papier	W	Gewebe
D	Pulver	K	Wirkwaren	R	Roving	X	nicht festgelegt
F	Fasern	L	Lagen	S	Schalen, Flocken	Y	Garn
		M	Matte, dick	T	gedrehtes Garn, Cord	Z	andere

⇒ **GF:** Glasfaser; **CH:** Kohlenstoff-Whisker; **MD:** mineralisches Pulver

[1] Die Materialien können zusätzlich gekennzeichnet werden, z.B. durch ihr chemisches Symbol oder ein anderes Symbol aus entsprechenden internationalen Normen.

[2] Bei Metallen (M) muss die Art des Metalls durch das chemische Symbol angegeben werden.

Erkennung, Unterscheidungsmerkmale

Verfahren zur Erkennung von Kunststoffen

Schwebeprobe		Löslichkeit in Lösungsmitteln	Optisches Untersuchen		Verhalten beim Erwärmen
Lösungen mit Dichte in g/cm^3	Kunststoffe schweben		Aussehen der Probe ist transparent	trüb	
0,9 bis 1,0	PB, PE, PIB, PP	Duroplaste und PTFE sind nicht löslich.	CA, CAB, CP, EP, PC, PS, PMMA, PVC, SAN	ABS, ASA, PA, PE, POM, PP, PTFE	• Thermoplaste erweichen und schmelzen. • Duroplaste und Elastomere zersetzen sich direkt.
1,0 bis 1,2	ABS, ASA, CAB, CP, PA, PC, PMMA, PS, SAN, SB	Sonstige Thermoplaste sind in bestimmten Lösungsmitteln löslich; z.B. PS ist in Benzol oder Aceton löslich.	**Betasten**		**Brennprobe**
1,2 bis 1,5	CA, PBT, PET, POM, PSU, PUR		Wachsartiger Griff bei: PE, PTFE, POM, PP		• Flammenfärbung • Brandverhalten • Rußbildung • Geruch der Rauchschwaden
1,5 bis 1,8	organisch gefüllte Pressmassen				
1,8 bis 2,2	PTFE				

Unterscheidungsmerkmale der Kunststoffe

Kurzzeichen[1)]	Dichte g/cm^3	Brennverhalten	Sonstige Merkmale
ABS	≈ 1,05	gelbe Flamme, rußt stark, riecht nach Leuchtgas	zähelastisch, wird von Tetrachlorkohlenstoff nicht angelöst, klingt dumpf
CA	1,31	gelbe, sprühende Flamme, tropft, riecht nach Essigsäure und verbranntem Papier	angenehmer Griff, klingt dumpf
CAB	1,19	gelbe, sprühende Flamme, tropft brennend, riecht nach ranziger Butter	klingt dumpf
MF	1,50	schwer entflammbar, verkohlt mit weißen Kanten, riecht nach Ammoniak	schwer zerbrechlich, klingt scheppernd (vgl. UF)
PA	≈ 1,10	blaue Flamme mit gelblichem Rand, tropft fadenziehend, riecht nach verbranntem Horn	zähelastisch, unzerbrechlich, klingt dumpf
PC	1,20	gelbe Flamme, erlischt nach Wegnahme der Flamme, rußt, riecht nach Phenol	zähhart, unzerbrechlich, klingt scheppernd
PE	0,92	helle Flamme mit blauem Kern, tropft brennend ab, Geruch paraffinartig, Dämpfe kaum sichtbar (vgl. PP)	wachsartige Oberfläche, mit dem Fingernagel ritzbar, unzerbrechlich, Verarbeitungstemperatur > 230 °C
PF	1,40	schwer entflammbar, gelbe Flamme, verkohlt, riecht nach Phenol und verbranntem Holz	schwer zerbrechlich, klingt scheppernd
PMMA	1,18	leuchtende Flamme, fruchtiger Geruch, knistert, tropft	uneingefärbt glasklar, klingt dumpf
POM	1,42	bläuliche Flamme, tropft, riecht nach Formaldehyd	unzerbrechlich, klingt scheppernd
PP	0,91	helle Flamme mit blauem Kern, tropft brennend ab, Geruch paraffinartig, Dämpfe kaum sichtbar (vgl. PE)	nicht mit dem Fingernagel markierbar, unzerbrechlich
PS	1,05	gelbe Flamme, rußt stark, riecht süßlich nach Leuchtgas, tropft brennend ab	spröde, klingt metallisch blechern, wird u. a. von Tetrachlorkohlenstoff angelöst
PTFE	2,20	unbrennbar, bei Rotglut stechender Geruch	wachsartige Oberfläche
PUR	1,26	gelbe Flamme, stark stechender Geruch	Polyurethan, gummielastisch
	≈ 0,05		Polyurethan-Schaum
PVC-U	1,38	schwer entflammbar, erlischt nach Wegnahme der Flamme, riecht nach Salzsäure, verkohlt	klingt scheppernd (U = hart)
PVC-P	1,20…1,35	je nach Weichmacher besser brennbar als PVC-U, riecht nach Salzsäure, verkohlt	gummiartig flexibel, klanglos (P = weich)
SAN	1,08	gelbe Flamme, rußt stark, riecht nach Leuchtgas, tropft brennend ab	zähelastisch, wird von Tetrachlorkohlenstoff nicht angelöst
SB	1,05	gelbe Flamme, rußt stark, riecht nach Leuchtgas und Gummi, tropft brennend ab	nicht so spröde wie PS, wird u. a. von Tetrachlorkohlenstoff angelöst
UF	1,50	schwer entflammbar, verkohlt mit weißen Kanten, riecht nach Ammoniak	schwer zerbrechlich, klingt scheppernd (vgl. MF)
UP	2,00	leuchtende Flamme, verkohlt, rußt, riecht nach Styrol, Glasfaserrückstand	schwer zerbrechlich, klingt scheppernd

1) vgl. Seite 180

W

Thermoplaste (Auswahl)

Kurzzeichen	Bezeichnung	Handelsnamen	Dichte g/cm³	Zugfestigkeit[1] N/mm²	Schlagzähigkeit mJ/mm²	Gebrauchstemperatur, langzeitig[2] °C	Anwendungsbeispiele
ABS	Acrylnitril-Butadien-Styrol	Terluran, Novodur	≈ 1,05	35…56	80… k.B.[3]	85…100	Telefongehäuse, Armaturbretter, Surfbretter
PA 6	Polyamid 6	Durethan, Maranyl, Resistan, Ultramid, Rilsan	1,14	43	k.B.[3]	80…100	Zahnräder, Gleitlager, Schrauben, Seile, Gehäuse
PA 66	Polyamid 66		1,14	57	21[4]	80…100	
PE-HD	Polyethylen, hohe Dichte	Hostalen, Lupolen, Vestolen A	0,96	20…30	k.B.[3]	80…100	Batteriekästen, Kraftstoffbehälter, Mülltonnen, Rohre, Kabelisolationen, Folien, Flaschen
PE-LD	Polyethylen, niedere Dichte		0,92	8…10	k.B.[3]	60…80	
PMMA	Polymethyl-methacrylat	Plexiglas, Degalan, Lucryl	1,18	70…76	18	70…100	Optische Gläser, Blinklichter, Skalen, Leuchtbuchstaben
POM	Polyoxymethylen	Delrin, Hostaform, Ultraform	1,42	50…70	100	95	Zahnräder, Gleitlager, Ventilkörper, Gehäuseteile
PP	Polypropylen	Hostalen PP, Novolen, Procom, Vestolen P	0,91	21…37	k.B.[3]	100…110	Heizkanäle, Waschmaschinenteile, Fittings, Pumpengehäuse
PS	Polystyrol	Styropor, Polystyrol, Vestyron	1,05	40…65	13…20	55…85	Verpackungsmaterial, Geschirr, Filmspulen, Wärmedämmplatten
PTFE	Polytetrafluor-ethylen	Hostaflon, Teflon, Fluon	2,20	15…35	k.B.[3]	280	Wartungsfreie Lager, Kolbenringe, Dichtungen, Pumpen
PVC-P	Polyvinylchlorid, weichmacher-haltig	Hostalit, Vinoflex, Vestolit, Vinnolit, Solvic	1,20 …1,35	20…29	2[4]	60…80	Schläuche, Dichtungen, Kabelummantelungen, Rohre, Fittings, Behälter
PVC-U	Polyvinylchlorid, weichmacher-frei		1,38	35…60	k.B.[3]	< 60	
SAN	Styrol-Acrylnitril Copolymer	Luran, Vestyron, Lustran	1,08	78	23…25	85	Skalenscheiben, Batteriegehäuse, Scheinwerfergehäuse
SB	Styrol-Butadien Copolymer	Vestyron, Styrolux	1,05	22…50	40… k.B.[3]	55…75	Fernsehgehäuse, Verpackungsmaterial, Kleiderbügel, Verteilerdosen

[1] Werte hängen von der Temperatur und der Prüfgeschwindigkeit ab.
[2] Zeitdauer der Temperatureinwirkung hat wesentlichen Einfluss.
[3] k.B. ≙ kein Bruch der Probe
[4] Kerbschlagzähigkeit

Kennzeichnung thermoplastischer Formmassen

Polyethylen PE vgl. DIN EN ISO 1872-1 (1999-10)
Polypropylen PP vgl. DIN EN ISO 1873-1 (1995-12)

Bezeichnungssystem

Benennungs-Block:	Normnummer-Block		Daten-Block 1		Daten-Block 2		Daten-Block 3	Daten-Block 4	Daten-Block 5[1]
Beispiel:									
Thermoplast	ISO 1873	–	PP-R	,	EL	,	06-16-003	„[2]	ISO 8773

Datenblock 1

Im Datenblock 1 wird nach einem Bindestrich die Formmasse durch ihr Kurzzeichen PE bzw. PP bezeichnet. Bei Polypropylen folgen noch zusätzliche Informationen: **PP-H** Homopolymerisate des Propylens, **PP-B** Thermoplastisches, schlagzähes PP (sog. Block-Copolymer); **PP-R** Thermoplastische, statische Copolymerisate des Propylens.

Datenblock 2

Vorgesehene Anwendungen und/oder Verarbeitungsverfahren bei PE und PP				**Wesentliche Eigenschaften, Additive und Einfärbung für PE und PP**			
Zeichen	Position 1	Zeichen	Position 1	Zeichen	Position 2 bis 8	Zeichen	Position 2 bis 8
B	Blasformen	L	Monofilextrusion	A	Verarbeitungsstabilisator	L	Lichtstabilisator
C	Kalandrieren	M	Spritzgießen	B	Antiblockmittel	N	Naturfarben
E	Extrusion	Q	Pressen	C	Farbmittel	P	schlagzäh
F	Extrusion (Folien)	R	Rotationsformen	D	Pulver	R	Entformungs-Hilfsmittel
G	Allg. Anwendung	S	Pulversintern	E	Treibmittel	S	Gleit- und Schmiermittel
H	Beschichtung	X	keine Angabe	F	Brandschutzmittel	T	erhöhte Transparenz
K	Kabelisolierung	Y	Faserherstellung[3]	G	Granulat	X	vernetzbar
				H	Wärmealterungsstabilisator	Y	erhöhte elektr. Leitfähigkeit
						Z	Antistatikum

Datenblock 3

Dichte bei PE in kg/m³		**Elastizitätsmodul bei PP in MPa (N/mm²)**		**Schmelze-Massefließrate in g/10 min**				
Zeichen	über…bis	Zeichen	über…bis	Bedingungen für PE	Temp. in °C	Auflast in kg	Zeichen	für PP und PE über…bis
00	…901	02	… 400	E	190	0,325	000	… 0,1
03	901…906	06	400… 800	D	190	2,16	001	0,1… 0,2
08	906…911	10	800…1200	T	190	5,00	003	0,2… 0,4
13	911…916	16	1200…2000	G	190	21,6	006	0,4… 0,8
18	916…921	28	2000…3500				012	0,8… 1,5
23	921…925	40	3500				022	1,5… 3,0
27	925…930	Kerbschlagzähigkeit bei PP in kJ/m²		–			0,45	3,0… 6,0
33	930…936	02	… 3				090	6 …12
40	936…942	05	3… 6				200	12 …25
45	942…948	09	6…12	–			400	25 …50
50	948…954	15	12…20				700	50
57	954…960	25	20…30					
62	960	35	30					

Datenblock 4 bei PE und PP

Position 1: Zeichen für Füll-/Verstärkungsgrad

Zeichen	Material	Zeichen	Material
B	Bor	S	synthetisch, organisch
C	Kohlenstoff		
G	Glas	T	Talkum
K	Kreide	W	Holz
L	Zellulose	X	nicht festgelegt
M	Mineral, Metall	Z	andere

Position 2: Zeichen für physikalische Form

Zeichen	Form	Zeichen	Form
B	Perlen, Kugeln	S	Blättchen, Flocken
D	Pulver		
F	Faser	X	nicht festgelegt
G	Mahlgut	Z	andere
H	Whisker		

Position 3: Massenanteil des Füllstoffes in Prozent

⇒ **Thermoplast ISO 1873-PP-H, M 40-02-045, TD40:** Polypropylen-Formmasse, Homopolymer, Verarbeitung durch Spritzgießen, Elastizitätsmodul 3500 MPa; Kerbschlagzähigkeit 3 kJ/m², Schmelze-Massefließrate 4,5 g/10 min, Füllstoff 40% Talkum-Pulver

[1] **Datenblock 5** freiwillig, Angabe zusätzlicher Anforderungen [2] 2 Kommas: Datenblock entfällt [3] nur bei PP

Duroplastische Formmassen, Schichtpressstoffe

Kennzeichnung und Eigenschaften duroplastischer Formmassen

Typ DIN 7708-2 (alte Norm)	Typ ISO 14526 vgl. Seite 180	Harz	Füllstoffe	Bruch-spannung[1] N/mm²	Schlag-zähigkeit[1] kJ/m²	Wasser-aufnahme mg
Rieselfähige Phenol-Formmassen (PF-PMC)			vgl. DIN EN ISO 14526-3 (2000-08)			
31	PF (WD30+ MD20)	Phenol-(Formaldehyd)-Harz (PF)	30% Holzmehl 20% Mineralmehl	Q: ≥ 40 M: ≥ 50	Q: ≥ 4,5 M: ≥ 5,0	≤ 100
51	PF (LF20+ MD25)		20% Zellulosefasern 25% Mineralmehl	Q: ≥ 40 M: ≥ 50	Q: ≥ 4,5 M: ≥ 5,0	≤ 150
84	PF (SC20+ LF15)		20% Synthet. Schnitzel 15% Zellulosefasern	Q: ≥ 35 M: ≥ 45	Q: ≥ 5,5 M: ≥ 6,5	≤ 150
74	PF (SS40 bis SS50)		40% (bis 50%) Flockiges organ. Syntheseprodukt	Q: ≥ 30 M: ≥ 45	Q: ≥ 7,0 M: ≥ 9,0	≤ 200
13	PF (PF40 bis PF60)		40% (bis 60%) Glimmerfasern	Q: ≥ 30 M: ≥ 40	Q: ≥ 2,5 M: ≥ 3,5	≤ 30
83	PF (LF20+ MD25)		20% Zellulosefasern 25% Mineralfasern	Q: ≥ 35 M: ≥ 45	Q: ≥ 5,5 M: ≥ 6,0	≤ 150
12	PF (GF20+ GG30)		20% Glasfasern 30% Glasmahlgut	Q: ≥ 50 M: ≥ 60	Q: ≥ 6,0 M: ≥ 7,0	≤ 30
⇒	**PMC ISO 14526 – PF(WD30+MD20), M:** Rieselfähige Formmasse (PMC), Phenol-(Formaldehyd)-Harz (PF), ca. 30% Holzmehl (WD30), ca. 20% Mineralmehl (MD20); empfohlenes Verarbeitungsverfahren: Spritzgießen (M)[1]					
Harnstoff-Formaldehyd-Formmassen (UF-PMC) und Harnstoff/Melamin-Formaldehyd-Formmassen (UF/MF-PMC)			vgl. DIN EN ISO 14527-3 (2000-08)			
131.5	UF(LD10+ MD30),X,E[2]	Harnstoff-(Formaldehyd)-Harz (UF)	20% Zellulosepulver 30% Mineralmehl	Q: ≥ 45 M: ≥ 55	Q: ≥ 5,0 M: ≥ 7,5	≤ 150
131	UF(LD10+ MD30)		20% Zellulosefasern 30% Mineralmehl	Q: ≥ 45 M: ≥ 55	Q: ≥ 5,0 M: ≥ 7,5	≤ 150
130	UF(WD30+ MD20)		30% Holzmehl 20% Mineralmehl	Q: ≥ 35 M: ≥ 40	Q: ≥ 4,5 M: ≥ 5,0	≤ 200
–	UF/MF (LF20+S10)	Harnstoff/ Melamin-(Formaldehyd)-Harz	20% Zellulosefasern 10% organisches Syntheseprodukt	–	Q: ≥ 6,5 M: –	≤ 100
⇒	**PMC ISO 14527 – UF(LD20+MD20), M:** Rieselfähige Formmasse (PMC), Harnstoff-Formaldehyd-Harz (UF), ca. 20% Zellulosepulver (LD20), ca. 20% Mineralmehl (MD20); empfohlenes Verarbeitungsverfahren: Spritzgießen (M)[1]					

Schichtpressstoffe[3]

vgl. DIN EN 60893 (2004-12)

Harztypen		Typen des Verstärkungsmaterials	
Harztyp	Bezeichnung	Kurzname	Bezeichnung
EP	Epoxidharz	CC	Baumwollgewebe
MF	Melamin-(Formaldehyd)-Harz	CP	Zellulosepapier
PF	Phenol-(Formaldehyd)-Harz	CR	Kombiniertes Verstärkungsmaterial
UP	Ungesättigtes Polyesterharz	GC	Glasgewebe
SI	Siliconharz	GM	Glasmatte
PI	Polimidharz	WV	Holzfurniere
Nenndicken t in mm	0,4; 0,5; 0,6; 0,8; 1,0; 1,2; 1,5; 2; 2,5; 3; 4; 5; 6; 8; 10; 12; 14; 16; 20;25; 30; 35; 40; 45; 50; 60; 70; 80; 90; 100		
⇒	**Tafel IEC 60893 – 3 – 4 – PF CP 201, 10 x 500 x 1000:** Tafel aus Phenol-(Formaldehyd)-Harz/Zellulosepapier (PF CP 201) der IEC-Norm[4] 60893-3-4 mit t = 10 mm, b = 500 mm, l = 1000 mm		

[1] Q = Formpressmasse; M = Spritzgießmasse
[2] X = Verarbeitungsverfahren nicht festgelegt; A = Ammoniakfrei; E = bestimmte elektrische Eigenschaften
[3] Verwendung in der Elektrotechnik, z.B. als Isolator, im Maschinenbau als Lagerschalen, Rollen, Zahnräder
[4] IEC = International Electronical Commission (internationale Norm)

Elastomere, Schaumstoffe

Elastomere (Kautschuke)

Kurzzeichen[1]	Bezeichnung	Dichte g/cm³	Zugfestigkeit[2] N/mm²	Bruchdehnung %	Anwendungstemperatur °C	Eigenschaften, Verwendungsbeispiele
BR	Butadien-Kautschuk	0,94	2 (18)	450	−60…+90	hohe Abriebfestigkeit; Reifen, Gurte, Keilriemen
CO	Epichlorhydrin-Kautschuk	1,27 …1,36	5 (15)	250	−30…+120 −10…+120	schwingungsdämpfend, öl- und benzinbeständig; Dichtungen, wärmebeständige Dämpfungselemente
CR	Chloropren-Kautschuk	1,25	11 (25)	400	−30…+110	öl- und säurebeständig, schwer entflammbar; Dichtungen, Schläuche, Keilriemen
CSM	Chlorsulfoniertes Polyethylen	1,25	18 (20)	300	−30…+120	alterungs- und wetterbeständig, ölbeständig; Isolierwerkstoff, Formartikel, Folien
EPDM	Ethylen-Propylen-Kautschuk	0,86	4 (25)	500	−50…+120	guter elektrischer Isolator, gegen Öl und Benzin unbeständig; Dichtungen, Profile, Stoßfänger, Kühlwasserschläuche
FKM	Fluor-Kautschuk	1,85	2 (15)	450	−10…+190	abriebfest, beste thermische Beständigkeit; Luft- und Raumfahrt, Kfz-Industrie; Radialwellendichtringe, O-Ringe
IIR	Isobuten-Isopren-Kautschuk	0,93	5 (21)	600	−30…+120	wetter- und ozonbeständig; Kabelisolierungen, Autoschläuche
IR	Isopren-Kautschuk	0,93	1 (24)	500	−60…+60	wenig ölbeständig, hohe Festigkeit; Lkw-Reifen, Federelemente
NBR	Acrylnitril-Butadien-Kautschuk	1,00	6 (25)	450	−20…+110	abriebfest, öl- und benzinbeständig, elektr. Leiter; O-Ringe, Hydraulikschläuche, Radialwellendichtringe, Axialdichtungen
NR	Naturkautschuk Isopren-Kautschuk	0,93	22 (27)	600	−60…+70	wenig ölbeständig, hohe Festigkeit; Lkw-Reifen, Federelemente
PUR	Polyurethan-Kautschuk	1,25	20 (30)	450	−30…+100	elastisch, verschleißfest; Zahnriemen, Dichtungen, Kupplungen
SIR	Styrol-Isopren-Kautschuk	1,25	1 (8)	250	−80…+180	guter elektr. Isolator, wasserabweisend; O-Ringe, Zündkerzenkappen, Zylinderkopf- und Fugendichtungen
SBR	Styrol-Butadien-Kautschuk	0,94	5 (25)	500	−30…+80	wenig öl- und benzinbeständig; Pkw-Reifen, Schläuche, Kabelummantelungen

[1] vgl. DIN ISO 1629 (1992-03) [2] Klammerwert = mit Zusatz- oder Füllstoffen verstärktes Elastomer

Schaumstoffe

vgl. DIN 7726 (1982-05)

Schaumstoffe bestehen aus offenen, geschlossenen oder einer Mischung aus geschlossenen und offenen Zellen. Ihre Rohdichte ist niedriger als diejenige der Gerüstsubstanz. Man unterscheidet harten, halbharten, weichen, elastischen, weich-elastischen und Integral-Schaumstoff.

Steifigkeit, Härte	Rohstoff-Basis des Schaumstoffes	Zellstruktur	Dichte kg/m³	Temperatur-Anwendungsbereich °C[1]	Wärmeleitfähigkeit W/(K · m)	Wasseraufnahme in 7 Tagen Vol.-%
hart	Polystyrol	überwiegend geschlossenzellig	15 … 30	75 (100)	0,035	2…3
	Polyvinylchlorid		50 …130	60 (80)	0,038	<1
	Polyethersulfon		45 … 55	180 (210)	0,05	15
	Polyurethan		20 …100	80 (150)	0,021	1…4
	Phenolharz	offenzellig	40 …100	130 (250)	0,025	7…10
	Harnstoffharz		5 … 15	90 (100)	0,03	20
halbhart bis weich-elastisch	Polyethylen	überwiegend geschlossenzellig	25 … 40	bis 100	0,036	1…2
	Polyvinylchlorid		50 … 70	−60…+50	0,036	1…4
	Melaminharz		10,5… 11,5	bis 150	0,033	ca. 1
	Polyurethan Polyester-Typ	offenzellig	20 … 45	−40…+100	0,045	–
	Polyurethan Polyether-Typ					

[1] Gebrauchstemperatur langzeitig, in Klammern kurzzeitig

W

Kunststoffverarbeitung

Spritzgießen und Extrudieren

Kurzzeichen	Spritzgießen Temperatur in °C Masse	Spritzgießen Temperatur in °C Werkzeug	Spritzdruck in bar	Extrudieren Verarbeitungstemperatur in °C	Schwindung in %	Toleranzgruppe[1] für Allgemeintoleranzen	Toleranzgruppe[1] für Maße mit direkt eingetragenen Abmaßen Reihe 1[2]	Reihe 2[2]
PE	160…300	20… 70	500	190…230	1,5…3,5	150	140	130
PP	170…300	20…100	1200	235…270	0,8…2[3]	150	140	130
PVC, hart	170…210[4]	30… 60	1000…1800	170…190	0,2…0,5	130	120	110
PVC, weich	170…200[4]	20… 60	300	150…200	1 …2,5	–	–	–
PS	180…250	30… 60	–	180…220	0,3…0,7	130	120	110
SB	180…250	20… 70	–	180…220	0,4…0,7	130	120	110
SAN	200…260	40… 80	–	180…200	0,5…0,6	130	120	110
ABS	200…240	40… 85	800…1800	180…220	0,4…0,7	130	120	110
PMMA	200…250	50… 90	400…1200	180…250	0,3…0,8	130	120	110
PA	210…290	80…120	700…1200	230…275	1 …2	130	120	110
POM	180…230[4]	50…120	800…1700	180…220	1 …3,5	140	130	120
PC	280…320[4]	80…120	> 800	240…290	0,7…0,8	130	120	110
PF[5]	90…110[4]	170…190	800…2500	–	0,5…1,5[3]	140	130	120
MF[6]	95…110[4]	160…180	1500…2500	–	0,6…1,7[3]	130	120	110
UF[5]	95…110	150…160	1500…2500	–	0,4…0,6	140	130	120

[1] vgl. Tabelle unten [2] Reihe 1: ohne besonderen Aufwand einzuhalten, Reihe 2: erfordert höheren Fertigungsaufwand [3] Quer- und Längsschwindung können unterschiedlich sein [4] mit Schnecken-Spritzgießmaschine [5] mit organischen Füllstoffen [6] mit anorganischen Füllstoffen

Toleranzen für Kunststoff-Formteile

vgl. DIN 16901 (1982-11)

Toleranzgruppe aus obiger Tabelle	Kennbuchstabe[1]	Nennmaßbereich über… bis in mm 0…1	1…3	3…6	6…10	10…15	15…22	22…30	30…40	40…53	53…70	70…90	90…120	120…160
Allgemeintoleranzen														
150	A	±0,23	±0,25	±0,27	±0,30	±0,34	±0,38	±0,43	±0,49	±0,57	±0,68	±0,81	±0,97	±1,20
	B	±0,13	±0,15	±0,17	±0,20	±0,24	±0,28	±0,33	±0,39	±0,47	±0,58	±0,71	±0,87	±1,10
140	A	±0,20	±0,21	±0,22	±0,24	±0,27	±0,30	±0,34	±0,38	±0,43	±0,50	±0,60	±0,70	±0,85
	B	±0,10	±0,11	±0,12	±0,14	±0,17	±0,20	±0,24	±0,28	±0,33	±0,40	±0,50	±0,60	±0,75
130	A	±0,18	±0,19	±0,20	±0,21	±0,23	±0,25	±0,27	±0,30	±0,34	±0,38	±0,44	±0,51	±0,60
	B	±0,08	±0,09	±0,10	±0,11	±0,13	±0,15	±0,17	±0,20	±0,24	±0,28	±0,34	±0,41	±0,50
Toleranzen für Maße mit direkt eingetragenen Abmaßen														
140	A	0,40	0,42	0,44	0,48	0,54	0,60	0,68	0,76	0,86	1,00	1,20	1,40	1,70
	B	0,20	0,22	0,24	0,28	0,34	0,40	0,48	0,56	0,66	0,80	1,00	1,20	1,50
130	A	0,36	0,38	0,40	0,42	0,46	0,50	0,54	0,60	0,68	0,76	0,88	1,02	1,20
	B	0,16	0,18	0,20	0,22	0,26	0,30	0,34	0,40	0,48	0,56	0,68	0,82	1,00
120	A	0,32	0,34	0,36	0,38	0,40	0,42	0,46	0,50	0,54	0,60	0,68	0,78	0,90
	B	0,12	0,14	0,16	0,18	0,20	0,22	0,26	0,30	0,34	0,40	0,48	0,58	0,70
110	A	0,18	0,20	0,22	0,24	0,26	0,28	0,30	0,32	0,36	0,40	0,44	0,50	0,58
	B	0,08	0,10	0,12	0,14	0,16	0,18	0,20	0,22	0,26	0,30	0,34	0,40	0,48

[1] A für nicht werkzeuggebundene Maße; B für werkzeuggebundene Maße

Hochtemperatur-Kunststoffe, Polyblends, Verstärkungsfasern

Hochtemperatur-Kunststoffe

Kurzzeichen	Bezeichnung	Zugfestigkeit N/mm²	Anwendungstemperatur von…bis	Besondere Eigenschaften	Anwendungsbeispiele
PTFE	Polytetrafluoretylen Handelsname „Teflon"	10	−20…260 °C, kurzfristig bis 300 °C	hohe Temperaturfestigkeit und Chemikalienbeständigkeit, geringe Festigkeit, Härte und Reibungszahl	Lager, Dichtungen, Beschichtungen, Hochfrequenzkabel, chemische Apparate
PEEK	Polyetheretherketon	97	−65…250 °C, kurzfristig bis 300 °C	hohe Temperaturfestigkeit und Chemikalienbeständigkeit, günstiges Gleitverhalten	Lager, Zahnräder, Dichtungen, Luft- und Raumfahrt (anstelle von Metallen)
PPS	Polyphenylensulfid	70	−200…220 °C, kurzfristig bis 260 °C	hohe Festigkeit, Härte, Steifigkeit, hohe Chemikalien-, Witterungs- und Strahlenbeständigkeit	Pumpengehäuse, Lagerbuchsen, Raumfahrt, Kernenergieanlagen
PSU	Polysulfon	140 …240	−40…150 °C, kurzfristig bis 200 °C	hohe Festigkeit, Härte, Steifigkeit, hohe Chemikalien- und Strahlenbeständigkeit, glasklar	Mikrowellengeschirr, Spulen, Leiterplatten, Ölstandsanzeiger, Nadellagerkäfige
PI	Polyimid Handelsname „Vespel"	75 …100	−240…360 °C, kurzfristig bis 400 °C	hohe Festigkeit in großem Temperaturbereich, strahlenbeständig, dunkel, undurchsichtig	Strahltriebwerke, Flugzeugnasen, Kolbenringe, Ventilsitze, Dichtungen, elektronische Verbindungselemente

Polyblends

Polyblends (kurz Blends) sind Mischungen verschiedener Thermoplaste. Die besonderen Eigenschaften dieser Mischpolymerisate ergeben sich aus vielfältig möglichen Kombinationen der Eigenschaften der Ausgangsstoffe.

Kurzzeichen	Bezeichnung	Bestandteile	Besondere Eigenschaften	Anwendungsbeispiele
S/B	Styrol/Butadien	90% Polystyrol, 10% Butadien-Kautschuk	spröd-hart, bei tiefen Temperaturen nicht schlagzäh	Stapelkästen, Lüftergehäuse, Radiogehäuse
ABS	Acrylnitril/Butadien/Styrol	90% Styrol-Acrylnitril, 10% Nitrilgummi	spröd-hart, schlagzäh auch bei tiefen Temperaturen	Telefone, Armaturenbretter, Radkappen
PPE + PS	Polyphenylenether + Polystyrol	unterschiedliche Zusammensetzung; kann ggf. mit 30% Glasfaser verstärkt werden	hohe Härte, hohe Kaltschlagzähigkeit bis −40 °C, physiologisch unbedenklich	Kühlergrill, Computerteile medizinische Geräte, Sonnenkollektoren, Zierleisten
PC + ABS	Polycarbonat + Acrylnitril/Butadien/Styrol	unterschiedliche Zusammensetzung	hohe Festigkeit, Härte, Zähigkeit, Wärmeformbeständigkeit, schlagzäh, stoßfest	Armaturenbretter, Kotflügel, Büromaschinengehäuse, Lampengehäuse im Kfz
PC + PET	Polycarbonat + Polyethylenterephthalat	unterschiedliche Zusammensetzung	besonders schlagzäh und stoßfest	Schutzhelme für Motorradfahrer, Kraftfahrzeugteile

Verstärkungsfasern

Bezeichnung	Dichte kg/dm³	Zugfestigkeit N/mm²	Bruchdehnung %	Besondere Eigenschaften	Anwendungsbeispiele
Glasfaser GF	2,52	3400	4,5	isotrop[1], gute Festigkeit, hohe Warmfestigkeit, billig	Karosserieteile, Flugzeugbau, Segelboote
Aramidfaser AF[3]	1,45	3400 … 3800	2,0…4,0	leichteste Verstärkungsfaser, zäh, bruchzäh, stark anisotrop[1], radardurchlässig	hoch beanspruchte Leichtbauteile, Sturzhelme, durchschusssichere Westen
Kohlenstofffaser CF	1,6…2,0	1750 … 5000[2]	0,35…2,1[2]	stark anisotrop[1], hochfest, leicht, korrosionsbeständig, guter Stromleiter	Automobilteile im Rennsport, Segel für Rennyachten, Luft- und Raumfahrt

Als Einbettungsmaterial (sog. **Matrix**) kommen vor allem Duroplaste (z. B. UP- und EP-Harze) sowie Thermoplaste mit hohen Gebrauchstemperaturen (z. B. PSU, PPE, PPS, PEEK, PI) zur Anwendung.

[1] isotrop = in allen Richtungen gleiche Werkstoffkennwerte; anisotrop = Werkstoffeigenschaften in Faserrichtung unterscheiden sich von denen quer zur Faser

[2] hängt wesentlich von den sich während der Herstellung ausbildenden Fehlstellen in der Faser ab

[3] Handelsname „Kevlar"

W

Prüfverfahren – Übersicht

Bild	Verfahren	Anwendung, Hinweise
Zugversuch		Seite 190
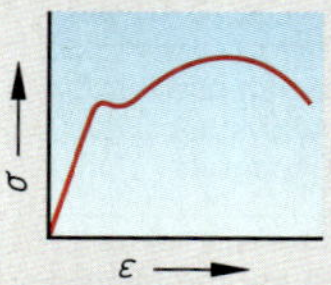	Genormte Zugproben werden bis zum Bruch gedehnt. Die Änderungen der Zugkraft und der Verlängerung werden gemessen und in einem Diagramm aufgezeichnet. Durch Umrechnung entsteht daraus das Spannungs-Dehnungs-Diagramm.	Ermittlung von Werkstoffkennwerten, zum Beispiel – zur Festigkeitsrechnung bei statischer Beanspruchung, – zur Beurteilung des Umformverhaltens, – zur Ermittlung von Daten für die spanende Fertigung
Härteprüfung nach Brinell HB		Seite 192
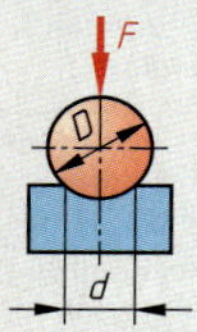	• Belastung der Prüfkugel mit genormter Prüfkraft *F* – Prüfkraft hängt ab vom Kugeldurchmesser *D* und von der Werkstoffgruppe → Beanspruchungsgrad: Seite 192 • Messung des Eindruckdruchmessers *d* • Ermittlung der Härte aus Prüfkraft und Eindruckoberfläche	Härteprüfung, z. B. an Stählen, Gusseisenwerkstoffen, Nichteisenmetallen, die – nicht gehärtet sind, – eine metallisch blanke Prüffläche besitzen, – weicher sind als 650 HB
Härteprüfung nach Rockwell		Seite 193
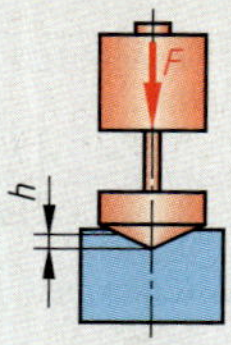	• Belastung des Prüfkörpers (Diamantkegel, Hartmetallkugel) mit der Prüfvorkraft → Messbasis • Beaufschlagung mit Prüfzusatzkraft → bleibende Verformung der Probe • Wegnahme der Zusatzkraft • Direkte Anzeige der Härte am Prüfgerät. Eindringtiefe *h* ist Basis der Härteermittlung.	Härteprüfung nach verschiedenen Verfahren, z. B. an Stählen und NE-Metallen, – im weichen oder gehärteten Zustand, – mit geringen Dicken **Verfahren HRA, HRC:** gehärtete und hochfeste Metalle **Verfahren HRB, HRF:** weicher Stahl, Nichteisenmetalle
Härteprüfung nach Vickers		Seite 193
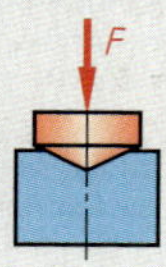	• Belastung der Diamantpyramide mit variablen Kräften – Prüfkraft richtet sich z. B. nach der Probendicke und der Korngröße im Gefüge • Messung der Eindruckdiagonalen • Ermittlung der Härte aus Prüfkraft und Eindruckoberfläche	Universalverfahren zur Prüfung – weicher und gehärteter Werkstoffe, – dünner Schichten, – einzelner Gefügebestandteile bei Metallen
Härteprüfung durch Eindringprüfung (Martenshärte)		Seite 194
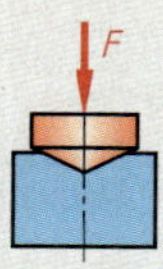	• Belastung der Diamantpyramide mit variablen Kräften – Prüfkraft richtet sich z. B. nach der Probendicke oder der Korngröße • kontinuierliche Aufzeichnung der Kraft in Abhängigkeit der Eindringtiefe • Ermittlung der Martenshärte **während** der Belastung	Verfahren zur Prüfung aller Werkstoffe, z. B. – weiche und gehärtete Metalle, – dünne Schichten, auch Hartmetallbeschichtungen und Farbschichten, – einzelne Gefügebestandteile, – Keramik, Hartstoffe …
Härteprüfung durch Kugeleindruckversuch		Seite 195
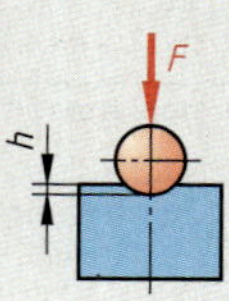	• Belastung der Prüfkugel mit Vorlast → Messbasis • Beaufschlagung mit festgelegter Prüfkraft – Prüfkraft muss eine Eindringtiefe von 0,15 … 0,35 mm ergeben • Messung der Eindringtiefe nach 30 s Belastungszeit • Ermittlung der Kugeldruckhärte	Prüfung von Kunststoffen und Hartgummi. Kugeldruckhärte liefert Vergleichswerte für Forschung, Entwicklung und Qualitätskontrolle.

W

Werkstoffprüfverfahren – Übersicht

Bild	Verfahren	Anwendung, Hinweise
Härteprüfung nach Shore		Seite 195
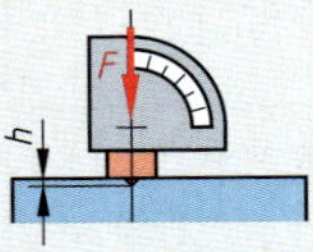	• Das Prüfgerät (Durometer) wird mit der Anpresskraft *F* auf die Probe gedrückt. • Der federbelastete Eindringkörper dringt in die Probe ein. • Einwirkdauer 15 s • Direkte Anzeige der Shorehärte am Gerät.	Kontrolle von Kunststoffen (Elastomeren). Aus der ermittelten Shorehärte lassen sich kaum Beziehungen zu anderen Werkstoffeigenschaften ableiten.
Scherversuch		Seite 191
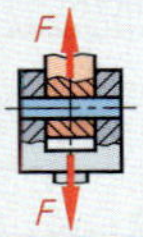	• Zylindrische Proben werden in genormten Vorrichtungen bis zum Bruch auf Abscherung belastet. • Ermittlung der Bruchfestigkeit aus maximaler Scherkraft und Probenquerschnitt.	Ermittlung der Scherfestigkeit τ_{aB}, z. B. – zur Festigkeitsberechnung scherbeanspruchter Teile, z. B. Stifte, – zur Ermittlung von Schneidkräften in der Umformtechnik
Kerbschlagbiegeversuch		Seite 191
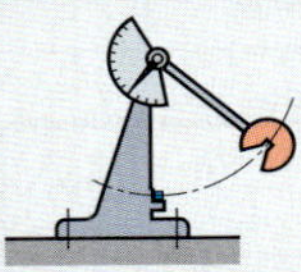	• Gekerbte Proben werden mit dem Pendelschlaghammer auf Biegung beansprucht und getrennt. • Kerbschlagarbeit = Arbeit zur Umformung und Trennung der Probe	– Prüfung metallischer Werkstoffe auf Verhalten gegenüber stoßartiger Biegebeanspruchung – Kontrolle von Wärmebehandlungsergebnissen, z. B. beim Vergüten – Prüfung des Temperaturverhaltens von Stählen
Tiefungsversuch nach Erichsen		Seite 191
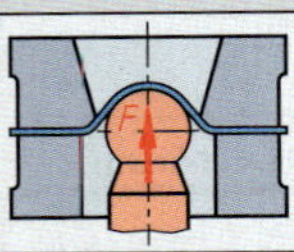	• Allseitig eingespannte Bleche werden durch eine Kugel bis zur Rissbildung verformt. • Die Verformungstiefe bis zum Rissbeginn ist ein Maß für die Tiefziehfähigkeit.	– Prüfung von Blechen und Bändern auf ihre Tiefziehfähigkeit – Beurteilung der Blechoberfläche auf Veränderungen beim Kaltumformen
Dauerschwingversuch		
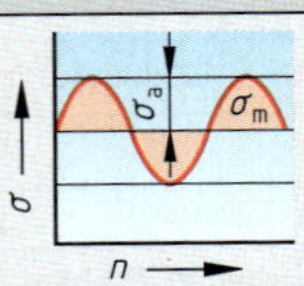	• Zylindrische Proben mit polierter Oberfläche werden bei konstanter Mittelspannung σ_m und variablem Spannungsausschlag σ_A wechselbelastet, in der Regel bis zum Bruch. Die grafische Darstellung der Versuchsreihe ergibt die Wöhlerlinie.	Ermittlung von Werkstoffkennwerten bei dynamischer Beanspruchung, z. B. – Dauerfestigkeit, Wechsel- und Schwellfestigkeit – Zeitfestigkeit
Ultraschallprüfung		
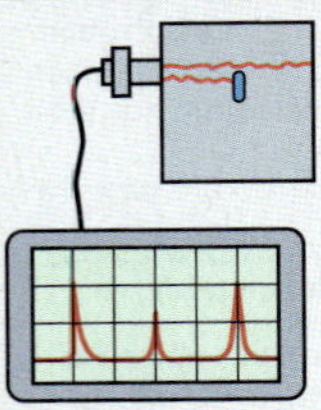	• Ein Schallkopf sendet Ultraschallwellen durch das Werkstück. Die Wellen werden an der Vorderwand, der Rückwand und an Fehlern bestimmter Größe reflektiert. • Der Bildschirm des Prüfgerätes zeigt die Echos an. • Die Prüffrequenz bestimmt die erkennbare Fehlergröße. Sie wird durch die Korngröße der Proben begrenzt.	– zerstörungsfreie Prüfung von Teilen, z. B. auf Risse, Lunker, Gasblasen, Einschlüsse, Bindefehler, Gefügeunterschiede – Erkennung der Fehlerform, der Größe und der Lage der Fehler – Messung von Wand- und Schichtdicken
Metallographie		
	Durch Ätzen metallografischer Proben (Schliffen) wird das Gefüge entwickelt und unter dem Metallmikroskop sichtbar. Probenpräparation: Entnahme → Gefügeveränderung vermeiden Einbetten → randscharfe Schliffe Schleifen → Abbau von Verformungsschichten Polieren → hohe Oberflächenqualität Ätzen → Gefügeentwicklung	– Kontrolle der Gefügeausbildung – Überwachung von Wärmebehandlungen, Umform- und Fügevorgängen – Ermittlung der Kornverteilung und der Korngröße – Schadensprüfung

W

Zugversuch, Zugproben

Zugversuch

vgl. DIN EN 10002-1 (2001-12)

Spannungs-Dehnungs-Diagramm mit ausgeprägter Streckgrenze, z.B. bei weichem Stahl

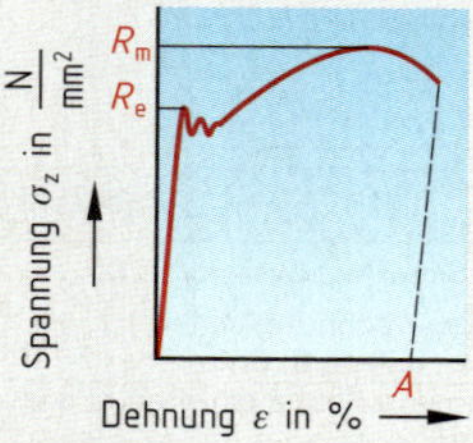

Spannungs-Dehnungs-Diagramm ohne ausgeprägte Streckgrenze, z.B. bei vergütetem Stahl

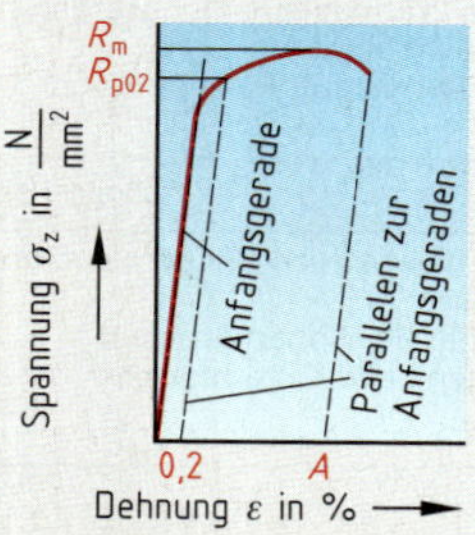

F	Zugkraft
F_m	Höchstkraft
F_e	Kraft an der Streckgrenze
$F_{p0,2}$	Kraft an der Dehngrenze
L_0	Anfangsmesslänge
L_u	Messlänge nach dem Bruch
d_0	Anfangsdurchmesser der Probe
S_0	Anfangsquerschnitt der Probe
S_u	kleinster Probenquerschnitt nach dem Bruch
ε	Dehnung
A	Bruchdehnung
Z	Brucheinschnürung
σ_z	Zugspannung
R_m	Zugfestigkeit
R_e	Streckgrenze
$R_{p0,2}$	Dehngrenze
V_s	Streckgrenzenverhältnis

Zugproben

In der Regel werden runde Proportionalstäbe mit der Anfangsmesslänge $L_0 = 5 \cdot d_0$ verwendet.

Unbearbeitete Proben sind zulässig bei
- gleich bleibenden Querschnitten, z.B. bei Proben aus Blechen, Profilen, Drähten
- gegossenen Probestücken, z.B. aus Gusseisenwerkstoffen oder NE-Gusslegierungen.

Bruchdehnung *A*

Bei Zugproben, die während der Prüfung einschnüren, werden die Bruchdehnungswerte A durch die Anfangsmesslänge L_0 beeinflusst.

Kleinere Anfangsmesslänge L_0 → größere Bruchdehnung A

Streckgrenzenverhältnis: $V_s = R_e\ (R_{p0,2})/R_m$

Es gibt Aufschluss über den Wärmebehandlungszustand der Stähle:

normalgeglüht $V_s \approx 0{,}5 \ldots 0{,}7$
vergütet $V_s \approx 0{,}7 \ldots 0{,}95$

Zugspannung

$$\sigma_z = \frac{F}{S_0}$$

Zugfestigkeit

$$R_m = \frac{F_m}{S_0}$$

Streckgrenze

$$R_e = \frac{F_e}{S_0}$$

Dehngrenze

$$R_{p0,2} = \frac{F_{p0,2}}{S_0}$$

Dehnung

$$\varepsilon = \frac{L - L_0}{L_0} \cdot 100\,\%$$

Bruchdehnung

$$A = \frac{L_u - L_0}{L_0} \cdot 100\,\%$$

Brucheinschnürung

$$Z = \frac{S_0 - S_u}{S_0} \cdot 100\,\%$$

Zugproben

vgl. DIN 50125 (2004-01)

Form A

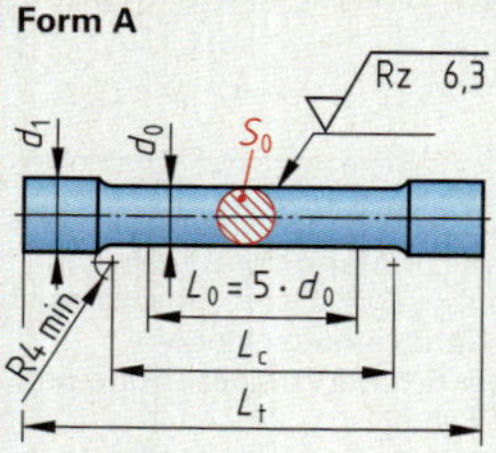

Runde Zugproben mit glatten Zylinderköpfen, Formen A und B

	d_0	4	5	6	8	10	12	14	Formen, Verwendung
	L_0 L_c	20 24	25 30	30 36	40 48	50 60	60 72	70 84	**Form A:** bearbeitete Proben zum Einspannen in Spannkeile **Form B:** bearbeitete Proben mit Gewindeköpfen ergeben genauere Messung der Verlängerung
Form A	d_1 L_t	5 65	6 80	8 95	10 115	12 140	15 160	17 185	
Form B	d_1 L_t	M6 40	M8 50	M10 60	M12 75	M16 90	M18 110	M20 125	

Form E

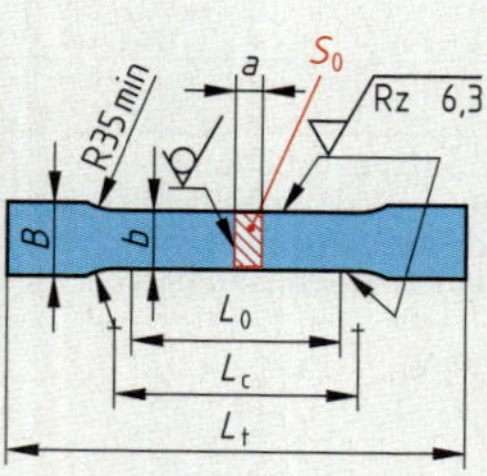

Zugproben, weitere Formen

	a	3	4	5	6	7	8	10	Formen, Verwendung
Form E	b L_0 B	8 30 12	10 35 15	10 40 15	20 60 27	22 70 29	25 80 33	25 90 33	Flachprobe mit Köpfen für Spannkeile, Zugproben aus Bändern, Blechen, Flachstäben und Profilen
	L_c L_t	38 115	45 135	50 140	80 210	90 230	105 260	115 270	

Form C Form D Form F	bearbeitete Rundproben mit Schulterköpfen bearbeitete Rundproben mit Kegelköpfen unbearbeitete Abschnitte von Rundstangen
Form G Form H	unbearbeitete Abschnitte von Flachstählen und Profilen Flachproben zur Blechenprüfung zwischen 0,1 und 3 mm Dicke
⇒	**Zugprobe DIN 50125 – A10x50:** Form A, d_0 = 10 mm, L_0 = 50 mm

Scherversuch, Kerbschlagbiegeversuch, Tiefungsversuch

Scherversuch

vgl. DIN 50141 (1982-12)

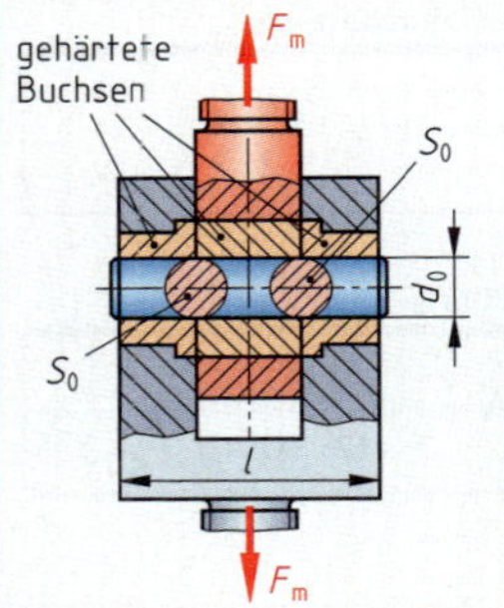

F_m Höchstscherkraft
d_0 Anfangsdurchmesser der Probe
l Probenlänge
S_0 Anfangsquerschnitt der Probe
τ_{aB} Scherfestigkeit

Scherfestigkeit

$$\tau_{aB} = \frac{F_m}{2 \cdot S_0}$$

Die Versuche werden auf Zugprüfmaschinen mit genormten Schergeräten durchgeführt.

Scherproben

d_0	3	4	5	6	8	10	12	16
Grenzabmaße	–0,020 –0,370	–0,020 –0,370	–0,030 –0,390	–0,030 –0,345	–0,040 –0,370	–0,013 –0,186	–0,016 –0,193	–0,016 –0,193
l	50	50	50	50	50	110	110	110

Kerbschlagbiegeversuch nach Charpy

vgl. DIN EN 10045 (1991-04)

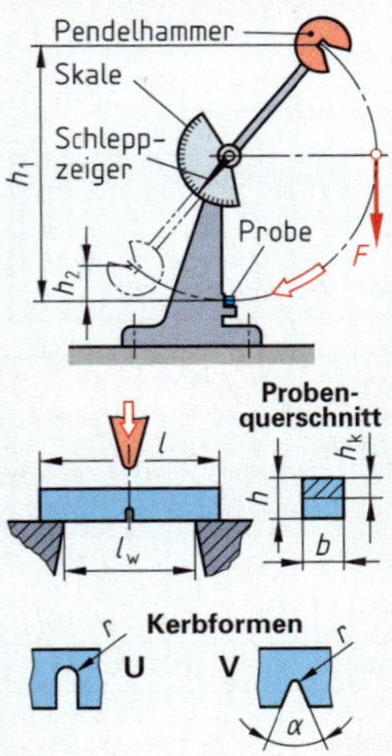

KU Kerbschlagarbeit in J, gemessen an einer Probe mit U-Kerbe
KV Kerbschlagarbeit in J, gemessen an einer Probe mit V-Kerbe

Proben

Die Proben müssen vollständig bearbeitet sein. Bei der Herstellung soll der Probenwerkstoff möglichst keine Gefügeveränderung erfahren. Im Kerbgrund dürfen mit bloßem Auge keine Kerben sichtbar sein, die parallel zur Kerbachse verlaufen.

Kerbschlagproben

Bezeichnung	Kerbform	Probenmaße in mm oder Grad (°)						
		l	l_w	h	b	h_k	r	α
Normalprobe	U	55	40	10	10	5	1,0	–
Normalprobe	V	55	40	10	10	8	0,25	45°
DVM-Probe[1]	U	55	40	10	10	7	1,0	–
Erläuterung	[1] Deutscher Verband für Materialprüfung							
⇒	**KU = 115 J:** Normalprobe mit U-Kerbe, Kerbschlagarbeit 115 J, Arbeitsvermögen des Pendelschlagwerkes 300 J **KV150 = 85 J:** Normalprobe mit V-Kerbe, Kerbschlagarbeit 85 J, Arbeitsvermögen des Pendelschlagwerkes 150 J							

Tiefungsversuch nach Erichsen

vgl. DIN EN ISO 20482 (2003-12), Ersatz für DIN 50101 und 50102

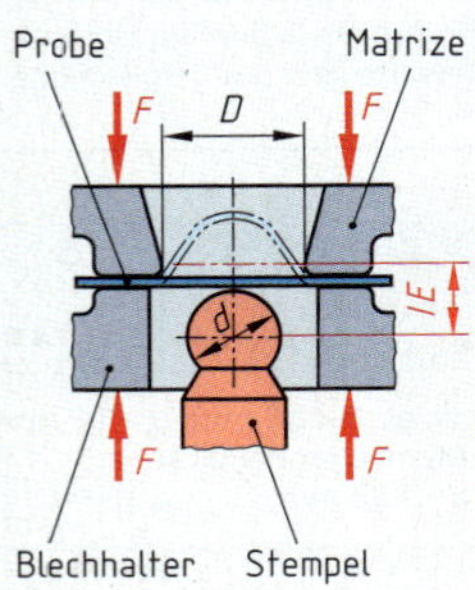

IE Erichsen-Tiefenwert in mm
F Blechhaltekraft in kN
l Länge des Probenbleches
D Bohrungsdurchmesser der Matrize
d Kugeldurchmesser des Stempels
t Dicke des Probebleches
b Breite des Probenbleches

Proben

Die Proben müssen eben sein und dürfen keine Grate aufweisen. Vor dem Einspannen sind die Bleche mit einem grafitierten Fett dünn einzufetten.

Werkzeug- und Probenmaße

Kurzzeichen	Werkzeugmaße			Probenmaße			Verwendung
	D mm	d mm	F kN	l mm	b mm	t mm	
IE	27	20	10	≥ 90	≥ 90	0,2 … 2	Standardprüfung
IE_{40}	40	20	10	≥ 90	≥ 90	2 … 3	Prüfungen an dickeren oder schmaleren Bändern
IE_{21}	21	15	10	≥ b	55 … 90	0,2 … 2	
IE_{11}	11	8	10	≥ b	30 … 55	0,1 … 1	
⇒	**IE = 12 mm:** Erichsen-Tiefung = 12 mm, Standardprüfung						

W

Härteprüfung nach Brinell

Härteprüfung nach Brinell

vgl. DIN EN ISO 6506-1 (2006-03)

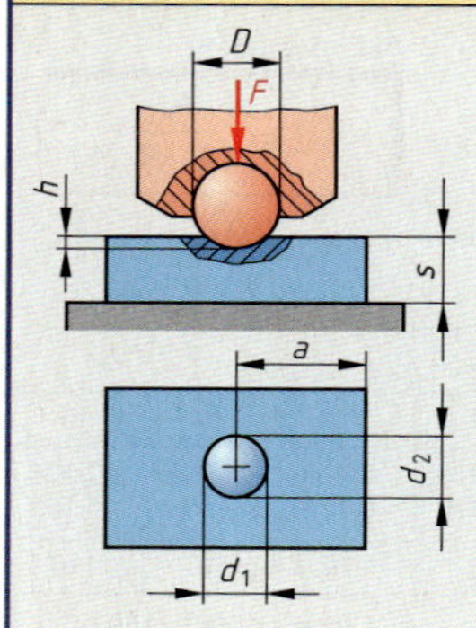

F	Prüfkraft in N
D	Kugeldurchmesser in mm
d	Eindruckdurchmesser in mm
d_1, d_2	Einzelmesswerte der Eindruckdurchmesser in mm
h	Eindrucktiefe in mm
s	Mindestdicke der Probe in mm
a	Randabstand in mm

Prüfbedingungen

Eindruckdurchmesser
$0{,}24 \cdot D \leq d \leq 0{,}6 \cdot D$

Mindestprobendicke $s \geq 8 \cdot h$

Randabstand $a \geq 3 \cdot d$

Probenoberfläche: metallisch blank

Eindruckdurchmesser

$$d = \frac{d_1 + d_2}{2}$$

Brinellhärte

$$\text{HBW} = \frac{0{,}204 \cdot F}{\pi \cdot D \cdot (D - \sqrt{D^2 - d^2})}$$

Bezeichnungsbeispiele:

180 HBW 2,5 / 62,5

600 HBW 1 / 30 / 25

Härtewert	Prüfkörper	Kugeldurchmesser	Prüfkraft F	Einwirkdauer
Brinellhärte 180 Brinellhärte 600	W Hartmetallkugel	2,5 mm 1 mm	62,5 · 9,80665 N = 612,9 N 30 · 9,80665 N = 294,2 N	ohne Angabe: 10 bis 15 s Wertangabe: 25 s

Beanspruchungsgrad, Kugeldurchmesser, Prüfkräfte und Prüfbereiche

Beanspruchungsgrad $0{,}102 \cdot F/D^2$	Prüfkraft F in N bei Kugeldurchmesser D[1)] in mm				Prüfbereich	
	1	2,5	5	10	Werkstoffe	Brinellhärte HBW
30	294,2	1839	7355	29420	Stahl, Nickel- und Titanlegierungen Gusseisen Kupfer, Kupferlegierungen	≤ 650 ≥ 140 > 200
15	–	–	–	14710	Leichtmetalle, Leichtmetalllegierungen	> 35
10	98,07	612,9	2452	9807	Gusseisen Leichtmetalle, Leichtmetalllegierungen Kupfer, Kupferlegierungen	< 140 > 35 35…200
5	49,03	306,5	1226	4903	Kupfer, Kupferlegierungen Leichtmetalle, Leichtmetalllegierungen	< 35 35…80
2,5	24,52	153,2	612,9	2452	Leichtmetalle, Leichtmetalllegierungen	< 35
1	9,807	61,29	245,2	980,7	Blei, Zinn	–

1) Kleine Kugeldurchmesser bei feinkörnigen Werkstoffen, dünnen Proben oder bei Härteprüfungen in der Randschicht. Für die Härteprüfung an Gusseisen muss der Kugeldurchmesser D ≥ 2,5 mm sein. Härtewerte sind nur vergleichbar, wenn die Prüfungen mit gleichem Beanspruchungsgrad durchgeführt wurden.

Mindestdicke *s* der Proben

Kugeldurchmesser D in mm	Mindestdicke s in mm für Eindruckdurchmesser d[1)] in mm																	
	0,25	0,35	0,5	0,6	0,8	1,0	1,2	1,3	1,5	2,0	2,4	3,0	3,5	4,0	4,5	5,0	5,5	6,0
1	0,13	0,25	0,54	0,8														
2			0,23	0,37	0,67	1,07	1,6											
2,5				0,29	0,53	0,83	1,23	1,46	2,0									
5							0,58	0,69	0,92	1,67	2,45	4,0						
10											1,17	1,84	2,53	3,34	4,28	5,36	6,59	8,0

Beispiel: $D = 2{,}5$ mm, $d = 1{,}2$ mm
→ Mindestprobendicke
$s = 1{,}23$ mm

1) Tabellenfelder ohne Dickenangabe liegen außerhalb des Prüfbereiches $0{,}24 \cdot D \leq d \leq 0{,}6 \cdot D$

W

Härteprüfung nach Rockwell, Härteprüfung nach Vickers

Härteprüfung nach Rockwell

vgl. DIN EN ISO 6508-1 (2006-03)

Härteprüfung

1. Schritt 2. Schritt 3. Schritt

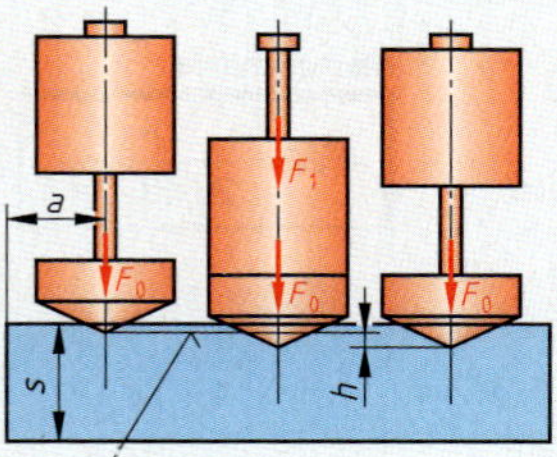

Bezugsebene für Messung

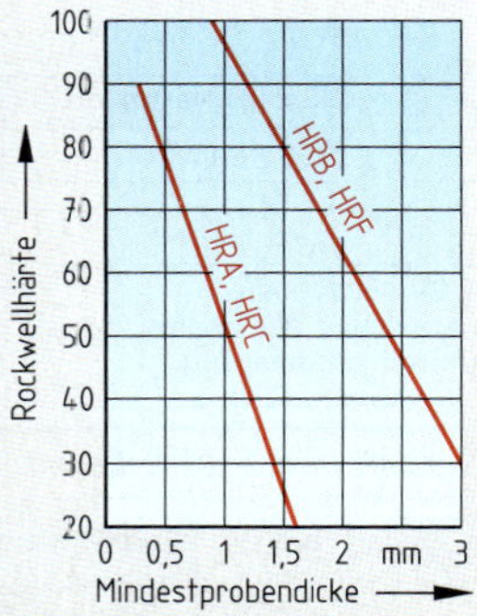

F_0 Prüfvorkraft in N
F_1 Prüfkraft in N
h bleibende Eindringtiefe in mm
s Probendicke
a Randabstand

Prüfbedingungen

Probenoberfläche geschliffen mit $Ra = 0{,}8 \dots 1{,}6$ µm. Die Bearbeitung der Probe darf keine Gefügeveränderungen zur Folge haben.

Randabstand $a \geq 1$ mm

Rockwellhärte HRA, HRC

$$\text{HRA, HRC} = 100 - \frac{h}{0{,}002\ \text{mm}}$$

Rockwellhärte HRB, HRF

$$\text{HRB, HRF} = 130 - \frac{h}{0{,}002\ \text{mm}}$$

Bezeichnungsbeispiele:

65 HRC
70 HRBW

Härtewert	Prüfverfahren	
65 70	HRC Rockwellhärte – C, Prüfung mit Diamantkegel	HRBW Rockwellhärte – B, Prüfung mit Hartmetallkugel

Prüfverfahren, Anwendungen (Auswahl)

Verfahren	Eindringkörper	F_0 in N	F_1 in N	Messbereich von … bis	Anwendung
HRA	Diamantkegel, Kegelwinkel 120°	98	490,3	20 … 88 HRA	gehärteter Stahl, hochfeste Metalle
HRC		98	1373	20 … 70 HRC	
HRB	Hartmetallkugel (W) 1,5785 mm	98	882,6	20 … 100 HRB	weicher Stahl, NE-Metalle
HRF		98	490,3	60 … 100 HRF	

Härteprüfung nach Vickers

vgl. DIN EN ISO 6507-1 (2006-03)

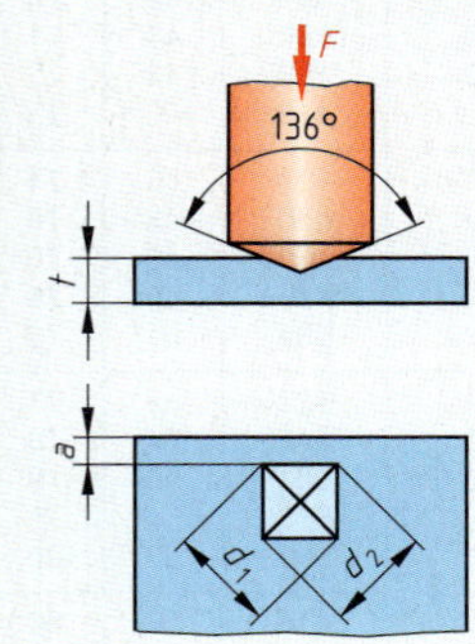

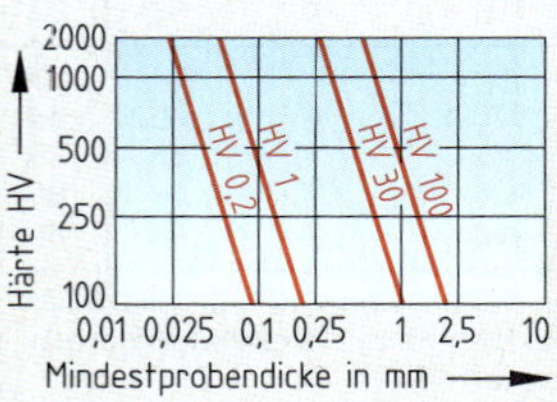

F Prüfkraft in N
d Diagonale des Eindrucks in mm
s Probendicke
a Randabstand

Prüfbedingungen

Probenoberfläche geschliffen mit $Ra = 0{,}4 \dots 0{,}8$ µm. Die Bearbeitung der Probe darf keine Gefügeveränderungen zur Folge haben.

Randabstand $a \geq 2{,}5 \cdot d$

Diagonale des Eindrucks

$$d = \frac{d_1 + d_2}{2}$$

Vickershärte

$$\text{HV} = 0{,}1891 \cdot \frac{F}{d^2}$$

Bezeichnungsbeispiele:

540 HV 1 / 20
650 HV 5

Härtewert	Prüfkraft *F*	Einwirkdauer
Vickershärte 540 Vickershärte 650	1 · 9,80665 N = 9,807 N 5 · 9,80665 N = 49,03 N	Wertangabe: 20 s ohne Angabe: 10 bis 15 s

Prüfbedingungen und Prüfkräfte für die Härteprüfung nach Vickers

Prüfbedingung	HV100	HV50	HV30	HV20	HV10	HV5
Prüfkraft in N	980,7	490,3	294,2	196,1	98,07	49,03
Prüfbedingung	HV3	HV2	HV1	HV0,5	HV0,3	HV0,2
Prüfkraft in N	29,42	19,61	9,807	4,903	2,942	1,961

W

Martenshärte, Umrechnung von Härtewerten

Martenshärte durch Eindringprüfung

vgl. DIN EN ISO 14577 (2003-05)

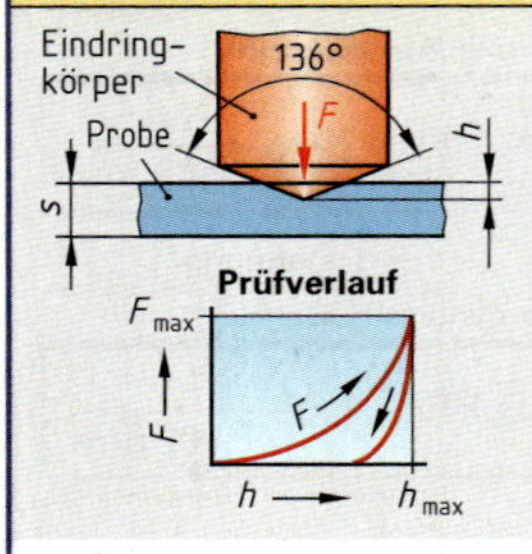

F Prüfkraft in N
h Eindringtiefe in mm
s Probendicke in mm

Probenoberflächen			
Werkstoff	Mittenrauwert *Ra* bei *F*		
	0,1 N	2 N	100 N
Aluminium	0,13	0,55	4,00
Stahl	0,08	0,30	2,20
Hartmetall	0,03	0,10	0,80

Martenshärte

$$HM = \frac{F}{26{,}43 \cdot h^2}$$

Bezeichnung: HM 0,5 / 20 / 20 = 5700 N/mm²

Prüfverfahren	Prüfkraft *F*	Prüfdauer	Kraftaufbringung	Martens-Härtewert
Martenshärte	0,5 N	20 s	innerhalb von 20 s	5700 N/mm²

Prüfbereich	Bedingungen	Anwendungen
Makrobereich	2 N ≤ *F* ≤ 30 kN	Universal-Härteprüfung, z.B. für alle Metalle, Kunststoffe, Hartmetalle, keramischen Werkstoffe; Mikro- und Nanobereich: Dünnschichtmessung, Gefügebestandteile
Mikrobereich	*F* < 2 N oder H > 0,2 µm	
Nanobereich	*h* ≤ 0,2 µm	

W

Umwertungstabelle für Härtewerte und Zugfestigkeit[1)]

vgl. DIN EN ISO 18265 (2004-02)

Zugfestigkeit R_m N/mm²	Vickershärte HV (*F* ≧ 98 N)	Brinellhärte HB30	Rockwellhärte HRC	HRA	HRB[2)]	HRF[2)]	Zugfestigkeit R_m N/mm²	Vickershärte HV (*F* ≧ 98 N)	Brinellhärte HB30	Rockwellhärte HRC	HRA
255	80	76	–	–	–	–	1155	360	342	37	69
285	90	86	–	–	48	83	1220	380	361	39	70
320	100	95	–	–	56	87	1290	400	380	41	71
350	110	105	–	–	62	91	1350	420	399	43	72
385	120	114	–	–	67	94	1420	440	418	45	73
415	130	124	–	–	71	96	1485	460	437	46	74
450	140	133	–	–	75	99	1555	480	456	48	75
480	150	143	–	–	79	(101)	1595	490	466	48	75
510	160	152	–	–	82	(104)	1665	510	485	50	76
545	170	162	–	–	85	(106)	1740	530	504	51	76
575	180	171	–	–	87	(107)	1810	550	523	52	77
610	190	181	–	–	90	(109)	1880	570	542	54	78
640	200	190	–	–	92	(110)	1955	590	561	55	78
675	210	199	–	–	94	(111)	2030	610	580	56	79
705	220	209	–	–	95	(112)	2105	630	599	57	80
740	230	219	–	–	97	(113)	2180	650	618	58	80
770	240	228	20	61	98	(114)	–	670	–	59	81
800	250	238	22	62	100	(115)	–	690	–	60	81
835	260	247	24	62	(101)	–	–	720	–	61	82
865	270	257	26	63	(102)	–	–	760	–	63	83
900	280	266	27	64	(104)	–	–	800	–	64	83
930	290	276	29	65	(105)	–	–	840	–	65	84
965	300	285	30	65	–	–	–	880	–	66	85
1030	320	304	32	66	–	–	–	920	–	68	85
1095	340	323	34	68	–	–	–	940	–	68	86

1) Gültig für unlegierte und niedriglegierte Stähle und Stahlguss. Für Vergütungs-, Kaltarbeits- und Schnellarbeitsstähle sowie für verschiedene Hartmetallsorten sind gesonderte Tabellen dieser Norm zu verwenden. Bei hochlegierten und/oder kaltverfestigten Stählen sind erhebliche Abweichungen zu erwarten.

2) Die in Klammern angegebenen Werte liegen außerhalb des Messbereiches.

Kunststoffprüfung: Zugeigenschaften, Härteprüfung

Bestimmung der Zugeigenschaften an Kunststoffen

vgl. DIN EN ISO 527-1 (1996-04)

typische Spannungs-Dehnungs-Kurven

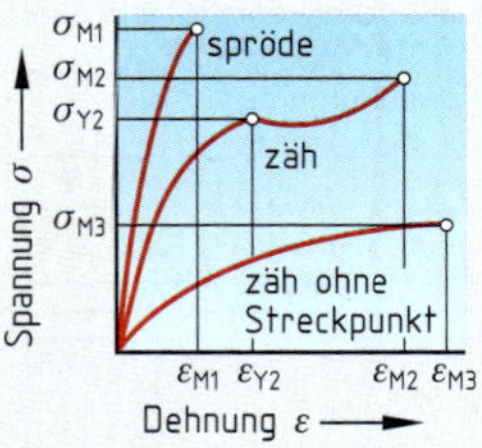

Probenkörper

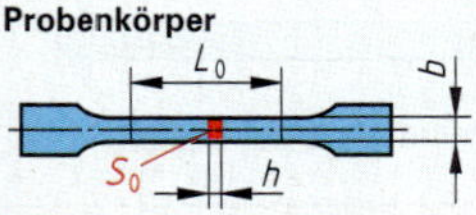

F_M Höchstkraft
F_Y Streckspannungskraft
ΔL_{FM} Längenänderung bei Höchstkraft
ΔL_{FY} Längenänderung bei Streckspannungskraft
L_0 Messlänge
S_0 Anfangsquerschnitt
σ_M Zugfestigkeit
σ_Y Streckspannung
ε_M Höchstdehnung
ε_Y Streckdehnung

Proben

Für jede Eigenschaft, z. B. Zugfestigkeit, Streckspannung, Streckdehung, müssen mindestens fünf Probenkörper geprüft werden.

Anwendung
- thermoplastische Spritzguss- und Extrusionsmassen
- thermoplastische Platten und Folien
- duroplastische Formmassen
- duroplastische Platten
- faserverstärkte Verbundwerkstoffe, thermoplastisch und duroplastisch

Zugfestigkeit

$$\sigma_M = \frac{F_M}{S_0}$$

Streckspannung

$$\sigma_Y = \frac{F_Y}{S_0}$$

Höchstdehnung

$$\varepsilon_M = \frac{\Delta L_{FM}}{L_0} \cdot 100\,\%$$

Streckdehnung

$$\varepsilon_Y = \frac{\Delta L_{FY}}{L_0} \cdot 100\,\%$$

Prüfgeschwindigkeiten					Probenkörper nach DIN EN ISO 527-2 für Formmassen					DIN EN ISO 527-3 für Folien		
Prüfgeschwindigkeit in mm/min				Toleranz	Typ	1A	1B	5A	5B	2	4	5
					L_0 mm	50 ± 0,5	50 ± 0,5	20 ± 0,5	10 ± 0,2	50 ± 0,5	50 ± 0,5	25 ± 0,25
1	2	5	10	±20%	h mm	4 ± 0,2	4 ± 0,2	≥ 2	≥ 1	≤ 1	≤ 1	≤ 1
20	50	100	200	±10%	b mm	10 ± 0,2	10 ± 0,2	4 ± 0,1	2 ± 0,1	10…25	25,4 ± 0,1	6 ± 0,4

⇒ **Zugversuch ISO 527-2/1A/50:** Zugversuch nach ISO 527-2; Probentyp 1A; Prüfgeschwindigkeit 50 mm/min

Härteprüfung an Kunststoffen

vgl. DIN EN ISO 2039-1 (2003-06)

Kugeleindruckversuch

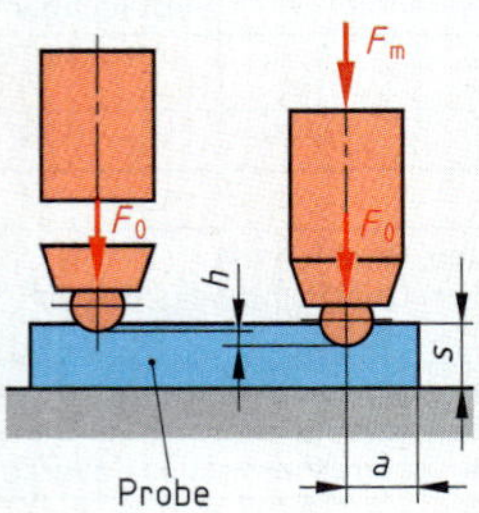

F_0 Vorlast 9,8 N
F_m Prüfkraft
h Eindringtiefe
a Randabstand
s Probendicke

Proben

Randabstand $a \geq 10$ mm, Mindestprobendicke $s \geq 4$ mm

Prüfkraft F_m in N	Kugeldruckhärte H in N/mm² bei Eindrucktiefe h in mm: 0,16	0,18	0,20	0,22	0,24	0,26	0,28	0,30	0,32	0,34
49	22	19	16	15	13	12	11	10	9	9
132	59	51	44	39	35	32	30	27	25	24
358	160	137	120	106	96	87	80	74	68	64
961	430	370	320	290	260	234	214	198	184	171

⇒ **Kugeldruckhärte ISO 2039-1 H 132:** $H = 31$ N/mm² bei $F_m = 132$ N

Härteprüfung nach Shore an Kunststoffen

vgl. DIN EN ISO 868 (2003-06)

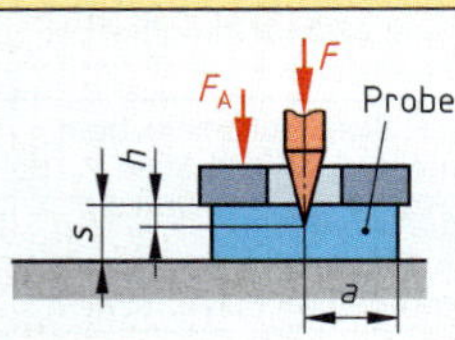

Eindringkörper für

Shore A Shore D

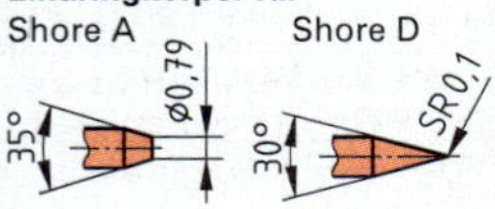

F_A Anpresskraft in N
F Prüfkraft
h Eindringtiefe
a Randabstand
s Probendicke

Proben

Randabstand $a \geq 9$ mm, Mindestprobendicke $s \geq 4$ mm

Prüfbedingungen für die Verfahren Shore A und Shore D

Prüfverfahren	F_{max} in N	F_A in N	Verwendung
A	7,30	10	wenn Shorehärte mit Typ D < 20 ist
D	40,05	50	wenn Shorehärte mit Typ A > 90 ist

⇒ **85 Shore A:** Härtewert 85; Prüfverfahren Shore A

W

Korrosion

Elektrochemische Spannungsreihe der Metalle

Bei der elektrochemischen Korrosion laufen die gleichen Vorgänge ab wie in galvanischen Elementen. Dabei wird das unedlere Metall zerstört. Die zwischen den beiden unterschiedlichen Metallen unter Einwirkung einer leitenden Flüssigkeit (Elektrolyt) auftretende Spannung kann den Normalpotenzialen der elektrochemischen Spannungsreihe entnommen werden. Als Normalpotenzial bezeichnet man die Spannung zwischen dem Elektrodenwerkstoff und einer mit Wasserstoff umspülten Platinelektrode.

Durch Passivierung (Bildung von Schutzschichten) ändert sich die Spannung zwischen den Elementen.

Elektroden-werkstoffe

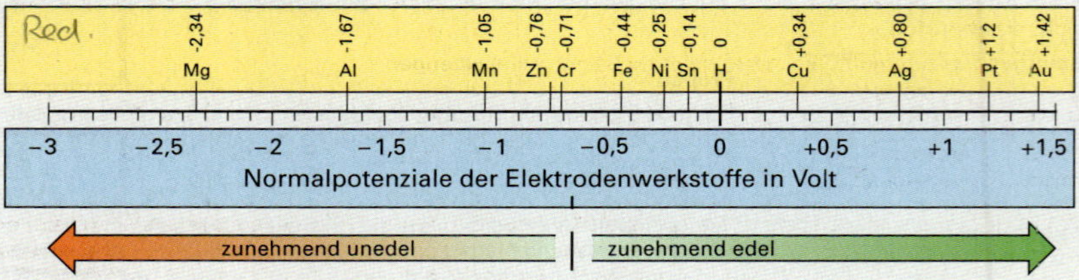

Beispiel: Die Normalpotenziale von Cu = +0,34 V und Al = −1,67 V ergeben eine Spannung zwischen Cu und Al von U = +0,34 V − (−1,67 V) = 2,01 V

Korrosionsverhalten der metallischen Werkstoffe

Werkstoffe	Korrosionsverhalten	Beständigkeit in folgender Umgebung				
		trockene Raumluft	Landluft	Industrieluft	Meerluft	Meerwasser
Unlegierte und legierte Stähle	nur in trockenen Räumen beständig	●	◔	◔	○	○
Nichtrostende Stähle	beständig, aber nicht gegen aggressive Chemikalien	●	●	◐	◐	◐
Aluminium und Al-Legierungen	beständig, außer den Cu-haltigen Al-Legierungen	●	◐	◐	◐	●…◔
Kupfer und Cu-Legierungen	beständig, vor allem Ni-haltige Cu-Legierungen	●	●	◐	◐	●…◔

● beständig ◐ ziemlich beständig ◔ unbeständig ○ unbrauchbar

Korrosionsschutz

Vorbereitung von Metalloberflächen vor der Beschichtung

Arbeitsschritt	Zweck	Verfahren
Mechanisches Reinigen und Erzeugen einer guten Haftgrundlage	Beseitigen von Walzzunder, Rost und Verschmutzungen	Schleifen, Bürsten, Strahlen mit Wasserstrahl, dem Quarzsand beigemischt ist
Chemisches Reinigen und Erzeugen einer günstigen Oberflächenbeschaffenheit	Beseitigen von Walzzunder, Rost und Fettrückständen Aufrauen oder Glätten der Oberfläche	Beizen mit Säure oder Lauge; Entfetten mit Lösungsmitteln; chemisches oder elektrochemisches Polieren

Korrosionsschutz-Maßnahmen

Maßnahmen	Beispiele
Wahl geeigneter Werkstoffe	Nichtrostender Stahl für Teile zur Aufbereitung bei der Papierherstellung
Korrosionsschutzgerechte Konstruktion	gleiche Werkstoffe an Kontaktstellen, Isolierschichten zwischen den Bauteilen, Vermeidung von Spalten
Schutzschichten: • Schutzöl oder Schutzfett • Chemische Oberflächenbehandlung • Schutzanstriche	Einölen von Gleitbahnen und Messzeugen Phophatieren, Brünieren Lackschicht, eventuell nach vorherigem Phosphatieren
Metallische Überzüge	Feuerverzinken galvanische Metallüberzüge, z.B. verchromen
Katodischer Korrosionsschutz	Zu schützendes Bauteil, z.B. eine Schiffsschraube, wird mit einer Opferanode verbunden.
Anodische Oxidation von Al-Werkstoffen	Auf dem Bauteil, z.B. einer Felge, wird eine korrosionsbeständige, feste Oxidschicht erzeugt.

Entsorgung von Stoffen

Abfallrecht

vgl. Kreislaufwirtschafts- und Abfallgesetz (2001-10)

Wichtige Grundsätze der Kreislaufwirtschaft:

- Abfälle vermeiden, z.B. durch anlageninterne Kreislaufführung oder eine abfallarme Produktgestaltung.
- Abfälle stofflich verwerten, z.B. durch Gewinnung von Rohstoffen aus Abfällen (sekundäre Rohstoffe).
- Abfälle zur Gewinnung von Energie nutzen (energetische Nutzung), z.B. Einsatz als Ersatzbrennstoff.
- Die Verwertung von Abfällen hat ordnungsgemäß ohne Beeinträchtigung des Wohls der Allgemeinheit zu erfolgen.

Die Entsorgung von Abfällen unterliegt der Überwachung durch die zuständige Behörde (meist Landkreise). In besonderem Maße gesundheits-, luft- oder wassergefärdende, explosible, brennbare Abfälle sind besonders überwachungsbedürftig.

Entsorgungspflichtig und nachweispflichtig ist der Abfallerzeuger.

Auswahl besonders überwachungsbedürftiger Abfälle (Sonderabfälle) in Metallbetrieben[1]

Abfall-schlüssel	Bezeichnung der Abfallart	Vorkommen, Beschreibung, Entstehung	Besondere Hinweise, Maßnahmen
150199D1	Verpackungen mit schädlichen Verunreinigungen	Fässer, Kanister, Eimer und Dosen, die Reste von Farben, Lacken, Lösemitteln, Kaltreiniger, Rostschutzmittel, Rost- und Silikonentferner, Spachtelmassen usw. enthalten.	Entleerte, tropffreie, pinsel- oder spachtelreine Behältnisse sind kein besonders überwachungsbedürftiger Abfall. Sie entsprechen Verkaufspackungen. Entsorgung über das Duale System oder in Metallbehältnissen über Schrotthändler. Behältnisse mit eingetrocknetem Lack sind hausmüllähnlicher Gewerbeabfall.
		Spraydosen mit Restinhalten	Auf Spraydosen möglichst verzichten, Entsorgung als Sonderabfall.
160602	Nickel-Cadmium-Batterien	Akkus, z.B. aus Bohrmaschinen und Schraubern usw.	Alle schadfstoffhaltigen Batterien sind gekennzeichnet. Sie müssen vom Handel unentgeltlich zurückgenommen werden. Für Verbraucher gilt Rückgabepflicht an den Handel oder an öffentliche Sammelstellen.
160603	Quecksilbertrockenzellen	Knopfzellen, quecksilberhaltige Monozellen	
160604	Alkalibatterien	Nichtaufladbare Batterien	
060404	Quecksilberhaltige Abfälle	Leuchtstofflampen (sog. „Neonröhren")	Können verwertet werden. Unzerstört beim Handel oder beim Entsorger abgeben. Nicht ins Glasrecycling geben!
120106	Verbrauchte Bearbeitungsöle, halogenhaltig, keine Emulsion	Wasserfreie Bohr-, Dreh-, Schleif- und Schneideöle, sog. Kühlschmierstoffe (KSS)	KSS möglichst vermeiden, z.B. durch • Trockenbearbeitung • Minimalmengen-Kühlschmierung Getrenntes Sammeln verschiedener KSS-Öle, -Emulsionen, -Lösungen. Rücknahmemöglichkeit zur Aufarbeitung oder Verbrennung (energetische Verwertung) beim Lieferanten erfragen.
120107	Verbrauchte Bearbeitungsöle, halogenfrei, keine Emulsion	Überalterte, wasserfreie Honöle	
110	Synthetische Bearbeitungsöle	KSS-Öle aus synthetischen Ölen, z.B. auf Estherbasis	
130202	Nichtchlorierte Maschinen-, Getriebe- und Schmieröle	Altöl und Getriebeöl, Hydrauliköl, Kompressorenöl von Kolbenluftverdichtern	Rücknahmepflicht durch Lieferanten. Altöle bekannter Herkunft können verwertet werden durch Zweitraffination oder energetische Verwertung. Nicht mit anderen Stoffen mischen!
150299D1	Aufsaug- und Filtermaterialen, Wischtücher und Schutzkleidung mit schädlichen Verunreinigungen	z.B. Altlumpen, Putzlappen; mit Öl oder Wachs verschmutzte Pinsel, Ölbinder, Öl- und Fettdosen	Möglichkeit, einen Mietservice für Putzlappen zu nutzen.
130505	Andere Emulsionen	Kondensatwasser aus Kompressoren	Kompressorenöle mit demulgierenden Eigenschaften verwenden; Möglichkeit ölfreier Kompressoren erkunden.
140102	Andere halogenierte Lösemittel und Lösemittelgemische	Per (-chlorethen) Tri (-chlorethen) Vermischte Lösemittel	Rücknahme durch Lieferanten und Ersatz durch wässrige Reinigungsmittel prüfen.

[1] Verordnung zur Bestimmung besonders überwachungsbedürftiger Abfälle zur Beseitigung und zur Verwertung – BestbüAbfV (1999-01), **Anlage 1**: Abfälle des Europäischen Abfallkatalogs (EAK-Abfälle) gelten als besonders gefährlich. **Anlage 2:** Besonders überwachungsbedürftige EAK-Abfälle sowie nicht in EAK-Liste aufgeführte Abfallarten (Buchstabe „D" im Abfallschlüssel).

Gefährliche Stoffe und Stoffwerte gefährlicher Gase

Kennzeichnung und Behandlung gefährlicher Stoffe

vgl. EG-Richtlinie R 67/548/EWG[1]

Bezeichnung	Kennzeichnung[2]			Bezeichnung	Kennzeichnung[2]		
	Symbol	R-Sätze	S-Sätze		Symbol	R-Sätze	S-Sätze
Aceton	F, Xi	11; 36; 66; 67	9; 16; 26	Tetrachlor-ethylen („Per")	Xn; N	40; 51/53	23; 36/37; 61
Acetylen	F+	5; 6; 12	(2); 9; 16; 33	Petroleum	T	45	53; 45
Acrylnitril	F, T, N	45; 11; 23/24; 25; 37/38; 41; 43; 51/53	9; 16; 45; 53; 61	Phenol	T; C	23/24/25; 34; 48/20/21/22; 68	24/25; 26; 28; 36/37; 39; 45
Ammoniak	C; N	34; 50	26; 36/37/39; 61	Phosphorsäure	C	34	23; 45
Arsen	T; N	23/25; 50/53	20/21; 28; 45; 60; 61	Propan	F+	12	9; 16
Asbest	T	45; 48/23	53; 45	Quecksilber	T; N	23; 33; 50/53	7; 45; 60; 61
Benzin	T	45; 65	53; 45	Salzsäure	C	34; 37	26; 45
Benzol	F; T	45; 46; 11; 36/38; 48/23/ 24/25; 65	53; 45	Sauerstoff	O	8	17
Blei-verbindungen	T; N	61; 20/22; 33; 62; 50/53	53; 45; 60; 61	Schmierfett	T	45	53; 45
Chrom-verbindungen	T; N	49; 43; 50/53	53; 45; 60; 61	Schmieröl	T	45	53; 45
Flusssäure (HF)	T+; C	26/27/28; 35	7/9; 26; 36/37; 45	Schwefelsäure	C	35	26; 30; 45
Keramische Mineralfasern	T	49; 38	53; 45	Styrol	Xn	10; 20; 36/38	23
Kohlenstoff-monoxid	F+; T	61; 12; 23; 48/23	53; 45	Terpentin, Öl	Xn; N	10; 20/21; 36/38; 43; 51/53; 65	36/37; 46; 61; 62
Glasfasern	Xn	38; 40	35/37	Trichlorethylen (Tri)	T	45; 36/38; 52/53; 67	53; 45; 61
Nicotin	T+; N	25; 27; 51/53	36/37; 45; 61	Wasserstoff	F+	12	9; 16; 33

[1] gemäß § 1a der Gefahrstoffverordnung ab 31. 10. 2005 in Deutschland gültig.

[2] vgl. R-Sätze Seite 199, S-Sätze Seite 200, Gefahrensymbole Seite 342; Schrägstrich (/) zwischen den Zahlen bedeutet, dass es sich hier um Kombinationen der R- oder S-Sätze handelt.

W

Stoffwerte gefährlicher Gase

Gas	Dichte-verhältnis zu Luft	Zünd-temperatur	untere Zündgrenze Vol.-% Gas in Luft	obere Zündgrenze Vol.-% Gas in Luft	Sonstige Hinweise
Acetylen	0,91	305 °C	1,5	82	Bei einem Druck $p_e > 2$ bar Selbstzerfall und Explosion
Argon	1,38	unbrennbar	–	–	Verdrängt Atemluft; Erstickungsgefahr
Butan	2,11	365 °C	1,5	8,5	Narkotische Wirkung; wirkt erstickend
Kohlendioxid	1,53	unbrennbar	–	–	Flüssiges CO_2 und Trockeneis führen zu schweren Erfrierungen
Kohlenmonoxid	0,97	605 °C	12,5	74	Starkes Blutgift; Seh-, Lungen-, Leber-, Nieren- und Gehörschäden
Propan	1,55	470 °C	2,1	9,5	Verdrängt Atemluft, flüssiges Propan verursacht Haut- und Augenschäden
Sauerstoff	1,1	unbrennbar	–	–	Fette und Öle reagieren mit Sauerstoff explosionsartig; brandförderndes Gas
Stickstoff	0,97	unbrennbar	–	–	In geschlossenen Räumen wird Atemluft verdrängt; Erstickungsgefahr
Wasserstoff	0,07	570 °C	4	75,6	Selbstentzündung bei hohen Ausströmgeschwindigkeiten; bildet mit Luft, O_2 und Cl explosionsfähige Gemische

Gefahrstoffe, R-Sätze

Gefahrstoffe beeinträchtigen die Sicherheit und Gesundheit des Menschen und gefährden die Umwelt. Sie müssen besonders gekennzeichnet sein (vgl. Seite 342). Die nachfolgenden R-Sätze[1] sind Standardsätze und weisen auf die besonderen Risiken beim Umgang mit einem Gefahrstoff hin. Spezielle Sicherheitsdatenblätter für jeden Gefahrstoff enthalten weiter gehende Informationen.

R-Sätze: Hinweise auf besondere Risiken

vgl. RL 67/548/EWG[2] (2004-04)

R-Satz[3]	Bedeutung
R 1	Im trockenen Zustand explosionsgefährlich
R 2	Durch Schlag, Reibung, Feuer oder andere Zündquellen explosionsgefährlich
R 3	Durch Schlag, Reibung, Feuer oder andere Zündquellen besonders explosionsgefährlich
R 4	Bildet hochempfindliche explosionsgefährliche Metallverbindungen
R 5	Beim Erwärmen explosionsfähig
R 6	Mit oder ohne Luft explosionsfähig
R 7	Kann Brand verursachen
R 8	Feuergefahr bei Berührung mit brennbaren Stoffen
R 10	Entzündlich
R 11	Leichtentzündlich
R 12	Hochentzündlich
R 13	Hochentzündliches Flüssiggas
R 14	Reagiert heftig mit Wasser
R 15	Reagiert mit Wasser unter Bildung hochentzündlicher Gase
R 16	Explosionsgefährlich in Mischung mit brandfördernden Stoffen
R 17	Selbstentzündlich an der Luft
R 18	Bei Gebrauch Bildung explosionsfähiger, leichtentzündlicher Dampf-Luftgemische möglich
R 19	Kann explosionsfähige Peroxide bilden
R 20	Gesundheitsschädlich beim Einatmen
R 21	Gesundheitsschädlich bei Berühren mit der Hand
R 22	Gesundheitsschädlich beim Verschlucken
R 23	Giftig beim Einatmen
R 24	Giftig bei Berührung mit der Haut
R 25	Giftig beim Verschlucken
R 26	Sehr giftig beim Einatmen
R 27	Sehr giftig bei Berührung mit der Haut
R 28	Sehr giftig beim Verschlucken
R 29	Entwickelt bei Berührung mit Wasser giftige Gase
R 30	Kann bei Gebrauch leicht entzündlich werden
R 31	Entwickelt bei Berührung mit Säure giftige Gase
R 32	Entwickelt bei Berührung mit Säure sehr giftige Gase
R 33	Gefahr kumulativer Wirkungen

R-Satz[3]	Bedeutung
R 34	Verursacht Verätzungen
R 35	Verursacht schwere Verätzungen
R 36	Reizt die Augen
R 37	Reizt die Atmungsorgane
R 38	Reizt die Haut
R 39	Ernste Gefahr irreversiblen Schadens
R 40	Verdacht auf Krebs erzeugende Wirkung
R 41	Gefahr ernster Augenschäden
R 42	Sensibilisierung durch Einatmen möglich
R 43	Sensibilisierung durch Hautkontakt möglich
R 44	Explosionsgefahr bei Erhitzen unter Einschluss
R 45	Kann Krebs erzeugen
R 46	Kann vererbbare Schäden verursachen
R 48	Gefahr ernster Gesundheitsschäden bei längerer Exposition (Ausgesetztsein)
R 49	Kann Krebs erzeugen beim Einatmen
R 50	Sehr giftig für Wasserorganismen
R 51	Giftig für Wasserorganismen
R 52	Schädlich für Wasserorganismen
R 53	Kann in Gewässern längerfristig schädliche Wirkungen haben
R 54	Giftig für Pflanzen
R 55	Giftig für Tiere
R 56	Giftig für Bodenorganismen
R 57	Giftig für Bienen
R 58	Kann längerfristig schädliche Wirkungen auf die Umwelt haben
R 59	Gefährlich für die Ozonschicht
R 60	Kann die Fortpflanzungsfähigkeit beeinträchtigen
R 61	Kann das Kind im Mutterleib schädigen
R 62	Kann möglicherweise die Fortpflanzungsfähigkeit beeinträchtigen
R 63	Kann das Kind im Mutterleib möglicherweise schädigen
R 64	Kann Säuglinge über die Muttermilch schädigen
R 65	Gesundheitsschädlich: kann beim Verschlucken Lungenschäden verursachen
R 66	Wiederholter Kontakt kann zu spröder oder rissiger Haut führen
R 67	Dämpfe können Schläfrigkeit und Benommenheit verursachen
R 68	Irreversibler Schaden möglich

1) R = Risiko 2) EG-Richtlinie, Anhang III
3) Kombinationen der R-Sätze sind möglich; z. B. R 23/24: Giftig beim Einatmen und bei Berührung mit der Haut.

Gefahrstoffe, S-Sätze

Die nachfolgenden standardisierten Sicherheitsratschläge (S-Sätze)[1] sind im Umgang mit gefährlichen Stoffen und Zubereitungen zu beachten. Durch ihre Einhaltung können Gefahren vermieden bzw. vermindert werden.

S-Sätze: Sicherheitsratschläge

vgl. RL 67/548/EWG[2] (2004-04)

S-Satz[3]	Bedeutung	S-Satz[3]	Bedeutung
S 1	Unter Verschluss aufbewahren	S 39	Schutzbrille/Gesichtsschutz tragen
S 2	Darf nicht in die Hände von Kindern gelangen	S 40	Fußboden und verunreinigte Gegenstände mit … reinigen (vom Hersteller anzugeben)
S 3	Kühl aufbewahren	S 41	Explosions- und Brandgase nicht einatmen
S 4	Von Wohnplätzen fernhalten	S 42	Beim Räuchern/Versprühen geeignetes Atemschutzgerät anlegen (geeignete Bezeichnung[en] vom Hersteller anzugeben)
S 5	Unter … aufbewahren (geeignete Flüssigkeit vom Hersteller anzugeben)	S 43	Zum Löschen … (vom Hersteller anzugeben) verwenden; (wenn Wasser die Gefahr erhöht, anfügen: „kein Wasser verwenden“)
S 6	Unter … aufbewahren (inertes Gas vom Hersteller anzugeben)	S 45	Bei Unfall oder Unwohlsein sofort Arzt hinzuziehen (wenn möglich dieses Etikett vorzeigen)
S 7	Behälter dicht geschlossen halten	S 46	Bei Verschlucken sofort ärztlichen Rat einholen und Verpackung oder Etikett vorzeigen
S 8	Behälter trocken halten	S 47	Bei Temperaturen über … °C aufbewahren (vom Hersteller anzugeben)
S 9	Behälter gut gelüftet aufbewahren	S 48	Feucht halten mit … (geeignetes Mittel vom Hersteller anzugeben)
S 12	Behälter nicht gasdicht verschließen	S 49	Nur im Originalbehälter aufbewahren
S 13	Von Nahrungsmitteln, Getränken und Futtermitteln fernhalten	S 50	Nicht mischen mit … (vom Hersteller anzugeben)
S 14	Von ... fernhalten (inkompatible Substanzen sind vom Hersteller anzugeben)	S 51	Nur in gut gelüfteten Bereichen verwenden
S 15	Vor Hitze schützen	S 52	Nicht großflächig für Wohn- und Aufenthaltsräume zu verwenden
S 16	Von Zündquellen fernhalten – Nicht rauchen	S 53	Exposition vermeiden[4], vor Gebrauch besondere Anweisungen einholen
S 17	Von brennbaren Stoffen fernhalten	S 56	Diesen Stoff und seinen Behälter der Problemabfallentsorgung zuführen
S 18	Behälter mit Vorsicht öffnen und handhaben	S 57	Zur Vermeidung einer Kontamination[5] der Umwelt geeigneten Behälter verwenden
S 20	Bei der Arbeit nicht essen und trinken	S 59	Information zur Wiederverwendung/Wiederverwertung beim Hersteller/Lieferanten erfragen
S 21	Bei der Arbeit nicht rauchen	S 60	Dieses Produkt und sein Behälter sind als gefährlicher Abfall zu entsorgen
S 22	Staub nicht einatmen	S 61	Freisetzung in die Umwelt vermeiden. Besondere Anweisungen einholen/Sicherheitsdatenblatt zu Rate ziehen
S 23	Gas/Rauch/Aerosol nicht einatmen (geeignete Bezeichnung[en] sind vom Hersteller anzugeben)	S 62	Bei Verschlucken kein Erbrechen herbeiführen. Sofort ärztlichen Rat einholen und Verpackung oder dieses Etikett vorzeigen
S 24	Berührung mit der Haut vermeiden	S 63	Bei Unfall durch Einatmen: Verunfallten an die frische Luft bringen und ruhig stellen
S 25	Berührung mit den Augen vermeiden	S 64	Bei Verschlucken Mund mit Wasser ausspülen (nur wenn Verunfallter bei Bewusstsein ist)
S 26	Bei Berührung mit den Augen gründlich mit Wasser abspülen und Arzt konsultieren		
S 27	Beschmutzte, getränkte Kleidung sofort ausziehen		
S 28	Bei Berührung mit der Haut sofort abwaschen mit viel … (vom Hersteller anzugeben)		
S 29	Nicht in die Kanalisation gelangen lassen		
S 30	Niemals Wasser hinzugießen		
S 33	Maßnahmen gegen elektrostatische Aufladungen treffen		
S 35	Abfälle und Behälter müssen in gesicherter Weise beseitigt werden		
S 36	Bei der Arbeit geeignete Schutzkleidung tragen		
S 37	Geeignete Schutzhandschuhe tragen		
S 38	Bei unzureichender Belüftung Atemschutzgerät anlegen		

[1] S = Sicherheit [2] EG-Richtlinie, Anhang IV
[3] Kombinationen der S-Sätze sind möglich; z. B. S 20/21: Bei der Arbeit nicht essen, trinken, rauchen.
[4] d. h. sich dieser Gefahr nicht aussetzen [5] Verunreinigung, Verseuchung

W

5 Maschinenelemente

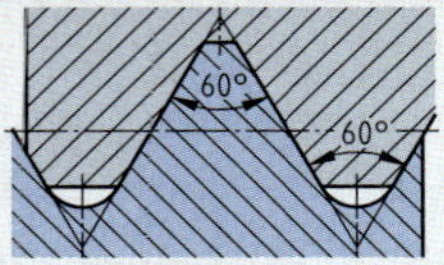

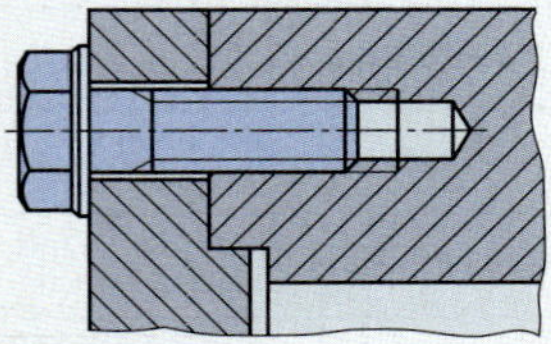

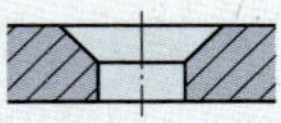

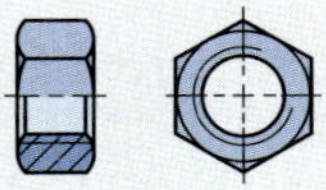

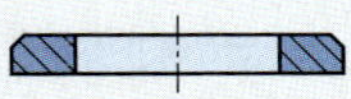

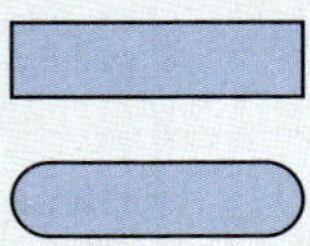

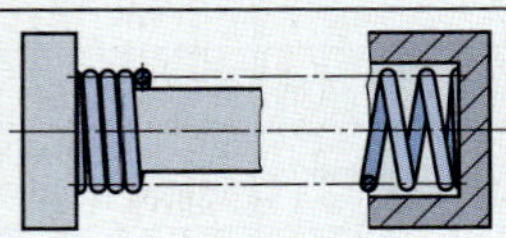

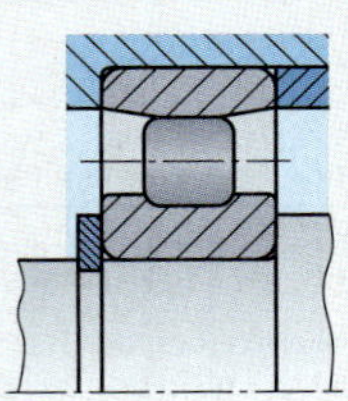

Übersicht über die Gewindearten

vgl. DIN 202 (1999-11)

Rechtsgewinde, eingängig

Gewinde-benennung	Gewindeprofil	Kenn-buch-stabe	Bezeichnungs-beispiel	Nenngröße	Anwendung
Metr. Gewinde ISO-Gewinde	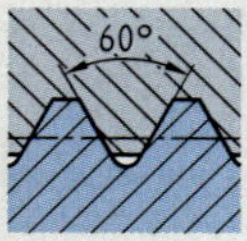	M	DIN 14–M 08	0,3 bis 0,9 mm	Uhren, Feinwerktechnik
			DIN 13–M 30	1 bis 68 mm	allgemein (Regelgewinde)
			DIN 13–M 20 × 1	1 bis 1000 mm	allgemein (Feingewinde)
Metr. Gewinde mit großem Spiel			DIN 2510–M 36	12 bis 180 mm	Schrauben mit Dehnschaft
Metr. zylindrisches Innengewinde			DIN 158–M 30 × 2	6 bis 60 mm	Verschlussschrauben und Schmiernippel
Metrisches kegeliges Außengewinde	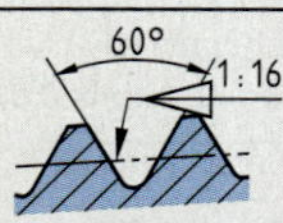	M	DIN 158–M 30 × 2 keg	6 bis 60 mm	Verschlussschrauben und Schmiernippel
Rohrgewinde, zylindrisch		G	DIN ISO 228–G1$^1/_2$ (innen) DIN ISO 228–G$^1/_2$A (außen)	$^1/_8$ bis 6 inch	nicht im Gewinde dichtend
Zylindrisches Rohrgewinde (Innengewinde)		Rp	DIN 2999–Rp $^1/_2$	$^1/_{16}$ bis 6 inch	Rohrgewinde, im Gewinde dichtend; für Gewinderohre, Fittings, Rohrverschraubungen
			DIN 3858–Rp $^1/_8$	$^1/_8$ bis 1$^1/_2$ inch	
Kegeliges Rohrgewinde (Außengewinde)	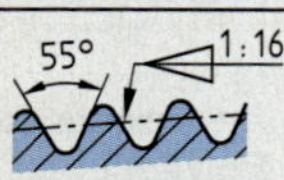	R	DIN 2999–R $^1/_2$	$^1/_{16}$ bis 6 inch	
			DIN 3858–R $^1/_8$-1	$^1/_8$ bis 1$^1/_2$ inch	
Metrisches ISO-Trapezgewinde	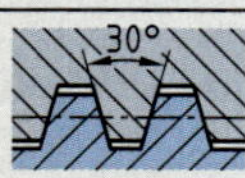	Tr	DIN 103–Tr 40 × 7	8 bis 300 mm	allgemein als Bewegungsgewinde
Sägengewinde	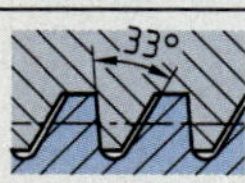	S	DIN 513–S 48 × 8	10 bis 640 mm	allgemein als Bewegungsgewinde
Rundgewinde		Rd	DIN 405–Rd 40 × $^1/_6$	8 bis 200 mm	allgemein
			DIN 20400–Rd 40 × 5	10 bis 300 mm	Rundgewinde mit großer Tragtiefe
Blechschrauben-gewinde	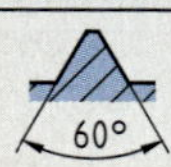	ST	ISO 1478–ST 3,5	1,5 bis 9,5 mm	für Blechschrauben

Bezeichnung von links- und mehrgängigen Gewinden

vgl. DIN ISO 965-1 (1999-11)

Gewindeart	Erläuterung	Kurzbezeichnung (Beispiele)
Linksgewinde	Das Kurzzeichen „LH" ist hinter die vollständige Gewindebezeichnung zu setzen (LH = Left-Hand).	M 30–LH Tr 40 × 7–LH
Mehrgängiges Rechtsgewinde	Hinter dem Kurzzeichen und dem Gewindedurchmesser folgt die Steigung P_h und die Teilung P.	M 16 x P_h 3 P 1,5 oder M 16 x P_h 3 P 1,5 (zweigängig)
Mehrgängiges Linksgewinde	Hinter die Gewindebezeichnung des mehrgängigen Gewindes wird „LH" gesetzt.[1]	M 14 x P_h 6 P 2-LH oder M 14 x P_h 6 P 2 (dreigängig)-LH

[1] Bei Teilen, die mit Rechts- und Linksgewinde versehen sind, ist hinter die Gewindebezeichnung des Rechtsgewindes das Kurzzeichen „RH" (RH = Right-Hand) und hinter das Linksgewinde „LH" (LH = Left-Hand) zu setzen. Die Gangzahl bei mehrgängigen Gewinden ergibt sich aus der Beziehung **Gangzahl = Steigung P_h : Teilung P.**

M

Gewinde nach ausländischen Normen (Auswahl)[1]

Gewindebenennung	Gewindeprofil	Kurzzeichen	Gewindebezeichnung Beispiel	Gewindebezeichnung Bedeutung	Land[2]
Einheitsgewinde, grob (Unified National Coarse Thread)	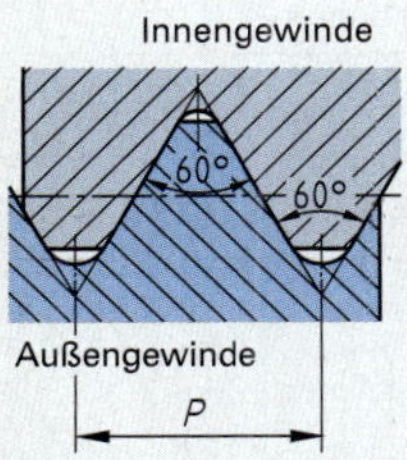	UNC	$^1/_4$–20 UNC–2A	ISO-UNC-Gewinde mit $^1/_4$ inch Nenndurchmesser, 20 Gewindegänge/inch, Passungsklasse 2A	ARG, AUS, GBR, IND, JPN, NOR, PAK, SWE u. a.
Einheits-Feingewinde (Unified National Fine Thread)		UNF	$^1/_4$–28 UNF–3A	ISO-UNF-Gewinde mit $^1/_4$ inch Nenndurchmesser, 28 Gewindegänge/inch, Passungsklasse 3A	ARG, AUS, GBR, IND, JPN, NOR, PAK, SWE, u. a.
Einheitsgewinde, extra fein (Unified National Extrafine Thread)		UNEF	$^1/_4$– 32 UNEF – 3A	ISO-UNEF-Gewinde mit $^1/_4$ inch Nenndurchmesser, 32 Gewindegänge/inch, Passungsklasse 3A	AUS, GBR, IND, NOR, PAK, SWE u. a.
Einheits-Sondergewinde, besondere Durchmesser/Steigungskombinationen (Unified National Special Thread)		UNS	$^1/_4$–27 UNS	UNS-Gewinde mit $^1/_4$ inch Nenndurchmesser, 27 Gewindegänge/inch	AUS, GBR, NZL, USA
Zylindrisches Rohrgewinde für mechanische Verbindungen (Straight Pipe Threads for Mechanical joints)	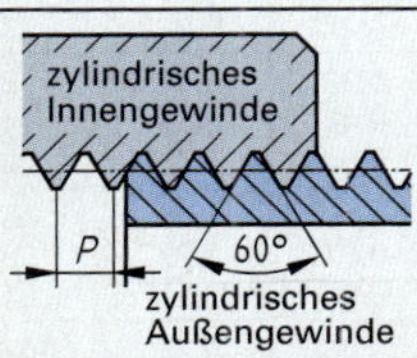	NPSM	$^1/_2$ – 14 NPSM	NPSM-Gewinde mit $^1/_2$ inch Nenndurchmesser, 14 Gewindegänge/inch	USA
Amerikanisches Standard-Rohrgewinde, kegelig (American Standard Taper-Pipe Thread) nicht dichtend	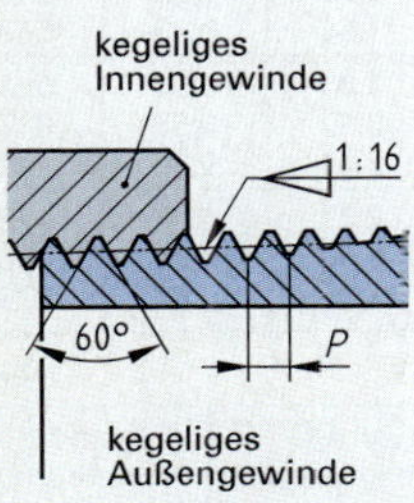	NPT	$^3/_8$ – 18 NPT	NPT-Gewinde mit $^3/_8$ inch Nenndurchmesser, 18 Gewindegänge/inch	BRA, FRA, USA u. a.
Amerikanisches kegeliges Fein-Rohrgewinde (American Taper Pipe Thread, Fuel)		NPTF	$^1/_2$ – 14 NPTF (dryseal)	NPTF-Gewinde mit $^1/_2$ inch Nenndurchmesser, 14 Gewindegänge/inch (trocken dichtend)	BRA, USA
Amerikanisches Trapezgewinde $h = 0{,}5 \cdot P$ (American trapezoidal threads)	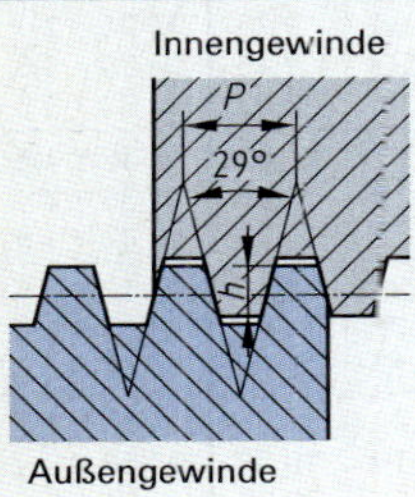	Acme	$1^3/_4$ – 4 Acme – 2G	Acme-Gewinde mit $1^3/_4$ inch Nenndurchmesser, 4 Gewindegänge/inch, Passungsklasse 2G	AUS, GBR, NZL, USA
Amerikanisches abgeflachtes Trapezgewinde $h = 0{,}3 \cdot P$ (American truncated trapezoidal threads)		Stub-Acme	$^1/_2$ – 20 Stub-Acme	Stub-Acme-Gewinde mit $^1/_2$ inch Nenndurchmesser, 20 Gewindegänge/inch	USA

[1] vgl. Kaufmann, Manfred: „Wegweiser zu den Gewindenormen verschiedener Länder“, DIN, Beuth-Verlag

[2] Drei-Buchstaben-Codes für Länder, vgl. DIN EN ISO 3166-1 (1998-04)

M

Metrische Gewinde und Feingewinde

Metrisches ISO-Gewinde für allgemeine Anwendung, Nennprofile

vgl. DIN 13-19 (1999-11)

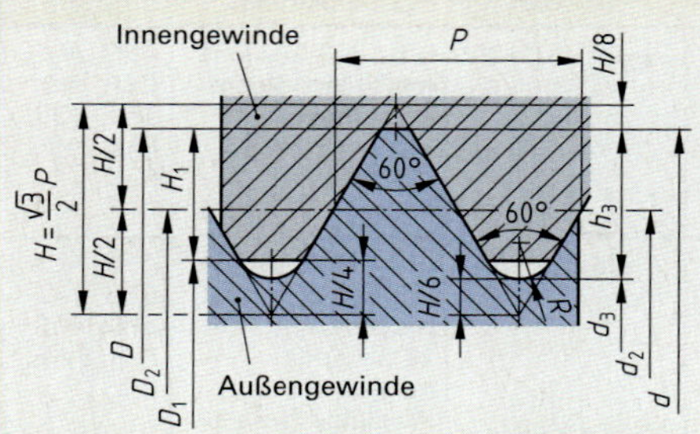

Gewinde-Nenndurchmesser	$d = D$
Steigung	P
Gewindetiefe des Außengewindes	$h_3 = 0{,}6134 \cdot P$
Gewindetiefe des Innengewindes	$H_1 = 0{,}5413 \cdot P$
Rundung	$R = 0{,}1443 \cdot P$
Flanken-Ø	$d_2 = D_2 = d - 0{,}6495 \cdot P$
Kern-Ø des Außengewindes	$d_3 = d - 1{,}2269 \cdot P$
Kern-Ø des Innengewindes	$D_1 = d - 1{,}0825 \cdot P$
Kernlochbohrer-Ø	$= d - P$
Flankenwinkel	60°
Spannungsquerschnitt	$S = \frac{\pi}{4} \cdot \left(\frac{d_2 + d_3}{2}\right)^2$

Nennmaße für Regelgewinde Reihe 1[1] (Maße in mm) Freistich S. 89

vgl. DIN 13-1 (1999-11)

Gewindebezeichnung $d = D$	Steigung P	Flanken-Ø $d_2 = D_2$	Kern-Ø Außengewinde d_3	Kern-Ø Innengewinde D_1	Gewindetiefe Außengewinde h_3	Gewindetiefe Innengewinde H_1	Rundung R	Spannungsquerschnitt S mm²	Bohrer-Ø für Gewindekernloch[2]	Sechskantschlüsselweite[3]
M 1	0,25	0,84	0,69	0,73	0,15	0,14	0,04	0,46	0,75	–
M 1,2	0,25	1,04	0,89	0,93	0,15	0,14	0,04	0,73	0,95	–
M 1,6	0,35	1,38	1,17	1,22	0,22	0,19	0,05	1,27	1,25	3,2
M 2	0,4	1,74	1,51	1,57	0,25	0,22	0,06	2,07	1,6	4
M 2,5	0,45	2,21	1,95	2,01	0,28	0,24	0,07	3,39	2,05	5
M 3	0,5	2,68	2,39	2,46	0,31	0,27	0,07	5,03	2,5	5,5
M 4	0,7	3,55	3,14	3,24	0,43	0,38	0,10	8,78	3,3	7
M 5	0,8	4,48	4,02	4,13	0,49	0,43	0,12	14,2	4,2	8
M 6	1	5,35	4,77	4,92	0,61	0,54	0,14	20,1	5,0	10
M 8	1,25	7,19	6,47	6,65	0,77	0,68	0,18	36,6	6,8	13
M 10	1,5	9,03	8,16	8,38	0,92	0,81	0,22	58,0	8,5	16
M 12	1,75	10,86	9,85	10,11	1,07	0,95	0,25	84,3	10,2	18
M 16	2	14,70	13,55	13,84	1,23	1,08	0,29	157	14	24
M 20	2,5	18,38	16,93	17,29	1,53	1,35	0,36	245	17,5	30
M 24	3	22,05	20,32	20,75	1,84	1,62	0,43	353	21	36
M 30	3,5	27,73	25,71	26,21	2,15	1,89	0,51	561	26,5	46
M 36	4	33,40	31,09	31,67	2,45	2,17	0,58	817	32	55
M 42	4,5	39,08	36,48	37,13	2,76	2,44	0,65	1121	37,5	65
M 48	5	44,75	41,87	42,59	3,07	2,71	0,72	1473	43	75
M 56	5,5	52,43	49,25	50,05	3,37	2,98	0,79	2030	50,5	85
M 64	6	60,10	56,64	57,51	3,68	3,25	0,87	2676	58	95

M

Nennmaße für Feingewinde (Maße in mm)

vgl. DIN 13-2…10 (1999-11)

Gewindebezeichnung $d \times P$	Flanken-Ø $d_2 = D_2$	Kern-Ø Außeng. d_3	Kern-Ø Inneng. D_1	Gewindebezeichnung $d \times P$	Flanken-Ø $d_2 = D_2$	Kern-Ø Außeng. d_3	Kern-Ø Inneng. D_1	Gewindebezeichnung $d \times P$	Flanken-Ø $d_2 = D_2$	Kern-Ø Außeng. d_3	Kern-Ø Inneng. D_1
M 2 × 0,25	1,84	1,69	1,73	M 10 × 0,25	9,84	9,69	9,73	M 24 × 2	22,70	21,55	21,84
M 3 × 0,25	2,84	2,69	2,73	M 10 × 0,5	9,68	9,39	9,46	M 30 × 1,5	29,03	28,16	28,38
M 4 × 0,2	3,87	3,76	3,78	M 10 × 1	9,35	8,77	8,92	M 30 × 2	28,70	27,55	27,84
M 4 × 0,35	3,77	3,57	3,62	M 12 × 0,35	11,77	11,57	11,62	M 36 × 1,5	35,03	34,16	34,38
M 5 × 0,25	4,84	4,69	4,73	M 12 × 0,5	11,68	11,39	11,46	M 36 × 2	34,70	33,55	33,84
M 5 × 0,5	4,68	4,39	4,46	M 12 × 1	11,35	10,77	10,92	M 42 × 1,5	41,03	40,16	40,38
M 6 × 0,25	5,84	5,69	5,73	M 16 × 0,5	15,68	15,39	15,46	M 42 × 2	40,70	39,55	39,84
M 6 × 0,5	5,68	5,39	5,46	M 16 × 1	15,35	14,77	14,92	M 48 × 1,5	47,03	46,16	46,38
M 6 × 0,75	5,51	5,08	5,19	M 16 × 1,5	15,03	14,16	14,38	M 48 × 2	46,70	45,55	45,84
M 8 × 0,25	7,84	7,69	7,73	M 20 × 1	19,35	18,77	18,92	M 56 × 1,5	55,03	54,16	54,38
M 8 × 0,5	7,68	7,39	7,46	M 20 × 1,5	19,03	18,16	18,38	M 56 × 2	54,70	53,55	53,84
M 8 × 1	7,35	6,77	6,92	M 24 × 1,5	23,03	22,16	22,38	M 64 × 2	62,70	61,55	61,84

[1] Reihe 2 und Reihe 3 enthalten auch Zwischengrößen (z. B. M7, M9, M14).
[2] vgl. DIN 336 (2003-07) [3] vgl. DIN ISO 272 (1979-10)

Metrisches Kegelgewinde

Metrisches kegeliges Außengewinde mit zugehörigem zylindrischen Innengewinde (Regelausführung)[1]

vgl. DIN 158-1 (1997-06)

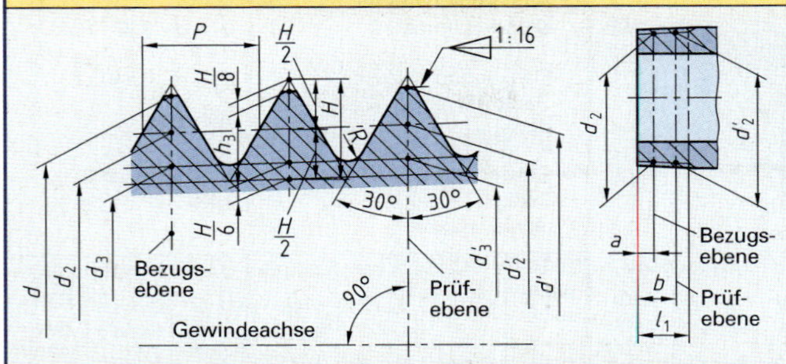

Gewindemaße des Außengewindes

Flanken-∅	$d_2 = d - 0{,}650 \cdot P$
Kern-∅	$d_3 = d - 1{,}23 \cdot P$
Höhe	$H_1 = 0{,}866 \cdot P$
Gewindetiefe	$h_3 = 0{,}613 \cdot P$
Radius	$R = 0{,}144 \cdot P$

Gewindemaße			Maße in der Bezugsebene				Maße in der Prüfebene			
Gewindebezeichnung $d \times P$	Gewindelänge l_1	Gewindetiefe h_3 max.	Abstand a	Gewindemaße $d = D$[2]	$d_2 = D_2$[3]	d_3	Abstand b	Gewindemaße d'	d'_2	d'_3
M 5 keg	5	0,52	2	5	4,48	4,02	2,8	5,05	4,5	4,07
M 6 keg	5,5	0,66	2,5	6	5,35	4,77	3,5	6,06	5,4	4,84
M 8 × 1 keg				8	7,35	6,77		8,06	7,4	6,84
M 10 × 1 keg				10	9,35	8,77		10,06	9,4	8,84
M 12 × 1 keg				12	11,35	10,77		12,06	11,4	10,84
M 10 × 1,25 keg	7	0,82	3	10	9,19	8,47	5	10,13	9,3	8,59
M 12 × 1,25 keg				12	11,19	10,47		12,13	11,3	10,59
M 12 × 1,5 keg	8,5	0,98	3,5	12	11,03	10,16	6,5	12,19	11,2	10,35
M 14 × 1,5 keg				14	13,03	12,16		14,19	13,2	12,35
M 16 × 1,5 keg				16	15,03	14,16		16,19	15,2	14,35
M 18 × 1,5 keg				18	17,03	16,16		18,19	17,2	16,35
M 20 × 1,5 keg				20	19,03	18,16		20,19	19,2	18,35
M 22 × 1,5 keg				22	21,03	20,16		22,19	21,2	20,35
M 24 × 1,5 keg				24	23,03	22,16		24,19	23,2	22,35
M 26 × 1,5 keg				26	25,03	24,16		26,19	25,2	24,35
M 30 × 1,5 keg	10,5	1,01	4,5	30	29,03	28,16	8	30,19	29,2	28,35
M 36 × 1,5 keg				36	35,03	34,16		36,22	35,2	34,38
M 38 × 1,5 keg				38	37,03	36,16		38,22	37,2	36,38
M 42 × 1,5 keg				42	41,03	40,16		42,22	41,2	40,38
M 45 × 1,5 keg				45	44,03	43,16		45,22	44,2	43,38
M 48 × 1,5 keg				48	47,03	46,16		48,22	47,2	46,38
M 52 × 1,5 keg				52	51,03	50,16		52,22	51,2	50,38
M 27 × 2 keg	12	1,32	5	27	25,70	24,55	9	27,25	25,9	24,80
M 30 × 2 keg				30	28,70	27,55		30,25	28,9	27,80
M 33 × 2 keg				33	31,70	30,55		33,25	31,9	30,80
M 36 × 2 keg	13	1,34	6	36	34,70	33,55	10	36,25	34,9	33,80
M 39 × 2 keg				39	37,70	36,55		39,25	37,9	36,80
M 42 × 2 keg				42	40,70	39,55		42,25	40,9	39,80
M 45 × 2 keg				45	43,70	42,55		45,25	43,9	42,80
M 48 × 2 keg				48	46,70	45,55		48,25	46,9	45,80
M 52 × 2 keg				52	50,70	49,55		52,25	50,9	49,80
M 56 × 2 keg				56	54,70	53,55		56,25	54,9	53,80
M 60 × 2 keg				60	58,70	57,55		60,25	58,9	57,80

⇒ **Gewinde DIN 158 – M 30 x 2 keg:** Metrisches kegeliges Außengewinde, d = 30 mm, P = 2 mm, Regelausführung

[1] Für selbstdichtende Verbindungen (z. B. Verschlussschrauben, Schmiernippel). Bei größeren Nenndurchmessern wird ein im Gewinde wirkendes Dichtmittel empfohlen.

[2] D Außendurchmesser des Innengewindes

[3] D_2 Flankendurchmesser des Innengewindes

M

Whitworth-Gewinde, Rohrgewinde

Whitworth-Gewinde

(nicht genormt)

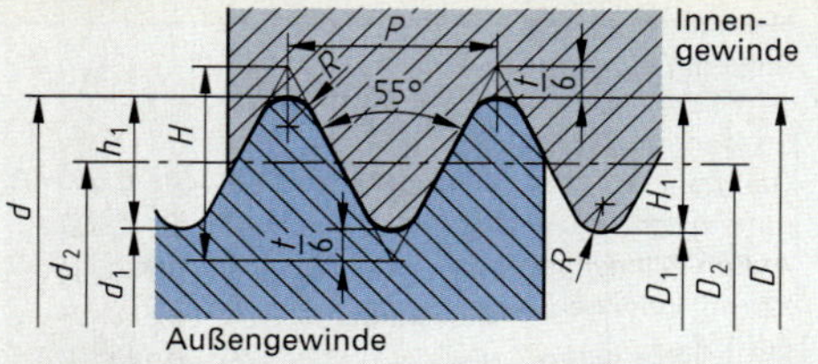

Außendurchmesser	$d = D$
Kerndurchmesser	$d_1 = D_1 = d - 1{,}28 \cdot P$ $= d - 2 \cdot t_1$
Flankendurchmesser	$d_2 = D_2 = d - 0{,}640 \cdot P$
Gangzahl je inch (Zoll)	Z
Steigung	$P = \dfrac{25{,}4\ \text{mm}}{Z}$
Gewindetiefe	$h_1 = H_1 = 0{,}640 \cdot P$
Radius	$R = 0{,}137 \cdot P$
Flankenwinkel	55°

Gewindebezeichnung d	Maße in mm für Außen- und Innengewinde: Außen-Ø $d = D$	Kern-Ø $d_1 = D_1$	Flanken-Ø $d_2 = D_2$	Gangzahl je inch Z	Gewindetiefe $h_1 = H_1$	Kernquerschnitt mm^2	Gewindebezeichnung d	Maße in mm für Außen- und Innengewinde: Außen-Ø $d = D$	Kern-Ø $d_1 = D_1$	Flanken-Ø $d_2 = D_2$	Gangzahl je inch Z	Gewindetiefe $h_1 = H_1$	Kernquerschnitt mm^2
1/4"	6,35	4,72	5,54	20	0,81	17,5	1 1/4"	31,75	27,10	29,43	7	2,32	577
5/16"	7,94	6,13	7,03	18	0,90	29,5	1 1/2"	38,10	32,68	35,39	6	2,71	839
3/8"	9,53	7,49	8,51	16	1,02	44,1	1 3/4"	44,45	37,95	41,20	5	3,25	1 131
1/2"	12,70	9,99	11,35	12	1,36	78,4	2"	50,80	43,57	47,19	4,5	3,61	1 491
5/8"	15,88	12,92	14,40	11	1,48	131	2 1/4"	57,15	49,02	53,09	4	4,07	1 886
3/4"	19,05	15,80	17,42	10	1,63	196	2 1/2"	63,50	55,37	59,44	4	4,07	2 408
7/8"	22,23	18,61	20,42	9	1,81	272	3"	76,20	66,91	72,56	3,5	4,65	3 516
1"	25,40	21,34	23,37	8	2,03	358	3 1/2"	88,90	78,89	83,89	3,25	5,00	4 888

Rohrgewinde

vgl. DIN ISO 228-1 (2003-05), DIN EN 10226-1 (2004-10)

Rohrgewinde DIN ISO 228-1

für nicht im Gewinde dichtende Verbindungen;
Innen- und Außengewinde zylindrisch

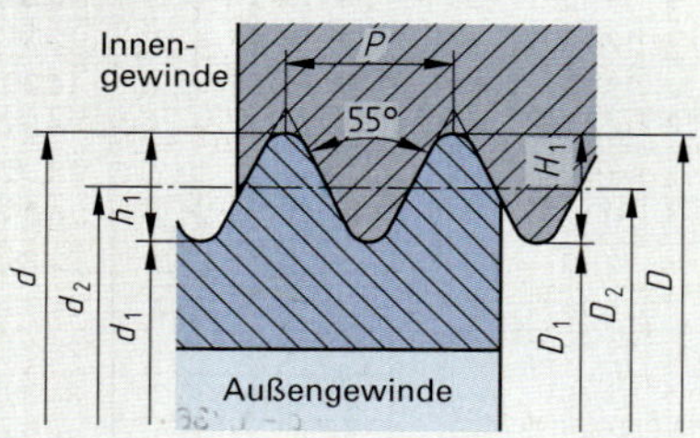

Rohrgewinde DIN EN 10226-1

im Gewinde dichtend;
Innengewinde zylindrisch, Außengewinde kegelig

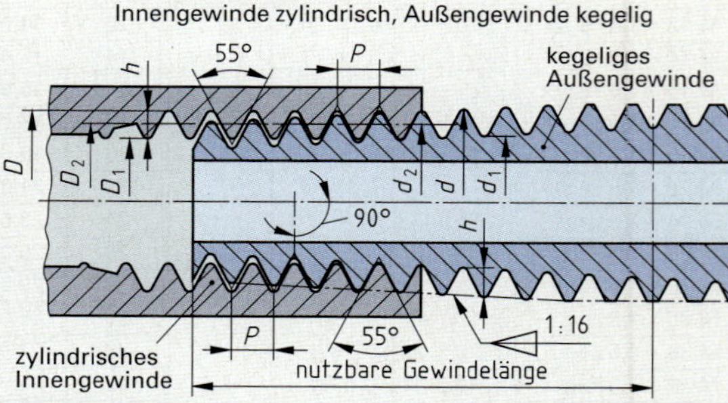

M

vgl. amerikanisches kegeliges Standard-Rohrgewinde NPT: Seite 203

Gewindebezeichnung DIN ISO 228-1 Außen- und Innengewinde	DIN EN 10226-1 Außengewinde	DIN EN 10226-1 Innengewinde	Außendurchmesser $d = D$	Flankendurchmesser $d_2 = D_2$	Kerndurchmesser $d_1 = D_1$	Steigung P	Anzahl der Teilungen auf 25,4 mm Z	Profilhöhe $h = h_1 = H_1$	Nutzbare Länge des Außengewindes ≥
G1/16	R1/16	Rp1/16	7,723	7,142	6,561	0,907	28	0,581	6,5
G1/8	R1/8	Rp1/8	9,728	9,147	8,566	0,907	28	0,581	6,5
G1/4	R1/4	Rp1/4	13,157	12,301	11,445	1,337	19	0,856	9,7
G3/8	R3/8	Rp3/8	16,662	15,806	14,950	1,337	19	0,856	10,1
G1/2	R1/2	Rp1/2	20,995	19,793	18,631	1,814	14	1,162	13,2
G3/4	R3/4	Rp3/4	26,441	25,279	24,117	1,814	14	1,162	14,5
G1	R1	Rp1	33,249	31,770	30,291	2,309	11	1,479	16,8
G1 1/4	R1 1/4	Rp1 1/4	41,910	40,431	38,952	2,309	11	1,479	19,1
G1 1/2	R1 1/2	Rp1 1/2	47,803	46,324	44,845	2,309	11	1,479	19,1
G2	R2	Rp2	59,614	58,135	56,656	2,309	11	1,479	23,4
G2 1/2	R2 1/2	Rp2 1/2	75,184	73,705	72,226	2,309	11	1,479	26,7
G3	R3	Rp3	87,884	86,405	84,926	2,309	11	1,479	29,8
G4	R4	Rp4	113,030	111,551	110,072	2,309	11	1,479	35,8
G5	R5	Rp5	138,430	136,951	135,472	2,309	11	1,479	40,1
G6	R6	Rp6	163,830	162,351	160,872	2,309	11	1,479	40,1

Trapez- und Sägengewinde

Metrisches ISO-Trapezgewinde

vgl. DIN 103-1 (1977-04)

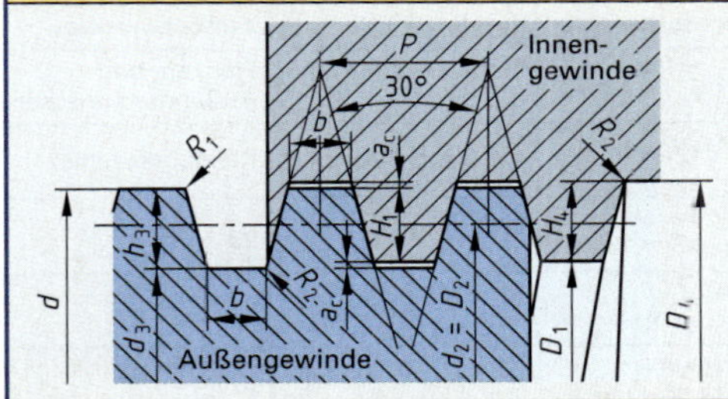

Nenndurchmesser	d
Steigung eingäng. Gewinde u. Teilung mehrgäng. Gewinde	P
Steigung mehrgäng. Gewinde	P_h
Gangzahl	$n = P_h : P$
Kern-∅ Außengewinde	$d_3 = d - (P + 2 \cdot a_c)$
Außen-∅ Innengewinde	$D_4 = d + 2 \cdot a_c$
Kern-∅ Innengewinde	$D_1 = d - P$
Flanken-∅	$d_2 = D_2 = d - 0{,}5 \cdot P$
Gewindetiefe	$h_3 = H_4 = 0{,}5 \cdot P + a_c$
Flankenüberdeckung	$H_1 = 0{,}5 \cdot P$
Spitzenspiel	a_c
Radius	R_1 und R_2
Breite	$b = 0{,}366 \cdot P - 0{,}54 \cdot a_c$
Flankenwinkel	30°

Maß	für Steigungen P in mm 1,5	2…5	6…12	14…44
a_c	0,15	0,25	0,5	1
R_1	0,075	0,125	0,25	0,5
R_2	0,15	0,25	0,5	1

Gewindebezeichnung $d \times P$	Gewindemaße in mm: Flanken-∅ $d_2 = D_2$	Kern-∅ Außeng. d_3	Kern-∅ Inneng. D_1	Außen-∅ D_4	Gewindetiefe $h_3 = H_4$	Breite b
Tr 10 × 2	9	7,5	8	10,5	1,25	0,60
Tr 12 × 3	10,5	8,5	9	12,5	1,75	0,96
Tr 16 × 4	14	11,5	12	16,5	2,25	1,33
Tr 20 × 4	18	15,5	16	20,5	2,25	1,33
Tr 24 × 5	21,5	18,5	19	24,5	2,75	1,70
Tr 28 × 5	25,5	22,5	23	28,5	2,75	1,70
Tr 32 × 6	29	25	26	33	3,5	1,93
Tr 36 × 3	34,5	32,5	33	36,5	2,0	0,83
Tr 36 × 6	33	29	30	37	3,5	1,93
Tr 36 × 10	31	25	26	37	5,5	3,39
Tr 40 × 7	36,5	32	33	41	4	2,29
Tr 44 × 7	40,5	36	37	45	4	2,29
Tr 48 × 8	44	39	40	49	4,5	2,66
Tr 52 × 8	48	43	44	53	4,5	2,66
Tr 60 × 9	55,5	50	51	61	5	3,02
Tr 70 × 10	65	59	60	71	5,5	3,39
Tr 80 × 10	75	69	70	81	5,5	3,39
Tr 90 × 12	84	77	78	91	6,5	4,12
Tr 100 × 12	94	87	88	101	6,5	4,12
Tr 140 × 14	133	124	126	142	8	4,58

Metrisches Sägengewinde

vgl. DIN 513 (1985-04)

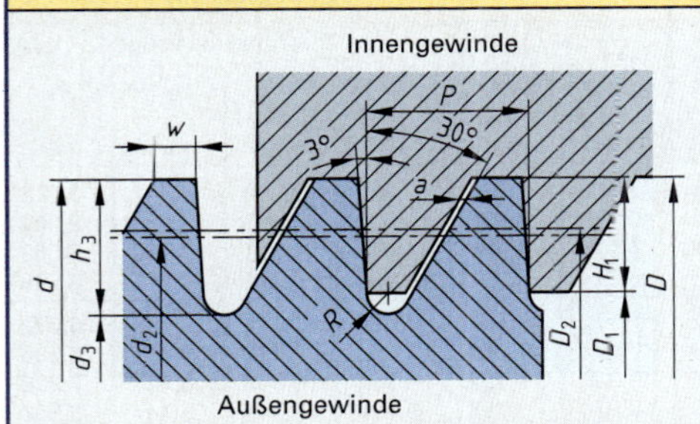

Nennmaß des Gewindes	$d = D$
Steigung	P
Kern-∅ Außengewinde	$d_3 = d - 1{,}736 \cdot P$
Kern-∅ Innengewinde	$D_1 = d - 1{,}5 \cdot P$
Flanken-∅ Außengewinde	$d_2 = d - 0{,}75 \cdot P$
Flanken-∅ Innengewinde	$D_2 = d - 0{,}75 \cdot P + 3{,}176 \cdot a$
Axialspiel	$a = 0{,}1 \cdot \sqrt{P}$
Gewindetiefe Außengewinde	$h_3 = 0{,}8678 \cdot P$
Gewindetiefe Innengewinde	$H_1 = 0{,}75 \cdot P$
Radius	$R = 0{,}124 \cdot P$
Profilbreite am Außen-∅	$w = 0{,}264 \cdot P$
Flankenwinkel	33°

Gewindebezeichnung $d \times P$	Außengewinde Kern-∅ d_3	Außengewinde Gewindetiefe h_3	Innengewinde Kern-∅ D_1	Innengewinde Gewindetiefe H_1	Flanken-∅ d_2
S 12 x 3	6,79	2,60	7,5	2,25	9,75
S 16 x 4	9,06	3,47	10,0	3,00	13,00
S 20 x 4	13,06	3,47	14,0	3,00	17,00
S 24 x 5	15,32	4,34	16,5	3,75	20,25
S 28 x 5	19,32	4,34	20,5	3,75	24,25
S 32 x 6	21,58	5,21	23,0	4,50	27,50
S 36 x 6	25,59	5,21	27,0	4,50	31,50
S 40 x 7	27,85	6,07	29,5	5,25	34,75
S 44 x 7	31,85	6,07	33,5	5,25	38,75
S 48 x 8	34,12	6,94	36	6,00	42,00
S 52 x 8	38,11	6,94	40	6,00	46,00
S 60 x 9	44,38	7,81	46,5	6,75	53,25
S 70 x 10	52,64	8,68	55	7,50	62,50
S 80 x 10	62,64	8,68	65	7,50	72,50
S 90 x 12	69,17	10,41	72	9,00	81,00
S 100 x 12	79,17	10,41	82	9,00	91,00

M

Gewindetoleranzen

Toleranzklassen für Metrische ISO-Gewinde

vgl. DIN ISO 965-1 (1999-11)

Gewindetoleranzen sollen die Funktion und Austauschbarkeit von Innen- und Außengewinden gewährleisten. Sie hängen von den in dieser Norm festgelegten Durchmessertoleranzen sowie von der Genauigkeit der Steigung und des Flankenwinkels ab.

Die Toleranzklasse (fein, mittel und grob) ist auch vom **Oberflächenzustand** der Gewinde abhängig. Dicke galvanische Schutzschichten erfordern mehr Spiel (z.B. Toleranzklasse 6G) als blanke oder phosphatierte Oberflächen (Toleranzklasse 5H).

Gewindetoleranz	Innengewinde	Außengewinde
Gültig für	Flanken- und Kerndurchmesser	Flanken- und Außendurchmesser
Kennzeichnung durch	Großbuchstaben	Kleinbuchstaben
Toleranzklasse (Beispiel)	**5H**	**6g**
Toleranzgrad (Größe der Toleranz)	5	6
Toleranzfeld (Lage der Nulllinie)	H	g

Bezeichnungsbeispiele	Erläuterungen
M12 x 1 – 5g 6g	Außen-Feingewinde, Nenn-Ø 12 mm, Steigung 1 mm; 5g → Toleranzklasse für Flanken-Ø; 6g → Toleranzklasse für Außen-Ø
M12 – 6g	Außen-Regelgewinde, Nenn-Ø 12 mm; 6g → Toleranzklasse für Flanken- und Außen-Ø
M24 – 6G/6e	Gewindepassung für Regelgewinde, Nenn-Ø 24 mm, 6G → Toleranzklasse des Innengewindes, 6e → Toleranzklasse des Außengewindes
M16	Gewinde ohne Toleranzangabe, es gilt die Toleranzklasse mittel 6H/6g

In DIN ISO 965-1 werden für die Toleranzklasse „mittel" (allgemeine Anwendung) und die Einschraublänge „normal" des Gewindes die Toleranzklassen 6H/6g angegeben, vgl. Tabelle unten.

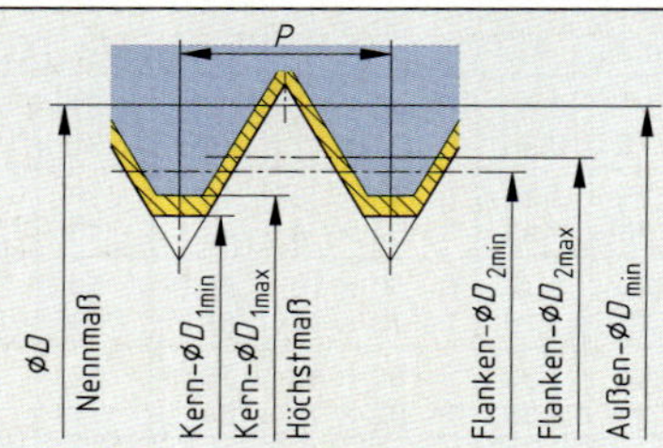

Innengewinde, Toleranzfeldlage H

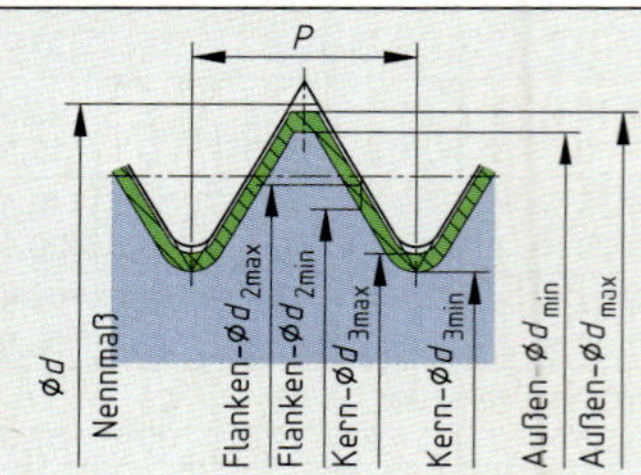

Außengewinde, Toleranzfeldlage g

Grenzmaße für Außen- und Innengewinde (Auswahl)

vgl. DIN ISO 965-2 (1999-11)

M

Gewinde	Innengewinde – Toleranzklasse 6H					Außengewinde – Toleranzklasse 6g					
	Außen-Ø D	Flanken-Ø D_2		Kern-Ø D_1		Außen-Ø d		Flanken-Ø d_2		Kern-Ø[1)] d_3	
	min.	min.	max.	min.	max.	max.	min.	max.	min.	max.	min.
M3	3,0	2,675	2,775	2,459	2,599	2,980	2,874	2,655	2,580	2,367	2,273
M4	4,0	3,545	3,663	3,242	3,422	3,978	3,838	3,523	3,433	3,119	3,002
M5	5,0	4,480	4,605	4,134	4,334	4,976	4,826	4,456	4,361	3,995	3,869
M6	6,0	5,350	5,500	4,917	5,135	5,974	5,794	5,324	5,212	4,747	4,596
M8	8,0	7,188	7,348	6,647	6,912	7,972	7,760	7,160	7,042	6,438	6,272
M8 × 1	8,0	7,350	7,500	6,917	7,153	7,974	7,794	7,324	7,212	6,747	6,596
M10	10,0	9,026	9,206	8,376	8,676	9,968	9,732	8,994	8,862	8,128	7,938
M10 × 1	10,0	9,350	9,500	8,917	9,153	9,974	9,794	9,324	9,212	8,747	8,596
M12	12,0	10,863	11,063	10,106	10,441	11,966	11,701	10,829	10,679	9,819	9,602
M12 × 1,5	12,0	11,026	11,216	10,376	10,676	11,968	11,732	10,994	10,854	10,128	9,930
M16	16,0	14,701	14,913	13,385	14,210	15,962	15,682	14,663	14,503	13,508	13,271
M16 × 1,5	16,0	15,026	15,216	14,376	14,676	15,968	15,732	14,994	14,854	14,128	13,930
M20	20,0	18,376	18,600	17,294	17,744	19,958	19,623	18,334	18,164	16,891	16,625
M20 × 1,5	20,0	19,026	19,216	18,376	18,676	19,968	19,732	18,994	18,854	18,128	18,930
M24	24,0	22,051	22,316	20,752	21,252	23,952	23,577	22,003	21,803	20,271	19,955
M24 × 2	24,0	22,701	22,925	21,835	22,210	23,962	23,682	22,663	22,493	21,508	21,261
M30	30,0	27,727	28,007	26,211	26,771	29,947	29,522	27,674	27,462	25,653	25,306
M30 × 2	30,0	28,701	28,925	27,835	28,210	29,962	29,682	28,663	28,493	27,508	27,261
M36	36,0	33,402	33,702	31,670	32,270	35,940	35,465	33,342	33,118	31,033	30,655
M36 × 3	36,0	34,051	34,316	32,752	33,252	35,952	35,577	34,003	33,803	32,271	31,955

1) vgl. DIN 13-20 (2000-08) und DIN 13-21 (2005-08)

Schrauben – Übersicht

Bild	Ausführung	Normbereich von … bis	Norm	Verwendung, Eigenschaften
Sechskantschrauben				Seite 212…214
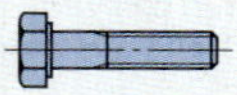	mit Schaft und Regelgewinde	M1,6 … M64	DIN EN ISO 4014	am häufigsten verwendete Schrauben im Maschinen-, Geräte- und Fahrzeugbau; **bei Gewinde bis zum Kopf:** höhere Dauerfestigkeit
	mit Regelgewinde bis zum Kopf	M1,6 … M64	DIN EN ISO 4017	
	mit Schaft und Feingewinde	M8x1 … M64x4	DIN EN ISO 8765	**im Vergleich zu Regelgewinde:** kleinere Gewindetiefe, kleinere Steigung, höher belastbar, größere Mindesteinschraubtiefen l_e
	mit Feingewinde bis zum Kopf	M8x1 … M64x4	DIN EN ISO 8676	
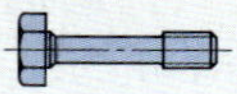	mit Dünnschaft	M3 … M20	DIN EN ISO 24015	Dehnschrauben; für dynamische Belastungen, bei fachgerechter Montage keine Sicherung erforderlich
	Passschraube	M8 … M48	DIN 609	Lagefixierung von Bauteilen gegen Verschiebung, Passschaft überträgt Querkräfte
Sechskantschrauben für den Metallbau				Seite 214
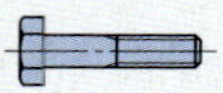	mit großer Schlüsselweite	M12 … M36	DIN EN 14399-4	hochfeste planmäßig vorgespannte Verbindungen (HV), mit Muttern nach DIN EN 14399-4 (Seite 230)
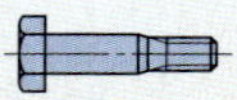	Passschraube mit großer Schlüsselweite	M12 … M30	DIN 7999	gleitfeste Verbindungen (GVP), Scher-/Lochleibungs-Verbindungen (SLP)
Zylinderschrauben				Seite 215, 216
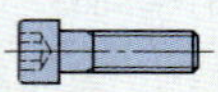	mit Innensechskant, Regelgewinde	M1,6 … M64	DIN EN ISO 4762	Maschinen-, Geräte- und Fahrzeugbau; kleiner Raumbedarf, Kopf versenkbar **bei niedrigem Kopf:** kleinere Bauhöhe, geringe Belastung **Schrauben mit Schlitz:** Kleinschrauben, geringe Belastungen **Feingewinde:** kleinere Gewindetiefe, höher belastbar, größere Mindesteinschraubtiefen l_e
	mit Innensechskant, Feingewinde	M8x1 … M64x4	DIN EN ISO 21269	
	mit Innensechskant und niedrigem Kopf	M3 … M24	DIN 7984	
	mit Schlitz	M1,6 … M10	DIN EN ISO 1207	
Senkschrauben				Seite 216, 217
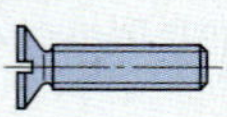	mit Schlitz	M1,6 … M10	DIN EN ISO 2009	vielseitige Anwendung im Maschinen-, Geräte- und Fahrzeugbau; **bei Schrauben mit Innensechskant:** höhere Belastbarkeit **bei Schrauben mit Kreuzschlitz:** sichereres Anziehen und Lösen gegenüber Schrauben mit Schlitz
	mit Innensechskant	M3 … M20	DIN EN ISO 10642	
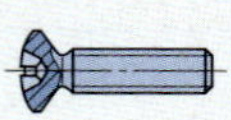	mit Linsensenkkopf und Schlitz	M1,6 … M10	DIN EN ISO 2010	
	mit Linsensenkkopf und Kreuzschlitz	M1,6 … M10	DIN EN ISO 7047	
Blechschrauben mit Blechschraubengewinde				Seite 217, 218
	Linsenkopfschraube	ST2,2 … ST9,5	DIN ISO 7049	Karosserie- und Blechbau. Die zu verbindenden Bleche weisen Kernlöcher auf. Das Gewinde wird durch die Schraube geformt. Nur bei dünnen Blechen ist eine Sicherung notwendig.
	Senkschraube	ST2,2 … ST6,3	DIN ISO 7050	
	Linsensenkschraube	ST2,2 … ST9,9	DIN ISO 7051	

M

Schrauben – Übersicht, Bezeichnung von Schrauben

Bild	Ausführung	Normbereich von…bis	Norm	Verwendung, Eigenschaften
Bohrschrauben mit Blechschraubengewinde				
	Flachkopf mit Kreuzschlitz	ST2,2 … ST6,3	DIN EN ISO 15481	Karosserie- und Blechbau; Bohrschrauben bohren beim Einschrauben das Kernloch und formen das Gewinde aus.
	Linsensenkkopf mit Kreuzschlitz	ST2,2 … ST6,3	DIN EN ISO 15483	
Stiftschrauben				Seite 219
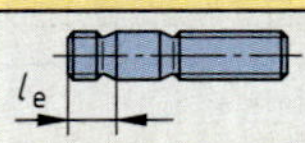	$l_e \approx 2 \cdot d$ $l_e \approx 1{,}25 \cdot d$ $l_e \approx 1 \cdot d$	M4 … M24 M4 … M48 M3 … M48	DIN 835 DIN 939 DIN 938	für Aluminiumlegierungen für Gusseisenwerkstoffe für Stahl
Gewindestifte				Seite 220
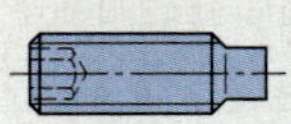	mit Zapfen und Schlitz	M1,6 … M12	DIN EN 27435	auf Druck beanspruchbare Schrauben zur Lagesicherung von Bauteilen, z.B. Hebeln, Lagerbuchsen, Naben; Gewindestifte sind zur Leistungsübertragung von Torsionsmomenten, z.B. als Verbindung von Welle und Nabe, nicht geeignet.
	mit Zapfen und Innensechskant	M1,6 … M24	DIN EN ISO 4028	
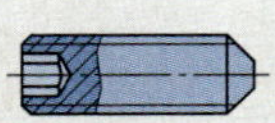	mit Spitze und Schlitz	M1,6 … M12	DIN EN 27434	
	mit Spitze und Innensechskant	M1,6 … M24	DIN EN ISO 4027	
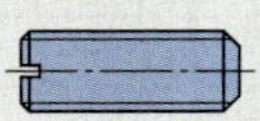	mit Kegelkuppe und Schlitz	M1,6 … M12	DIN EN 24766	
	mit Kegelkuppe und Innensechskant	M1,6 … M24	DIN EN ISO 4026	
Verschlussschrauben				Seite 219
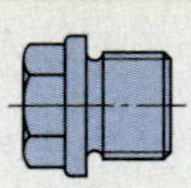	mit Bund und Innen- oder Außensechskant	M10x1… M52x1,5	DIN 908 DIN 910	Getriebebau; Füll-, Überlauf- und Entleerschrauben für Getriebeöl; spanende Bearbeitung des Dichtflansches am Gehäuse erforderlich, Verwendung mit Dichtringen DIN 7603
Gewindefurchende Schrauben				Seite 218
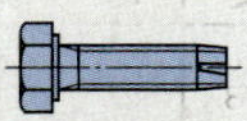	verschiedene Kopfformen, z.B. Sechskant, Zylinderkopf	M2 … M10	DIN 7500-1	bei geringer Beanspruchung in spanlos formbaren Werkstoffen, z.B. S235, DC01…DC04, NE-Metallen; Verwendung ohne Schraubensicherung
Ringschrauben				Seite 219
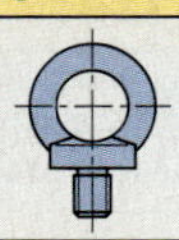	mit Regelgewinde	M8 … M100x6	DIN 580	Transportösen an Maschinen und Geräten; Belastung hängt vom Lastzugwinkel ab, spanende Bearbeitung der Auflagefläche des Flansches erforderlich

Bezeichnung von Schrauben

vgl. DIN 962 (2001-11)

Beispiele:

Sechskantschraube ISO 4017 – M12 x 80 – A2-70
Verschlussschraube DIN 910 – M24 x 1,5 – St
Zylinderschraube ISO 4762 – M10 x 55 – 8.8

- Bezeichnung
- Bezugsnorm, z.B. ISO, DIN, EN; Nummer des Normblattes[1)]
- Nenndaten, z.B.
  M → metrisches Gewinde
  12 → Nenndurchmesser d
  80 → Schaftlänge l
- Festigkeitsklasse, z.B. 8.8, 10.9, A2-70,A4-70
  Werkstoff, z.B. St Stahl, CuZn Kupfer-Zink-Legierung

[1)] Schrauben, die nach ISO, DIN EN oder DIN EN ISO genormt sind, erhalten in der Bezeichnung das Kurzzeichen **ISO**. Schrauben, die nach DIN genormt sind, erhalten in der Bezeichnung das Kurzzeichen **DIN**.

M

Festigkeitsklassen, Produktklassen, Durchgangslöcher, Mindesteinschraubtiefen

Festigkeitsklassen von Schrauben

vgl. DIN EN ISO 898-1 (1999-11), DIN EN ISO 3506-1 (1998-03)

Beispiele: unlegierte und legierte Stähle DIN EN ISO 898-1 — **9.8**

Zugfestigkeit R_m	Streckgrenze R_e
R_m = **9** · 100 N/mm² = 900 N/mm²	R_e = **9** · **8** · 10 N/mm² = 720 N/mm²

nichtrostende Stähle DIN EN ISO 3506-1 — **A 2 – 70**

Stahlgefüge	Stahlgruppe	Zugfestigkeit R_m
A austenitisch F ferritisch	2 legiert mit Cr, Ni 4 legiert mit Cr, Ni, Mo	R_m = **70** · 10 N/mm² = 700 N/mm²

Festigkeitsklassen und Werkstoffkennwerte

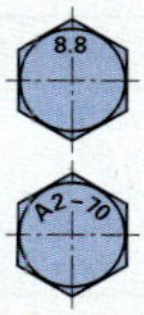

Werkstoffkennwerte	Festigkeitsklassen für Schrauben aus unlegierten und legierten Stählen						nichtrostenden Stählen[1]		
	5.8	6.8	8.8	9.8	10.9	12.9	A2-50	A4-50	A2-70
Zugfestigkeit R_m in N/mm²	500	600	800	900	1000	1200	500	500	700
Streckgrenze R_e in N/mm²	400	480	640	720	900	1080	210	210	450
Bruchdehnung A in %	10	8	12	10	9	8	20	20	13

[1] Die Werkstoffkennwerte gelten für Gewinde ≤ M20.

Produktklassen für Schrauben und Muttern

vgl. DIN EN ISO 4759-1 (2001-04)

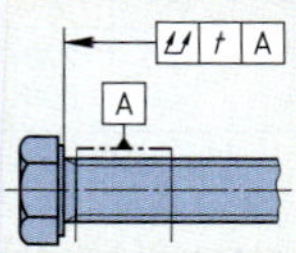

Produkt-klasse	Tole-ranzen	Erläuterung, Verwendung
A	fein	Die Maß-, Form- und Lagetoleranzen für Schrauben und Muttern mit ISO-Gewinden sind in den Toleranzklassen A, B, C festgelegt.
B	mittel	
C	groß	

Durchgangslöcher für Schrauben

vgl. DIN EN 20273 (1992-02)

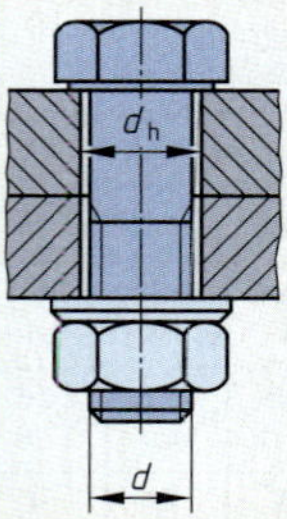

Gewinde d	Durchgangsloch d_h[1] Reihe fein	mittel	grob	Gewinde d	fein	mittel	grob	Gewinde d	fein	mittel	grob
M1	1,1	1,2	1,3	M5	5,3	5,5	5,8	M24	25	26	28
M1,2	1,3	1,4	1,5	M6	6,4	6,6	7	M30	31	33	35
M1,6	1,7	1,8	2	M8	8,4	9	10	M36	37	39	42
M2	2,2	2,4	2,6	M10	10,5	11	12	M42	43	45	48
M2,5	2,7	2,9	3,1	M12	13	13,5	14,5	M48	50	52	56
M3	3,2	3,4	3,6	M16	17	17,5	18,5	M56	58	62	66
M4	4,3	4,5	4,8	M20	21	22	24	M64	66	70	74

[1] Toleranzklassen für d_h; Reihe fein: H12, Reihe mittel: H13, Reihe grob: H14

M

Mindesteinschraubtiefen in Grundlochgewinde

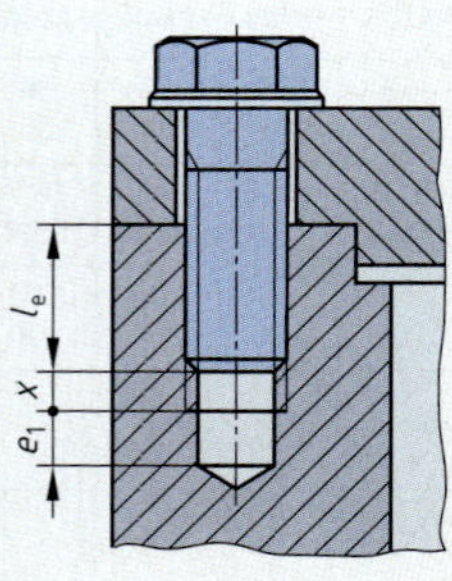

$x \approx 3 \cdot P$ (Gewindesteigung)
e_1 nach DIN 76: Seite 89

Anwendungsbereich		Mindesteinschraubtiefen l_e[1] für Regelgewinde und Festigkeitsklasse 3.6, 4.6	4.8…6.8	8.8	10.9
Baustahl	$R_m \leq$ 400 N/mm²	0,8 · d	1,2 · d	–	–
	R_m = 400…600 N/mm²	0,8 · d	1,2 · d	1,2 · d	–
	R_m > 600…800 N/mm²	0,8 · d	1,2 · d	1,2 · d	1,2 · d
	R_m > 800 N/mm²	0,8 · d	1,2 · d	1,0 · d	1,0 · d
Gusseisenwerkstoffe		1,3 · d	1,5 · d	1,5 · d	–
Kupferlegierungen		1,3 · d	1,3 · d	–	–
Aluminium-Gusslegierungen		1,6 · d	2,2 · d	–	–
Al-Legierungen, ausgehärtet		0,8 · d	1,2 · d	1,6 · d	–
Al-Legierungen, nicht ausgehärtet		1,2 · d	1,6 · d	–	–
Kunststoffe		2,5 · d	–	–	

[1] Einschraubtiefe für Feingewinde l_e = 1,25 · Einschraubtiefe für Regelgewinde

Sechskantschrauben

Sechskantschrauben mit Schaft und Regelgewinde

vgl. DIN EN ISO 4014 (2001-03)

Gültige Norm DIN EN ISO	Ersatz für DIN EN	Ersatz für DIN
4014	24014	931

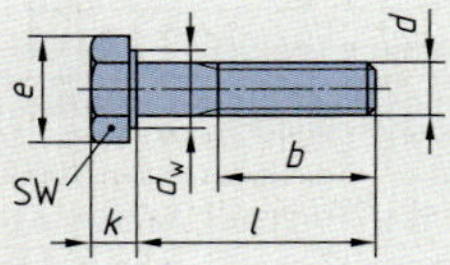

[1] für l < 125 mm
[2] für l = 125 ... 200 mm
[3] für l > 200 mm

Gewinde d	M1,6	M2	M2,5	M3	M4	M5	M6	M8	M10
SW	3,2	4	5	5,5	7	8	10	13	16
k_{max}	1,1	1,4	1,7	2	2,8	3,5	4	5,3	6,4
d_w	2,3	3,1	4,1	4,6	5,9	6,9	8,9	11,6	14,6
e	3,4	4,3	5,5	6	7,7	8,8	11,1	14,4	17,8
b	9	10	11	12	14	16	18	22	26
l von	12	16	16	20	25	25	30	40	45
l bis	16	20	25	30	40	50	60	80	100
Festigkeitsklassen	5.6, 8.8, 9.8, 10.9, A2-70, A4-70								

Gewinde d	M12	M16	M20	M24	M30	M36	M42	M48	M56
SW	18	24	30	36	46	55	65	75	85
k_{max}	7,5	10	12,5	15	18,7	22,5	26	30	35
d_w	16,6	22	27,7	33,3	42,8	51,1	60	69,5	78,7
e	20	26,2	33	39,6	50,9	60,8	71,3	82,6	93,6
b[1]	30	38	46	54	66	–	–	–	–
b[2]	–	44	52	60	72	84	96	108	–
b[3]	–	–	–	73	85	97	109	121	137
l von	50	65	80	90	110	140	160	180	220
l bis	120	160	200	240	300	360	440	500	500
Festigkeitsklassen	5.6, 8.8, 9.8, 10.9						nach Vereinbarung		
	A2-70, A4-70				A2-50, A4-50				
Nennlängen l	12, 16, 20, 25, 30, 35 ... 60, 65, 70, 80, 90 ... 140, 150, 160, 180, 200 ... 460, 480, 500 mm								

⇒ **Sechskantschraube ISO 4014 – M10 x 60 – 8.8:**
d = M10, l = 60 mm, Festigkeitsklasse 8.8

Produktklassen (Seite 211)		
Gewinde d	l in mm	Klasse
≤ M12	alle	A
M16 ... M24	l ≤ 150	A
	l ≥ 160	B
≥ M30	alle	B

Sechskantschrauben mit Regelgewinde bis zum Kopf

vgl. DIN EN ISO 4017 (2001-03)

Gültige Norm DIN EN ISO	Ersatz für DIN EN	Ersatz für DIN
4017	24017	933

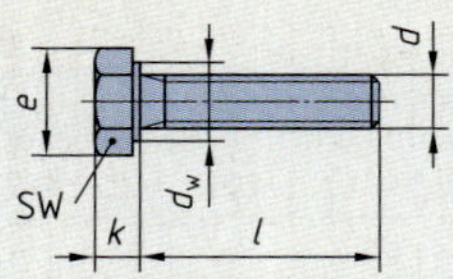

Gewinde d	M1,6	M2	M2,5	M3	M4	M5	M6	M8	M10
SW	3,2	4	5	5,5	7	8	10	13	16
k_{max}	1,1	1,4	1,7	2	2,8	3,5	4	5,3	6,4
d_w	2,3	3,1	4,1	4,6	5,9	6,9	8,9	11,6	14,6
e	3,4	4,3	5,5	6	7,7	8,8	11,1	14,4	17,8
l von	2	4	5	6	8	10	12	16	20
l bis	16	20	25	30	40	50	60	80	100
Festigkeitsklassen	5.6, 8.8, 9.8, 10.9, A2-70, A4-70								

Gewinde d	M12	M16	M20	M24	M30	M36	M42	M48	M56
SW	18	24	30	36	46	55	65	75	85
k_{max}	7,5	10	12,5	15	18,7	22,5	26	30	35
d_w	16,6	22	27,7	33,3	42,8	51,1	60	69,5	78,7
e	20	26,2	33	39,6	50,9	60,8	71,3	82,6	93,6
l von	25	30	40	50	60	70	80	100	110
l bis	120	200	200	200	200	200	200	200	200
Festigkeitsklassen	5.6, 8.8, 9.8, 10.9						nach Vereinbarung		
	A2-70, A4-70				A2-50, A4-50				
Nennlängen l	2, 3, 4, 5, 6, 8, 10, 12, 16, 20, 25, 30, 35 ... 60, 65, 70, 80, 90 ... 140, 150, 160, 180, 200 mm								

⇒ **Sechskantschraube ISO 4017 – M8 x 40 – A4-50:**
d = M8, l = 40 mm, Festigkeitsklasse A4-50

Produktklassen (Seite 211)		
Gewinde d	l in mm	Klasse
≤ M12	alle	A
M16 ... M24	l ≤ 150	A
	l ≥ 160	B
≥ M30	alle	B

M

Sechskantschrauben

Sechskantschrauben mit Schaft und Feingewinde

vgl. DIN EN ISO 8765 (2001-03)

Gültige Norm DIN EN ISO	Ersatz für DIN EN	Ersatz für DIN
8765	28765	960

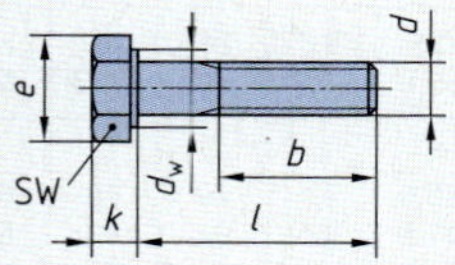

Produktklassen (Seite 211)

Gewinde *d*	*l* in mm	Klasse
≤ M12x1,5	alle	A
M16x1,5 … M24x2	≤ 150	A
	> 150	B
≥ M30x2	alle	B

Gewinde *d*	M8 x1	M10 x1	M12 x1,5	M16 x1,5	M20 x1,5	M24 x2	M30 x2	M36 x3	M42 x3	M48 x3	M56 x4
SW	13	16	18	24	30	36	46	55	65	75	85
k	5,3	6,4	7,5	10	12,5	15	18,7	22,5	26	30	35
d_w	11,6	14,6	16,6	22,5	28,2	33,6	42,8	51,1	60	69,5	78,7
e	14,4	17,8	20	26,2	33	39,6	50,9	60,8	71,3	82,6	93,6
b 1)	22	26	30	38	46	54	66	–	–	–	–
b 2)	–	–	–	44	52	60	72	84	96	108	–
b 3)	–	–	–	–	–	73	85	97	109	121	137
l von	40	45	50	65	80	100	120	140	160	200	220
l bis	80	100	120	160	200	240	300	360	440	480	500
Nennlängen *l*	40, 45, 50, 55, 60, 65, 70, 80, 90 … 140, 150, 160, 180, 200, 220 … 460, 480, 500 mm										
Festigkeitsklassen	*d* ≤ M24x2: 5.6, 8.8, 10.9, A2-70, A4-70 *d* = M30x2 … M36x2: 5.6, 8.8, 10.9, A2-50, A4-50								*d* ≥ M42x3: nach Vereinbarung		
Erläuterungen	1) für *l* < 125 mm 2) für *l* = 125 … 200 mm 3) für *l* > 200 mm										
⇒	**Sechskantschraube ISO 8765 – M20 x 1,5 x 120 – 5.6:** *d* = M20 x 1,5, *l* = 120 mm, Festigkeitsklasse 5.6										

Sechskantschrauben mit Feingewinde bis zum Kopf

vgl. DIN EN ISO 8676 (2001-03)

Gültige Norm DIN EN ISO	Ersatz für DIN EN	Ersatz für DIN
8676	28676	961

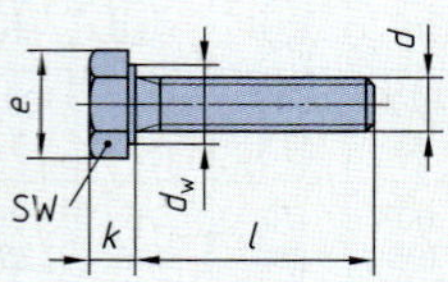

Produktklassen nach DIN EN ISO 8765

Gewinde *d*	M8 x1	M10 x1	M12 x1,5	M16 x1,5	M20 x1,5	M24 x2	M30 x2	M36 x3	M42 x3	M48 x3	M56 x4
SW	13	16	18	24	30	36	46	55	65	75	85
k	5,3	6,4	7,5	10	12,5	15	18,7	22,5	26	30	35
d_w	11,6	14,6	16,6	22,5	28,2	33,6	42,8	51,1	60	69,5	78,7
e	14,4	17,8	20	26,2	33	39,6	50,9	60,8	71,3	82,6	93,6
l von	16	20	25	35	40	40	40	40	90	100	120
l bis	80	100	120	160	200	200	200	200	420	480	500
Nennlängen *l*	16, 20, 25, 30, 35 … 60, 65, 70, 80, 90 … 140, 150, 160, 180, 200, 220 … 460, 480, 500 mm										
Festigkeitsklassen	*d* ≤ M24x2: 5.6, 8.8, 10.9, A2-70, A4-70 *d* = M30x2 … M36x2: 5.6, 8.8, 10.9, A2-50, A4-50								*d* ≥ M42x3: nach Vereinbarung		
⇒	**Sechskantschraube ISO 8676 – M8 x 1,5 x 55 – 8.8:** *d* = M8 x 1,5, *l* = 55 mm, Festigkeitsklasse 8.8										

Sechskantschrauben mit Dünnschaft

vgl. DIN EN 24015 (1991-12)

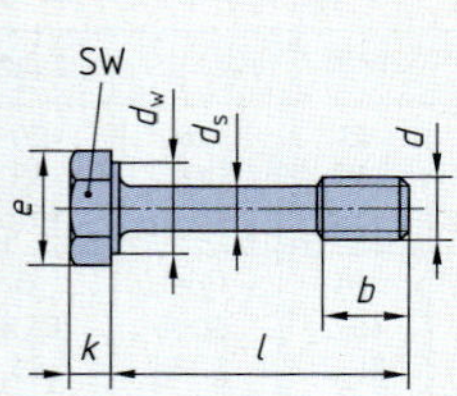

Produktklassen (Seite 211)

Gewinde *d*	*l* in mm	Klasse
≤ M20	alle	B

Gewinde *d*	M3	M4	M5	M6	M8	M10	M12	M16	M20
SW	5,5	7	8	10	13	16	18	24	30
k	2	2,8	3,5	4	5,3	6,4	7,5	10	12,5
d_w	4,4	5,7	6,7	8,7	11,4	14,4	16,4	22	27,7
d_s	2,6	3,5	4,4	5,3	7,1	8,9	10,7	14,5	18,2
e	6	7,5	8,7	10,9	14,2	17,6	19,9	26,2	33
b 1)	12	14	16	18	22	26	30	38	46
b 2)	–	–	–	–	28	32	36	44	52
l von	20	20	25	25	30	40	45	55	65
l bis	30	40	50	60	80	100	120	150	150
Nennlängen *l*	20, 25, 30 … 65, 70, 75, 80, 90, 100 … 130, 140, 150 mm								
Festigkeitskl.	5.8, 6.8, 8.8, A2-70								
Erläuterungen	1) für *l* ≤ 120 mm 2) für *l* > 125 mm								
⇒	**Sechskantschraube ISO 4015 – M8 x 45 – 8.8:** *d* = M8, *l* = 45 mm, Festigkeitsklasse 8.8								

M

Sechskantschrauben

Sechskant-Passschrauben mit langem Gewindezapfen

vgl. DIN 609 (1995-02)

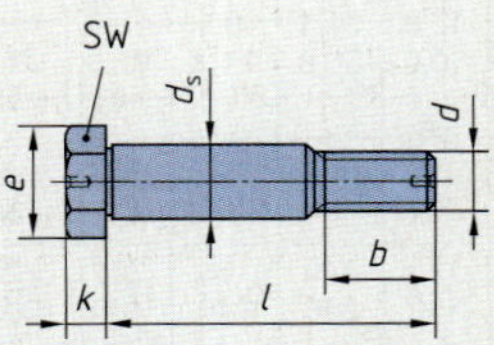

Gewinde d	M8 M8 x1	M10 M10 x1	M12 M12 x1,5	M16 M16 x1,5	M20 M20 x1,5	M24 M24 x2	M30 M30 x2	M36 M36 x3	M42 M42 x3	M48 M48 x3
SW	13	16	18	24	30	36	46	55	65	75
k	5,3	6,4	7,5	10	12,5	15	19	22	26	30
d_s k6	9	11	13	17	21	25	32	38	44	50
e	14,4	17,8	19,9	26,2	33	39,6	50,9	60,8	71,3	82,6
b 1)	14,5	17,5	20,5	25	28,5	–	–	–	–	–
b 2)	16,5	19,5	22,5	27	30,5	36,5	43	49	56	63
b 3)	–	–	–	32	35,5	41,5	48	54	61	68
l von	25	30	32	38	45	55	65	70	80	85
l bis	80	100	120	150	150	150	200	200	200	200
Nennlängen l	25, 28, 30, 32, 35, 38, 40, 42, 45, 48, 50, 55, 60…150, 160…200 mm									
Festigkeitsklassen	8.8								nach Vereinbarung	
	A2-70					A2-50				
Erläuterungen	1) für $l \leq 150$ mm			2) für l = 50…150 mm				3) für l > 150 mm		

Produktklassen (Seite 211)

d in mm	l in mm	Klasse
≤ 10	alle	A
≥ 12	alle	B

⇒ **Passschraube DIN 609 – M16 x 1,5 x 125 – A2-70:**
d = M16 x 1,5, l = 125 mm, Festigkeitsklasse A2-70

Sechskantschrauben mit großen Schlüsselweiten für hochfeste planmäßig vorgespannte Verbindungen (HV)

vgl. DIN EN 14399-4 (2006-06), Ersatz für DIN 6914

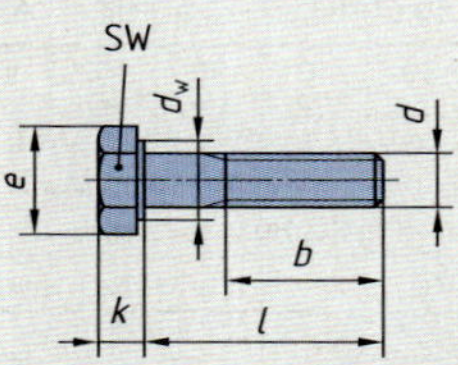

Produktklasse C

Gewinde d	M12	M16	M20	M22	M24	M27	M30	M36
SW	22	27	32	36	41	46	50	60
k	8	10	13	14	15	17	19	23
d_w	20,1	24,9	29,5	33,3	38	42,8	46,6	55,9
e	23,9	29,6	35	39,6	45,2	50,9	55,4	66,4
b_{min}	23	28	33	34	39	41	44	52
l von	35	40	45	50	60	70	75	85
l bis	95	130	155	165	195	200	200	200
Nennlängen l	35, 40, 45, 50, 55, 60, 65, 70…175, 180, 185, 190, 195, 200 mm							
Festigkeitskl., Oberfläche	10.9 normal –> mit leichtem Ölfilm, feuerverzinkt –> Kurzzeichen: tZn							

⇒ **Sechskantschraube EN 14399-4 – M12 x 65 – 10.9 – HV – tZn:**
d = M12, l = 65 mm, Festigkeitsklasse 10.9, für hochfeste Verbindung, mit feuerverzinkter Oberfläche

Sechskant-Passschrauben mit großen Schlüsselweiten

vgl. DIN 7999 (1983-12)

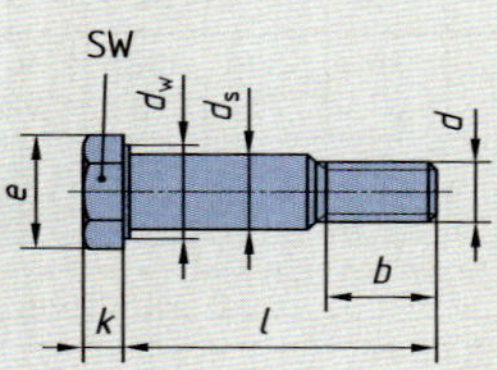

Produktklasse C

Gewinde d	M12	M16	M20	M22	M24	M27	M30
SW	21	27	34	36	41	46	50
k	8	10	13	14	15	17	19
d_w	19	25	32	34	39	43,5	47,5
d_s b11	13	17	21	23	25	28	31
e	22,8	29,6	37,3	39,6	45,2	50,9	55,4
b	18,5	22	26	28	29,5	32,5	35
l von	40	45	50	55	55	60	65
l bis	120	160	180	200	200	200	200
Nennlängen l	40, 45, 50, 55, 60, 65…180, 185, 190, 195, 200 mm						
Festigkeitskl.	alle Schrauben: Festigkeitsklasse 10.9						

⇒ **Sechskantschraube DIN 7999 – M24 x 165:**
d = M24, l = 165 mm, Festigkeitsklasse 10.9

M

Zylinderschrauben mit Innensechskant

Zylinderschrauben mit Innensechskant und Regelgewinde

vgl. DIN EN ISO 4762 (2004-06)

Gültige Norm DIN EN ISO	Ersatz für DIN
4762	912

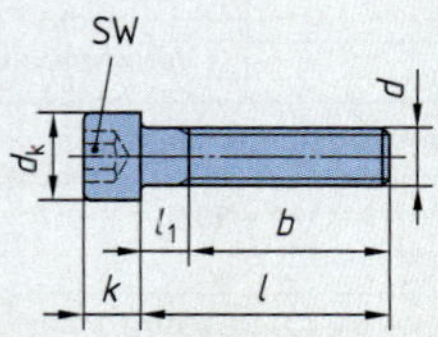

Gewinde *d*	M1,6	M2	M2,5	M3	M4	M5	M6	M8	M10
SW	1,5	1,5	2	2,5	3	4	5	6	8
k	1,6	2	2,5	3	4	5	6	8	10
d_k	3	3,8	4,5	5,5	7	8,5	10	13	16
b	–	16	17	18	20	22	24	28	32
für *l*	–	20	25	≥ 25	≥ 30	≥ 30	≥ 35	≥ 40	≥ 45
l_1	1,1	1,2	1,4	1,5	2,1	2,4	3	3,8	4,5
für *l*	≤ 16	≤ 16	≤ 20	≤ 20	≤ 25	≤ 25	≤ 30	≤ 35	≤ 40
l von	2,5	3	4	5	6	8	10	12	16
l bis	16	20	25	30	40	50	60	80	100
Festigkeitsklassen	nach Vereinbarung			8.8, 10.9, 12.9					
	nichtrostende Stähle A2-70, A4-70								

Gewinde *d*	M12	M16	M20	M24	M30	M36	M42	M48	M56
SW	10	14	17	19	22	27	32	36	41
k	12	16	20	24	30	36	42	48	56
d_k	18	24	30	36	45	54	63	72	84
b	36	44	52	60	72	84	96	108	124
für *l*	≥ 55	≥ 65	≥ 80	≥ 90	≥ 110	≥ 120	≥ 140	≥ 160	≥ 180
l_1	5,3	6	7,5	9	10,5	12	13,5	15	16,5
für *l*	≤ 50	≤ 60	≤ 70	≤ 80	≤ 100	≤ 110	≤ 130	≤ 150	≤ 160
l von	20	25	30	40	45	45	60	70	80
l bis	120	160	200	200	200	200	300	300	300
Festigkeitsklassen	8.8, 10.9, 12.9						nach Vereinbarung		
	A2-70, A4-70				A2-50, A4-50				
Nennlängen *l*	2,5, 3, 4, 5, 6, 8, 10, 12, 16, 20, 25, 30…65, 70, 80…150, 160, 180, 200, 220, 240, 260, 280, 300 mm								

Produktklassen (Seite 211)

Gewinde *d*	Klasse
M1,6…M56	A

⇒ **Zylinderschraube ISO 4762 – M10 x 55 – 10.9:**
d = M10, *l* = 55 mm, Festigkeitsklasse 10.9

Zylinderschrauben mit Innensechskant, niedriger Kopf

vgl. DIN 7984 (2002-12)

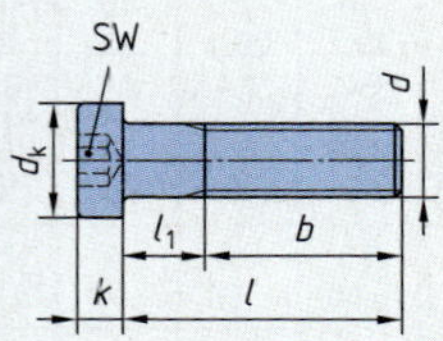

Gewinde *d*	M3	M4	M5	M6	M8	M10	M12	M16	M20	M24
SW	2	2,5	3	4	5	7	8	12	14	17
k	2	2,8	3,5	4	5	6	7	9	11	13
d_k	5,5	7	8,5	10	13	16	18	24	30	36
b	12	14	16	18	22	26	30	38	44	46
für *l*	≥ 20	≥ 25	≥ 30	≥ 30	≥ 35	≥ 40	≥ 50	≥ 60	≥ 70	≥ 90
l_1	1,5	2,1	2,4	3	3,8	4,5	5,3	6	7,5	9
für *l*	≤ 16	≤ 20	≤ 25	≤ 25	≤ 30	≤ 35	≤ 45	≤ 50	≤ 60	≤ 80
l von	5	6	8	10	12	16	20	30	40	50
l bis	20	25	30	40	80	100	80	80	100	100
Nennlängen *l*	5, 6, 8, 10, 12, 16, 20, 25, 30, 35, 40, 45, 50, 60, 70, 80, 90, 100 mm									
Festigkeitsklassen	8.8, A2-70, A4-70									

Produktklassen (Seite 211)

Gewinde *d*	Klasse
M3…M24	A

⇒ **Zylinderschraube DIN 7984 – M12 x 50 – A2-70:**
d = M12, *l* = 50 mm, Festigkeitsklasse A2-70

M

Zylinderschrauben, Senkschrauben

Zylinderschrauben mit Innensechskant und Feingewinde

vgl. DIN EN ISO 21269 (2004-06)

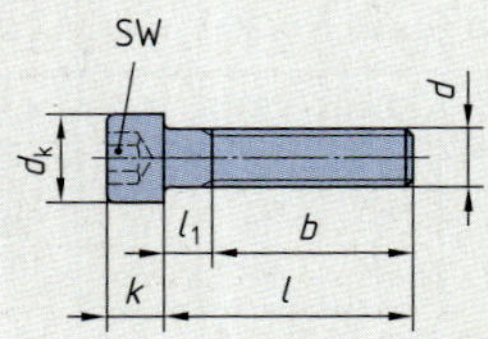

Produktklasse A (Seite 211)

Gewinde *d*	M8 x1	M10 x1	M12 x1,5	M16 x1,5	M20 x1,5	M24 x2	M30 x2	M36 x3	M42 x3	M48 3x	M56 x4
SW *k* d_k	6 8 13	8 10 16	10 12 18	14 16 24	17 20 30	19 24 36	22 30 45	27 36 54	32 42 63	36 48 72	41 56 84
b für *l*	28 ≥40	32 ≥45	36 ≥55	44 ≥65	52 ≥80	60 ≥90	72 ≥110	84 ≥120	96 ≥140	108 ≥160	124 ≥180
l_1 für *l*	3 ≤35	3 ≤40	4,5 ≤50	4,5 ≤60	4,5 ≤70	6 ≤70	6 ≤100	9 ≤110	9 ≤130	9 ≤150	9 ≤160
l von bis	12 80	20 100	20 120	25 160	30 200	40 200	45 200	55 200	60 300	70 300	80 300
Nenn- längen *l*	12, 16, 20, 25, 30, 35, 40, 45, 50, 55, 60, 65, 70, 80, 90, 100, 110, 120, 130, 140, 150, 160, 180, 200, 220, 240, 260, 280, 300 mm										
Festigkeits- klassen	8.8, 10.9, 12.9								nach Vereinbarung		
	A2-70, A4-70						1)				
Erläuterung	1) Festigkeitsklassen A2-50, A4-50 (nichtrostende Stähle)										
⇒	**Zylinderschraube ISO 21269 – M20 x 1,5 x 120 – 10.9:** *d* = M20x1,5, *l* = 120 mm, Festigkeitsklasse 10.9										

Zylinderschrauben mit Schlitz

vgl. DIN EN ISO 1207 (1994-10)

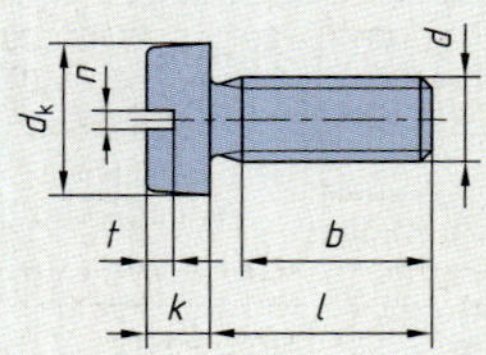

Produktklasse A (Seite 211)

Gewinde *d*	M1,6	M2	M2,5	M3	M4	M5	M6	M8	M10
d_k *k*	3 1,1	3,8 1,4	4,5 1,8	5,5 2	7 2,6	8,5 3,3	10 3,9	13 5	16 6
n *t*	0,4 0,5	0,5 0,6	0,6 0,7	0,8 0,9	1,2 1,1	1,2 1,3	1,6 1,6	2 2	2,5 2,4
l von bis	2 16	3 20	3 25	4 30	5 40	6 50	8 60	10 80	12 80
b	für *l* < 45 mm → Gewinde annähernd bis zum Kopf für *l* ≥ 45 mm → *b* = 38 mm								
Nennlängen *l*	2, 3, 4, 5, 6, 8, 10, 12, 16, 20, 25 … 45, 50, 60, 70, 80 mm								
Festigkeitskl.	4.8, 5.8, A2-50, A4-50								
⇒	**Zylinderschraube ISO 1207 – M6 x 25 – 5.8:** *d* = M6, *l* = 25 mm, Festigkeitsklasse 5.8								

M

Senkschrauben mit Innensechskant

vgl. DIN EN ISO 10642 (2004-06), Ersatz für DIN 7991

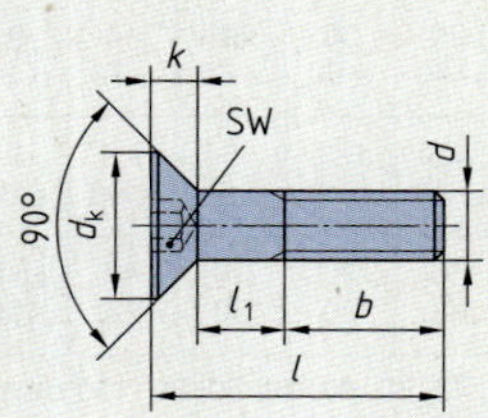

Produktklasse A (Seite 211)

Gewinde *d*	M3	M4	M5	M6	M8	M10	M12	M16	M20
SW d_k *k*	2 5,5 1,9	2,5 7,5 2,5	3 9,4 3,1	4 11,3 3,7	5 15,2 5	6 19,2 6,2	8 23,1 7,4	10 29 8,8	12 36 10,2
b für *l*	18 ≥ 30	20 ≥ 30	22 ≥ 35	24 ≥ 40	28 ≥ 50	32 ≥ 55	36 ≥ 65	44 ≥ 80	52 100
l_1 für *l*	1,5 ≤ 25	2,1 ≤ 25	2,4 ≤ 30	3 ≤ 35	3,8 ≤ 45	4,5 ≤ 50	5,3 ≤ 60	6 ≤ 70	7,5 ≤ 90
l von bis	8 30	8 40	8 50	8 60	10 80	12 100	20 100	30 100	35 100
Festigkeitskl.	8.8, 10.9, 12.9								
Nennlängen *l*	8, 10, 12, 16, 20, 25, 30, 35, 40, 45, 50, 55, 60, 65, 70, 80, 90, 100 mm								
⇒	**Senkschraube ISO 10642 – M5 x 30 – 8.8:** *d* = M5, *l* = 30 mm, Festigkeitsklasse 8.8								

Senkschrauben, Linsensenkschrauben, Blechschrauben

Linsensenkschrauben mit Schlitz / Linsensenkschrauben mit Kreuzschlitz

vgl. DIN EN ISO 2010 (1994-10)
vgl. DIN EN ISO 7047 (1994-10)

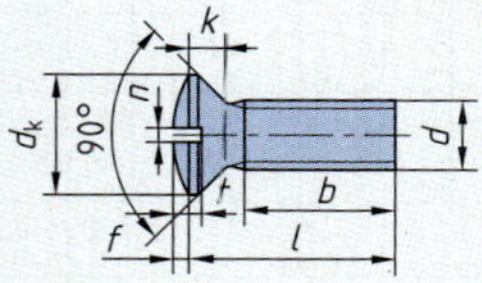

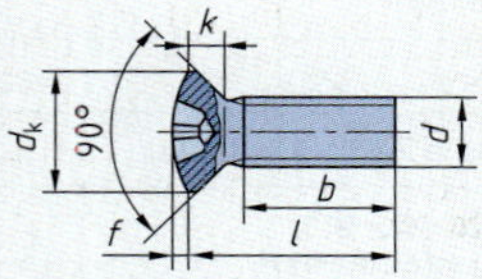

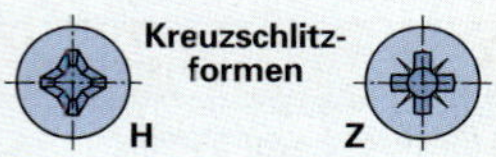

Produktklasse A (Seite 211)

Gewinde *d*	M1,6	M2	M2,5	M3	M4	M5	M6	M8	M10
d_k *k*	3 1	3,8 1,2	4,7 1,5	5,5 1,7	8,4 2,7	9,3 2,7	11,3 3,3	15,8 4,7	18,3 5
n *f* *t*	0,4 0,4 0,6	0,5 0,5 0,8	0,6 0,6 1,0	0,8 0,7 1,2	1,2 1,0 1,6	1,2 1,2 2,0	1,6 1,4 2,4	2 2 3,2	2,5 2,3 3,8
K[1]	0		1		2		3	4	
l von bis	2,5 16	3 20	4 25	5 30	6 40	8 50	8 60	10 80	12 80
b	für *l* < 45 mm → *b* ≈ *l*; für *l* ≥ 45 mm → *b* = 38 mm								
Festigkeits-klassen	DIN EN ISO 2010: 4.8, 5.8, A2-50, A2-70 DIN EN ISO 7047: 4.8, A2-50, A2-70								
Nennlängen *l*	2,5, 3, 4, 5, 6, 8, 10, 12, 16, 20, 25…45, 50, 60, 70, 80 mm								
Erläuterung	[1] K Kreuzschlitzgröße, Formen H und Z								
⇒	**Senkschraube ISO 7047 – M3 x 20 – 4.8 – H:** *d* = M3, *l* = 20 mm, Festigkeitsklasse 5.8, Kreuzschlitzform H								

Senkschrauben mit Schlitz / Senkschrauben mit Kreuzschlitz

vgl. DIN EN ISO 2009 (1994-10)
vgl. DIN EN ISO 7046-1 (1994-10)

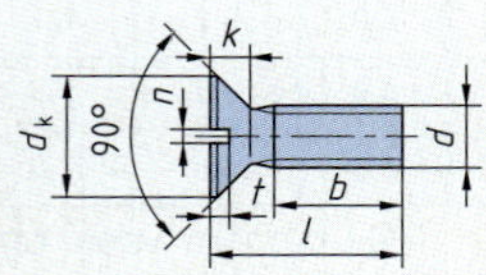

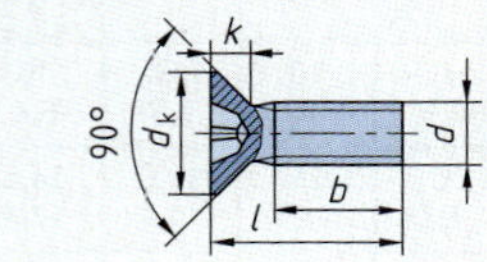

Produktklasse A (Seite 211)

Gewinde *d*	M1,6	M2	M2,5	M3	M4	M5	M6	M8	M10
d_k *k*	3 1	3,8 1,2	4,7 1,5	5,5 1,7	8,4 2,7	9,3 2,7	11,3 3,3	15,8 4,7	18,3 5
n *t*	0,4 0,5	0,5 0,6	0,6 0,8	0,8 0,9	1,2 1,3	1,2 1,4	1,6 1,6	2 2,3	2,5 2,6
K[1]	0		1		2		3	4	
l von bis	2,5 16	3 20	4 25	5 30	6 40	8 50	8 60	10 80	12 80
b	für *l* < 45 mm → *b* ≈ *l*; für *l* ≥ 45 mm → *b* = 38 mm								
Festigkeits-klassen	DIN EN ISO 2009: 4.8, 5.8, A2-50, A2-70 DIN EN ISO 7046-1: 4.8, A2-50, A2-70								
Nennlängen *l*	2,5, 3, 4, 5, 6, 8, 10, 12, 16, 20, 25…45, 50, 60, 70, 80 mm								
Erläuterung	[1] K Kreuzschlitzgröße, Formen H und Z (DIN EN 2010)								
⇒	**Senkschraube ISO 7046-1 – M5 x 40 – 4.8 – H:** *d* = M3, *l* = 40 mm, Festigkeitsklasse 4.8, Kreuzschlitzform H								

Senk-Blechschrauben / Linsensenk-Blechschrauben

vgl. DIN EN ISO 7050 (1990-03)
vgl. DIN EN ISO 7051 (1990-03)

DIN EN ISO 7050, **Form F**

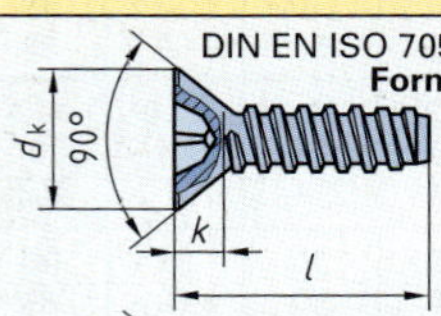

DIN EN ISO 7051, **Form C**

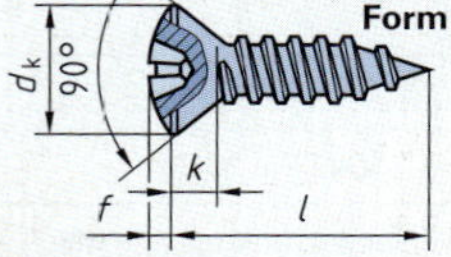

Produktklasse A (Seite 211)

Gewinde *d*	ST2,2	ST2,9	ST3,5	ST4,2	ST4,8	ST5,5	ST6,3
d_k *k* *f*	3,8 1,1 0,5	5,5 1,7 0,7	7,3 2,4 0,8	8,4 2,6 1,0	9,3 2,8 1,2	10,3 3 1,3	11,3 3,2 1,4
l von bis	4,5 16	6,5 19	9,5 25	9,5 32	9,5 32	13 38	13 38
K[1]	0	1	2			3	
Nennlängen *l*	4,5, 6,5, 9,5, 13, 16, 19, 22, 25, 32, 38 mm						
Formen	Form C mit Spitze, Form F mit Zapfen						
Erläuterung	[1] K Kreuzschlitzgröße, Formen H und Z (DIN EN 2010)						
⇒	**Blechschraube ISO 7050 – ST4,8 x 32 – F – Z:** *d* = ST4,8, *l* = 32 mm, Form F, Kreuzschlitzform Z						

M

Blechschrauben, Gewindefurchende Schrauben

Linsen-Blechschrauben

vgl. DIN ISO 7049 (1990-08)

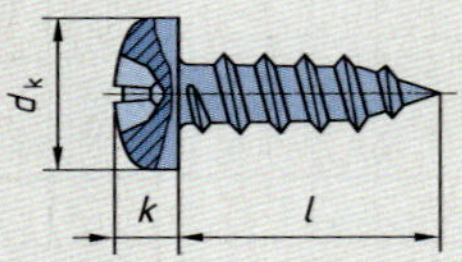

Produktklasse A (Seite 211)

Gewinde d	ST2,2	ST2,9	ST3,5	ST4,2	ST4,8	ST5,5	ST6,3
d_k	4	5,6	7	8	9,5	11	13
k	1,6	2,4	2,6	3,1	3,7	4	4,6
l von	4,5	6,5	9,5	9,5	9,5	13	13
l bis	16	19	25	32	32	38	38
K[1]	0	1	2			3	
Nennlängen l	4,5, 6,5, 9,5, 13, 16, 19, 22, 25, 32, 38 mm						
Formen	Form C mit Spitze, Form F mit Zapfen						
Erläuterung	[1] K Kreuzschlitzgröße, Formen H und Z (DIN EN 2010)						
⇒	**Blechschraube ISO 7049 – ST2,9 x 13 – C – H:** d = ST2,9, l = 13 mm, Form C, Kreuzschlitzform H						

Kernlochdurchmesser für Blechschrauben (Auszug)

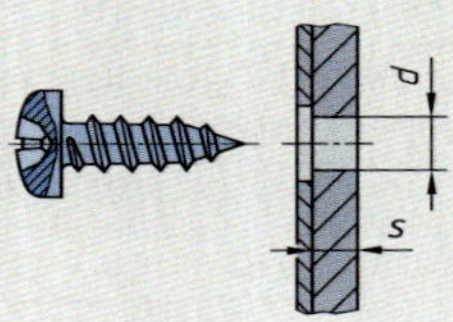

Blechdicke s in mm von … bis	Kernlochdurchmesser d für Blechschraubengewinde ST2,2	ST2,9	ST3,5	ST4,2	ST4,8	ST5,5	ST6,3
0 … 0,5	1,6	2,2	2,6	–	–	–	–
0,6 … 0,8	1,7	2,3	2,7	3,2	3,7	–	–
0,9 … 1,1	1,8	2,4	2,8	3,2	3,7	4,9	6,4
1,2 … 1,4	1,8	2,4	2,8	3,3	3,9	4,9	6,4
1,5 … 1,7	–	2,5	2,9	3,5	3,9	5,0	6,5
1,8 … 2,0	–	2,6	3,0	3,5	4,0	5,2	6,7
2,0 … 2,5	–	–	3,0	3,5	4,0	5,3	6,8
2,6 … 3,0	–	–	3,0	3,8	4,1	5,3	6,8
3,1 … 3,5	–	–	–	3,9	4,3	5,8	7,2

Gewindefurchende Schrauben (Auswahl)

vgl. DIN 7500-1 (2007-03)

Form DE: Sechskantkopf

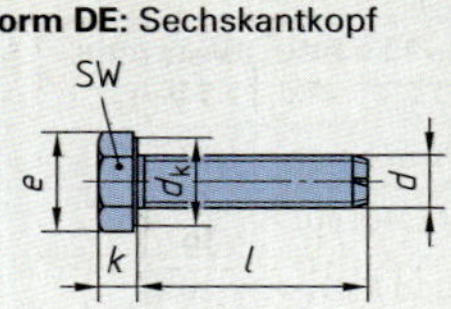

Form EE: Zylinderkopf mit Innensechskant

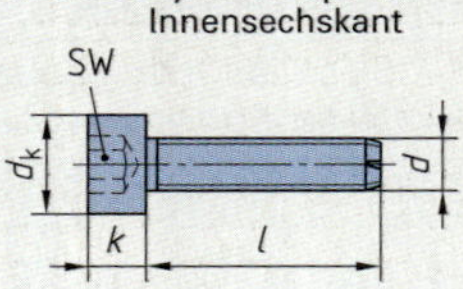

Form NE: Linsensenkkopf mit Kreuzschlitz

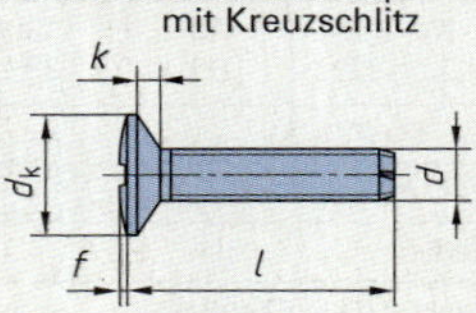

Produktklasse A (Seite 211)

Form	Gewinde d	M2	M2,5	M3	M4	M5	M6	M8	M10
DE	SW	4	5	5,5	7	8	10	13	16
DE	k	1,4	1,7	2	2,8	3,5	4	5,3	6,4
DE	d_k	2,3	3,1	4,1	4,6	6	6,9	11,6	14,6
DE	e	3,4	4,3	5,5	6	7,7	11,1	14,4	17,8
DE	l von	3	4	4	6	8	8	10	12
DE	l bis	16	20	25	30	40	50	60	80
EE	SW	1,5	2	2,5	3	4	5	6	8
EE	k	2	2,5	3	4	5	6	8	10
EE	d_k	3,8	4,5	5,5	7	8,5	10	13	16
EE	l von	3	4	4	6	8	8	10	12
EE	l bis	16	20	25	30	40	50	60	80
NE	d_k	3,8	4,7	5,5	8,4	9,3	11,3	15,8	18,3
NE	k	1,2	1,5	1,7	2,7	2,7	3,3	4,7	5
NE	f	0,4	0,5	1	1,2	1,4	1,4	2	2,3
NE	l von	4	5	6	8	10	10	12	20
NE	l bis	16	20	25	30	40	50	60	80
NE	K[1]	0	1		2		3	4	
Nennlängen l		3, 4, 5, 6, 8, 10, 12, 16, 20, 25, 30 … 50, 55, 60, 70, 80 mm							
Erläuterung		[1] K Kreuzschlitzgröße, Formen H und Z (DIN EN 2010)							
⇒		**Schraube DIN 7500 – DE – M8 x 25:** DE Sechskantkopf, d = M8, l = 25 mm (Werkstoff: einsatzvergüteter Stahl)							

M

Stiftschrauben, Ringschrauben, Verschlussschrauben

Stiftschrauben

vgl. DIN 835, 938, 939 (1995-02)

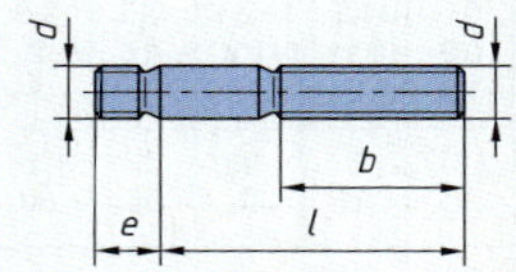

Produktklasse A (Seite 211)

Verwendung DIN	zum Einschrauben in
835	Aluminiumlegierungen
938	Stahl
939	Gusseisen

Gewinde *d*	M3	M4	M5	M6	M8 M8 x1	M10 M10 x1,25	M12 M12 x1,25	M16 M16 x1,5	M20 M20 x1,5	M24 M24 x2
b für *l* < 125	12	14	16	18	22	26	30	38	46	54
l > 125	18	20	22	24	28	32	36	44	52	60
e DIN 835	–	8	10	12	16	20	24	32	40	48
e DIN 938	3	4	5	6	8	10	12	16	20	24
e DIN 939	–	5	6,5	7,5	10	12	15	20	25	30
l von	20	20	25	25	30	35	40	50	60	70
l bis	30	40	50	60	80	100	120	170	200	200
Festigkeitskl.	5.6, 8.8, 10.9									
Nennlängen *l*	20, 25, 30...75, 80, 90...180, 190, 200 mm									
⇒	**Stiftschraube DIN 939 – M10 x 65 – 8.8:** *d* = M10, *l* = 65 mm, Festigkeitsklasse 8.8									

Ringschrauben

vgl. DIN 580 (2003-08)

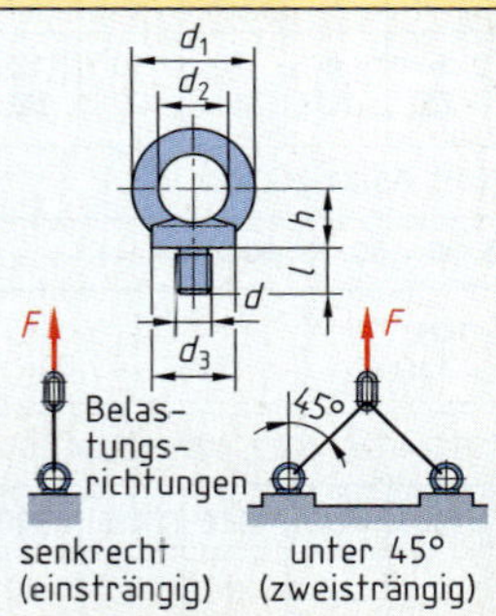

Gewinde *d*	M8	M10	M12	M16	M20	M24	M30	M36	M42	M48	M56
h	18	22,5	26	30,5	35	45	55	65	75	85	95
d_1	36	45	54	63	72	90	108	126	144	166	184
d_2	20	25	30	35	40	50	60	70	80	90	100
d_3	20	25	30	35	40	50	65	75	85	100	110
l	13	17	20,5	27	30	36	45	54	63	68	78
Werkstoffe	Einsatzstahl C15E, A2, A3, A4, A5										
	Tragfähigkeit in t bei Belastungsrichtung										
senkrecht	0,14	0,23	0,34	0,70	1,20	1,80	3,20	4,60	6,30	8,60	11,5
unter 45°	0,10	0,17	0,24	0,50	0,86	1,29	2,30	3,30	4,50	6,10	8,20
⇒	**Ringschraube DIN 580 – M20 – C15E:** *d* = M20, Werkstoff C15E										

Verschlussschrauben mit Bund und Außensechskant

vgl. DIN 910 (1992-01)

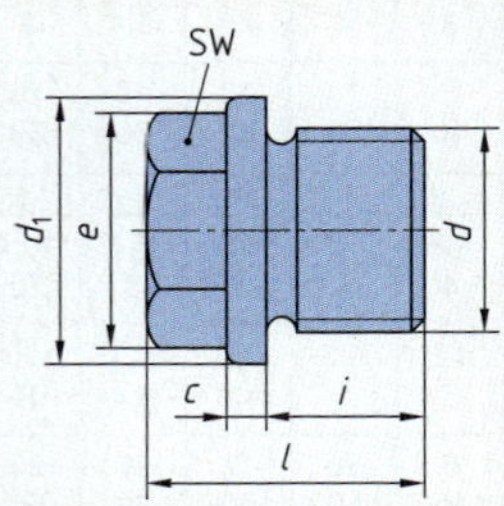

Gewinde *d*	M10 x1	M12 x1,5	M16 x1,5	M20 x1,5	M24 x1,5	M30 x1,5	M36 x1,5	M42 x1,5	M48 x1,5	M52 x1,5
d_1	14	17	21	25	29	36	42	49	55	60
l	17	21	21	26	27	30	32	33	33	33
i	8	12	12	14	14	16	16	16	16	16
c	3	3	3	4	4	4	4	5	5	5
SW	10	13	17	19	22	24	27	30	30	30
e	10,9	14,2	18,7	20,9	23,9	26,1	29,6	33	33	33
Werkstoffe	St Stahl, Al Al-Legierung, CuZn Kupfer-Zink-Legierung									
⇒	**Verschlussschraube DIN 910 – M24 x 1,5 – St:** *d* = M24 x 1,5, Werkstoff Stahl									

Verschlussschrauben mit Bund und Innensechskant

vgl. DIN 908 (1992-01)

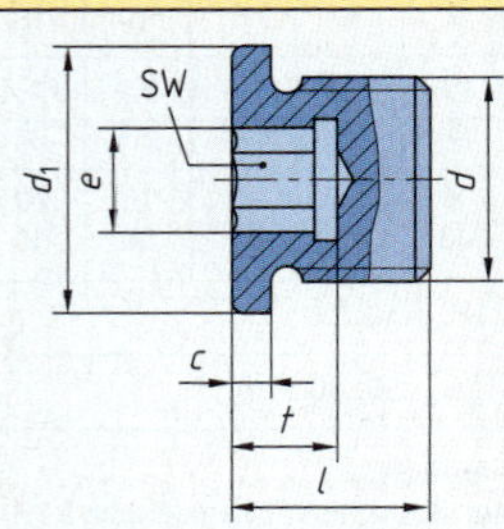

Gewinde *d*	M10 x1	M12 x1,5	M16 x1,5	M20 x1,5	M24 x1,5	M30 x1,5	M36 x1,5	M42 x1,5	M48 x1,5	M52 x1,5
d_1	14	17	21	25	29	36	42	49	55	60
l	11	15	15	18	18	20	21	21	21	21
c	3	3	3	4	4	4	5	5	5	5
SW	5	6	8	10	12	17	19	22	24	24
t	5	7	7,5	7,5	7,5	9	10,5	10,5	10,5	10,5
e	5,7	6,9	9,2	11,4	13,7	19,4	21,7	25,2	27,4	27,4
Werkstoffe	St Stahl, Al Al-Legierung, CuZn Kupfer-Zink-Legierung									
⇒	**Verschlussschraube DIN 908 – M20 x 1,5 – CuZn:** *d* = M24 x 1,5, Werkstoff Kupfer-Zink-Legierung									

M

Gewindestifte

Gewindestifte mit Schlitz

vgl. DIN EN 27434, 27435, 24766 (alle 1992-10)

mit Spitze

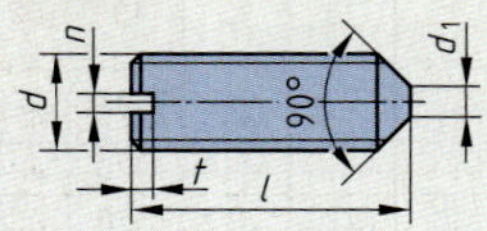

mit Zapfen

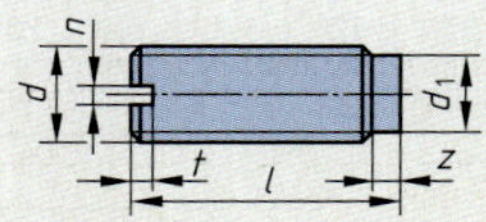

mit Kegelkuppe

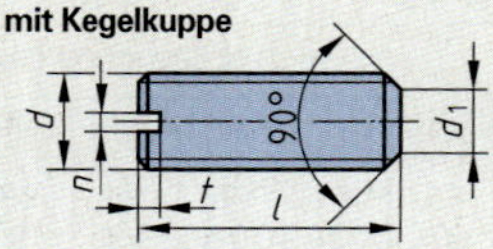

Produktklasse A (Seite 211)

Norm	Gewinde *d*	M1,2	M1,6	M2	M2,5	M3	M4	M5	M6	M8	M10	M12
DIN EN 27434	d_1	0,1	0,2	0,2	0,3	0,3	0,4	0,5	1,5	2	2,5	3,6
	n	0,2	0,3	0,3	0,4	0,4	0,6	0,8	1	1,2	1,6	2
	t	0,5	0,7	0,8	1	1,1	1,4	1,6	2	2,5	3	3
	l von	2	2	3	3	4	6	8	5	10	12	16
	l bis	6	8	10	12	16	25	30	35	40	55	60
DIN EN 27435	d_1	–	0,8	1	1,5	2	2,5	3,5	4,3	5,5	7	8,5
	z	–	1,1	1,3	1,5	1,8	2,3	2,8	3,3	4,3	5,3	6,3
	n	–	0,3	0,3	0,4	0,4	0,6	0,8	1	1,2	1,6	2
	t	–	0,7	0,8	1	1,1	1,4	1,6	2	2,5	3	3
	l von	–	2,5	3	4	5	6	8	8	10	12	16
	l bis	–	8	10	12	16	20	25	30	40	50	60
DIN EN 24766	d_1	0,6	0,8	1	1,5	2	2,5	3,5	4	5,5	7	8,5
	n	0,2	0,3	0,3	0,4	0,4	0,6	0,8	1	1,2	1,6	2
	t	0,5	0,7	0,8	1	1,1	1,4	1,6	2	2,5	3	3,6
	l von	2	2	2	2,5	3	4	5	6	8	10	12
	l bis	6	8	10	12	16	20	25	30	40	50	60
Festigkeitskl.		45H, A1-12H, A2-21H, A3-21H, A4-21H, A5-21H										
Nennlängen *l*		2, 2,5, 3, 4, 5, 6, 8, 10, 12, 16, 20, 25, 30 … 50, 55, 60 mm										

Gültige Norm	Ersatz für
DIN EN 27434	DIN 553
DIN EN 27435	DIN 417
DIN EN 24766	DIN 551

⇒ **Gewindestift ISO 7434 – M6 x 25 – 14H:**
d = M6, *l* = 25 mm, Festigkeitsklasse 14H

Gewindestifte mit Innensechskant

vgl. DIN EN ISO 4026, 4027, 4028 (2004-05)

mit Spitze

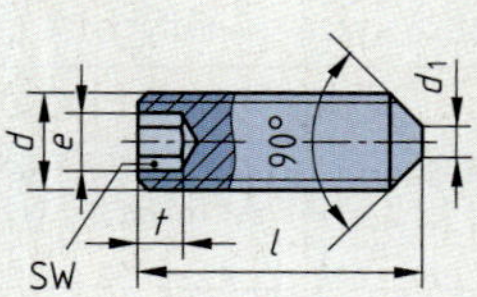

mit Zapfen

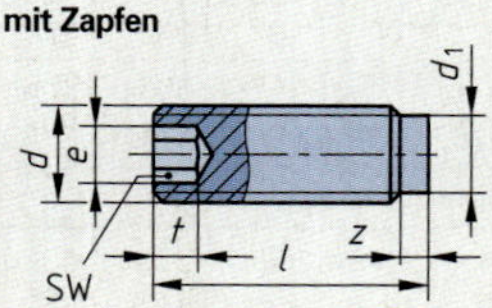

mit Kegelkuppe

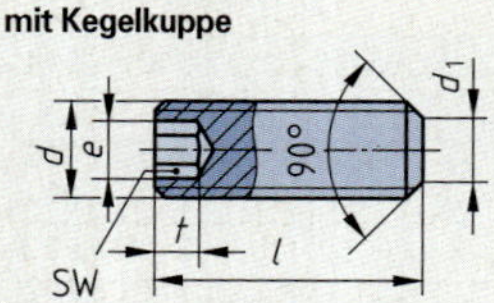

Produktklasse A (Seite 211)

Norm	Gewinde *d*	M2	M2,5	M3	M4	M5	M6	M8	M10	M12	M16	M20
DIN EN ISO 4027	d_1	0,5	0,7	0,8	1	1,3	1,5	2	2,5	3	4	5
	SW	0,9	1,3	1,5	2	2,5	3	4	5	6	8	10
	e	1	1,5	1,7	2,3	2,9	3,4	4,6	5,7	6,9	9,1	11,4
	t	0,8	1,2	1,2	1,5	2	2	3	4	4,8	6,4	8
	l von	2	2,5	3	4	5	6	8	10	12	16	20
	l bis	10	12	16	20	25	30	40	50	60	60	60
DIN EN ISO 4028	d_1	1	1,5	2	2,5	3,5	4	5,5	7	8,5	12	15
	z	1,3	1,5	1,8	2,3	2,8	3,3	4,3	5,3	6,3	8,4	10,4
	SW	0,9	1,3	1,5	2	2,5	3	4	5	6	8	10
	e	1	1,5	1,7	2,3	2,9	3,4	4,6	5,7	6,9	9,1	11,4
	t	0,8	1,2	1,2	1,5	2	2	3	4	4,8	6,4	8
	l von	2,5	3	4	5	6	8	8	20	12	16	20
	l bis	10	12	16	20	25	30	40	50	60	60	60
DIN EN ISO 4026	d_1	1	1,5	2	2,5	3,5	4	5,5	7	8,5	12	15
	SW	0,9	1,3	1,5	2	2,5	3	4	5	6	8	10
	e	1	1,5	1,7	2,3	2,9	3,4	4,6	5,7	6,9	9,2	11,4
	t	0,8	1,2	1,2	1,5	2	2	3	4	4,8	6,4	8
	l von	2	2,5	3	4	5	6	8	10	12	16	20
	l bis	10	12	16	20	25	30	40	50	60	60	60
Festigkeitskl.		45H, A1-12H, A2-21H, A3-21H, A4-21H, A5-21H										
Nennlängen *l*		2, 2,5, 3, 4, 5, 6, 8, 10, 12, 16, 20, 25, 30 … 55, 60 mm										

Gültige Norm	Ersatz für
DIN EN ISO 4026	DIN 913
DIN EN ISO 4027	DIN 914
DIN EN ISO 4028	DIN 915

⇒ **Gewindestift ISO 4026 – M6 x 25 – A5-21H:**
d = M6, *l* = 25 mm, A5 nichtrostender Stahl, Festigkeitsklasse 21H

Berechnung hochbeanspruchter Schraubenverbindungen

Verspannungs-Schaubild

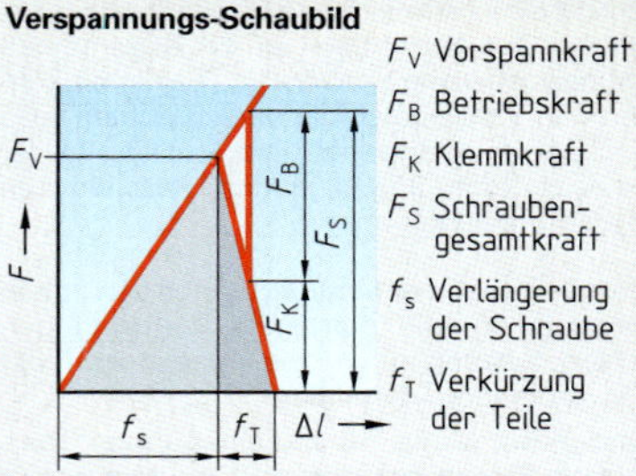

Vorwahl von Schaftschrauben[1)]

Belastung		Betriebskraft je Schraube F_B[2)] in kN							
• statisch		2,5	4	6,3	10	16	25	40	63
• dynamisch		1,6	2,5	4	6,3	10	16	25	40
Festigkeits-klasse	5.8, 6.8	M5	M6	M8	M10	M12	M16	M20	M24
	8.8	M5	M6	M8	M8	M10	M16	M20	M24
	10.9	M4	M5	M6	M8	M10	M12	M16	M20
	12.9	M4	M5	M5	M8	M8	M10	M12	M16

1) Eine Nachrechnung der gewählten Schrauben, z. B. nach VDI-Richtlinie 2230, ist erforderlich.

2) Für Dehnschrauben nächsthöhere Betriebskraftstufe wählen.

Vorspannkräfte und Anziehdrehmomente

Gewinde	F[3)]	A_s[1)] in mm^2	Schaftschrauben: Vorspannkraft F_V in kN, μ = 0,08	0,12	0,14	Anziehdrehmoment M_A in N · m, μ = 0,08	0,12	0,14	A_T[2)] in mm^2	Dehnschrauben: Vorspannkraft F_V in kN, μ = 0,08	0,12	0,14	Anziehdrehmoment M_A in N · m, μ = 0,08	0,12	0,14
M8	8.8	36,6	18,6	17,2	16,5	17,9	23,1	25,3	26,6	12,9	11,8	11,2	13,6	17,6	19,2
	10.9		27,1	25,2	24,2	26,2	34	37,2		19	17,3	16,4	20	25,8	28,2
	12.9		31,9	29,5	28,3	30,7	39,6	43,6		22,2	20,2	19,2	23,4	30,2	33
M8 x 1	8.8	39,2	20,3	18,8	18,1	18,8	24,8	27,3	29,2	14,6	13,4	12,7	13,6	17,6	19,2
	10.9		29,7	27,7	26,6	27,7	36,4	40,1		21,5	19,6	18,7	20	25,8	28,2
	12.9		34,8	32,4	31,1	32,4	42,6	47,1		25,1	23	21,9	23,4	30,2	33
M10	8.8	58,0	29,5	27,3	26,2	36	46	51	42,4	20,7	18,9	17,9	25	32	35
	10.9		43,3	40,2	38,5	53	68	75		30,4	27,7	26,4	37	47	51
	12.9		50,7	47	45	61	80	88		35,6	32,4	30,8	43	55	60
M10x1,25	8.8	61,2	31,5	29,4	28,3	37	49	54	45,6	22,7	20,9	19,9	27	35	38
	10.9		46,5	43,2	41,5	55	72	80		33,5	30,6	29,2	40	51	56
	12.9		54,4	50,6	48,6	64	84	93		39,2	35,9	34,4	46	60	65
M12	8.8	84,3	43	39,9	38,3	61	80	87	61,7	30,3	27,6	26,3	43	55	60
	10.9		63	58,5	56,2	90	117	128		44,6	40,6	38,6	63	81	83
	12.9		73,9	68,5	65,8	105	137	150		52,1	47,7	45,2	74	95	103
M12x1,5	8.8	88,1	48,2	45	43,2	65	87	96	65,8	35	32,6	31	48	63	69
	10.9		70,8	66	63,5	96	128	141		52	47,8	45,7	71	93	102
	12.9		82,7	72,3	74,3	112	150	165		61	56	53,4	83	108	119
M16	8.8	157	81	75,3	72,4	147	194	214	117	58,4	53,4	51	106	137	150
	10.9		119	111	106	216	285	314		85,8	78,5	74,8	156	202	221
	12.9		140	130	124	253	333	367		100	91,8	87,5	182	236	258
M16x1,5	8.8	167	88	82,2	79,2	154	207	229	128	65,5	60,2	57,4	115	151	166
	10.9		129	121	116	227	304	336		96,2	88,4	84,5	169	222	244
	12.9		151	141	136	265	355	394		113	104	99	197	260	285
M20	8.8	245	131	121	117	297	391	430	182	92	86	82	215	278	304
	10.9		186	173	166	423	557	615		134	123	117	306	395	432
	12.9		218	202	194	495	653	720		157	144	137	358	462	505
M20x1,5	8.8	272	149	138	134	320	433	482	210	113	104	100	242	322	355
	10.9		212	200	190	455	618	685		160	148	142	345	460	508
	12.9		247	231	225	533	721	802		188	173	166	402	540	594
M24	8.8	353	188	175	168	512	675	743	262	136	124	118	370	480	523
	10.9		268	250	238	730	960	1060		193	177	168	527	682	745
	12.9		313	291	280	855	1125	1240		225	207	196	617	800	871
M24x2	8.8	384	210	196	189	545	735	816	295	158	145	139	410	543	600
	10.9		300	280	268	776	1046	1160		224	207	198	582	775	852
	12.9		350	327	315	908	1224	1360		263	242	230	682	905	998

Beim Montieren werden die Schrauben auf Zug und Torsion beansprucht. Durch das Anziehdrehmoment M_ε wird dabei die Streckgrenze des Schraubenwerkstoffes zu ca. 90% ausgenutzt.

1) A_s Spannungsquerschnitt

2) A_T Taillenquerschnitt

3) F Festigkeitsklasse der Schraube

4) μ = 0,08: Schraube MoS_2 geschmiert
μ = 0,12: Schraube leicht geölt
μ = 0,14: Schraube mit mikroverkapseltem Kunststoff gesichert

M

Schraubensicherungen

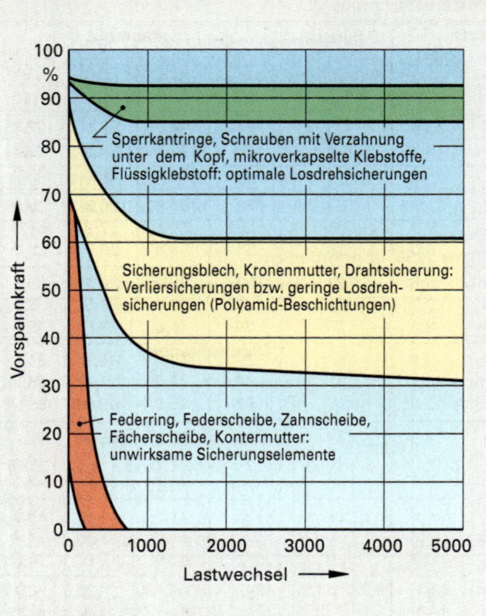

Vibrationsprüfung DIN 65151 verschiedener Sicherungselemente

Geprüft wurde das Sicherungsverhalten von Schraubenverbindungen unter Querbelastung an Schrauben ISO 4014-M10.

Bei ausreichend dimensionierten und zuverlässig montierten Schraubenverbindungen ist im Allgemeinen keine Schraubensicherung notwendig. Die Klemmkräfte verhindern ein Verschieben der verschraubten Teile bzw. ein Lockern der Schrauben und Muttern. In der Praxis kann es trotzdem aus folgenden Ursachen zum Verlust der Klemmkraft kommen:

- **Lockern der Schraubenverbindung** infolge von hohen Flächenpressungen, die plastische Verformungen auslösen (sog. Setzungen) und die Vorspannkraft der Schraubenverbindung vermindern.

  Abhilfe: möglichst wenig Trennfugen, geringe Oberflächenrauheit, Einsatz hochfester Schrauben (große Vorspannkraft).

- **Losdrehen der Schraubenverbindung:** Bei dynamisch senkrecht zur Schraubenachse belasteten Verbindungen kann ein vollständiges selbsttätiges Losdrehen erfolgen.

  Abhilfe erfolgt durch Sicherungselemente. Sie können je nach ihrer Wirkung in drei Gruppen unterschieden werden:

  Unwirksame Sicherungselemente (z. B. Federringe und Zahnscheiben).

  Verliersicherungen, die ein teilweises Losdrehen zulassen, jedoch verhindern, dass die Schraubverbindung auseinander fällt.

  Losdrehsicherungen (z. B. Kleber oder Sperrzahnschrauben). Die Vorspannkraft bleibt dabei annähernd erhalten. Die Mutter bzw. Schraube kann sich nicht lösen (beste Sicherungsmöglichkeit).

Übersicht über Schraubensicherungen

Verbindung	Sicherungselement	Norm	Art, Eigenschaft
mitverspannt, federnd	Federring Federscheibe Zahnscheibe Fächerscheibe	zurückgezogen zurückgezogen zurückgezogen zurückgezogen	unwirksam unwirksam unwirksam unwirksam
formschlüssig	Sicherungsblech Kronenmutter mit Splint Drahtsicherung	zurückgezogen DIN 935-1+2 –	Verliersicherung Verliersicherung Verliersicherung
kraftschlüssig (klemmend)	Kontermutter	–	unwirksam, Losdrehen möglich
	Schrauben und Muttern mit klemmender Polyamid-Beschichtung	DIN 267-28 ISO 2320	Verliersicherung bzw. geringe Losdrehsicherung
sperrend (kraft- und formschlüssig)	Schrauben mit Verzahnung unter dem Kopf	–	Losdrehsicherung, nicht für gehärtete Bauteile geeignet
	Sperrkantringe, Sperrkantscheiben, selbsthemmendes Scheibenpaar	– –	Losdrehsicherung, nicht für gehärtete Bauteile geeignet Losdrehsicherung
stoffschlüssig	mikroverkapselte Klebstoffe im Gewinde	DIN 267-27	Losdrehsicherung, dichtende Verbindung; Temperaturbereich –50 °C bis 150 °C
	Flüssigklebstoff	–	Losdrehsicherung

M

Schlüsselweiten, Antriebsarten von Schrauben

Schlüsselweiten für Schrauben, Armaturen und Fittings

vgl. DIN 475-1 (1984-01)

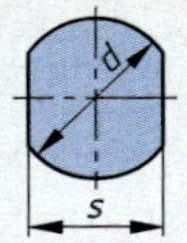

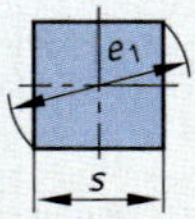

$e_1 = 1{,}4142 \cdot s$
$s = 0{,}7071 \cdot e_1$

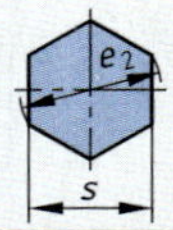

$e_2 = 1{,}1547 \cdot s$
$s = 0{,}8660 \cdot e_2$

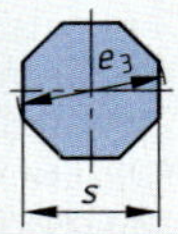

$e_3 = 1{,}0824 \cdot s$
$s = 0{,}9239 \cdot e_3$

Schlüsselweite (SW) Nennmaß s	Eckenmaß Zweikant d	Eckenmaß Vierkant e_1	Eckenmaß Sechskant e_2	Schlüsselweite (SW) Nennmaß s	Eckenmaß Zweikant d	Eckenmaß Vierkant e_1	Eckenmaß Sechskant e_2	Eckenmaß Achtkant e_3
3,2	3,7	4,5	3,5	21	24	29,7	23,4	22,7
3,5	4	4,9	3,8	22	25	31,1	24,5	23,8
4	4,5	5,7	4,4	23	26	32,5	25,6	24,9
4,5	5	6,4	4,9	24	28	33,9	26,8	26,0
5	6	7,1	5,5	25	29	35,5	27,9	27,0
5,5	7	7,8	6,0	26	31	36,8	29,0	28,1
6	7	8,5	6,6	27	32	38,2	30,1	29,1
7	8	9,9	7,7	28	33	39,6	31,3	30,2
8	9	11,3	8,8	30	35	42,4	33,5	32,5
9	10	12,7	9,9	32	38	45,3	35,7	34,6
10	12	14,1	11,1	34	40	48,0	37,7	36,7
11	13	15,6	12,1	36	42	50,9	40,0	39,0
12	14	17,0	13,3	41	48	58,0	45,6	44,4
13	15	18,4	14,4	46	52	65,1	51,3	49,8
14	16	19,8	15,5	50	58	70,7	55,8	54,1
15	17	21,2	16,6	55	65	77,8	61,3	59,5
16	18	22,6	17,8	60	70	84,8	67,0	64,9
17	19	24,0	18,9	65	75	91,9	72,6	70,3
18	21	25,4	20,0	70	82	99,0	78,3	75,7
19	22	26,9	21,1	75	88	106	83,9	81,2
20	23	28,3	22,2	80	92	113	89,6	86,6

⇒ **DIN 475 – SW 16:** Schlüsselweite mit Nennmaß s = 16 mm

Die Tabellenwerte nach DIN 475 gelten für fertig gepresste Halbzeuge, Schrauben, Muttern und Armaturen. Die mit der Formel $e_2 = 1{,}1547 \cdot s$ errechneten Eckenmaße sind größer als die Tabellenwerte, da sie sich auf das scharfkantige Sechskant beziehen. Berechnung regelmäßiger Vielecke: Seite 27

Antriebsarten von Schrauben

Bezeichnung	Eigenschaften	Bezeichnung	Eigenschaften
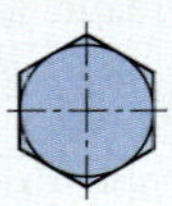 Außensechskant	Hohe übertragbare Drehmomente, keine Axialkraft erforderlich, relativ preisgünstig, Werkzeug für Schraube und Mutter identisch, viele Varianten, Werkzeug relativ groß	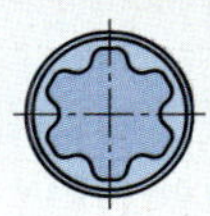 Außenvielzahn	Höhere Drehmomentübertragung als bei Außensechskant
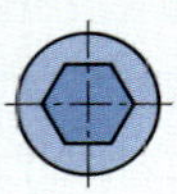 Innensechskant	Wie bei Außensechskant, aber übertragbares Drehmoment etwas kleiner, geringerer Platzbedarf für Werkzeug als beim Außensechskant	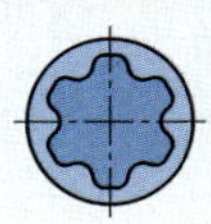 Innenvielzahn	Sehr gute Drehmomentübertragung, geringer Platzbedarf für Werkzeug
 Innensechskant mit Stift	Sicherheitsschraube, nur mit Spezialwerkzeug zu lösen, besondere Eignung für Schutz gegen Zerstörungen und Diebstahl, trotzdem gute Drehmomentübertragung	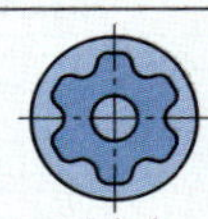 Innenvielzahn mit Sicherungsstift	Sicherheitsschraube, nur mit Spezialwerkzeug zu lösen, besondere Eignung für Schutz gegen Zerstörungen und Diebstahl, trotzdem gute Drehmomentübertragung
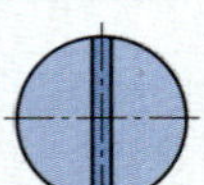 Längsschlitz	Preisgünstiges, gängiges, allerdings schlecht zentrierbares Werkzeug, niedriges übertragbares Drehmoment, große Flächenpressung an den Kraftangriffsflächen	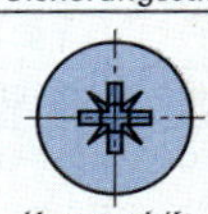 Kreuzschlitz Pozidriv Z	Höheres Drehmoment als bei Schrauben mit Längsschlitz, bessere Zentrierbarkeit des Werkzeuges, geringere Flächenpressung, ohne Diagonalkerben auch als Kreuzschlitz Phillips H erhältlich

M

Senkungen für Senkschrauben

Senkungen für Senkschrauben mit Kopfform nach ISO 7721 vgl. DIN EN ISO 15065 (2005-05), Ersatz für DIN 66

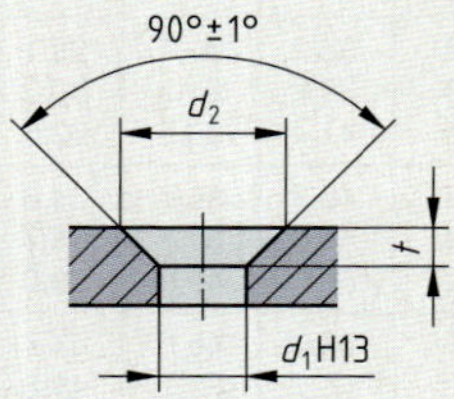

Zeichnerische Darstellung: Seite 83

Nenngröße	**1,6**	**2**	**2,5**	**3**	**3,5**	**4**
Metr. Schrauben	M1,6	M2	M2,5	M3	M3,5	M4
Blechschrauben	–	ST2,2	–	ST2,9	ST3,5	ST4,2
d_1 H13	1,8	2,4	2,9	3,4	3,9	4,5
d_2 min.	3,6	4,4	5,5	6,3	8,2	9,4
d_2 max.	3,7	4,5	5,6	6,5	8,4	9,6
$t_1 \approx$	1,0	1,1	1,4	1,6	2,3	2,6
Nenngröße	**5**	**5,5**	**6**	**8**	**10**	**–**
Metr. Schrauben	M5	–	M6	M8	M10	–
Blechschrauben	ST4,8	ST5,5	ST6,3	ST8	ST9,5	–
d_1 H13	5,5	6	6,6	9	11	–
d_2 min.	10,4	11,5	12,6	17,3	20	–
d_2 max.	10,7	11,8	12,9	17,6	20,3	–
$t_1 \approx$	2,6	2,9	3,1	4,3	4,7	–

⇒ **Senkung ISO 15065 – 8**: Nenngröße 8 (metr. Gewinde M8 bzw. Blechschraubengewinde ST8)

Anwendung für:

Senkschrauben mit Schlitz	DIN EN ISO 2009
Senkschrauben mit Kreuzschlitz	DIN EN ISO 7046-1
Linsensenkschrauben mit Schlitz	DIN EN ISO 2010
Linsensenkschrauben mit Kreuzschlitz	DIN EN ISO 7047
Senk-Blechschrauben mit Schlitz	DIN ISO 1482
Senk-Blechschrauben mit Kreuzschlitz	DIN ISO 7050
Linsensenk-Blechschrauben mit Schlitz	DIN ISO 1483
Linsensenk-Blechschrauben mit Kreuzschlitz	DIN ISO 7051
Senk-Bohrschrauben mit Kreuzschlitz	ISO 15482
Linsensenk-Bohrschrauben mit Kreuzschlitz	ISO 15483

Senkungen für Senkschrauben vgl. DIN 74 (2003-04)

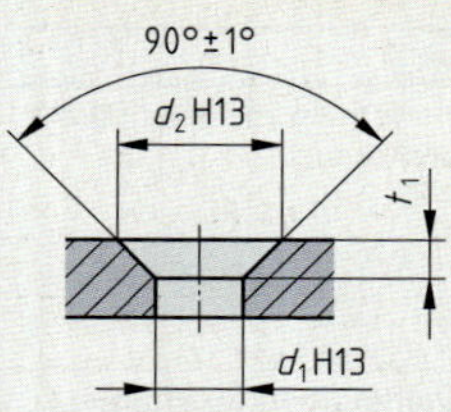

Form A und Form F

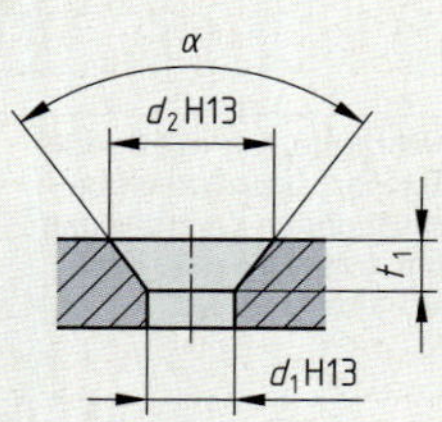

Form E

Zeichnerische Darstellung: Seite 83

Formen B, C und D nicht mehr genormt

Form A: Gewinde-Ø	1,6	2	2,5	3	4	4,5	5	6	7	8
d_1 H13[1)]	1,8	2,4	2,9	3,4	4,5	5	5,5	6,6	7,6	9
d_2 H13	3,7	4,6	5,7	6,5	8,6	9,5	10,4	12,4	14,4	16,4
$t_1 \approx$	0,9	1,1	1,4	1,6	2,1	2,3	2,5	2,9	3,3	3,7

⇒ **Senkung DIN 74 – A4:** Form A, Gewindedurchmesser 4 mm

Anwendung der Form A für:

Senk-Holzschrauben	DIN 97 und DIN 7997
Linsensenk-Holzschrauben	DIN 95 und DIN 7995

Form E: Gewinde-Ø	10	12	16	20	22	24
d_1 H13[1)]	10,5	13	17	21	23	25
d_2 H13	19	24	31	34	37	40
$t_1 \approx$	5,5	7	9	11,5	12	13
α	75° ± 1°			60° ± 1°		

⇒ **Senkung DIN 74 – E12:** Form E, Gewindedurchmesser 12 mm

Anwendung der Form E für: Senkschrauben für Stahlkonstruktionen DIN 7969

Form F: Gewinde-Ø	3	4	5	6	8	10	12	14	16	20
d_1 H13[1)]	3,4	4,5	5,5	6,6	9	11	13,5	15,5	17,5	22
d_2 H13	6,9	9,2	11,5	13,7	18,3	22,7	27,2	31,2	34,0	40,7
$t_1 \approx$	1,8	2,3	3,0	3,6	4,6	5,9	6,9	7,8	8,2	9,4

⇒ **Senkung DIN 74 – F12:** Form F, Gewindedurchmesser 12 mm

Anwendung der Form F für: Senkschrauben mit Innensechskant DIN EN ISO 10642 (Ersatz für DIN 7991)

1) Durchgangsloch mittel nach DIN EN 20273, Seite 211

M

Senkungen für Zylinder- und Sechskantschrauben

Senkungen für Schrauben mit Zylinderkopf

vgl. DIN 974-1 (1991-05)

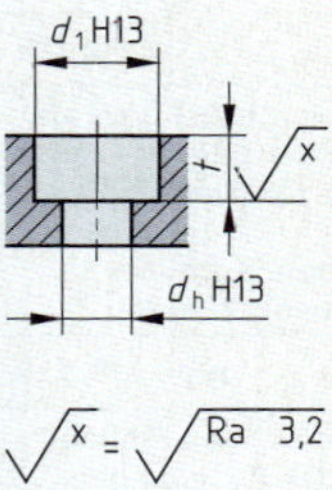

	d	3	4	5	6	8	10	12	16	20	24	27	30	36
	d_h H13[1]	3,4	4,5	5,5	6,6	9	11	13,5	17,5	22	26	30	33	39
d_1 H13	Reihe 1	6,5	8	10	11	15	18	20	26	33	40	46	50	58
	Reihe 2	7	9	11	13	18	24	–	–	–	–	–	–	–
	Reihe 3	6,5	8	10	11	15	18	20	26	33	40	46	50	58
	Reihe 4	7	9	11	13	16	20	24	30	36	43	46	54	63
	Reihe 5	9	10	13	15	18	24	26	33	40	48	54	61	69
	Reihe 6	8	10	13	15	20	24	33	43	48	58	63	73	–
t[2]	ISO 1207	2,4	3,0	3,7	4,3	5,6	6,6	–	–	–	–	–	–	–
	ISO 4762	3,4	4,4	5,4	6,4	8,6	10,6	12,6	16,6	20,6	24,8	31,0	34,0	37,0
	DIN 7984	2,4	3,2	3,9	4,4	5,4	6,4	7,6	9,6	11,6	13,8	–	–	–

⇒ DIN 974 sieht keine Kurzbezeichnung für Senkungen vor.

Reihe	Schrauben mit Zylinderkopf ohne Unterlegteile	
1	Schrauben ISO 1207, ISO 4762, DIN 6912, DIN 7984	
2	Schrauben ISO 1580, DIN 7985	
	Schrauben mit Zylinderkopf und folgenden Unterlegteilen:	
3	Schrauben ISO 1207, ISO 4762, DIN 7984 mit Federringen DIN 7980[3]	
4	Scheiben DIN EN ISO 7092 Federscheiben DIN 137 Form A[3] Federringe DIN 128 + DIN 6905[3]	Zahnscheiben DIN 6797[3] Fächerscheiben DIN 6798[3] Fächerscheiben DIN 6907[3]
5	Scheiben DIN EN ISO 7090 Scheiben DIN 6902 Form A[3]	Federscheiben DIN 137 Form B[3] Federscheiben DIN 6904[3]
6	Spannscheiben DIN 6796	

Zeichnerische Darstellung: Seite 83

[1] Durchgangsloch nach DIN EN ISO 273, Reihe mittel, Seite 211
[2] Für Schrauben ohne Unterlegteile
[3] Normen zurückgezogen

Senkungen für Sechskantschrauben und Sechskantmuttern

vgl. DIN 974-2 (1991-05)

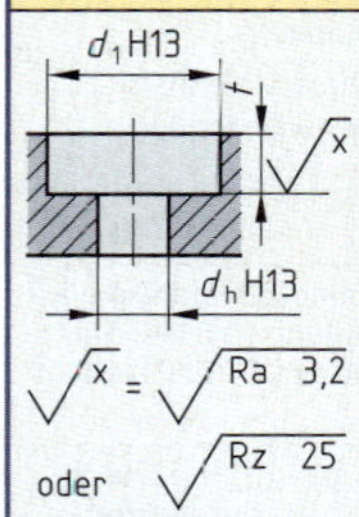

	d	4	5	6	8	10	12	14	16	20	24	27	30	33	36	42
	s	7	8	10	13	16	18	21	24	30	36	41	46	50	55	65
	d_h H13	4,5	5,5	6,6	9	11	13,5	15,5	17,5	22	26	30	33	36	39	45
d_1 H13	Reihe 1	13	15	18	24	28	33	36	40	46	58	61	73	76	82	93
	Reihe 2	15	18	20	26	33	36	43	46	54	73	76	82	89	93	107
	Reihe 3	10	11	13	18	22	26	30	33	40	48	54	61	69	73	82
t[1]	Sechsk.schr.	3,2	3,9	4,4	5,7	6,8	8,1	–	10,6	13,1	15,8	–	19,7	23,5	–	–

⇒ DIN 974 sieht keine Kurzbezeichnung für Senkungen vor.

Reihe 1: für Steckschlüssel DIN 659, DIN 896, DIN 3112 oder Steckschlüsseleinsätze DIN 3124
Reihe 2: für Ringschlüssel DIN 838, DIN 897 oder Steckschlüsseleinsätze DIN 3129
Reihe 3: für Ansenkungen bei beengten Raumverhältnissen (für Spannscheiben nicht geeignet)
[1] Für Sechskantschrauben ISO 4014, ISO 4017, ISO 8765, ISO 8676 ohne Unterlegteile

Zeichnerische Darstellung: Seite 83

Berechnung der Senktiefe für bündigen Abschluss (für DIN 974-1 und DIN 974-2)

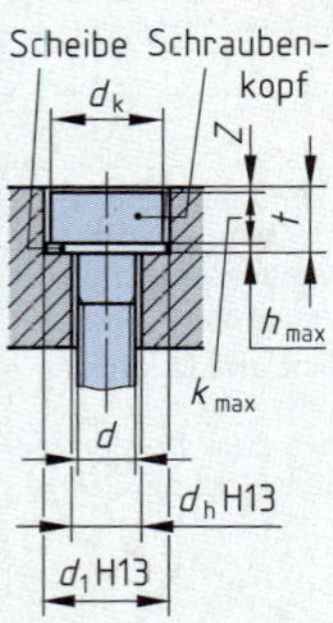

Ermittlung der Zugabe Z

Gewinde-Nenn-∅ d	von 1 bis 1,4	über 1,4 bis 6	über 6 bis 20	über 20 bis 27	über 27 bis 100
Zugabe Z	0,2	0,4	0,6	0,8	1,0

t Senktiefe
k_{max} maximale Kopfhöhe der Schraube
h_{max} maximale Höhe des Unterlegteiles
Z Zugabe entspr. dem Gewinde-Nenndurchmesser (vgl. Tabelle)

Senktiefe[1]

$$t = k_{max} + h_{max} + Z$$

[1] Falls die Werte k_{max} und h_{max} nicht zur Verfügung stehen, können näherungsweise die Werte k und h verwendet werden.

M

Muttern – Übersicht

Bild	Ausführung	Normbereich von…bis	Norm	Verwendung, Eigenschaften
Sechskantmuttern, Typ 1				Seite 228
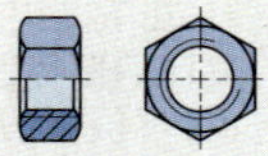	mit Regelgewinde	M1,6 … M64	DIN EN ISO 4032	am häufigsten verwendete Muttern, Verwendung für Schrauben bis zur gleichen Festigkeitsklasse; **Feingewinde:** höhere Kraftübertragung als bei Regelgewinden
	mit Feingewinde	M8x1 … M64x4	DIN EN ISO 8673	
Sechskantmuttern, Typ 2				Seite 229
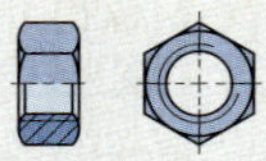	mit Regelgewinde	M5 … M36	DIN EN ISO 4033	Mutterhöhe *m* ist ca. 10% höher als bei Muttern des Typs 1, Verwendung für Schrauben bis zur gleichen Festigkeitsklasse; **Feingewinde:** höhere Kraftübertragung als bei Regelgewinden
	mit Feingewinde	M8x1 … M36x3	DIN EN ISO 8674	
Niedrige Sechskantmuttern				Seite 229, 230
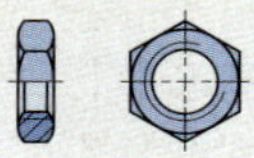	mit Regelgewinde	M1,6 … M64	DIN EN ISO 4035	Verwendung bei niedrigen Einbauhöhen und geringen Belastungen; **Feingewinde:** höhere Kraftübertragung als bei Regelgewinden
	mit Feingewinde	M8x1 … M64x4	DIN EN ISO 8675	
Sechskantmuttern mit Klemmteil				Seite 230
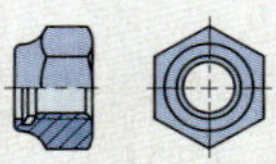	mit Regelgewinde	M3 … M36	DIN EN ISO 7040	selbstsichernde Muttern mit voller Belastbarkeit und nichtmetallischem Einsatz, bis zu Betriebstemperaturen von 120 °C; **Feingewinde:** höhere Kraftübertragung als bei Regelgewinden
	mit Feingewinde	M8x1 … M36x3	DIN EN ISO 10512	
	mit Regelgewinde	M5 … M36	DIN EN ISO 7719	selbstsichernde Ganzmetallmuttern mit voller Belastbarkeit; **Feingewinde:** höhere Kraftübertragung als bei Regelgewinden
	mit Feingewinde	M8x1 … M36x3	DIN EN ISO 10513	
Sechskantmuttern, andere Formen				Seite 230, 232
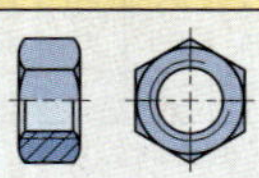	mit großen Schlüsselweiten, Regelgewinde	M12 … M36	DIN EN 14399-4	Metallbau; hochfeste planmäßig vorgespannte Verbindungen (HV), mit Sechskantschrauben DIN EN 14999-4 (Seite 214)
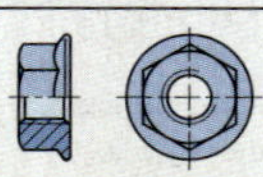	mit Flansch, Regelgewinde	M5 … M20	DIN EN 1661	Verwendung z.B. bei großen Durchgangsbohrungen oder zur Verringerung der Flächenpressung
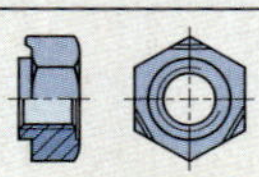	Schweißmuttern, Regelgewinde	M3 … M16 M8x1 … M16x1,5	DIN 929	Verwendung in Blechkonstruktionen; Muttern werden mit den Blechen meist durch Buckelschweißen verbunden
Kronenmuttern, Splinte				Seite 232
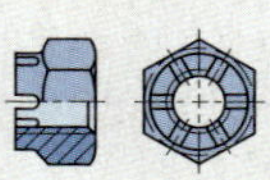	hohe Form, Regel- oder Feingewinde	M4 … M100 M8x1 … M100x4	DIN 935	Verwendung z.B. zur axialen Fixierung von Lagern, Naben, in Sicherheitsverschraubungen (Lenkungsbereich von Fahrzeugen) Sicherung mit Splint und Querbohrung in der Schraube, bei voller Belastung der Schrauben werden die Splinte ab Festigkeitsklasse 8.8 abgeschert
	niedrige Form, Regel- oder Feingewinde	M6 … M48 M8x1 … M48x3	DIN 979	
	Splinte	0,6x12 … 20x280	DIN EN ISO 1234	

M

Muttern – Übersicht, Bezeichnung von Muttern

Bild	Ausführung	Normbereich von ... bis	Norm	Verwendung, Eigenschaften
Hutmuttern				Seite 231
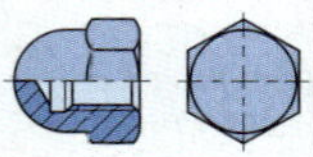	hohe Form, Regel- oder Feingewinde	M4 ... M36 M8x1 ... M24x2	DIN 1587	dekorativer und dichter Abschluss von Verschraubungen nach außen, Schutz für das Gewinde, Schutz vor Verletzungen
	niedrige Form, Regel- oder Feingewinde	M4 ... M48 M8x1 ... M48x3	DIN 917	
Ringmuttern, Ringschrauben				Seite 231
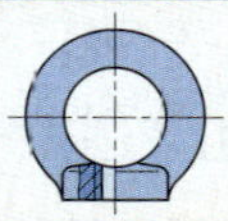	Ringmuttern, Regel- oder Feingewinde	M8 ... M100x6 M20x2 ... M100x4	DIN 582	Transportösen an Maschinen und Geräten; Belastung hängt vom Lastzugwinkel ab, spanende Bearbeitung der Auflagefläche des Flansches erforderlich
Nutmuttern, Sicherungsbleche				Seite 231
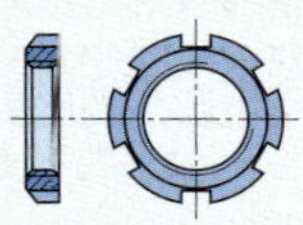	Nutmuttern mit Feingewinde	M10x1 ... M200x1,5	DIN 70852	zur axialen Fixierung, z. B. von Naben, bei kleinen Einbauhöhen und geringen Belastungen, Sicherung mit Sicherungsblech
	Sicherungsbleche	10 ... 200	DIN 70952	
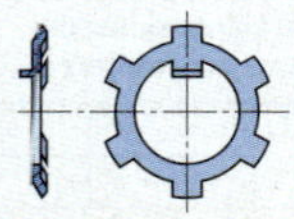	Nutmuttern mit Feingewinde	M10x0,75 ... M115x2 (KM0 ... KM23)	DIN 981	zur axialen Fixierung von Wälzlagern zur Einstellung des Lagerspieles, z. B. bei Kegelrollenlagern, Sicherung mit Sicherungsblech
	Sicherungsbleche	10 ... 115 (MB0 ... MB23)	DIN 5406	
Rändelmuttern				Seite 232
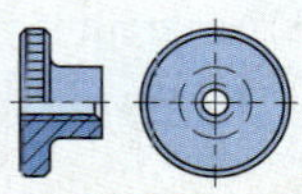	hohe Form, Regelgewinde	M1 ... M10	DIN 466	Verwendung bei Verschraubungen, die häufig geöffnet werden, z. B. im Vorrichtungsbau, in Schaltschränken
	niedrige Form, Regelgewinde	M1 ... M10	DIN 467	
Sechskant-Spannschlossmuttern				
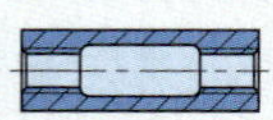	Regelgewinde	M6 ... M30	DIN 1479	zur Verbindung und Einstellung, z. B. von Gewinde- und Schubstangen, mit Links- und Rechtsgewinde; Sicherung mit Gegenmuttern

Bezeichnung von Muttern

vgl. DIN 962 (2001-11)

Beispiele:

Sechskantmutter ISO 4032 – M12 – 8
Kronenmutter DIN 929 – M8 x 1 – St
Sechskantmutter EN 1661 – M12 – 10

- Bezeichnung
- Bezugsnorm, z. B. ISO, DIN, EN; Nummer des Normblattes[1)]
- Nenndaten, z. B.
  M → metrisches Gewinde
  8 → Nenndurchmesser d
  1 → Gewindesteigung P bei Feingewinden
- Festigkeitsklasse, z. B. 05, 8, 10
  Werkstoff, z. B.: St Stahl
  GT Temperguss

[1)] Muttern, die nach ISO oder DIN EN ISO genormt sind, erhalten in der Bezeichnung das Kurzzeichen **ISO**.
Muttern, die nach DIN genormt sind, erhalten in der Bezeichnung das Kurzzeichen **DIN**.
Muttern, die nach DIN EN genormt sind, erhalten in der Bezeichnung das Kurzzeichen **EN**.

M

Festigkeitsklassen, Sechskantmuttern mit Regelgewinde

Festigkeitsklassen von Muttern

vgl. DIN EN 20898-2 (1994-02), DIN EN ISO 3506-2 (1998-03)

Beispiele:

	unlegierte und legierte Stähle DIN EN 29898-2	**nichtrostende Stähle** DIN EN ISO 3506-2
	Mutterhöhe $m \geq 0{,}8 \cdot d$: **8**	Mutterhöhe $m \geq 0{,}8 \cdot d$: **A 2 – 70**
	Mutterhöhe $m < 0{,}8 \cdot d$: **04**	Mutterhöhe $m < 0{,}8 \cdot d$: **A 4 – 035**

Kennzahl	**Stahlgefüge**	**Stahlgruppe**	**Kennzahl**
8 Festigkeitsklasse 04 niedrige Mutter, Prüfspannung = 4 · 100 N/mm²	A austenitisch F ferritisch	1 Automatenlegierung 2 legiert mit Cr, Ni 4 legiert mit Cr, Ni, Mo	70 Prüfspannung = 70 · 10 N/mm² 035 niedrige Mutter, Prüfspannung = 35 · 10 N/mm²

Zulässige Kombinationen von Muttern und Schrauben

vgl. DIN EN 20898-2 (1994-02)

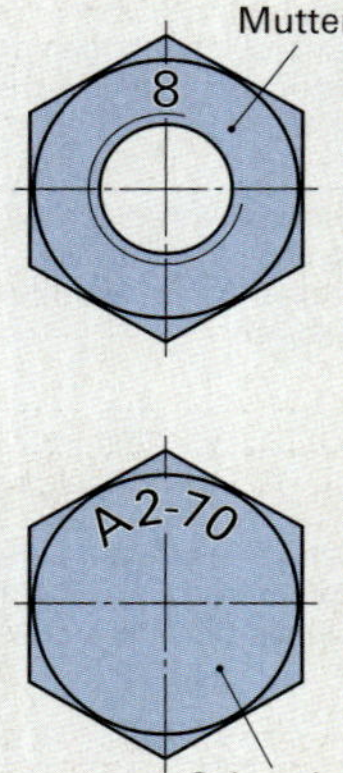

Festigkeitsklasse der Mutter	verwendbare Schrauben bis zur Festigkeitsklasse: unlegierte und legierte Stähle 4.8	5.8	6.8	8.8	9.8	10.9	12.9	nichtrostende Stähle A2-50	A2-70	A4-50	A4-70
4	■										
5	■	■									
6	■	■	■								
8	■	■	■	■							
9	■	■	■	■	■						
10	■	■	■	■	■	■					
12	■	■	■	■	■	■	■				
A2-50								■			
A2-70								■	■		
A4-50										■	
A4-70										■	■
04, 05, A2-025, A4-025	Festigkeitsklassen für niedrige Muttern. Die Muttern sind für kleine Belastungen ausgelegt. Schrauben und Muttern der gleichen Werkstoffgruppe, z.B. nichtrostender Stahl, sind miteinander kombinierbar.										

■ zulässige Kombinationen von Festigkeitsklassen bei Muttern und Schrauben

Sechskantmuttern mit Regelgewinde, Typ 1[1)]

vgl. DIN EN ISO 4032 (2001-03)

Gültige Norm DIN EN ISO	Ersatz für DIN EN	DIN
4032	24032	934

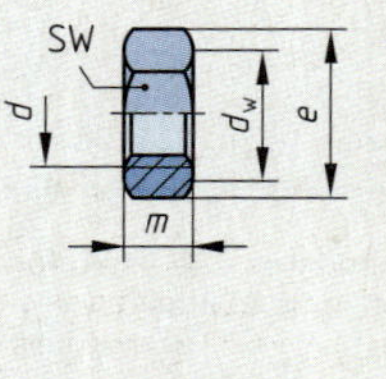

Gewinde d	M1,6	M2	M2,5	M3	M4	M5	M6	M8	M10
SW	3,2	4	5	5,5	7	8	10	13	16
d_w	2,4	3,1	4,1	4,6	5,9	6,9	8,9	11,6	14,6
e	3,4	4,3	5,5	6	7,7	8,8	11,1	14,4	17,8
m	1,3	1,6	2	2,4	3,2	4,7	5,2	6,8	8,4
Festigkeitsklassen	nach Vereinbarung			6, 8, 10					
	A2-70, A4-70								
Gewinde d	**M12**	**M16**	**M20**	**M24**	**M30**	**M36**	**M42**	**M48**	**M56**
SW	18	24	30	36	46	55	65	75	85
d_w	16,6	22,5	27,7	33,3	42,8	51,1	60	69,5	78,7
e	20	26,8	33	39,6	50,9	60,8	71,3	82,6	93,6
m	10,8	14,8	18	21,5	25,6	31	34	38	45
Festigkeitsklassen	6, 8, 10						nach Vereinbarung		
	A2-70, A4-70				A2-50, A4-50		–		
Erläuterung	1) Typ1: Mutterhöhe $m \geq 0{,}8 \cdot d$								
⇒	**Sechskantmutter ISO 4032 – M10 – 10**: d = M10, Festigkeitsklasse 10								

Produktklassen (Seite 211)

Gewinde d	Klasse
M1,6 … M16	A
M20 … M64	B

M

Sechskantmuttern

Sechskantmuttern mit Regelgewinde, Typ 2[1]

vgl. DIN EN ISO 4033 (2001-03), Ersatz für DIN EN 24033

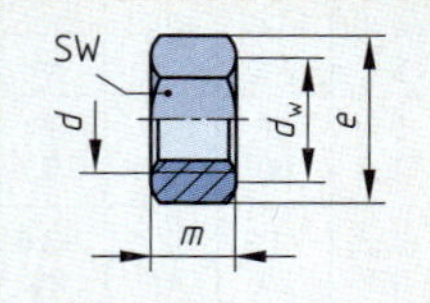

Gewinde d	M5	M6	M8	M10	M12	M16	M20	M24	M30	M36
SW	8	10	13	16	18	24	30	36	46	55
d_w	6,9	8,9	11,6	14,8	14,6	22,5	27,7	33,2	42,7	51,1
e	8,8	11,1	14,4	17,8	20	26,8	33	39,6	50,9	60,8
m	5,1	5,7	7,5	9,3	12	16,4	20,3	23,9	28,6	34,7
Festigkeitskl.	9, 12									

Produktklassen (Seite 211)

Gewinde d	Klasse
M1,6 ... M16	A
M20 ... M64	B

Erläuterung: [1] Sechskantmuttern des Typs 2 sind ca. 10% höher als Muttern des Typs 1.

⇒ **Sechskantmutter ISO 4033 – M24 – 9:** d = M24, Festigkeitsklasse 9

Sechskantmuttern mit Feingewinde, Typ 1 und Typ 2[1]

vgl. DIN EN ISO 8673 und 8674 (2001-03)

Gültige Norm DIN EN ISO	Ersatz für DIN EN	Ersatz für DIN
8673	28673	934
8674	28674	971

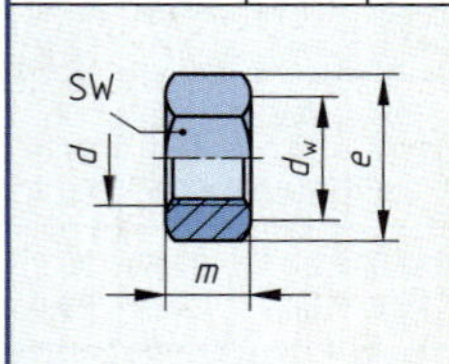

Gewinde d	M8x1	M10x1	M12x1,5	M16x1,5	M20x1,5	M24x2	M30x2	M36x3	M42x3	M48x3	M56x4
SW	13	16	18	24	30	36	46	55	65	75	85
d_w	11,6	14,6	16,6	22,5	27,7	33,3	42,8	51,1	60	69,5	78,6
e	14,4	17,8	20	26,8	33	39,6	50,9	60,8	71,3	82,6	93,6
m_1[1]	6,8	8,4	10,8	14,8	18	21,5	25,6	31	34	38	45
m_2[1]	7,5	9,3	12	16,4	20,3	23,9	28,6	34,7	–	–	–
Festigkeitsklassen Typ 1	6, 8								nach Vereinbarung		
Festigkeitsklassen Typ 1	A2-70, A4-70						A2-50, A4-50		nach Vereinbarung		
Festigkeitsklassen Typ 2	8, 10, 12				10				–		

Produktklassen (Seite 211)

Gewinde d	Klasse
M8x1 ... M16x1,5	A
M20x1,5 ... M64x3	B

Erläuterung: [1] Sechskantmutter Typ 1: DIN EN ISO 8673, Mutterhöhe $m_1 \geq 0{,}8 \cdot d$
Sechskantmutter Typ 2: DIN EN ISO 8674, Mutterhöhe m_2 ist ca. 10% größer als bei Muttern des Typs 1.

⇒ **Sechskantmutter ISO 8673 – M8x1 – 6:** d = M8x1, Festigkeitsklasse 6

Niedrige Sechskantmuttern mit Regelgewinde[1]

vgl. DIN EN ISO 4035 (2001-03)

Gültige Norm DIN EN ISO	Ersatz für DIN EN
4035	24035

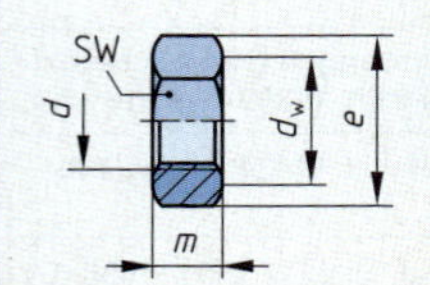

Gewinde d	M1,6	M2	M2,5	M3	M4	M5	M6	M8	M10
SW	3,2	4	5	5,5	7	8	10	13	16
d_w	2,4	3,1	4,1	4,6	5,9	6,9	8,9	11,6	14,6
e	3,4	4,3	5,5	6	7,7	8,8	11,1	14,4	17,8
m	1	1,2	1,6	1,8	2,2	2,7	3,2	4	5
Festigkeitsklassen	nach Vereinbarung			04, 05					
Festigkeitsklassen	A2-035, A4-035								

Gewinde d	M12	M16	M20	M24	M30	M36	M42	M48	M56
SW	18	24	30	36	46	55	65	75	85
d_w	16,6	22,5	27,7	33,2	42,8	51,1	60	69,5	78,7
e	20	26,8	33	39,6	50,9	60,8	71,3	82,6	93,6
m	6	8	10	12	15	18	21	24	23
Festigkeitsklassen	04, 05						nach Vereinbarung		
Festigkeitsklassen	A2-035, A4-035				A2-025, A4-025		–		

Produktklassen (Seite 211)

Gewinde d	Klasse
M1,6 ... M16	A
M20 ... M36	B

Erläuterung: [1] Niedrige Sechskantmuttern (Mutterhöhe $m < 0{,}8 \cdot d$) sind geringer belastbar als Muttern des Typs 1.

⇒ **Sechskantmutter ISO 4035 – M16 – A2-035:**
d = M16, Festigkeitsklasse A2-035

M

Sechskantmuttern

Niedrige Sechskantmuttern mit Feingewinde[1]

vgl. DIN EN ISO 8675 (2001-03)

Gültige Norm DIN EN ISO	Ersatz für DIN EN
8675	28675

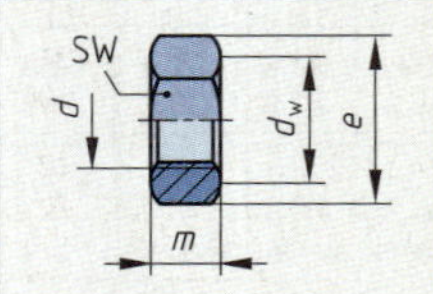

Produktklassen (Seite 211)

Gewinde *d*	Klasse
M8x1…M16x1,5	A
M20x1,5…M64x3	B

Gewinde *d*	M8 x1	M10 x1	M12 x1,5	M16 x1,5	M20 x1,5	M24 x2	M30 x2	M36 x3	M42 x3	M48 x4	M56 x4
SW	13	16	18	24	30	36	46	55	65	75	85
d_w	11,6	14,6	16,6	22,5	27,7	33,3	42,8	51,1	60	69,5	76,7
e	14,4	17,8	20	26,8	33	39,6	50,9	60,8	71,3	82,6	93,6
m	4	5	6	8	10	12	15	18	21	24	28
Festigkeitsklassen	04, 05								nach Vereinbarung		
	A2-035, A4-035						2)				

Erläuterungen:
1) Niedrige Sechskantmuttern (Mutterhöhe m < 0,8 · *d*) sind geringer belastbar als Muttern des Typs 1 (Seite 229).
2) Festigkeitsklassen für nichtrostende Stähle: A2-025, A4-025

⇒ **Sechskantmutter ISO 8675 – M20x1,5 – A2-035:** *d* = M20x1,5, Festigkeitsklasse A2-035

Sechskantmuttern mit Klemmteil, Typ 1[1]

vgl. DIN EN ISO 7040 und 10512 (2001-03)

Gültige Norm DIN EN ISO	Ersatz für DIN EN	DIN
7040	27040	982
10512		

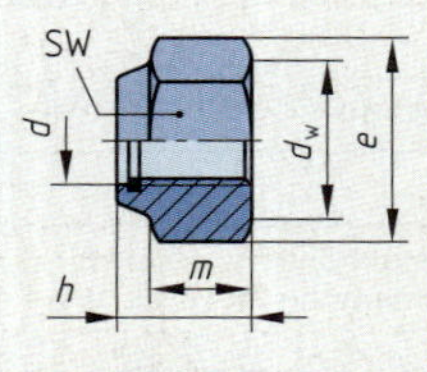

Produktklassen siehe DIN EN ISO 4032

Gewinde *d*	M4 –	M5 –	M6 –	M8 M8 x1	M10 M10 x1	M12 M12 x1,5	M16 M16 x1,5	M20 M20 x1,5	M24 M24 x2	M30 M30 x2	M36 M36 x3
SW	7	8	10	13	16	18	24	30	36	46	55
d_w	5,9	8,9	8,9	11,6	14,6	16,6	22,5	27,7	33,3	42,8	51,1
e	7,7	8,8	11,1	14,4	17,8	20	26,8	33	39,6	50,9	60,8
h	6	6,8	8	9,5	11,9	14,9	19,1	22,8	27,1	32,6	38,9
m	2,9	4,4	4,9	6,4	8	10,4	14,1	16,9	20,2	24,3	29,4
Festigkeitskl.	bei DIN EN ISO 7040: 5, 8, 10					bei DIN EN ISO 10512: 6, 8, 10					

Erläuterung:
1) Sechskantmuttern Typ 1 (Mutterhöhe $m \geq 0{,}8 \cdot d$)
DIN EN ISO 7040: Muttern mit Regelgewinde
DIN EN ISO 10512: Muttern mit Feingewinde

⇒ **Sechskantmutter ISO 7040 – M16-10:** *d* = M10, Festigkeitsklasse 10

Sechskantmuttern mit großen Schlüsselweiten[1]

vgl. DIN EN 14399-4 (2006-06), Ersatz für DIN 6915

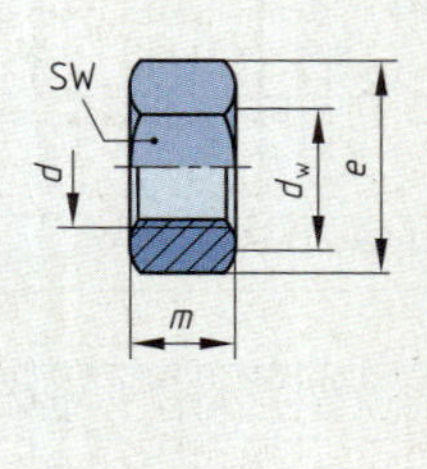

Produktklasse B

Gewinde *d*	M12	M16	M20	M22	M24	M27	M30	M36
SW	22	27	32	36	41	46	50	60
d_w	20,1	24,9	29,5	33,3	38	42,8	46,6	55,9
e	23,9	29,6	35	39,6	45,2	50,9	55,4	66,4
m	10	13	16	18	20	22	24	29
Festigkeitskl., Oberfläche	10 normal –> leicht geölt, feuerverzinkt –> Kurzzeichen: tZn							

Erläuterung:
1) für hochfeste planmäßig vorgespannte Verbindungen (HV) im Metallbau. Verwendung mit Sechskantschrauben DIN EN 14399-4 (Seite 214).

⇒ **Sechskantmutter DIN EN 14399-4 – M16 – 10 – HV:** *d* = M24, Festigkeitsklasse 10, hochfest vorgespannt

Sechskantmuttern mit Flansch

vgl. DIN EN 1661 (1998-02)

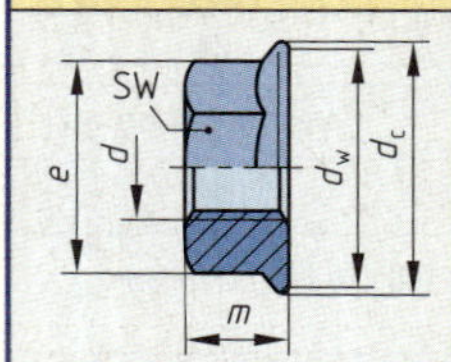

Produktklassen siehe DIN EN ISO 4032

Gewinde *d*	M5	M6	M8	M10	M12	M16	M20
SW	8	10	13	16	18	24	30
d_w	9,8	12,2	15,8	19,6	23,8	31,9	39,9
d_c	11,8	14,2	17,9	21,8	26	34,5	42,8
e	8,8	11,1	14,4	17,8	20	26,8	33
m	5	6	8	10	12	16	20
Festigkeitskl.	8, 10, A2-70						

⇒ **Sechskantmutter EN 1661 – M16-8:** *d* = M16, Festigkeitsklasse 8

M

Sechskant-Hutmuttern, Nutmuttern, Ringmuttern

Sechskant-Hutmuttern, hohe Form

vgl. DIN 1587 (2000-10)

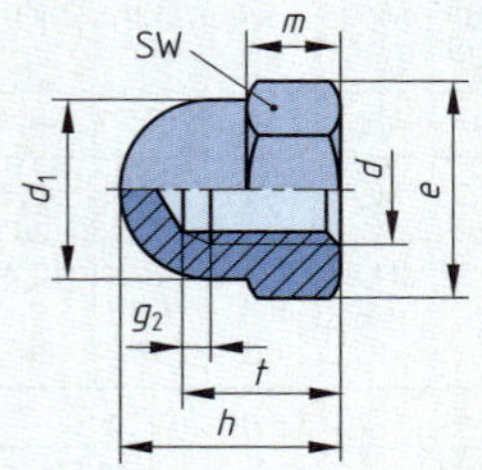

Produktklasse A oder B nach Wahl des Herstellers

Gewinde *d*	M4 –	M5 –	M6 –	M8 M8 x1	M10 M10 x1	M12 M12 x1,5	M16 M16 x1,5	M20 M20 x2	M24 M24 x2
SW	7	8	10	13	16	18	24	30	36
d_1	6,5	7,5	9,5	12,5	15	17	23	28	34
m	3,2	4	5	6,5	8	10	13	16	19
e	7,7	8,8	11,1	14,4	17,8	20	26,8	33,5	40
h	8	10	12	15	18	22	28	34	42
t	5,3	7,2	7,8	10,7	13,3	16,3	20,6	25,6	30,5
g_2	$g \approx 2 \cdot P$ (*P* Gewindesteigung)					Gewindefreistich DIN 76-D			
Festigkeitskl.	6, A1-50								
⇒	**Hutmutter DIN 1587 – M20 – 6:** *d* = M20, Festigkeitsklasse 6								

Nutmuttern

vgl. DIN 70852 (1989-06)

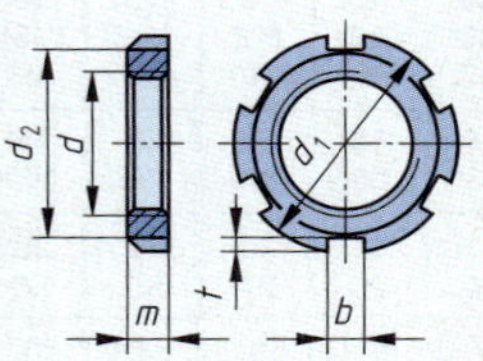

Gewinde *d*	M12 x1,5	M16 x1,5	M20 x1,5	M24 x1,5	M30 x1,5	M35 x1,5	M40 x1,5	M48 x1,5	M55 x1,5	M60 x1,5	M65 x1,5
d_1	22	28	32	38	44	50	56	65	75	80	85
d_2	18	23	27	32	38	43	49	57	67	71	76
m	6	6	6	7	7	8	8	8	8	9	9
b	4,5	5,5	5,5	6,5	6,5	7	7	8	8	11	11
t	1,8	2,3	2,3	2,8	2,8	3,3	3,3	3,8	3,8	4,3	4,3
Werkstoff	St (Stahl)										
⇒	**Nutmutter DIN 70852 – M16x1,5 – St:** *d* = M16x1,5, Werkstoff Stahl										

Sicherungsbleche

vgl. DIN 70952 (1976-05)

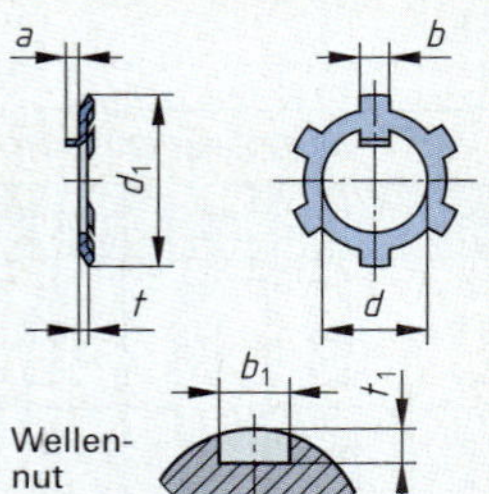

d	12	16	20	24	30	35	40	48	55	60	65
d_1	24	29	35	40	48	53	59	67	79	83	88
t	0,75	1	1	1	1,2	1,2	1,2	1,2	1,2	1,5	1,5
a	3	3	4	4	5	5	5	5	6	6	6
b	4	5	5	6	7	7	8	8	10	10	10
b_1 C11	4	5	5	6	7	7	8	8	10	10	10
t_1	1,2	1,2	1,2	1,2	1,5	1,5	1,5	1,5	1,5	2	2
Werkstoff	St (Stahlblech)										
⇒	**Sicherungsblech DIN 70952-16 – St:** *d* = 16 mm, Werkstoff Stahl										

Ringmuttern

vgl. DIN 582 (2003-08)

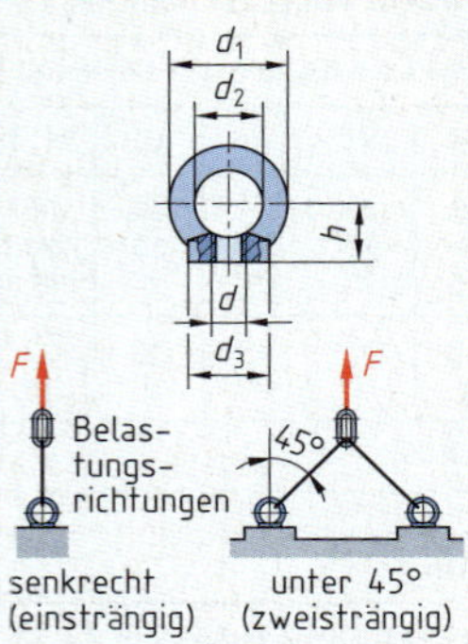

Gewinde *d*	M8	M10	M12	M16	M20	M24	M30	M36	M42	M48	M56
h	18	22,5	26	30,5	35	45	55	65	75	85	95
d_1	36	45	54	63	72	90	108	126	144	166	184
d_2	20	25	30	35	40	50	60	70	80	90	100
d_3	20	25	30	35	40	50	65	75	85	100	110
	Tragfähigkeit[1] in t bei Belastungsrichtung										
senkrecht	0,14	0,23	0,34	0,70	1,20	1,80	3,20	4,60	6,30	8,60	11,5
unter 45°	0,10	0,17	0,24	0,50	0,86	1,29	2,30	3,30	4,50	6,10	8,20
Werkstoffe	Einsatzstahl C15, A2, A3, A4, A5										
Erläuterung	[1] Die Werte enthalten eine Sicherheit $\nu = 6$, bezogen auf die Bruchkraft.										
⇒	**Ringmutter DIN 582 – M36 – C15E:** *d* = M36x3, Werkstoff C15E										

M

Kronenmuttern, Splinte, Schweißmuttern, Rändelmuttern

Kronenmuttern, hohe Form

vgl. DIN 935-1 (2000-10)

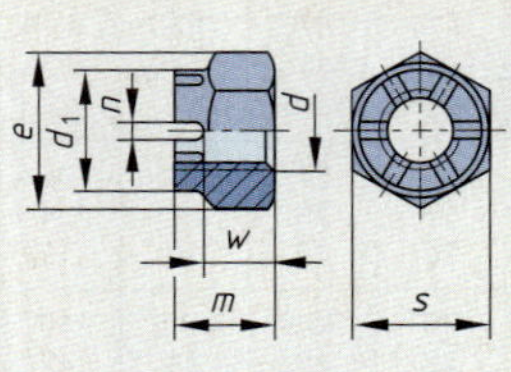

Gewinde d	M4 –	M5 –	M6 –	M8 M8 x1	M10 M10 x1	M12 M12 x1,5	M16 M16 x1,5	M20 M20 x2	M24 M24 x2	M30 M30 x2
s	7	8	10	13	16	18	24	30	36	46
e	7,7	8,8	11,1	14,4	17,8	20	26,8	33	39,6	50,9
m	5	6	7,5	9,5	12	15	19	22	27	33
d_1	kein zylindrischer Ansatz					15,6	21,5	27,7	33,2	42,7
n	1,2	1,4	2	2,5	2,8	3,5	4,5	4,5	5,5	7
w	3,2	4	5	6,5	8	10	13	16	19	24
Festigkeits-klassen	6, 8, 10									
	A2-70								A2-50	
⇒	**Kronenmutter DIN 935 – M20 – 8:** d = M20, Festigkeitsklasse 8									

Produktklassen (Seite 211)

Gewinde d	Klasse
M1,6…M16	A
M20…M100	B

Splinte

vgl. DIN EN ISO 1234 (1998-02)

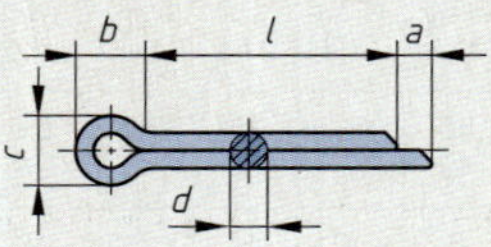

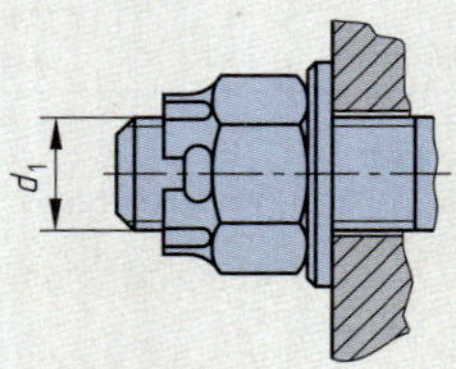

$d^{1)}$	1	1,2	1,6	2	2,5	3,2	4	5	6,3	8
b	3	3	3,2	4	5	6,4	8	10	12,6	16
c	1,6	2	2,8	3,6	4,6	5,8	7,4	9,2	11,8	15
a	1,6	2,5	2,5	2,5	2,5	3,2	4	4	4	4
l von	6	8	8	10	12	14	18	22	28	36
l bis	20	25	32	40	50	63	80	100	125	160
$d_1^{2)}$ über	3,5	4,5	5,5	7	9	11	14	20	27	39
$d_1^{2)}$ bis	4,5	5,5	7	9	11	14	20	27	39	56
Nenn-längen	6, 8, 10, 12, 14, 16, 18, 20, 22, 25, 28, 32, 36, 40, 45, 50, 56, 63, 71, 80, 90, 100, 112, 125, 140, 160 mm									
Erläuterungen	1) d Nenngröße = Splintlochdurchmesser 2) d_1 zugehörender Schraubendurchmesser									
⇒	**Splint ISO 1234 – 2,5x32 – St:** d = 2,5 mm, l = 32 mm, Werkstoff Stahl									

Sechskant-Schweißmuttern

vgl. DIN 929 (2000-01)

M

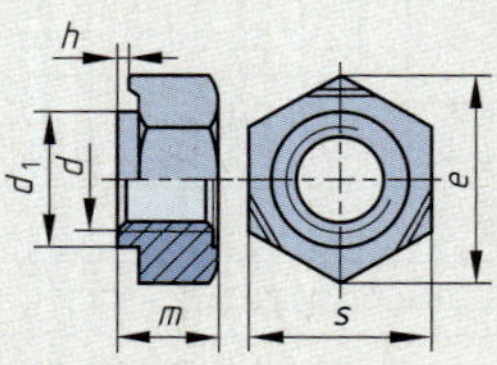

Gewinde d	M3	M4	M5	M6	M8	M10	M12	M16
s	7,5	9	10	11	14	17	19	24
d_1	4,5	6	7	8	10,5	12,5	14,8	18,8
e	8,2	9,8	11	12	15,4	18,7	20,9	26,5
m	3	3,5	4	5	6,5	8	10	13
h	0,3	0,3	0,3	0,4	0,4	0,5	0,6	0,8
Werkstoff	St – Stahl mit einem maximalen Kohlenstoffgehalt von 0,25 %							
⇒	**Schweißmutter DIN 929 – M16 – St:** d = M16, Werkstoff Stahl							

Produktklasse A

Rändelmuttern

vgl. DIN 466 und 467 (2006-08)

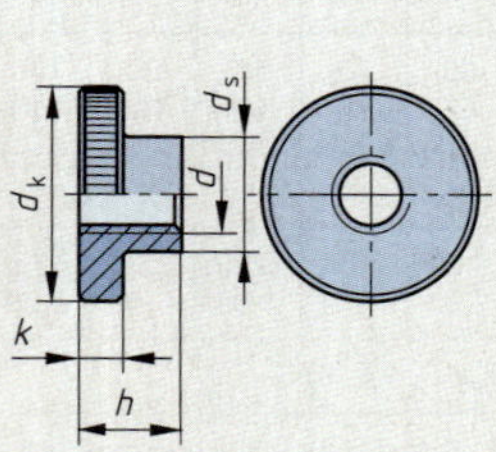

Gewinde d	M1,2	M1,6	M2	M2,5	M3	M4	M5	M6	M8	M10
d_k	6	7,5	9	11	12	16	20	24	30	36
d_s	3	3,8	4,5	5	6	8	10	12	16	20
k	1,5	2	2	2,5	2,5	3,5	4	5	6	8
$h^{1)}$	4	5	5,3	6,5	7,5	9,5	11,5	15	18	23
$h^{2)}$	2	2,5	2,5	3	3	4	5	6	8	10
Festigkeitskl.	St (Stahl), A1-50									
Erläuterungen	1) Mutterhöhe für DIN 466 hohe Form 2) Mutterhöhe für DIN 467 niedrige Form									
⇒	**Rändelmutter DIN 467 – M6 – A1-50:** d = M6, Festigkeitsklasse A1-50									

Übersicht, flache Scheiben

Bezeichnungsbeispiel: Scheibe ISO 7090 – 8 – 300 HV – A2[1]

- Scheibe: Benennung
- ISO 7090: Norm
- 8: Nenngröße (Gewinde-Nenn-∅)
- 300 HV: Härteklasse
- A2: Werkstoff

1) Nichtrostender Stahl, Stahlgruppe A2

Übersicht

Bild	Ausführung Normbereich von … bis	W[1]	Norm	Bild	Ausführung Normbereich von … bis	W[1]	Norm
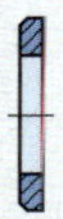	Flache Scheiben mit Fase Produktklasse A[2] M5 … M64 Tabelle unten	Stahl, nichtrostender Stahl	DIN EN ISO 7090	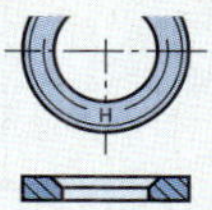	Flache Scheiben mit Fase für HV-Schrauben M12 … M30 Seite 235	Stahl	DIN EN 14399-6
	Flache Scheiben kleine Reihe Produktklasse A[2] M1,6 … M36 Seite 234	Stahl, nichtrostender Stahl	DIN EN ISO 7092	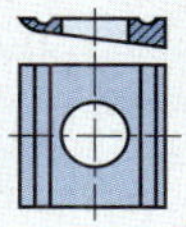	Scheiben, vierkant, für U- und I-Träger M8 … M27 Seite 235	Stahl	DIN 434 DIN 435
	Flache Scheiben normale Reihe Produktklasse C[2] M1,6 … M64 Seite 234	Stahl	DIN EN ISO 7091		Scheiben für Bolzen Produktklasse A[2] d = 3 … 100 mm Seite 235	Stahl	DIN EN 28738
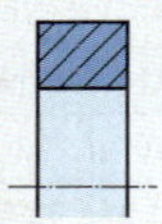	Scheiben für Stahlkonstruktionen, Produktklasse A[2], C[2] M10 … M30 Seite 234	Stahl	DIN 7989-1		Spannscheiben für Schraubenverbindungen d = 2 … 30 mm Seite 235	Federstahl	DIN 6796

1) Werkstoff Stahl mit entsprechender Härteklasse (z. B. 200 HV; 300 HV); andere Werkstoffe nach Vereinbarung.
2) Produktklassen unterscheiden sich in der Toleranz und im Fertigungsverfahren.

Flache Scheiben mit Fase, normale Reihe

vgl. DIN EN ISO 7090 (2000-11), Ersatz für DIN 125-1+2

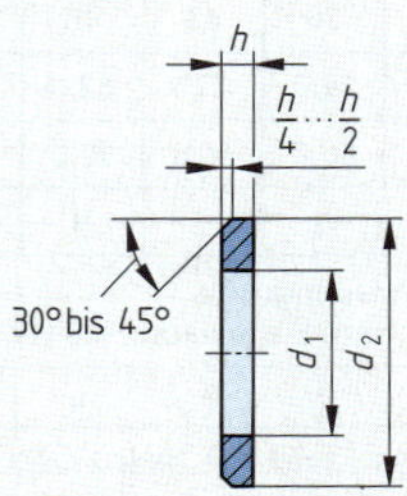

für Gewinde	M5	M6	M8	M10	M12	M16	M20
Nenngröße	5	6	8	10	12	16	20
d_1 min.[1]	5,3	6,4	8,4	10,5	13,0	17,0	21,0
d_2 max.[1]	10,0	12,0	16,0	20,0	24,0	30,0	37,0
h[1]	1	1,6	1,6	2	2,5	3	3
für Gewinde	**M24**	**M30**	**M36**	**M42**	**M48**	**M56**	**M64**
Nenngröße	24	30	36	42	48	56	64
d_1 min.[1]	25,0	31,0	37,0	45,0	52,0	62,0	70,0
d_2 max.[1]	44,0	56,0	66,0	78,0	92,0	105,0	115,0
h[1]	4	4	5	8	8	10	10

Werkstoffe[2]	Stahl		Nichtrostender Stahl
Sorte	–	–	A2, A4, F1, C1, C4 (ISO 3506)[3]
Härteklasse	200 HV	300 HV (vergütet)	200 HV
⇒	**Scheibe ISO 7090-20-200 HV:** Nenngröße (= Gewinde-Nenn-∅) = 20 mm, Härteklasse 200 HV, aus Stahl		

1) jeweils Nennmaße
2) Nichteisenmetalle und andere Werkstoffe nach Vereinbarung
3) vgl. Seite 211

Härteklasse 200 HV geeignet für:
- Sechskantschrauben und -muttern mit Festigkeitsklassen ≤ 8.8 bzw. ≤ 8 (Mutter)
- Sechskantschrauben und -muttern aus nichtrostendem Stahl

Härteklasse 300 HV geeignet für:
- Sechskantschrauben und -muttern mit Festigkeitsklassen ≤ 10.9 bzw. ≤ 10 (Mutter)

M

Flache Scheiben, Scheiben für Stahlkonstruktionen

Flache Scheiben, kleine Reihe

vgl. DIN EN ISO 7092 (2000-11), Ersatz für DIN 433-1+2

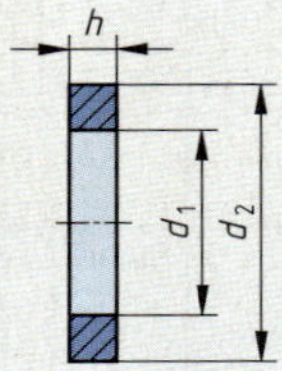

Härteklasse 200 HV geeignet für:
- Zylinderschrauben mit Festigkeitsklassen ≤ 8.8 oder aus nichtrostendem Stahl
- Zylinderschrauben mit Innensechskant mit Festigkeitsklassen ≤ 8.8 oder aus nichtrostendem Stahl

Härteklasse 300 HV geeignet für:
- Zylinderschrauben mit Innensechskant mit Festigkeitsklassen ≤ 10.9

für Gewinde	M1,6	M2	M2,5	M3	M4	M5	M6	M8
Nenngröße	1,6	2	2,5	3	4	5	6	8
d_1 min.[1)]	1,7	2,2	2,7	3,2	4,3	5,3	6,4	8,4
d_2 max.[1)]	3,5	4,5	5	6	8	9	11	15
h_{max}	0,35	0,35	0,55	0,55	0,55	1,1	1,8	1,8
für Gewinde	**M10**	**M12**	**M14[2)]**	**M16**	**M20**	**M24**	**M30**	**M36**
Nenngröße	10	12	14	16	20	24	30	36
d_1 min.[1)]	10,5	13,0	15,0	17,0	21,0	25,0	31,0	37,0
d_2 max.[1)]	18,0	20,0	24,0	28,0	34,0	39,0	50,0	60,0
h_{max}	1,8	2,2	2,7	2,7	3,3	4,3	4,3	5,6

Werkstoffe[3)]	Stahl		Nichtrostender Stahl
Sorte	–	–	A2, A4, F1, C1, C4 (ISO 3506)[4)]
Härteklasse	200 HV	300 HV (vergütet)	200 HV

⇒ **Scheibe ISO 7092-8-200 HV-A2:** Nenngröße (= Gewinde-Nenn-∅) = 8 mm, kleine Reihe, Härteklasse 200 HV, aus nichtrostendem Stahl A2

1) jeweils Nennmaße
2) diese Größe möglichst vermeiden
3) Nichteisenmetalle und andere Werkstoffe nach Vereinbarung
4) vgl. Seite 211

Flache Scheiben, normale Reihe

vgl. DIN EN ISO 7091 (2000-11), Ersatz für DIN 126

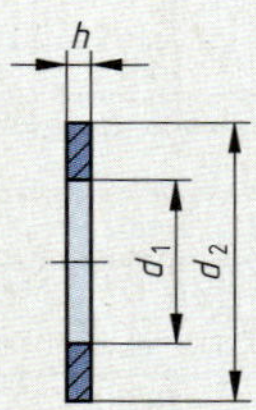

Härteklasse 100 HV geeignet für:
- Sechskantschrauben, Produktklasse C, mit Festigkeitsklassen ≤ 6.8
- Sechskantmuttern, Produktklasse C, mit Festigkeitsklassen ≤ 6

für Gewinde	M2	M3	M4	M5	M6	M8	M10	M12
Nenngröße	2	3	4	5	6	8	10	12
d_1 min.[1)]	2,4	3,4	4,5	5,5	6,6	9,0	11,0	13,5
d_2 max.[1)]	5,0	7,0	9,0	10,0	12,0	16,0	20,0	24,0
h[1)]	0,3	0,5	0,8	1,0	1,6	1,6	2	2,5
für Gewinde	**M16**	**M20**	**M24**	**M30**	**M36**	**M42**	**M48**	**M64**
Nenngröße	16	20	24	30	36	42	48	64
d_1 min.[1)]	17,5	22,0	26,0	33,0	39,0	45,0	52,0	70,0
d_2 max.[1)]	30,0	37,0	44,0	56,0	66,0	78,0	92,0	115,0
h[1)]	3	3	4	4	5	8	8	10

⇒ **Scheibe ISO 7091-12-100 HV:** Nenngröße (= Gewinde-Nenn-∅), d = 12 mm, Härteklasse 100 HV

1) jeweils Nennmaße

M

Scheiben für Stahlkonstruktionen

vgl. DIN 7989-1 und DIN 7989-2 (2000-04)

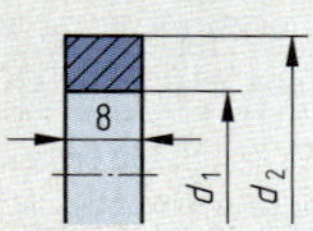

Für Schrauben nach DIN 7968, DIN 7969, DIN 7990 in Verbindung mit Muttern nach ISO 4032 und ISO 4034 geeignet.

für Gewinde[1)]	M10	M12	M16	M20	M24	M27	M30
d_1 min.	11,0	13,5	17,5	22,0	26,0	30,0	33,0
d_2 max.	20,0	24,0	30,0	37,0	44,0	50,0	56,0

⇒ **Scheibe DIN 7989-16-C-100 HV:** Gewinde Nenn-∅ d = 16 mm, Produktklasse C, Härteklasse 100

Ausführungen: Produktklasse C (gestanzte Ausführung) Dicke $h = (8 \pm 1{,}2)$ mm
Produktklasse A (gedrehte Ausführung) Dicke $h = (8 \pm 1)$ mm

1) Nennmaße

Scheiben für HV-Schrauben, U- und I-Träger, Bolzen, Spannscheiben

Flache Scheiben mit Fase für HV-Schraubenverbindungen

vgl. DIN EN 14399-6 (2006-06)

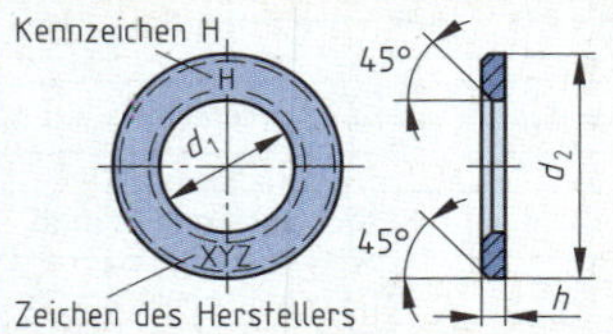

für Gewinde	M12	M16	M20	M22	M24	M27	M30
d_1 min.	13	17	21	23	25	28	31
d_2 max.	24	30	37	39	44	50	56
h	3	4	4	4	4	5	5
⇒	**Scheibe DIN EN 14399-6 – 20:** Nenngröße d = 20 mm (die Nenngröße d entspricht dem Gewindedurchmesser)						

Werkstoff: Stahl, vergütet auf 300 HV bis 370 HV

Scheiben, vierkant, keilförmig, für U- und I-Träger

vgl. DIN 434 (2000-04), DIN 435 (2000-01)

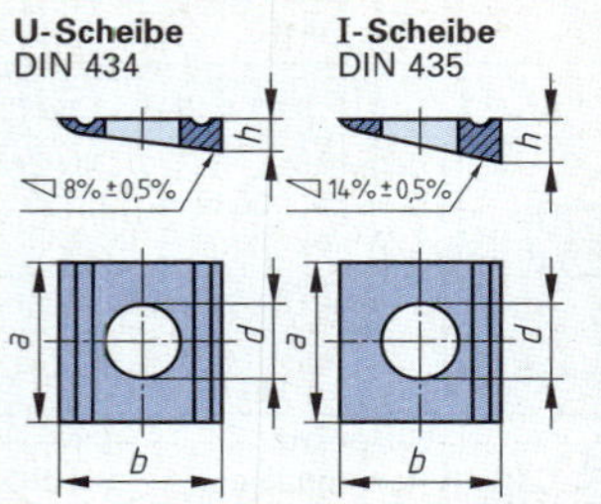

für Gewinde	M8	M10	M12	M16	M20	M22	M24
d_1 min.[1]	9	11	13,5	17,5	22	24	26
a	22	22	26	32	40	44	56
b	22	22	30	36	44	50	56
h DIN 434	3,8	3,8	4,9	5,8	7	8	8,5
h DIN 435	4,6	4,6	6,2	7,5	9,2	10	10,8
⇒	**I-Scheibe DIN 435-13,5:** Nenngröße d_1 = 13,5 mm						

Werkstoff: Stahl, Härte 100 HV 10 bis 250 HV 10

[1] Nenndurchmesser

Scheiben für Bolzen, Produktklasse A[1]

vgl. DIN EN 28738 (1992-10)

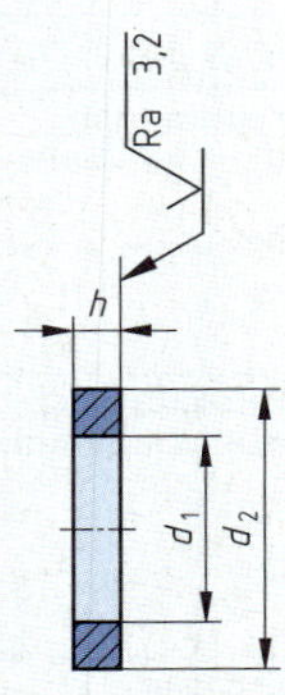

d_1 min.[2]	3	4	5	6	8	10	12
d_2 max.	6	8	10	12	15	18	20
h	0,8		1	1,6	2	2,5	3
d_1 min.[2]	**14**	**16**	**18**	**20**	**22**	**24**	**27**
d_2 max.	22	24	28	30	34	37	39
h	3		4				5
d_1 min.[2]	**30**	**36**	**40**	**50**	**60**	**80**	**100**
d_2 max.	44	50	56	66	78	98	120
h	5	6		8	10	12	
⇒	**Scheibe ISO 8738-14-160 HV:** d_1 min. = 14 mm, Härteklasse 160 HV						

Werkstoff: Stahl, Härte 160 bis 250 HV
Verwendung: Für Bolzen nach ISO 2340 und ISO 2341 (Seite 238), nur auf der Splintseite.

[1] Produktklassen unterscheiden sich in der Toleranz und im Fertigungsverfahren.
[2] jeweils Nennmaße

Spannscheiben für Schraubenverbindungen

vgl. DIN 6796 (1987-10)

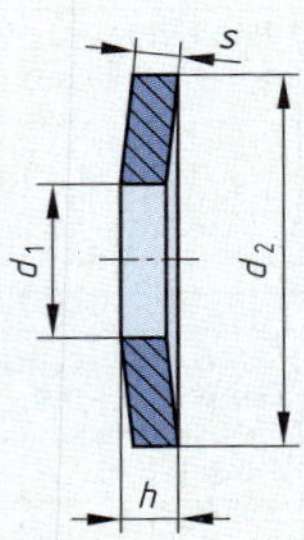

für Gewinde	M2	M3	M4	M5	M6	M8	M10
d_1 H14	2,2	3,2	4,3	5,3	6,4	8,4	10,5
d_2 h14	5	7	9	11	14	18	23
h max.	0,6	0,85	1,3	1,55	2	2,6	3,2
s	0,4	0,6	1	1,2	1,5	2	2,5
für Gewinde	**M12**	**M16**	**M20**	**M22**	**M24**	**M27**	**M30**
d_1 H14	13	17	21	23	25	28	31
d_2 h14	29	39	45	49	56	60	70
h max.	3,95	5,25	6,4	7,05	7,75	8,35	9,2
s	3	4	5	5,5	6	6,5	7
⇒	**Spannscheibe DIN 6796-10-FSt:** für Gewinde M10, aus Federstahl						

Werkstoff: Federstahl (FSt) nach DIN 267-26
Verwendung: Spannscheiben sollen einem Lockern der Schraubenverbindungen entgegenwirken. Dies gilt nicht für wechselnde Querbelastung. Die Anwendung beschränkt sich deshalb auf überwiegend axial belastete, kurze Schrauben der Festigkeitsklassen 8.8 bis 10.9.

M

Übersicht, Stifte und Bolzen

Bezeichnungsbeispiel: **Kegelstift ISO 2339 – A – 10x40 – St**

Benennung	Norm	Form bzw. Typ[1]	Nenn-∅ x Nennlänge	Werkstoff
Kegelstift	ISO 2339	A	10x40	St

Werkstoff: z. B. St = Stahl
Nichtrostende Stähle:
A1 = austenitisch
C1 = martensitisch

Stifte mit DIN-EN-Hauptnummern werden mit ISO-Nummern bezeichnet.
ISO-Nummer = DIN-EN-Nummer – 20000; Beispiel: DIN EN 22338 = ISO 2338

[1] falls vorhanden

Bild	Bezeichnung, Normbereich von … bis	Norm	Bild	Bezeichnung, Normbereich von … bis	Norm
Stifte					
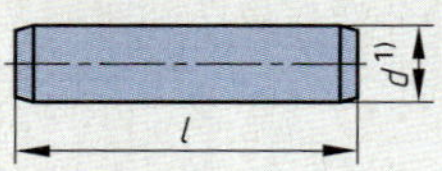 [1] Toleranz m6 oder h8	Zylinderstift, ungehärtet d = 1 … 50 mm	DIN EN ISO 2338	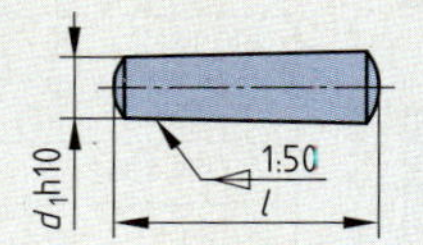	Kegelstift, d_1 = 0,6 … 50 mm	DIN EN 22339
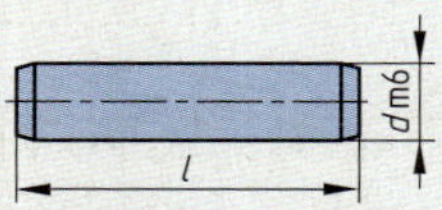	Zylinderstift, gehärtet d = 0,8 … 20 mm	DIN EN ISO 8734	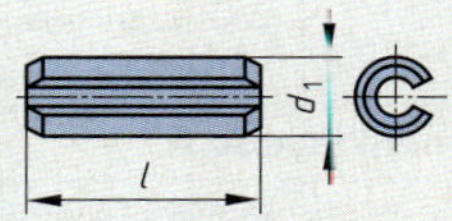	Spannstift (Spannhülsen), geschlitzt d_1 = 1 … 50 mm	DIN EN ISO 8752 DIN EN ISO 13337
Kerbstifte, Kerbnägel					
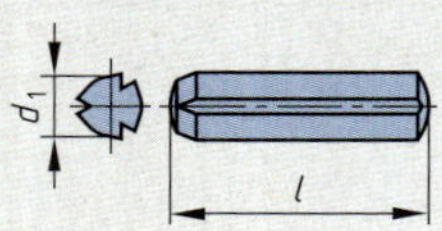	Zylinderkerbstift mit Fase d_1 = 1,5 … 25 mm	DIN EN ISO 8740	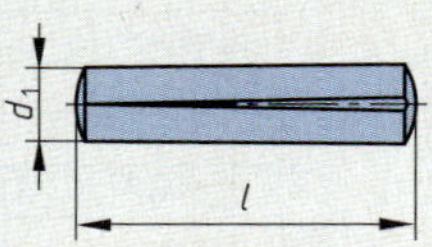	Kegelkerbstift d_1 = 1,5 … 25 mm	DIN EN ISO 8744
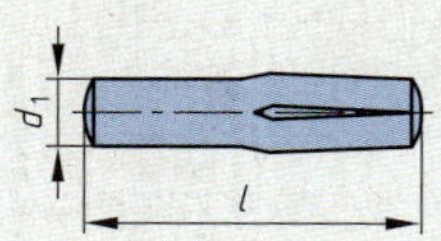	Steckkerbstift d_1 = 1,5 … 25 mm	DIN EN ISO 8741	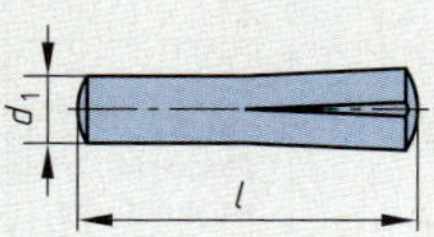	Passkerbstift d_1 = 1,2 … 25 mm	DIN EN ISO 8745
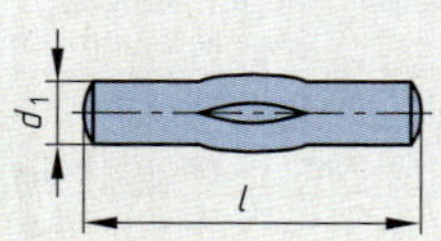	Knebelkerbstift, 1/3 der Länge gekerbt d_1 = 1,2 … 25 mm	DIN EN ISO 8742	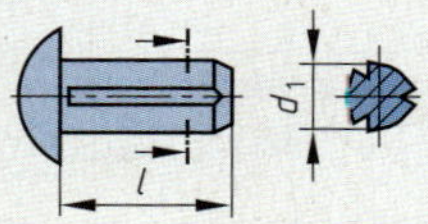	Halbrund-kerbnagel d_1 = 1,4 … 20 mm	DIN EN ISO 8746
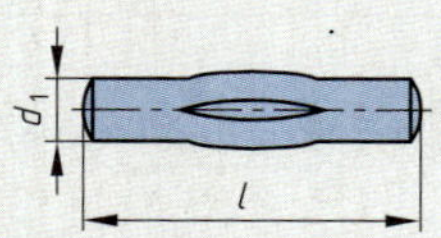	Knebelkerbstift mit langen Kerben d_1 = 1,2 … 25 mm	DIN EN ISO 8743	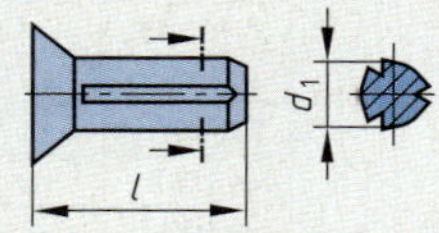	Senkkerbnagel d_1 = 1,4 … 20 mm	DIN EN ISO 8747
Bolzen					
Form A 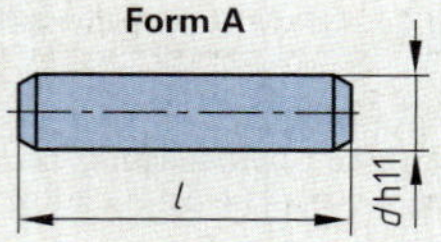	Bolzen ohne Kopf, Form A ohne, Form B mit Splintloch d = 3 … 100 mm	DIN EN 22340	**Form A** 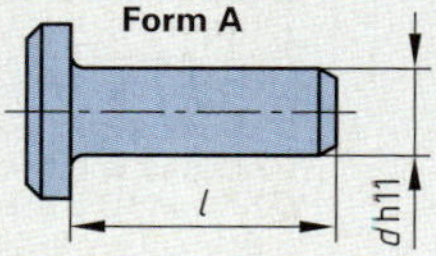	Bolzen mit Kopf, Form A ohne, Form B mit Splintloch d = 3 … 100 mm	DIN EN 22341

Zylinder-, Kegel-, Spannstifte

Zylinderstifte aus ungehärtetem Stahl und austenitischem nichtrostendem Stahl

vgl. DIN EN ISO 2338 (1998-02)

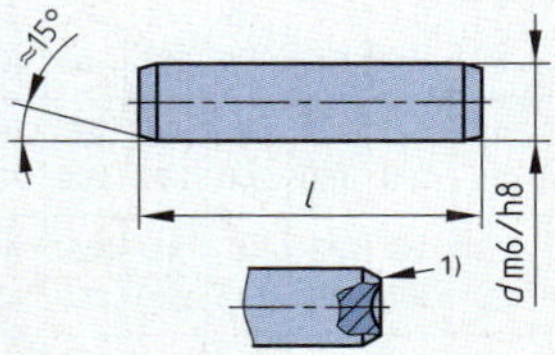

[1] Radius und Einsenkung am Stiftende zulässig

d m6/h8[2]	0,6	0,8	1	1,2	1,5	2	2,5	3	4	5
l von bis	2 6	2 8	4 10	4 12	4 16	6 20	6 24	8 30	8 40	10 50
***d* m6/h8[2]**	**6**	**8**	**10**	**12**	**16**	**20**	**25**	**30**	**40**	**50**
l von bis	12 60	14 80	18 95	22 140	26 180	35 200	50 200	60 200	80 200	95 200
Nenn- längen *l*	2, 3, 4, 5, 6, 8, 10, 12, 14, 16, 18, 20, 22, 24, 26, 28, 30, 32, 35, 40…95, 100, 120, 140, 160, 180, 200 mm.									
⇒	**Zylinderstift ISO 2338 – 6 m6 x 30 – St**: *d* = 6 mm, Toleranzklasse m6, *l* = 30 mm, aus Stahl									

[2] lieferbar in den Toleranzklassen m6 und h8

Zylinderstifte, gehärtet

vgl. DIN EN ISO 8734 (1998-03)

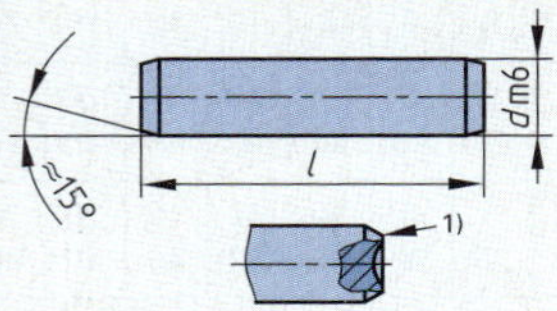

[1] Radius und Einsenkung am Stiftende zulässig

d m6	1	1,5	2	2,5	3	4	5	6	8	10	12	16	20
l von bis	3 10	4 16	5 20	6 24	8 30	10 40	12 50	14 60	18 80	22 100	26 100	40 100	50 100
Nenn- längen *l*	3, 4, 5, 6, 8, 10, 12, 14, 16, 18, 20, 22, 24, 26, 28, 30, 32, 35, 40, 45, 50, 55, 60, 65, 70, 75, 80, 85, 90, 95, 100 mm												
Werkstoffe	• Stahl: Typ A Stift durchgehärtet, Typ B einsatzgehärtet • Nichtrostender Stahl Sorte C1												
⇒	**Zylinderstift ISO 8734 – 6 x 30 – C1**: *d* = 6 mm, *l* = 30 mm, aus nichtrostendem Stahl der Sorte C1												

Kegelstifte, ungehärtet

vgl. DIN EN 22339 (1992-10)

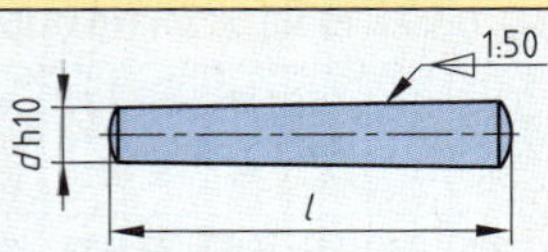

Typ A geschliffen, *Ra* = 0,8 µm;
Typ B gedreht, *Ra* = 3,2 µm

d h10	1	2	3	4	5	6	8	10	12	16	20	25	30
l von bis	6 10	10 35	12 45	14 55	18 60	22 90	22 120	26 160	32 180	40 200	45 200	50 200	55 200
Nenn- längen *l*	2, 3, 4, 5, 6, 8, 10, 12, 14, 16, 18, 20, 22, 24, 26, 28, 30, 32, 35, 40, 45…95, 100, 120…180, 200 mm												
⇒	**Kegelstift ISO 2339 – A – 10 x 40 – St**: Typ A, *d* =10 mm, *l* = 40 mm, aus Stahl												

Spannstifte (Spannhülsen), geschlitzt, schwere Ausführung
Spannstifte (Spannhülsen), geschlitzt, leichte Ausführung

vgl. DIN EN ISO 8752 (1998-03)
vgl. DIN EN ISO 13337 (1998-02)

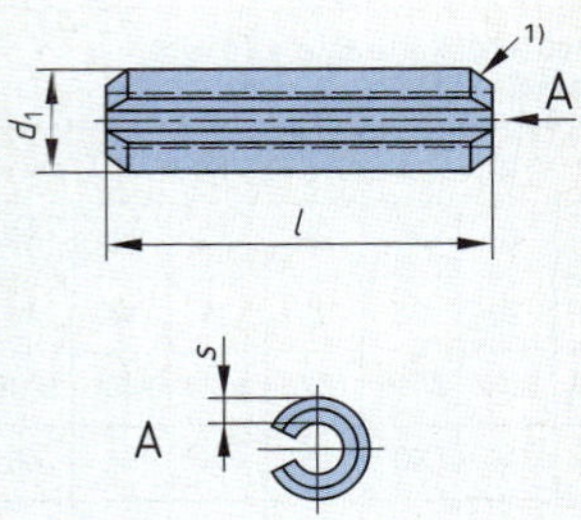

[1] Für Spannstifte mit einem Nenndurchmesser $d_1 \geq 10$ mm ist auch nur eine Fase zulässig.

Nenn-Ø d_1	2	2,5	3	4	5	6	8	10	12
d_1 max.	2,4	2,9	3,5	4,6	5,6	6,7	8,8	10,8	12,8
s ISO 8752 *s* ISO 13337	0,4 0,2	0,5 0,25	0,6 0,3	0,8 0,5	1 0,5	1,2 0,75	1,5 0,75	2 1	2,5 1
l von bis	4 20	4 30	4 40	4 50	5 80	10 100	10 120	10 160	10 180
Nenn-Ø d_1	**14**	**16**	**20**	**25**	**30**	**35**	**40**	**45**	**50**
d_1 max.	14,8	16,8	20,9	25,9	30,9	35,9	40,9	45,9	50,9
s ISO 8752 *s* ISO 13337	3 1,5	3 1,5	4 2	5 2	6 2,5	7 3,5	7,5 4	8,5 4	9,5 5
l von bis	10 200			14 200		20 200			
Nenn- längen *l*	4, 5, 6, 8, 10, 12, 14, 16, 18, 20, 22, 24, 26, 28, 30, 32, 35, 40, 45…95, 100, 120, 140, 160, 180, 200 mm								
Werkstoffe	• Stahl: gehärtet und angelassen auf 420 HV 30…520 HV 30 • Nichtrostender Stahl: Sorte A oder Sorte C								
Anwendung	Der Durchmesser der Aufnahmebohrung (Toleranzklasse H12) muss gleich dem Nenndurchmesser d_1 des dazugehörigen Stiftes sein. Nach Einbau des Stiftes in die kleinste Aufnahmebohrung darf der Schlitz nicht ganz geschlossen sein.								
⇒	**Spannstift ISO 8752 – 6 x 30 – St**: d_1 = 6 mm, *l* = 30 mm, aus Stahl								

Kerbstifte, Kerbnägel, Bolzen

Kerbstifte, Kerbnägel

vgl. DIN EN ISO 8740…8747 (1998-03)

		d_1	1,5	2	2,5	3	4	5	6	8	10	12	16	20	25
Zylinderkerbstifte mit Fase ISO 8740	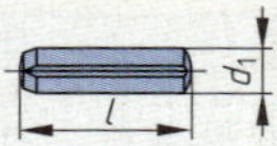	*l* von	8	8	10	10	10	14	14	14	14	18	22	26	26
		l bis	20	30	30	40	60	60	80	100	100	100	100	100	100
Steckkerbstifte ISO 8741	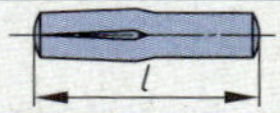	*l* von	8	8	8	8	10	10	12	14	18	26	26	26	26
		l bis	20	30	30	40	60	60	80	100	160	200	200	200	200
Knebelkerbstifte ISO 8742+8743	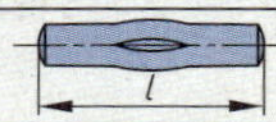	*l* von	8	12	12	12	18	18	22	26	32	40	45	45	45
		l bis	20	30	30	40	60	60	80	100	160	200	200	200	200
Kegelkerbstifte ISO 8744	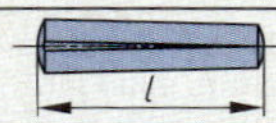	*l* von	8	8	8	8	8	8	10	12	14	14	24	26	26
		l bis	20	30	30	40	60	60	80	100	120	120	120	120	120
Passkerbstifte ISO 8745	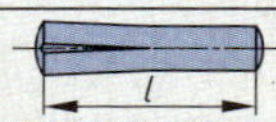	*l* von	8	8	8	8	10	10	10	14	14	18	26	26	26
		l bis	20	30	30	40	60	60	80	100	200	200	200	200	200
		d_1	**1,4**	**1,6**	**2**	**2,5**	**3**	**4**	**5**	**6**	**8**	**10**	**12**	**16**	**20**
Halbrundkerbnägel ISO 8746	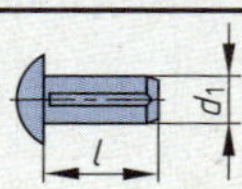	*l* von	3	3	3	3	4	5	6	8	10	12	16	20	25
		l bis	6	8	10	12	16	20	25	30	40	40	40	40	40
Senkkerbnägel ISO 8747	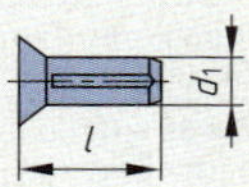	*l* von	3	3	4	4	5	6	8	8	10	12	16	20	25
		l bis	6	8	10	12	16	20	25	30	40	40	40	40	40
		Nenn-längen *l*	Stifte: 8, 10…30, 32, 35, 40…100, 120, 140…180, 200 mm Nägel: 3, 4, 5, 6, 8, 10, 12, 16, 20, 25, 30, 35, 40 mm												
		⇒	**Kerbstift ISO 8740 – 6 x 50 – St**: d_1 = 6 mm, *l* = 50 mm, aus Stahl												

Bolzen ohne Kopf und mit Kopf

vgl. DIN EN 22340, 22341 (1992-10)

Bolzen ohne Kopf ISO 2340

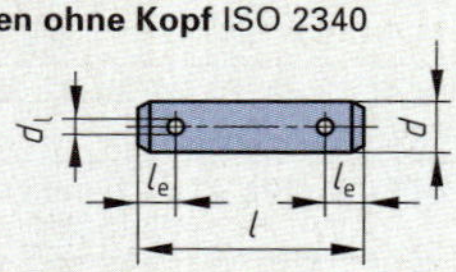

Bolzen mit Kopf ISO 2341

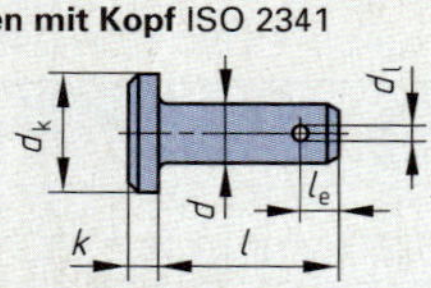

Form A ohne Splintloch,
Form B mit Splintloch

d h11	3	4	5	6	8	10	12	14	16	18	20	22	24
d_l H13	0,8	1	1,2	1,6	2	3,2	3,2	4	4	5	5	5	6,3
d_k h14	5	6	8	10	14	18	20	22	25	28	30	33	36
k js14	1	1	1,6	2	3	4	4	4	4,5	5	5	5,5	6
l_e	1,6	2,2	2,9	3,2	3,5	4,5	5,5	6	6	7	8	8	9
l von	6	8	10	12	16	20	24	28	30	35	40	45	50
l bis	30	40	50	60	80	100	120	140	160	180	200	200	200
Nenn-längen *l*	6, 8, 10…30, 32, 35, 40…95, 100, 120, 140…180, 200 mm												
⇒	**Bolzen ISO 2340 – B – 20 x 100 – St**: Form B, *d* = 20 mm, *l* = 100 mm, aus Automatenstahl												

M

Bolzen mit Kopf und Gewindezapfen

vgl. DIN 1445 (1977-02)

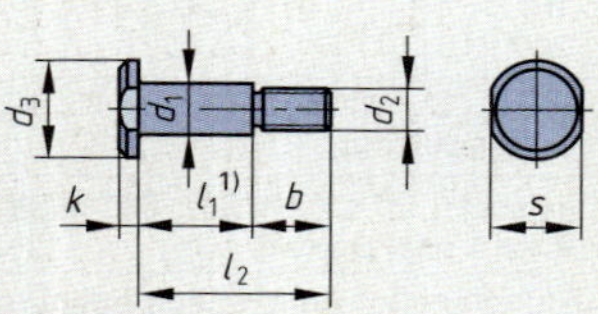

d_1 h11	8	10	12	14	16	18	20	24	30	40	50
b min	11	14	17	20	20	20	25	29	36	42	49
d_2	M6	M8	M10	M12	M12	M12	M16	M20	M24	M30	M36
d_3 h14	14	18	20	22	25	28	30	36	44	55	66
k js14	3	4	4	4	4,5	5	5	6	8	8	9
s	11	13	17	19	22	24	27	32	36	50	60
Nenn-längen l_2	16, 20, 25, 30, 35…125, 130, 140, 150…190, 200 mm										
⇒	**Bolzen DIN 1445 – 12h11 x 30 x 50 – St**: d_1 = 12 mm, Toleranzklasse h11, l_1 = 30 mm, l_2 = 50 mm, aus 9SMnPb28 (St)										

[1] Klemmlänge

Keile, Nasenkeile

Bezeichnungsbeispiel: Passfeder DIN 6885 – A – 12x8x56 – E295

- Passfeder → Benennung
- DIN 6885 → Norm
- A → Form bzw. Typ
- 12x8x56 → Breite x Höhe x Länge
- E295 → Werkstoff, z.B. Stahl

Bild	Bezeichnung, Normbereich von…bis	Norm	Bild	Bezeichnung, Normbereich von…bis	Norm
Übersicht Keile					Tabelle unten
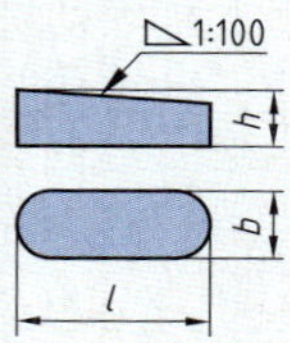	Keil $b \times h$ = 2 x 2…100 x 50	DIN 6886 Form A: Einlegekeil Form B: Treibkeil	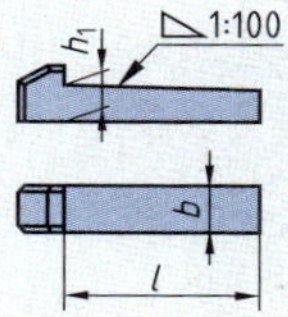	Nasenkeil $b \times h$ = 4 x 4…100 x 50	DIN 6887
Übersicht Federn					Seite 240
Form A 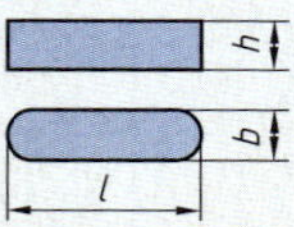	Passfeder $b \times h$ = 2 x 2…100 x 50	DIN 6885 Form A…J	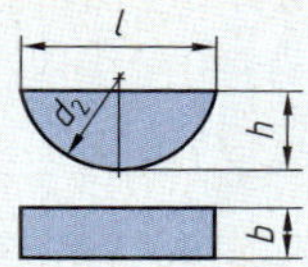	Scheibenfeder $b \times h$ = 2,5x3,7…10x16	DIN 6888

Keile, Nasenkeile

vgl. DIN 6886 (1967-12) bzw. DIN 6887 (1968-04)

Form A (Einlegekeil) **Form B (Treibkeil)** **Nasenkeil**

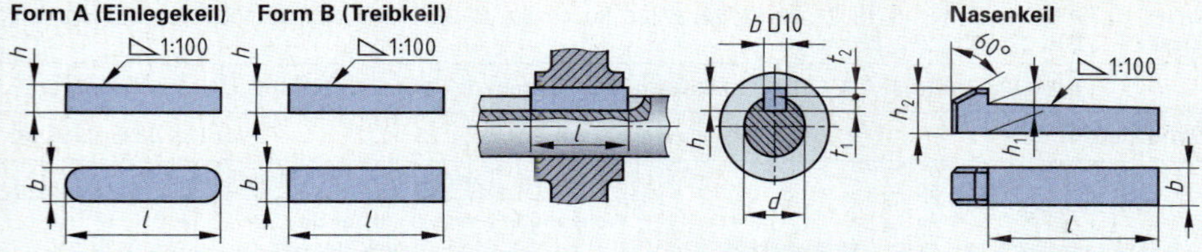

Für Wellen-durchmesser d	über / bis	10 / 12	12 / 17	17 / 22	22 / 30	30 / 38	38 / 44	44 / 50	50 / 58	58 / 65	65 / 75	75 / 85	85 / 95	95 / 110
Keile	b D10	4	5	6	8	10	12	14	16	18	20	22	25	28
	h	4	5	6	7	8	8	9	10	11	12	14	14	16
Nasenkeile	h_1	4,1	5,1	6,1	7,2	8,2	8,2	9,2	10,2	11,2	12,2	14,2	14,2	16,2
	h_2	7	8	10	11	12	12	14	16	18	20	22	22	25
Wellennuttiefe	t_1	2,5	3	3,5	4	5	5	5,5	6	7	7,5	9	9	10
Nabennuttiefe	t_2	1,2	1,7	2,2	2,4	2,4	2,4	2,9	3,4	3,4	3,9	4,4	4,4	5,4
Zul. Abweichung	t_1, t_2	+0,1			+0,2									
Keillänge l	von	10[1]	12[1]	16	20	25	32	40	45	50	56	63	70	80
	bis	45	56	70	90	110	140	160	180	200	220	250	280	320
Nennlängen l		6, 8…20, 22, 25, 28, 32, 40, 45, 50, 56, 63, 70, 80…100, 110, 125, 140, 160…200, 220, 250, 280, 320, 360, 400 mm												

Längentoleranzen	Keillänge l, von…bis	6…28	32…80	90…400
Toleranzen für	Keillänge	– 0,2	– 0,3	– 0,5
	Nutlänge (Einlegekeil)	+ 0,2	+ 0,3	+ 0,5

[1] Nasenkeillängen ab 14 mm

M

Passfedern, Scheibenfedern

Passfedern (hohe Form)

vgl. DIN 6885-1 (1968-08)

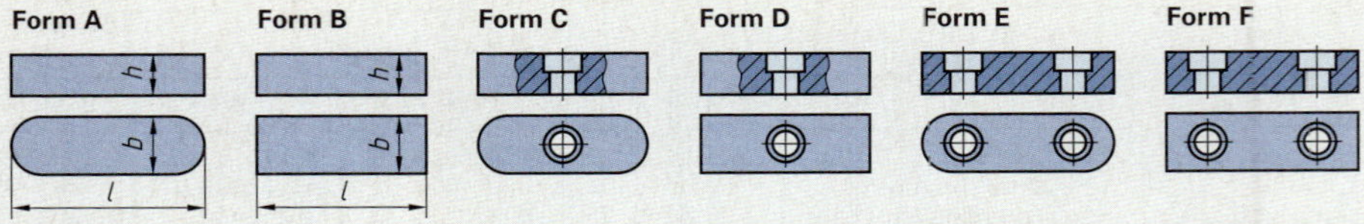

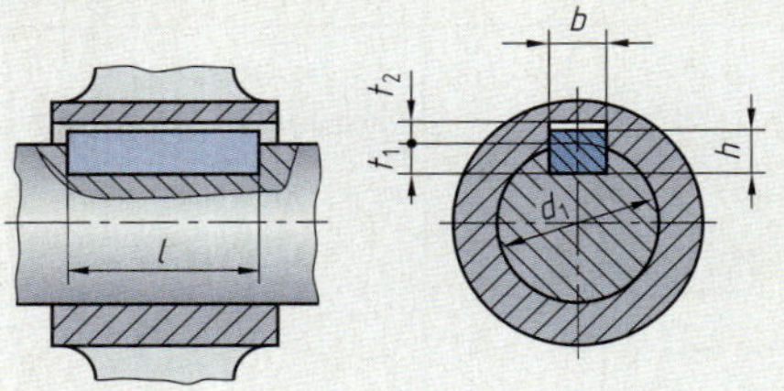

Toleranzen für Passfedernuten			
Wellennutenbreite b	fester Sitz leichter Sitz		P 9 N 9
Nabennutenbreite b	fester Sitz leichter Sitz		P 9 JS 9
zul. Abweichung bei d_1	≤ 22	≤ 130	> 130
Wellennutentiefe t_1 Nabennutentiefe t_2	+ 0,1 + 0,1	+ 0,2 + 0,2	+ 0,3 + 0,3
zul. Abweichung bei Länge l	6 … 28	32 … 80	90 … 400
Längentoleranzen für Feder	– 0,2	– 0,3	– 0,5
Längentoleranzen für Nut	+ 0,2	+ 0,3	+ 0,5

d_1 über bis	6 8	8 10	10 12	12 17	17 22	22 30	30 38	38 44	44 50	50 58	58 65	65 75	75 85	85 95	95 110	110 130
b h	2 2	3 3	4 4	5 5	6 6	8 7	10 8	12 8	14 9	16 10	18 11	20 12	22 14	25 14	28 16	32 18
t_1 t_2	1,2 1	1,8 1,4	2,5 1,8	3 2,3	3,5 2,8	4 3,3	5 3,3	5 3,3	5,5 3,8	6 4,3	7 4,4	7,5 4,9	9 5,4	9 5,4	10 6,4	11 7,4
l von bis	6 20	6 36	8 45	10 56	14 70	18 90	20 110	28 140	36 160	45 180	50 200	56 220	63 250	70 280	80 320	90 360
Nennlängen l	6, 8, 10, 12, 14, 16, 18, 20, 22, 25, 28, 32, 36, 40, 45, 50, 56, 63, 70, 80, 90, 100, 110, 125, 140, 160, 180, 200, 220, 250, 280, 320 mm															
⇒	**Passfeder DIN 6885 – A – 12 x 8 x 56**: Form A, b = 12 mm, h = 8 mm, l = 56 mm															

M

Scheibenfedern

vgl. DIN 6888 (1956-08)

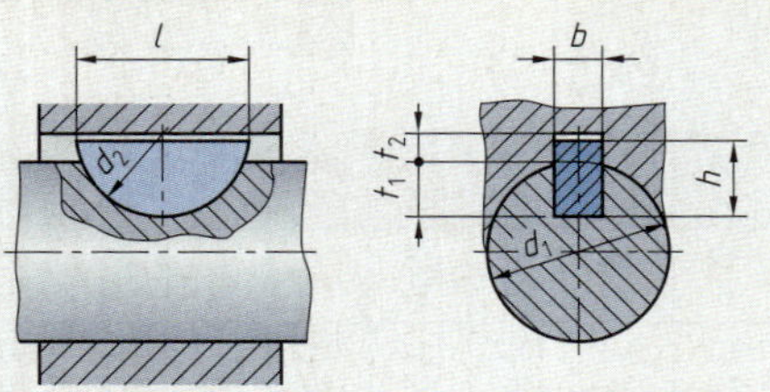

Toleranzen für Scheibenfedernuten						
Wellennutenbreite b	fester Sitz leichter Sitz			P 9 (P 8)[1] N 9 (N 8)[1]		
Nabennutenbreite b	fester Sitz leichter Sitz			P 9 (P 8)[1] J 9 (J 8)[1]		
zul. Abweich. bei b und h	≤ 5 ≤ 7,5	5 > 7,5	6 ≤ 9	6 > 9	8 –	10 –
Wellennutentiefe t_1 Nabennutentiefe t_2	+0,1 +0,1	+0,2 +0,1	+0,1 +0,1	+0,2 +0,1	+0,2 +0,1	+0,2 +0,2

d_1 über bis	8 10				10 12			12 17			17 22			22 30			30 38		
b h9	2,5	3			4			5			6			8			10		
h h12	3,7	3,7	5	6,5	5	6,5	7,5	6,5	7,5	9	7,5	9	11	9	11	13	11	13	16
d_2	10	10	13	16	13	16	19	16	19	22	19	22	28	22	28	32	28	32	45
t_1	2,9	2,5	3,8	5,3	3,5	5	6	4,5	5,5	7	5,1	6,6	8,6	6,2	8,2	10,2	7,8	9,8	12,8
t_2	1	1,4			1,7			2,2			2,6			3			3,4		
l ≈	9,7	9,7	12,7	15,7	12,7	15,7	18,6	15,7	18,6	21,6	18,6	21,6	27,4	21,6	27,4	31,4	27,4	31,4	43,1
⇒	**Scheibenfeder DIN 6888 – 6 x 9**: b = 6 mm, h = 9 mm																		

[1] Toleranzklasse bei geräumten Nuten

Keilwellenverbindungen und Blindniete

Keilwellenverbindungen mit geraden Flanken und Innenzentrierung

vgl. DIN ISO 14 (1986-12)

Nabe

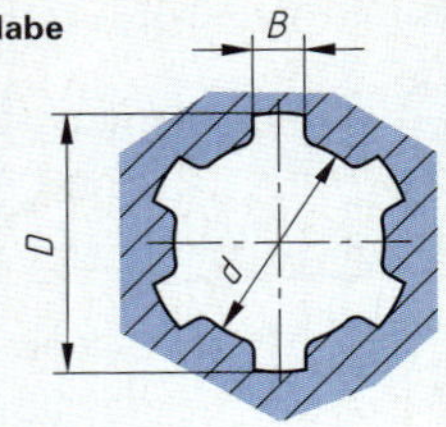

Welle

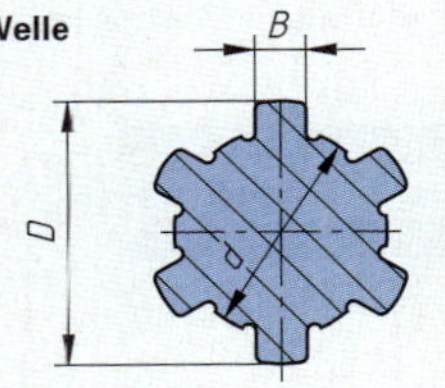

Innenzentrierung

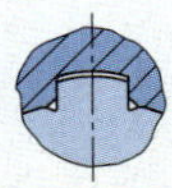

d	Leichte Reihe N[1]	D	B	Mittlere Reihe N[1]	D	B	d	Leichte Reihe N[1]	D	B	Mittlere Reihe N[1]	D	B
11	–	–	–	6	14	3	42	8	46	8	8	48	8
13	–	–	–	6	16	3,5	46	8	50	9	8	54	9
16	–	–	–	6	20	4	52	8	58	10	8	60	10
18	–	–	–	6	22	5	56	8	62	10	8	65	10
21	–	–	–	6	25	5	62	8	68	12	8	72	12
23	6	26	6	6	28	6	72	10	78	12	10	82	12
26	6	30	6	6	32	6	82	10	88	12	10	92	12
28	6	32	7	6	34	7	92	10	98	14	10	102	14
32	8	36	6	8	38	6	102	10	108	16	10	112	16
36	8	40	7	8	42	7	112	10	120	18	10	125	18

Toleranzklassen für die Nabe

nicht wärmebehandelt Maße B	D	d	wärmebehandelt Maße B	D	d
H9	H10	H7	H11	H10	H7

Toleranzklassen für die Welle

Maße	Einbauart Gleitsitz	Übergangssitz	Festsitz
B	d10	f9	h10
D	a11	a11	a11
d	f7	g7	h7

⇒ **Welle (oder Nabe) DIN ISO 14 – 6 x 23 x 26**: *N* = 6, *d* = 23 mm, *D* = 26 mm

[1] N Anzahl der Keile

Offene Blindniete mit Sollbruchdorn und Flachkopf
Offene Blindniete mit Sollbruchdorn und Senkkopf

vgl. DIN EN ISO 15977 (2003-04)
vgl. DIN EN ISO 15978 (2003-08)

Blindniet mit Flachkopf

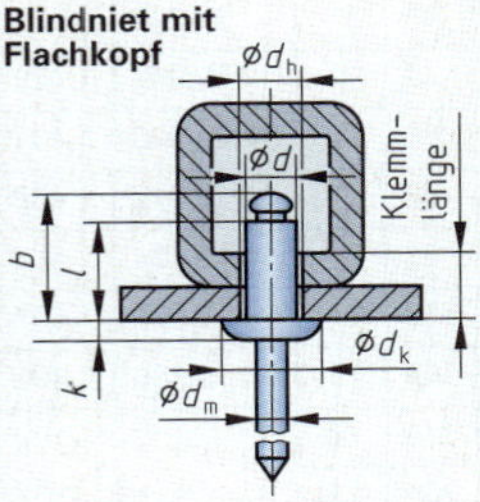

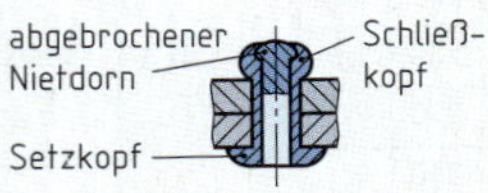

fertige Nietverbindung

Blindniet mit Senkkopf

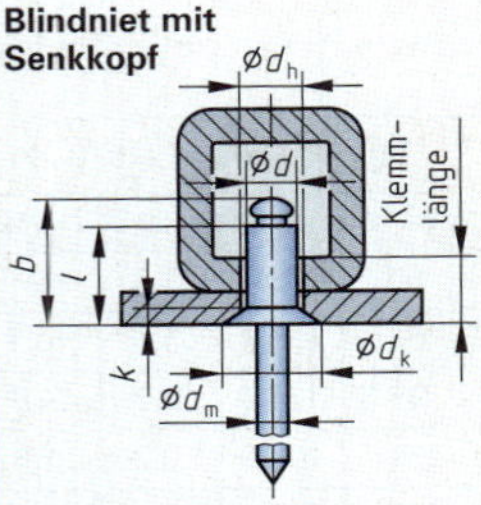

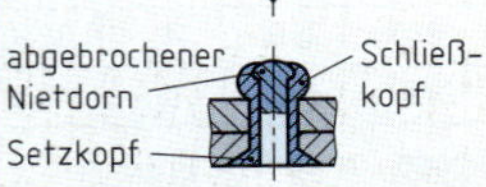

fertige Nietverbindung

Niet-Ø *d* (Nennmaß)		3	4	5	6[1]
Kopf-Ø d_k max.		6,3	8,4	10,5	12,6
Kopfhöhe *k*		1,3	1,7	2,1	2,5
Nietdorn-Ø d_m max.		2	2,45	2,95	3,4
Nietloch-Ø d_{h1} min. max.		3,1 3,2	4,1 4,2	5,1 5,2	6,1 6,2
Einbaulänge *b*		l_{max} + 3,5	l_{max} + 4	l_{max} + 4,5	l_{max} + 5
Schaftlänge *l* min.	max.	**Empfohlene Klemmlängenbereiche**			
4	5	0,5 … 1,5[1]	–	–	–
6	7	2,0 … 3,5 1,5 … 3,5[1]	1 … 3[1]	1,5 … 2,5[1]	–
8	9	3,5 … 5,0	2 … 5 3 … 5[1]	2,5 … 4,0	2 … 3
10	11	5 … 7	5,0 … 6,5	4 … 6	3 … 5
12	13	7 … 9	6,5 … 8,5	6 … 8	5 … 7
16	17	9 … 13	8,5 … 12,5	8 … 12	7 … 11
20	21	13 … 17	12,5 … 16,5	12 … 15	11 … 15
25	26	17 … 22	16,5 … 21,0	15 … 20	15 … 20
30	31	–	–	20 … 25	20 … 25
Festigkeitsklassen	L (niedrig) und H (hoch) unterscheiden sich in den Mindestscher- und Mindestzugkräften der Niete.				
Werkstoffe[2]	Niethülse aus Aluminium-Legierung (AlA) Nietdorn aus Stahl (St)				
⇒	**Blindniet ISO 15977 – 4 x 12 – AlA/St – L**: Blindniet mit Flachkopf; *d* = 4 mm, *l* = 12 mm, Niethülse aus Aluminiumlegierung, Nietdorn aus Stahl, Festigkeitsklasse L (niedrig)				

[1] nur für Flachkopfniete ISO 15977
[2] Weitere genormte Werkstoffkombinationen für Niethülsen/Nietdorn sind: St/St; AlA/AlA; A2/A2; Cu/St; NiCu/St u. a.

M

Metrische Kegel, Morse-, Steilkegel

Morsekegel und Metrische Kegel

vgl. DIN 228-1 (1987-05)

Form A: Kegelschaft mit Anzuggewinde

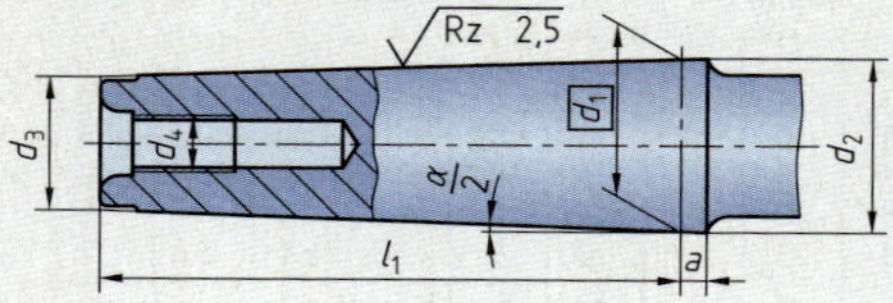

Form B: Kegelschaft mit Austreiblappen

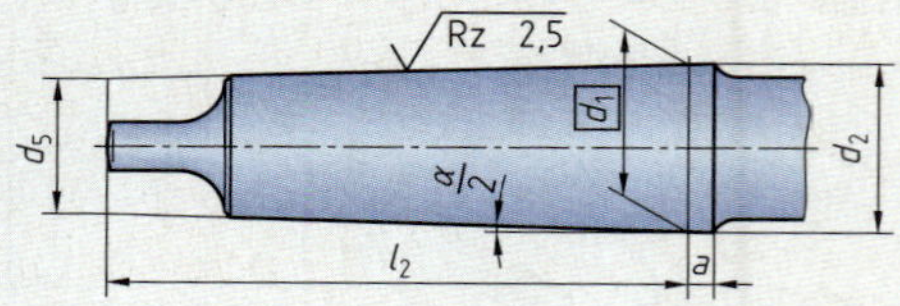

Form C: Kegelhülse für Kegelschäfte mit Anzuggewinde

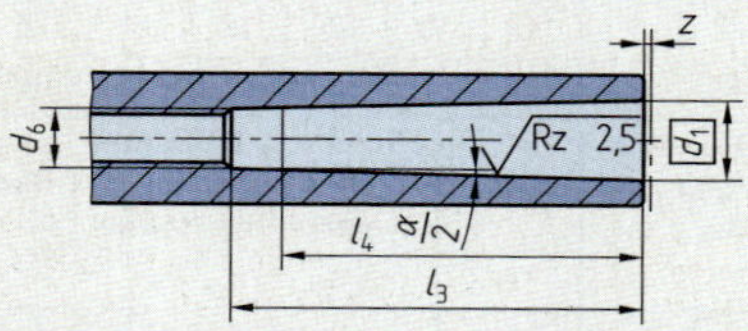

Form D: Kegelhülse für Kegelschäfte mit Austreiblappen

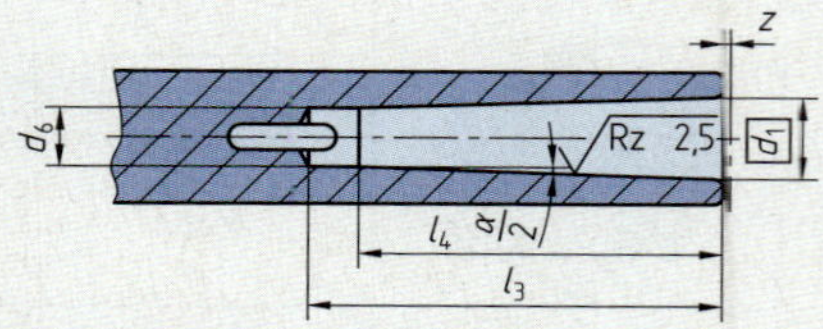

Die **Formen AK, BK CK** und **DK** haben jeweils eine Zuführung für Kühlschmierstoffe.

Kegelart	Größe	Kegelschaft								Kegelschaft				Kegel	
		d_1	d_2	d_3	d_4	d_5	l_1	a	l_2	d_6 H11	l_3	l_4	z[1]	Verjüngung	$\frac{\alpha}{2}$
Metr. Kegel (ME)	4	4	4,1	2,9	–	–	23	2	–	3	25	20	0,5	1 : 20	1,432°
	6	6	6,2	4,4	–	–	32	3	–	4,6	34	28	0,5		
Morse-Kegel (MK)	0	9,045	9,2	6,4	–	6,1	50	3	56,5	6,7	52	45	1	1 : 19,212	1,491°
	1	12,065	12,2	9,4	M6	9	53,5	3,5	62	9,7	56	47	1	1 : 20,047	1,429°
	2	17,780	18,0	14,6	M10	14	64	5	75	14,9	67	58	1	1 : 20,020	1,431°
	3	23,825	24,1	19,8	M12	19,1	81	5	94	20,2	84	72	1	1 : 19,922	1,438°
	4	31,267	31,6	25,9	M16	25,2	102,5	6,5	117,5	26,5	107	92	1	1 : 19,254	1,488°
	5	44,399	44,7	37,6	M20	36,5	129,5	6,5	149,5	38,2	135	118	1	1 : 19,002	1,507°
	6	63,348	63,8	53,9	M24	52,4	182	8	210	54,8	188	164	1	1 : 19,180	1,493°
Metr. Kegel (MK)	80	80	80,4	70,2	M30	69	196	8	220	71,5	202	170	1,5	1 : 20	1,432°
	100	100	100,5	88,4	M36	87	232	10	260	90	240	200	1,5		
	120	120	120,6	106,6	M36	105	268	12	300	108,5	276	230	1,5		
	160	160	160,8	143	M48	141	340	16	380	145,5	350	290	2		
	200	200	201,0	179,4	M48	177	412	20	460	182,5	424	350	2		

⇒ **Kegelschaft DIN 228 – ME – B 80 AT6:** Metr. Kegelschaft, Form B, Größe 80, Kegelwinkel-Toleranzqualität AT6

[1] Das Prüfmaß d_1 kann bis maximal im Abstand z vor der Kegelhülse liegen.

M

Steilkegelschäfte für Werkzeuge und Spannzeuge Form A

vgl. DIN 2080-1 (1978-12)

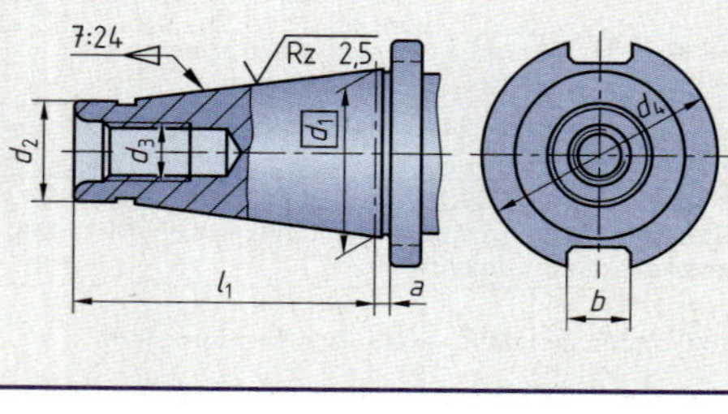

Nr.	d_1	d_2 a10	d_3	d_4 – 0,4	l_1	a ± 0,2	b H12
30	31,75	17,4	M12	50	68,4	1,6	16,1
40	44,45	25,3	M16	63	93,4	1,6	16,1
50	69,85	39,6	M24	97,5	126,8	3,2	25,7
60	107,95	60,2	M30	156	206,8	3,2	25,7
70	165,1	92	M36	230	296	4	32,4
80	254	140	M48	350	469	6	40,5

⇒ **Steilkegelschaft DIN 2080 – A 40 AT4:** Form A, Nr. 40, Kegelwinkel-Toleranzqualität AT4

Werkzeug-Aufnahmen

Werkzeug-Aufnahmen verbinden das Werkzeug mit der Spindel der Werkzeugmaschine. Sie übertragen das Drehmoment und sind mit für einen genauen Rundlauf verantwortlich.

<table>
<tr><th>Bauformen</th><th>Funktion, Vor- (+) und Nachteile (–)</th><th>Anwendung, Größen</th></tr>
<tr><td colspan="3">Metrische Kegel (ME) und Morsekegel (MK) vgl. DIN 228-1 und -2 (1987-05)</td></tr>
<tr><td>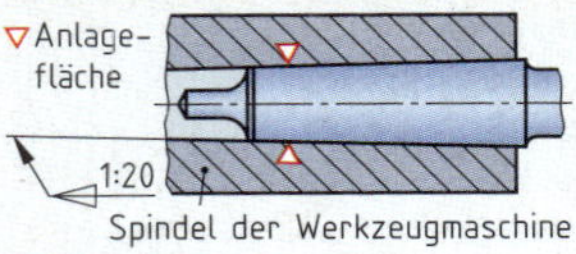

Metrische Kegel 1: 20;
Morsekegel 1:19,002 bis 1: 20,047</td>
<td>Übertragung des Drehmoments:
• kraftschlüssig über die Kegelfläche

+ Reduzierhülsen passen unterschiedliche Kegeldurchmesser an
– nicht geeignet für automatische Werkzeugwechsel</td>
<td>Spannmittel beim konventionellen Bohren und Fräsen.

Kegelschaft-Nummern:
• ME 4; 6
• MK 0; 1; 2; 3; 4; 5; 6
• ME 80; 100; 120; (140); 160; (180); 200</td></tr>
<tr><td colspan="3">Steilkegelschaft (SK) vgl. DIN 2080-1 (1978-12) und -2 (1979-09) und DIN 69871-1 (1995-10)</td></tr>
<tr><td>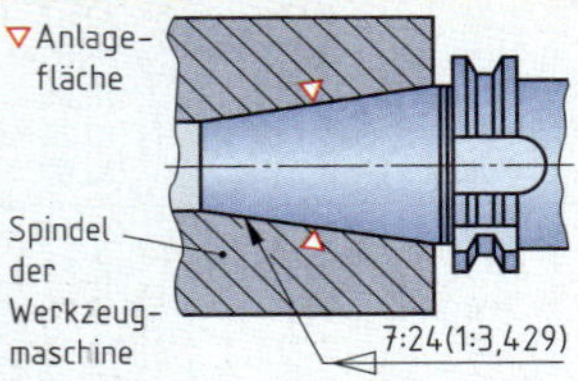

Befestigung in der Maschinenspindel:
Form A: mit Anzugsstange
Form B: durch Frontbefestigung
Kegel 7: 24 (1: 3,429) nach DIN 254</td>
<td>Übertragung des Drehmoments:
• formschlüssig über Nuten am Kegelrand. Der Steilkegel ist nicht für die Übertragung von Kräften vorgesehen, er zentriert das Werkzeug lediglich. Die axiale Sicherung erfolgt über das Gewinde oder die Ringnut.

+ DIN 69871-1 für automatischen Werkzeugwechsel geeignet
– großes Gewicht, daher weniger geeignet für schnelle Werkzeugwechsel mit hoher axialer Wiederhol-Spanngenauigkeit und für hohe Drehzahlen</td>
<td>Einsatz bei CNC-Werkzeugmaschinen, insbesondere Bearbeitungszentren; weniger geeignet für Hochgeschwindigkeits-Zerspanung (HSC)

Steilkegel-Nummern:
• DIN 2080-1 (Form A): 30; 40; 45; 50; 55; 60; 65; 70; 75; 80
• DIN 69871-1: 30; 40; 45; 50; 60</td></tr>
<tr><td colspan="3">Kegel-Hohlschaft (Bezeichnung HSK) vgl. DIN 69893-1 und -2 (2003-05)</td></tr>
<tr><td>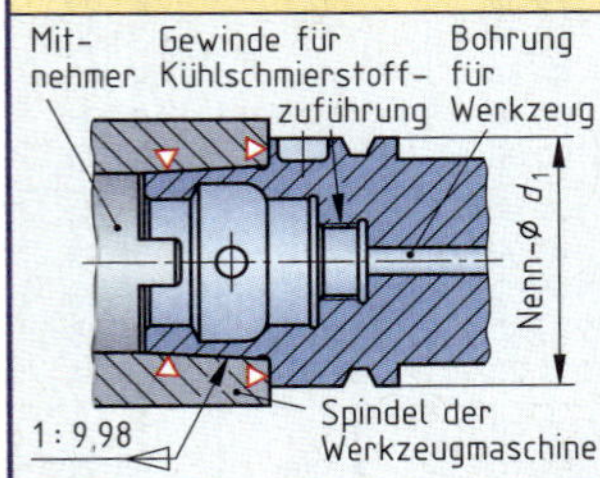

Kegel 1: 9,98</td>
<td>Übertragung des Drehmoments:
• kraftschlüssig über die Kegel- und Anlagefläche sowie
• formschlüssig über die Mitnehmernuten am Schaftende.

+ geringeres Gewicht, daher
+ hohe statische und dynamische Steifigkeit
+ hohe Wiederhol-Spanngenauigkeit (3 µm)
+ hohe Drehzahlen
– im Vergleich zum Steilkegel höherer Preis</td>
<td>Sicherer Einsatz bei der Hochgeschwindigkeits-Zerspanung

Nenngrößen: d_1 = 32; 40; 50; 63; 80; 100; 125; 160 mm

Form A: mit Bund und Greifnut für automatischen Werkzeugwechsel
Form C: nur manuell wechselbar</td></tr>
<tr><td colspan="3">Schrumpffutter</td></tr>
<tr><td>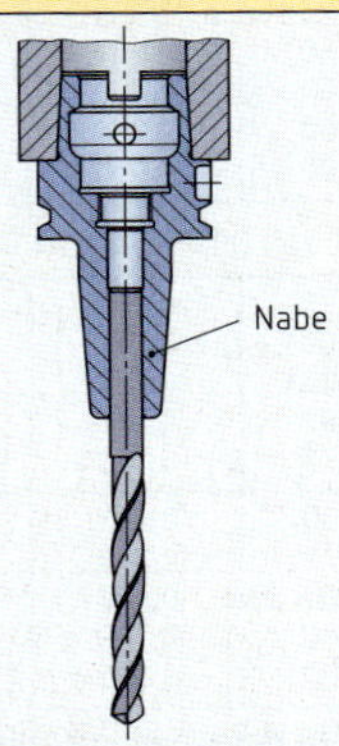

lieferbar mit HSK- oder Steilkegel</td>
<td>Übertragung des Drehmoments wie beim HSK.

Spannen des Werkzeugs durch rasche, induktive Erwärmung (ca. 340 °C) der Nabe im Schrumpffutter. Durch das Übermaß des Werkzeugs (ca. 3…7 µm) entsteht nach dem Fügen und Abkühlen eine Schrumpfverbindung.
+ Übertragung hoher Drehmomente
+ hohe radiale Steifigkeit
+ höhere Schnittwerte möglich
+ kürzere Bearbeitungszeiten
+ guter Rundlauf
+ größere Laufruhe
+ bessere Oberflächengüte
+ sicherer Werkzeugwechsel
– relativ teuer
– zusätzliches Induktions- und Abkühlgerät erforderlich</td>
<td>Universell einsetzbar für Werkzeugmaschinen mit Steilkegel- oder Hohlschaftkegel-Aufnahmen; geeignet für Werkzeuge mit zylindrischem Schaft aus HSS oder Hartmetall.

Schaftdurchmesser: 6; 8; 10; 12; 14; 16; 18; 20; 25 mm</td></tr>
</table>

M

Zylindrische Schrauben-Zugfedern

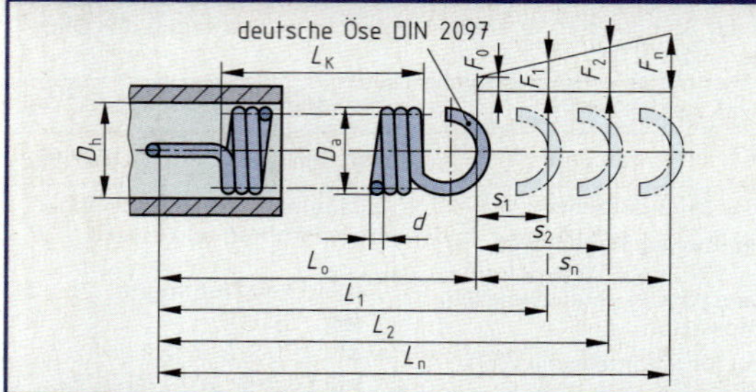

d Drahtdurchmesser in mm
D_a äußerer Windungsdurchmesser in mm
D_h kleinster Hülsendurchmesser in mm
L_0 Länge der unbelasteten Feder in mm
L_k Länge des unbelasteten Federkörpers in mm
L_n größte Federlänge
F_0 innere Vorspannkraft in N
F_n größte zulässige Federkraft in N
R Federrate in N/mm
s_n größter zulässiger Federweg bei F_n in mm

d	D_a	D_h	L_0	L_k	F_0	F_n	R	s_n
Zugfedern aus patentiert-gezogenem, unlegiertem Federstahldraht[1] vgl. DIN EN 10270-1 (2001-12)								
0,20	3,00	3,50	8,6	4,35	0,06	1,26	0,036	33,37
0,25	5,00	5,70	10,0	2,63	0,03	1,46	0,039	36,51
0,32	5,50	6,30	10,0	2,08	0,08	2,71	0,140	18,85
0,36	6,00	6,90	11,0	2,34	0,16	3,50	0,173	19,23
0,40	7,00	8,00	12,7	2,60	0,16	4,06	0,165	23,67
0,45	7,50	8,60	13,7	3,04	0,25	5,31	0,207	24,41
0,50	10,00	11,10	20,0	5,25	0,02	5,40	0,078	68,79
0,55	6,00	7,10	13,9	5,78	0,88	11,66	0,606	17,78
0,63	8,60	9,90	19,9	7,88	0,79	12,13	0,276	41,15
0,70	10,00	11,40	23,6	9,63	0,83	14,13	0,239	55,78
0,80	10,80	12,30	25,1	10,20	1,22	19,10	0,355	50,36
0,90	10,00	11,70	23,0	9,45	1,99	28,59	0,934	28,49
1,00	13,50	15,40	31,4	12,50	1,77	28,63	0,454	59,22
1,10	12,00	14,00	27,8	11,83	2,99	41,95	1,181	32,98
1,25	17,20	19,50	39,8	15,63	2,77	42,35	0,533	74,25
1,30	11,30	13,50	134,0	118,95	5,771	70,59	0,322	201,60
1,40	15,00	17,50	34,9	15,05	5,44	66,08	1,596	38,00
1,50	20,00	22,70	48,9	21,75	3,99	60,54	0,603	93,72
1,60	21,60	24,50	50,2	20,00	3,99	67,40	0,726	87,38
1,80	20,00	23,20	46,0	19,35	6,88	100,90	1,819	51,70
2,00	27,00	30,50	62,8	25,00	6,88	101,20	0,907	104,00
2,20	24,00	27,80	55,6	23,10	9,81	148,00	2,425	57,02
2,50	34,50	38,90	79,7	31,25	9,88	148,50	1,056	131,33
2,80	30,00	34,70	69,8	29,40	17,77	233,40	3,257	65,85
3,00	40,00	45,10	140,0	86,25	11,50	214,20	0,587	345,31
3,20	43,20	46,60	100,0	40,00	11,88	238,40	1,451	156,13
3,60	40,00	46,00	92,1	37,80	19,60	357,10	3,735	90,38
4,00	44,00	50,60	117,0	58,00	24,50	436,30	3,019	136,43
4,50	50,00	57,60	194,0	128,25	28,00	532,30	1,613	312,74
5,00	50,00	58,30	207,0	142,50	47,00	707,90	2,541	260,12
5,50	60,00	69,30	236,0	156,75	38,00	774,50	2,094	351,72
6,30	70,00	80,00	272,0	179,55	45,00	968,50	2,258	429,00
7,00	80,00	92,00	306,0	199,50	70,00	1132,00	2,286	464,83
8,00	80,00	94,00	330,0	228,00	120,00	1627,00	4,065	370,91
Zugfedern aus nichtrostendem Federstahldraht[1] vgl. DIN EN 10270-3 (2001-08)								
0,20	3,00	3,50	8,60	4,35	0,05	0,99	0,031	30,54
0,40	7,00	8,00	12,70	2,60	0,121	3,251	0,142	22,11
0,63	8,60	9,90	19,90	7,88	0,631	9,861	0,237	33,97
0,80	10,80	12,30	25,1	10,20	0,971	15,67	0,305	48,19
1,00	13,50	15,40	31,4	12,50	1,411	23,77	0,390	57,40
1,25	17,20	19,50	39,8	15,63	2,211	35,50	0,458	72,73
1,40	15,00	17,50	34,9	15,05	4,351	55,72	1,371	37,48
1,60	21,60	24,50	50,2	20,00	3,211	56,93	0,623	86,19
2,00	27,00	30,50	62,8	25,00	5,501	84,86	0,779	101,86
4,00	44,00	50,60	117,0	58,00	19,600	366,50	2,593	133,83

[1] Außer der aufgeführten Federauswahl gibt es im Handel zu jedem Drahtdurchmesser verschiedene Außendurchmesser und Längen.

Zylindrische Schrauben-Druckfedern

vgl. DIN 2098-1 (1968-10), -2 (1970-08)

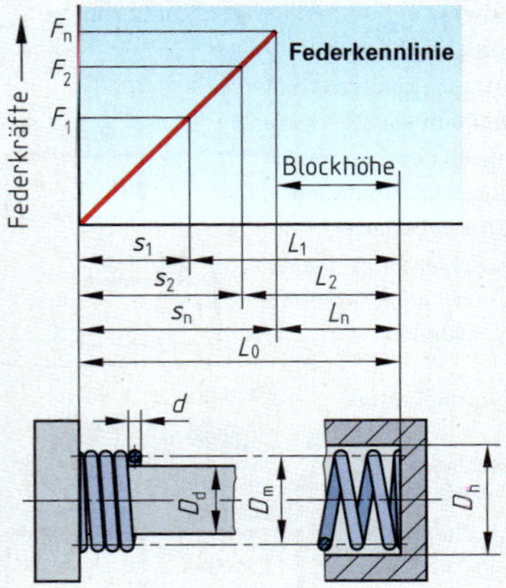

d	Drahtdurchmesser
D_m	mittlerer Windungsdurchmesser
D_d	Dorndurchmesser
D_h	Hülsendurchmesser
L_0	Länge der unbelasteten Feder
L_1, L_2	Länge der belasteten Feder bei F_1, F_2
L_n	kleinste zulässige Prüflänge der Feder
F_1, F_2	Federkräfte bei L_1, L_2
F_n	größte zulässige Federkraft bei s_n
s_1, s_2	Federwege bei F_1, F_2
s_n	größter zulässiger Federweg bei F_n
i_f	Anzahl der federnden Windungen
i_g	Gesamtwindungszahl (Enden geschliffen)
R	Federrate in N/mm

Gesamtwindungszahl

$$i_g = i_f + 2$$

$F = R \cdot s$

⇒ **Druckfeder DIN 2098 – 2 x 20 x 94:**
d = 2 mm, D_m = 20 mm und L_0 = 94 mm

d	D_m	D_d max.	D_h min.	F_n in N	i_f = 3,5 L_0	s_n	R	i_f = 5,5 L_0	s_n	R	i_f = 8,5 L_0	s_n	R	i_f = 12,5 L_0	s_n	R
0,2	2,5	2,0	3,1	1,00	5,4	3,8	0,26	8,2	6,0	0,17	12,4	9,3	0,11	17,9	13,7	0,07
	2	1,5	2,6	1,24	4,0	2,4	0,51	5,9	3,8	0,33	8,7	5,9	0,21	12,6	8,6	0,15
	1,6	1,1	2,1	1,50	3,0	1,5	1,0	4,4	2,4	0,65	6,4	3,6	0,42	9,2	5,4	0,23
0,5	6,3	5,3	7,5	6,6	13,5	9,2	0,73	20,0	14,0	0,46	30,0	21,3	0,30	44,0	31,8	0,21
	4	3,1	5,0	9,3	7,0	3,3	2,84	10,0	4,9	1,81	15,0	7,9	1,17	21,5	11,7	0,79
	2,5	1,7	3,4	10,4	4,4	0,9	11,6	6,1	1,4	7,43	8,7	2,2	4,80	12,0	3,0	3,27
1	12,5	10,8	14,4	22	24,0	14,6	1,49	36,5	23,1	0,95	55,5	36,1	0,61	80,5	53,1	0,41
	8	6,5	9,6	33,2	13,0	5,7	5,68	19,0	8,9	3,61	28,5	14,2	2,33	40,5	20,6	1,59
	5	3,6	6,5	43,8	8,5	1,9	23,2	12,0	3,0	14,8	17,0	4,4	9,57	24,0	6,6	6,51
1,6	20	17,5	22,6	84,9	48,0	35,6	2,38	73,5	55,9	1,52	110	84,5	0,99	165	129	0,67
	12,5	10,3	14,7	135	24,0	14,0	9,76	36,0	21,9	6,23	53,5	33,4	4,0	78,0	50,0	2,73
	8	5,9	10,1	212	14,5	5,5	37,3	21,5	8,9	23,7	31,5	13,6	15,4	45,0	20,2	10,4
2	25	22,0	28,0	128	58,0	43,0	2,98	88,5	67,1	1,90	135	104	1,23	195	151	0,83
	16	13,4	18,6	198	30,0	17,5	11,4	45,0	27,3	7,24	68,0	42,5	4,69	98	62,1	3,19
	10	7,5	12,5	318	18,0	6,8	46,6	26,5	10,9	29,7	38,5	16,5	19,2	55	24,4	13,0
2,5	32	28,3	36,0	182	71,5	52,2	3,48	110	82,1	2,22	170	129	1,43	245	187	0,97
	25	21,6	28,4	233	49,0	32,2	7,29	74,5	50,5	4,64	115	80,2	3,0	165	116	2,04
	20	16,8	23,2	292	36,0	20,5	14,2	54,0	32,1	9,05	81,5	50,0	5,86	120	75,7	3,93
	16	12,9	19,1	365	27,5	12,9	27,8	41,0	20,5	17,7	61,0	31,7	11,5	88,0	49,9	7,73
3,2	40	35,6	44,6	288	82,0	60,8	4,76	125	95,3	3,03	190	148	1,96	275	216	1,33
	32	27,6	36,5	361	58,5	38,7	9,3	88,5	61,1	5,92	135	96,2	3,82	190	136	2,61
	25	21,1	28,9	461	42,5	23,4	19,4	63,5	37,2	12,4	94,5	57,4	8,0	135	83,4	5,45
	20	16,1	23,9	577	33,5	15,0	38,2	49,5	23,6	24,2	74,0	36,9	15,7	105	53,4	10,7
4	50	44,0	56,0	427	99,0	71,6	5,95	150	111	3,79	230	175	2,45	335	257	1,65
	40	34,8	45,2	533	71,0	45,8	11,7	105	69,9	7,41	160	110	4,79	235	165	3,26
	32	27,0	37,0	666	53,5	29,5	22,8	79,5	46,2	14,4	120	72,8	9,35	170	104	6,36
	25	20,3	29,7	852	41,0	18,1	47,7	60,5	28,3	30,3	89,5	43,5	19,6	130	65,5	13,3
5	63	56,0	70,0	623	120	87,7	7,27	180	135	4,63	275	210	2,99	395	304	2,03
	50	43,0	57,0	785	85,0	54,1	14,5	130	86,8	9,25	195	133	5,98	280	194	4,07
	40	34,0	46,0	981	64,0	34,4	28,4	95,5	54,5	18,1	140	81,6	11,7	205	124	7,95
	32	26,0	38,0	1226	51,0	22,3	55,4	75,0	34,8	35,3	110	52,5	22,9	160	79,5	15,5
6,3	80	71,0	89,0	932	145	103	8,96	220	160	5,70	335	250	3,69	490	370	2,51
	63	55,0	71,5	1177	105	65,0	18,3	155	99,0	11,7	235	155	7,55	340	277	5,13
	50	42,0	58,0	1481	80,0	42,0	36,7	115	62,0	23,3	175	100	15,1	250	145	10,3
	40	32,6	47,5	1854	60,0	24,0	71,7	90,0	39,7	45,6	135	63,2	29,5	195	95,0	20,1
8	100	89,0	111	1413	170	118	11,9	260	187	7,58	390	286	4,9	570	423	3,34
	80	69,0	91,0	1766	125	76,0	23,2	180	111	14,8	285	186	9,58	410	271	6,51
	63	53,0	73,0	2237	95,0	48,0	47,0	140	74,0	30,3	205	112	19,6	300	169	13,3
	50	40,5	60,0	2825	75,0	30,0	95,4	110	46,8	60,8	160	70,0	39,2	230	103	26,7

M

Tellerfedern

vgl. DIN 2093 (2006-03)

Einzelfeder

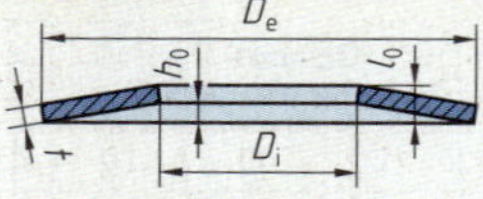

$h_0 \approx l_0 - t$

ohne Auflagefläche:
Gruppen 1+2

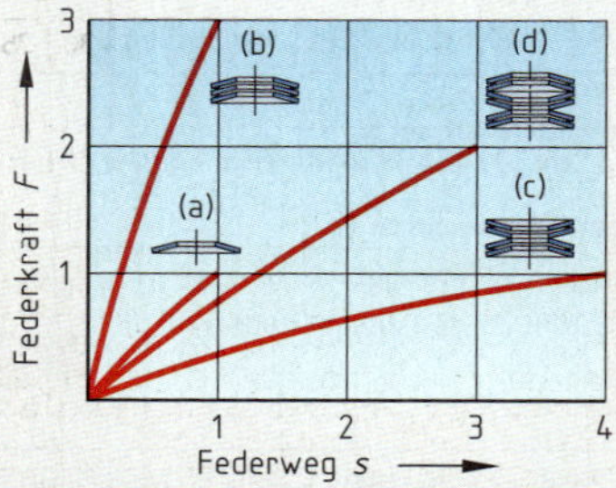

Federkraftverlauf bei unterschiedlichen Tellerfederkombinationen: (a) Einzelfeder;
(b) Federpaket aus 3 Einzelfedern: 3fache Kraft;
(c) Federsäule aus 4 Einzelfedern: 4facher Weg;
(d) Federsäule aus 3 Paketen mit je 2 Einzelfedern: 3facher Weg, 2fache Kraft

- D_e Außendurchmesser
- D_i Innendurchmesser
- t Dicke der Einzeltellerfeder
- h_0 Federhöhe (theoretischer Federweg bis zur Planlage)
- l_0 Bauhöhe der unbelasteten Einzeltellerfeder
- s Federweg der Einzeltellerfeder
- s_S Federweg von geschichteten Tellerfedern
- F Federkraft der Einzeltellerfedern
- F_S Federkraft von geschichteten Tellerfedern
- L_0 Länge von unbelasteten geschichteten Tellerfedern
- n Anzahl der Tellerfedern im Federpaket
- i Anzahl der Tellerfedern in der Federsäule

Federsäule

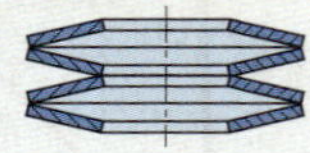

Federkraft $F_S = F$

Federweg $s_S = i \cdot s$

Federlänge $L_0 = i \cdot l_0$

Federpaket

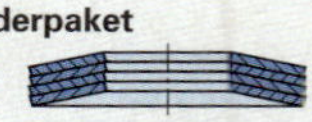

Federkraft $F_S = n \cdot F$

Federweg $s_S = s$

Federlänge $L_0 = l_0 + (n-1) \cdot t$

Gruppe[3]	D_e h12	D_i H12	**Reihe A: harte Federn** $D_e/t \approx 18$; $h_0/t \approx 0{,}4$				**Reihe B: mittelharte Federn** $D_e/t \approx 28$; $h_0/t \approx 0{,}75$				**Reihe C: weiche Federn** $D_e/t \approx 40$; $h_0/t \approx 1{,}3$			
			t	l_0	F in kN[1]	s[2]	t	l_0	F in kN[1]	s[2]	t	l_0	F in kN[1]	s[2]
Gr. 1: $t < 1{,}25$ mm ohne Auflagefläche	8	4,2	0,4	0,6	0,21	0,15	0,3	0,55	0,12	0,19	0,2	0,45	0,04	0,19
	10	5,2	0,5	0,75	0,33	0,19	0,4	0,7	0,21	0,23	0,25	0,55	0,06	0,23
	14	7,2	0,8	1,1	0,81	0,23	0,5	0,9	0,28	0,30	0,35	0,8	0,12	0,34
	16	8,2	0,9	1,25	1,00	0,26	0,6	1,05	0,41	0,34	0,4	0,9	0,16	0,38
	20	10,2	1,1	1,55	1,53	0,34	0,8	1,35	0,75	0,41	0,5	1,15	0,25	0,49
	25	12,2	–	–	–	–	0,9	1,6	0,87	0,53	0,7	1,6	0,60	0,68
	28	14,2	–	–	–	–	1,0	1,8	1,11	0,60	0,8	1,8	0,80	0,75
	40	20,4	–	–	–	–	–	–	–	–	1	2,3	1,02	0,98
Gruppe 2: $t = 1{,}25 \dots 6$ mm ohne Auflagefläche	25	12,2	1,5	2,05	2,91	0,41	–	–	–	–	–	–	–	–
	28	14,2	1,5	2,15	2,85	0,49	–	–	–	–	–	–	–	–
	40	20,4	2,2	3,15	6,54	0,68	1,5	2,6	2,62	0,86	–	–	–	–
	45	22,4	2,5	4,1	7,72	0,75	1,7	3,0	3,66	0,98	1,25	2,85	1,89	1,20
	50	25,4	3	4,3	12,0	0,83	2	3,4	4,76	1,05	1,25	2,85	1,55	1,20
	56	28,5	3	4,9	11,4	0,98	2	3,6	4,44	1,20	1,5	3,45	2,62	1,46
	63	31	3,5	5,6	15,0	1,05	2,5	4,2	7,18	1,31	1,8	4,15	4,24	1,76
	71	36	4	6,7	20,5	1,20	2,5	4,5	6,73	1,50	2	4,6	5,14	1,95
	80	41	5	7	33,7	1,28	3	5,3	10,5	1,73	2,25	5,2	6,61	2,21
	90	46	5	8,2	31,4	1,50	3,5	6	14,2	1,88	2,5	5,7	7,68	2,40
	100	51	6	8,5	48,0	1,65	3,5	6,3	13,1	2,10	2,7	6,2	8,61	2,63
	125	64	–	–	–	–	5	8,5	30,0	2,63	3,5	8	15,4	3,38
	140	72	–	–	–	–	5	9	27,9	3,00	3,8	8,7	17,2	3,68
	160	82	–	–	–	–	6	10,5	41,1	3,38	4,3	9,9	21,8	4,20
	180	92	–	–	–	–	6	11,1	37,5	3,83	4,8	11	26,4	4,65

⇒ **Tellerfeder DIN 2093 – A 16:** Reihe A, Außendurchmesser D_e = 16 mm

[1] Federkraft F des Einzeltellers bei Federweg $s \approx 0{,}75 \cdot h_0$
[2] $s \approx 0{,}75 \cdot h_0$
[3] Größe 3: $t > 6 \dots 14$ mm, mit Auflagefläche, D_e = 125, 140, 160, 180, 200, 225, 250 mm

M

Bohrbuchsen

Bohrbuchsen

vgl. DIN 179 (1992-11); Normblatt zurückgezogen

Form A **Form B**

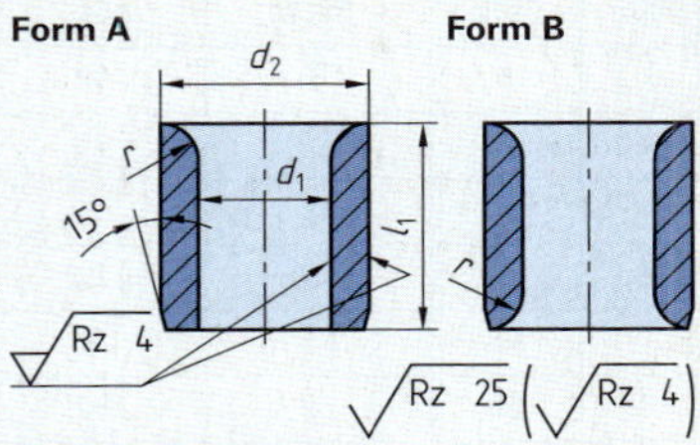

Härte 780 + 80 HV 10

d_1 F7	über	1	1,8	2,6	3,3	4	5	6	8	10	12	15	18	22	26
	bis	1,8	2,6	3,3	4	5	6	8	10	12	15	18	22	26	30
l_1	kurz	6		8			10		12		16		20		25
	mittel	9		12			16		20		28		36		45
	lang	–		16			20		25		36		45		56
d_2 n6		4	5	6	7	8	10	12	15	18	22	26	30	35	42
r		1		1			1,5		2				3		

⇒ **Bohrbuchse DIN 179 – A 18 x 16**: Form A, d_1 = 18 mm, l_1 = 16 mm

Bundbohrbuchsen

vgl. DIN 172 (1992-11); Normblatt zurückgezogen

Form A **Form B**

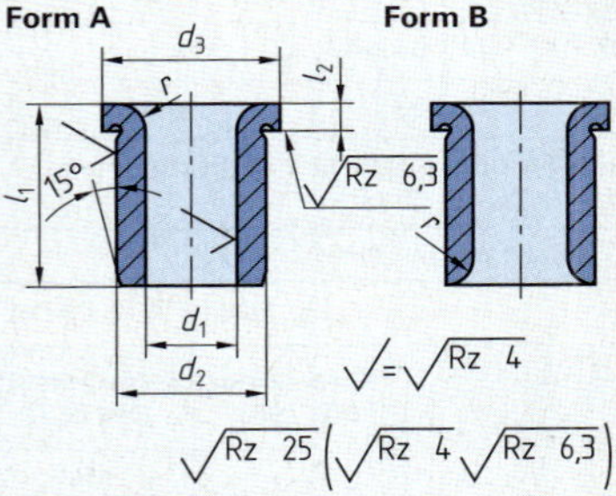

Härte 780 + 80 HV 10

d_1 F7	über	1	1,8	2,6	3,3	4	5	6	8	10	12	15	18	22	26
	bis	1,8	2,6	3,3	4	5	6	8	10	12	15	18	22	26	30
l_1	kurz	6		8			10		12		16		20		25
	mittel	9		12			16		20		28		36		45
	lang	–		16			20		25		36		45		56
d_2 n6		4	5	6	7	8	10	12	15	18	22	26	30	35	42
d_3		7	8	9	10	11	13	15	18	22	26	30	34	39	46
l_2		2		2,5			3			4			5		
r		1		1			1,5		2				3		

⇒ **Bohrbuchse DIN 172 – A 22 x 36**: Form A, d_1 = 22 mm, l_1 = 36 mm

Steckbohrbuchsen

vgl. DIN 173-1 (1992-11); Normblatt zurückgezogen

Form K Schnellwechselbuchsen für rechtsschneidende Werkzeuge

Form L Auswechselbuchsen (Maße wie Form K)

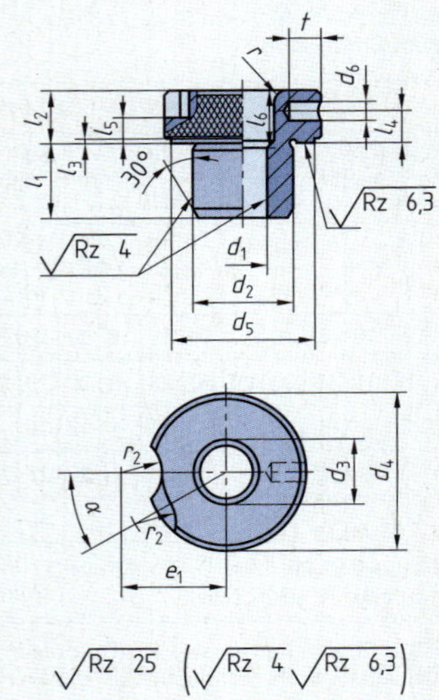

Härte 780 + 80 HV 10

d_1 F7	über	4	6	8	10	12	15	18	22	26	30	35	42	48
	bis	6	8	10	12	15	18	22	26	30	35	42	48	55
d_2 m6		10	12	15	18	22	26	30	35	42	48	55	62	70
l_1	kurz	12		17		20		25		30			35	
	mittel	20		28		36		45		56			67	
	lang	25		36		45		56		67			78	
d_3		6,5	8,5	10,5	12,5	15,5	19	23	27	31	36	43	50	57
d_4		18	22	26	30	34	39	46	52	59	66	74	82	90
d_5		15	18	22	26	30	35	42	46	53	60	68	76	84
d_6 H7		2,5	3			5			6				8	
l_2		8	10			12					16			
α		65°	60°	50°		35°		30°				25°		
l_3		1							1,5		2			
l_4		4,25	6			7					9		8	
l_5		3	4			5,5					7			
l_6	mittel	8		12		16		20		26			32	
	lang	13		20		25		31		37			43	
t		4		5	6	7	8		9	10	12		14	
r_1		2				3						3,5		
r_2		7	8,5			10,5					12,5			
e_1		13	16,5	18	20	23,5	26	29,5	32,5	36	41,5	45,5	49	53

⇒ **Bohrbuchse DIN 173 – K 15 x 22 x 36**: Form K, d_1 = 15 mm, d_2 = 22 mm, l_1 = 36 mm

M

Gewindestifte, Druckstücke, Kugelknöpfe

Gewindestifte mit Druckzapfen

vgl. DIN 6332 (2003-04)

Form S (M6 bis M20)

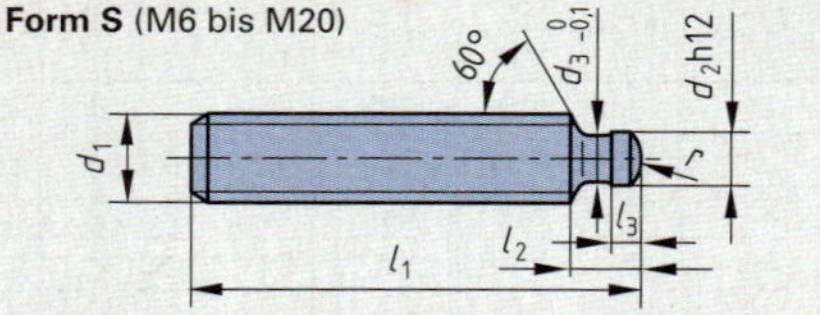

Anwendungsbeispiele als Spannschrauben

mit Kreuzgriff[1)]DIN 6335 M6 bis M20

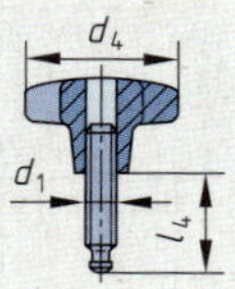

mit Rändelmutter DIN 6303 M6 bis M10

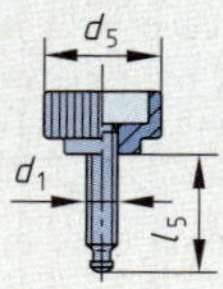

mit Flügelmutter DIN 315 M6 bis M10

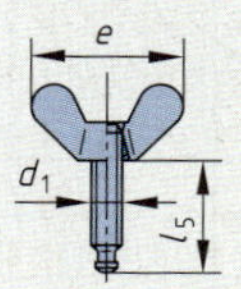

d_1	M6		M8		M10		M12			M16		
d_2	4,8		6		8		8			12		
d_3	4		5,4		7,2		7,2			11		
r	3		5		6		6			9		
l_2	6		7,5		9		10			12		
l_3	2,5		3		4,5		4,5			5		
d_4	32		40		50		63			80		
d_5	24		30		36		–			–		
e	33		39		51		65			73		
l_1	30	50	40	60	60	80	60	80	100	80	100	125
l_4	20	40	27	47	44	64	40	60	80	–	–	–
l_5	22	42	30	50	48	68	–	–	–	–	–	–

⇒ **Gewindestift DIN 6332 – S M 12 x 60:** Form S mit Gewinde d_1 = M12, l_1 = 60 mm

1) oder Sterngriff DIN 6336 M6 bis M16

Druckstücke

vgl. DIN 6311 (2002-06)

Form S mit Sprengring

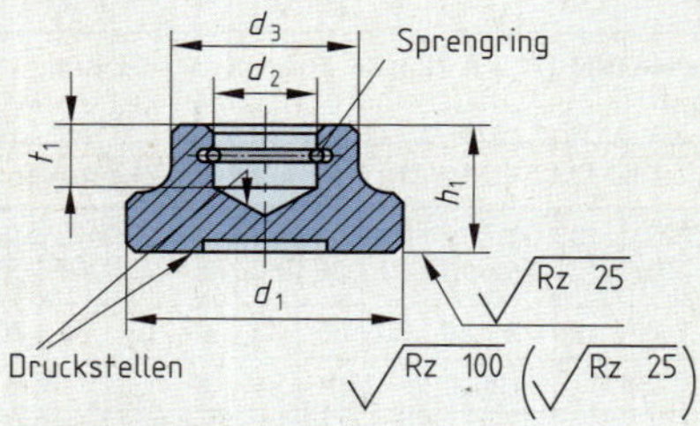

EHT (450 HV 1) 0,3 + 0,2 mm,
Oberflächenhärte 550 + 100 HV 10

d_1	d_2 H12	d_3	h_1	t_1	Sprengring DIN 7993	Gewindestift DIN 6332
12	4,6	10	7	4	–	M6
16	6,1	12	9	5	–	M8
20	8,1	15	11	6	8	M10
25	8,1	18	13	7	8	M12
32	12,1	22	15	7,5	12	M16
40	15,6	28	16	8	16	M20

⇒ **Druckstück DIN 6311 – S 40:** Form S, d_1 = 40 mm, mit eingesetztem Sprengring

Kugelknöpfe

vgl. DIN 319 (2002-04)

Form C mit Gewinde

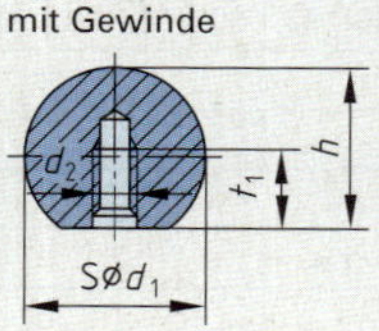

Form L mit Klemmhülse

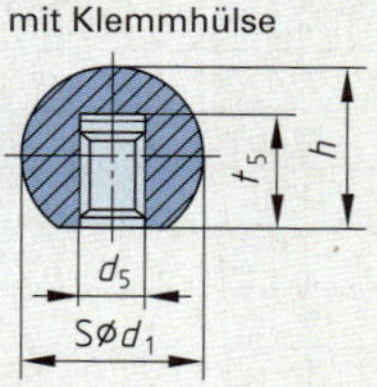

Form M mit kegeliger Bohrung

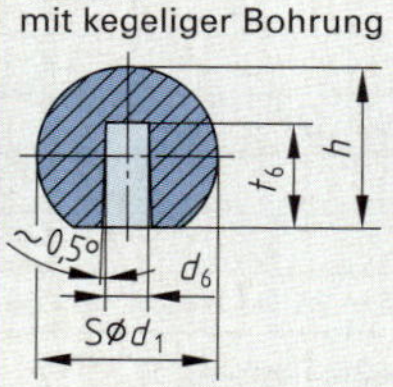

Form E mit Gewindebuchse

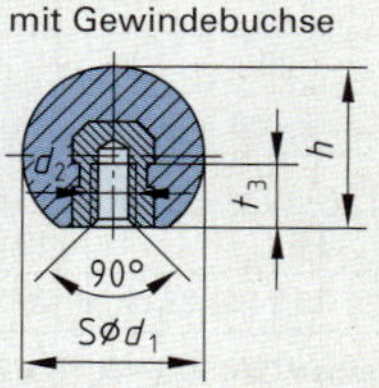

Weitere Formen nicht mehr genormt.

d_1	16	20	25			32			40			50		
d_2	M4	M5	M6			M8			M10			M12		
t_1	7	9	11			14,5			18			21		
t_3	6	7,5	9			12			15			18		
d_5	4	5	6	8	10	8	10	12	10	12	16	12	16	20
t_5	11	13	16	15	15	15	20	20	20	23	23	20	23	28
d_6	4	5	6	8	–	8	10	–	10	12	–	12	16	–
t_6	9	12	15	15	–	15	15	–	20	20	–	22	22	–
h	15	18	22,5			29			37			46		

⇒ **Kugelknopf DIN 319 – E 25 PF:** Form E, d_1 = 25 mm, aus Phenol-Formmasse PF (Duroplast)

Werkstoff: Kugelknopf aus Phenol-Formmasse PF (Duroplast); Gewindebuchse aus Stahl (St) nach Wahl des Herstellers; andere Werkstoffe nach Vereinbarung.

Farbe: schwarz

M

Griffe, Aufnahme- und Auflagebolzen

Kreuzgriffe

vgl. DIN 6335 (1996-01)

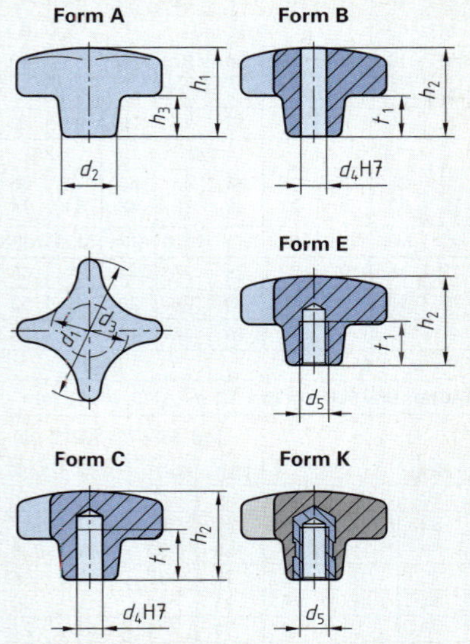

d_1	d_2	d_3	d_4	d_5	h_1	h_2	h_3	t_1
32	12	18	6	M6	21	20	10	12
40	14	21	8	M8	26	25	14	15
50	18	25	10	M10	34	32	20	18
63	20	32	12	M12	42	40	25	22
80	25	40	16	M16	52	50	30	28
100[1]	32	48	20	M20	65	60	38	36

Form	Beschreibung
A bis E	Metallgriffe
A	Rohteil aus Metall
B	mit durchgehender Bohrung d_4
C	mit nicht durchgehender Bohrung d_4
D	mit durchgehender Gewindebohrung d_5
E	mit nicht durchgehender Gewindebohrung d_5
K[2]	aus Formstoff (Kunststoff) mit Gewindebuchse d_5 (aus Metall)
L[2]	aus Formstoff (Kunststoff) mit Gewindebolzen d_5 (aus Metall)
⇒	**Kreuzgriff DIN 6335 – A 50 AL:** Form A, d_1 = 50 mm, aus Aluminium

[1] Diese Größe gibt es nicht aus Formstoff.
[2] Teilweise geringfügig andere Abmessungen; Werkstoff wie bei Sterngriffen DIN 6336

Sterngriffe

vgl. DIN 6336 (1996-01)

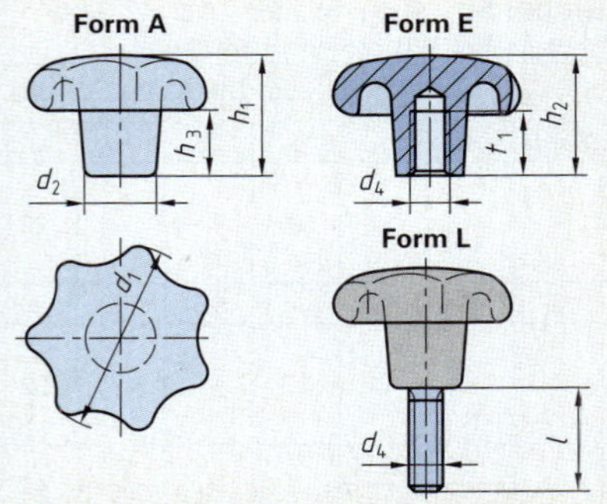

d_1	d_2	d_4	h_1	h_2	h_3	t_1	l	
32	12	M6	21	20	10	12	20	30
40	14	M8	26	25	13	15	20	30
50	18	M10	34	32	17	18	25	30
63	20	M12	42	40	21	22	30	40
80	25	M16	52	50	25	28	30	40

⇒ **Sterngriff DIN 6336 – L 40 x 30:** Form L (Formstoff) d_1 = 40 mm, l = 30 mm

Formen A bis E (Metallgriffe) sowie K und L (Griffe aus Formstoffen) entsprechend wie bei Kreuzgriffen DIN 6335

Werkstoffe: Gusseisen, Aluminium, Formmasse (PF 31 N RAL 9005 DIN 7708-2)

Aufnahme- und Auflagebolzen

vgl. DIN 6321 (2002-10)

Form A Auflagebolzen

Form B Aufnahmebolzen zylindrisch

Form C Aufnahmebolzen abgeflacht

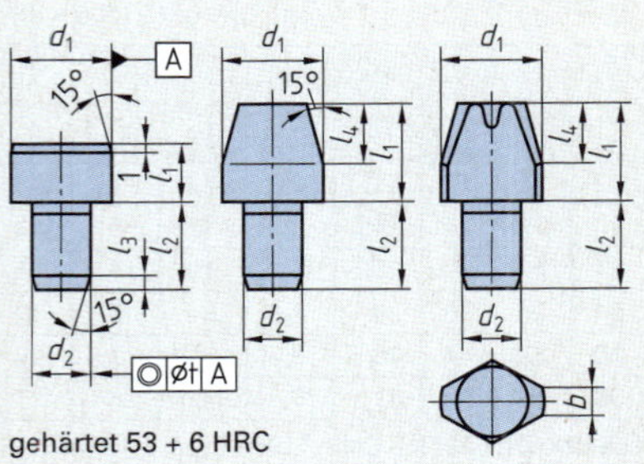

gehärtet 53 + 6 HRC

d_1 g6	l_1 Form A h9	l_1 Form B und C kurz	l_1 Form B und C lang	b	d_2[1] n6	l_2	l_3	l_4	t
6	5	7	12	1	4	6	1,2	4	0,02
8	–	10	16	1,6	6	9	1,6	6	
10	6		18	2,5					
12	–								
16	8	13	22	3,5	8	12	2	8	0,04
20	–	15	25	5	12	18	2,5	9	
25	10								

⇒ **Bolzen DIN 6321 – C 20 x 25:** Form C, d_1 = 20 mm, l_1 = 25 mm

[1] zugehörige Bohrungstoleranz: H7

M

T-Nuten und Zubehör, Kugelscheiben, Kegelpfannen

T-Nuten und Muttern für T-Nuten

vgl. DIN 650 (1989-10) und 508 (2002-06)

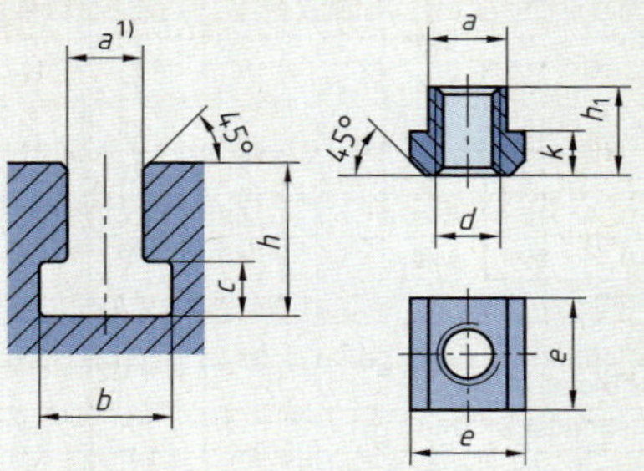

[1)] Toleranzklasse H8 für Richt- und Spann-Nuten; H12 für Spann-Nuten

Breite a	8	10	12	14	18	22	28	36	42
Abmaße von a	−0,3/−0,5		−0,3/−0,6					−0,4/−0,7	
b	14,5	16	19	23	30	37	46	56	68
Abmaße von b	1,5/0	+2/0				+3/0		+4/0	
c	7	7	8	9	12	16	20	25	32
Abmaße von c	+1/0			+2/0				+3/0	
h max.	18	21	25	28	36	45	56	71	85
h min.	15	17	20	23	30	38	48	61	74
Gewinde d	M6	M8	M10	M12	M16	M20	M24	M30	M36
e	13	15	18	22	28	35	44	54	65
h_1	10	12	14	16	20	28	36	44	52
k	6	6	7	8	10	14	18	22	26
Abmaße von k	0/−0,5					0/−1			
⇒	**Mutter DIN 508 – M10 x 12:** d = M10, a = 12 mm								

Schrauben für T-Nuten

vgl. DIN 787 (2005-02)

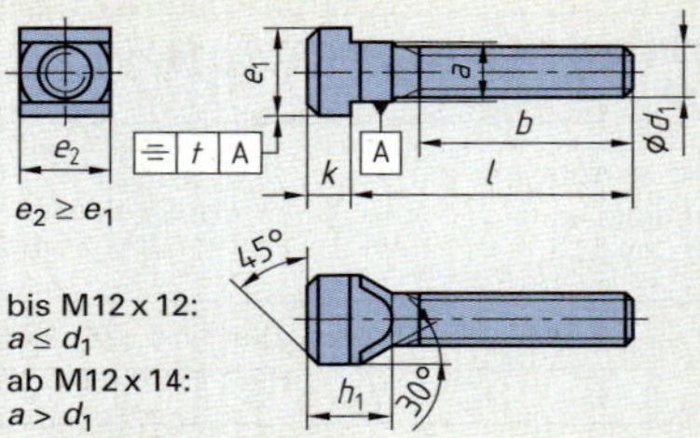

d_1	M8	M10	M12		M16	M20	M24	M30
a	8	10	12	14	18	22	28	36
b von	22	30	35		45	55	70	80
b bis	50	60	120		150	190	240	300
e_1	13	15	18	22	28	35	44	54
h_1	12	14	16	20	24	32	41	50
k	6	6	7	8	10	14	18	22
Nenn-längen l	25, 32, 40, 50, 63, 80, 100, 125, 160, 200, 250, 315, 400, 500 mm							
⇒	**Schraube DIN 787 – M10 x 10 x 100 – 8.8:** d_1 = M10, a = 10 mm, l = 100 mm, Festigkeitsklasse 8.8							

Lose Nutensteine

vgl. DIN 6323 (2003-08)

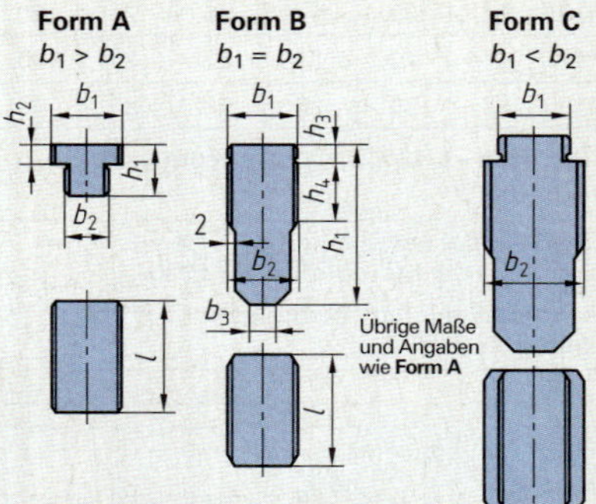

gehärtet, Härte 650 + 100 HV10

b_1 h6	b_2 h6	Form	b_3	h_1	h_2	h_3	h_4	l
12	6	A	–	12	3,6	–	–	20
	8							
	10							
	12	B	5	28,6	–	5,5	9	20
20	12	A	–	14	5,5	–	–	32
	14							
	18							
	22	C	9	50,5	–	7	18	40
	28		12	61,5			24	
	36		16	76,5			30	50
	42		19	90,5			36	
⇒	**Nutenstein DIN 6323 – C 20 x 28:** Form C, b_1 = 20 mm, b_2 = 28 mm							

Kugelscheiben und Kegelpfannen

vgl. DIN 6319 (2001-10)

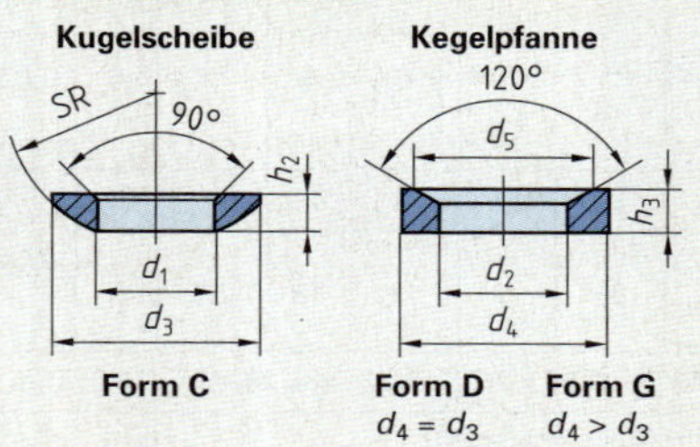

d_1 H13	d_2 H13	d_3	d_4 Form D	d_4 Form G	d_5	h_2	h_3 Form D	h_3 Form G	R Kugel
6,4	7,1	12	12	17	11	2,3	2,8	4	9
8,4	9,6	17	17	24	14,5	3,2	3,5	5	12
10,5	12	21	21	30	18,5	4	4,2	5	15
13	14,2	24	24	36	20	4,6	5	6	17
17	19	30	30	44	26	5,3	6,2	7	22
21	23,2	36	36	50	31	6,3	7,5	8	27
⇒	**Kugelscheibe DIN 6319 – C 17:** Form C, d_1 = 17 mm								

M

Einspannzapfen, Schneidstempel, Platten

Einspannzapfen Form A[1)]

vgl. DIN ISO 10242-1 und -2 (2000-03)

Form A

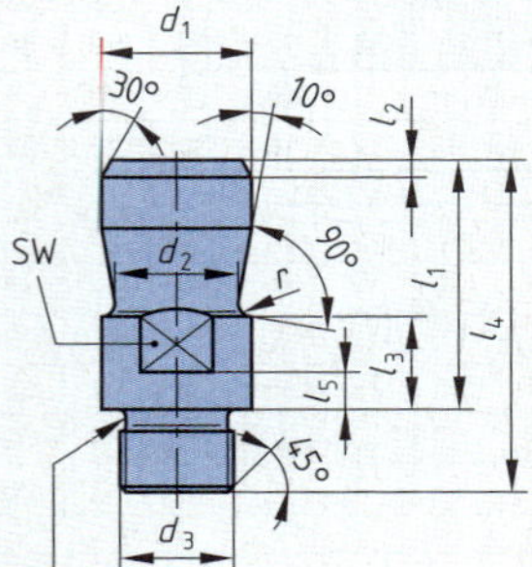

Gewindefreistich DIN 76-A

d_1 f9	d_2	d_3	l_1	l_2	l_3	l_4	l_5	SW
20	15	M16 × 1,5	40	2	12	58	4	17
25	20	M16 × 1,5 M20 × 1,5	45	2,5	16	68	6	21
32	25	M20 × 1,5 M24 × 1,5	56	3	16	79	6	27
40	32	M24 × 1,5 M27 × 2 M30 × 2	70	4	26	93	12	36
50	42	M30 × 2	80	5	26	108	12	41

⇒ **Einspannzapfen ISO 10242-1 A – 40 x M30 x 2:** Form A, d_1 = 40 mm, d_3 = M30 × 2

1) Form C mit Befestigungsflansch anstatt Einschraubgewinde

Runde Schneidstempel Form D[1)]

vgl. DIN 9861-1 (1992-07)

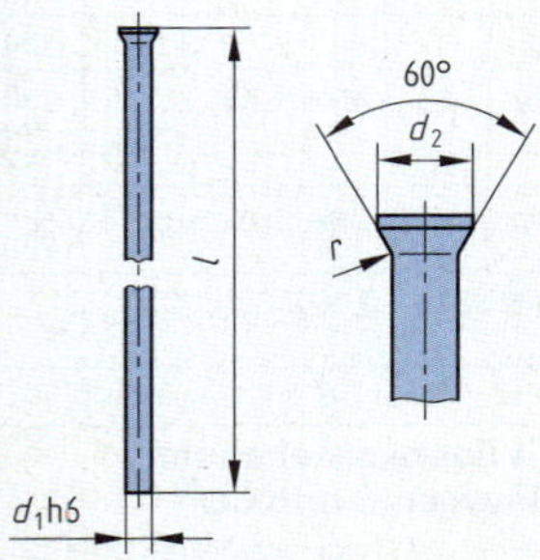

$d_2 \approx (1{,}1 \ldots 1{,}8) \cdot d_1$ (je nach ∅ d_1)

d_1 h6 von…bis	Stufung	l 0/+0,5			Werkstoff	Härte Schaft	Härte Kopf
0,5…0,95	0,05	71	80	–	WS[2)]	62 ± 2 HRC	45 ± 5 HRC
1,0…2,9	0,1				HWS[3)]		
3,0…6,4	0,1	71	80	100			
6,5…20	0,5				HSS[4)]	64 ± 2 HRC	50 ± 5 HRC

⇒ **Schneidstempel DIN 9861 D – 5,6 x 71 HWS:** Form D, d_1 = 5,6 mm, l = 71 mm, aus hochlegiertem Kaltarbeitsstahl

1) Form DA mit zulässiger Verdickung unterhalb des Kopfes
2) WS legierte Kaltarbeitsstähle
3) HWS hochlegierte Kaltarbeitsstähle
4) HSS Schnellarbeitsstähle

Bearbeitete Platten für Werkzeuge der Stanztechnik und für Vorrichtungen

vgl. DIN ISO 6753-1 (2006-09)

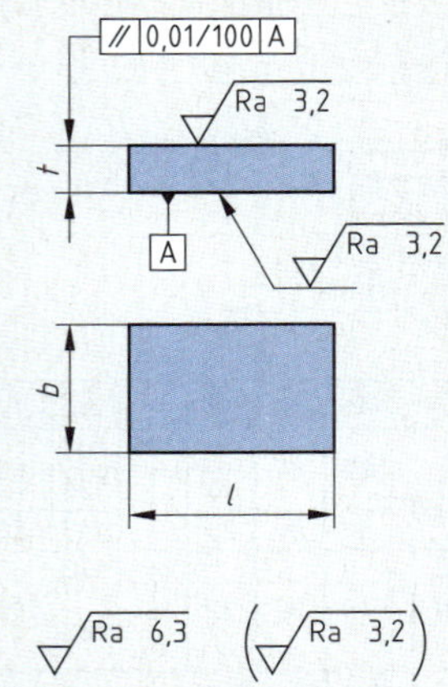

Anmerkung: Diese Oberflächenrauheitswerte gelten nur für gefräste Kanten.

l	Plattendicke t für Plattenmaß b: 80	100	125	160	200	250	315	400	500	630
160	20, 25, 32				–	–	–	–	–	–
200	–	25, 32, 40			–	–	–	–	–	–
250	–	–	25, 32, 40			–	–	–	–	–
315	–	–	–	32, 40, 50				–	–	–
400	–	–	–	–	32, 40, 50				–	–
500	–	–	–	–	–	32, 40, 50				–
630	–	–	–	–	–	–	32, 40, 50, 63			

⇒ **Bearbeitete Platte ISO 6753-1 1 – 315 x 200 x 32:** durch Brennschneiden hergestellt (1), l = 315 mm, b = 200 mm, t = 32 mm

Kurzzeichen	Herstellverfahren	Grenzabmaße für Länge l und Breite b ($b \le 630$ mm)	Grenzabmaße für Dicke t
1	Brennschneiden Strahlschneiden	+4 +1	± 2
2	Fräsen	+0,4 +0,2	+0,5 +0,3

M

Säulengestelle

Säulengestelle mit rechteckiger Arbeitsfläche Formen C und CG[1] vgl. DIN 9812 (1981-12)

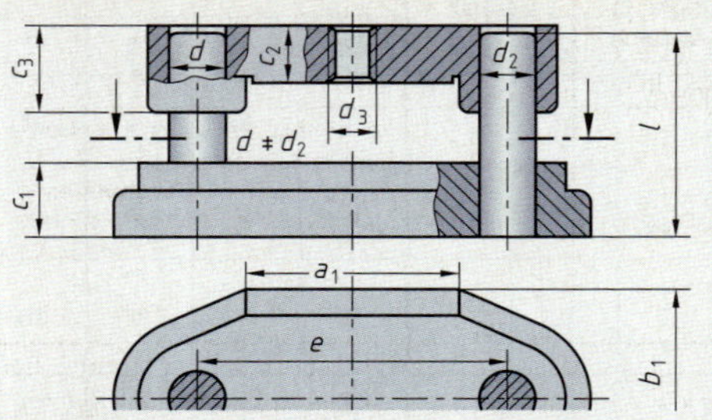

$a_1 \times b_1$	c_1	c_2	c_3	d_2	d_3	e	l
80 × 63 100 × 63	50	30	80	19	M20 × 1,5	125 145	160
100 × 80 160 × 80	50	30	80	25	M20 × 1,5	155 215	160
125 × 100 250 × 100	50	40	90	25 32	M24 × 1,5	180 315	170 180
160 × 125 315 × 125	56	40	90	32	M24 × 1,5	225 380	180
200 × 160 315 × 160	56 63	50	100	32 40	M30 × 2	265 395	200 220
250 × 200 315 × 250	63	50	100	40	M30 × 2	330 395	220

⇒ **Säulengestell DIN 9812 – C 100 x 80**: Form C, $a_1 \times b_1$ = 100 mm × 80 mm

[1] Form C ohne Gewinde; Form CG mit Gewinde d_3

Säulengestelle mit runder Arbeitsfläche Formen D und DG[2] vgl. DIN 9812 (1981-12)

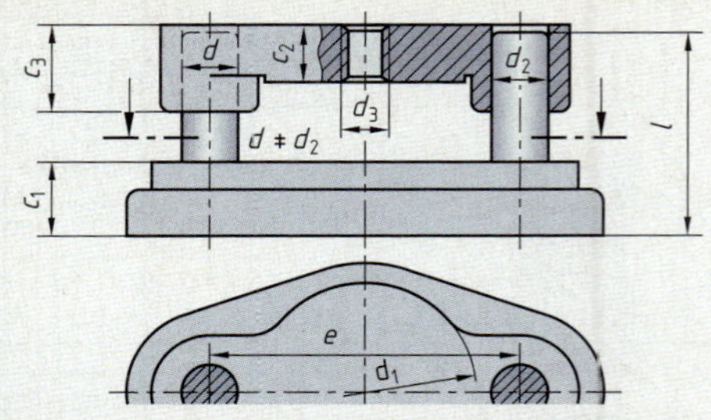

d_1	c_1	c_2	c_3	d_2	d_3	e	l
50 63	40	25	65	16	M16 × 1,5	80 95	125 140
80	50	30	80	19	M20 × 1,5	125	160
100				25		155	
125				25		180	
160	56	40	90	32	M24 × 1,5	225	180
180						245	180
200						265	190
250 315	56 63	50	100	40	M30 × 2	330 395	200 220

⇒ **Säulengestell DIN 9812 – D 160**: Form D, d = 160 mm

[2] Form D ohne Gewinde; Form DG mit Gewinde d_3

Säulengestelle mit mittigstehenden Führungssäulen und dicker Säulenführungsplatte, Form DF vgl. DIN 9816 (1981-12)

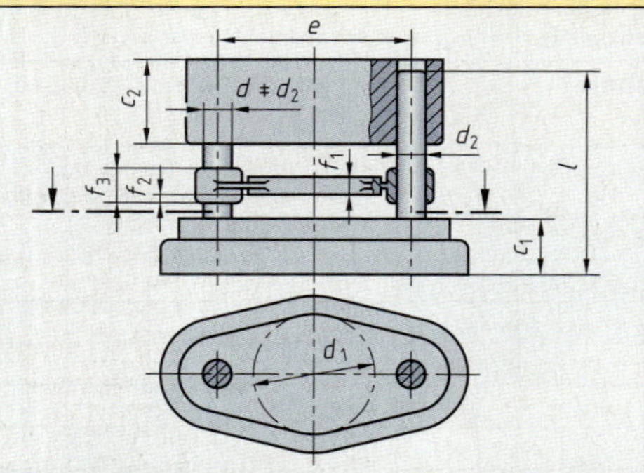

d_1	c_1	c_2	d_2	e	f_1	f_2	f_3	l
80	50	80	19	125	16	10	36	170
100	50	85	25	155	18	11	40	180
125		90		180				190
160	56	100	32	225	23	11	45	220
200		110		265				240

⇒ **Säulengestell DIN 9816 – DF 100 GG**: Form DF, d_1 = 100 mm, Gleitführung aus Gusseisen

Säulengestelle mit übereckstehenden Führungssäulen, Formen C und CG[3] vgl. DIN 9819 (1981-12)

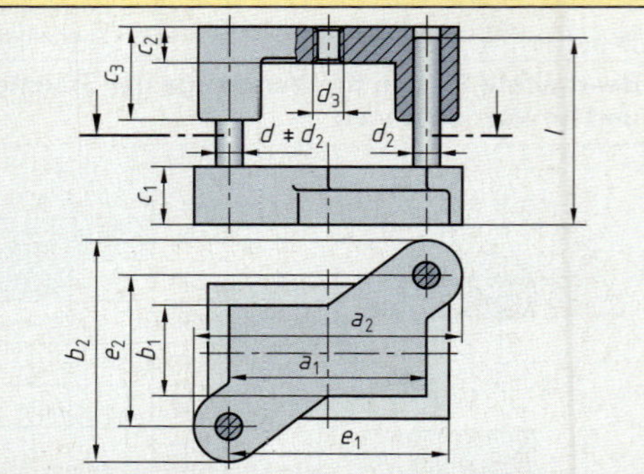

$a_1 \times b_1$	a_2	b_2	c_1	c_2	c_3	d_2	e_1	e_2	l
80 × 63	135	180	50	30	80	19	75	103	160
125 × 80	190	215				25	120	128	
125 × 100		235		40	90	25		148	170
250 × 100	325	255	56	40	90	32	245	158	180
160 × 125	235	280					155	183	
315 × 125	390						310		

⇒ **Säulengestell DIN 9819 – C 160 x 80 GG**: Form C, a_1 = 160 mm, b_1 = 80 mm, aus Gusseisen

[3] Form C ohne Gewinde; Form CG mit Gewinde d_3

M

Keilriemen, Synchronriemen

Bauformen

Bezeichnung Norm für die Riemen	Abmessungsbereich h[1] in mm	Abmessungsbereich L[2] in mm	Norm für die Scheiben	Geschwindigkeitsbereich v_{max} in m/s	Leistungsbereich P'_{max} in kW[3]	Eigenschaften; Anwendungsbeispiele
Normalkeilriemen 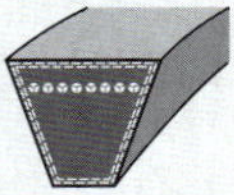 DIN 2215, ISO 4184	4…25	185…19000	DIN 2217, ISO 4183	30	65	für höhere Reißlasten, sicheres Durchzugsvermögen; Baumaschinen, Bergbauverstellgetriebe, Landmaschinen, Fördertechnik, allgemeiner Maschinenbau
Schmalkeilriemen 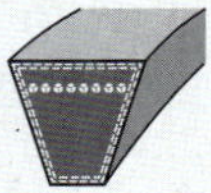 DIN 7753, ISO 4184	8…18	630…12500	DIN 2211, ISO 4183	40	70	gute Leistungsübertragung, bei gleicher Breite doppelte Leistung wie Normalkeilriemen; Getriebebau, Holzbearbeitungsmaschinen, Werkzeugmaschinen, Klimatechnik
flankenoffene Keilriemen 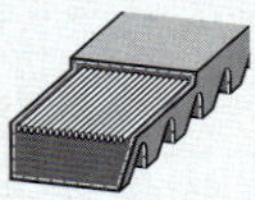 DIN 2215, DIN 7753	4…25	800…3150	DIN 2211, DIN 2217	50	70	geringe Dehnung, kleinere Scheibendurchmesser, höhere Temperaturbeständigkeit von −30 °C bis +80 °C; Pkw-Generatorantrieb, Getriebebau, Pumpen, Klimatechnik
Verbundkeilriemen (Kraftband) 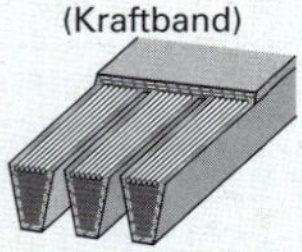	10…26	1250…15000	DIN 2211, DIN 2217	30	65	schwingungs- und stoßunempfindlich, kein Verdrehen von Einzelriemen in den Scheiben, absolut gleichmäßige Kraftverteilung, hohe Reißlasten, für große Achsabstände; Papiermaschinen
Keilrippenriemen (Rippenband) 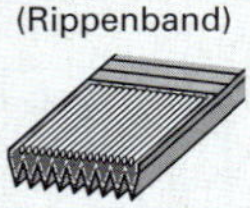 DIN 7867	3…17	600…15000	DIN 7867	60	20	große Übersetzungen möglich, vibrationsarmer Lauf; Pkw-Generatorantrieb, Kompressorantrieb in der Klimatechnik, Kleinmaschinen
Breitkeilriemen 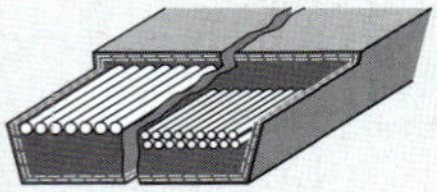 DIN 7719	6…18	468…2500	DIN 7719	30	85	ausgezeichnete Querfestigkeit, optimale Profilanpassung, sehr hohe Reißlast, flexibel; Drehzahlverstellgetriebe, Werkzeugmaschinen, Textilmaschinen, Druckereimaschinen, Landmaschinen
Doppelkeilriemen (Hexagonalriemen) 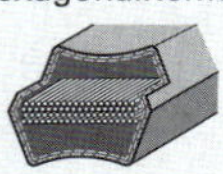 DIN 7722, ISO 5289	10…25	2000…5900	DIN 2217	30	20	gute Leistungsübertragung für Antriebe mit mehreren Scheiben und wechselnder Drehrichtung, 10% geringerer Wirkungsgrad als Normalkeilriemen; Landmaschinen, Textilmaschinen, allgemeiner Maschinenbau
Synchronriemen  DIN 7721, DIN ISO 5296	0,7…5,0	100…3620	DIN ISO 5294	40…80	0,5…900	Wirkungsgrad $\eta_{max} \geq 0{,}98$, synchroner Lauf, geringe Vorspannkräfte, daher geringe Lagerbelastung; Feinwerkantriebe, Büromaschinenantriebe, Kfz-Technik, CNC-Spindelantriebe

[1] Riemenhöhe (Seiten 254, 255) [2] Riemenlänge [3] übertragbare Leistung pro Riemen

M

Schmalkeilriemen

Schmalkeilriemen DIN 7753-1 (1988-01) — Schmalkeilriemenscheibe DIN 2211-1 (1984-03)

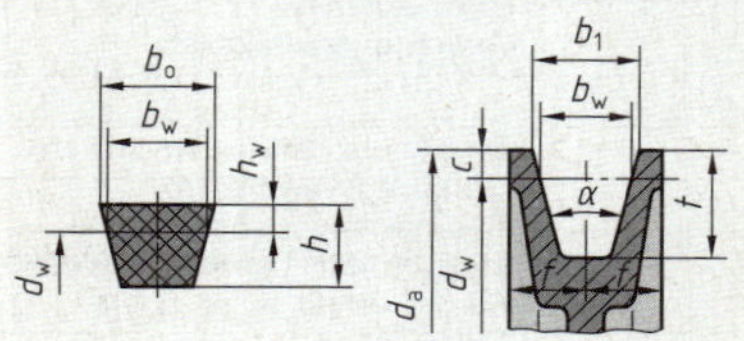

Wirkdurchmesser $d_w = d_a - 2 \cdot c$

⇒ **Schmalkeilriemen DIN 7753 – XPZ 710:** Schmalkeilriemen, Profil flankenoffen gezahnt, Richtlänge 710 mm

	Bezeichnungen	SPZ	SPA	SPB	SPC
	Riemenprofil (ISO-Kurzzeichen)	SPZ	SPA	SPB	SPC
b_o	obere Riemenbreite	9,7	12,7	16,3	22
b_w	Wirkbreite	8,5	11	14	19
h	Riemenhöhe	8	10	13	18
h_w	Abstand	2	2,8	3,5	4,8
d_{wk}	kleinster zulässiger Wirk-∅	63	90	140	224
b_1	obere Rillenbreite	9,7	12,7	16,3	22
c	Abstand Wirk-∅ bis Außen-∅	2	2,8	3,5	4,8
t	kleinstzulässige Rillentiefe	11	13,8	17,5	23,8
e	Rillenabstand bei mehrrilligen Scheiben	12	15	19	25,5
f	Rillenabstand vom Rande	8	10	12,5	17
α	34° für Wirk-∅ bis	80	118	190	315
α	38° für Wirk-∅ über	80	118	190	315

(Spaltenkopf rechts: Schmalkeilriemen, Keilriemenscheiben)

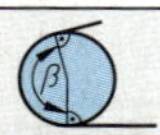

Winkelfaktor c_1	1	1,02	1,05	1,08	1,12	1,16	1,22	1,28	1,37	1,47
Umschlingungswinkel β	180°	170°	160°	150°	140°	130°	120°	110°	100°	90°

Betriebsfaktor c_2

tägliche Betriebsdauer in Stunden: bis 10	über 10 bis 16	über 16	angetriebene Arbeitsmaschinen (Beispiele)
1,0	1,1	1,2	Kreiselpumpen, Ventilatoren, Bandförderer für leichtes Gut
1,1	1,2	1,3	Werkzeugmaschinen, Pressen, Blechscheren, Druckereimaschinen
1,2	1,3	1,4	Mahlwerke, Kolbenpumpen, Stoßförderer, Textil- u. Papiermaschinen
1,3	1,4	1,5	Steinbrecher, Mischer, Winden, Krane, Bagger

Leistungswerte für Schmalkeilriemen

vgl. DIN 7753-2 (1976-04)

Riemenprofil	SPZ			SPA			SPB			SPC		
d_{wk} der kleineren Scheibe	63	100	180	90	160	250	140	250	400	224	400	630
n_k der kleineren Scheibe	Nennleistung P_N in kW je Riemen											
400	0,35	0,79	1,71	0,75	2,04	3,62	1,92	4,86	8,64	5,19	12,56	21,42
700	0,54	1,28	2,81	1,17	3,30	5,88	3,02	7,84	13,82	8,13	19,79	32,37
950	0,68	1,66	3,65	1,48	4,27	7,60	8,83	10,04	17,39	10,19	24,52	37,37
1450	0,93	2,36	5,19	2,02	6,01	10,53	5,19	13,66	22,02	13,22	29,46	31,74
2000	1,17	3,05	6,63	2,49	7,60	12,85	6,31	16,19	22,07	14,58	25,81	–
2800	1,45	3,90	8,20	3,00	9,24	14,13	7,15	16,44	9,37	11,89	–	–

Bestimmung des Profils für Schmalkeilriemen

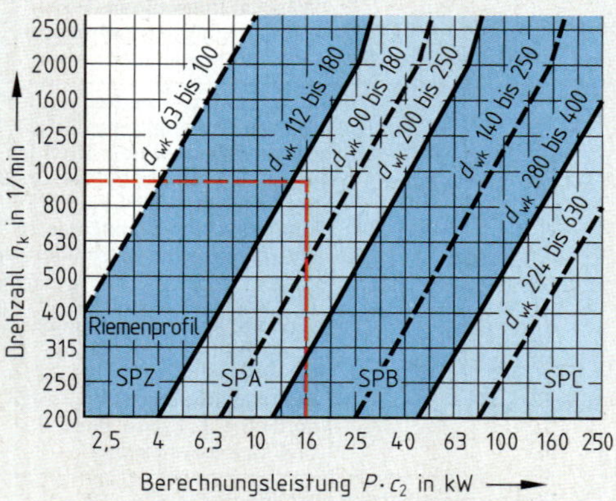

- P zu übertragende Leistung
- P_N Nennleistung je Riemen
- z Anzahl der Riemen
- c_1 Winkelfaktor
- c_2 Betriebsfaktor

Anzahl der Riemen

$$z = \frac{P \cdot c_1 \cdot c_2}{P_N}$$

Beispiel:

Zu übertragen sind $P = 12$ kW bei $c_1 = 1{,}12$; $c_2 = 1{,}4$; $d_{wk} = 160$ mm, $n_k = 950$ 1/min; $\beta_k = ?$, $z = ?$

1. $P \cdot c_2 = 12\ \text{kW} \cdot 1{,}4 = 16{,}8\ \text{kW}$
2. nach Diagramm aus $n_k = 950$ 1/min und $P \cdot c_2 = 16{,}8$ kW → Profil **SPA**
3. $P_N = 4{,}27$ kW nach Tabelle
4. $z = \frac{P \cdot c_1 \cdot c_2}{P_N} = \frac{12\ \text{kW} \cdot 1{,}12 \cdot 1{,}4}{4{,}27\ \text{kW}} = 4{,}4$
5. gewählt: $z =$ **5 Riemen**

M

Synchronriemen

Synchronriemen (Zahnriemen)

vgl. DIN 7721-1 (1989-06)

Einfachverzahnung

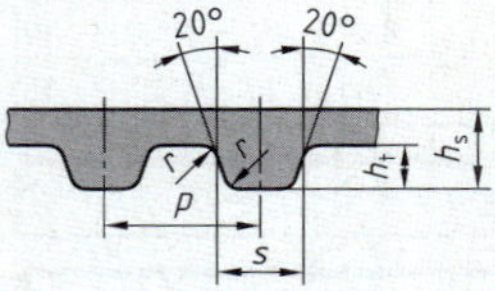

Doppelverzahnung

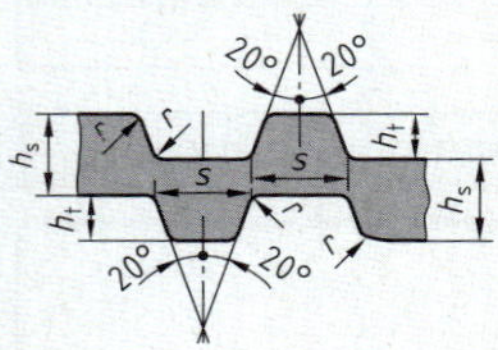

Nicht genormte Zahnformen

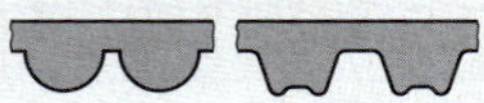

Profil HT Profil LAHN

Zahnteilung Kurzzeichen	p	Maße der Zähne s	h_t	r	Nenndicke h_s	Synchronriemenbreite b			
T2,5	2,5	1,5	0,7	0,2	1,3	–	4	6	10
T5	5	2,7	1,2	0,4	2,2	6	10	16	25
T10	10	5,3	2,5	0,6	4,5	16	25	32	50

Wirklänge[1)]	Zähnezahl für T2,5	Zähnezahl für T5	Wirklänge[1)]	Zähnezahl für T2,5	Zähnezahl für T5	Wirklänge[1)]	Zähnezahl für T10
120	48	–	530	–	53	1010	101
150	–	30	560	112	56	1080	108
160	64	–	610	122	61	1150	115
200	80	40	630	126	63	1210	121
245	98	49	660	–	66	1250	125
270	–	54	700	–	70	1320	132
285	114	–	720	144	72	1390	139
305	–	61	780	156	78	1460	146
330	132	66	840	168	84	1560	156
390	–	78	880	–	88	1610	161
420	168	84	900	180	–	1780	178
455	–	91	920	184	92	1880	188
480	192	96	960	–	96	1960	196
500	200	100	990	198	–	2250	225

⇒ **Riemen DIN 7721 – 6 T2,5 x 480:** b = 6 mm, Teilung p = 2,5 mm, Wirklänge = 480 mm, Einfachverzahnung

Bei Synchronriemen mit Doppel-Verzahnung wird der Kennnbuchstabe D angehängt.

1) Wirklängen von 100…3620 mm, in Sonderanfertigung bis 25000 mm

Synchronriemenscheiben

vgl. DIN 7721-2 (1989-06)

Zahnlückenmaße

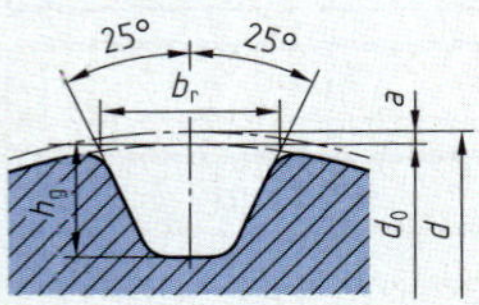

Wirkdurchmesser

$$d = d_0 + 2 \cdot a$$

1) Form SE für ≤ 20 Zahnlücken
2) Form N für > 20 Zahnlücken

Scheibenmaße

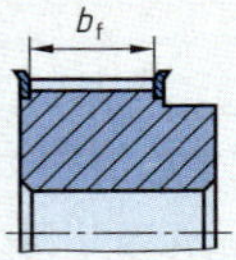

mit Bordscheiben

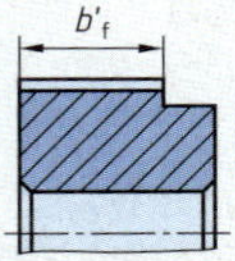

ohne Bordscheiben

Zahnlücken	Scheibenaußen-Ø d_0 für T2,5	T5	T10	Zahnlücken	Scheibenaußen-Ø d_0 für T2,5	T5	T10	Zahnlücken	Scheibenaußen-Ø d_0 für T2,5	T5	T10
10	7,4	15,0	–	17	13,0	26,2	52,2	32	24,9	50,1	100,0
11	8,2	16,6	–	18	13,8	27,8	55,4	36	28,1	56,4	112,7
12	9,0	18,2	36,3	19	14,6	29,4	58,6	40	31,3	62,8	125,4
13	9,8	19,8	39,5	20	15,4	31,0	61,8	48	37,7	75,5	150,9
14	10,6	21,4	42,7	22	17,0	34,1	68,2	60	47,2	94,6	189,1
15	11,4	23,0	45,9	25	19,3	38,9	77,7	72	56,8	113,7	227,3
16	12,2	24,6	49,1	28	21,7	43,7	87,2	84	66,3	132,9	265,5

Kurzzeichen	Zahnlückenmaße: Lückenbreite b_r Form SE[1)]	Lückenbreite b_r Form N[2)]	Lückenhöhe h_g Form SE[1)]	Lückenhöhe h_g Form N[2)]	2 a
T2,5	1,75	1,83	0,75	1	0,6
T5	2,96	3,32	1,25	1,95	1
T10	6,02	6,57	2,6	3,4	2

Kurzzeichen	Riemenbreite b	Scheibenbreite mit Bord b_f	Scheibenbreite ohne Bord b'_f
T2,5	4	5,5	8
	6	7,5	10
	10	11,5	14
T5	6	7,5	10
	10	11,5	14
	16	17,5	20
	25	26,5	29
T10	16	18	21
	25	27	30
	32	34	37
	50	52	55

M

Geradverzahnte Stirnräder

Nicht korrigierte Stirnräder mit Geradverzahnung

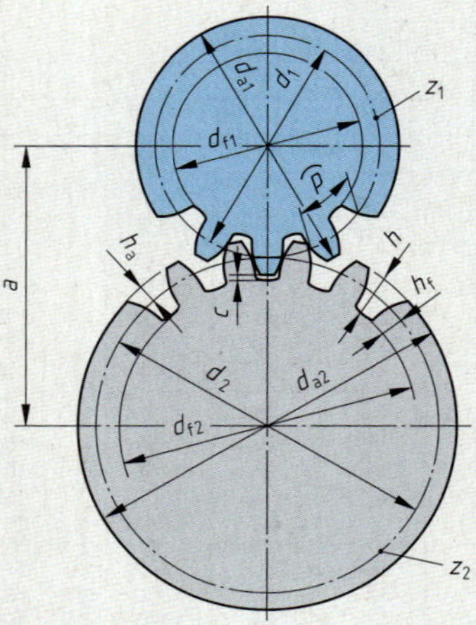

m	Modul	z, z_1, z_2	Zähnezahlen
p	Teilung	d, d_1, d_2	Teilkreisdurchmesser
c	Kopfspiel	d_a, d_{a1}, d_{a2}	Kopfkreisdurchmesser
h	Zahnhöhe	d_f, d_{f1}, d_{f2}	Fußkreisdurchmesser
h_a	Zahnkopfhöhe		
h_f	Zahnfußhöhe		
a	Achsabstand		

Beispiel:

Außenverzahntes Stirnrad,
$m = 2$ mm; $z = 32$; $c = 0{,}167 \cdot m$; $d = ?$; $d_a = ?$; $h = ?$

$\boldsymbol{d} = m \cdot z = 2\ \text{mm} \cdot 32 = \mathbf{64\ mm}$

$\boldsymbol{d_a} = d + 2 \cdot m = 64\ \text{mm} + 2 \cdot 2\ \text{mm} = \mathbf{68\ mm}$

$\boldsymbol{h} = 2 \cdot m + c = 2 \cdot 2\ \text{mm} + 0{,}167 \cdot 2\ \text{mm} = \mathbf{4{,}33\ mm}$

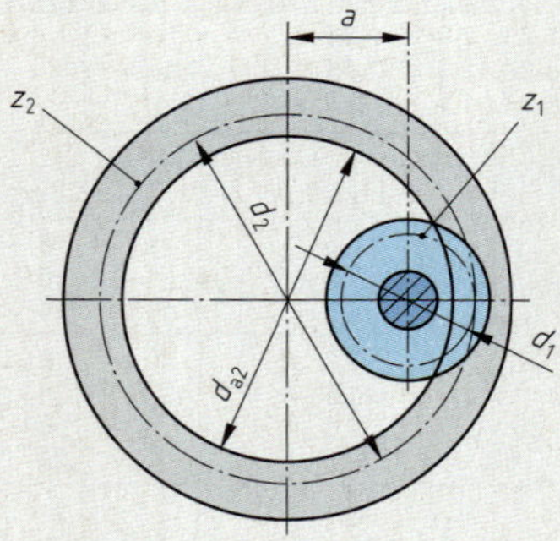

M

Außenverzahnung

Zähnezahl

$$z = \frac{d}{m} = \frac{d_a - 2 \cdot m}{m}$$

Kopfkreisdurchmesser

$$d_a = d + 2 \cdot m = m \cdot (z + 2)$$

Fußkreisdurchmesser

$$d_f = d - 2 \cdot (m + c)$$

Achsabstand

$$a = \frac{d_1 + d_2}{2} = \frac{m \cdot (z_1 + z_2)}{2}$$

Außen- und Innenverzahnung

Modul

$$m = \frac{p}{\pi} = \frac{d}{z}$$

Teilung

$$p = \pi \cdot m$$

Teilkreisdurchmesser

$$d = m \cdot z$$

Kopfspiel

$$c = 0{,}1 \cdot m \text{ bis } 0{,}3 \cdot m$$
$$\text{häufig } c = 0{,}167 \cdot m$$

Zahnkopfhöhe

$$h_a = m$$

Zahnfußhöhe

$$h_f = m + c$$

Zahnhöhe

$$h = 2 \cdot m + c$$

Innenverzahnung

Zähnezahl

$$z = \frac{d}{m} = \frac{d_a + 2 \cdot m}{m}$$

Kopfkreisdurchmesser

$$d_a = d - 2 \cdot m = m \cdot (z - 2)$$

Fußkreisdurchmesser

$$d_f = d + 2 \cdot (m + c)$$

Achsabstand

$$a = \frac{d_2 - d_1}{2} = \frac{m \cdot (z_2 - z_1)}{2}$$

Beispiel:

Innenverzahntes Stirnrad, $m = 1{,}5$ mm; $z = 80$;
$c = 0{,}167 \cdot m$; $d = ?$; $d_a = ?$; $h = ?$

$\boldsymbol{d} = m \cdot z = 1{,}5\ \text{mm} \cdot 80 = \mathbf{120\ mm}$

$\boldsymbol{d_a} = d - 2 \cdot m = 120\ \text{mm} - 2 \cdot 1{,}5\ \text{mm} = \mathbf{117\ mm}$

$\boldsymbol{h} = 2 \cdot m + c = 2 \cdot 1{,}5\ \text{mm} + 0{,}167 \cdot 1{,}5\ \text{mm} = \mathbf{3{,}25\ mm}$

Schrägverzahnte Stirnräder, Modulreihe für Stirnräder

Nicht korrigierte Stirnräder mit Schrägverzahnung

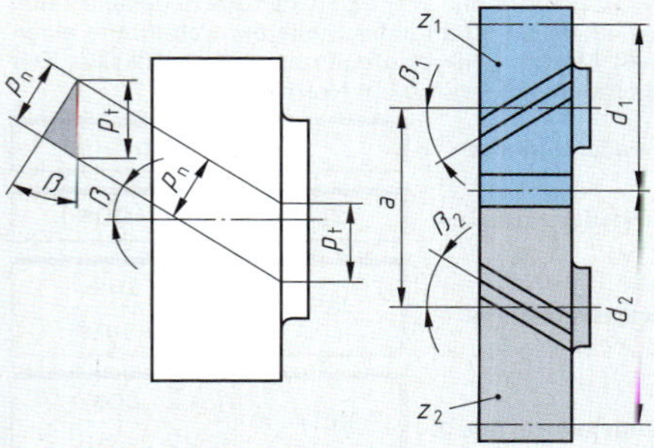

m_t	Stirnmodul
m_n	Normalmodul
p_t	Stirnteilung
p_n	Normalteilung
β	Schrägungswinkel (meist β = 8° bis 25°)
z, z_1, z_2	Zähnezahlen
d, d_1, d_2	Teilkreisdurchmesser
d_a	Kopfkreisdurchmesser
a	Achsabstand

Stirnmodul

$$m_t = \frac{m_n}{\cos\beta} = \frac{p_t}{\pi}$$

Stirnteilung

$$p_t = \frac{p_n}{\cos\beta} = \frac{\pi \cdot m_n}{\cos\beta}$$

Teilkreisdurchmesser

$$d = m_t \cdot z = \frac{z \cdot m_n}{\cos\beta}$$

Zähnezahl

$$z = \frac{d}{m_t} = \frac{\pi \cdot d}{p_t}$$

Normalmodul

$$m_n = \frac{p_n}{\pi} = m_t \cdot \cos\beta$$

Normalteilung

$$p_n = \pi \cdot m_n = p_t \cdot \cos\beta$$

Kopfkreisdurchmesser

$$d_a = d + 2 \cdot m_n$$

Achsabstand

$$a = \frac{d_1 + d_2}{2}$$

Bei Stirnrädern mit Schrägverzahnung verlaufen die Zähne schraubenförmig auf dem zylindrischen Radkörper. Die Werkzeuge zur Herstellung von Stirnrädern und Schraubenrädern richten sich nach dem Normalmodul.

Bei parallelen Achsen haben beide Räder gleiche Schrägungswinkel, aber entgegengesetzte Schrägungsrichtungen, d. h., ein Rad ist rechts-, das andere linkssteigend ($\beta_1 = -\beta_2$).

Beispiel:

Schrägverzahnung, $z = 32$; $m_n = 1{,}5$ mm; $\beta = 19{,}5°$; $c = 0{,}167 \cdot m$; $m_t = ?$; $d_a = ?$; $d = ?$; $h = ?$

$$\boldsymbol{m_t} = \frac{m_n}{\cos\beta} = \frac{1{,}5\ \text{mm}}{\cos 19{,}5°} = \mathbf{1{,}591\ mm}$$

$\boldsymbol{d_a} = d + 2 \cdot m_n = 50{,}9\ \text{mm} + 2 \cdot 1{,}5\ \text{mm} = \mathbf{53{,}9\ mm}$

$\boldsymbol{d} = m_t \cdot z = 1{,}591\ \text{mm} \cdot 32 = \mathbf{50{,}9\ mm}$

$\boldsymbol{h} = 2 \cdot m_n + c = 2 \cdot 1{,}5\ \text{mm} + 0{,}167 \cdot 1{,}5\ \text{mm} = \mathbf{3{,}25\ mm}$

Zahnhöhe, Zahnkopfhöhe, Zahnfußhöhe, Kopfspiel und Fußkreisdurchmesser werden wie bei Stirnrädern mit Geradverzahnung (Seite 256) berechnet. In den Formeln wird der Modul m durch den Normalmodul m_n ersetzt.

Modulreihe für Stirnräder (Reihe I)

vgl. DIN 780-1 und -2 (1977-05)

Modul	0,2	0,25	0,3	0,4	0,5	0,6	0,7	0,8	0,9	1,0	1,25
Teilung	0,628	0,785	0,943	1,257	1,571	1,885	2,199	2,513	2,827	3,142	3,927
Modul	1,5	2,0	2,5	3,0	4,0	5,0	6,0	8,0	10,0	12,0	16,0
Teilung	4,712	6,283	7,854	9,425	12,566	15,708	18,850	25,132	31,416	37,699	50,265

Einteilung des Satzes von 8 Modul-Scheibenfräsern (bis zu m = 9 mm)[1]

Fräser-Nr.	1	2	3	4	5	6	7	8
Zähnezahl	12...13	14...16	17...20	21...25	26...34	35...54	55...134	135...Zahnstange

[1] Die Herstellung der Zahnräder mit Scheibenfräsern entspricht keinem Abwälzvorgang. Es entsteht nur angenähert die Evolventenform der Zahnflanken. Dieses Herstellungsverfahren ist daher nur für untergeordnete Verzahnungen geeignet. Für Zahnräder mit $m > 9$ mm wird ein Satz mit 15 Modul-Scheibenfräsern verwendet.

Kegelräder, Schneckentrieb

Nicht korrigierte Kegelräder mit Geradverzahnung

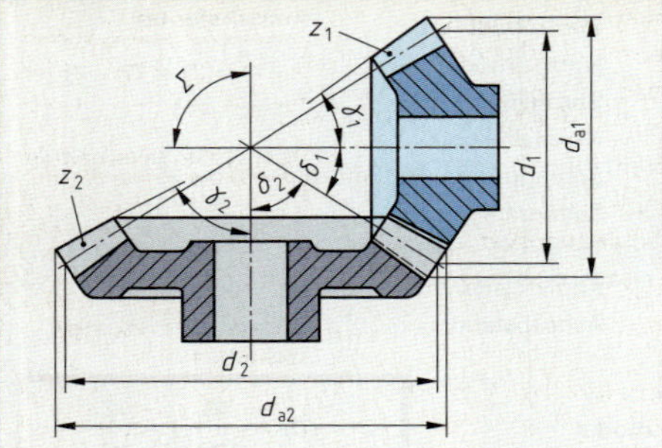

Neben den eingetragenen Maßen an den Außenkanten sind für die Fertigung auch die Maße in den Zahnmitten und Innenkanten wichtig.

Beispiel:

Kegelrädergetriebe, m = 2 mm; z_1 = 30; z_2 = 120; Σ = 90°. Die Maße zum Drehen des treibenden Kegelrades sind zu berechnen.

$$\tan\delta_1 = \frac{z_1}{z_2} = \frac{30}{120} = \mathbf{0{,}2500};\quad \delta_1 = \mathbf{14{,}04°}$$

$$d_1 = m \cdot z_1 = 2\text{ mm} \cdot 30 = \mathbf{60\text{ mm}}$$

$$d_{a1} = d_1 + 2 \cdot m \cdot \cos\delta_1 = 60\text{ mm} + 2 \cdot 2\text{ mm} \cdot \cos 14{,}04° = \mathbf{63{,}88\text{ mm}}$$

$$\tan\gamma_1 = \frac{z_1 + 2 \cdot \cos\delta_1}{z_2 - 2 \cdot \sin\delta_1} = \frac{30 + 2 \cdot \cos 14{,}04°}{120 - 2 \cdot \sin 14{,}04°} = \mathbf{0{,}267}$$

$$\gamma_1 = \mathbf{14{,}95°}$$

m	Modul	z, z_1, z_2	Zähnezahlen
d, d_1, d_2	Teilkreisdurchmesser	δ, δ_1, δ_2	Teilkegelwinkel
d_a, d_{a1}, d_{a2}	Kopfkreisdurchmesser		
γ_1, γ_2	Kopfkegelwinkel		
Σ	Achsenwinkel (meist 90°)		

Teilung und Zahnhöhe verjüngen sich zur Kegelspitze hin, sodass ein Kegelrad an jeder Stelle der Zahnbreite einen anderen Modul, Teilkreisdurchmesser usw. besitzt. Der äußere Modul entspricht dem Normmodul.

Teilkreisdurchmesser

$$d = m \cdot z$$

Kopfkreisdurchmesser

$$d_a = d + 2 \cdot m \cdot \cos\delta$$

Kopfkegelwinkel Rad 1

$$\tan\gamma_1 = \frac{z_1 + 2 \cdot \cos\delta_1}{z_2 - 2 \cdot \sin\delta_1}$$

Kopfkegelwinkel Rad 2

$$\tan\gamma_2 = \frac{z_2 + 2 \cdot \cos\delta_2}{z_1 - 2 \cdot \sin\delta_2}$$

Teilkegelwinkel Rad 1

$$\tan\delta_1 = \frac{d_1}{d_2} = \frac{z_1}{z_2} = \frac{1}{i}$$

Teilkegelwinkel Rad 2

$$\tan\delta_2 = \frac{d_2}{d_1} = \frac{z_2}{z_1} = i$$

Achsenwinkel

$$\Sigma = \delta_1 + \delta_2$$

Zahnhöhe, Zahnkopfhöhe, Kopfspiel usw. werden wie bei Strinrädern mit Geradverzahnung (Seite 256) berechnet.

Schneckentrieb

M

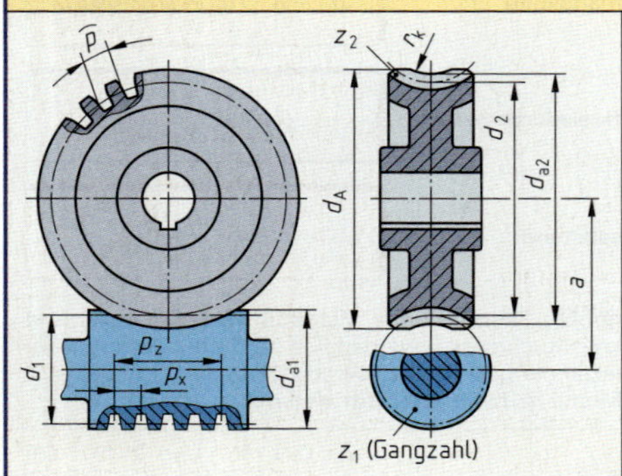

Beispiel:

Schneckentrieb, m = 2,5 mm; z_1 = 2; d_1 = 40 mm; z_2 = 40; d_{a1} = ?; d_2 = ?; d_A = ?; r_k = ?; a = ?

$$d_{a1} = d_1 + 2 \cdot m = 40\text{ mm} + 2 \cdot 2{,}5\text{ mm} = \mathbf{45\text{ mm}}$$

$$d_2 = m \cdot z_2 = 2{,}5\text{ mm} \cdot 40 = \mathbf{100\text{ mm}}$$

$$d_{a2} = d_2 + 2 \cdot m = 100\text{ mm} + 2 \cdot 2{,}5\text{ mm} = \mathbf{105\text{ mm}}$$

$$d_A \approx d_{a2} + m = 105\text{ mm} + 2{,}5\text{ mm} = \mathbf{107{,}5\text{ mm}}$$

$$r_k = \frac{d_1}{2} - m = \frac{40\text{ mm}}{2} - 2{,}5\text{ mm} = \mathbf{17{,}5\text{ mm}}$$

$$a = \frac{d_1 + d_2}{2} = \frac{40\text{ mm} + 100\text{ mm}}{2} = \mathbf{70\text{ mm}}$$

m	Modul	z_1, z_2	Zähnezahlen
d, d_1, d_2	Teilkreisdurchmesser	p_z	Steigungshöhe
d_a, d_{a1}, d_{a2}	Kopfkreisdurchmesser	p_x, p	(Axial-)Teilung
r_k	Kopfkehlhalbmesser	d_A	Außen-∅

Schnecke

Teilkreisdurchmesser $\quad d_1$ = Nennmaß

Axialteilung Schnecke $\quad p_x = \pi \cdot m$

Kopfkreisdurchmesser $\quad d_{a1} = d_1 + 2 \cdot m$

Steigungshöhe $\quad p_z = p_x \cdot z_1 = \pi \cdot m \cdot z_1$

Schneckenrad

Teilkreisdurchmesser $\quad d_2 = m \cdot z_2$

Teilung $\quad p = \pi \cdot m$

Kopfkreisdurchmesser $\quad d_{a2} = d_2 + 2 \cdot m$

Außendurchmesser $\quad d_A \approx d_{a2} + m$

Kopfkehlhalbmesser $\quad r_k = \frac{d_1}{2} - m$

Kopfspiel, Zahnhöhe, Zahnkopfhöhe, Zahnfußhöhe und Achsabstand wie bei Stirnrädern (Seite 256).

Übersetzungen

Zahnradtrieb

einfache Übersetzung

treibend getrieben

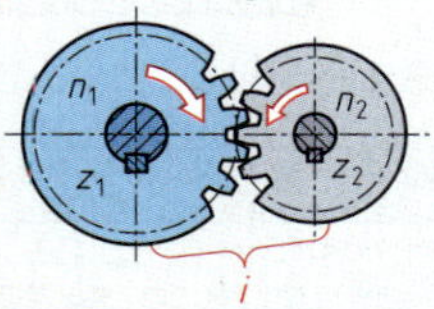

mehrfache Übersetzung

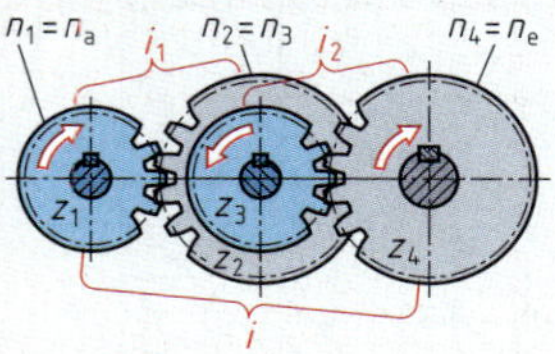

z_1, z_3, z_5 ...	Zähnezahlen	treibende Räder
n_1, n_3, n_5 ...	Drehzahlen	
z_2, z_4, z_6 ...	Zähnezahlen	getriebene Räder
n_2, n_4, n_6 ...	Drehzahlen	
n_a	Anfangsdrehzahl	
n_e	Enddrehzahl	
i	Gesamtübersetzungsverhältnis	
i_1, i_2, i_3 ...	Einzelübersetzungsverhältnisse	

Beispiel:

$i = 0{,}4$; $n_1 = 180/\text{min}$; $z_2 = 24$; $n_2 = ?$; $z_1 = ?$

$$\boldsymbol{n_2} = \frac{n_1}{i} = \frac{180/\text{min}}{0{,}4} = \mathbf{450/min}$$

$$\boldsymbol{z_1} = \frac{n_2 \cdot z_2}{n_1} = \frac{450/\text{min} \cdot 24}{180/\text{min}} = \mathbf{60}$$

Drehmomente bei Zahnrädern Seite 37

Antriebsformel

$$n_1 \cdot z_1 = n_2 \cdot z_2$$

Übersetzungsverhältnis

$$i = \frac{z_2}{z_1} = \frac{n_1}{n_2} = \frac{n_a}{n_e}$$

Gesamtübersetzungsverhältnis

$$i = \frac{z_2 \cdot z_4 \cdot z_6 \ldots}{z_1 \cdot z_3 \cdot z_5 \ldots}$$

$$i = i_1 \cdot i_2 \cdot i_3 \ldots$$

Riementrieb

einfache Übersetzung

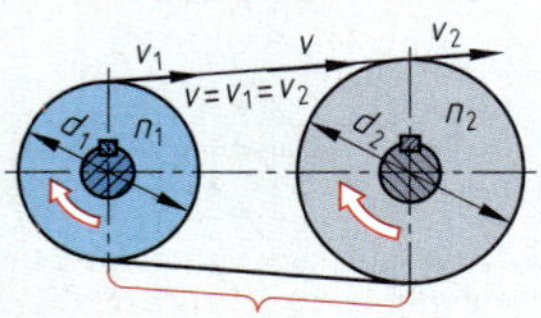

treibend i getrieben

mehrfache Übersetzung

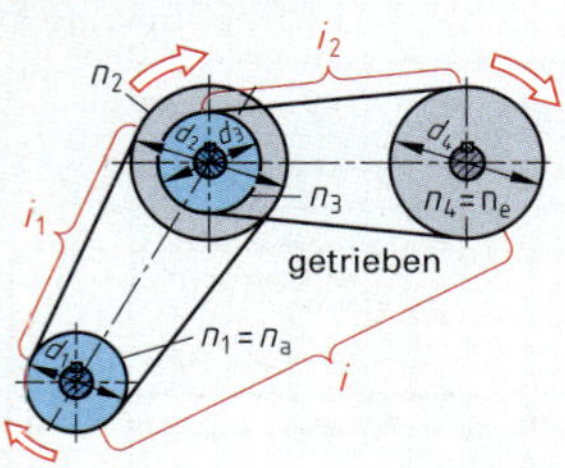

d_1, d_3, d_5 ...	Durchmesser	treibende Scheiben
n_1, n_3, n_5 ..	Drehzahlen	
d_2, d_4, d_6 ..	Durchmesser	getriebene Scheiben
n_2, n_4, n_6 ...	Drehzahlen	
n_a	Anfangsdrehzahl	
n_e	Enddrehzahl	
i	Gesamtübersetzungsverhältnis	
i_1, i_2, i_3 ...	Einzelübersetzungsverhältnisse	
v, v_1, v_2	Umfangsgeschwindigkeiten	

Beispiel:

$n_1 = 600/\text{min}$; $n_2 = 400/\text{min}$;
$d_1 = 240$ mm; $i = ?$; $d_2 = ?$

$$\boldsymbol{i} = \frac{n_1}{n_2} = \frac{600/\text{min}}{400/\text{min}} = \frac{1{,}5}{1} = \mathbf{1{,}5}$$

$$\boldsymbol{d_2} = \frac{n_1 \cdot d_1}{n_2} = \frac{600/\text{min} \cdot 240\ \text{mm}}{400/\text{min}} = \mathbf{360\ mm}$$

Geschwindigkeit

$$v = v_1 = v_2$$

Antriebsformel

$$n_1 \cdot d_1 = n_2 \cdot d_2$$

Übersetzungsverhältnis

$$i = \frac{d_2}{d_1} = \frac{n_1}{n_2} = \frac{n_a}{n_e}$$

Gesamtübersetzungsverhältnis

$$i = \frac{d_2 \cdot d_4 \cdot d_6 \ldots}{d_1 \cdot d_3 \cdot d_5 \ldots}$$

$$i = i_1 \cdot i_2 \cdot i_3 \ldots$$

Schneckentrieb

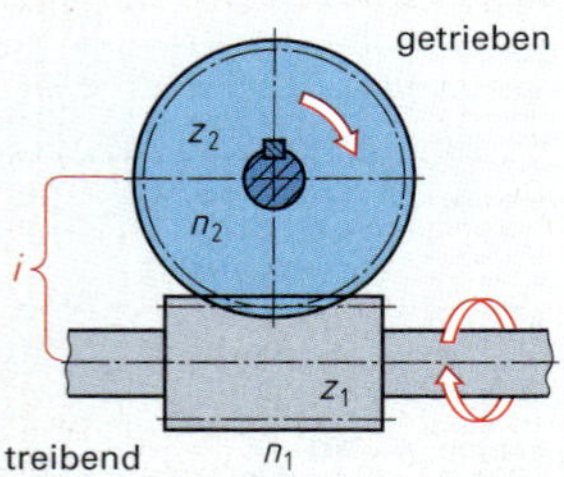

z_1	Zähnezahl (Gangzahl) der Schnecke
n_1	Drehzahl der Schnecke
z_2	Zähnezahl des Schneckenrades
n_2	Drehzahl des Schneckenrades
i	Übersetzungsverhältnis

Beispiel:

$i = 25$; $n_1 = 1500/\text{min}$; $z_1 = 3$; $n_2 = ?$

$$\boldsymbol{n_2} = \frac{n_1}{i} = \frac{1500/\text{min}}{25} = \mathbf{60/min}$$

Antriebsformel

$$n_1 \cdot z_1 = n_2 \cdot z_2$$

Übersetzungsverhältnis

$$i = \frac{n_1}{n_2} = \frac{z_2}{z_1}$$

M

Drehzahldiagramm

Die Bestimmung der Drehzahl n einer Werkzeugmaschine aus dem Werkstück- bzw. dem Werkzeugdurchmesser d und der gewählten Schnittgeschwindigkeit v_c kann

- rechnerisch mit Hilfe der Formel oder
- grafisch mit dem Drehzahldiagramm erfolgen.

Drehzahldiagramme enthalten die an der Maschine einstellbaren Lastdrehzahlen. Diese sind geometrisch gestuft. Bei stufenlosen Antrieben kann die ermittelte Drehzahl genau eingestellt werden.

Drehzahl

$$n = \frac{v_c}{\pi \cdot d}$$

Drehzahldiagramm mit logarithmisch geteilten Koordinaten

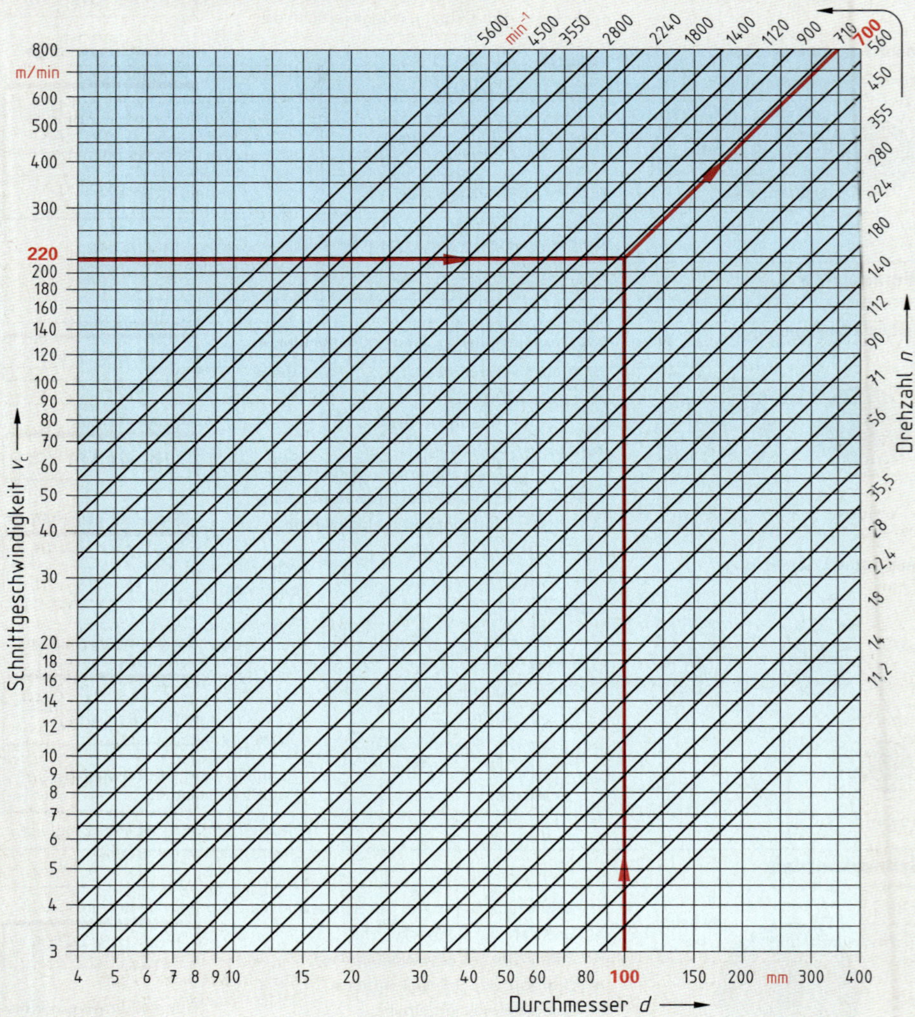

Beispiel: $d = 100$ mm; $v_c = 220 \frac{\text{m}}{\text{min}}$; $n = ?$

Berechnung: $\boldsymbol{n} = \frac{v_c}{\pi \cdot d} = \frac{220 \frac{\text{m}}{\text{min}}}{\pi \cdot 0{,}1\ \text{m}} = \mathbf{700{,}3\ \frac{1}{min}}$; abgelesen aus obigem Drehzahldiagramm: $\boldsymbol{n} \approx \mathbf{700\ \frac{1}{min}}$

M

Gleitlager, Übersicht

Gleitlager[1] (Auswahl nach Art der Schmierung)

Hydrodynamische Gleitlager

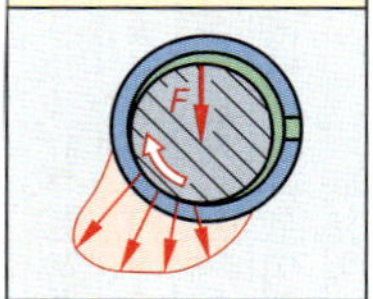

geeignet für

- verschleißarmen Dauerbetrieb
- hohe Drehzahlen
- hohe stoßartige Belastungen

Einsatzbereiche

- Haupt- und Pleuellager
- Getriebe
- Elektromotoren
- Turbinen, Verdichter
- Hebezeuge, Landmaschinen

Hydrostatische Gleitlager

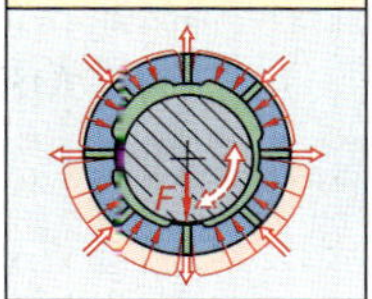

geeignet für

- verschleißfreien Dauerbetrieb
- geringe Reibungsverluste
- niedrige Drehzahlen möglich

Einsatzbereiche

- Präzisionslagerungen
- Weltraumteleskope und -antennen
- Werkzeugmaschinen
- Axiallager bei hohen Kräften

Trockenlauf-Gleitlager

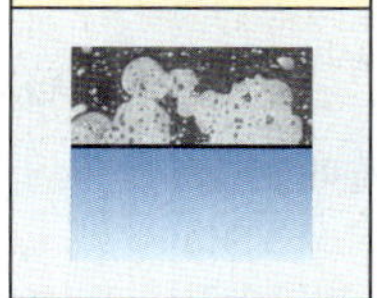

geeignet für

- wartungsfreien oder wartungsarmen Betrieb
- mit oder ohne Schmierstoff

Einsatzbereiche

- Baumaschinen
- Armaturen und Geräte
- Verpackungsmaschinen
- Strahltriebwerke
- Haushaltsgeräte

[1] Weitere Gleitlager: luft- bzw. gas- und wassergeschmierte Gleitlager, Magnetlager

Eigenschaften von Gleitlagerwerkstoffen

Kurzzeichen, Werkstoffnummer	Dehngrenze $R_{p\,0,2}$ N/mm²	spezifische Lagerbelastung p_L[1] N/mm²	Mindesthärte der Welle	Gleiteigenschaften	Gleitgeschwindigkeit	Notlaufverhalten	Eigenschaften, Verwendung
Blei- und Zinn-Gusslegierungen							vgl. DIN ISO 4381 (2001-02)
G-PbSb15Sn10[2] 2.3391	43	7	160 HB	◕	◐	◕	mittlere Belastung; allgemeine Gleitlager
G-SnSb12Cu6Pb 2.3790	61	10	160 HB	●	●	◕	gute Schlagbeanspruchung; Turbinen, Verdichter, E-Maschinen
Kupfer-Gusslegierungen und Kupfer-Knetlegierungen							vgl. DIN ISO 4382-1 und -2 (1992-11)
CuSn8Pb2-C 2.1810	130	21	280 HB	◕	◕	◐	geringe bis mäßige Belastung, ausreichende Schmierung
CuZn31Si1 2.1831	250	58	55 HRC				hohe Belastung, hohe Schlag- und Stoßbelastung
CuPb10Sn10-C[2] 2.1816	80	18	250 HB	◕	◕	◐	hohe Flächendrücke; Fahrzeuglager, Lager in Warmwalzwerken
CuPb20Sn5-C 2.1818	60	11	150 HB	●	●	●	geeignet für Wasserschmierung, beständig gegen Schwefelsäure
Thermoplastische Kunststoffe							vgl. DIN ISO 6691 (2001-05)
PA 6 (Polyamid)	–	12	50 HRC	●	○	●	stoß- und verschleißfest; Lager in Landmaschinen
POM (Polyoxymethylen)	–	18	50 HRC				härter und druckbelastbarer als PA; Lager in der Feinwerktechnik, geeignet für Trockenlauf

[1] Lagerkraft, bezogen auf die projizierte Lagerfläche

[2] Verbundwerkstoff nach DIN ISO 4383 für dünnwandige Gleitlager

● sehr gut ◕ gut ◐ normal ◔ eingeschränkt ○ schlecht

M

Gleitlagerbuchsen

Buchsen aus Kupferlegierungen

vgl. DIN ISO 4379 (1995-10)

Form C

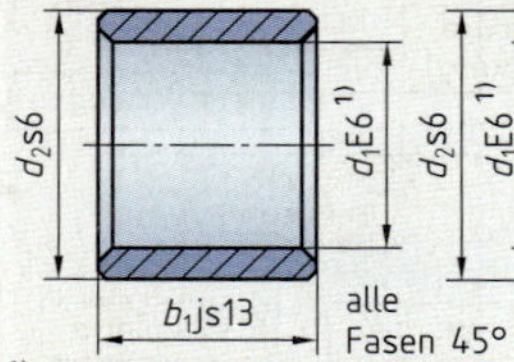

Form F

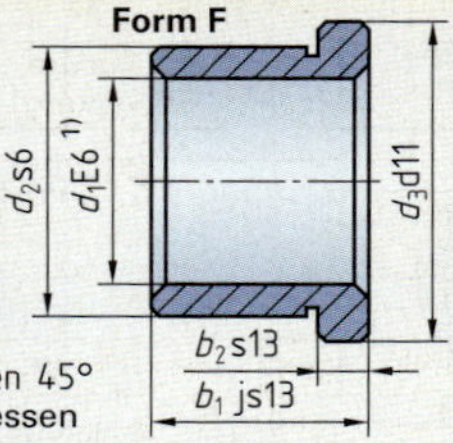

[1] Ergibt nach dem Einpressen Toleranzklasse H8

d_1	Form C d_2			Form F Reihe 1 d_2	Form F Reihe 1 d_3	Form F Reihe 1 b_2	Form F Reihe 2 d_2	Form F Reihe 2 d_3	Form F Reihe 2 b_2	Längen b_1		
10	12	14	16	12	14	1	16	20	3	–	10	–
12	14	16	18	14	16	1	18	22	3	10	15	20
15	17	19	21	17	19	1	21	27	3	10	15	20
18	20	22	24	20	22	1	24	30	3	12	20	30
20	23	24	26	23	26	1,5	26	32	3	15	20	30
22	25	26	28	25	28	1,5	28	34	3	15	20	30
25	28	30	32	28	31	1,5	32	38	4	20	30	40
30	34	36	38	34	38	2	38	44	4	20	30	40
35	39	41	45	39	43	2	45	50	5	30	40	50
40	44	48	50	44	48	2	50	58	5	30	40	60

Durchmesserbereich d_1: 6…200

Empfohlene Toleranzklassen für Einbaumaße	
Aufnahmebohrung	H7
Welle	e7 oder g7 (abhängig vom Anwendungsfall)

⇒ **Buchse ISO 4379 – F22 x 25 x 30 – CuSn8P**: Form F, d_1 = 22 mm, d_2 = 25 mm, b_1 = 30 mm, aus CuSn8P

Buchsen aus Sintermetall

vgl. DIN 1850-3 (1998-07)

Form J

Form V

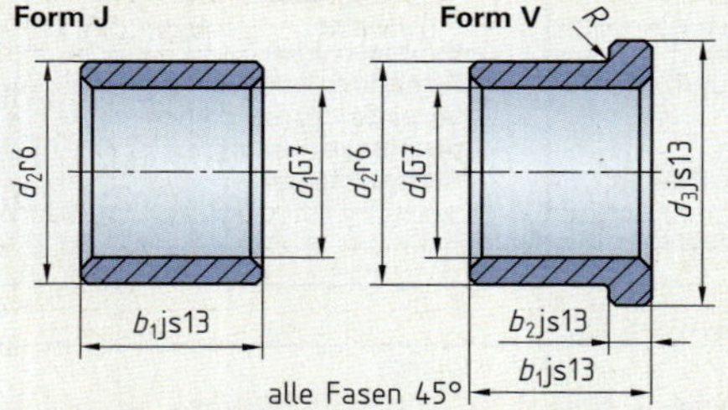

d_1	Form J d_2		Form V d_2	Form V d_3	Form V b_2	Form V R_{max}	Längen b_1		
10	16	14	16	22	2	0,6	8	10	16
12	18	16	18	24	3	0,6	8	12	20
15	21	19	21	27	3	0,6	10	15	25
18	24	22	24	30	3	0,6	12	18	30
20	26	25	26	32	3	0,6	15	20	25
22	28	27	28	34	3	0,6	15	20	25
25	32	30	32	39	3,5	0,8	20	25	30
30	38	35	38	46	4	0,8	20	25	30
35	45	41	45	55	5	0,8	25	35	40
40	50	46	50	60	5	0,8	30	40	50

Durchmesserbereich d_1: 1…60

Empfohlene Toleranzklassen für Einbaumaße	
Aufnahmebohrung	H7
Welle	–

⇒ **Buchse DIN 1850 – V18 x 24 x 18 – Sint-B50**: d_1 = 18 mm, d_2 = 24 mm, b_1 = 18 mm, aus Sinterbronze Sint-B50

Buchsen aus Duroplasten und Thermoplasten

vgl. DIN 1850-5 und -6 (1998-07)

Duroplaste

Form P

Form R

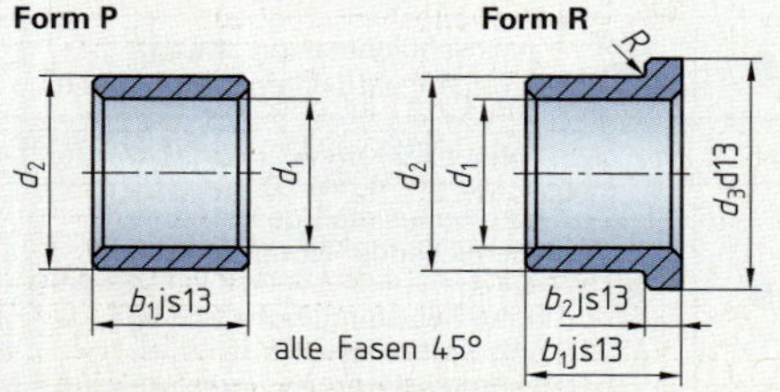

d_1	d_2	d_3	b_2	R_{max}	Längen b_1		
10	16	20	3	0,3	6	10	–
12	18	22	3	0,5	10	15	20
15	21	27	3	0,5	10	15	20
18	24	30	3	0,5	12	20	30
20	26	32	3	0,5	15	20	30
22	28	34	3	0,5	15	20	30
25	32	38	4	0,5	20	30	40
30	38	44	4	0,5	20	30	40
35	45	50	5	0,8	30	40	50

Durchmesserbereich d_1 für Duroplaste: 3…250, für Thermoplaste: 6…200

Thermoplaste

Form S

Form T

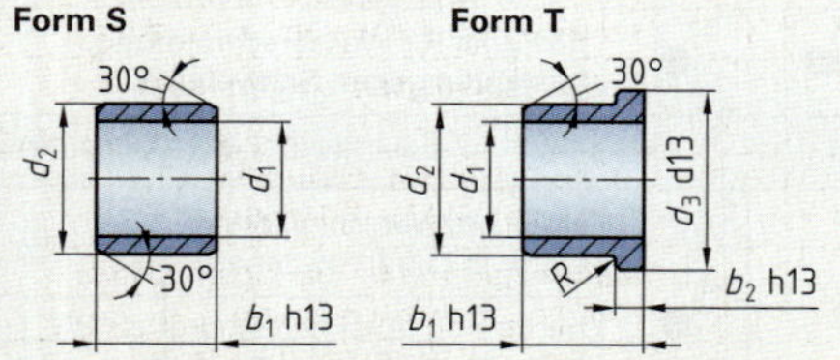

Grenzabmaße von d_2 und d_1 der Toleranzklassen A und B für Buchsen aus Thermoplasten

d_2 von / bis	10 / 14	15 / 18	20 / 25	28 / 32	35 / 40	42 / 55	Herstell-verfahren	sich ergebende Toleranzklasse nach dem Einpressen d_1
A	+0,21 / +0,07	+0,2 / 0	+0,4 / +0,1	+0,6 / +0,2	+0,69 / +0,23	+0,90 / +0,30	gespritzt	D12
B	Toleranzklasse zb11						spanend	C11

Zusatzzeichen für Buchsen aus Duroplasten

W	Wendelnuten am Außendurchmesser d_2	Y	Einpressfase 15° (statt 45°)
		Z	Freistich anstelle des Radius R

Empfohlene Toleranzklassen für Einbaumaße	Duroplaste	Thermoplaste
Aufnahmebohrung	H7	H7
Welle	h7	h9

⇒ **Buchse DIN 1850 – S20 A20 – PA 6**: Form S; d_1 = 20 mm, Toleranzgr. A, b_1 = 20 mm, aus Polyamid 6

Weitere genormte Bauarten: Gerollte Buchsen DIN 1494, Einspannbuchsen DIN 1498, Aufspannbuchsen DIN 1499

M

Wälzlager, Übersicht

Wälzlager (Auswahl)

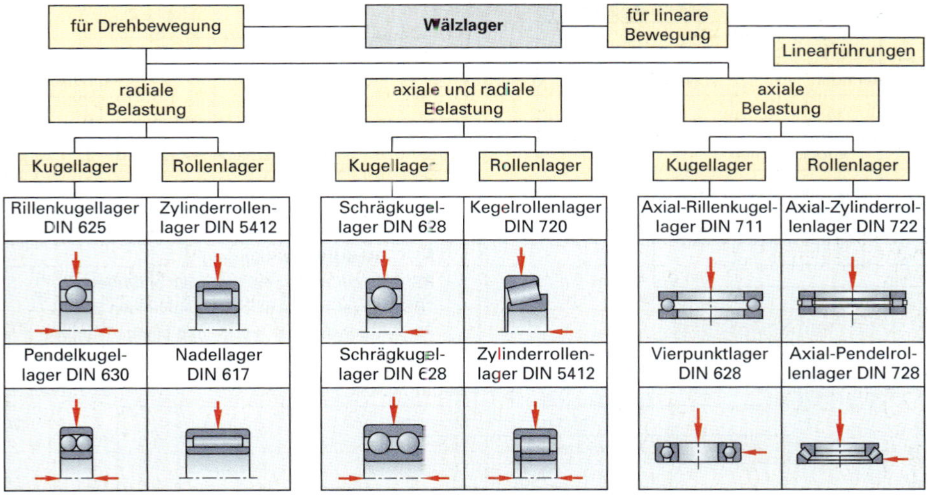

Eigenschaften von Wälzlagern

Lagerbauart[1]	Innen-∅ d	Radial-belastung	Axial-belastung	hohe Drehzahl	hohe Belastbarkeit	geräuscharmer Lauf	Anwendung
Kugellager							
Rillenkugellager	1,5…600	◕	◐	●	◐	●	Universallager im Maschinen- und Fahrzeugbau
Pendelkugellager	5…120	◕	◔	◕	◔	◔	Ausgleich bei Fluchtungsfehlern
Schrägkugellager einreihig	10…170	◕	◕	●[2]	◕[3]	◕	werden nur paarweise verwendet, große Kräfte, Fahrzeugbau
Schrägkugellager zweireihig	10…110	◕	◕	◐	◕	◔	große Kräfte, Fahrzeugbau, bei geringem Platzbedarf
Axial-Rillenkugellager	8…360	○	◕	◐	◐	◔	Aufnahme sehr hoher Axialkräfte, Bohrspindeln, Reitstockspitzen
Vierpunktlager	20…240	◔	◕	◔	◐	◔	bei geringstem Platzbedarf, Spindellagerungen, Räder- und Rollenlagerung
Rollenlager							
Zylinderrollenlager (Form N)	17…240	●	○	●	◕	◐	Aufnahme sehr großer radialer Kräfte, Walzenlagerungen, Getriebe
Zylinderrollenlager (Form NUP)	15…240	●	◐	◕	◕	◔	wie Form N, zusätzlich durch Bordscheibe Aufnahme von Axialkräften
Nadellager	90…360	●	○	◔	●	◐	hohe Tragfähigkeit bei geringem Einbauraum
Kegelrollenlager	15…360	●	●	◐[2]	●[3]	◔	in der Regel paarweiser Einbau, Radlager bei Kfz, Spindellager
Axial-Zylinderrollenlager	15…600	○	●	◔	◕	○	steife Lagerung bei geringem axialen Platzbedarf, hohe Reibung
Axial-Pendelrollenlager	60…1060	◔	●	◔	◕	○	winkelbewegliches Drucklager, Spurlager bei Kränen

[1] Bei allen Radiallagern wird der Vorsatz „Radial-" weggelassen.
[2] verminderte Eignung bei paarweisem Einbau
[3] bei paarweisem Einbau

Eignungsstufen:
● sehr gut ◕ gut ◐ normal
◔ eingeschränkt ○ nicht geeignet

M

Wälzlager, Bezeichnung

Bezeichnung von Wälzlagern

vgl. DIN 623-1 (1993-05)

Beispiel: Kegelrollenlager DIN 720 – S 30208 P2

Benennung – Norm – Vorsetzzeichen – Basiszeichen – Nachsetzzeichen

Vorsetzzeichen	
K	Käfig mit Wälzkörpern
L	Freier Ring
R	Ring mit Wälzkörpersatz
S	Nichtrostender Stahl

Nachsetzzeichen (Auswahl)	
K	Lager mit kegeliger Bohrung
Z	Lager mit Deckscheibe auf einer Seite
2Z	Lager mit Deckscheibe auf zwei Seiten
E	Verstärkte Ausführung
RS	Lager mit Dichtscheibe auf einer Seite
2RS	Lager mit Dichtscheibe auf beiden Seiten
P2	Höchste Maß-, Form- und Laufgenauigkeit

Beispiel für das Basiszeichen: 3 0 2 08

Lagerreihe 302

Breitenreihe 0 – Durchmesserreihe 2

Lagerart 3 – Maßreihe 02 – Bohrungskennzahl 08

Lagerart	Ausführung
0	Schrägkugellager, zweireihig
1	Pendelkugellager
2	Tonnen- und Pendelrollenlager
3	Kegelrollenlager
4	Rillenkugellager, zweireihig
5	Axial-Rillenkugellager
6	Rillenkugellager, einreihig
7	Schrägkugellager, einreihig
8	Axial-Zylinderrollenlager
NA	Nadellager
QJ	Vierpunktlager
N, NJ, NJP, NN, NNU, NU, NUP	Zylinder-Rollenlager

Bohrungs-kennzahl	Bohrungs-∅ *d*	Bohrungs-kennzahl	Bohrungs-∅ *d*
00	10	12	60
01	12	13	65
02	15	14	70
03	17	15	75
04	20	16	80
05	25	17	85
06	30	18	90
07	35	19	95
08	40	20	100
09	45	21	105
10	50	22	110
11	55	23	115

Maßreihen (Auswahl)

vgl. DIN 616 (1994-06)

Erläuterung

Die Maßpläne in DIN 616 enthalten Durchmesserreihen, in denen jedem Nenndurchmesser einer Lagerbohrung *d* (= Wellendurchmesser) mehrere

- Außendurchmesser und
- Breitenreihen (bei Radiallagern) bzw.
- Höhenreihen (bei Axiallagern)

zugeordnet sind.

Aufbau der Maßreihen

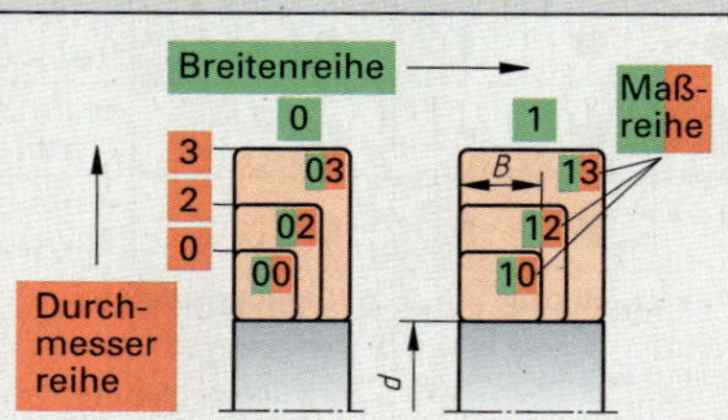

Beispiel: Kegelrollenlager[1)]

Maßreihe 02			
Bohrungs-kennzahl	Boh-rungs-∅ *d*	*D*	*B*
07	35	72	17
08	40	80	18
09	45	85	19
10	50	90	20

1) weitere Abmessungen: S. 267

M

Kugellager

Rillenkugellager (Auswahl)

vgl. DIN 625-1 (1989-04)

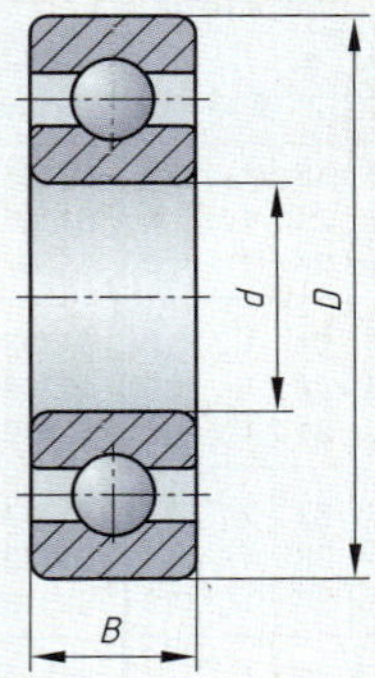

d von 1,5 … 600 mm

Einbaumaße nach DIN 5418:

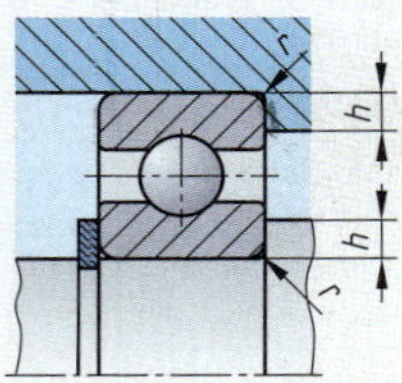

	Lagerreihe 60					Lagerreihe 62					Lagerreihe 63				
d	*D*	*B*	*r* max	*h* min	Basis-zeichen	*D*	*B*	*r* max	*h* min	Basis-zeichen	*D*	*B*	*r* max	*h* min	Basis-zeichen
10	26	8	0,3	1	6000	30	9	0,6	2,1	6200	35	11	0,6	2,1	6300
12	28	8	0,3	1	6001	32	10	0,6	2,1	6201	37	12	1	2,8	6301
15	32	9	0,3	1	6002	35	11	0,6	2,1	6202	42	13	1	2,8	6302
17	35	10	0,3	1	6003	40	12	0,6	2,1	6203	47	14	1	2,8	6303
20	42	12	0,6	1,6	6004	47	14	1	2	6204	52	15	1	3,5	6304
25	47	12	0,6	1,6	6005	52	15	1	2	6205	62	17	1	3,5	6305
30	55	13	1	2,3	6006	62	16	1	2	6206	72	19	1	3,5	6306
35	62	14	1	2,3	6007	72	17	1	2	6207	80	21	1,5	4,5	6307
40	68	15	1	2,3	6008	80	18	1	3,5	6208	90	23	1,5	4,5	6308
45	75	16	1	2,3	6009	85	19	1	3,5	6209	100	25	1,5	4,5	6309
50	80	16	1	2,3	6010	90	20	1	3,5	6210	110	27	2	5,5	6310
55	90	18	1	3	6011	100	21	1,5	4,5	6211	120	29	2	5,5	6311
60	95	18	1	3	6012	110	22	1,5	4,5	6212	130	31	2,1	6	6312
65	100	18	1	3	6013	120	23	1,5	4,5	6213	140	33	2,1	6	6313
70	110	20	1	3	6014	125	24	1,5	4,5	6214	150	35	2,1	6	6314
75	115	20	1	3	6015	130	25	2	5,5	6215	160	37	2,1	6	6315
80	125	22	1	3	6016	140	26	2	5,5	6216	170	39	2,5	7	6316
85	130	22	1,5	3,5	6017	150	28	2,1	6	6217	180	41	2,5	7	6317
90	140	24	1,5	3,5	6018	160	30	2,1	6	6218	190	43	2,5	7	6318
95	145	24	1,5	3,5	6019	170	32	2,1	6	6219	200	45	2,5	7	6319
100	150	24	1,5	3,5	6020	180	34	2,1	6	6220	215	47	2,5	7	6320

⇒ **Rillenkugellager DIN 625 – 6208 – 2Z – P2:** Rillenkugellager (Lagerart 6), Breitenreihe 0[1)], Durchmesserreihe 2, Bohrungskennzahl 08 ($d = 8 \cdot 5$ mm = 40 mm), Ausführung mit 2 Deckscheiben, Lager mit höchster Maß-, Form- und Laufgenauigkeit (ISO-Toleranzklasse 2)

Schrägkugellager (Auswahl)

vgl. DIN 628-1 (1993-12)

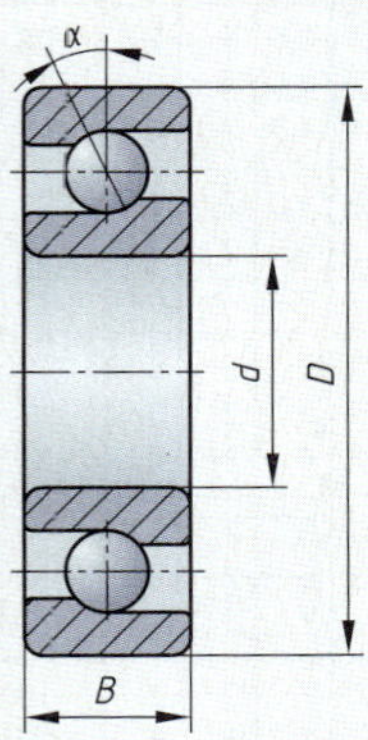

d von 10 …170 mm

Einbaumaße nach DIN 5418:

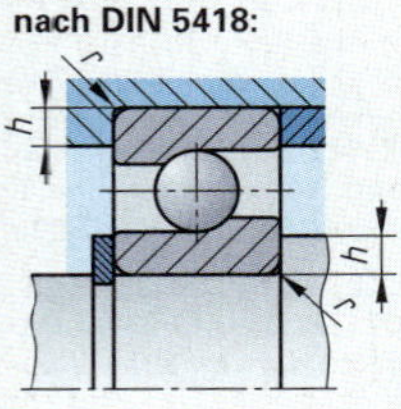

	Lagerreihe 72					Lagerreihe 73					Lagerreihe 33 (zweireihig)				
d	*D*	*B*	*r* max	*h* min	Basis-zeichen[2)]	*D*	*B*	*r* max	*h* min	Basis-zeichen[2)]	*D*	*B*	*r* max	*h* min	Basis-zeichen[3)]
15	35	11	0,6	2,1	7202B	42	13	1	2,8	7302B	42	19	1	2,8	3302
17	40	12	0,6	2,1	7203B	47	14	1	2,8	7303B	47	22,2	1	2,8	3303
20	47	14	1	2,8	7204B	52	15	1	3,5	7304B	52	22,2	1	3,5	3304
25	52	15	1	2,8	7205B	62	17	1	3,5	7305B	62	25,4	1	3,5	3305
30	62	16	1	2,8	7206B	72	19	1	3,5	7306B	72	30,2	1	3,5	3306
35	72	17	1	3,5	7207B	80	21	1,5	4,5	7307B	80	34,9	1,5	4,5	3307
40	80	18	1	3,5	7208B	90	23	1,5	4,5	7308B	90	36,5	1,5	4,5	3308
45	85	19	1	3,5	7209B	100	25	1,5	4,5	7309B	100	39,7	1,5	4,5	3309
50	90	20	1	3,5	7210B	110	27	2	5,5	7310B	110	44,4	2	5,5	3310
55	100	21	1,5	4,5	7211B	120	29	2	5,5	7311B	120	49,2	2	5,5	3311
60	110	22	1,5	4,5	7212B	130	31	2,1	6	7312B	130	54	2,1	6	3312
65	120	23	1,5	4,5	7213B	140	33	2,1	6	7313B	140	58,7	2,1	6	3313
70	125	24	1,5	4,5	7214B	150	35	2,1	6	7314B	150	63,5	2,1	6	3314
75	130	25	1,5	4,5	7215B	160	37	2,1	6	7315B	160	68,3	2,1	6	3315
80	140	26	2	5,5	7216B	170	39	2,1	6	7316B	170	68,3	2,1	6	3316
85	150	28	2	5,5	7217B	180	41	2,5	7	7317B	180	73	2,5	7	3317
90	160	30	2	5,5	7218B	190	43	2,5	7	7318B	190	73	2,5	7	3318
95	170	32	2,1	6	7219B	200	45	2,5	7	7319B	200	77,8	2,5	7	3319
100	180	34	2,1	6	7220B	215	47	2,5	7	7320B	215	82,6	2,5	7	3320

⇒ **Schrägkugellager DIN 628 – 7309B:** Schrägkugellager (Lagerart 7), Breitenreihe 0[1)], Durchmesserreihe 3, Bohrungskennzahl 09 (Bohrungsdurchmesser $d = 9 \cdot 5$ mm = 45 mm), Berührungswinkel $\alpha = 40°$ (B)

1) Bei der Bezeichnung von Rillen- und Schrägkugellagern wird nach DIN 623-1 die 0 für die Breitenreihe teilweise weggelassen.

2) Berührungswinkel $\alpha = 40°$

3) Berührungswinkel nicht genormt

Kugellager, Rollenlager

Axial-Rillenkugellager (Auswahl)

vgl. DIN 711 (1988-02)

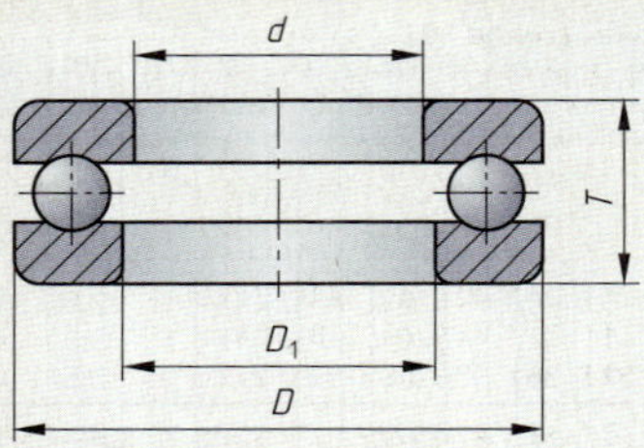

d von 8 … 360 mm

Einbaumaße nach DIN 5418:

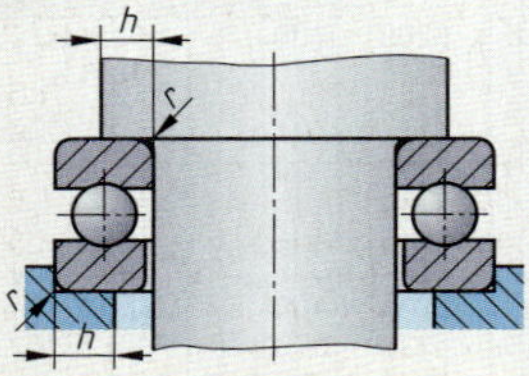

d	D_1	Lagerreihe 512					Lagerreihe 513				
		D	*T*	*r* max	*h* min	Basiszeichen	*D*	*T*	*r* max	*h* min	Basiszeichen
25	27	47	15	0,6	6	51205	52	18	1	7	51305
30	32	52	16	0,6	6	51206	60	21	1	8	51306
35	37	62	18	1	7	51207	68	24	1	9	51307
40	42	68	19	1	7	51208	78	26	1	10	51308
45	47	73	20	1	7	51209	85	28	1	10	51309
50	52	78	22	1	7	51210	95	31	1	12	51310
55	57	90	25	1	9	51211	105	35	1	13	51311
60	62	95	26	1	9	51212	110	35	1	13	51312
65	67	100	27	1	9	51213	115	36	1	13	51313
70	72	105	27	1	9	51214	125	40	1	14	51314
75	77	110	27	1	9	51215	135	44	1,5	15	51315
80	82	115	28	1	9	51216	140	44	1,5	15	51316

⇒ **Axial-Rillenkugellager DIN 711 – 51210:** Axial-Rillenkugellager der Lagerreihe 512 mit Lagerart 5, Breitenreihe 1, Durchmesserreihe 2 und Bohrungskennzahl 10

Zylinderrollenlager (Auswahl)

vgl. DIN 5412-1 (2005-08)

Form N

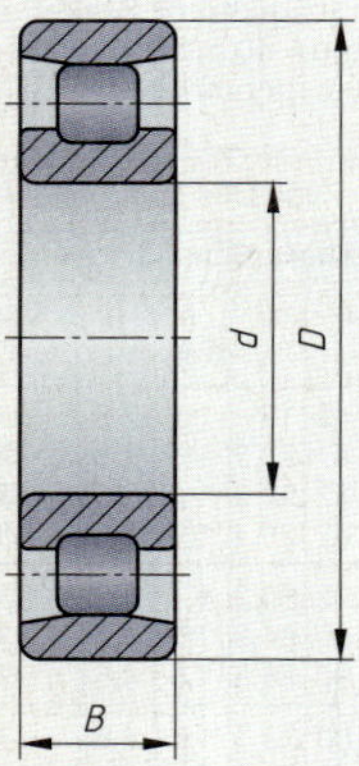

Form NU

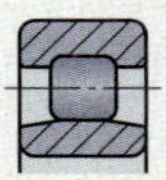

Form NJ

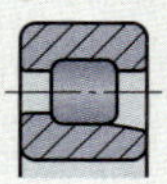

Form NUP

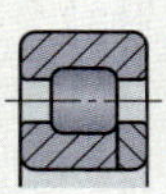

d von 15 … 500 mm

Einbaumaße nach DIN 5418:

Form N **Form NU**

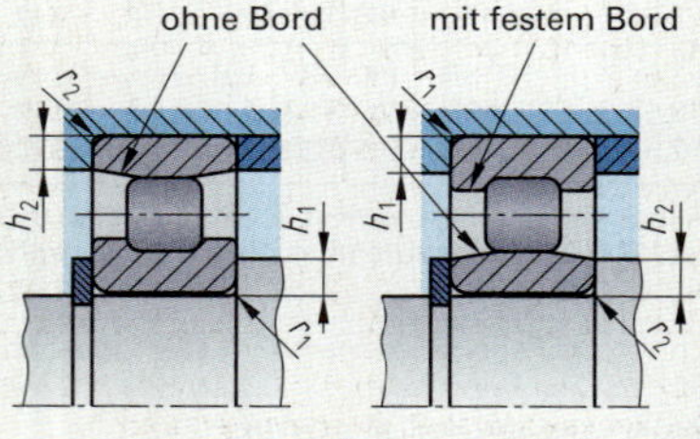

d	Lagerreihen N2, NU2, NJ2, NUP2						Lagerreihen N3, NU3, NJ3, NUP3						Bohrungskennzahl
	D	*B*	r_1 max	h_1 min	r_2 max	h_2 min	*D*	*B*	r_1 max	h_1 min	r_2 max	h_2 min	
17	40	12	0,6	2,1	0,3	1,2	47	14	1	2,8	1	2,8	03
20	47	14	1	2,8	0,6	2,1	52	15	1,1	3,5	1	2,8	04
25	52	15	1	2,8	0,6	2,1	62	17	1,1	3,5	1	2,8	05
30	62	16	1	2,8	0,6	2,1	72	19	1,1	3,5	1	2,8	06
35	72	17	1	3,5	0,6	2,1	80	21	1,5	4,5	1	2,8	07
40	80	18	1	3,5	1	3,5	90	23	1,5	4,5	2	5,5	08
45	85	19	1	3,5	1	3,5	100	25	1,5	4,5	2	5,5	09
50	90	20	1	3,5	1	3,5	110	27	2	5,5	2	5,5	10
55	100	21	1,5	4,5	1	3,5	120	29	2	5,5	2	5,5	11
60	110	22	1,5	4,5	1,5	4,5	130	31	2,1	6	2	5,5	12
65	120	23	1,5	4,5	1,5	4,5	140	33	2,1	6	2	5,5	13
70	125	24	1,5	4,5	1,5	4,5	150	35	2,1	6	2	5,5	14
75	130	25	1,5	4,5	1,5	4,5	160	37	2,1	6	2	5,5	15
80	140	26	2	5,5	2	5,5	170	39	2,1	6	2	5,5	16
85	150	28	2	5,5	2	5,5	180	41	3	7	3	7	17
90	160	30	2	5,5	2	5,5	190	43	3	7	3	7	18
95	170	32	2,1	6	2,1	6	200	45	3	7	3	7	19
100	180	34	2,1	6	2,1	6	215	47	3	7	3	7	20
105	–	–	–	–	–	–	225	49	3	7	3	7	21
110	200	38	2,1	6	2,1	6	240	50	3	7	3	7	22
120	215	40	2,1	6	2,1	6	260	55	3	7	3	7	24

⇒ **Zylinderrollenlager DIN 5412 – NUP 312 E:** Zylinderrollenlager der Lagerreihe NUP3 mit Lagerart NUP, Breitenreihe 0, Durchmesserreihe 3 und Bohrungskennzahl 12, verstärkte Ausführung

Die Normalausführung der Maßreihen 02, 22, 03 und 23 wurde ersatzlos aus der Norm gestrichen und durch die verstärkte Ausführung (Nachsetzzeichen E) ersetzt.

M

Rollenlager

Kegelrollenlager (Auswahl) vgl. DIN 720 (1979-02) und DIN 5418 (1993-02)

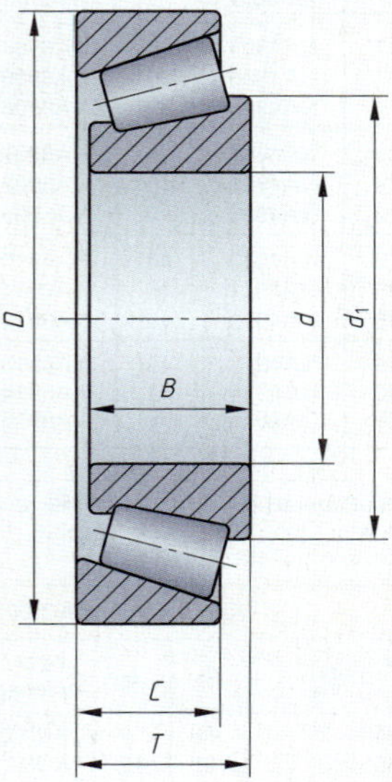

Einbaumaße nach DIN 5418:

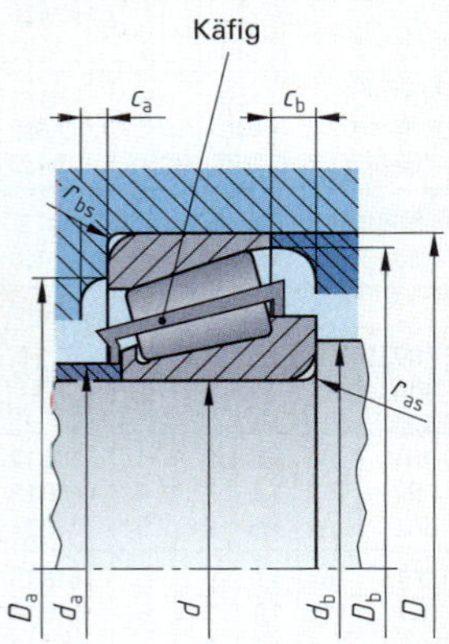

Bei Kegelrollenlagern steht der Käfig über die Seitenfläche des Außenrings vor.

Damit der Käfig nicht an anderen Bauteilen streift, müssen die Einbaumaße nach DIN 5418 eingehalten werden.

Lagerreihe 302

Abmessungen						Einbaumaße									
d	D	B	C	T	d_1	d_a max	d_b min	D_a min	D_a max	D_b min	c_a min	c_b min	r_{as} max	r_{bs} max	Basiszeichen
20	47	14	12	15,25	33,2	27	26	40	41	43	2	3	1	1	30204
25	52	15	13	16,25	37,4	31	31	44	46	48	2	2	1	1	30205
30	62	16	14	17,25	44,6	37	36	53	56	57	2	3	1	1	30206
35	72	17	15	18,15	51,8	44	42	62	65	67	3	3	1,5	1,5	30207
40	80	18	16	19,75	57,5	49	47	69	73	74	3	3,5	1,5	1,5	30208
45	85	19	16	20,75	63	54	52	74	78	80	3	4,5	1,5	1,5	30209
50	90	20	17	21,75	67,9	58	57	79	83	85	3	4,5	1,5	1,5	30210
55	100	21	18	22,75	74,6	64	64	88	91	94	4	4,5	2	1,5	30211
60	110	22	19	23,75	81,5	70	69	96	101	103	4	4,5	2	1,5	30212
65	120	23	20	24,75	89	77	74	106	111	113	4	4,5	2	1,5	30213
70	125	24	21	26,25	93,9	81	79	110	116	118	4	5	2	1,5	30214
75	130	25	22	27,25	99,2	86	84	115	121	124	4	5	2	1,5	30215
80	140	26	22	28,25	105	91	90	124	130	132	4	6	2,5	2	30216
85	150	28	24	30,5	112	97	95	132	140	141	5	6,5	2,5	2	30217
90	160	30	26	32,5	118	103	100	140	150	150	5	6,5	2,5	2	30218
95	170	32	27	34,5	126	110	107	149	158	159	5	7,5	3	2,5	30219
100	180	34	29	37	133	116	112	157	168	168	5	8	3	2,5	30220
105	190	36	30	39	141	122	117	165	178	177	6	9	3	2,5	30221
110	200	38	32	41	148	129	122	174	188	187	6	9	3	2,5	30222
120	215	40	34	43,5	161	140	132	187	203	201	6	9,5	3	2,5	30224

Lagerreihe 303

Abmessungen						Einbaumaße									
d	D	B	C	T	d_1	d_a max	d_b min	D_a min	D_a max	D_b min	c_a min	c_b min	r_{as} max	r_{bs} max	Basiszeichen
20	52	15	13	16,25	34,3	28	27	44	45	47	2	3	1,5	1,5	30304
25	62	17	15	18,25	41,5	34	32	54	55	57	2	3	1,5	1,5	30305
30	72	19	16	20,75	44,8	40	37	62	65	66	3	4,5	1,5	1,5	30306
35	80	21	18	22,75	54,5	45	44	70	71	74	3	4,5	2	1,5	30307
40	90	23	20	25,25	62,5	52	49	77	81	82	3	5	2	1,5	30308
45	100	25	22	27,25	70,1	59	54	86	91	92	3	5	2	1,5	30309
50	110	27	23	29,25	77,2	65	60	95	100	102	4	6	2,5	2	30310
55	120	29	25	31,5	84	71	65	104	110	111	4	6,5	2,5	2	30311
60	130	31	26	33,5	91,9	77	72	112	118	120	5	7,5	3	2,5	30312
65	140	33	28	36	98,6	83	77	122	128	130	5	8	3	2,5	30313
70	150	35	30	38	105	89	82	120	138	140	5	8	3	2,5	30314
75	160	37	31	40	112	95	87	139	148	149	5	9	3	2,5	30315
80	170	39	33	42,5	120	102	92	148	158	159	5	9,5	3	2,5	30316
85	180	41	34	44,5	126	107	99	156	166	167	6	10,5	4	3	30317
90	190	43	36	46,5	132	113	104	165	176	176	6	10,5	4	3	30318
95	200	45	38	49,5	139	118	109	172	186	184	6	11,5	4	3	30319
100	215	47	39	51,5	148	127	114	184	201	197	6	12,5	4	3	30320
105	225	49	41	53,5	155	132	119	193	211	206	7	12,5	4	3	30321
110	240	50	42	54,5	165	141	124	206	226	220	8	12,5	4	3	30322
120	260	55	46	59,5	178	152	134	221	246	237	8	13,5	4	3	30324

⇒ **Kegelrollenlager DIN 720 – 30212:** Kegelrollenlager der Lagerreihe 302 mit Lagerart 3, Breitenreihe 0, Durchmesserreihe 2, Bohrungskennzahl 12

M

Nadellager, Nutmuttern, Sicherungsbleche

Nadellager (Auswahl)

vgl. DIN 617 (1993-04)

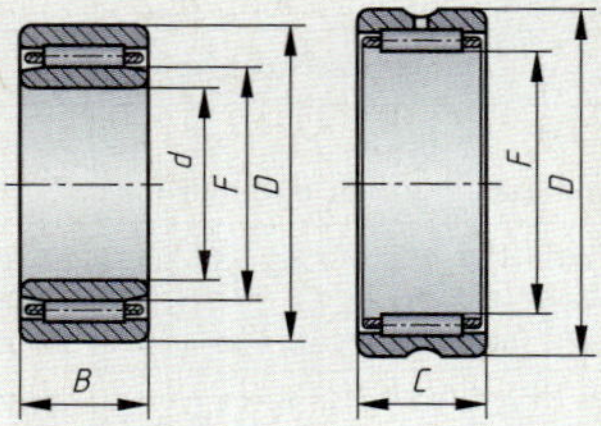

Einbaumaße nach DIN 5418:

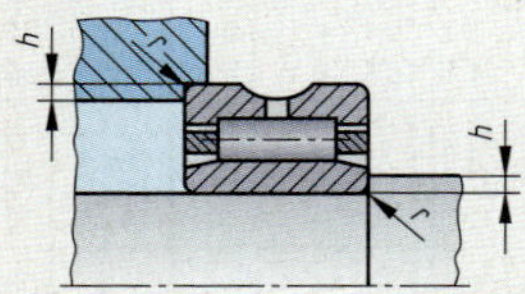

d	*D*	*F*	*r* max	*h* min	Lagerreihe NA49 *B*	Lagerreihe NA49 Basis-zeichen	Lagerreihe NA69 *B*	Lagerreihe NA69 Basis-zeichen
20	37	25	0,3	1	17	NA4904	30	NA6904
25	42	28	0,3	1	17	NA4905	30	NA6905
30	47	30	0,3	1	17	NA4906	30	NA6906
35	55	42	0,6	1,6	20	NA4907	36	NA6907
40	62	48	0,6	1,6	22	NA4908	40	NA6908
45	68	52	0,6	1,6	22	NA4909	40	NA6909
50	72	58	0,6	1,6	22	NA4910	40	NA6910
55	80	63	1	2,3	25	NA4911	45	NA6911
60	85	68	1	2,3	25	NA4912	45	NA6912
65	90	72	1	2,3	25	NA4913	45	NA6913
70	100	80	1	2,3	30	NA4914	54	NA6914
75	105	85	1	2,3	30	NA4915	54	NA6915

⇒ **Nadellager DIN 617 – NA4909:** Nadellager der Lagerreihe NA49 mit Lagerart NA, Breitenreihe 4, Durchmesserreihe 9, Bohrungskennzahl 09

ab NA6907 doppelreihig

Nutmuttern für Wälzlager (Auswahl)

vgl. DIN 981 (1993-02)

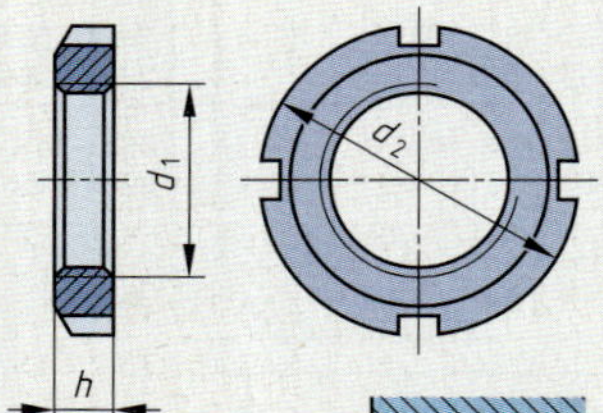

Einbaubeispiel:

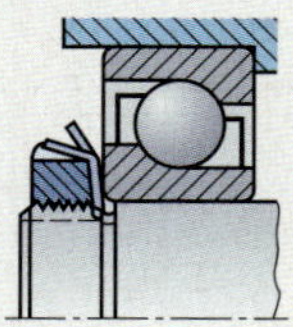

d_1 von M10…M200

d_1	d_2	*h*	Kurz-zeichen	d_1	d_2	*h*	Kurz-zeichen
M10 × 0,75	18	4	KM0	M60 × 2	80	11	KM12
M12 × 1	22	4	KM1	M65 × 2	85	12	KM13
M15 × 1	25	5	KM2	M70 × 2	92	12	KM14
M17 × 1	28	5	KM3	M75 × 2	98	13	KM15
M20 × 1	32	6	KM4	M80 × 2	105	15	KM16
M25 × 1,5	38	7	KM5	M85 × 2	110	16	KM17
M30 × 1,5	45	7	KM6	M90 × 2	120	16	KM18
M35 × 1,5	52	8	KM7	M95 × 2	125	17	KM19
M40 × 1,5	58	9	KM8	M100 × 2	130	18	KM20
M45 × 1,5	65	10	KM9	M105 × 2	140	18	KM21
M50 × 1,5	70	11	KM10	M110 × 2	145	19	KM22
M55 × 2	75	11	KM11	M115 × 2	150	19	KM23

⇒ **Nutmutter DIN 981 – KM6:** Nutmutter mit d_1 = M30 × 1,5

M

Sicherungsbleche (Auswahl)

vgl. DIN 5406 (1993-02)

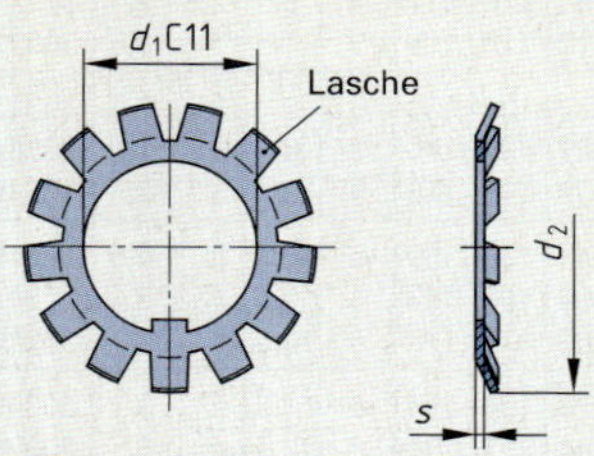

Einbaumaße

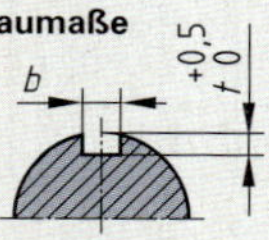

d_1 von 10…200 mm

d_1	d_2	*s*	*b* H11	*t*	Kurz-zeichen	d_1	d_2	*s*	*b* H11	*t*	Kurz-zeichen
10	21	1	4	2	MB0	60	86	1,5	9	4	MB12
12	25	1	4	2	MB1	65	92	1,5	9	4	MB13
15	28	1	5	2	MB2	70	98	1,5	9	5	MB14
17	32	1	5	2	MB3	75	104	1,5	9	5	MB15
20	36	1	5	2	MB4	80	112	1,7	11	5	MB16
25	42	1,2	6	3	MB5	85	119	1,7	11	5	MB17
30	49	1,2	6	4	MB6	90	126	1,7	11	5	MB18
35	57	1,2	7	4	MB7	95	133	1,7	11	5	MB19
40	62	1,2	7	4	MB8	100	142	1,7	14	6	MB20
45	69	1,2	7	4	MB9	105	145	1,7	14	6	MB21
50	74	1,2	7	4	MB10	110	154	1,7	14	6	MB22
55	81	1,5	9	4	MB11	115	159	2	14	6	MB23

⇒ **Sicherungsblech DIN 5406 – MB6:** Sicherungsblech mit d_1 = 30 mm

Sicherungsringe, Sicherungsscheiben

Sicherungsringe in Regelausführung[1] (Auswahl)

für Wellen vgl. DIN 471 (1981-09)

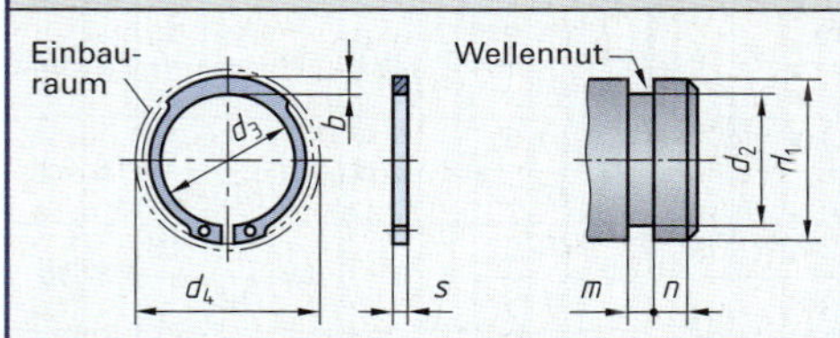

Nennmaß d_1 mm	Ring s	Ring d_3	Ring d_4	Ring b ≈	Nut d_2	Nut m H13	Nut n min
10	1	9,3	17	1,8	9,6	1,1	0,6
12	1	11	19	1,8	11,5	1,1	0,8
15	1	13,8	22,6	2,2	14,3	1,1	1,1
18	1,2	16,5	26,2	2,4	17	1,3	1,5
20	1,2	18,5	28,4	2,6	19	1,3	1,5
22	1,2	20,5	30,8	2,8	21	1,3	1,5
25	1,2	23,2	34,2	3	23,9	1,3	1,7
28	1,5	25,9	37,9	3,2	26,6	1,6	2,1
30	1,5	27,9	40,5	3,5	28,6	1,6	2,1
32	1,5	29,6	43	3,6	30,3	1,6	2,6
35	1,5	32,2	46,8	3,9	33	1,6	3
38	1,75	35,2	50,2	4,2	36	1,85	3
40	1,75	36,5	52,6	4,4	37,5	1,85	3,8
42	1,75	38,5	55,7	4,5	39,5	1,85	3,8
45	1,75	41,5	59,1	4,7	42,5	1,85	3,8
48	1,75	44,5	62,5	5	45,5	1,85	3,8
50	2,0	45,8	64,5	5,1	47,0	2,15	4,5
60	2,0	55,8	75,6	5,8	57,0	2,15	4,5
65	2,5	60,8	81,4	6,3	62,0	2,65	4,5
70	2,5	65,5	87	6,6	67,0	2,65	4,5
75	2,5	70,5	92,7	7,0	72,0	2,65	4,5
80	2,5	74,5	98,1	7,4	76,5	2,65	5,3
90	3,0	84,5	108,5	8,2	86,5	3,15	5,3
100	3,0	94,5	120,2	9	96,5	3,15	5,3

⇒ **Sicherungsring DIN 471 – 40 x 1,75:** d_1 = 40 mm, s = 1,75 mm

Toleranzklassen für d_2

d_1 in mm	3 … 10	12 … 22	24 … 100
d_2	h10	h11	h12

für Bohrungen vgl. DIN 472 (1981-09)

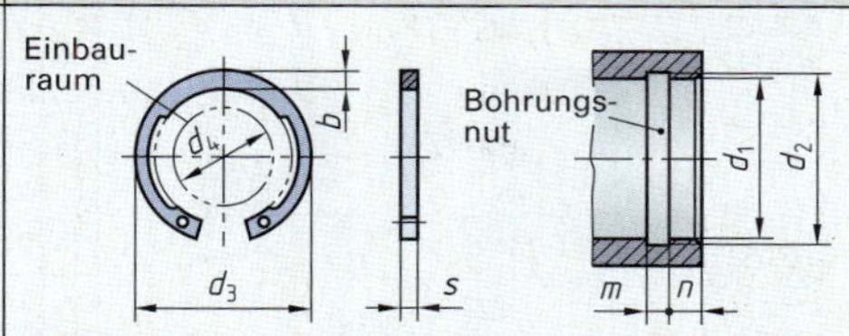

Nennmaß d_1 mm	Ring s	Ring d_3	Ring d_4	Ring b ≈	Nut d_2	Nut m H13	Nut n min
10	1	10,8	3,3	1,4	10,4	1,1	0,6
12	1	13	4,9	1,7	12,5	1,1	0,8
15	1	16,2	7,2	2	15,7	1,1	1,1
18	1	19,5	9,4	2,2	19	1,1	1,5
20	1	21,5	11,2	2,3	21	1,1	1,5
22	1	23,5	13,2	2,5	23	1,1	1,5
25	1,2	26,9	15,5	2,7	26,2	1,3	1,8
28	1,2	30,1	17,9	2,9	29,4	1,3	2,1
30	1,2	32,1	19,9	3	31,4	1,3	2,1
32	1,2	34,4	20,6	3,2	33,7	1,3	2,6
35	1,5	37,8	23,6	3,4	37	1,6	3
38	1,5	40,8	26,4	3,7	40	1,6	3
40	1,75	43,5	27,8	3,9	42,5	1,85	3,8
42	1,75	45,5	29,6	4,1	44,5	1,85	3,8
45	1,75	48,5	32	4,3	47,5	1,85	3,8
48	1,75	51,5	34,5	4,5	50,5	1,85	3,8
50	2,0	54,2	36,3	4,6	53,0	2,15	4,5
60	2,0	64,2	44,7	5,4	63,0	2,15	4,5
65	2,5	69,2	49,0	5,8	68,0	2,65	4,5
72	2,5	76,5	55,6	6,4	75,0	2,65	4,5
75	2,5	79,5	58,6	6,6	78,0	2,65	4,5
80	2,5	85,5	62,1	7,0	83,5	2,65	5,3
90	3,0	95,5	71,9	7,6	93,5	3,15	5,3
100	3,0	105,5	80,6	8,4	103,5	3,15	5,3

⇒ **Sicherungsring DIN 472 – 80 x 2,5:** d_1 = 80 mm, s = 2,5 mm

Toleranzklassen für d_2

d_1 in mm	8 … 22	24 … 100	100 … 300
d_2	H11	H12	H13

[1] Regelausführung: d_1 von 3…300 mm; schwere Ausführung: d_1 von 15…100 mm

Sicherungsscheiben (Auswahl)

vgl. DIN 6799 (1981-09)

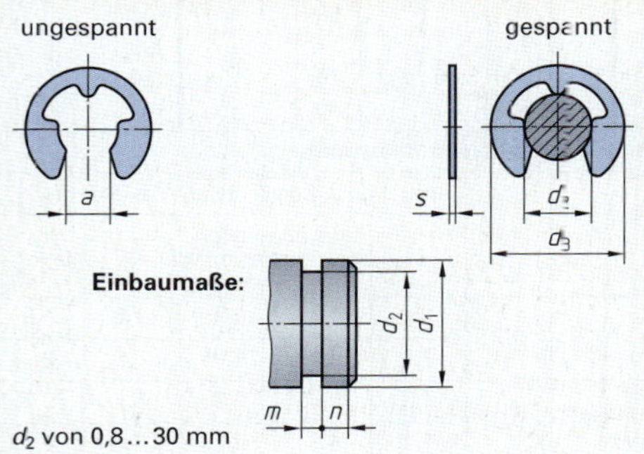

d_2 von 0,8…30 mm

Sicherungsscheibe d_2 h11	Sicherungsscheibe d_3 gespannt	Sicherungsscheibe a	Sicherungsscheibe s	Welle d_1 von…bis	Welle m		Welle n min
6	12,3	5,26	0,7	7… 9	0,74	+ 0,05 / 0	1,2
7	14,3	5,84	0,9	8…11	0,94		1,5
8	16,3	6,52	1	9…12	1,05	+ 0,08 / 0	1,8
9	18,8	7,63	1,1	10…14	1,15		2
10	20,4	8,32	1,2	11…15	1,25		2
12	23,4	10,45	1,3	13…18	1,35		2,5
15	29,4	12,61	1,5	16…24	1,55		3
19	37,6	15,92	1,75	20…31	1,80		3,5
24	44,6	21,88	2	25…38	2,05		4

⇒ **Sicherungsscheibe DIN 6799 – 15:** d_2 = 15 mm

M

Dichtelemente

Radial-Wellendichtringe (Auswahl)

vgl. DIN 3760 (1996-09)

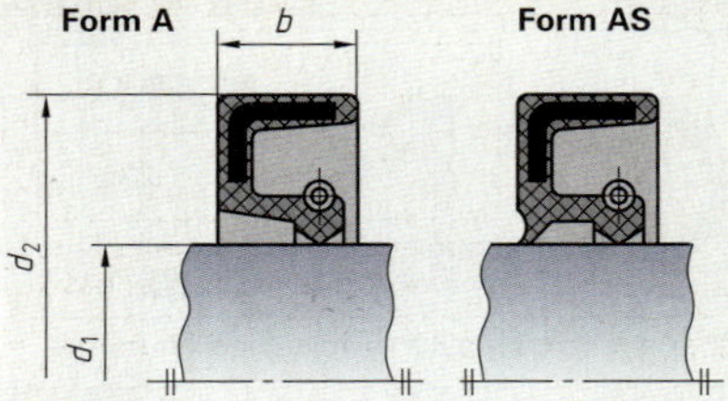

Einbaumaße:

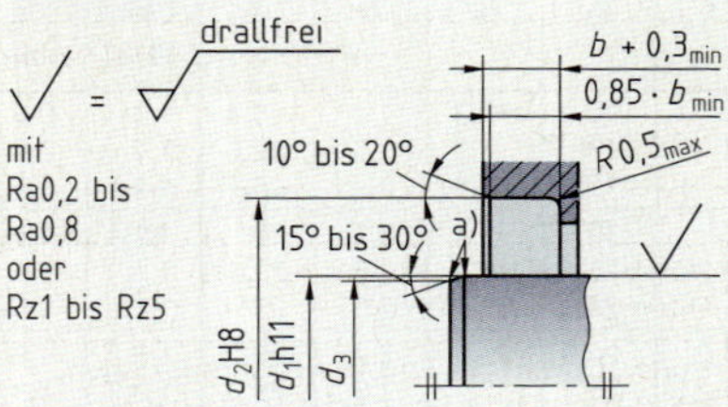

a) = Kanten gerundet

d_1 von 6 . . . 500 mm

d_1	d_2		b	d_3
10	22	26	7	8,5
	25	–		
12	22	30	7	10
	25	–		
14	24	30	7	12
15	26	35	7	13
	30	–		
16	30	35	7	14
18	30	35	7	16
20	30	40	7	18
	35	–		
22	35	47	7	19,5
	40	–		
25	35	47	7	22,5
	40	52		

d_1	d_2		b	d_3
28	40	52	7	25,5
	47	–		
30	40	47	8	27,5
	42	52		
32	45	52	8	29
	47	–		
35	47	52	8	32
	50	55	8	35
38	55	62		
40	52	62	8	37
	55	–	8	38,5
42	55	62		
45	60	65	8	41,5
	62	–	8	44,5
48	62	–		

d_1	d_2		b	d_3
50	65	72	8	46,5
	68	–		
55	70	80	8	51
	72	–		
60	75	85	8	56
	80	–		
65	85	90	10	61
70	90	95	10	66
75	95	100	10	70,5
80	100	110	10	75,5
85	110	120	12	80,5
90	110	120	12	85,5
95	120	125	12	90,5
100	120	130	12	94,5
	125	–		

⇒ **RWDR DIN 3760 – A25 x 40 x 7 – NB:** Radial-Wellendichtring (RWDR) der Form A mit d_1 = 25 mm, d_2 = 40 mm und b = 7 mm, Elastomerteil aus Nitril-Butadien-Kautschuk (NB)

Filzringe (Auswahl)

vgl. DIN 5419 (1959-09)

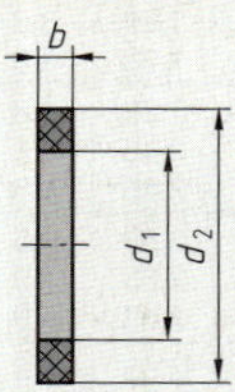

Einbaumaße:

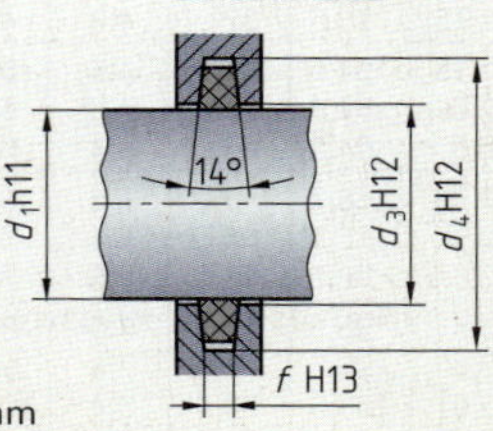

d_1 von 17. . .180 mm

Abmessungen			Einbaumaße			Abmessungen			Einbaumaße		
d_1	d_2	b	d_3	d_4	f	d_1	d_2	b	d_3	d_4	f
20	30	4	21	31	3	60	76	6,5	61,5	77	5
25	37	5	26	38	4	65	81	6,5	66,5	82	5
30	42	5	31	43	4	70	88	7,5	71,5	89	6
35	47	5	36	48	4	75	93	7,5	76,5	94	6
40	52	5	41	53	4	80	99	7,5	81,5	99	6
45	57	5	46	58	4	85	103	7,5	86,5	104	6
50	66	6,5	51	67	5	90	110	9,5	92	111	7
55	71	6,5	56	72	5	100	124	10	102	125	8

⇒ **Filzring DIN 5419 M5-40:** Filzring mit d_1 = 40 mm, Filzhärte M5

M

O-Ringe

DIN 3771 (zurückgezogen)

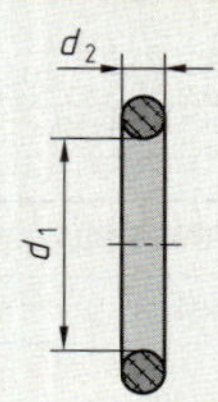

außendichtend

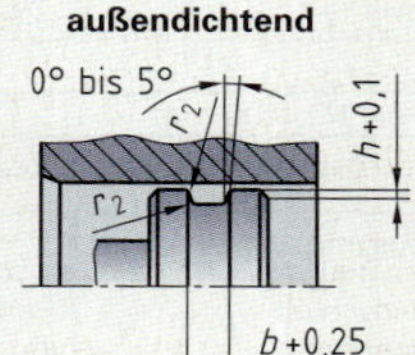

d_1 von 1,8. . .670 mm,
d_2 von 1,8. . .7 mm

axialdichtend

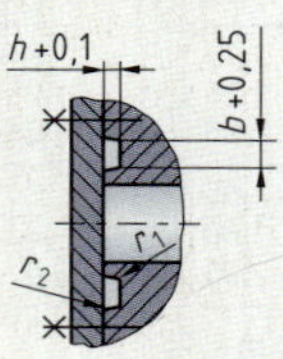

innendichtend

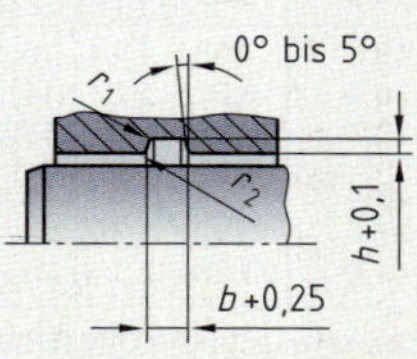

d_1	d_2		d_1	d_2		d_1	d_2		d_1	d_2	
5			18			56			85		
6			20			58			90		
8	1,8		25	2,65	3,55	60			95		
9			28			63			100		
10			30			67	3,55	5,3	103	3,55	5,3
14			40			69			106		
15			45			71			109		
16	1,8	2,65	50	3,55	5,3	75			112		
17			53			80			115		

Einbaumaße bei ruhender Belastung

d_2	r_1	r_2	innen- und außendichtend			axialdichtend	
			b	innen	außen	b	h
				h			
1,8	0,3	0,2	2,4	1,4	1,3	2,6	1,3
2,65			3,6	2,1	1,95	3,8	2
3,55	0,6	0,2	4,8	2,85	2,65	5	2,75
5,3			7,1	4,3	4,15	7,3	4,25

Schmieröle

Bezeichnung von Schmierölen

vgl. DIN 51502 (1990-08)

Bezeichnung durch Kennbuchstaben

PGLP 220

- Kennbuchstabe für Schmieröle
- Zusatzkennbuchstaben
- ISO-Viskositätsklassifikation

Bezeichnung durch Sinnbilder

CL 100	PGLP / 220
Schmieröl auf Mineralölbasis	Schmieröl auf Silikonbasis

⇒ **Schmieröl DIN 51517 – CL 100:** Umlaufschmieröl auf Mineralölbasis (C), erhöhte Korrosions- und Alterungsbeständigkeit (L), ISO-Viskositätsklasse VG 100 (100)

⇒ **Schmieröl DIN 51517 – PGLP 220:** Polyglykolöl (PG), erhöhte Korrosions- und Alterungsbeständigkeit (L), erhöhter Verschleißschutz (P), ISO-Viskositätsklasse VG 220 (220)

Schmierölarten

vgl. DIN 51502 (1990-08)

Kennbuchstabe	Schmierstoffart und Eigenschaften	Norm	Anwendung
Mineralöle			
AN	Normalschmieröle ohne Zusätze	DIN 51501	Durch- und Umlaufschmierung bei Öltemperaturen bis 50°
B	Bitumenhaltige Schmieröle mit hoher Haftfähigkeit	DIN 51513	Hand-, Durchlauf- und Tauchschmierungen, vorwiegend für offene Schmierstellen
C	Umlaufschmieröle, ohne Zusätze	DIN 51517	Gleitlager, Wälzlager, Getriebe
CG	Gleitbahnöle mit Wirkstoffen zur Verschleißminderung	DIN 8659 T2	Im Mischreibungsbetrieb für Gleit- und Führungsbahnen sowie Schneckengetriebe
Syntheseflüssigkeiten			
E	Esteröle mit besonders geringer Viskosistätsänderung	–	Lagerstellen mit stark wechselnden Temperaturen
PG	Polyglykolöle mit hoher Alterungsbeständigkeit	–	Lagerstellen mit häufigen Mischreibungszuständen
SI	Silikonöle mit hoher Alterungsbeständigkeit	–	Lagerstellen mit besonders hohen und tiefen Temperaturen, stark wasserabstoßend

Zusatzkennbuchstaben

vgl. DIN 51502 (1990-08)

Zusatzkennbuchstabe	Anwendung und Erläuterung
E	für Schmierstoffe, die mit Wasser gemischt werden, z. B. Kühlschmierstoff SE
F	für Schmierstoffe mit Festschmierstoffzusatz, z. B. Grafit, Molybdändisulfid
L	für Schmierstoffe mit Wirkstoffen zum Erhöhen des Korrosionsschutzes und/oder der Alterungsbeständigkeit
P	für Schmierstoffe mit Wirkstoffen zum Herabsetzen der Reibung und des Verschleißes im Mischreibungsgebiet und/oder zur Erhöhung der Belastbarkeit

ISO-Viskositätsklassen für flüssige Industrie-Schmierstoffe

vgl. DIN 51519 (1998-08)

Viskositätsklasse	Kinetische Viskosität in mm²/s bei			Viskositätsklasse	Kinetische Viskosität in mm²/s bei			Viskositätsklasse	Kinetische Viskosität in mm²/s bei		
	20 °C	40 °C	50 °C		20 °C	40 °C	50 °C		20 °C	40 °C	50 °C
ISO VG 2	3,3	2,2	1,3	ISO VG 22	–	22	15	ISO VG 220	–	220	130
ISO VG 3	5	3,2	2,7	ISO VG 32	–	32	20	ISO VG 320	–	320	180
ISO VG 5	8	4,6	3,7	ISO VG 46	–	46	30	ISO VG 460	–	460	250
ISO VG 7	13	6,8	5,2	ISO VG 68	–	68	40	ISO VG 680	–	680	360
ISO VG 10	21	10	7	ISO VG 100	–	100	60	ISO VG 1000	–	1000	510
ISO VG 15	34	15	11	ISO VG 150	–	150	90	ISO VG 1500	–	1500	740

Schmierfette, Festschmierstoffe

vgl. DIN 51502 (1990-08)

Bezeichnung von Schmierfetten

Bezeichnung durch Kennbuchstaben

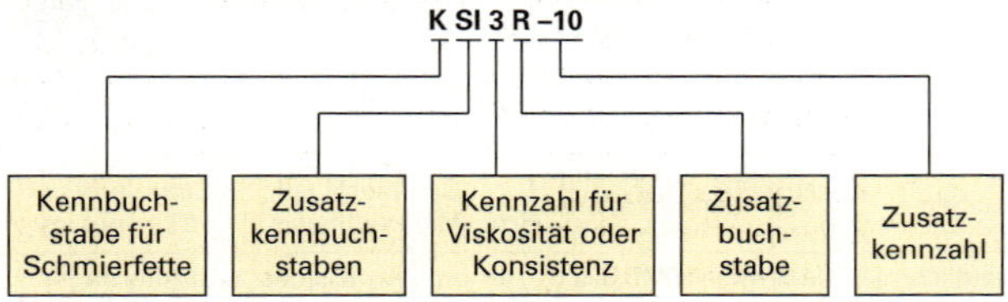

Bezeichnung durch Sinnbild

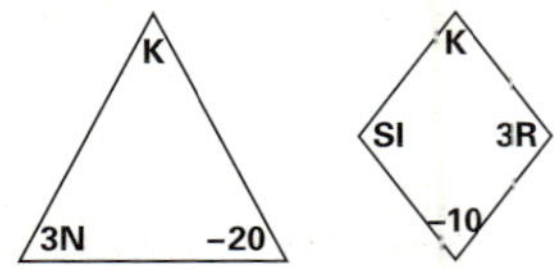

Schmierfett auf Mineralölbasis

Schmierfett auf Silikonölbasis

⇒ **Schmierfett DIN 51517 – K3N –20:** Schmierfett für Wälz- und Gleitlager (K) auf Mineralölbasis (NLGI-Klasse 3) (3), obere Gebrauchstemperatur +140 °C (N), untere Gebrauchstemperatur –20 °C (–20)

⇒ **Schmierfett DIN 51517 – KSI3R –10:** Schmierfett für Wälz- und Gleitlager (K) auf Silikonölbasis (SI), NLGI-Klasse 3 (3), obere Gebrauchstemperatur +180 °C (R), untere Gebrauchstemperatur –10 °C (–10)

Schmierfette

Kennbuchstabe	Anwendung/Zusätze	Kennbuchstabe	Anwendung
K	Allgemein: Wälzlager, Gleitlager, Gleitflächen	G	Geschlossene Getriebe
KP	Wie K, jedoch mit Zusätzen für Herabsetzung der Reibung	OG	Offene Getriebe (Haftschmierstoff ohne Bitumen)
KF	Wie K, jedoch mit Festschmierstoff-Zusätzen	M	Für Gleitlagerungen und Dichtungen (geringe Anforderungen)

Konsistenz[1)]-Einteilung für Schmierfette

NLGI-Klasse[3)]	Walkpenetration[2)]	NLGI-Klasse[3)]	Walkpenetration[2)]	NLGI-Klasse[3)]	Walkpenetration[2)]
000	445 … 475 (sehr weich)	1	310 … 340	4	175 … 205
00	400 … 430	2	265 … 295	5	130 … 160
0	355 … 385	3	220 … 250	6	85 … 115 (sehr fest)

1) Kennzeichen für das Fließverhalten
2) Maß der Eindringtiefe eines genormten Prüfkegels in durchgeknetetes (gewalktes) Fett
3) National Lubrication Grease Institute (NLGI), Nationales Schmierfett Institut, USA

Zusatzbuchstaben für Schmierfette

Zusatzbuchstabe[1)]	obere Gebrauchstemperatur °C	Bewertungsstufe[2)]	Zusatzbuchstabe[1)]	obere Gebrauchstemperatur °C	Bewertungsstufe[2)]	Zusatzbuchstabe[1)]	obere Gebrauchstemperatur °C	Bewertungsstufe[2)]
C	+ 60	0 oder 1	G	+ 100	0 oder 1	N	+140	nach Vereinbarung
D	+ 60	2 oder 3	H	+ 100	2 oder 3	P	+160	
E	+ 80	0 oder 1	K	+ 120	0 oder 1	R	+180	
F	+ 80	2 oder 3	M	+ 120	2 oder 3	S	+200	
						T	+220	
						U	+220	

1) An den Zusatzkennbuchstaben kann der Zahlenwert für die untere Gebrauchstemperatur angehängt werden; z. B. –20 für –20 °C
2) Bewertungsstufen für das Verhalten gegenüber Wasser, vgl. DIN 51807-1: 0: keine Veränderung; 1: geringe Veränderung; 2: mäßige Veränderung; 3: starke Veränderung

Festschmierstoffe

Schmierstoff	Kurzzeichen	Gebrauchstemperatur	Anwendung
Grafit	C	–18 … +450°	Als Pulver oder Paste sowie Beimengungen zu Schmierölen und Schmierfetten, nicht in Sauerstoff, Stickstoff und Vakuum
Molybdändisulfid	MoS_2	–180 … +400°	Als mineralölfreie Paste, Gleitlack oder Beimengung zu Schmierölen und Schmierfetten, geeignet für sehr hohe Flächenpressung
Polytetrafluorethylen	PTFE	–250 … +260°	Als Pulver in Gleitlacken und synthetischen Schmierfetten sowie als Lagerwerkstoff, sehr niedrige Gleitreibungszahl μ = 0,04 bis 0,09

6 Fertigungstechnik

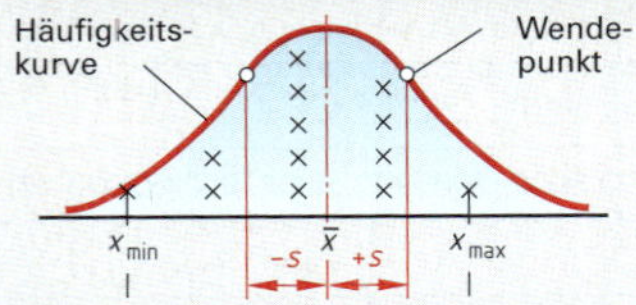

6.1 Qualitätsmanagement

Werkstoffgemeinkosten
in Prozent der Werkstoffeinzelkosten, z.B. Einkaufskosten, Lagerkosten u.a.

6.2 Fertigungsplanung

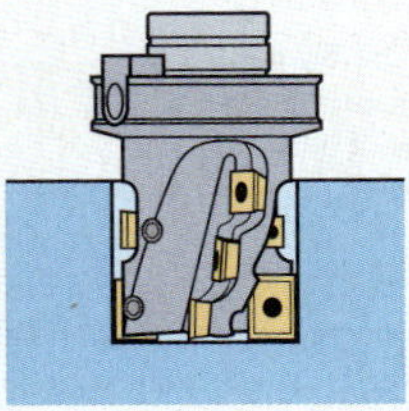

6.3 Spanende Fertigung

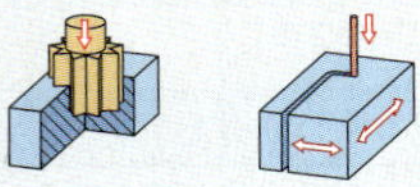

6.4 Abtragen

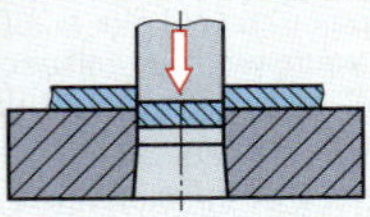

6.5 Trennen durch Schneiden

6.6 Umformen

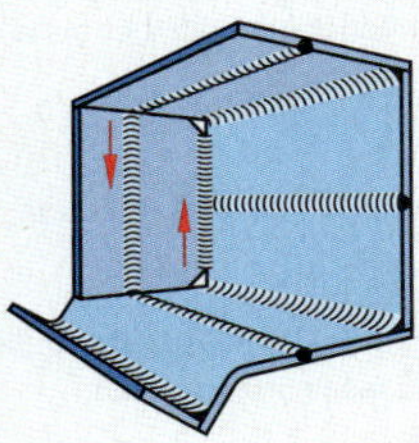

6.7 Fügen

Augenschutz benutzen

Kopfschutz benutzen

6.8 Arbeits- und Umweltschutz

F

Normen ISO 9000, 9001, 9004

Die Normen der ISO-9000-Familie sollen Organisationen jeder Art und Größe beim Verwirklichen von Qualitätsmanagementsystemen und beim Arbeiten mit bereits bestehenden Qualitätsmanagementsystemen helfen sowie das gegenseitige Verständnis im nationalen und internationalen Handel erleichtern.

Normen zum Qualitätsmanagement

vgl. DIN EN ISO 9000 (2005-12), 9001, 9004 (2000-12)

Norm	Erläuterung, Inhalte
DIN EN ISO 9000	**Grundlagen für Qualitätsmanagementsysteme**
	Grundsätze des Qualitätsmanagements • Kundenorientierung • Führung • Einbeziehung der Personen • Prozessorientierter Ansatz • Systemorientierter Ansatz • Ständige Verbesserung • Sachbezogener Ansatz zur Entscheidungsfindung • Lieferantenbeziehungen zum gegenseitigen Nutzen **Grundlagen für Qualitätsmanagementsysteme (QM-Systeme)** • Begründung für QM-Systeme • Anforderungen an QM-Systeme und Produkte • Schrittweiser Ansatz für QM-Systeme • Prozessorientierte Betrachtung • Qualitätspolitik und Qualitätsziele • Rolle der obersten Leitung im QM-System • Dokumentation; Nutzen und Arten • Beurteilen von QM-Systemen • Ständige Verbesserung • Rolle statistischer Methoden • QM-Systeme als Teil des Gesamtmanagementsystems • Anforderungen an QM-Systeme und die vergleichende Beurteilung von Organisationen anhand von Kriterien aus Exzellenzmodellen
	Terminologie für Qualitätsmanagementsysteme
	Eine Auswahl von Begriffsdefinitionen und Begriffserläuterungen: Seite 275.
DIN EN ISO 9001[1])	**Anforderungen an ein Qualitätsmanagementsystem**
	Diese internationale Norm gilt für Organisationen in jedem beliebigen Industrie- oder Wirtschaftssektor unabhängig von der angebotenen Produktkategorie. Sie legt, aufbauend auf den in ISO 9000 beschriebenen Grundlagen, Anforderungen an ein QM-System fest, wenn eine Organisation • ihre Fähigkeit darlegen muss, Produkte bereitzustellen, die die Anforderungen der Kunden und die behördlichen Anforderungen erfüllen werden, • anstrebt, die Kundenzufriedenheit zu erhöhen, einschließlich der Prozesse zur ständigen Verbesserung des Systems. Die festgelegten Anforderungen können verwendet werden für: • interne Anwendungen durch Organisationen • Zertifizierungszwecke • Vertragszwecke Die Norm basiert auf **einer prozessorientierten Betrachtungsweise**, d.h. jede Tätigkeit oder jede Aneinanderreihung von Tätigkeiten, die Ressourcen verwendet, um Eingaben in Ergebnisse umzuwandeln, wird als Prozess angesehen. **Anforderungen** Die Organisation muss • alle für das QM-System erforderlichen Prozesse und ihre Anwendung in der Organisation erkennen, • die Abfolge und Wechselwirkungen dieser Prozesse festlegen, • Kriterien und Methoden festlegen, um Durchführung und Lenkung dieser Prozesse sicherzustellen, • die Verfügbarkeit von Ressourcen und Informationen für diese Prozesse sicherstellen, • diese Prozesse überwachen, messen und analysieren, • erforderliche Maßnahmen zur ständigen Verbesserung dieser Prozesse treffen, • Anforderungen an die Dokumentation des QM-Systems erfüllen und • Festlegungen für die Lenkung von Dokumenten einhalten.
	[1]) Diese Norm ersetzt auch die früheren Normen 9002 und 9003.
DIN EN ISO 9004	**Leitfaden zur Betrachtung der Gesamtleistung, Wirksamkeit und Effizienz von Qualitätsmanagementsystemen**
	Ziel dieser Norm ist die Verbesserung der Organisation und die Verbesserung der Zufriedenheit der Kunden und anderer interessierter Parteien. Sie ist nicht für Zertifizierungs- und Vertragszwecke vorgesehen.

F

Begriffe

Begriffe (Auswahl)	**Definitionen/Erläuterungen** vgl. DIN EN ISO 9000 (2005-12)
Qualitätsbezogene Begriffe	
Qualität	Grad, in dem die Merkmale eines Produkts die Anforderungen an dieses Produkt erfüllen.
Anforderung	Vorausgesetztes oder verpflichtendes Erfordernis an die Merkmale einer Einheit, z.B. Nennwerte, Toleranzen, Funktionsfähigkeit oder Sicherheit.
Kundenzufriedenheit	Wahrnehmung des Kunden zu dem Grad, in dem seine Anforderungen erfüllt worden sind.
Fähigkeit	Eignung einer Organisation, eines Systems oder eines Prozesses zum Realisieren eines Produktes, das die Qualitätsanforderungen an dieses Produkt erfüllen wird.
Merkmals- und konformitätsbezogene Begriffe	7-Tools of Quality
Qualitätsmerkmal 1. Brainstorming 2. Ishikawa 3. Pareto-Diagr. 4. Q-Regelkarte 5. Streudiagramm 6. Fehlersammelk.	Kennzeichnende Eigenschaft eines Produktes oder Prozesses, die infolge der gestellten Qualitätsanforderungen zur Beurteilung der Qualität herangezogen wird. • Quantitative (variable) Merkmale: diskrete Merkmale (Zählwerte), z.B. Bohrungsanzahl, Stückzahl kontinuierliche Merkmale (Messwerte), z.B. Länge, Lage, Masse • Qualitative Merkmale: Ordinalmerkmale (mit Ordnungsbeziehung), z.B. hellblau – blau – dunkelblau Nominalmerkmale (keine Ordnungsbeziehung), z.B. gut – schlecht, blau – gelb Kennzeichnende Eigenschaft eines Produkts, eines Prozesses oder eines Systems, die sich auf eine Anforderung bezieht.
Konformität	Erfüllung einer festgelegten Anforderung, z.B. einer Maßtoleranz
Fehler 7. Histogramm	Nichterfüllung einer festgelegten Forderung, z.B. Nichteinhalten einer geforderten Maßtoleranz oder Oberflächengüte.
Nacharbeit	Maßnahme an einem fehlerhaften Produkt, damit es die Anforderungen erfüllt.
Prozess- und produktbezogene Begriffe	
Prozess	In Wechselbeziehung stehende Mittel und Tätigkeiten, die Eingaben in Ergebnisse umzusetzen. Als Mittel gelten z.B. Personal, Finanzen, Anlagen und Fertigungsmethoden.
Verfahren	Festgelegte Art und Weise, wie eine Tätigkeit oder ein Prozess ausgeführt wird. In schriftlicher Form auch als Verfahrensanweisung bezeichnet.
Produkt	Ergebnis eines Prozesses, z.B. Bauteil, Montageergebnis, Dienstleistung, verfahrenstechnisches Erzeugnis, Wissen, Entwurf, Schriftstück, Vertrag, Schadstoff.
Organisationsbezogene Begriffe	
Organisation	Gruppe von Personen und Einrichtungen mit einem Gefüge von Verantwortungen, Befugnissen und Beziehungen
Kunde	Organisation oder Person, die ein Produkt vom Lieferanten empfängt.
Lieferant	Organisation oder Person, die einem Kunden ein Produkt bereitstellt.
Managementbezogene Begriffe	
Qualitätsmanagementsystem	Erforderliche Organisation und Organisationsstrukturen, Verfahren und Prozesse eines Betriebes, um ein Qualitätsmanagement verwirklichen zu können.
Qualitätsmanagement	Alle aufeinander abgestimmten Tätigkeiten zum Leiten und Lenken einer Organisation bezüglich Qualität durch: • Festlegen der Qualitätspolitik • Festlegen der Qualitätsziele • Qualitätsplanung • Qualitätslenkung • Qualitätssicherung • Qualitätsverbesserung
Qualitätsplanung	Tätigkeiten, die auf das Festlegen der Qualitätsziele und der notwendigen Ausführungsprozesse sowie der zugehörigen Ressourcen zum Erreichen der Qualitätsziele gerichtet sind.
Qualitätslenkung	Arbeitstätigkeiten und Techniken, um trotz unvermeidbarer Qualitätsschwankungen die Anforderungen dauerhaft zu erfüllen. Beinhaltet im Wesentlichen die Prozessüberwachung und die Beseitigung von Schwachstellen.
Qualitätssicherung	Durchführung und geforderte Dokumentation aller Tätigkeiten im Bereich des QM-Systems mit dem Ziel, firmenintern und beim Kunden Vertrauen zu schaffen, dass die Qualitätsanforderungen erfüllt werden.
Qualitätsverbesserung	In der gesamten Organisation ergriffene Maßnahmen zur Erhöhung der Produktqualität.
QM-Handbuch	Dokument, in dem die Qualitätspolitik und die Qualitätsziele sowie das Qualitätsmanagementsystem einer Organisation beschrieben werden.

Qualitätsplanung, Qualitätslenkung, Qualitätsprüfung

Qualitätsplanung

Verzehnfachungsregel

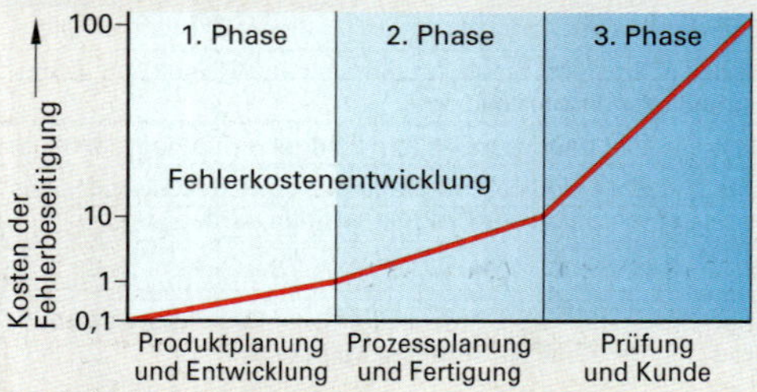

Die erforderlichen Kosten zur Fehlerbeseitigung bzw. die Folgekosten eines Fehlers steigen im Produktlebenslauf von Phase zu Phase etwa um den Faktor 10.

Beispiel: Ein Toleranzfehler an einem Einzelteil kann beim Konstruieren ohne nennenswerte Mehrkosten korrigiert werden. Wird der Fehler erst während der Produktion der Teile bemerkt, entstehen viel größere Fehlerkosten. Führt der Fehler zu Montageproblemen oder Funktionsbeeinträchtigung am Fertigprodukt oder gar zu einer Rückrufaktion, werden riesige Kosten verursacht.

Qualitätslenkung

Qualitätsregelkreis

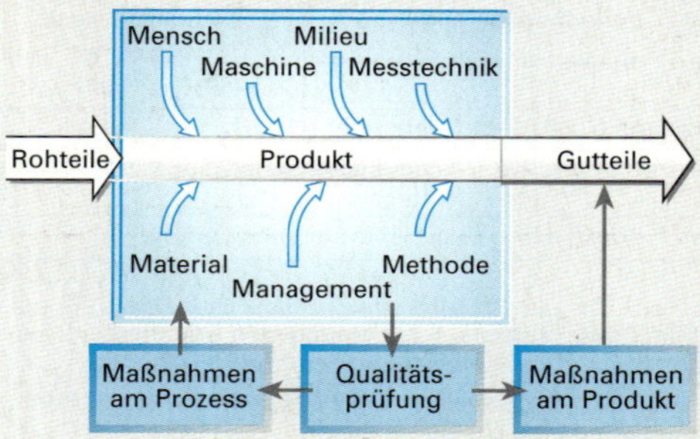

Einflüsse auf die Streuung der Qualität

Einfluss	Beispiele
Mensch	Qualifikation, Motivation, Belastungsgrad
Maschine	Maschinensteifigkeit, Positioniergenauigkeit, Verschleißzustand
Material	Abmaße, Werkstoffeigenschaften, Werkstoffunterschiede
Methode	Arbeitsfolge, Fertigungsverfahren, Prüfbedingungen
Milieu (Umwelt)	Temperatur, Erschütterungen, Licht, Lärm, Staub
Management	falsche Qualitätsziele oder -politik
Messbarkeit	Messunsicherheit

Qualitätsprüfung

vgl. DIN 55 350-17 (1988-08)

Begriffe	Erläuterungen
Qualitätsprüfung	feststellen, inwieweit eine Einheit die gestellten Qualitätsforderungen erfüllt
Prüfplan, Prüfanweisung	Festlegung und Beschreibung von Art und Umfang der Prüfungen, z. B. Prüfmittel, Prüfhäufigkeit, Prüfperson, Prüfort
Vollständige Prüfung	Prüfung einer Einheit hinsichtlich aller festgelegten Qualitätsmerkmale, z. B. vollständige Überprüfung eines Einzelwerkstückes hinsichtlich aller Forderungen
100%-Prüfung	Prüfung aller Einheiten eines Prüfloses, z. B. Sichtprüfung aller gelieferten Teile
Statistische Prüfung (Stichprobenprüfung)	Qualitätsprüfung mit Hilfe statistischer Methoden, z. B. Beurteilung einer großen Anzahl von Werkstücken durch Auswertung von daraus entnommenen Stichproben
Prüflos (Stichprobenprüfung)	Gesamtheit der in Betracht gezogenen Einheiten, z. B. eine Produktion von 5000 gleichen Werkstücken
Stichprobe	eine oder mehrere Einheiten, die aus der Grundgesamtheit oder einer Teilgesamtheit entnommen werden, z. B. 50 Teile aus der Tagesproduktion von 400 Teilen

Wahrscheinlichkeit (Fehlerwahrscheinlichkeit)

Wahrscheinlichkeit eines fehlerhaften Bauteils innerhalb einer bestimmten Gesamtanzahl von Bauteilen.

P Wahrscheinlichkeit in %
g Anzahl fehlerhafter Bauteile
m Gesamtanzahl der Bauteile

Beispiel:

In einer Kiste befinden sich $m = 400$ Werkstücke, wobei $g = 10$ Werkstücke einen Maßfehler aufweisen. Wie groß ist die Wahrscheinlichkeit P, beim Herausgreifen eines Werkstückes ein fehlerhaftes Teil zu entnehmen?

Wahrscheinlichkeit $P = \frac{g}{m} \cdot 100\,\% = \frac{10}{400} \cdot 100\,\% = \mathbf{2{,}5\,\%}$

Wahrscheinlichkeit

$$P = \frac{g}{m} \cdot 100\,\%$$

Statistische Auswertung

Statistische Auswertung von kontinuierlichen Merkmalen

vgl. DIN 53804-1 (2002-04)

Darstellung der Prüfdaten	Beispiel

Urliste

Die Urliste ist die Dokumentation aller Beobachtungswerte aus dem Prüflos oder einer Stichprobe in der Reihenfolge, in der sie anfallen.

Stichprobenumfang: 40 Teile
Prüfmerkmal: Bauteildurchmesser $d = 8 \pm 0{,}05$ mm

Gemessener Bauteildurchmesser d in mm										
Teile 1...10	7,98	7,96	7,99	8,01	8,02	7,96	8,03	7,99	7,99	8,01
Teile 11...20	7,96	7,99	8,00	8,02	8,02	7,99	8,02	8,00	8,01	8,01
Teile 21...30	7,99	8,05	8,03	8,00	8,03	7,99	7,98	7,99	8,01	8,02
Teile 31...40	8,02	8,01	8,05	7,94	7,98	8,00	8,01	8,01	8,02	8,00

Strichliste

Die Strichliste ermöglicht eine übersichtlichere Darstellung der Beobachtungswerte und eine Einteilung in Klassen (Bereiche) mit bestimmter Klassenweite.

- n Anzahl der Einzelwerte
- k Anzahl der Klassen
- w Klassenweite
- R Spannweite (Seite 278)
- n_j absolute Häufigkeit
- h_j relative Häufigkeit in %

Klasse Nr.	Messwert ≥	Messwert <	Strichliste	n_j	h_j in %
1	7,94	7,96	I	1	2,5
2	7,96	7,98	III	3	7,5
3	7,98	8,00	~~IIII~~ ~~IIII~~ I	11	27,5
4	8,00	8,02	~~IIII~~ ~~IIII~~ III	13	32,5
5	8,02	8,04	~~IIII~~ ~~IIII~~	10	25
6	8,04	8,06	II	2	5
			Σ =	40	100

$k = \sqrt{n} = \sqrt{40} = 6{,}3 \approx 6$

$w = \frac{R}{k} = \frac{0{,}11\text{ mm}}{6} = 0{,}018\text{ mm} \approx 0{,}02\text{ mm}$

Anzahl der Klassen

$$k \approx \sqrt{n}$$

Klassenweite

$$w \approx \frac{R}{k}$$

Relative Häufigkeit

$$h_j = \frac{n_j}{n} \cdot 100\%$$

Histogramm

Das Histogramm ist ein Balkendiagramm zur Erkennung und Darstellung der Verteilung von erfassten Einzelwerten.

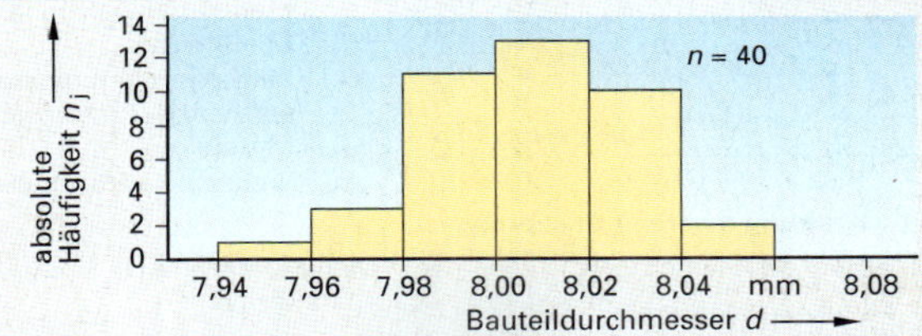

Summenlinie im Wahrscheinlichkeitsnetz

Die Summenlinie im Wahrscheinlichkeitsnetz ist eine einfache und anschauliche grafische Methode, um das Vorliegen einer Normalverteilung (Seite 278) zu prüfen.

Ergeben die Summen der relativen Häufigkeiten im Wahrscheinlichkeitsnetz angenähert eine Gerade, so kann auf eine Normalverteilung der Einzelwerte geschlossen werden, d.h., es darf eine weitere Auswertung nach DIN 53804-1 (Seite 278) erfolgen.

Zusätzlich lassen sich in diesem Fall Kennwerte der Stichproben entnehmen.

Ablesebeispiel:

Arithmetischer Mittelwert $\overline{x}$ (bei F_j = 50%) und Standardabweichung s (als Differenz 68,26%:2 zwischen F_j = 50% und 84,13%):

$\overline{x} \approx 8{,}003$ mm; $s \approx 0{,}02$ mm

Das Wahrscheinlichkeitsnetz des Beispiels zeigt, dass im Gesamtlos ungefähr 0,6% zu dünne und 3% zu dicke Teile zu erwarten sind.

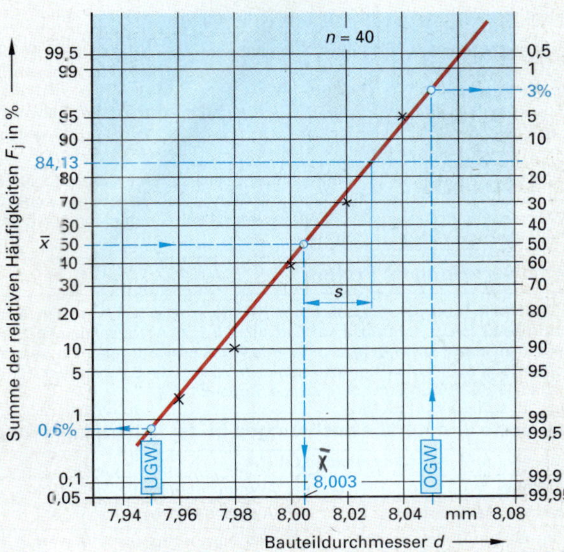

UGW unterer Grenzwert; OGW oberer Grenzwert

Normalverteilung

Gauß'sche Normalverteilung

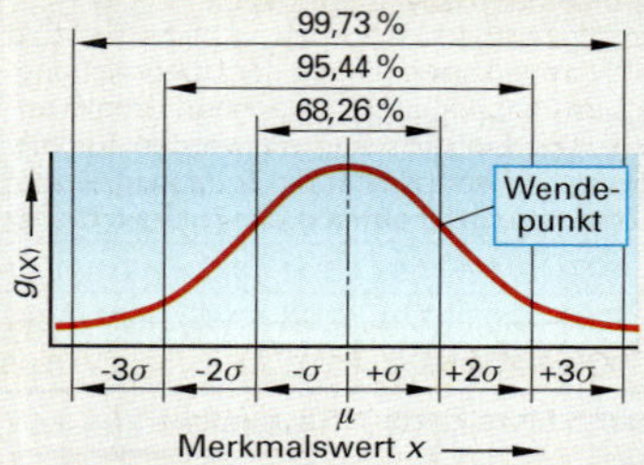

Kontinuierliche Merkmalswerte weisen in ihrer Verteilung häufig eine Charakteristik auf, die sich mit dem Modell der **Gauß'schen**[1] **Normalverteilung** näherungsweise mathematisch beschreiben lässt. Für unendlich viele Einzelwerte ergibt die Wahrscheinlichkeitsdichte einer Normalverteilung die typische **Glockenkurve**. Diese symmetrische und stetige Verteilungskurve wird durch folgende Parameter eindeutig beschrieben:

Der **Mittelwert** μ liegt beim Kurvenmaximum und kennzeichnet die Lage der Verteilung.

Die **Standardabweichung** σ kennzeichnet die Streuung, d.h. das Abweichverhalten vom Mittelwert.

[1] Carl Friedrich Gauß (1777–1855), deutscher Mathematiker

Normalverteilung in Stichproben

vgl. DIN 53804-1 (2002-04) bzw. DGQ 16-31 (1990)

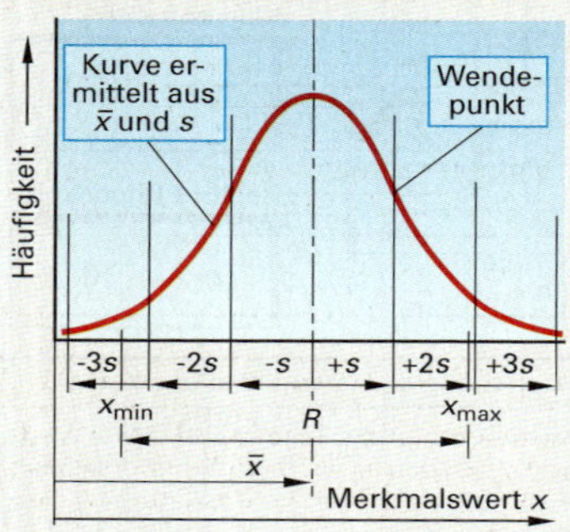

- n Anzahl der Einzelwerte (Stichprobenumfang)
- x_i Wert des messbaren Merkmals, z.B. Einzelwert
- x_{max} größter Messwert
- x_{min} kleinster Messwert
- $\bar{x}$ Arithmetischer Mittelwert
- $\tilde{x}$ Medianwert (Zentralwert)[1], mittlerer Wert der nach Größe geordneten Messwerte
- s Standardabweichung
- R Spannweite
- D Modalwert (am häufigsten auftretender Messwert einer Messreihe)
- $g_{(x)}$ Wahrscheinlichkeitsdichte

Arithmetischer Mittelwert[2]

$$\bar{x} = \frac{x_1 + x_2 + \ldots + x_n}{n}$$

Standardabweichung[2]

$$s = \sqrt{\frac{\sum (x_i - \bar{x})^2}{n-1}}$$

Spannweite

$$R = x_{max} - x_{min}$$

Mittelwert mehrerer Stichprobenspannweiten

$$\bar{R} = \frac{R_1 + R_2 + \ldots + R_m}{m}$$

Mittelwert mehrerer Stichprobenmittelwerte

$$\bar{\bar{x}} = \frac{\bar{x}_1 + \bar{x}_2 + \ldots + \bar{x}_m}{m}$$

Mittelwert der Standardabweichungen

$$\bar{s} = \frac{s_1 + s_2 + \ldots + s_m}{m}$$

Bei Auswertung mehrerer Stichproben:

- m Anzahl der Stichproben
- $\bar{\bar{x}}$ Mittelwert mehrerer Stichprobenmittelwerte
- $\bar{R}$ Mittelwert mehrerer Stichprobenspannweiten
- $\bar{s}$ Mittelwert der Standardabweichungen

Beispiel: Auswertung der Stichprobenwerte von Seite 277:

$\bar{x}$ = 8,00225 mm R = 0,11 mm $\tilde{x}$ = 8,005 mm s = 0,02348 mm D = 7,99 mm

[1] Medianwert bei
ungerader Anzahl der Einzelwerte: z.B. $x_1; x_2; x_3; x_4; x_5$: $\tilde{x} = x_3$
gerader Anzahl der Einzelwerte: z.B. $x_1; x_2; x_3; x_4; x_5; x_6$: $\tilde{x} = (x_3 + x_4)/2$

[2] Die meisten gängigen Taschenrechnermodelle sind mit Sonderfunktionen für die Berechnung von Mittelwert und Standardabweichung ausgestattet. Mehrmaliges Auftreten gleicher Messwerte kann durch einen entsprechenden Faktor berücksichtigt werden.

F

Normalverteilung im Prüflos

Die Parameter der Grundgesamtheit werden beim Stichprobenverfahren anhand der Kennwerte aus der Stichprobe geschätzt (beurteilende Statistik). Um Stichprobenkennwerte klar von Parametern der Gesamtheit unterscheiden zu können, werden auch andere Kurzbezeichnungen verwendet. Durch die Kennzeichnung mit einem ^ (Dach) erfolgt auch eine Abgrenzung dieser Schätzwerte gegenüber den rechnerisch ermittelbaren Prozesswerten bei einer 100%-Prüfung (beschreibende Statistik).

Kennwerte und Kurzbezeichnungen in der Qualitätsprüfung

Stichprobenprüfung (beurteilende Statistik)		100%-Prüfung (beschreibende Statistik)
Stichprobe	**Grundgesamtheit**	
Anzahl der Messwerte n	Anzahl der Messwerte $m \cdot n$	Anzahl der Messwerte N
Arithmetischer Mittelwert $\bar{x}$	geschätzter Prozessmittelwert $\hat{\mu}$	Prozessmittelwert μ
Standardabweichung s	geschätzte Prozessstandardabweichung $\hat{\sigma}$ (Taschenrechner σ_{n-1})	Prozessstandardabweichung σ (Taschenrechner σ_n)

Statistische Prozesslenkung

Qualitätsregelkarten (QRK)

Prozessregelkarten	Annahmequalitätsregelkarten
Prozessregelkarten dienen zur Überwachung eines Prozesses bezüglich Veränderungen gegenüber einem Sollwert oder eines bisherigen Prozesswertes. Die Eingriffs- und Warngrenzen werden über die Prozessschätzwerte einer Grundgesamtheit oder eines Vorlaufes bestimmt.	Annahmequalitätsregelkarten dienen der Überwachung eines Prozesses im Hinblick auf vorgegebene Grenzwerte (Grenzmaße). Die Eingriffsgrenzen werden für die Lage des Prozessmittelwertes über die Toleranzgrenzen und für die Prozessstreuung anhand der Toleranzbreite berechnet.

Prozessregelkarten für quantitative Merkmale (Shewhart-Regelkarten)[1]

Urwertkarte

Die Urwertkarte ist eine Dokumentation aller Messwerte durch Eintragung der Werte ohne weitere Berechnungen. Sie setzt einen angenähert normalverteilten Prozess voraus und ist aufgrund der vielen Eintragungen relativ unübersichtlich.

Regelgrenzen

M	Mittenmaß (Mittelwert des Merkmals, Zielwert, Idealwert)
OWG	obere Warngrenze
UWG	untere Warngrenze
OEG	obere Eingriffsgrenze
UEG	untere Eingriffsgrenze
OGW	oberer Grenzwert
UGW	unterer Grenzwert

Beispiel: 5 Einzelwerte je Stichprobe

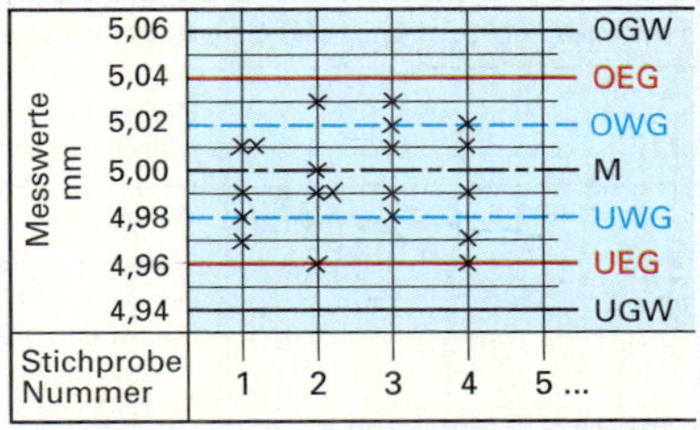

Zentralwert-Spannweiten-Karte ($\tilde{x}$-R-Karte)

Bei diesen Karten lässt sich ohne großen Rechenaufwand die Fertigungsstreuung verdeutlichen. Sie sind für eine manuelle Regelkartenführung geeignet.

Beispiel:

Prüfmerkmal: Durchmesser		Kontrollmaß: 5±0,05		
Stichprobenumfang: $n = 5$		Kontrollintervall: 60 min		
Messwerte mm	x_1	4,98	4,96	5,03	4,97
	x_2	4,97	4,99	5,01	4,96
	x_3	4,99	5,03	5,02	5,01
	x_4	5,01	4,99	4,99	4,99
	x_5	5,01	5,00	4,98	5,02
	Σx	24,96	24,97	25,03	24,95
	$\tilde{x}$	4,99	4,99	5,01	4,99
	R	0,04	0,07	0,05	0,06

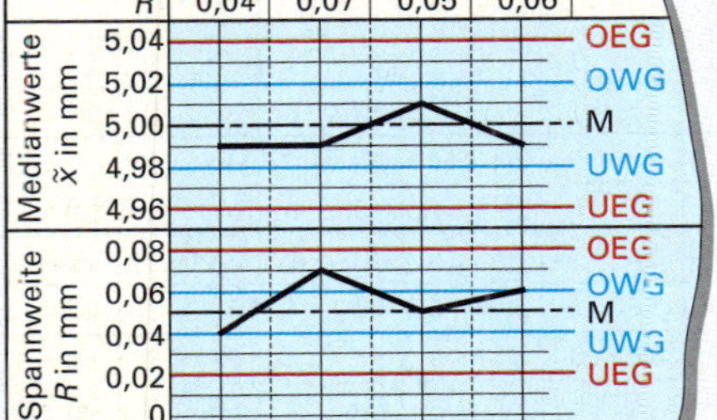

Probennr.	1	2	3	4
Uhrzeit	6 00	7 00	8 00	9 00

Mittelwert-Standardabweichungs-Karte ($\bar{x}$-s-Karte)

Diese Karten verdeutlichen die Tendenz der Mittelwertentwicklung und weisen eine größere Empfindlichkeit als $\tilde{x}$-R-Karten auf. Sie erfordern eine rechnergestützte Regelkartenführung.

Beispiel:

Prüfmerkmal: Durchmesser		Kontrollmaß: 5±0,05		
Stichprobenumfang: $n = 5$		Kontrollintervall: 60 min		
Messwerte mm	x_1	4,98	4,96	5,03	4,97
	x_2	4,97	4,99	5,01	4,96
	x_3	4,99	5,03	5,02	5,01
	x_4	5,01	4,99	4,99	4,99
	x_5	5,01	5,00	4,98	5,02
	$\bar{x}$	4,992	4,994	5,006	4,990
	s	0,018	0,025	0,021	0,025

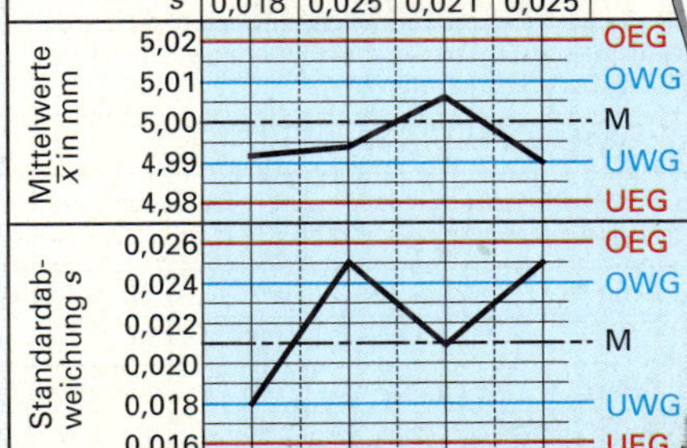

Probennr.	1	2	3	4
Uhrzeit	6 00	7 00	8 00	9 00

[1] Walter Andrew Shewhart (1891–1967), amerikanischer Wissenschaftler

F

Prozessverlauf, Annahmestichprobenprüfung und -stichprobenplan

Prozessverläufe

Prozessverlauf (z. B. aus einer $\bar{x}$-Spur)	Bezeichnung/Beobachtung	Mögliche Ursachen → Maßnahmen
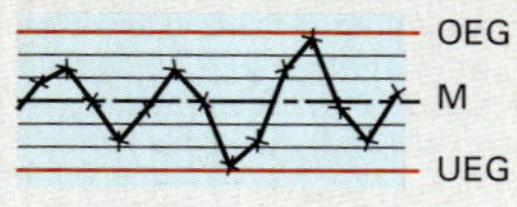	**Natürlicher Verlauf** 2/3 aller Werte liegen im Bereich ± Standardabweichung *s* und alle Werte liegen innerhalb der Eingriffsgrenzen.	Der Prozess ist unter Kontrolle und kann ohne Eingriff weitergeführt werden.
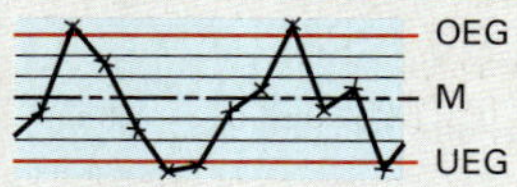	**Überschreiten der Eingriffsgrenzen** Die Werte über- bzw. unterschreiten die Eingriffsgrenzen.	Überjustierte Maschine, verschiedene Materialchargen, beschädigte Maschine; → In Prozess eingreifen und Teile seit letzter Stichprobe 100%-prüfen
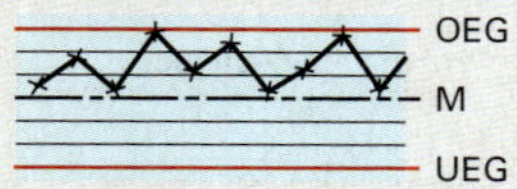	**RUN (in Folge)** 7 oder mehr aufeinander folgende Werte liegen auf einer Seite der Mittellinie.	Werkzeugverschleiß, andere Materialcharge, neues Werkzeug, neues Personal; → Verschärftes Beobachten des Prozesses
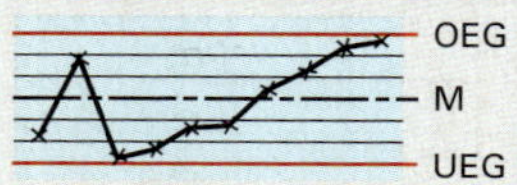	**Trend** 7 oder mehr aufeinander folgende Werte zeigen eine steigende oder fallende Tendenz.	Verschleiß an Werkzeug, Vorrichtungen oder Messgeräten, Personalermüdung; → Prozess unterbrechen, um Verschiebung zu ergründen
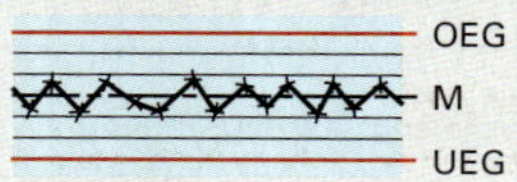	**Middle Third** Mindestens 15 Werte liegen aufeinander folgend innerhalb ± Standardabweichung *s*.	Verbesserte Fertigung, bessere Beaufsichtigung, beschönigte Prüfergebnisse; → Feststellen, wodurch Prozess verbessert wurde bzw. Prüfergebnisse überprüfen
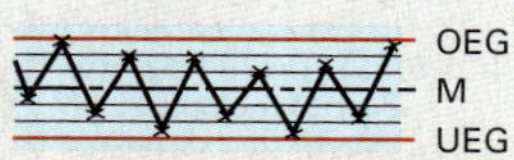	**Perioden** Die Werte wechseln periodisch um die Mittellinie.	Unterschiedliche Messgeräte, systematische Aufteilung der Daten; → Fertigungsprozess nach Einflüssen untersuchen

Annahmestichprobenprüfung (Attributprüfung)

vgl. DIN ISO 2859-1 (2004-01)

Bei einer Attributprüfung handelt es sich um eine Annahmestichprobenprüfung, bei der anhand der fehlerhaften Einheiten oder der Fehler in den einzelnen Stichproben die Annehmbarkeit des Prüfloses festgestellt wird.

Der **Anteil fehlerhafter Einheiten oder die Anzahl der Fehler je hundert Einheiten im Los** wird durch die **Qualitätslage** ausgedrückt. Die annehmbare Qualitätsgrenzlage ist die festgelegte Qualitätslage in kontinuierlich vorgestellten Losen, bei der diese in den meisten Fällen vom Kunden angenommen werden. Die entsprechenden Stichprobenanweisungen sind in Leittabellen zusammengefasst.

Annahmestichprobenplan für Einfach-Stichprobenprüfung als normale Prüfung (Auszug aus Leittabelle)

Losgröße	Annehmbare Qualitätsgrenzlage, AQL (Vorzugswerte)																			
	0,04		0,065		0,10		0,15		0,25		0,40		0,65		1,0		1,5		2,5	
2... 8	↓		↓		↓		↓		↓		↓		↓		↓		↓		↓	
9... 15	↓		↓		↓		↓		↓		↓		↓		↓		8	0	5	0
16... 25	↓		↓		↓		↓		↓		↓		↓		13	0	8	0	5	0
26... 50	↓		↓		↓		↓		↓		↓		20	0	13	0	8	0	5	0
51... 90	↓		↓		↓		↓		50	0	32	0	20	0	13	0	8	0	20	1
91... 150	↓		↓		↓		80	0	50	0	32	0	20	0	13	0	32	1	20	1
151... 280	↓		↓		125	0	80	0	50	0	32	0	20	0	50	1	32	1	32	2
281... 500	↓		200	0	125	0	80	0	50	0	32	0	80	1	50	1	50	2	50	3
501...1200	315	0	200	0	125	0	80	0	50	0	125	1	80	1	80	2	80	3	80	5

Erläuterung:

↓ — Anwenden der ersten Stichprobenanweisung dieser Spalte. Soweit Stichprobenumfang größer oder gleich Losumfang: 100%-Prüfung durchführen.

50 2

- Zweite Zahl: Annahmezahl = Anzahl der geduldeten fehlerhaften mitgelieferten Einheiten
- Erste Zahl: Stichprobenumfang = Anzahl der zu prüfenden Einheiten

F

Qualitätsfähigkeit, Qualitätsregelkarten

Qualitätsfähigkeit, Qualitätsregelkarten

Bei der Beurteilung der Qualitätsfähigkeit eines Prozesses durch **Fähigkeitskennzahlen** (Fähigkeitsindizes) muss zwischen der **Kurzzeitfähigkeit (Maschinenfähigkeit)** und der **Langzeitfähigkeit (Prozessfähigkeit)** unterschieden werden.

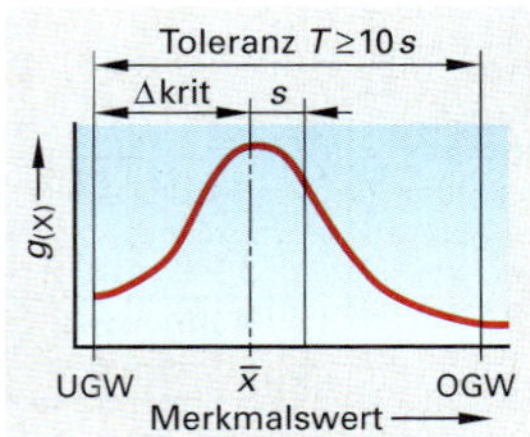

Die **Maschinenfähigkeit** ist eine Bewertung der Maschine, ob diese im Rahmen ihrer normalen Schwankungen mit genügender Wahrscheinlichkeit innerhalb der vorgegebenen Grenzwerte fertigen kann.

Wenn $C_m \geq 1{,}67$ und $C_{mk} \geq 1{,}67$ betragen, bedeutet dies, dass 99,99994 % (Bereich ± 5 s) der Merkmalswerte innerhalb der Grenzwerte liegen und der Mittelwert $\bar{x}$ mindestens um die Größe 5 s von den Toleranzgrenzen entfernt liegt.

UGW	unterer Grenzwert	Δkrit	kleinster Abstand zwischen Mittelwert und Toleranzgrenze
OGW	oberer Grenzwert		
s	Standardabweichung		
$\bar{x}$	Aritmetischer Mittelwert	C_m, C_{mk}	Maschinenfähigkeitsindex

Die **Prozessfähigkeit** ist eine Bewertung des Fertigungsprozesses, ob dieser im Rahmen seiner normalen Schwankungen mit genügender Wahrscheinlichkeit die festgelegten Forderungen erfüllen kann.

$\hat{\sigma}$ geschätzte Standardabweichung — C_p, C_{pk} Prozessfähigkeitsindex

Beispiel:

Maschinenfähigkeitsuntersuchung für Fertigungsmaß 80 ± 0,05;

Werte aus Vorlauf: $s = 0{,}009$ mm; $\bar{x} = 79{,}997$ mm

$$C_m = \frac{T}{6 \cdot s} = \frac{0{,}1\text{ mm}}{6 \cdot 0{,}009\text{ mm}} = \mathbf{1{,}852}; \quad C_{mk} = \frac{\Delta\text{krit}}{3 \cdot s} = \frac{0{,}047\text{ mm}}{3 \cdot 0{,}009\text{ mm}} = \mathbf{1{,}74}$$

Die Maschinenfähigkeit ist für diese Fertigung nachgewiesen.

Maschinenfähigkeitsindex

$$C_m = \frac{T}{6 \cdot s}$$

$$C_{mk} = \frac{\Delta\text{krit}}{3 \cdot s}$$

Forderung[1] z. B.

$C_m \geq 1{,}67$ **und** $C_{mk} \geq 1{,}67$

Prozessfähigkeitsindex

$$C_p = \frac{T}{6 \cdot \hat{\sigma}}$$

$$C_{pk} = \frac{\Delta\text{krit}}{3 \cdot \hat{\sigma}}$$

Forderung[1] z. B.

$C_p \geq 1{,}33$ **und** $C_{pk} \geq 1{,}33$

[1] Kunden- bzw. auftragsabhängige Forderungen; in Großserienfertigung, z. B. Automobilindustrie, Tendenz zu höheren Forderungen, z. B. $C_m \geq 2{,}0$.

Qualitätsregelkarten für qualitative Merkmale

vgl. DGQ 16-33 (1990); DGQ 11-19 (1994)

Fehlersammelkarte

Fehlersammelkarten erfassen die fehlerhaften Einheiten, die Fehlerarten und ihre Häufigkeit in einer Stichprobe.

Ablesebeispiel für F3:

$n = 9 \cdot 50 = 450$

$$\text{Fehler in \%} = \frac{\Sigma i_j}{n} \cdot 100\,\% = \frac{3}{450} \cdot 100\,\% = \mathbf{0{,}66\,\%}$$

Beispiel:

Teil: **Deckel**		Stichprobenumfang $n = 50$									Prüfintervall: 60 min		
Fehlerart		Fehlerhäufigkeit i_j									Σi_j	%	Fehleranteil
Lackschaden	F1		1					1			2	0,44	
Druckstellen	F2	1	2		2	1	2	2	2	2	14	3,11	
Korrosion	F3		1			1			1		3	0,66	
Grat	F4	1									1	0,22	
Rissbildungen	F5		1								1	0,22	
Winkelfehler	F6	2		3	1		3	1		2	12	2,66	
Verbogen	F7					1					1	0,22	
Gewinde fehlt	F8		1								1	0,22	
Fehler je Probe		4	6	3	3	3	5	4	3	4	35		
Stichprobennr.		1	2	3	4	5	6	7	8	9			

Pareto[1]-Diagramm

Das Pareto-Diagramm klassifiziert Kriterien (z. B. Fehler) nach Art und Häufigkeit und ist damit ein wichtiges Hilfsmittel, um Kriterien zu analysieren und Prioritäten zu ermitteln.

Beispiel für F2:

Anteil an gesamten Fehlern

$$= \frac{14}{35} \cdot 100\,\% = 40\,\%$$

[1] Pareto – italienischer Soziologe

Beispiel:

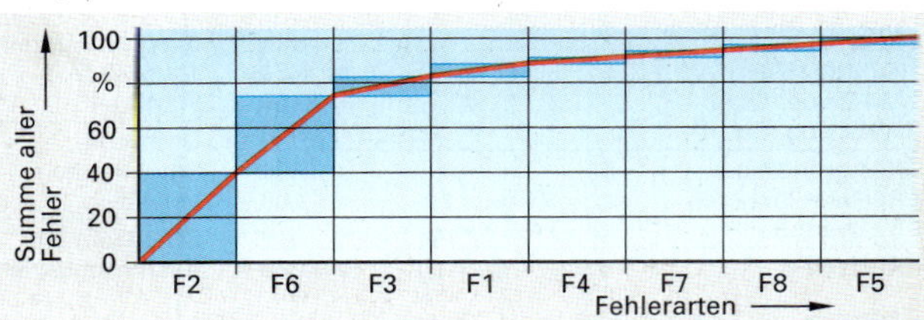

Ablesebeispiel: Die Druckstellen (F2) und die Winkelfehler (F6) machen zusammen ca. 74 % der gesamten Fehler aus.

F

Auftragszeit[1)]

Gliederung der Zeitarten für den Menschen

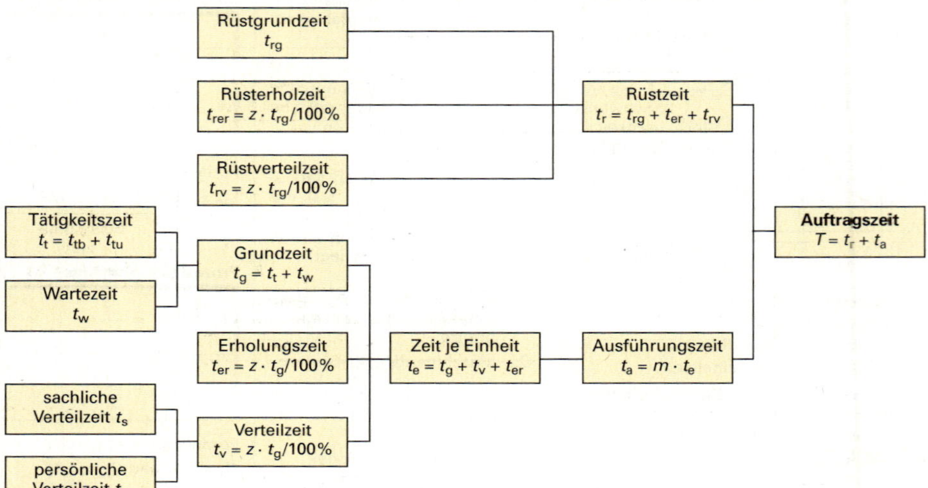

z = Prozentsätze der jeweiligen Grundzeit

Zeichen	Bezeichnung	Erläuterung mit Beispielen
T	Auftragszeit	Vorgabezeit zur Herstellung einer Losgröße
t_r	Rüstzeit	Vorbereiten für die Erfüllung eines gesamten Auftrages • Rüstgrundzeit t_{rg} → Maschine einstellen • Rüsterholzeit t_{rer} → Erholungszeit nach anstrengender Umrüstung • Rüstverteilzeit t_{rv} → kurze Maschinenstörung beseitigen
t_a	Ausführungszeit	Vorgabezeit für das Ausführen einer Losgröße (ohne Rüsten)
t_{er}	Erholungszeit	Erholen des Menschen, um Arbeitsermüdung abzubauen
t_v	Verteilzeit	• sachliche Verteilzeit t_s → unvorhergesehenes Werkzeugschleifen • persönliche Verteilzeit t_p → Arbeitszeiten prüfen, Bedürfnis erledigen
t_t	Tätigkeitszeit	Zeiten, in denen der eigentliche Auftrag bearbeitet wird • beeinflussbare Zeiten t_{tb} → Montage- oder Entgratarbeiten • unbeeinflussbare Zeiten t_{tu} → Ablauf eines CNC-Programms
t_w	Wartezeit	Warten auf das nächste Werkstück in der Fließfertigung
m	Auftragsmenge	Anzahl der zu fertigenden Einheiten eines Auftrages (Losgröße)

F

Beispiel: Drehen von drei Wellen auf einer Drehmaschine

Rüstzeiten:		min
Auftrag rüsten		= 4,50
Maschine rüsten		= 10,00
Werkzeug rüsten		= 12,50
Rüstgrundzeit	t_{rg}	= 27,00
Rüsterholungszeit	t_{rer} = 4% von t_{rg}	= 1,08
Rüstverteilzeit	t_{rv} = 14% von t_{rg}	= 3,78
Rüstzeit	$\mathbf{t_r = t_{rg} + t_{rer} + t_{rv}}$	**= 31,86**

Ausführungszeiten:		min
Tätigkeitszeit	t_t	= 14,70
Wartezeit	t_w	= 3,75
Grundzeit	$t_g = t_t + t_w$	= 18,45
Erholungszeit	t_{er} durch t_w abgegolten	–
Verteilzeit	t_v = 8% von t_g	= 1,48
Zeit je Einheit	$t_e = t_g + t_{er} + t_v$	= 19,93
Ausführungszeit	$\mathbf{t_a = m \cdot t_e}$	**= 59,79**

Auftragszeit $\mathbf{T = t_r + t_a}$ ≈ 32 min + 60 min = **92 min** (= 1,53 h)

1) nach REFA Verband für Arbeitsgestaltung, Betriebsorganisation und Unternehmensentwicklung e.V.

Belegungszeit[1]

Gliederung der Zeitarten für das Betriebsmittel (BM)

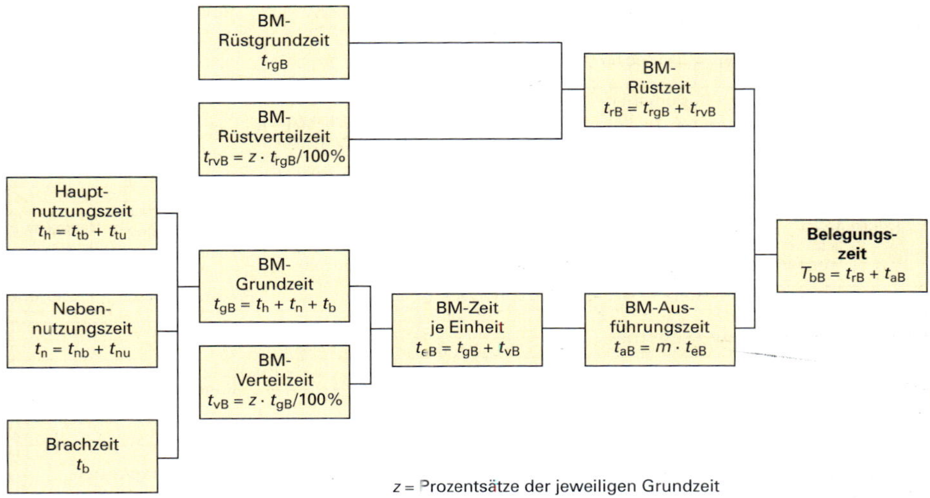

z = Prozentsätze der jeweiligen Grundzeit

Zeichen	Bezeichnung	Erläuterung mit Beispielen
T_{bB}	Belegungszeit	Vorgabezeit für die Belegung eines Betriebsmittels zur Herstellung einer Losgröße
t_{rB}	Betriebsmittel-Rüstzeit	Vorbereiten des Betriebsmittels für die Erfüllung eines gesamten Auftrages • BM-Rüstgrundzeit t_{rgB} → Vorrichtung auf Maschine spannen • Rüstverteilzeit t_{rvB} → Optimierung eines CNC-Programmes
t_{aB}	Betriebsmittel-Ausführungszeit	Vorgabezeit für die Ausführungsarbeiten einer Losgröße (ohne Rüsten)
t_{vB}	Betriebsmittel-Verteilzeit	Zeiten, in denen das Betriebsmittel nicht genutzt ist oder zusätzlich genutzt wird; Stromausfall, nicht geplante Reparaturarbeiten …
t_h	Hauptnutzungszeit	Zeiten, in denen der Arbeitsgegenstand planmäßig bearbeitet wird • beeinflussbare Zeiten t_{tb} → manuelles Bohren • unbeeinflussbare Zeiten t_{tu} → Ablauf eines CNC-Programms
t_n	Nebennutzungszeit	Betriebsmittel wird für die Hauptnutzung vorbereitet, beschickt oder entleert • beeinflussbare Zeiten t_{nb} → manuelles Spannen • unbeeinflussbare Zeiten t_{nu} → automatischer Werkstückwechsel
t_b	Brachzeit	Ablauf- oder erholungsbedingte Unterbrechung; Füllen eines Magazins
m	Auftragsmenge	Anzahl der zu fertigenden Einheiten eines Auftrages (Losgröße)

Beispiel: Fräsen der Auflagefläche von 20 Grundplatten auf einer Senkrechtfräsmaschine

Rüstzeiten:		min
Auftrag und Zeichnung lesen	=	4,54
Bereitstellen und Weglegen des Planfräsers	=	3,65
Fräser ein- und ausspannen	=	3,10
Maschine einstellen	=	2,84
Betriebsmittel-Rüstgrundzeit t_{rgB}	=	14,13
Betriebsmittel-Rüstverteilzeit t_{rvB} = 10% von t_{rgB}	=	1,41
Betriebsmittel-Rüstzeit $t_{rB} = t_{rgB} + t_{rvB}$	=	**15,54**

Ausführungszeiten:		min
Fräsen ≙ Hauptnutzungszeit t_h	=	3,52
Werkstück spannen ≙ Nebennutzungszeit t_n	=	4,00
Werkstück transportieren ≙ Brachzeit t_b	=	1,20
Betriebsmittel-Grundzeit $t_{gB} = t_h + t_n + t_b$	=	8,72
Betriebsmittel-Verteilzeit t_{vB} = 10% von t_{gB}	=	0,87
Betriebsmittelzeit je Einheit $t_{eB} = t_{gB} + t_{vB}$	=	9,59
Betriebsmittel-Ausführungszeit $t_{aB} = m \cdot t_{eB}$	=	**191,80**

Belegungszeit $T_{bB} = t_{rB} + t_{aB}$ ≈ 16 min + 192 min = **208 min** (= 3,47 h)

[1] nach REFA Verband für Arbeitsgestaltung, Betriebsorganisation und Unternehmensentwicklung e.V.

F

Kalkulation

Einfache Kalkulation (Zahlenbeispiel)

	Einzelkosten (EK)[1] jeweils einem Produkt *direkt* zurechenbar		Gemeinkosten (GK)[1] einem Produkt *nicht direkt* zurechenbar		Zuschlagsatz in Prozent der Lohnkosten
Kostenarten[1]	Werkstoffkosten Lohnkosten	80.000,00 € 120.000,00 €	Abschreibungen Gehälter (inkl. Unternehmerlohn) Zinsen Sonstige Kosten	50.000,00 € 80.000,00 € 40.000,00 € 50.000,00 €	$\frac{220.000,00\,€ \cdot 100\,\%}{120.000,00\,€} = 183{,}33\,\%$ Jede Lohnstunde erhält einen Zuschlag von aufgerundet 185 %, damit die Gemeinkosten gedeckt sind.
			Σ Gemeinkosten	220.000,00 €	

Kostenrechnung	Lohnstunden = 10000 h	Lohnkosten/h = 12,00 €/h	Werkstoffkosten eines Auftrages	124,75 €
	Stundenverrechnungssatz = 12,00 €/h + 185 % (GK) = 34,20 €/h (Verwendung in Handwerkerrechnung; Unternehmerlohn = Gewinn)		Arbeitszeit 5 h x 34,20 €/h	171,00 €
	[1] Die Kosten müssen für jeden Betrieb periodisch ermittelt werden.		Preis ohne MwSt	295,75 €

Erweiterte Kalkulation (Schema)

Werkstoffeinzelkosten
Beschaffungskosten
\+
Werkstoffgemeinkosten
In Prozent der Werkstoffeinzelkosten, z. B. Einkaufskosten, Lagerkosten u. a.
↓
Werkstoffkosten (→ Werkstoffkosten)

Konstruktionskosten
Gehälter u. a.
\+
Vorrichtungskosten
Bohrvorrichtung, Gussform …
\+
Sonderwerkzeuge
Spezialbohrer …
\+
Auswärtige Bearbeitung
Warmbehandlung …
↓
Sondereinzelkosten der Fertigung (→ Sondereinzelkosten der Fertigung)

Werkstoffkosten
\+
Fertigungseinzelkosten
Fertigungslöhne, die einem Erzeugnis zurechenbar sind
\+
Fertigungsgemeinkosten[1]
Maschinenkosten
Abschreibung, Verzinsung, Raum-, Energie- und Instandhaltungskosten
Restgemeinkosten
In Prozent der Fertigungslöhne, z. B. Sozialkosten, Räume, Betriebsstoffe u. a.
↓
Fertigungskosten
\+
Sondereinzelkosten der Fertigung
↓
Herstellkosten
\+
Verwaltungs- und Vertriebsgemeinkosten
In Prozent der Herstellkosten
↓
Selbstkosten
\+
Gewinn
In Prozent der Selbstkosten
↓
Rohpreis
\+
Provisionen, Skonti, Rabatte
In Prozent vom Verkaufspreis
↓
Verkaufspreis ohne MwSt

[1] *Werden **keine** Maschinenstundensätze berechnet, sind diese in den Fertigungsgemeinkosten enthalten und erhöhen den Zuschlagssatz. Die Gemeinkostenzuschlagssätze werden dem Betriebsabrechnungsbogen (BAB) entnommen.*

Beispiel:

Werkstoffeinzelkosten	1.255,00 €
Werkstoffgemeinkosten 5 %	61,25 €
Fertigungslöhne 10 h x 15,– €/h	150,00 €
Maschinenkosten 8 h x 30,– €/h	240,00 €
Restgemeinkosten 200 % der Fertigungslöhne	300,00 €
Sonderwerkzeug	125,00 €
Herstellkosten	**2.101,25 €**
Verw.- und Vertr.-Gemeinkosten 12 % der Herstellkosten	252,15 €
Selbstkosten	**2.353,40 €**
Gewinnzuschlag 10 % der Selbstkosten	235,34 €
Rohpreis	**2.588,74 €**
Provisionen 5 % vom Verkaufspreis	136,25 €
Verkaufspreis ohne MwSt	**2.724,99 €**

F

Maschinenstundensatzrechnung

Maschinenstundensatzrechnung

Ein durchschnittlicher Fertigungsgemeinkostensatz berücksichtigt nicht die unterschiedlich hohen Maschinenkosten, die einem Produkt zuzurechnen sind. Die Kalkulation wird verfälscht.
Zieht man aus den Fertigungsgemeinkosten die Maschinenkosten heraus und rechnet diese auf die Stunde um, die die Maschine belegt war, so erhält man den **Maschinenstundensatz**.

Zusammensetzung der Maschinenkosten

Maschinenkosten sind:

- **Kalkulatorische Abschreibung**
  linearer Wertverlust über die Lebensdauer der Maschine bezogen auf die Wiederbeschaffung
- **Kalkulatorische Verzinsung**
  Durchschnittsverzinsung des für die Maschine investierten Kapitals
- **Raumkosten**
  Kosten der durch die Maschine belegten Stell- und Verkehrsfläche
- **Energiekosten**
  Kosten, die durch Strom-, Gas-, Dampf- oder Benzinverbrauch entstehen
- **Instandhaltungskosten**
  Kosten für Reparaturen und regelmäßige Wartung
- **Weitere Kostenarten**
  Kosten für Werkzeugverbrauch, Versicherungsprämien, Kühl- und Schmiermittelentsorgung usw.

Maschinenlaufzeit, Maschinenstundensatz

nach VDI-Richtlinie 3258

T_L	Maschinenlaufzeit in Stunden/Periode
T_G	gesamte theoretische Maschinenzeit in Stunden/Periode
T_{ST}	Stillstandzeiten, z. B. arbeitsfreie Tage, Arbeitsunterbrechungen usw., meist in % von T_G
T_{IH}	Zeiten für Wartung und Instandhaltung, meist in % von T_G
K_M	Summe der Maschinenkosten pro Periode (meist pro Jahr)
K_{Mh}	Kosten einer Maschine pro Stunde; Maschinenstundensatz
K_f	fixe Kosten einer Maschine pro Jahr; z. B. Abschreibung
K_v/h	variable Kosten einer Maschine pro Stunde; z. B. Stromverbrauch

Maschinenlaufzeit

$$T_L = T_G - T_{ST} - T_{IH}$$

Maschinenstundensatz

$$K_{Mh} = \frac{K_f}{T_L} + K_v/h$$

Berechnung des Maschinenstundensatzes (Beispiel)

Werkzeugmaschine:

Beschaffungswert 160.000,– €
Leistungsaufnahme 8 kW
Raumkosten 10,– €/m² · Monat
zusätzliche Instandhaltung 5 €/Std.

Nutzungsdauer 10 Jahre
Kosten pro kWh 0,15 €
Raumbedarf 15 m²
Normalauslastung
T_L = 1200 h/Jahr (100%)

kalkulatorische Zinsen 8%
Grundgebühr 20,– €/Monat
Instandhaltung 8.000,– €/Jahr
tatsächliche Auslastung 80%

Maschinenstundensatz bei Normalauslastung und bei einer Auslastung von 80%?

Kostenart	Berechnung	Fixe Kosten €/Jahr	Variable Kosten €/h
kalkulatorische Abschreibung	$\frac{\text{Beschaffungswert}}{\text{Nutzungsdauer in Jahren}} = \frac{160.000,– €}{10 \text{ Jahre}}$	16.000,00 €	
kalkulatorische Zinsen	$\frac{1/2 \text{ Beschaffungswert in € x Zins}}{100\%} = \frac{80.000,– € \text{ x } 8\%}{100\ \%}$	6.400,00 €	
Instandhaltungskosten	Instandhaltungsfaktor x Abschreibung – z.B. 0,5 x 16.000,– € Die Instandhaltung ist von der Auslastung abhängig.	8.000,00 €	5,00 €
Energiekosten	Grundgebühr für Strombereitstellung = 20,– €/Monat x 12 Mon. Leistungsaufnahme x Energiekosten = 8 kW x 0,15 €/kWh	240,00 €	1,20 €
anteilige Raumkosten	Raumkostensatz x Flächenbedarf = 10,– €/m² · Monat x 15 m² x 12 Monate	1.800,00 €	
	Summe der Maschinenkosten (KM)	**32.440,00 €**	**6,20 €**

Maschinenstundensatz (K_{Mh}) bei 100% Auslastung $= \frac{K_f}{T_L} + K_v/h = \frac{32\,440,00\ €}{1200\ h} + 6,20\ €/h =$ **33,23 €/h**

Maschinenstundensatz (K_{Mh}) bei 80% Auslastung $= \frac{K_f}{0,8 \cdot T_L} + K_v/h = \frac{32\,440,00\ €}{0,8 \cdot 1200\ h} + 6,20\ €/h =$ **40,00 €/h**

Der Maschinenstundensatz umfasst nicht die Kosten der Bedienperson.

F

Teilkostenrechnung[1)]

Deckungsbeitragsrechnung (mit Zahlenbeispiel)

Die Deckungsbeitragsrechnung nimmt den Marktpreis eines Produktes in die Betrachtung mit auf. Der Marktpreis muss mindestens die variablen Kosten (Preisuntergrenze) decken. Der Rest ist Deckungsbeitrag. Die Deckungsbeiträge aller Produkte tragen die Kosten der Betriebsbereitschaft.

E/Stück	Marktpreis; Erlös pro Stück	K_f	Fixe Kosten
E	Erlös (Umsatz) eines Produktes	K_v	variable Kosten
DB	Deckungsbeitrag eines Produktes	*G*	Gewinn bzw. Erfolg
DB/Stück	Deckungsbeitrag pro Stück	*Gs*	Gewinnschwelle

Deckungsbeitrag

$$\frac{DB}{\text{Stück}} = \frac{E}{\text{Stück}} - \frac{K_v}{\text{Stück}}$$

$$DB = \frac{DB}{\text{Stück}} \cdot \text{Menge}$$

Gewinn

$$G = DB - K_f$$

	Variable Kosten (K_v)[2)] von der Produktionsmenge abhängig		Fixe Kosten (K_f) von der Produktionsmenge unabhängig		Deckungsbeitrag (DB) $DB = E/\text{Stück} - K_v/\text{Stück}$
Kostenarten	Werkstoffkosten	30,00 €/Stück	Abschreibungen	50.000,00 €	Der Erlös von 110,– €/Stück muss zuerst alle variablen Kosten decken. Der Rest trägt zur Deckung der gesamten fixen Kosten bei und erbringt den Gewinn.
	Lohnkosten	20,00 €/Stück	Gehälter	80.000,00 €	
	Energiekosten	10,00 €/Stück	Zinsen	40.000,00 €	
			Sonstige K_f	30.000,00 €	
	Σ Variable Kosten	60,00 €/Stück	Σ Fixe Kosten	200.000,00 €	
Kostenrechnung	Produzierte Stückzahl	5000 Stück	Deckungsbeitrag 110,00 € – 60,00 €	= 50,00 €/Stück	

Kostenrechnung:

Gesamtdeckungsbeitrag 5000 Stück · 50,00 €/Stück = 250.000,00 €
Σ Fixkosten 200.000,00 €
Gewinn 50.000,00 €

$$\text{Gewinnschwelle } Gs = \frac{K_f}{DB/\text{Stück}} = \frac{200.000{,}00\ €}{50{,}00\ €/\text{Stück}} = 4000 \text{ Stück}$$

Gewinnschwelle

$$Gs = \frac{K_f}{DB/\text{Stück}}$$

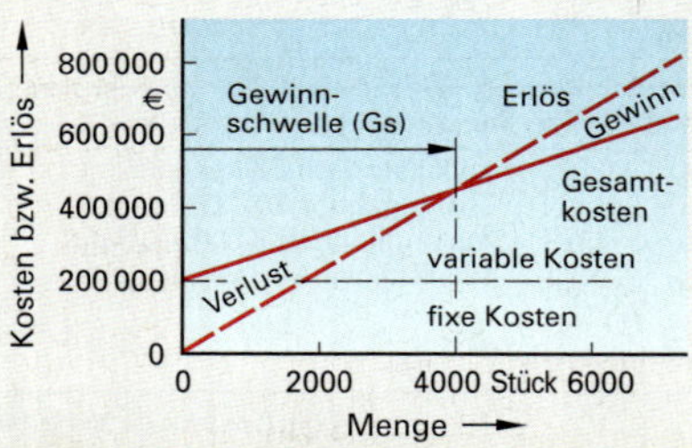

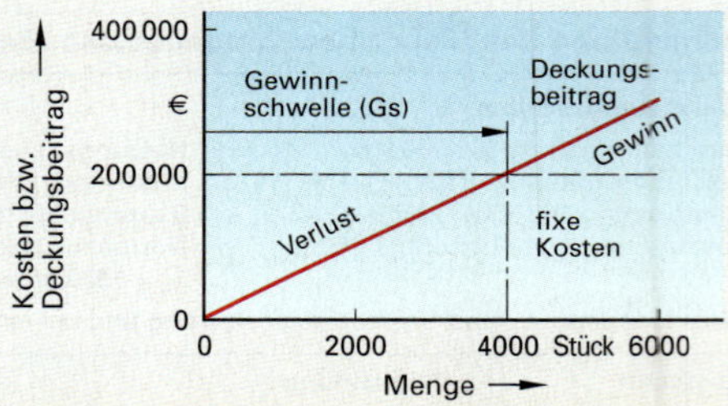

Kostenvergleichsrechnung

Bei der Kostenvergleichsrechnung ist die Maschine oder Anlage zu wählen, die für eine bestimmte Produktionsmenge die geringsten Kosten verursacht.

Beispiel für 5000 Stück

Maschine 1: K_{f1} = 100.000,– €/Jahr; K_{v1} = 75,– €/Stück
100.000,– €/J + 75,– €/Stück · 5000 Stück = 475.000,– €

Maschine 2: K_{f2} = 200.000,– €/Jahr; K_{v2} = 50,– €/Stück
200.000,– €/J + 50,– €/Stück · 5000 Stück = 450.000,– €

Kosten Maschine 1 > Kosten Maschine 2

$$\text{Grenzstückzahl } M_{Gr} = \frac{K_{f2} - K_{f1}}{K_{v1}/\text{Stück} - K_{v2}/\text{Stück}}$$

$$M_{Gr} = \frac{200.000{,}00\ € - 100.000{,}00\ €}{75{,}00\ €/\text{Stück} - 50{,}00\ €/\text{Stück}} = 4000 \text{ Stück}$$

Über 4000 Stück ist Maschine 2 günstiger.

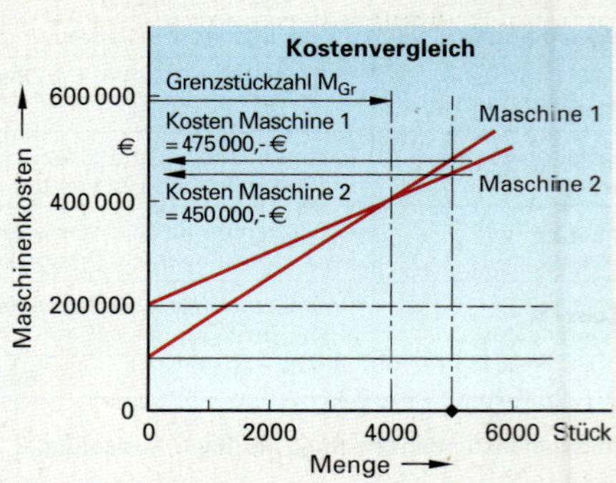

[1)] Die Teilkostenrechnung trennt die Kosten in fixe Kosten (Kosten für Betriebsbereitschaft) und variable Kosten (direkte Kosten).

[2)] Die variablen Kosten werden für jeden Auftrag ermittelt und mit dem Erlös verglichen.

F

Drehen, Gewindedrehen

Längs-Runddrehen und Quer-Plandrehen mit konstanter Drehzahl

t_h	Hauptnutzungszeit	l_u	Überlauf
d	Außendurchmesser	L	Vorschubweg
d_1	Innendurchmesser	f	Vorschub je Umdrehung
d_m	mittlerer Durchmesser[1)]	n	Drehzahl
l	Werkstücklänge	i	Anzahl der Schnitte
l_a	Anlauf	v_c	Schnittgeschwindigkeit

Hauptnutzungszeit

$$t_h = \frac{L \cdot i}{n \cdot f}$$

Berechnung des Vorschubweges L, des mittleren Durchmessers d_m und der Drehzahl n

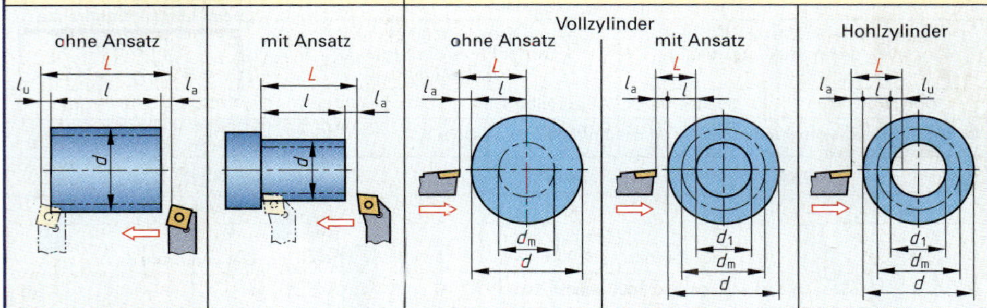

Längs-Runddrehen ohne Ansatz	Längs-Runddrehen mit Ansatz	Quer-Plandrehen Vollzylinder ohne Ansatz	Quer-Plandrehen Vollzylinder mit Ansatz	Quer-Plandrehen Hohlzylinder
$L = l + l_a + l_u$	$L = l + l_a$	$L = \frac{d}{2} + l_a$	$L = \frac{d - d_1}{2} + l_a$	$L = \frac{d - d_1}{2} + l_a + l_u$
$n = \frac{v_c}{\pi \cdot d}$		$d_m = \frac{d}{2}$; $n = \frac{v_c}{\pi \cdot d_m}$	$d_m = \frac{d + d_1}{2}$; $n = \frac{v_c}{\pi \cdot d_m}$	

1) Die Verwendung des mittleren Durchmessers d_m führt zu höheren Schnittgeschwindigkeiten. Dadurch ist garantiert, dass bei kleinen Durchmessern (Innenbereich) noch annehmbare Schnittbedingungen herrschen.

Beispiel:

Längs-Runddrehen ohne Ansatz, l = 1240 mm; $l_a = l_u$ = 2 mm; f = 0,6 mm; v_c = 120 m/min; i = 2; d = 160 mm; L = ?; n = ? (für stufenlose Drehzahleinstellung); t_h = ?

$$\boldsymbol{L} = l + l_a + l_u = 1240\ \text{mm} + 2\ \text{mm} + 2\ \text{mm} = \mathbf{1244\ mm}$$

$$\boldsymbol{n} = \frac{v_c}{\pi \cdot d} = \frac{120\ \frac{\text{m}}{\text{min}}}{\pi \cdot 0{,}16\ \text{m}} \approx \mathbf{239\ \frac{1}{min}}$$

$$\boldsymbol{t_h} = \frac{L \cdot i}{n \cdot f} = \frac{1244\ \text{mm} \cdot 2}{239\ \frac{1}{\text{min}} \cdot 0{,}6\ \text{mm}} \approx \mathbf{17{,}4\ min}$$

Gewindedrehen

t_h	Hauptnutzungszeit	P	Gewindesteigung
L	Gesamtweg des Gewindedrehmeißels	n	Drehzahl
l	Gewindelänge	g	Gangzahl
l_a	Anlauf	h	Gewindetiefe
l_u	Überlauf	a_p	Schnitttiefe
i	Anzahl der Schnitte	v_c	Schnittgeschwindigkeit

Hauptnutzungszeit

$$t_h = \frac{L \cdot i \cdot g}{P \cdot n}$$

Anzahl der Schnitte

$$i = \frac{h}{a_p}$$

Beispiel:

Gewinde M 24; l = 76 mm; $l_a = l_u$ = 2 mm; f = 0,6 mm; v_c = 6 m/min; i = 2; a_p = 0,15 mm; h = 1,84 mm; P = 3 mm; g = 1; L = ?; n = ?; i = ?; t_h = ?

$$i = \frac{h}{a_p} = \frac{1{,}84\ \text{mm}}{0{,}15\ \text{mm}} = 12{,}2 \approx \mathbf{13}$$

$$\boldsymbol{L} = l + l_a + l_u = 76\ \text{mm} + 2 \cdot 2\ \text{mm} = \mathbf{80\ mm}$$

$$\boldsymbol{n} = \frac{v_c}{\pi \cdot d} = \frac{6\ \frac{\text{m}}{\text{min}}}{\pi \cdot 0{,}024\ \text{m}} \approx \mathbf{80\ \frac{1}{min}}$$

$$\boldsymbol{t_h} = \frac{L \cdot i \cdot g}{P \cdot n} = \frac{80\ \text{mm} \cdot 13 \cdot 1}{3\ \text{mm} \cdot 80\ \frac{1}{\text{min}}} = \mathbf{4{,}3\ min}$$

Drehen

Längs-Runddrehen und Quer-Plandrehen mit konstanter Schnittgeschwindigkeit

Muss die Drehzahl aus Sicherheitsgründen durch die Vorgabe einer Grenzdrehzahl n_g begrenzt werden, so erfolgt für Drehdurchmesser d < Übergangsdurchmesser d_g die Drehbearbeitung mit konstanter Drehzahl (Seite 287).

d_g	Übergangsdurchmesser	i	Anzahl der Schnitte
v_c	Schnittgeschwindigkeit	d	Außendurchmesser
n_g	Grenzdrehzahl	d_1	Innendurchmesser
t_h	Hauptnutzungszeit	a_p	Schnitttiefe
d_e	Ersatzdurchmesser	l_a	Anlauf
L	Vorschubweg	l_u	Überlauf
f	Vorschub		

Übergangsdurchmesser

$$d_g = \frac{v_c}{\pi \cdot n_g}$$

Hauptnutzungszeit

$$t_h = \frac{\pi \cdot d_e \cdot L \cdot i}{v_c \cdot f}$$

Anzahl der Schnitte beim Längs-Runddrehen

$$i = \frac{d - d_1}{2 \cdot a_p}$$

Berechnung des Vorschubweges L und des Ersatzdurchmessers d_e

Längs-Runddrehen

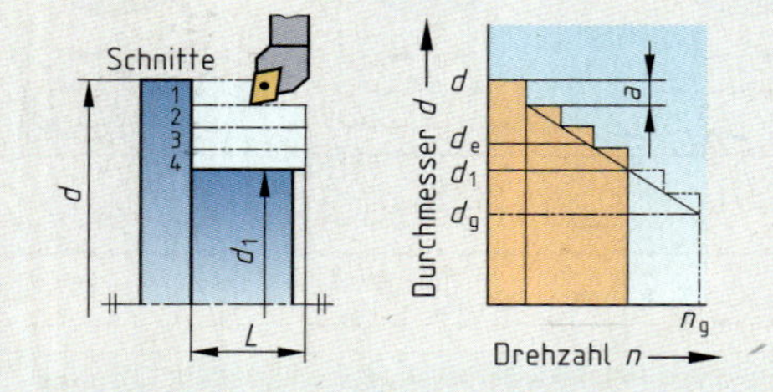

Quer-Plandrehen

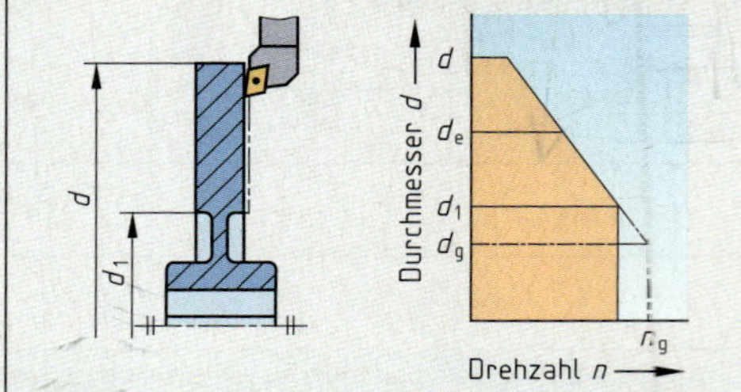

ohne Ansatz

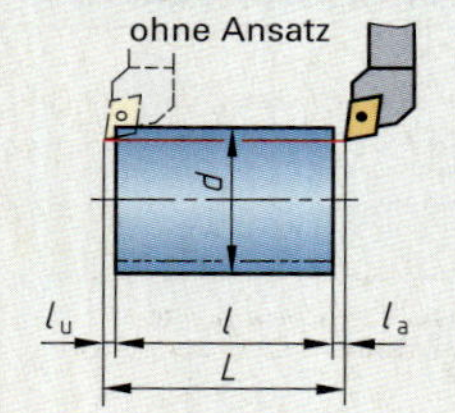

mit Ansatz

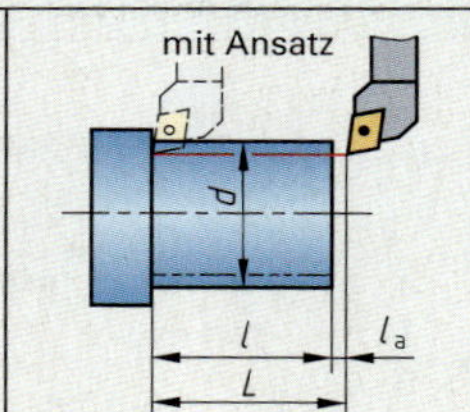

Vollzylinder mit Ansatz

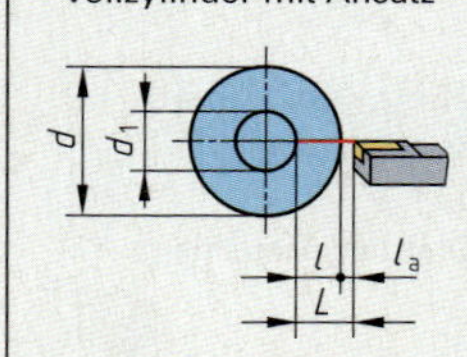

Hohlzylinder

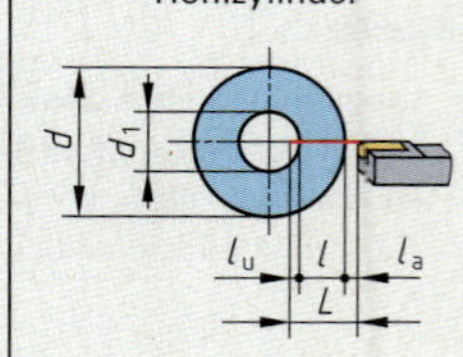

ohne Ansatz	mit Ansatz	Vollzylinder mit Ansatz	Hohlzylinder
$L = l + l_a + l_u$	$L = l + l_a$	$L = \frac{d - d_1}{2} + l_a$	$L = \frac{d - d_1}{2} + l_a + l_u$
$d_e = d - a_p \cdot (i + 1)$		$d_e = \frac{d + d_1}{2} + l_a$	$d_e = \frac{d + d_1}{2} + l_a - l_u$

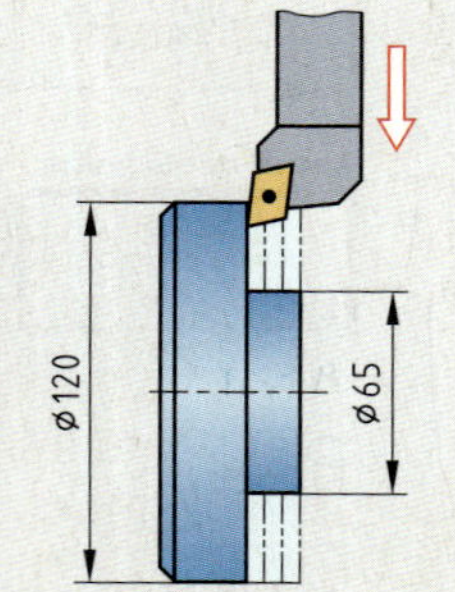

Beispiel:

Quer-Plandrehen; l_a = 1,5 mm; v_c = 220 m/min; f = 0,2 mm; i = 2; n_g = 3000/min; d_g = ?; L = ?; d_e = ?; t_h = ?

$$\mathbf{d_g} = \frac{v_c}{\pi \cdot n_g} = \frac{220\,000\ \frac{\text{mm}}{\text{min}}}{\pi \cdot 3000\ \frac{1}{\text{min}}} = \mathbf{23{,}3\ mm}\ (d_1 > d_g)$$

$$\mathbf{L} = \frac{d - d_1}{2} + l_a = \frac{120\text{ mm} - 65\text{ mm}}{2} + 1{,}5\text{ mm} = \mathbf{29\ mm}$$

$$\mathbf{d_e} = \frac{d + d_1}{2} + l_a = \frac{120\text{ mm} + 65\text{ mm}}{2} + 1{,}5\text{ mm} = \mathbf{94\ mm}$$

$$\mathbf{t_h} = \frac{\pi \cdot d_e \cdot L \cdot i}{v_c \cdot f} = \frac{\pi \cdot 94\text{ mm} \cdot 29\text{ mm} \cdot 2}{220\,000\ \frac{\text{mm}}{\text{min}} \cdot 0{,}2\text{ mm}} = \mathbf{0{,}39\ min}$$

F

Bohren, Reiben, Senken, Hobeln, Stoßen

Bohren, Reiben, Senken

Anschnitt l_s	
σ	l_s
80°	$0{,}6 \cdot d$
118°	$0{,}3 \cdot d$
130°	$0{,}23 \cdot d$
140°	$0{,}18 \cdot d$

S. 301

- t_h Hauptnutzungszeit
- d Werkzeugdurchmesser
- l Bohrungstiefe
- l_a Anlauf
- l_u Überlauf
- l_s Anschnitt
- L Vorschubweg
- f Vorschub je Umdrehung
- n Drehzahl
- v_c Schnittgeschwindigkeit
- i Anzahl der Schnitte
- σ Spitzenwinkel

Hauptnutzungszeit

$$t_h = \frac{L \cdot i}{n \cdot f}$$

Drehzahl

$$n = \frac{v_c}{\pi \cdot d}$$

Berechnung des Vorschubweges L

beim Bohren und Reiben

Durchgangsbohrung

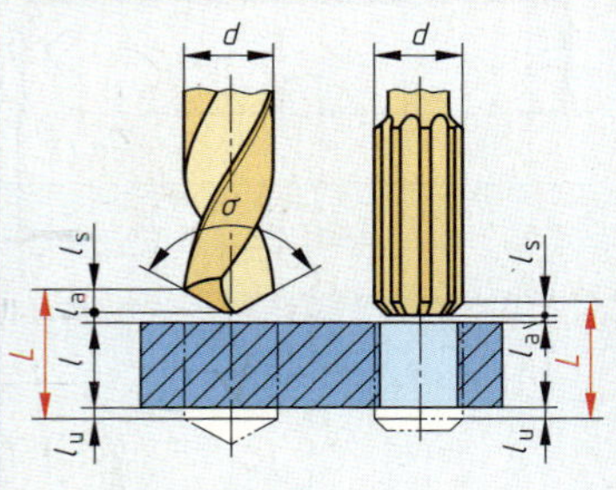

$$L = l + l_s + l_a + l_u$$

Grundlochbohrung

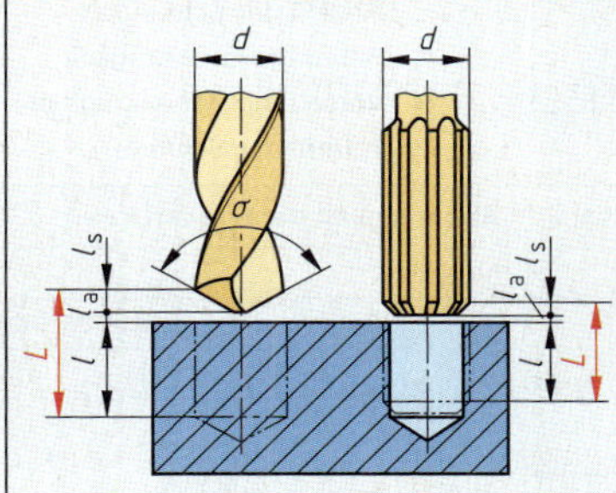

$$L = l + l_s + l_a$$

beim Senken

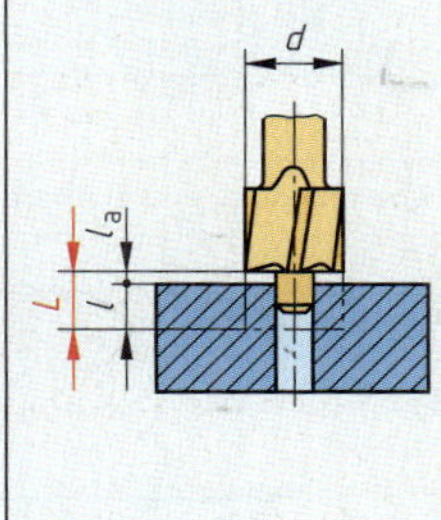

$$L = l + l_a$$

Beispiel:

Grundlochbohrung mit $d = 30$ mm; $l = 90$ mm; $f = 0{,}15$ mm; $n = 450$/min; $i = 15$; $l_a = 1$ mm; $\sigma = 130°$; $L = ?$; $t_h = ?$

$L = l + l_s + l_a = 90\text{ mm} + 0{,}23 \cdot 30\text{ mm} + 1\text{ mm} = \mathbf{98\text{ mm}}$

$$\mathbf{t_h} = \frac{L \cdot i}{n \cdot f} = \frac{98\text{ mm} \cdot 15}{450\,\frac{1}{\text{min}} \cdot 0{,}15\text{ mm}} = \mathbf{21{,}78\text{ min}}$$

Hobeln und Stoßen

- t_h Hauptnutzungszeit
- l Werkstücklänge
- l_a Anlauf
- l_u Überlauf
- L Hublänge
- b Werkstückbreite
- b_a Anlaufbreite
- b_u Überlaufbreite
- n Doppelhubzahl je Minute
- v_c Schnitt-, Vorlaufgeschwindigkeit
- v_r Rücklaufgeschwindigkeit
- B Hobel-, Stoßbreite
- f Vorschub je Doppelhub
- i Anzahl der Schnitte

Hauptnutzungszeit

$$t_h = \frac{B \cdot i}{n \cdot f}$$

$$t_h = \left(\frac{L}{v_c} + \frac{L}{v_r}\right) \cdot \frac{B \cdot i}{f}$$

Berechnung der Hublänge L und Hobelbreite B

Werkstücke ohne Ansatz

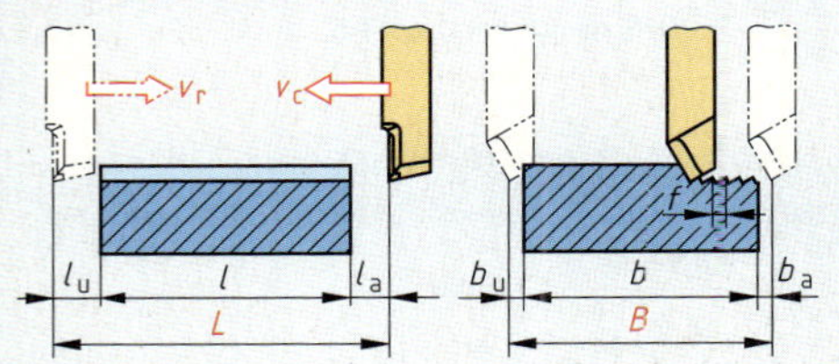

$$L = l + l_a + l_u \qquad B = b + b_a + b_u$$

Werkstücke mit Ansatz

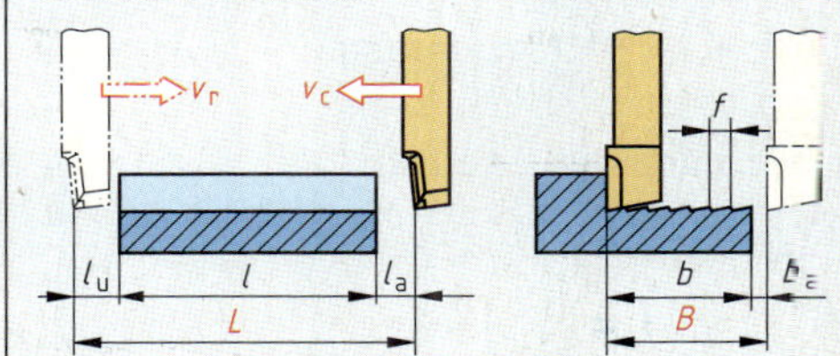

$$L = l + l_a + l_u \qquad B = b + b_a$$

F

301, 302 → →

Fräsen

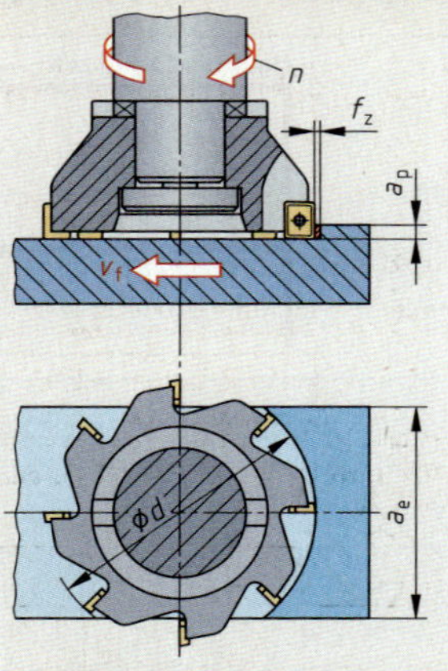

t_h	Hauptnutzungszeit
l	Werkstücklänge
a_p	Schnitttiefe
a_e	Schnittbreite (Fräsbreite)
l_a	Anlauf
l_u	Überlauf
l_s	Anschnitt
L	Vorschubweg
d	Fräserdurchmesser
n	Drehzahl
f	Vorschub je Umdrehung
f_z	Vorschub je Schneide
z	Anzahl der Schneiden
v_c	Schnittgeschwindigkeit
v_f	Vorschubgeschwindigkeit
i	Anzahl der Schnitte

Hauptnutzungszeit

$$t_h = \frac{L \cdot i}{n \cdot f} \qquad t_h = \frac{L \cdot i}{v_f}$$

Vorschub je Fräserumdrehung

$$f = f_z \cdot z$$

Vorschubgeschwindigkeit

$$v_f = n \cdot f \qquad v_f = n \cdot f_z \cdot z$$

Drehzahl

$$n = \frac{v_c}{\pi \cdot d}$$

Vorschubweg L und Anschnitt l_s in Abhängigkeit der Fräsverfahren

Stirnfräsen			
mittig	außermittig $a_e > 0{,}5 \cdot d$	außermittig $a_e < 0{,}5 \cdot d$	Umfangs-Planfräsen
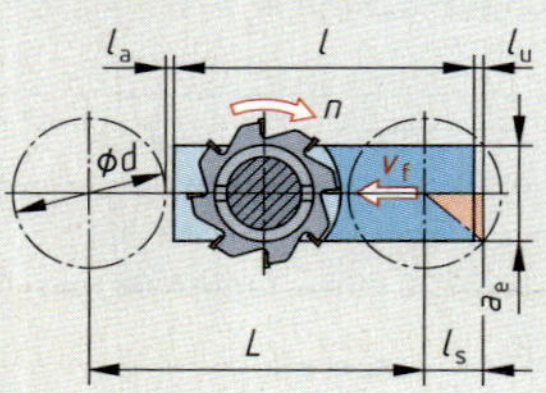	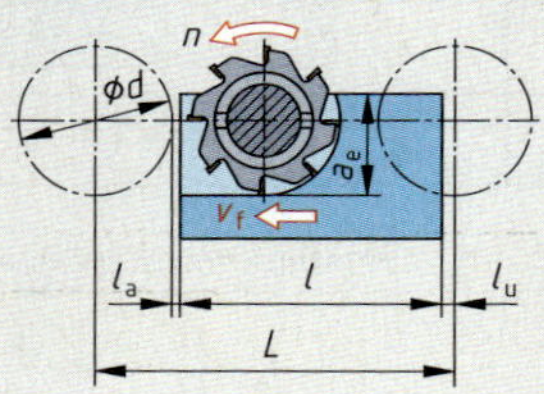	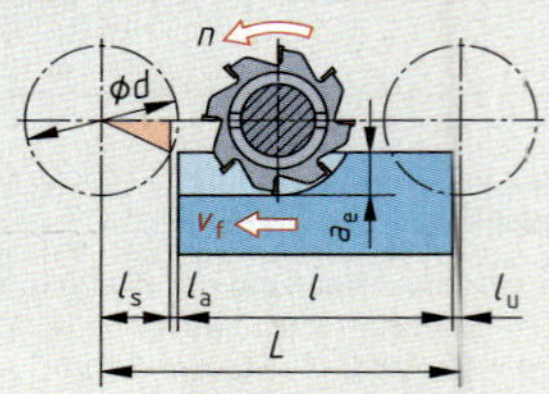	
$L = l + 0{,}5 \cdot d + l_a + l_u - l_s$	$L = l + 0{,}5 \cdot d + l_a + l_u$	$L = l + l_a + l_u + l_s$	
$l_s = 0{,}5 \cdot \sqrt{d^2 - a_e^2}$		$l_s = \sqrt{a_e \cdot d - a_e^2}$	

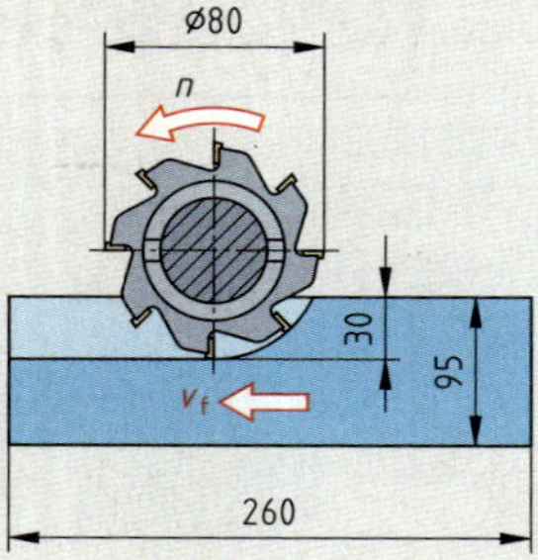

Beispiel:

Stirnfräsen (nebenstehendes Bild), $z = 10$, $f_z = 0{,}08$ mm, $v_c = 30$ m/min, $l_a = l_u = 1{,}5$ mm, $i = 1$ Schnitt

Gesucht: n; v_f; L; t_h

Lösung: $\boldsymbol{n} = \frac{v_c}{\pi \cdot d} = \frac{30\,\frac{\text{m}}{\text{min}}}{\pi \cdot 0{,}08\text{ m}} = \mathbf{119\,\frac{1}{min}}$

$\boldsymbol{v_f} = n \cdot f_z \cdot z = 119\,\frac{1}{\text{min}} \cdot 0{,}08\text{ mm} \cdot 10 = \mathbf{95{,}2\,\frac{mm}{min}}$

$\frac{\boldsymbol{a_e}}{\boldsymbol{d}} = \frac{30\text{ mm}}{80\text{ mm}} = 0{,}375$, daraus folgt: $a_e < 0{,}5 \cdot d$

$\boldsymbol{L} = l + l_a + l_u + l_s$;

$\boldsymbol{l_s} = \sqrt{a_e \cdot d - a_e^2} = \sqrt{30\text{ mm} \cdot 80\text{ mm} - (30\text{ mm})^2} = \mathbf{38{,}7\,mm}$

$\boldsymbol{L} = 260\text{ mm} + 1{,}5\text{ mm} + 1{,}5\text{ mm} + 38{,}7\text{ mm} = \mathbf{301{,}7\,mm}$

$\boldsymbol{t_h} = \frac{L \cdot i}{v_f} = \frac{301{,}7\text{ mm} \cdot 1}{95{,}2\,\frac{\text{mm}}{\text{min}}} = \mathbf{3{,}2\,min}$

Schleifen

Längs-Rundschleifen

t_h	Hauptnutzungszeit
L	Vorschubweg
i	Anzahl der Schnitte
n	Drehzahl des Werkstücks
f	Vorschub je Umdrehung des Werkstücks
v_f	Vorschubgeschwindigkeit
d_1	Ausgangsdurchmesser des Werkstücks
d	Fertigdurchmesser des Werkstücks
a_p	Schnitttiefe
l	Werkstücklänge
b_s	Schleifscheibenbreite
l_u	Überlauf
t	Schleifzugabe

Hauptnutzungszeit

$$t_h = \frac{L \cdot i}{n \cdot f}$$

Drehzahl des Werkstücks

$$n = \frac{v_f}{\pi \cdot d_1}$$

Anzahl der Schnitte

für Außenrundschleifen

$$i = \frac{d_1 - d}{2 \cdot a_p} + 2^{1)}$$

für Innenrundschleifen

$$i = \frac{d - d_1}{2 \cdot a_p} + 2^{1)}$$

1) 2 Schnitte zum Ausfeuern, bei niedrigerem Toleranzgrad sind zusätzliche Schnitte erforderlich

Berechnung des Vorschubweges L

Werkstücke ohne Ansatz

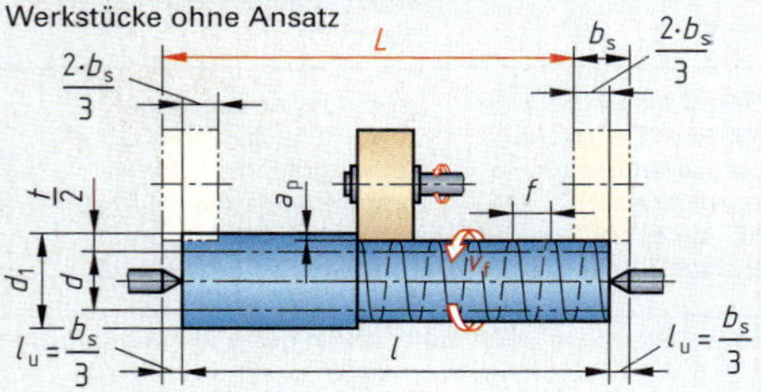

$$L = l - \frac{1}{3} \cdot b_s$$

Werkstücke mit Ansatz

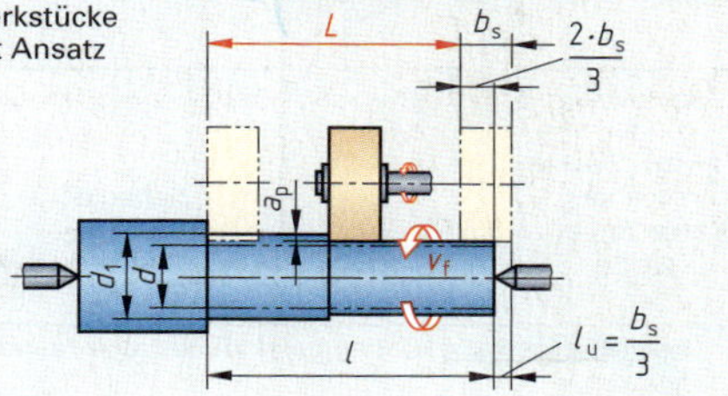

$$L = l - \frac{2}{3} \cdot b_s$$

Vorschub beim Schruppen $f = ^2/_3 \cdot b_s$ bis $^3/_4 \cdot b_s$; Vorschub beim Schlichten $f = ^1/_4 \cdot b_s$ bis $^1/_2 \cdot b_s$

Umfangs-Planschleifen (Flachschleifen)

t_h	Hauptnutzungszeit	f	Quervorschub je Hub
l	Werkstücklänge	n	Hubzahl je Minute
l_a	Anlauf, Überlauf	v_f	Vorschubgeschwindigkeit
L	Vorschubweg	i	Anzahl der Schnitte
b	Werkstückbreite	t	Schleifzugabe
b_u	Überlaufbreite	b_s	Schleifscheibenbreite
B	Schleifbreite	a_p	Schnitttiefe

Anzahl der Schnitte

$$i = \frac{t}{a_p} + 2^{1)}$$

1) 2 Schnitte zum Ausfeuern

Hubzahl

$$n = \frac{v_f}{L}$$

Hauptnutzungszeit

$$t_h = \frac{i}{n} \cdot \left(\frac{B}{f} + 1\right)$$

Berechnung des Vorschubweges L und der Schleifbreite B

Werkstücke ohne Ansatz

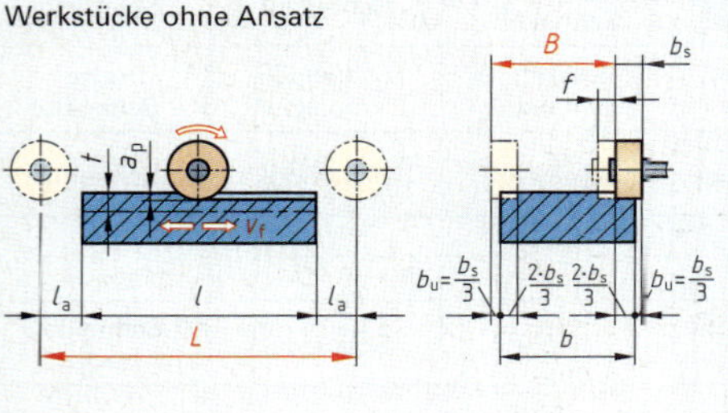

$L = l + 2 \cdot l_a$ $\quad l_a \approx 0{,}04 \cdot l$ $\quad B = b - \frac{1}{3} \cdot b_s$

Werkstücke mit Ansatz

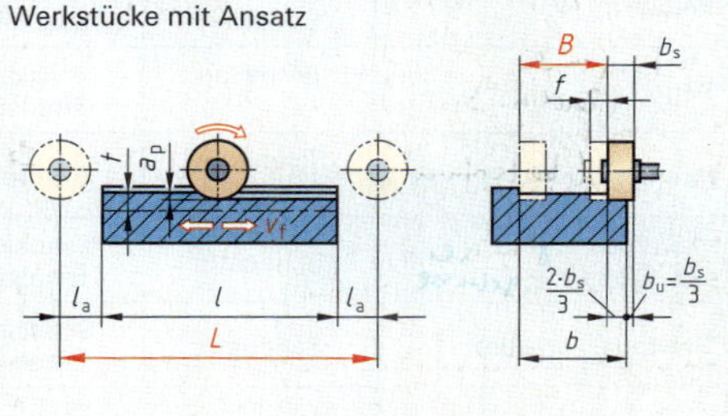

$L = l + 2 \cdot l_a$ $\quad l_a \approx 0{,}04 \cdot l$ $\quad B = b - \frac{2}{3} \cdot b_s$

Quervorschub beim Schruppen $f = ^2/_3 \cdot b_s$ bis $^4/_5 \cdot b_s$; Vorschub beim Schlichten $f = ^1/_2 \cdot b_s$ bis $^2/_3 \cdot b_s$

F

Kühlschmierstoffe für die spanende Formgebung der Metalle

Begriffe und Anwendungsbereiche für Kühlschmierstoffe

vgl. DIN 51385 (1991-06)

Art des Kühlschmierstoffes	Wirkungsweise	Gruppe	Erläuterung	
			Zusammensetzung	Anwendungen
SESW Kühlschmierlösungen	↑ zunehmende Kühlwirkung (von SN nach SESW); ↓ zunehmende Schmierwirkung (von SESW nach SN)	Lösungen/ Dispersionen	anorganische Stoffe in Wasser	Schleifen
			organische oder synthetische Stoffe in Wasser	Spanen mit hoher Schnittgeschwindigkeit
SEMW Kühlschmieremulsionen (Öl in Wasser)		Emulsionen	2%…20% emulgierbarer (mischbarer) Kühlschmierstoff in Wasser	gute Kühlwirkung, aber geringe Schmierwirkung, z.B. Spanen (Drehen, Fräsen, Bohren) mit hoher Schnittgeschwindigkeit bei leicht bearbeitbaren Werkstoffen, für hohe Arbeitstemperaturen; anfällig gegen Bakterien- oder Pilzbefall
SN nichtwassermischbare Kühlschmierstoffe		Schneidöl	Mineralöle mit polaren Zusätzen (Fettstoffen oder synthetischen Estern) bzw. EP-Zusätzen[2] zur Erhöhung der Schmierfähigkeit	bei niedriger Schnittgeschwindigkeit, hoher Oberflächengüte, bei schwer zerspanbaren Werkstoffen, sehr gute Schmier- und Korrosionsschutzwirkung

[1] Kühlschmierstoffe können gesundheitsgefährdend sein (Seite 198) und werden daher nur in geringen Mengen eingesetzt.

[2] EP extreme pressure = Hochdruck; Zusätze zur Steigerung der Aufnahme hoher Flächenpressung zwischen Span und Werkzeug

Richtlinien für die Auswahl von Kühlschmierstoffen

Fertigungsverfahren		Stahl	Gusseisen, Temperguss	Cu, Cu-Legierungen	Al, Al-Legierungen	Mg-Legierungen
Drehen	Schruppen	Emulsion, Lösung	trocken	trocken	Emulsion, Schneidöl	trocken, Schneidöl
	Schlichten	Emulsion, Schneidöl	Emulsion, Schneidöl	trocken, Emulsion	trocken, Schneidöl	trocken, Schneidöl
Fräsen		Emulsion, Lösung, Schneidöl	trocken, Emulsion	trocken, Emulsion, Schneidöl	Schneidöl, Emulsion	trocken, Schneidöl
Bohren		Emulsion, Schneidöl	trocken, Emulsion	trocken, Schneidöl, Emulsion	Schneidöl, Emulsion	trocken, Schneidöl
Reiben		Schneidöl, Emulsion	trocken, Schneidöl	trocken, Schneidöl	Schneidöl	Schneidöl
Sägen		Emulsion	trocken, Emulsion	trocken, Schneidöl	Schneidöl, Emulsion	trocken, Schneidöl
Räumen		Schneidöl, Emulsion	Emulsion	Schneidöl	Schneidöl	Schneidöl
Wälzfräsen, Wälzstoßen		Schneidöl	Schneidöl, Emulsion	–	–	–
Gewindeschneiden		Schneidöl	Schneidöl, Emulsion	Schneidöl	Schneidöl	Schneidöl, trocken
Schleifen		Emulsion, Lösung, Schneidöl	Lösung, Emulsion	Emulsion, Lösung	Emulsion	–
Honen, Läppen		Schneidöl	Schneidöl	–	–	–

Hart- und Trockenzerspanung, Hochgeschwindigkeitsfräsen, MMKS

Hartdrehen mit kubischem Bornitrid (CBN)

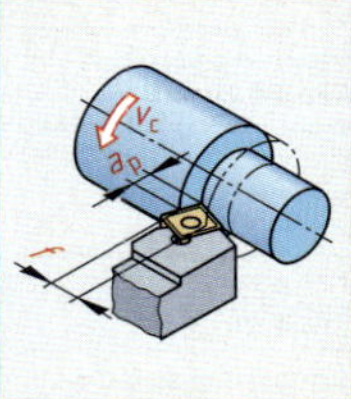

Drehverfahren	Werkstoff gehärteter Stahl HRC	Schnittgeschwindigkeit v_c m/min	Vorschub f mm/Umdrehung	Schnitttiefe a_p mm
Außendrehen	45…58	60…220	0,05…0,3	0,05…0,5
Innendrehen		60…180	0,05…0,2	0,05…0,2
Außendrehen	>58…65	50…190	0,05…0,25	0,05…0,4
Innendrehen		50…150	0,05…0,2	0,05…0,2

Hartfräsen mit beschichteten Vollhartmetall-(VHM-)Werkzeugen

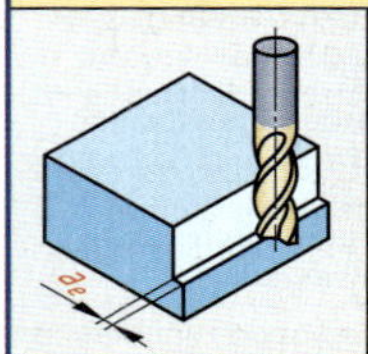

Werkstoff gehärteter Stahl HRC	Schnittgeschwindigkeit v_c m/min	Arbeitseingriff $a_{e\,max}$ mm	Vorschub je Zahn f_z in mm bei Fräserdurchmesser d in mm: 2…8	> 8…12	> 12…20
bis 35	80…90	0,05 · *d*	0,04	0,05	0,06
36…45	60…70	0,05 · *d*			
46…54	50…60	0,05 · *d*	0,03	0,04	0,05

Hochgeschwindigkeitszerspanung (HSC = High Speed Cutting) mit PKD

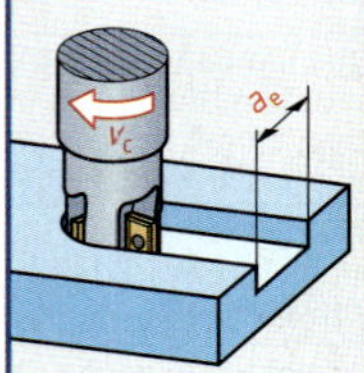

Werkstoffgruppe	Schnittgeschwindigkeit v_c m/min	Fräserdurchmesser d in mm: 10		20	
		a_e mm	f_z mm	a_e mm	f_z mm
Stahl R_m 850…1100 > 1100…1400	280…360 210…270	0,25	0,09…0,13	0,40	0,13…0,18
Stahl gehärtet 48…55 HRC > 55…67 HRC	90…240 75…120	0,25 0,20	0,09…0,13	0,40 0,35	0,13…0,18
EN-GJS > 180HB	300…360	0,25	0,09…0,13	0,40	0,13…0,18
Titanlegierung	90…270	0,20…0,25	0,09…0,13	0,35…0,40	0,13…0,18
Cu-Legierung	90…140	0,20	0,09…0,13	0,35	0,13…0,18

Trockenzerspanung

Verfahren	Schneidstoffe und Kühlschmierung für Eisen-Werkstoffe: Vergütungsstähle	hochleg. Stähle	Gusseisen	Al-Werkstoffe: Guss-Leg.	Knet-Leg.
Bohren	TiN, trocken	TiAIN[1], MMKS	TiN, trocken	TiAIN, MMKS	TiAIN, MMKS
Reiben	PKD, MMKS	–[2]	PKD, MMKS	TiAIN, PKD, MMKS	TiAIN, MMKS
Fräsen	TiN, trocken	TiAIN, MMKS	TiN, trocken	TiAIN, trocken	TiAIN, MMKS
Sägen	MMKS	MMKS	–[2] < 20 ml/h	TiAIN, MMKS	TiAIN, MMKS

Minimalmengenkühlschmierung (MMKS oder MMS)[3]

Abhängigkeit der MMKS-Menge vom spanenden Fertigungsverfahren

Fräsen Bohren Schleifen Läppen
Drehen Reiben Honen

→ zunehmender Schmierstoffbedarf

Eignung der Minimalmengenschmierung für die zu spanenden Werkstoffe

Cu Legierungen Al-Gussleg. Stahl ferritisch
Mg-Leg. Al-Knetleg. perlitisch
Eisen-Gusswerkstoffe Nichtrostende Stähle

← zunehmende Werkstoffeignung

[1] Titan Aluminium Nitrid (Superhartbeschichtung) [2] Anwendung unüblich [3] im Allgemeinen 0,01…3 l/h

F

Schneidstoffe

Bezeichnung harter Schneidstoffe

vgl. DIN ISO 513 (2005-11)

Beispiel: Kennbuchstabe (Tabelle unten) — HC - K 20 — Anwendungsgruppe

Zerspanungs-Hauptgruppe (K)

P (blau)	M (gelb)	K (rot)	N (grün)	S (braun)	H (grau)

Schneidstoffgruppe	K[1]	Bestandteile	Eigenschaften	Einsatzgebiete
 Hartmetalle		unbeschichtetes Hartmetall, Hauptbestandteil Wolframcarbid (WC)	große Warmhärte bis 1000 °C, hohe Verschleißfestigkeit, hohe Druckfestigkeit, schwingungsdämpfend	Wendeschneidplatten für Bohr-, Dreh- und Fräswerkzeuge, auch für Vollhartmetallwerkzeuge
	HW	mit Korngröße > 1 µm		
	HF	mit Korngröße < 1 µm		
	HT	unbeschichtetes Hartmetall aus Titancarbid (TiC), Titannitrid (TiN) oder aus beiden, auch Cermet genannt	wie HW, jedoch große Schneidkantenstabilität, chemische Beständigkeit	Wendeschneidplatten für Dreh- und Fräswerkzeuge zum Schlichten bei hoher Schnittgeschwindigkeit
	HC	HW und HT, jedoch beschichtet mit Titankarbonitrid (TiCN)	Vergrößerung der Verschleißfestigkeit ohne Minderung der Zähigkeit	Verdrängen zunehmend die unbeschichteten Hartmetalle
 Schneidkeramik	CA	Schneidkeramik, vorwiegend aus Aluminiumoxid (Al_2O_3)	große Härte und Warmhärte bis 1200 °C, empfindlich gegen starke Temperaturwechsel	Zerspanen von Gusseisen, meist ohne Kühlschmierung
	CM	Mischkeramik auf der Basis von Aluminiumoxid (Al_2O_3) sowie anderen Oxiden	zäher als Reinkeramik, bessere Temperaturwechselbeständigkeit	Hartfeindrehen von gehärtetem Stahl, Zerspanen mit hoher Schnittgeschwindigkeit
	CN	Siliziumnitridkeramik, vorwiegend aus Siliziumnitrid (Si_3N_4)	große Zähigkeit, hohe Schneidkantenstabilität	Zerspanen von Gusseisen mit großer Schnittgeschwindigkeit
	CR	Schneidkeramik mit Hauptbestandteil Aluminiumoxid (Al_2O_3), verstärkt	zäher als Reinkeramik durch Verstärkung, bessere Temperaturwechselbeständigkeit	Hartdrehen von gehärtetem Stahl, Zerspanen mit hoher Schnittgeschwindigkeit
	CC	Schneidkeramik wie CA, CM und CN, aber beschichtet mit Titankarbonitrid (TiCN)	Vergrößerung der Verschleißfestigkeit ohne Minderung der Zähigkeit	Verdrängen zunehmend die unbeschichteten Schneidkeramiken
 Bornitrid		kubisch-kristallines Bornitrid, Bezeichnung auch CBN, PKB oder „hochharte Schneidstoffe"	sehr große Härte und Warmhärte bis 2000 °C, hohe Verschleißfestigkeit, chemische Beständigkeit	Schlichtbearbeitung harter Werkstoffe (HRC > 48) bei hoher Oberflächenqualität
	BL	mit niedrigem Bornitridgehalt		
	BH	mit hohem Bornitridgehalt		
	BC	BL und BH, aber beschichtet		
 Diamant		Schneidstoff aus Kohlenstoff (C), auch CBN, PKB oder „hochharte Schneidstoffe"	hohe Verschleißfestigkeit, sehr spröde, Temperaturbeständigkeit bis 600 °C, reagiert mit Legierungselementen	Zerspanen von Nichteisenmetallen und Al-Legierungen mit hohem Siliziumgehalt
	DP	polykristalliner Diamant (PKD)		
	DM	monokristalliner Diamant		
 Werkzeugstahl[2]	HS	Hochleistungsschnellarbeitsstahl mit Legierungselementen Wolfram (W), Molybdän (Mo), Vanadium (V) und Cobalt (Co), meist beschichtet mit Titannitrid (TiN)	große Zähigkeit, hohe Biegefestigkeit, geringe Härte, Temperaturbeständigkeit bis 600 °C	bei stark wechselnder Schnittkraft, Kunststoffbearbeitung, für die Zerspanung von Al- und Cu-Legierungen

[1] Kennbuchstabe nach DIN ISO 513

[2] Werkzeugstähle sind nicht in DIN ISO 513 sondern in ISO 4957 enthalten.

F

Schneidstoffe

Klassifizierung und Anwendung harter Schneidstoffe

vgl. DIN ISO 513 (2005-11)

Kennbuchstabe Kennfarbe	Anwendungsgruppe		Werkstück – Werkstoff	Schneidstoffeigenschaften[1)]		Mögliche Schnittwerte[1)]	
				Verschleißfestigkeit	Zähigkeit	Schnittgeschwindigkeit	Vorschub
Stahl							
P blau	P01 P10 P20 P30 P40 P50	P05 P15 P25 P35 P45	alle Arten von Stahl und Stahlguss, ausgenommen nichtrostender Stahl mit austenitischem Gefüge	↑	↓	↑	↓
Nichtrostender Stahl							
M gelb	M01 M10 M20 M30 M40	M05 M15 M25 M35	nichtrostender austenitischer und austenitisch-ferritischer Stahl und Stahlguss	↑	↓	↑	↓
Gusseisen							
K rot	K01 K10 K20 K30 K40	K05 K15 K25 K35	Gusseisen mit Lamellen- und Kugelgrafit, Temperguss	↑	↓	↑	↓
Nichteisenmetalle und Nichtmetallwerkstoffe							
N grün	N01 N10 N20 N30	N05 N15 N25	Aluminium und andere Nichteisenmetalle (z. B. Cu, Mg), Nichtmetallwerkstoffe (z. B. GFK, CFK)	↑	↓	↑	↓
Speziallegierungen und Titan							
S braun	S01 S10 S20 S30	S05 S15 S25	hochwarmfeste Speziallegierungen auf der Basis von Eisen, Nickel und Kobalt, Titan und Titanlegierungen	↑	↓	↑	↓
Harte Werkstoffe							
H grau	H01 H10 H20 H30	H05 H15 H25	gehärteter Stahl, gehärtete Gusseisenwerkstoffe, Gusseisen für Kokillenguss	↑	↓	↑	↓

1) in Pfeilrichtung zunehmend

F

Bezeichnung von Wendeschneidplatten für Zerspanwerkzeuge

vgl. DIN ISO 1832 (2005-11)

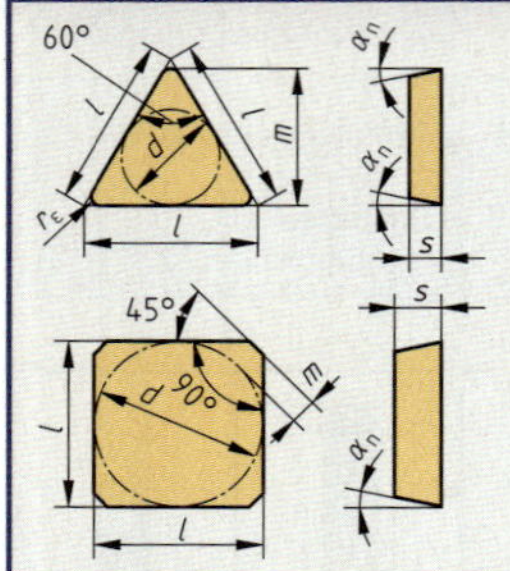

Bezeichnungsbeispiele:

Wendeschneidplatte aus Hartmetall mit Eckenrundungen (DIN 4968) ohne Bohrung

Schneidplatte DIN	**4968**	–	**T**	**N**	**G**	**N**	**16**	**03**	**08**	**T**	–	**P20**

Wendeschneidplatte aus Hartmetall mit Planschneiden (DIN 6590) ohne Bohrung

Schneidplatte DIN	**6590**	–	**S**	**P**	**E**	**N**	**15**	**04**	**ED**		**R**	–	**P10**
	Norm-Nummer		①	②	③	④	⑤	⑥	⑦	⑧	⑨		⑩

① Grundform

gleichseitig, gleichwinklig sowie rund

gleichseitig und ungleichwinklig

ungleichseitig und
L gleichwinklig
A, B, K ungleichwinklig

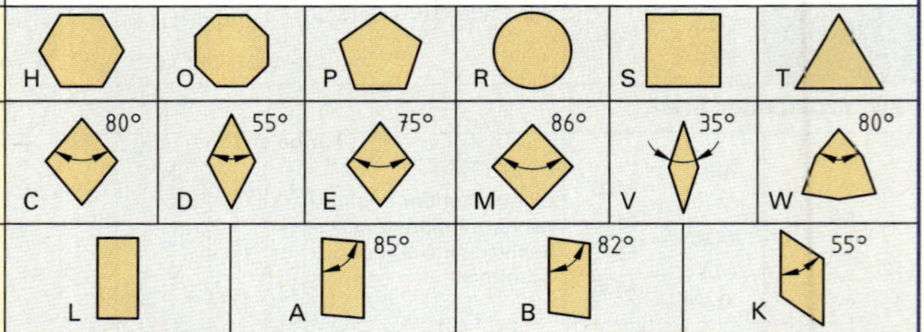

Neben den genormten Formen werden viele firmenspezifische Formen verwendet.

② Normal-Freiwinkel α_n an der Platte

A	B	C	D	E	F	G	N	P	O
3°	5°	7°	15°	20°	25°	30°	0°	11°	bes. Angaben

③ Toleranzklassen

+ höhere Standzeit
+ trocken Werkstück saubere Späne
+ biologisch abbaubar
+ keine Pflege + Entsorgungskosten

Zul. Abw. für	A	F	C	H	E	G
Prüfmaß *d*	± 0,025	± 0,013	± 0,025	± 0,013	± 0,025	
Prüfmaß *m*	± 0,005		± 0,013		± 0,025	
Plattendicke *s*	± 0,025		± 0,025		± 0,025	± 0,09
Zul. Abw. für	**J**	**K**	**L**	**M**	**N**	**U**
Prüfmaß *d*	± 0,05 … ± 0,15			± 0,05 … ± 0,15		± 0,16
Prüfmaß *m*	± 0,005	± 0,013	± 0,025	± 0,08 … ± 0,20		± 0,25
Plattendicke *s*	± 0,025			± 0,09	± 0,025	± 0,13

④ Spanflächen und Befestigungsmerkmale

+ geringerer Verbrauch
+ sauber, besser für MA & Umwelt

N		K		B	
R		W		H	
F		T		C	
A		Q		J	
M		U		X	bes. Angaben

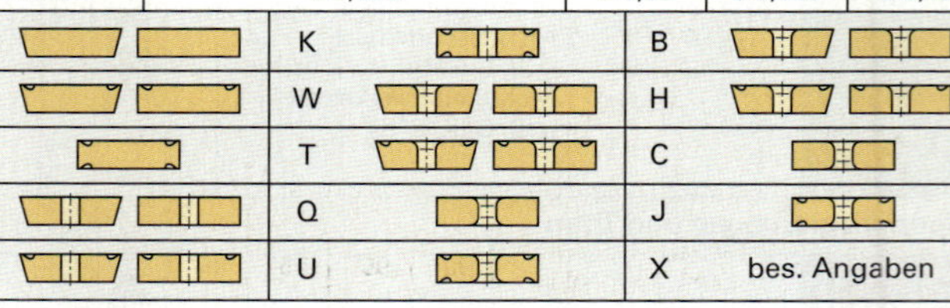

F

⑤ Plattengröße

Als Schneidenlänge wird bei ungleichseitigen Platten die längere Schneide angegeben, bei runden Platten der Durchmesser.

⑥ Plattendicke

Die Plattendicke wird ohne Dezimalstellen in mm angegeben.

⑦ Ausführung der Schneidenecke

Kennzahl multipliziert mit Faktor 0,1 = Eckenradius r_ε

1. **Kennbuchstabe** für den Einstellwinkel $\varkappa_r$ der Hauptschneide	A	D	E	F	P
	45°	60°	75°	85°	90°

2. **Kennbuchstabe** für den Freiwinkel α'_n an der Planschneide (Eckenfase)	A	B	C	D	E	F	G	N	P
	3°	5°	7°	15°	20°	25°	30°	0°	11°

⑧ Schneide

F scharf | E gerundet | T gefast | S gefast und gerundet | K doppelgefast | P doppelgefast und gerundet

⑨ Schneidrichtung

R rechtsschneidend | L linksschneidend | N rechts- und linksschneidend

⑩ Schneidstoff

Hartmetall mit Zerspanungs-Anwendungsgruppe oder Schneidkeramik

Bezeichnung von Klemmhaltern und Kurzklemmhaltern

vgl. DIN 4983 (2004-07)

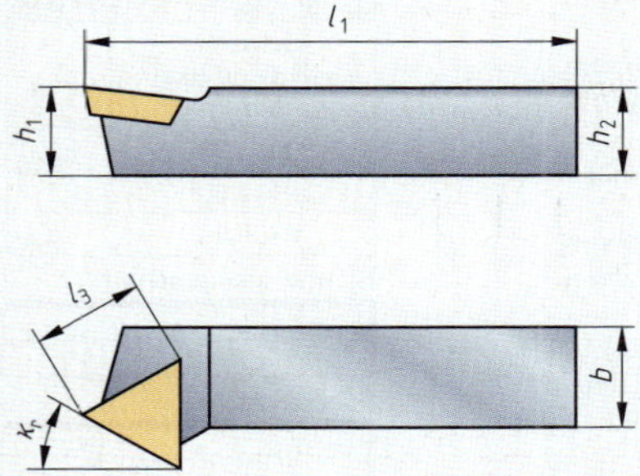

Bezeichnungsbeispiel:

Halter DIN 4984 – C T W N R 32 25 M 16

- Norm-Nummer des Halters → DIN 4984
- Art der Befestigung → C
- Grundform der Wendeschneidplatte[1] → T
- Form des Halters → W
- Normal-Freiwinkel der Platte[1] α_n → N
- Ausführung des Halters → R
- Höhe der Schneidecke $h_1 = h_2$ in mm → 32
- Schaftbreite b in mm → 25
- Länge des Halters l_1 in mm → M
- Größe der Wendeschneidplatte[1] → 16

[1] Wendeschneidplatten Seite 296

Kennzeichen	Ausführungen												
Platten-befestigung	Kennbuchstabe	C			M			P			S		
		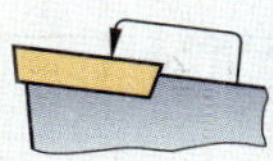			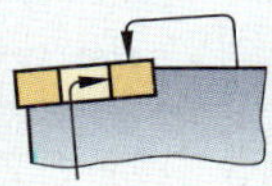			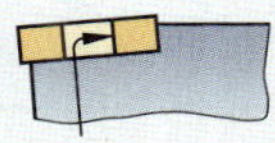			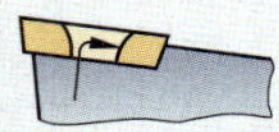		
	Befestigung der Wendeschneid-platte	von oben geklemmt			von oben und über Bohrung geklemmt			über Bohrung geklemmt			durch Befesti-gungssenkung geschraubt		
Form des Halters gerade 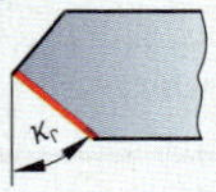	Kennbuchstabe	A	B	D	E	M	N	V	G	H	J	R	T
	Seiten-Einstellwinkel κ_r	90°	75°	45°	60°	50°	63°	72,5°	90°	107,5°	93°	75°	60°
	Schaftausführung	gerade							abgesetzt				
abgesetzt 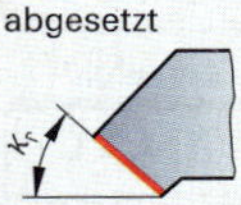	Kennbuchstabe	C	F	K	S	U	W	Y	Form D und S auch mit runden Wendeschneid-platten der Grundform R				
	Seiten-Einstellwinkel κ_r	90°	90°	75°	45°	93°	60°	85°					
	Schaftausführung	gerade	abgesetzt										
Ausführung des Halters	Kennbuchstabe	R	rechter Halter			L	linker Halter			N	neutral (beidseitig)		
Länge des Halters	Kennbuchstabe	A	B	C	D	E	F	G	H	J	K	L	M
	l_1 in mm	32	40	50	60	70	80	90	100	110	125	140	150
	Kennbuchstabe	N	P	Q	R	S	T	U	V	W	X	Y	
	l_1 in mm	160	170	180	200	250	300	350	400	450	Sonderlänge		500
⇒	**Halter DIN 4984 – CTWNR 3225 M 16:** Klemmhalter mit Vierkantschaft, von oben geklemmte (C), dreieckige Wendeschneidplatte (T), $\kappa_r = 60°$ (W), $\alpha_n = 0°$ (N), rechte Ausführung (R), $h_1 = h_2 = 32$ mm, $b = 25$ mm, $l_1 = 150$ mm (M), $l_3 = 16{,}5$ mm (16).												

F

Kräfte und Leistungen beim Drehen und Bohren

Drehen

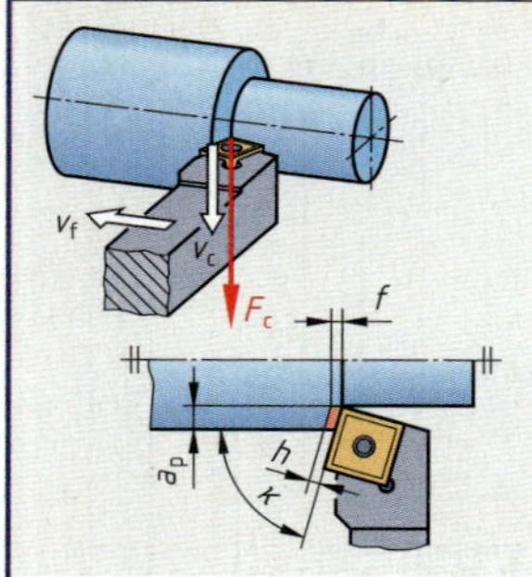

F_c Schnittkraft in N
A Spanungsquerschnitt in mm²
a_p Schnitttiefe in mm
f Vorschub je Umdrehung in mm
h Spanungsdicke in mm
$\varkappa$ Einstellwinkel in Grad (°)
C Korrekturfaktor für die Schnittgeschwindigkeit
v_c Schnittgeschwindigkeit in m/min
k_c spezifische Schnittkraft in N/mm² (Seite 299)
P_c Schnittleistung in kW
P_1 Antriebsleistung der Maschine in kW
η Wirkungsgrad der Maschine

Korrekturfaktor C für die Schnittgeschwindigkeit	
Schnittgeschwindigkeit v_c in m/min	C
10... 30	1,3
31... 80	1,1
81...400	1,0

Spanungsquerschnitt

$$A = a_p \cdot f$$

Schnittkraft

$$F_c = A \cdot k_c \cdot C$$

Spanungsdicke

$$h = f \cdot \sin\varkappa$$

Schnittleistung

$$P_c = F_c \cdot v_c$$

Antriebsleistung

$$P_1 = \frac{P_c}{\eta}$$

Beispiel:

Welle aus 16MnCr5, $a_p = 5$ mm, $f = 0{,}32$ mm, $v_c = 110$ m/min, $\varkappa = 75°$.

Gesucht: h; k_c; C; A; F_c; P_1 bei $\eta = 0{,}75$

Lösung:

$\boldsymbol{h} = f \cdot \sin\varkappa = 0{,}32\ \text{mm} \cdot \sin 75° = \mathbf{0{,}31\ mm}$

$\boldsymbol{k_c} = \mathbf{3735\ N/mm^2}$ (Tabelle Seite 299),

$\boldsymbol{C} = \mathbf{1{,}0}$ (Tabelle Korrekturfaktor C)

$\boldsymbol{A} = a_p \cdot f = 5\ \text{mm} \cdot 0{,}32\ \text{mm} = \mathbf{1{,}6\ mm^2}$

$\boldsymbol{F_c} = A \cdot k_c \cdot C = 1{,}6\ \text{mm}^2 \cdot 3735\ \frac{\text{N}}{\text{mm}^2} \cdot 1{,}0 = \mathbf{5976\ N}$

$\boldsymbol{P_1} = \frac{P_c}{\eta} = \frac{F_c \cdot v_c}{\eta} = \frac{5976\ \text{N} \cdot 110\ \text{m}}{0{,}75 \cdot 60\ \text{s}} = 14608\ \text{W} = \mathbf{14{,}6\ kW}$

Bohren

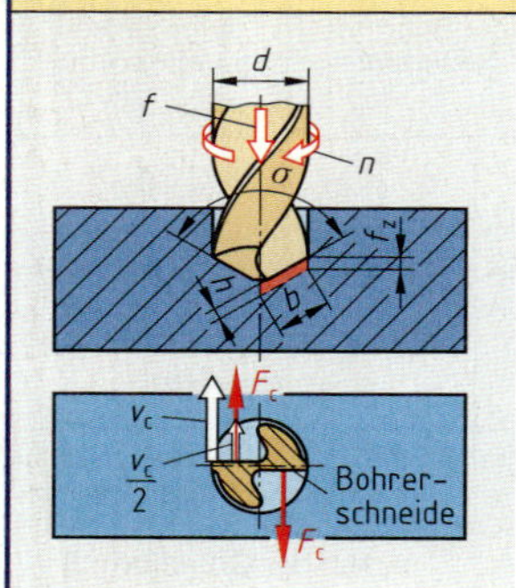

F_c Schnittkraft je Schneide in N
z Anzahl der Schneiden (Spiralbohrer $z = 2$)
A Spanungsquerschnitt in mm²
d Bohrerdurchmesser in mm
f Vorschub je Umdrehung in mm
f_z Vorschub je Schneide in mm
σ Spitzenwinkel in Grad (°)
h Spanungsdicke in mm
C Korrekturfaktor für die Schnittgeschwindigkeit
v_c Schnittgeschwindigkeit in m/min
k_c spezifische Schnittkraft in N/mm² (Seite 299)
P_c Schnittleistung in kW
P_1 Antriebsleistung der Maschine in kW
η Wirkungsgrad der Maschine

Korrekturfaktor C für die Schnittgeschwindigkeit	
Schnittgeschwindigkeit v_c in m/min	C
10...30	1,3
31...80	1,1

Spanungsquerschnitt je Schneide

$$A = \frac{d \cdot f}{4}$$

Schnittkraft je Schneide[1)]

$$F_c = 1{,}2 \cdot A \cdot k_c \cdot C$$

Spanungsdicke

$$h = \frac{f}{2} \cdot \sin\frac{\sigma}{2}$$

Schnittleistung

$$P_c = \frac{z \cdot F_c \cdot v_c}{2}$$

Antriebsleistung

$$P_1 = \frac{P_c}{\eta}$$

F

Beispiel:

Werkstoff 42CrMo4, $d = 16$ mm, $v_c = 28$ m/min, $f = 0{,}18$ mm, $\sigma = 118°$

Gesucht: h; k_c; C; A; F_c; P_c

Lösung:

$\boldsymbol{h} = \frac{f}{2} \cdot \sin\frac{\sigma}{2} = \frac{0{,}18\ \text{mm}}{2} \cdot \sin 59° = \mathbf{0{,}08\ mm}$

$\boldsymbol{k_c} = \mathbf{6265\ N/mm^2}$ (Tabelle Seite 299),

$\boldsymbol{A} = \frac{d \cdot f}{4} \cdot \frac{16\ \text{mm} \cdot 0{,}18\ \text{mm}}{4} = \mathbf{0{,}72\ mm^2}$

$\boldsymbol{C} = \mathbf{1{,}3}$ (Tabelle Korrekturfaktor C)

$\boldsymbol{F_c} = 1{,}2 \cdot A \cdot k_c \cdot C = 1{,}2 \cdot 0{,}72\ \text{mm}^2 \cdot 6265\ \frac{\text{N}}{\text{mm}^2} \cdot 1{,}3 = \mathbf{7037\ N}$

$\boldsymbol{P_c} = \frac{z \cdot F_c \cdot v_c}{2} \cdot \frac{2 \cdot 7037\ \text{N} \cdot 28\ \text{m}}{60\ \text{s} \cdot 2} = 3284\ \frac{\text{N} \cdot \text{m}}{\text{s}} = 3284\ \text{W} = \mathbf{3{,}3\ kW}$

1) Die Werte der spezifischen Schnittkraft k_c werden in Drehversuchen ermittelt. Die Umrechnung auf das Bohren erfolgt durch den Faktor 1,2 in der Formel.

Spezifische Schnittkraft

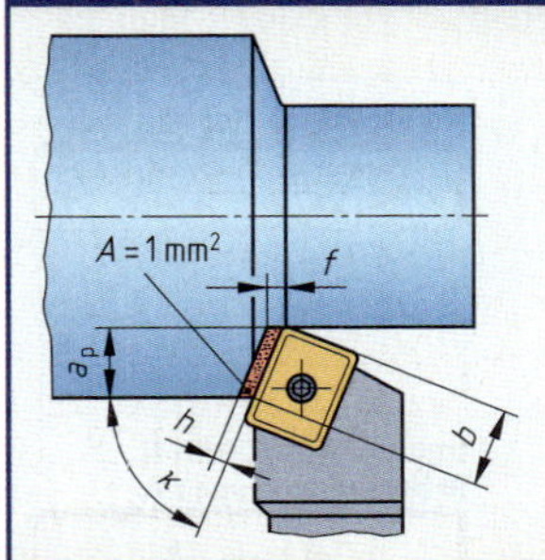

Die spezifische Schnittkraft k_c wird benötigt, um einen Span mit dem Spanungsquerschnitt $A = 1\ mm^2$ vom Werkstück zu trennen. Die Werte werden in Drehversuchen ermittelt. Sie bilden die Grundlage zur Berechnung der Schnittkräfte und der Antriebsleistungen bei spanenden Bearbeitungsverfahren.

k_c spezifische Schnittkraft in N/mm²
h Spanungsdicke in mm
f Vorschub in mm
a_p Schnitttiefe in mm
$\varkappa$ Einstellwinkel in Grad (°)

Die Spanungsdicke h hängt vom Bearbeitungsverfahren ab.
Berechnung der Spanungsdicken: Seite 298 und Seite 300.

Richtwerte für die spezifische Schnittkraft[1)]

Werkstoff	spezifische Schnittkraft k_c in N/mm² für die Spanungsdicke h in mm												
	0,05	0,08	0,10	0,15	0,20	0,25	0,30	0,40	0,50	0,80	1,00	1,50	2,00
S235	3850	3555	3425	3195	3040	2930	2840	2705	2605	2405	2315	2160	2055
E295	5635	4990	4705	4235	3930	3710	3535	3285	3100	2740	2585	2330	2160
E355	4565	4215	4055	3785	3605	3470	3365	3205	3085	2850	2745	2560	2340
C15, C15E	4575	4125	3925	3590	3370	3210	3085	2895	2755	2485	2365	2165	2030
C35, C35E	4425	3895	3670	3290	3045	2865	2725	2525	2375	2095	1970	1765	1635
C45, C45E	4760	4210	3975	3575	3320	3130	2985	2770	2615	2315	2185	1965	1825
C60, C60E	4750	4365	4190	3895	3700	3555	3440	3265	3135	2880	2770	2575	2445
11SMnPb30	2675	2460	2360	2195	2085	2000	1935	1840	1765	1625	1560	1450	1375
16MnCr5	5950	5265	4965	4470	4150	3915	3735	3465	3270	2895	2730	2455	2280
20MnCr5	5775	5135	4855	4385	4085	3860	3690	3435	3245	2885	2730	2475	2295
18CrMo4	4955	4575	4405	4110	3915	3770	3655	3480	3350	3095	2975	2780	2645
34CrAlMo5	4930	4360	4115	3705	3435	3245	3095	2870	2710	2395	2260	2035	1890
42CrMo4	7080	6265	5915	5320	4940	4660	4445	4125	3890	3445	3250	2925	2715
50CrV4	6290	5565	5250	4725	4385	4140	3945	3660	3455	3060	2885	2595	2410
102Cr6	5895	4910	4500	3840	3435	3145	2930	2620	2400	2000	1835	1565	1400
90MnCrV8	5610	5080	4850	4455	4195	4000	3850	3625	3460	3135	2990	2745	2585
X210CrW12	5155	4565	4305	3875	3595	3395	3235	3005	2835	2510	2365	2130	1975
X5CrNi18-10	5730	5190	4955	4550	4285	4085	3935	3705	3535	3200	3055	2805	2640
X30Cr13	5155	4565	4305	3875	3595	3395	3235	3005	2835	2510	2365	2130	1975
TiAl6V4	3340	3025	2890	2655	2495	2385	2295	2160	2060	1985	1780	1635	1540
GJL-150	2315	2100	2005	1840	1730	1650	1590	1500	1430	1295	1235	1135	1065
GJL-200	2805	2495	2360	2130	1985	1875	1790	1670	1575	1405	1325	1200	1115
GJL-400	4165	3685	3480	3130	2905	2740	2615	2425	2290	2025	1910	1720	1595
GJS-400	2765	2455	2325	2100	1955	1845	1765	1645	1555	1380	1305	1180	1100
GJS-600	3200	2955	2845	2655	2530	2435	2360	2250	2165	2000	1925	1795	1710
GJS-800	5500	4470	4055	3390	2985	2710	2500	2200	1995	1625	1470	1230	1085
AlCuMg1	2150	1930	1835	1670	1565	1485	1425	1335	1265	1135	1080	985	920
AlMg3	2020	1810	1725	1570	1470	1395	1340	1250	1190	1065	1015	925	865
AC-AlSi12	2150	1930	1835	1670	1565	1485	1425	1335	1265	1135	1080	985	920
MgAl8Zn	895	820	785	725	690	660	635	605	580	530	505	470	445
CuZn40Pb2	1740	1600	1535	1425	1355	1300	1260	1195	1150	1055	1015	945	895
CuSn7ZnPb	1760	1565	1480	1335	1245	1175	1125	1045	990	880	830	750	700

[1)] Die Richtwerte gelten für Werkzeuge mit Hartmetallschneiden. Durch Werkzeugabnutzung erhöht sich die spezifische Schnittkraft um ca. 30%. Dieser Zuschlag ist in den Tabellenwerten berücksichtigt. Bei den Verfahren Drehen und Bohren (Seite 298) sowie Fräsen (Seite 300) wird der Einfluss der Schnittgeschwindigkeit auf die Richtwerte für die spezifische Schnittkraft in der oberen Tabelle durch Korrekturfaktoren C berücksichtigt.

F

Kräfte und Leistungen beim Fräsen

Planfräsen

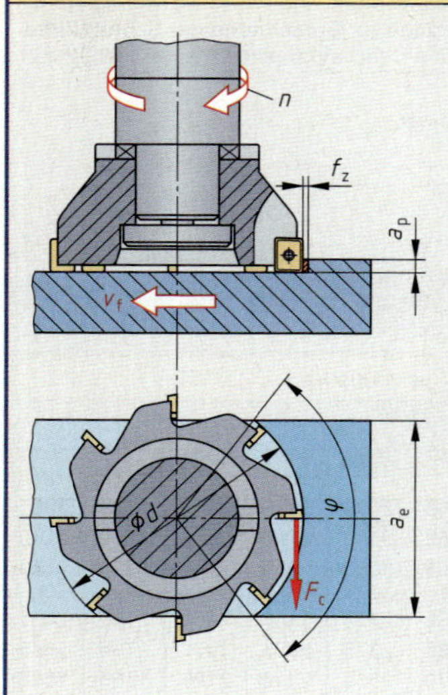

- F_c Schnittkraft je Schneide in N
- A Spanungsquerschnitt je Schneide in mm^2
- a_p Schnitttiefe in mm
- a_e Schnittbreite (Fräsbreite) in mm
- h Spanungsdicke in mm
- f Vorschub je Umdrehung in mm
- f_z Vorschub je Schneide in mm
- d Fräserdurchmesser in mm
- v_c Schnittgeschwindigkeit in m/min
- v_f Vorschubgeschwindigkeit in mm/min
- z Anzahl der Fräserschneiden
- z_e Anzahl der Schneiden im Eingriff
- φ Eingriffwinkel in Grad (°)
- k_c spezifische Schnittkraft in N/mm^2 (Seite 299)
- C Korrekturfaktor für die Schnittgeschwindigkeit
- P_c Schnittleistung in kW
- P_1 Antriebsleistung der Maschine in kW
- η Wirkungsleistung der Maschine

Vorschubgeschwindigkeit

$$v_f = z \cdot f_z \cdot n$$

Spanungsquerschnitt je Schneide

$$A = a_p \cdot f_z$$

Schnittkraft je Schneide[1]

$$F_c = 1{,}2 \cdot A \cdot k_c \cdot C$$

Spanungsdicke für $d = (1{,}2 \dots 1{,}6) \cdot a_e$[2]

$$h \approx f_z$$

Anzahl der Schneiden im Eingriff

$$z_e = z \cdot \frac{\varphi}{360°}$$

Schnittleistung

$$P_c = z_e \cdot F_c \cdot v_c$$

Antriebsleistung

$$P_1 = \frac{P_c}{\eta}$$

Beispiel:

Werkstoff 16MnCr5; d = 180 mm; z = 12; a_e = 120 mm; a_p = 6 mm; f_z = 0,10 mm; v_c = 85 m/min; η = 0,8.

Gesucht: A; h; k_c; F_c; φ; z_e; P_c; P_1

Lösung:

$$A = a_p \cdot f_z = 6\text{ mm} \cdot 0{,}1\text{ mm} = \mathbf{0{,}6\ mm^2}$$

$$h \approx f_z = \mathbf{0{,}1\ mm}$$

$$k_c = \mathbf{4965\ \frac{N}{mm^2}} \text{ (Tabelle Seite 299)}$$

$$F_c = 1{,}2 \cdot A \cdot k_c \cdot C;\ C = 1{,}0 \text{ (Tabelle Korrekturfaktor } C\text{)}$$

$$F_c = 1{,}2 \cdot 0{,}6\text{ mm}^2 \cdot 4965\,\frac{\text{N}}{\text{mm}^2} \cdot 1{,}0\text{ mm} = \mathbf{3575\ N}$$

$$\frac{d}{a_e} = \frac{180\text{ mm}}{120\text{ mm}} = 1{,}5;\ \boldsymbol{\varphi} = \mathbf{83°} \text{ (Tabelle Eingriffswinkel } \varphi\text{)}$$

$$z_e = z \cdot \frac{\varphi}{360°} = 12 \cdot \frac{83°}{360°} = \mathbf{2{,}8}$$

$$P_c = z_e \cdot F_c \cdot v_c = 2{,}8 \cdot 3575\text{ N} \cdot \frac{85\text{ m}}{60\text{ s}} = 14181\,\frac{\text{N}\cdot\text{m}}{\text{s}} \approx \mathbf{14{,}2\ kW}$$

$$P_1 = \frac{P_c}{\eta} = \frac{14{,}2\text{ kW}}{0{,}8} = \mathbf{17{,}8\ kW}$$

F

Eingriffswinkel φ					
d/a_e	φ in °	d/a_e	φ in °	d/a_e	φ in °
1,20	113	1,35	96	1,50	83
1,25	106	1,40	91	1,55	80
1,30	100	1,45	87	1,60	77

$$\frac{d}{a_e} = \frac{\text{Fräserdurchmesser}}{\text{Schnittbreite}}$$

Korrekturfaktor C für die Schnittgeschwindigkeit	
Schnittgeschwindigkeit v_c in m/min	C
30…80	1,1
81…400	1,0

[1] Die Werte der spezifischen Schnittkraft k_c (Seite 299) werden in Drehversuchen ermittelt. Die Umrechnung auf das Fräsen erfolgt durch den Faktor 1,2 in der Formel.

[2] Zur Erzielung günstiger Schnittbedingungen soll der Fräserdurchmesser im Bereich $d = (1{,}2 \dots 1{,}6) \cdot a_e$ gewählt werden.

Bohren

Spiralbohrer aus Schnellarbeitsstahl (HSS)

vgl. DIN 1414-1 (2006-11)

Drallwinkel

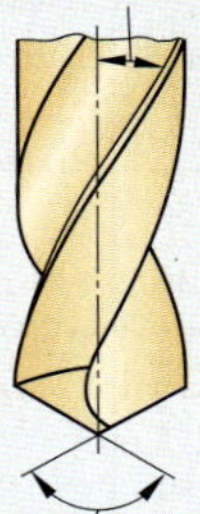

Spitzenwinkel

Typ[1]	Anwendung	Drallwinkel[2]	Spitzenwinkel[3]
N	Universeller Einsatz für Werkstoffe bis $R_m \approx 1000$ N/mm², z. B. Bau-, Einsatz-, Vergütungsstähle	30°…40°	118°
H	Bohren von spröden, kurzspanenden NE-Metallen und Kunststoffen, z. B. CuZn-Legierungen und PMMA (Plexiglas)	13°…19°	118°
W	Bohren von weichen, langspanenden NE-Metallen und Kunststoffen, z. B. Al- und Mg-Legierungen, PA (Polyamid) und PVC	40°…47°	130°

1) Werkzeug-Anwendungsgruppen für HSS-Werkzeuge nach DIN 1835
2) abhängig von Bohrerdurchmesser und Steigung
3) Regelausführung

Richtwerte für das Bohren mit HSS-Spiralbohrern[1]

Werkstoff des Werkstücks: Werkstoffgruppe	Zugfestigkeit R_m in N/mm² bzw. Härte HB	Schnittgeschwindigkeit[2] v_c m/min	Bohrerdurchmesser d in mm: 2…3	>3…6	>6…12	>12…25	>25…50
			Vorschub f in mm/Umdrehung				
Stähle, niedrige Festigkeit	$R_m \le 800$	40	0,05	0,10	0,15	0,25	0,35
Stähle, hohe Festigkeit	$R_m > 800$	20	0,04	0,08	0,10	0,15	0,20
Nichtrostende Stähle	$R_m \ge 800$	12	0,03	0,06	0,08	0,12	0,18
Gusseisen, Temperguss	≤ 250 HB	20	0,10	0,20	0,30	0,40	0,60
Al-Legierungen	$R_m \le 350$	45	0,10	0,20	0,30	0,40	0,60
Cu-Legierungen	$R_m \le 500$	60	0,10	0,15	0,30	0,40	0,60
Thermoplaste	–	50	0,10	0,15	0,30	0,40	0,60
Duroplaste	–	25	0,05	0,10	0,18	0,27	0,35

Richtwerte für das Bohren mit Hartmetallbohrern[1]

Werkstoff des Werkstücks: Werkstoffgruppe	Zugfestigkeit R_m in N/mm² bzw. Härte HB	Schnittgeschwindigkeit[2] v_c m/min	Bohrerdurchmesser d in mm: 2…3	>3…6	>6…12	>12…25	>25…50
			Vorschub f in mm/Umdrehung				
Stähle, niedrige Festigkeit	$R_m \le 800$	90	0,05	0,10	0,15	0,25	0,40
Stähle, hohe Festigkeit	$R_m > 800$	80	0,08	0,13	0,20	0,30	0,40
Nichtrostende Stähle	$R_m \ge 800$	40	0,08	0,13	0,20	0,30	0,40
Gusseisen, Temperguss	≤ 250 HB	100	0,10	0,15	0,30	0,45	0,70
Al-Legierungen	$R_m \le 350$	180	0,15	0,25	0,40	0,60	0,80
Cu-Legierungen	$R_m \le 500$	200	0,12	0,16	0,30	0,45	0,60
Thermoplaste	–	80	0,05	0,10	0,20	0,30	0,40
Duroplaste	–	80	0,05	0,10	0,20	0,30	0,40

Richtwerte bei veränderten Bedingungen

Die Richtwerte für Schnittgeschwindigkeit und Vorschub gelten für **mittlere Bedingungen**:

- Standzeit ca. 30 min
- mittlere Festigkeit des Werkstoffs
- Bohrtiefe < 5 · d
- kurze Bohrer

Die Richtwerte werden bei
- günstigeren Bedingungen **erhöht**,
- ungünstigeren Bedingungen **herabgesetzt**.

1) Kühlschmierung Seiten 292 und 293 2) Werte für beschichtete Bohrer

F

Reiben und Gewindebohren

Richtwerte für das Reiben mit HSS-Reibahlen[1]

Werkstoff des Werkstücks: Werkstoffgruppe	Zugfestigkeit R_m in N/mm² bzw. Härte HB	Schnittgeschwindigkeit v_c m/min	Werkzeugdurchmesser d in mm: 2…3	>3…6	>6…12	>12…25	>25…50	Reibzugabe für d in mm: …20	>20…50
			Vorschub f in mm/Umdrehung						
Stähle, niedrige Festigkeit	$R_m \leq 800$	15	0,06	0,12	0,18	0,32	0,50		
Stähle, hohe Festigkeit	$R_m > 800$	10	0,05	0,10	0,15	0,25	0,40		
Nichtrostende Stähle	$R_m \geq 800$	8	0,05	0,10	0,15	0,25	0,40	0,20	0,30
Gusseisen, Temperguss	≤ 250 HB	15	0,06	0,12	0,18	0,32	0,50		
Al-Legierungen	$R_m \leq 350$	26	0,10	0,18	0,30	0,50	0,80		
Cu-Legierungen	$R_m \leq 500$	26	0,10	0,18	0,30	0,50	0,80		
Thermoplaste	–	14	0,12	0,20	0,35	0,60	1,00	0,30	0,60
Duroplaste	–	14	0,12	0,20	0,35	0,60	1,00		

Richtwerte für das Reiben mit Hartmetall-Reibahlen[1]

Werkstoff des Werkstücks: Werkstoffgruppe	Zugfestigkeit R_m in N/mm² bzw. Härte HB	Schnittgeschwindigkeit v_c m/min	Werkzeugdurchmesser d in mm: 2…3	>3…6	>6…12	>12…25	>25…50	Reibzugabe für d in mm: …20	>20…50
			Vorschub f in mm/Umdrehung						
Stähle, niedrige Festigkeit	$R_m \leq 800$	15	0,06	0,12	0,18	0,32	0,50		
Stähle, hohe Festigkeit	$R_m > 800$	10	0,05	0,10	0,15	0,25	0,40		
Nichtrostende Stähle	$R_m \geq 800$	10	0,05	0,10	0,15	0,25	0,40	0,20	0,30
Gusseisen, Temperguss	≤ 250 HB	25	0,10	0,18	0,28	0,50	0,80		
Al-Legierungen	$R_m \leq 350$	30	0,12	0,20	0,35	0,50	1,00		
Cu-Legierungen	$R_m \leq 500$	30	0,12	0,20	0,35	0,50	1,00		
Thermoplaste	–	20	0,12	0,20	0,35	0,50	1,00	0,30	0,60
Duroplaste	–	30	0,12	0,20	0,35	0,50	1,00		

Richtwerte für das Gewindebohren und Gewindeformen[1]

Werkstoff des Werkstücks: Werkstoffgruppe	Zugfestigkeit R_m in N/mm² bzw. Härte HB	Werkzeug aus HSS: Gewindebohren[2]	Gewindeformen[2]	Werkzeug aus Hartmetall: Gewindebohren[2]	Gewindeformen[2]
		Schnittgeschwindigkeit v_c m/min		Schnittgeschwindigkeit v_c m/min	
Stähle, niedrige Festigkeit	$R_m \leq 800$	40…50	40…50	–	40…60
Stähle, hohe Festigkeit	$R_m > 800$	20…30	15…20	–	20…30
Nichtrostende Stähle	$R_m \geq 800$	8…12	10…20	–	20…30
Gusseisen, Temperguss	≤ 250 HB	15…20	–	25…35	–
Al-Legierungen	$R_m \leq 350$	20…40	30…50	60…80	60…80
Cu-Legierungen	$R_m \leq 500$	30…40	25…35	30…40	50…70
Thermoplaste	–	20…30	–	50…70	–
Duroplaste	–	10…15	–	25…35	–

[1] Kühlschmierung Seiten 292 und 293
[2] Obere Grenzwerte: Werkstoffe der Werkstoffgruppe mit den kleineren Festigkeiten; kurze Gewinde
Untere Grenzwerte: Werkstoffe der Werkstoffgruppe mit den höheren Festigkeiten; lange Gewinde

Drehen

Rautiefe in Abhängigkeit von Eckenradius und Vorschub

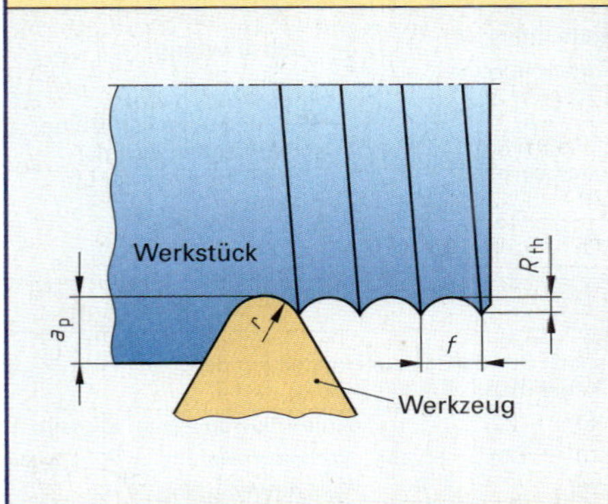

R_{th} theoretische Rautiefe
r Eckenradius
f Vorschub
a_p Schnitttiefe

Beispiel:

R_{th} = 25 µm; r = 1,2 mm; f = ?

$f \approx \sqrt{8 \cdot r \cdot R_{th}}$

$= \sqrt{8 \cdot 1{,}2\ \text{mm} \cdot 0{,}025\ \text{mm}} \approx$ **0,5 mm**

Theoretische Rautiefe

$$R_{th} \approx \frac{f^2}{8 \cdot r}$$

$R_{th} \approx R_z$

Rautiefe R_{th} in µm	Eckenradius r in mm: 0,4	0,8	1,2	1,6
	Vorschub f in mm			
1,6	0,07	0,10	0,12	0,14
4	0,11	0,16	0,20	0,23
10	0,18	0,25	0,31	0,36
16	0,23	0,32	0,39	0,45
25	0,28	0,40	0,49	0,57

Richtwerte für das Drehen mit HSS-Werkzeugen[1)2)]

Werkstoff des Werkstücks: Werkstoffgruppe	Zugfestigkeit R_m in N/mm² bzw. Härte HB	Schnittgeschwindigkeit v_c in m/min	Vorschub f in mm	Schnitttiefe a_p in mm
Stähle, niedrige Festigkeit	$R_m \le 800$	40…80	0,1…0,5	0,5…4,0
Stähle, hohe Festigkeit	$R_m > 800$	30…60		
Nichtrostende Stähle	$R_m \ge 800$	30…60		
Gusseisen, Temperguss	≤ 250 HB	20…35		
Al-Legierungen	$R_m \le 350$	120…180		
Cu-Legierungen	$R_m \le 500$	100…125		
Thermoplaste	–	100…500		
Duroplaste	–	80…400		

Richtwerte für das Drehen mit beschichteten Hartmetall-Werkzeugen[2)]

Werkstoff des Werkstücks: Werkstoffgruppe	Zugfestigkeit R_m in N/mm² bzw. Härte HB	Schnittgeschwindigkeit v_c in m/min	Vorschub f in mm	Schnitttiefe a_p in mm
Stähle, niedrige Festigkeit	$R_m \le 800$	200…350	0,1…0,5	0,3…5,0
Stähle, hohe Festigkeit	$R_m > 800$	100…200		
Nichtrostende Stähle	$R_m \ge 800$	80…200		
Gusseisen, Temperguss	≤ 250 HB	100…300		
Al-Legierungen	$R_m \le 350$	400…800		
Cu-Legierungen	$R_m \le 500$	150…300		
Thermoplaste	–	500…2000		
Duroplaste	–	400…1000		

Anwendung der Schnittdatenbereiche

Beispiel: Richtwerte für das Drehen von Stählen mit niedriger Festigkeit mit Hartmetall-Werkzeugen

Obere Werte	Anwendung	Untere Werte	Anwendung
v_c = 350 m/min	• Fertigbearbeitung (Schlichten) • stabiles Werkzeug und Werkstück	v_c = 200 m/min	• Vorbearbeitung (Schruppen) • unstabiles Werkzeug oder Werkstück
f = 0,5 mm, a_p = 5,0 mm	• Vorbearbeitung (Schruppen) • stabiles Werkzeug und Werkstück	f = 0,1 mm, a_p = 0,3 mm	• Fertigbearbeitung (Schlichten) • unstabiles Werkzeug oder Werkstück

1) Die HSS-Drehwerkzeuge wurden weitgehend durch Drehwerkzeuge mit Hartmetall-Wendeschneidplatten verdrängt.

2) Kühlschmierung Seiten 292 und 293

F

Kegeldrehen

Bezeichnungen am Kegel

vgl. DIN ISO 3040 (1991-09)

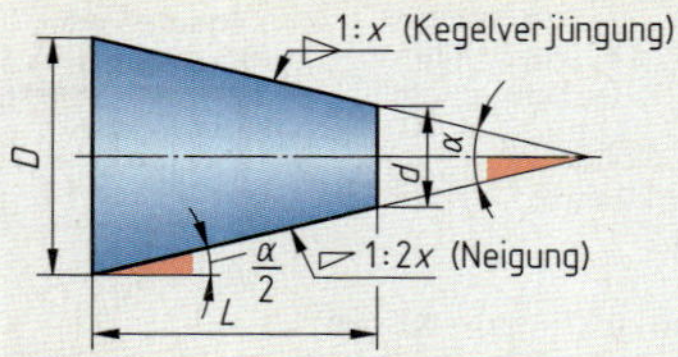

D großer Kegeldurchmesser
d kleiner Kegeldurchmesser
L Kegellänge
α Kegelwinkel
$\frac{\alpha}{2}$ Kegelerzeugungswinkel (Einstellwinkel)
C Kegelverjüngung

$\frac{C}{2}$ Kegelneigung

1: *x* Kegelverjüngung: Auf eine Kegellänge von *x* mm ändert sich der Kegeldurchmesser um 1 mm.

Kegeldrehen auf CNC-Drehmaschinen

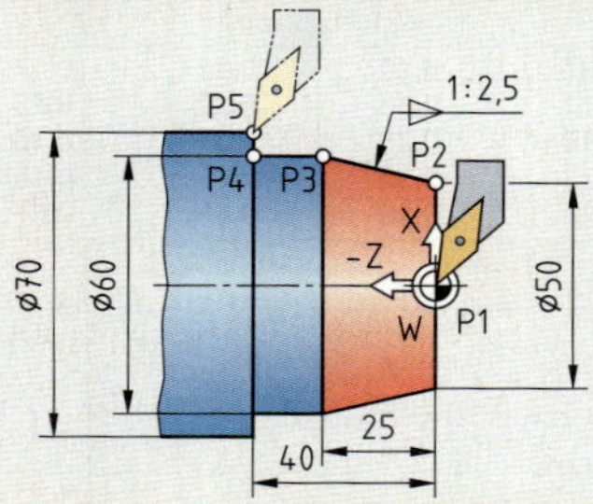

CNC-Programm nach DIN 66025[1] zur Herstellung des Werkstücks mit Kegel (Bild):

N10	G00	X0	Z2		Anfahrbewegung im Eilgang
N20	G01	X0	Z0	F0.15	Verfahrbewegung zu P1
N30	G01	X50			Verfahrbewegung zu P2
N40	G01	X60	Z-25		Verfahrbewegung zu P3
N50	G01		Z-40		Verfahrbewegung zu P4
N60	G01	X72			Verfahrbewegung über P5
N70	G00	X100	Z150		Werkzeugwechselpunkt

[1] vgl. Seite 387

Kegeldrehen durch Einstellen des Oberschlittens

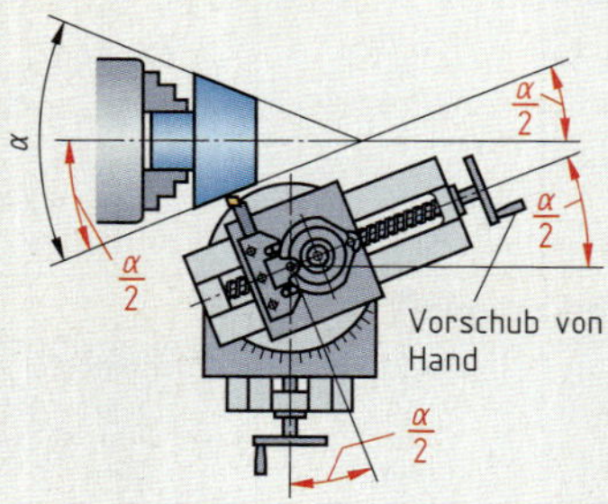

Beispiel:

$D = 225$ mm, $d = 150$ mm, $L = 100$ mm;

$\frac{\alpha}{2} = ?$; $C = ?$

$$\tan\frac{\alpha}{2} = \frac{D-d}{2 \cdot L} = \frac{(225-150)\text{ mm}}{2 \cdot 100\text{ mm}} = 0{,}375$$

$$\frac{\alpha}{2} = \mathbf{20{,}556° = 20° \, 33' \, 22''}$$

$$C = \frac{D-d}{L} = \frac{(225-150)\text{ mm}}{100\text{ mm}} = 0{,}75 = \mathbf{1 : 1{,}33}$$

Einstellwinkel

$$\tan\frac{\alpha}{2} = \frac{C}{2}$$

$$\tan\frac{\alpha}{2} = \frac{D-d}{2 \cdot L}$$

Kegelverjüngung

$$C = \frac{D-d}{L}$$

$$C = 1 : x$$

Kegeldrehen durch Verstellen des Reitstocks

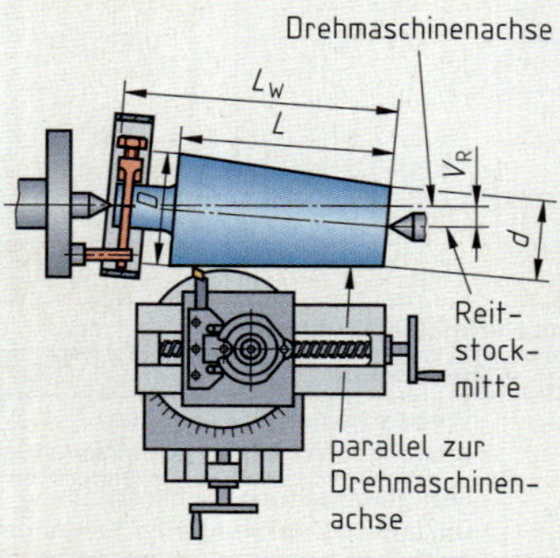

V_R	Reitstockverstellung
$V_{R\,max}$	maximal zulässige Reitstockverstellung
L_W	Werkstücklänge

Beispiel:

$D = 20$ mm; $d = 18$ mm;
$L = 80$ mm; $L_W = 100$ mm
$V_R = ?$; $V_{R\,max} = ?$

$$V_R = \frac{D-d}{2} \cdot \frac{L_W}{L} = \frac{(20-18)\text{ mm}}{2} \cdot \frac{100\text{ mm}}{80\text{ mm}} = \mathbf{1{,}25\text{ mm}}$$

$$V_{R\,max} \le \frac{L_W}{50} = \frac{100\text{ mm}}{50} = \mathbf{2\text{ mm}}$$

Reitstockverstellung

$$V_R = \frac{C}{2} \cdot L_W$$

$$V_R = \frac{D-d}{2} \cdot \frac{L_W}{L}$$

Maximal zulässige Reitstockverstellung[1]

$$V_{R\,max} \le \frac{L_W}{50}$$

[1] Bei zu großer Reitstockverstellung kann das Werkstück nicht mehr sicher zwischen Spitzen gespannt werden.

F

Fräsen

Richtwerte für das Fräsen mit HSS-Fräsern

Werkstoff des Werkstücks: Werkstoffgruppe	Zugfestigkeit R_m in N/mm² bzw. Härte HB	Schnittgeschwindigkeit v_c in m/min	Vorschub f_z in mm: Fräser (außer Schaftfräser)	Schaftfräser d in mm: 6	12	20
Stähle, niedrige Festigkeit	$R_m \leq 800$	50…100	0,05…0,15	0,06	0,08	0,10
Stähle, hohe Festigkeit	$R_m > 800$	30… 60				
Nichtrostende Stähle	$R_m \geq 800$	15… 30				
Gusseisen, Temperguss	≤ 250 HB	25… 40				
Al-Legierungen	$R_m \leq 350$	50…150				
Cu-Legierungen	$R_m \leq 500$	50…100				
Thermoplaste	–	100…400	0,10…0,20	0,10	0,15	0,20
Duroplaste	–	100…400				

Richtwerte für das Fräsen mit beschichteten Hartmetallen

Werkstoff des Werkstücks: Werkstoffgruppe	Zugfestigkeit R_m in N/mm² bzw. Härte HB	Schnittgeschwindigkeit v_c in m/min	Vorschub f_z in mm: Fräser (außer Schaftfräser)	Schaftfräser d in mm: 6	12	20
Stähle, niedrige Festigkeit	$R_m \leq 800$	200… 400	0,05…0,15	0,06	0,08	0,10
Stähle, hohe Festigkeit	$R_m > 800$	150… 300				
Nichtrostende Stähle	$R_m \geq 800$	150… 300				
Gusseisen, Temperguss	≤ 250 HB	150… 300				
Al-Legierungen	$R_m \leq 350$	400… 800				
Cu-Legierungen	$R_m \leq 500$	200… 400				
Thermoplaste	–	500…1500	0,10…0,20	0,10	0,15	0,20
Duroplaste	–	400…1000				

Erhöhung des empfohlenen Vorschubes je Zahn f_z beim Nutenfräsen mit Scheibenfräsen

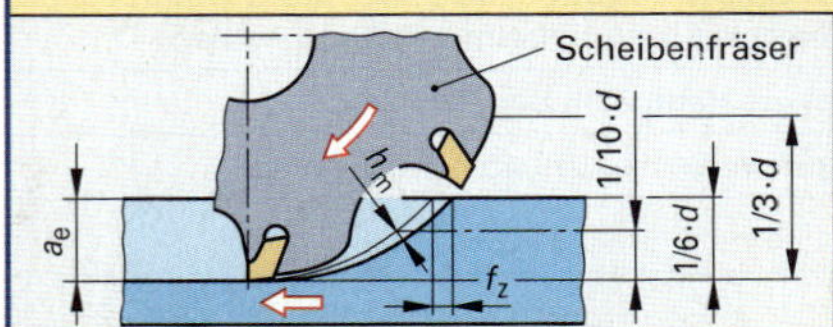

Vorschub je Zahn	Schnitttiefe a_e, bezogen auf den Fräser-Ø d: 1/3 · d	1/6 · d	1/10 · d	1/20 · d
Erhöhung	$1 \cdot f_z$	$1{,}15 \cdot f_z$	$1{,}45 \cdot f_z$	$2 \cdot f_z$
einzustellen	0,25 mm	0,29 mm	0,36 mm	0,50 mm

Bedeutung der Schnittdatenbereiche

Beispiel: Richtwerte für das Fräsen von Stählen mit niedriger Festigkeit mit HSS-Fräsern

Obere Werte	Anwendung	Untere Werte	Anwendung
v_c = 100 m/min	• Fertigbearbeitung (Schlichten) • stabiles Werkzeug und Werkstück	v_c = 50 m/min	• Vorbearbeitung (Schruppen) • unstabiles Werkzeug oder Werkstück
f_z = 0,15 mm	• Vorbearbeitung (Schruppen) • stabiles Werkzeug und Werkstück	f_z = 0,05 mm	• Fertigbearbeitung (Schlichten) • unstabiles Werkzeug oder Werkstück

Berechnung der einzustellenden Vorschubgeschwindigkeit

v_f Vorschubgeschwindigkeit in mm/min
f_z Vorschub je Zahn in mm
n Drehzahl des Fräsers in 1/min
z Zähnezahl des Fräsers

Vorschubgeschwindigkeit

$$v_f = n \cdot f_z \cdot z$$

Beispiel:

v_c = 100 m/min; d = 40 mm; f_z = 0,12 mm; z = 10

$n = \frac{v_c}{\pi \cdot d} = \frac{100 \text{ m/min}}{\pi \cdot 0{,}04 \text{ m}} = 796 \text{ 1/min}$; $\quad \mathbf{v_f} = n \cdot f_z \cdot z = 796\text{/min} \cdot 0{,}12 \text{ mm} \cdot 10 = \mathbf{955 \text{ mm/min}}$

Probleme und deren Abhilfe beim Bohren, Drehen und Fräsen

Verfahren und Probleme[1]								mögliche Abhilfe-Maßnahmen
Bohren								
Bohrerspitze zerstört	Verschleiß am Außendurchmesser	Übermaß der Bohrung	Spänestau in den Spannuten	Ausbröckelung der Kanten	Bohrung unrund	Geringe Standlänge	Vibrationen	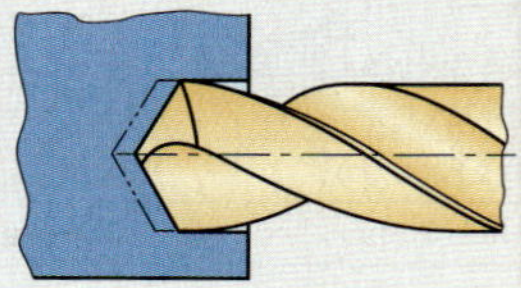
•	•	•		•				Schneidengeometrie überprüfen
			•			•		Kühlschmierstoffzufuhr erhöhen
		⇓	⇓		⇓		⇓	Vorschub verkleinern
			⇑	⇑				Schnittgeschwindigkeit vergrößern
•	•		•			•	•	Auskraglänge verkleinern
•	•	•	•			•	•	Schnittwerte überprüfen
•	•			•		•		Hartmetallsorte prüfen
Drehen								
Hoher Verschleiß (Frei- u. Spanfläche)	Deformation der Schneidkante	Bildung von Aufbauschneiden	Risse senkrecht zur Schneidkante	Ausbröckelung der Schneidkanten	Bruch der Wendeschneidplatte	Lange Spiralspäne	Vibrationen	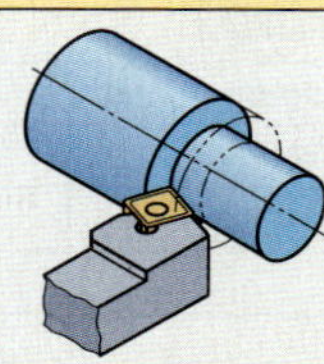
⇓	⇓	⇑		⇑			⇓	Schnittgeschwindigkeit v_c ändern
					⇓	⇑	⇑	Vorschub f ändern
					⇓		⇓	Schnitttiefe verringern
•	•							verschleißfestere Hartmetall-Sorte wählen
			•	•	•			zähere Hartmetall-Sorte wählen
•		•		•			•	positive Schneidengeometrie wählen
Fräsen								
Hoher Verschleiß (Frei- u. Spanfläche)	Deformation der Schneidkante	Bildung von Aufbauschneiden	Risse senkrecht zur Schneidkante	Ausbröckelung der Schneidkanten	Bruch der Wendeschneidplatte	Schlechte Oberflächengüte	Vibrationen	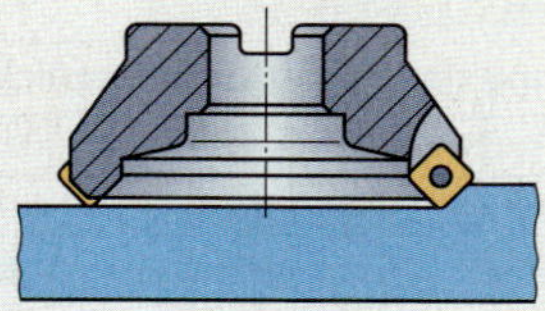
⇓	⇓	⇑	⇓	⇑				Schnittgeschwindigkeit v_c ändern
⇑		⇑		⇑	⇓	⇓	⇑	Vorschub f_z ändern
	•					•		verschleißfestere Hartmetall-Sorte wählen
			•	•	•			zähere Hartmetall-Sorte wählen
							•	Fräser mit weiter Teilung verwenden
						•	•	Fräserposition ändern
		•	•	•				trocken fräsen

[1] • zu lösendes Problem ⇑ Schnittwert erhöhen ⇓ Schnittwert verkleinern

Teilen mit dem Teilkopf

Direktes Teilen

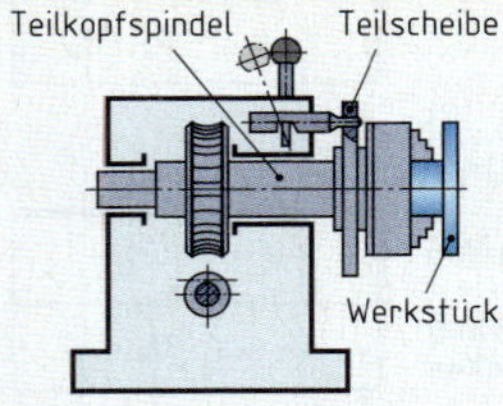

Schnecke außer Eingriff

Beim direkten Teilen wird die Teilkopfspindel mit der Teilscheibe und dem Werkstück um den gewünschten Teilschritt gedreht. Dabei sind Schnecke und Schneckenrad außer Eingriff.

T Teilzahl
α Winkelteilung
n_L Anzahl der Löcher der Teilscheibe
n_l Teilschritt; Anzahl der weiterzuschaltenden Lochabstände

Beispiel:

$n_L = 24;\ T = 8;\ n_l = ?$ $\mathbf{n_l} = \frac{n_L}{T} = \frac{24}{8} = \mathbf{3}$

Teilschritt

$$n_l = \frac{n_L}{T}$$

$$n_l = \frac{\alpha \cdot n_L}{360°}$$

Indirektes Teilen

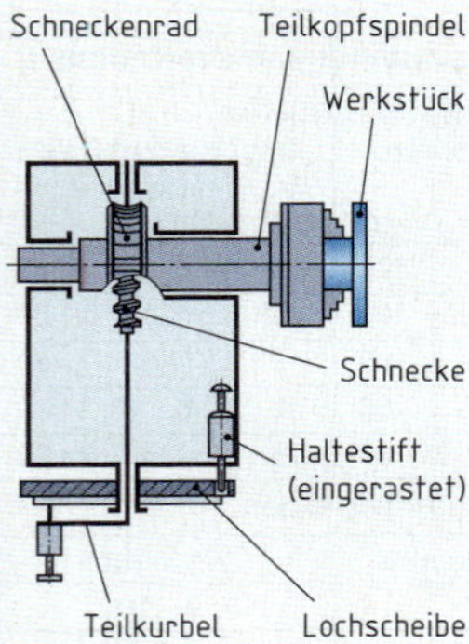

Beim indirekten Teilen wird die Teilkopfspindel durch die Schnecke über das Schneckenrad angetrieben.

T Teilzahl
α Winkelteilung
i Übersetzungsverhältnis des Teilkopfs
n_k Teilschritt; Anzahl der Teilkurbelumdrehungen für eine Teilung

Beispiel 1:

$T = 68;\ i = 40;\ n_k = ?$ $\mathbf{n_k} = \frac{i}{T} = \frac{40}{68} = \mathbf{\frac{10}{17}}$

Beispiel 2:

$\alpha = 37{,}2°;\ i = 40;\ n_k = ?$

$\mathbf{n_k} = \frac{i \cdot \alpha}{360°} = \frac{40 \cdot 37{,}2°}{360°} = \frac{37{,}2}{9} = \frac{186}{9 \cdot 5} = \mathbf{4\frac{2}{15}}$

Teilschritt

$$n_k = \frac{i}{T}$$

$$n_k = \frac{i \cdot \alpha}{360°}$$

Lochkreise der Lochscheiben					
15	16	17	18	19	20
21	23	27	29	31	33
37	39	41	43	47	49
oder					
17	19	23	24	26	27
28	29	30	31	33	37
39	41	42	43	47	49
51	53	57	59	61	63

Ausgleichsteilen (Differenzialteilen)

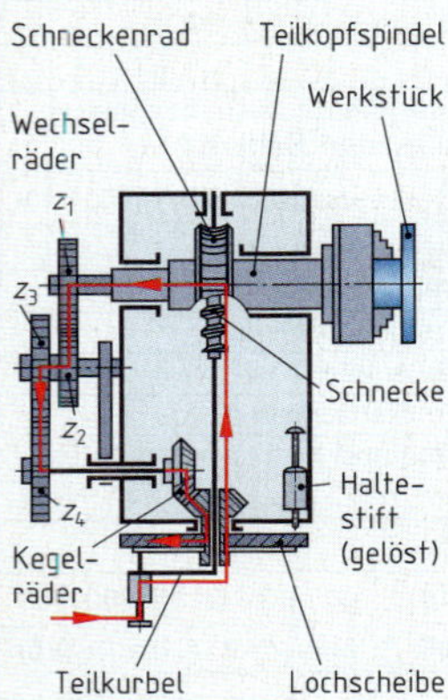

Beim Ausgleichsteilen wird die Teilkopfspindel wie beim indirekten Teilen über Schnecke und Schneckenrad angetrieben. Gleichzeitig dreht aber die Teilkopfspindel über Wechselräder die Lochscheibe mit.

T Teilzahl
α Winkelteilung
T' Hilfsteilzahl
i Übersetzungsverhältnis des Teilkopfs
n_k Teilschritt; Anzahl der Teilkurbelumdrehungen für eine Teilung
z_t Zähnezahlen der treibenden Räder (z_1, z_3)
z_g Zähnezahlen der getriebenen Räder (z_2, z_4)

Bei gewählter Hilfsteilzahl T' gilt:

$T' > T$: Teilkurbel und Lochscheibe müssen gleiche Drehrichtungen haben.

$T' < T$: Teilkurbel und Lochscheibe müssen entgegengesetzte Drehrichtungen haben.

Die erforderliche Drehrichtung erreicht man gegebenenfalls durch ein Zwischenrad.

Beispiel:

$i = 40;\ T = 97;\ n_k = ?;\ \frac{z_t}{z_g} = ?;\ T'\text{gewählt} = 100$

(Teilkurbel und Lochscheibe müssen gleiche Drehrichtungen haben.)

$\mathbf{n_k} = \frac{i}{T'} = \frac{40}{100} = \mathbf{\frac{8}{20}}$

$\mathbf{\frac{z_t}{z_g}} = \frac{i}{T'} \cdot (T' - T) = \frac{40}{100} \cdot (100 - 97) = \frac{2}{5} \cdot 3 = \frac{6}{5} = \mathbf{\frac{48}{40}}$

Teilschritt

$$n_k = \frac{i}{T'}$$

Zähnezahlen der Wechselräder

$$\frac{z_t}{z_g} = \frac{i}{T'} \cdot (T' - T)$$

Zähnezahlen der Wechselräder			
24	24	28	32
36	40	44	48
56	64	72	80
84	86	96	100

F

Schleifen

Planschleifen

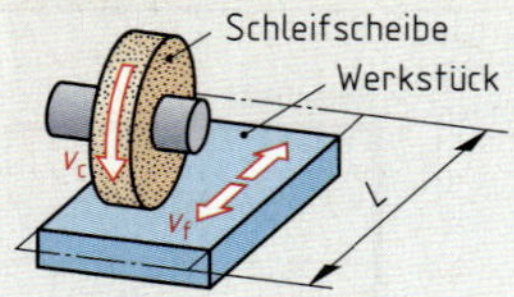

Längsrundschleifen

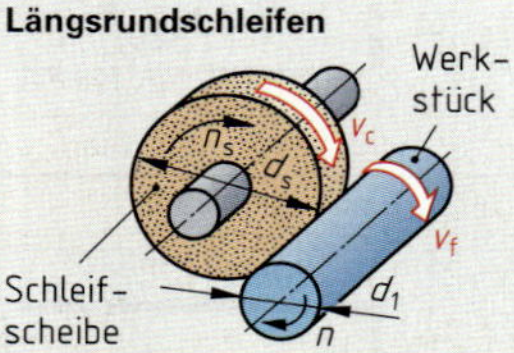

v_c Schnittgeschwindigkeit
d_s Durchmesser der Schleifscheibe
n_s Drehzahl der Schleifscheibe
v_f Vorschubgeschwindigkeit
L Vorschubweg
n_H Hubzahl
d_1 Durchmesser des Werkstücks
n Drehzahl des Werkstücks
q Geschwindigkeitsverhältnis

Beispiel:

v_c = 30 m/s; v_f = 20 m/min; q = ?

$$q = \frac{v_c}{v_f} = \frac{30\ \text{m/s} \cdot 60\ \text{s/min}}{20\ \text{m/min}} = \frac{1800\ \text{m/min}}{20\ \text{m/min}} = \mathbf{90}$$

Schnittgeschwindigkeit

$$v_c = \pi \cdot d_s \cdot n_s$$

Vorschubgeschwindigkeit

Planschleifen

$$v_f = L \cdot n_H$$

Längsrundschleifen

$$v_f = \pi \cdot d_1 \cdot n$$

Geschwindigkeitsverhältnis

$$q = \frac{v_c}{v_f}$$

Richtwerte für Schnittgeschwindigkeit v_c, Vorschubgeschwindigkeit v_f, Geschwindigkeitsverhältnis q

Werkstoff	Planschleifen						Längsrundschleifen					
	Umfangsschleifen			Seitenschleifen			Außenrundschleifen			Innenrundschleifen		
	v_c m/s	v_f m/min	q	v_c m/s	v_f m/min	q	v_c m/s	v_f m/min	q	v_c m/s	v_f m/min	q
Stahl	30	10…35	80	25	6…25	50	35	10	125	25	19…23	80
Gusseisen	30	10…35	65	25	6…30	40	25	11	100	25	23	65
Hartmetall	10	4	115	8	4	115	8	4	100	8	8	60
Al-Legierungen	18	15…40	30	18	24…45	20	18	24…30	50	16	30…40	30
Cu-Legierungen	25	15…40	50	18	20…45	30	30	16	80	25	25	50

Schleifdaten für Stahl und Gusseisen mit Korund- oder Siliciumcarbid-Schleifscheiben

Verfahren	Körnung	Aufmaß in mm	Zustellung in mm	*Rz* in µm
Vorschleifen	30…46	0,5…0,2	0,02…0,1	3…10
Fertigschleifen	46…80	0,02…0,1	0,005…0,05	1…5
Feinschleifen	80…120	0,005…0,02	0,002…0,008	1,6…3

Arbeitshöchstgeschwindigkeit für Schleifkörper

vgl. DIN EN 12413 (2007-09)

Schleifscheibenform	Schleifmaschinenart	Führung[1]	Höchstgeschwindigkeit v_c in m/s bei Bindung[2]							
			B	BF	E	M	R	RF	PL	V
gerade Schleifscheibe	ortsfest	zg oder hg	50	63	40	25	50	–	50	40
	Handschleifmaschine	freihand	50	80	–	–	50	80	50	–
gerade Trennschleifscheibe	ortsfest	zg oder hg	80	100	63	–	63	80	–	–
	Handschleifmaschine	freihand	–	80	–	–	–	–	–	–

[1] zg zwangsgeführt: Vorschub durch mechanische Hilfsmittel; hg handgeführt: Vorschub durch Bedienperson, Freihand: Schleifmaschine wird vollständig von Hand geführt; [2] Bindungsarten: Seite 309

Verwendungseinschränkungen (VE) für Schleifkörper[3]

vgl. BGV D12[4] (2001-10)

VE	Bedeutung	VE	Bedeutung
VE1	nicht zulässig für Freihand- und handgeführtes Schleifen	VE6	nicht zulässig für Seitenschleifen
		VE7	nicht zulässig für Freihandschleifen
VE2	nicht zulässig für Freihandtrennschleifen	VE8	nicht zulässig mit Stützteller
VE3	nicht zulässig für Nassschleifen	VE10	nicht zulässig für Trockenschleifen
VE4	nicht zulässig bei geschlossenem Arbeitsbereich	VE11	nicht zulässig für Freihand- und handgeführtes Trennschleifen
VE5	nicht zulässig ohne Absaugung		

[3] Fehlt die Einschränkung, so ist das Schleifwerkzeug für alle Einsatzformen geeignet.

Farbstreifen für höchstzulässige Umfangsgeschwindigkeiten ≥ 50 m/s

vgl. BGV D12[4] (2001-10)

Farbstreifen	blau	gelb	rot	grün	blau + gelb	blau + rot	blau + grün
$v_{c\,max}$ in m/s	50	63	80	100	125	140	160
Farbstreifen	**gelb + rot**	**gelb + grün**	**rot + grün**	**blau + blau**	**gelb + gelb**	**rot + rot**	**grün + grün**
$v_{c\,max}$ in m/s	180	200	225	250	280	320	360

[4] BGV Berufsgenossenschaftliche Vorschrift

F

Schleifmittel, Bindung

Schleifmittel

vgl. DIN ISO 525 (2000-08)

Zeichen	Schleifmittel	chemische Zusammensetzung	Knoophärte	Anwendungsgebiete
A	Normalkorund	Al_2O_3 + Beimengungen	18000	unlegierter, ungehärteter Stahl, Stahlguss, Temperguss
	Edelkorund	Al_2O_3 in kristalliner Form	21000	hoch- und niedriglegierter Stahl, gehärteter Stahl, Einsatzstahl, Werkzeugstahl, Titan
Z	Zirkonkorund	$Al_2O_3 + ZrO_2$	–	nichtrostende Stähle
C	Siliziumkarbid	SiC + Beimengungen	24800	harte Werkstoffe: Hartmetall, Gusseisen, HSS, Keramik, Glas; weiche Werkstoffe: Kupfer, Aluminium, Kunststoffe
BK	Borkarbid	B_4C in kristalliner Form	47000	Läppen, Polieren von Hartmetall und gehärtetem Stahl
CBN	Bornitrid	BN in kristalliner Form	60000	Schnellarbeitsstähle, Kalt- und Warmarbeitsstähle
D	Diamant	C in kristalliner Form	70000	Hartmetall, Gusseisen, Glas, Keramik, Stein, Nichteisenmetalle, nicht für Stahl; Abrichten von Schleifscheiben

Härtegrad

vgl. DIN ISO 525 (2000-08)

Bezeichnung	Härtegrad	Anwendung	Bezeichnung	Härtegrad	Anwendung
äußerst weich	A B C D	Tief- und Seitenschleifen harter Werkstoffe	hart	P Q R S	Außenrundschleifen weicher Werkstoffe
sehr weich	E F G		sehr hart	T U V W	
weich	H I J K	herkömmliches Metallschleifen	äußerst hart	X Y Z	
mittel	L M N O				

Korngröße

vgl. DIN ISO 525 (2000-08)

Körnungsbezeichnung bei gebundenen Schleifmitteln				
Körnungsbereiche	grob	mittel	fein	sehr fein
Körnungsbezeichnung	F4, F5, F6, …, F24	F30, F36, F46, …, F60	F70, F80, F90, …, F220	F230, …, F1200
erreichbar: *Rz* in µm	≈ 10…5	≈ 5…2,5	≈ 2,5…1,0	≈ 1,0…0,4

Gefüge

vgl. DIN ISO 525 (2000-08)

Kennziffer **0 1 2 3 4 5 6 7 8 9 10 11 12 13 14 usw. bis 30**

Gefüge ← **geschlossen (dicht)** **offen (porös)** →

Bindung

vgl. DIN ISO 525 (2000-008) und VDI 3411 (2000-08)

Zeichen	Bindungsart	Eigenschaften	Anwendungsgebiete
B BF	Kunstharzbindung, faserverstärkt	dicht oder porös, elastisch, ölbeständig, kühler Schliff	Vor- oder Trennschleifen, Profilschleifen mit Diamant und Bornitrid, Hochdruckschleifen
E	Schellackbindung	temperaturempfindlich, zähelastisch, stoßunempfindlich	Sägen- und Formschliff, Regelscheibe beim spitzenlosen Schleifen
G	Galvanische Bindung	hohe Griffigkeit durch herausragende Körner	Innenschleifen von Hartmetall, Handschliff
M	Metallbindung	dicht oder porös, zäh, unempfindlich gegen Druck und Wärme	Profil- und Werkzeugschleifen mit Diamant oder Bornitrid, Nassschliff
MG	Magnesitbindung	weich, elastisch, wasserempfindlich	Trockenschliff, Messerschliff
PL	Plastikbindung	weich, elastisch je nach Kunststoff und Aushärtungsgrad	Kunststoff-Schleifkörper für Gleitschleifen, Präzisionsschleifen und Polieren
R RF	Gummibindung, faserverstärkt	elastisch, kühler Schliff, empfindlich gegen Öl u. Wärme	Trennschleifen
V	Keramikbindung	porös, spröde, unempfindlich gegen Wasser, Öl, Wärme	Vor- und Feinschleifen von Stählen mit Korund und Siliciumkarbid

⇒ **Schleifscheibe ISO 603-1 1 N-300 x 50 x 76,2 – A/F 36 L 5 V – 50:** Form 1 (gerade Schleifscheibe), Randform N, Außendurchmesser 300 mm, Breite 50 mm, Bohrungsdurchmesser 76,2 mm, Schleifmittel A (Normal- oder Edelkorund), Korngröße F 36 (mittel), Härtegrad L (mittel), Gefüge 5, Keramikbindung (V), Höchstumfangsgeschwindigkeit 50 m/s.

F

Auswahl von Schleifscheiben

Richtwerte für die Auswahl von Schleifscheiben (ohne Diamant und Bornitrid)

Längsrundschleifen

Werkstoff	Schleifmittel	Schruppen		Schlichten mit Scheibendurchmesser bis 500 mm		Schlichten mit Scheibendurchmesser über 500 mm		Feinschlichten	
		Körnung	Härte	Körnung	Härte	Körnung	Härte	Körnung	Härte
Stahl, ungehärtet	A	54	M...N	80	M...N	60	L...M	180	L...M
Stahl, gehärtet, unleg. u. legiert	A	46	L...M	80	K...L	60	J...K	240...500	H...N
Stahl, gehärtet, hochlegiert	A, C	80	M...N	80	N...O	60	M...N	240...500	H...N
Hartmetall, Keramik	C	60	K	80	K	60	K	240...500	H...N
Gusseisen	A, C	60	L	80	L	60	L	100	M
NE-Metalle, z.B. Al, Cu, CuZn	C	46	K	60	K	60	K	–	–

Innenrundschleifen

Werkstoff	Schleifmittel	Schleifscheibendurchmesser in mm: bis 20		über 20 bis 40		über 40 bis 80		über 80	
		Körnung	Härte	Körnung	Härte	Körnung	Härte	Körnung	Härte
Stahl, ungehärtet	A	80	M	60	L...M	54	L...M	46	K
Stahl, gehärtet, unleg. u. legiert	A	80	K...L	120	M...N	80	M...N	80	L
Stahl, gehärtet, hochlegiert	A, C	80	J...K	100	K	80	K	60	J
Hartmetall, Keramik	C	80	G	120	H	120	H	80	G
Gusseisen	A	80	L...M	80	K...L	60	M	46	M
NE-Metalle, z.B. Al, Cu, CuZn	C	80	I...J	120	K	60	J...K	54	J

Umfangsplanschleifen

Werkstoff	Schleifmittel	Topfscheiben $D < 300$ mm		Gerade Schleifscheiben $D \leq 300$ mm		Gerade Schleifscheiben $D > 300$ mm		Schleifsegmente	
		Körnung	Härte	Körnung	Härte	Körnung	Härte	Körnung	Härte
Stahl, ungehärtet	A	46	J	46	J	36	J	24	J
Stahl, gehärtet, unleg. u. legiert	A	46	J	60	J	46	J	36	J
Stahl, gehärtet, hochlegiert	A	46	H...J	60	I...J	46	I...J	36	I...J
Hartmetall, Keramik	C	46	J	60	J	60	J	46	J
Gusseisen	A	46	J	46	J	46	J	24	J
NE-Metalle, z.B. Al, Cu, CuZn	C	46	J	60	J	60	J	36	J

Werkzeugschleifen

Schneidstoff	Schleifmittel	Gerade Schleifscheiben $D \leq 225$	Gerade Schleifscheiben $D > 225$		Schleifteller $D \leq 100$	Schleifteller $D > 100$		Topfscheiben	
		Körnung	Körnung	Härte	Körnung	Körnung	Härte	Körnung	Härte
Werkzeugstahl	A	80	60	M	80	60	M	46	K
Schnellarbeitsstahl	A	60	46	K	60	46	K	46	H
Hartmetall	C	80	54	K	80	54	K	46	H

Trennen auf stationären Maschinen

Werkstoff	Schleifmittel	Gerade Trennscheiben v_c bis 80 m/s, $D \leq 200$ mm		Gerade Trennscheiben v_c bis 80 m/s, $D > 200$ mm		Gerade Trennscheiben v_c bis 100 m/s, $D \leq 500$ mm		Gerade Trennscheiben v_c bis 100 m/s, $D > 500$ mm	
		Körnung	Härte	Körnung	Härte	Körnung	Härte	Körnung	Härte
Stahl, ungehärtet	A	80	Q...R	46	Q...R	24	U	20	Q...R
Gusseisen	A	60	Q...R	46	Q...R	24	U...V	20	U...V
NE-Metalle, z.B. Al, Cu, CuZn	A	60	Q...R	46	Q...R	30	S	24	S

Schleifen und Trennen mit Handmaschinen

Werkstoff	Schleifmittel	Trennscheiben v_c bis 80 m/s		Schruppscheiben v_c bis 45 m/s		Schruppscheiben v_c bis 80 m/s		Schleifstifte	
		Körnung	Härte	Körnung	Härte	Körnung	Härte	Körnung	Härte
Stahl, ungehärtet	A	30	T	24	M	24	R	36	Q...R
Stahl, korrosionsbeständig	A	30	R	16	M	24	R	36	S
Gusseisen	A, C	30	T	20	R	24	R	30	T
NE-Metalle, z.B. Al, Cu, CuZn	A, C	30	R	20	R	–	–	–	–

Schleifen mit Diamant und Bornitrid

Körnungsbezeichnung

vgl. DIN ISO 848 (1998-03)

Anwendungsbereiche		Vorschleifen	Fertigschleifen	Feinschleifen	Läppen
Körnungsbezeichnung[1]	Diamant	D251…D151	D126…D76	D64, D54, D46	D20, D15, D7
	Bornitrid	B251…B151	B126…B76	B64, B54, B46	B30, B6
erreichbar: *Ra* in µm		≈ 0,55…0,50	≈ 0,45…0,33	≈ 0,18…0,15	≈ 0,05…0,025

[1] lichte Maschenweite der Prüfsiebe in µm

Richtwerte für Schnittgeschwindigkeiten

Verfahren	Schleifmittel	Schnittgeschwindigkeit v_c in m/s bei Bindungsart[1]							
		B		M		G		V	
		trocken	nass	trocken	nass	trocken	nass	trocken	nass
Planschleifen	CBN	–	30…50	–	30…60	–	30…60	–	30…60
	D	–	22…50	–	22…27	20…30	22…50	–	25…50
Außenrundschleifen[2]	CBN	–	30…50	–	30…60	–	30…60	–	30…60
	D	–	22…40	–	20…30	20…30	22…40	–	25…50
Innenrundschleifen	CBN	27…35	30…60	–	30…60	24…40	30…50	–	30…50
	D	12…18	15…30	8…15	18…27	12…20	18…40	–	25…50
Werkzeugschleifen	CBN	27…35	30…50	22…30	30…40	27…35	30…50	–	30…50
	D	15…22	22…50	15…22	15…27	15…30	22…35	–	–
Trennschleifen	CBN	27…35	30…50	–	30…60	27…40	30…60	–	–
	D	12…18	22…35	–	22…27	18…30	22…40	–	–

[1] Bindungsarten Seite 309 [2] Bei Hochgeschwindigkeitsschleifen (HSG) ca. vierfache Werte

Richtwerte für Zustellung und Vorschub bei Diamant-Schleifscheiben

Verfahren	Zustellung pro Hub in mm bei Korngröße			Vorschub m/min	Quervorschub bezüglich der Scheibenbreite *b*
	D181	D126	D64		
Planschleifen[1]	0,02…0,04	0,01…0,02	0,005…0,01	10…15	$^1/_4 … ^1/_2 \cdot b$
Außenrundschleifen[1]	0,01…0,03	0,01…0,02	0,005…0,01	0,3… 2,0	–
Innenrundschleifen	0,002…0,007	0,002…0,005	0,001…0,003	0,5… 2,0	–
Werkzeugschleifen	0,01…0,03	0,005…0,015	0,002…0,005	0,3… 4,0	–
Nutenschleifen	–	1,0…5,0	0,5…3,0	0,01… 2,0	–

[1] Bei Hochgeschwindigkeitsschleifen (High Speed Grinding = HSG) ca. dreifache Werte

Richtwerte für Zustellung und Vorschub bei CBN-Schleifscheiben

Verfahren	Zustellung pro Hub in mm bei Korngröße			Vorschub m/min	Quervorschub bezüglich der Scheibenbreite *b*
	B252/B181	B151/B126	B91/B76		
Planschleifen	0,03…0,05	0,02…0,04	0,01…0,015	20…30	$^1/_4 … ^1/_3 \cdot b$
Außenrundschleifen	0,02…0,04	0,02…0,03	0,015…0,02	0,5…2,0	–
Innenrundschleifen	0,005…0,015	0,005…0,01	0,002…0,005	0,5…2,0	–
Werkzeugschleifen	0,002…0,1	0,01…0,005	0,005…0,015	0,5…4,0	–
Nutenschleifen	1,0…10	1,0…5,0	0,5…3,0	0,01…2,0	–

Hochleistungsschleifen mit CBN-Schleifscheiben

vgl. VDI 3411 (2000-08)

Schleifprozesse mit stark erhöhten Zeitspanvolumina durch Einsatz spezieller Maschinen und Werkzeuge, mit denen erhöhte Schnittgeschwindigkeiten (> 80 m/s) und angepasste Kühlschmierung ermöglicht wird. Überwiegend beim Plan- und Außenrundschleifen metallischer Werkstoffe eingesetzt.

Einsatzvorbereitung der Schleifscheiben (Konditionieren)

Arbeitsschritt	Abrichten		Reinigen
	Profilieren	Schärfen	
Vorgang	Abtrennen von Korn und Bindung	Zurücksetzen der Bindung	keine Veränderung des Schleifbelags
Arbeitsziel	Herstellen von Rundlauf und Scheibenprofil	Erzeugen der Scheibenoberflächenstruktur	Beseitigen von Spänen aus den Spanräumen

Höchstzulässige Umfangsgeschwindigkeiten beim Hochleistungsschleifen

Bindungsart[1]	B	V	M	G
höchstzulässige Umfangsgeschwindigkeit in m/s	140	200	180	280

[1] Bindungsarten Seite 309

F

Honen

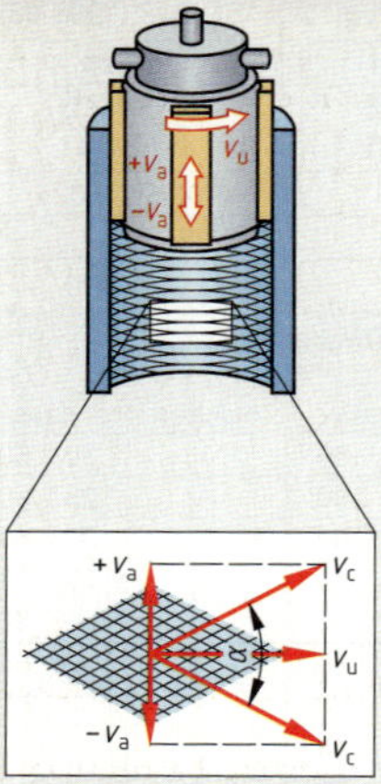

- v_c Schnittgeschwindigkeit
- v_a Axialgeschwindigkeit
- v_u Umfangsgeschwindigkeit
- α Überschneidungswinkel der Bearbeitungsspuren
- p Anpressdruck
- A Anlagefläche der Honsteine
- F_r radiale Zustellkraft
- n Anzahl der Honsteine
- b Breite der Honsteine
- l Länge der Honsteine

Beispiel:

Gehärteter Stahl, Fertighonen, v_u = ?; v_a = ?; v_c = ?; α = ?
aus Tabelle gewählt: v_u = 25 m/min; v_a = 12 m/min

$$\boldsymbol{v_c} = \sqrt{v_a^2 + v_u^2} = \sqrt{\left(12\,\frac{\text{m}}{\text{min}}\right)^2 + \left(25\,\frac{\text{m}}{\text{min}}\right)^2} \approx \mathbf{28\,\frac{m}{min}}$$

$$\tan\frac{\alpha}{2} = \frac{v_a}{v_u} = \frac{12\text{ m/min}}{25\text{ m/min}} = 0{,}48; \quad \alpha = \mathbf{51{,}3°}$$

Schnittgeschwindigkeit

$$v_c = \sqrt{v_a^2 + v_u^2}$$

Überschneidungswinkel

$$\tan\frac{\alpha}{2} = \frac{v_a}{v_u}$$

Anpressdruck

$$p = \frac{F_r}{A}$$

$$p = \frac{F_r}{n \cdot b \cdot l}$$

Schnittgeschwindigkeit und Bearbeitungszugaben

Werkstoff	Umfangsgeschwindigkeit v_u in m/min		Axialgeschwindigkeit v_a in m/min		Bearbeitungszugaben in mm für Bohrungsdurchmesser in mm		
	Vorhonen	Fertighonen	Vorhonen	Fertighonen	2…15	15…100	100…500
Stahl, ungehärtet	18…40	20…40	9…20	10…20	0,02…0,05	0,03…0,15	0,06…0,3
Stahl, gehärtet	14…40	15…40	5…20	6…20	0,01…0,03	0,02…0,05	0,03…0,1
legierte Stähle	23…40	25…40	10…20	11…20			
Gusseisen	23…40	25…40	10…20	11…20	0,02…0,05	0,03…0,15	0,06…0,3
Aluminium-Legierungen	22…40	24…40	9…20	10…20			

Honen mit Diamantkorn v_u bis 40 m/min und v_a bis 60 m/min; α = 60°…90°

Anpressdruck von Honwerkzeugen

Honverfahren	Anpressdruck p in N/cm²			
	keramische Honsteine	kunststoffgebundene Honsteine	Diamant-Honleisten	Bornitrid-Honleisten
Vorhonen	50…250	200…400	300…700	200…400
Fertighonen	20…100	40…250	100…300	100…200

Auswahl der Honsteine aus Korund, Siliciumkarbid, CBN und Diamant

Werkstoff	Zugfestigkeit N/mm²	Verfahren	Rautiefe Rz µm	Honsteine aus Korund und Siliciumkarbid[2]: Honmittel	Körnung	Härte	Bindung	Gefüge	CBN oder Diamant: Körnung
Stahl	< 500 (ungehärtet)	Vorhonen	8…12	A	700	R		1	D126
		Zwischenhonen	2…5		400	R	B	5	D54
		Fertighonen	0,5…1,5		1200	M		2	D15
	500…700 (gehärtet)	Vorhonen	5…10	A	80	R		3	B76
		Zwischenhonen	2…3		400	O	B	5	B54
		Fertighonen	0,5…2		700	N		3	B30
Gusseisen	–	Vorhonen	5…8	C	80	M		3	D91
		Fertighonen	2…3		120	K	V	7	D46
		Plateauhonen[1]	3…6		900	H		8	D25
NE-Metalle	–	Vorhonen	6…10	A	80	O		3	D64
		Zwischenhonen	2…3	A	400	O	V	1	D35
		Fertighonen	0,5…1	C	1000	N		5	D15

[1] Beim Plateauhonen werden die obersten Spitzen der Werkstückoberfläche abgetragen. [2] vgl. Seite 309

Auswahl der Honsteine aus Diamant und kubischem Bornitrid (CBN)

Schleifstoff	Natürlicher Diamant	Synthetischer Diamant	CBN
Werkstoff	Stahl, Hartmetall	Gusseisen, nitrierter Stahl, NE-Metalle, Glas, Keramik	gehärteter Stahl

Hauptnutzungszeit und Richtwerte beim Abtragen

Funkenerosives Schneiden (Drahterodieren)

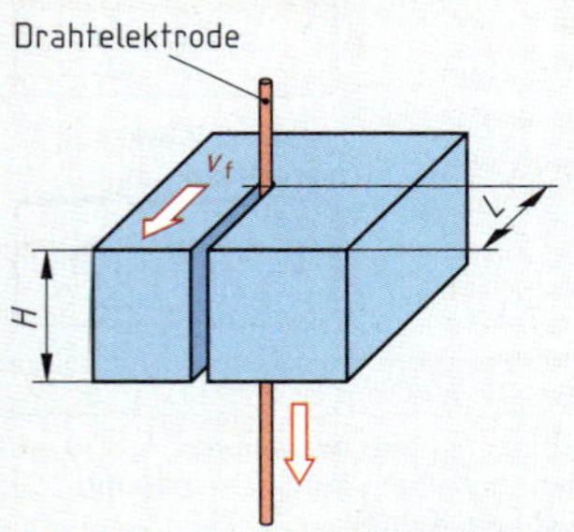

t_h Hauptnutzungszeit in min
v_f Vorschubgeschwindigkeit in mm/min
L Vorschubweg, Schnittlänge in mm
H Schnitthöhe in mm
T Formtoleranz in µm

Hauptnutzungszeit

$$t_h = \frac{L}{v_f}$$

Beispiel:

Werkstoff: Stahl, $H = 30$ mm; $L = 320$ mm;
$T = 30$ µm; $v_f = ?$; $t_h = ?$

$\boldsymbol{v_f = 1{,}8}$ **mm/min** (nach Tabelle)

$$\boldsymbol{t_h} = \frac{L}{v_f} = \frac{320\ \text{mm}}{1{,}8\ \text{mm/min}} = \mathbf{178\ min}$$

Vorschubgeschwindigkeit v_f (Richtwerte)[1]

Schnitthöhe H in mm	Vorschubgeschwindigkeit v_f in mm/min										
	Stahlbearbeitung					Kupferbearbeitung			Hartmetallbearbeitung		
	angestrebte Formtolanz T in µm										
	60	40	30	20	10	40	20	10	80	20	10
10	9,0	8,5	4,0	3,9	2,1	7,5	3,5	2,0	4,5	0,7	0,6
20	5,1	5,5	2,5	2,5	1,5	4,7	2,4	1,5	3,1	0,3	0,3
30	3,7	4,0	1,8	1,8	1,1	4,0	1,9	1,1	2,3	0,2	0,2
50	2,5	2,5	1,2	1,2	0,8	2,6	1,4	0,7	1,4	0,2	0,2

[1] Die angegebenen Richtwerte sind Durchschnittswerte aus dem Hauptschnitt und allen zur Erzielung der Konturtoleranz erforderlichen Nachschnitten. Bei ungünstigen Spülverhältnissen sinkt die erzielbare Vorschubgeschwindigkeit erheblich ab.

Eigenschaften und Anwendung üblicher Drahtelektroden

Drahtwerkstoff	el. Leitfähigkeit in m/(Ω · mm²)	Zugfestigkeit in N/mm²	übliche Drahtdurchmesser in mm	Anwendung
CuZn-Leg.	13,5	400…900	0,2 …0,33	universell
Molybdän	18,5	1900	0,025…0,125	Schnitte mit sehr kleiner Formtoleranz
Wolfram	18,2	2500	0,025…0,125	dünne Schneidspalte, kleine Eckenradien

Funkenerosives Senken (Senkerodieren)

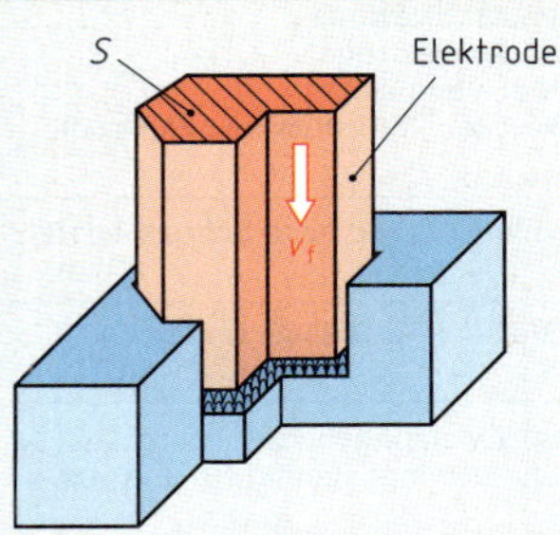

t_h Hauptnutzungszeit in min
S abtragender Querschnitt der Elektrode in mm²
V Abtragvolumen in mm³
V_W Abtragrate in mm³/min

Hauptnutzungszeit

$$t_h = \frac{V}{V_W}$$

Beispiel:

Schruppen von Stahl; Grafitelektrode,
$S = 150$ mm²; $V = 3060$ mm³; $V_w = ?$; $t_h = ?$

$\boldsymbol{V_W = 31}$ **mm³/min** (nach Tabelle)

$$\boldsymbol{t_h} = \frac{V}{V_W} = \frac{3060\ \text{mm}^3}{31\ \text{mm}^3/\text{min}} = \mathbf{99\ min}$$

Abtragrate V_W (Richtwerte)[1]

Bearbeiteter Werkstoff	Elektrode	Abtragrate V_W in mm³/min										
		Schruppen abtragender Querschnitt S in mm²						Schlichten angestrebte Rautiefe Rz in µm				
		10 bis 50	50 bis 100	100 bis 200	200 bis 300	300 bis 400	400 bis 600	2 bis 3	3 bis 4	4 bis 6	6 bis 8	8 bis 10
Stahl	Grafit	7,0	18	31	62	81	105	–	–	–	2	5
	Kupfer	13,3	22	28	51	85	105	0,1	0,5	1,9	3,8	5
Hartmetall	Kupfer	6,0	15	18	28	30	33	–	0,1	0,5	2,2	5 2

[1] Die Werte schwanken infolge verfahrenstechnischer Einflüsse stark. Siehe hierzu Seite 314.

F

Verfahrenstechnische Einflüsse beim funkenerosiven Senken

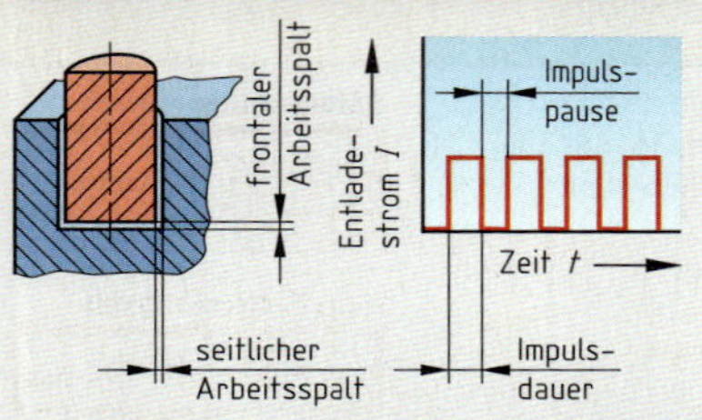

V_W Abtragrate in mm³/min
V Abtragvolumen in mm³
t Abtragzeit in min
V_E absoluter Werkzeugverschleiß in mm³
V_{rel} relativer Werkzeugverschleiß in %

Abtragrate

$$V_W = \frac{V}{t}$$

relativer Werkzeugverschleiß

$$V_{rel} = \frac{V_E}{V} \cdot 100\,\%$$

Einfluss		Erläuterungen, Eigenschaften und Verwendung
Elektrodenwerkstoff	**Elektrolytkupfer**	Universelle Anwendung; geringes Verschleißverhalten; hohe Abtragrate; für Schlicht- und Schruppbearbeitung; Elektrodenherstellung durch Zerspanung schwierig; starke Wärmeausdehnung; keine brüchigen Kanten; verzugsanfällig
	Grafit in verschiedenen Körnungen	Universelle Anwendung; sehr geringer Verschleiß; größere Stromdichten als Cu; geringes Elektrodengewicht; Elektrodenherstellung durch Zerspanung einfach; verzugsfrei; geringe Wärmeausdehnung; je feingliedriger die Elektrode desto feiner die gewählte Grafitkörnung; nicht für Hartmetallbearbeitung geeignet
	Wolfram-Kupfer	Kleine feingliedrige Elektroden; sehr geringer Verschleiß; sehr hohe Abtragraten bei relativ kleinen Entladeströmen trotz großen Stromdichten; nur in begrenzten Abmessungen herstellbar, hohes Elektrodengewicht
	Kupfer-Grafit	Spezieller Einsatz für kleine Elektrodenabmessungen und gleichzeitig hohe Elektrodenfestigkeit; Verschleiß und Abtragrate spielen bei speziellem Einsatz eine untergeordnete Rolle.
Dielektrikum	**Synthetische Öle,** die gefiltert und gekühlt werden; vom Maschinenhersteller vorgegeben	Anforderungen an Dielektrikum: • niedriger und konstanter Leitwert für stablie Funkenbildung • geringe Viskosität für Filtrierbarkeit und Eindringfähigkeit in engen Spalten • wenig Verdunstung wegen schädlicher Dämpfe • hoher Flammpunkt wegen Brandgefahr • hoher Wärmeleitwert für gute Kühlung • extrem niedrige Gesundheitsgefährdung des Bedienpersonals
Spülung	**Erneuerung des Dielektrikums** an der Wirkstelle; **Zersetzungsprodukte** aus dem Spalt entfernen	Je nach Erfordernis und Möglichkeit kommen verschiedene Spülverfahren zur Anwendung, um die Erodierleistung stabil zu halten: • Überflutung (häufigste Methode, gleichzeitig Wärmeabfuhr) • Druckspülung durch hohle Elektrode oder neben der Elektrode • Saugspülung durch hohle Elektrode oder neben der Elektrode • Intervallspülung durch Zurückziehen der Elektrode verursacht • Bewegungsspülung durch Relativbewegung zwischen Werkstück und Elektrode, ohne den Erodiervorgang zu unterbrechen.
Polarität	**positiv**	Elektrode wird positiv gepolt; für geringen Elektrodenabbrand beim Schruppen mit großer Impulsdauer und niedriger Frequenz
	negativ	Elektrode wird negativ gepolt; für Erodieren mit kleiner Impulsdauer und hoher Frequenz
Arbeitsspalt	**frontal**	Mit Vorschub (geregelt über die Entladespannung) konstant gehalten. Regelempfindlichkeit zu hoch eingestellt: Elektrode schwingt ständig ein und aus, geregelte Entladungen können nicht stattfinden. Regelempfindlichkeit zu niedrig eingestellt: Anomale Entladungen häufen sich oder Spalt bleibt zu groß für Entladungen.
	seitlich	Im Wesentlichen durch Dauer und Höhe der Entladeimpulse, durch die Materialpaarung und die Leerlaufspannung bestimmt
Entladestrom	**gering**	Abtragleistung gering, kleiner Werkzeugverschleiß bei Kupferelektroden, großer Verschleiß bei Grafitelektroden
	groß	Abtragleistung hoch, großer Werkzeugverschleiß bei Kupferelektroden, geringer Verschleiß bei Grafitelektroden
Impulsdauer	**klein**	Elektrodenverschleiß bei positiver Polarität wird größer, geringe Abtragrate
	groß	Elektrodenverschleiß bei positiver Polarität wird kleiner, Abtragrate größer

F

Schneidkraft, Einsatzbedingungen von Pressen

Schneidkraft, Schneidarbeit

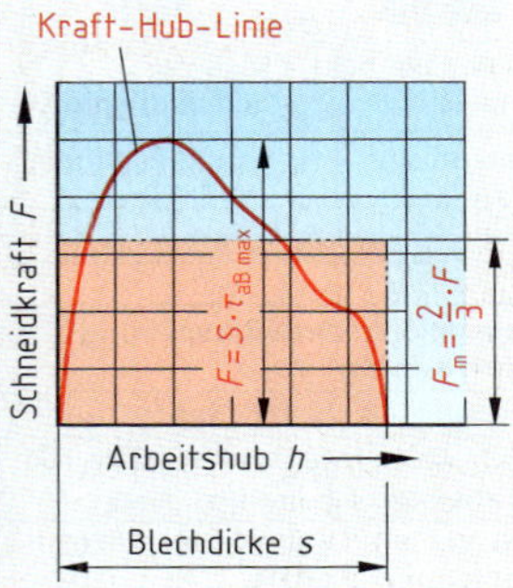

F	Schneidkraft
F_m	gemittelte Schneidkraft
S	Scherfläche
$R_{m\,max}$	maximale Zugfestigkeit
$\tau_{aB\,max}$	maximale Scherfestigkeit
W	Schneidarbeit
s	Blechdicke

Beispiel:

$S = 236\ mm^2$; $s = 2{,}5\ mm$; $R_{m\,max} = 510\ N/mm^2$

Gesucht: $\tau_{aB\,max}$; F; W

Lösung: $\tau_{aB\,max} = 0{,}8 \cdot R_{m\,max}$
$= 0{,}8 \cdot 510\ N/mm^2 = \mathbf{408\ N/mm^2}$

$F = S \cdot \tau_{aB\,max} = 236\ mm^2 \cdot 408\ N/mm^2$
$= 96\,288\ N = \mathbf{96{,}288\ kN}$

$W = \frac{2}{3} \cdot F \cdot s = \frac{2}{3} \cdot 96{,}288\ kN \cdot 2{,}5\ mm$
$\approx 160\ kN \cdot mm = \mathbf{160\ N \cdot m}$

Schneidkraft

$$F = S \cdot \tau_{aB\,max}$$

max. Scherfestigkeit

$$\tau_{aB\,max} \approx 0{,}8 \cdot R_{m\,max}$$

Schneidarbeit

$$W = \frac{2}{3} \cdot F \cdot s$$

Einsatzbedingungen bei Exzenter- und Kurbelpressen

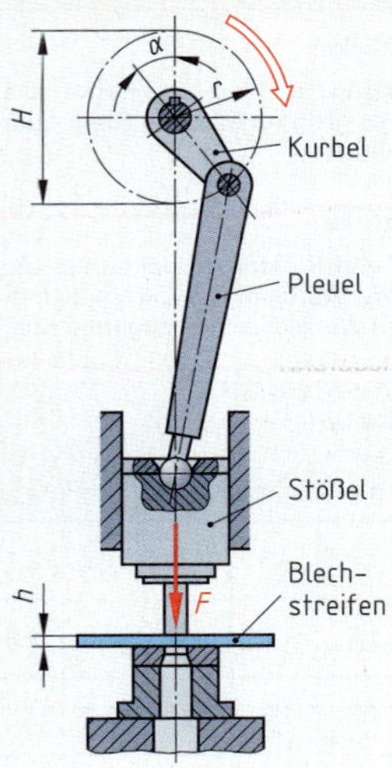

In der Regel sind die Pressenantriebe so ausgelegt, dass die Nenn-Presskraft beim Kurbelwinkel $\alpha = 30°$ wirken kann.

Im Dauerhub arbeiten die Maschinen ohne Unterbrechung. Im Einzelhub werden die Pressen nach jedem Hub stillgesetzt. Bei Pressen mit einstellbarem Hub ist die zulässige Presskraft kleiner als die Nenn-Presskraft.

F	Schneidkraft, Umformkraft
F_n	Nenn-Presskraft
F_{zul}	zul. Presskraft bei einstellbarem Hub
H	Hub, maximaler Hub bei einstellbarem Hub
H_e	eingestellter Hub
h	Arbeitsweg (≙ Blechdicke s)
α	Kurbelwinkel
W	Schneidarbeit, Umformarbeit
W_D	Arbeitsvermögen im Dauerhub
W_E	Arbeitsvermögen im Einzelhub

Arbeitsvermögen im Dauerhub

$$W_D = \frac{F_n \cdot H}{15}$$

Arbeitsvermögen im Einzelhub

$$W_E = 2 \cdot W_D$$

Beispiel:

Exzenterpresse mit festem Hub, $F_n = 250\ kN$; $H = 30\ mm$;
$F = 207\ kN$; $s = 4\ mm$

Gesucht: W; W_D. Ist die Presse im Dauerhub einsetzbar?

Lösung: $W = \frac{2}{3} \cdot F \cdot s = \frac{2}{3} \cdot 207\ kN \cdot 4\ mm = 552\ kN \cdot mm = \mathbf{552\ N \cdot m}$

$W_D = \frac{F_n \cdot H}{15} = \frac{250\ kN \cdot 30\ mm}{15} = 500\ kN \cdot mm = \mathbf{500\ N \cdot m}$

Wenn $F < F_n$, aber $W > W_D$, dann ist die Presse für dieses Werkstück im Dauerhub nicht einsetzbar.

Einsatzbedingungen
Bei festem Hub
$F \le F_n$ $W \le W_D$ oder $W \le W_E$
Bei einstellbarem Hub
$F \le F_{zul}$ $F_{zul} = \frac{F_n \cdot H}{4 \cdot \sqrt{H_e \cdot h - h^2}}$ $W \le W_D$ oder $W \le W_E$

F

Werkzeug- und Werkstückmaße

Schneidstempel- und Schneidplattenmaße

vgl. VDI 3368 (1982-05)

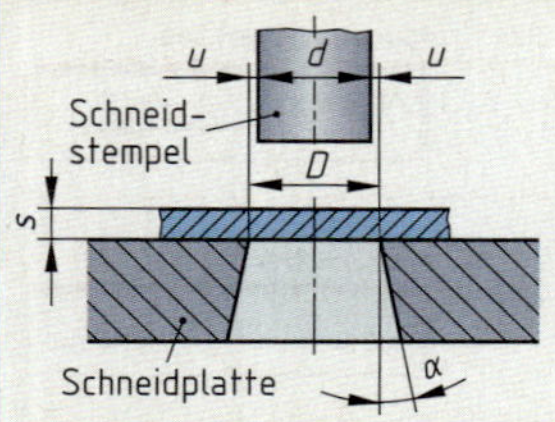

d Schneidstempelmaß
D Schneidplattenmaß
u Schneidspalt
s Blechdicke
α Freiwinkel

Verfahren	Lochen	Ausschneiden
Form des Werkstücks	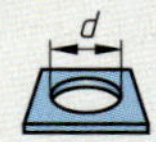	
Für das Sollmaß ist maßgebend:	Maß des Schneidstempels *d*	Maß der Schneidplatte *D*
Maß des Gegenwerkzeugs	Schneidplatte $D = d + 2 \cdot u$	Schneidstempel $d = D - 2 \cdot u$

Schneidspalt *u* in Abhängigkeit vom Werkstoff und der Blechdicke

Blechdicke *s* mm	Schneidplattendurchbruch mit Freiwinkel *α* – Scherfestigkeit τ_{aB} in N/mm² – Schneidspalt *u* in mm: bis 250	251...400	401...600	über 600	Schneidplattendurchbruch ohne Freiwinkel *α* – Scherfestigkeit τ_{aB} in N/mm² – Schneidspalt *u* in mm: bis 250	251...400	401...600	über 600
0,4...0,6	0,01	0,015	0,02	0,025	0,015	0,02	0,025	0,03
0,7...0,8	0,015	0,02	0,03	0,04	0,025	0,03	0,04	0,05
0,9...1	0,02	0,03	0,04	0,05	0,03	0,04	0,05	0,05
1,5...2	0,03	0,05	0,06	0,08	0,05	0,07	0,09	0,11
2,5...3	0,04	0,07	0,10	0,12	0,08	0,11	0,14	0,17
3,5...4	0,06	0,09	0,12	0,16	0,11	0,15	0,19	0,23

Stegbreite, Randbreite, Seitenschneiderabfall für metallische Werkstoffe

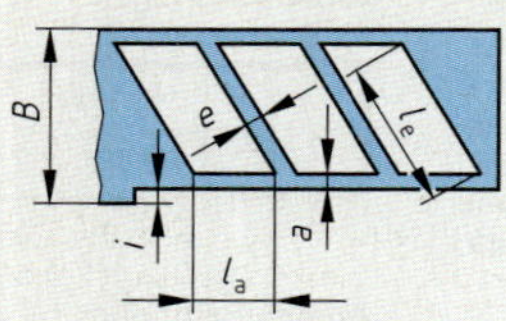

eckige Werkstücke

a Randbreite
e Stegbreite
l_a Randlänge
l_e Steglänge
B Streifenbreite
i Seitenschneiderabfall

Eckige Werkstücke:

Bei der Ermittlung von Steg- und Randbreite wird das jeweils größere Maß der Steg- oder Randlänge benützt.

Runde Werkstücke:

Für die Steg- und Randbreite gelten für alle Durchmesser die Werte, die für $l_e = l_a = 10$ mm bei den eckigen Werkstücken angegeben sind.

Streifenbreite *B* mm	Steglänge l_e Randlänge l_a mm	Stegbreite *e* Randbreite *a*	Blechdicke *s* in mm: 0,1	0,3	0,5	0,75	1,0	1,25	1,5	1,75	2,0	2,5	3,0
bis 100 mm	bis 10	*e* *a*	0,8 1,0	0,8 0,9	0,8 0,9	0,9	1,0	1,2	1,3	1,5	1,6	1,9	2,1
	11... 50	*e* *a*	1,6 1,9	1,2 1,5	0,9 1,0	1,0	1,1	1,4	1,4	1,6	1,7	2,0	2,3
	51...100	*e* *a*	1,8 2,2	1,4 1,7	1,0 1,2	1,2	1,3	1,6	1,6	1,8	1,9	2,2	2,5
	über 100	*e* *a*	2,0 2,4	1,6 1,9	1,2 1,5	1,4	1,5	1,8	1,8	2,0	2,1	2,4	2,7
	Seitenschneiderabfall *i*		1,5					1,8	2,2	2,5	3,0	3,5	4,5
über 100 mm bis 200 mm	bis 10	*e* *a*	0,9 1,2	1,0 1,1	1,0 1,1	1,0	1,1	1,3	1,4	1,6	1,7	2,0	2,3
	11... 50	*e* *a*	1,8 2,2	1,4 1,7	1,0 1,2	1,2	1,3	1,6	1,6	1,8	1,9	2,2	2,5
	51...100	*e* *a*	2,0 2,4	1,6 1,9	1,2 1,5	1,4	1,5	1,8	1,8	2,0	2,1	2,4	2,7
	101...200	*e* *a*	2,2 2,7	1,8 2,2	1,4 1,7	1,6	1,7	2,0	2,0	2,2	2,3	2,6	2,9
	Seitenschneiderabfall *i*		1,5				1,8	2,0	2,5	3,0	3,5	4,0	5,0

Lage des Einspannzapfens, Streifenausnutzung

Lage des Einspannzapfens bei Stempelformen mit bekanntem Schwerpunkt

Stempelanordnung

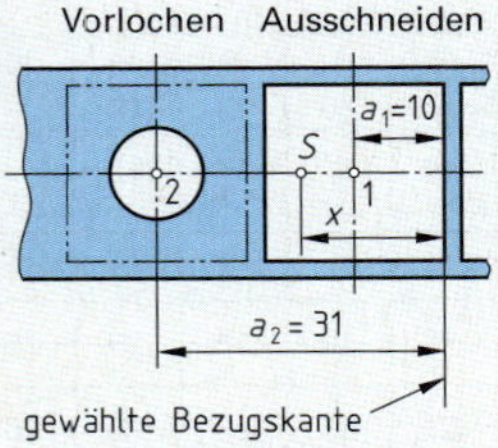

Werkstück

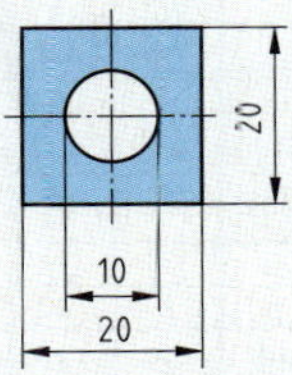

U_1, U_2, U_3 ... Umfänge der einzelnen Stempel
a_1, a_2, a_3 ... Abstände der Stempelschwerpunkte von der gewählten Bezugskante
x Abstand des Kräftemittelpunktes S von der gewählten Bezugskante

Abstand des Kräftemittelpunktes

$$x = \frac{U_1 \cdot a_1 + U_2 \cdot a_2 + U_3 \cdot a_3 + \ldots}{U_1 + U_2 + U_3 + \ldots}$$

Beispiel:

Gesucht ist der Abstand x des Kräftemittelpunktes S im Bild links.

Lösung:

Als Bezugskante wird die äußere Fläche des Ausschneidstempels gewählt.

Ausschneidstempel: $U_1 = 4 \cdot 20\ \text{mm} = 80\ \text{mm}$; $a_1 = 10\ \text{mm}$

Lochstempel: $U_2 = \pi \cdot 10\ \text{mm} = 31{,}4\ \text{mm}$; $a_2 = 31\ \text{mm}$

$$x = \frac{U_1 \cdot a_1 + U_2 \cdot a_2}{U_1 + U_2}$$

$$\mathbf{x} = \frac{80\ \text{mm} \cdot 10\ \text{mm} + 31{,}4\ \text{mm} \cdot 31\ \text{mm}}{80\ \text{mm} + 31{,}4\ \text{mm}} \approx \mathbf{16\ mm}$$

Lage des Einspannzapfens bei Stempelformen mit unbekanntem Schwerpunkt

Der Kräftemittelpunkt entspricht dem Linienschwerpunkt[1)] aller Schneidkanten.

Stempelanordnung

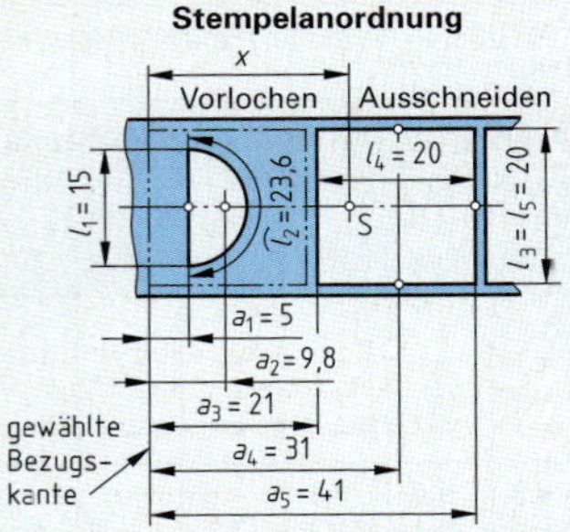

Werkstück

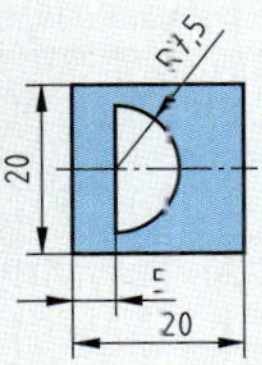

$l_1, l_2, l_3 \ldots l_n$ Schneidkantenlängen
$a_1, a_2, a_3 \ldots a_n$ Abstände der Linienschwerpunkte von den gewählten Bezugskanten
x Abstand des Kräftemittelpunktes von der gewählten Bezugskante
n Nummer der Schneidkante

[1)] Linienschwerpunkte: Seite 32

Abstand des Kräftemittelpunktes

$$x = \frac{l_1 \cdot a_1 + l_2 \cdot a_2 + l_3 \cdot a_3 + \ldots}{l_1 + l_2 + l_3 + \ldots}$$

$$x = \frac{\sum l_n \cdot a_n}{\sum l_n}$$

Beispiel:

Für das Werkstück (Bild links) ist die Lage des Einspannzapfens am Schneidwerkzeug zu berechnen.

Lösung:

n	l_n in mm	a_n in mm	$l_n \cdot a_n$ in mm²
1	15	5	75
2	23,6	9,8	231,28
3	20	21	420
4	2 · 20	31	1240
5	20	41	820
Σ	118,6	–	2786,28

$$\mathbf{x} = \frac{\sum l_n \cdot a_n}{\sum l_n} = \frac{2786{,}28\ \text{mm}^2}{118{,}6\ \text{mm}} = \mathbf{23{,}5\ mm}$$

Streifenausnutzung bei einreihigem Ausschneiden

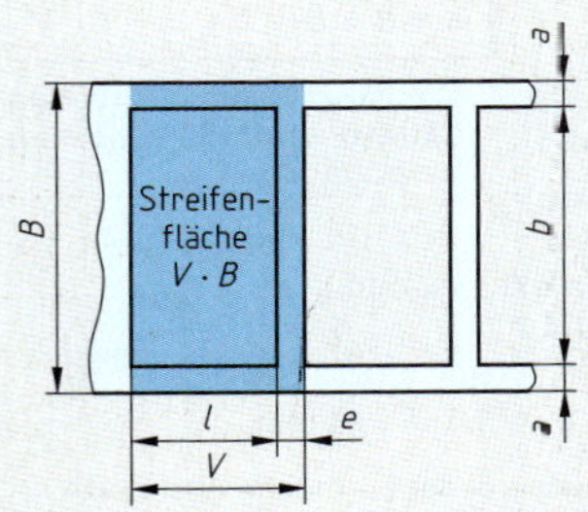

l Werkstücklänge
b Werkstückbreite
B Streifenbreite
a Randbreite
e Stegbreite
V Streifenvorschub
A Fläche eines Werkstücks (einschl. Lochungen)
R Anzahl der Reihen
η Ausnutzungsgrad

Streifenbreite

$$B = b + 2 \cdot a$$

Streifenvorschub

$$V = l + e$$

Ausnutzungsgrad

$$\eta = \frac{R \cdot A}{V \cdot B}$$

F

Biegeradius, Ausgleichswerte, Zuschnittsermittlung

Kleinster zulässiger Biegeradius für Biegeteile aus NE-Metallen

vgl. DIN 5520 (2002-07)

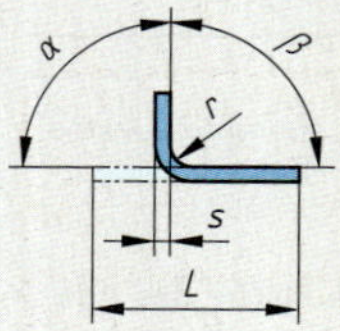

Werkstoff	Werkstoffzustand	Dicke s in mm							
		0,8	1	1,5	2	3	4	5	6
		Mindest-Biegeradius r[1]) in mm							
AlMg3-01	weich geglüht	0,6	1	2	3	4	6	8	10
AlMg3-H14	kalt verfestigt	1,6	2,5	4	6	10	14	18	–
AlMg3-H111	kalt verfestigt und geglüht	1	1,5	3	4,5	6	8	10	–
AlMg4,5Mn-H112	weich geglüht gerichtet	1	1,5	2,5	4	6	8	10	14
AlMg4,5Mn-H111	kalt verfestigt und geglüht	1,6	2,5	4	6	10	16	20	25
AlMgSi1-T6	lösungsgeglüht und warm ausgelagert	4	5	8	12	16	23	28	36
CuZn37-R600	hart	2,5	4	5	8	10	12	18	24

1) für Biegewinkel $\alpha = 90°$, unabhängig von der Walzrichtung

Kleinster zulässiger Biegeradius für das Kaltbiegen von Stahl

vgl. DIN 6935 (1975-10)

Mindestzugfestigkeit R_m in N/mm² über ... bis	Kleinster Biegeradius[1]) r für Blechdicke s in mm														
	1	1,5	2,5	3	4	5	6	7	8	10	12	14	16	18	20
bis 390	1	1,6	2,5	3	5	6	8	10	12	16	20	25	28	36	40
390...490	1,2	2	3	4	5	8	10	12	16	20	25	28	32	40	45
490...640	1,6	2,5	4	5	6	8	10	12	16	20	25	32	36	45	50

1) Werte gelten für Biegewinkel $\alpha \leq 120°$ und Biegen quer zur Walzrichtung. Beim Biegen längs zur Walzrichtung und Biegewinkeln $\alpha > 120°$ ist der Wert der nächsthöheren Blechdicke zu wählen.

Ausgleichswerte v für Biegewinkel $\alpha = 90°$

vgl. Beiblatt 2 zu DIN 6935 (zurückgezogen)

Biegeradius r in mm	Ausgleichswert v je Biegestelle in mm für Blechdicke s in mm														
	0,4	0,6	0,8	1	1,5	2	2,5	3	3,5	4	4,5	5	6	8	10
1	1,0	1,3	1,7	1,9	–	–	–	–	–	–	–	–	–	–	–
1,6	1,3	1,6	1,8	2,1	2,9	–	–	–	–	–	–	–	–	–	–
2,5	1,6	2,0	2,2	2,4	3,2	4,0	4,8	–	–	–	–	–	–	–	–
4	–	2,5	2,8	3,0	3,7	4,5	5,2	6,0	6,9	–	–	–	–	–	–
6	–	–	3,4	3,8	4,5	5,2	5,9	6,7	7,5	8,3	9,0	9,9	–	–	
10	–	–	–	5,5	6,1	6,7	7,4	8,1	8,9	9,6	10,4	11,2	12,7	–	–
16	–	–	–	8,1	8,7	9,3	9,9	10,5	11,2	11,9	12,6	13,3	14,8	17,8	21,0
20	–	–	–	9,8	10,4	11,0	11,6	12,2	12,8	13,4	14,1	14,9	16,3	19,3	22,3
25	–	–	–	11,9	12,6	13,2	13,8	14,4	15,0	15,6	16,2	16,8	18,2	21,1	24,1
32	–	–	–	15,0	15,6	16,2	16,8	17,4	18,0	18,6	19,2	19,8	21,0	23,8	26,7
40	–	–	–	18,4	19,0	19,6	20,2	20,8	21,4	22,0	22,6	23,2	24,5	26,9	29,7
50	–	–	–	22,7	23,3	23,9	24,5	25,1	25,7	26,3	26,9	27,5	28,8	31,2	33,6

F

Zuschnittsermittlung für 90°-Biegeteile

vgl. DIN 6935 (1975-10)

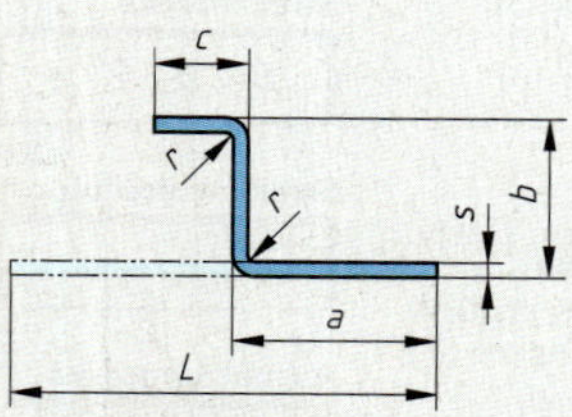

L gestreckte Länge[1])
a, b, c Längen der Schenkel
s Dicke
r Biegeradius
n Anzahl der Biegestellen
v Ausgleichswert

Gestreckte Länge[2])

$$L = a + b + c + \ldots - n \cdot v$$

2) Die berechneten gestreckten Längen sind auf volle mm aufzurunden.

Beispiel (vgl. Bild):

a = 25 mm; b = 20 mm; c = 15 mm; n = 2; s = 2 mm;
r = 4 mm; Werkstoff S235JR; v = ?; L = ?
v = 4,5 mm (aus obiger Tabelle)
L = $a + b + c - n \cdot v$ = (25 + 20 + 15 – 2 · 4,5) mm = **51 mm**

1) Bei einem Verhältnis $r/s > 5$ kann auch mit der Formel für gestreckte Längen (Seite 24) gerechnet werden.

Zuschnittsermittlung, Rückfederung beim Biegen

Zuschnittsermittlung für Teile mit beliebigem Biegewinkel
vgl. DIN 6935 (1975-10)

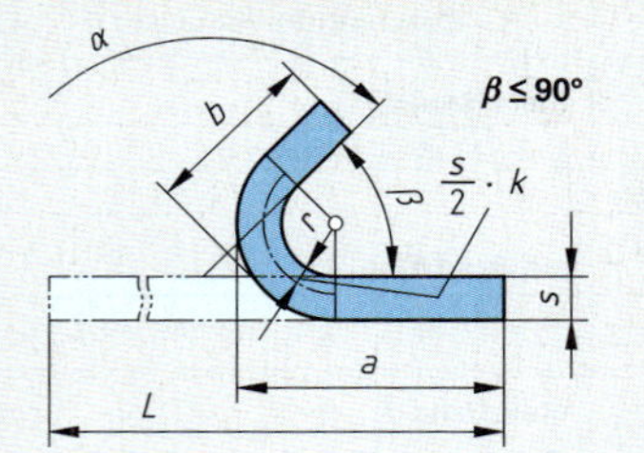

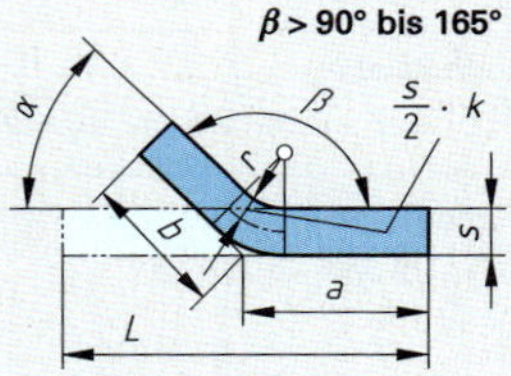

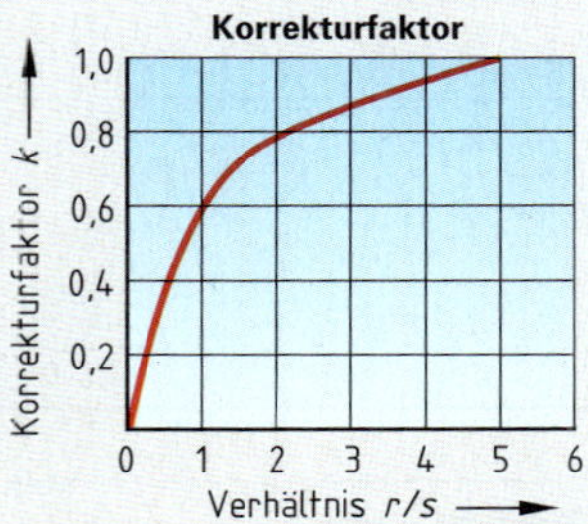

L gestreckte Länge
a, b Länge der Schenkel
v Ausgleichswert
k Korrekturfaktor
s Blechdicke
r Biegeradius
β Öffnungswinkel

Gestreckte Länge[1)]

$$L = a + b - v$$

Ausgleichswert für β = 0° bis 90°

$$v = 2 \cdot (r + s) - \pi \cdot \left(\frac{180° - \beta}{180°}\right) \cdot \left(r + \frac{s}{2} \cdot k\right)$$

Ausgleichswert für β über 90° bis 165°

$$v = 2 \cdot (r + s) \cdot \tan \frac{180° - \beta}{2} - \pi \cdot \left(\frac{180° - \beta}{180°}\right) \cdot \left(r + \frac{s}{2} \cdot k\right)$$

Ausgleichswert für β über 165° bis 180°
$v \approx 0$ (vernachlässigbar klein)

Korrekturfaktor

$$k = 0{,}65 + 0{,}5 \cdot \log \frac{r}{s}$$

Beispiel:

Biegeteil mit $\beta = 60°$, $a = 16$ mm, $b = 21$ mm, $r = 6$ mm, $s = 5$ mm; $k = ?$; $v = ?$; $L = ?$;

$\frac{r}{s} = \frac{6\ \text{mm}}{5\ \text{mm}} = 1{,}2$; $\mathbf{k = 0{,}7}$ (aus Diagramm);

$\mathbf{k} = \mathbf{0{,}689}$ (mit Formel berechnet)

$$\mathbf{v} = 2 \cdot (r + s) - \pi \cdot \left(\frac{180° - \beta}{180°}\right) \cdot \left(r + \frac{s}{2} \cdot k\right)$$

$$= 2 \cdot (6 + 5)\ \text{mm} - \pi \cdot \left(\frac{180° - 60°}{180°}\right) \cdot \left(6 + \frac{5}{2} \cdot 0{,}7\right)\text{mm} = \mathbf{5{,}77\ mm}$$

$\mathbf{L} = a + b - v = 16\ \text{mm} + 21\ \text{mm} - 5{,}77\ \text{mm} \approx \mathbf{32\ mm}$

1) Bei $r/s > 5$ kann mit hinreichender Genauigkeit auch mit der gestreckten Länge (Seite 24) gerechnet werden.

Rückfederung beim Biegen

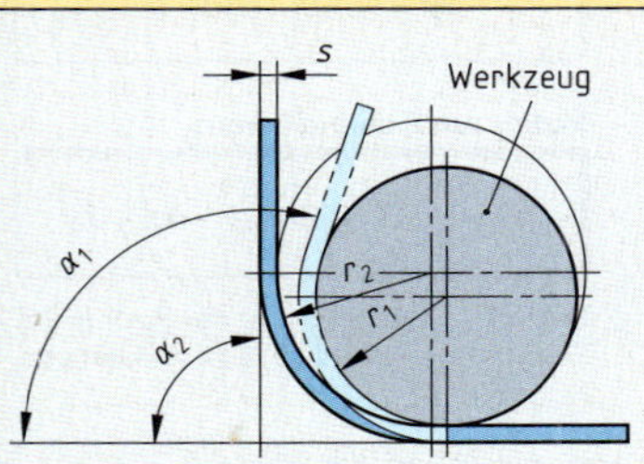

α_1 Biegewinkel vor Rückfederung (am Werkzeug)
α_2 Biegewinkel nach Rückfederung (am Werkstück)
r_1 Radius am Werkzeug
r_2 Biegeradius am Werkstück
k_R Rückfederungsfaktor
s Blechdicke

Radius am Werkzeug

$$r_1 = k_R \cdot (r_2 + 0{,}5 \cdot s) - 0{,}5 \cdot s$$

Biegewinkel vor Rückfederung

$$\alpha_1 = \frac{\alpha_2}{k_R}$$

Werkstoff der Biegeteile	Rückfederungsfaktor k_R für das Verhältnis r_2/s										
	1	1,6	2,5	4	6,3	10	16	25	40	63	100
DC04	0,99	0,99	0,99	0,98	0,97	0,97	0,96	0,94	0,91	0,87	0,83
DC01	0,99	0,99	0,99	0,97	0,96	0,96	0,93	0,90	0,85	0,77	0,65
X12CrNi18-8	0,99	0,98	0,97	0,95	0,93	0,89	0,84	0,76	0,63	–	–
E-Cu-R20	0,98	0,97	0,97	0,96	0,95	0,93	0,90	0,85	0,79	0,72	0,6[illegible]
CuZn33-R29	0,97	0,97	0,96	0,95	0,94	0,93	0,89	0,86	0,83	0,77	0,73
CuNi18Zn20	–	–	–	0,97	0,96	0,95	0,92	0,87	0,82	0,72	–
EN AW-Al99,0	0,99	0,99	0,99	0,99	0,98	0,98	0,97	0,97	0,96	0,95	0,93
EN AW-AlCuMg1	0,98	0,98	0,98	0,98	0,97	0,97	0,96	0,95	0,93	0,91	0,87
EN AW-AlSiMgMn	0,98	0,98	0,97	0,96	0,95	0,93	0,90	0,86	0,82	0,76	0,72

F

Tiefziehen

Berechnung der Zuschnittdurchmesser

Ziehteil	Zuschnittdurchmesser D	Ziehteil	Zuschnittdurchmesser D
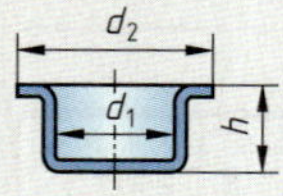	**ohne Rand d_2** $D=\sqrt{d_1^2+4\cdot d_1\cdot h}$ **mit Rand d_2** $D=\sqrt{d_2^2+4\cdot d_1\cdot h}$	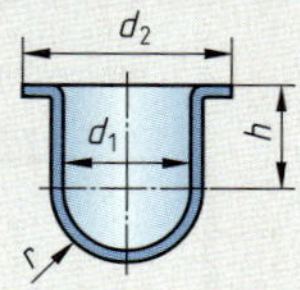	**ohne Rand d_2** $D=\sqrt{2\cdot d_1^2+4\cdot d_1\cdot h}$ **mit Rand d_2** $D=\sqrt{2\cdot d_1^2+4\cdot d_1\cdot h+(d_2^2-d_1^2)}$
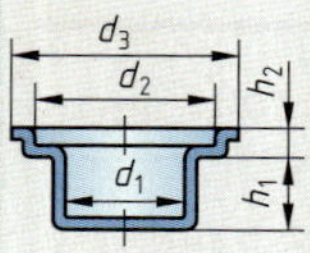	**ohne Rand d_3** $D=\sqrt{d_2^2+4\cdot(d_1\cdot h_1+d_2\cdot h_2)}$ **mit Rand d_3** $D=\sqrt{d_3^2+4\cdot(d_1\cdot h_1+d_2\cdot h_2)}$	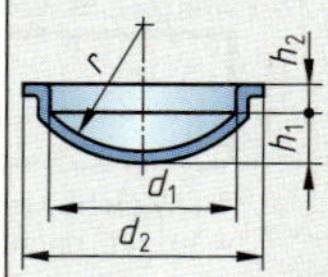	**ohne Rand d_2** $D=\sqrt{d_1^2+4\cdot h_1^2+4\cdot d_1\cdot h_2}$ **mit Rand d_2** $D=\sqrt{d_1^2+4\cdot h_1^2+4\cdot d_1\cdot h_2+(d_2^2-d_1^2)}$
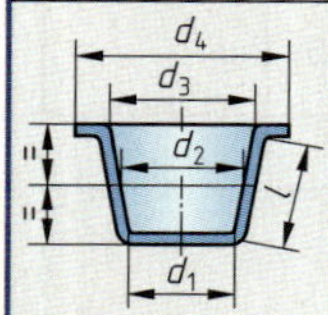	**ohne Rand d_4** $D=\sqrt{d_1^2+4\cdot d_2\cdot l}$ **mit Rand d_4** $D=\sqrt{d_1^2+4\cdot d_2\cdot l+(d_4^2-d_3^2)}$	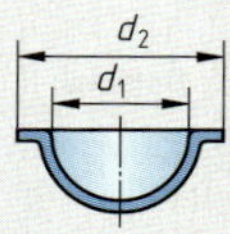	**ohne Rand d_2** $D=\sqrt{2\cdot d_1^2}=1{,}414\cdot d$ **mit Rand d_2** $D=\sqrt{d_1^2+d_2^2}$

Beispiel:

Zylindrisches Ziehteil ohne Rand d_2 (Bild oben links) mit d_1 = 50 mm, h = 30 mm; D = ?

$\boldsymbol{D}=\sqrt{d_1^2+4\cdot d_1\cdot h}=\sqrt{50^2\ \text{mm}^2+4\cdot 50\ \text{mm}\cdot 30\ \text{mm}}=\mathbf{92{,}2\ mm}$

Ziehspalt und Radien am Ziehring und Ziehstempel

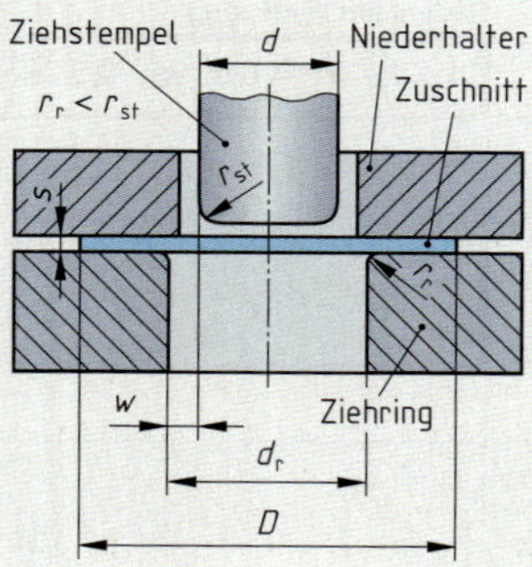

- w Ziehspalt
- s Blechdicke
- k Werkstofffaktor
- r_r Radius am Ziehring
- r_{st} Radius am Ziehstempel
- D Zuschnittdurchmesser
- d Stempeldurchmesser
- d_r Ziehringdurchmesser

Ziehspalt in mm

$$w=s+k\cdot\sqrt{10\cdot s}$$

Radius am Ziehring in mm

$$r_r=0{,}035\cdot[50+(D-d)]\cdot\sqrt{s}$$

Bei jedem Weiterzug ist der Radius am Ziehring um 20 bis 40 % zu verkleinern.

Ziehspalt

$$w=\frac{d_r-d}{2}$$

Radius am Ziehstempel in mm

$$r_{st}=(4...5)\cdot s$$

Werkstofffaktor k	
Stahl	0,07
Aluminium	0,02
Sonstige NE-Metalle	0,04

Beispiel:

Stahlblech; D = 51 mm; d = 25 mm; s = 2 mm; w = ?; r_r = ?; r_{st} = ?

$\boldsymbol{k}$ = **0,07** (aus Tabelle)

$\boldsymbol{w}=s+k\cdot\sqrt{10\cdot s}=2+0{,}07\cdot\sqrt{10\cdot 2}=\mathbf{2{,}3\ mm}$

$\boldsymbol{r_r}=0{,}035\cdot[50+(D-d)]\cdot\sqrt{s}=0{,}035\cdot[50+(51-25)]\cdot\sqrt{2}=\mathbf{3{,}8\ mm}$

$\boldsymbol{r_{st}}=4{,}5\cdot s=4{,}5\cdot 2\ \text{mm}=\mathbf{9\ mm}$

Tiefziehen

Ziehstufen und Ziehverhältnisse

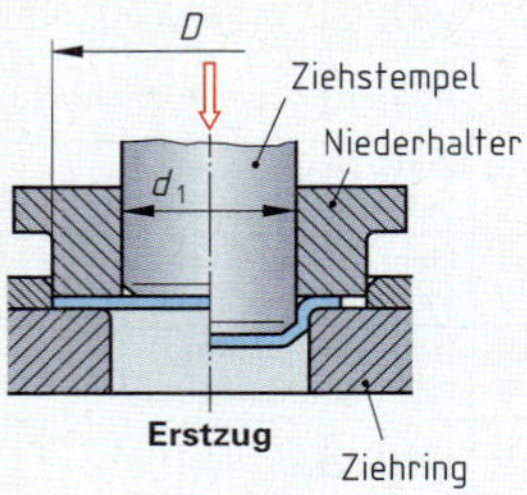

Erstzug

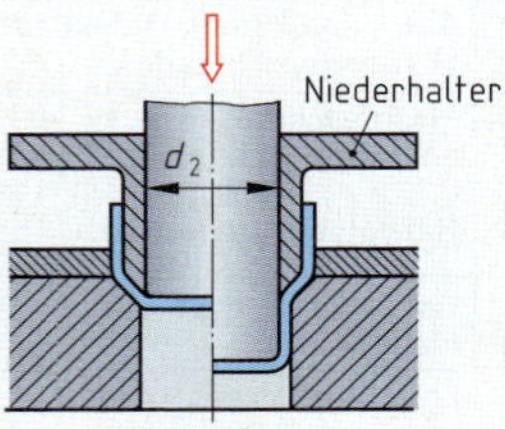

Weiterzug

D	Zuschnittdurchmesser
d	Innendurchmesser des fertigen Ziehteils
d_1	Stempeldurchmesser beim 1. Zug
d_2	Stempeldurchmesser beim 2. Zug
d_n	Stempeldurchmesser beim n. Zug
β_1	Ziehverhältnis für 1. Zug
β_2	Ziehverhältnis für 2. Zug
β_{ges}	Gesamt-Ziehverhältnis
s	Blechdicke

Beispiel:

Napf ohne Rand aus DC04 (St 14) mit $d = 50$ mm; $h = 60$ mm $D = ?;\ \beta_1 = ?;\ \beta_2 = ?;\ d_1 = ?;\ d_2 = ?$

$$\mathbf{D} = \sqrt{d^2 + 4 \cdot d \cdot h}$$

$$= \sqrt{(50\ \text{mm})^2 + 4 \cdot 50\ \text{mm} \cdot 60\ \text{mm}} \approx \mathbf{120\ mm}$$

$\boldsymbol{\beta_1} = \mathbf{2{,}0};\ \boldsymbol{\beta_2} = \mathbf{1{,}3}$ (nach Tabelle unten)

$$\mathbf{d_1} = \frac{D}{\beta_1} = \frac{120\ \text{mm}}{2{,}0} = \mathbf{60\ mm}$$

$$\mathbf{d_2} = \frac{d_1}{\beta_2} = \frac{60\ \text{mm}}{1{,}3} = \mathbf{46\ mm}$$

2 Züge ausreichend, da $d_2 < d$

Ziehverhältnis

1. Zug

$$\beta_1 = \frac{D}{d_1}$$

2. Zug

$$\beta_2 = \frac{d_1}{d_2}$$

Gesamt-Ziehverhältnis

$$\beta_{ges} = \beta_1 \cdot \beta_2 \cdot \ldots$$

$$\beta_{ges} = \frac{D}{d_n}$$

Werkstoff	Max. Zieh-verhältnisse[1]		R_m[2]	Werkstoff	Max. Zieh-verhältnisse[1]		R_m[2]	Werkstoff	Max. Zieh-verhältnisse[1]		R_m[2]
	β_1	β_2	N/mm²		β_1	β_2	N/mm²		β_1	β_2	N/mm²
DC01 (St12)	1,8	1,2	410	CuZn30-R270	2,1	1,3	270	Al99,5 H111	2,1	1,6	95
DC03 (St13)	1,9	1,3	370	CuZn37-R300	2,1	1,4	300	AlMg1 H111	1,9	1,3	145
DC04 (St14)	2,0	1,3	350	CuZn37-R410	1,9	1,2	410	AlCu4Mg1 T4	2,0	1,5	425
X10CrNi18-8	1,8	1,2	750	CuSn6-R350	1,5	1,2	350	AlSi1MgMn T6	2,1	1,4	310

[1] Die Werte gelten bis $d_1 : s = 300$; sie wurden für $d_1 = 100$ mm und $s = 1$ mm ermittelt. Für andere Blechdicken und Stempeldurchmesser ändern sich die Werte geringfügig. [2] maximale Zugfestigkeit

Bodenreißkraft, Tiefziehkraft, Niederhalterkraft

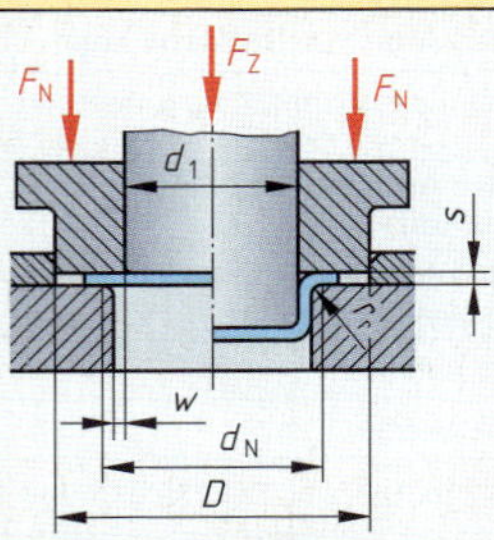

Niederhalterdruck p in N/mm²	
Stahl	2,5
Cu-Legierungen	2,0...2,4
Al-Legierungen	1,2...1,5

F_B	Bodenreißkraft
F_Z	Tiefziehkraft
d_1	Stempeldurchmesser
s	Blechdicke
R_m	Zugfestigkeit
β	Ziehverhältnis
β_{max}	höchstmögliches Ziehverhältnis
F_N	Niederhalterkraft
D	Zuschnittdurchmesser
d_N	Auflagedurchmesser des Niederhalters
p	Niederhalterdruck
r_r	Radius am Ziehring
w	Ziehspalt

Bodenreißkraft

$$F_B = \pi \cdot (d_1 + s) \cdot s \cdot R_m$$

Tiefziehkraft

$$F_Z = \pi \cdot (d_1 + s) \cdot s \cdot R_m \cdot 1{,}2 \cdot \frac{\beta - 1}{\beta_{max} - 1}$$

Niederhalterkraft

$$F_N = \frac{\pi}{4} \cdot (D^2 - d_N^2) \cdot p$$

Auflagedurchmesser des Niederhalters

$$d_N = d_1 + 2 \cdot (r_r + w)$$

Beispiel:

$D = 210$ mm; $d_1 = 140$ mm; $s = 1$ mm; $R_m = 380$ N/mm²; $\beta = 1{,}5$; $\beta_{max} = 1{,}9$; $F_Z = ?$

$$\mathbf{F_Z} = \pi \cdot (d_1 + s) \cdot s \cdot R_m \cdot 1{,}2 \cdot \frac{\beta - 1}{\beta_{max} - 1} = \pi \cdot (140\ \text{mm} + 1\ \text{mm}) \cdot 1\ \text{mm} \cdot 380\,\frac{\text{N}}{\text{mm}^2} \cdot 1{,}2 \cdot \frac{1{,}5 - 1}{1{,}9 - 1} = \mathbf{112\,218\ N}$$

F

Verfahren, Schweißpositionen, Allgemeintoleranzen

Schweißen, Schneiden, Löten und verwandte Prozesse

vgl. DIN EN ISO 4063 (2000-04)

N[1]	Verfahren, Prozess	N[1]	Verfahren, Prozess	N[1]	Verfahren, Prozess
1	**Lichtbogenschweißen**	24 25	Abbrennstumpfschweißen Pressstumpfschweißen	**7**	**Andere Schweißverfahren**
101 111	Metall-Lichtbogenschweißen Lichtbogenhandschweißen	**3**	**Gasschmelzschweißen**	73 74	Elektrogasschweißen Induktionsschweißen
11	Metall-Lichtbogenschweißen ohne Gasschutz	311	Gasschweißen mit Sauerstoff-Acetylen-Flamme	75 753	Lichtstrahlschweißen Infrarotschweißen
12 13	Unterpulverschweißen Metall-Schutzgasschweißen	312	Gasschweißen mit Sauerstoff-Propan-Flamme	78 788	Bolzenschweißen Reibbolzenschweißen
131 135	Metall-Inertgasschw. (MIG) Metall-Aktivgasschw. (MAG)	**4**	**Pressschweißen**	**8**	**Schneiden**
136	Metall-Aktivgasschweißen mit Fülldrahtelektrode	41 42	Ultraschallschweißen Reibschweißen	81 82	Autogenes Brennschneiden Lichtbogenschneiden
137	Metall-Inertgasschweißen mit Fülldrahtelektrode	45 47	Diffusionsschweißen Gaspressschweißen	83 84	Plasmaschneiden Laserstrahlschneiden
14 141	Wolfram-Schutzgasschw. Wolfram-Inertgasschw. (WIG)	**5**	**Strahlschweißen**	**9**	**Hartlöten, Weichlöten**
15 151	Plasmaschweißen Plasma-WIG-Schweißen	51 52	Elektronenstrahlschweißen Laserstrahlschweißen	91 912	Hartlöten Flammhartlöten
2	**Widerstandsschweißen**	512	Elektronenstrahlschweißen in Atmosphäre	914 924	Lotbadhartlöten Vakuumhartlöten
21 22	Widerstands-Punktschweißen Rollennahtschweißen	521	Festkörper-Laserstrahl-schweißen	94 944	Weichlöten Lotbadweichlöten
225 23	Folienstumpfnahtschweißen Buckelschweißen	522	Gas-Laserstrahlschweißen	946 952	Induktionsweichlöten Kolbenweichlöten

⇒ **Prozess ISO 4063–111:** Vorgeschriebener Schweißprozess → Lichtbogenhandschweißen (111)

[1] N Referenznummer zur Kennzeichnung der Verfahren und Prozesse in Zeichnungen, Arbeitsanweisungen und in der Datenverarbeitung

Schweißpositionen

vgl. DIN EN ISO 6947 (1997-05)

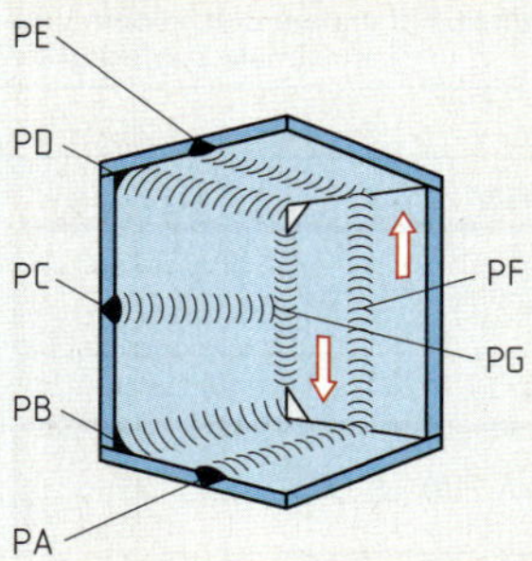

Kurz-zeichen	Benennung	Hauptposition, Beschreibung
PA	Wannenposition	Nahtmittellinie senkrecht, waagerechtes Arbeiten, Decklage oben
PB	Horizontalposition	horizontales Arbeiten, Decklage oben
PC	Querposition	Nahtmittellinie horizontal, waagrechtes Arbeiten
PD	Horizontal-Überkopf-Position	horizontales Arbeiten, Überkopf, Decklage unten
PE	Überkopfposition	horizontales Arbeiten, Nahtmittellinie senkrecht, Decklage unten
PF	Steigposition	steigendes Arbeiten
PG	Fallposition	fallendes Arbeiten

Allgemeintoleranzen für Schweißkonstruktionen

vgl. DIN EN ISO 13920 (1996-11)

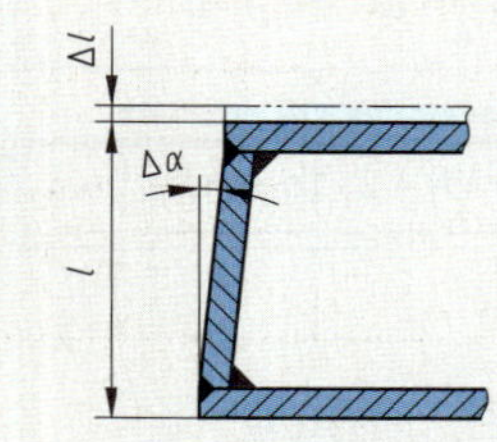

[1] l kürzerer Schenkel

	Zulässige Abweichungen für Längenmaße Δl in mm Nennmaßbereich l[1]						Zulässige Abweichungen für Winkelmaße $\Delta\alpha$ in ° und ′ Nennmaßbereich l[1]		
Genauig-keitsgrad	bis 30	über 30 bis 120	über 120 bis 400	über 400 bis 1000	über 1000 bis 2000	über 2000 bis 4000	bis 400	über 400 bis 1000	über 1000
A	±1	±1	±1	±2	±3	± 4	±20′	±15′	±10′
B	±1	±2	±2	±3	±4	± 6	±45′	±30′	±20′
C	±1	±3	±4	±6	±8	±11	±1°	±45′	±30′

F

Nahtvorbereitung

vgl. DIN EN ISO 9692-1 (2004-05)
Ersatz für DIN EN 29692

Benennung, Symbol der Schweißnaht Seiten 93...95	Werkstückdicke t mm	A[1]	Nahtvorbereitung Fugenform	Maße Spalt b mm	Steg c mm	Winkel α in °	Empfohlene Schweißverfahren[2]	Bemerkungen
Bördelnaht ʌ	0 ... 2	e	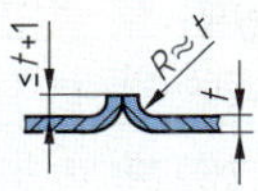	–	–	–	3, 111, 141, 512	Dünnblechschweißung, meist ohne Zusatzwerkstoff
I-Naht ‖	0 ... 4	e	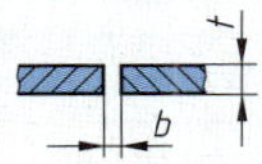	≈ t	–	–	3, 111, 141	wenig Zusatzwerkstoff, keine Nahtvorbereitung
	0 ... 8	b		≈ $t/2$	–	–	111, 141	
				≤ $t/2$	–	–	13	
V-Naht V	3 ... 10	e	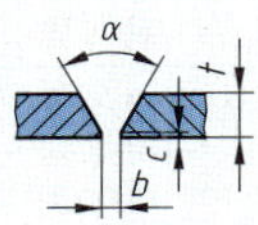	≤ 4	≤ 2	40° ... 60°	3	–
	3 ... 40	b		≤ 3	≤ 2	≈ 60°	111, 141	mit Gegenlage
						40° ... 60°	13	
Y-Naht Y	5 ... 40	e	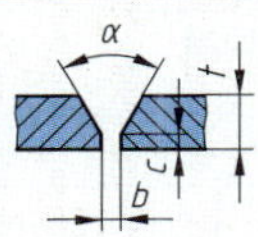	1 ... 4	2 ... 4	≈ 60°	111, 13, 141	–
	> 10	b		1 ... 3	2 ... 4	≈ 60°	111, 141	mit Wurzel- und Gegenlage
						40° ... 60°	13	
D-V-Naht X	> 10	b	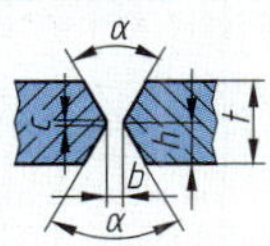	1 ... 3	≤ 2	≈ 60°	111, 141	symmetrische Fugenform, $h = t/2$
						40° ... 60°	13	
HV-Naht V	3 ... 10	e	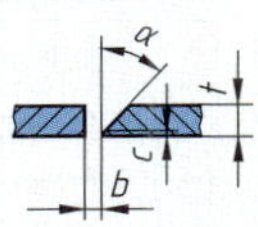	2 ... 4	1 ... 2	35° ... 60°	111, 13, 141	–
	3 ... 30	b		1 ... 4	≤ 2	35° ... 60°	111, 141	mit Gegenlage
D-HV-Naht K	> 10	b	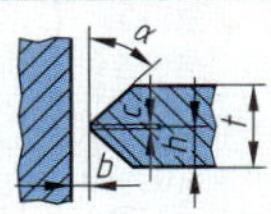	1 ... 4	≤ 2	35° ... 60°	111, 13, 141	symmetrische Fugenform, $h = t/2$ oder $t/3$
Kehlnaht ◺	> 2	e	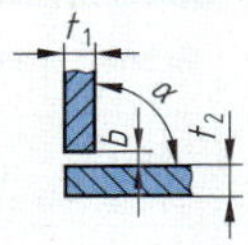	≤ 2	–	70° ... 100°	3, 111, 13, 141	T-Stoß
	> 3	b	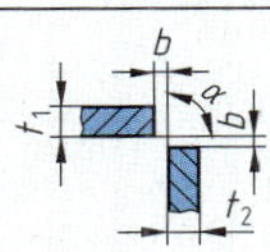	≤ 2	–	70° ... 110°	3, 111, 13, 141	Doppelkehlnaht, Eckstoß

[1] A Ausführung: e einseitig geschweißt; b beidseitig geschweißt
[2] Schweißverfahren: Seite 322

Druckgasflaschen, Gasschweißstäbe

Druckgasflaschen

vgl. DIN EN 1089-3 (2004-06)

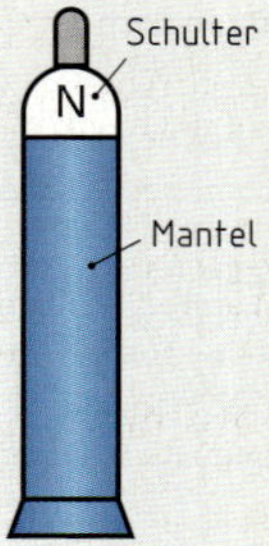

Gasart	Farbkennzeichnung[1] nach DIN EN 1089-3 Mantel	Schulter	bisher	Anschlussgewinde	Volumen V l	Fülldruck p_F bar	Füllmenge
Sauerstoff	blau	weiß	blau	R3/4	40 50	150 200	6 m³ 10 m³
Acetylen	kastanienbraun	kastanienbraun	gelb	Spannbügel	40 50	19 19	8 kg 10 kg
Wasserstoff	rot	rot	rot	W21,80x1/14	10 50	200 200	2 m³ 10 m³
Argon	grau	dunkelgrün	grau	W21,80x1/14	10 50	200 200	2 m³ 10 m³
Helium	grau	braun	grau	W21,80x1/14	10 50	200 200	2 m³ 10 m³
Argon-Kohlendioxid-Gemisch	grau	leuchtendgrün	grau	W21,80x1/14	20 50	200 200	4 m³ 10 m³
Kohlendioxid	grau	grau	grau	W21,80x1/14	10 50	58 58	7,5 kg 20 kg
Stickstoff	grau	schwarz	dunkelgrün	W24,32x1/14	40 50	150 200	6 m³ 10 m³

[1] Die Umstellung auf die neue Farbkennzeichnung soll bis zum 01.07.2006 abgeschlossen sein. In der Übergangszeit ist der Gefahrgutaufkleber (Seite 331) die einzige verbindliche Kennzeichnung.

Gasschweißstäbe für das Verbindungsschweißen von Stahl

vgl. DIN EN 12536 (2000-08), Ersatz für DIN 8554-1

Einteilung, Schweißgutanalyse, Schweißverhalten

Kurzname neu	bisher	Schweißgutanalyse in % (Richtwerte) C	Si	Mn	Mo	Ni	Cr	Schweißverhalten Fließverhalten	Spritzer	Porenneigung
O I	G I	<0,1	<0,20	<0,65	–	–	–	dünnfließend	viel	ja
O II	G II	<0,2	<0,25	<1,20	–	–	–	weniger dünnfließend	wenig	ja
O III	G III	<0,15	<0,25	<1,25	–	<0,80	–	zähfließend	keine	nein
O IV	G IV	<0,15	<0,25	<1,20	<0,65	–	<1,20	zähfließend	keine	nein
O V	G V	<0,10	<0,25	<1,20	<0,65	–	<1,20	zähfließend	keine	nein

Anwendungsbereich, mechanische Eigenschaften

Anwendungsbereich	Stahlsorten	Schweißstab, Kurzname	B[1]	Streckgrenze R_e N/mm²	Zugfestigkeit R_m N/mm²	Bruchdehnung A %	KA[2] K_v J
Bleche, Rohre	S235, S275	O I	U	> 260	360…410	> 20	> 30
Behälter, Rohrleitungen	S235, S275, P235GH, P265GH	O II	U	> 300	390…440	> 20	> 47
	S235, S275, P235GH, P265GH	O III	U	> 310	400…460	> 22	> 47
Kessel, Rohrleitungen, warmfest bis 530 °C	S235, S355, S275, P235, P235GH, P265GH, P295GH, 16Mo3	O IV	U	> 260	440…490	> 22	> 47
Kessel, Rohrleitungen, warmfest bis 570 °C	13CrMo4-5, 16CrMo3	O V	A	> 315	490…590	> 18	> 47

⇒ **Stab EN 12536 – O IV:** Gasschweißstab der Klasse IV

[1] B Behandlungszustand der Schweißnaht: U unbehandelt (Schweißzustand); A anlassgeglüht
[2] KA Kerbschlagarbeit bei +20 °C, ermittelt an einer ISO-V-Probe

F

Schutzgase, Drahtelektroden

Schutzgase zum Lichtbogenschweißen von Stahl

vgl. DIN EN 439 (1995-05)

Kurzname	Zusammensetzung[1]	Gasart, Wirkung	Schweißverfahren	Werkstoffe; Anwendung
R1	H_2 < 15%, Rest Ar oder He	Reduktionsgase	WIG-, Plasmaschweißen	hochlegierte Stähle, Ni, Ni-Legierungen
R2	(15…35)% H_2, Rest Ar oder He			
I1	100% Ar	Inertgase (neutrales Verhalten)	MIG-, WIG-, Plasmaschweißen	Al, Al-Legierungen, Cu, Cu-Legierungen
I2	100% He			
I3	He < 95%, Rest Ar			
M11	CO_2 ≤ 5%, H_2 ≤ 5%, Rest Ar oder He	Mischgase, schwach oxidierend	MAG-Schweißen	legierte Cr-Ni-Stähle; vorwiegend rost- und säurebeständige Stähle
M12	(3…10)% CO_2, Rest Ar oder He			
M13	O_2 < 3%, Rest Ar			
M21	(5…25)% CO_2, Rest Ar oder He	Mischgase, stärker oxidierend	MAG-Schweißen	niedriglegierte und mittellegierte Stähle
M22	(3…10)% CO_2, Rest Ar oder He			
M23	CO_2 ≤ 5%, (3…10)% O, Rest Ar oder He			
M31	(25…50)% CO_2, Rest Ar oder He	Mischgase, mittelstark oxidierend	MAG-Schweißen	unlegierte und niedriglegierte Stähle; Grobbleche
M32	(10…15)% O_2, Rest Ar oder He			
M33	(5…50)% CO_2, (8…15)% O_2, Rest Ar oder He			
C1	100% CO_2	stark oxidierende Gase	MAG-Schweißen	unlegierte Stähle
C2	O_2 ≤ 30%, Rest CO_2			
⇒	**Schutzgas EN 439-I3:** Inertgas mit bis 95% Helium , Rest Argon			

[1] Ar Argon He Helium O_2 Sauerstoff CO_2 Kohlendioxid H_2 Wasserstoff

Drahtelektroden und Schweißgut zum Metall-Schutzgasschweißen von unlegierten Stählen und Feinkornbaustählen

vgl. DIN EN 440 (1994-11)

Bezeichnungsbeispiel (Schweißgut):

EN 440 – G 46 3 M G3Si1

- EN 440: Norm-Nummer
- G: Kurzzeichen für Metall-Schutzgasschweißen
- 46: Kennziffer für die mechanischen Eigenschaften des Schweißgutes (Seite 327)
- 3: Kennziffer für die Kerbschlagarbeit des Schweißgutes (Seite 327)
- M: Kennzeichen für Schutzgase

Kennzeichen	Schutzgase DIN 439
M	M21, M22, M23, M24
C	C1

Chemische Zusammensetzung der Drahtelektroden (Beispiele)

Kurzzeichen	Hauptlegierungselemente	Kurzzeichen	Hauptlegierungselemente
G0	Jede vereinbarte Zusammensetzung	G2Ti	0,5...0,8% Si, 0,9...1,4% Mn, 0,05...0,25% Ti
G3Si1	0,7...1,0% Si, 1,3...1,6% Mn	G2Ni2	0,4...0,8% Si, 0,8...1,4% Mn, 2,1...2,7% Ni

⇒ **EN 440 – G 46 4 M G3Si1:** Eigenschaften des Schweißgutes: Mindeststreckgrenze R_e = 460 N/mm², Kerbschlagarbeit bei –40 °C = 47 J; Mischgas M21…M24, Elektrode mit 0,7...1,0% Si, 1,3...1,6% Mn

Drahtelektroden (Auswahl)

Bezeichnung nach DIN EN 440	Schweißverfahren	Schutzgase	verwendbar für Stähle, Beispiele	Anwendung, Eigenschaften, Beispiele
G 46 4 M G3Si1	MAG	M21…M24, C1	S185…S355, E295, E335, P235…P355, GP240R, L210…L360	Verbindungs- und Auftragsschweißung
G 50 4 M G4Si1	MAG	M21…M24, C1		wie G3Si1, jedoch höhere Festigkeitswerte
G 46 M G2Ni2	MAG	M21	12Ni14, 13MnNi6-3, S(P)275…S(P)420	Feinkornbaustähle und kaltzähe Stähle

F

Richtwerte für das Schutzgasschweißen, Schweißzusätze für Aluminium

Nahtplanung: Nahtform	Nahtplanung: Naht dicke *a* mm	Nahtplanung: Draht-durchmesser mm	Nahtplanung: Anzahl der Lagen	Einstellwerte: Spannung V	Einstellwerte: Strom A	Einstellwerte: Draht-vorschub-geschw.[1] m/min	Einstellwerte: Schutzgas l/min	Leistungswerte: Schweißzusatz g/m	Leistungswerte: Hauptnutzungszeit min/m
MAG-Schweißen, Richtwerte für unlegierte Baustähle									
Schweißposition: PB	Drahtelektrode DIN EN 440 – G 46 4 M G3Si1					Schutzgas DIN EN 439 – M21			
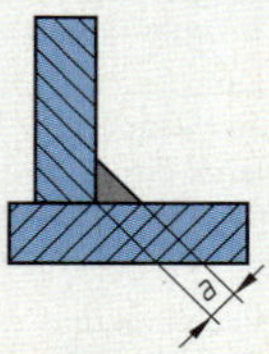	2 3 4	0,8 1,0 1,0	1	20 22 23	105 215 220	7 11 11	10	45 90 140	1,5 1,4 2,1
	5 6 7	1,0 1,0 1,2	1 1 3	30	300	10	15	215 300 390	2,6 3,5 4,6
	8 10	1,2	3 4	30	300	10	15	545 805	6,4 9,5
MIG-Schweißen, Richtwerte für Aluminiumlegierungen									
Schweißposition: PA	Schweißzusatz DIN 1732 – SG – AlMg5					Schutzgas DIN EN 439 – I1			
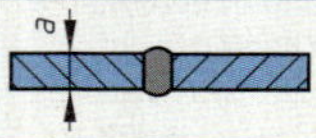	4 5 6	1,2 1,6 1,6	1	23 25 26	180 200 230	3 4 7	12 18 18	30 77 147	2,9 3,3 3,9
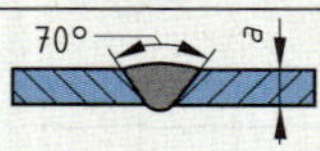	5 6 8	1,6	1 2 2	22 22 26	160 170 220	6 6 7	18	126 147 183	4,2 4,6 5,0
1) Beim MIG-Schweißen: Schweißgeschwindigkeit									
WIG – Schweißen, Richtwerte für Aluminiumlegierungen									
Schweißposition: PA	Schweißzusatz DIN 1732 – SG – AlMg5					Schutzgas DIN EN 439 – I1			
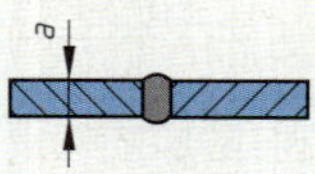	1 1,5	3,0	1	–	75 90	0,3 0,2	5	19 22	3,8 4,3
	2 3	3,0	1	–	110 125	0,2	6	28	1,8 5,9
	4 5 6	3,0	1	–	160 185 210	0,2 0,1 0,1	8 10 10	38 47 47	6,7 7,1 12
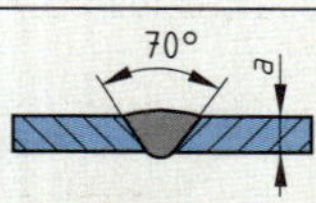	5	4,0	1. Lage 2. Lage	–	165	0,1 0,2	12	105	13
	6	4,0	1. Lage 2. Lage	–	165	0,1 0,2	12	190	16

Schweißzusatzwerkstoffe für Aluminium

vgl. DIN 1732 (1988-06)

Kurzzeichen[1]		Werkstoff-nummer	Verwendung für Grundwerkstoffe (Kurzbezeichnungen ohne den Zusatz EN AW)
SG-Al99,8	(EL-Al99,8)	3.0286	Al99,7, Al99,5
SG-Al99,5Ti	(EL-Al99,5Ti)	3.0805	Al99,0, Al99,5
SG-AlMn1	(EL-AlMn1)	3.0516	AlMn1, AlMn1Cu
SG-AlMg3		3.3536	AlMg1(C), AlMg3
SG-AlMg5		3.3556	AlMg3, AlMg4, AlMg5, AlSi1MgMn, AlMg1SiCu, AlZn4,5Mg1, G-AlMg5, G-AlMgSi, G-AlMg3, G-AlMg3Si
SG-AlMg4,5Mn		3.3548	AlMg4, AlMg5, AlSi1MgMn, AlMg1SiCu, AlZn4,5Mg1, G-AlMg5, G-AlMgSi
SG-AlSi5	(EL-AlSi5)	3.2245	AlMgSi1Cu, AlZn4,5Mg1
SG-AlSi12	(EL-AlSi12)	3.2585	G-AlSi1, G-AlSi9Mg, G-AlSi7Mg, G-AlSi5Mg

1) SG Schweißzusätze mit blanker Oberfläche; EL umhüllte Stabelektroden

F

Stabelektroden zum Lichtbogenschweißen

Umhüllte Stabelektroden für unlegierte Stähle und Feinkornstähle

vgl. DIN EN ISO 2560 (2006-03)
Ersatz für DIN EN 499

Einteilung der Stabelektroden nach

- Streckgrenze
- Kerbschlagarbeit 47 J

- Zugfestigkeit
- Kerbschlagarbeit 27 J

Bezeichnungsbeispiel: **ISO 2560-A – E 46 3 1NiB 54 H5**

Norm-Nummer
A Einteilung nach Streckgrenze und Kerbschlagarbeit 47 J
E umhüllte Stabelektrode

H Wasserstoffgehalt
5 –> 5 ml/100 g Schweißgut

Kennziffer für die mechanischen Eigenschaften des Schweißgutes

Kennziffer	Mindeststreckgrenze N/mm²	Zugfestigkeit N/mm²	Mindestbruchdehnung A_5 in %
35	355	440…570	22
38	380	470…600	20
42	420	500…640	20
46	460	530…680	20
50	500	560…720	18

Kennzeichen für die Kerbschlagarbeit des Schweißgutes

Kennbuchstabe/ Kennziffer	Mindestkerbschlagarbeit 47 J bei °C
Z	keine Anforderungen
A	+ 20
0	0
2	– 20
3	– 30
4	– 40

Kurzzeichen für die chemische Zusammensetzung

Kurzzeichen	Höchstanteile in % Mn	Mo	Ni
ohne	2,0	–	–
Mo	1,4	0,3…0,6	–
MnMo	1,4…2,0	0,3…0,6	–
1Ni	1,4	–	0,6…1,2
2Ni	1,4	–	1,8…2,6
Mn1Ni	1,4…2,0	–	0,6…1,2
1NiMo	1,4	0,3…0,6	0,6…1,2

Kennziffer für die Schweißposition

Kennziffer	Schweißposition
1	alle Positionen
2	alle Positionen, außer Fallnaht
3	Stumpfnaht in Wannenposition, Kehlnaht in Wannen- und Horizontalposition
4	Stumpf- und Kehlnaht in Wannenposition
5	für Fallnaht und wie Ziffer 3

Kennziffer für Ausbringung und Stromart

Kennziffer	Ausbringung %	Stromart
1	> 105	Wechsel- und Gleichstrom
2	> 105	Gleichstrom
3	> 105 ≤ 125	Wechsel- und Gleichstrom
4	> 105 ≤ 125	Gleichstrom
5	> 125 ≤ 160	Wechsel- und Gleichstrom
6	> 125 ≤ 160	Gleichstrom
7	> 160	Wechsel- und Gleichstrom
8	> 160	Gleichstrom

Kurzzeichen für den Umhüllungstyp

Kurzzeichen	Art der Umhüllung
A	sauer-umhüllt
B	basisch-umhüllt
C	zellulose-umhüllt
R	rutil-umhüllt
RA	rutil-sauer-umhüllt
RB	rutil-basisch-umhüllt
RC	rutil-zellulose-umhüllt
RR	dick-rutil-umhüllt

⇒ **ISO 2560-A – E 42 2 RB 12:** A Stabelektrode mit garantierter Streckgrenze und Kerbschlagarbeit, 42 Streckgrenze R_e = 420 N/mm², 2 Kerbschlagarbeit 47 J bei –20°C, RB rutil-basische Umhüllung, 1 Ausbringung >105%, 2 alle Schweißposten außer Fallnähte.

F

Umhüllungen von Stabelektroden, Nahtplanung

Umhüllungen von Stabelektroden zum Lichtbogenschweißen

Die Umhüllung der Stabelektroden hat entscheidenden Einfluss auf die **Schweißeigenschaften** und die **mechanischen Eigenschaften** des Schweißgutes.

Die Umhüllung besteht aus einer homogenen Mischung folgender Bestandteile:

- schlackenbildende Stoffe
- desoxidierende Stoffe
- schutzgasbildende Stoffe
- lichtbogenstabilisierende Stoffe
- Bindemittel
- ggf. Legierungsbestandteile

Die zusätzliche Zugabe von Eisenpulver erhöht die Schweißgutausbringung.

Eigenschaften, Verwendung und Schweißpositionen nach Umhüllungstyp[1]

Umhüllungstyp	Eigenschaften, Verwendung	Schweißposition (Seite 322)
sauer-umhüllt	bei dick umhüllten Stabelektroden feiner Tropfenübergang mit flachen, glatten Schweißnähten, Gefahr der Bildung von Erstarrungsrissen	begrenzter Einsatz in Zwangspositionen
basisch umhüllt	hohe Kerbschlagarbeit, besonders bei tiefen Temperaturen, geringe Neigung zur Rissbildung	PA, PB, PC, PD, PE, PF
zellulose-umhüllt	intensiver Lichtbogen mit besonderer Eignung zum Fallnahtschweißen	PG
rutil-umhüllt	guter Tropfenübergang, geeignet zur Schweißung dünner Bleche	PA, PB, PC, PD, PE, PF
rutil-sauer-umhüllt	meist dick umhüllte Stabelektroden, Eigenschaften wie bei sauer-umhüllten Elektroden	PA, PB, PC, PD, PE, PF
rutil-basisch-umhüllt	gute Schweißeigenschaften bei guten mechanischen Eigenschaften	PA, PB, PC, PD, PE, PF
rutil-zellulose-umhüllt	guter Tropfenübergang, geeignet zur Schweißung dünner Bleche, auch in Fallposition	PA, PB, PC, PD, PE, PF, PG

[1] Die Angaben gelten für Stabelektroden, die nach der Streckgrenze und nach der Kerbschlagarbeit benannt sind. (Seite 327).

Nahtplanung für lichtbogengeschweißte V-Nähte

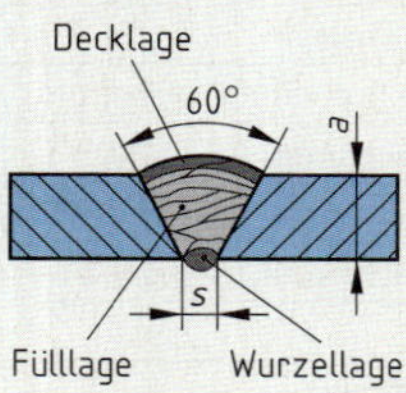

Nahtdicke a mm	Spalt s mm	Anzahl und Art der Lagen[1]	Elektrodenabmessungen $d \times l$ mm	spez. Elektrodenbedarf z_s Stück/m	Nahtmasse je Lagenart m_s g/m	Nahtmasse gesamt m g/m
4	1	1 W 1 D	3,2 x 450 4 x 450	3 2	75 80	155
5	1,5	1 W 1 D	3,2 x 450 4 x 450	4 2,9	100 110	210
6	2	1 W 2 D	3,2 x 450 4 x 450	4 4,7	100 185	285
8	2	1 W 1 F 1 D	3,2 x 450 4 x 450 5 x 450	4 3,7 3,5	100 145 215	460
10	2	1 W 1 F 1 D	3,2 x 450 4 x 450 5 x 450	4 4 6,2	100 195 380	675

Nahtplanung für lichtbogengeschweißte Kehlnähte

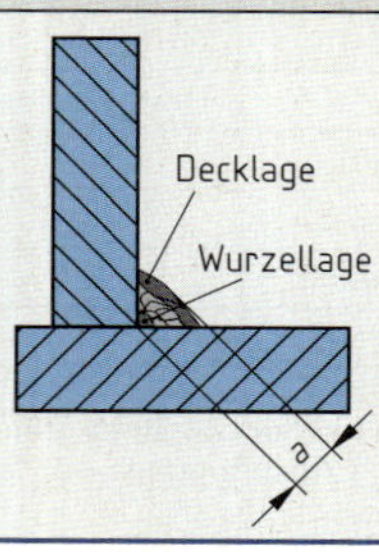

Nahtdicke a mm	Spalt s mm	Anzahl und Art der Lagen[1]	Elektrodenabmessungen $d \times l$ mm	spez. Elektrodenbedarf z_s Stück/m	Nahtmasse je Lagenart m_s g/m	Nahtmasse gesamt m g/m
3 4	– –	1 1	3,2 x 450 4 x 450	3,2 3,6	80 140	80 140
5 6	– –	3 3	3,2 x 450 4 x 450	8,6 8	215 310	215 310
8	–	1 W 2 D	4 x 450 5 x 450	3 7	120 430	550
10	–	1 W 4 D	4 x 450 5 x 450	3 12,3	120 745	865
12	–	1 W 4 D	4 x 450 5 x 450	3 18,5	120 1125	1245

[1] W Wurzellage; F Fülllage; D Decklage

Anwendungsbereiche und Richtwerte für das Strahlschneiden

Anwendungsbereiche für Trennverfahren

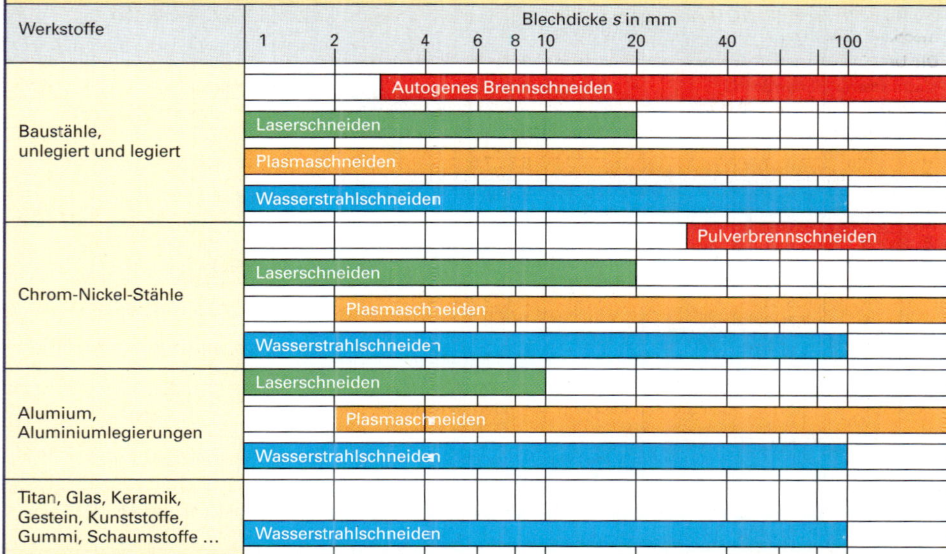

Richtwerte für das autogene Brennschneiden

Werkstoff: unlegierter Baustahl; Brenngas: Acetylen

Blechdicke s mm	Schneiddüse mm	Schnittfugenbreite mm	Sauerstoffdruck Schneiden bar	Sauerstoffdruck Heizen bar	Acetylendruck bar	Gesamtsauerstoffverbrauch m³/h	Acetylenverbrauch m³/h	Schneidgeschwindigkeit Qualitätsschnitt m/min	Schneidgeschwindigkeit Trennschnitt m/min
5			2,0			1,67	0,27	0,69	0,84
8	3...10	1,5	2,5	2,0	0,2	1,92	0,32	0,64	0,78
10			3,0			2,14	0,34	0,60	0,74
10			2,5			2,46	0,36	0,62	0,75
15	10...25	1,8	3,0	2,5	0,2	2,67	0,37	0,52	0,69
20			3,5			2,98	0,38	0,45	0,64
25			4,0			3,20	0,40	0,41	0,60
30	25...40	2,0	4,3	2,5	0,2	3,42	0,42	0,38	0,57
35			4,5			3,54	0,44	0,36	0,55

Richtwerte für das Plasmaschneiden[1)]

	Werkstoff: hochlegierte Baustähle Schneidtechnik: Argon-Wasserstoff							Werkstoff: Aluminium Schneidtechnik: Argon-Wasserstoff					
Blechdicke s mm	Stromstärke Qualitätsschnitt A	Stromstärke Trennschnitt A	Schneidgeschwindigkeit Qualitätsschnitt m/min	Schneidgeschwindigkeit Trennschnitt m/min	Verbrauchswerte Argon m³/h	Verbrauchswerte Wasserstoff m³/h	Verbrauchswerte Stickstoff m³/h	Stromstärke Qualitätsschnitt A	Stromstärke Trennschnitt A	Schneidgeschwindigkeit Qualitätsschnitt m/min	Schneidgeschwindigkeit Trennschnitt m/min	Verbrauchswerte Argon m³/h	Verbrauchswerte Wasserstoff m³/h
4			1,4	2,4	0,6	–	1,2			3,6	6,0		
5	70	120	1,1	2,0	0,6	–	1,2	70	120	1,9	5,0	1,2	0,5
10			0,65	0,95	1,2	0,24	–			1,1	1,6		
15			0,35	0,6	1,2	0,24	–			0,6	1,3		
20	70	120	0,25	0,45	1,2	0,24	–	70	120	0,35	0,75	1,2	0,5
25			0,35	0,35	1,5	0,48	–			0,2	0,5		

1) Die Werte gelten für eine Lichtbogenleistung von ca. 12 kW und 1,2 mm Schneiddüsen-Durchmesser.

F

Richtwerte, Güte und Maßtoleranzen für das Strahlschneiden

Richtwerte für das Laserstrahlschneiden[1]

W[2]	Blechdicke s mm	Schneidgeschw. v m/min	Schneidgas	Schneidgasdruck p bar	Schneidgeschw. v m/min	Schneidgas	Schneidgasdruck p bar	Schneidgeschw. v m/min	Schneidgas	Schneidgasdruck p bar
		Laserleistung 1 kW			Laserleistung 1,5 kW			Laserleistung 2 kW		
Stahl unlegiert	1	5,0...8,0			7,0...10			7,0...10		
	1,5	4,0...7,0			5,5...7,5			5,6...7,4		
	2	4,0...6,0			4,8...6,2			4,8...6,1		
	2,5	3,5...5,0	O_2	1,5...3,5	4,2...5,0	O_2	1,5...3,5	4,2...5,0	O_2	1,5...3,5
	3	3,5...4,0			3,5...4,2			3,6...2,8		
	4	2,5...3,0			2,8...3,3			2,8...3,4		
	5	1,8...2,3			2,3...2,7			2,5...3,0		
	6	1,3...1,6			1,9...2,2			2,1...2,5		
Stahl rostfrei	1	4,0.. 5,5		8	5,0...7,0		6	4,5...9,0		12
	1,5	2,8...3,6		10	3,5...5,2		10	3,8...6,6		13
	2	2,2...2,8			2,0...4,0		10	3,4...5,3		
	2,5	1,6...2,0	N_2	14	1,9...3,2	N_2	14	2,7...3,8	N_2	14
	3	1,3...1,4		15	1,8....2,4		14	2,2...2,7		14
	4	–		–	1,0...1,1		15	1,4...1,8		16

[1] Die Tabellenwerte gelten für eine Linsenbrennweite f = 127 mm (5") und eine Schnittspaltbreite b = 0,15 mm.
[2] W Werkstoffgruppe

Schnittqualität und Maßtoleranzen für thermische Schnitte

vgl. DIN EN ISO 9013 (2003-07)

Die Angaben gelten für
- autogenes Brennschneiden,
- Plasmaschneiden,
- Laserstrahlschneiden.

Die Qualität der Schnittflächen wird festgelegt durch
- die Rechtwinkligkeitstoleranz u,
- die gemittelte Rautiefe R_{z5}.

l Nennlänge
s Werkstückdicke
u Rechtwinkligkeitstoleranz
R_{z5} gemittelte Rautiefe
Δl Grenzabmaße für die Nennlänge l

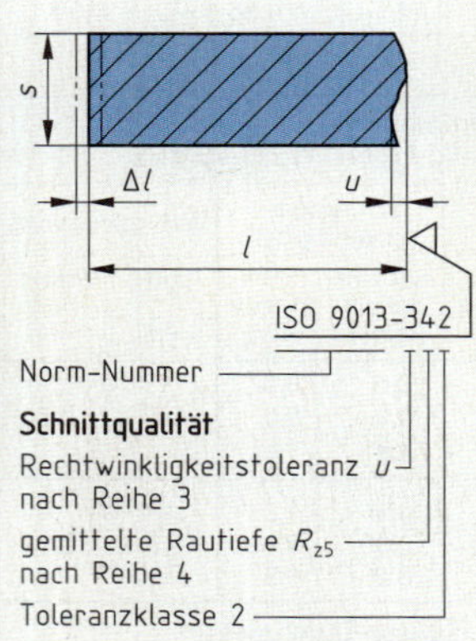

Qualität der Schnittflächen

Bereich	Rechtwinkligkeitstoleranz u in mm	gemittelte Rautiefe R_{z5} in µm	Bemerkung
1	$u < 0{,}05 + 0{,}03 \cdot s$	$R_{z5} < 10 + 0{,}6 \cdot s$	Werkstückdicke s in mm einsetzen
2	$u < 0{,}15 + 0{,}07 \cdot s$	$R_{z5} < 40 + 0{,}8 \cdot s$	
3	$u < 0{,}4 + 0{,}01 \cdot s$	$R_{z5} < 70 + 1{,}2 \cdot s$	
4	$u < 1{,}2 + 0{,}035 \cdot s$	$R_{z5} < 110 + 1{,}8 \cdot s$	

Grenzabmaße für Nennlängen

Werkstückdicke s in mm	Grenzabmaße Δl für Nennlängen l in mm					
	Toleranzklasse 1			Toleranzklasse 2		
	> 35 ≤ 125	> 125 ≤ 315	> 315 ≤ 1000	> 35 ≤ 125	> 125 ≤ 315	> 315 ≤ 1000
> 1 ≤ 3,15	± 0,3	± 0,3	± 0,4	± 0,5	± 0,7	± 0,8
> 3,15 ≤ 6,3	± 0,4	± 0,4	± 0,5	± 0,8	± 0,9	± 1,1
> 6,3 ≤ 10	± 0,6	± 0,7	± 0,7	± 1,3	± 1,4	± 1,5
> 10 ≤ 50	± 0,7	± 0,7	± 0,8	± 1,8	± 1,9	± 2,3
> 50 ≤ 100	± 1,3	± 1,4	± 1,7	± 2,5	± 2,6	± 3,0
> 100 ≤ 150	± 1,9	± 2,0	± 2,1	± 3,3	± 3,4	± 3,7

Beispiel: Autogenes Brennschneiden nach Toleranzklasse 2, l = 450 mm, s = 12 mm, Schnittqualität nach Bereich 4

Gesucht: Δl; u; R_{z5}

Lösung: $\Delta l = \pm 2{,}3$ mm

$u = 1{,}2 + 0{,}035 \cdot s = 1{,}2\ \text{mm} + 0{,}035 \cdot 12\ \text{mm} = 1{,}62\ \text{mm}$

$R_{z5} = 110 + 1{,}8 \cdot s = 110\ \mu\text{m} + 1{,}8 \cdot 12\ \mu\text{m} = 131{,}6\ \mu\text{m}$

F

Gasflaschen-Kennzeichnung

Gefahrgutaufkleber

vgl. DIN EN ISO 7225 (2007-09)

Auf Einzelgasflaschen muss zur Kennzeichnung des Inhalts und der von diesem Inhalt ausgehenden Gefahren ein Gefahrgutaufkleber angebracht werden. Bis zu drei Gefahrzettel weisen auf die hauptsächlichen Gefahren hin.

Beispiel:

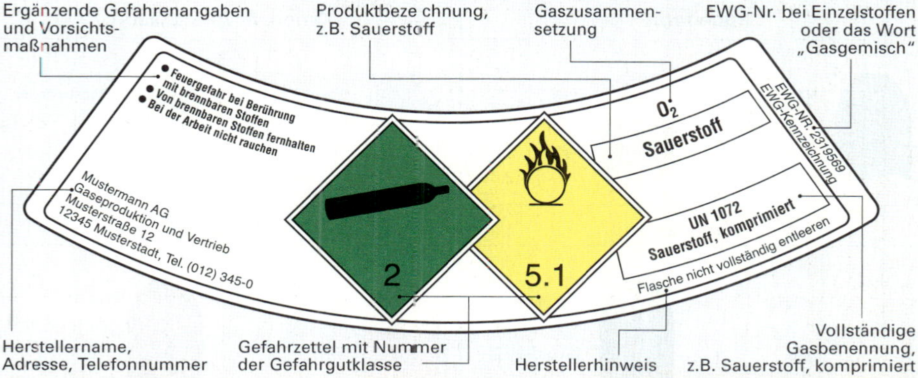

Gefahrzettel

Farbcodierung

vgl. DIN EN 1089-3 (2004-06)

Die Farbcodierung der Flaschenschulter dient als zusätzliche Information über die Eigenschaften der Gase. Sie ist bereits erkennbar, wenn der Gefahrgutaufkleber wegen zu großer Entfernung noch nicht lesbar ist. Diese Farbcodierung gilt nicht für Flüssiggase.

Farbcodierung allgemein

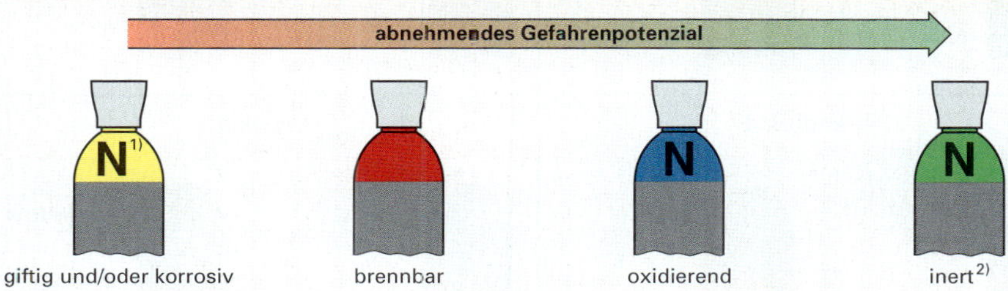

Farbcodierung für besondere Gase

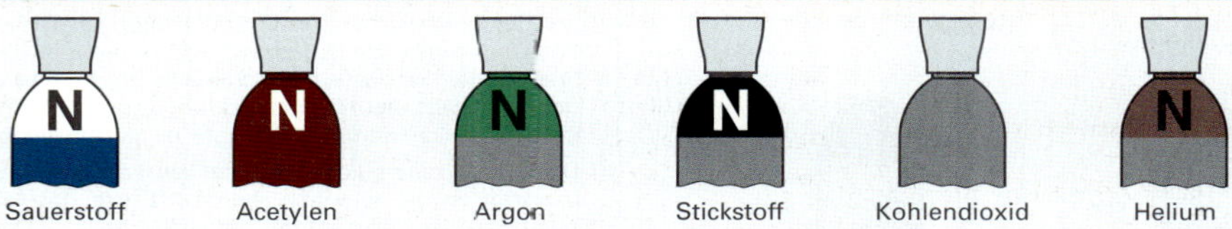

[1] N = neu [2] ungiftig, nicht korrosiv, nicht brennbar, nicht oxidierend

F

Gasflaschen-Kennzeichnung

Reingase und Gasgemische für den industriellen Einsatz
Farbkennzeichnung (Beispiele) vgl. Merkblatt des Industriegaseverbandes

Gas	Kennzeichnung bisher	Kennzeichnung neu[1) 2)]
Sauerstoff	blau blau	N weiß blau
Acetylen	gelb gelb (schwarz)	N kastanienbraun kastanienbraun
Argon	grau grau	N dunkelgrün grau
Stickstoff	dunkelgrün dunkelgrün	N schwarz grau
Kohlendioxid	grau grau	grau grau
Helium	grau grau	N braun grau
Xenon, Krypton, Neon	grau grau (schwarz)	N leuchtendgrün grau
Wasserstoff	rot rot	rot rot
Formiergas (Gemisch Stickstoff/Wasserstoff)	rot rot (dunkelgrün)	N rot grau
Gemisch Argon/Kohlendioxid	grau grau	N leuchtendgrün grau
Druckluft	grau grau	N leuchtendgrün grau

F

[1)] Bei Gasflaschen, die nach DIN EN 1089 gekennzeichnet sind, muss der Buchstabe „N" (= Neu) zweimal (gegenüberliegend) auf der Schulter der Flasche angebracht sein. Bei Flaschen, deren Kennzeichnungsfarbe sich nicht ändert, ist das „N" nicht erforderlich.

[2)] Der zylindrische Flaschenmantel kann auch mit einer anderen Farbe versehen werden. Diese darf aber nicht zu einer Missdeutung der Gefahr des Flascheninhalts führen.

Hartlote

Hartlote für Schwermetalle

vgl. DIN EN 1044 (1999-07)

Silberhaltige Lote

Lotwerkstoff Gruppe	Kurzzeichen[1]	Werkstoff-Nr.	Legierungskurzzeichen nach ISO 3677[2]	Arbeitstemperatur °C	Lötstoß[3]	Lotzufuhr[4]	Hinweise für die Verwendung: Werkstoffe
AgCuCdZn	AG 301	2.5143	B-Ag50CdZnCu-620/640	640	S	a, e	Edelmetalle, Stähle, Kupferlegierungen
	AG 302	2.5146	B-Ag45CdZnCu-605/620	620	S	a, e	
	AG 304	2.5141	B-Ag45ZnCdCu-595/630	610	S	a, e	Stähle, Temperguss, Kupfer, Kupferlegierungen, Nickel, Nickellegierungen
	AG 309	2.1215	B-Cu40ZnAgCd-605/765	750	S, F	a, e	
AgCuZn(Sn)	AG 104	2.5158	B-Ag45CuZnSn-640/680	670	S	a, e	Stähle, Temperguss, Kupfer, Kupferlegierungen, Nickel, Nickellegierungen
	AG 106	2.5157	B-Cu36AgZnSn-630/730	710	S	a, e	
	AG 203	2.5147	B-Ag44CuZn-675/735	730	S	a, e	
	AG 205	2.1216	B-Cu40ZnAg-700/790	780	S	a, e	
Silbergehalt unter 20 %	AG 207	2.1207	B-Cu48ZnAg(Si)-800/830	830	S	a, e	Stähle, Temperguss, Kupfer, Kupferlegierungen, Nickel, Nickellegierungen
	AG 208	2.1205	B-Cu55ZnAg(Si)-820/870	860	S, F	a, e	
	CP 102	2.1210	B-Cu80AgP-645/800	710	S, F	a, e	Kupfer u. nickelfreie Kupferlegierungen. **Nicht** geeignet für Fe- oder Ni-haltige Werkstoffe
	CP 104	2.1466	B-Cu89PAg-645/815	710	S, F	a, e	
	CP 105	2.1467	B-Cu92PAg-645/825	710	S, F	a, e	
Sonder-Hartlote	AG 351	2.5160	B-Ag50CdZnCuNi-635/655	660	S	a, e	Cu-Legierungen
	AG 403	2.5162	B-Ag56CuInNi-600/710	730	S	a, e	Chrom, Chrom-Nickel-Stähle
	AG 502	2.5156	B-Ag49ZnCuMnNi-680/705	690	S	a, e	Hartmetall auf Stahl, Wolfram- und Molybdän-Werkstoffe

Kupferbasislote

Kurzzeichen	Werkstoff-Nr.	Legierungskurzzeichen	Arbeitstemperatur °C	Lötstoß	Lotzufuhr	Werkstoffe
CU 104	2.0091	B-Cu100(P)-1085	1100	S	e	Stähle
CU 201	2.1021	B-Cu94Sn(P)-910/1040	1040	S	e	Eisen- und Nickelwerkstoffe
CU 202	2.1055	B-Cu88Sn(P)-825/990	990	S	e	
CU 301	2.0367	B-Cu60Zn(Si)-875/895	900	S, F	a, e	St, Temperguss, Cu, Ni, Cu- und Ni-Leg.
CU 305	2.0711	B-Cu48ZnNi(Si)-890/920	910	S, F	a, e	Stähle, Temperguss, Ni, Ni-Legierungen
				F	a	Gusseisen
CP 202	2.1463	B-Cu93P-710/820	720	S	a, e	Cu, Fe-freie und Ni-freie Cu-Legierungen

Nickelbasislote zum Hochtemperaturlöten

Kurzzeichen	Werkstoff-Nr.	Legierungskurzzeichen	Arbeitstemperatur °C	Lötstoß	Lotzufuhr	Werkstoffe
NI 101	2.4140	B-Ni73CrFeSiB(C)-960/1060	5)	5)	5)	Nickel, Cobalt, Nickel- und Cobaltlegierungen, unlegierte und legierte Stähle
NI 103	2.4143	B-Ni92SiB-980/1040				
NI 105	2.4148	B-Ni71CrSi-1080/1135				
NI 107	2.4150	B-Ni76CrP-890				

Aluminiumbasislote

Kurzzeichen	Werkstoff-Nr.	Legierungskurzzeichen	Arbeitstemperatur °C	Lötstoß	Lotzufuhr	Werkstoffe
AL 102	3.2280	B-Al92Si-575/615	610	S	a, e	Aluminium und Al-Legierungen der Typen AlMn, AlMgMn, G-AlSi; bedingt für Al-Legierungen der Typen AlMg, AlMgSi bis zu 2% Mg-Gehalt
AL 103	3.2282	B-Al90Si-575/590	600	S	a, e	
AL 104	3.2285	B-Al88Si-575/585	595	S	a, e	

[1] Die beiden Buchstaben geben die Legierungsgruppe an, während die dreistelligen Zahlenreihen Zählnummern in aufsteigender Form darstellen.

[2] Die Zahlen am Ende geben den Schmelzbereich an. Legierungsbestandteile: Seiten 116 und 117.

[3] S geeignet für Spaltlöten; F geeignet für Fugenlöten

[4] a Lot angesetzt; e Lot eingelegt

[5] Hier sind die Herstellerangaben zu beachten.

Lötstoß

Spaltlöten: $b < 0{,}25$ mm

Fugenlöten: $b > 0{,}3$ mm

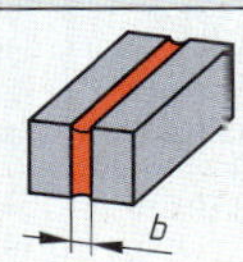

F

Weichlote und Flussmittel

Weichlote

vgl. DIN EN ISO 9453 (2006-12)

Legierungsgruppe[1]	Legierungs-Nr.[2]	Legierungskurzzeichen nach ISO 3677[3]	bisherige Kurzzeichen DIN 1707	Arbeitstemperatur °C	Anwendungsbeispiele
Zinn-Blei	101 102 103	S-Sn63Pb37 S-Sn63Pb37E S-Sn60Pb40	L-Sn63Pb L-Sn63Pb L-Sn60Pb	183 183 183…190	Feinwerktechnik Elektronik, gedruckte Schaltungen gedruckte Schaltungen, Edelstahl
Blei-Zinn	111 114 116 124	S-Pb50Sn50 S-Pb60Sn40 S-Pb70Sn30 S-Pb98Sn2	L-Sn50Pb L-PbSn40 – L-PbSn2	183…215 183…235 183…255 320…325	Elektroindustrie, Verzinnung Feinblechpackungen, Metallwaren Klempnerarbeiten, Zink, Zinklegierungen Kühlerbau
Zinn-Blei-Antimon	131 132	S-Sn63Pb37Sb S-Sn60Pb40Sb	– L-Sn60Pb(Sb)	183 183…190	Feinwerktechnik Feinwerktechnik, Elektroindustrie
	134 136	S-Pb58Sn40Sb2 S-Pb74Sn25Sb1	L-PbSn40Sb L-PbSn25Sb	185…231 185…263	Kühlerbau, Schmierlot Schmierlot, Bleilötungen
Zinn-Blei-Bismut	141 142	S-Sn60Pb38Bi2 S-Pb49Sn48Bi3	– –	180…185 138	Feinlötungen Niedertemperaturlot, Schmelzsicherungen
Zinn-Blei-Cadmium	151	S-Sn50Pb32Cd18	L-SnPbCd18	145	Thermosicherungen, Kabellötungen
Zinn-Blei-Kupfer	161 162	S-Sn60Pb39Cu1 S-Sn50Pb49Cu1	L-SnPbCu3 L-Sn50PbCu	230…250 183…215	Elektrogerätebau, Feinwerktechnik
Zinn-Blei-Silber	171	S-Sn60PbAg	L-Sn60PbAg	178…180	Elektrogeräte, gedruckte Schaltungen
Blei-Zinn-Silber	182 191	S-Pb95Ag5 S-Pb93Sn5Ag2	L-PbAg5 –	304…365 296…301	für hohe Betriebstemperaturen Elektromotoren, Elektrotechnik

1) Weichlote für Aluminium sind in EN ISO 9453 nicht mehr enthalten.
2) Die Legierungsnummern ersetzen die Werkstoffnummern nach DIN 1707.
3) Mit Spuren (< 0,5%) von Sb, Bi, Cd, Au, In, Al, Fe, Ni, Zn: Seiten 116 und 117.

Flussmittel zum Weichlöten

vgl. DIN EN 29454-1 (1994-02)

Kennzeichen nach den Hauptbestandteilen				Einteilung nach der Wirkung		
Flussmitteltyp	**Flussmittelbasis**	**Flussmittelaktivator**	**Flussmittelart**	**Kurzzeichen DIN EN**	**Kurzzeichen DIN 8511**	**Wirkung der Rückstände**
1 Harz	1 Kolophonium 2 ohne Kolophonium	1 ohne Aktivator 2 mit Halogenen aktiviert 3 ohne Halogene aktiviert	A flüssig B fest C Paste	3.2.2... 3.1.1...	F-SW11 F-SW12	stark korrodierend
2 organisch	1 wasserlöslich 2 nicht wasserlöslich			3.2.1... 3.1.1... 2.1.3... 2.1.2... 1.2.2...	F-SW13 F-SW21 F-SW23 F-SW25 F-SW28	bedingt korrodierend
3 anorganisch	1 Salze	1 mit Ammoniumchlorid 2 ohne Ammoniumchlorid				
	2 Säuren	1 Phosphorsäure 2 andere Säuren		1.1.1... 1.2.3...	F-SW31 F-SW33	nicht korrodierend
	3 alkalisch	1 Amine und/oder Ammoniak				

⇒ **Flussmittel ISO 9454 – 1.2.2.C**: Flussmittel vom Typ Harz (1), Basis ohne Kolophonium (2), mit Halogenen aktiviert (2), geliefert in Pastenform (C)

Flussmittel zum Hartlöten

vgl. DIN EN 1045 (1997-08)

Flussmittel	Wirktemperatur	Hinweise für die Verwendung
FH10 FH11 FH12	550...800 °C 550...800 °C 550...850 °C	Vielzweckflussmittel; Rückstände sind abzuwaschen oder abzubeizen. Cu-Al-Legierungen; Rückstände sind abzuwaschen oder abzubeizen. Rostfreie und hochlegierte Stähle, Hartmetalle; Rückstände sind abzubeizen.
FH20 FH21 FH30 FH40	700...1000 °C 750...1100 °C über 1000 °C 650...1000 °C	Vielzweckflussmittel; Rückstände sind abzuwaschen oder abzubeizen. Vielzweckflussmittel; Rückstände sind mechanisch entfernbar oder abzubeizen. Für Kupfer- und Nickellote; Rückstände sind mechanisch entfernbar. Borfreies Flussmittel; Rückstände sind abzuwaschen oder abzubeizen.
FL10 FL20	400...700 °C 400...700 °C	Leichtmetalle; Rückstände sind abzuwaschen oder abzubeizen. Leichtmetalle; Rückstände sind nicht korrosiv, jedoch vor Feuchtigkeit zu schützen.

Lötverbindungen

Einteilung der Lötverfahren

Unterscheidungsmerkmale	Lötverfahren Weichlöten	Hartlöten	Hochtemperaturlöten
Arbeitstemperatur	< 450 °C	> 450 °C	> 900 °C
Energiequelle	Kolben, Lötbad, elektrischer Widerstand	Flamme, Ofen	Flamme, Laserstrahl, elektrische Induktion
Grundwerkstoff	Cu-, Ag-, Al-Legierungen, Nichtrostender Stahl, Stahl, Cu-, Ni-Legierungen	Stahl, Hartmetall-Schneidplatten	Stahl, Hartmetall
Lotwerkstoff	Sn-, Pb-Legierungen	Cu-, Ag-Legierungen	Ni-Cr-Legierungen, Ag-Au-Pd-Legierungen
Hilfsmittel	Flussmittel	Flussmittel, Vakuum	Vakuum, Schutzgas

Richtwerte für Lötspaltbreiten

Grundwerkstoff	Lötspaltbreite in mm für Weichlote	für Hartlote auf Kupferbasis	Messingbasis	Silberbasis
Stahl, unlegiert	0,05...0,2	0,05...0,15	0,1...0,3	0,05...0,2
Stahl, legiert	0,1...0,25	0,1...0,2	0,1...0,35	0,1...0,25
Cu, Cu-Legierungen	0,05...0,2	–	–	0,05...0,25
Hartmetall	–	0,3...0,5	–	0,3...0,5

Gestaltungsregeln für Lötverbindungen

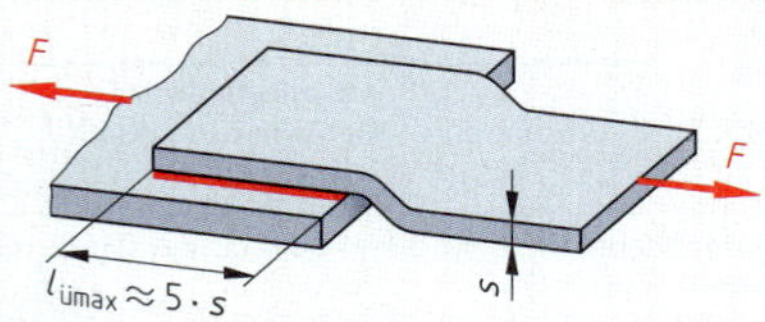

auf Abscheren belastete Lötverbindung

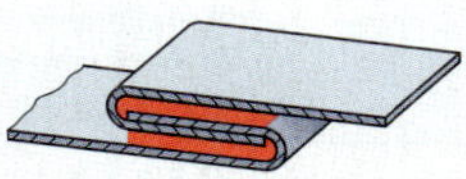

Entlastung der Lötnaht durch Falz

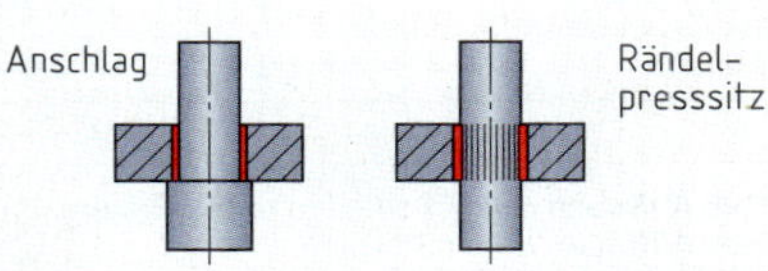

Fertigungserleichterung

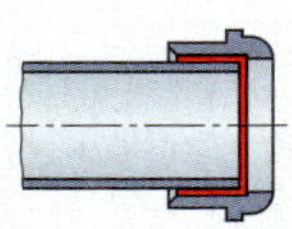

auf Rohr gelötete Kugelbuchse

Vorbedingungen

- Lötspaltbreite so groß, dass Flussmittel und Lot durch die Kapillarwirkung den Lötspalt sicher füllen (Tabelle oben)
- Parallelität der beiden Lötflächen
- Die durch die Bearbeitung vorhandene Rautiefe bei Cu-Loten Rz = 10...16 µm, bei Ag-Loten Rz = 25 µm kann bestehen bleiben.

Kraftübertragung

- Die Lötnaht ist so anzuordnen, dass sie möglichst auf Abscheren (Schub) beansprucht wird. Insbesondere Weichlötnähte dürfen nicht auf Zug oder schälend beansprucht werden.
- Bei Lötspalttiefen $l_ü > 5 \cdot s$ füllt sich der Spalt nicht mehr zuverlässig mit Lot. Deshalb kann die Belastbarkeit durch eine größere Spalttiefe nicht erhöht werden.
- Die Kraftübertragung kann z.B. durch Falzen vergrößert werden

Fertigungserleichterung

- Beim Löten muss die Position der zu verbindenden Bauteile z.B. durch entsprechende Gestaltung, durch eine Vorrichtung oder durch Rändelpresssitze gewährleistet werden.

Anwendungsbeispiele

- Rohre und Fittings
- Blechteile
- Werkzeuge mit aufgelöteten Hartmetallschneiden

F

Klebstoffe, Vorbehandlung der Fügeflächen

Eigenschaften und Einsatzbedingungen von Klebstoffen[1)]

Klebstoff	Handelsname	Aushärtebedingungen Temperatur °C	Aushärtebedingungen Zeit	max. Betriebstemperatur °C	Zugscherfestigkeit τ_B N/mm²	Elastizität	Verwendung, besondere Eigenschaften
Acrylharz	Agomet M, Acronal, Stabilit-Express	20	24 h	120	6…30	gering	Metalle, Duroplaste, Keramik, Glas
Epoxidharz (EP)	Araldit, Metallon, Uhu-Plus	20…200	1 h… 12 h	50…200	10…35	gering	Metalle, Duroplaste, Glas, Keramik, Beton, Holz; lange Härtezeit
Phenolharz (PF)	Porodur, Pertinax, Bakelite	120…200	60 s	140	20	gering	Metalle, Duroplaste, Glas, Elastomere, Holz, Keramik
Polyvinylchlorid (PVC)	Hostalit, Isodur, Macroplast	20	> 24 h	60	60	gering	Metalle, Duroplaste, Glas, Elastomere, Holz, Keramik
Polyurethan (PUR)	Desmocoll, Delopur, Baydur	50	24 h	40	50	vorhanden	Metalle, Elastomere, Glas, Holz, einige Thermoplaste
Polyesterharz (UP)	Fibron, Leguval, Verstopal	25	1 h	170	60	gering	Metalle, Duroplaste, Keramik, Glas
Polychloroprene (CR)	Baypren, Contitec, Fastbond	50	1 h	110	5	vorhanden	Kontaktkleber für Metalle und Kunststoffe
Cyanacrylat	Permabond, Sicomet 77	20	40 s	85	20…25	gering	Schnellkleber für Metalle, Kunststoffe, Elastomere
Schmelzklebstoffe	Jet-Melt, Ecomelt, Vesta-Melt	20	> 30 s	50	2…5	vorhanden	Werkstoffe aller Art; Klebewirkung durch Erkalten

1) Aufgrund der unterschiedlichen chemischen Zusammensetzung der Klebstoffe sind die angegebenen Werte nur grobe Richtwerte. Exakte Angaben sind beim Hersteller zu erfragen.

Vorbehandlung von Fügeteilen für Klebeverbindungen

vgl. VDI 2229 (1979-06)

Werkstoff	Behandlungsfolge[1)] für Beanspruchungsart[2)] niedrig	mittel	hoch	Werkstoff	Behandlungsfolge[1)] für Beanspruchungsart[2)] niedrig	mittel	hoch
Al-Legierungen	1-2-3-4	1-6-5-3-4	1-2-7-8-3-4	Stahl, blank	1-2-3-4	1-6-2-3-4	1-7-2-3-4
Mg-Legierungen	1-2-3-4	1-6-2-3-4	1-7-2-9-3-4	Stahl, verzinkt	1-2-3-4	1-2-3-4	1-2-3-4
Ti-Legierungen	1-2-3-4	1-6-2-3-4	1-2-10-3-4	Stahl, phosphatiert	1-2-3-4	1-2-3-4	1-6-2-3-4
Cu-Legierungen	1-2-3-4	1-6-2-3-4	1-7-2-3-4	Übrige Metalle	1-2-3-4	1-6-2-3-4	1-7-2-3-4

1) **Kennziffern für die Behandlungsart**

1 **Reinigen** von Schmutz, Zunder, Rost
2 **Entfetten** mit organischen Lösungsmitteln oder wässrigen Reinigungsmitteln
3 **Spülen** mit klarem Wasser
4 **Trocknen** in Warmluft bis 65 °C
5 **Entfetten** mit gleichzeitigem Beizen
6 **Mechanisches Aufrauen** durch Schleifen oder Bürsten
7 **Mechanisches Aufrauen** durch Strahlen
8 **Beizen 30 min**, bei 60 °C in 27,5%iger Schwefelsäure
9 **Beizen 1 min**, bei 20 °C in 20%iger Salpetersäure
10 **Beizen 3 min**, bei 20 °C in 15%iger Flusssäure

2) **Beanspruchungsarten für Klebeverbindungen**

niedrig: Zugscherfestigkeit bis 5 N/mm²; trockene Umgebung; für Feinmechanik, Elektrotechnik
mittel: Zugscherfestigkeit bis 10 N/mm²; feuchte Luft; Kontakt mit Öl; für Maschinen und Fahrzeugbau
hoch: Zugscherfestigkeit bis 10 N/mm²; direkte Berührung mit Flüssigkeiten; für Flugzeug-, Schiffs- und Behälterbau

F

Klebekonstruktionen, Prüfverfahren

Konstruktionsbeispiele

Klebeverbindungen sollten möglichst auf Druck oder Scherung beansprucht werden. Zug-, Schäl- oder Biegebeanspruchungen sind zu vermeiden.

Überlappstoß

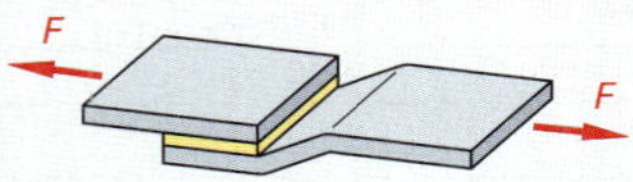

gut, da Klebefläche nur auf Abscherung beansprucht

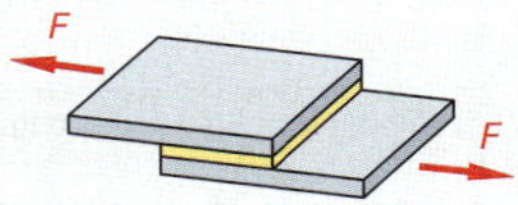

weniger gut, da abschälende Kräfte durch außermittige Krafteinleitung wirken

T-Stoß

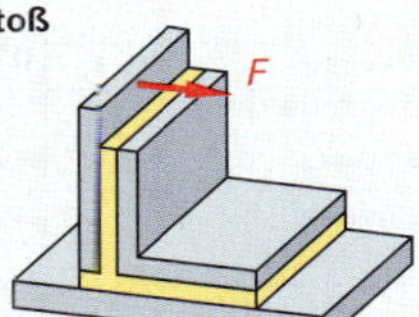

gut, da Klebefläche nur auf Abscherung und Druck beansprucht

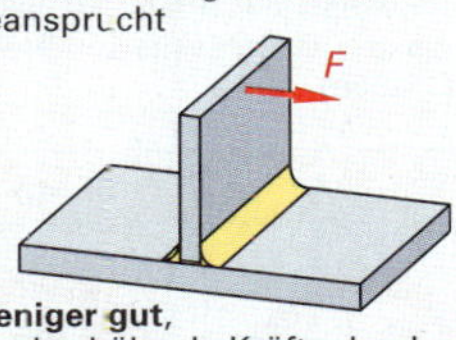

weniger gut, da abschälende Kräfte durch Biegebeanspruchung wirken

Rohrverbindung

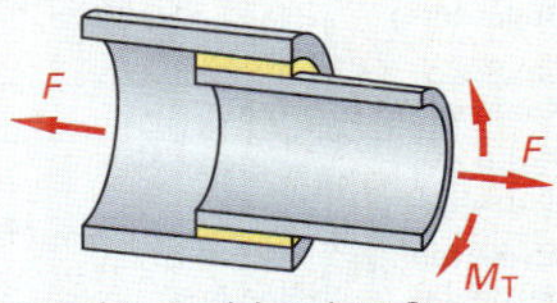

gut, da ausreichend große Klebefläche für die Aufnahme der Scherbeanspruchung

weniger gut, da kleine Klebefläche für die Aufnahme der Zug- u. Scherbeanspruchung

Prüfverfahren

Eigenfestigkeit (Kohäsion) | Oberflächenfestigkeit (Adhäsion)

Prüfverfahren Norm	Inhalt
Biegeschälversuch DIN 54461	Bestimmung des Widerstands von Klebeverbindungen gegen abschälende Kräfte
Zugscherversuch DIN EN 1465	Bestimmung der Zugscherfestigkeit hochfester Überlappungsklebungen
Ermüdungsprüfung DIN EN ISO 9664	Bestimmung der Ermüdungseigenschaften von Strukturklebungen bei Zugscherbeanspruchung
Zugversuch DIN EN 26922	Bestimmung der Zugfestigkeit von Stumpfklebungen rechtwinklig zur Klebefläche
Rollenschälversuch DIN EN 1464	Bestimmung des Widerstands gegen abschälende Kräfte
Druckscherversuch DIN EN 15337	Bestimmung der Scherfestigkeit vorwiegend anaerober[1] Klebstoffe

[1] unter Luftabschluss aushärtend

Klebstoffverhalten in Abhängigkeit von Temperatur und Größe der Klebefläche

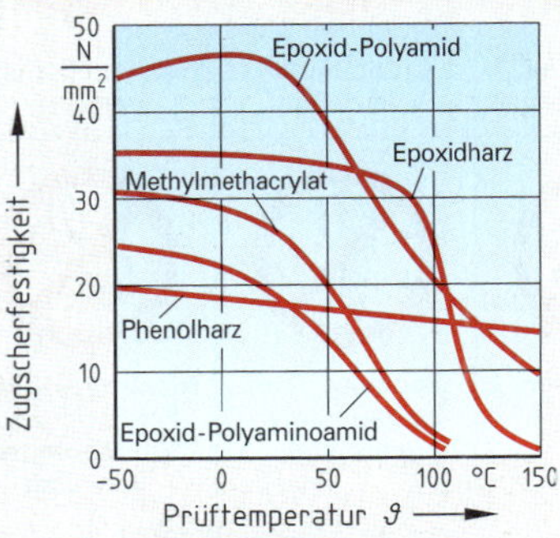

Zugscherfestigkeit von Überlappungsklebungen

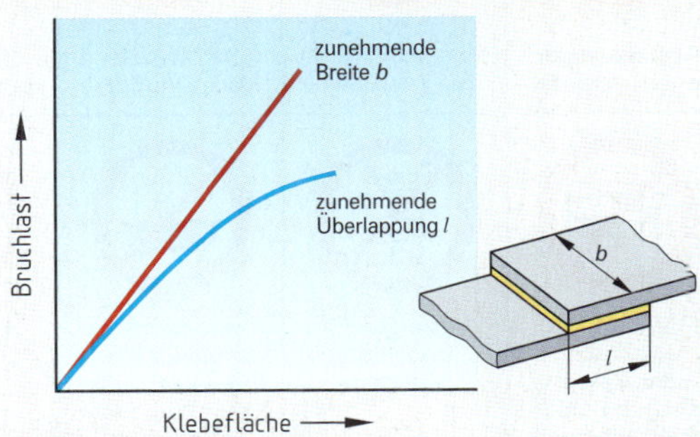

Einfluss der Klebefläche auf die Bruchlast

Sicherheitsfarben, Verbotszeichen

Sicherheitsfarben

vgl. DIN 4844-1 (2005-05) und BGV A8[1] (2002-04)

Farbe	rot	gelb	grün	blau
Bedeutung	Halt, Verbot	Vorsicht! Mögliche Gefahr	Gefahrlosigkeit, Erste Hilfe	Gebotszeichen, Hinweise
Kontrastfarbe	weiß	schwarz	weiß	weiß
Farbe des Bildzeichens	schwarz	schwarz	weiß	weiß
Anwendungsbeispiele (vgl. Seiten 340 und 341)	Haltezeichen, Not-Aus, Verbotszeichen, Material zur Feuerbekämpfung	Hinweis auf Gefahren (z. B. Feuer, Explosion, Strahlen); Hinweis auf Hindernisse (z. B. Schwellen, Gruben)	Kennzeichnung von Rettungswegen und Notausgängen; Erste-Hilfe- und Rettungsstationen	Verpflichtung zum Tragen einer persönlichen Schutzausrüstung; Standort eines Telefons

Verbotszeichen

vgl. DIN 4844-2 (2001-02) und BGV A8[1] (2002-04)

Verbot

Rauchen verboten

Feuer, offenes Licht und Rauchen verboten

Für Fußgänger verboten

Mit Wasser löschen verboten

Kein Trinkwasser

Zutritt für Unbefugte verboten

Für Flurförderzeuge verboten

Berühren verboten

Berühren verboten – Gehäuse unter Spannung

Schalten verboten

Verbot für Personen mit Herzschrittmacher

Abstellen oder Lagern verboten

Personenbeförderung verboten

Betreten der Fläche verboten

Mit Wasser spritzen verboten

Mobilfunk verboten

Essen und Trinken verboten

Mitführen von magnetischen oder elektronischen Datenträgern verboten

Besteigen für Unbefugte verboten

Verbot, das gekennzeichnete Gerät in der Badewanne, Dusche oder im Waschbecken zu benutzen

Hineinfassen verboten

Bedienung mit langen Haaren verboten

Nicht zulässig für Freihand- und handgeführtes Schleifen

[1] Berufsgenossenschaftliche Unfallverhütungsvorschrift BGV A8 (Ersatz für VGB 125)

F

EUROPA LEHRMITTEL

Formeln für Metallberufe

Inhaltsverzeichnis

Technische Mathematik

Technische Physik

Fertigungstechnik

Automatisierungstechnik

Zahlentabellen

EUROPA-FACHBUCHREIHE
für Metallberufe

Ulrich Fischer
Roland Gomeringer
Max Heinzler
Roland Kilgus
Friedrich Näher
Stefan Oesterle
Heinz Paetzold
Andreas Stephan

Formeln für Metallberufe

9. Auflage

Bildbearbeitung:
Zeichenbüro des Verlages Europa-Lehrmittel, Leinfelden-Echterdingen

Druck 5 4 3 2
Alle Drucke derselben Auflage sind parallel einsetzbar, da sie bis auf die Behebung von Druckfehlern untereinander unverändert sind.

Satz: Satz+Layout Werkstatt Kluth GmbH, 50374 Erftstadt
Druck: Media-Print Informationstechnologie, 33100 Paderborn

Europa-Nr.: 10714 ISBN 978-3-8085-1209-8

VERLAG EUROPA-LEHRMITTEL · Nourney, Vollmer GmbH & Co. KG
Düsselberger Straße 23 · 42781 Haan-Gruiten

Umrechnung von Einheiten

Diese Formelsammlung gibt zu allen Größen einer Formel immer das Formelzeichen und eine Einheit an. Setzt man bei Berechnungen die gegebenen Größen in den vorgeschlagenen Einheiten in die Formel ein, erhält man auch die gesuchte Größe in der angegebenen Einheit.

Beispiel:

Formel für die Leistung $P = F \cdot v$ (Seite 24) mit

P	Leistung	W
F	Kraft	N
v	Geschwindigkeit	m/s

Berechnungsbeispiel: F = 12 kN, v = 300 m/min; P = ? kW

Umrechnung der Einheiten: F = 12 kN = 12000 N
v = 300 m/min = 300 m / 60 s = 5 m/s

Lösung: $\boldsymbol{P} = F \cdot v$ = 12000 N · 5 m/s = **60000 W** = 60 kW

Größe: Beispiel	Größe: Formelzeichen	Einheit: Name	Einheit: Zeichen	Umrechnung in andere Einheiten
Länge				
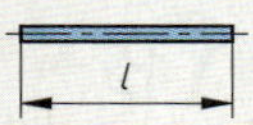	l	Meter	m	1 m = 10 dm = 100 cm = 1000 mm 1 mm = 1000 µm 1 µm = $\frac{1}{1000}$ mm; 1 km = 1000 m
Fläche				
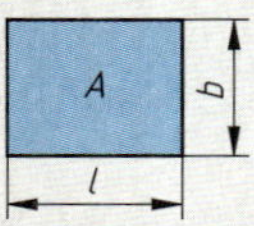	A, S	Quadratmeter	m^2	1 m^2 = 100 dm^2 = 10000 cm^2 = 1000000 mm^2 1 dm^2 = 100 cm^2 = 10000 mm^2 1 cm^2 = 100 mm^2 1 a = 100 m^2 } nur für Grundstücksflächen 1 ha = 10000 m^2 } nur für Grundstücksflächen
Volumen und Hohlmaße				
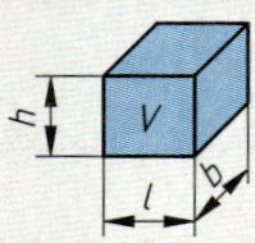	V	Kubikmeter Liter	m^3 l, L	1 m^3 = 1000 dm^3 = 1000000 cm^3 1 dm^3 = 1000 cm^3 1 cm^3 = 1000 mm^3 1 l = 1 L = 1 dm^3 = 0,001 m^3 1 dl = 100 cm^3; 1 ml = 1 cm^3
Winkel (eben)				
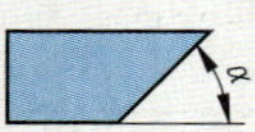	α, β, γ	Grad Minute Sekunde	° ′ ″	$1° = 60'$ $1' = \frac{1°}{60} = 60'' = 0{,}01\overline{6}°$ $1'' = \frac{1°}{3600} = \frac{1'}{60}$ für Drehbewegungen auch Radiant rad $1\ \text{rad} = \frac{180°}{\pi} \approx 57{,}296°$
Zeit				
	t	Sekunde Minute Stunde Tag	s min h d	1 s = $\frac{1}{60}$ min 1 min = 60 s = $\frac{1}{60}$ h 1 h = 60 min = 3600 s 1 d = 24 h
Drehzahl, Drehfrequenz				
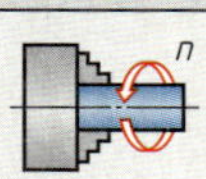	n	1 pro Sekunde 1 pro Minute	1/s 1/min	1/s = 60/min = 60 min^{-1} 1/min = 1 min^{-1} = $\frac{1}{60\ s}$

Umrechnung von Einheiten

Größe: Beispiel	Größe: Formelzeichen	Einheit: Name	Einheit: Zeichen	Umrechnung in andere Einheiten
Geschwindigkeit				
	v	Meter pro Sekunde Meter pro Minute Kilometer pro Stunde	m/s m/min km/h	1 m/s = 60 m/min = 3,6 km/h 1 m/min $= \frac{1}{60}\,\frac{\text{m}}{\text{s}} = 0{,}0167\,\frac{\text{m}}{\text{s}}$ 1 km/h $= \frac{1}{3{,}6}\,\frac{\text{m}}{\text{s}} = 0{,}278\,\frac{\text{m}}{\text{s}}$
Winkelgeschwindigkeit				
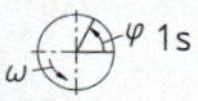	ω	1 pro Sekunde	$\frac{1}{\text{s}}$	$\frac{1}{\text{s}} = 1\,\frac{\text{rad}}{\text{s}} \approx \frac{57{,}296°}{\text{s}}$
Masse				
	m	Kilogramm Gramm Tonne	kg g t	1 kg = 1000 g 1 g = 1000 mg 1 t = 1000 kg = 1 Mg
Dichte				
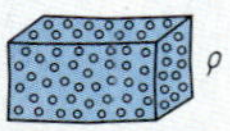	ϱ	Kilogramm pro Meter hoch drei	kg/m³	1 t/m³ = 1 kg/dm³ = 1 g/cm³ = 1 mg/mm³ bei Gasen: 1 kg/m³ = 1 g/dm³
Kraft, Gewichtskraft				
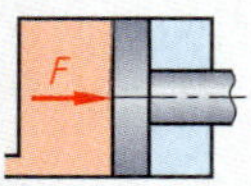	F, G, F_G	Newton	N	1 N $= 1\,\frac{\text{kg}\cdot\text{m}}{\text{s}^2}$ 1 daN = 10 N 1 kN = 1000 N = 10^3 N 1 MN = 10^3 kN = 1 000 000 N = 10^6 N
Druck, mechanische Spannung				
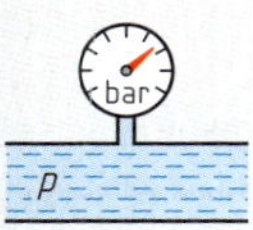	p σ, τ	Pascal Bar Newton pro Meter hoch zwei	Pa bar N/m²	1 Pa = 1 N/m² = 0,01 mbar 1 bar = 100 000 N/m² = 10^5 Pa 1 bar = 10 N/cm² = 1 daN/cm² = 0,1 N/mm² 1 mbar = 100 Pa = 1 hPa 1 N/mm² = 100 N/cm² = 1 000 000 N/m² = 1 MPa 1 N/mm² = 10 bar
Arbeit, Energie, Wärmemenge				
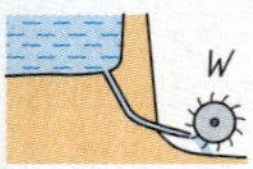	W, E, Q	Joule	[illegible]	1 J = 1 N·m = 1 W·s $= 1\,\frac{\text{kg}\cdot\text{m}^2}{\text{s}^2}$ 1 kW·h = 3 600 000 W·s 1 kW·h = 3600 kJ = 3,6 · 10^6 J = 3,6 MJ
Leistung, Wärmestrom				
	P, Φ	Watt	W	1 W $= 1$ J/s $= 1\,\frac{\text{N}\cdot\text{m}}{\text{s}} = 1\,\frac{\text{kg}\cdot\text{m}^2}{\text{s}^3}$ 1 W = 1 V · A 1 kW = 1000 W = 1 kJ/s $= 1\,\frac{\text{kN}\cdot\text{m}}{\text{s}}$ (= 1,36 PS) 1 MW = 1 000 000 W = 10^6 W 1 PS $= \frac{1}{1{,}36}$ kW = 0,736 kW

Winkelfunktionen, Winkelsumme im Dreieck, Strahlensatz

Winkelfunktionen im rechtwinkligen Dreieck

Bezeichnungen im rechtwinkligen Dreieck

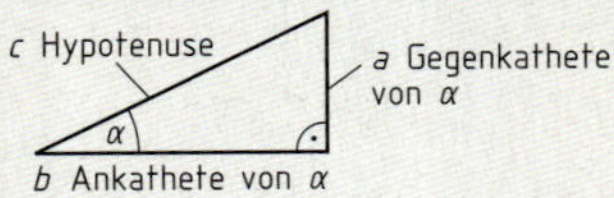

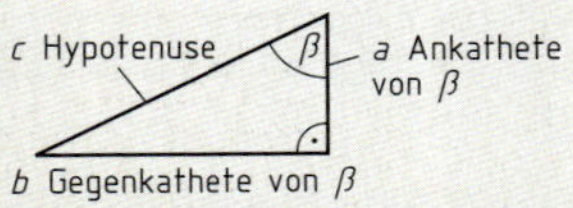

Bezeichnungen der Seitenverhältnisse	Anwendung für ∢ α	Anwendung für ∢ β
Sinus = $\frac{\textbf{Gegenkathete}}{\textbf{Hypotenuse}}$	$\sin\alpha = \frac{a}{c}$	$\sin\beta = \frac{b}{c}$
Kosinus = $\frac{\textbf{Ankathete}}{\textbf{Hypotenuse}}$	$\cos\alpha = \frac{b}{c}$	$\cos\beta = \frac{a}{c}$
Tangens = $\frac{\textbf{Gegenkathete}}{\textbf{Ankathete}}$	$\tan\alpha = \frac{a}{b}$	$\tan\beta = \frac{b}{a}$
Kotangens = $\frac{\textbf{Ankathete}}{\textbf{Gegenkathete}}$	$\cot\alpha = \frac{b}{a}$	$\cot\beta = \frac{a}{b}$

Tabellen der Funktionswerte auf den Seiten 47 und 48

Beziehungen zwischen den Funktionen eines Winkels

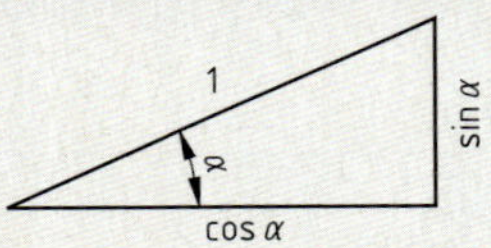

$\sin^2\alpha + \cos^2\alpha = 1$	$\tan\alpha \cdot \cot\alpha = 1$
$\tan\alpha = \frac{\sin\alpha}{\cos\alpha}$	$\cot\alpha = \frac{\cos\alpha}{\sin\alpha}$

Winkelfunktionen im schiefwinkligen Dreieck

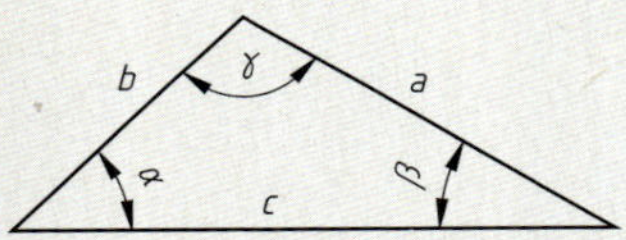

Sinussatz	Kosinussatz
$a : b : c = \sin\alpha : \sin\beta : \sin\gamma$ $\frac{a}{\sin\alpha} = \frac{b}{\sin\beta} = \frac{c}{\sin\gamma}$	$a^2 = b^2 + c^2 - 2 \cdot b \cdot c \cdot \cos\alpha$ $b^2 = a^2 + c^2 - 2 \cdot a \cdot c \cdot \cos\beta$ $c^2 = a^2 + b^2 - 2 \cdot a \cdot b \cdot \cos\gamma$

Winkelsumme im Dreieck

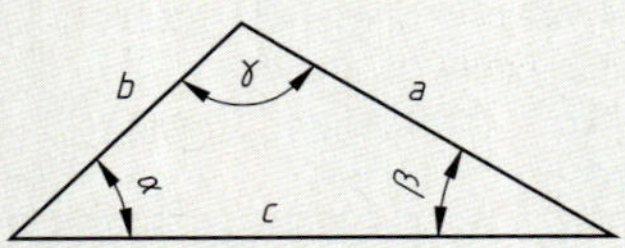

In jedem Dreieck ist die Summe der Innenwinkel gleich 180°.

Winkelsumme im Dreieck

$$\alpha + \beta + \gamma = 180°$$

Strahlensatz

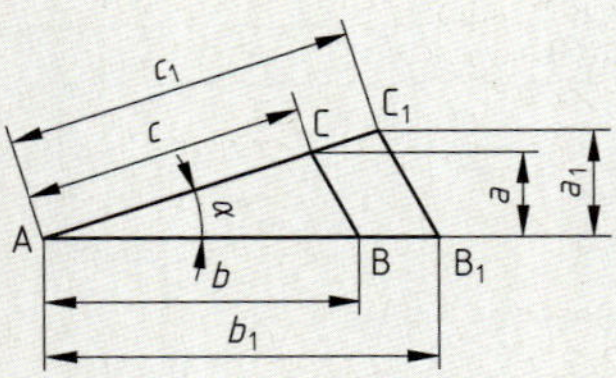

Werden zwei vom Punkt A ausgehende Strahlen von zwei Parallelen BC und B_1C_1 geschnitten, bilden die Abschnitte der Parallelen und die zugehörigen Strahlenabschnitte gleiche Verhältnisse.

Strahlensatz

$$\frac{a}{a_1} = \frac{b}{b_1} = \frac{c}{c_1}$$

$$\frac{a}{b} = \frac{a_1}{b_1} \qquad \frac{b}{c} = \frac{b_1}{c_1}$$

Berechnungen am rechtwinkligen Dreieck

Lehrsatz des Pythagoras

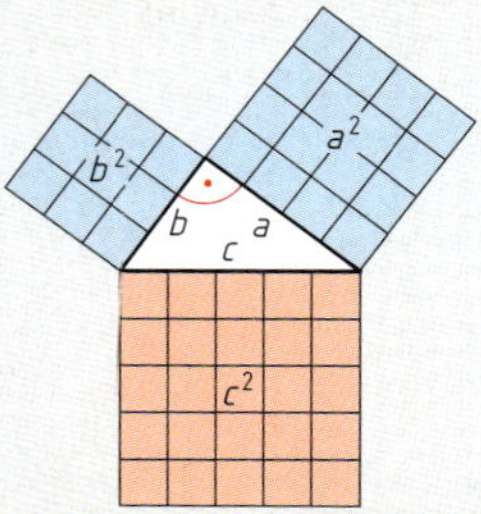

Im **rechtwinkligen Dreieck** ist das Hypotenusenquadrat flächengleich der Summe der beiden Kathetenquadrate.

a	Kathete	mm
b	Kathete	mm
c	Hypotenuse	mm

Satz des Pythagoras

$$c^2 = a^2 + b^2$$

Seitenlängen

$$c = \sqrt{a^2 + b^2}$$

$$a = \sqrt{c^2 - b^2}$$

$$b = \sqrt{c^2 - a^2}$$

Höhe im gleichseitigen Dreieck

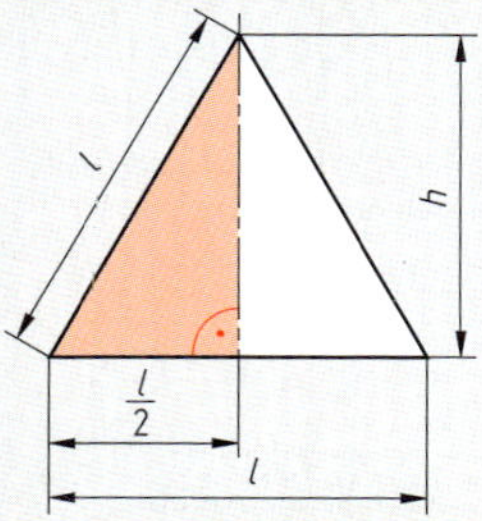

Im **gleichseitigen Dreieck** ergibt sich für die Höhe nach dem Lehrsatz des Pythagoras:

h	Höhe	mm
A	Fläche	mm^2
l	Seitenlänge	mm

Höhe

$$h = \frac{1}{2} \cdot \sqrt{3} \cdot l$$

Fläche

$$A = \frac{1}{4} \cdot \sqrt{3} \cdot l^2$$

Lehrsatz des Euklid (Kathetensatz)

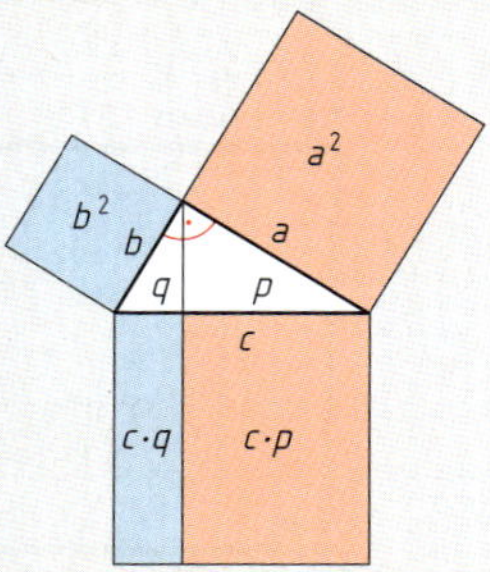

Im **rechtwinkligen Dreieck** ist das Quadrat über einer Kathete flächengleich einem Rechteck aus der Hypotenuse und dem anliegenden Hypotenusenabschnitt.

a, b	Kathete	mm
c	Hypotenuse	mm
p, q	Hypotenusenabschnitte	mm

Kathetensatz

$$b^2 = c \cdot q$$

$$a^2 = c \cdot p$$

$$b = \sqrt{c \cdot q}$$

$$a = \sqrt{c \cdot p}$$

$$p = \frac{a^2}{c}$$

Höhensatz

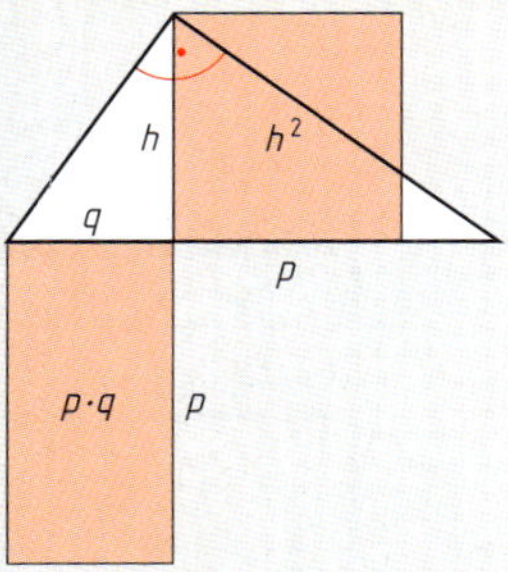

Im **rechtwinkligen Dreieck** ist das Quadrat über der Höhe h flächengleich dem Rechteck aus den Hypotenusenabschnitten p und q.

h	Höhe	mm
p, q	Hypotenusenabschnitte	mm

Höhensatz

$$h^2 = p \cdot q$$

$$h = \sqrt{p \cdot q}$$

$$p = \frac{h^2}{q}$$

$$q = \frac{h^2}{p}$$

Schlussrechnung, Prozentrechnung, Zinsrechnung

Schlussrechnung

Dreisatz für direkt proportionale Verhältnisse

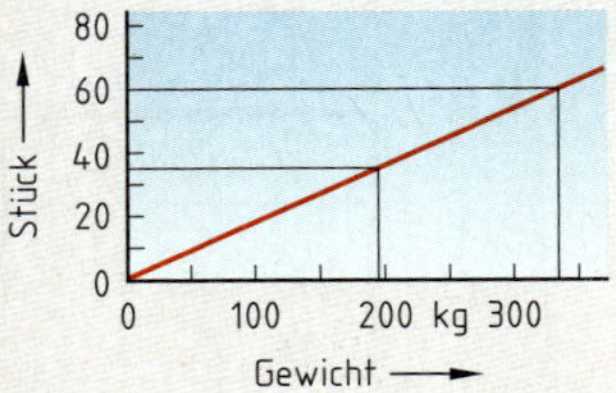

Beispiel:

60 Rohrkrümmer wiegen 330 kg. Wie groß ist das Gewicht von 35 Rohrkrümmern?

1. Satz: Behauptung — 60 Rohrkrümmer wiegen 330 kg

2. Satz: Berechnung der Einheit: durch Dividieren

1 Rohrkrümmer wiegt $\frac{330\ \text{kg}}{60}$

3. Satz: Berechnung der Mehrheit: durch Multiplizieren

35 Rohrkrümmer wiegen $\frac{330\ \text{kg} \cdot 35}{60} = \mathbf{192{,}5\ kg}$

Dreisatz für indirekt proportionale Verhältnisse

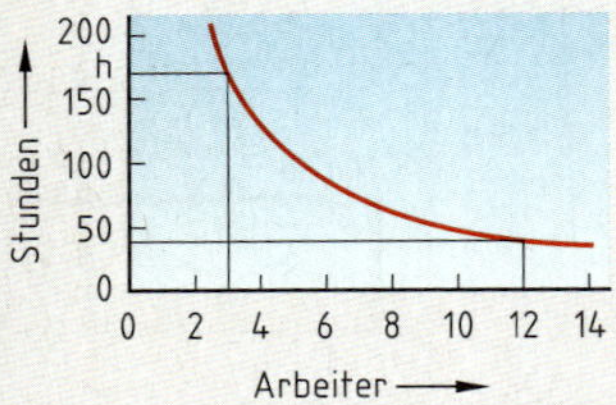

Beispiel:

3 Arbeiter benötigen für einen Auftrag 170 Stunden. Wie viele Stunden benötigen 12 Arbeiter für den gleichen Auftrag?

1. Satz: Behauptung — 3 Arbeiter benötigen 170 Stunden

2. Satz: Berechnung der Einheit: durch Multiplizieren

1 Arbeiter benötigt 3 · 170 h

3. Satz: Berechnung der Mehrheit: durch Dividieren

12 Arbeiter benötigen $\frac{3 \cdot 170\ \text{h}}{12} = \mathbf{42{,}5\ h}$

Prozentrechnung

Der **Prozentsatz** gibt an, wie viel Prozent gerechnet werden sollen.
Der **Grundwert** ist der Wert, von dem die Prozente zu rechnen sind.
Der **Prozentwert** ist der Betrag, den die Prozente des Grundwertes ergeben.

P_s	Prozentsatz, Prozent	%
P_w	Prozentwert	–
G_w	Grundwert	–

Prozentwert

$$P_w = \frac{G_w \cdot P_s}{100\,\%}$$

Zinsrechnung

K_0	Anfangskapital	EUR (€)
K_t	Endkapital	EUR (€)
Z	Zinsen	EUR (€)
p	Zinssatz pro Jahr	%/a
t	Laufzeit in Tagen, Verzinsungszeit	d

1 Zinsjahr (1 a) = 360 Tage (360 d)
360 d = 12 Monate
1 Zinsmonat = 30 Tage

Zins

$$Z = \frac{K_0 \cdot p \cdot t}{100\,\% \cdot 360}$$

Zinseszinsrechnung bei Einmalzahlung

K_0	Anfangskapital	EUR (€)	n	Laufzeit in Jahren	a
K_n	Endkapital	EUR (€)	q	Aufzinsungsfaktor	–
Z	Zinsen	EUR (€)	p	Zinssatz pro Jahr	%

Endkapital

$$K_n = K_0 \cdot q^n$$

Aufzinsungsfaktor

$$q = 1 + \frac{p}{100\,\%}$$

Längen

Teilung von Längen

Randabstand = Teilung

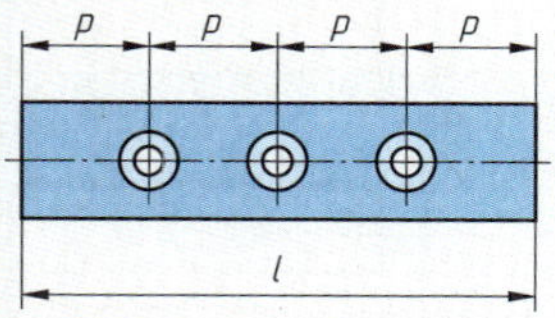

l	Gesamtlänge	mm
p	Teilung	mm
n	Anzahl der Bohrungen, Sägeschnitte ...	–

Teilung

$$p = \frac{l}{n+1}$$

$$l = p \cdot (n+1)$$

Randabstand ≠ Teilung

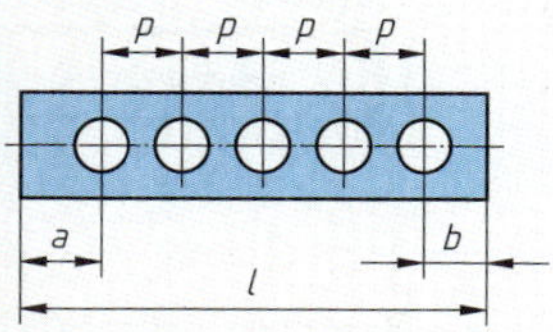

l	Gesamtlänge	mm
p	Teilung	mm
n	Anzahl der Bohrungen, Sägeschnitte ...	–
a, b	Randabstände	mm

Teilung

$$p = \frac{l-(a+b)}{n-1}$$

$$l = p \cdot (n-1) + a + b$$

$$n = \frac{l-(a+b)}{p} + 1$$

Trennen von Teilstücken

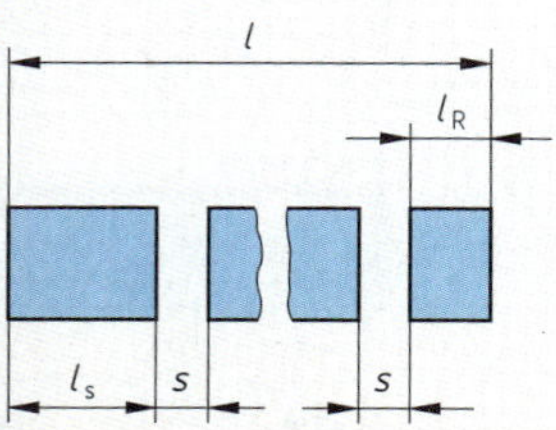

l	Stablänge	mm
l_s	Länge eines Teiles	mm
z	Anzahl der Teile	–
s	Breite der Sägeschnitte	mm
l_R	Restlänge	mm

Anzahl der Teile

$$z = \frac{l}{l_s + s}$$

$$l = z \cdot (l_s + s)$$

Restlänge

$$l_R = l - z \cdot (l_s + s)$$

Gestreckte Länge kreisförmiger Bauteile

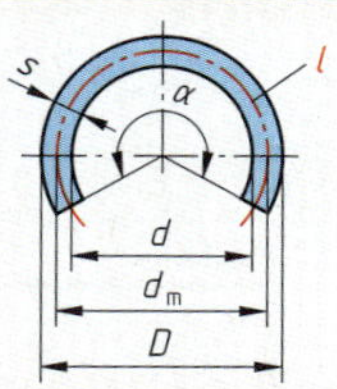

l	gestreckte Länge	mm
d	Innendurchmesser	mm
d_m	mittlerer Durchmesser	mm
D	Außendurchmesser	mm
α	Mittelpunktswinkel	°

Gestreckte Länge

$$l = \frac{\pi \cdot d_m \cdot \alpha}{360°}$$

$$d_m = \frac{D+d}{2}$$

Rohlänge von Schmiede- und Pressstücken

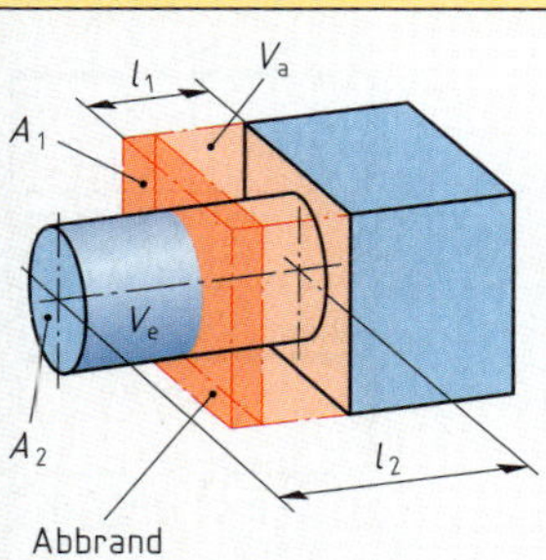

V_a	Volumen des Rohteiles	mm³
V_e	Volumen des Fertigteiles	mm³
A_1	Querschnittsfläche des Rohteiles	mm²
A_2	Querschnittsfläche des Fertigteiles	mm²
l_1	Ausgangslänge der Zugabe	mm
l_2	Länge des angeschmiedeten Teiles	mm
q	Zuschlagsfaktor für Abbrand oder Gratverluste	–

Volumen ohne Abbrand

$$V_a = V_e$$

Volumen mit Abbrand

$$V_a = V_e + q \cdot V_e$$

$$V_a = V_e \cdot (1 + q)$$

$$A_1 \cdot l_1 = A_2 \cdot l_2 \cdot (1 + q)$$

Flächen

Quadrat

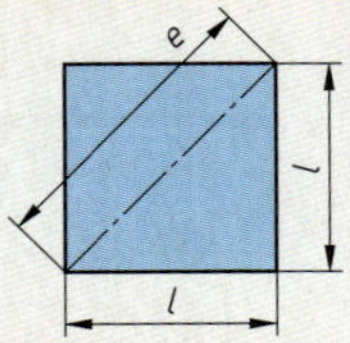

A	Fläche	mm^2
l	Seitenlänge	mm
e	Eckenmaß	mm

Fläche

$$A = l^2$$

$$l = \sqrt{A}$$

Eckenmaß

$$e = \sqrt{2} \cdot l$$

Rhombus (Raute)

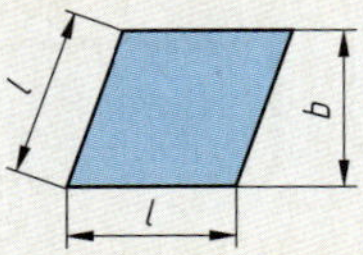

A	Fläche	mm^2
l	Seitenlänge	mm
b	Breite	mm

Fläche

$$A = l \cdot b$$

$$l = \frac{A}{b}$$

Rechteck

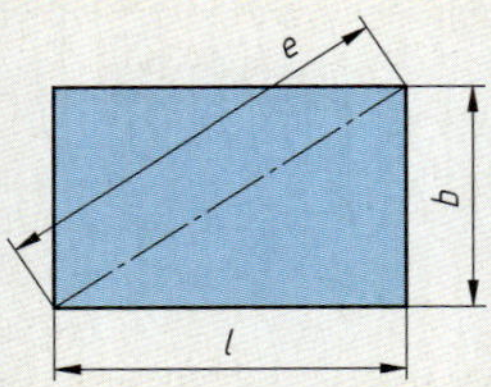

A	Fläche	mm^2
l	Länge	mm
b	Breite	mm
e	Eckenmaß	mm

Fläche

$$A = l \cdot b$$

$$l = \frac{A}{b}$$

Eckenmaß

$$e = \sqrt{l^2 + b^2}$$

Rhomboid (Parallelogramm)

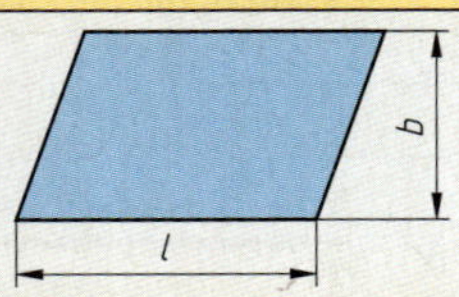

A	Fläche	mm^2
l	Länge	mm
b	Breite	mm

Fläche

$$A = l \cdot b$$

$$l = \frac{A}{b}$$

Trapez

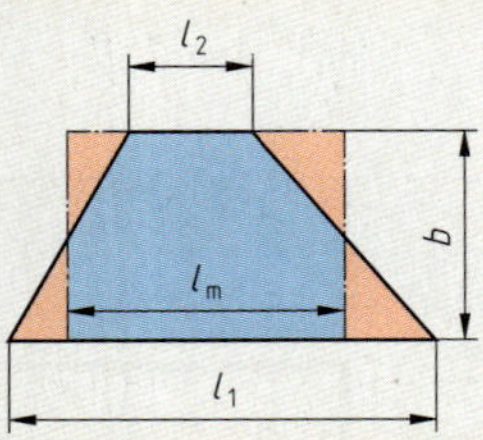

A	Fläche	mm^2
l_1	große Länge	mm
l_2	kleine Länge	mm
l_m	mittlere Länge	mm
b	Breite	mm

Fläche

$$A = \frac{l_1 + l_2}{2} \cdot b$$

$$A = l_m \cdot b$$

Mittlere Länge

$$l_m = \frac{l_1 + l_2}{2}$$

Dreieck

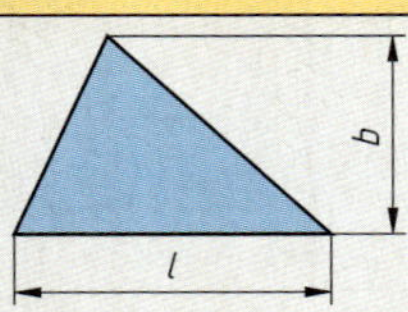

A	Fläche	mm^2
l	Seitenlänge	mm
b	Breite	mm

Fläche

$$A = \frac{l \cdot b}{2}$$

$$l = \frac{2 \cdot A}{b} \qquad b = \frac{2 \cdot A}{l}$$

Flächen

Gleichseitiges Dreieck

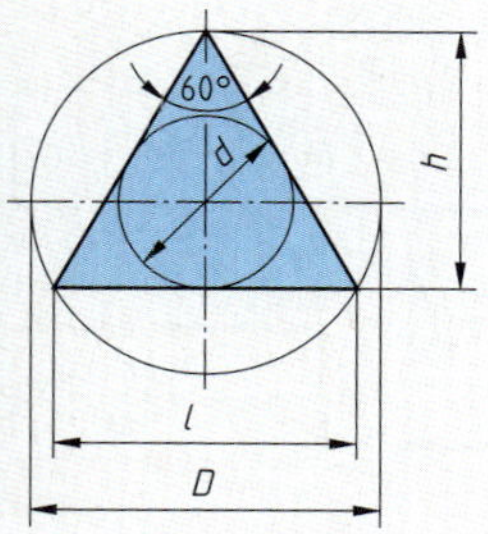

A	Fläche	mm^2
l	Seitenlänge	mm
D	Durchmesser des Umkreises	mm
d	Durchmesser des Inkreises	mm
h	Höhe	mm

Durchmesser des Umkreises

$$D = \frac{2}{3} \cdot \sqrt{3} \cdot l = 2 \cdot d$$

Fläche

$$A = \frac{1}{4} \cdot \sqrt{3} \cdot l^2$$

Durchmesser des Inkreises

$$d = \frac{1}{3} \cdot \sqrt{3} \cdot l = \frac{D}{2}$$

Höhe

$$h = \frac{1}{2} \cdot \sqrt{3} \cdot l$$

Regelmäßiges Vieleck

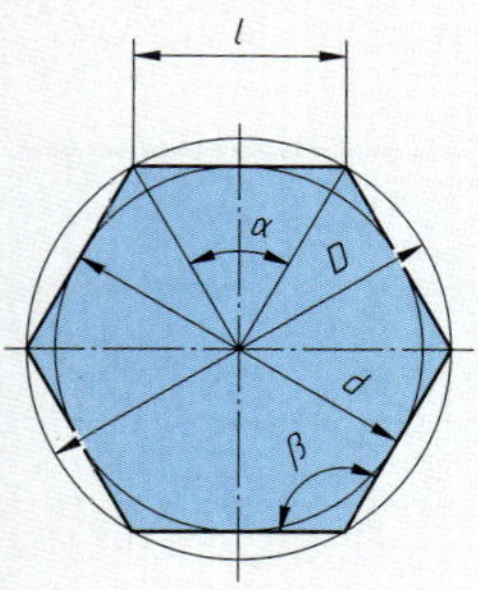

A	Fläche	mm^2
l	Seitenlänge	mm
D	Durchmesser des Umkreises	mm
d	Durchmesser des Inkreises	mm
n	Eckenzahl	–
α	Mittelpunktswinkel	°
β	Eckenwinkel	°

Mittelpunktswinkel

$$\alpha = \frac{360°}{n}$$

Fläche

$$A = \frac{n \cdot l \cdot d}{4}$$

Eckenwinkel

$$\beta = 180° - \alpha$$

Seitenlänge

$$l = D \cdot \sin\left(\frac{180°}{n}\right)$$

Durchmesser des Inkreises

$$d = \sqrt{D^2 - l^2}$$

Kreis

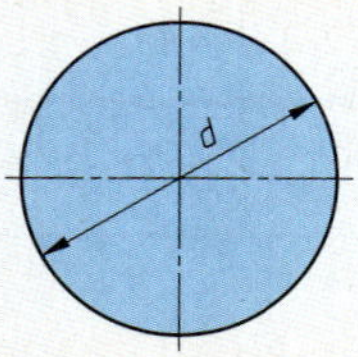

A	Fläche	mm^2
d	Durchmesser	mm
U	Umfang	mm

Umfang

$$U = \pi \cdot d$$

$$d = \frac{U}{\pi}$$

Fläche

$$A = \frac{\pi \cdot d^2}{4}$$

$$d = \sqrt{\frac{4 \cdot A}{\pi}}$$

Kreisausschnitt

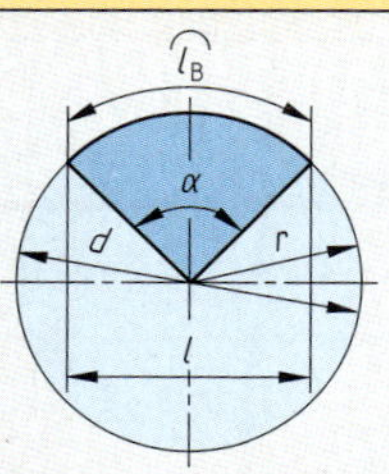

A	Fläche	mm^2
d	Durchmesser	mm
l_B	Bogenlänge	mm
l	Sehnenlänge	mm
r	Radius	mm
α	Mittelpunktswinkel	°

Sehnenlänge

$$l = 2 \cdot r \cdot \sin\frac{\alpha}{2}$$

Bogenlänge

$$l_B = \frac{\pi \cdot r \cdot \alpha}{180°}$$

Fläche

$$A = \frac{\pi \cdot d^2}{4} \cdot \frac{\alpha}{360°}$$

$$A = \frac{l_B \cdot r}{2}$$

Flächen

Kreisabschnitt

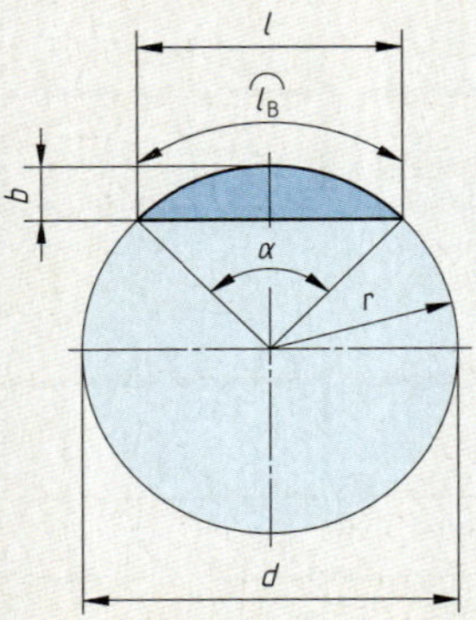

A	Fläche	mm^2
d	Durchmesser	mm
r	Radius	mm
l_B	Bogenlänge	mm
l	Sehnenlänge	mm
b	Breite	mm
α	Mittelpunktswinkel	°

Fläche

$$A = \frac{\pi \cdot d^2}{4} \cdot \frac{\alpha}{360°} - \frac{l \cdot (r-b)}{2}$$

$$A = \frac{l_B \cdot r - l \cdot (r-b)}{2}$$

Bogenlänge

$$l_B = \frac{\pi \cdot r \cdot \alpha}{180°}$$

Breite

$$b = \frac{l}{2} \cdot \tan\frac{\alpha}{4}$$

$$b = r - \sqrt{r^2 - \frac{l^2}{4}}$$

Sehnenlänge

$$l = 2 \cdot r \cdot \sin\frac{\alpha}{2}$$

$$l = 2 \cdot \sqrt{b \cdot (2 \cdot r - b)}$$

Radius

$$r = \frac{b}{2} + \frac{l^2}{8 \cdot b}$$

Kreisring

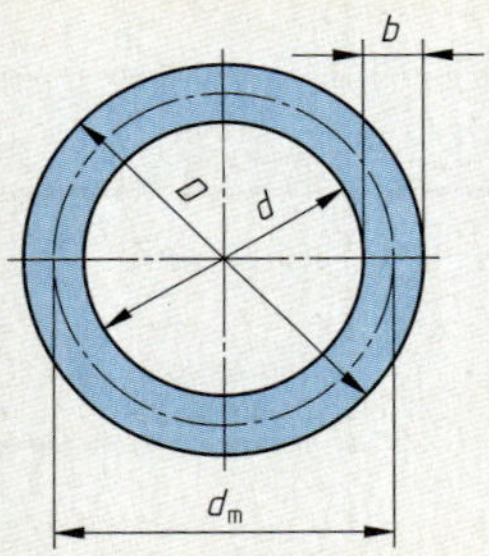

A	Fläche	mm^2
D	Außendurchmesser	mm
d	Innendurchmesser	mm
d_m	mittlerer Durchmesser	mm
b	Breite	mm

Fläche

$$A = \pi \cdot d_m \cdot b$$

$$A = \frac{\pi}{4} \cdot (D^2 - d^2)$$

$$D = \sqrt{\frac{4 \cdot A}{\pi} + d^2}$$

Kreisringausschnitt

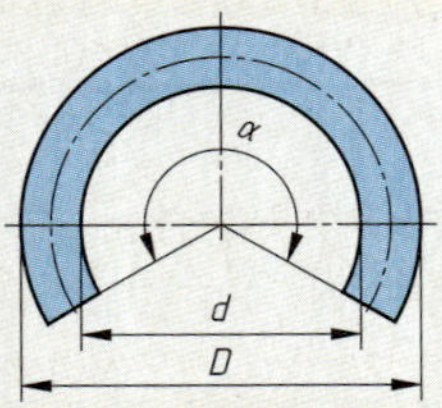

A	Fläche	mm^2
D	Außendurchmesser	mm
d	Innendurchmesser	mm
α	Mittelpunktswinkel	°

Fläche

$$A = \frac{\pi \cdot \alpha}{4 \cdot 360°} \cdot (D^2 - d^2)$$

Zusammengesetzte Flächen

Beispiel: 3 Teilflächen

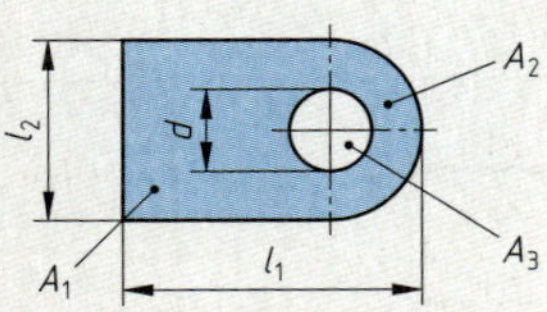

Die Gesamtfläche erhält man durch Addieren bzw. Subtrahieren der Teilflächen.

A	Gesamtfläche	mm^2
A_1, A_2, A_3	Teilflächen	mm^2
l_1, l_2	Längen	mm
d	Durchmesser	mm

Gesamtfläche

$$A = A_1 + A_2 - A_3$$

Volumen, Oberfläche

Würfel

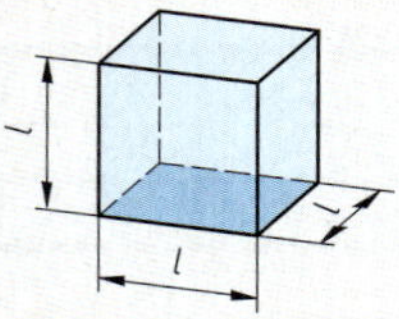

V	Volumen	mm^3
A_O	Oberfläche	mm^2
l	Seitenlänge	mm

Volumen

$$V = l^3$$

$$l = \sqrt[3]{V}$$

Oberfläche

$$A_O = 6 \cdot l^2$$

$$l = \sqrt{\frac{A_O}{6}}$$

Vierkantprisma, Quader

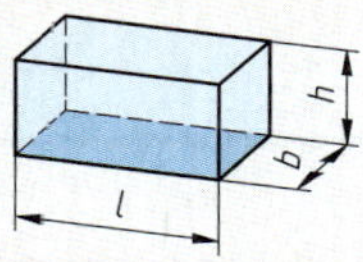

V	Volumen	mm^3
A_O	Oberfläche	mm^2
l	Seitenlänge	mm
h	Höhe	mm
b	Breite	mm

Volumen

$$V = l \cdot b \cdot h$$

Oberfläche

$$A_O = 2 \cdot (l \cdot b + l \cdot h + b \cdot h)$$

Zylinder

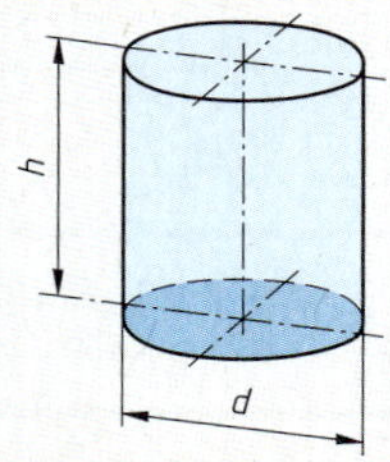

V	Volumen	mm^3
A_O	Oberfläche	mm^2
A_M	Mantelfläche	mm^2
d	Durchmesser	mm
h	Höhe	mm

Volumen

$$V = \frac{\pi \cdot d^2}{4} \cdot h$$

Mantelfläche

$$A_M = \pi \cdot d \cdot h$$

Oberfläche

$$A_O = \pi \cdot d \cdot h + 2 \cdot \frac{\pi \cdot d^2}{4}$$

Hohlzylinder

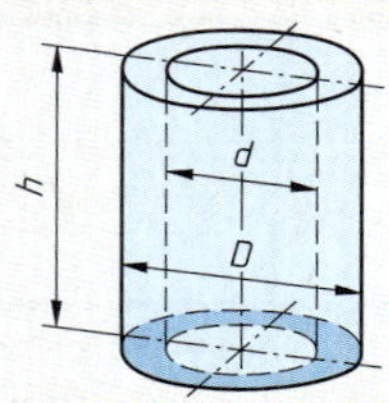

V	Volumen	mm^3
A_O	Oberfläche	mm^2
D, d	Durchmesser	mm
h	Höhe	mm

Volumen

$$V = \frac{\pi \cdot h}{4} \cdot (D^2 - d^2)$$

Oberfläche

$$A_O = \pi \cdot (D + d) \cdot \left[\frac{1}{2} \cdot (D - d) + h\right]$$

Pyramide

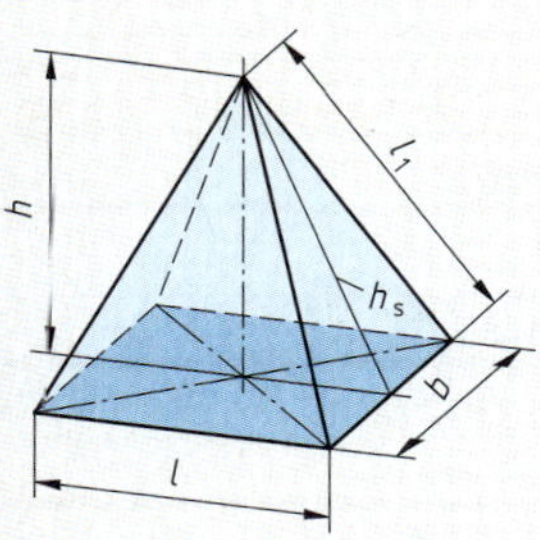

V	Volumen	mm^3
h	Höhe	mm
h_s	Mantelhöhe	mm
l	Seitenlänge	mm
l_1	Kantenlänge	mm
b	Breite	mm

Volumen

$$V = \frac{l \cdot b \cdot h}{3}$$

Kantenlänge

$$l_1 = \sqrt{h_s^2 + \frac{b^2}{4}}$$

Mantelhöhe

$$h_s = \sqrt{h^2 + \frac{l^2}{4}}$$

Volumen, Oberfläche

Pyramidenstumpf

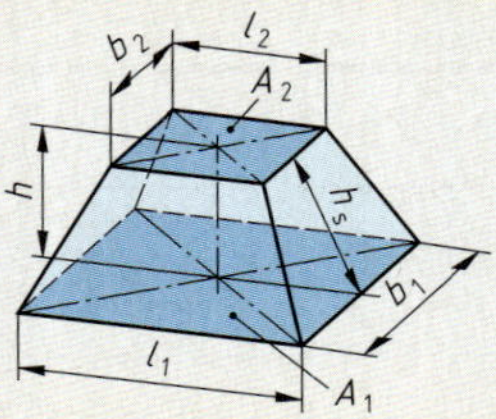

V	Volumen	mm^3
A_1	Grundfläche	mm^2
A_2	Deckfläche	mm^2
h	Höhe	mm
h_s	Mantelhöhe	mm
l_1, l_2	Seitenlänge	mm
b_1, b_2	Breite	mm

Volumen

$$V = \frac{h}{3} \cdot (A_1 + A_2 + \sqrt{A_1 \cdot A_2})$$

Mantelhöhe

$$h_s = \sqrt{h^2 + \left(\frac{l_1 - l_2}{2}\right)^2}$$

Kegel

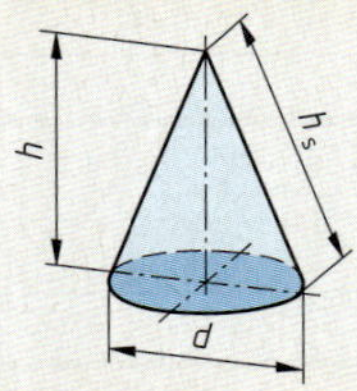

V	Volumen	mm^3
A_M	Mantelfläche	mm^2
d	Durchmesser	mm
h	Höhe	mm
h_s	Mantelhöhe	mm

Volumen

$$V = \frac{\pi \cdot d^2}{4} \cdot \frac{h}{3}$$

Mantelfläche

$$A_M = \frac{\pi \cdot d \cdot h_s}{2}$$

Mantelhöhe

$$h_s = \sqrt{\frac{d^2}{4} + h^2}$$

Kegelstumpf

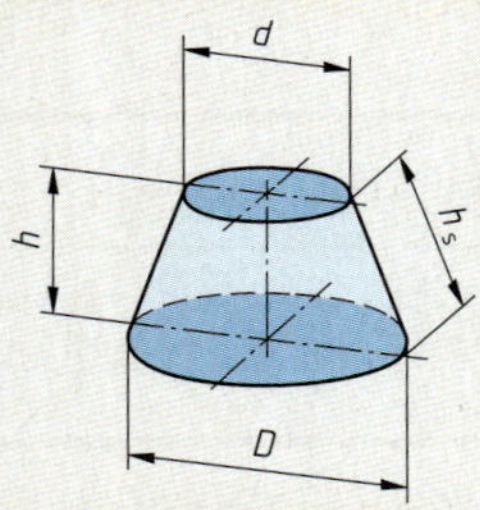

V	Volumen	mm^3
A_M	Mantelfläche	mm^2
D	großer Durchmesser	mm
d	kleiner Durchmesser	mm
h	Höhe	mm
h_s	Mantelhöhe	mm

Volumen

$$V = \frac{\pi \cdot h}{12} \cdot (D^2 + d^2 + D \cdot d)$$

Mantelfläche

$$A_M = \frac{\pi \cdot h_s}{2} \cdot (D + d)$$

Mantelhöhe

$$h_s = \sqrt{h^2 + \left(\frac{D-d}{2}\right)^2}$$

Kugel

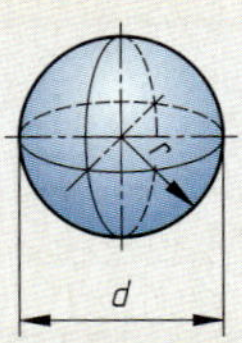

V	Volumen	mm^3
A_O	Oberfläche	mm^2
d	Kugeldurchmesser	mm

Volumen

$$V = \frac{\pi \cdot d^3}{6}$$

Oberfläche

$$A_O = \pi \cdot d^2$$

Kugelabschnitt

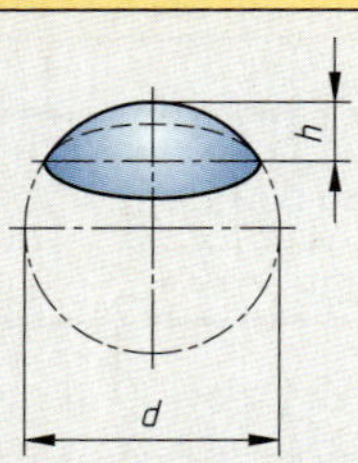

V	Volumen	mm^3
A_M	Mantelfläche	mm^2
A_O	Oberfläche	mm^2
d	Kugeldurchmesser	mm
d_1	kleiner Durchmesser	mm
h	Höhe	mm

Volumen

$$V = \pi \cdot h^2 \cdot \left(\frac{d}{2} - \frac{h}{3}\right)$$

Oberfläche

$$A_O = \pi \cdot h \cdot (2 \cdot d - h)$$

Mantelfläche

$$A_M = \pi \cdot d \cdot h$$

Volumen, Masse

Volumen zusammengesetzter Körper

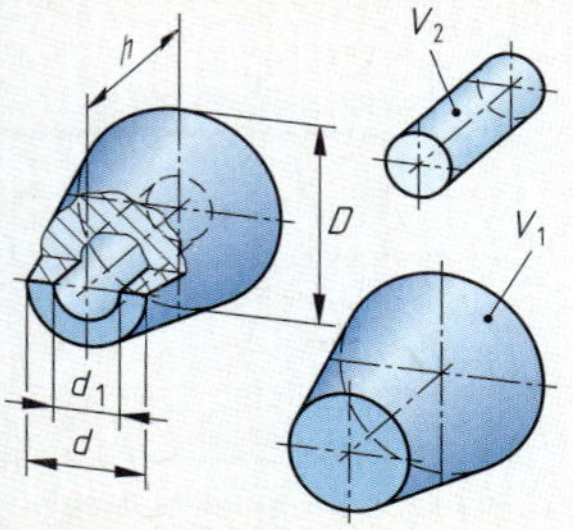

Zusammengesetzte Körper werden zur Berechnung des Gesamtvolumens in Teilvolumen zerlegt.

V	Gesamtvolumen	mm^3
V_1, V_2, V_3 ...	Teilvolumen	mm^3

Gesamtvolumen

$$V = V_1 + V_2 + \ldots - V_3 - V_4$$

Masse, allgemein

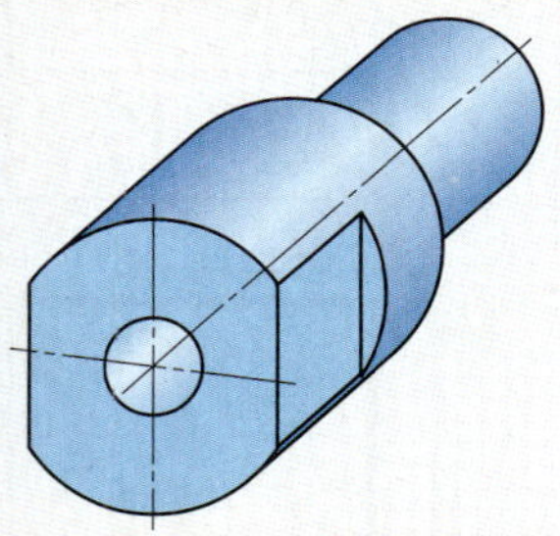

Die Masse eines Körpers wird aus seinem Volumen und seiner Dichte berechnet.

m	Masse	kg
V	Volumen	dm^3
ϱ	Dichte	kg/dm^3

Umrechnung der Einheiten:

$$1\,\frac{t}{m^3} = \mathbf{1\,\frac{kg}{dm^3}} = 1\,\frac{g}{cm^3} = 1\,\frac{mg}{mm^3}$$

Werte für die Dichte siehe Tabellenbuch.

Masse

$$m = V \cdot \varrho$$

$$V = \frac{m}{\varrho}$$

Längenbezogene Masse

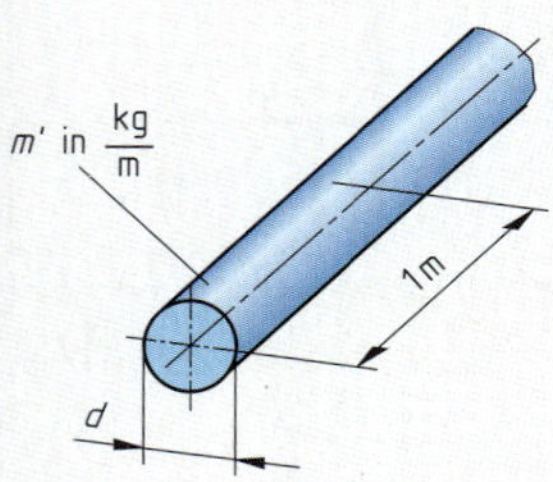

Die Masse von Profilen, Rohren oder Drähten kann auch mit Hilfe von Tabellenwerten für die längenbezogene Masse m' berechnet werden.

m	Masse	kg
m'	längenbezogene Masse	kg/m
l	Länge	m

Werte für die längenbezogene Masse m' siehe Tabellenbuch.

Masse

$$m = m' \cdot l$$

$$m' = \frac{m}{l}$$

Flächenbezogene Masse

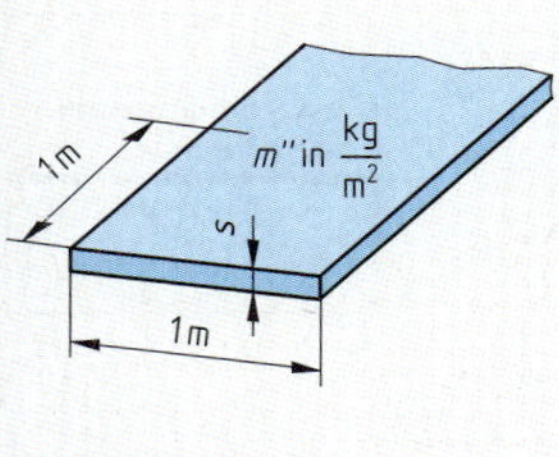

Die Masse von Blechen, Folien oder Belägen kann auch mit Hilfe von Tabellenwerten für die flächenbezogene Masse m" berechnet werden.

m	Masse	kg
m''	flächenbezogene Masse	kg/m^2
A	Fläche	m^2

Werte für die flächenbezogene Masse m" siehe Tabellenbuch.

Masse

$$m = m'' \cdot A$$

$$m'' = \frac{m}{A}$$

Linienschwerpunkt

Strecke

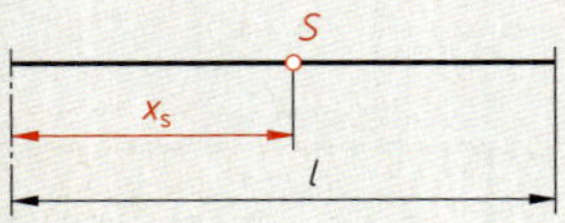

x_s	Schwerpunktabstand	mm
l	Länge	mm
S	Schwerpunkt der Strecke	–

Schwerpunktabstand

$$x_s = \frac{l}{2}$$

Kreisbogen

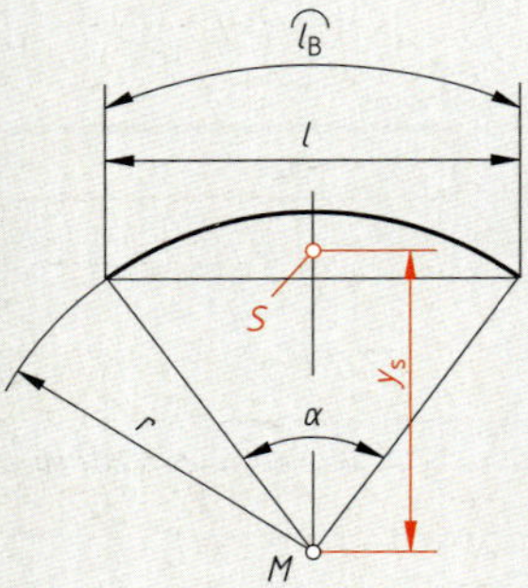

y_s	Schwerpunktabstand	mm
l	Sehnenlänge	mm
l_B	Bogenlänge	mm
r	Radius	mm
α	Mittelpunktswinkel	°

Sehnenlänge

$$l = 2 \cdot r \cdot \sin\frac{\alpha}{2}$$

Bogenlänge

$$l_B = \frac{\pi \cdot r \cdot \alpha}{180°}$$

Schwerpunktabstand, allgemein

$$y_s = \frac{r \cdot l}{l_B}$$

$$y_s = \frac{l \cdot 180°}{\pi \cdot \alpha}$$

Halbkreisbogen

$$y_s = \frac{2 \cdot r}{\pi}$$

$$y_s \approx 0{,}6366 \cdot r$$

Viertelkreisbogen

$$y_s = \frac{\sqrt{2} \cdot 2 \cdot r}{\pi}$$

$$y_s \approx 0{,}9003 \cdot r$$

Zusammengesetzter Linienzug

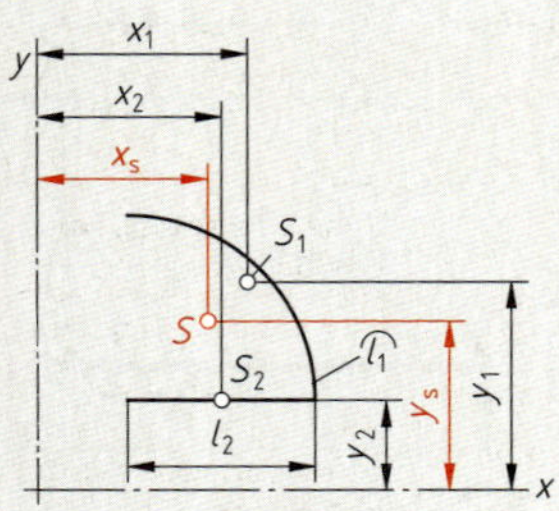

y_s	Schwerpunktabstand	mm
y_1, y_2 ...	Abstände in Y-Richtung	mm
x_s	Schwerpunktabstand	mm
x_1, x_2 ...	Abstände in X-Richtung	mm
l_1, l_2 ...	Längen	mm
S_1, S_2 ... S	Schwerpunkte der Linien	–

Schwerpunktabstand in Y-Richtung

$$y_s = \frac{l_1 \cdot y_1 + l_2 \cdot y_2}{l_1 + l_2}$$

Schwerpunktabstand in X-Richtung

$$x_s = \frac{l_1 \cdot x_1 + l_2 \cdot x_2}{l_1 + l_2}$$

Flächenschwerpunkt

Rechteck, Quadrat

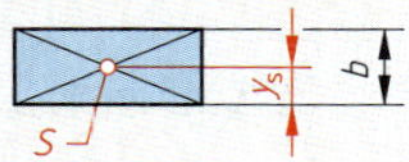

y_s	Schwerpunktabstand	mm
b	Breite, Höhe	mm
S	Schwerpunkt der Strecke	–

Schwerpunktabstand

$$y_s = \frac{b}{2}$$

Dreieck

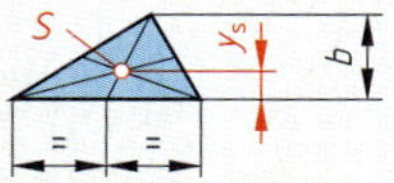

y_s	Schwerpunktabstand	mm
b	Breite, Höhe	mm

Schwerpunktabstand

$$y_s = \frac{b}{3}$$

Kreisabschnitt

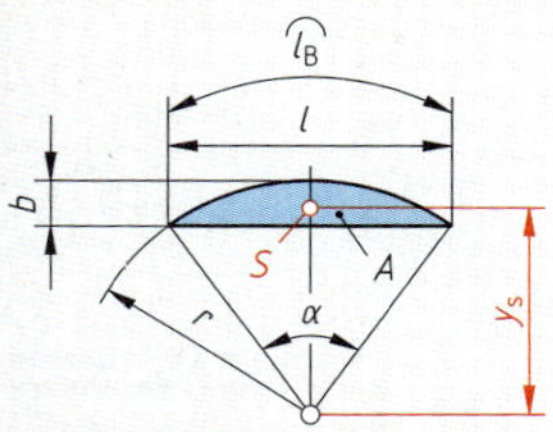

y_s	Schwerpunktabstand	mm
l	Sehnenlänge	mm
l_B	Bogenlänge	mm
r	Radius	mm
A	Fläche	mm²
α	Mittelpunktswinkel	°

Schwerpunktabstand

$$y_s = \frac{l^3}{12 \cdot A}$$

Sehnenlänge

$$l = 2 \cdot r \cdot \sin\frac{\alpha}{2}$$

Bogenlänge

$$l_B = \frac{\pi \cdot r \cdot \alpha}{180°}$$

Fläche

$$A = \frac{l_B \cdot r - l \cdot (r - b)}{2}$$

Kreisausschnitt

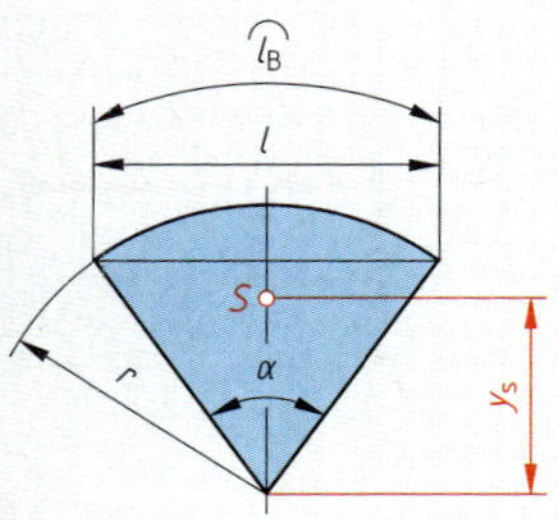

y_s	Schwerpunktabstand	mm
l	Sehnenlänge	mm
l_B	Bogenlänge	mm
r	Radius	mm
α	Mittelpunktswinkel	°

Schwerpunktabstand

$$y_s = \frac{2 \cdot r \cdot l}{3 \cdot l_B}$$

Sehnenlänge

$$l = 2 \cdot r \cdot \sin\frac{\alpha}{2}$$

Bogenlänge

$$l_B = \frac{\pi \cdot r \cdot \alpha}{180°}$$

Halbkreisfläche

$$y_s = \frac{4 \cdot r}{3 \cdot \pi}$$

$$y_s \approx 0{,}4244 \cdot r$$

Viertelkreisfläche

$$y_s = \frac{\sqrt{2} \cdot 4 \cdot r}{3 \cdot \pi}$$

$$y_s \approx 0{,}6002 \cdot r$$

Sechstelkreisfläche

$$y_s = \frac{2 \cdot r}{\pi}$$

$$y_s \approx 0{,}6366 \cdot r$$

Zusammengesetzte Fläche

Beispiel: 2 Flächen

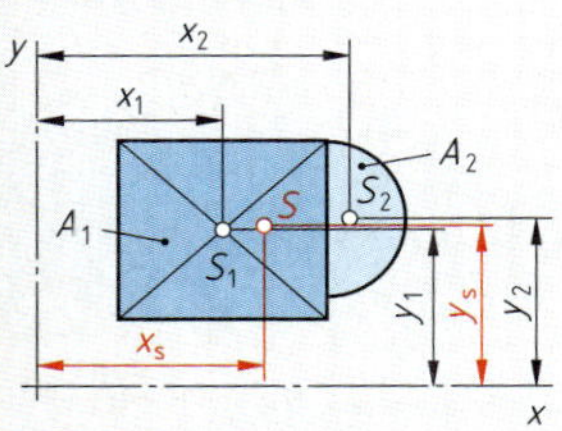

y_s	Schwerpunktabstand	mm
y_1, y_2 ...	Abstände in Y-Richtung	mm
x_s	Schwerpunktabstand	mm
x_1, x_2 ...	Abstände in X-Richtung	mm
A_1, A_2 ...	Teilflächen	mm²
S_1, S_2 ... S	Schwerpunkte der Flächen	–

Schwerpunktabstand in Y-Richtung

$$y_s = \frac{A_1 \cdot y_1 + A_2 \cdot y_2}{A_1 + A_2}$$

Schwerpunktabstand in X-Richtung

$$x_s = \frac{A_1 \cdot x_1 + A_2 \cdot x_2}{A_1 + A_2}$$

Gleichförmige und gleichförmig beschleunigte Bewegung

Gleichförmige Bewegung

Geradlinige Bewegung

Weg-Zeit-Schaubild

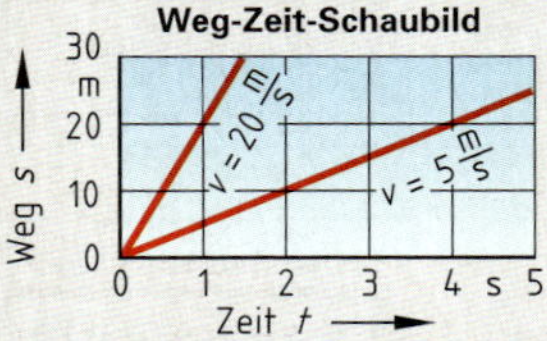

v	Geschwindigkeit	m/s
s	Weg	m
t	Zeit	s

$$1\,\frac{\text{m}}{\text{min}} = \frac{1}{60}\,\frac{\text{m}}{\text{s}} = 0{,}06\,\frac{\text{km}}{\text{h}}$$

$$1\,\frac{\text{m}}{\text{s}} = 60\,\frac{\text{m}}{\text{min}} = 3{,}6\,\frac{\text{km}}{\text{h}}$$

Geschwindigkeit

$$v = \frac{s}{t}$$

$$t = \frac{s}{v} \qquad s = v \cdot t$$

Kreisförmige Bewegung

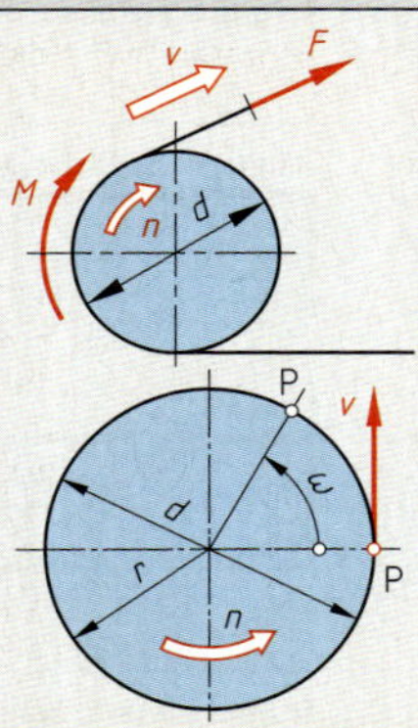

v	Umfangsgeschwindigkeit	m/s
ω	Winkelgeschwindigkeit	1/s
n	Drehzahl, Drehfrequenz	1/s
r	Radius	m
d	Durchmesser	m

Drehzahl

$$\frac{1}{\text{min}} = \frac{1}{60\,\text{s}}; \qquad \frac{1}{\text{s}} = \frac{60}{\text{min}}$$

Umfangsgeschwindigkeit

$$1\,\frac{\text{m}}{\text{min}} = \frac{1}{60}\,\frac{\text{m}}{\text{s}}$$

$$1\,\frac{\text{m}}{\text{s}} = 60\,\frac{\text{m}}{\text{min}}$$

Umfangsgeschwindigkeit

$$v = \pi \cdot d \cdot n$$

$$v = \omega \cdot r$$

$$d = \frac{v}{\pi \cdot n} \qquad n = \frac{v}{\pi \cdot d}$$

Winkelgeschwindigkeit

$$\omega = 2 \cdot \pi \cdot n$$

$$n = \frac{\omega}{2 \cdot \pi}$$

Gleichförmig beschleunigte Bewegung

Geradlinig beschleunigte Bewegung

Geschwindigkeit-Zeit-Schaubild

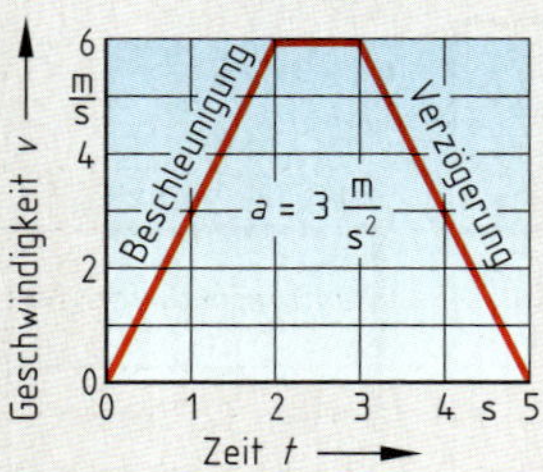

Die Zunahme der Geschwindigkeit je Zeiteinheit heißt Beschleunigung, die Abnahme Verzögerung.

Die Formeln gelten für die Beschleunigung aus dem Stillstand oder die Verzögerung bis zum Stillstand.

v	Endgeschwindigkeit bei Beschleunigung oder Anfangsgeschwindigkeit bei Verzögerung	m/s
s	Beschleunigungs- oder Verzögerungsweg	m
a	Beschleunigung oder Verzögerung	m/s²
t	Beschleunigungs- oder Verzögerungszeit	s
g	Fallbeschleunigung	m/s²

Der freie Fall ist eine gleichförmig beschleunigte Bewegung, bei der die Fallbeschleunigung g wirksam ist.

$$g = 9{,}81\,\frac{\text{m}}{\text{s}^2} \approx 10\,\frac{\text{m}}{\text{s}^2}$$

Weg-Zeit-Schaubild

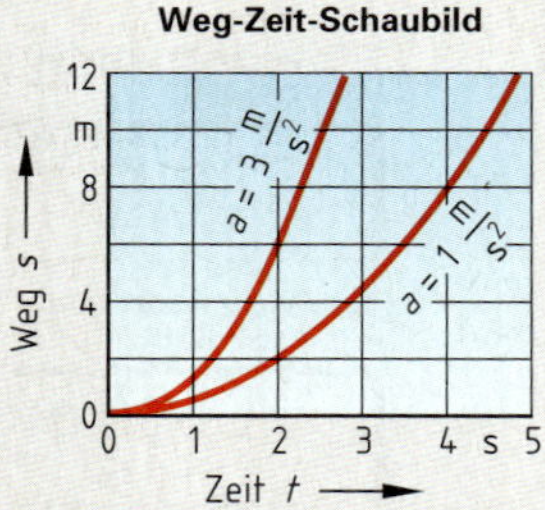

End- oder Anfangsgeschwindigkeit

$$v = a \cdot t$$

$$v = \sqrt{2 \cdot a \cdot s}$$

$$a = \frac{v}{t} \qquad t = \frac{v}{a}$$

$$a = \frac{v^2}{2 \cdot s} \qquad s = \frac{v^2}{2 \cdot a}$$

Beschleunigungs- oder Verzögerungsweg

$$s = \frac{1}{2} \cdot v \cdot t$$

$$s = \frac{1}{2} \cdot a \cdot t^2$$

$$v = \frac{2 \cdot s}{t} \qquad t = \frac{2 \cdot s}{v}$$

$$a = \frac{2 \cdot s}{t^2} \qquad t = \sqrt{\frac{2 \cdot s}{a}}$$

Geschwindigkeiten an Maschinen

Vorschubgeschwindigkeit

Drehen, Bohren

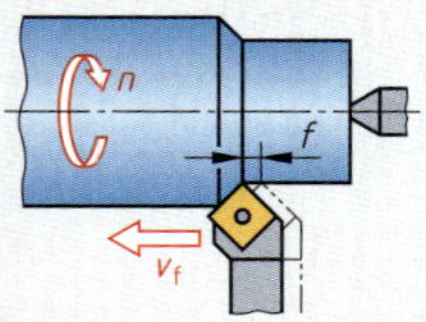

v_f	Vorschubgeschwindigkeit	mm/min
f	Vorschub	mm
n	Drehzahl	1/min

Vorschubgeschwindigkeit

$$v_f = n \cdot f$$

$$f = \frac{v_f}{n}$$

Fräsen

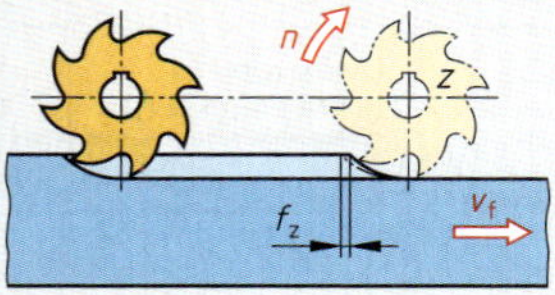

v_f	Vorschubgeschwindigkeit	mm/min
f_z	Vorschub je Schneide	mm
n	Drehzahl	1/min
z	Anzahl der Schneiden	–

Vorschubgeschwindigkeit

$$v_f = n \cdot f_z \cdot z$$

$$f_z = \frac{v_f}{n \cdot z}$$

Schleifen

Längsrundschleifen

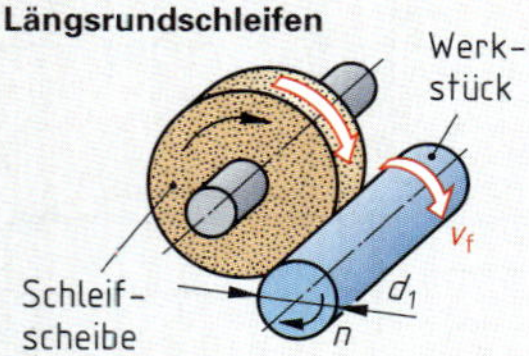

v_f	Vorschubgeschwindigkeit	mm/min
d_1	Durchmesser des Werkstücks	mm
n	Drehzahl des Werkstücks	1/min

Vorschubgeschwindigkeit

$$v_f = \pi \cdot d_1 \cdot n$$

$$n = \frac{v_f}{\pi \cdot d_1}$$

Planschleifen

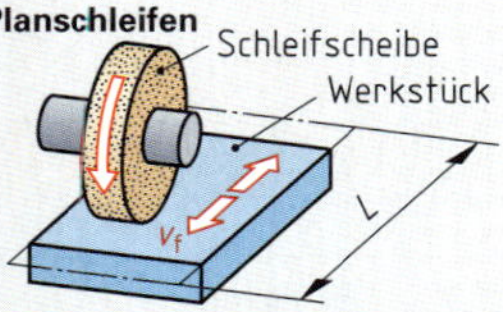

v_f	Vorschubgeschwindigkeit	mm/min
L	Vorschubweg	mm
n_H	Hubzahl (Einzelhübe)	1/min

Vorschubgeschwindigkeit

$$v_f = L \cdot n_H$$

$$n_H = \frac{v_f}{L}$$

Gewindetrieb

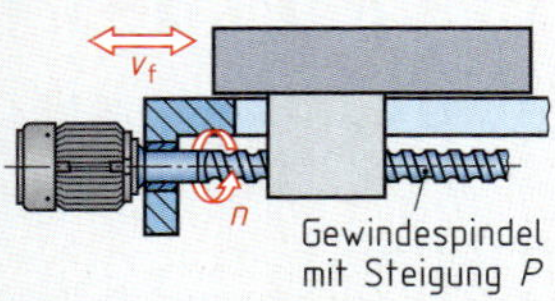

v_f	Vorschubgeschwindigkeit	mm/min
P	Gewindesteigung	mm
n	Drehzahl der Gewindespindel	1/min

Vorschubgeschwindigkeit

$$v_f = n \cdot P$$

$$n = \frac{v_f}{P}$$

Zahnstangentrieb

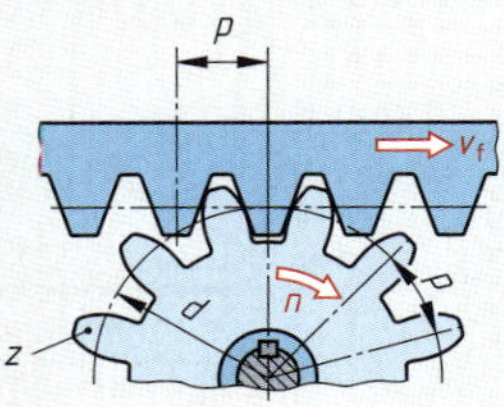

v_f	Vorschubgeschwindigkeit	mm/min
z	Zähnezahl des Ritzels	–
p	Zahnteilung	mm
n	Drehzahl des Ritzels	1/min
d	Teilkreisdurchmesser des Ritzels	mm

Vorschubgeschwindigkeit

$$v_f = n \cdot z \cdot p$$

$$v_f = \pi \cdot d \cdot n$$

$$n = \frac{v_f}{p \cdot z} \qquad n = \frac{v_f}{\pi \cdot d}$$

Geschwindigkeiten an Maschinen, Kräfte

Schnittgeschwindigkeit

Drehen

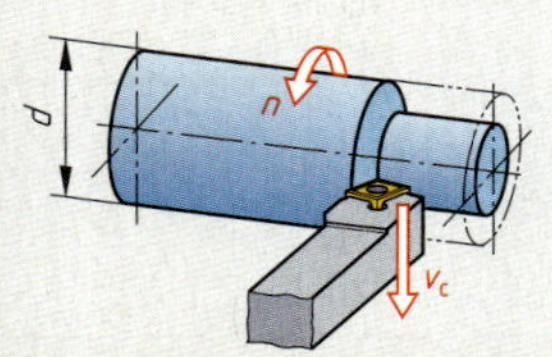

v_c	Schnittgeschwindigkeit	m/min
n	Drehzahl	1/min
d	Durchmesser (Drehen) Scheibendurchmesser (Schleifen) Bohrerdurchmesser (Bohren) Fräserdurchmesser (Fräsen)	m

Schnittgeschwindigkeit

$$v_c = \pi \cdot d \cdot n$$

$$n = \frac{v_c}{\pi \cdot d} \qquad d = \frac{v_c}{\pi \cdot n}$$

Umfangsgeschwindigkeit

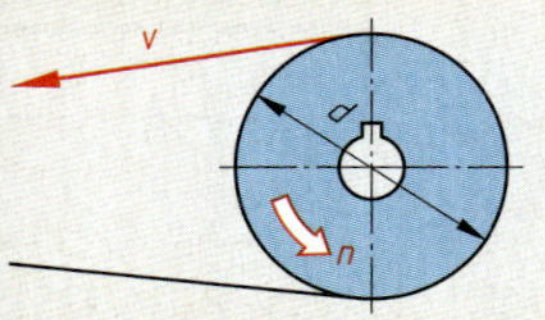

v	Umfangsgeschwindigkeit	m/min
n	Drehzahl	1/min
d	Durchmesser	m

Umfangsgeschwindigkeit

$$v = \pi \cdot d \cdot n$$

$$n = \frac{v_c}{\pi \cdot d} \qquad d = \frac{v}{\pi \cdot n}$$

Mittlere Geschwindigkeit bei Kurbeltrieben

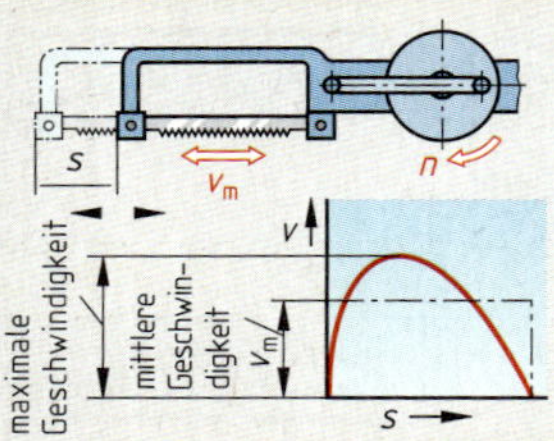

v_m	Mittlere Geschwindigkeit	m/min
n	Anzahl der Doppelhübe	1/min
s	Hublänge	m

Mittlere Geschwindigkeit

$$v_m = 2 \cdot s \cdot n$$

$$n = \frac{v_m}{2 \cdot s} \qquad s = \frac{v_m}{2 \cdot n}$$

Kräfte

Darstellen von Kräften

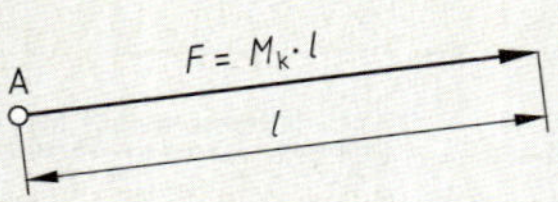

F	Kraft	N
l	Pfeillänge	mm
M_k	Kräftemaßstab	N/mm

Die Einheit der Kraft ist 1 Newton (1 N).

$$1\ \text{N} = 1\ \text{kg} \cdot 1\ \frac{\text{m}}{\text{s}^2} = 1\ \frac{\text{kg} \cdot \text{m}}{\text{s}^2}$$

Pfeillänge

$$l = \frac{F}{M_k}$$

$$M_k = \frac{F}{l} \qquad F = M_k \cdot l$$

Addieren von Kräften auf gleicher Wirkungslinie

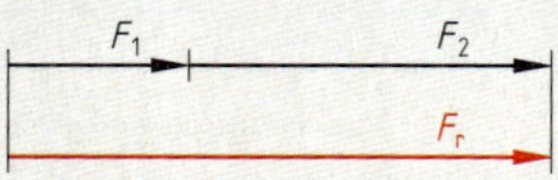

F_1, F_2	Teilkräfte	N
F_r	Resultierende	N

Resultierende

$$F_r = F_1 + F_2$$

Subtrahieren von Kräften auf gleicher Wirkungslinie

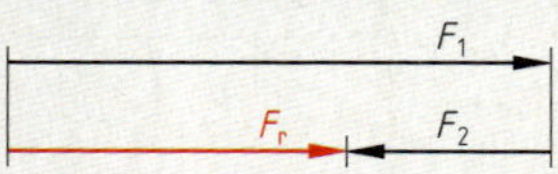

F_1, F_2	Teilkräfte	N
F_r	Resultierende	N

Resultierende

$$F_r = F_1 - F_2$$

Kräfte

Zusammensetzen von Kräften auf verschiedenen Wirkungslinien

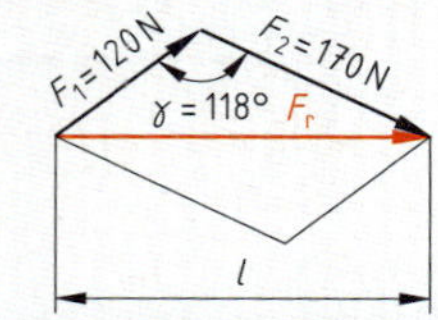

F_1, F_2	Teilkräfte	N
F_r	Resultierende	N
l	Pfeillänge	mm
M_k	Kräftemaßstab	N/mm

Die Resultierende entspricht der Diagonalen im Kräfteparallelogramm.

Resultierende

$$F_r = M_k \cdot l$$

Zerlegen in Kräfte auf verschiedenen Wirkungslinien

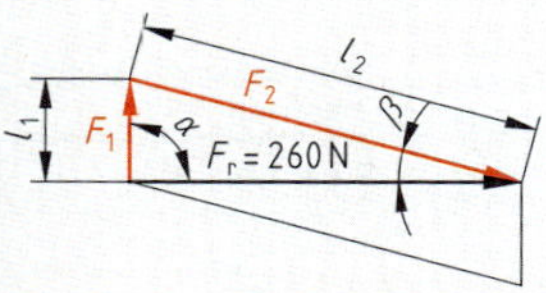

F_1, F_2	Teilkräfte	N
F_r	Resultierende	N
l_1, l_2	Pfeillängen	mm
M_k	Kräftemaßstab	N/mm

Die Teilkräfte entsprechen den Seiten des Kräfteparallelogramms.

Teilkräfte

$$F_1 = M_k \cdot l_1$$

$$F_2 = M_k \cdot l_2$$

Kräfte bei Beschleunigung und Verzögerung

F	Beschleunigungskraft	N
m	Masse	kg
a	Beschleunigung oder Verzögerung	m/s²

$$1\,\frac{\text{m}}{\text{s}^2} = \frac{1\ \text{m/s}}{1\ \text{s}}$$

Beschleunigungskraft

$$F = m \cdot a$$

$$a = \frac{F}{m} \qquad m = \frac{F}{a}$$

Gewichtskraft

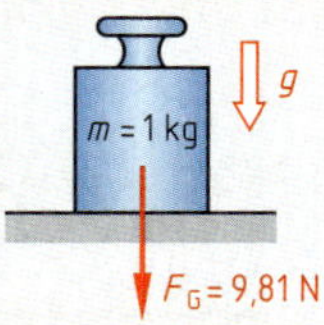

F_G	Gewichtskraft	N
m	Masse	kg
g	Fallbeschleunigung	m/s²

$$g = 9{,}81\,\frac{\text{m}}{\text{s}^2} \approx 10\,\frac{\text{m}}{\text{s}^2}$$

Gewichtskraft

$$F_G = m \cdot g$$

$$m = \frac{F_G}{g}$$

Federkraft

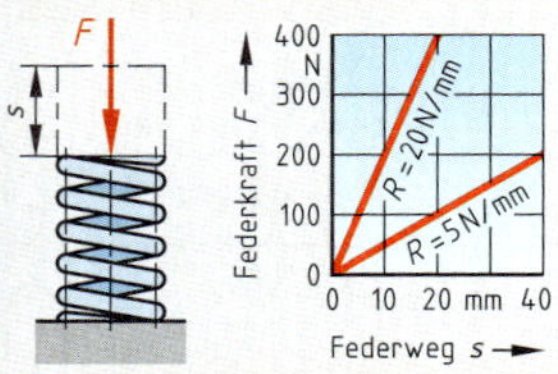

F	Federkraft	N
R	Federrate	N/mm
s	Federweg	mm

Federkraft

$$F = R \cdot s$$

$$R = \frac{F}{s} \qquad s = \frac{F}{R}$$

Fliehkraft

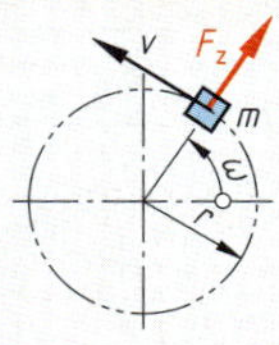

F_z	Fliehkraft	N
m	Masse	kg
r	Radius	m
ω	Winkelgeschwindigkeit	1/s
v	Umfangsgeschwindigkeit	m/s

Umfangsgeschwindigkeit: Seite 16, 18

Fliehkraft

$$F_z = m \cdot r \cdot \omega^2$$

$$F_z = \frac{m \cdot v^2}{r}$$

Hebel und Drehmoment

Hebel und Drehmoment

einseitiger Hebel

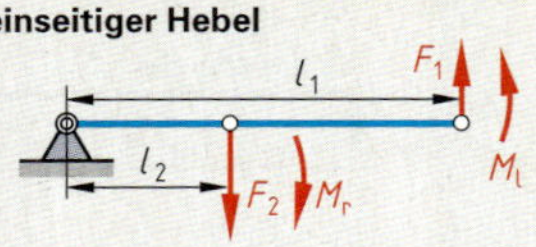

zweiseitiger Hebel

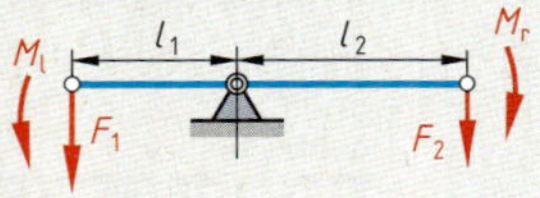

Winkelhebel

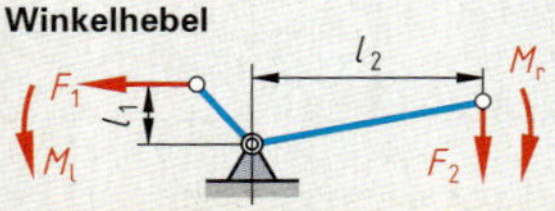

M	Drehmoment	N · m
l	wirksame Hebellänge	m
F	Kraft	N
ΣM_l	Summe aller linksdrehenden Momente	N · m
ΣM_r	Summe aller rechtsdrehenden Momente	N · m

Die wirksame Hebellänge l ist der rechtwinklige Abstand zwischen dem Drehpunkt des Hebels und der Wirkungslinie der Kraft. Bei scheibenförmigen drehbaren Teilen entspricht die Hebellänge dem Radius r.

Drehmoment

$$M = F \cdot l$$

$$F = \frac{M}{l} \qquad l = \frac{M}{F}$$

Hebelgesetz

$$\Sigma M_l = \Sigma M_r$$

Hebelgesetz bei nur 2 Kräften

$$F_1 \cdot l_1 = F_2 \cdot l_2$$

$$F_1 = \frac{F_2 \cdot l_2}{l_1}; \quad F_2 = \frac{F_1 \cdot l_1}{l_2}$$

Auflagerkräfte

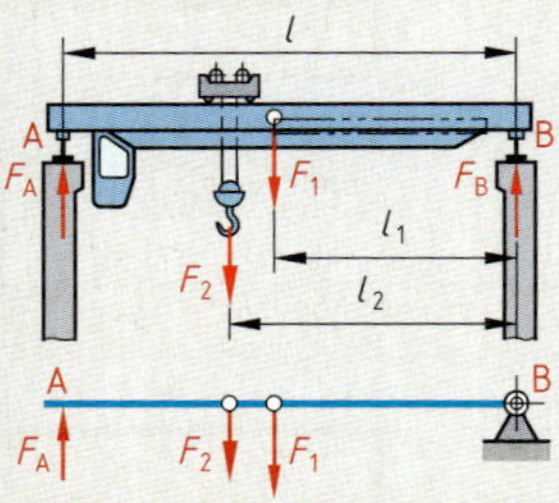

Zur Berechnung der Auflagerkräfte nimmt man einen der Auflagerpunkte als Drehpunkt (z. B. im Lager B) an und berechnet die Auflagerkraft an dem anderen Auflagerpunkt (z. B. im Lager A).

F_A, F_B	Auflagerkräfte	N
F_1, F_2	Kräfte	N
l, l_1, l_2	wirksame Hebellängen	m

Auflagerkraft in A

$$F_A = \frac{F_1 \cdot l_1 + F_2 \cdot l_2 \ldots}{l}$$

$$F_A + F_B = F_1 + F_2 \ldots$$

$$F_B = F_1 + F_2 \ldots - F_A$$

Drehmoment bei Zahnrädertrieben

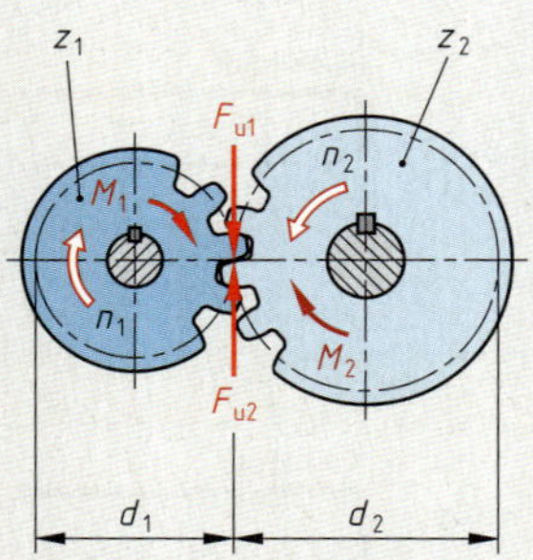

treibendes Rad:

F_{u1}	Umfangskraft	N
M_1	Drehmoment	N · m
d_1	Teilkreisdurchmesser	m
z_1	Zähnezahl	–
n_1	Drehzahl	1/min

getriebenes Rad:

F_{u2}	Umfangskraft	N
M_2	Drehmoment	N · m
d_2	Teilkreisdurchmesser	m
z_2	Zähnezahl	–
n_2	Drehzahl	1/min

Für beide Räder:

i	Übersetzungsverhältnis (Seite 35)	–

Drehmoment

$$M_1 = \frac{F_{u1} \cdot d_1}{2}$$

$$M_2 = \frac{F_{u2} \cdot d_2}{2}$$

$$M_2 = i \cdot M_1$$

$$\frac{M_2}{M_1} = \frac{z_2}{z_1}$$

$$\frac{M_2}{M_1} = \frac{n_1}{n_2}$$

$$M_1 = \frac{M_2 \cdot z_1}{z_2}$$

$$M_2 = \frac{M_1 \cdot z_2}{z_1}$$

Arbeit, Energie, Goldene Regel der Mechanik

Mechanische Arbeit, Hubarbeit und Reibungsarbeit

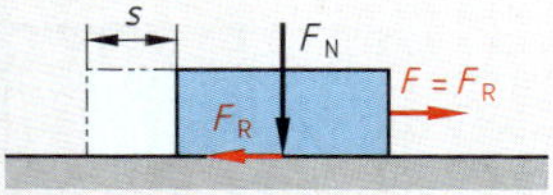

Arbeit wird verrichtet, wenn eine Kraft längs eines Weges wirkt.

F	Kraft in Wegrichtung	N
F_G	Gewichtskraft	N
F_R	Reibungskraft	N
F_N	Normalkraft	N
W	Arbeit	J
s	Kraftweg	m
s, h	Hubhöhe	m

$1\ \mathrm{J} = 1\ \mathrm{N} \cdot 1\ \mathrm{m} = 1\ \mathrm{W} \cdot \mathrm{s} = 1\ \dfrac{\mathrm{kg} \cdot \mathrm{m}^2}{\mathrm{s}^2}$

Reibungskraft: Seite 23

Arbeit

$$W = F \cdot s$$

$$F = \frac{W}{s} \qquad s = \frac{W}{F}$$

Hubarbeit

$$W = F_G \cdot h$$

$$F_G = \frac{W}{h} \qquad h = \frac{W}{F_G}$$

Reibungsarbeit

$$W = \mu \cdot F_N \cdot s$$

Potenzielle Energie

Lageenergie

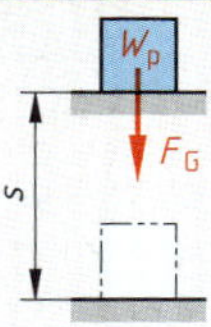

Federenergie

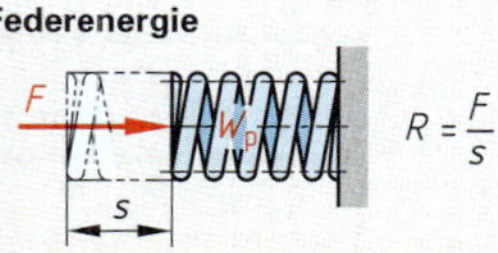

$R = \dfrac{F}{s}$

Potenzielle Energie ist gespeicherte Arbeit (Lageenergie, Federenergie).

W_p	potenzielle Energie	J
F_G	Gewichtskraft	N
F	Federkraft	N
R	Federrate	N/m
s, h	Weg, Hub- oder Fallhöhe, Federweg	m

1 N/mm = 1000 N/m

Lageenergie

$$W_p = F_G \cdot s$$

$$F = \frac{W_p}{s} \qquad s = \frac{W_p}{F}$$

Federenergie

$$W_p = \frac{R \cdot s^2}{2}$$

Kinetische Energie

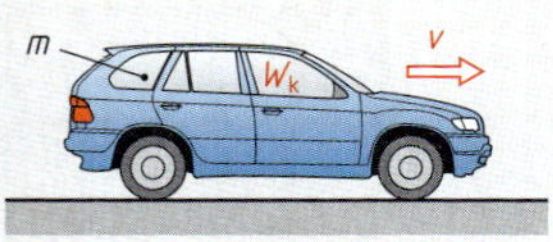

Kinetische Energie ist Energie der Bewegung.

W_k	kinetische Energie	J
v	Geschwindigkeit	m/s
m	Masse	kg

Kinetische Energie

$$W_k = \frac{m \cdot v^2}{2}$$

$$m = \frac{2 \cdot W_k}{v^2}; \quad v = \sqrt{\frac{2 \cdot W_k}{m}}$$

Goldene Regel der Mechanik

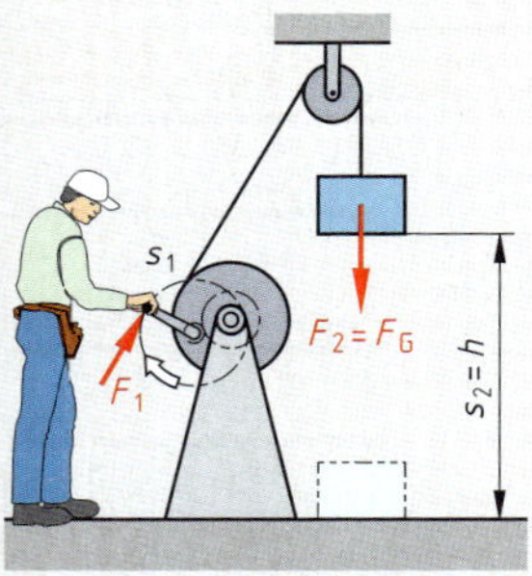

Ohne Berücksichtigung der Reibung gilt: Was an Kraft gewonnen wird, geht an Weg verloren.

W_1	aufgewendete Arbeit	J
F_1	aufgewendete Kraft	N
s_1	Weg der Kraft F_1	m
W_2	abgegebene Arbeit	J
F_2	abgegebene Kraft	N
s_2	Weg der Kraft F_2	m
F_G	Gewichtskraft	N
h	Hubhöhe	m
η	Wirkungsgrad	–

„Goldene Regel" der Mechanik

$$W_1 = W_2$$

$$F_1 \cdot s_1 = F_2 \cdot s_2$$

$$F_1 \cdot s_1 = F_G \cdot h$$

Bei Berücksichtigung der Reibung

$$W_1 = \frac{W_2}{\eta}$$

Einfache Maschinen

Feste Rolle[1)]

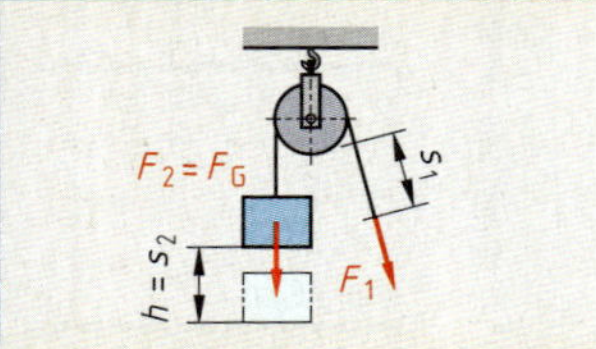

F_1	aufgewendete Kraft	N
s_1	Weg der Kraft F_1	m
F_G	Gewichtskraft	N
h	Hubhöhe	m
W_2	abgegebene Arbeit	J

$$F_1 = F_G$$

$$s_1 = h$$

$$W_2 = F_G \cdot h$$

Lose Rolle[1)]

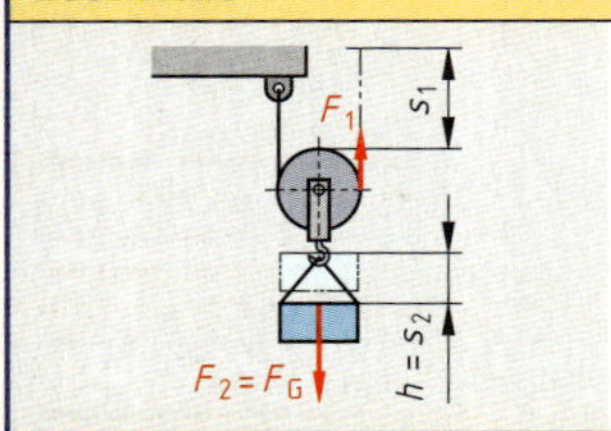

F_1	aufgewendete Kraft	N
s_1	Weg der Kraft F_1	m
F_G	Gewichtskraft	N
h	Hubhöhe	m
W_2	abgegebene Arbeit	J

$$F_1 = \frac{F_G}{2}$$

$$s_1 = 2 \cdot h$$

$$W_2 = F_G \cdot h$$

Flaschenzug[1)]

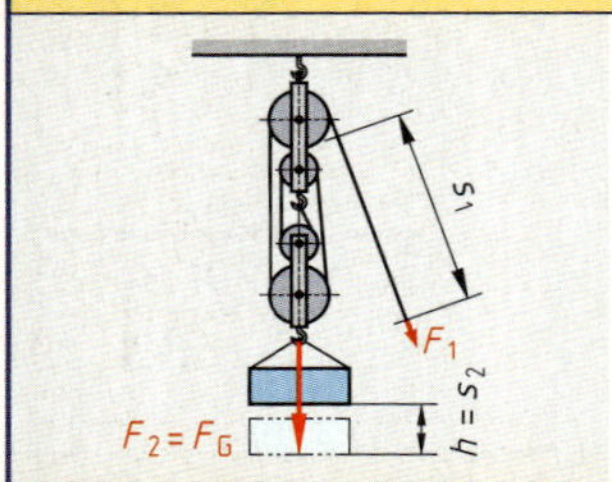

F_1	aufgewendete Kraft	N
s_1	Weg der Kraft F_1	m
F_G	Gewichtskraft	N
h	Hubhöhe	m
n	Anzahl der tragenden Seilstränge ≙ Anzahl der Rollen	–
W_2	abgegebene Arbeit	J

$$F_1 = \frac{F_G}{n}$$

$$s_1 = n \cdot h$$

$$W_2 = F_G \cdot h$$

Schraube[1)]

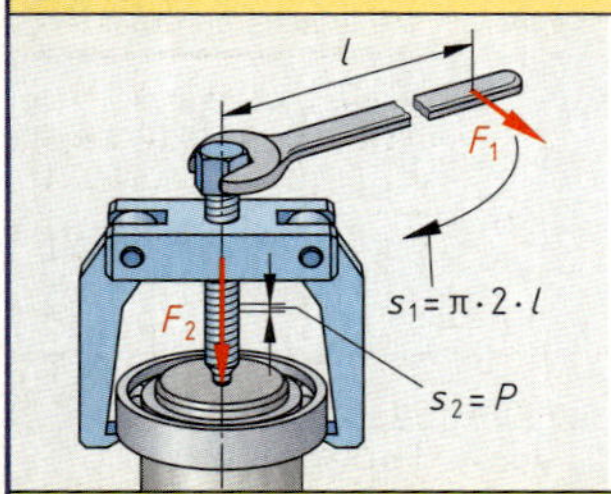

W_1	aufgewendete Arbeit	N · mm
W_2	abgegebene Arbeit	N · mm
F_1	aufgewendete Kraft	N
F_2	abgegebene Kraft	N
s_1	Weg der Kraft F_1	mm
l	Hebellänge	mm
P	Gewindesteigung	mm

Die Berechnung wird stets für eine volle Umdrehung (360°) durchgeführt.

$$F_1 \cdot 2 \cdot \pi \cdot l = F_2 \cdot P$$

$$s_1 = 2 \cdot \pi \cdot l$$

$$W_1 = F_1 \cdot 2 \cdot \pi \cdot l$$

$$W_2 = F_2 \cdot P$$

Keil[1)]

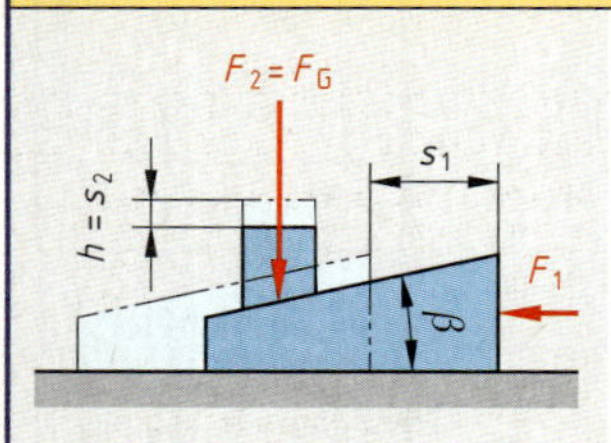

F_1	aufgewendete Kraft	N
F_2	abgegebene Kraft	N
s_1	Weg der Kraft F_1	mm
h	Hubhöhe	mm
β	Neigungswinkel	°
W_2	abgegebene Arbeit	N · mm

$$F_1 \cdot s_1 = F_2 \cdot h$$

$$F_2 = \frac{F_1}{\tan \beta}$$

$$h = s_1 \cdot \tan \beta$$

$$W_2 = F_2 \cdot h$$

[1)] Die Formeln gelten für den reibungsfreien Zustand. Bei diesem ist die aufgewendete Arbeit W_1 gleich der abgegebenen Arbeit W_2.

Einfache Maschinen, Reibung

Schiefe Ebene[1]

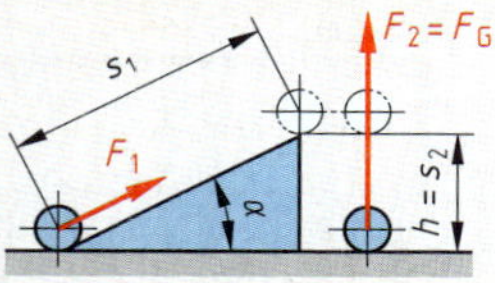

F_1	aufgewendete Kraft	N
s_1	Weg der Kraft F_1	m
F_G	Gewichtskraft	N
h	Höhe der schiefen Ebene	m
α	Neigungswinkel	°
W_2	abgegebene Arbeit	J

$$F_1 \cdot s_1 = F_G \cdot h$$

$$F_1 = F_G \cdot \sin\alpha$$

$$W_2 = F_G \cdot h$$

Seilwinde[1]

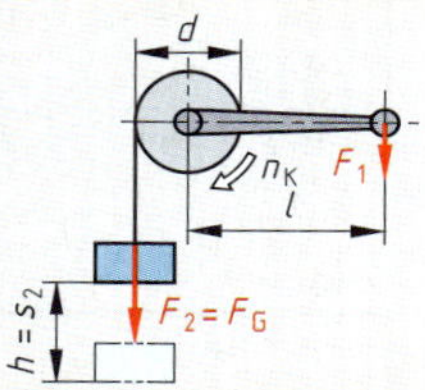

F_1	aufgewendete Kraft	N
F_G	Gewichtskraft	N
l	Kurbellänge	m
h	Hubhöhe	m
d	Trommeldurchmesser	m
n_k	Anzahl der Kurbelumdrehungen	–
W_2	abgegebene Arbeit	J

$$F_1 \cdot l = \frac{F_G \cdot d}{2}$$

$$h = \pi \cdot d \cdot n_k$$

$$W_2 = F_G \cdot h$$

Räderwinde[1]

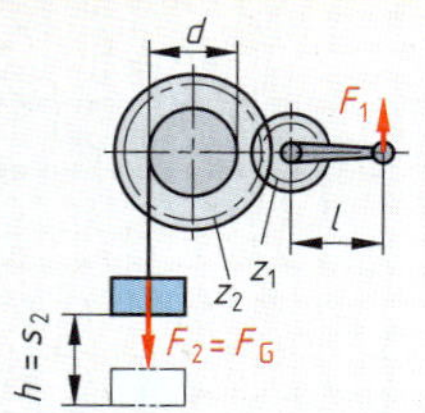

F_1	aufgewendete Kraft	N
F_G	Gewichtskraft	N
l	Kurbellänge	m
h	Hubhöhe	m
d	Trommeldurchmesser	m
i	Übersetzungsverhältnis	–
W_2	abgegebene Arbeit	J

$$F_1 \cdot l \cdot i = \frac{F_G \cdot d}{2}$$

$$i = \frac{z_2}{z_1}$$

$$W_2 = F_G \cdot h$$

[1] Die Formeln gelten für den reibungsfreien Zustand. Bei diesem ist die aufgewendete Arbeit W_1 gleich der abgegebenen Arbeit W_2.

Reibungskraft

Haftreibung, Gleitreibung

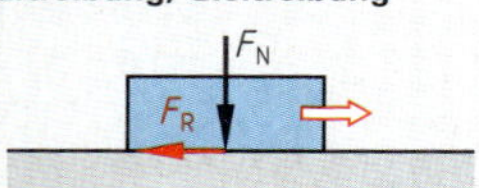

Rollreibung

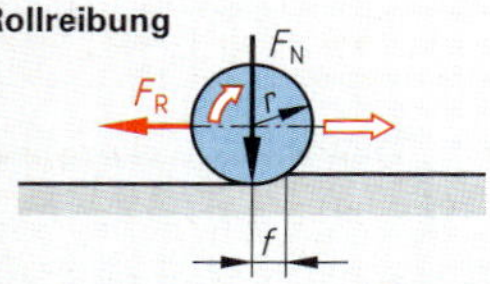

F_N	Normalkraft	N
F_R	Reibungskraft	N
μ	Reibungszahl bei Haft- oder Gleitreibung (Ruhe- oder Bewegungsreibung)	–
f	Rollreibungszahl	mm
r	Radius	mm

μ und f siehe Tabellenbuch Metall

Reibungskraft bei Haft- und Gleitreibung

$$F_R = \mu \cdot F_N$$

$$F_N = \frac{F_R}{\mu} \qquad \mu = \frac{F_R}{F_N}$$

Reibungskraft bei Rollreibung

$$F_R = \frac{f \cdot F_N}{r}$$

Reibungsmoment und Reibungsleistung in Lagern

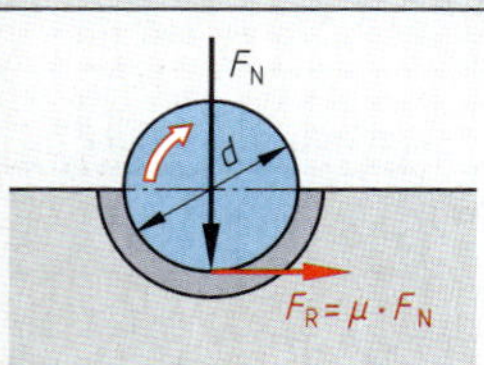

M	Reibungsmoment	N · m
P	Leistung	W
F_N	Normalkraft	N
μ	Reibungszahl	–
d	Durchmesser	m
n	Drehzahl	1/s

$$1\ \text{W} = \frac{1\ \text{N} \cdot \text{m}}{\text{s}} = \frac{1\ \text{J}}{\text{s}}$$

Reibungsmoment

$$M = \frac{\mu \cdot F_N \cdot d}{2}$$

Reibungsleistung

$$P = \mu \cdot F_N \cdot \pi \cdot d \cdot n$$

Leistung und Wirkungsgrad

Leistung bei geradliniger Bewegung

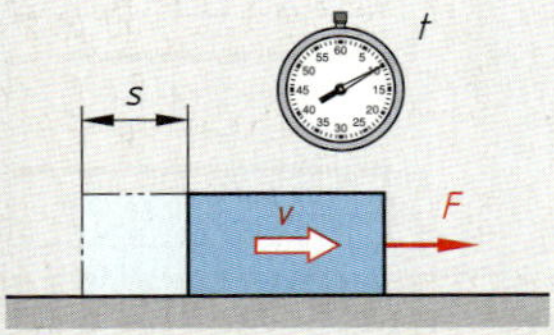

Leistung ist die Arbeit je Zeiteinheit.

P	Leistung	W
W	Arbeit	J
F	Kraft	N
v	Geschwindigkeit	m/s
s	Weg in Kraftrichtung	m
t	Zeit	s

$$1\ \text{W} = 1\ \frac{\text{J}}{\text{s}} = 1\ \frac{\text{N}\cdot\text{m}}{\text{s}}$$

1 kW = 1000 W = 1,36 PS

Hydraulische Leistung: Seite 45

Leistung

$$P = \frac{W}{t}$$

$W = P \cdot t$ $\quad t = \frac{W}{P}$

Leistung

$$P = \frac{F \cdot s}{t}$$

$F = \frac{P \cdot t}{s}$ $\quad s = \frac{P \cdot t}{F}$ $\quad t = \frac{F \cdot s}{P}$

Leistung

$$P = F \cdot v$$

$F = \frac{P}{v}$ $\quad v = \frac{P}{F}$

Leistung bei kreisförmiger Bewegung

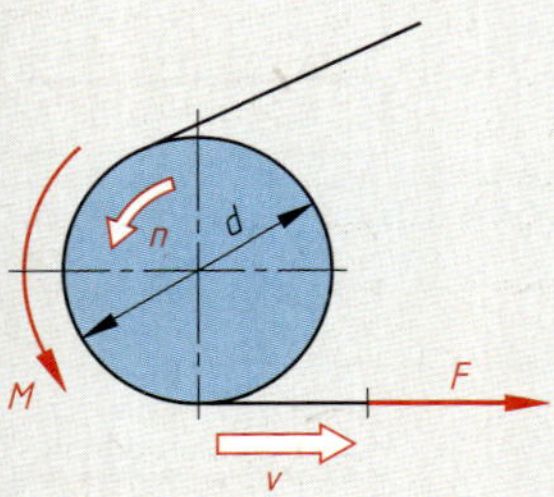

P	Leistung	W
M	Drehmoment	N·m
F	Umfangskraft	N
v	Geschwindigkeit	m/s
s	Weg in Kraftrichtung	m
t	Zeit	s
n	Drehzahl	1/s
ω	Winkelgeschwindigkeit	1/s

$$\frac{1}{\text{min}} = 1\ \text{min}^{-1} = \frac{1}{60\ \text{s}} = 0{,}01667\ \text{s}^{-1}$$

Zahlenwertgleichung:
Einsetzen → M in N · m, n in 1/min
Ergebnis → P in kW

Schnittleistung bei Werkzeugmaschinen: Seite 42

Leistung

$$P = F \cdot v$$
$$P = F \cdot \pi \cdot d \cdot n$$
$$P = M \cdot 2 \cdot \pi \cdot n$$
$$P = M \cdot \omega$$

Leistung

$$P = \frac{M \cdot n}{9550}$$

$M = 9550 \cdot \frac{P}{n}$

Wirkungsgrad

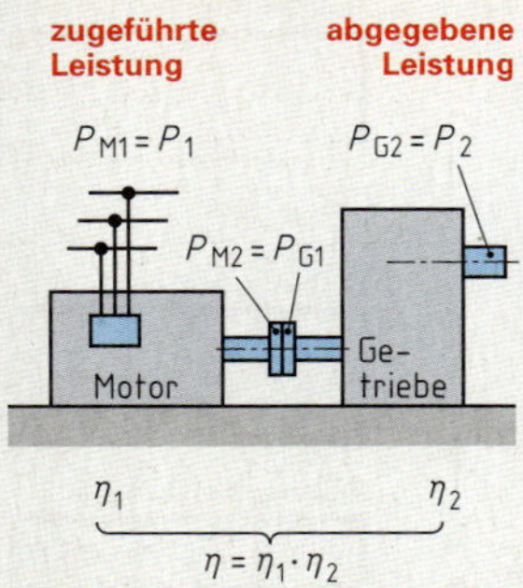

P_1	zugeführte Leistung	W
P_2	abgegebene Leistung	W
W_1	zugeführte Arbeit (Energie)	J
W_2	abgegebene Arbeit (Energie)	J
η	Gesamtwirkungsgrad	–
η_1, η_2, η_3	Teilwirkungsgrade	–
i	Übersetzungsverhältnis	–

Wirkungsgrad

$$\eta = \frac{P_2}{P_1}$$
$$\eta = \frac{W_2}{W_1}$$

Gesamtwirkungsgrad

$$\eta = \eta_1 \cdot \eta_2 \cdot \eta_3 \cdot \ldots$$

$\eta_1 = \frac{\eta}{\eta_2 \cdot \eta_3 \cdot \ldots}$ $\quad \eta_2 = \frac{\eta}{\eta_1 \cdot \eta_3 \cdot \ldots}$

Festigkeitsberechnungen

Beanspruchung auf Zug

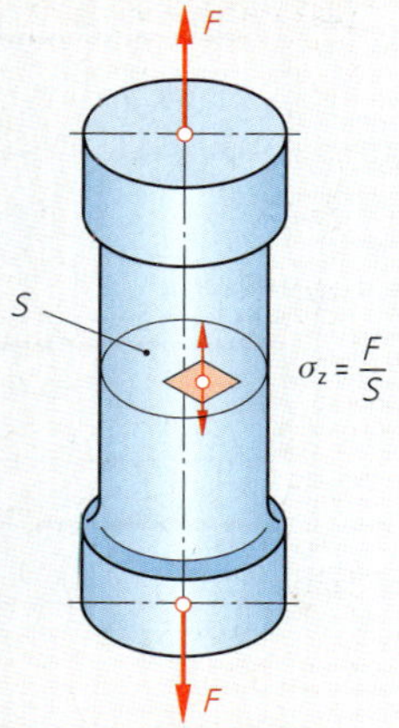

σ_z	Zugspannung	N/mm²
F	Zugkraft	N
S	Querschnittsfläche	mm²
σ_{zzul}	zulässige Zugspannung	N/mm²
R_e	Streckgrenze	N/mm²
R_m	Zugfestigkeit	N/mm²
ν	Sicherheitszahl	–
F_{zul}	zulässige Zugkraft	N

Zugspannung

$$\sigma_z = \frac{F}{S}$$

$$S = \frac{F}{\sigma_z}$$

zulässige Zugkraft

$$F_{zul} = \sigma_{zzul} \cdot S$$

zulässige Zugspannung

für Stahl

$$\sigma_{zzul} = \frac{R_e}{\nu}$$

für Gusseisen

$$\sigma_{zzul} = \frac{R_m}{\nu}$$

Beanspruchung auf Druck

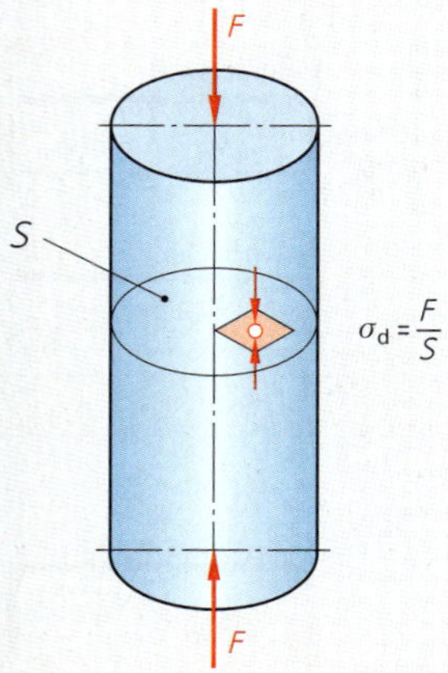

σ_d	Druckspannung	N/mm²
F	Druckkraft	N
S	Querschnittsfläche	mm²
σ_{dzul}	zulässige Druckspannung	N/mm²
σ_{dF}	Quetschgrenze	N/mm²
R_e	Streckgrenze	N/mm²
R_m	Zugfestigkeit	N/mm²
ν	Sicherheitszahl	–
F_{zul}	zulässige Druckkraft	N

Druckspannung

$$\sigma_d = \frac{F}{S}$$

$$S = \frac{F}{\sigma_d}$$

zulässige Druckkraft

$$F_{zul} = \sigma_{dzul} \cdot S$$

zulässige Druckspannung

für Stahl

$$\sigma_{dzul} = \frac{\sigma_{dF}}{\nu}$$

für Gusseisen

$$\sigma_{dzul} \approx \frac{4 \cdot R_m}{\nu}$$

Beanspruchung auf Flächenpressung

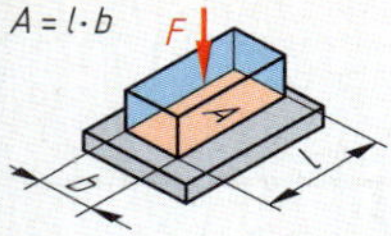

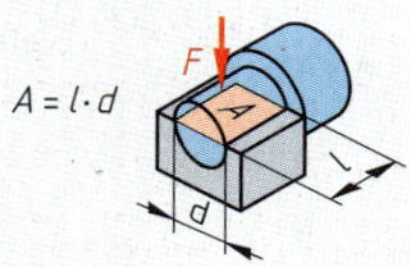

F	Kraft	N
p	Flächenpressung	N/mm²
A	Berührungsfläche, projizierte Fläche	mm²
F_{zul}	zulässige Kraft	N
p_{zul}	zulässige Flächenpressung	N/mm²

Flächenpressung

$$p = \frac{F}{A}$$

$$A = \frac{F}{p}$$

Zulässige Kraft

$$F_{zul} = p_{zul} \cdot A$$

Festigkeitsberechnungen

Beanspruchung auf Abscherung

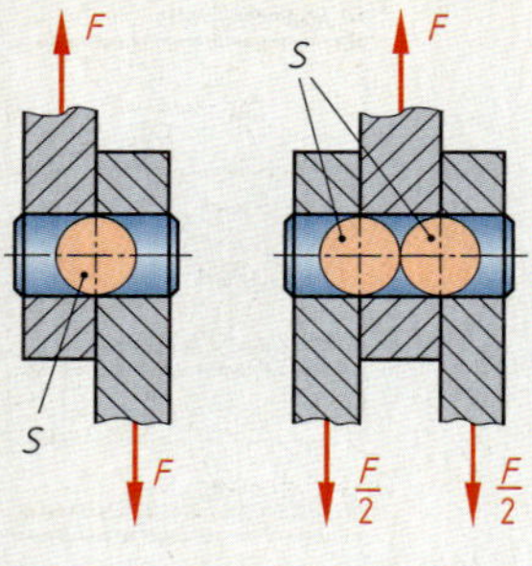

ein-schnittig **zwei-schnittig**

τ_a	Scherspannung	N/mm²
F	Scherkraft	N
S	Querschnittfläche	mm²
$\tau_{a\,zul}$	zulässige Scherspannung	N/mm²
τ_{aB}	Scherfestigkeit	N/mm²
F_{zul}	zulässige Scherkraft	N
ν	Sicherheitszahl	–

Scherspannung

$$\tau_a = \frac{F}{S}$$

$$S = \frac{F}{\tau_a}$$

zulässige Scherspannung

$$\tau_{a\,zul} = \frac{\tau_{aB}}{\nu}$$

zulässige Scherkraft

$$F_{zul} = S \cdot \tau_{a\,zul}$$

Schneiden von Werkstoffen

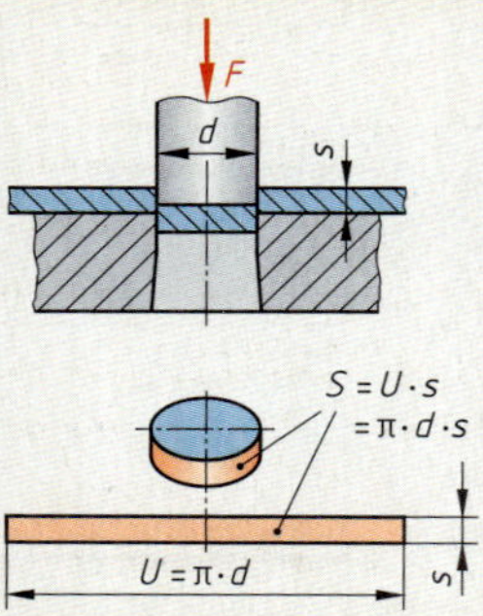

$\tau_{aB\,max}$	maximale Scherfestigkeit	N/mm²
$R_{m\,max}$	maximale Zugfestigkeit	N/mm²
S	Scherfläche	mm²
F	Schneidkraft	N
U	Umfang	mm
s	Blechdicke	mm

maximale Scherfestigkeit

$$\tau_{aB\,max} \approx 0{,}8 \cdot R_{m\,max}$$

Schneidkraft

$$F = S \cdot \tau_{aB\,max}$$

Scherfläche

$$S = U \cdot s$$

Beanspruchung auf Biegung

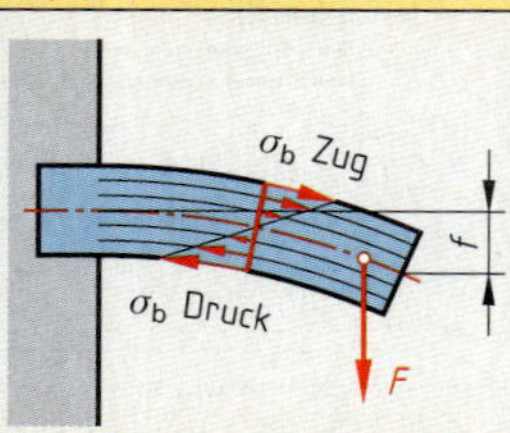

σ_b	Biegespannung	N/mm²
M_b	Biegemoment	N · mm
W	axiales Widerstandsmoment	mm³
F	Biegekraft	N
f	Durchbiegung	mm

Biegemoment M_b und Durchbiegung f sind abhängig vom jeweiligen Biegebelastungsfall, z.B. einseitig oder zweiseitig eingespannt.

Biegespannung

$$\sigma_b = \frac{M_b}{W}$$

Beanspruchung auf Verdrehung (Torsion)

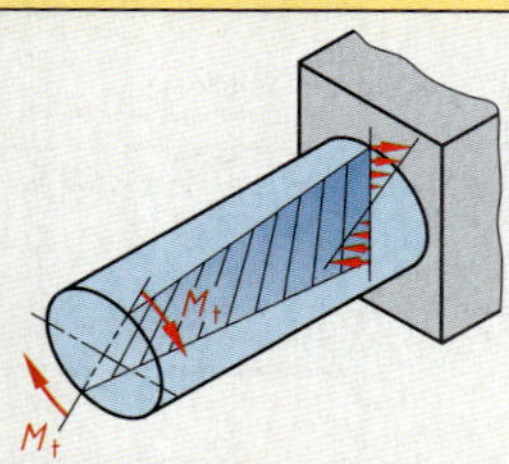

τ_t	Torsionsspannung	N/mm²
M_t	Torsionsmoment	N · mm
W_p	polares Widerstandsmoment	mm³

Torsionsspannung

$$\tau_t = \frac{M_t}{W_p}$$

Werkstoffprüfung

Zugversuch

Spannungs-Dehnungs-Diagramm mit ausgeprägter Streckgrenze, z.B. bei weichem Stahl

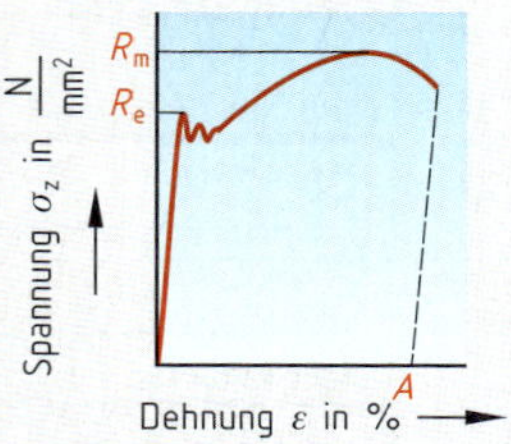

Spannungs-Dehnungs-Diagramm ohne ausgeprägte Streckgrenze, z.B. bei vergütetem Stahl

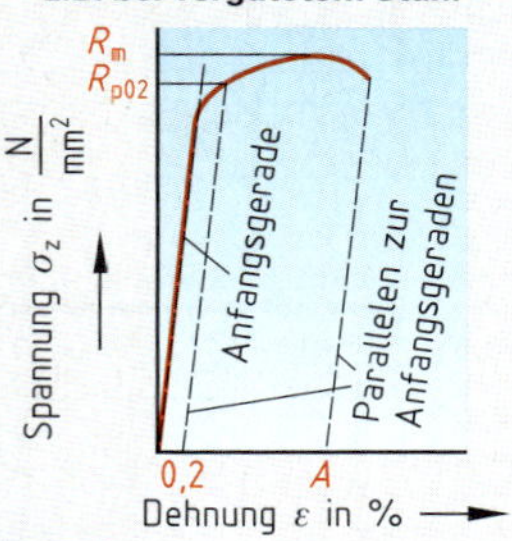

Zugprobe

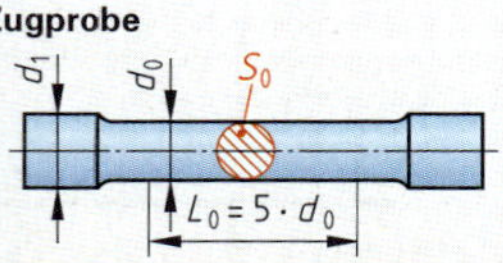

F	Zugkraft	N
F_m	Höchstzugkraft	N
F_e	Zugkraft an der Streckgrenze	N
$F_{p0,2}$	Zugkraft an der Dehngrenze	N
L	Messlänge	mm
L_0	Anfangsmesslänge	mm
L_u	Messlänge nach dem Bruch der Probe	mm
d_0	Anfangsdurchmesser der Probe	mm
S_0	Anfangsquerschnitt der Probe	mm²
S_u	kleinster Probenquerschnitt nach dem Bruch	mm²
ε	Dehnung	%
A	Bruchdehnung	%
Z	Brucheinschnürung	%
σ_z	Zugspannung	N/mm²
R_m	Zugfestigkeit	N/mm²
R_e	Streckgrenze	N/mm²
$R_{p0,2}$	Dehngrenze	N/mm²

Zugspannung

$$\sigma_z = \frac{F}{S_0}$$

$$F = \sigma_z \cdot S_0$$

Zugfestigkeit

$$R_m = \frac{F_m}{S_0}$$

Streckgrenze

$$R_e = \frac{F_e}{S_0}$$

Dehngrenze

$$R_{p0,2} = \frac{F_{p0,2}}{S_0}$$

Dehnung

$$\varepsilon = \frac{L - L_0}{L_0} \cdot 100\%$$

Bruchdehnung

$$A = \frac{L_u - L_0}{L_0} \cdot 100\%$$

Brucheinschnürung

$$Z = \frac{S_0 - S_u}{S_0} \cdot 100\%$$

Bestimmung der Eigenschaften von Kunststoffen bei Zugbeanspruchung

typische Spannungs-Dehnungs-Kurven

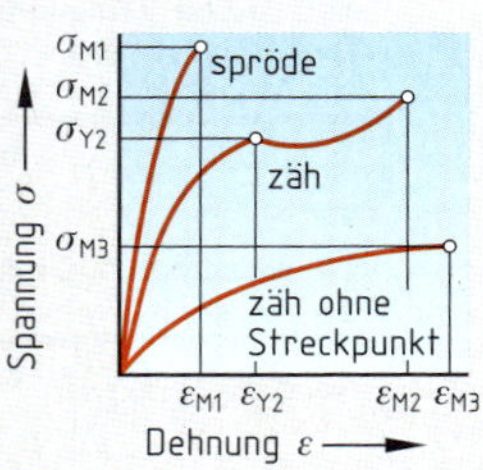

Probekörper

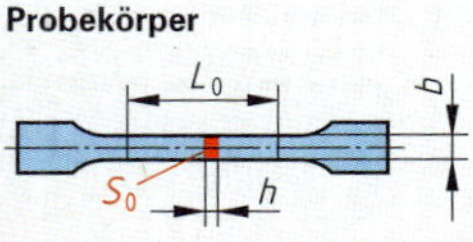

F_M	Höchstkraft	N
F_Y	Streckspannungskraft	N
ΔL_{FM}	Längenänderung bei Höchstkraft	mm
ΔL_{FY}	Längenänderung bei Streckspannungskraft	mm
L_0	Messlänge	mm
S_0	Anfangsquerschnitt	mm²
σ_M	Zugfestigkeit	N/mm²
σ_Y	Streckspannung	N/mm²
ε_M	Höchstdehnung	%
ε_Y	Streckdehnung	%

Zugfestigkeit

$$\sigma_M = \frac{F_M}{S_0}$$

Streckspannung

$$\sigma_Y = \frac{F_Y}{S_0}$$

Höchstdehnung

$$\varepsilon_M = \frac{\Delta L_{FM}}{L_0} \cdot 100\%$$

Streckdehnung

$$\varepsilon_Y = \frac{\Delta L_{FY}}{L_0} \cdot 100\%$$

Wärmetechnik

Temperatureinheiten

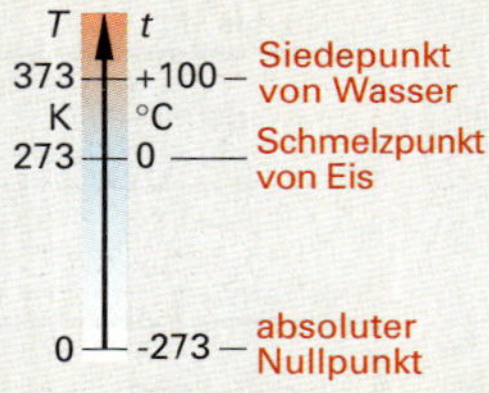

Die thermodynamische Temperatur in Kelvin (K) geht von der tiefstmöglichen Temperatur (vom absoluten Nullpunkt) aus, die Celsiustemperatur vom Schmelzpunkt des Eises.

T	thermodynamische Temperatur	K
t, ϑ	Celsius-Temperatur	°C
t_F	Fahrenheit-Temperatur	°F

Thermodynamische Temperatur

$$T = t + 273$$

$$t = T - 273$$

Fahrenheit-Temperatur

$$t_F = 1{,}8 \cdot t + 32$$

Längenänderung

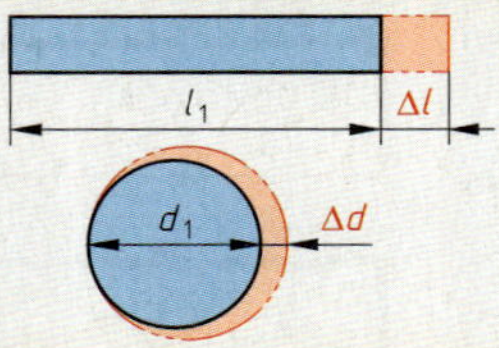

α_l	Längenausdehnungskoeffizient	1/K, 1/°C
Δt, $\Delta\vartheta$	Temperaturänderung	K, °C
Δl	Längenänderung	mm
Δd	Durchmesseränderung	mm
l_1	Anfangslänge	mm
d_1	Anfangsdurchmesser	mm

Längenänderung

$$\Delta l = \alpha_l \cdot l_1 \cdot \Delta t$$

Durchmesseränderung

$$\Delta d = \alpha_l \cdot d_1 \cdot \Delta t$$

Volumenänderung

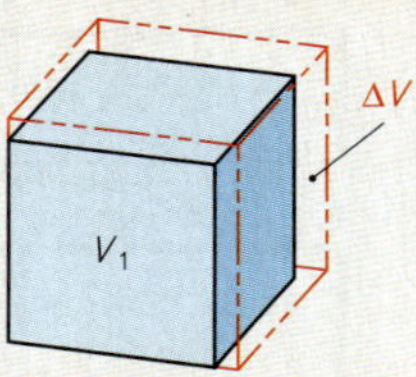

α_V	Volumenausdehnungskoeffizient	1/K, 1/°C
Δt, $\Delta\vartheta$	Temperaturänderung	K, °C
ΔV	Volumenänderung	dm³, l
V_1	Anfangsvolumen	dm³, l

Volumenänderung

$$\Delta V = \alpha_V \cdot V_1 \cdot \Delta t$$

$$\alpha_V \approx 3 \cdot \alpha_l$$

Zustandsänderung von Gasen

Verdichtung

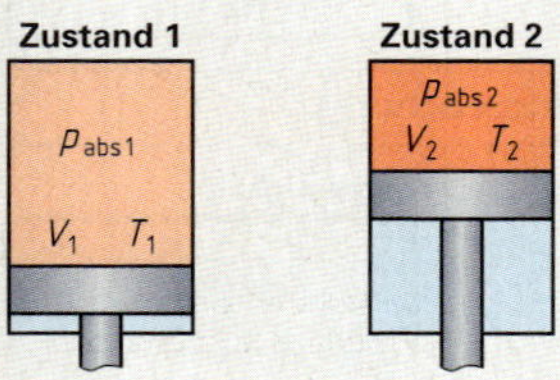

Gesetz von Boyle-Mariotte

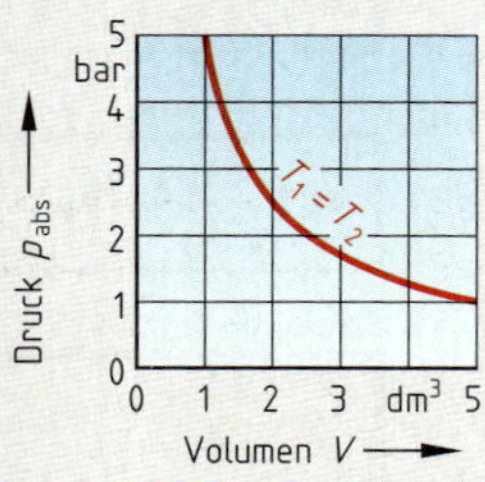

Zustand 1

p_{abs1}	absoluter Druck	bar
V_1	Volumen	dm³, l
T_1	absolute Temperatur	K

Zustand 2

p_{abs2}	absoluter Druck	bar
V_2	Volumen	dm³, l
T_2	absolute Temperatur	K

1 l = 1 dm³ = 1000 cm³ = 0,001 m³

Allgemeine Gasgleichung

$$\frac{p_{abs1} \cdot V_1}{T_1} = \frac{p_{abs2} \cdot V_2}{T_2}$$

Sonderfälle:

bei konstanter Temperatur ($T_1 = T_2$): Gesetz von Boyle-Mariotte

$$p_{abs1} \cdot V_1 = p_{abs2} = V_2$$

bei konstantem Volumen ($V_1 = V_2$)

$$\frac{p_{abs1}}{T_1} = \frac{p_{abs2}}{T_2}$$

bei konstantem Druck ($p_{abs1} = p_{abs2}$)

$$\frac{V_1}{T_1} = \frac{V_2}{T_2}$$

Wärmetechnik

Schwindung

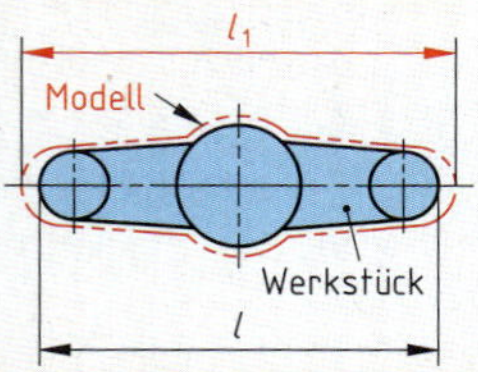

S	Schwindmaß	%
l	Werkstücklänge	mm
l_1	Modelllänge	mm

Modelllänge

$$l_1 = \frac{l \cdot 100\,\%}{100\,\% - S}$$

$$l = \frac{l_1 \cdot (100\,\% - S)}{100\,\%}$$

Wärmemenge bei Temperaturänderung

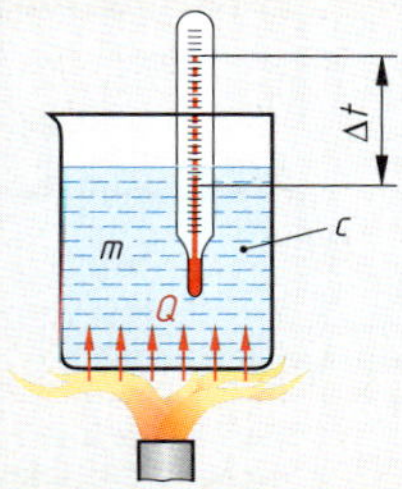

Q	Wärmemenge	kJ
m	Masse	kg
c	spezifische Wärmekapazität	$\frac{\text{kJ}}{\text{kg} \cdot \text{K}}$
Δt, $\Delta\vartheta$	Temperaturänderung	K, °C

Wärmemenge

$$Q = c \cdot m \cdot \Delta t$$

$$\Delta t = \frac{Q}{c \cdot m}$$

Schmelzwärme, Verdampfungswärme

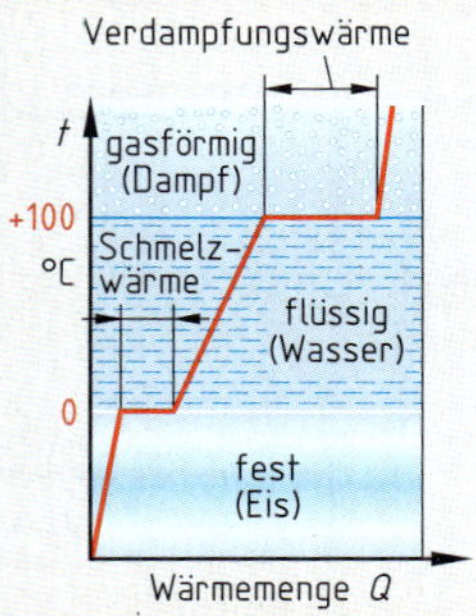

Q	Schmelzwärme, Verdampfungswärme	kJ
q	spezifische Schmelzwärme	kJ/kg
r	spezifische Verdampfungswärme	kJ/kg
m	Masse	kg

Schmelzwärme

$$Q = q \cdot m$$

$$m = \frac{Q}{q}$$

Verdampfungswärme

$$Q = r \cdot m$$

$$m = \frac{Q}{r}$$

Verbrennungswärme

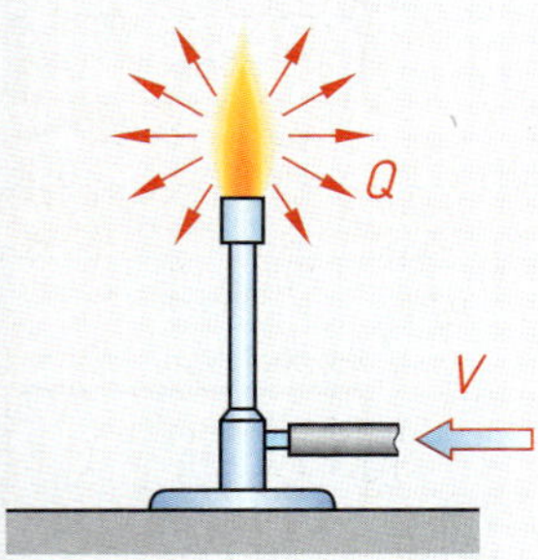

Q	Verbrennungswärme	MJ
H, H_u	spezifischer Heizwert fester und flüssiger Brennstoffe	MJ/kg
H, H_u	spezifischer Heizwert von Gasen	MJ/m³
m	Masse fester und flüssiger Brennstoffe	kg
V	Volumen von Brenngasen	m³

Verbrennungswärme fester und flüssiger Stoffe

$$Q = H_u \cdot m$$

$$m = \frac{Q}{H_u}$$

Verbrennungswärme von Gasen

$$Q = H_u \cdot V$$

$$V = \frac{Q}{H_u}$$

Elektrotechnik

Ohm'sches Gesetz

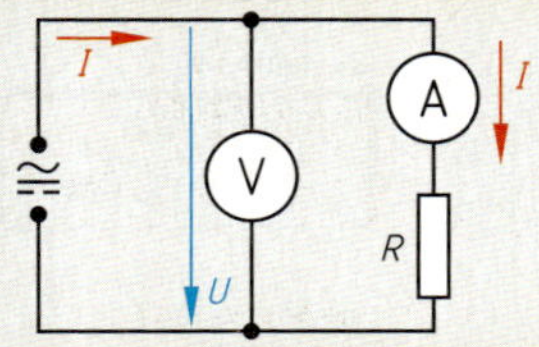

U	Spannung	V
I	Stromstärke	A
R	Widerstand	Ω

$$1\,\Omega = \frac{1\,\text{V}}{1\,\text{A}}$$

Stromstärke

$$I = \frac{U}{R}$$

$$R = \frac{U}{I} \qquad U = I \cdot R$$

Widerstand und Leitwert

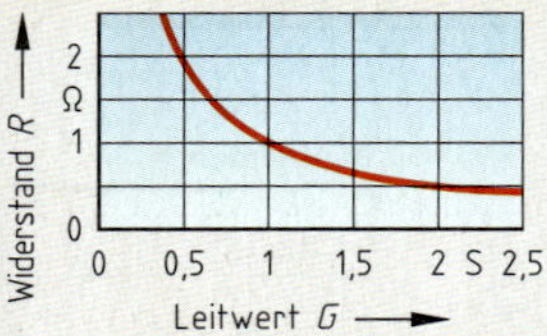

R	Widerstand	Ω
G	Leitwert	S

Widerstand

$$R = \frac{1}{G}$$

Leitwert

$$G = \frac{1}{R}$$

Spezifischer elektrischer Widerstand, elektrische Leitfähigkeit, Leiterwiderstand

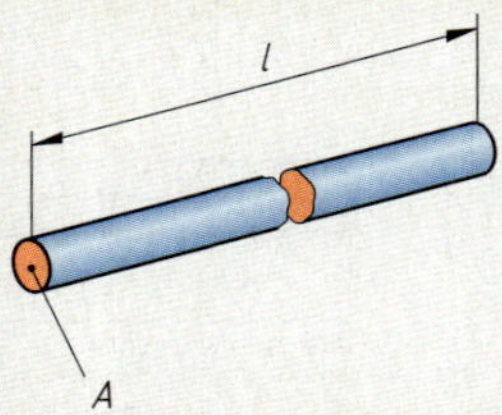

ϱ	spezifischer elektrischer Widerstand	$\Omega \cdot \text{mm}^2/\text{m}$
γ	elektrische Leitfähigkeit	$\text{m}/(\Omega \cdot \text{mm}^2)$
R	Widerstand	Ω
A	Leiterquerschnitt	mm^2
l	Leiterlänge	m

Spezifischer elektrischer Widerstand

$$\varrho = \frac{1}{\gamma}$$

Leiterwiderstand

$$R = \frac{\varrho \cdot l}{A}$$

Widerstand und Temperatur

Temperaturkoeffizient α	
Werkstoff	α in 1/K
Aluminium	0,0040
Blei	0,0039
Gold	0,0037
Kupfer	0,0039
Silber	0,0038
Wolfram	0,0044
Zinn	0,0045
Zink	0,0042
Grafit	– 0,0013
Konstantan	± 0,00001

ΔR	Widerstandsänderung	Ω
R_{20}	Widerstand bei 20 °C	Ω
R_t	Widerstand bei der Temperatur t	Ω
α	Temperaturkoeffizient (T_k-Wert)	1/K
Δt	Temperaturdifferenz	K

Widerstandsänderung

$$\Delta R = \alpha \cdot R_{20} \cdot \Delta t$$

Widerstand bei Temperatur *t*

$$R_t = R_{20} + \Delta R$$

$$R_t = R_{20} \cdot (1 + \alpha \cdot \Delta t)$$

Stromdichte in Leitern

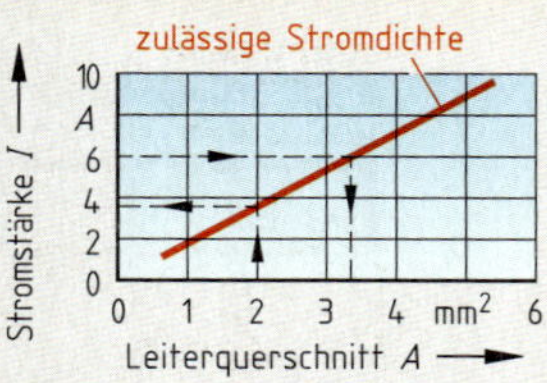

J	Stromdichte	A/mm^2
I	Stromstärke	A
A	Leiterquerschnitt	mm^2

Stromdichte

$$J = \frac{I}{A}$$

Elektrotechnik

Spannungsabfall in Leitern

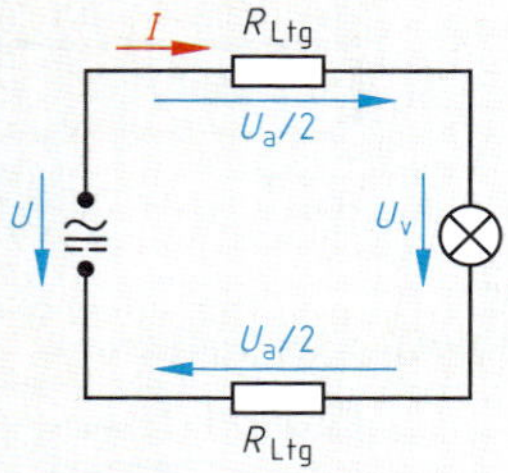

U_a	Spannungsabfall im Leiter	V
U	Klemmenspannung	V
U_v	Spannung am Verbraucher	V
I	Stromstärke	A
R_{Ltg}	Leiterwiderstand für Zuleitung bzw. Rückleitung	Ω

Spannungsabfall

$$U_a = 2 \cdot I \cdot R_{Ltg}$$

Spannung am Verbraucher

$$U_v = U - U_a$$

Reihenschaltung von Widerständen

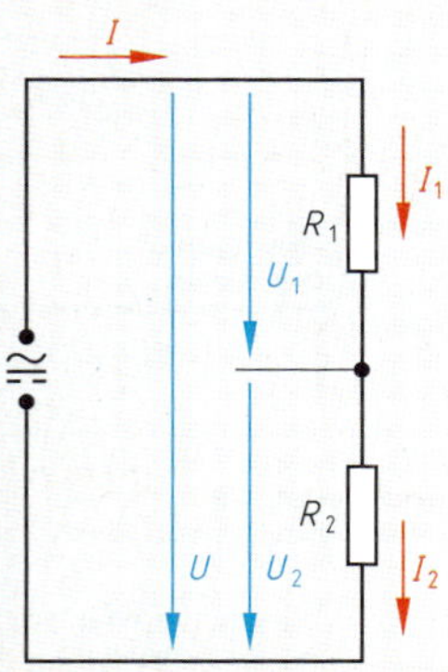

R	Gesamtwiderstand	Ω
I	Gesamtstrom	A
U	Gesamtspannung	V
R_1, R_2	Einzelwiderstände	Ω
I_1, I_2	Teilströme	A
U_1, U_2	Teilspannungen	V

Gesamtwiderstand

$$R = R_1 + R_2 + \ldots$$

Gesamtspannung

$$U = U_1 + U_2 + \ldots$$

Gesamtstrom

$$I = I_1 = I_2 = \ldots$$

Teilspannungen

$$\frac{U_1}{U_2} = \frac{R_1}{R_2}$$

Parallelschaltung von Widerständen

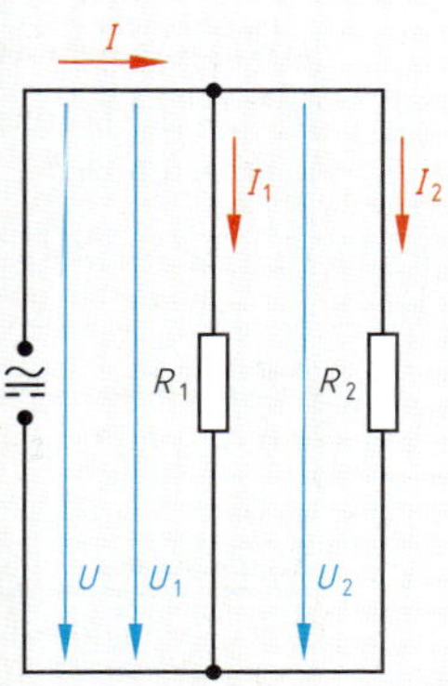

R	Gesamtwiderstand	Ω
I	Gesamtstrom	A
U	Gesamtspannung	V
R_1, R_2	Einzelwiderstände	Ω
I_1, I_2	Teilströme	A
U_1, U_2	Teilspannungen	V

Gesamtwiderstand

$$\frac{1}{R} = \frac{1}{R_1} + \frac{1}{R_2} + \ldots$$

Gesamtwiderstand bei nur 2 Teilwiderständen

$$R = \frac{R_1 \cdot R_2}{R_1 + R_2}$$

Gesamtspannung

$$U = U_1 = U_2 = \ldots$$

Gesamtstrom

$$I = I_1 + I_2 + \ldots$$

Teilströme

$$\frac{I_1}{I_2} = \frac{R_2}{R_1}$$

Elektrotechnik

Elektrische Arbeit

W	elektrische Arbeit	kW·h
P	elektrische Leistung	kW
t	Zeit	h

1 kW·h = 3,6 MJ = 3 600 000 W·s

Elektrische Arbeit

$$W = P \cdot t$$

$$P = \frac{W}{t} \qquad t = \frac{W}{P}$$

Elektrische Leistung bei Gleichstrom und induktionsfreiem Wechsel- oder Drehstrom

Gleich- oder Wechselstrom

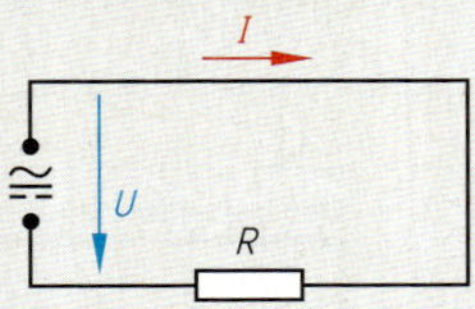

Drehstrom

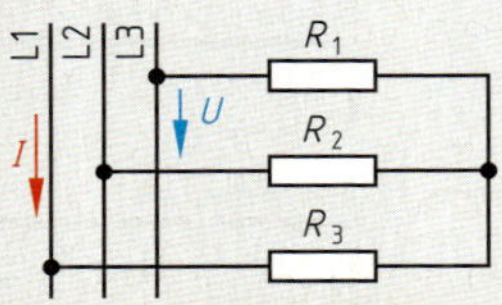

P	elektrische Leistung	W
U	Spannung (Leiterspannung)	V
I	Stromstärke	A
R	Widerstand	Ω

Leistung bei Gleich- oder Wechselstrom

$$P = U \cdot I$$

$$P = I^2 \cdot R$$

$$P = \frac{U^2}{R}$$

Leistung bei Drehstrom

$$P = \sqrt{3} \cdot U \cdot I$$

Elektrische Leistung bei Wechsel- und Drehstrom mit induktivem Lastanteil

Wechselstrom

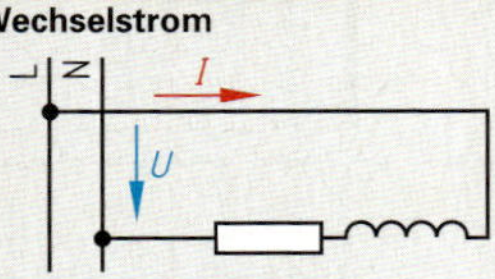

Drehstrom

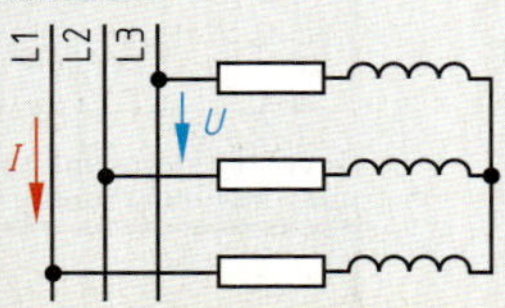

P	Wirkleistung	W
U	Spannung (Leiterspannung)	V
I	Stromstärke	A
$\cos\varphi$	Leistungsfaktor	–

Wirkleistung bei Wechselstrom

$$P = U \cdot I \cdot \cos\varphi$$

Wirkleistung bei Drehstrom

$$P = \sqrt{3} \cdot U \cdot I \cdot \cos\varphi$$

Transformator

Eingangsseite (Primärspule) **Ausgangsseite** (Sekundärspule)

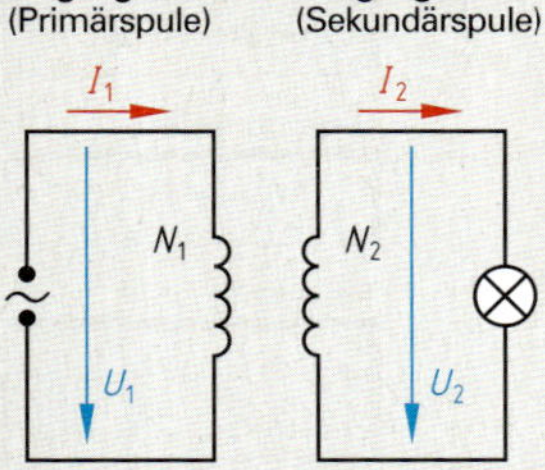

N_1, N_2	Windungszahlen	–
U_1, U_2	Spannungen	V
I_1, I_2	Stromstärken	A

Spannungen

$$\frac{U_1}{U_2} = \frac{N_1}{N_2}$$

Stromstärken

$$\frac{I_1}{I_2} = \frac{N_2}{N_1}$$

$$I_1 = \frac{N_2 \cdot I_2}{N_1} \qquad I_2 = \frac{I_1 \cdot N_1}{N_2}$$

Toleranzen und Passungen

Grenzmaße und Toleranzen für Bohrungen[1)]

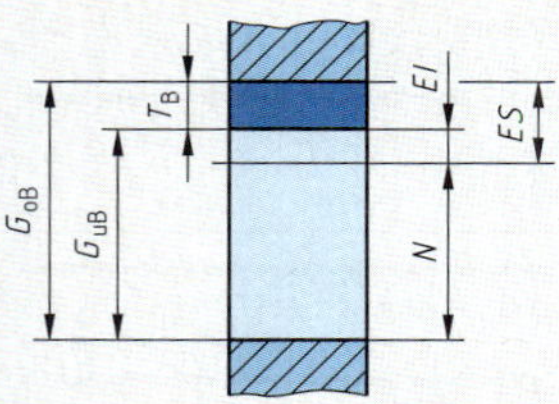

N	Nennmaß	mm
G_{oB}	Höchstmaß Bohrung	mm
G_{uB}	Mindestmaß Bohrung	mm
ES	oberes Abmaß Bohrung	mm
EI	unteres Abmaß Bohrung	mm
T_B	Toleranz Bohrung	mm

Höchstmaß

$$G_{oB} = N + ES$$

Mindestmaß

$$G_{uB} = N + EI$$

Toleranz

$$T_B = ES - EI$$

$$T_B = G_{oB} - G_{uB}$$

Grenzmaße und Toleranzen für Wellen[1)]

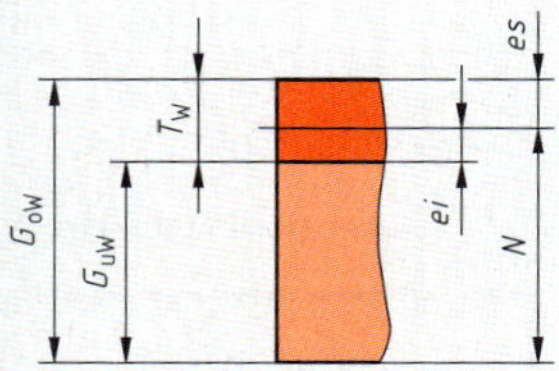

N	Nennmaß	mm
G_{oW}	Höchstmaß Welle	mm
G_{uW}	Mindestmaß Welle	mm
es	oberes Abmaß Welle	mm
ei	unteres Abmaß Welle	mm
T_W	Toleranz Welle	mm

Höchstmaß

$$G_{oW} = N + es$$

Mindestmaß

$$G_{uW} = N + ei$$

Toleranz

$$T_W = es - ei$$

$$T_W = G_{oW} - G_{uW}$$

Passungen

Spielpassung[1)]

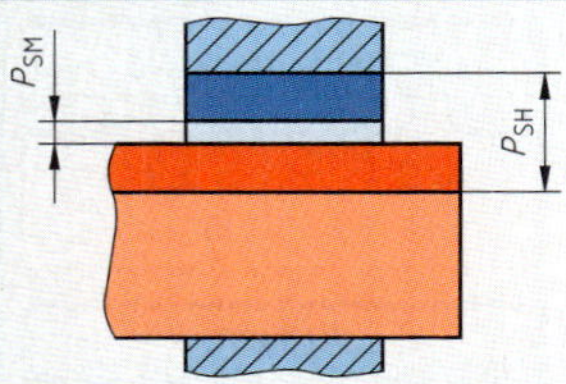

P_{SH}	Höchstspiel	mm
P_{SM}	Mindestspiel	mm

Höchstspiel

$$P_{SH} = G_{oB} - G_{uW}$$

$$P_{SH} = ES - ei$$

Mindestspiel

$$P_{SM} = G_{uB} - G_{oW}$$

$$P_{SM} = EI - es$$

Übergangspassung[1)]

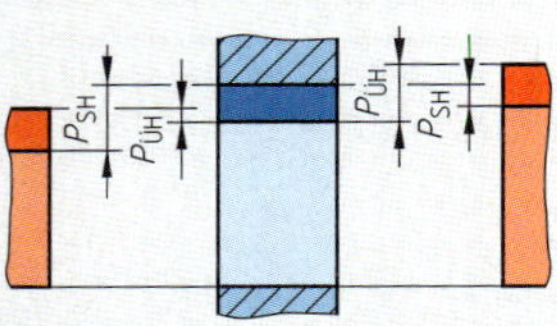

P_{SH}	Höchstspiel	mm
$P_{ÜH}$	Höchstübermaß	mm

Höchstspiel

$$P_{SH} = G_{oB} - G_{uW}$$

$$P_{SH} = ES - ei$$

Höchstübermaß

$$P_{ÜH} = G_{uB} - G_{oW}$$

$$P_{ÜH} = EI - es$$

Übermaßpassung[1)]

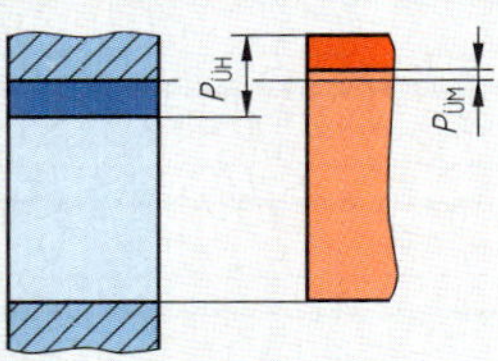

$P_{ÜH}$	Höchstübermaß	mm
$P_{ÜM}$	Mindestübermaß	mm

Höchstübermaß

$$P_{ÜH} = G_{uB} - G_{oW}$$

$$P_{ÜH} = EI - es$$

Mindestübermaß

$$P_{ÜM} = G_{oB} - G_{uW}$$

$$P_{ÜM} = ES - ei$$

[1)] Grenzabmaße sind in Tabellen meist in µm angegeben. Zur Berechnung von Grenzmaßen, Toleranzen und Passungen müssen sie zuerst in mm umgerechnet werden.

Zahnradmaße

Nicht korrigierte Stirnräder mit Geradverzahnung

Außenverzahnung

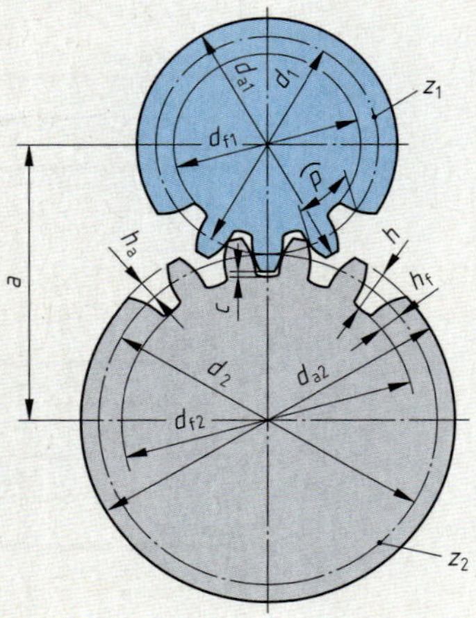

m	Modul	mm
p	Teilung	mm
z, z_1, z_2	Zähnezahlen	–
h	Zahnhöhe	mm
h_a	Zahnkopfhöhe	mm
h_f	Zahnfußhöhe	mm
d, d_1, d_2	Teilkreisdurchmesser	mm
d_a, d_{a1}, d_{a2}	Kopfkreisdurchmesser	mm
d_f, d_{f1}, d_{f2}	Fußkreisdurchmesser	mm
c	Kopfspiel	mm
a	Achsabstand	mm

Innenverzahnung

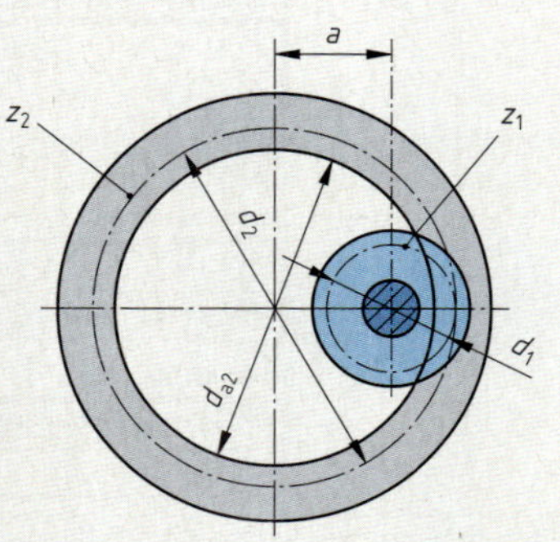

Maße außenverzahnter Räder

Zähnezahl

$$z = \frac{d}{m} = \frac{d_a - 2 \cdot m}{m}$$

Kopfkreisdurchmesser

$$d_a = d + 2 \cdot m = m \cdot (z + 2)$$

Fußkreisdurchmesser

$$d_f = d - 2 \cdot (m + c)$$

Achsabstand

$$a = \frac{d_1 + d_2}{2} = \frac{m \cdot (z_1 + z_2)}{2}$$

Gemeinsame Maße innen- und außenverzahnter Räder

Modul

$$m = \frac{p}{\pi} = \frac{d}{z}$$

Teilung

$$p = \pi \cdot m$$

Teilkreisdurchmesser

$$d = m \cdot z$$

Kopfspiel

$$c = 0{,}1 \cdot m \text{ bis } 0{,}3 \cdot m$$

häufig $c = 0{,}167 \cdot m$

Zahnkopfhöhe

$$h_a = m$$

Zahnfußhöhe

$$h_f = m + c$$

Zahnhöhe

$$h = 2 \cdot m + c$$

Maße innenverzahnter Räder

Zähnezahl

$$z = \frac{d}{m} = \frac{d_a + 2 \cdot m}{m}$$

Kopfkreisdurchmesser

$$d_a = d - 2 \cdot m = m \cdot (z - 2)$$

Fußkreisdurchmesser

$$d_f = d + 2 \cdot (m + c)$$

Achsabstand

$$a = \frac{d_2 - d_1}{2} = \frac{m \cdot (z_2 - z_1)}{2}$$

Übersetzungen

Zahnradtrieb

einfache Übersetzung

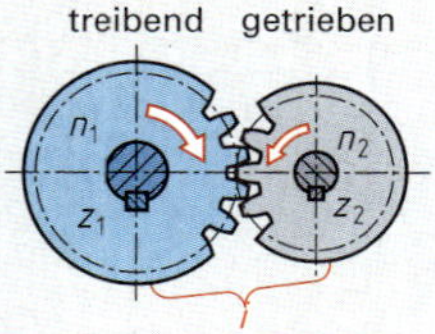

mehrfache Übersetzung

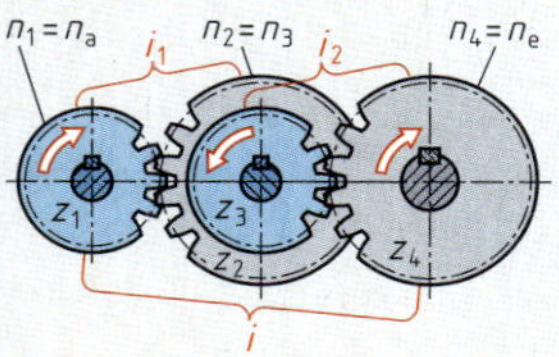

treibende Räder

z_1, z_3, z_5 ...	Zähnezahlen	–
n_1, n_3, n_5 ...	Drehzahlen	1/min
n_a	Anfangsdrehzahl	1/min

getriebene Räder

z_2, z_4, z_6 ...	Zähnezahlen	–
n_2, n_4, n_6 ...	Drehzahlen	1/min
n_e	Enddrehzahl	1/min

für den gesamten Zahnradtrieb

i	Gesamtübersetzungsverhältnis	–
i_1, i_2, i_3 ...	Einzelübersetzungsverhältnisse	–

Drehmomente bei Zahnrädern: Seite 20

Antriebsformel

$$n_1 \cdot z_1 = n_2 \cdot z_2$$

Übersetzungsverhältnis

$$i = \frac{z_2}{z_1} = \frac{n_1}{n_2} = \frac{n_a}{n_e}$$

Gesamtübersetzungsverhältnis

$$i = \frac{z_2 \cdot z_4 \cdot z_6 \dots}{z_1 \cdot z_3 \cdot z_5 \dots}$$

$$i = i_1 \cdot i_2 \cdot i_3 \dots$$

Riementrieb

einfache Übersetzung

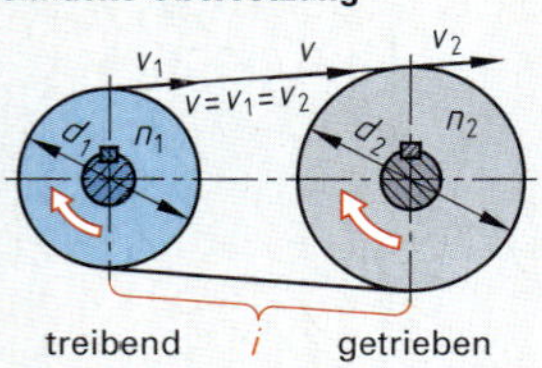

mehrfache Übersetzung

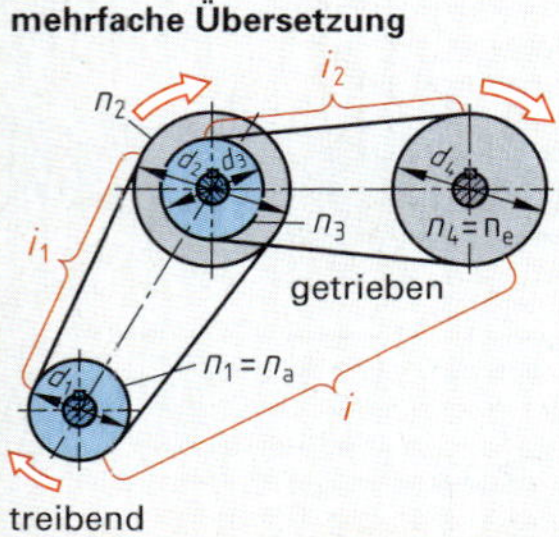

treibende Scheiben

d_1, d_3, d_5 ...	Durchmesser	mm
n_1, n_3, n_5 ...	Drehzahlen	1/min
n_a	Anfangsdrehzahl	1/min

getriebene Scheiben

d_2, d_4, d_6 ...	Durchmesser	mm
n_2, n_4, n_6 ...	Drehzahlen	1/min
n_e	Enddrehzahl	1/min

für den gesamten Riementrieb

i	Gesamtübersetzungsverhältnis	–
i_1, i_2, i_3 ...	Einzelübersetzungsverhältnisse	–
v, v_1, v_2	Umfangsgeschwindigkeiten	m/min

Berechnung der Umfangsgeschwindigkeiten: Seite 18

Geschwindigkeit

$$v = v_1 = v_2$$

Antriebsformel

$$n_1 \cdot d_1 = n_2 \cdot d_2$$

Übersetzungsverhältnis

$$i = \frac{d_2}{d_1} = \frac{n_1}{n_2} = \frac{n_a}{n_e}$$

Gesamtübersetzungsverhältnis

$$i = \frac{d_2 \cdot d_4 \cdot d_6 \dots}{d_1 \cdot d_3 \cdot d_5 \dots}$$

$$i = i_1 \cdot i_2 \cdot i_3 \dots$$

Schneckentrieb

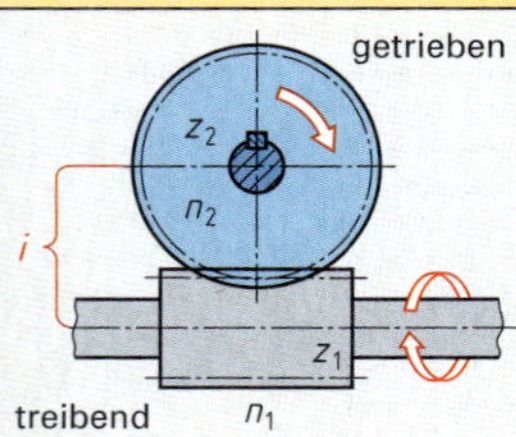

z_1	Zähnezahl (Gangzahl) der Schnecke	–
n_1	Drehzahl der Schnecke	1/min
z_2	Zähnezahl des Schneckenrades	–
n_2	Drehzahl des Schneckenrades	1/min
i	Übersetzungsverhältnis	–

Antriebsformel

$$n_1 \cdot z_1 = n_2 \cdot z_2$$

Übersetzungsverhältnis

$$i = \frac{n_1}{n_2} = \frac{z_2}{z_1}$$

Drehzahldiagramm

n	Drehzahl	1/min
v_c	Schnittgeschwindigkeit	m/min
d	Werkzeug- bzw. Werkstückdurchmesser	m

Drehzahl

$$n = \frac{v_c}{\pi \cdot d}$$

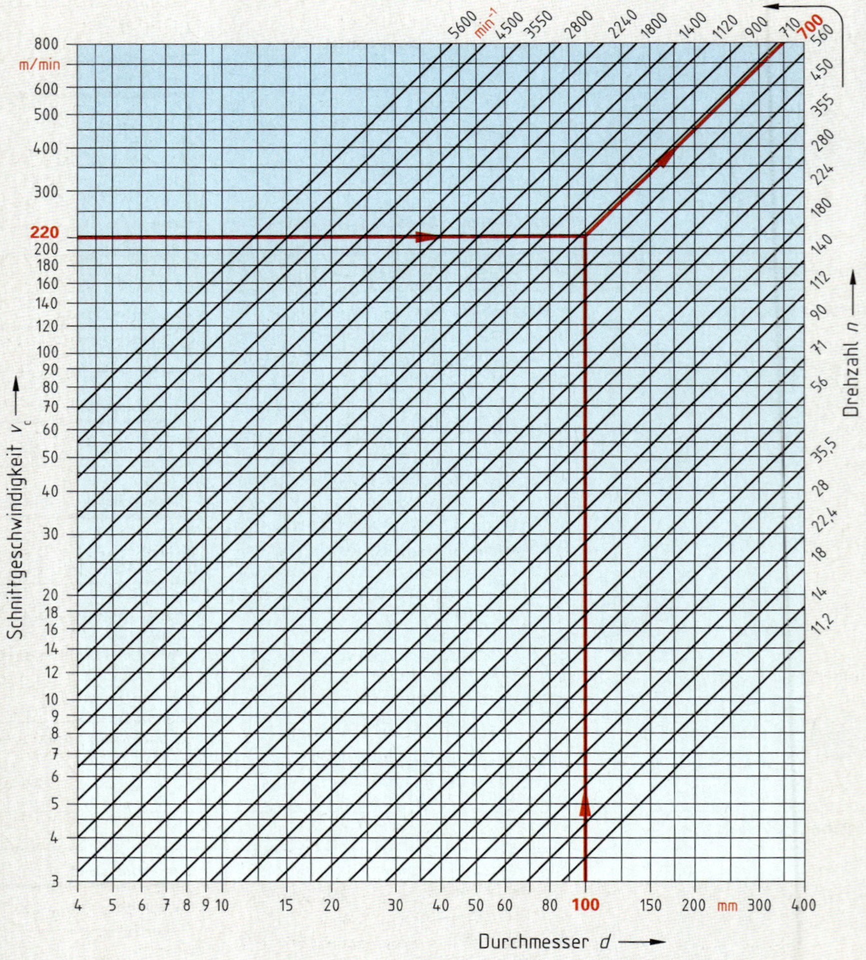

Qualitätsmanagement

Statistische Auswertung (kontinuierliche Merkmale)

Klasse Nr.	Messwert ≥	Messwert <	Strichliste	n_j	h_j in %
1	7,94	7,96	I	1	2,5
2	7,96	7,98	III	3	7,5
6	8,04	8,06	II	2	5
			Σ =	40	100

$$w \approx \frac{R}{k}$$

n Anzahl der Einzelwerte
k Anzahl der Klassen
w Klassenweite
R Spannweite
n_j absolute Häufigkeit
h_j relative Häufigkeit

Anzahl der Klassen

$$k \approx \sqrt{n}$$

Relative Häufigkeit

$$h_j = \frac{n_j}{n} \cdot 100\,\%$$

Gauß'sche Normalverteilung

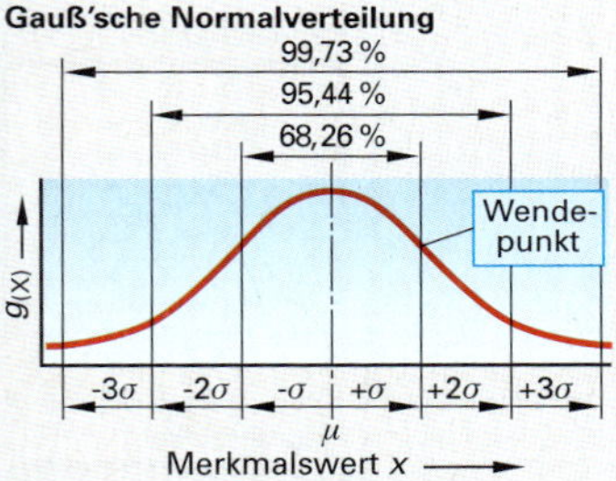

Normalverteilung in Stichproben

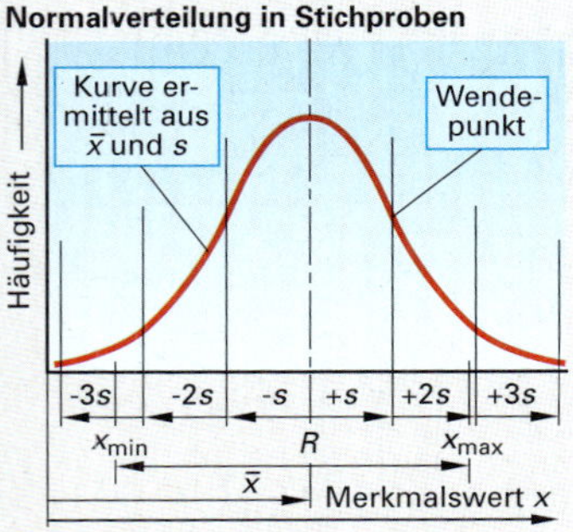

Kennwerte der Stichprobe

n Anzahl der Einzelwerte (Stichprobenumfang)
x_i Wert des messbaren Merkmals, z. B. Einzelwert
x_{max} größter Messwert
x_{min} kleinster Messwert
$\bar{x}$ Arithmetischer Mittelwert
$\tilde{x}$ Medianwert (Zentralwert), mittlerer Wert der nach Größe geordneten Messwerte
s, σ Standardabweichung
R Spannweite
D Modalwert (häufigster Messwert einer Messreihe)
$g_{(x)}$ Wahrscheinlichkeitsdichte

Kennwerte bei Auswertung mehrerer Stichproben

m Anzahl der Stichproben
$\bar{R}$ Mittelwert mehrerer Stichprobenspannweiten
$\bar{\bar{x}}$ Mittelwert mehrerer Stichprobenmittelwerte
$\bar{s}$ Mittelwert mehrerer Standardabweichungen

Kennwerte der Grundgesamtheit

$\hat{\mu}$ geschätzter Prozessmittelwert
$\hat{\sigma}$ geschätzte Prozessstandardabweichung

Arithmetischer Mittelwert

$$\bar{x} = \frac{x_1 + x_2 + \ldots + x_n}{n}$$

Standardabweichung

$$s = \sqrt{\frac{\sum (x_i - \bar{x})^2}{n-1}}$$

Spannweite

$$R = x_{max} - x_{min}$$

Mittelwert mehrerer Stichprobenspannweiten

$$\bar{R} = \frac{R_1 + R_2 + \ldots + R_m}{m}$$

Mittelwert mehrerer Stichprobenmittelwerte

$$\bar{\bar{x}} = \frac{\bar{x}_1 + \bar{x}_2 + \ldots + \bar{x}_m}{m}$$

Mittelwert mehrerer Standardabweichungen

$$\bar{s} = \frac{s_1 + s_2 + \ldots + s_m}{m}$$

Qualitätsfähigkeit von Prozessen

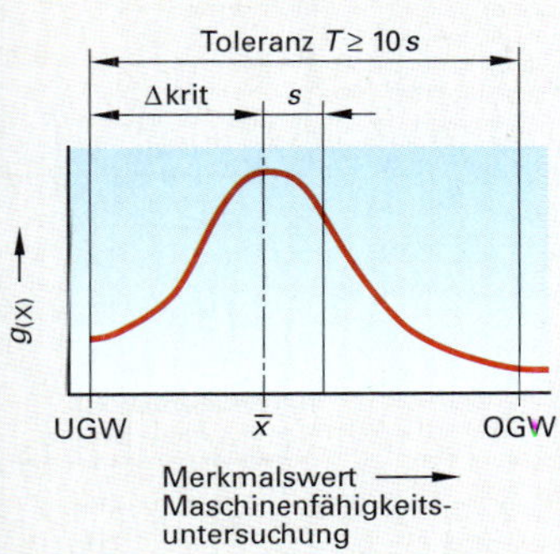

UGW unterer Grenzwert
OGW oberer Grenzwert
T Toleranz
$(\hat{\sigma})$, s (geschätzte) Standardabweichung
$\bar{x}$ Arithmetischer Mittelwert
Δkrit kleinster Abstand zwischen Mittelwert und Toleranzgrenze
C_m, C_{mk} Maschinenfähigkeitsindex
C_p, C_{pk} Prozessfähigkeitsindex

Nachweisforderungen:[1] **Maschinenfähigkeitsindex**

$$C_m = \frac{T}{6 \cdot s} \geq 1{,}67$$

$$C_{mk} = \frac{\Delta krit}{3 \cdot s} \geq 1{,}67$$

Prozessfähigkeitsindex

$$C_p = \frac{T}{6 \cdot \hat{\sigma}} \geq 1{,}33$$

$$C_{pk} = \frac{\Delta krit}{3 \cdot \hat{\sigma}} \geq 1{,}33$$

[1] Kunden- bzw. auftragsabhängige Forderungen

Kegeldrehen

Bezeichnungen am Kegel

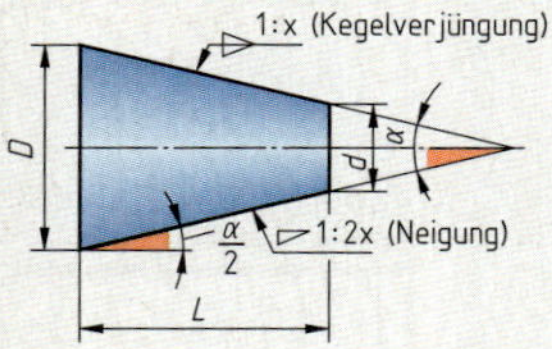

D	großer Kegeldurchmesser	mm
d	kleiner Kegeldurchmesser	mm
L	Kegellänge	mm
α	Kegelwinkel	°
$\alpha/2$	Kegelerzeugungswinkel (Einstellwinkel)	°
C	Kegelverjüngung	–
$C/2$	Kegelneigung	–
$1/x$	Kegelverjüngung	–

Kegel 1 : *x* bedeutet:

Auf eine Kegellänge von *x* mm ändert sich der Kegeldurchmesser um 1 mm.

Kegelverjüngung

$$C = \frac{D-d}{L}$$

$$C = 1 : x$$

$$D = d + L \cdot C$$

$$d = D - L \cdot C$$

Kegelneigung

$$\frac{C}{2} = \frac{D-d}{2 \cdot L}$$

$$\frac{C}{2} = \frac{1}{2 \cdot x}$$

Kegeldrehen durch Einstellen des Oberschlittens

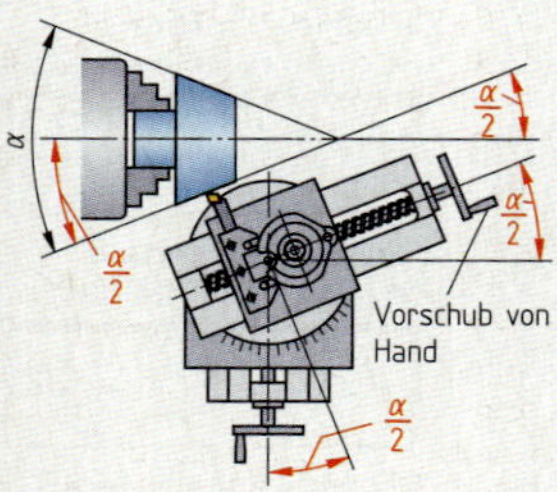

$\alpha/2$	Kegelerzeugungswinkel, Einstellwinkel	°
C	Kegelverjüngung	–
D	großer Kegeldurchmesser	mm
d	kleiner Kegeldurchmesser	mm
L	Kegellänge	mm
$1/x$	Kegelverjüngung	–

Einstellwinkel

$$\tan\frac{\alpha}{2} = \frac{C}{2}$$

$$\tan\frac{\alpha}{2} = \frac{D-d}{2 \cdot L}$$

$$D = 2 \cdot L \cdot \tan\frac{\alpha}{2} + d$$

$$d = D - 2 \cdot L \cdot \tan\frac{\alpha}{2}$$

Kegeldrehen durch Verstellen des Reitstockes

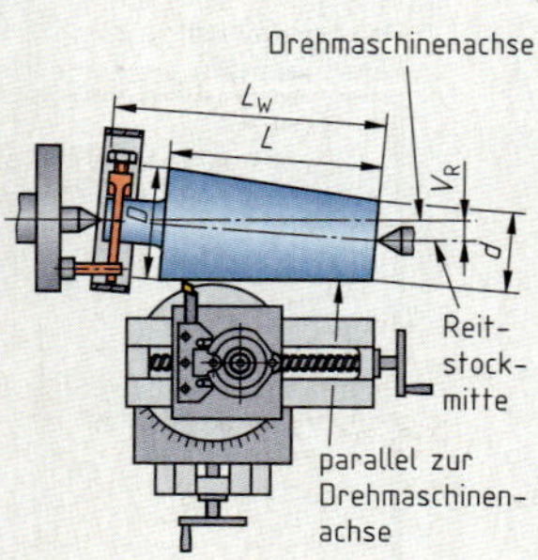

V_R	Reitstockverstellung	mm
$V_{R\,max}$	maximale Reitstockverstellung	mm
C	Kegelverjüngung	–
D	großer Kegeldurchmesser	mm
d	kleiner Kegeldurchmesser	mm
L	Kegellänge	mm
L_W	Werkstücklänge	mm

Reitstockverstellung

$$V_R = \frac{C}{2} \cdot L_W$$

$$V_R = \frac{D-d}{2} \cdot \frac{L_W}{L}$$

$$D = d + \frac{2 \cdot V_R \cdot L}{L_W}$$

$$d = D - \frac{2 \cdot V_R \cdot L}{L_W}$$

Maximal zulässige Reitstockverstellung

$$v_{R\,max} \leq \frac{L_W}{50}$$

Hauptnutzungszeit beim Drehen

Längs-Runddrehen mit konstanter Drehzahl

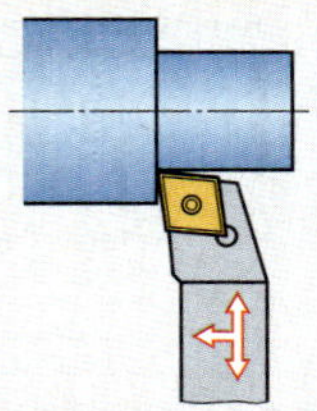

t_h	Hauptnutzungszeit	min
L	Vorschubweg	mm
i	Anzahl der Schnitte	–
n	Drehzahl	1/min
f	Vorschub	mm
v_c	Schnittgeschwindigkeit	m/min
d	Außendurchmesser	m
l_a	Anlauf	mm
l_u	Überlauf	mm

Hauptnutzungszeit

$$t_h = \frac{L \cdot i}{n \cdot f}$$

Drehzahl

$$n = \frac{v_c}{\pi \cdot d}$$

Berechnung des Vorschubweges *L*

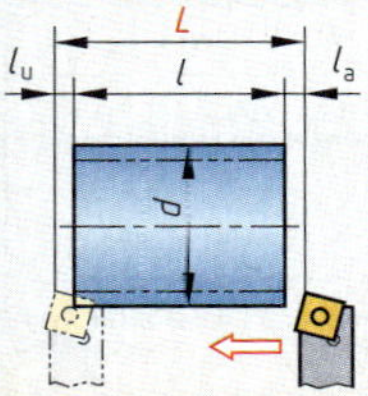

Vorschubweg ohne Ansatz

$$L = l + l_a + l_u$$

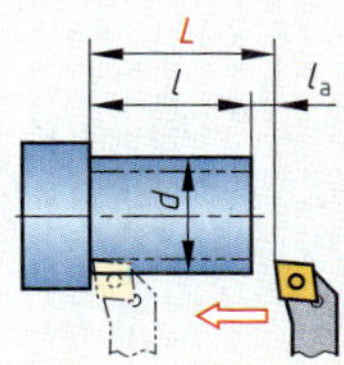

Vorschubweg mit Ansatz

$$L = l + l_a$$

Quer-Plandrehen mit konstanter Drehzahl

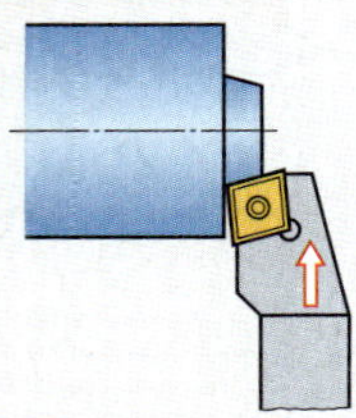

t_h	Hauptnutzungszeit	min
L	Vorschubweg	mm
i	Anzahl der Schnitte	–
n	Drehzahl	1/min
f	Vorschub	mm
v_c	Schnittgeschwindigkeit	m/min
d	Außendurchmesser	mm
d_m	mittlerer Durchmesser[1]	m (mm)
l_a	Anlauf	mm
l_u	Überlauf	mm

Hauptnutzungszeit

$$t_h = \frac{L \cdot i}{n \cdot f}$$

Drehzahl[1]

$$n = \frac{v_c}{\pi \cdot d_m}$$

Berechnung des Vorschubweges *L* und des mittleren Durchmessers d_m

Vollzylinder ohne Ansatz

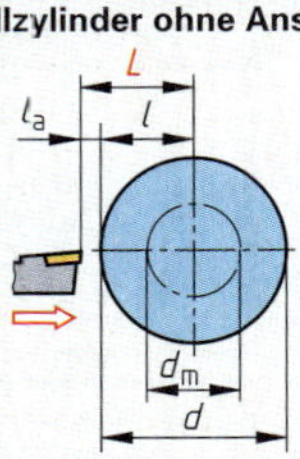

Vorschubweg

$$L = \frac{d}{2} + l_a$$

Mittlerer Durchmesser[1]

$$d_m = \frac{d}{2}$$

Vollzylinder mit Ansatz

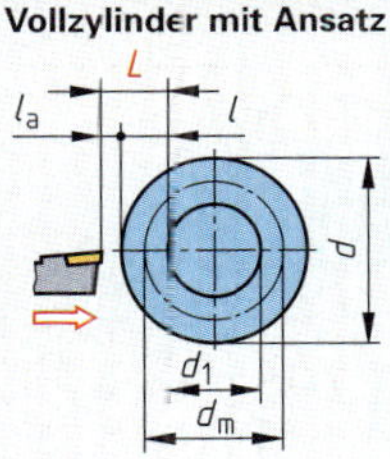

Vorschubweg

$$L = \frac{d - d_1}{2} + l_a$$

Mittlerer Durchmesser[1]

$$d_m = \frac{d + d_1}{2}$$

Hohlzylinder

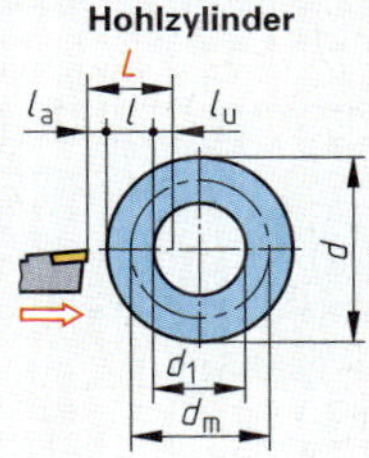

Vorschubweg

$$L = \frac{d - d_1}{2} + l_a + l_u$$

Mittlerer Durchmesser[1]

$$d_m = \frac{d + d_1}{2}$$

[1] Die Verwendung vom mittleren Durchmesser führt zu höheren Schnittgeschwindigkeiten. Damit ist garantiert, dass bei kleineren Durchmessern im Innenbereich noch annehmbare Schnittgeschwindigkeiten herrschen.

Hauptnutzungszeit beim Bohren, Senken, Reiben und Gewindebohren

Hauptnutzungszeit t_h, Drehzahl n

t_h	Hauptnutzungszeit	min	i	Anzahl der Bohrungen	–
d	Werkzeugdurchmesser	m (mm)	n	Drehzahl	1/min
l	Bohrungstiefe	mm	f	Vorschub je Umdrehung	mm
l_a	Anlauf	mm	v_c	Schnittgeschwindigkeit	m/min
l_u	Überlauf	mm	σ	Spitzenwinkel	°
l_s	Anschnitt	mm	P	Steigung	mm
L	Vorschubweg	mm	g	Gangzahl	–

Hauptnutzungszeit

$$t_h = \frac{L \cdot i}{n \cdot f}$$

Drehzahl

$$n = \frac{v_c}{\pi \cdot d}$$

Vorschubweg L und Anschnitt l_s

Durchgangsbohrung beim Bohren und Reiben

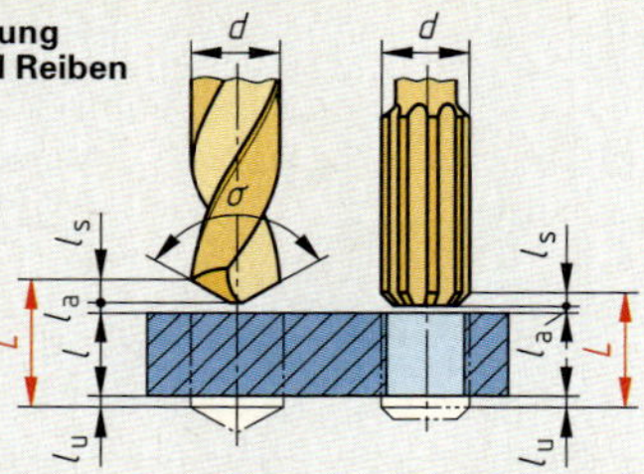

Anschnitt l_s	
σ	l_s
80°	$0{,}6 \cdot d$
118°	$0{,}3 \cdot d$
130°	$0{,}23 \cdot d$
140°	$0{,}18 \cdot d$

Vorschubweg

$$L = l + l_s + l_a + l_u$$

Anschnitt

$$l_s = \frac{d}{2 \cdot \tan \frac{\sigma}{2}}$$

Anschnitt für Bohrertyp N

$$l_s \approx 0{,}3 \cdot d$$

Grundlochbohrung beim Bohren und Reiben

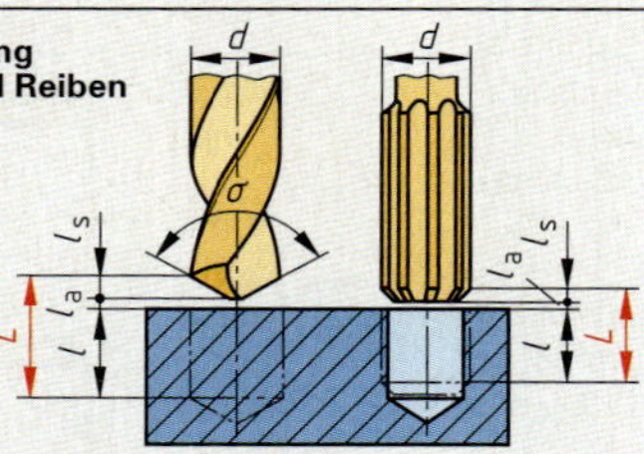

Anschnitt l_s	
σ	l_s
80°	$0{,}6 \cdot d$
118°	$0{,}3 \cdot d$
130°	$0{,}23 \cdot d$
140°	$0{,}18 \cdot d$

Vorschubweg

$$L = l + l_s + l_a$$

Anschnitt

$$l_s = \frac{d}{2 \cdot \tan \frac{\sigma}{2}}$$

Senken

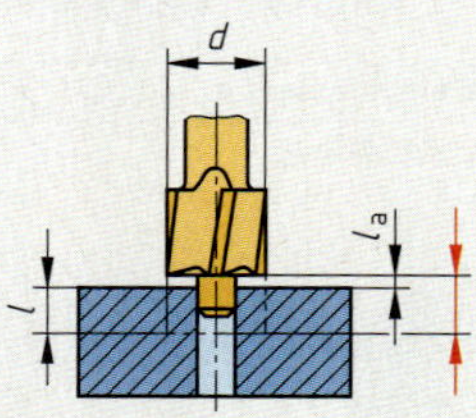

Vorschubweg

$$L = l + l_a$$

Durchgangsgewinde

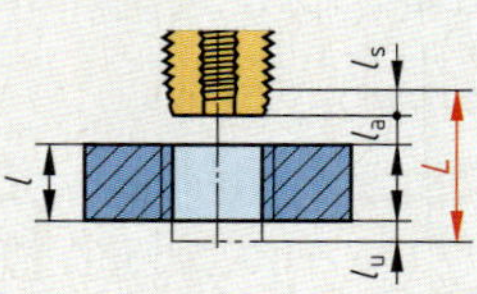

Vorschubweg

$$L = l + l_s + l_a + l_u$$

Anschnitt

$$l_s = g \cdot P$$

Grundlochgewinde

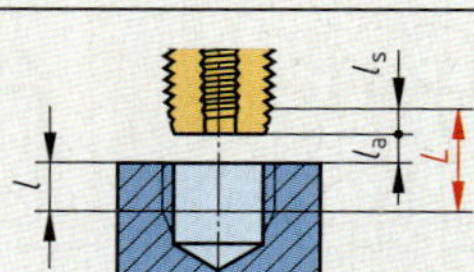

Vorschubweg

$$L = l + l_s + l_a$$

Anschnitt

$$l_s = g \cdot P$$

Hauptnutzungszeit beim Fräsen

Hauptnutzungszeit, Vorschubgeschwindigkeit, Vorschub, Drehzahl

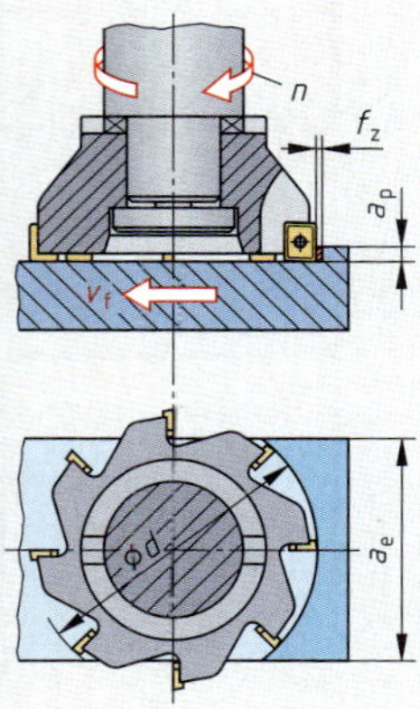

t_h	Hauptnutzungszeit	min
l	Werkstücklänge	mm
a_p	Schnitttiefe	mm
a_e	Schnittbreite (Fräsbreite)	mm
l_a	Anlauf	mm
l_u	Überlauf	mm
l_s	Anschnitt	mm
L	Vorschubweg	mm
d	Fräserdurchmesser	mm
n	Drehzahl	1/min
f	Vorschub je Umdrehung	mm
f_z	Vorschub je Schneide	mm
z	Anzahl der Schneiden	–
v_c	Schnittgeschwindigkeit	m/min
v_f	Vorschubgeschwindigkeit	mm/min

Hauptnutzungszeit

$$t_h = \frac{L \cdot i}{n \cdot f} \qquad t_h = \frac{L \cdot i}{v_f}$$

Vorschub je Umdrehung

$$f = f_z \cdot z$$

Vorschubgeschwindigkeit

$$v_f = n \cdot f \qquad v_f = n \cdot f_z \cdot z$$

Drehzahl

$$n = \frac{v_c}{\pi \cdot d}$$

Vorschubweg *L* und Anschnitt l_s in Abhängigkeit der Fräsverfahren

Fräsverfahren	Fräserposition	Bild	Berechnung
Stirnfräsen	mittig	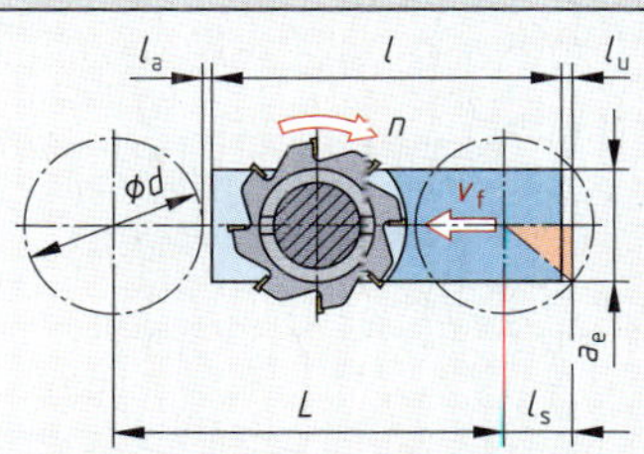	**Vorschubweg** $L = l + 0{,}5 \cdot d + l_a + l_u - l_s$ **Anschnitt** $l_s = 0{,}5 \cdot \sqrt{d^2 - a_e^2}$
Stirnfräsen	außermittig $a_e > 0{,}5 \cdot d$	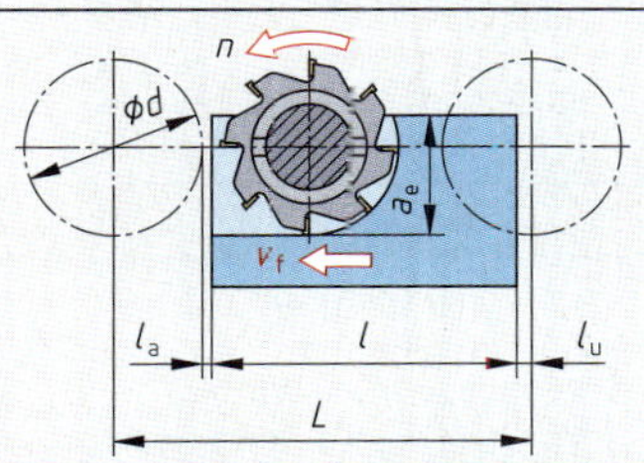	**Vorschubweg** $L = l + 0{,}5 \cdot d + l_a + l_u$
Stirnfräsen	außermittig $a_e < 0{,}5 \cdot d$	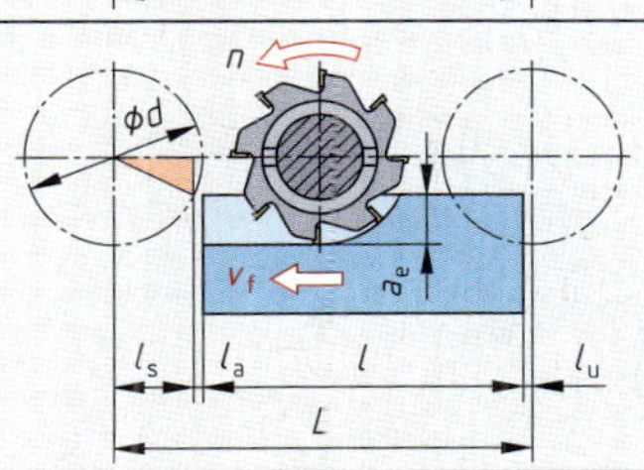	**Vorschubweg** $L = l + l_a + l_u + l_s$ **Anschnitt** $l_s = \sqrt{a_e \cdot d - a_e^2}$
Umfangsfräsen	–		

Teilen mit dem Teilkopf, Wendelnutenfräsen

Direktes Teilen

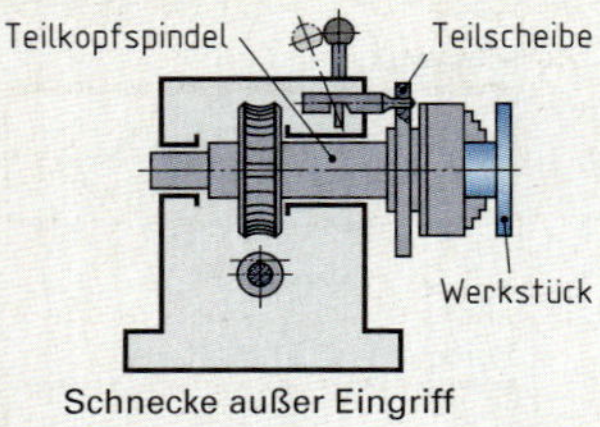

T	Teilzahl	–
α	Winkelteilung	°
n_L	Anzahl der Löcher der Teilscheibe	–
n_l	Teilschritt; Anzahl der weiterzuschaltenden Lochabstände	–

Teilschritt

$$n_l = \frac{n_L}{T}$$

$$n_l = \frac{\alpha \cdot n_L}{360°}$$

$$\alpha = \frac{n_l \cdot 360°}{n_L}$$

Indirektes Teilen

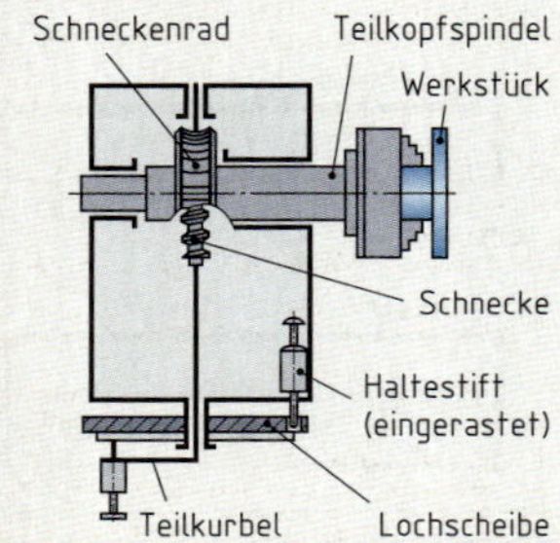

T	Teilzahl	–
α	Winkelteilung	°
i	Übersetzungsverhältnis des Teilkopfs	–
n_K	Teilschritt; Anzahl der Teilkurbelumdrehungen für eine Teilung	–

Lochkreise der Teilscheiben

15 16 17 18 19 20 21 23 27 29 31 33
37 39 41 43 47 49

oder

17 19 23 24 26 27 28 29 30 31 33 37
39 41 42 43 47 49 51 53 57 59 61 63

Teilschritt

$$n_K = \frac{i}{T}$$

$$n_K = \frac{i \cdot \alpha}{360°}$$

$$\alpha = \frac{n_K \cdot 360°}{i}$$

Ausgleichsteilen (Differenzialteilen)

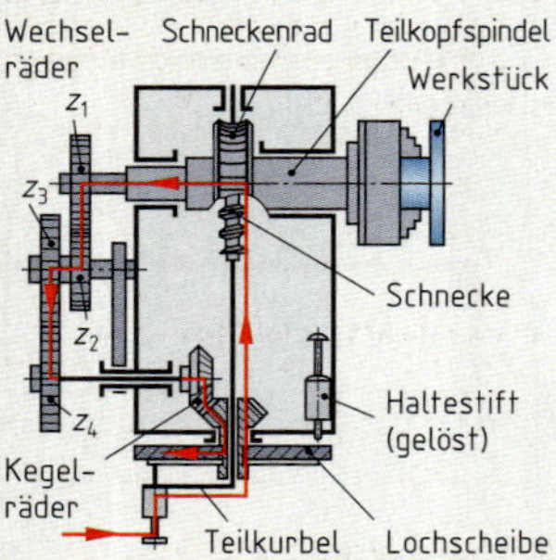

T	Teilung	–
T'	Hilfsteilzahl	–
i	Übersetzungsverhältnis des Teilkopfes	–
n_K	Teilschritt; Anzahl der Teilkurbelumdrehungen für eine Teilung	–
z_t	Zähnezahlen der treibenden Räder (z_1, z_3)	–
z_g	Zähnezahlen der getriebenen Räder (z_2, z_4)	–

Zähnezahlen der Wechselräder

24	24	28	32	36	40	44	48
56	64	72	80	84	86	96	100

Teilschritt

$$n_K = \frac{i}{T'}$$

Wechselräder

$$\frac{z_t}{z_g} = \frac{i}{T'} \cdot (T' - T)$$

Wendelnutenfräsen

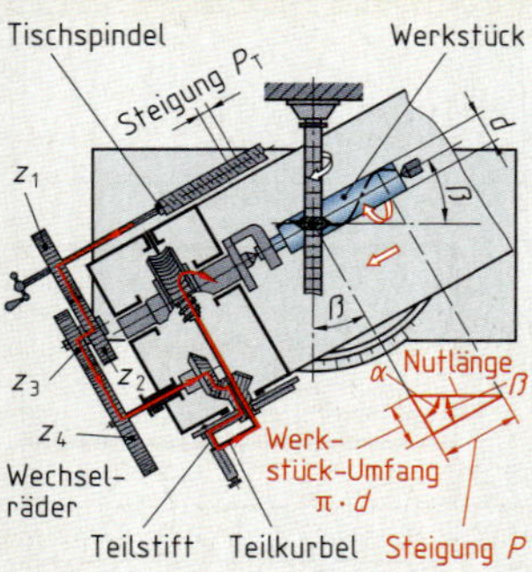

α	Steigungswinkel	°
β	Einstellwinkel	°
P	Steigung der Wendel	mm
P_T	Steigung der Tischspindel	mm
i	Übersetzungsverhältnis des Schneckentriebes	–
i_1	Übersetzungsverhältnis der Kegelräder	–
z_t	Zähnezahlen der treibenden Räder (z_1, z_3)	–
z_g	Zähnezahlen der getriebenen Räder (z_2, z_4)	–

Zähnezahlen der Wechselräder wie beim Ausgleichsteilen.

Steigungswinkel

$$\tan \alpha = \frac{P}{\pi \cdot d}$$

$$P = \pi \cdot d \cdot \tan \alpha$$

Einstellwinkel

$$\beta = 90° - \alpha$$

Wechselräder

$$\frac{z_t}{z_g} = \frac{P_T \cdot i \cdot i_1}{P}$$

Kräfte und Leistungen beim Zerspanen

Drehen

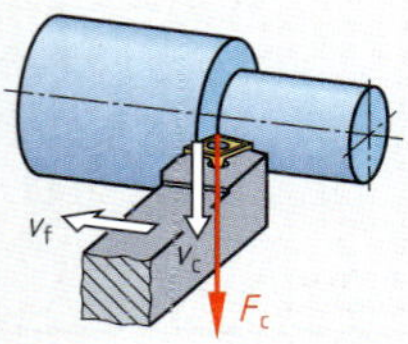

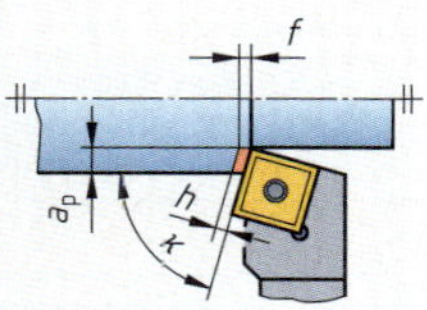

F_c	Schnittkraft	N
A	Spanungsquerschnitt	mm^2
a_p	Schnitttiefe	mm
f	Vorschub	mm
h	Spanungsdicke	mm
$\varkappa$	Einstellwinkel	°
k_c	spezifische Schnittkraft	N/mm^2
C	Korrekturfaktor für die Schnittgeschwindigkeit	–
v_c	Schnittgeschwindigkeit	m/min
P_c	Schnittleistung	N·m/s, kW
P_1	Antriebsleistung der Maschine	N·m/s, kW
η	Wirkungsgrad der Maschine	–

Umrechnungen:

$$1\ \text{kW} = 1000\ \frac{\text{N}\cdot\text{m}}{\text{s}};\quad 1\ \frac{\text{m}}{\text{min}} = \frac{1\ \text{m}}{60\ \text{s}}$$

Schnittkraft

$$F_c = A \cdot k_c \cdot C$$

Spanungsquerschnitt

$$A = a_p \cdot f$$

Spanungsdicke

$$h = f \cdot \sin\varkappa$$

Schnittleistung

$$P_c = F_c \cdot v_c$$

Antriebsleistung

$$P_1 = \frac{P_c}{\eta}$$

Bohren

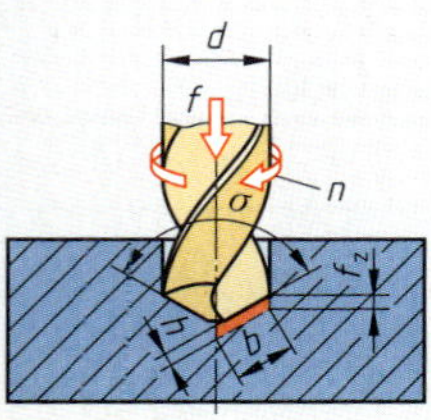

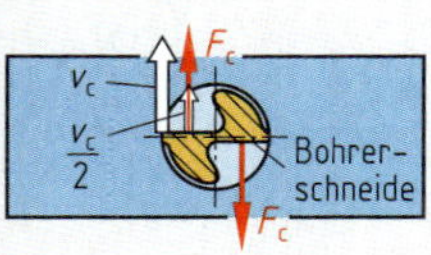

F_c	Schnittkraft je Schneide	N
A	Spanungsquerschnitt je Schneide	mm^2
z	Anzahl der Schneiden (Spiralbohrer $z = 2$)	–
d	Bohrerdurchmesser	mm
σ	Spitzenwinkel	°
f	Vorschub je Umdrehung	mm
h	Spanungsdicke	mm
k_c	spezifische Schnittkraft	N/mm^2
C	Korrekturfaktor für die Schnittgeschwindigkeit	–
v_c	Schnittgeschwindigkeit	m/min
P_c	Schnittleistung	N·m/s, kW
P_1	Antriebsleistung der Maschine	N·m/s, kW
η	Wirkungsgrad der Maschine	–

Umrechnungen:

$$1\ \text{kW} = 1000\ \frac{\text{N}\cdot\text{m}}{\text{s}};\quad 1\ \frac{\text{m}}{\text{min}} = \frac{1\ \text{m}}{60\ \text{s}}$$

Schnittkraft je Schneide[1]

$$F_c = 1{,}2 \cdot A \cdot k_c \cdot C$$

Spanungsquerschnitt je Schneide

$$A = \frac{d \cdot f}{4}$$

Spanungsdicke

$$h = \frac{f}{2} \cdot \sin\frac{\sigma}{2}$$

Schnittleistung

$$P_c = \frac{z \cdot F_c \cdot v_c}{2}$$

Antriebsleistung

$$P_1 = \frac{P_c}{\eta}$$

[1] Die Werte der spezifischen Schnittkraft k_c werden in Drehversuchen ermittelt. Die Umrechnung auf das Bohren erfolgt durch den Faktor 1,2 in der Formel.

Druck, Auftrieb, Luftverbrauch

Druck

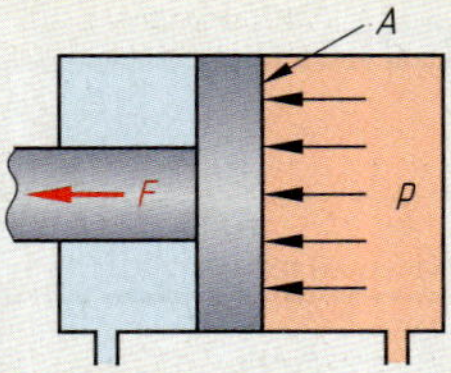

p	Druck	N/cm²
F	Kolbenkraft	N
A	Kolbenfläche	cm²

$1\ \text{bar} = 10\ \frac{\text{N}}{\text{cm}^2} = 1000\ \frac{\text{N}}{\text{dm}^2} = 100\,000\ \text{Pa}$

$1\ \text{Pa} = 1\ \frac{\text{N}}{\text{m}^2} = 10^{-5}\ \text{bar}$

Druck

$$p = \frac{F}{A}$$

$F = p \cdot A \qquad A = \frac{F}{p}$

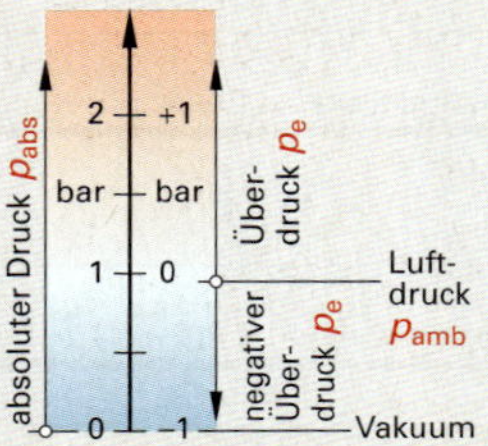

p_e	Überdruck	bar
p_{abs}	absoluter Druck	bar
p_{amb}	Luftdruck	bar

$p_{amb} \approx 1\ \text{bar}$

Überdruck

$$p_e = p_{abs} - p_{amb}$$

$p_{abs} = p_e + p_{amb}$

$p_{amb} = p_{abs} - p_e$

Überdruck, Luftdruck, absoluter Druck

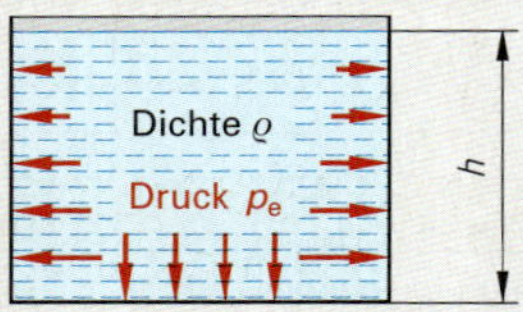

p_e	hydrostatischer Druck	N/dm²
ϱ	Dichte der Flüssigkeit	kg/dm³
g	Fallbeschleunigung	m/s²
h	Flüssigkeitstiefe	dm

$1\ \frac{\text{N}}{\text{m}^2} = 0{,}01\ \frac{\text{N}}{\text{dm}^2} = 1\ \text{Pa} = 10^{-5}\ \text{bar}$

$1\ \frac{\text{g}}{\text{cm}^3} = 1\ \frac{\text{kg}}{\text{dm}^3} = 1\ \frac{\text{t}}{\text{m}^3}$

Hydrostatischer Druck

$$p_e = g \cdot \varrho \cdot h$$

$h = \frac{p_e}{g \cdot \varrho}$

Auftrieb in Flüssigkeiten

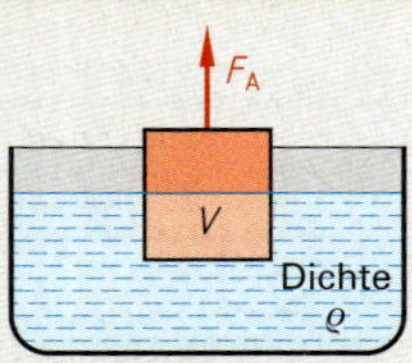

F_A	Auftriebskraft	N
ϱ	Dichte der Flüssigkeit	kg/dm³
g	Fallbeschleunigung	m/s²
V	Eintauchvolumen	dm³, l

$1\ \frac{\text{g}}{\text{cm}^3} = 1\ \frac{\text{kg}}{\text{dm}^3} = 1\ \frac{\text{t}}{\text{m}^3}$

Auftriebskraft

$$F_A = g \cdot \varrho \cdot V$$

$V = \frac{F_A}{g \cdot \varrho}$

Luftverbrauch pneumatischer Zylinder

Einfachwirkender Zylinder (EZ)

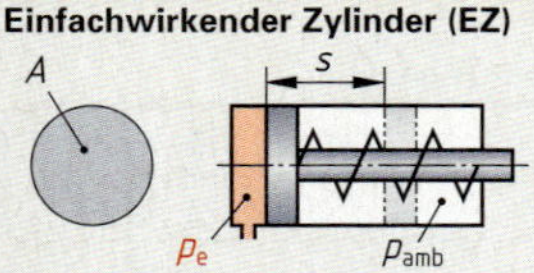

Doppeltwirkender Zylinder (DZ)

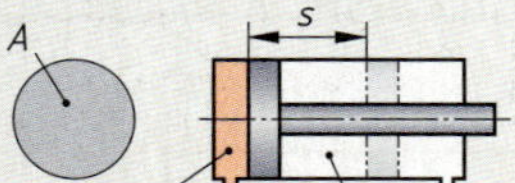

Q	Luftverbrauch	l/min
p_e	Überdruck	bar
p_{amb}	Luftdruck	bar
s	Kolbenhub	dm
n	Hubzahl	1/min
A	Kolbenfläche	dm²
q	spezifischer Luftverbrauch je dm Kolbenhub	l/dm

$1\ \text{bar} = 1000\ \frac{\text{N}}{\text{dm}^2} \qquad 1\ \frac{\text{N}}{\text{dm}^2} = 0{,}001\ \text{bar}$

$1\ \frac{\text{l}}{\text{min}} = 1\ \frac{\text{dm}^3}{\text{min}} = 1000\ \frac{\text{cm}^3}{\text{min}}$

Luftverbrauch (EZ)

$$Q = A \cdot s \cdot n \cdot \frac{p_e + p_{amb}}{p_{amb}}$$

$$Q = q \cdot s \cdot n$$

Luftverbrauch (DZ)

$$Q \approx 2 \cdot A \cdot s \cdot n \cdot \frac{p_e + p_{amb}}{p_{amb}}$$

$$Q \approx 2 \cdot q \cdot s \cdot n$$

Hydraulik und Pneumatik

Durchflussgeschwindigkeiten

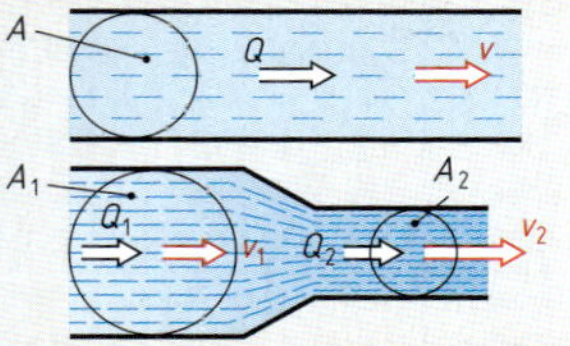

Q, Q_1, Q_2	Volumenströme	l/min = dm³/min
A, A_1, A_2	Querschnittsflächen	dm²
v, v_1, v_2	Durchflussgeschwindigkeiten	dm/min

Volumenstrom

$$Q = A \cdot v$$

Verhältnis der Durchflussgeschwindigkeiten

$$\frac{v_1}{v_2} = \frac{A_2}{A_1}$$

Geschwindigkeit von Hydraulikkolben

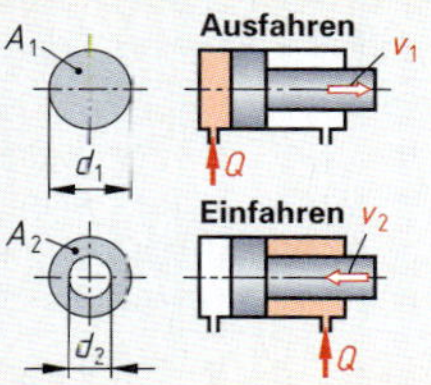

Q	Volumenstrom	l/min = dm³/min
A_1, A_2	wirksame Kolbenflächen	dm²
v_1, v_2	Kolbengeschwindigkeiten	dm/min

Kolbengeschwindigkeit beim Ausfahren

$$v_1 = \frac{Q}{A_1}$$

beim Einfahren

$$v_2 = \frac{Q}{A_2}$$

Kolbenkräfte

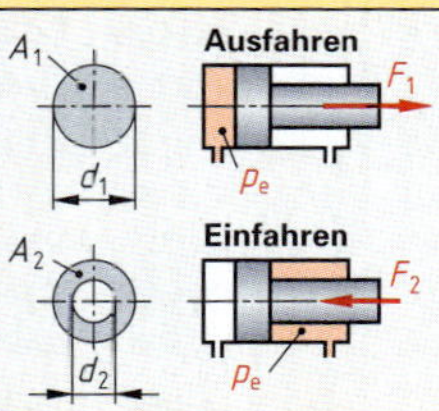

p_e	Überdruck	N/cm²
A_1, A_2	wirksame Kolbenflächen	cm²
F_1, F_2	wirksame Kolbenkräfte	N
η	Wirkungsgrad des Zylinders	–

$$1\ \text{bar} = 10\ \frac{\text{N}}{\text{cm}^2} = 1000\ \frac{\text{N}}{\text{dm}^2}$$

Wirksame Kolbenkraft beim Ausfahren

$$F_1 = p_e \cdot A_1 \cdot \eta$$

beim Einfahren

$$F_2 = p_e \cdot A_2 \cdot \eta$$

Hydraulische Presse

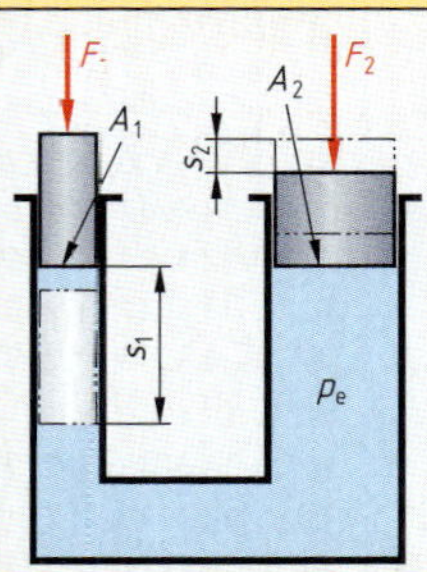

F_1	Kraft am Druckkolben	N
F_2	Kraft am Arbeitskolben	N
A_1	Fläche des Druckkolbens	cm²
A_2	Fläche des Arbeitskolbens	cm²
s_1	Weg des Druckkolbens	cm
s_2	Weg des Arbeitskolbens	cm
i	hydraulisches Übersetzungsverhältnis	–

Verdrängtes Volumen

$$A_1 \cdot s_1 = A_2 \cdot s_2$$

Arbeit an den beiden Kolben

$$F_1 \cdot s_1 = F_2 \cdot s_2$$

Kräfte-, Flächen- und Weg-Verhältnisse

$$i = \frac{F_1}{F_2} = \frac{A_1}{A_2} = \frac{s_2}{s_1}$$

Leistung von hydraulischen Pumpen

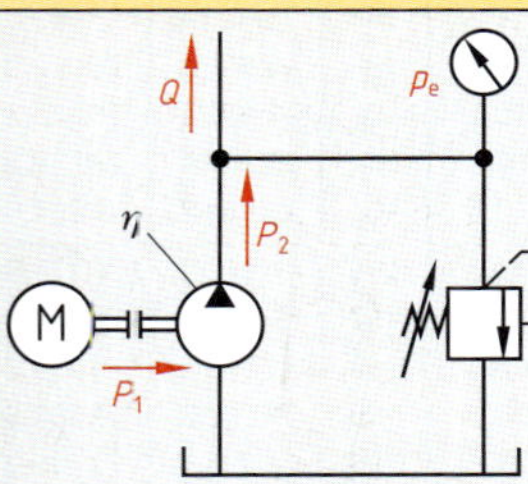

P_1	zugeführte Leistung	kW
P_2	abgegebene Leistung	kW
Q	Volumenstrom	l/min
p_e	Überdruck	bar
M	Drehmoment	N · m
n	Drehzahl	1/min
η	Wirkungsgrad der Pumpe	–
9550, 600	Umrechnungsfaktoren	–

Zugeführte Leistung (Zahlenwertgleichung)

$$P_1 = \frac{M \cdot n}{9550}$$

Abgegebene Leistung (Zahlenwertgleichung)

$$P_2 = \frac{Q \cdot p_e}{600}$$

Quadratwurzel, Kreisfläche

d	$\sqrt{d}$	$A = \frac{\pi \cdot d^2}{4}$	d	$\sqrt{d}$	$A = \frac{\pi \cdot d^2}{4}$	d	$\sqrt{d}$	$A = \frac{\pi \cdot d^2}{4}$	d	$\sqrt{d}$	$A = \frac{\pi \cdot d^2}{4}$
1	1,0000	0,7854	51	7,1414	2042,82	101	10,0499	8011,85	151	12,2882	17907,9
2	1,4142	3,1416	52	7,2111	2123,72	102	10,0995	8171,28	152	12,3288	18145,8
3	1,7321	7,0686	53	7,2801	2206,18	103	10,1489	8332,29	153	12,3693	18385,4
4	2,0000	12,5664	54	7,3485	2290,22	104	10,1980	8494,87	154	12,4097	18626,5
5	2,2361	19,6350	55	7,4162	2375,83	105	10,2470	8659,01	155	12,4499	18869,2
6	2,4495	28,2743	56	7,4833	2463,01	106	10,2956	8824,73	156	12,4900	19113,4
7	2,6458	38,4845	57	7,5498	2551,76	107	10,3441	8992,02	157	12,5300	19359,3
8	2,8284	50,2655	58	7,6158	2642,08	108	10,3923	9160,88	158	12,5698	19606,7
9	3,0000	63,6173	59	7,6811	2733,97	109	10,4403	9331,32	159	12,6095	19855,7
10	3,1623	78,5398	**60**	7,7460	2827,43	**110**	10,4881	9503,32	**160**	12,6491	20106,2
11	3,3166	95,0332	61	7,8102	2922,47	111	10,5357	9676,89	161	12,6886	20358,3
12	3,4641	113,097	62	7,8740	3019,07	112	10,5830	9852,03	162	12,7279	20612,0
13	3,6056	132,732	63	7,9373	3117,25	113	10,6301	10028,7	163	12,7671	20867,2
14	3,7417	153,938	64	8,0000	3216,99	114	10,6771	10207,0	164	12,8062	21124,1
15	3,8730	176,715	65	8,0623	3318,31	115	10,7238	10386,9	165	12,8452	21382,5
16	4,0000	201,062	66	8,1240	3421,19	116	10,7703	10568,3	166	12,8841	21642,4
17	4,1231	226,980	67	8,1854	3525,65	117	10,8167	10751,3	167	12,9228	21904,0
18	4,2426	254,469	68	8,2462	3631,68	118	10,8628	10935,9	168	12,9615	22167,1
19	4,3589	283,529	69	8,3066	3739,28	119	10,9087	11122,0	169	13,0000	22431,8
20	4,4721	314,159	**70**	8,3666	3848,45	**120**	10,9545	11309,7	**170**	13,0384	22698,0
21	4,5826	346,361	71	8,4261	3959,19	121	11,0000	11499,0	171	13,0767	22965,8
22	4,6904	380,133	72	8,4853	4071,50	122	11,0454	11689,9	172	13,1149	23235,2
23	4,7958	415,476	73	8,5440	4185,39	123	11,0905	11882,3	173	13,1529	23506,2
24	4,8990	452,389	74	8,6023	4300,84	124	11,1355	12076,3	174	13,1909	23778,7
25	5,0000	490,874	75	8,6603	4417,86	125	11,1803	12271,8	175	13,2288	24052,8
26	5,0990	530,929	76	8,7178	4536,46	126	11,2250	12469,0	176	13,2665	24328,5
27	5,1962	572,555	77	8,7750	4656,63	127	11,2694	12667,7	177	13,3041	24605,7
28	5,2915	615,752	78	8,8318	4778,36	128	11,3137	12868,0	178	13,3417	24884,6
29	5,3852	660,520	79	8,8882	4901,67	129	11,3578	13069,8	179	13,3791	25164,9
30	5,4772	706,858	**80**	8,9443	5026,55	**130**	11,4018	13273,2	**180**	13,4164	25446,9
31	5,5678	754,768	81	9,0000	5153,00	131	11,4455	13478,2	181	13,4536	25730,4
32	5,6569	804,248	82	9,0554	5281,02	132	11,4891	13684,8	182	13,4907	26015,5
33	5,7446	855,299	83	9,1104	5410,61	133	11,5326	13892,9	183	13,5277	26302,2
34	5,8310	907,920	84	9,1652	5541,77	134	11,5758	14102,6	184	13,5647	26590,4
35	5,9161	962,113	85	9,2195	5674,50	135	11,6190	14313,9	185	13,6015	26880,3
36	6,0000	1017,88	86	9,2736	5808,80	136	11,6619	14526,7	186	13,6382	27171,6
37	6,0828	1075,21	87	9,3274	5944,68	137	11,7047	14741,1	187	13,6748	27464,6
38	6,1644	1134,11	88	9,3808	6082,12	138	11,7473	14957,1	188	13,7113	27759,1
39	6,2450	1194,59	89	9,4340	6221,14	139	11,7898	15174,7	189	13,7477	28055,2
40	6,3246	1256,64	**90**	9,4868	6361,73	**140**	11,8322	15393,8	**190**	13,7840	28352,9
41	6,4031	1320,25	91	9,5394	6503,88	141	11,8743	15614,5	191	13,8203	28652,1
42	6,4807	1385,44	92	9,5917	6647,61	142	11,9164	15836,8	192	13,8564	28952,9
43	6,5574	1452,20	93	9,6437	6792,91	143	11,9583	16060,6	193	13,8924	29255,3
44	6,6332	1520,53	94	9,6954	6939,78	144	12,0000	16286,0	194	13,9284	29559,2
45	6,7082	1590,43	95	9,7468	7088,22	145	12,0416	16513,0	195	13,9642	29864,8
46	6,7823	1661,90	96	9,7980	7238,23	146	12,0830	16741,5	196	14,0000	30171,9
47	6,8557	1734,94	97	9,8489	7389,81	147	12,1244	16971,7	197	14,0357	30480,5
48	6,9282	1809,56	98	9,8995	7542,96	148	12,1655	17203,4	198	14,0712	30790,7
49	7,0000	1885,74	99	9,9499	7697,69	149	12,2066	17436,6	199	14,1067	31102,6
50	7,0711	1963,50	**100**	10,0000	7853,98	**150**	12,2474	17671,5	**200**	14,1421	31415,9

Winkelfunktionen Sinus und Kosinus

Grad ↓	Sinus 0° … 45° – Minuten → 0′	15′	30′	45′	60′	
0°	0,0000	0,0044	0,0087	0,0131	0,0175	89°
1°	0,0175	0,0218	0,0262	0,0305	0,0349	88°
2°	0,0349	0,0393	0,0436	0,0480	0,0523	87°
3°	0,0523	0,0567	0,0610	0,0654	0,0698	86°
4°	0,0698	0,0741	0,0785	0,0828	0,0872	85°
5°	0,0872	0,0915	0,0958	0,1002	0,1045	84°
6°	0,1045	0,1089	0,1132	0,1175	0,1219	83°
7°	0,1219	0,1262	0,1305	0,1349	0,1392	82°
8°	0,1392	0,1435	0,1478	0,1521	0,1564	81°
9°	0,1564	0,1607	0,1650	0,1693	0,1736	80°
10°	0,1736	0,1779	0,1822	0,1865	0,1908	79°
11°	0,1908	0,1951	0,1994	0,2036	0,2079	78°
12°	0,2079	0,2122	0,2164	0,2207	0,2250	77°
13°	0,2250	0,2292	0,2334	0,2377	0,2419	76°
14°	0,2419	0,2462	0,2504	0,2546	0,2588	75°
15°	0,2588	0,2630	0,2672	0,2714	0,2756	74°
16°	0,2756	0,2798	0,2840	0,2882	0,2924	73°
17°	0,2924	0,2965	0,3007	0,3049	0,3090	72°
18°	0,3090	0,3132	0,3173	0,3214	0,3256	71°
19°	0,3256	0,3297	0,3338	0,3379	0,3420	70°
20°	0,3420	0,3461	0,3502	0,3543	0,3584	69°
21°	0,3584	0,3624	0,3665	0,3706	0,3746	68°
22°	0,3746	0,3786	0,3827	0,3867	0,3907	67°
23°	0,3907	0,3947	0,3987	0,4027	0,4067	66°
24°	0,4067	0,4107	0,4147	0,4187	0,4226	65°
25°	0,4226	0,4266	0,4305	0,4344	0,4384	64°
26°	0,4384	0,4423	0,4462	0,4501	0,4540	63°
27°	0,4540	0,4579	0,4617	0,4656	0,4695	62°
28°	0,4695	0,4733	0,4772	0,4810	0,4848	61°
29°	0,4848	0,4886	0,4924	0,4962	0,5000	60°
30°	0,5000	0,5038	0,5075	0,5113	0,5150	59°
31°	0,5150	0,5188	0,5225	0,5262	0,5299	58°
32°	0,5299	0,5336	0,5373	0,5410	0,5446	57°
33°	0,5446	0,5483	0,5519	0,5556	0,5592	56°
34°	0,5592	0,5628	0,5664	0,5700	0,5736	55°
35°	0,5736	0,5771	0,5807	0,5842	0,5878	54°
36°	0,5878	0,5913	0,5948	0,5983	0,6018	53°
37°	0,6018	0,6053	0,6088	0,6122	0,6157	52°
38°	0,6157	0,6191	0,6225	0,6259	0,6293	51°
39°	0,6293	0,6327	0,6361	0,6394	0,6428	50°
40°	0,6428	0,6461	0,6494	0,6528	0,6561	49°
41°	0,6561	0,6593	0,6626	0,6659	0,6691	48°
42°	0,6691	0,6724	0,6756	0,6788	0,6820	47°
43°	0,6820	0,6852	0,6884	0,6915	0,6947	46°
44°	0,6947	0,6978	0,7009	0,7040	0,7071	45°
	60′	45′	30′	15′	0′	Grad ↑
	← Minuten – Kosinus 45° … 90°					

Grad ↓	Sinus 45° … 90° – Minuten → 0′	15′	30′	45′	60′	
45°	0,7071	0,7102	0,7133	0,7163	0,7193	44°
46°	0,7193	0,7224	0,7254	0,7284	0,7314	43°
47°	0,7314	0,7343	0,7373	0,7402	0,7431	42°
48°	0,7431	0,7461	0,7490	0,7518	0,7547	41°
49°	0,7547	0,7576	0,7604	0,7632	0,7660	40°
50°	0,7660	0,7688	0,7716	0,7744	0,7771	39°
51°	0,7771	0,7799	0,7826	0,7853	0,7880	38°
52°	0,7880	0,7907	0,7934	0,7960	0,7986	37°
53°	0,7986	0,8013	0,8039	0,8064	0,8090	36°
54°	0,8090	0,8116	0,8141	0,8166	0,8192	35°
55°	0,8192	0,8216	0,8241	0,8266	0,8290	34°
56°	0,8290	0,8315	0,8339	0,8363	0,8387	33°
57°	0,8387	0,8410	0,8434	0,8457	0,8480	32°
58°	0,8480	0,8504	0,8526	0,8549	0,8572	31°
59°	0,8572	0,8594	0,8616	0,8638	0,8660	30°
60°	0,8660	0,8682	0,8704	0,8725	0,8746	29°
61°	0,8746	0,8767	0,8788	0,8809	0,8829	28°
62°	0,8829	0,8850	0,8870	0,8890	0,8910	27°
63°	0,8910	0,8930	0,8949	0,8969	0,8988	26°
64°	0,8988	0,9007	0,9026	0,9045	0,9063	25°
65°	0,9063	0,9081	0,9100	0,9118	0,9135	24°
66°	0,9135	0,9153	0,9171	0,9188	0,9205	23°
67°	0,9205	0,9222	0,9239	0,9255	0,9272	22°
68°	0,9272	0,9288	0,9304	0,9320	0,9336	21°
69°	0,9336	0,9351	0,9367	0,9382	0,9397	20°
70°	0,9397	0,9412	0,9426	0,9441	0,9455	19°
71°	0,9455	0,9469	0,9483	0,9497	0,9511	18°
72°	0,9511	0,9524	0,9537	0,9550	0,9563	17°
73°	0,9563	0,9576	0,9588	0,9600	0,9613	16°
74°	0,9613	0,9625	0,9636	0,9648	0,9659	15°
75°	0,9659	0,9670	0,9681	0,9692	0,9703	14°
76°	0,9703	0,9713	0,9724	0,9734	0,9744	13°
77°	0,9744	0,9753	0,9763	0,9772	0,9781	12°
78°	0,9781	0,9790	0,9799	0,9808	0,9816	11°
79°	0,9816	0,9825	0,9833	0,9840	0,9848	10°
80°	0,9848	0,9856	0,9863	0,9870	0,9877	9°
81°	0,9877	0,9884	0,9890	0,9897	0,9903	8°
82°	0,9903	0,9909	0,9914	0,9920	0,9925	7°
83°	0,9925	0,9931	0,9936	0,9941	0,9945	6°
84°	0,9945	0,9950	0,9954	0,9958	0,9962	5°
85°	0,9962	0,9966	0,9969	0,9973	0,9976	4°
86°	0,9976	0,9979	0,9981	0,9984	0,9986	3°
87°	0,9986	0,9988	0,9990	0,9992	0,9994	2°
88°	0,9994	0,9995	0,9997	0,9998	0,99985	1°
89°	0,99985	0,99991	0,99996	0,99999	1,0000	0°
	60′	45′	30′	15′	0′	Grad ↑
	← Minuten – Kosinus 0° … 45°					

Winkelfunktionen Tangens und Kotangens

Tangens 0° … 45°

Grad ↓	0′	15′	30′	45′	60′	
0°	0,0000	0,0044	0,0087	0,0131	0,0175	89°
1°	0,0175	0,0218	0,0262	0,0306	0,0349	88°
2°	0,0349	0,0393	0,0437	0,0480	0,0524	87°
3°	0,0524	0,0568	0,0612	0,0655	0,0699	86°
4°	0,0699	0,0743	0,0787	0,0831	0,0875	85°
5°	0,0875	0,0919	0,0963	0,1007	0,1051	84°
6°	0,1051	0,1095	0,1139	0,1184	0,1228	83°
7°	0,1228	0,1272	0,1317	0,1361	0,1405	82°
8°	0,1405	0,1450	0,1495	0,1539	0,1584	81°
9°	0,1584	0,1629	0,1673	0,1718	0,1763	**80°**
10°	0,1763	0,1808	0,1853	0,1899	0,1944	79°
11°	0,1944	0,1989	0,2035	0,2080	0,2126	78°
12°	0,2126	0,2171	0,2217	0,2263	0,2309	77°
13°	0,2309	0,2355	0,2401	0,2447	0,2493	76°
14°	0,2493	0,2540	0,2586	0,2633	0,2679	75°
15°	0,2679	0,2726	0,2773	0,2820	0,2867	74°
16°	0,2867	0,2915	0,2962	0,3010	0,3057	73°
17°	0,3057	0,3105	0,3153	0,3201	0,3249	72°
18°	0,3249	0,3298	0,3346	0,3395	0,3443	71°
19°	0,3443	0,3492	0,3541	0,3590	0,3640	**70°**
20°	0,3640	0,3689	0,3739	0,3789	0,3839	69°
21°	0,3839	0,3889	0,3939	0,3990	0,4040	68°
22°	0,4040	0,4091	0,4142	0,4193	0,4245	67°
23°	0,4245	0,4296	0,4348	0,4400	0,4452	66°
24°	0,4452	0,4505	0,4557	0,4610	0,4663	65°
25°	0,4663	0,4716	0,4770	0,4823	0,4877	64°
26°	0,4877	0,4931	0,4986	0,5040	0,5095	63°
27°	0,5095	0,5150	0,5206	0,5261	0,5317	62°
28°	0,5317	0,5373	0,5430	0,5486	0,5543	61°
29°	0,5543	0,5600	0,5658	0,5715	0,5774	**60°**
30°	0,5774	0,5832	0,5890	0,5949	0,6009	59°
31°	0,6009	0,6068	0,6128	0,6188	0,6249	58°
32°	0,6249	0,6310	0,6371	0,6432	0,6494	57°
33°	0,6494	0,6556	0,6619	0,6682	0,6745	56°
34°	0,6745	0,6809	0,6873	0,6937	0,7002	55°
35°	0,7002	0,7067	0,7133	0,7199	0,7265	54°
36°	0,7265	0,7332	0,7400	0,7467	0,7536	53°
37°	0,7536	0,7604	0,7673	0,7743	0,7813	52°
38°	0,7813	0,7883	0,7954	0,8026	0,8098	51°
39°	0,8098	0,8170	0,8243	0,8317	0,8391	**50°**
40°	0,8391	0,8466	0,8541	0,8617	0,8693	49°
41°	0,8693	0,8770	0,8847	0,8925	0,9004	48°
42°	0,9004	0,9083	0,9163	0,9244	0,9325	47°
43°	0,9325	0,9407	0,9490	0,9573	0,9657	46°
44°	0,9657	0,9742	0,9827	0,9913	1,0000	45°
	60′	45′	30′	15′	0′	↑ Grad

← Minuten

Kotangens 45° … 90°

Tangens 45° … 90°

Grad ↓	0′	15′	30′	45′	60′	
45°	1,0000	1,0088	1,0176	1,0265	1,0355	44°
46°	1,0355	1,0446	1,0538	1,0630	1,0724	43°
47°	1,0724	1,0818	1,0913	1,1009	1,1106	42°
48°	1,1106	1,1204	1,1303	1,1403	1,1504	41°
49°	1,1504	1,1606	1,1708	1,1812	1,1918	**40°**
50°	1,1918	1,2024	1,2131	1,2239	1,2349	39°
51°	1,2349	1,2460	1,2572	1,2685	1,2799	38°
52°	1,2799	1,2915	1,3032	1,3151	1,3270	37°
53°	1,3270	1,3392	1,3514	1,3638	1,3764	36°
54°	1,3764	1,3891	1,4019	1,4150	1,4281	35°
55°	1,4281	1,4415	1,4550	1,4687	1,4826	34°
56°	1,4826	1,4966	1,5108	1,5253	1,5399	33°
57°	1,5399	1,5547	1,5697	1,5849	1,6003	32°
58°	1,6003	1,6160	1,6319	1,6479	1,6643	31°
59°	1,6643	1,6808	1,6977	1,7147	1,7321	**30°**
60°	1,7321	1,7496	1,7675	1,7856	1,8040	29°
61°	1,8040	1,8228	1,8418	1,8611	1,8807	28°
62°	1,8807	1,9007	1,9210	1,9416	1,9626	27°
63°	1,9626	1,9840	2,0057	2,0278	2,0503	26°
64°	2,0503	2,0732	2,0965	2,1203	2,1445	25°
65°	2,1445	2,1692	2,1943	2,2199	2,2460	24°
66°	2,2460	2,2727	2,2998	2,3276	2,3559	23°
67°	2,3559	2,3847	2,4142	2,4443	2,4751	22°
68°	2,4751	2,5065	2,5386	2,5715	2,6051	21°
69°	2,6051	2,6395	2,6746	2,7106	2,7475	**20°**
70°	2,7475	2,7852	2,8239	2,8636	2,9042	19°
71°	2,9042	2,9459	2,9887	3,0326	3,0777	18°
72°	3,0777	3,1240	3,1716	3,2205	3,2709	17°
73°	3,2709	3,3226	3,3759	3,4308	3,4874	16°
74°	3,4874	3,5457	3,6059	3,6680	3,7321	15°
75°	3,7321	3,7983	3,8667	3,9375	4,0108	14°
76°	4,0108	4,0876	4,1653	4,2468	4,3315	13°
77°	4,3315	4,4194	4,5107	4,6057	4,7046	12°
78°	4,7046	4,8077	4,9152	5,0273	5,1446	11°
79°	5,1446	5,2672	5,3955	5,5301	5,6713	**10°**
80°	5,6713	5,8197	5,9758	6,1402	6,3138	9°
81°	6,3138	6,4971	6,6912	6,8969	7,1154	8°
82°	7,1154	7,3479	7,5958	7,8606	8,1443	7°
83°	8,1443	8,4490	8,7769	9,1309	9,5144	6°
84°	9,5144	9,9310	10,3854	10,8829	11,4301	5°
85°	11,4301	12,0346	12,7062	13,4566	14,3007	4°
86°	14,3007	15,2571	16,3499	17,6106	19,0811	3°
87°	19,0811	20,8188	22,9038	25,4517	28,6363	2°
88°	28,6363	32,7303	38,1885	45,8294	57,2900	1°
89°	57,2900	76,3900	114,5887	229,1817	∞	**0°**
	60′	45′	30′	15′	0′	↑ Grad

← Minuten

Kotangens 0° … 45°

Sachwortverzeichnis

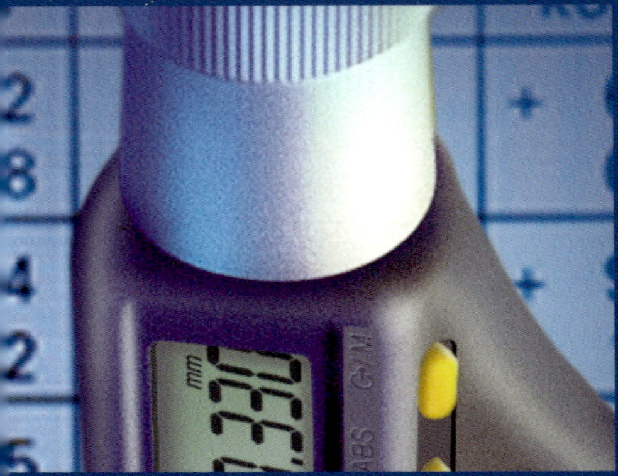

Europa-Nr.: 10714

ISBN 978-3-8085-1209-8
9 783808 512098

Warnzeichen

Warnzeichen vgl. DIN 4844-2 (2001-02) und BGV A8[1] (2002-04)

 Warnung vor einer Gefahrenstelle	 Warnung vor feuergefährlichen Stoffen	 Warnung vor explosions-gefährlichen Stoffen	 Warnung vor giftigen Stoffen	 Warnung vor ätzenden Stoffen	 Warnung vor radioaktiven Stoffen oder ionisierenden Strahlen
 Warnung vor schwebender Last	 Warnung vor Flurförderzeugen	 Warnung vor gefährlicher, elektrischer Spannung	 Warnung vor optischer Strahlung	 Warnung vor Laserstrahl	 Warnung vor brandfördernden Stoffen
 Warnung vor nichtionisierender, elektromagnetischer Strahlung	 Warnung vor magnetischem Feld	 Warnung vor Stolpergefahr	 Warnung vor Absturzgefahr	 Warnung vor Biogefährdung	 Warnung vor Kälte
 Warnung vor gesundheitsschädlichen oder reizenden Stoffen	 Warnung vor Gasflaschen	 Warnung vor Gefahren durch Batterien	 Warnung vor explosionsfähiger Atmosphäre	 Warnung vor Fräswelle	 Warnung vor Quetschgefahr
 Warnung vor Kippgefahr beim Walzen	 Warnung vor automatischem Anlauf	 Warnung vor heißer Oberfläche	 Warnung vor Handverletzungen	 Warnung vor Rutschgefahr	 Warnung vor Gefahren durch eine Förderanlage im Gleis

[1] Berufsgenossenschaftliche Unfallverhütungsvorschrift BGV A8 (Ersatz für VGB 125)

F

Sicherheitskennzeichnung

vgl. DIN 4844-2 (2001-02) und BGV A8[1] (2002-04)

Gebotszeichen

Allgemeines Gebotszeichen	Augenschutz benutzen	Kopfschutz benutzen	Gehörschutz benutzen	Atemschutz benutzen	Fußschutz benutzen

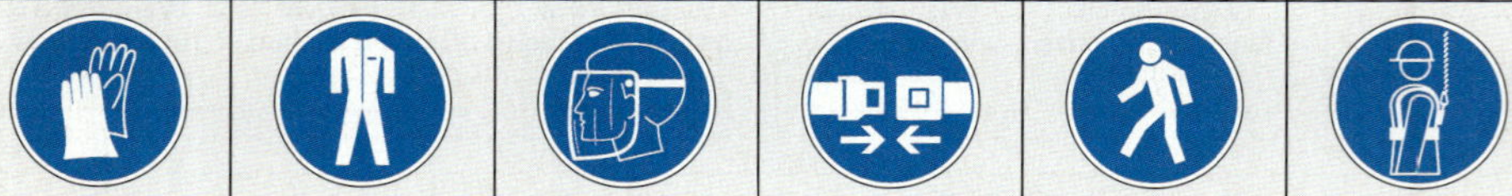

Handschutz benutzen	Schutzkleidung benutzen	Gesichtsschutz benutzen	Auffanggurt anlegen	Für Fußgänger	Sicherheitsgurt benutzen

Übergang benutzen	Vor Öffnen Netzstecker ziehen	Vor Arbeiten freischalten	Rettungsweste anlegen	Hupen	Gebrauchsanweisung beachten

Rettungszeichen für Rettungswege und Notausgänge

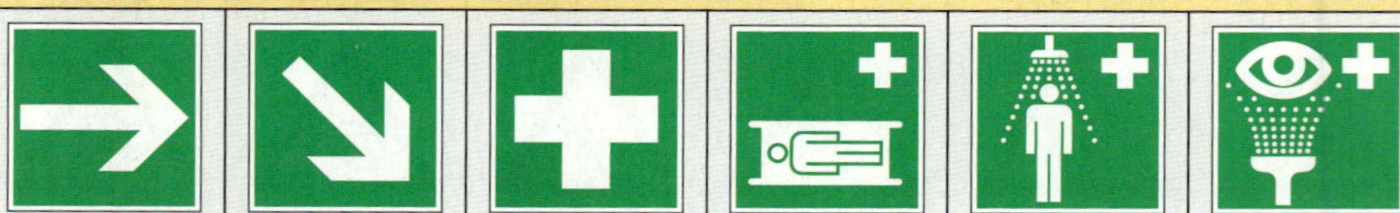

Richtungsangabe für Erste-Hilfe-Einrichtungen, Rettungswege und Notausgänge[2]		Erste Hilfe	Krankentrage	Notdusche	Augenspüleinrichtung

Notruftelefon	Arzt	Defibrillator	Rettungsweg/Notausgang		Sammelstelle

Brandschutzzeichen und Zusatzzeichen

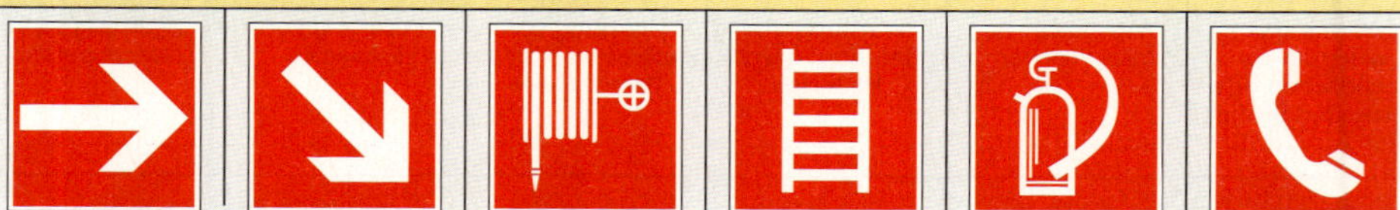

Richtungsangabe		Wandhydrant Löschschlauch	Leiter	Feuerlöscher	Brandmeldetelefon

Mittel und Geräte zur Brandbekämpfung	Brandmelder	Es wird gearbeitet! Ort: Datum: Entfernen des Schildes nur durch:	Hochspannung Lebensgefahr
		Zusatzzeichen, das zusammen mit einem Sicherheitszeichen weitere Informationen gibt	Zusatzzeichen, das zusammen mit einem Sicherheitszeichen weitere Informationen gibt

[1] Berufsgenossenschaftliche Unfallverhütungsvorschrift BGV A8 [2] nur in Verbindung mit weiterem Rettungszeichen

F

Sicherheitskennzeichnung

vgl. DIN 4844-2 (2001-02) und BGV A8[1] (2002-04)

Hinweiszeichen

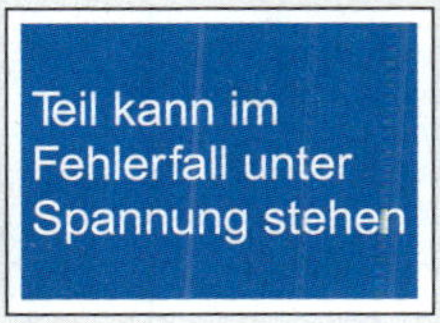

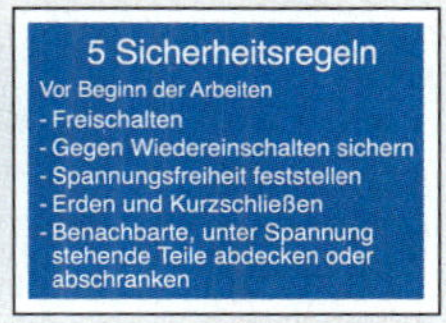

Kombinationszeichen

Schalten verboten

Warnung vor Hochspannung

Kombinationszeichen für Fluchtwege oder Notausgänge mit den entsprechenden Richtungsangaben durch Pfeile

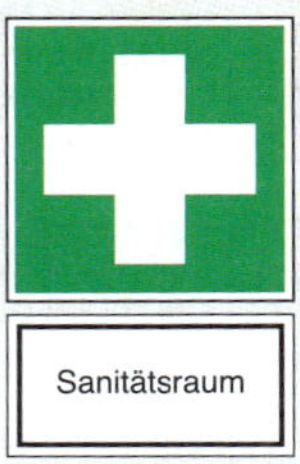

Erste Hilfe im Sanitätsraum

Verbot! Das Dach darf nicht betreten werden.

Löschdecke zur Brandbekämpfung

Warnung vor giftigen Gasen

[1] Berufsgenossenschaftliche Unfallverhütungsvorschrift BGV A8 (Ersatz für VGB 125)

Gefahrensymbole und Gefahrenbezeichnungen

RL 67/548/EWG (2004-04)[1]

Kennbuchstabe, Gefahrensymbol, -bezeichnung	Gefährlichkeitsmerkmale von Stoffen	Kennbuchstabe, Gefahrensymbol, -bezeichnung	Gefährlichkeitsmerkmale von Stoffen	Kennbuchstabe, Gefahrensymbol, -bezeichnung	Gefährlichkeitsmerkmale von Stoffen
T+  **Sehr giftig**	Führen bei Aufnahme in sehr geringer Menge zum Tode oder können akute oder chronische Gesundheitsschäden verursachen T = Toxic	**Xi**  **Reizend**	Können bei Kontakt mit der Haut oder Schleimhaut Entzündungen hervorrufen X = Andreaskreuz i = irritating	**F**  **Leichtentzündlich**	Feste Stoffe können durch eine Zündquelle leicht entzündet werden. Flüssige Stoffe, mit Flammpunkt < 21 °C F = Flammable
T  **Giftig**	Führen bei Aufnahme in geringer Menge zum Tode oder können akute oder chronische Gesundheitsschäden verursachen T = Toxic	**E**  **Explosionsgefährlich**	Durch Schlag, Reibung, Feuer oder andere Zündquellen können Stoffe explodieren. E = Explosive	**N**  **Umweltgefährlich**	Stoffe verändern Wasser, Boden, Luft, Klima, Tiere, Pflanzen u.a. derart, dass dadurch Gefahren für die Umwelt herbeigeführt werden. N = Noxious (schädlich)
Xn  **Gesundheitsschädlich**	Führen bei Aufnahme zum Tode oder können akute oder chronische Gesundheitsschäden verursachen X = Andreaskreuz n = noxious	**O**  **Brandfördernd**	Stoffe, die durch Sauerstoff-Abgabe die Brandgefahr und die Heftigkeit eines Brandes beträchtlich erhöhen. O = Oxidizing	**T mit R 45**  **Krebserzeugend**	Stoffe können beim Einatmen, Verschlucken oder bei Aufnahme über die Haut Krebs erregen. R 45: kann Krebs erzeugen T = Toxic
C  **Ätzend**	Lebendes Gewebe kann durch Berührung zerstört werden. C = Corrosive	**F+**  **Hochentzündlich**	Flüssige Stoffe mit Flammpunkt < 0 °C u. Siedepunkt < 35 °C; gasförmige Stoffe, die bei Luftkontakt entzündlich sind F = Flammable	**T mit R 46**  **Erbgutverändernde Stoffe**	Stoffe, die auf den Menschen erbgutverändernd wirken R 46: kann vererbbare Schäden verursachen T = Toxic
Xn mit R 40  **Verdacht auf erbgutverändernde Wirkung**	Stoffe, die wegen möglicher erbgutverändernder Wirkung auf den Menschen zu Besorgnis Anlass geben. Es liegen jedoch noch nicht genügend Informationen vor, die auf einen Nachweis schließen lassen. X = Andreaskreuz n = noxious R 40 = irreversibler Schaden möglich (Seite 199)	**T mit R 60, R 61**  **Fortpflanzungsgefährdend**	Stoffe, die beim Menschen die Fortpflanzungsfähigkeit bzw. die Fruchtbarkeit bekanntermaßen beeinträchtigen T = Toxic R 60 = kann die Fortpfanzungsfähigkeit beeinträchtigen R 61 = kann das Kind im Mutterleib schädigen	**Xn mit R 62, R 63**  **Verdacht auf Beeinträchtigung der Fortpflanzungsfähigkeit**	Stoffe, die wegen möglicher Beeinträchtigung der Fortpflanzungsfähigkeit der Menschen zu Besorgnis Anlass geben X = Andreaskreuz n = noxious R 62 = kann möglicherweise die Fortplanzungsfähigkeit beeinträchtigen R 63 = kann das Kind im Mutterleib möglicherweise schädigen

[1] EG-Richtlinie, Anhang II

Kennzeichnung von Rohrleitungen

vgl. DIN 2403 (2007-05)

Anwendungsbereich und Anforderungen

Anwendungsbereich: Eine deutliche Kennzeichnung der Rohrleitungen nach dem Durchflussstoff ist aus Gründen der Sicherheit, der wirksamen Brandbekämpfung und der sachgerechten Instandsetzung unerlässlich. Mit der Kennzeichnung soll auf Gefahren hingewiesen werden, um Unfälle und gesundheitliche Schäden zu vermeiden.

Anforderungen an die Kennzeichnung

- Kennzeichnung muss deutlich sichtbar und dauerhaft sein.
- Kennzeichnungen dürfen durch Anstrich und Beschriftung, Bänder (z. B. selbstklebende Folienbänder) oder Schilder ausgeführt werden.
- Kennzeichnung insbesondere an betriebswichtigen und gefährlichen Punkten (z. B. am Anfang und Ende, bei Abzweigungen, Wanddurchführungen, Armaturen).
- Nach maximal 10 m Rohrlänge muss das Kennzeichen wiederholt werden.
- Angabe der Gruppen- und Zusatzfarbe (vgl. unten).
- Angabe der Durchflussrichtung mittels eines Pfeils.
- Angabe des Durchflussstoffes zusätzlich durch Wortangabe (z. B. Wasser) oder die chemische Formel (z. B. H_2O).
- bei Gefahrstoffen zusätzliche Angabe der Gefahrensymbole (Seite 342) bzw. bei allgemeinen Gefahren zusätzliche Angabe von Warnzeichen (Seite 339).

Zuordnung der Farben zu den Durchflussstoffen

Durchflussstoff	Gruppe	Gruppenfarbe	RAL	Zusatzfarbe	RAL	Schriftfarbe	RAL
Wasser	1	grün	6032	–	–	weiß	9003
Wasserdampf	2	rot	3001	–	–	weiß	9003
Luft	3	grau	7004	–	–	schwarz	9004
Brennbare Gase	4	gelb	1003	rot	3001	schwarz	9004
Nicht brennbare Gase	5	gelb	1003	schwarz	9004	schwarz	9004
Säuren	6	orange	2010	–	–	weiß	9003
Laugen	7	violett	4008	–	–	weiß	9003
Brennbare Flüssigkeiten und Feststoffe	8	braun	8002	rot	3001	weiß	9003
Nicht brennbare Flüssigkeiten und Feststoffe	9	braun	8002	schwarz	9004	weiß	9003
Sauerstoff	0	blau	5005	–	–	weiß	9003

Kennzeichnung besonderer Rohrleitungen

Feuerlöschleitungen sind mit einer rot-weiß-roten Farbmarkierung zu kennzeichnen. Im weißen Feld wird jeweils in der Farbe des Löschmittels das grafische Symbol des Sicherheitszeichens „Mittel und Geräte zur Brandbekämpfung" (vgl. Seite 340) angebracht.

Trinkwasserleitungen sind mit einer grün-weiß-grünen Farbmarkierung zu kennzeichnen. **Nichttrinkwasserleitungen** haben eine grün-blau-grüne Markierung. Kurzzeichen und deren Farben sind der Tabelle zu entnehmen.

Benennung	Kurzzeichen	Farbe	Benennung	Kurzzeichen	Farbe
Trinkwasserleitung Trinkwasserleitung, kalt	PW PWC	grün	Trinkwasserleitung, warm, zirkulierend	PWH-C	violett
Trinkwasserleitung, warm	PWH	rot	Nichttrinkwasserleitung	NPW	weiß

Beispiele für Kennzeichnungen

Heizöl

Feuerlöscheinrichtung (Wasser)

Trinkwasser

Druckluft

Sauerstoff (brandfördernd, O)

Acetylen (hochentzündlich, F+)

F

Schall und Lärm

Schalltechnische Begriffe

Begriff	Erläuterung
Schall	Schall entsteht durch mechanische Schwingungen. Er breitet sich in gasförmigen, flüssigen und festen Körpern aus.
Frequenz	Anzahl der Schwingungen pro Sekunde. Einheit: 1 Hertz = 1 Hz = 1/s. Die Tonhöhe steigt mit der Frequenz. Frequenzbereich des menschlichen Hörens: 16 Hz ... 20 000 Hz.
Schallpegel	Ein Maß für die Stärke des Schalls (Schallenergie).
Lärm	Unerwünschte, belästigende oder schmerzhafte Schallwellen; Schädigung ist abhängig von der Stärke, Dauer, Frequenz und Regelmäßigkeit der Einwirkung. Bei einem Lärmpegel von 85 dB (A) und mehr droht die Gefahr der unheilbaren Schwerhörigkeit.
Dezibel (dB)	Genormte Einheit für den Schallpegel.
dB (A)	Da das menschliche Ohr verschieden hohe Töne (Frequenzen) des gleichen Schallpegels verschieden stark empfindet, muss der Lärm mit Filtern bei bestimmten Frequenzen entsprechend gedämpft werden. Die Frequenzbewertungskurve mit Filter A berücksichtigt dies und gibt den subjektiven Gehöreindruck an. Ein Unterschied von 3 dB (A) entspricht etwa einer Verdoppelung (oder Halbierung) der Schallintensität.

Schallpegel

Schallart	dB (A)	Schallart	dB (A)	Schallart	dB (A)
Beginn der Hörempfindlichkeit	4	Normales Sprechen in 1 m Abstand	70	Schwere Stanzen	95...110
Atemgeräusche in 30 cm Abstand	10	Werkzeugmaschinen	75... 90	Winkelschleifer	95...115
Leises Blätterrauschen	20	Lautes Sprechen in 1 m Abstand	80	Autohupe in 5 m Entfernung	100
Flüstern	30	Schweißbrenner, Drehmaschine	85	Diskomusik	100...115
Zerreißen von Papier	40	Schlagbohrmaschine, Motorrad	90	Richtarbeiten	110
Leise Unterhaltung	50...60	Motorenprüfstand, Walkman	90...110	Düsentriebwerk	120...130

Lärmschutzverordnung

vgl. Unfallverhütungsvorschrift „Lärm" BGV B3 (1997-01)

Unfallverhütungsvorschrift für Lärm erzeugende Betriebe

- Kennzeichnungspflicht für Lärmbereiche ab 90 dB (A).
- Ab 85 dB (A) müssen Schallschutzmittel zur Verfügung stehen und ab 90 dB (A) müssen diese benutzt werden.
- Steigt durch Lärm die Unfallgefahr, so müssen entsprechende Maßnahmen getroffen werden.
- Regelmäßige Vorsorgeuntersuchungen sind Pflicht.
- Neue Arbeitseinrichtungen müssen dem fortschrittlichsten Stand der Lärmminderung entsprechen.

§ 15 Arbeitsstättenverordnung

Lärmgrenzwert für:	max. dB (A)
überwiegend geistige Tätigkeit	55
einfache, überwiegend mechanisierte Tätigkeiten	70
alle sonstigen Tätigkeiten (Wert darf bis 5 dB überschritten werden)	85
Pausen-, Bereitschafts- und Sanitätsräume	55

Gesundheitsschädlicher Lärm

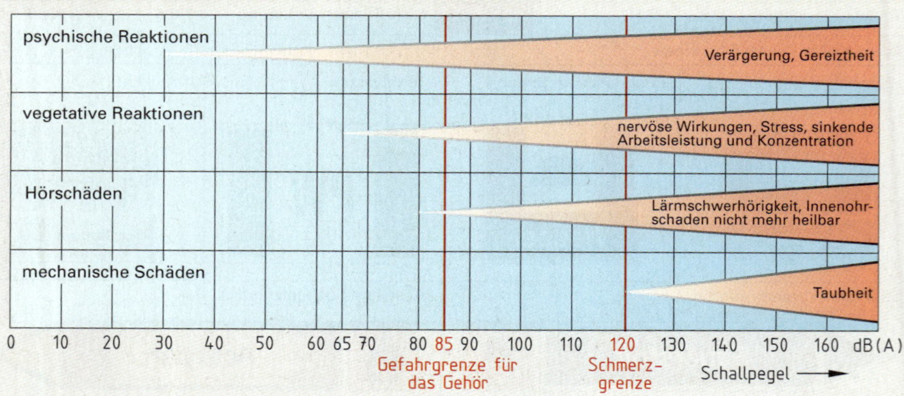

F

7 Automatisierungs- und Informationstechnik

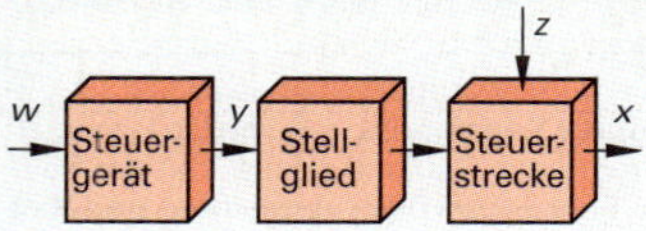

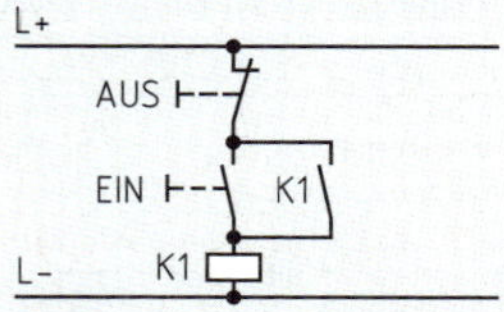

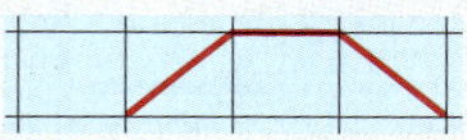

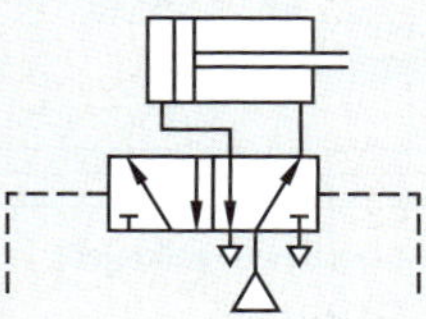

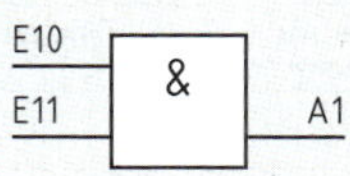

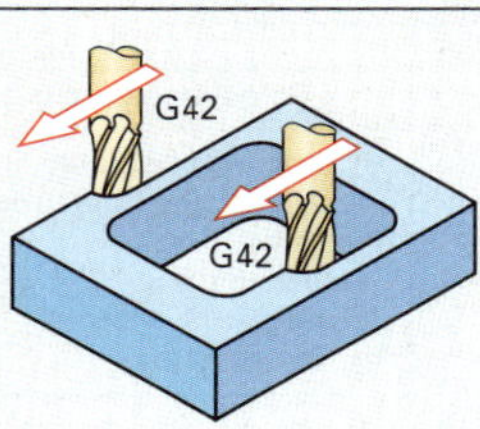

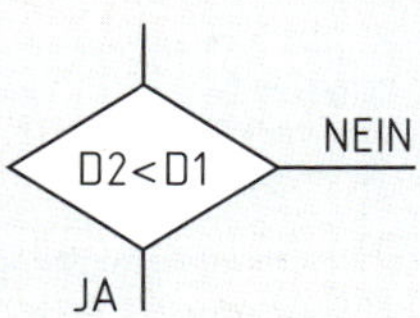

Grundbegriffe der Steuerungs- und Regelungstechnik

Grundbegriffe

vgl. DIN 19226-1 bis -5 (1994-02)

Steuern	Regeln
Beim Steuern wird die Ausgangsgröße, z. B. die Temperatur in einem Härteofen, von der Eingangsgröße, z. B. dem Strom in der Heizwicklung, beeinflusst. Die Ausgangsgröße wirkt auf die Eingangsgröße nicht zurück. Die Steuerung hat einen offenen Wirkungsweg.	Beim Regeln wird die Regelgröße, z. B. die Ist-Temperatur in einem Härteofen, fortlaufend erfasst, mit der Soll-Temperatur als Führungsgröße verglichen und bei Abweichungen an die Führungsgröße angeglichen. Die Regelung hat einen geschlossenen Wirkungskreislauf.

Beispiel: Härteofen

Schemadarstellung

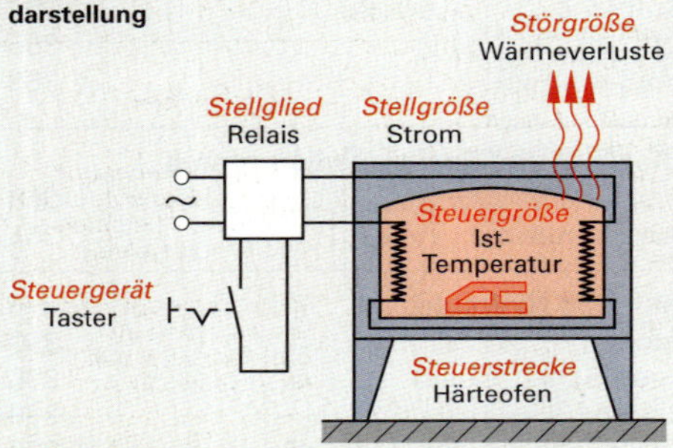

Schemadarstellung

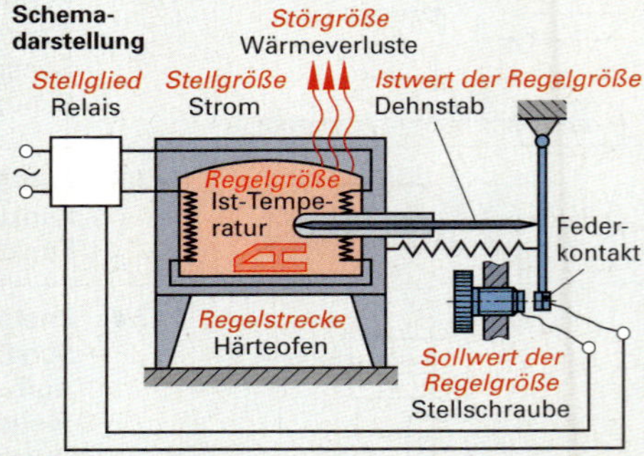

Wirkungsplan der Steuerkette

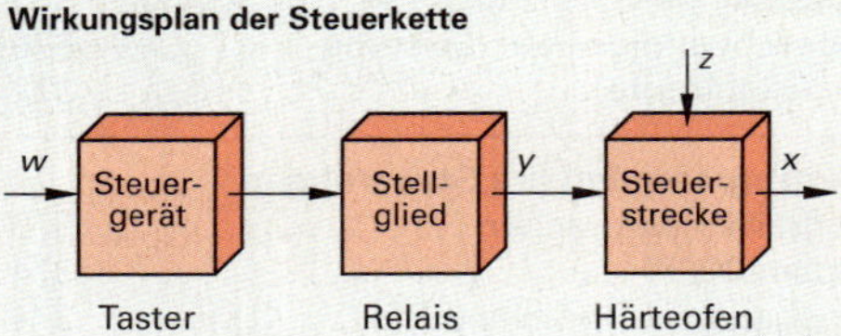

w Führungsgröße	*y* Stellgröße	*z* Störgröße	*x* Steuergröße
Soll-Temperatur	Strom	Wärmeverluste	Ist-Temperatur

vereinfachter Wirkungsplan des Regelkreises

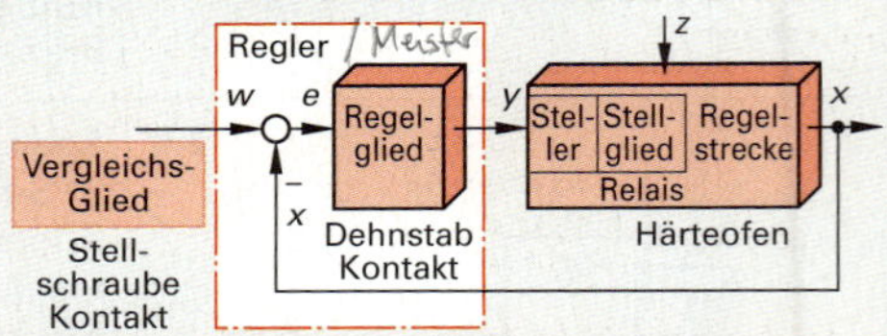

w Führungsgröße	*e* Regeldifferenz $e = w - x$	*y* Stellgröße	*z* Störgröße	*x* Regelgröße
Soll-Temperatur		Strom	Wärmeverluste	Ist-Temp.

Aufgabenbezogene Kennbuchstaben

vgl. DIN 19227-1 (1993-10)

Bezeichnungsbeispiel: P D I C

Erstbuchstaben	
D	Dichte
E	Elektrische Größen
F	Durchfluss, Durchsatz
G	Abstand, Stellung, Länge
H	Handeingabe, Handeingriff
K	Zeit
L	Stand (z. B. Füllstand)
M	Feuchte
P	Druck
Q	Qualitätsgrößen
R	Strahlungsgrößen
S	Geschwindigkeit, Drehzahl
T	Temperatur
W	Gewichtskraft, Masse

Ergänzungsbuchstaben	
D	Differenz
F	Verhältnis
J	Messstellenabfrage
Q	Summe, Integral

Folgebuchstaben	
A	Störungsmeldung
C	selbsttätige Regelung
H	oberer Grenzwert
I	Anzeige
L	unterer Grenzwert
R	Registrierung

Beispiel: Differenzdruckregelung

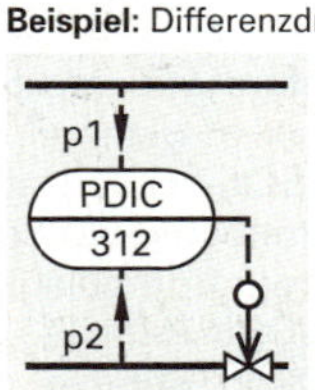

Erläuterung: P Druck
D Differenz
I Anzeige
C Selbsttätige Regelung

umgangssprachlich: Differenzdruckregelung und Anzeige der Druckdifferenz

A

Bildzeichen

vgl. DIN 19227-1 (1993-10)

Ausgabe- und Bedienort

Sinnbild	Erläuterung
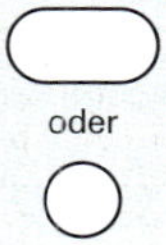	vor Ort, allgemein
	Prozessleitwarte
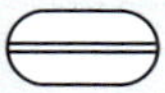	örtlicher Leitstand
	vor Ort, realisiert mit einem Prozessleitsystem
	vor Ort, realisiert mit einem Prozessrechner

Einwirkung auf die Strecke

Sinnbild	Erläuterung
	Stellantrieb, allgemein
	Stellantrieb; bei Ausfall der Hilfsenergie wird die Stellung für minimalen Massenstrom oder Energiefluss eingestellt
	Stellantrieb; bei Ausfall der Hilfsenergie wird die Stellung für maximalen Massenstrom oder Energiefluss eingestellt.
	Stellantrieb; bei Ausfall der Hilfsenergie bleibt das Stellgerät in der zuletzt eingenommenen Stellung.

Messort, Stellort

Sinnbild	Erläuterung
	Bezugslinie
	Messort, Fühler
	Stellglied, Stellort

Beispiel:

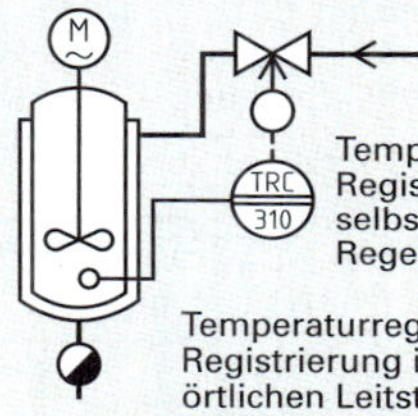

Temperatur T
Registrierung R
selbsttätige Regelung C

Temperaturregelung und Registrierung im örtlichen Leitstand Messstelle 310

Lösungsbezogene Bildzeichen für Geräte

vgl. DIN 19227-2 (1991-02)

Aufnehmer

Sinnbild	Erläuterung
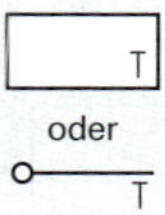	Aufnehmer für Temperatur, allgemein
	Aufnehmer für Druck
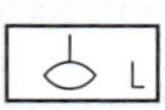	Aufnehmer für Stand mit Schwimmer
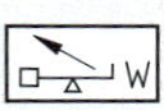	Aufnehmer für Gewichtskraft, Waage; anzeigend

Regler

Sinnbild	Erläuterung
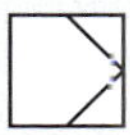	Regler, allgemein
	Zweipunktregler mit schaltendem Ausgang und PID-Verhalten
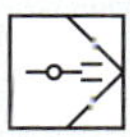	Dreipunktregler mit schaltendem Ausgang

Anpasser

Sinnbild	Erläuterung
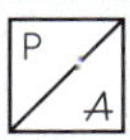	Messumformer für Druck mit pneumatischem Signalausgang

Stell- und Bediengeräte

Sinnbild	Erläuterung
	Ventilstellglied mit Motor-Antrieb
	Ventilstellglied mit Magnet-Antrieb
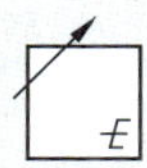	Signaleinsteller für elektrisches Signal

Signalkennzeichen

Signal, elektrisch
Signal, pneumatisch
Analogsignal
Digitalsignal

Ausgeber

Sinnbild	Erläuterung
	Basissymbol, Anzeiger allgemein
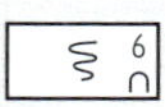	Schreiber, analog, Anzahl der Kanäle als Ziffer
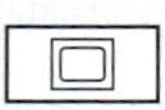	Bildschirm

Beispiel: Temperaturregler

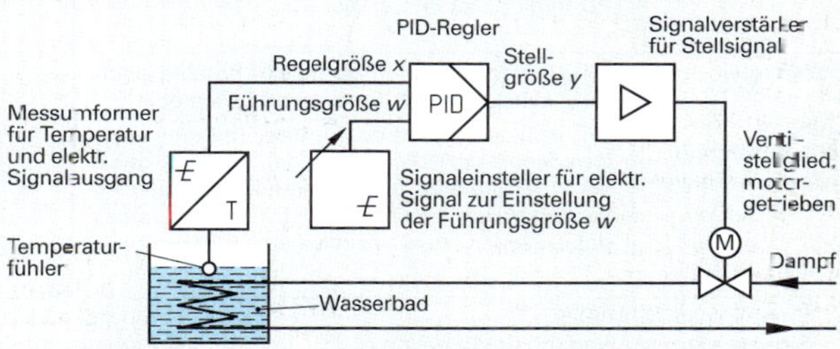

A

Analoge Regler

Analoge (stetige) Regler

vgl. DIN 19225 (1981-12) und DIN 19226-2 (1994-02)

Bei analogen Reglern kann die Stellgröße *y* innerhalb des Stellbereiches jeden beliebigen Wert annehmen.

Reglerart	Beispiel Niveauregelung, Beschreibung	Übergangsfunktion	Sinnbild[1)] Blockdarstellung[2)]
		x Regelgröße *y* Stellgröße *e* Regeldifferenz —— Sprungfunktion[3)] —— Sprungantwort[4)]	
P-Regler Proportional wirkender Regler Die Ausgangsgröße ist proportional der Eingangsgröße. P-Regler besitzen eine bleibende Regeldifferenz.	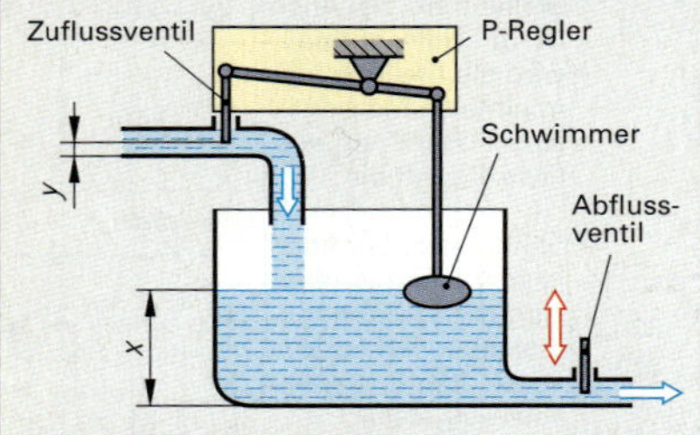	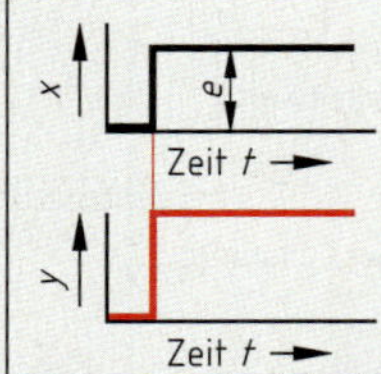	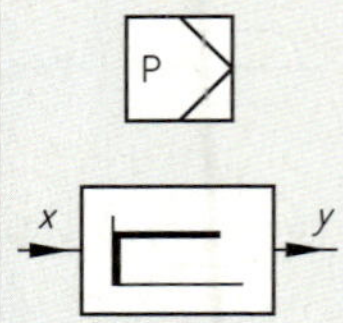
I-Regler Integral wirkender Regler I-Regler sind langsamer als P-Regler, beseitigen aber die Regeldifferenz vollständig.	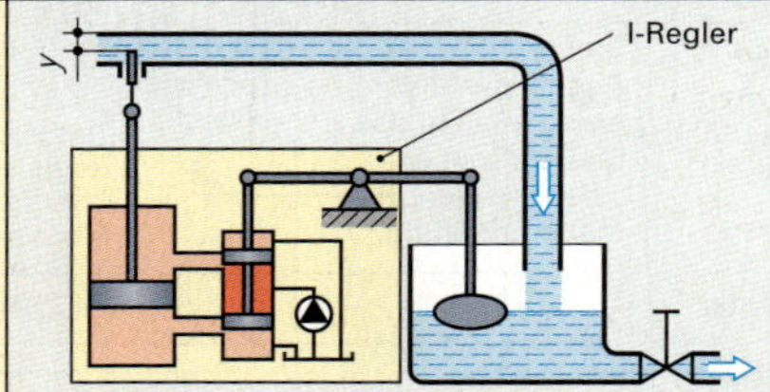	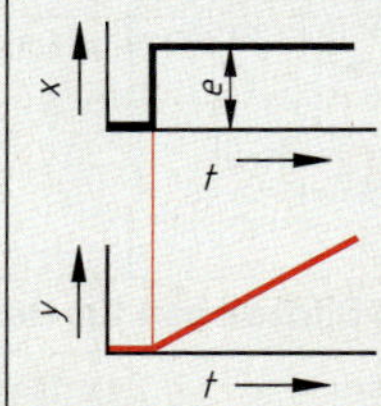	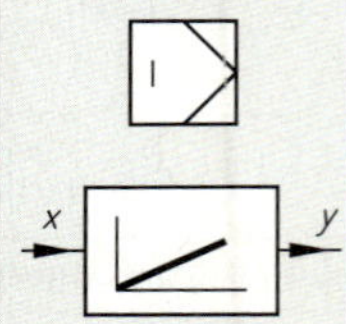
PI-Regler Proportional-integral wirkender Regler Beim PI-Regler werden ein P-Regler und ein I-Regler parallel geschaltet.	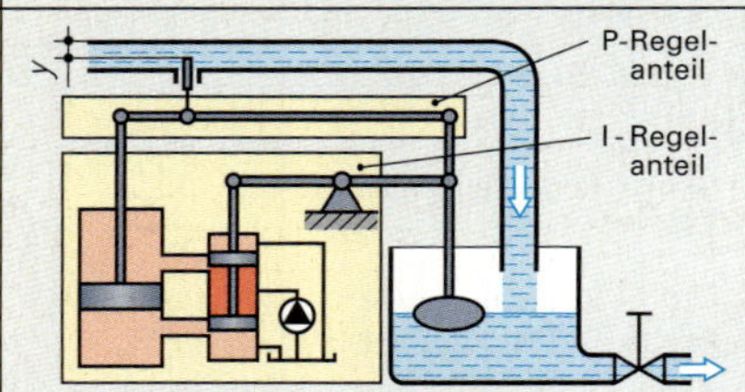	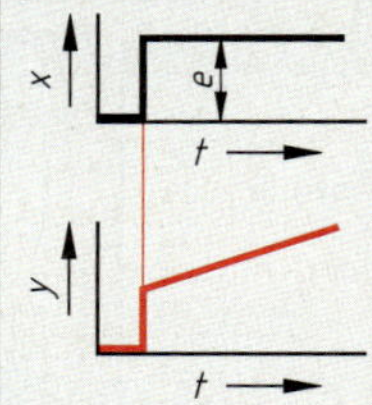	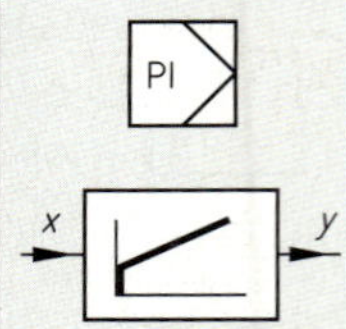
D-Regler Differenzierend wirkender Regler	D-Regeleinrichtungen kommen nur zusammen mit P- oder PI-Regeleinrichtungen vor, da reines D-Verhalten bei konstanter Regeldifferenz keine Stellgröße und damit keine Regelung liefert.	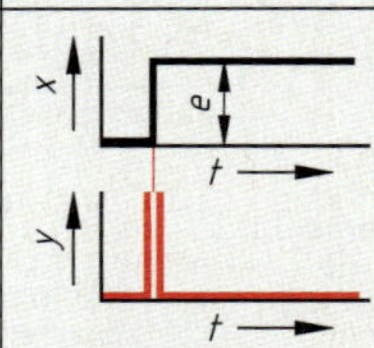	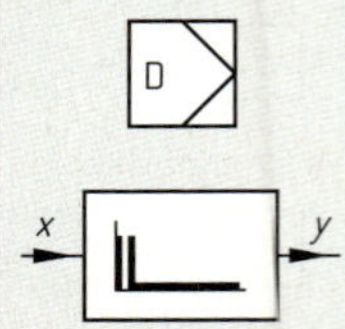
PD-Regler Proportional-differenzierend wirkender Regler	PD-Regler entstehen durch die Parallelschaltung eines P-Reglers mit einem D-Glied. Der D-Anteil ändert die Ausgangsgröße proportional zur Änderungsgeschwindigkeit der Eingangsgröße. Der P-Anteil ändert die Ausgangsgröße proportional zur Eingangsgröße. PD-Regler wirken schnell.	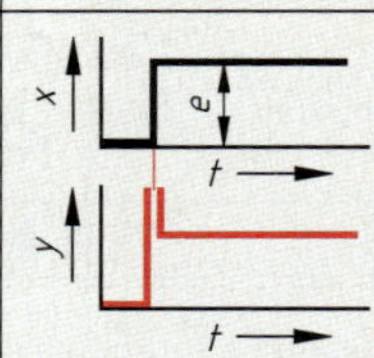	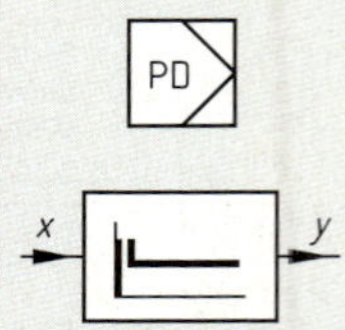
PID-Regler Proportional-integral-differenzierend wirkender Regler	PID-Regler entstehen durch die Parallelschaltung eines P-, eines I- und eines D-Reglers. Am Anfang reagiert der D-Anteil mit einer großen Steuersignaländerung, danach wird diese Veränderung etwa bis zum Anteil des P-Gliedes verringert, um anschließend durch den Einfluss des I-Gliedes linear anzusteigen.	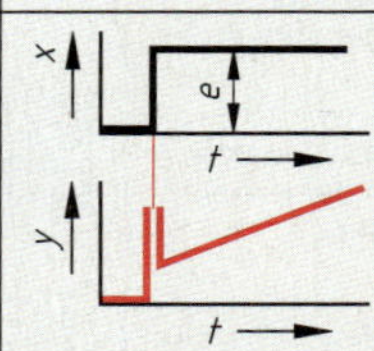	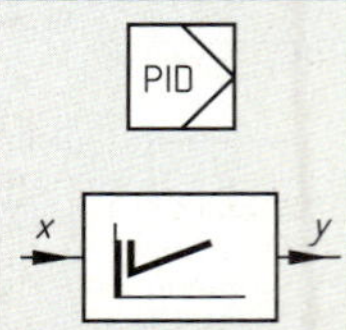

1) Sinnbild nach DIN 19227-2
2) Blockdarstellung nach DIN 19226-2
3) Signalverlauf am Eingang der Regelstrecke
4) Signalverlauf am Ausgang der Regelstrecke

A

Unstetige und digitale Regler

Schaltende (unstetige) Regler

vgl. DIN 19225 (1981-12) und DIN 19226-2 (1994-02)

Schaltende Regler verändern die Stellgröße *y* unstetig durch Schalten in mehreren Stufen.

Reglerart	Beispiel, Beschreibung	Übergangsfunktion, Schaltverhalten	Sinnbild Blockdarstellung
Zweipunktregler	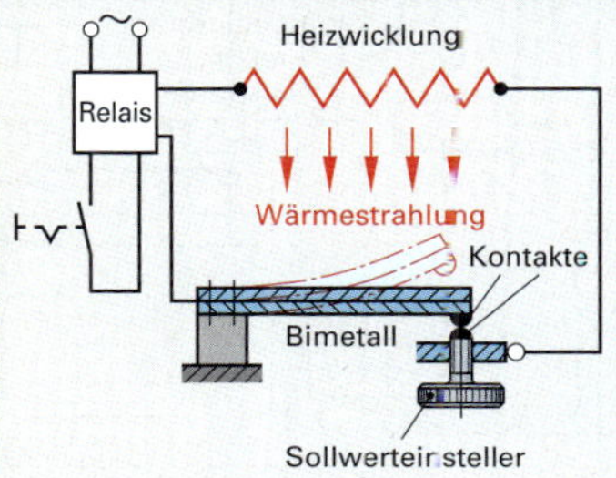	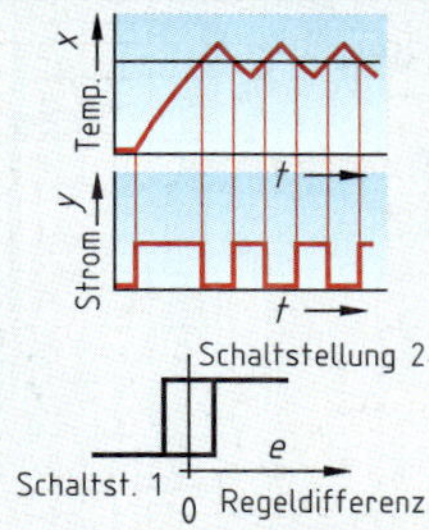	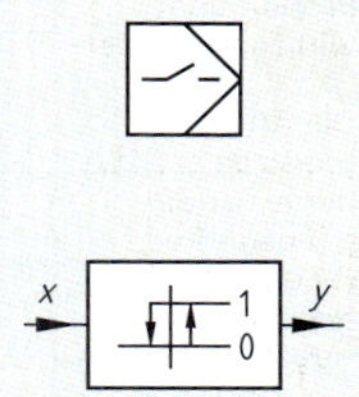
Dreipunktregler	**Klima-Anlage** Bei einer Klima-Anlage können den drei Temperaturbereichen drei Schaltstellungen zugeordnet werden: – Heizung EIN – Heizung/Kühlung AUS – Kühlung EIN	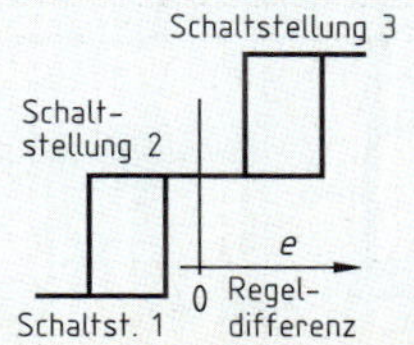	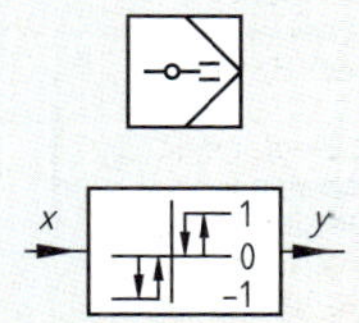

Digitale Regler (Software-Regler)

vgl. DIN 19225 (1981-12) und DIN 19226-2 (1994-02)

Die Funktionsweise des digitalen Reglers ist als Programm im Computer realisiert.

Reglerart	Beispiel (vereinfacht)	Übergangsfunktion	Erläuterung
Computer **Speicherprogrammierbare Steuerungen (SPS)** **Mikrocontroller** **Mikroprozessoren**	**Digitaler PID-Regler** 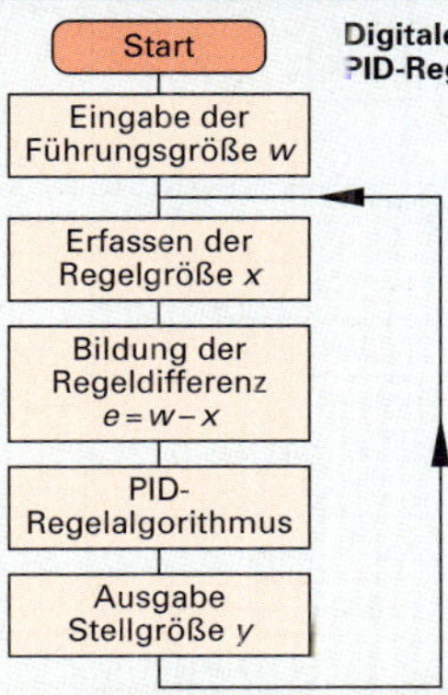	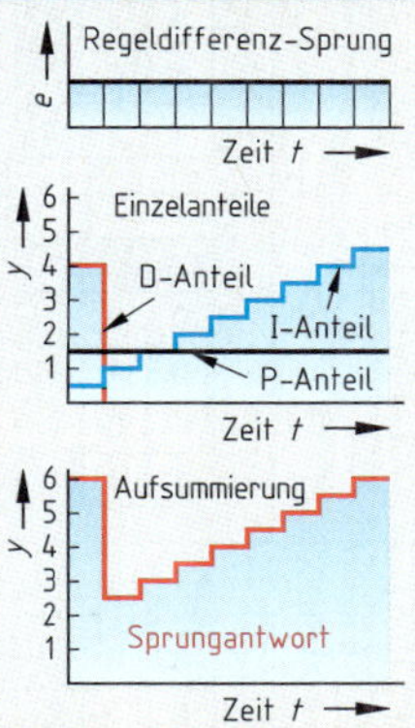	Das Computerprogramm hat folgende Aufgaben: – Bildung der Regeldifferenz *e* – Berechnung der Stellgröße *y* auf Grund der programmierten Regelalgorithmen Bei der Sprungantwort werden alle P-, D- und I-Anteile aufsummiert. Die Abtastung der analogen Signale und deren Umwandlung in digitale Werte sowie der interne Programmablauf bewirken eine zeitliche Verzögerung der Regelgröße *x* (ähnlich wie bei einer T-Strecke).

P-Regelstrecken mit zeitlicher Verzögerung (T-Anteil)

vgl. DIN 19226-2 (1994-02)

Reglerart	Beispiel	Übergangsfunktion	Erläuterung
P-Strecke mit Verzögerung 1. Ordnung ($P-T_1$-Strecke)	Füllen eines Gasbehälters 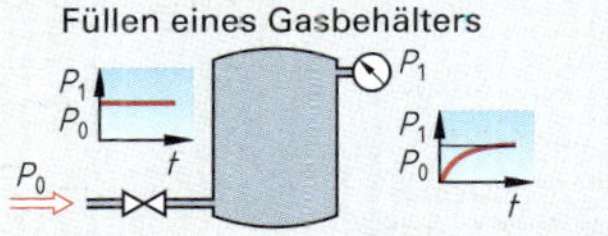	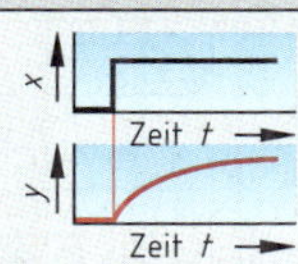	Wird der Druckbehälter durch einen Gasstrom gefüllt, erreicht der Druck p_1 im Behälter allmählich den Druck des Gasstroms.
P-Strecke mit Verzögerung 2. Ordnung ($P-T_2$-Strecke)	Füllen von zwei Gasbehältern 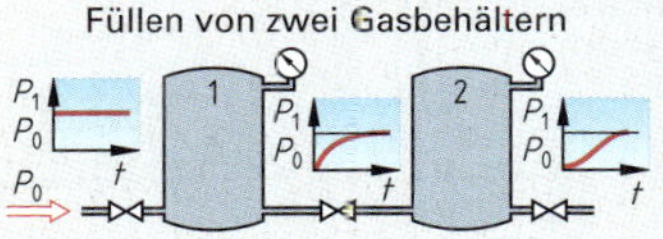	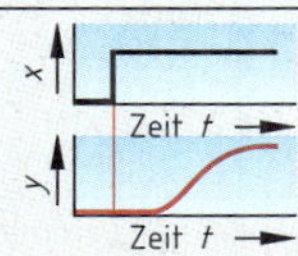	Werden zwei Behälter hintereinander geschaltet, steigt der Druck p_2 im zweiten Behälter langsamer an als der Druck p_1 im ersten Behälter.

A

Binäre Verknüpfungen

vgl. DIN EN 60617-12 (1999-04)

Spalten: Funktion | Schaltzeichen, Logische Gleichung | Funktionstabelle | technische Realisierung: pneumatisch, elektrisch

UND (AND)

Schaltzeichen

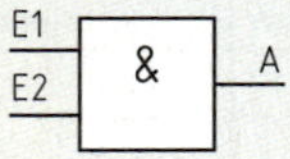

$A = E1 \wedge E2$

Funktionstabelle

E1	E2	A
0	0	0
0	1	0
1	0	0
1	1	1

pneumatisch

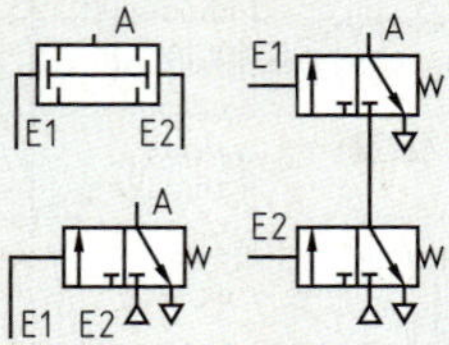

elektrisch

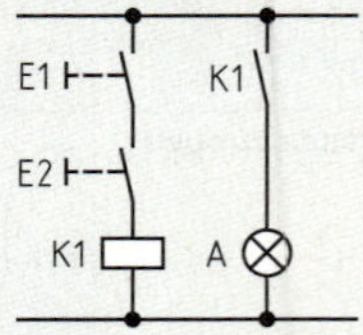

ODER (OR)

Schaltzeichen

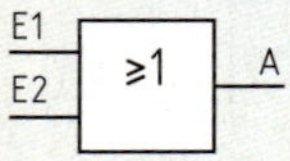

$A = E1 \vee E2$

Funktionstabelle

E1	E2	A
0	0	0
0	1	1
1	0	1
1	1	1

pneumatisch

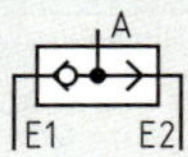

elektrisch

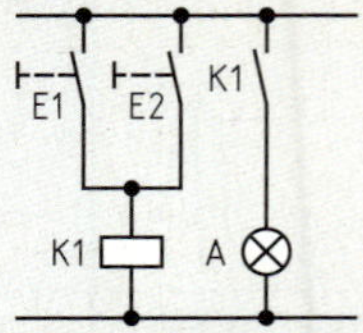

NICHT (NOT)

Schaltzeichen

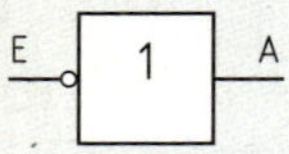

$A = \overline{E}$

Funktionstabelle

E1	A
0	1
1	0

pneumatisch

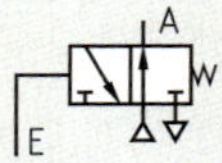

elektrisch

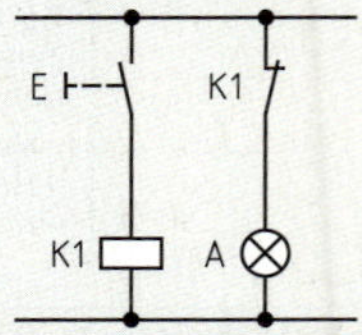

UND-NICHT (NAND)

Schaltzeichen

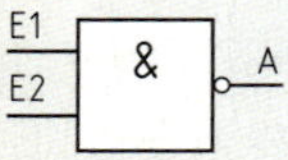

$A = \overline{E1 \wedge E2}$

Funktionstabelle

E1	E2	A
0	0	1
0	1	1
1	0	1
1	1	0

pneumatisch

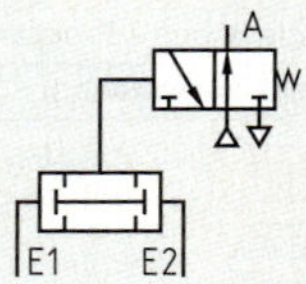

elektrisch

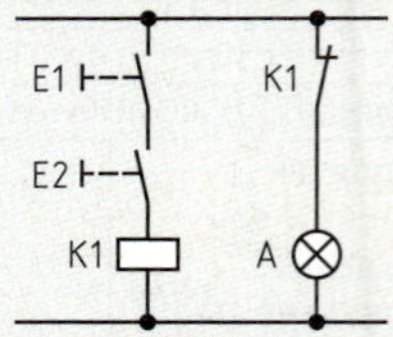

ODER-NICHT (NOR)

Schaltzeichen

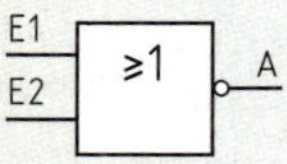

$A = \overline{E1 \vee E2}$

Funktionstabelle

E1	E2	A
0	0	1
0	1	0
1	0	0
1	1	0

pneumatisch

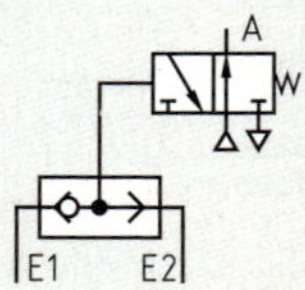

elektrisch

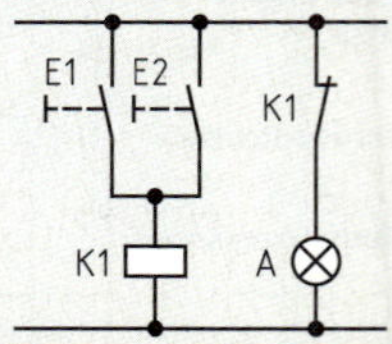

exklusiv ODER (XOR)

Schaltzeichen

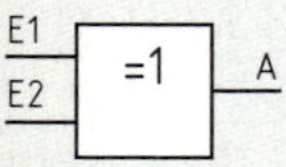

$A = (E1 \wedge \overline{E2}) \vee (\overline{E1} \wedge E2)$

Funktionstabelle

E1	E2	A
0	0	0
0	1	1
1	0	1
1	1	0

pneumatisch

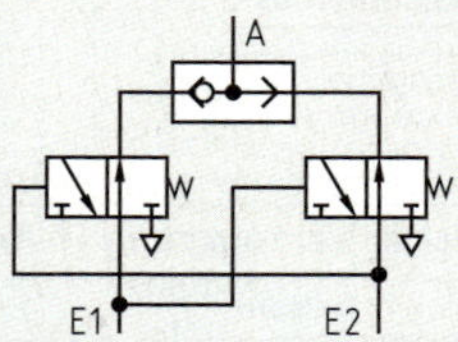

elektrisch

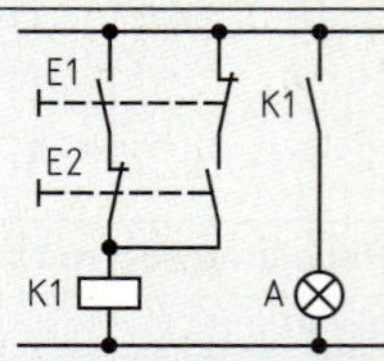

Speicher (RS-Flip-Flop)

Schaltzeichen

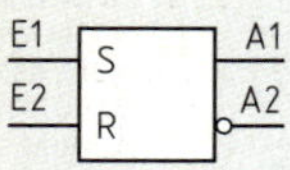

S Setzen
R Rücksetzen

Funktionstabelle

E1	E2	A1	A2
0	0	•	•
0	1	0	1
1	0	1	0
1	1	□	□

• Zustand unverändert
□ Zustand unbestimmt

pneumatisch

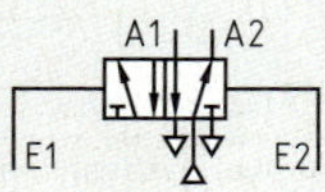

elektrisch

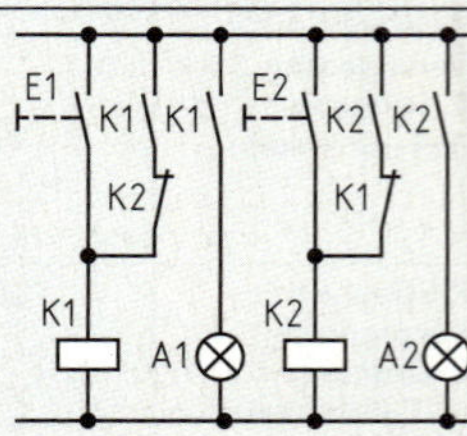

E = Eingänge A = Ausgänge, z. B. Lampen K = Relais, Kontakte

A

Schaltzeichen

vgl. DIN EN 60617-1 bis -12 (1999-04)

Allgemeine Schaltzeichen

Widerstand, allgemein	Induktivität, Spule	Lampe, allgemein, wahlweise Darstellung	galvanisches Element
Sicherung	nichtgenormte Darstellung	Summer	Umsetzer, Umformer
Kondensator	Dauermagnet	Hupe	

Leiter, Verbinder und Anschlüsse

Leiter, allgemein	Schutzleiter, PE	Abzweig, wahlweise Darstellung	Massenanschluss, wahlweise Darstellung
Leiter, beweglich	Neutralleiter, PN	Doppelabzweig, wahlweise Darstellung	Erdung
Leiter, geschirmt	Neutralleiter mit Schutzfunktion PEN		Schutzleiteranschluss

Geräte und Maschinen

Messgerät, Maschine	Transformation, wahlweise Darstellung
Messgerät, aufzeichnend	Ventil

Halbleiterelemente

Halbleiterdiode, allgemein	PNP-Transistor
Leuchtdiode LED (engl.: light emitting diode)	NPN-Transistor

Kennzeichen

Veränderbarkeit	**Funktion**
allgemein	gestuft
einstellbar	stetig
geregelt	**Wirkung**
	thermisch
	Strahlung

Stromarten

Gleichstrom
Wechselstrom mit niedriger Frequenz
Wechselstrom mit hoher Frequenz

Schaltungsarten

Sternschaltung
Dreieckschaltung
Stern-Dreieckschaltung

Schaltzeichen in Installationsplänen

Ausschalter a) einpolig b) zweipolig	Wechselschalter, beleuchtet	Schalter dreipolig, Schutzart IP 44 (IP 44)	Motor-Schutzschalter
Sensorschalter	Schutzkontaktsteckdose	Leitungs-Schutzschalter	Fehlerstrom-Schutzschalter
Serienschalter	Taster		

Anwendungsbeispiele

Spule, veränderbar	Wechselrichter, geregelt	dreiadrige Leitung mit Abzweigung	Gleichstrommotor (M)
Widerstand, 5-stufig verstellbar (5)	Gleich- oder Wechselstrom (Allstrom)	Leitung mit 3 Adern, mit Schutzleiter (G) und 1,5 mm² Querschnitt (3 G 1,5)	Drehstrommotor (M 3~)

A

Schaltzeichen

vgl. DIN EN 60617-1 bis -12 (1999-04)

Relaiskontakte

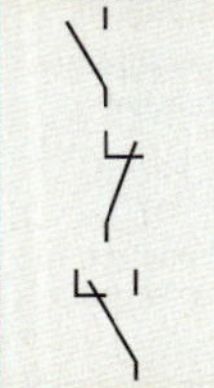

- Schließer, Einschaltglied
- Öffner, Ausschaltglied
- Wechsler, Umschaltglied

Betätigungsarten

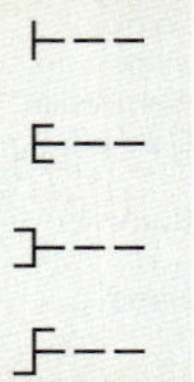

- von Hand, allgemein
- durch Drücken
- durch Ziehen
- durch Drehen

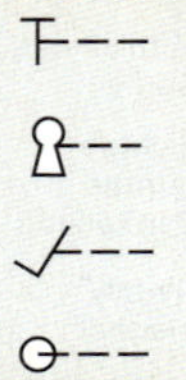

- durch Kippen
- durch Schlüssel
- durch Pedal
- durch Rolle

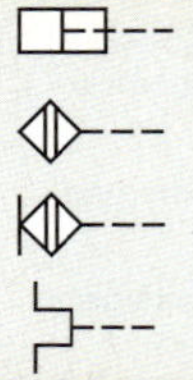

- durch Druckenergie
- durch Annähern
- durch Berühren
- durch Bimetall (thermisch)

El.-mech. Relais

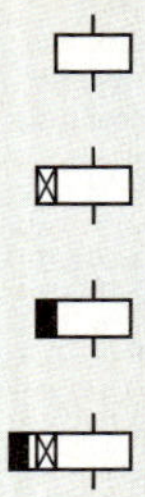

- Relaisspule, allgemein
- mit Ansprechverzögerung
- mit Rückfallverzögerung
- mit Ansprech- und Rückfallverzögerung

Schaltverhalten

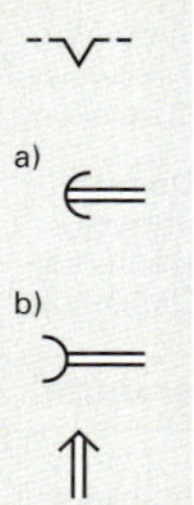

- Raste, verhindert selbsttätige Rückkehr
- verzögerte Wirkung (Fallschirmwirkung) bei Bewegung a) nach rechts b) nach links
- Kennzeichen für „betätigter Zustand"

Sensoren (Blockdarstellung)

kapazitiver Sensor, reagiert bei Annäherung aller Stoffe

induktiver Sensor, reagiert bei Annäherung von Metallen

magnetischer Sensor, reagiert bei Annäherung eines Magneten (Reedschalter)

optischer Sensor, reagiert auf Reflexion von Infrarotstrahlung

Anwendungsbeispiele für Schalter

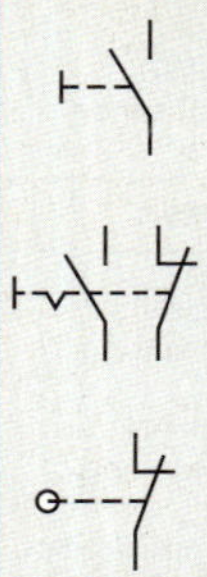

- Schließer mit Handbetätigung
- Stellschalter mit 1 Schließer und 1 Öffner
- Öffner mit Rollenbetätigung

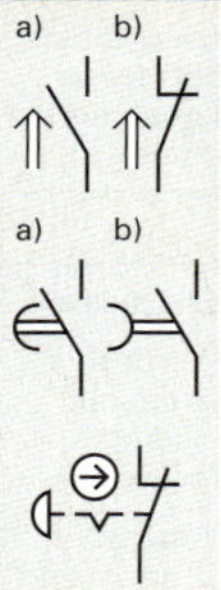

- a) Öffner b) Schließer Darstellung in betätigtem Zustand
- Schließer a) schließt b) öffnet verzögert bei Betätigung
- Pilz-Notdruck-Taster

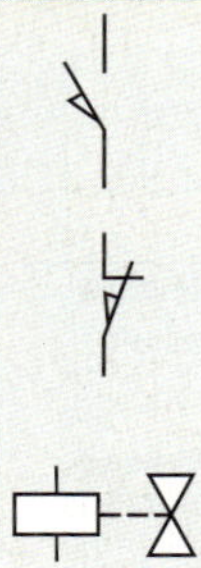

- Endschalter, Schließer
- Endschalter, Öffner
- Ventil mit elektromagnetischer Betätigung

- magnetischer Näherungsschalter mit Schließerkontakt, reagiert auf Annäherung magnetischer Stoffe
- kapazitiver Näherungsschalter mit Öffnerkontakt, reagiert auf Annäherung aller Stoffe

Bistabile Elemente

RS[1)]-Flip-Flop

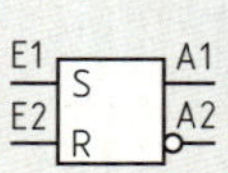

Funktionstabelle[2)]:

E1	E2	A1	A2
0	0	●	●
0	1	0	1
1	0	1	0
1	1	□	□

RS-Flip-Flop Setzen dominant

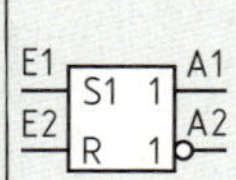

Funktionstabelle:

E1	E2	A1	A2
0	0	●	●
0	1	0	1
1	0	1	0
1	1	1	0

RS-Flip-Flop Rücksetzen dominant

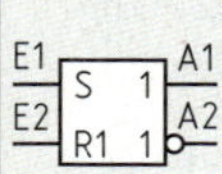

Funktionstabelle:

E1	E2	A1	A2
0	0	●	●
0	1	0	1
1	0	1	0
1	1	0	1

Flip-Flops sind integrierte Schaltkreise, die Signalzustände speichern.

1) R = Rücksetzen
S = Setzen

2) ● Zustand unverändert
□ Zustand unbestimmt

Die Ziffer 1 hinter einem R- oder S-Eingang gibt an, dass der Logik-Zustand dieses Eingangs dominant ist.

Steht bei den Eingängen E1 und E2 gleichzeitig ein Signal an (E1 = 1 und E2 = 1) gilt:

Der nicht mit der Ziffer 1 versehene Eingang (R beim dominant setzenden, S beim dominant rücksetzenden RS-Flip-Flop) wird immer auf den logischen Zustand 0 gesetzt.

Verzögerungselemente

mit Einschaltverzögerung

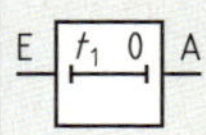

Bei Anliegen eines Signals am Eingang E nimmt der Ausgang A nach Ablauf der Zeit t_1 den Wert 1 an.

mit Ausschaltverzögerung

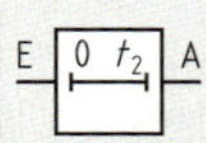

Bei Wegfall des Signals am Eingang E nimmt der Ausgang A nach Ablauf der Zeit t_2 den Wert 0 an.

A

Kennzeichnungen in Schaltplänen

Kennzeichnung von Betriebsmitteln in Schaltungsunterlagen vgl. DIN EN 61346-2 (2000-12)

Beispiel: S 2 E

- S: **Art des Betriebsmittels**
- 2: **Zählnummer**
- E: **Funktion des Betriebsmittels**

Kennbuchstaben für die Art (Auswahl)	
B	Sensor, Näherungsschalter
F	Sicherung
K	Schaltrelais, Zeitrelais
Q	Leistungsschalter, Schütz
M	Magnetventil
P	Meldeleuchte, Hupe
R	Widerstand
S	Steuerschalter, Tastschalter

Kennbuchstaben für die Funktion (nicht genormt)	
A	Funktion AUS
B	Bewegungsrichtung
E	Funktion EIN
G	Prüfung
K	Tastbetrieb
S	Speichern, Setzen
R	Löschen, Rücksetzen

Beispiel Stromlaufplan

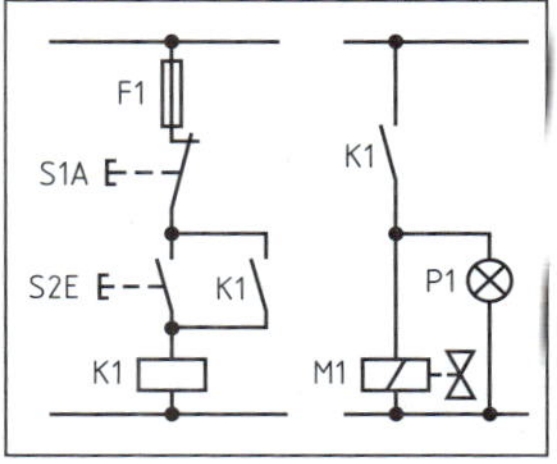

Kennzeichnung von Leitern und Anschlüssen vgl. DIN EN 60446 (1999-10) und DIN EN 60445 (2000-08)

Isolierte Leiter

Art des Leiters		Kennzeichnung: Kurzzeichen	Kennzeichnung: Farbe des Leiters	Kennzeichnung: Bildzeichen
Gleichstromnetz	Positiv	L+	schwarz[1]	+
	Negativ	L–	schwarz[1]	–
	Mittelleiter	M	hellblau	
Wechselstromnetz	Außenleiter 1	L1	schwarz[1]	
	Außenleiter 2	L2	schwarz[1]	
	Außenleiter 3	L3	schwarz[1]	
	Neutralleiter	N	hellblau	
Schutzleiter		PE	grün-gelb	
PEN-Leiter (Neutralleiter mit Schutzfunktion, PE + N)		PEN	grün-gelb[2]	
Erder		E	schwarz[1]	

Beispiel

Gleichrichterschaltung

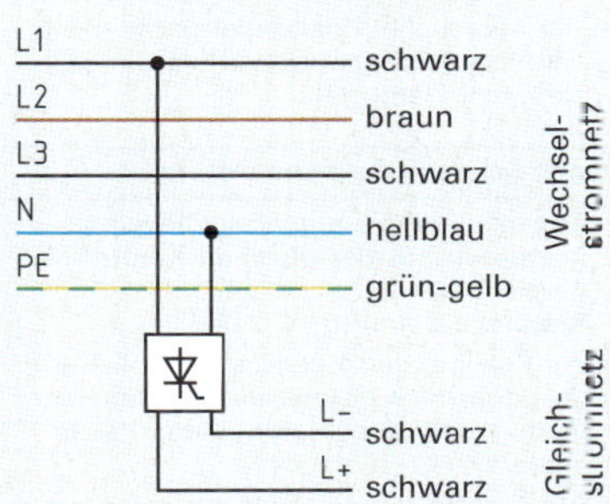

Betriebsmittelanschlüsse

Anschluss für	Kennzeichnung
Außenleiter 1	U
Außenleiter 2	V
Außenleiter 3	W

[1] Farbe ist nicht festgelegt. Empfohlen wird schwarz, für Unterscheidung braun. Nicht verwendet werden darf grün-gelb.

[2] PEN-Leiter haben durchgängig eine grün-gelbe Aderfarbe. Um Verwechslungen mit dem PE-Leiter zu vermeiden, sind PEN-Leiter an den Leitungsenden zusätzlich hellblau gekennzeichnet, z.B. mit einem Leitungsclip oder Klebeband.

Beispiel

Kurzschlussläufermotor in Sternschaltung

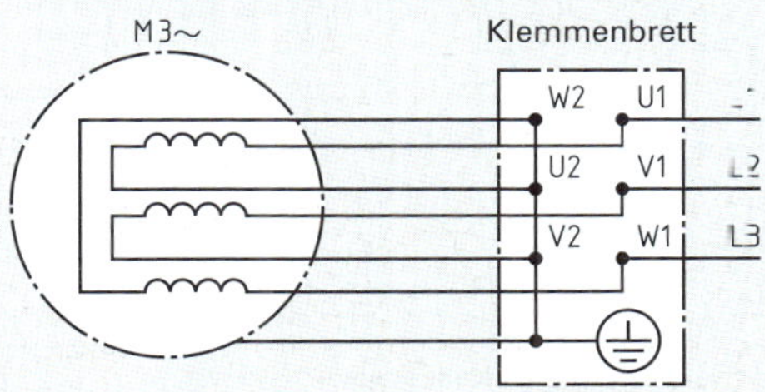

A

Stromlaufpläne

vgl. DIN EN 61082 (1998-09)

Anschlussbezeichnungen an Relais

Beispiel:
Relais mit 2 Schließern und 2 Öffnern

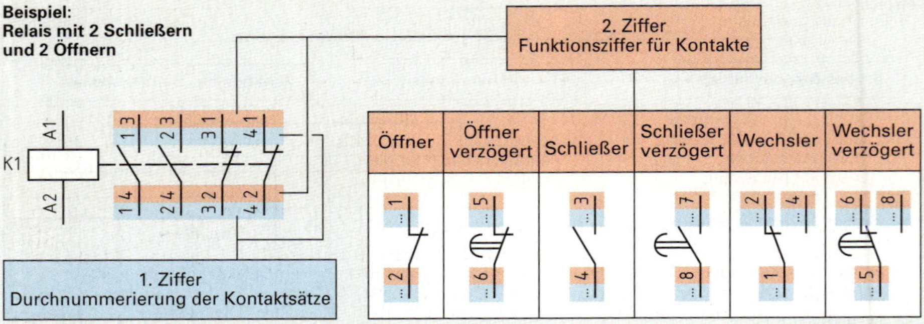

Gestaltung von Stromlaufplänen

Stromwege und Aufteilung der Stromkreise

- Jedes elektrische Betriebsmittel erhält einen senkrechten Strompfad ohne Rücksicht auf die räumliche Anordnung der Elemente.
- Die Strompfade werden von links nach rechts durchnummeriert.
- Der **Steuerstromkreis** enthält die Geräte für die Signaleingabe und die Signalverarbeitung.
- Der **Hauptstromkreis** enthält die für die Betätigung der Arbeitsglieder erforderlichen Stellglieder.
- Die räumliche Zusammengehörigkeit z.B. von Relaisspule und Relaiskontakt wird nicht dargestellt.

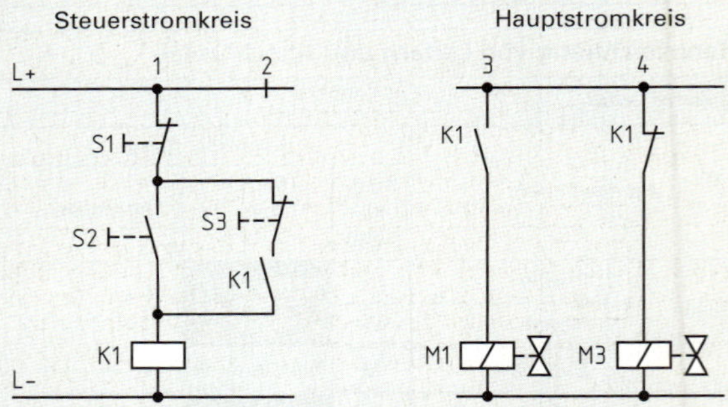

Kennzeichnung der Betriebsmittel

- Kontakte und die zugehörige Relaisspule werden mit der gleichen Kennziffer bezeichnet.
  Beispiel: Stromwege 1, 2 und 3
- Zur Relaisspule K1 gehören 2 Schließer, die beide mit K1 bezeichnet werden. Sie dienen der Selbsthaltung der Relaisspule.
- Alle Kontakte eines Relais werden als vollständiger Kontaktsatz oder als Tabelle unter dem Strompfad des Relais eingetragen. Beide Darstellungen geben Auskunft, in welchem Strompfad ein Kontakt zu finden ist.

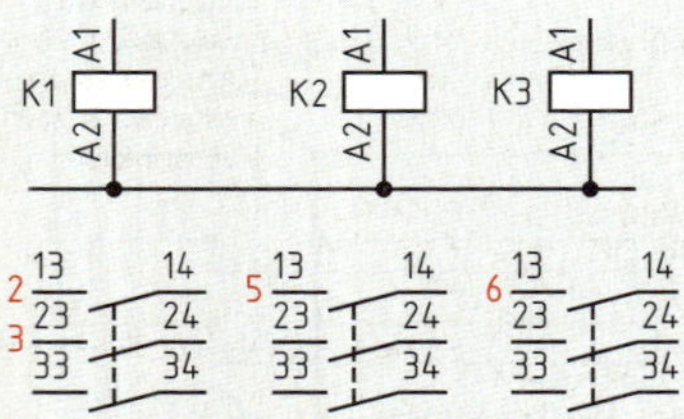

Darstellung als Kontaktsatz

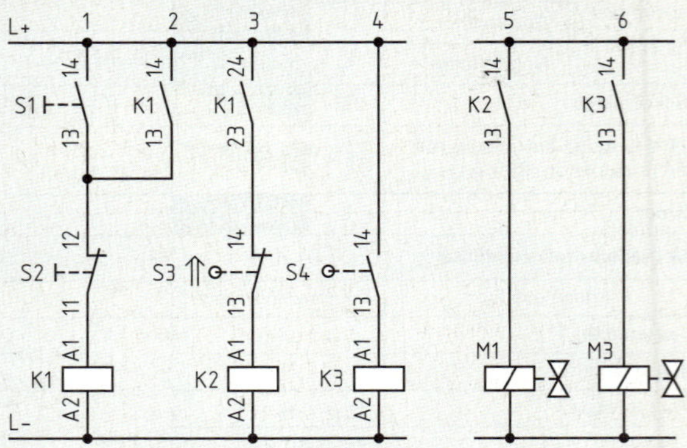

Kontakte K1	Pfad
13 – 14 23 – 24	2 3

Kontakte K2	Pfad
13 – 14	5

Kontakte K3	Pfad
13 – 14	6

Darstellung als Tabelle

Sensoren

Sensoren (Auswahl)

- **Sensoren**
  - Näherungsempfindliche Sensoren
    - Induktive Sensoren
    - Kapazitive Sensoren
    - Foto-elektrische Sensoren
    - Ultraschall-Sensoren
    - Magnetische Sensoren
  - Berührungsempfindliche Sensoren
    - Grenztaster

Merkmale von Sensoren

Sensortyp	Symbol	Prinzip	Vorteile	Nachteile	Objektdistanz
Induktiv		Schaltet, wenn ein Objekt das magnetische Streuwechselfeld des Sensors beeinflusst	Hoher Schutzgrad (IP67), sehr hohe Schaltpunktgenauigkeit, schmutzunempfindlich	Nur Objekte mit hoher elektrischer Leitfähigkeit, nicht geeignet bei erhöhtem Anfall von Metallspänen	1 mm … 150 mm
Kapazitiv		Schaltet, wenn ein Objekt das elektrische Streuwechselfeld des Sensors beeinflusst	Hoher Schutzgrad (IP67), erfasst alle Materialien; schmutzunempfindlich.	Kleine Objektdistanzen, größere Bauweise als vergleichbare induktive Sensoren	20 mm … 40 mm
Fotoelektrisch		Schaltet, wenn ein Objekt das Infrarotfeld des Sensors zurücksendet	Erfasst alle Materialien, große Entfernungen.	Empfindlich gegen Schmutz, Rauch und Fremdlicht, Hilfsenergie notwendig	ca. 2 m
Ultraschall		Wertet die Laufzeit von reflektierten Ultraschallimpulsen aus und ermittelt die Distanz zum Objekt	Unempfindlich gegen Staub, Verschmutzung und Licht, Erfassung kleinster Objekte bei großer Entfernung	Langsam, Einsatz nur bei Normaldruck, nicht explosivgefährdeten Räumen und keinem hochfrequenten Lärm	60 mm … 6 m
Magnetisch		Ein Dauemagnet betätigt über zwei Kontaktfedern einen Näherungsendschalter (Reed-Kontakt)	Geeignet in rauer Umgebung, hohe Lebensdauer, geeignet zum Schalten in Hochfrequenzkreisen	Gefahr des Verschweißens der Kontaktfedern, Unterdrückung von Stromspitzen mit RC-Gliedern	–
Mechanisch		Schaltet über Handbetätigung oder ein Hebelsystem	Niedriger Preis, robust, klein, keine Beeinflussung durch Fremdfelder, keine Hilfsenergie erforderlich	Kontaktprellen, unzulässig in Lebensmittel- und chemischer Industrie	–

Bezeichnung von Näherungssensoren

vgl. DIN EN 60947-5-2 (2004-1?)

Beispiel: U 1 A30 A F 2 N

Erfassungsart	Mechanische Einbaubedingung	Bauform und Größe	Schaltelementfunktion	Ausgangsart	Anschlussart	NAMUR-Funktion
I induktiv C kapazitiv U Ultraschall D fotoelektrisch diffus reflektiertes Lichtbündel M magnetisch R fotoelektrisch reflektiertes Lichtbündel T fotoelektrisch direktes Lichtbündel	1 bündig einbaubar 2 nicht bündig einbaubar 3 nicht festgelegt	FORM A zylindrische Gewindehülse B glatte zylindrische Hülse C rechteckig mit quadr. Querschnitt D rechteckig, mit rechteckigem Querschnitt GRÖSSE (2 Ziffern) für Durchmesser oder Seitenlänge	A Schließer B Öffner C Wechsler (Schließer/Öffner) P programmierbar durch Anwender S andere	P PNP-Ausgang, 3 oder 4 Anschlüsse DC N NPN-Ausgang, 3 oder 4 Anschlüsse DC D 2 Anschlüsse DC[1] F 2 Anschlüsse AC[2] U 2 Anschlüsse AC oder DC S andere	1 integrierte Anschlussleitung 2 Steckanschluss 3 Schraubanschluss 4 … 8 frei 9 andere Anschlussart	N NAMUR-[3] Funktion Anm.: NAMUR-Sensoren sind 2-Draht-Sensoren zum Anschluss an externe Schaltverstärker

[1] DC = Direct Current (Gleichstrom)
[2] AC = Alternating Current (Wechselstrom)
[3] NAMUR = **N**ormen**a**rbeitsgemeinschaft für **M**ess- **u**nd **R**egelungstechnik

A

Schutzmaßnahmen

Schutzmaßnahmen gegen elektrischen Schlag

vgl. DIN VDE 0 100-410 (2003-06)

Schutz gegen direktes Berühren und bei indirektem Berühren	Schutz gegen elektrischen Schlag unter normalen Bedingungen: gegen direktes Berühren	Schutz gegen elektrischen Schlag unter Fehlerbedingungen: bei indirektem Berühren
Schutz durch: – Schutzkleinspannung SELV (engl.: Savety Extra Low Voltage) – Funktionskleinspannung mit sicherer Trennung PELV (engl.: Protective Extra Low Voltage) – Funktionskleinspannung ohne sichere Trennung FELV (engl.: Functional Extra Low Voltage)	Schutz durch: – Schutzisolierung von aktiven Teilen, z. B. Kabel – Umhüllung als Isolierung, z. B. Gehäuse an elektr. Geräten – Abstand, z. B. Schutzhauben, Gehäuse aus Maschinengitter – Hindernisse, z. B. Schutzgitter, Abschrankung	Schutz durch: – automatische Abschaltung oder Meldung, z. B. Fehlerstrom-Schutzeinrichtungen – Potenzialausgleich – nichtleitende Räume, z. B. durch isolierende Beläge – Schutzisolierung, z. B. isolierstoffgekapselte Gehäuse

Zusätzlicher Schutz durch Fehlerstrom-Schutzschalter RCDs:
(engl.: Residual Current Device = Reststrom-Schaltung)

Wirkung von Wechselstrom

vgl. IEC 60479-1 (1994)

Sicherheitskurven für AC 50 Hz von Hand zu Hand oder von Hand zu Fuß bei erwachsenen Personen

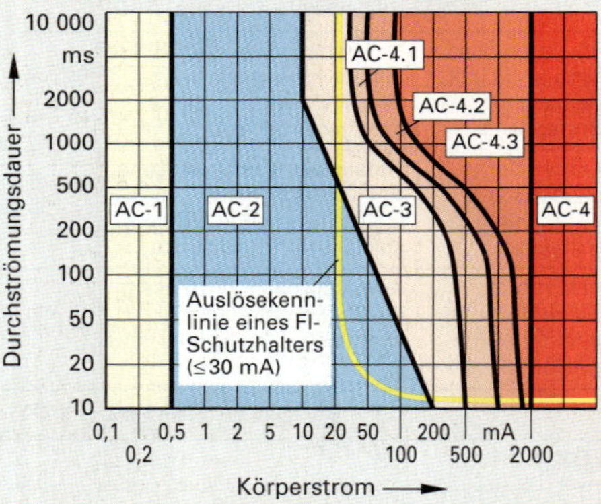

Zone	Körperliche Auswirkungen
AC-1	normalerweise keine Wirkung
AC-2	normalerweise keine schädlichen körperlichen Auswirkungen
AC-3	meist kein organischer Schaden, Atemschwierigkeiten (>2s), Muskelkrämpfe
AC-4.1	5-prozentige Wahrscheinlichkeit von Herzkammerflimmern
AC-4.2	bis 50-prozentige Wahrscheinlichkeit von Herzkammerflimmern
AC-4.3	über 50-prozentige Wahrscheinlichkeit von Herzkammerflimmern
AC-4	Herzstillstand, Atemstillstand und schwere Verbrennungen (zunehmend mit Einwirkungsdauer und Stromstärke)

Leitungsschutzsicherungen und Leitungsquerschnitte

vgl. DIN VDE 0 1000-430 (1991-11)

Nennstrom der Sicherung I_n in A	Kennfarbe der Sicherung	Mindestquerschnitt in mm² für Cu-Leitungen bei Verlegeart							
		A1		B1		B2		C	
		und Anzahl der belasteten Adern							
		2	3	3	3	2	3	2	3
10 (13)	rot	1,5	1,5	1,5	1,5	1,5	1,5	1,5	1,5
16	grau	1,5	2,5	1,5	1,5	1,5	1,5	1,5	1,5
20	blau	2,5	2,5	2,5	2,5	2,5	2,5	1,5	2,5

Nennstrom der Sicherung I_n in A	Kennfarbe der Sicherung	Mindestquerschnitt in mm² für Cu-Leitungen bei Verlegeart							
		A1		B1		B2		C	
		und Anzahl der belasteten Adern							
		2	3	3	3	2	3	2	3
25	gelb	4	4	2,5	4	4	4	2,5	2,5
35	schwarz	6	6	6	6	6	6	4	4
50	weiß	10	16	10	10	10	10	10	10

Verlegeart von Kabeln und isolierten Leitungen

vgl. DIN VDE 0 298-4 (2003-08)

A1	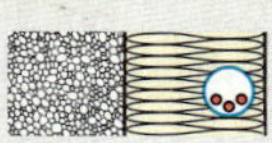	Verlegung in wärmegedämmten Wänden, im Elektroinstallationsrohr	B2	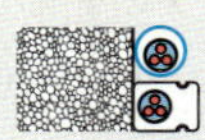	Verlegung im Elektroinstallationsrohr auf oder in der Wand, im Installationskanal oder hinter Sockelleisten
B1	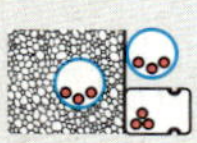	Verlegung im Elektroinstallationsrohr auf oder in der Wand oder im Installationskanal	C		Verlegung direkt auf oder in der Wand

A

Schutzmaßnahmen

Schutzarten elektrischer Betriebsmittel

vgl. DIN EN 60529 (2000-09)

Beispiel: **IP 3 4 C M**

- IP: Schutzartkennzeichnung IP (engl.: International Protection = Internationale Schutzart)
- 3: 1. Kennziffer für Schutz des Betriebsmittels[1] gegen Eindringen von festen Fremdkörpern
- 4: 2. Kennziffer für Schutz des Betriebsmittels[1] gegen Wasser mit schädlicher Wirkung
- C: Zusätzlicher Kennbuchstabe[2]
- M: Ergänzender Buchstabe

Kennziffer	1. Kennziffer Berührungsschutz	1. Kennziffer Fremdkörperschutz	Symbol
0	kein Schutz	kein Schutz	
1	Schutz gegen Berührung mit dem Handrücken	Schutz gegen Eindringen von Fremdkörpern $d \geq 50$ mm	
2	Schutz gegen Berührung mit dem Finger $d = 12$ mm	Schutz gegen Eindringen von Fremdkörpern $d \geq 12{,}5$ mm	
3	Schutz gegen Berührung mit einem Werkzeug $d = 2{,}5$ mm	Schutz gegen Eindringen von Fremdkörpern $d \geq 2{,}5$ mm	
4	Schutz gegen Berührung mit einem Draht $d = 1$ mm	Schutz gegen Eindringen von Fremdkörpern $d \geq 1$ mm	
5	Schutz gegen Berührung mit einem Draht $d = 1$ mm	staubgeschützt	
6	Schutz gegen Berührung mit einem Draht $d = 1$ mm	staubdicht	

Kennziffer	2. Kennziffer Wasserschutz	Symbol
0	kein Schutz	ohne
1	Schutz gegen senkrechte Tropfen	
2	Schutz gegen Tropfen, wenn Gerät um 15° geneigt ist	
3	Schutz gegen Sprühwasser, das mit 60° auf das Gerät trifft	
4	Schutz gegen Spritzwasser aus allen Richtungen	
5	Schutz gegen Wasserstrahl aus allen Richtungen	
6	Schutz gegen starken Wasserstrahl aus allen Richtungen	
7	Schutz gegen zeitweiliges Untertauchen in Wasser	
8	Schutz gegen dauerndes Untertauchen in Wasser	...kPa

Zusätzlicher Kennbuchstabe	
A	Schutz gegen Berührung mit dem Handrücken
B	Schutz gegen Berührung mit dem Finger $d = 12$ mm, 80 mm lang
C	Schutz gegen Berührung mit einem Werkzeug $d = 2{,}5$ mm, 100 mm lang
D	Schutz gegen Berührung mit einem Draht $d = 1$ mm, 100 mm lang
Ergänzender Buchstabe	
H	Betriebsmittel für Hochspannung
M	geprüft auf Wassereintritt bei laufender Maschine
S	geprüft auf Wassereintritt bei stillstehender Maschine
W	geeignet bei festgelegten Witterungsbedingungen

[1] Ist eine Kennziffer nicht angegeben, steht an deren Stelle der Buchstabe X, z. B. IP X6 oder IP 3X

[2] Wird nur angegeben, wenn der Schutz größer ist als die 1. Kennziffer.

Elektrische Betriebsmittel für explosionsgefährdete Bereiche

vgl. DIN EN 13237 (2003-01)

Beispiel: **EEx de II/B T2**

- EEx: Symbol für Explosionsschutz
- de: Zündschutzart
- II/B: Elektrische Betriebsmittelgruppe
- T2: Temperaturklasse

Kurzzeichen	Zündschutzart
o	Ölkapselung
p	Überdruckkapselung
q	Sandkapselung
d	druckfeste Kapselung
e	erhöhte Sicherheit
i	Eigensicherheit

Gruppe II A	Gruppe II B	Gruppe II C
Explosionsgefahr durch Auftreten folgender Gase:		
Methan, Propan, Butan, Propen, Styrol, Benzol, Toluol, Naphthalin, Terpentin, Petroleum, Benzin, Heizöl, Dieselöl, Kohlenmonoxid, Methanol, Metaldehyd, Aceton, Säuren, Chloride	Ethylen, Acrylnitrit, Cyanwasserstoff, Dimethylether, Propylenoxid, Koksofengas, Tetrafluorethylen	Wasserstoff, Actylen, Schwefelkohlenstoff, Etylnitrat

Kurzzeichen	Oberflächentemperatur
T1	450 °C
T2	300 °C
T3	200 °C
T4	135 °C
T5	100 °C
T6	85 °C

A

Funktionspläne für Ablaufsteuerungen (GRAFCET)[1] vgl. DIN EN 60848 (2002-12)

Der Funktionsplan nach GRAFCET ist eine grafische Entwurfssprache für Ablaufsteuerungen. Er macht jedoch keine Aussage über die Art der verwendeten Geräte, der Führung der Leitungen und den Einbau der Betriebsmittel. Nur die allgemeine Darstellung der Symbole ist verbindlich; Abmessungen und andere Einzelheiten bleiben dem Anwender überlassen.

Beispiel: Hydraulische Presse mit Ablaufsteuerung

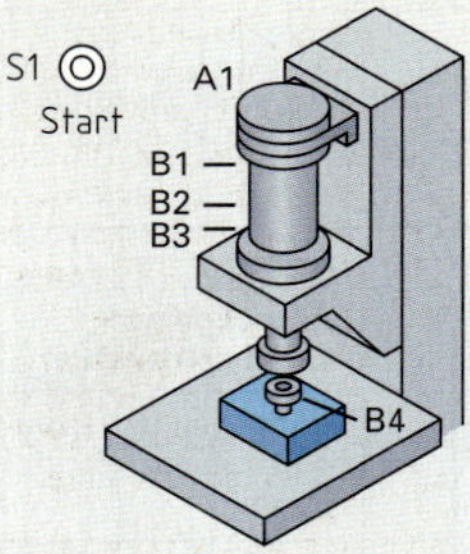

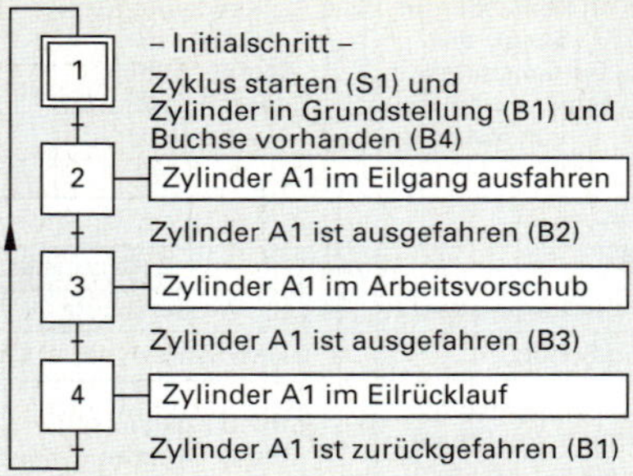

Der Stößel einer hydraulischen Presse presst Bohrbuchsen in eine Platte. Ist eine Buchse vorhanden (B4) und ist der Zylinder in seiner Endstellung (B1), fährt dieser im Eilgang aus. Sensor B2 bewirkt dann eine Umschaltung auf Arbeitsvorschub. Ist die Bohrbuchse eingepresst (B3), fährt der Zylinder im Eilgang zurück.

Symbol	Erklärung	Beispiele	Erklärung
Schritte	**Geschlossene Ablaufkette** (Schrittkette)		
	Befehl, Aktion	Zylinder A1 im Eilrücklauf	Diese Aktion ist nur gültig, solange der zugehörige Schritt aktiv ist
	Aktivierung eines gespeichert wirkenden Befehls	Signallampe EIN	Dieser Befehl ist gespeichert wirksam und ist nur solange gültig bis die Aktion deaktiviert wird.
	Deaktivierung eines gespeichert wirkenden Befehls	Signallampe AUS	Diese Aktion deaktiviert den gespeicherten Befehl
	Schritt allgemein	5	Schritt mit zugeordneter Schrittnummer 5
1	Anfangsschritt	1	Anfangsschritt mit zugeordneter Schriftnummer 1
	Gesetzter Schritt Er zeigt an, welche Schritte bei einem bestimmten Zustand des Prozesses gesetzt sind.		Schritte, die zu einem bestimmten Zeitpunkt aktiv sind, können mit einem Punkt gekennzeichnet werden.
M	Makroschritt Einzeldarstellung eines detaillierten Teils einer Ablaufsteuerung	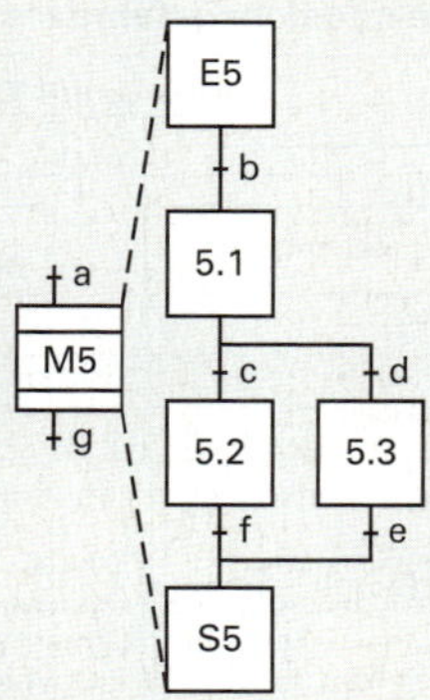	Makroschritt M5, dargestellt in seiner Feinstruktur: – Das Auslösen der Weiterschaltbedingung a aktiviert den Eingangsschritt E5 des Makroschritts M5 – Wenn Ausgangsschritt S5 aktiviert ist, ist die Weiterschaltbedingung g freigegeben. – das Auslösen der Weiterschaltbedingung g führt zur Inaktivität von Schritt S5.
*	Einschließender Schritt Dieser Schritt enthält weitere Schritte, die als eingeschlossene Schritte bezeichnet werden.		
*	Einschließender Anfangsschritt Dieser Schritt enthält weitere Schritte, die als eingeschlossene Schritte bezeichnet werden.		

[1] GRAFCET (fr.): **GRA**phe **F**onctionel de **C**ommande **E**tape **T**ransition.
(dt.): Spezifikationssprache für Funktionspläne der Ablaufsteuerung

Grundformen von Ablaufketten

vgl. DIN EN 60848 (2002-12)

Symbol	Erklärung	Beispiele	Erklärung
Ablaufkette			
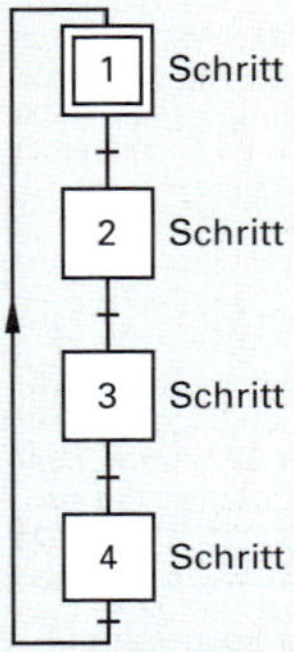	Eine Ablaufkette besteht aus einer Folge von Schritten, die nacheinander gesetzt werden. Schritt und Übergangsbedingung erfolgen abwechselnd.	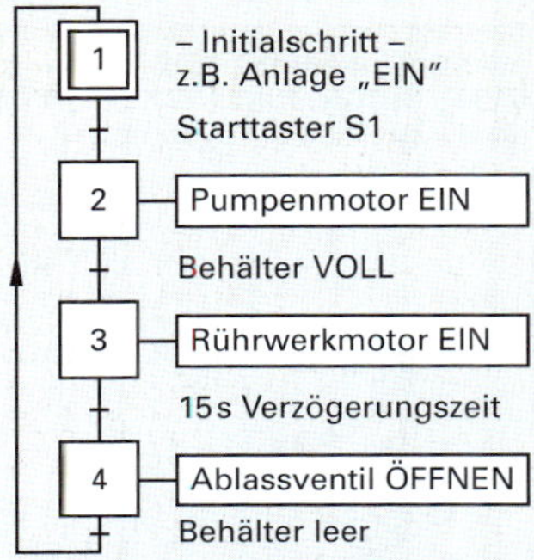	1. Ablaufketten erzwingen eine Schrittstruktur, die von oben nach unten verläuft. 2. Innerhalb der Ablaufkette kann immer nur ein Schritt aktiv sein. 3. Der Anfangsschritt, auch Initialschritt genannt, beschreibt die Anfangssituation des Systems. 4. Nach dem letzten Schritt und der Übergangsbedingung führt eine Rückführschleife wieder zum Anfangsschritt.
Übergangsbedingungen (Transitionen [1])			
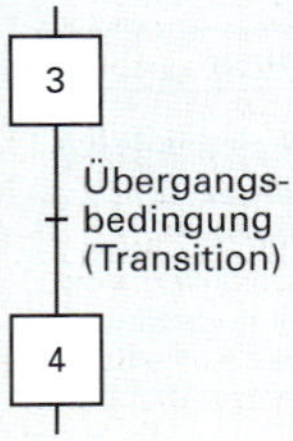	Die Übergangsbedingung besteht aus • einem Querstrich und • einem Text der Bedingung Übergangsbedingungen können dargestellt werden durch: • Textaussagen • boolesche Gleichungen • grafische Symbole [1] transition (engl.): Übergang	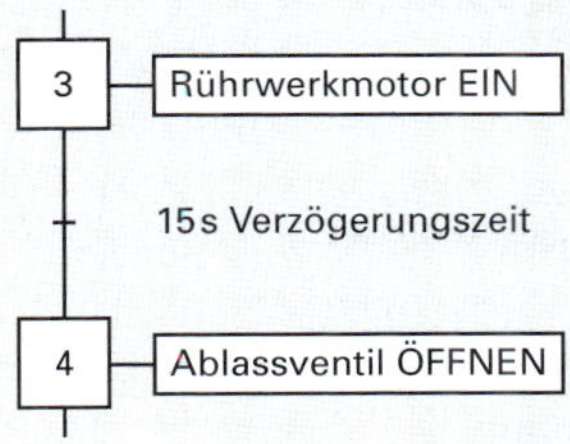	1. Schritt 3 ist aktiv, d.h. der Rührwerkmotor ist eingeschaltet. 2. Ist die Übergangsbedingung erfüllt (15 s Laufzeit des Rührwerkmotors), wird Schritt 4 gesetzt. 3. Schritt 4 setzt Schritt 3 zurück, d.h. das EIN-Signal für den Rührwerksmotor steht nicht mehr an. Der Motor schaltet ab. 4. Das Ablassventil wird geöffnet.
Ablaufauswahl (Alternativ-Betrieb)			
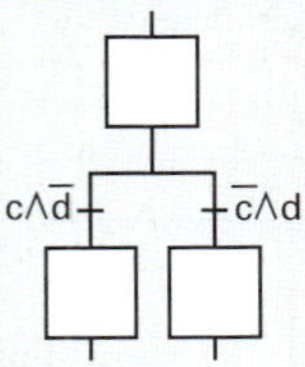Beispiel: Ablaufverzweigung	Eine Ablaufkette verzweigt sich in mehrere Abläufe, ausgehend von einem oder mehreren Schritten. Man unterscheidet: • Ablaufverzweigung • Ablaufzusammenführung	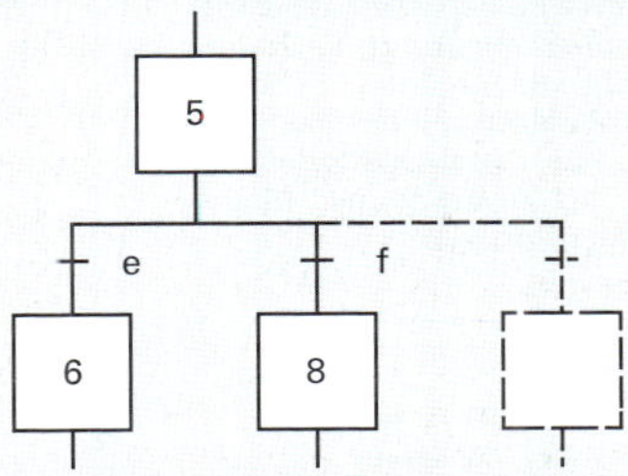	Ablaufverzweigung: Der Ablauf findet statt, wenn Schritt 5 gesetzt ist, a) nach Schritt 6, wenn die Übergangsbedingung „e" erfüllt ist, (e=1) **oder** b) nach Schritt 8, wenn die Übergangsbedingung „f" erfüllt ist (f=1).
Gleichzeitige Abläufe (Parallel-Betrieb)			
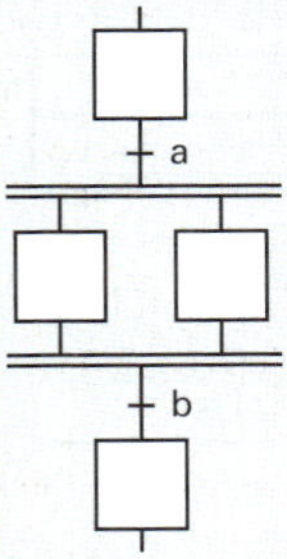	Eine Ablaufkette verzweigt sich in mehrere Abläufe, die gleichzeitig ausgelöst werden, aber unabhängig voneinander ablaufen. Erst wenn alle Zweige durchlaufen sind, wird der nächste Einzelschritt ausgeführt.	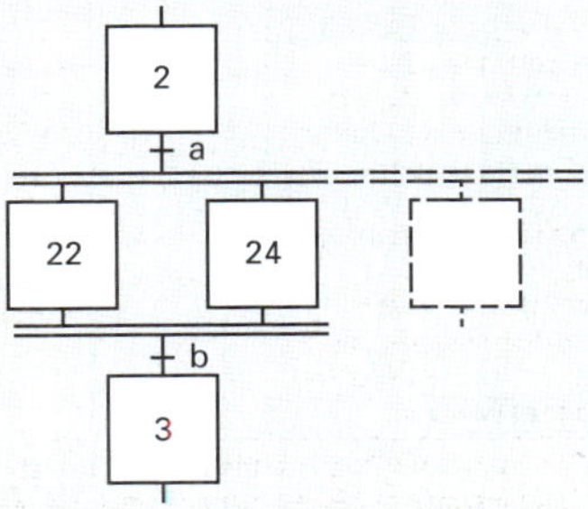	Ein Ablauf von Schritt 2 zu den Schritten 22, 24 usw. findet nur statt, wenn a) Schritt 2 gesetzt ist **und** b) die dem gemeinsamen Übergang zugeordnete Übergangsbedingung „a" erfüllt ist (a=1).

A

Funktionspläne für Ablaufsteuerungen, Beispiele

vgl. DIN EN 60848 (2002-12)

Beispiel: Hubeinrichtung

Werkstücke sollen durch einen Hubzylinder angehoben und anschließend durch einen Verschiebezylinder auf eine Rollenbahn geschoben werden.

Durch die Betätigung des Hauptventils und des Starttasters S1 fährt der Hubzylinder 1A1 aus, hebt das Werkstück an und betätigt in der Endstellung den Grenztaster 1B2. Dadurch fährt der Verschiebezylinder 2A1 aus, schiebt das Werkstück auf die Rollenbahn und betätigt den Grenztaster 2B2. Zylinder 1A1 fährt in seine Ausgangsstellung zurück, betätigt 1B1 und bewirkt dadurch die Rückstellung von Zylinder 2A1.

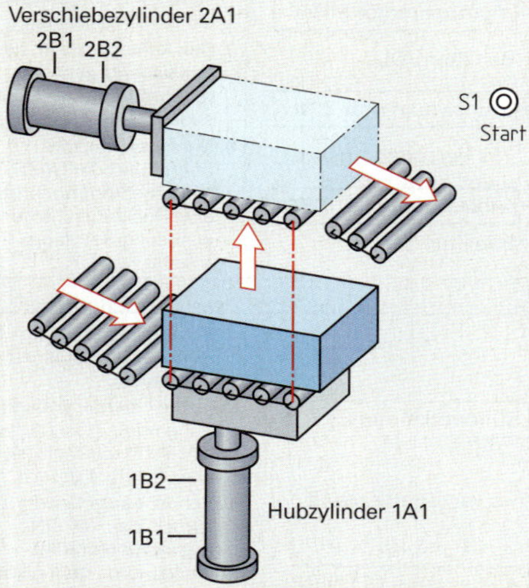

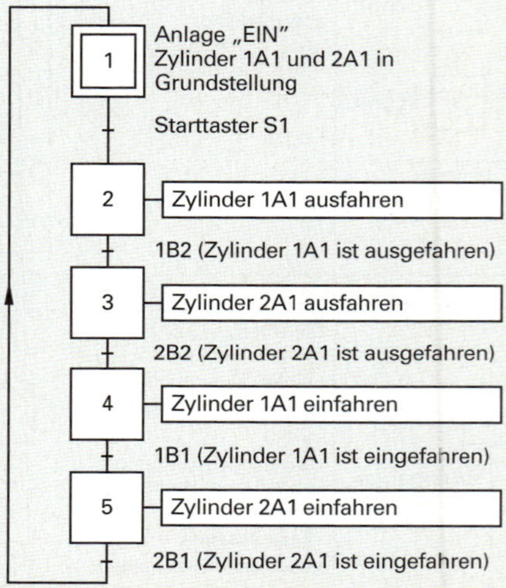

Beispiel: Rührwerksteuerung

Farbe soll in einen Rührwerksbehälter einlaufen, dort umgerührt und danach wieder abgepumpt werden. Durch Öffnen des Ventils Q1 läuft die Farbe bis zu einer Füllstandsmarke ein. Anschließend wird der Motor M1 eingeschaltet und die Farbe 2 Minuten umgerührt. Nach dem Abschalten des Rührwerkmotors M1 und dem Einschalten des Pumpenmotors M2 (Laufzeit mindestens 10 s) wird der Behälter leer gepumpt. Abschaltkriterium für den Pumpenmotor M2 ist das Absinken der Motorleistung unter 1 kW (Behälter ist leer).

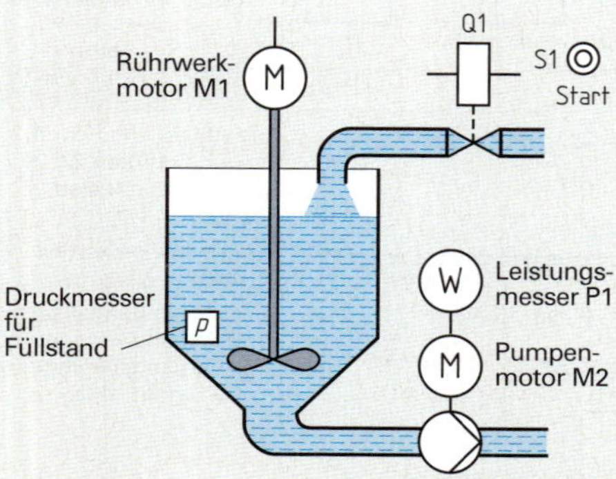

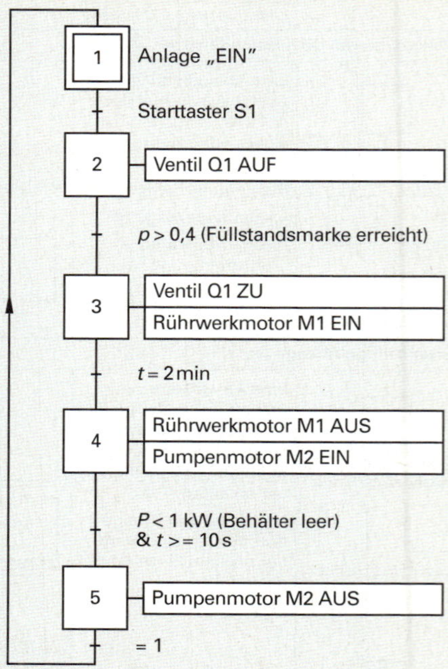

A

Funktionsdiagramme

Wegdiagramm — **Funktionsdiagramme** — Zustandsdiagramm

Einfache Bewegungsvorgänge

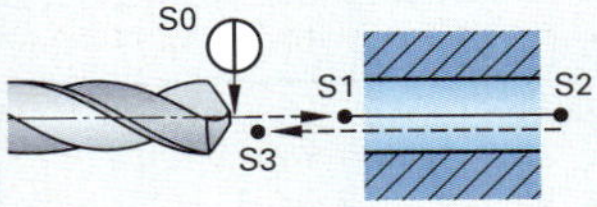

S0: Signalglied EIN
S1: Eilgang bis S1
S2: Vorschub bis S2
S3: Eilrücklauf bis S3

Beschreibung des Arbeitsablaufs in 2 Koordinaten

Schritt 1: Ruhestellung
Schritt 2: Eilgang
Schritt 3: Arbeitsvorschub
Schritt 4: Endstellung
Schritt 5: Eilrücklauf

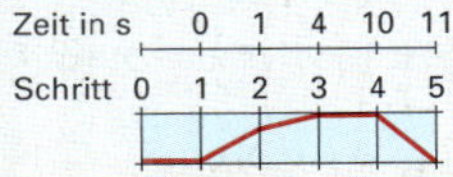

Symbole bei Funktionsdiagrammen

Bewegungen und Funktionen

Wege und Bewegungen		Funktionslinien		Weg- und Bewegungsabgrenzungen	
	geradlinige Arbeitsbewegung		Ruhe- und Ausgangsstellung der Bauglieder		Wegbegrenzung allgemein
	geradlinige Leerbewegung		für alle von der Ruhe- oder Ausgangsstellung abweichenden Zustände		Wegbegrenzung über Signalglied

Signalglieder

Manuelle Betätigung		Mechanische Betätigung		Hydraulische bzw. pneumatische Betätigung	
	EIN AUS EIN/AUS		Grenztaster in Endlage betätigt	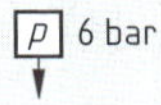	Druckschalter eingestellt auf 6 bar
	TIPPEN AUTOMATIK EIN		Grenztaster über längere Wegstrecke betätigt	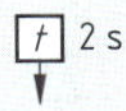	Zeitglied, eingestellt auf 2 s

Signalverknüpfungen

	Die Signallinie beginnt am Signalausgang und endet an der Stelle, wo eine Änderung des Zustandes eingeleitet wird.		Die Signalverzweigung wird mit einem Punkt markiert.		UND-Bedingung: Markierung mit Schrägstrich ODER-Bedingung: Markierung mit Punkt

Ausführung eines Funktionsdiagramms (Zustandsdiagramm)

Zylinder		Ventil mit zwei Schaltstellungen		Signalglied manuell betätigt	
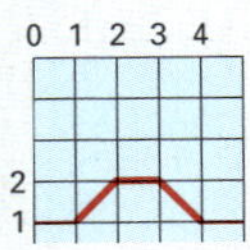	Schritt 1: von der Ausgangsstellung 1 zur Lage 2 fahren Schritt 2: Verharren Schritt 3: von der Lage 2 zur Ausgangsstellung 1 fahren	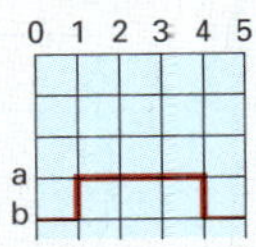	Schritt 1: Umschalten von Ausgangsstellung b in Stellung a Schritt 2 und 3: Verharren Schritt 4: Umschalten von Stellung a in Ausgangsstellung b	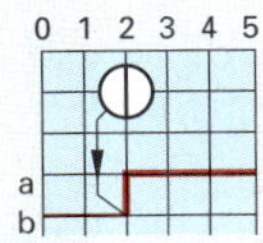	Schritt 2: Einschalten; Steuerglied schaltet von b nach a

Beispiel: Stellglied mechanisch betätigt

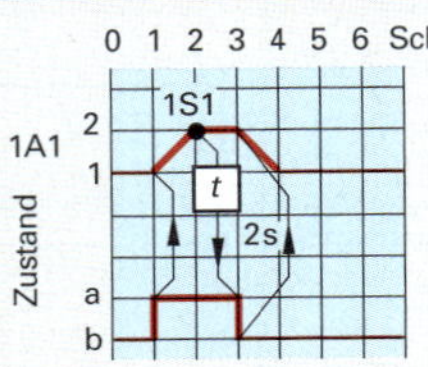

Schritt 1: Stellglied schaltet Wegeventil von b nach a und bewirkt das Ausfahren des Zylinders 1A1.

Schritt 2: Zylinder betätigt Signalglied 1S1
Signalglied steuert Zeitglied an
Zeitglied läuft ab (2 s).

Schritt 3: Zeitglied steuert Wegeventil von a nach b
Zylinder 1A1 fährt wieder ein.

A

Funktionsdiagramme, Beispiel

Beispiel: Pneumatisch gesteuerte Hubeinrichtung

Lageplan

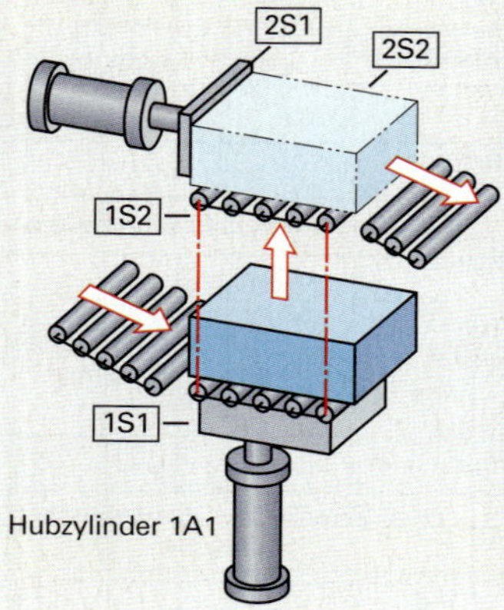

Funktionsdiagramm

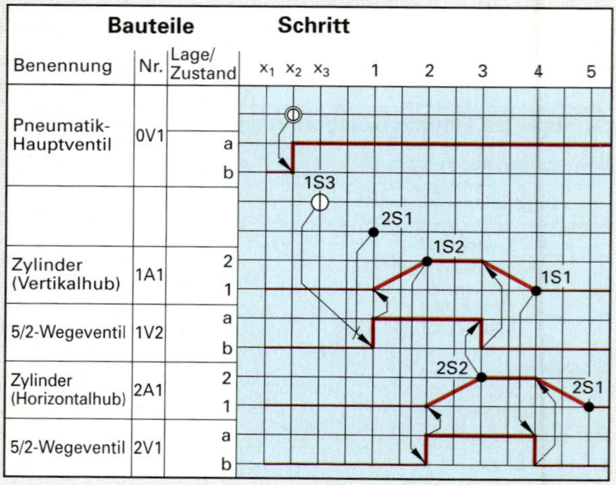

Pneumatik-Schaltplan

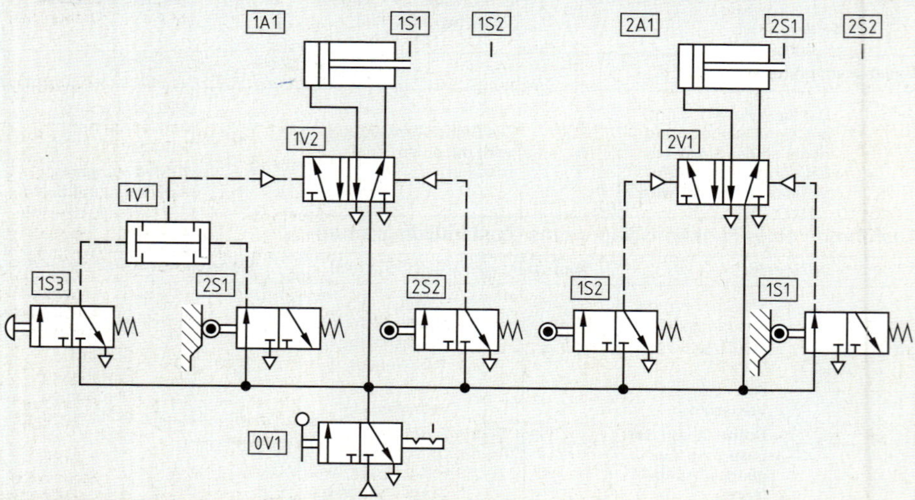

Bauteilliste

Kennzeichen	Benennung	Kennzeichen	Benennung
1A1 2A1	Zylinder, doppeltwirkend Zylinder, doppeltwirkend	1S1 1S2 1S3 2S1 2S2	3/2-Wegeventil, rollenbetätigt 3/2-Wegeventil, rollenbetätigt 3/2-Wegeventil, Betätigung durch Druckknopf 3/2-Wegeventil, rollenbetätigt 3/2-Wegeventil, rollenbetätigt
0V1 1V1 1V2 2V1	3/2-Wegeventil mit Raste, handbetätigt Zweidruckventil 5/2-Wegeventil, druckbetätigt 5/2-Wegeventil, druckbetätigt		

A

Schaltzeichen

vgl. DIN ISO 1219-1 (1996-03)

Funktionselemente

- Hydrostrom
- Druckluftstrom

- Strömungsrichtung

- Drehrichtung
- Verstellbarkeit

- Feder
- Drosselung

Energieübertragung

- Druckquelle hydraulisch
- Druckquelle pneumatisch
- Arbeitsleitung
- Steuerleitung Leckstromleitung
- Umrahmung von Baugruppen

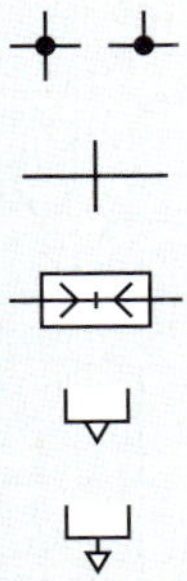

- Leitungsverbindung
- Leitungskreuzung
- Schnellkupplung
- Entlüftung ohne Anschluss
- Entlüftung mit Anschluss

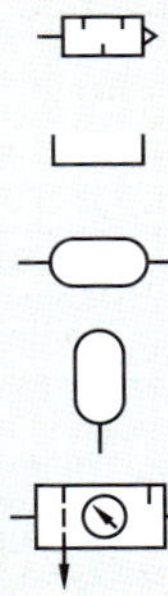

- Geräuschdämpfer
- Behälter
- Druckbehälter
- Hydrospeicher
- Aufbereitungseinheit

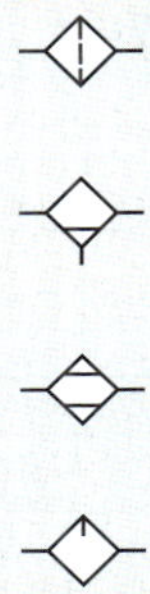

- Filter oder Sieb
- Wasserabscheider
- Lufttrockner
- Öler

Pumpen, Kompressoren, Motoren

- Konstant-Hydropumpe, eine Drehrichtung
- Verstell-Hydropumpe, zwei Drehrichtungen
- Kompressor, eine Drehrichtung

- Hydraulik-Konstantmotor, eine Drehrichtung
- Pneumatik-Konstantmotor, eine Drehrichtung

- Hydraulik-Verstellmotor, zwei Drehrichtungen
- Pneumatik-Verstellmotor, zwei Drehrichtungen

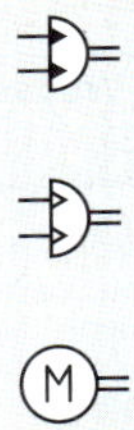

- Hydraulik-Drehantrieb
- Pneumatik-Drehantrieb
- Elektromotor

Einfachwirkende Zylinder

einfachwirkender Zylinder, Rückhub durch nicht definierte Kraft

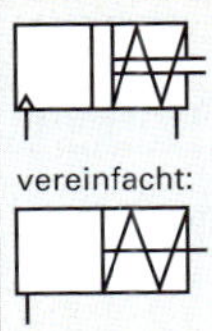

einfachwirkender Zylinder, Rückhub durch eingebaute Feder

Doppeltwirkende Zylinder

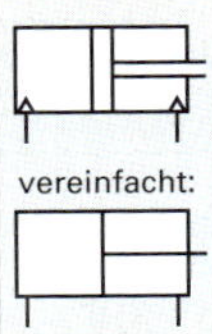

doppeltwirkender Zylinder mit einseitiger Kolbenstange

doppeltwirkender Zylinder mit einseitiger Kolbenstange und beidseitig einstellbarer Endlagendämpfung

Sperrventile

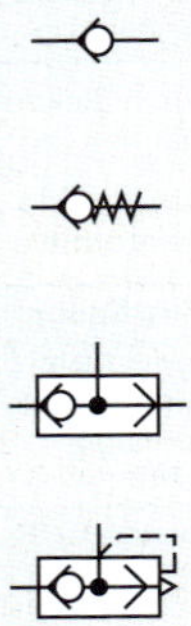

- Rückschlagventil, unbelastet
- Rückschlagventil, federbelastet
- Wechselventil (ODER-Funktion)
- Schnellentlüftungsventil

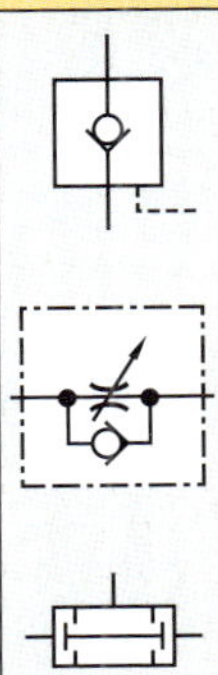

- Entsperrbares Rückschlagventil
- Drosselrückschlagventil
- Zweidruckventil (UND-Funktion)

Druckventile

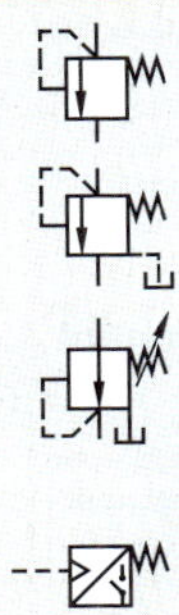

- Druckbegrenzungsventil
- Folgeventil
- 2-Wege-Druckreduzierventil, direktwirkend
- Druckschalter, gibt bei einem voreingestellten Druck ein elektrisches Signal ab

Stromventile

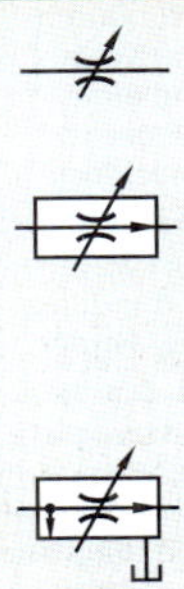

- Drosselventil verstellbar
- 2-Wege-Stromregelventil mit veränderlichem Auslassstrom
- 3-Wege-Stromregelventil mit veränderlichem Auslassstrom, Entlastungsöffnung zum Behälter

A

Schaltzeichen

vgl. DIN ISO 1219-1 (1996-03)
DIN ISO 5599 (2005-12)

Anschluss- und Kurzbezeichnung von Wegventilen

Beispiel:
5/2-Wegeventil mit Anschlussbezeichnung

6V7

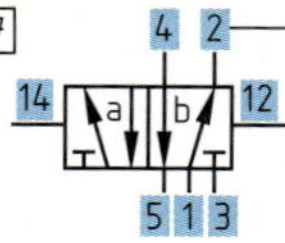

Kennzeichnungsschlüssel

Kurzbezeichnung

5 / 2 – Wegeventil 6 V 7

- 5: Anzahl der Anschlüsse
- 2: Anzahl der Schaltstellungen
- 6: Schaltkreisnummer
- V: Bauteil-Kennzeichnung
- 7: Bauteilnummer

Schaltstellungen[1)]

a | b	Ventil mit 2 Schaltstellungen
a | 0 | b	Ventil mit 3 Schaltstellungen

1) Anzahl der Rechtecke ≙ Anzahl der Schaltstellungen

Bauteil-Kennzeichnung

P	Pumpen und Kompressoren
A	Antriebe
M	Antriebsmotoren
S	Signalaufnehmer
V	Ventile
Z	jedes andere Bauteil

Anschlussbezeichnung von pneumatischen und hydraulischen Geräten

Anschluss	nach DIN: mit Zahlen	veraltet: mit Buchstaben[1)2)]
Zufluss, Druckanschluss	1	P
Arbeitsanschlüsse	2, 4, 6	A, B, C
Entlüftung, Abfluss	3, 5, 7	R, S, T
Leckölanschluss	–	L
Steueranschlüsse[3)]	10, 11, 12, 14	X, Y, Z

1) Buchstaben werden noch häufig in Hydraulikschaltplänen benutzt.
2) Die Folge der Buchstaben entspricht nicht unbedingt der Ziffernfolge.
3) Ein Impuls, z. B. am Steueranschluss 12, bewirkt eine Verbindung der Anschlüsse 1 und 2.

Bauarten von Wegventilen

2/-Wegventile

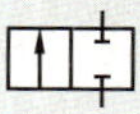
2/2-Wegeventil mit Sperr-Ruhestellung

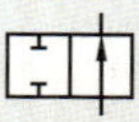
2/2-Wegeventil mit Durchfluss-Ruhestellung

3/-Wegventile

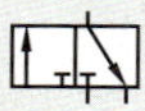
3/2-Wegeventil mit Sperr-Ruhestellung

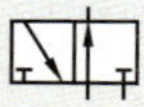
3/2-Wegeventil mit Durchfluss-Ruhestellung

3/3-Wegeventil mit Sperr-Mittelstellung

4/-Wegventile

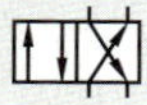
4/2-Wegeventil

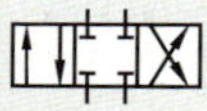
4/3-Wegeventil mit Sperr-Mittelstellung

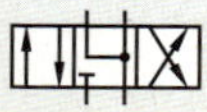
4/3-Wegeventil mit Schwimm-Mittelstellung

5/-Wegventile

5/2-Wegeventil

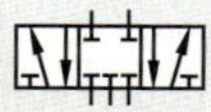
5/3-Wegeventil mit Sperr-Mittelstellung

Durchflusswege

ein Durchflussweg

zwei gesperrte Anschlüsse

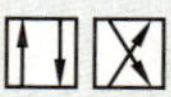
zwei Durchflusswege

zwei Durchflusswege und ein gesperrter Anschluss

zwei Durchflusswege mit Verbindung zueinander

ein Durchflussweg in Nebenschlussschaltung und zwei gesperrte Anschlüsse

Betätigung von Wegventilen

Betätigung durch Muskelkraft

allgemein, ohne Angabe der Betätigungsart

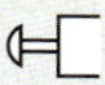
Druckknopf

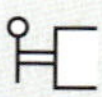
Hebel

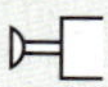
Zugknopf

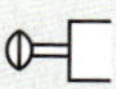
Druck- und Zugknopf

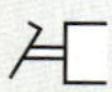
durch Pedal

Mechanische Betätigung

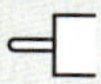
Stößel

Stößel mit einstellbarer Hubbegrenzung

Feder

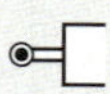
Rollenstößel

Rollenhebel, eine Betätigungsrichtung

Druckbetätigung

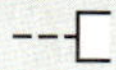
direkt

hydraulisch
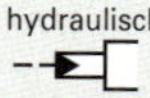

pneumatisch
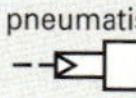

indirekt über Vorsteuerventil

Elektrische Betätigung

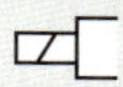
durch Elektromagnet

durch Elektromotor

Kombinierte Betätigung

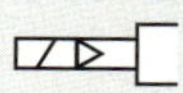
durch Elektromagnet und Vorsteuerventil

Mechanische Bestandteile

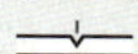
Raste

A

Schaltpläne

vgl. DIN ISO 1219-2 (1996-11)

Aufbau eines Schaltplans

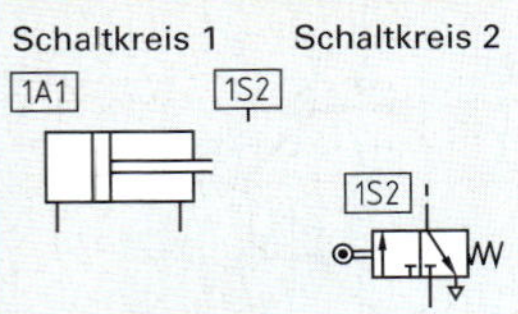

Die Schaltung wird untergliedert in Schaltkreise mit zusammenhängenden Steuerfunktionen.

Die räumliche Anordnung der Bauteile wird nicht berücksichtigt.

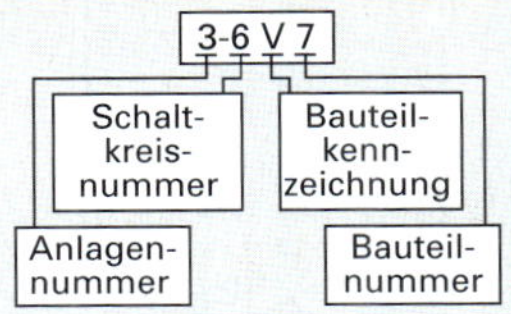

Besteht ein Schaltplan aus mehreren Anlagen, muss die Anlagennummer, beginnend mit der Ziffer 1, angegeben werden.

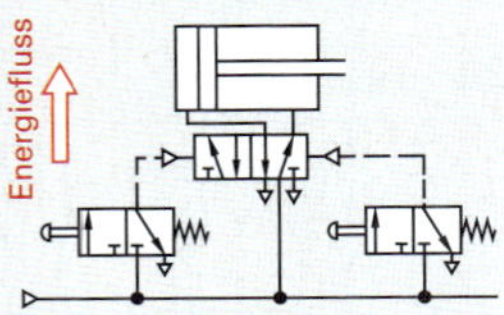

Bauteile werden von unten nach oben in Richtung des Energieflusses und von links nach rechts angeordnet.

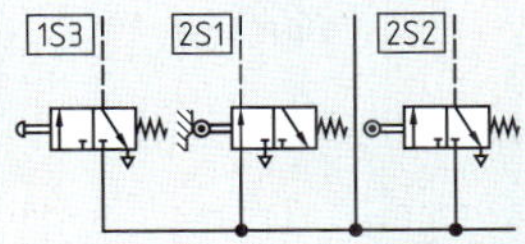

Gleichartige Bauglieder oder Baugruppen werden innerhalb eines Schaltkreises in gleicher Höhe dargestellt.

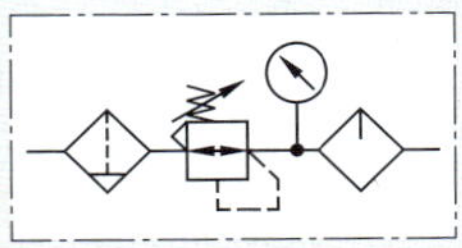

Baugruppen, wie z. B. Drosselrückschlagventile oder Aufbereitungseinheiten, werden durch eine strichpunktierte Linie umgrenzt.

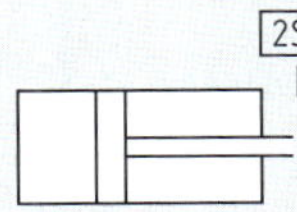

Geräte, die durch Antriebe betätigt werden, z. B. Grenztaster, werden an ihrer Betätigungsstelle durch einen Markierungsstrich und ihren Kennzeichnungsschlüssel dargestellt.

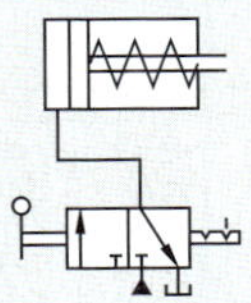

Hydraulikbauteile werden in der Ausgangsstellung der Anlage ohne Druckbeaufschlagung dargestellt.

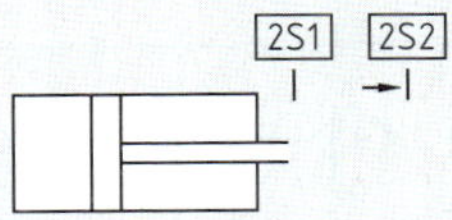

Bei einseitig arbeitenden Rollenhebelventilen ist zusätzlich ein Richtungspfeil an den Markierungsstrich anzufügen.

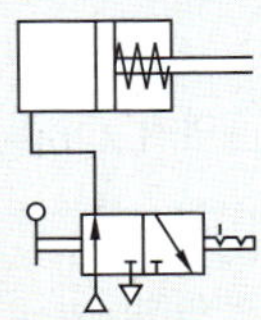

Pneumatikbauteile werden in der Ausgangsstellung der Anlage mit Druckbeaufschlagung dargestellt.

Bauteile eines Schaltkreises

Arbeitsglieder	Motoren, Zylinder, Ventile
Stellglieder	Ventile zur Steuerung der Antriebsglieder
Steuerglieder	Ventile zur Signalverknüpfung
Signalglieder	Bauteile zur Auslösung eines Schaltschrittes
Versorgungsglieder	Aufbereitungseinheit, Hauptventil

Beispiel: Pneumatik-Schaltplan mit zwei Zylindern (Hubeinrichtung)

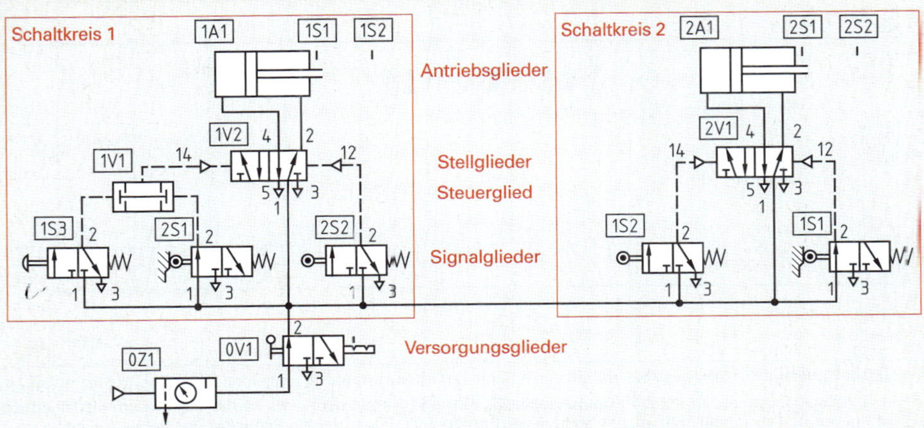

Elektropneumatische Steuerungen

Lageplan

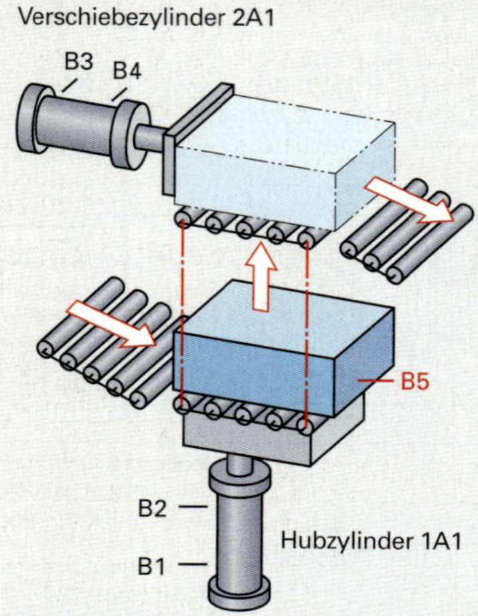

Funktionsdiagramm

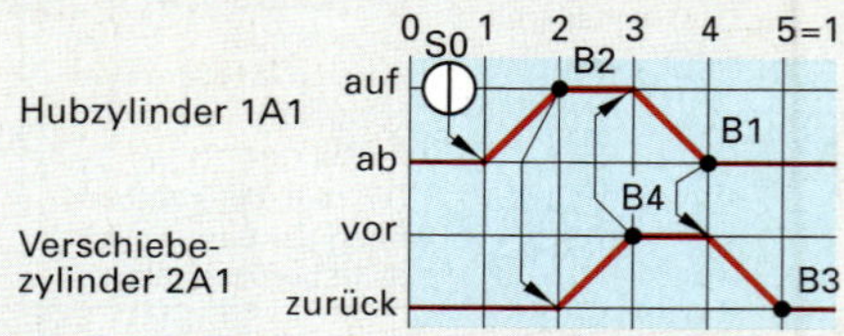

Pneumatik-Schaltplan

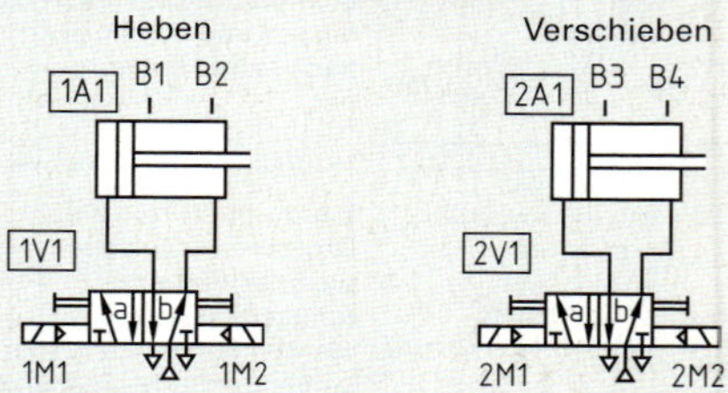

Stromlaufplan

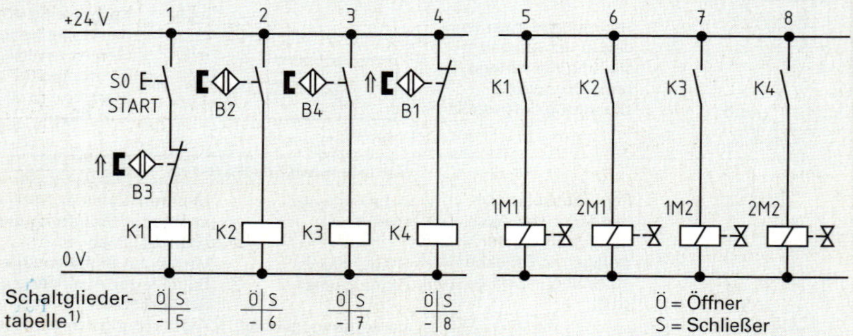

Stromlaufplan mit den Zusatzfunktionen Magazinabfrage und Dauerlauf

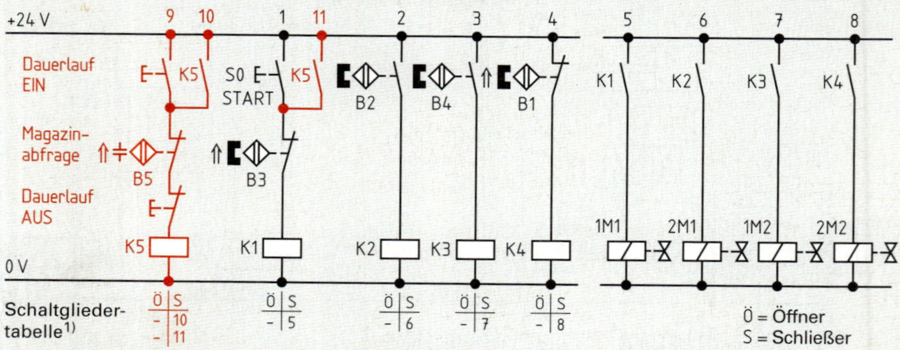

Beispiel für Relais K5: Das Relais K5 enthält einen Schließer im Strompfad 10 und einen Schließer im Strompfad 11.

1) Die Schaltgliedertabelle ähnelt der Kontakttabelle (S. 354) und wird in der Praxis häufig angewandt. Sie ist jedoch nicht genormt. Die Tabelle gibt an, in welchem Strompfad ein Öffner oder ein Schließer des Relais zu finden ist.

Ablaufsteuerung einer Vorschubeinheit mit SPS nach GRAFCET

Technologie-Schema

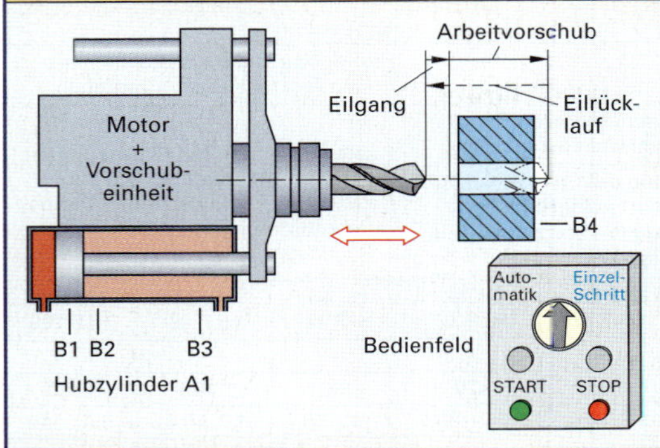

Beschreibung

Der Hydraulikzylinder fährt im Eilgang aus und wird durch den Näherungsschalter B2 auf Arbeitsvorschub umgeschaltet. In der vorderen Endlage wird durch den Näherungsschalter B3 nach einer Zeitverzögerung von 2 s auf Eilrücklauf geschaltet.

Beschreibung

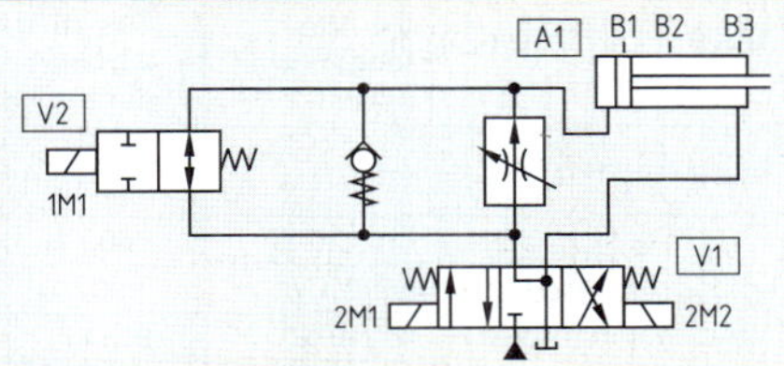

Funktionsplan und GRAFCET

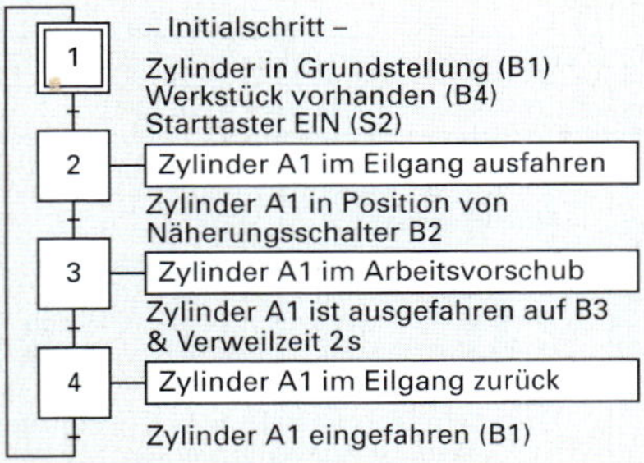

Belegungsliste

Bauteil und Aktion	Bauteil-bezeichnung	Adresse	Bemerkung
Stellschalter AUTOMATIK/EINZEL	S0/S1	E0.0/E0.1	Schließer/ Öffner
Taster START	S2	E0.2	Schließer
Taster STOP	S3	E0.3	Öffner
Näherungsschalter	B1-B4	E0.4-E0.7	Schließer
Magnetventil Q11 Zyl. im Arb.-Vorschub	1M1	A1.0	–
Magnetventil Q12 Zylinder ausfahren	2M1	A1.1	–
Magnetventil Q14 Zylinder einfahren	2M2	A1.2	–

Funktionsbaustein-Sprache FBS

Betriebsarten

Netzwerk 1: Funktionsbaustein FB1

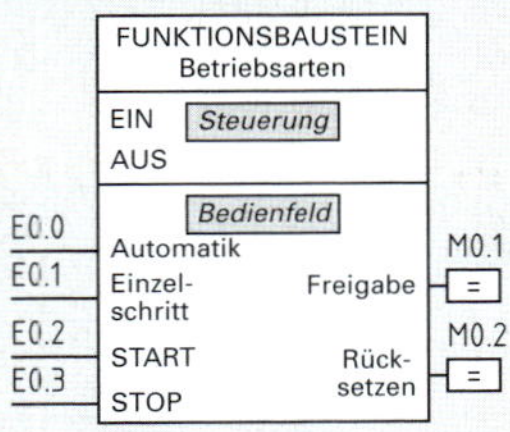

Netzwerk 2: Grundstellung

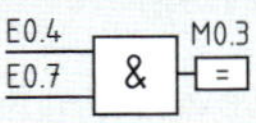

Schrittkette

Netzwerk 3: Schritt 1
Initialschritt

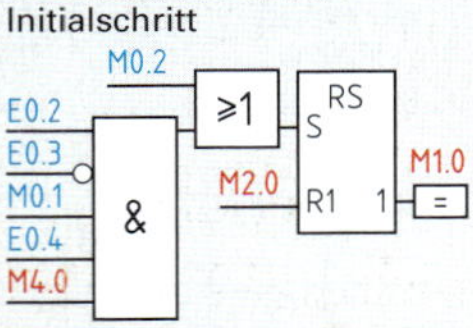

Kennzeichnung: Schrittmerker rot
Weiterschaltbedingungen blau

Netzwerk 4: Schritt 2
Im Eilgang ausfahren

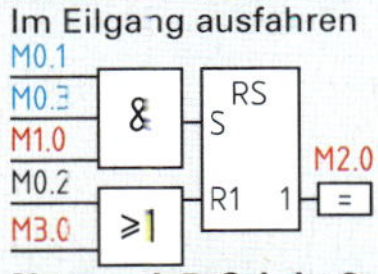

Netzwerk 5: Schritt 3
Im Arbeitsvorschub ausfahren

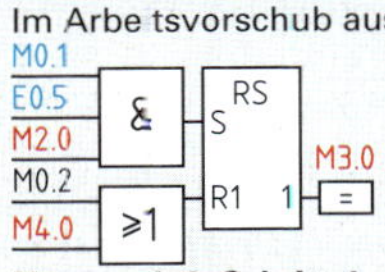

Netzwerk 6: Schritt 4
Eilrücklauf mit Verweilzeit

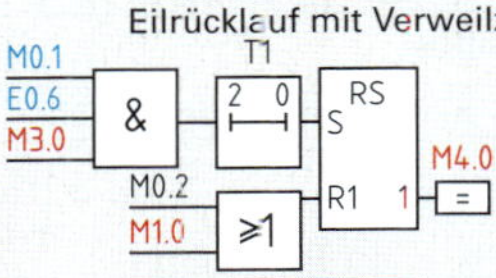

Befehlsausgabe

Netzwerke 7-9

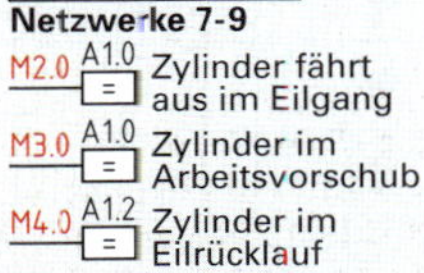

Anweisungsliste AWL

Netzwerk 1
CALL FB1

Netzwerk 2
Grundstellung
U E0.4
U E0.7
S M0.3

Netzwerk 3
Schritt 1:
Initialschritt
U E0.2
UN E0.3
U M0.1
U E0.4
U M4.0
O M0.2
S M1.0
U M2.0
R M1.0

Netzwerk 4
Schritt 2:
Eilgang
U M0.1
U M0.3
U M1.0
S M2.0
O M0.2
O M3.0
R M2.0

Netzwerk 5
Schritt 3:
Arbeitsvorschub
U M0.1
U E0.5
U M2.0
S M3.0
U M0.2
O M4.0
R M3.0

Netzwerk 6
Schritt 4:
Eilrücklauf
U M0.1
U E0.6
U M3.0
= T1
U T1
S M4.0
U M0.2
O M1.0
R M4.0

Netzwerk 7-9
Schritte 5-7:
Befehlsausgabe
U M2.0
= A1.1
U M3.0
= A1.0
U M4.0
= A1.2
PE

A

Druckflüssigkeiten

Hydrauliköle auf Mineralölbasis

vgl. DIN 51524-1 bis -3 (2006-04)

Typ	Norm	Wirkung der Inhaltsstoffe		Verwendung
HL	DIN 51524-1	Erhöhung des Korrosionsschutzes + Erhöhung der Alterungsbeständigkeit	–	Hydraulikanlagen bis 200 bar, bei hohen Temperaturanforderungen
HLP	DIN 51524-2		+ Verminderung des Fressverschleißes im Mischreibungsbereich	Hydraulikanlagen mit Hydropumpen und Hydromotoren über 200 bar Betriebsdruck und bei hohen Temperaturanforderungen
HVLP	DIN 51524-3		+ Verminderung des Fressverschleißes im Mischreibungsbereich + Verbesserung des Viskositäts-Temperatur-Verhaltens	

Eigenschaften		HL 10 HLP 10	HL 22 HLP 22	HL 32 HLP 32	HL 46 HLP 46	HL 68 HLP 68	HL 100 HLP 100
Kinematische Viskosität in mm²/s	bei −20 °C	600	–	–	–	–	–
	bei 0 °C	90	300	420	780	1400	2560
	bei 40 °C	9…11	19,8…24,2	28,8…35,2	41,4…50,6	61,2…74,8	90…110
	bei 100 °C	2,4	4,1	5,0	6,1	7,8	9,9
Pourpoint[1] gleich oder tiefer als		30 °C	−21 °C	−18 °C	−15 °C	−12 °C	−12 °C
Flammpunkt höher als		125 °C	165 °C	175 °C	185 °C	195 °C	205 °C

[1] Der Pourpoint (dt.: Fließpunkt) ist die Temperatur, bei der das Hydrauliköl unter Schwerkrafteinfluss gerade noch fließt.

⇒ **Hydrauliköl DIN 51524 – HLP 46:** Hydrauliköl vom Typ HLP, kinematische Viskosität = 46 mm²/s bei 40 °C

Viskositäts-Temperatur-Verhalten der HL- und HLP-Hydrauliköle

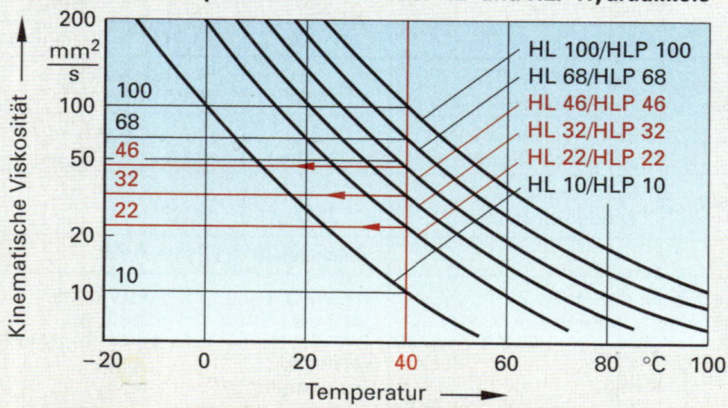

Ablesebeispiel:

Eine Zahnradpumpe arbeitet mit einer mittleren Betriebstemperatur von 40 °C. Während des Betriebs darf die zulässige kinematische Viskosität des Hydrauliköls zwischen 20 bis 50 mm²/s schwanken.

Nach dem Diagramm können 6 geeignete Hydrauliköle ausgewählt werden:

- HL 22/HLP 22
- HL 32/HLP 32
- HL 46/HLP 46

Schwerentflammbare Hydraulikflüssigkeiten

Typ	ISO-Viskositätsklassen	Eignung für Temperaturen °C	Eigenschaften	Verwendung
HFC	VG 15, VG 22 VG 32, VG 46 VG 68, VG100	−20…+60	wässrige Monomer- und/oder Polymerlösungen, guter Verschleißschutz	Bergbau, Druckmaschinen, Schweißautomaten, Schmiedepressen
HFD		−20…+150	wasserfreie synthetische Flüssigkeiten, gut alterungsbeständig, schmierfähig, großer Temperaturbereich	Hydraulische Anlagen mit hohen Betriebstemperaturen

Biologisch abbaubare Hydraulikflüssigkeiten

vgl. VDMA 24569 (1994-03)

Hydraulikflüssigkeit	Eignung und Eigenschaften						
	Tieftemperatur-Fließfähigkeit	Hochtemperatur-Oxidationsstabilität	Rostschutz	Verträglichkeit mit Innenbeschichtungen	Dichtungsverträglichkeit	Wirtschaftlichkeit	Standzeit
ungesättigte Ester	◐	◐	●	◔	◕	◐	◕
gesättigte Ester	●	●	●	◕	◕	◔	●
Polyglykolöle	●	●	◔	◔	◕	◐	◕

Eignung: ● sehr gut ◕ gut ◐ durchschnittlich ◔ eingeschränkt/schlecht

A

Pneumatikzylinder

Abmessungen und Kolbenkräfte

Kolbendurchmesser		12	16	20	25	32	40	50	63	80	100	125	160	200
Kolbenstangendurchmesser (mm)		6	8	8	10	12	16	20	20	25	25	32	40	40
Anschlussgewinde		M5	M5	G1/8	G1/8	G1/8	G1/8	G1/4	G3/8	G3/8	G1/2	G1/2	G3/4	G3/4
Druckkraft[1] bei p_e = 6 bar in N	einfachwirk. Zyl.[2]	50	96	151	241	375	644	968	1560	2530	4010	–	–	–
	doppeltwirk. Zyl.	58	106	164	259	422	665	1040	1650	2660	4150	6480	10600	16600
Zugkraft[1] bei p_e = 6 bar in N	doppeltwirk. Zyl.	54	79	137	216	364	560	870	1480	2400	3890	6060	9960	15900
Hublängen in mm	einfachwirk. Zyl.	10, 25, 50					25, 50, 80, 100					–		
	doppeltwirk. Zyl.	bis 160	bis 200	bis 320	10, 25, 50, 80, 100, 160, 200, 250, 320, 400, 500									

[1] Bei einem Zylinderwirkungsgrad $\eta = 0{,}88$ [2] Dabei ist die Rückzugskraft der Feder berücksichtigt.

Luftverbrauch durch Berechnung

Einfachwirkender Zylinder

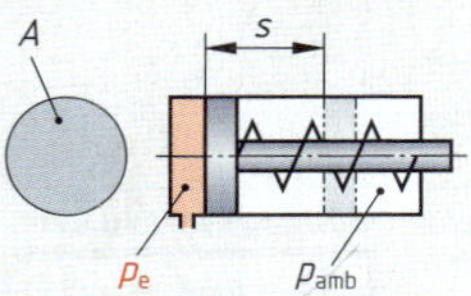

Doppeltwirkender Zylinder

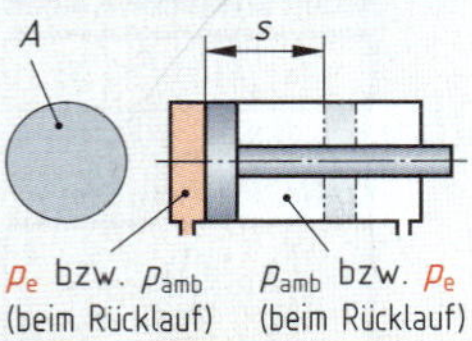

Q Luftverbrauch
p_e Überdruck im Zylinder
p_{amb} Luftdruck
n Hubzahl
A Kolbenfläche
q spezifischer Luftverbrauch je cm Kolbenhub
s Kolbenhub

Beispiel:

Einfachwirkender Zylinder mit $d = 50$ mm; $s = 100$ mm; $p_e = 6$ bar; $n = 120$/min; $p_{amb} = 1$ bar; Luftverbrauch Q in l/min?

$$\boldsymbol{Q} = A \cdot s \cdot n \cdot \frac{p_e + p_{amb}}{p_{amb}}$$

$$= \frac{\pi \cdot (5\,\text{cm})^2}{4} \cdot 10\,\text{cm} \cdot 120\,\frac{1}{\text{min}} \cdot \frac{(6+1)\,\text{bar}}{1\,\text{bar}}$$

$$= 164\,934\,\frac{\text{cm}^3}{\text{min}} \approx \mathbf{165\,\frac{l}{min}}$$

Luftverbrauch[1] einfachwirkender Zylinder

$$Q = A \cdot s \cdot n \cdot \frac{p_e + p_{amb}}{p_{amb}}$$

Luftverbrauch[1] doppeltwirkender Zylinder

$$Q \approx 2 \cdot A \cdot s \cdot n \cdot \frac{p_e + p_{amb}}{p_{amb}}$$

Luftverbrauch durch Ermittlung aus Diagramm

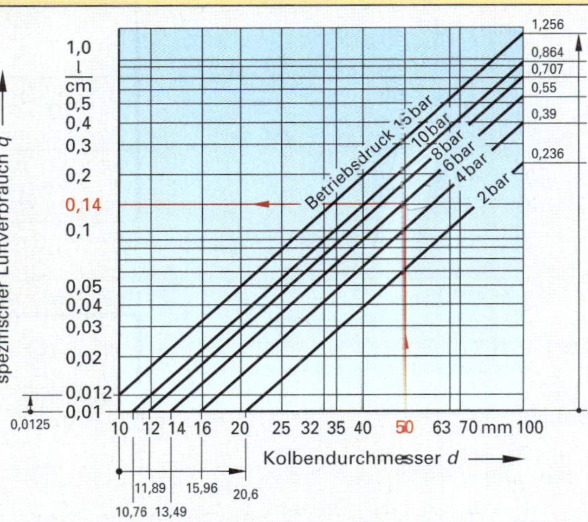

Luftverbrauch[1] einfachwirkender Zylinder

$$Q = q \cdot s \cdot n$$

Luftverbrauch[1] doppeltwirkender Zylinder

$$Q \approx 2 \cdot q \cdot s \cdot n$$

Beispiel:

Der Luftverbrauch eines einfachwirkenden Zylinders mit $d = 50$ mm, $s = 100$ mm und $n = 120$/min soll aus dem Diagramm für $p_e = 6$ bar ermittelt werden. Nach dem Diagramm ist $q = 0{,}14$ l/cm Kolbenhub.

$Q = q \cdot s \cdot n =$
$= 0{,}14$ l/cm $\cdot$ 10 cm $\cdot$ 120/min
$=$ **168 l/min**

[1] Durch das Füllen der Toträume kann der wirkliche Luftverbrauch bis zu 25% höher liegen. Toträume sind z.B. Druckluftleitungen zwischen Wegeventil und Zylinder oder nicht nutzbare Räume in der Endstellung des Kolbens. Die Querschnittsfläche der Kolbenstange wird nicht berücksichtigt.

A

Kräfteberechnung

Kolbenkräfte

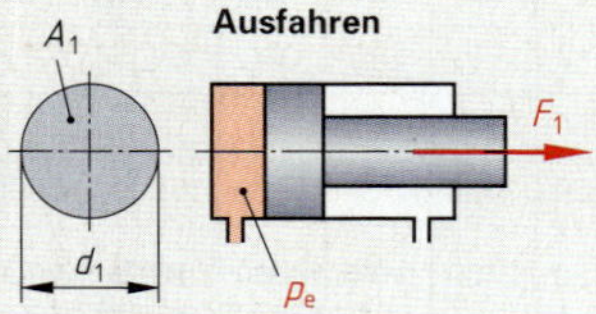

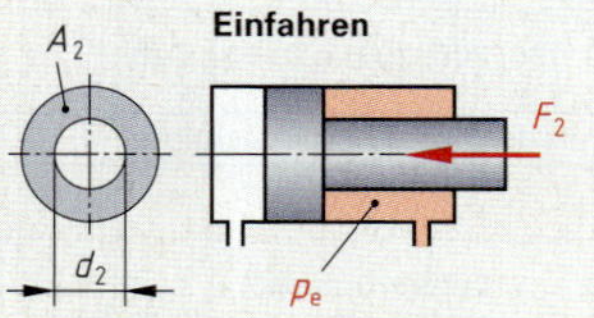

p_e Überdruck
A_1, A_2 Kolbenflächen
F_1 Kolbenkraft beim Ausfahren
F_2 Kolbenkraft beim Einfahren
d_1 Kolbendurchmesser
d_2 Kolbenstangendurchmesser
η Wirkungsgrad

Beispiel:

Hydrozylinder mit d_1 = 100 mm; d_2 = 70 mm; η = 0,85 und p_e = 60 bar.
Wie groß sind die wirksamen Kolbenkräfte?

Ausfahren:

$$\boldsymbol{F_1} = p_e \cdot A_1 \cdot \eta = 600\,\frac{\text{N}}{\text{cm}^2} \cdot \frac{\pi \cdot (10\text{ cm})^2}{4} \cdot 0{,}85 = \mathbf{40\,055\ N}$$

Einfahren:

$$\boldsymbol{F_2} = p_e \cdot A_2 \cdot \eta$$

$$= 600\,\frac{\text{N}}{\text{cm}^2} \cdot \frac{\pi \cdot [(10\text{ cm})^2 - (7\text{ cm})^2]}{4} \cdot 0{,}85 = \mathbf{20\,428\ N}$$

Wirksame Kolbenkraft

$$F = p_e \cdot A \cdot \eta$$

Druckeinheiten

$$1\text{ Pa} = 1\,\frac{\text{N}}{\text{m}^2} = 10^{-5}\text{ bar}$$

$$1\text{ bar} = 10\,\frac{\text{N}}{\text{cm}^2} = 0{,}1\,\frac{\text{N}}{\text{mm}^2}$$

1 mbar = 100 Pa = 1 hPa

Hydraulische Presse

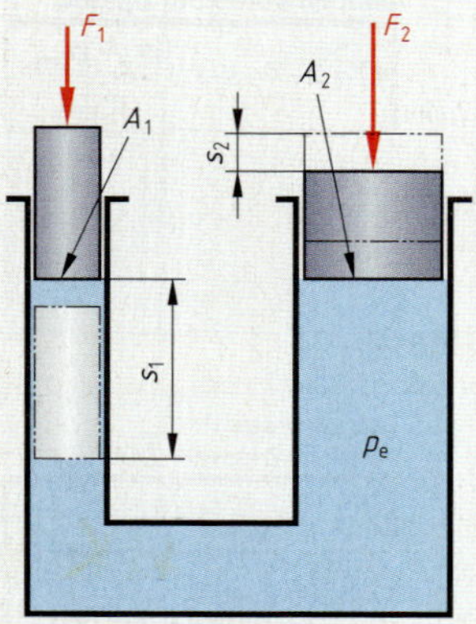

Druck breitet sich in abgeschlossenen Flüssigkeiten oder Gasen nach allen Richtungen gleichmäßig aus.

F_1 Kraft am Druckkolben
F_2 Kraft am Arbeitskolben
A_1 Fläche des Druckkolbens
A_2 Fläche des Arbeitskolbens
s_1 Weg des Druckkolbens
s_2 Weg des Arbeitskolbens
i hydraulisches Übersetzungsverhältnis

Beispiel:

F_1 = 200 N; A_1 = 5 cm²; A_2 = 500 cm²;
s_2 = 30 mm; F_2 = ?; s_1 = ?; i = ?

$$\boldsymbol{F_2} = \frac{F_1 \cdot A_2}{A_1} = \frac{200\text{ N} \cdot 500\text{ cm}^2}{5\text{ cm}^2} = 20\,000\text{ N} = \mathbf{20\ kN}$$

$$\boldsymbol{s_1} = \frac{s_2 \cdot A_2}{A_1} = \frac{30\text{ mm} \cdot 500\text{ cm}^2}{5\text{ cm}^2} = \mathbf{3000\ mm}$$

$$\boldsymbol{i} = \frac{F_1}{F_2} = \frac{200\text{ N}}{20\,000\text{ N}} = \mathbf{\frac{1}{100}}$$

Verdrängtes Volumen

$$A_1 \cdot s_1 = A_2 \cdot s_2$$

Arbeit an beiden Kolben

$$F_1 \cdot s_1 = F_2 \cdot s_2$$

Verhältnisse: Kräfte, Flächen, Wege

$$\frac{F_2}{F_1} = \frac{A_2}{A_1} = \frac{s_1}{s_2}$$

Übersetzungsverhältnis

$$i = \frac{F_1}{F_2}$$

$$i = \frac{s_2}{s_1}$$

$$i = \frac{A_1}{A_2}$$

Druckübersetzer

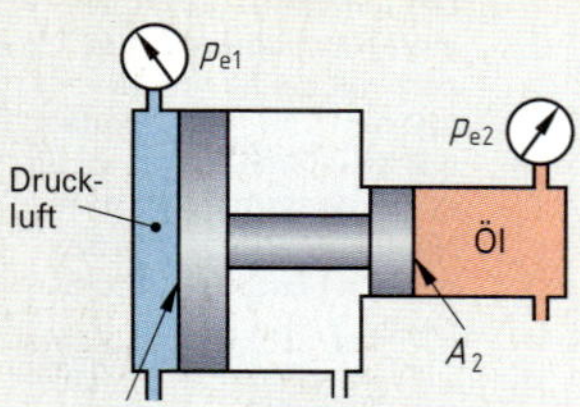

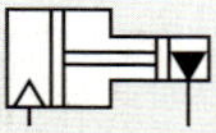

Schaltzeichen nach DIN ISO 1219-1

A_1, A_2 Kolbenflächen
p_{e1} Überdruck an der Kolbenfläche A_1
p_{e2} Überdruck an der Kolbenfläche A_2
η Wirkungsgrad des Druckübersetzers

Beispiel:

A_1 = 200 cm²; A_2 = 5 cm²; η = 0,88;
p_{e1} = 7 bar = 70 N/cm²; p_{e2} = ?

$$\boldsymbol{p_{e2}} = p_{e1} \cdot \frac{A_1}{A_2} \cdot \eta = 70\,\frac{\text{N}}{\text{cm}^2} \cdot \frac{200\text{ cm}^2}{5\text{ cm}^2} \cdot 0{,}88$$

$$= 2464\text{ N/cm}^2 = \mathbf{246{,}4\ bar}$$

Überdruck

$$p_{e2} = p_{e1} \cdot \frac{A_1}{A_2} \cdot \eta$$

Geschwindigkeiten, Leistung

Durchflussgeschwindigkeiten

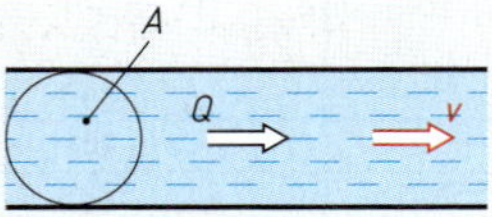

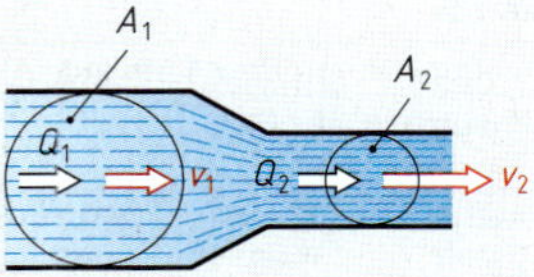

Q, Q_1, Q_2 Volumenströme
A, A_1, A_2 Querschnittsflächen
v, v_1, v_2 Durchflussgeschwindigkeiten

Kontinuitätsgleichung

In einer Rohrleitung mit wechselnden Querschnittsflächen fließt in der Zeit t durch jeden Querschnitt der gleiche Volumenstrom Q.

Beispiel:

Rohrleitung mit $A_1 = 19{,}6\ \text{cm}^2$; $A_2 = 8{,}04\ \text{cm}^2$ und $Q = 120$ l/min; $v_1 = ?$; $v_2 = ?$

$$\mathbf{v_1} = \frac{Q}{A_1} = \frac{20\,000\ \text{cm}^3/\text{min}}{19{,}6\ \text{cm}^2} = 6122\ \frac{\text{cm}}{\text{min}} = \mathbf{1{,}02\ \frac{m}{s}}$$

$$\mathbf{v_2} = \frac{v_1 \cdot A_1}{A_2} = \frac{1{,}02\ \text{m/s} \cdot 19{,}6\ \text{cm}^2}{8{,}04\ \text{cm}^2} = \mathbf{2{,}49\ \frac{m}{s}}$$

Volumenstrom

$$Q = A \cdot v$$

$$Q_1 = Q_2$$

Verhältnis der Durchflussgeschwindigkeiten

$$\frac{v_1}{v_2} = \frac{A_2}{A_1}$$

Kolbengeschwindigkeiten

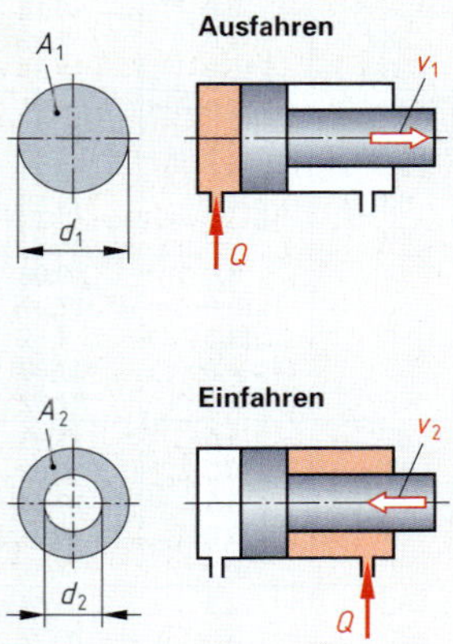

Q Volumenstrom
A_1, A_2 wirksame Kolbenflächen
v_1, v_2 Kolbengeschwindigkeiten

Beispiel:

Hydrozylinder mit Kolbendurchmesser $d_1 = 50$ mm; Kolbenstangendurchmesser $d_2 = 32$ mm und $Q = 12$ l/min.
Wie hoch sind die Kolbengeschwindigkeiten?

Ausfahren:

$$\mathbf{v_1} = \frac{Q}{A_1} = \frac{12\,000\ \text{cm}^3/\text{min}}{\frac{\pi \cdot (5\ \text{cm})^2}{4}} = 611\ \frac{\text{cm}}{\text{min}} = \mathbf{6{,}11\ \frac{m}{min}}$$

Einfahren:

$$\mathbf{v_2} = \frac{Q}{A_2} = \frac{12\,000\ \text{cm}^3/\text{min}}{\frac{\pi \cdot (5\ \text{cm})^2}{4} - \frac{\pi \cdot (3{,}2\ \text{cm})^2}{4}}$$

$$= 1035\ \frac{\text{cm}}{\text{min}} = \mathbf{10{,}35\ \frac{m}{min}}$$

Kolbengeschwindigkeit

$$v = \frac{Q}{A}$$

Leistung von Pumpen und Zylindern

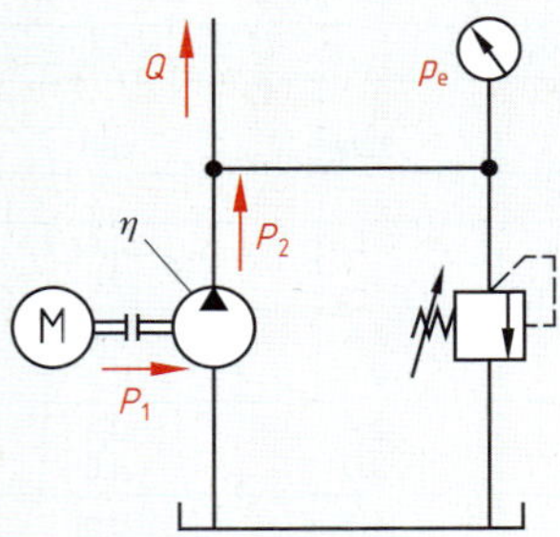

P_1 zugeführte Leistung an der Pumpenantriebswelle
P_2 abgegebene Leistung am Pumpenausgang
Q Volumenstrom
p_e Überdruck
η Wirkungsgrad der Pumpe
M Drehmoment
n Drehzahl
9550 Umrechnungs-
600 faktoren

Beispiel:

Pumpe mit $Q = 40$ l/min; $p_e = 125$ bar; $\eta = 0{,}84$; $P_1 = ?$; $P_2 = ?$

$$\mathbf{P_2} = \frac{Q \cdot p_e}{600} = \frac{40 \cdot 125}{600}\ \text{kW} = \mathbf{8{,}333\ kW}$$

$$\mathbf{P_1} = \frac{P_2}{\eta} = \frac{8{,}333}{0{,}84}\ \text{kW} = \mathbf{9{,}920\ kW}$$

Zugeführte Leistung

$$P_1 = \frac{M \cdot n}{9550}$$

Abgegebene Leistung

$$P_2 = \frac{Q \cdot p_e}{600}$$

Wirkungsgrad

$$\eta = \frac{P_2}{P_1}$$

Formeln für zugeführte und abgegebene Leistung mit:
P in kW, M in N · m, n in 1/min, Q in l/min, p_e in bar

A

Rohre

Nahtlose Präzisionsstahlrohre für Hydraulik und Pneumatik

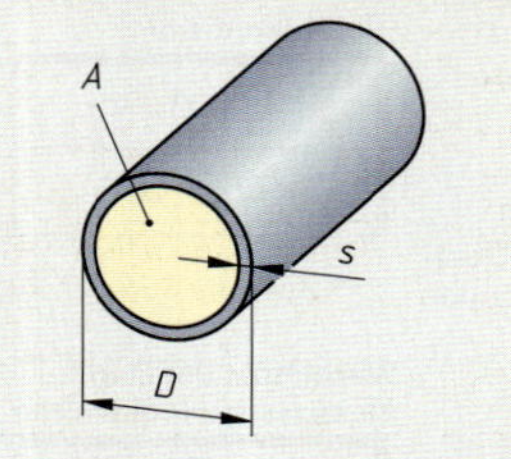

Werkstoffe	E235 (St37.4), E355 (St52.4) nach DIN 1630			
Mechanische Eigenschaften	Werkstoff	Zugfestigkeit R_m N/mm²	Streckgrenze R_e N/mm²	Bruchdehnung A %
	E235	340...480	235	25
	E355	490...630	355	22
	gute Kaltumformbarkeit, Oberfläche phosphatiert oder verzinkt und chromatiert			
Verwendung	für Leitungen in hydraulischen oder pneumatischen Anlagen bei maximalen Nenndrücken bis 500 bar			

Lieferart: Herstellfestlänge: 6 m, normalgeglüht. Die Rohre weisen eine Oberflächenqualität von $Ra \leq 4$ µm auf.

⇒ **Rohr HPL-E235-NBK-20 x 2:** Nahtloses Präzisionsstahlrohr für Hydraulik und Pneumatik, aus E235, normalgeglüht, zugblank, Außendurchmesser 20 mm, Wanddicke 2 mm

Außen durchmesser *D* mm	Wanddicke *s* mm	Durchflussquerschnitt *A* cm²	Außen durchmesser *D* mm	Wanddicke *s* mm	Durchflussquerschnitt *A* cm²	Außen durchmesser *D* mm	Wanddicke *s* mm	Durchflussquerschnitt *A* cm²
4	0,8	0,05	20	2,0	2,01	38	2,5	8,55
4	1,0	0,01	20	2,5	1,77	38	4,0	7,07
5	0,8	0,10	20	3,0	1,54	38	5,0	6,16
5	1,0	0,07	20	4,0	1,13	38	7,0	4,52
6	1,0	0,13	22	1,0	3,14	38	10,0	2,55
6	1,5	0,07	22	2,0	2,54	42	2,0	11,34
8	1,0	0,28	22	3,0	2,01	42	5,0	8,04
8	1,5	0,20	22	3,5	1,77	42	8,0	5,31
8	2,0	0,13	25	1,5	3,80	50	4,0	13,85
10	1,0	0,50	25	2,5	3,14	50	5,0	12,57
10	1,5	0,39	25	3,0	2,84	50	8,0	9,08
10	2,0	0,28	25	3,5	2,55	50	10,0	7,07
12	1,0	0,79	25	4,5	2,01	50	13,0	4,52
12	1,5	0,64	25	6,0	1,33	55	4,0	17,35
12	2,0	0,50	28	1,5	4,91	55	6,0	14,52
14	1,0	1,13	28	2,0	4,52	55	8,0	11,95
14	1,5	0,95	28	3,0	3,80	55	10,0	9,62
14	2,0	0,79	28	3,5	3,46	60	5,0	19,64
15	1,0	1,33	28	4,0	3,14	60	8,0	15,21
15	1,5	1,13	30	2,0	5,31	60	10,0	12,57
15	2,5	0,79	30	2,5	4,91	60	12,5	9,62
16	1,0	1,54	30	3,0	4,52	70	5,0	28,27
16	2,0	1,13	30	5,0	3,14	70	8,0	22,90
16	3,0	0,79	30	6,0	2,55	70	10,0	19,64
16	3,5	0,64	35	2,5	7,07	70	12,5	15,90
18	1,0	2,01	35	3,5	6,16	80	6,0	36,32
18	1,5	1,77	35	4,0	5,73	80	8,0	32,17
18	2,0	1,54	35	5,0	4,91	80	10,0	28,27
18	3,0	1,13	35	6,0	4,16	80	12,5	23,76

Nenndruck in Abhängigkeit der Wanddicke

Außendurchmesser *D* in mm	Nenndruck *p* in bar: 64	100	160	250	320	400
	Wanddicke *s* in mm					
6	1,0	1,0	1,0	1,0	1,0	1,5
8	1,0	1,0	1,0	1,5	1,5	2,0
10	1,0	1,0	1,0	1,5	1,5	2,0
12	1,0	1,0	1,5	2,0	2,0	2,5
16	1,5	1,5	1,5	2,0	2,5	3,0
20	1,5	1,5	2,0	2,5	3,0	4,0
25	2,0	2,0	2,5	3,0	4,0	5,0
30	2,5	2,5	3,0	4,0	5,0	6,0
38	3,0	3,0	4,0	5,0	6,0	8,0
50	4,0	4,0	5,0	6,0	8,0	10,0

A

Programmiersprachen

SPS-Programmiersprachen (Übersicht)

vgl. DIN EN 61131 (2003-12)

- Textsprachen
  - Anweisungsliste AWL
  - Strukturierter Text ST
- Grafische Sprachen
  - Kontaktplan KOP
  - Funktionsbaustein-Sprache FBS

Gemeinsame Elemente aller SPS-Sprachen (Auswahl)

Begrenzungszeichen (Auswahl)

vgl. DIN EN 61131 (2003-12)

Zeichen	Gebrauch
(**)	Kommentar-Anfang, Kommentar-Ende
+	führendes Vorzeichen bei Dezimalzahlen Additionsoperator (ST)
–	führendes Vorzeichen bei Dezimalzahlen Jahr-Monat-Tag-Trennzeichen Subtraktion, Negationsoperator (ST) horizontale Linie (KOP und FBS)
:=	Initialisierungsoperator Zuweisungsoperator (ST)
#	Basiszahl- und Zeitliteral-Trennzeichen
'	Anfang und Ende von Zeichenfolgen
$	Anfang von Sonderzeichen in Folgen
.	ganze Zahl/Bruch-Trennzeichen Trennzeichen für hierarchische Adressen und strukturierte Elemente
e *oder* E	Real-Exponent-Begrenzungszeichen

Zeichen	Gebrauch
:	Schrittnamen- und Variable/Typ-Trennzeichen Anweisungsmarken-Trennzeichen (ST) Netzmarken-Trennzeichen (KOP und FBS)
( )	Anweisungslisten-Modifizierer/Operator (ST) Funktionsargumente (ST) Begrenzungszeichen für FBS-Eingangsliste (ST)
;	Trennzeichen für Typdeklaration Trennzeichen für Anweisungen (ST)
..	Trennzeichen für Bereiche Trennzeichen für CASE-Bereiche (ST)
,	Aufzählungslisten-, Anfangswert- und Feldindex-Trennzeichen, Operandenlisten-, Funktionsargumentationslisten- und CASE-Wertlisten-Trennzeichen (ST)
%	Direkt-Darstellungs-Präfix[1)]
| *oder* !	vertikale Linien (KOP)

Einzelelement-Variablen für Speicherorte

Variable	Bedeutung	Variable	Bedeutung	Beispiel (AWL)
I	Speicherort Eingang	B	Byte-Größe (8 bit)	**ST %QB5**[1)]: Speichert (storage) aktuelles Ergebnis in Byte-Größe am Ausgangs-Speicherort 5
Q	Speicherort Ausgang	W	Wort-Größe (16 bit)	
M	Speicherort Merker	D	Doppelwort-Größe (32 bit)	
X	(Einzel-)Bit-Größe	L	Langwort-Größe (64 bit)	

Operatoren

Name	Symbol	Bedeutung
ADD	+	Addition
SUB	–	Subtraktion
MUL	*	Multiplikation
DIV	/	Division
AND	&	Boolesches UND
OR	>=[2)]	Boolesches ODER
XOR	----[3)]	Boolesches Exklusiv-ODER
NOT	----[3)]	Verneinung
S	----[3)]	Setzt booleschen Operator auf „1"
R	----[3)]	Setzt booleschen Operator auf „0"
GT	>	Vergleich: größer
GE	>=	Vergleich: größer gleich
EQ	=	Vergleich: gleich
NE	<>	Vergleich: ungleich
LE	<=	Vergleich: kleiner gleich
LT	<	Vergleich: kleiner

Elementare Datentypen

Schlüsselwort	Datentyp	Bits
BOOL	boolesche	1
SINT	kurze ganze Zahl	8
INT	ganze Zahl	16
DINT	doppelte ganze Zahl	32
LINT	lange ganze Zahl	64
REAL	reelle Zahl	32
LREAL	lange reelle Zahl	64
STRING	variabel lange Zeichenfolge	–[4)]
TIME	Zeitdauer	–[4)]
DATE	Datum	–[4)]
BYTE	Bit-Folge der Länge 8	8
WORD	Bit-Folge der Länge 16	16
DWORD	Bit-Folge der Länge 32	32
LWORD	Bit-Folge der Länge 64	64

1) Der direkt dargestellten Einzelelement-Variablen wird ein %-Zeichen vorangestellt.
2) Dieses Symbol ist als Operator in den Textsprachen nicht zulässig.
3) kein Symbol
4) herstellerspezifisch

A

Programmiersprachen

Kontaktplan (KOP)

vgl. DIN EN 61131 (2003-12)

Der Kontaktplan stellt den Stromfluss in einem elektromechanischen Relais-System dar.

Linien und Blöcke

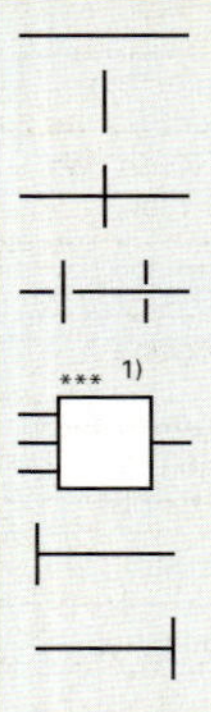

Symbol	Beschreibung
	horizontale Linie
	vertikale Linie
	Linienverbindung
	Kreuzung ohne Verbindung
	Blöcke mit Verbindungslinien
	linke Stromschiene
	rechte Stromschiene

Kontakte

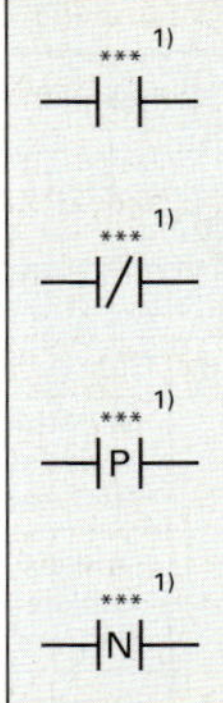

Symbol	Beschreibung
	Schließer Abfrage auf logisch „1“
	Öffner Abfrage auf logisch „0“
	Kontakt zur Erkennung von positiven Flanken, Signal von „0“ auf „1“
	Kontakt zur Erkennung von negativen Flanken, Signal von „1“ auf „0“

Spulen

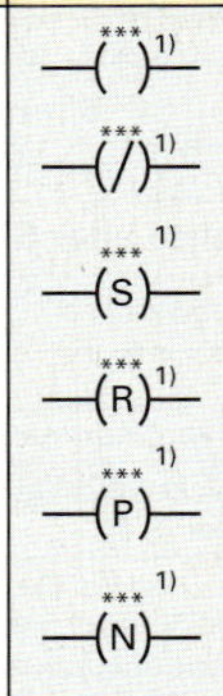

Symbol	Beschreibung
	Spule, Zuweisung, Ausgabe
	Negative Spule, negierte Zuweisung, Ausgabe
	Setze Spule, Speicherung einer Verknüpfung
	Rücksetze Spule
	Spule zur Erkennung von positiven Flanken, Signal von „0“ auf „1“
	Spule zur Erkennung von negativen Flanken, Signal von „1“ auf „0“

[1] Element-Bezeichnung

Funktionsbaustein-Sprache (FBS)

vgl. DIN EN 61131 (2003-12)

Die Funktionsbaustein-Sprache besteht aus einzelnen Funktionsbausteinen mit statischen Daten. Sie eignet sich bei häufig wiederkehrenden Funktionen.

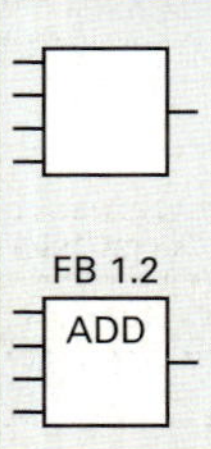

Symbol	Beschreibung
	Die Elemente sind rechteckig oder quadratisch. Eingangsparameter sind auf der linken, Ausgangsparameter auf der rechten Seite anzubringen.
	Die Funktion des Bausteins wird als Name oder Symbol innerhalb des Bausteins angegeben. Die Bezeichnung des Bausteins steht über dem Element.

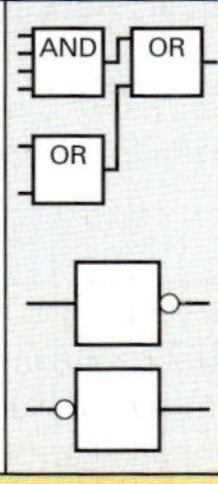

Symbol	Beschreibung
	Die Elemente müssen durch horizontale und vertikale Signalfluss-Linien verbunden werden.
	Die Negation von booleschen Signalen wird durch einen Kreis am Eingang oder Ausgang angezeigt.

Strukturierter Text (ST)

vgl. DIN EN 61131 (2003-12)

Der Strukturierte Text ist eine Hochsprache und lehnt sich an die Syntax von ISO-PASCAL an.

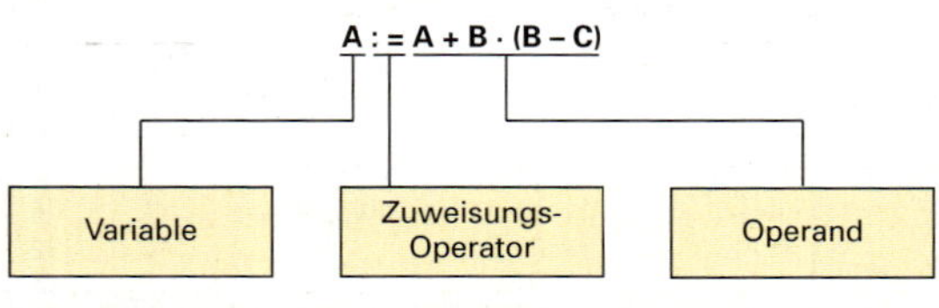

Anweisung	Typ
:=	Zuweisung
IF	Bedingte Anweisung
CASE	Auswahlanweisung
FOR	Wiederholungsanweisung
WHILE	Wiederholungsanweisung
REPEAT	Wiederholungsanweisung
EXIT	Verlassen einer Wiederholungsanweisung

Gegenüberstellung Funktionsbaustein-Sprache (FBS) – Strukturierter Text (ST)

Funktionsbausteine (Beispiele)

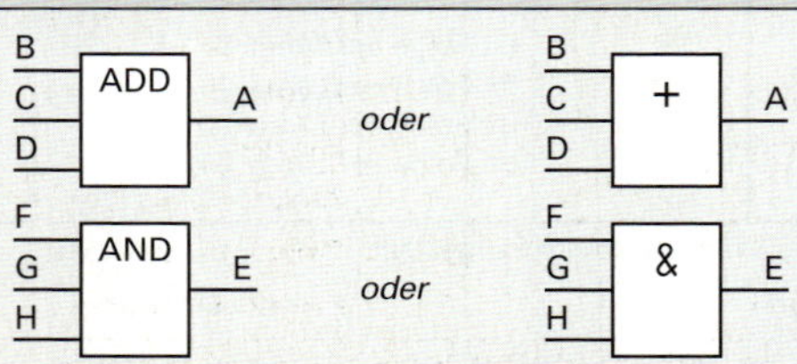

Strukturierter Text (Beispiele)

A:= ADD (B, C, D)
oder
A:= B + C + D

E:= AND (F, G, H)
oder
E:= F & G & H

A

Programmiersprachen

Anweisungsliste (AWL) nach DIN

vgl. DIN EN 61131 (2003-12)

Die Anweisungsliste ist eine maschinennahe, textuelle Programmiersprache, ähnlich der Assemblersprache.

Aufbau einer Anweisung

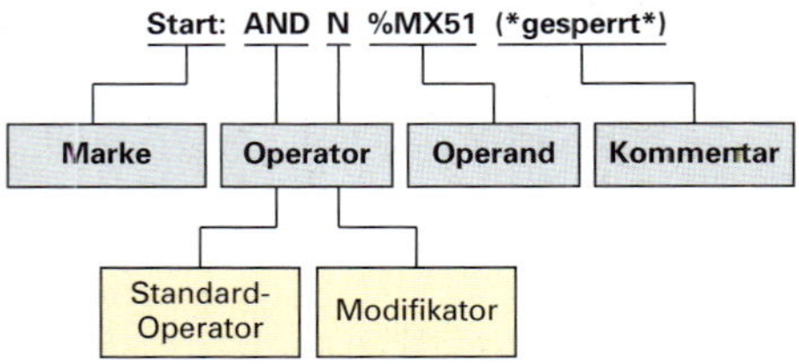

Modifikatoren für den Operator	
N	Boolesche Negierung des Operanden
C	Anweisung wird nur dann ausgeführt, wenn das ausgewertete Ergebnis eine boolesche 1 ist.
,	Trennt mehrere Operanden
(	Auswertung des Operators wird zurückgestellt, bis „)“ erscheint.

Standard-Operatoren

Operator	Modifikator	Bedeutung	Operator	Modifikator	Bedeutung
LD	N	Setzen eines Operanden	DIV	(	Division
ST	N	Speicherung auf Operanden-Adresse	GT	(	Vergleich: >
S	–	Setzt booleschen Operator auf 1	GE	(	Vergleich: >=
R	–	Setzt booleschen Operator auf 0 zurück	EQ	(	Vergleich: =
AND	N,(	Boolesches UND	NE	(	Vergleich: <>
&	N,(	Boolesches UND	LE	(	Vergleich: <=
OR	N,(	Boolesches ODER	LT	(	Vergleich: <
XOR	N,(	Boolesches Exklusiv-ODER	JMP	C,N	Sprung zur Marke
ADD	(	Addition	CAL	C,N	Aufruf Funktionsbaustein
SUB	(	Subtraktion	RET	C,N	Rücksprung
MUL	(	Multiplikation	)	–	Bearbeitung zurückgestellter Operationen

Anweisungsliste (AWL) nach VDI[1)]

vgl. VDI 2880 (1985-09)

Aufbau einer Anweisung

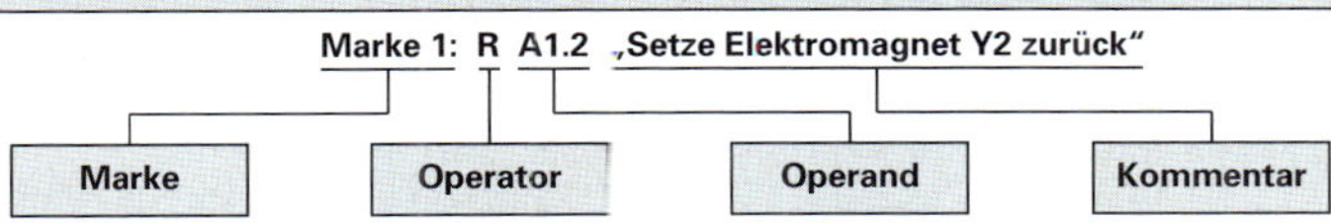

Operatoren zur Programmorganisation		Operatoren zur Signalverarbeitung		Operatoren	
L	Laden	U	UND-Verknüpfung	ZV	Vorwärtszählen
(	Klammer auf	O	ODER-Verknüpfung	ZR	Rückwärtszählen
)	Klammer zu	N	Negation	XO	Exklusiv-ODER
NOP	Nulloperation	UN	UND-NICHT-Verknüpfung	**Operanden**	
SP	unbedingter Sprung	ON	ODER-NICHT-Verknüpfung	E	Eingang
SPB	bedingter Sprung	=	Zuweisung	A	Ausgang
BA	Baustein-Aufruf	ADD	Addition	M	Merker
BAB	bedingter Baustein-Aufruf	SUB	Subtraktion	K	Konstante
BE	Baustein-Ende	MUL	Multiplikation	T	Zeitglied
"	Kommentar-Anfang	DIV	Division	Z	Zähler
“	Kommentar-Ende	S	Setzen	P	Programm-Baustein
PE	Programmende	R	Rücksetzen	F	Funktions-Baustein

1) In der Praxis existieren noch viele SPS-Steuerungen, die nach den VDI-Richtlinien programmiert werden.

A

Programmiersprachen

Gegenüberstellung der geläufigsten SPS-Programmiersprachen

Funktionen als Bestandteile in Programmen	Anweisungsliste (AWL) nach VDI	Funktionsbaustein-Sprache (FBS)	Kontaktplan (KOP)
UND (AND) mit 3 Eingängen	U E11 U E12 UN E13 = A10	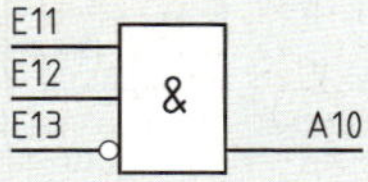	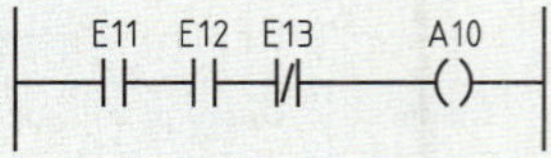
ODER (OR) mit 3 Eingängen	U E11 O E12 O E13 = A10	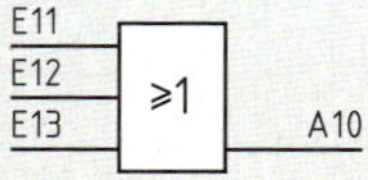	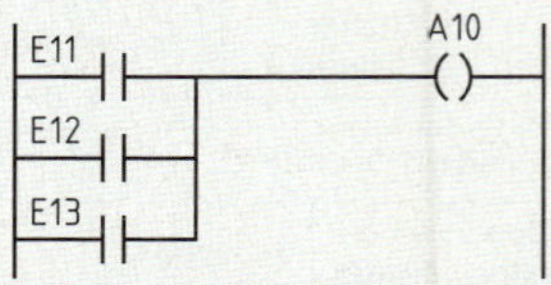
UND vor **ODER**	U E11 U E12 O U E13 U E14 = A10	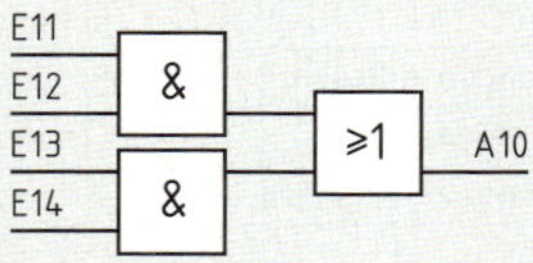	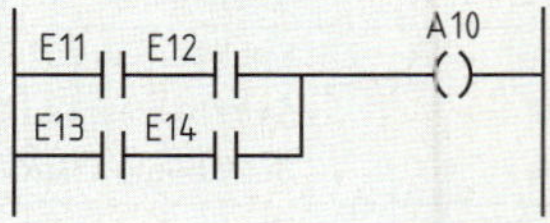
ODER vor **UND** mit Zwischenmerker	U E11 O E12 = M1 U E13 O E14 U M1 = A10	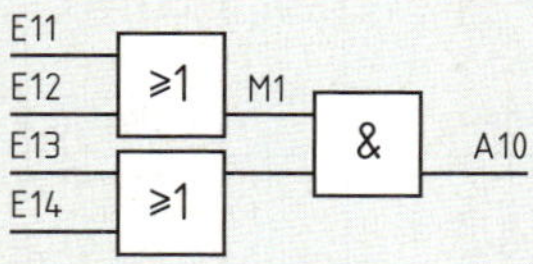	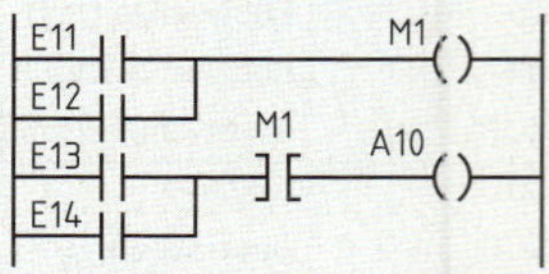
Exclusiv **ODER (XOR)**	U E11 UN E12 O (UN E11 U E12) = A10	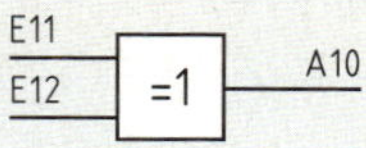	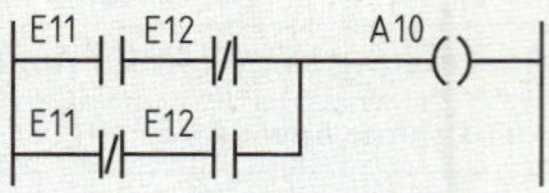
RS-Flipflop Setzen dominant	U E12[1)] R A11 U E11 S A11	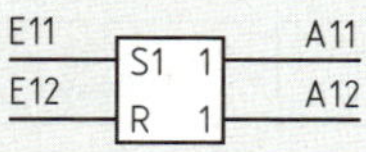	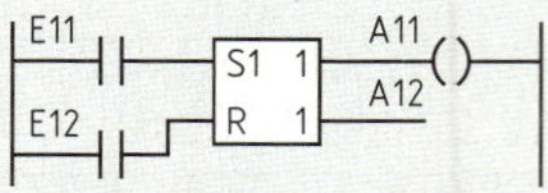
RS-Flipflop Rücksetzen dominant	U E11[1)] S A11 U E12 R A11	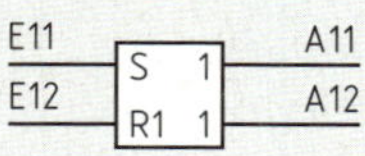	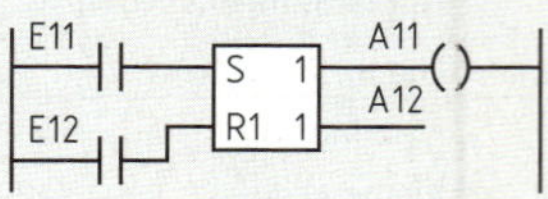
Einschalt-verzögerung	U E11 = T1 U T1 = A10	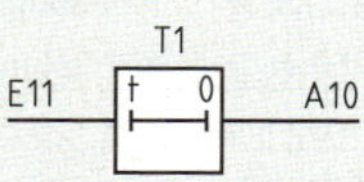	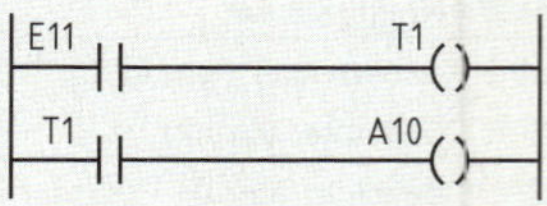
Selbsthaltung, EIN (E 12) dominierend	U E12 O A10 UN E11 = A10	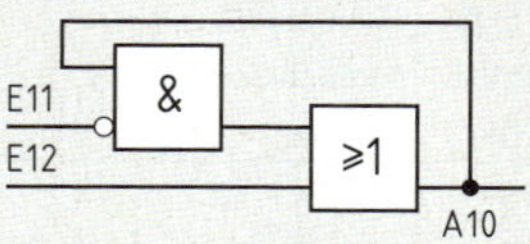	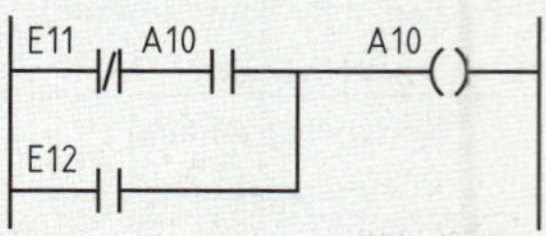

1) Bei Flipflops gilt: Wenn S = 1 und R = 1, dann dominiert die in der AWL zuletzt programmierte Funktion.

A

Ablaufsteuerung eines Prägewerkzeugs mit SPS

Technologie-Schema

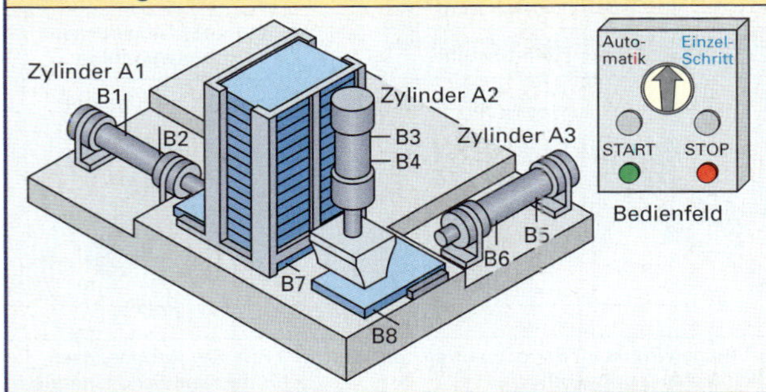

Beschriftung

In einem Prägewerkzeug sollen Werkstücke eine Werkstücknummer erhalten. Der Sensor B7 kontrolliert, ob noch Material im Stapelmagazin vorhanden ist. Der Pneumatikzylinder A1 schiebt nun das Werkstück aus dem Magazin in die Arbeitsposition. Anschließend fährt der Prägezylinder A2 aus und prägt das Werkstück. Nach einer Zeitverzögerung von 1s fährt zuerst der Prägezylinder A2 und danach der Schiebezylinder A1 zurück. Zylinder A3 dient als Auswerfer für das geprägte Werkstück. Sensor B8 stellt fest, ob das Werkstück tatsächlich ausgeworfen wurde.

Funktionsplan nach GRAFCET

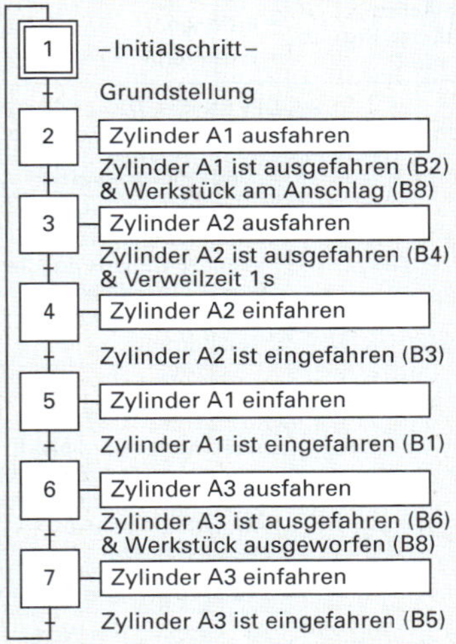

Belegungsliste

Bauteil und Aktion	Bauteil-bezeichnung	Adresse	Bemerkung
Stellschalter AUTOMATIK/EINZEL	S0/S1	E0.0/E0.1	Schließer/Öffner
Taster START	S2	E0.2	Schließer
Taster STOP	S3	E0.3	Öffner
Näherungsschalter	B1-B4 B5-B8	E0.4-E0.7 E1.0-E1.3	Schließer
Magnetventil (mit Zyl. A1)	1M1 und 1M2	A0.0/A0.1	–
Magnetventil (mit Zyl. A2)	2M1 und 2M2	A0.2/A0.3	–
Magnetventil (mit Zyl. A3)	3M1 und 3M2	A0.4/A0.5	–

Funktionsbaustein-Sprache FBS

Betriebsarten

Netzwerk 1: Funktionsbaustein FB1

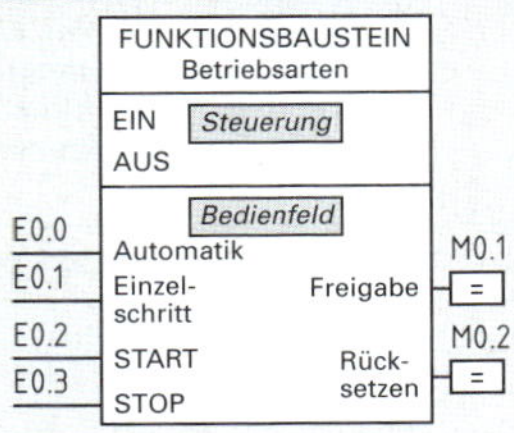

Netzwerk 2: Grundstellung

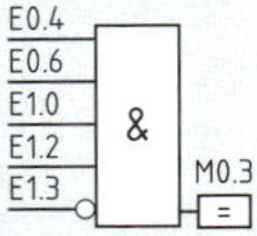

Kennzeichnung: Schrittmerker rot
Weiterschaltbedingungen blau

Schrittkette

Netzwerk 3: Schritt 1
Initialschritt

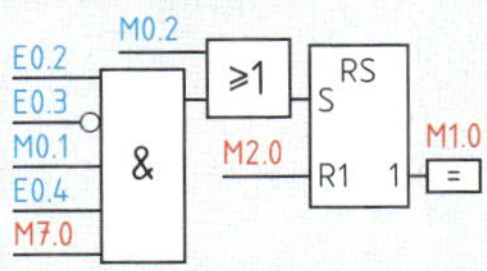

Netzwerk 4: Schritt 2
Zylinder A1 ausfahren

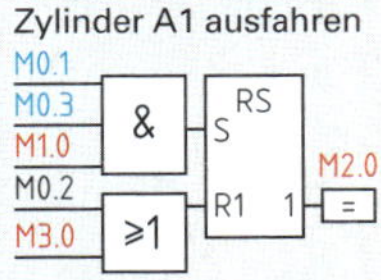

Netzwerk 5: Schritt 3
Zylinder A2 ausfahren

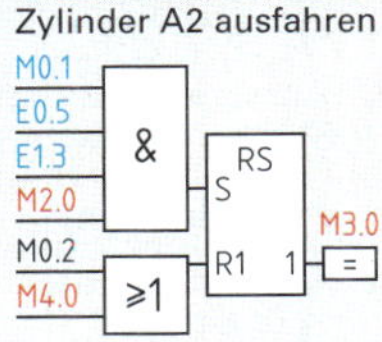

Netzwerk 6: Schritt 4
Zylinder A2 einfahren

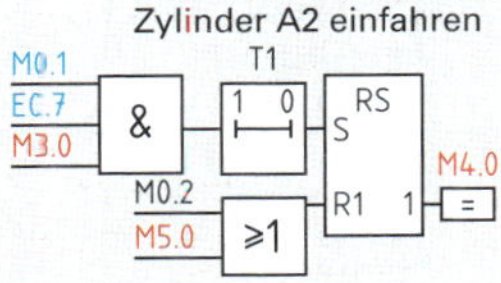

Netzwerk 7: Schritt 5
Zylinder A1 einfahren

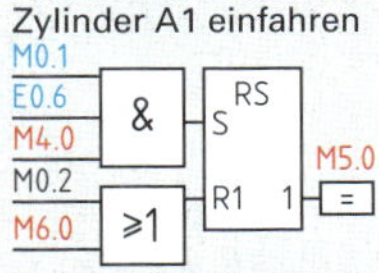

Netzwerk 8: Schritt 6
Zylinder A3 ausfahren

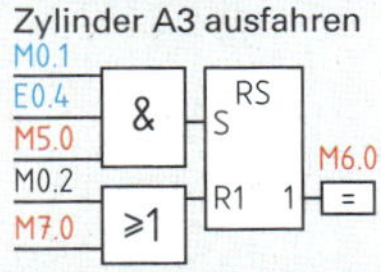

Netzwerk 9: Schritt 7
Zylinder A3 einfahren

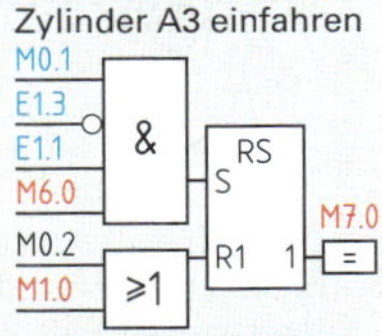

Befehlsausgabe

Netzwerke 10-15

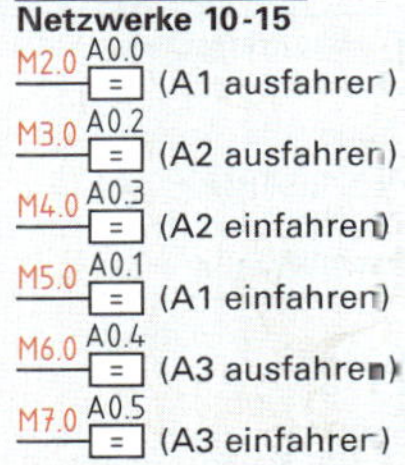

A

Koordinatensysteme und Achsen

vgl. DIN EN ISO 9787 (2000-07)

Roboterachsen

Koordinatensystem	Roboter-Hauptachsen zum Positionieren		Roboter-Nebenachsen zum Orientieren
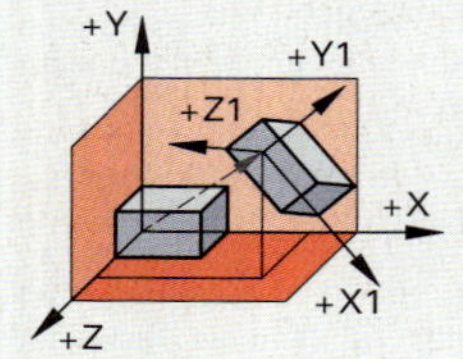	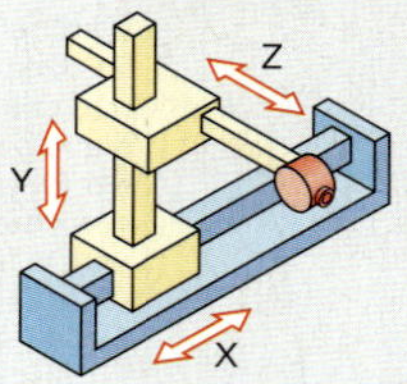	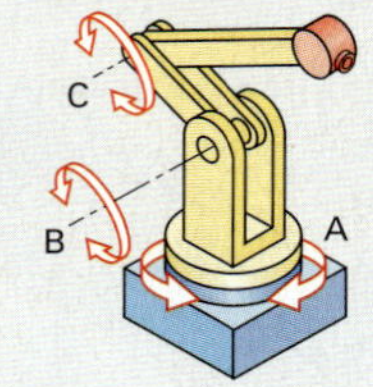	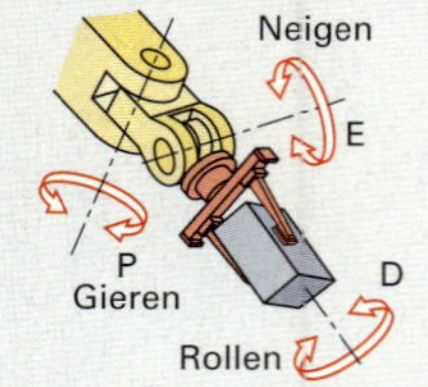
Um Werkstücke oder Werkzeuge im Raum zu handhaben, benötigt man • 3 Freiheitsgrade für die Positionierung und • 3 Freiheitsgrade für die Orientierung	Um einen beliebigen Punkt im Raum zu erreichen, sind 3 Roboter-Hauptachsen notwendig. **Kartesischer Roboter** 3 translatorische Achsen (T-Achsen) mit den Bezeichnungen X, Y und Z	**Gelenkroboter** 3 rotatorische Achsen (R-Achsen) mit den Bezeichnungen A, B und C	3 Roboter-Nebenachsen für die räumliche Orientierung • D (Rollen) • E (Neigen) • P (Gieren)

Koordinatensysteme

vgl. DIN EN ISO 9787 (2000-07)

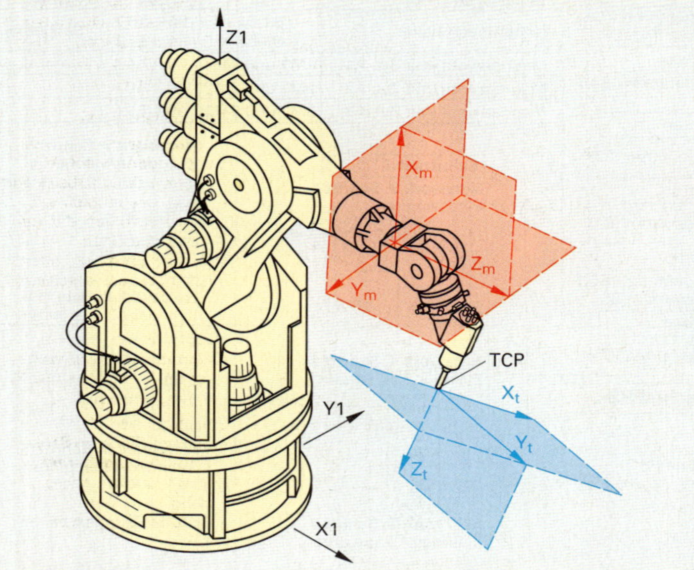

Basis-Koordinatensystem

Das Basis-Koordinatensystem bezieht sich
- in der X-Y-Ebene auf die ebene Aufstellfläche
- in der Z-Achse auf die Robotermitte.

Flansch-Koordinatensystem

Das Flansch-Koordinatensystem bezieht sich auf die Abschlussfläche der letzten Roboterhauptachse.

Werkzeug-Koordinatensystem

Der Ursprung des Werkzeugkoordinatensystems liegt im Werkzeugmittelpunkt *TCP* (*T*ool *C*enter *P*oint).

Die Geschwindigkeit des Werkzeugmittelpunkts wird als Robotergeschwindigkeit und der Wegverlauf als Roboterbewegungsbahn bezeichnet.

Symbole zur Darstellung von Robotern (Auswahl)

vgl. VDI 2861 (1988-06)

Bezeichnung	Sinnbild	Bezeichnung	Sinnbild	Beispiel RRR-Roboter
Translationsachse (T-Achse)[1] Translation fluchtend (Teleskop) Translation nicht fluchtend	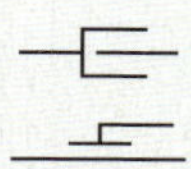	**Rotationsachse (R-Achse)**[2] Rotation fluchtend Rotation nicht fluchtend	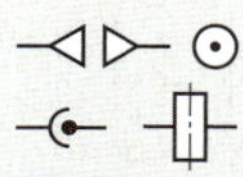	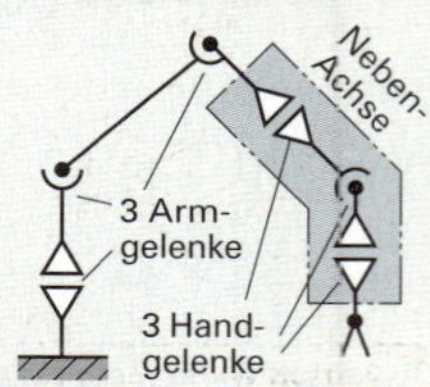
Greifer		Nebenachse (z. B. zum Rollen, Neigen und Gieren)		

[1] Translation = geradlinige Bewegung [2] Rotation = Drehbewegung

A

Aufbau von Robotern

vgl. DIN EN ISO 9787 (2000-07)

Mechanische Struktur[1]	Kinematik[2] und Arbeitsraum	Beispiele für Bauformen	Merkmale, Einsatzgebiete
Kartesischer Roboter 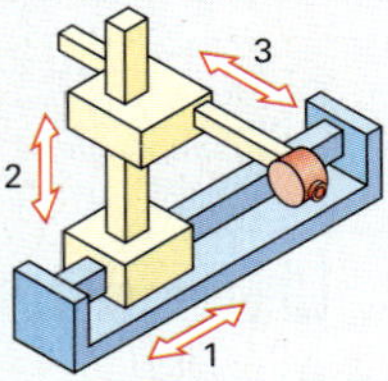	TTT-Kinematik 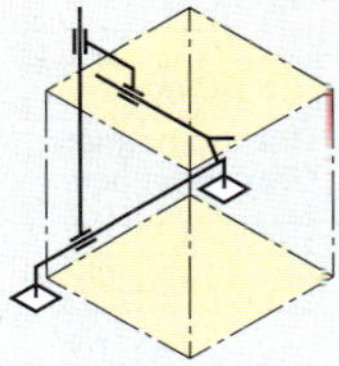	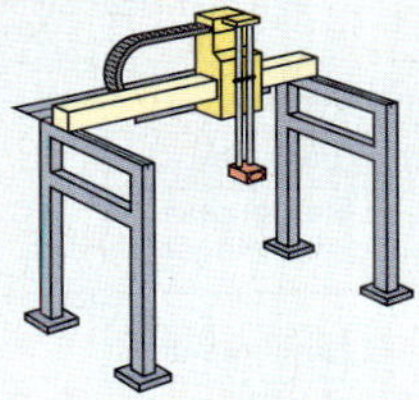 Portalroboter	Hauptachsen: • 3 translatorische Einsatzgebiete: • großer Arbeitsraum, deshalb oft in Portalbauweise • Werkzeug- und Werkstückzuführung in Fertigungszellen • Blechbearbeitung durch Laser- und Wasserstrahlschneiden • Palettieren
Zylindrischer Roboter 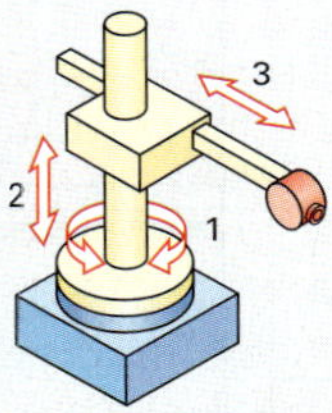	RTT-Kinematik 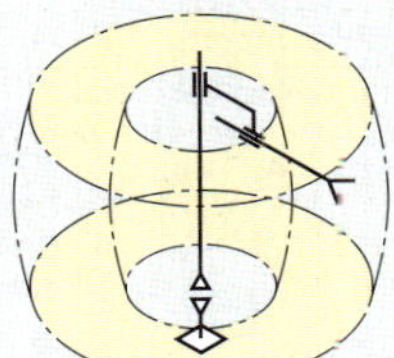	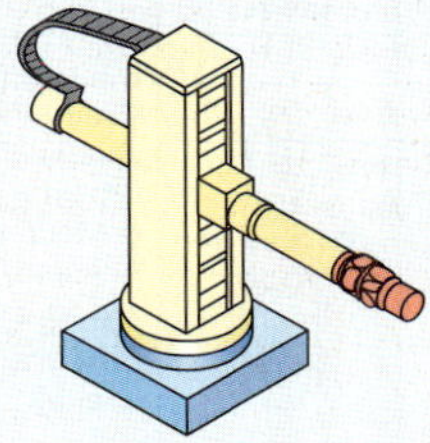 Ständerroboter	Hauptachsen: • 1 rotatorische • 2 translatorische Einsatzgebiete: • geeignet für schwere Massen • Handhabung von schweren Schmiede- und Gussteilen • Transport von Paletten und Werkzeugkassetten • Be- und Entladen
Polarroboter 1 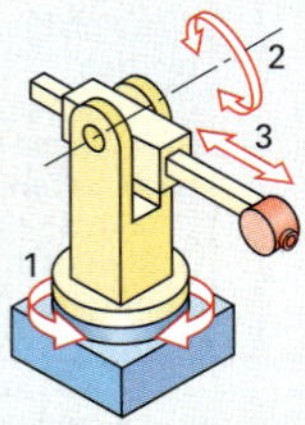	RRT-Kinematik 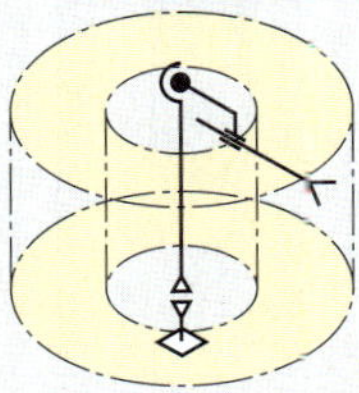	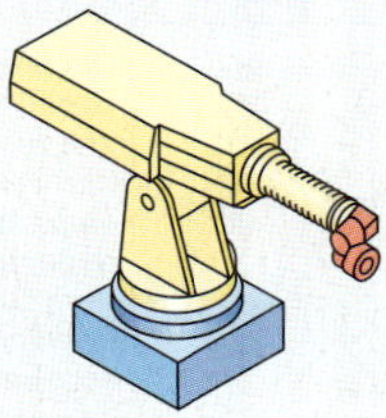 Vertikaler Schwenkarmroboter	Hauptachsen: • 2 rotatorische • 1 translatorische Einsatzgebiete: • teleskopartige Achse 3, dadurch tiefer Arbeitsraum • Punkt- und einfaches Bahnschweißen, z.B. bei Autokarosserien • Be- und Entladearbeiten bei Druckgießmaschinen
Polarroboter 2 Typ: SCARA[3]-Roboter 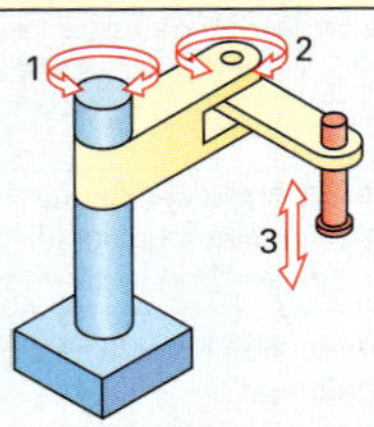	RRT-Kinematik 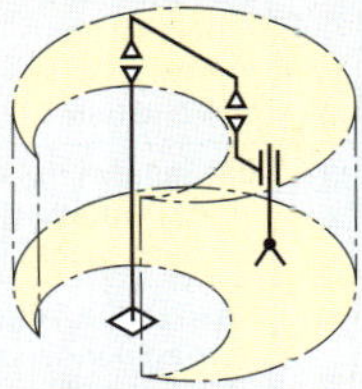	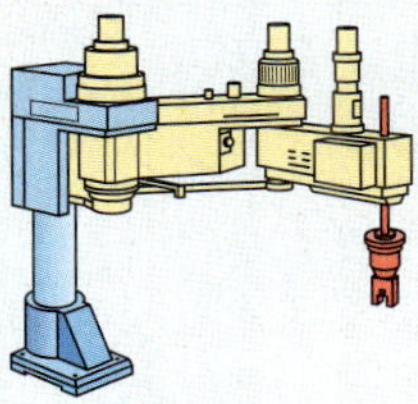 Horizontaler Schwenkarmroboter	Hauptachsen: • 2 rotatorische als waagrechter Drehgelenkarm • 1 translatorische Einsatzgebiete: • hauptsächlich im Senkrecht-Montagebereich • Punkt- und einfaches Bahnschweißen • Be- und Entladearbeiten
Gelenkroboter 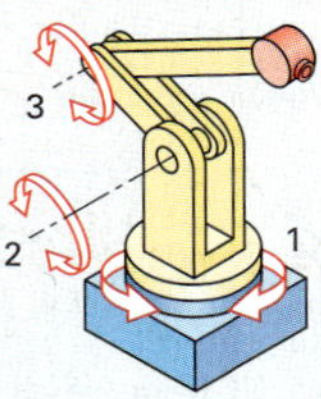	RRR-Kinematik 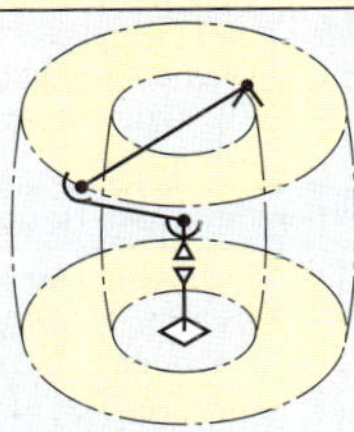	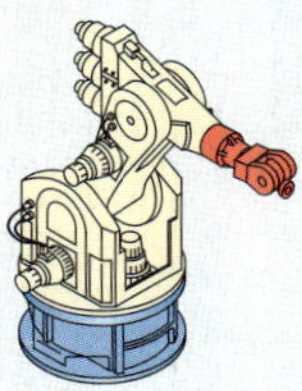 Vertikaler Schwenkarmroboter	Hauptachsen: • 3 rotatorische Einsatzgebiete: • Handhabungs- und Montagebereich • kompliziertes Bahnschweißen • Lackierarbeiten • Kleben • geringer Platzbedarf bei großem Arbeitsraum

1) Achsen werden mit Ziffern bezeichnet, wobei die Achse 1 die erste Bewegungsachse ist.
2) R = Rotationsachse; T = Translationsachse (Bezeichnungen „R" und „T" sind nicht genormt.)
3) SCARA engl.: Selective Compliance Assembly Robot Arm = Montageroboterarm mit ausgewählter Nachgiebigkeit

A

Greifer, Arbeitssicherheit

Greifer

vgl. DIN EN ISO 14539 (2002-12) und VDI 2740 (1995-04)

Greifer

- **mechanisch**
  - **Fingergreifer**
  - **Zangengreifer**
  - **Klemmgreifer**
  - **Nadelgreifer**
- pneumatisch
  - Sauggreifer
  - Spreizfingergreifer
- magnetisch
  - Elektromagnete
  - Dauermagnete
- adhäsiv
  - Klettbandgreifer

Fingergreifer

	Merkmale
Linearer Greifer 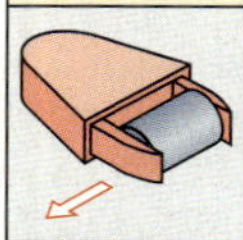	1 Beweglichkeitsgrad
Flächiger Greifer 	3 Beweglichkeitsgrade
Räumlicher Greifer 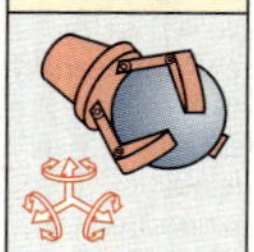	6 Beweglichkeitsgrade

Zangengreifer

	Merkmale
Scherengreifer 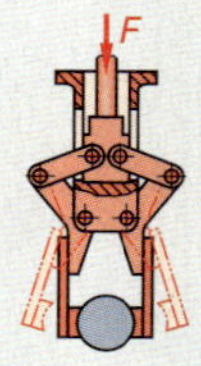	Die beiden Greiffinger drehen sich um eine gestellfeste Achse. Häufig eingesetzter Greifer.
Parallelgreifer 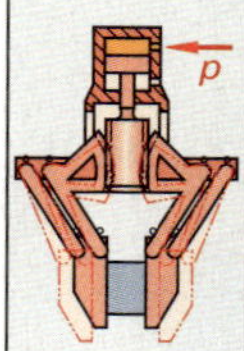	Die beiden Greiffinger werden parallel zueinander gegenüber dem Greifergehäuse verschoben.

Klemmgreifer

	Merkmale
federbelastet 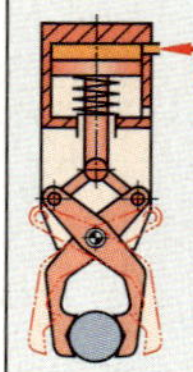	Klemmkraft wird durch eine Feder erzeugt. Öffnung des Greifers durch Druck.
gewichtsbelastet 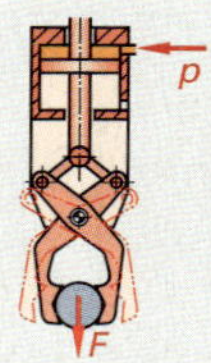	Klemmkraft wird durch das Eigengewicht des Greifobjekts erzeugt. Öffnung des Greifers durch Druck.

Nadelgreifer

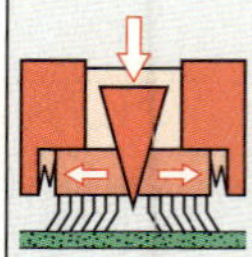

Verwendung im Textilbereich. Vier Nagelplatten werden durch einen Spreizkegel nach außen gefahren und greifen den Stoff.

Arbeitssicherheit bei Handhabungs- und Robotersystemen

vgl. DIN EN ISO 10218-1 (2007-02)

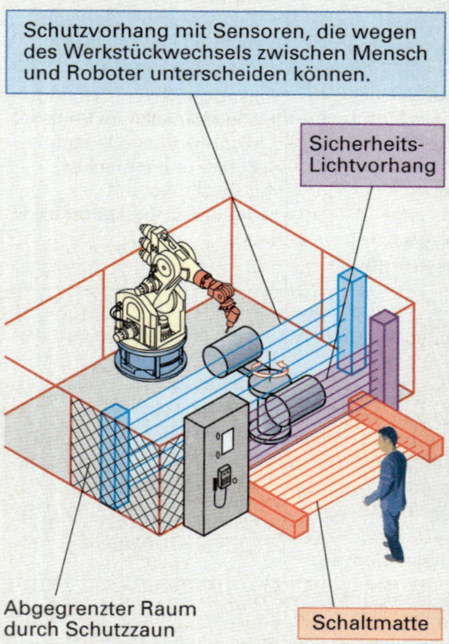

Begriffe	Erläuterungen
Maximaler Raum	Überstrichener Bereich von: • beweglichen Teilen des Roboters • Werkzeugflansch • Werkstück
Eingeschränkter Raum	Ein Teil des maximalen Raums, der im Falle eines vorhersehbaren Ausfalls des Robotersystems nicht überschritten werden darf
Trennende Schutzeinrichtungen	Sperrzäune, Abdeckungen, feste Verkleidungen, Verriegelungseinrichtungen (DIN EN 1088)
Berührungslos wirkende Schutzeinrichtungen	Gefahrenbereichssicherung: Lichtvorhänge und Lichtgitter Flächenüberwachung: Laserscanner Zugangssicherung: Lichtgitter und Lichtschranken
Wichtige sicherheitsrelevante Normen	
DIN EN 292	Sicherheit von Maschinen, Grundbegriffe
DIN EN 61496	Sicherheit von Maschinen, berührungslos wirkende Schutzeinrichtungen
DIN EN 418	Sicherheit von Maschinen, NOT-Aus-Einrichtungen
DIN EN 294	Sicherheit an Maschinen, Sicherheitsabstände
DIN EN 457	Akustische Gefahrensignale

A

Koordinatenachsen

vgl. DIN 66217 (1975-12)

Koordinatensystem

Rechte-Hand-Regel

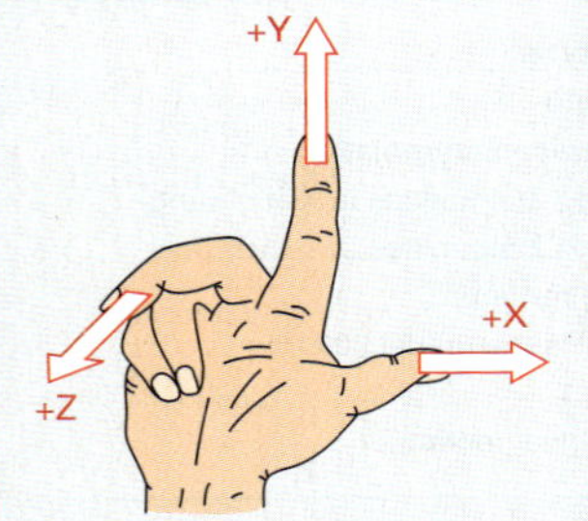

Kartesisches Koordinatensystem

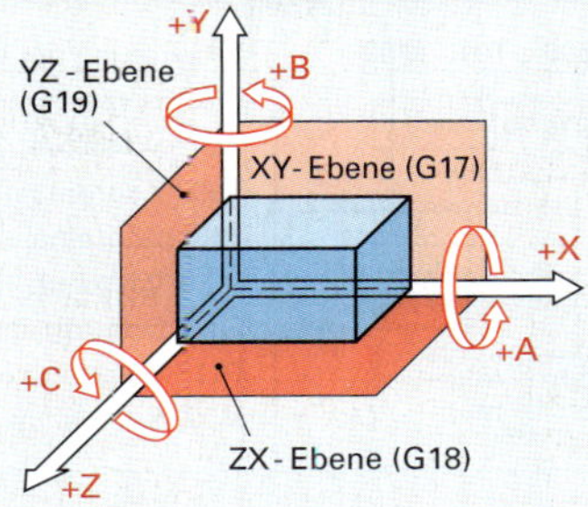

Die Koordinatenachsen X, Y und Z stehen senkrecht aufeinander.

Die Zuordnung kannn durch Daumen, Zeigefinger und Mittelfinger der rechten Hand dargestellt werden.

Die Drehachsen A, B und C werden den Koordinatenachsen X, Y und Z zugewiesen.

Blickt man bei einer Achse in die positive Richtung, so ist die Drehung im Uhrzeigersinn die positive Drehrichtung.

Koordinatenachsen beim Programmieren

Senkrecht-Fräsmaschine

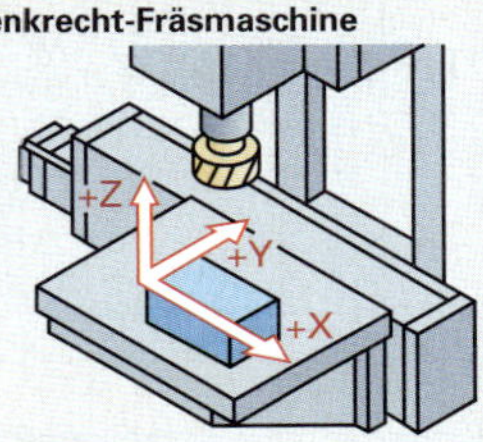

Waagrecht-Fräsmaschine

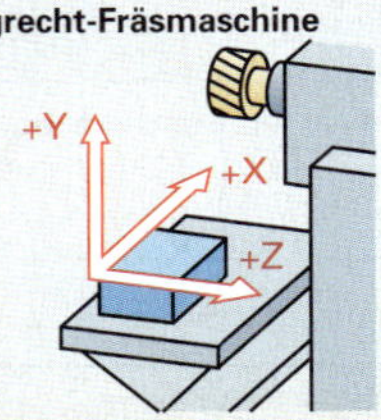

Drehmaschine

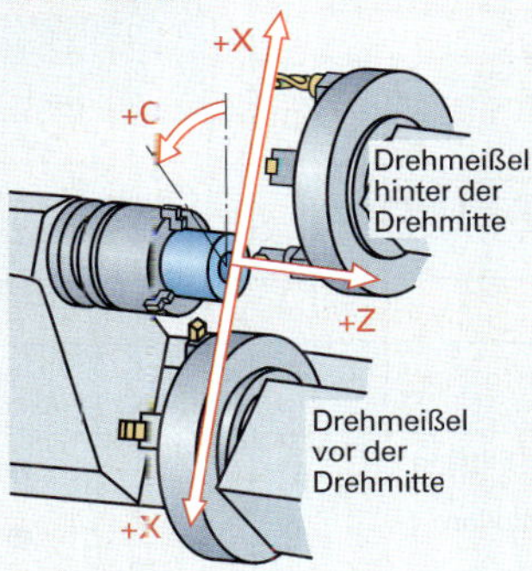

Beispiel:
2-Schlitten-Drehmaschine mit programmierbarer Hauptspindel

Die Koordinatenachsen und die daraus resultierenden Bewegungsrichtungen sind auf die Hauptführungsbahnen der CNC-Maschine ausgerichtet und beziehen sich grundsätzlich auf das aufgespannte Werkstück mit dessen Werkstücknullpunkt.

Positive Bewegungsrichtungen ergeben immer eine Vergrößerung der Koordinatenwerte am Werkstück.

Die Z-Achse verläuft immer in Richtung der Hauptspindel.

Um das Programmieren zu vereinfachen, nimmt man an, dass das Werkstück stillsteht und sich nur das Werkzeug bewegt.

Bezugspunkte

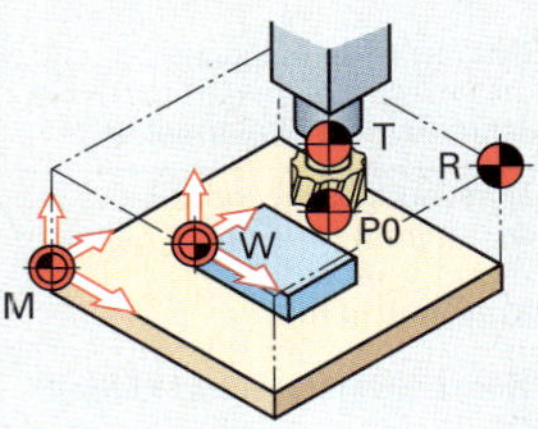

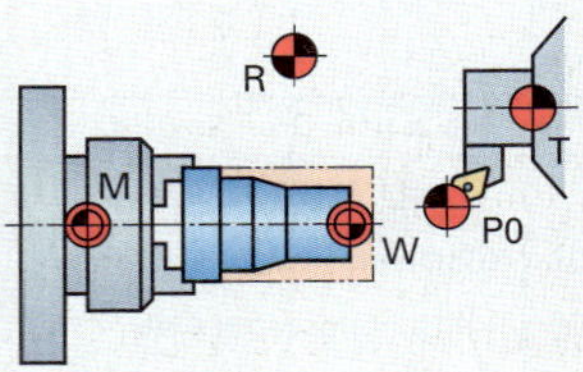

M 

Maschinennullpunkt M
Er ist der Ursprung des Maschinen-Koordinatensystems und wird vom Maschinenhersteller festgelegt.

P0 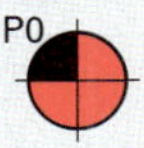

Programmnullpunkt P0
Er gibt die Koordinaten des Punktes an, an dem sich das Werkzeug vor Beginnn des Programmstarts befindet.

R 

Referenzpunkt R
Er ist der Ursprung des inkrementalen Wegmesssystems mit einem vom Maschinenhersteller festgelegten Abstand zum Maschinennullpunkt.

T[1] 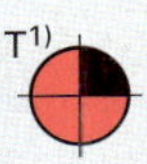

Werkzeugträger-Bezugspunkt T
Er liegt mittig an der Anschlagfläche der Werkzeugaufnahme. Bei Fräsmaschinen ist dies die Stirnfläche der Werkzeugspindel, bei Drehmaschinen die Anschlagfläche des Werkzeughalters am Revolver.

[1] nicht genormt

W 

Werkstücknullpunkt W
Er ist der Ursprung des Werkstück-Koordinatensystems und wird vom Programmierer nach fertigungstechnischen Gesichtspunkten festgelegt.

Programmaufbau

Aufgaben des Steuerprogramms

Satzaufbau

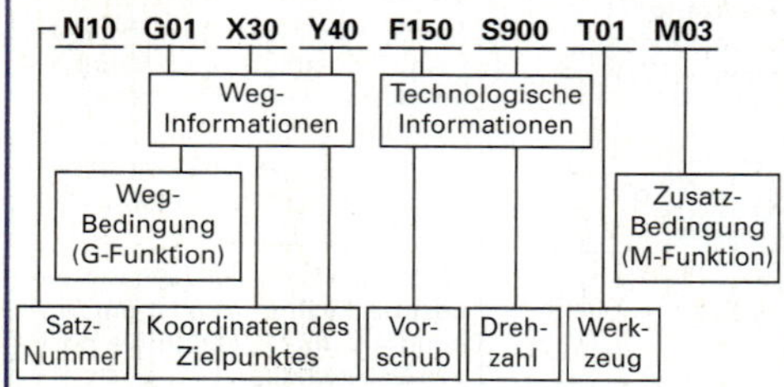

Erläuterung der Wörter:

N10	Satznummer 10
G01	Vorschub, Geradeninterpolation
X30	Koordinate des Zielpunktes in X-Richtung
Y40	Koordinate des Zielpunktes in Y-Richtung
F150	Vorschub 150 mm/min
S900	Drehzahl der Hauptspindel 900/min
T01	Werkzeug Nr. 1
M03	Spindel im Uhrzeigersinn

Programmaufbau

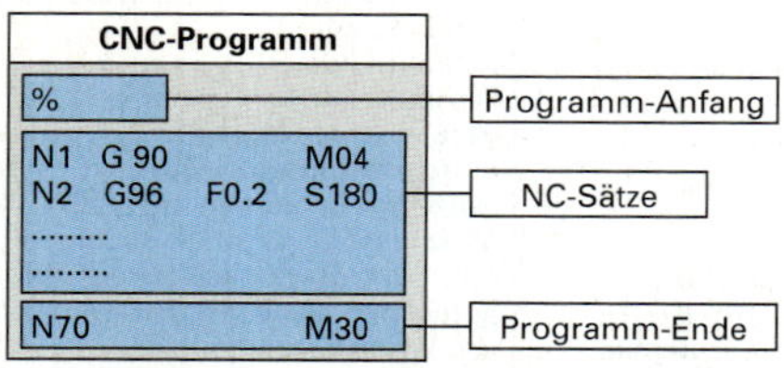

Beispiel:

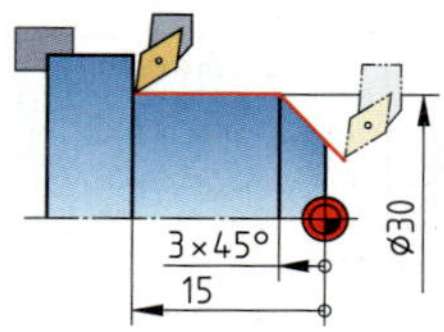

CNC-Programm			
% 01			
N1	G90		M04
N2	G96	F0.2	S180
N3	G00	X20	Z2
N4	G01	X30	Z-3
N5			Z-15
N6	G00	X200	Z200
N7			M30

Wegbedingungen

Wegbedingung	Wirksamkeit	Bedeutung	Wegbedingung	Wirksamkeit	Bedeutung
G00	● (gespeichert)	Positionieren im Eilgang	G53	● (gespeichert)	Aufheben der Verschiebung
G01	● (gespeichert)	Geraden-Interpolation	G54 … … G59	● (gespeichert)	Verschiebung 1 … … Verschiebung 6
G02	● (gespeichert)	Kreis-Interpolation rechtsdrehend	G74	● (gespeichert)	Referenzpunkt anfahren
G03	● (gespeichert)	Kreis-Interpolation linksdrehend			
G04	● (satzweise)	Verweilzeit, zeitlich vorbestimmt	G80	● (satzweise)	Arbeitszyklus aufheben
G09	● (satzweise)	Genauhalt	G81 … … G89	● (gespeichert)	Arbeitszyklus 1 … … Arbeitszyklus 9
G17	● (gespeichert)	Ebenenauswahl XY	G90	● (gespeichert)	Absolute Maßangaben
G18	● (gespeichert)	Ebenenauswahl ZX	G91	● (gespeichert)	Inkrementale Maßangaben
G19	● (gespeichert)	Ebenenauswahl YZ			
G33	● (gespeichert)	Gewindeschneiden, Steigung konstant	G94	● (satzweise)	Vorschubgeschwindigkeit in mm/min
G40	● (gespeichert)	Aufheben der Werkzeugkorrektur	G95	● (gespeichert)	Vorschub in mm
G41	● (gespeichert)	Werkzeugbahnkorrektur, links	G96	● (gespeichert)	Konst. Schnittgeschwindigkeit
G42	● (gespeichert)	Werkzeugbahnkorrektur, rechts	G97	● (gespeichert)	Spindeldrehzahl in 1/min

● gespeichert: Wegbedingungen, die so lange wirksam bleiben, bis sie durch eine artgleiche Bedingung überschrieben werden.

A

● satzweise: Wegbedingungen, die nur in dem Satz wirksam sind, in dem sie programmiert sind.

Zusatzfunktionen (M-Funktionen, Auswahl)

vgl. DIN 66025-2 (1988-09)

M00	Programmierter Halt	M04	Spindel gegen Uhrzeigersinn	M07	Kühlschmiermittel EIN 2
M02	Programmende	M05	Spindel halt	M08	Kühlschmiermittel ~~AUS~~ EIN 1
M03	Spindel im Uhrzeigersinn	M06	Werkzeugwechsel	M30	Programmende mit Rücksetzen

M09 Kühlmittel aus (M13 Spindel rechts + Kühlmittel ein

Werkzeug- und Bahnkorrekturen

Drehen	Fräsen

Werkzeugkorrekturen

Lagen-Kennziffern[1] des Werkzeug-Schneidenpunktes P bezogen auf den Mittelpunkt M des Schneidenradius r_ε

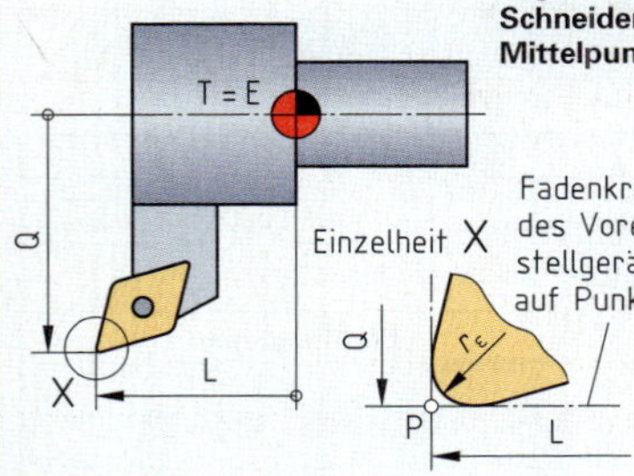

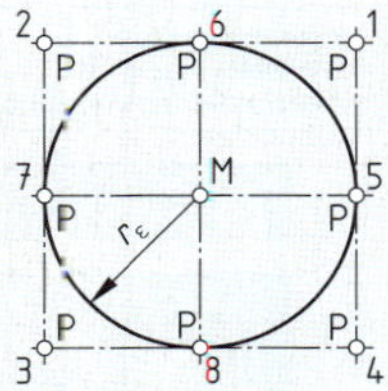

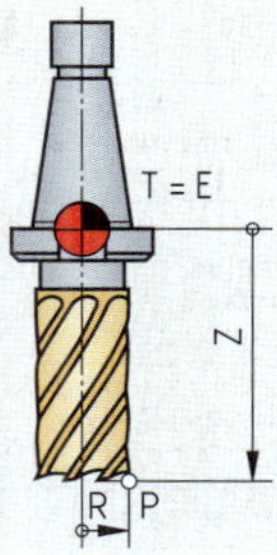

Q Querablage der X-Achse
L Längenkorrektur der Z-Achse
r_ε Schneidenradius
1…8 Lage-Kennziffern
T Werkzeugträger-Bezugspunkt

E Werkzeug-Bezugspunkt
M Mittelpunkt des Schneidenradius r_ε
P Werkzeug-Schneidenpunkt

[1] nicht genormt

Z Werkzeuglänge
R Werkzeugradius
T Werkzeugträger-Bezugspunkt
E Werkzeug-Bezugspunkt
P Werkzeug-Schneidenpunkt

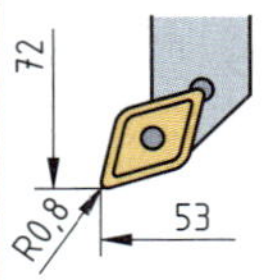

Korrekturspeicher	
Q	72
L	53
r_ε	0,8
Lage-Kennziffer	3

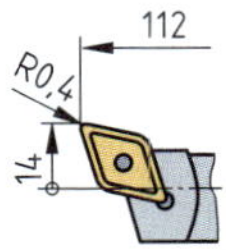

Korrekturspeicher	
Q	14
L	112
r_ε	0,4
Lage-Kennziffer	2

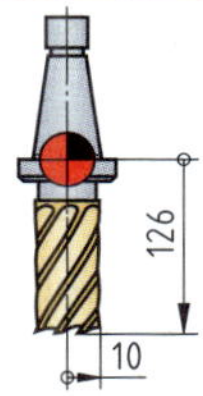

Korrekturspeicher	
Z	126
R	10

Bahnkorrekturen

G41	Drehwerkzeug links	G42	Drehwerkzeug rechts	G41	Fräswerkzeug links

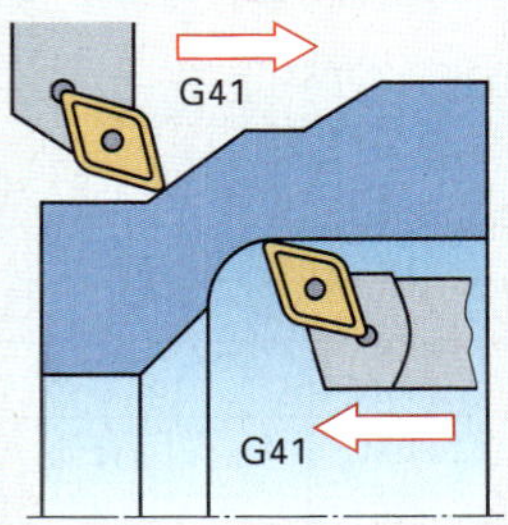

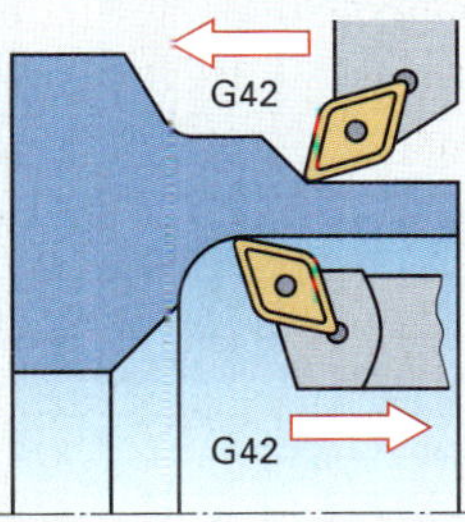

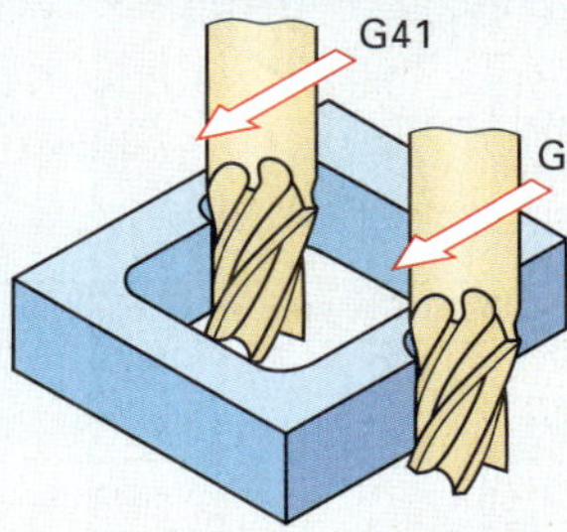

Drehmeißel vor der Spindelachse

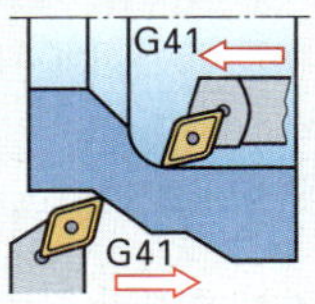

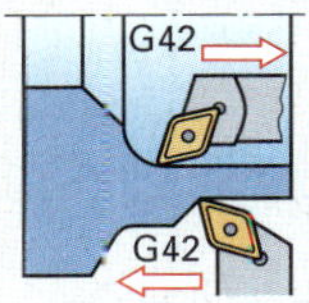

Bei der Anordnung des Drehmeißels vor der Mitte ergibt sich nach DIN 66217:
Bedingt durch die andere Betrachtung der XZ-Ebene kehrt sich für den Anwender, der von oben auf das Werkstück schaut, und für die Programmierung die Bahnkorrektur um.

G42	Fräswerkzeug rechts

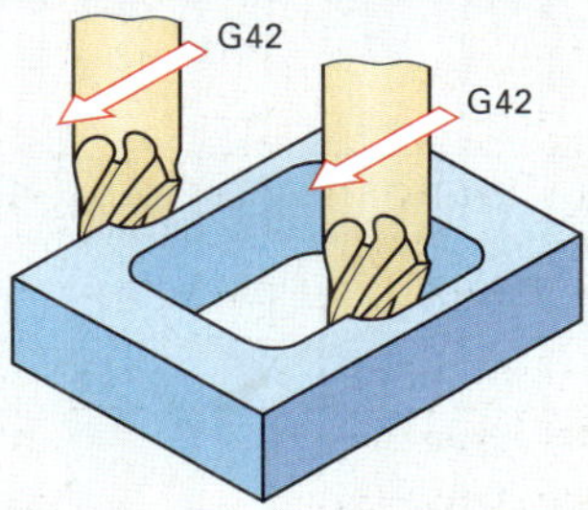

Die Bahnkorrekturen G41 und G42 werden mit der Funktion G40 wieder abgewählt.

A

Programmaufbau bei CNC-Maschinen nach DIN

Arbeitsbewegungen bei Senkrecht-Fräsmaschinen

vgl. DIN 66025-2 (1983-01)

G01 Linearbewegung

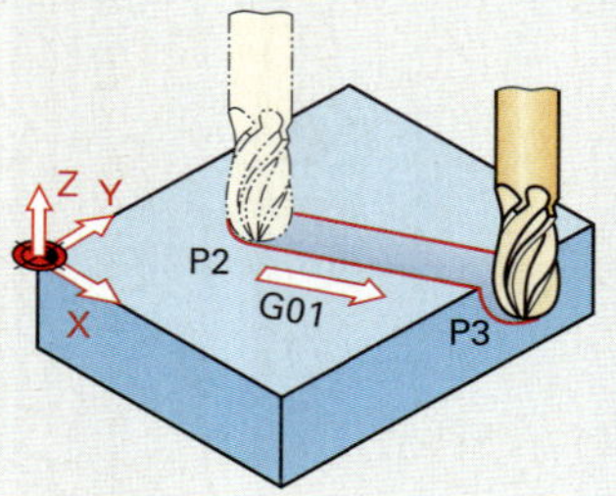

Bezeichnungs- und Bearbeitungsbeispiel:

N30 G01 X50 Y19 Z-8

- G01: Linear-Interpolation, Arbeitsbewegung im programmierten Vorschub
- X50 Y19 Z-8: Koordinaten des Zielpunktes – in X-Richtung, in Y-Richtung, in Z-Richtung

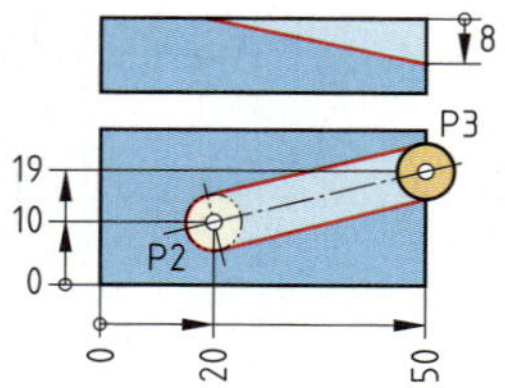

CNC-Programm

N...					
N10	G00	X20	Y10	Z1	(P1)
N20	G01			Z0	(P2)
N30		X50	Y19	Z-8	(P3)
N...					

G02 Kreisbewegung im Uhrzeigersinn

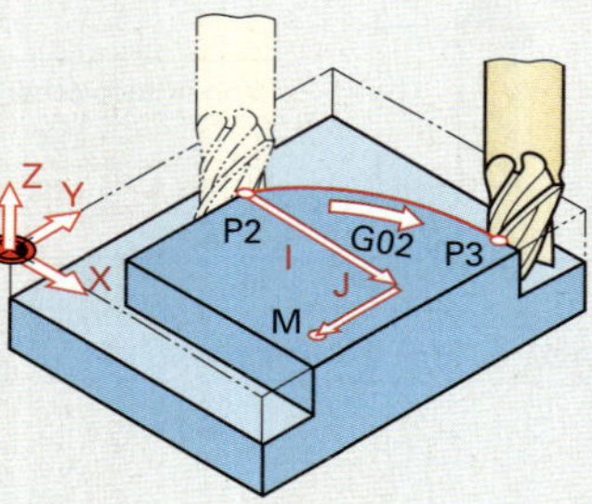

Bezeichnungs- und Bearbeitungsbeispiel:

N40 G02 X32 Y38 I26 J-10.39

- G02: Kreis-Interpolation im Uhrzeigersinn, Arbeitsbewegung im programmierten Vorschub
- X32 Y38: Koordinate des Kreis-Endpunktes – in X-Richtung, in Y-Richtung
- I26 J-10.39: Inkrementale Angabe des Mittelpunktes bezogen auf den Kreis-Anfangspunkt – in X-Richtung, in Y-Richtung

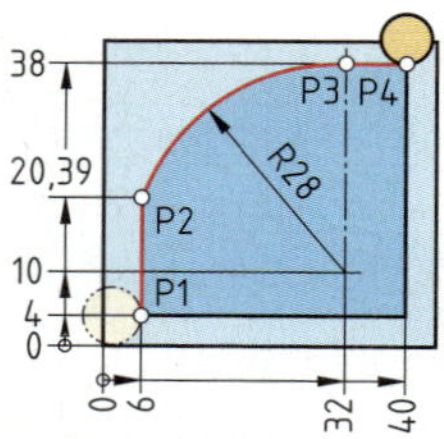

CNC-Programm

N...						
N10	G41					
N20	G01	X6	Y4			(P1)
N30			Y20.39			(P2)
N40	G02	X32	Y38	I26	J-10.39	(P3)
N50	G01	X40				(P4)
N...						

G03 Kreisbewegung gegen den Uhrzeigersinn

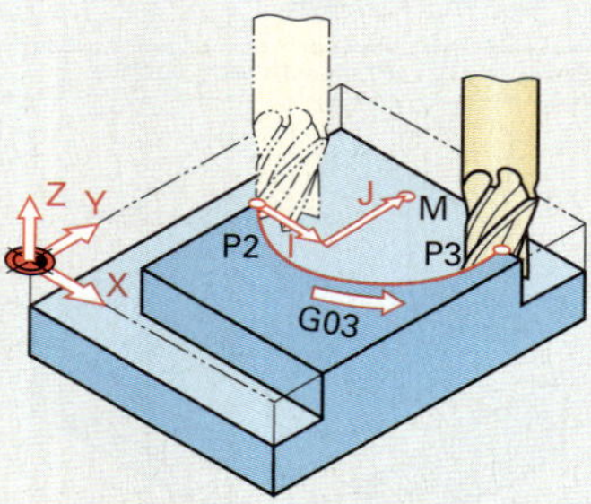

Bezeichnungs- und Bearbeitungsbeispiel:

N40 G03 X32 Y38 I8 J16.12

- G03: Kreis-Interpolation gegen den Uhrzeigersinn, Arbeitsbewegung im programmierten Vorschub
- X32 Y38: Koordinate des Kreis-Endpunktes – in X-Richtung, in Y-Richtung
- I8 J16.12: Inkrementale Angabe des Mittelpunktes bezogen auf den Kreis-Anfangspunkt – in X-Richtung, in Y-Richtung

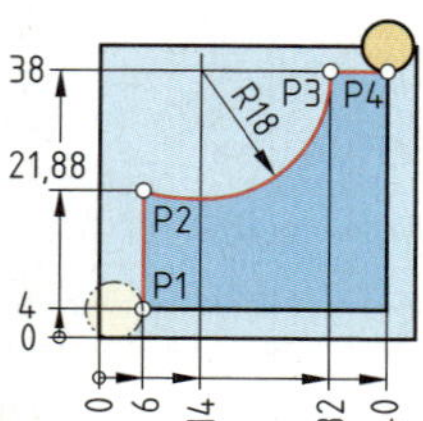

CNC-Programm

N...						
N10	G41					
N20	G01	X6	Y4			(P1)
N30			Y21.88			(P2)
N40	G03	X32	Y38	I8	J16.12	(P3)
N50	G01	X40				(P4)
N...						

A

Programmaufbau bei CNC-Maschinen nach DIN

Arbeitsbewegungen bei Drehmaschinen

vgl. DIN 66025-2 (1983-01)

G01 Linearbewegung

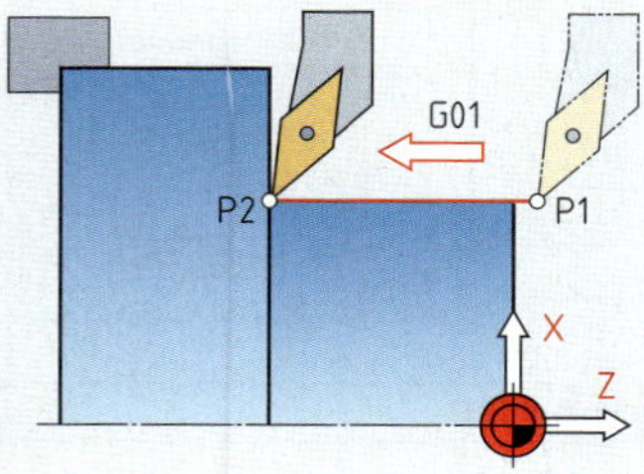

Bezeichnungs- und Bearbeitungsbeispiel:

N20 G01 X60 Z-50

- G01: Linear-Interpolation, Arbeitsbewegung im programmierten Vorschub
- X60 / Z-50: Koordinate des Zielpunktes
  - X60: in X-Richtung
  - Z-50: in Z-Richtung

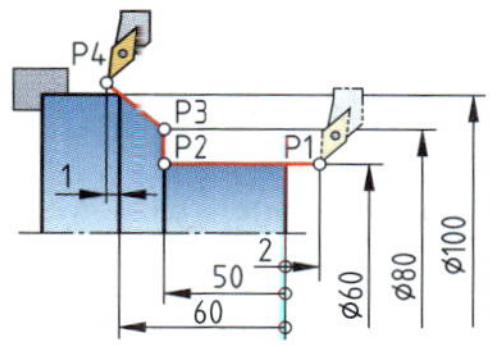

CNC-Programm

N...				
N10	G00	X60	Z2	(P1)
N20	G01		Z-50	(P2)
N30		X 80		(P3)
N40		X102	Z-61	(P4)
N...				

G02 Kreisbewegung im Uhrzeigersinn

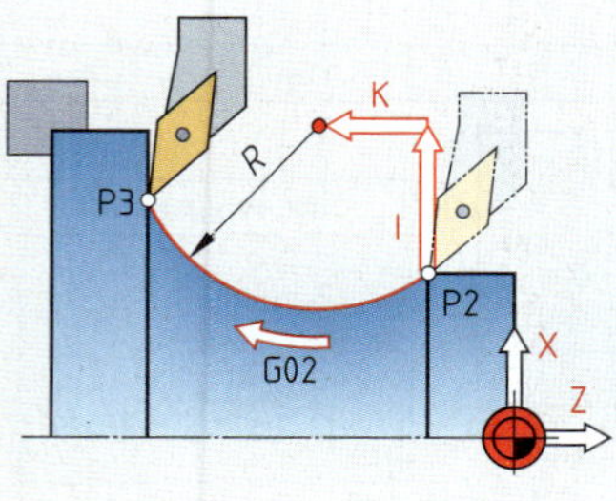

Bezeichnungs- und Bearbeitungsbeispiel:

N30 G02 X100 Z-60 I20 K0

- G02: Kreis-Interpolation im Uhrzeigersinn, Arbeitsbewegung im programmierten Vorschub
- X100 / Z-60: Koordinate des Kreis-Endpunktes
  - X100: in X-Richtung
  - Z-60: in Z-Richtung
- I20 / K0: Inkrementale Angabe des Mittelpunktes bezogen auf den Kreis-Anfangspunkt
  - I20: in X-Richtung
  - K0: in Z-Richtung

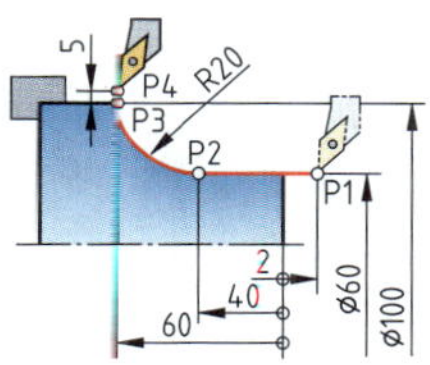

CNC-Programm

N...						
N10	G00	X60	Z2			(P1)
N20	G01		Z-40			(P2)
N30	G02	X100	Z-60	I20	K0	(P3)
N40	G01	X110				(P4)
N...						

G03 Kreisbewegung gegen den Uhrzeigersinn

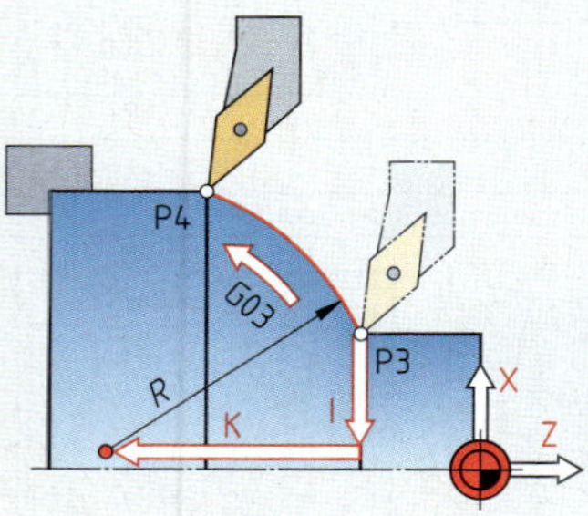

Bezeichnungs- und Bearbeitungsbeispiel:

N40 G03 X90 Z-55 I0 K-15

- G03: Kreis-Interpolation gegen den Uhrzeigersinn, Arbeitsbewegung im programmierten Vorschub
- X90 / Z-55: Koordinate des Kreis-Endpunktes
  - X90: in X-Richtung
  - Z-55: in Z-Richtung
- I0 / K-15: Inkrementale Angabe des Mittelpunktes bezogen auf den Kreis-Anfangspunkt
  - I0: in X-Richtung
  - K-15: in Z-Richtung

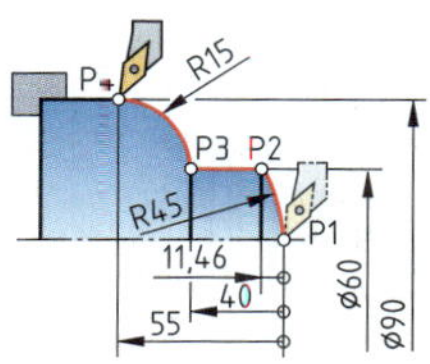

CNC-Programm

N...						
N10	G01	X0	Z0			(P1)
N20	G03	X60	Z-11.46	I0	K-45	(P2)
N30	G01		Z-40			(P3)
N40	G03	X90	Z-55	I0	K-15	(P4)
N...						

A

Programmaufbau bei CNC-Maschinen nach PAL[1)]

Linearinterpolation mit G1 bei Dreh- und Fräsmaschinen

Drehen	Fräsen

Inkrementalprogrammierung mit XI-, YI, und ZI-Koordinaten in NC-Programmen mit G90

Drehen

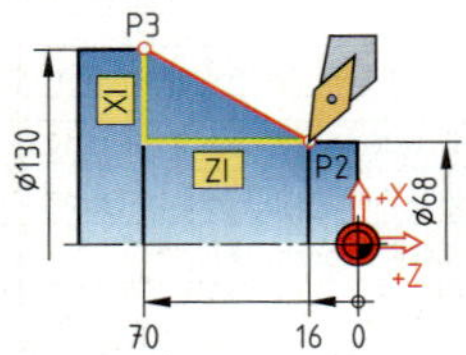

NC-Programm

```
N10...
N15 G90
N20...
N25 G1   X68 Z-16     ;P2
N30 G1   XI68 ZI-54   ;P3
N35...
```

Fräsen

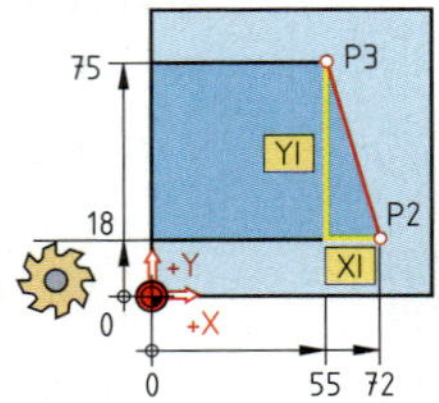

NC-Programm

```
N10...
N15 G42
N20 G0   X...
N25 G1   X72          ;P2
N30 G1   XI-17 YI57   ;P3
N35...
```

Absolutprogrammierung mit XA-, YA- und ZA-Koordinaten in NC-Programmen mit G91

Drehen

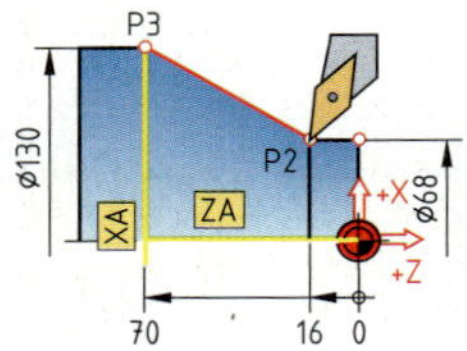

NC-Programm

```
N10...
N15 G91
N20...
N25 G1  X68 Z-16      ;P2
N30 G1  XA130 ZA-70   ;P3
N35...
```

Fräsen

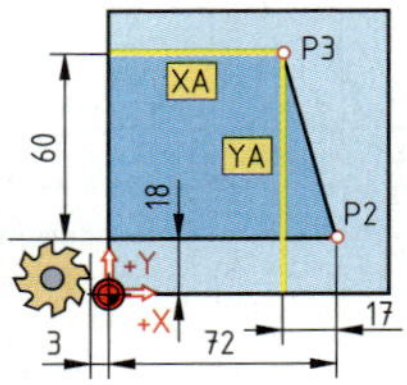

NC-Programm

```
N10...
N15 G42 G0 X-16 Y18
N20 G91
N25 G1   X88          ;P2
N30 G1   XA55 YA78    ;P3
N35...
```

Anfangswinkel AS mit Koordinatenwert X

Drehen

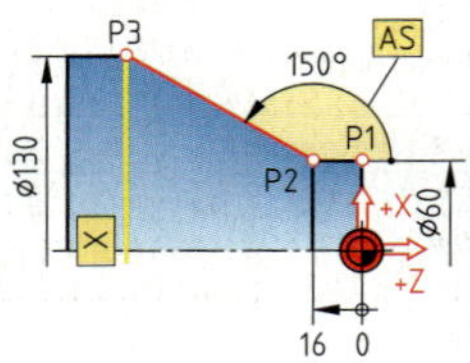

NC-Programm

```
N10...
N15
N20...
N25 G1    X60 Z-16    ;P2
N30       AS150 X130  ;P3
N35...
```

Fräsen

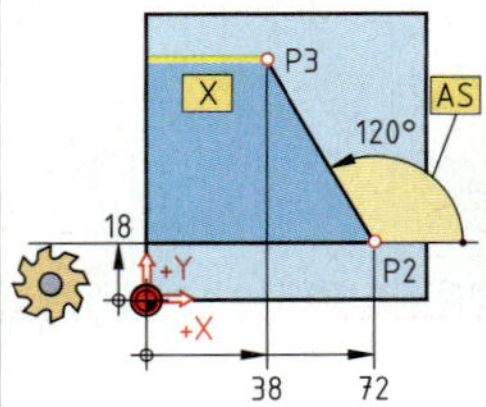

NC-Programm

```
N10...
N15 G42
N20 G0    X...  Y18
N25 G1    X72         ;P2
N30 G1    AS120 X38   ;P3
N35...
```

Anfangswinkel AS mit Koordinatenwert Z

Drehen

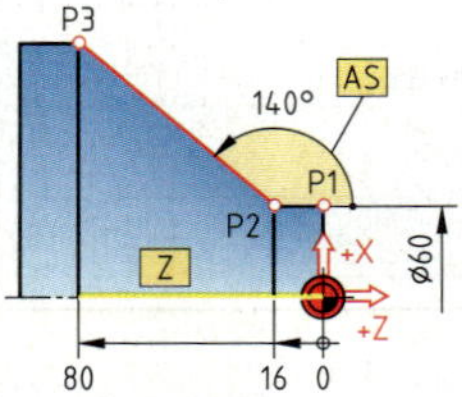

NC-Programm

```
N10...
N15 G90
N20...
N25 G1   X60 Z-16     ;P2
N30 G1   AS140 Z-80   ;P3
N35...
```

Fräsen

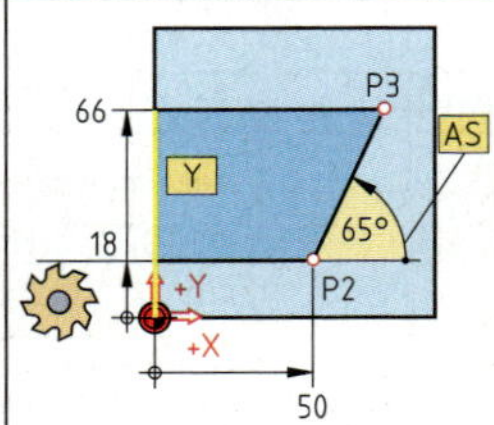

NC-Programm

```
N10...
N15 G42
N20 G0    X...  Y18
N25 G1    X50         ;P2
N30 G1    AS65 Y66    ;P3
N35...
```

Übergangselemente Radius RN+ und Fase RN–

Der Radius RN+ oder die Fase RN– ist ein Übergangselement zwischen 2 Konturelementen (Kreise, Geraden)

Drehen

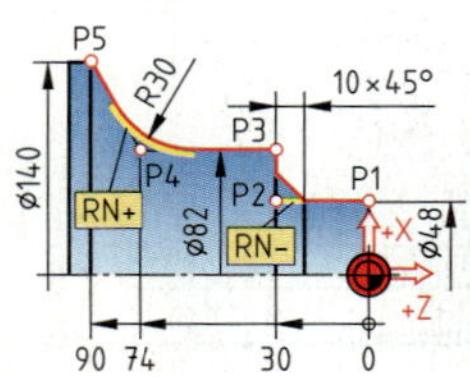

NC-Programm

```
N10...
N15 G90
N20 G0   X48 Z0        ;P1
N25 G1   Z-30 RN-10    ;P2
N30 G1   X82           ;P3
N35 G1   Z-74 RN+30    ;P4
N40 G1   X140 Z-90     ;P5
```

Fräsen

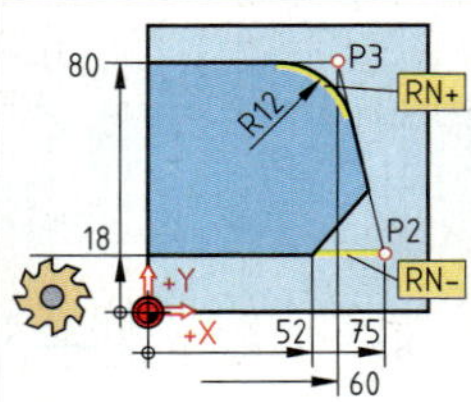

NC-Programm

```
N10...
N15 G42
N20 G0 X... Y18
N25 G1 X75 RN-23       ;P2
N30 G1 X60 Y80 RN+12   ;P3
N35...
```

1) **P**rüfungs-**A**ufgaben-**L**ehrmittelentwicklungsstelle

A

Programmaufbau bei CNC-Maschinen nach PAL

Kreisinterpolation bei Dreh- und Fräsmaschinen

Drehen

Kreisinterpolation mit absoluten Mittelpunktskoordinaten

Satzaufbau:

```
G90
G1  X..  Z..            ;P2
G2  X..  Z..  IA..  KA.. ;P3
```

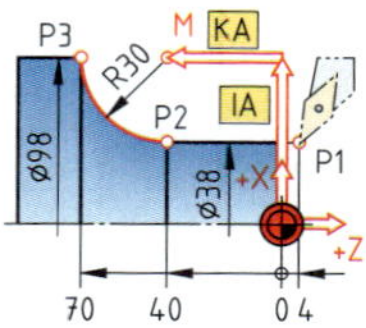

NC-Programm

```
N10 ...
N15 G90
N20 G0  X38 Z4                 ;P1
N25 G1  Z-40                   ;P2
N30 G2 X98 Z-70 IA49 KA-40     ;P3
N35 ...
```

Fräsen

Satzaufbau:

```
G90
G1  X..  Z..            ;P2
G2  X..  Z..  IA..  JA.. ;P3
```

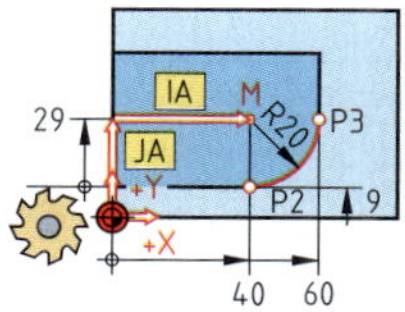

NC-Programm

```
N10 ...
N15 G90
N20 G0   X... Y9               ;P1
N25 G1   X40                   ;P2
N30 G3 X60 Y29 IA40 JA29       ;P3
N35 ...
```

Auswahlkriterien bei Mehrfachlösungen

Bei Verwendung des Radius R oder des Öffnungswinkels AO können sich mehrere Kreisbogenlösungen ergeben. Mit den beiden Adresse O bzw. R und H kann der Programmierer den Kreisbogen mit dem gewünschten Kreisbogen oder Startwinkel auswählen.

Auswahl der Bogenlänge mit der Adresse O oder R

Satzaufbau:

```
G1 X.. Z..            ;P2
G2 X.. Z..  R..  O.. ;P3
```

oder:

Satzaufbau:

```
G1 X.. Z..          ;F2
G2 X.. Z..  R+..    ;F3
```

kürzerer Kreisbogen O1

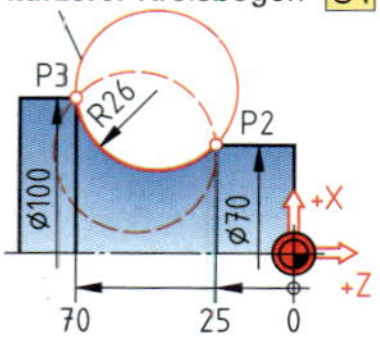

NC-Programm

```
N10 ...
N15 G90
N20...
N25 G1 X70 Z-25                ;P2
N30 G2 X100 Z-70  R26 O1       ;P3
oder:
N30 G2 X100 Z-70  R+26         ;P3
```

Satzaufbau:

```
G1 X.. Z..            ;P2
G2 X.. Z..  R..  O.. ;P3
```

oder:

Satzaufbau:

```
G1 X.. Z..          ;P2
G2 X.. Z..  R-..    ;P3
```

längerer Kreisbogen O2

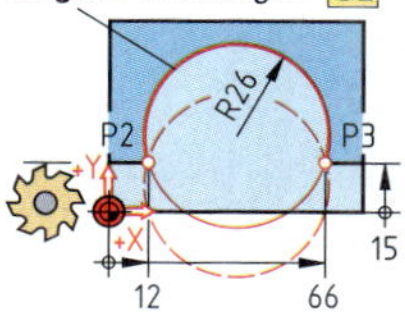

NC-Programm

```
N10 ...
N15 G90
N20...
N25 G1 X12 Y15                 ;P2
N30 G2 X66 Y15  R26 O2         ;P3
oder:
N30 G2 X66 Y15  R-26           ;P3
```

Auswahl des Startwinkels mit der Adresse H

Satzaufbau:

```
G1  X..  Z..            ;P2
G2  Z..  R..  AO..  H.. ;P3
```

kleinerer Startwinkel H1

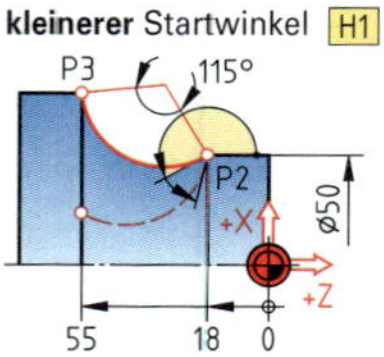

NC-Programm

```
N10 ...
N15 G90
N20...
N25 G1 X50 Z-18                ;P2
N30 G2 Z-55 R26 AO115 H1       ;P3
```

Satzaufbau:

```
G90
G1  X..  Z..            ;P2
G2  X..  R..  AO..  H.. ;P3
```

größerer Anstiegswinkel H2

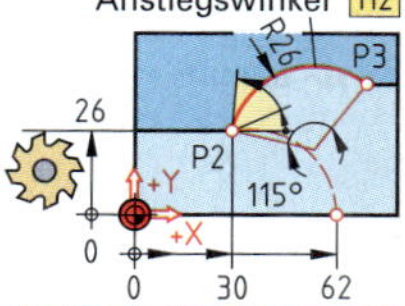

NC-Programm

```
N10 ...
N15 G90
N20...
N25 G1 X30 Y26                 ;P2
N30 G2 Z62 R26 AO115 H2        ;P3
```

Konturzüge bei Drehmaschinen (Auswahl)

Bei offenen Konturzügen kann sowohl der Startpunkt als auch der Zielpunkt noch unbestimmt sein. Mit den angegebenen Adressen berechnet jedoch die Steuerung den Start- oder Endpunkt des offenen Elements.

G61 Strecke offen

Satzaufbau:

```
G1   X..  Z..
G61  AS..
```

```
N15  G1   X50  Z-30  ;P1
N20  G61  AS160
```

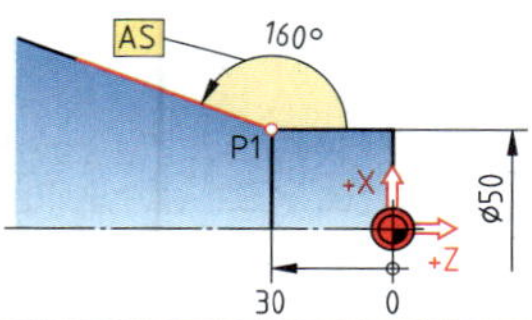

G62/G63 Kreisbogen offen

Satzaufbau:

```
G1   X..  Z..
G62  AS.. R..
```

```
N15  G1   X40  Z-30  ;P1
N20  G62  AS210  R50
```

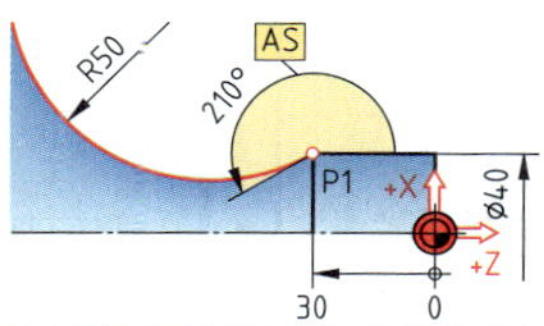

3-Punkte-Zug

```
N15 ...
N20 G1    X40 Z-20   ;P1
N20 G61 AS210        ;P2
N30 G62 Z-72 R+26    ;P3
```

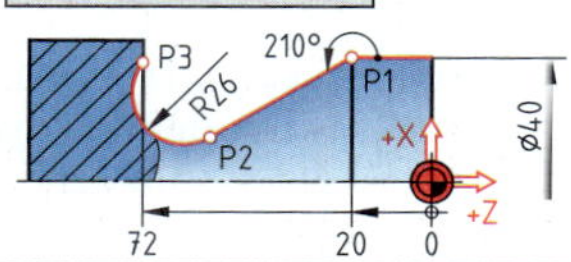

A

Programmaufbau bei CNC-Maschinen nach PAL

PAL-Funktionen bei Dreh- und Fräsmaschinen

Programmierung von Koordinaten und Interpolationsparametern	
XA, YA, ZA	Absolute Eingabe von Koordinatenwerten, bezogen auf das Werkstück-Koordinatensystem
XI, YI, ZI	Inkrementale Eingabe von Koordinatenwerten, bezogen auf das Werkstück-Koordinatensystem
IA, IA, KA	Absolute Eingabe der Interpolationsparameter, bezogen auf das Werkstück-Koordinatensystem
T-Adressen zum Werkzeugwechsel	
T	Werkzeugspeicherplatz im Werkzeugrevolver oder Werkzeugmagazin
TC	Anwahl der Nummer des Korrekturspeichers
TR	Inkrementale Werkzeugradius- oder Schneidenkorrektur im angewählten Korrekturspeicher
TL	Inkrementale Werkzeuglängenkorrektur im angewählten Korrekturspeicher (Fräsen)
TZ	Inkrementale Werkzeuglängenkorrektur in Z-Richtung im angewählten Korrekturspeicher (Drehen)
TX	Inkrementale Durchmesserkorrektur in X-Richtung im angewählten Korrekturspeicher (Drehen)

Freie Zusatzfunktionen (M-Funktionen)[1] nach PAL			
M13	Spindeldrehung rechts, Kühlmittel ein	M17	Unterprogramm Ende
M14	Spindeldrehung links, Kühlmittel ein	M60	Konstanter Vorschub
M15	Spindel und Kühlmittel aus	M61	M60 + Eckenbeeinflussung

PAL-Funktionen bei Drehmaschinen

G-Funktionen

Interpolationsarten	
G0	Verfahren im Eilgang
G1	Linearinterpolation im Arbeitsgang
G2	Kreisinterpolation im Uhrzeigersinn
G3	Kreisinterpolation entgegen dem Uhrzeigersinn
G4	Verweildauer
G9	Genauhalt
G14	Konfigurierten Wechselpunkt anfahren
G61	Linearinterpolation für Konturzüge
G62	Kreisinterpolation im Uhrzeigersinn für Konturzüge
G63	Kreisinterpolation entgegen dem Uhrzeigersinn für Konturzüge
Nullpunkte	
G50	Aufheben der inkrementalen Nullpunkt-verschiebungen und Drehungen
G53	Alle Nullpunktverschiebungen und Drehungen aufheben
G54… …G57	Einstellbare absolute Nullpunkte
G59	Inkrementale Nullpunktverschiebung kartesisch und Drehung
Bearbeitungsebenen und Umspannen	
G18	Drehebenenanwahl
G17	Stirnseiten-Bearbeitungsebenen
G19	Mantelflächen-/Sehnenflächen-Bearbeitungs-ebenen
G30	Umspannen/Gegenspindelübernahme
Maßangaben	
G70	Umschaltung auf Maßeinheit Zoll (Inch)
G71	Umschaltung auf Maßeinheit Millimeter (mm)
G90	Absolute Maßeingaben
G91	Kettenmaßeingabe

Werkzeugkorrekturen	
G40	Abwahl der Schneidenradiuskorrektur SRK
G41	Schneidenradiuskorrektur SRK links von der programmierten Kontur
G42	Schneidenradiuskorrektur SRK rechts von der programmierten Kontur
Vorschübe und Drehzahlen	
G92	Drehzahlbegrenzung
G94	Vorschub in mm pro Minute
G95	Vorschub in mm pro Umdrehung
G96	Konstante Schnittgeschwindigkeit
G97	Konstante Drehzahl
Programmtechniken	
G22	Unterprogrammaufruf
G23	Programmteilwiederholung
G29	Bedingte Programmsprünge
Zyklen	
G31	Gewindezyklus
G32	Gewindebohrzyklus
G33	Gewindestrehlgang
G80	Abschluss einer Bearbeitungszyklus-Kontur-beschreibung
G81	Längsschruppzyklus
G82	Planschruppzyklus
G83	Konturparalleler Schruppzyklus
G84	Bohrzyklus
G85	Freistrichzyklus
G86	Radialer Einstechzyklus
G87	Radialer Konturstechzyklus
G88	Axialer Einstechzyklus
G89	Axialer Konturstechzyklus

Programmaufbau bei CNC-Maschinen nach PAL

G-Funktionen bei Drehmaschinen

G22 Unterprogrammaufruf

Satzaufbau NC-Satz
G22 L [H] [/]

Verpflichtende Adressen:
L Nummer des Unterprogramms

Optionale Adressen:
H Anzahl der Wiederholungen
/ Ausblendebene

Hauptprogramm %900

```
N10 G90..
N15 F.. S.. M4
N20 G0 X42 Z6 ;P1
N25 G22 L911 H2
N30..
N35..
N150 M30
```

Sprung → / ← Rücksprung

Unterprogramm L911

```
N10 G91
N15 G0 Z-16
N20 G1 X-12
N25 G1 X12
N30 G0 Z-6
N35 G1 X-12
N40 G1 X12
N45 M17
```

Bearbeitungsbeispiel

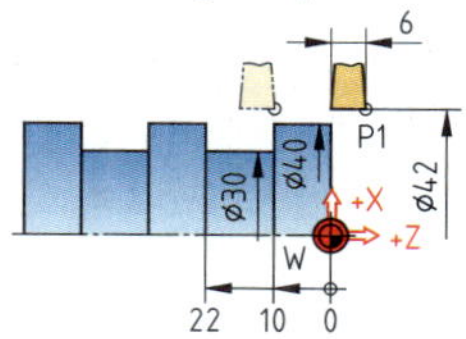

G23 Programmteilwiederholung

Satzaufbau NC-Satz
G23 N N [H]

Verpflichtende Adressen:
N Startsatznummer des Programmabschnittes der wiederholt werden soll
N Endsatznummer des Programmabschnittes der wiederholt werden soll

Optionale Adressen:
H Anzahl der Wiederholungen

```
N10 ..
N15 G0 X58 Z-15 M4
N20 G91
N20 G1 X-22
N25 G1 X22
N30 G0 Z-16
N35 G90
N40 G23 N20 N35 H2
```

Bearbeitungsbeispiel

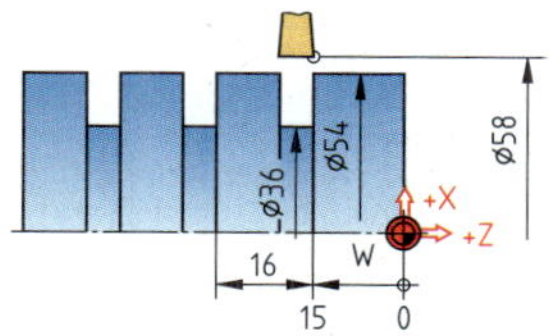

G14 Anfahren Werkzeugwechselpunkt

Satzaufbau NC-Satz
G14 [H]

Optionale Adressen:
H0 Anfahren des Werkzeugwechselpunktes gleichzeitig in allen Achsen
H1 zuerst X-Achse, dann Z-Achse H2 zuerst Z-Achse, dann X-Achse

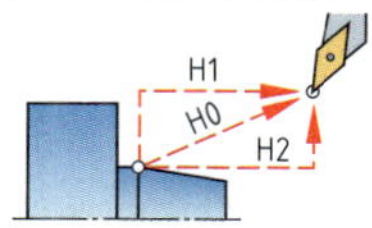

PAL-Zyklen bei Drehmaschinen

G84 Bohrzyklus

Satzaufbau NC-Satz
G84 ZI/ZA [D] [V] [VB] [DR] [DM] [R] [DA] [U] [O] [FR] [E]

Verpflichtende Adressen:
ZI Tiefe der Bohrung, inkremental zur aktuellen Werkzeugposition
ZA Tiefe der Bohrung, absolut

Optionale Adressen (Auswahl):
D Zustelltiefe (bei keiner Angabe von D erfolgt die Zustellung bis zur Endbohrtiefe)
V Sicherheitsabstand
VB Sicherheitsabstand vor dem Bohrgrund
DR Reduzierwert der Zustelltiefe
DM Mindestzustellung
R Rückzugsabstand
DA Anbohrtiefe
U Verweildauer am Bohrgrund
O Wahl der Verweildauer
O1 in Sekunden
O2 in Umdrehungen
FR Eilgangreduzierung in %
E Anbohrvorschub

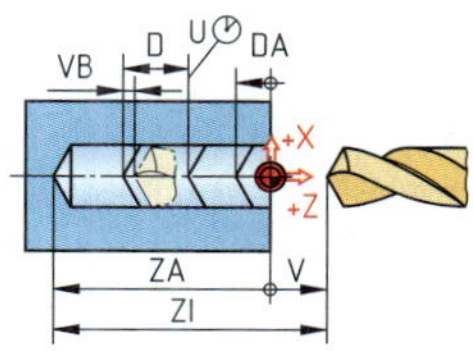

Bearbeitungsbeispiel

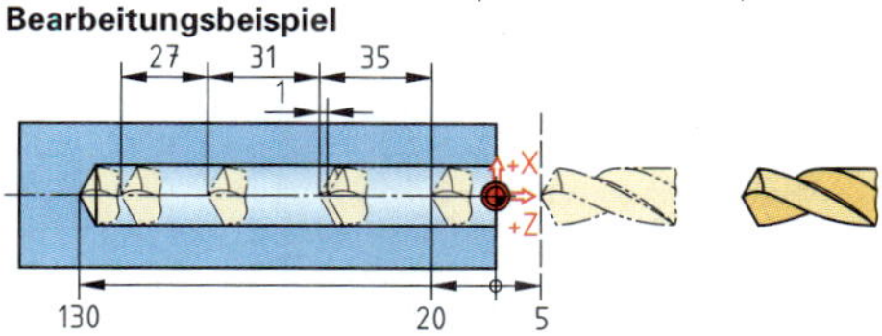


```
N10 G90
N15 G84 Z-130 D30 V5 VB1 DR4 U0.5
N20 ..
```

G32 Gewindebohrzyklus

Satzaufbau NC-Satz
G32 Z/ZI/ZA F

Verpflichtende Adressen:
Z, ZI, ZA Gewindeendpunkt in Z-Richtung
I inkremental, A absolut
F Gewindesteigung

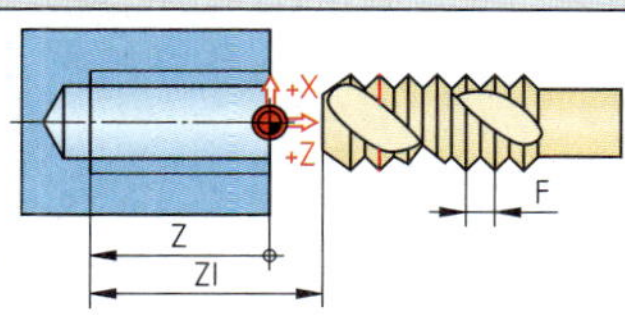

Bearbeitungsbeispiel

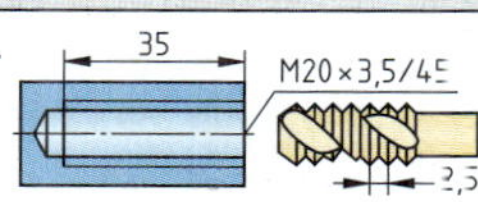


```
N10 G90
N15 G32 Z-35 F2,5 S.. M..
```

A

Programmaufbau bei CNC-Maschinen nach PAL

PAL-Zyklen bei Drehmaschinen

G31 Gewindezyklus

Satzaufbau NC-Satz
G31 Z/ZI/ZA X/XI/XA F D [ZS] [XS] [DA] [DU] [Q] [O] [H]

Verpflichtende Adressen:

Z, ZI, ZA	Gewindeendpunkt in Z-Richtung; Z gesteuert von G90/G91, I inkremental, A absolut
X, XI, ZI	Gewindeendpunkt in X-Richtung; X gesteuert von G90/G91, I inkremental, A absolut
F	Gewindesteigung
D	Gewindetiefe

Auswahl-Adressen [..]:

- ZS Gewindestartpunkt absolut in Z
- XS Gewindestartpunkt absolut in X
- DA Gewindeanlauf
- DU Gewindeüberlauf
- Q Anzahl der Schnitte
- O Anzahl der Leerdurchläufe
- H Auswahl der Zustellart und Restschnitte (RS)
  - H1 ohne Versatz (Radialzustellung), RS aus
  - H2 Zustellung linke Flanke, RS aus
  - H3 Zustellung rechte Flanke, RS aus
  - H4 Zustellung wechselseitig, RS aus
  - H11 ohne Versatz (Radialzustellung), RS ein
  - H12 Zustellung linke Flanke, RS ein
  - H13 Zustellung rechte Flanke, RS ein
  - H14 Zustellung wechselseitig, RS ein
  - Restschnitte: 1/2, 1/4, 1/8, 1/8 x (D/Q)

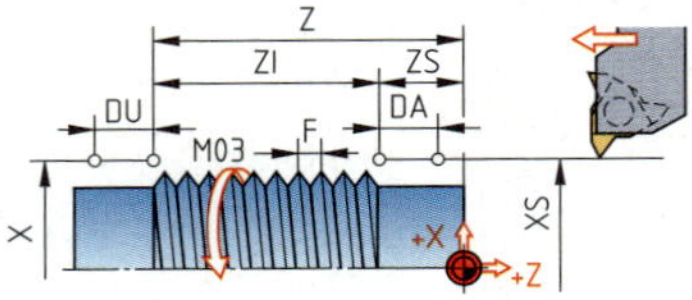

Radial-zustellung H1/H11 | Flanken-zustellung links H2/H12 | Flanken-zustellung rechts H3/H13 | wechselseitige Zustellung H4/H14

Bearbeitungsbeispiel

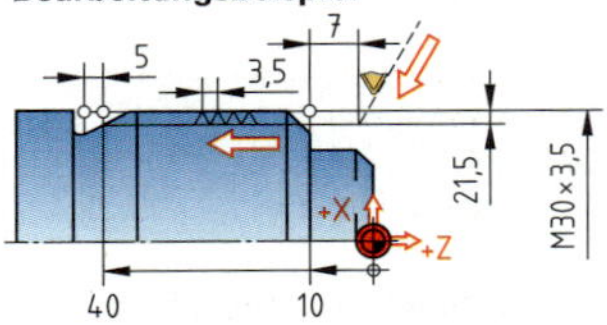


```
N10 G90
N15 G31 Z-40 X30 F3.5 D2.15 ZS-10 XS30 Q12 O13 H14
N20 ..
```

G81 Längsschruppzyklus | G82 Planschruppzyklus

Satzaufbau NC-Satz
G81 (bzw). G82) H4 [AK] [AZ] [AX] [AE] [AS] [AV] [O] [Q] [V] [E]
oder
G81 (bzw). G82) D [H1/H2/H3/H24]

Verpflichtende Adressen:

D Zustellung

Auswahl-Adressen [..]:

- H Bearbeitungsart
  - H1 Schruppen, unter 45° abheben
  - H2 stufenweises Auswinkeln entlang der Kontur
  - H3 wie H1 mit abschließendem Konturschnitt
  - H4 Kontur schlichten
  - H24 Schruppen mit H2 und anschließendes Schlichten
- AK konturparalleles Aufmaß auf die Kontur
- AZ Aufmaß in Z-Richtung auf die Kontur
- AX Aufmaß in X-Richtung auf die Kontur
- AE Eintauchwinkel (Werkzeug-Endwinkel)
- AS Austauchwinkel (Werkzeug-Seiteneinstellwinkel)
- AV Sicherheitswinkelabschlag für AE und AS
- O Bearbeitungsstartpunkt
  - O1: aktuelle Wz-Position
  - O2: aus Kontur berechnet
- A Q Leerschrittoptimierung
  - Q1: Optimierung aus
  - Q2: Optimierung ein
- V Sicherheitsabstand bei der Leerschrittoptimierung
  - G81: in Z-Richtung
  - G82: in X-Richtung
- E Eintauchvorschub

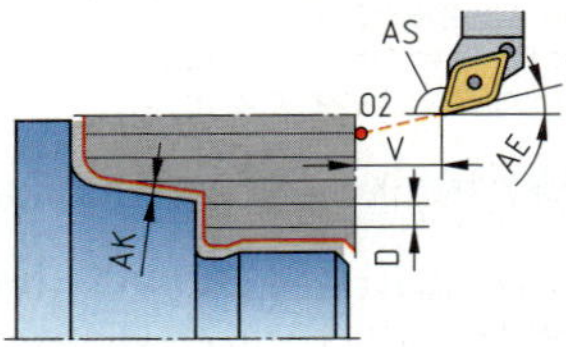

Längsschruppzyklus mit G81

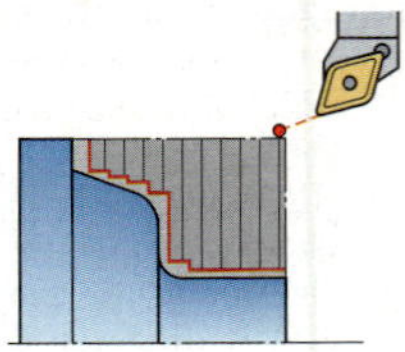

Planschruppzyklus mit G82

Bearbeitungsbeispiel: Längsschruppzyklus

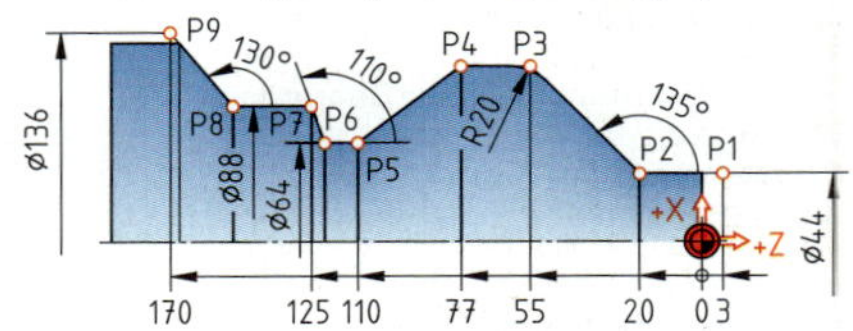


```
N10
N15 G81 D3 H3 E0.15 AZ0.1 AX0.5
N20 X44 Z3                 ;P1
N25 G1 Z-20                ;P2
N30 G1 Z-55 AS135 RN20     ;P3
N35 G1 Z-77 AS180          ;P4
N40 G1 Z-110 X64           ;P5
N45 AS180                  ;P6
N50 AS110 X88 Z-125        ;P7
N55 AS180                  ;P8
N60 AS130 X136 Z-170       ;P9
N65 G80
```

Programmaufbau bei CNC-Maschinen nach PAL

PAL-Zyklen bei Drehmaschinen

G86	Einstechzyklus radial	G88	Einstechzyklus axial

Satzaufbau NC-Satz
G86 Z/ZI/ZA X/XI/XA ET [EB] [D] [..] (Auswahl)
G88 Z/ZI/ZA X/XI/XA ET [EB] [D] [..] (Auswahl)

Verpflichtende Adressen:

Z, ZI, ZA Einstichposition in Z-Richtung;
Z gesteuert von G90/G91,
ZI inkremental, ZA absolut
X, XI, XA Einstichposition in X-Richtung;
X gesteuert von G90/G91,
XI inkremental, XA absolut
ET G86 absoluter Durchmesser der Einstichtiefe
G88 absolute Einstichtiefe

Auswahl-Adressen [..]:

EB Einstichbreite und Einstichlage
EB+ Einstich in Richtung Z+ von der programmierten Einstichposition P
EB– Einstich in Richtung Z– von der programmierten Einstichposition P
D Zustelltiefe (bei keiner Zahleneingabe erfolgt Zustellung bis Einstechtiefe ET)
AS Flankenwinkel des Einstichs am Startpunkt bezogen auf die Stechrichtung (X oder Z)
AE Flankenwinkel des Einstichs am Endpunkt bezogen auf die Stechrichtung (X oder Z)
RO Verrundung oder Fase der oberen Ecken
RO+ Verrundung
RO– Fasenbreite (als Winkelhalbierende)
RU Verrundung oder Fase der unteren Ecken
RU+ Verrundung
RU– Fasenbreite (als Winkelhalbierende)
AK Konturparalleles Aufmaß auf die Kontur
AX Aufmaß in X auf Konturen (Konturverschiebung)
EP Setzpunktfestlegung für den Einstich (Position P)
EP1: Setzpunkt in einer Ecke der Einstichöffnung
EP2: Setzpunkt in einer Ecke des Einstichbodens
H Bearbeitungsart
H1 Vorstechen H14 Vorstechen und Schlichten
H2 Stechdrehen H24 Stechdrehen und Schlichten
H4 Schlichten
DB Zustellung in % der Meißelbreite beim Stechen
V Sicherheitsabstand über der Einstichöffnung
E Vollmaterial-Einstechvorschub

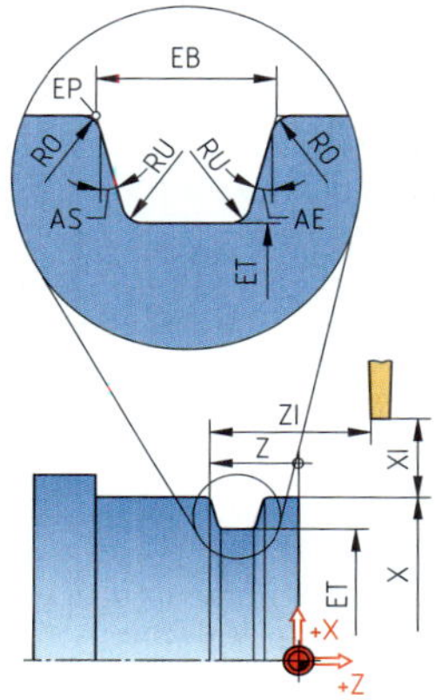

Einstechzyklus radial mit G86

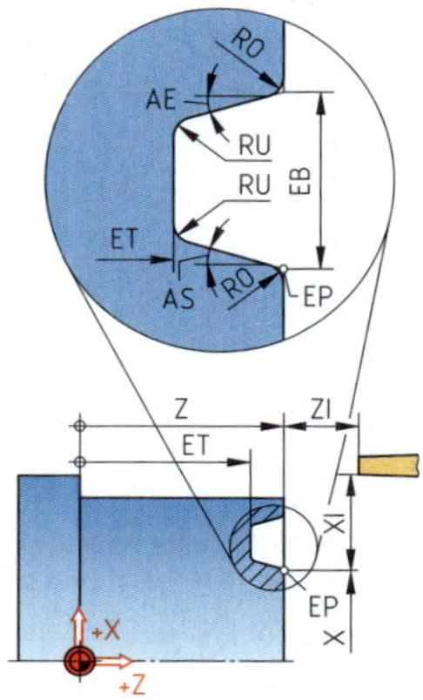

Einstechzyklus axial mit G88

Bearbeitungsbeispiel: Einstechzyklus radial mit G86

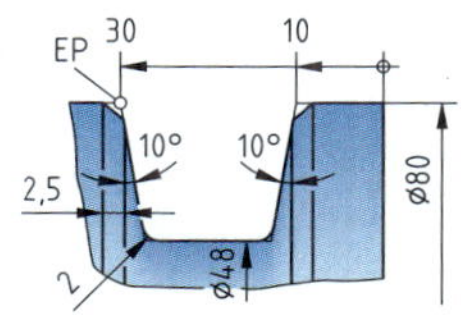


```
N10 G0 X82 Z-32
N35 G86 Z-30 X80 ET48 EB20 D4 AS10 AE10 RO-2.5 RU2 H14
```

G85	Freistich- und Gewindefreistichzyklus

Satzaufbau NC-Satz
G85 Z/ZI/ZA X/XI/XA I/[I] K[K] [RN] [SX] [H] [E]

Verpflichtende Adressen:

Z, ZI, ZA Freistichposition in Z-Richtung;
Z gesteuert von G90/G91,
ZI inkremental, ZA absolut
X, XI, XA Freistichposition in X-Richtung;
X gesteuert von G90/G91,
XI inkremental, XA absolut
I Freistichtiefe; Pflichtparameter für DIN 76 (H1)
K Freistichlänge; Pflichtparameter für DIN 76 (H1)

Auswahl-Adressen [..]:

RN Eckradius
SX Schleifaufmaß
E Eintauchvorschub
H Freistichform
H1 DIN 76 H2 DIN 509 E H2 DIN 509 F

Gewindefreistiche DIN 76

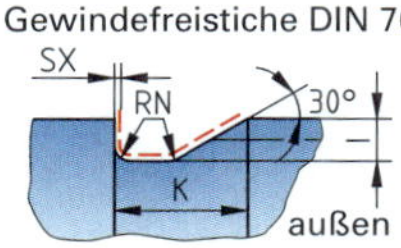

Freistiche DIN 509

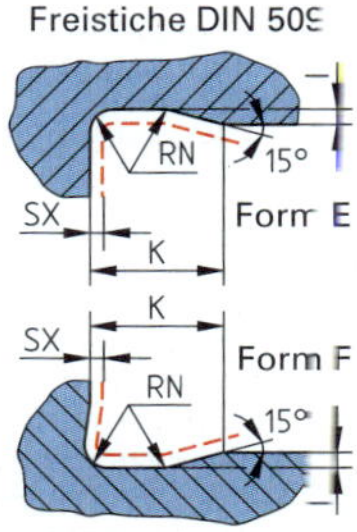

Bearbeitungsbeispiel mit DIN 76

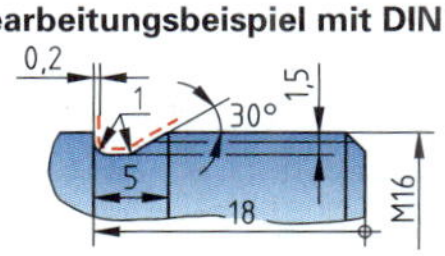


```
N10 G0 ..
N15 G85 ZA-18 XA16 I1.5 K5 RN1 SX0.2 H1 E0.15
```

Weitere Informationen S. 89 und S. 92

G80	Abschluss einer Konturbeschreibung in einem Schruppzyklus

Satzaufbau NC-Satz **optimale Adressen:** ZA absoluter Z-Koordinatenwert der X-parallelen Bearbeitungsgrenze
G85 [ZA] [XA] XA absoluter Z-Koordinatenwert der Z-parallelen Bearbeitungsgrenze

A

Programmaufbau bei CNC-Maschinen nach PAL

PAL-Funktionen bei Fräsmaschinen

G-Funktionen

Interpolationsarten, Konturen

G0	Verfahren im Eilgang
G1	Linearinterpolation im Arbeitsgang
G2	Kreisinterpolation im Uhrzeigersinn
G3	Kreisinterpolation gegen den Uhrzeigersinn
G4	Verweildauer
G9	Genauhalt
G10	Verfahren im Eilgang in Polarkoordinaten
G11	Linearinterpolation mit Polarkoordinaten
G12	Kreisinterpolation im Uhrzeigersinn mit Polarkoordinaten
G13	Kreisinterpolation gegen den Uhrzeigersinn mit Polarkoordinaten
G45	Lineares tangentiales Anfahren an eine Kontur
G46	Lineares tangentiales Wegfahren von der Kontur
G47	Tangentiales Anfahren an eine Kontur im $^1/_4$-Kreis
G48	Tangentiales Wegfahren an eine Kontur im $^1/_4$-Kreis
G61	Linearinterpolation für Konturzüge
G62	Kreisinterpolation im Uhrzeigersinn für Konturzüge
G63	Kreisinterpolation entgegen dem Uhrzeigersinn für Konturzüge

Nullpunkte, Drehen, Spiegeln, Skalieren

G50	Aufheben der inkrementalen Nullpunktverschiebungen und Drehungen
G53	Alle Nullpunktverschiebungen und Drehungen aufheben
G54 .. .. G57	Einstellbare absolute Nullpunkte
G58	Inkrementale Nullpunktverschiebung, Polar und Drehung
G59	Inkrementale Nullpunktverschiebung kartesisch und Drehung
G66	Spiegeln an der X- und oder Y-Achse, Spiegelung aufheben
G67	Skalieren (Vergrößern bzw. Verkleinern oder Aufheben)

Ebenenanwahl, Maßangaben

G17 .. .. G19	Ebenenanwahl, 2 $^1/_2$ D-Bearbeitung
G70	Umschaltung auf Maßeinheit Zoll (Inch)
G71	Umschaltung auf Maßeinheit Millimeter (mm)
G90	Absolute Maßeingaben
G91	Kettenmaßeingabe

A

Werkzeugkorrekturen

G40	Abwahl der Fräserradiuskorrektur
G41 .. .. G42	Anwahl der Fräserradiuskorrektur

Vorschübe und Drehzahlen

G94	Vorschub in mm pro Minute
G95	Vorschub in mm pro Umdrehung
G96	Konstante Schnittgeschwindigkeit
G97	Konstante Drehzahl

Programmtechniken

G22	Unterprogrammaufruf
G23	Programmteilwiederholung
G29	Bedingte Programmsprünge

Zyklen

G34	Eröffnung des Konturtaschenzyklus
G35	Schrupptechnologie des Konturtaschenzyklus
G36	Restmaterial-Technologie des Konturtaschenzyklus
G37	Schlichttechnologie des Konturtaschenzyklus
G38	Konturbeschreibung des Konturtaschenzyklus
G80	Abschluss des G38-Zyklus
G39	Aufruf des Konturtaschenzyklus mit konturparalleler oder mäanderförmiger Ausräumstrategie
G72	Rechtecktaschenfräszyklus
G73	Kreistaschen- und Zapfenfräszyklus
G74	Nutenfräszyklus
G75	Kreisbogennut-Fräszyklus
G81	Bohrzyklus
G82	Tiefbohrzyklus mit Spanbruch
G83	Tiefbohrzyklus mit Spanbruch und Entspanen
G84	Gewindebohrzyklus
G85	Reibzyklus
G86	Ausdrehzyklus
G87	Bohrfräszyklus
G88	Innengewindefräszyklus
G89	Außengewindefräszyklus
G76	Mehrfachzyklusaufruf auf einer Geraden (Lochreihe)
G77	Mehrfachzyklusaufruf auf einem Teilkreis (Lochreihe)
G78	Zyklusaufruf an einem Punkt (Polarkoordinaten)
G79	Zyklusaufruf an einem Punkt (kartesische Koordinaten)

Programmaufbau bei CNC-Maschinen nach PAL

PAL-Zyklen bei Fräsmaschinen

G1 Linearinterpolation im Arbeitsgang

Satzaufbau NC-Satz
G1 [X/XI/XA] [Y/YI/YA] [Z/ZI/ZA] [D] [AS] .. (Auswahl)

Verpflichtende Adressen:
X, XI, XA X-Koordinate des Zielpunktes
Y, YI, YA Y-Koordinate des Zielpunktes
Z, ZI, ZA Z-Koordinate des Zielpunktes

Auswahl Adressen [..]
D Länge der Verfahrstrecke
AS Anstiegswinkel bezogen auf die X-Achse
RN Übergangselement zum nächsten Konturelement
RN+ Verrundungsradius RN– Fasenbreite
H Lösungsauswahl Winkelkriterium bei Doppellösungen
H1 kleiner Anstiegswinkel H2 größerer Anstiegswinkel
TC Anwahl der Korrekturspeichernummer
TR inkrementale Veränderung des Werkzeugradiuswertes
TL inkrementale Veränderung der Werkzeuglängenkorrektur

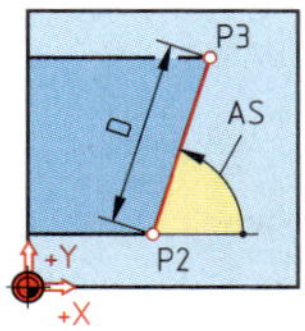

Bearbeitungsbeispiel

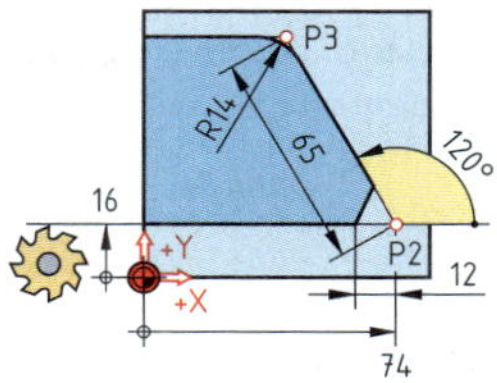


```
N10 ...
N15 G1 X74 Y16 RN-12        ;P2
N20 G1 D65 AS120 RN+14      ;P3
```

G11 Linearinterpolation mit Polarkoordinaten

Satzaufbau NC-Satz
G11 RP AP/AI [J/JA] [Z/ZI/ZA] [RN] .. (Auswahl)

Verpflichtende Adressen:
RP Polarradius
AP Polarwinkel, bezogen auf die positive X-Achse
AI inkrementaler Polarwinkel

Auswahl Adressen [..]:
I, IA X-Koordinate des Polarzentrums
J, JA Y-Koordinate des Polarzentrums
Z, ZI, ZA Zustellung in Z-Richtung
RN Übergang zum nächsten Konturelement
RN+ Verrundungsradius RN– Fasenbreite
TC Anwahl der Korrekturspeichernummer
TR inkrementale Veränderung des Werkzeugradiuswertes
TL inkrementale Veränderung der Werkzeuglängenkorrektur

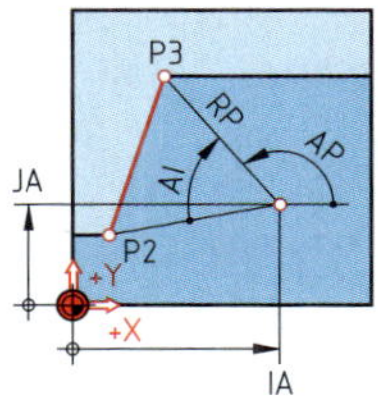

Bearbeitungsbeispiel

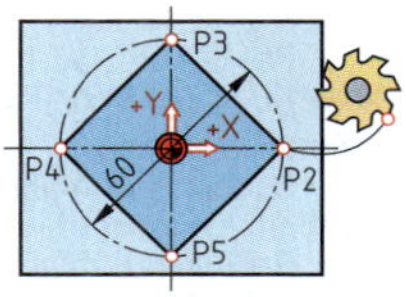


```
N15 G42 G47 R20 X30 Y0 Z-3    ;P2
N20 G11 IA0 JA0 RP30 AP90     ;P3
N25 G11 IA0 JA0 RP30 AP180    ;P4
N30 G11 IA0 JA0 RP30 AP270    ;P5
N35 G11 IA0 JA0 RP30 AP0      ;P2
```

G2/G3 Kreisinterpolation mit kartesischen Koordinaten

Satzaufbau NC-Satz
G2 [X/XI/XA] [Y/YI/YA] [Z/ZI/ZA] ((I/IA [J/JA]) / ([I/IA] J/JA) / R / AO [RN] [O] [F] [S] [M]
G3 [X/XI/XA] ....

Auswahl Adressen [...]:
X, XI, XA X-Koordinate des Zielpunktes
Y, YI, YA Y-Koordinate des Zielpunktes
Z, ZI, ZA Z-Koordinate des Zielpunktes
I, IA, J, JA Mittelpunktskoordinaten
R Radius des Kreisbogens und
Lösungsauswahl Bogenlängenkriterium
R+ kürzerer Kreisbogen R– längerer Kreisbogen
AO Öffnungswinkel
RN Übergangselement
RN+ Verrundungsradius RN– Fasenbreite
O Lösungsauswahl Bogenlängenknterium
O1 kürzerer Kreisbogen O2 längerer Kreisbogen

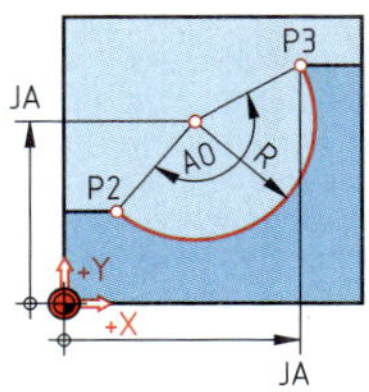

Bearbeitungsbeispiel

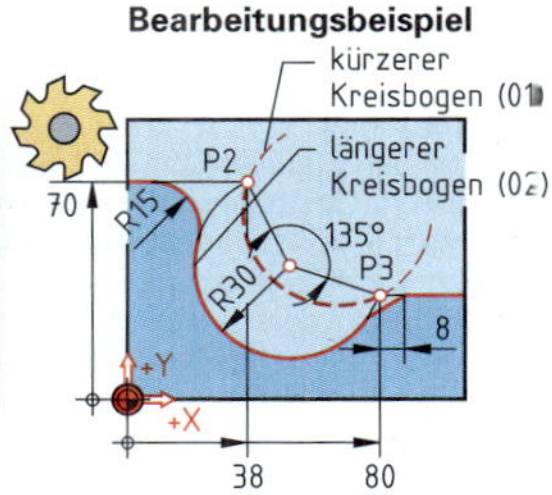


```
N10 ...
N15 G1 X38 Y70 RN+15               ;P2
N20 G3 XA80 R30 AO135 RN-8 O2      ;P3
```

G12/G13 Kreisinterpolation mit Polarkoordinaten

Satzaufbau NC-Satz
G12 AP/AI [I/IA] [J/JA] [Z/ZI/ZA] [RN] [F] [S] [M]
G13 AP/AI [I/IA] [J/JA] [Z/ZI/ZA] [RN] [F] [S] [M]

Verpflichtende Adressen:
AP Polarwinkel des Zielpunktes
AI inkrementaler Polarwinkel

Auswahl Adressen [...]:
I, IA X-Koordinate des Polarzentrums
J, JA Y-Koordinate des Polarzentrums
RN+ Verrundungsradius RN– Fasenbreite

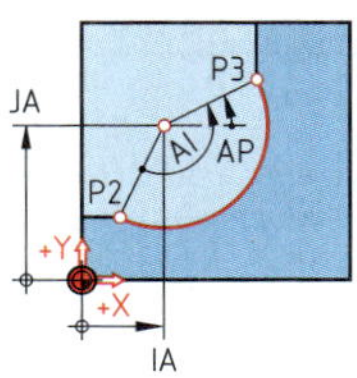

Bearbeitungsbeispiel

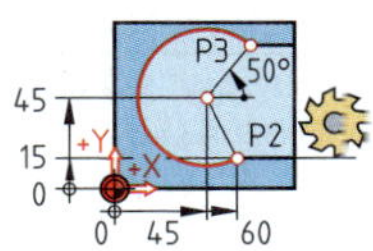


```
N15 G1 X60 Y15              ;P2
N20 G12 IA45 JA45 AP50      ;P3
```

A

Programmaufbau bei CNC-Maschinen nach PAL

PAL-Funktionen bei Fräsmaschinen

G45	Lineares tangentiales Anfahren an die Kontur	G46	Lineares tangentiales Abfahren von der Kontur

Satzaufbau NC-Satz
G41/G42 G45 D [X/XI/XA] [Y/YI/YA] [Z/ZI/ZA] [W] [E] [F] [S] [M]
G46 G40 D [Z/ZI/ZA] [W] [F] [S] [M]

Verpflichtende Adressen:
bei G45: D Abstand zum ersten Konturpunkt, ohne Vorzeichen
bei G46: D Länge der Abfahrbewegung, ohne Vorzeichen

Auswahl-Adressen:
X, XI, XA X-Koordinate des ersten Konturpunktes
Y, YI, YA Y-Koordinate des ersten Konturpunktes
Z, ZI, ZA bei G45: Zustellung am Anfahrpunkt in der Z-Achse
bei G46: Rückzugsbewegung am Abfahrpunkt in der Z-Achse
W absolute Position im Eilgang in der Zustellachse Z
E Vorschub beim Eintauchen

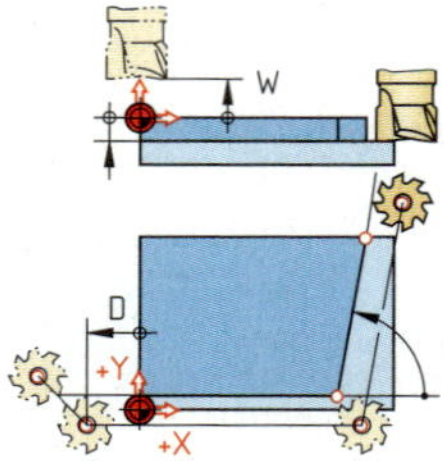

Bearbeitungsbeispiel

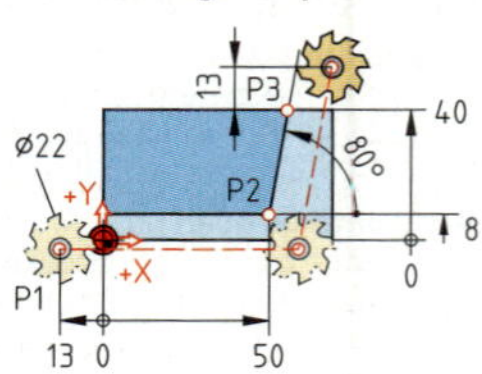


```
N10 ...
N15 G42 G45 X0 Y8 D13   ;P1
N20 G1 X50              ;P2
N25 G1 Y40 AS80         ;P3
N30 G40 G46 D13         ;P4
```

G47	Tangentiales Anfahren an die Kontur im 1/4-Kreis	G48	Tangentiales Abfahren von der Kontur im 1/4-Kreis

Satzaufbau NC-Satz
G41/G42 G47 R [X/XI/XA] [Y/YI/YA] [Z/ZI/ZA] (W] [E] [F] [S] [M]
G48 G40 R [Z/ZI/ZA] [W] [F] [S] [M]

Verpflichtende Adressen:
bei G47: R Radius der Anfahrbewegung bezogen auf die Fräsermittelpunktsbahn
bei G48: R Radius der Abfahrbewegung bezogen auf die Fräsermittelpunktsbahn

Auswahl-Adressen:
X, XI, XA X-Koordinate des ersten Konturpunktes
Y, YI, YA Y-Koordinate des ersten Konturpunktes
Z, ZI, ZA Zustellung am Anfahrpunkt in der Z-Achse
W absolute Position im Eilgang in der Zustellachse Z
E Vorschub beim Eintauchen

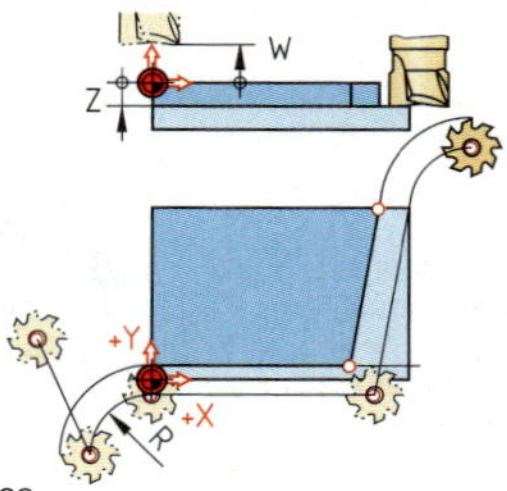

Bearbeitungs-beispiel

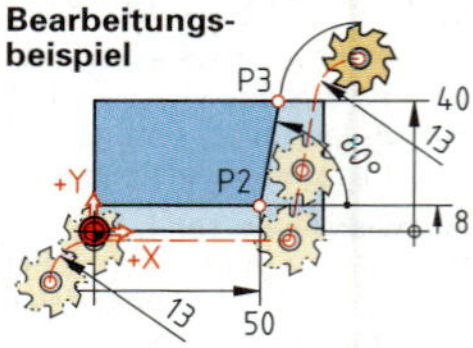


```
N10 ...
N15 G42 G47 X0 Y8 R13   ;P1
N20 G1 X50              ;P2
N25 G1 Y40 AS80         ;P3
N30 G40 G48 R13         ;P4
```

G54–G57	Einstellbare absolute Nullpunktverschiebung

Satzaufbau NC-Satz
G54 *oder* **G55** *oder* **G56** *oder* **G57**

Erläuterungen:
Mit den Befehlen G54 bis G57 wird ein Werkstücknullpunkt W festgelegt, der einen definierten Abstand zum Maschinennullpunkt M hat. Die Verschiebewerte werden vor dem Programmstart vom Bediener in die Nullpunktregister der Steuerung eingegeben. Die Koordinatenangaben eines Nullpunktes sind immer absolut (XA, YA, ZA) und immer auf den Maschinennullpunkt bezogen.

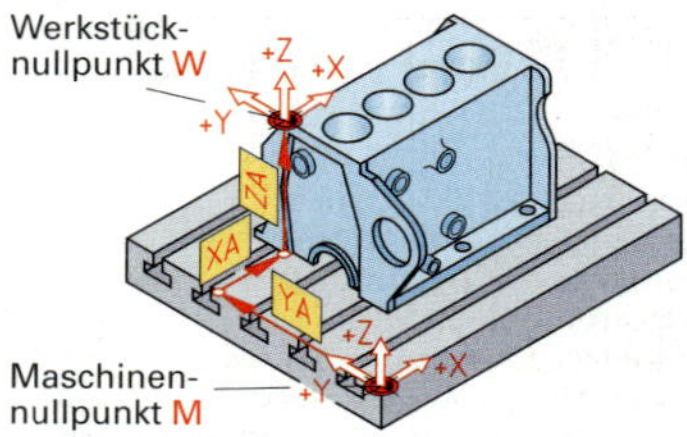


```
N10 ...
N15 G54 ;W
N20
```

G59	Inkrementale NP-Verschiebung und Drehung

Satzaufbau NC-Satz
G59 [XA] [YA] [ZA] [AR]

Auswahl-Adressen [..]:
XA Absolute Werkstückkoordinate des neuen Nullpunktes
YA Absolute Werkstückkoordinate des neuen Nullpunktes
ZA Absolute Werkstückkoordinate des neuen Nullpunktes
AR Drehwinkel des neuen Koordinatensystems bezogen auf die X-Achse

Erläuterungen:
Wird das Werkstückkoordinatensystem an der aktuellen Position gedreht, wird nur der Drehwinkel angegeben:
N... G59 AR...

Die mit G54...G57 aufgerufene Nullpunktverschiebung wird rückgängig gemacht mit:
N... G50

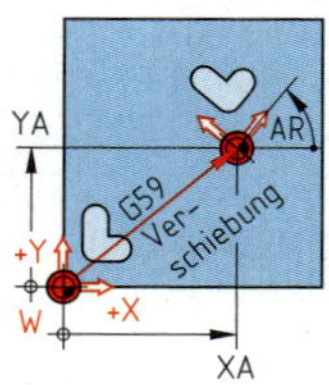

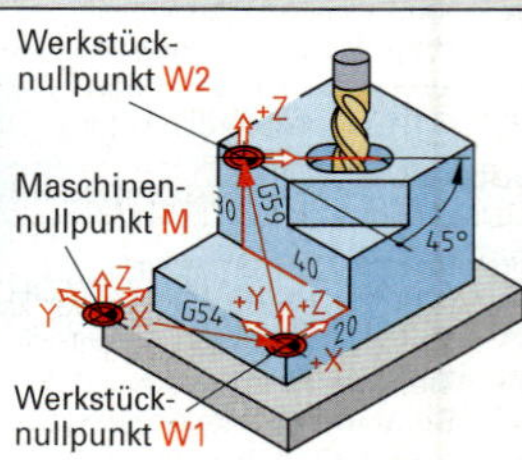


```
N10 ..
N15 G54                       ;W1
N20 G59 X20 Y40 Z30 AR45      ;W2
```

Programmaufbau bei CNC-Maschinen nach PAL

PAL-Zyklen bei Fräsmaschinen

G81 Bohrzyklus

Satzaufbau NC-Satz
G81 ZI/ZA V [W] [F] [S] [M]

Verpflichtende Adressen:
- ZI Bohrungstiefe in der Zustellachse
- ZA Bohrungstiefe absolut, bezogen auf das Werkstückkoordinatensystem
- V Sicherheitsabstand von der Oberkante der Bohrung

Auswahl-Adresse [..]:
- W Rückzugsebene bezogen auf das Werkstückkoordinatensystem

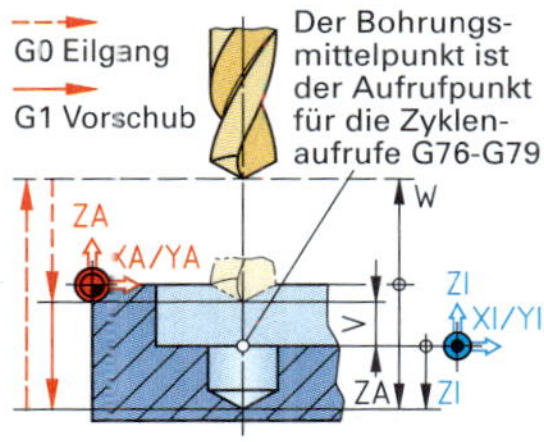

Bearbeitungsbeispiel

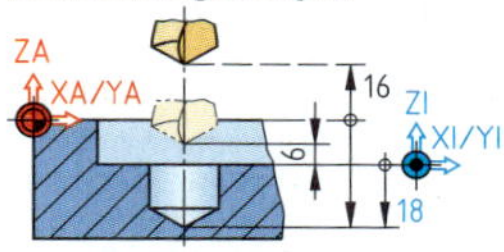

N10 ...
N15 G81 ZI-18 V6 W15
N20 G79 X.. Y.. Z.. ;Zyklusaufruf

G82 Tiefbohrzyklus mit Spanbruch

Satzaufbau NC-Salz
G82 ZI/ZA D V [W] [VB] [DR] [DM] [U] [O] [DA] [E] [F] [S] [M]
G83 ZI/ZA D V [W] [VB] [DR] [DM] [U] [O] [DA] [E] [FR] [F] [S] [M]

Verpflichtende Adressen:
- ZI/ZA Tiefe der Bohrung in der Zustellachse
  - ZI Tiefe inkremental ab Bohrungsoberkante
  - ZA Tiefe absolut in Werkstückkoordinaten
- D Zustelltiefe
- V Sicherheitsabstand über der Bohrungsoberkante

Auswahl-Adressen [..]:
- W Rückzugsebene bezogen auf das Werkstückkoordinatensystem
- VB Rückzugsabstand vom aktuellen Bohrgrund
- DR Reduzierwert der letzten Zustelltiefe
- DM Mindestzustellung (ohne Vorzeichen)
- U Verweildauer am Bohrgrund (zum Spanbruch)
- O Einheit der Verweildauer
  - O1 Verweilzeit in Sekunden
  - O2 Verweilzeit in Umdrehungen
- DA Inkrementale Anbohrtiefe der 1. Zustellung
- E Anbohrvorschub

G83 Tiefbohrzyklus mit Spanbruch und Entspänen

G83 besitzt folgende Merkmale:
- die gleichen Adressen wie G82
- fährt zum Ausspänen zurück auf den Sicherheitsabstand V

und zusätzlich:
FR Eilgangreduzierung in %

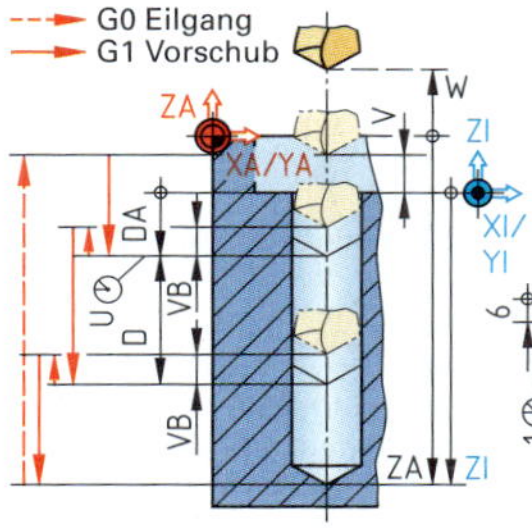

Bearbeitungsbeispiel

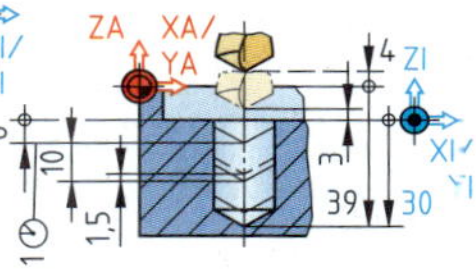

N10 ...
N15 G82 ZI-30 D10 V3 W4 VB1.5 DR3 U1 O1 DA6
N20 G79 X.. Y.. Z.. ;Zyklusaufruf

G84 Gewindebohrzyklus

Satzaufbau NC-Satz
G84 ZI/ZA F M V [W] [S]

Verpflichtende-Adressen:
- ZI Tiefe inkremental ab Bohrungsoberkante
- ZA Tiefe absolut in Werkstückkoordinaten
- F Gewindesteigung
- M Werkzeugdrehrichtung beim Eintauchen
  M3 Rechtsgewinde M4 Linksgewinde
- V Sicherheitsabstand zur Bohrungsoberkante

Auswahl Adressen [..]:
- W Rückzugsebene bezogen auf das Werkstückkoordinatensystem

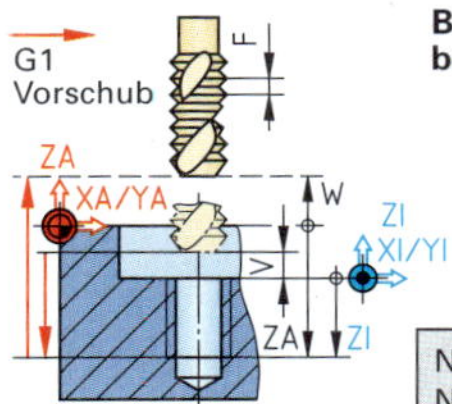

Bearbeitungs-beispiel

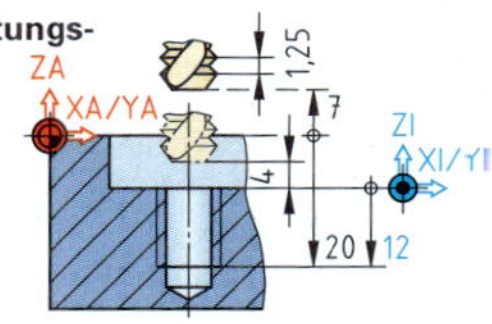

N10 ...
N15 G84 ZI-12 F1.25 M3 V4 W7 S800
N20 G79 X.. Y.. Z.. ;Zyklusaufruf

G85 Reibzyklus

Satzaufbau NC-Satz
G85 ZI/ZA [W] [E] [F] [S] [M]

Verpflichtende-Adressen:
- ZI/ZA Tiefe der Bohrung in der Zustellachse
- ZI Tiefe inkremental ab Bohrungsoberkante
- ZA Tiefe absolut in Werkstückkoordinaten
- V Sicherheitsabstand von der Bohrungsoberkante

Auswahl-Adressen [..]:
- W Rückzugsebene bezogen auf das Werkstückkoordinatensystem
- E Vorschubgeschwindigkeit für die Rückzugsbewegung

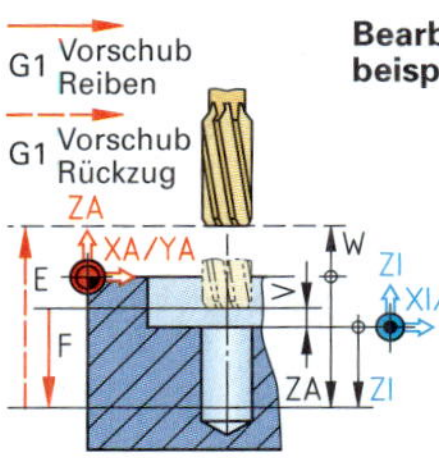

Bearbeitungs-beispiel

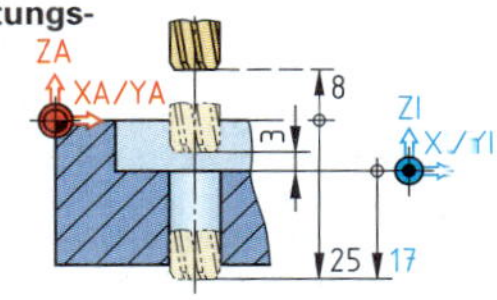

N10 ...
N15 G85 ZI-17 V3 W8 E260
G79 X.. Y.. Z.. ;Zyklusaufruf

A

Programmaufbau bei CNC-Maschinen nach PAL

PAL-Zyklen bei Fräsmaschinen

G86 Ausdrehzyklus

Satzaufbau NC-Satz
G86 ZI/ZA V [W] [DR] [F] [S] [M]

Verpflichtende Adressen:

ZI/ZA	Tiefe der auszudrehenden Bohrung
ZI	Bohrungstiefe in der Zustellachse
ZA	Bohrungstiefe absolut, bezogen auf das Werkstückkoordinatensystem
V	Sicherheitsabstand von der Oberkante der Bohrung

Auswahl-Adressen [..]:

W	Rückzugsebene bezogen auf das Werkstückkoordinatensystem
DR	radialer Rückzugsabstand von der Kontur

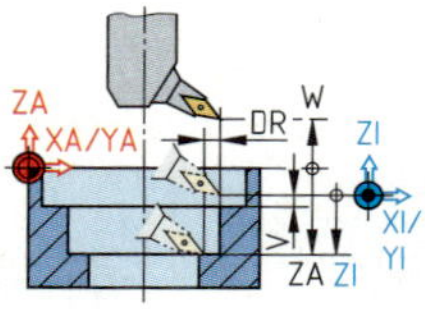

Bearbeitungsbeispiel

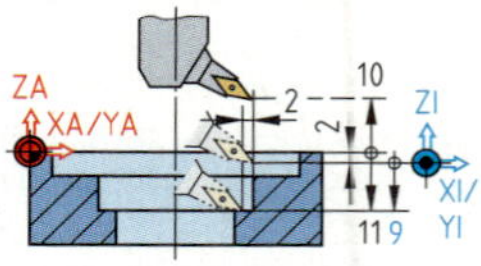


```
N10 ...
N15 G86 ZI-9 V2 W10 DR2
N20 G79 X.. Y.. Z.. ;Zyklusaufruf
```

G87 Bohrfräszyklus

Satzaufbau NC-Satz
G87 ZI/ZA R D V [W] [BG] [F] [S] [M]

Verpflichtende Adressen:

ZI/ZA	Tiefe der auszudrehenden Bohrung
ZI	Bohrungstiefe, inkremental ab Oberkante
ZA	Bohrungstiefe absolut, bezogen auf das Werkstückkoordinatensystem
R	Radius der auszufräsenden Bohrung
D	Zustellung pro Schraubenlinie (Steigung der Helix Bewegung)
V	Sicherheitsabstand von der Bohrungsoberkante

Auswahl-Adressen [..]:

W	Rückzugsebene bezogen auf das Werkstückkoordinatensystem
BG2	Bearbeitungsrichtung im Uhrzeigersinn
BG3	Bearbeitungsrichtung entgegen dem Uhrzeigersinn

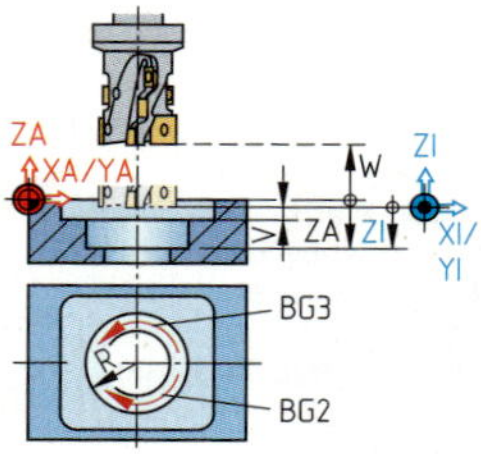

Bearbeitungsbeispiel

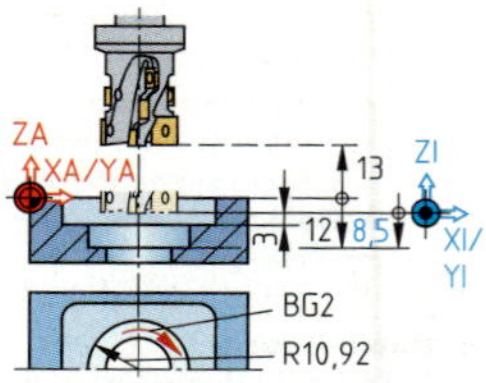


```
N10 ...
N15 G87 ZI-8,5 R10.92 D3 V3 W13 D3 BG2
N20 G79 X.. Y.. Z.. ;Zyklusaufruf
```

G88 Innengewindefräszyklus

Satzaufbau NC-Satz
G88 ZI/ZA DN D Q V [W] [BG] [F] [S] [M]

Verpflichtende Adressen:

ZI/ZA	Gewindetiefe
ZI	Gewindetiefe, inkremental ab Oberkante
ZA	Gewindetiefe absolut, bezogen auf das Werkstückkoordinatensystem
DN	Nenndurchmesser des Innengewindes
D	Gewindesteigung
Q	Gewinderillenzahl des Werkzeuges
V	Sicherheitsabstand von der Bohrungsoberkante

Auswahl-Adressen [..]:

W	Rückzugsebene bezogen auf das Werkstückkoordinatensystem
BG2	Bearbeitungsrichtung im Uhrzeigersinn
BG3	Bearbeitungsrichtung entgegen dem Uhrzeigersinn

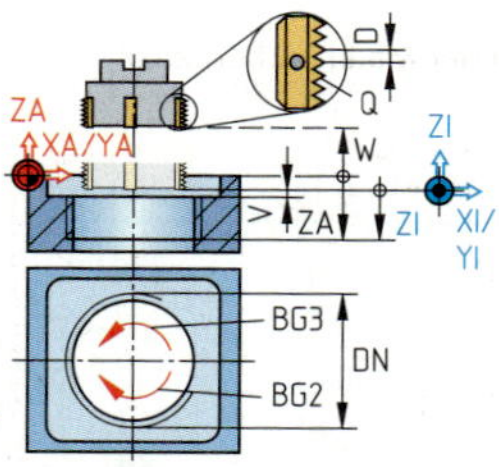

Bearbeitungsbeispiel

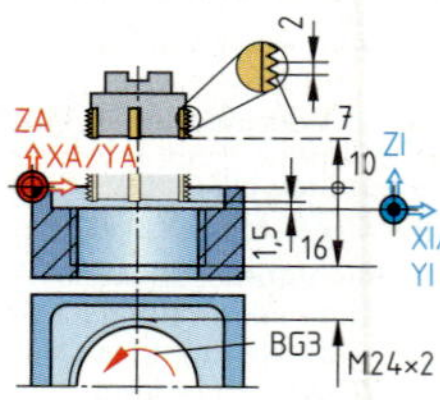


```
N10 ...
N15 G88 ZA-16 DN24 D2 Q7 V1.5 W10 BG3 F..
N20 G79 X.. Y.. Z.. ;Zyklusaufruf
```

G89 Außengewindefräszyklus

Satzaufbau NC-Satz
G89 ZI/ZA DN D Q V [W] (BG] [F] [S] [M]

Verpflichtende Adressen:

ZI	Gewindetiefe, inkremental ab Oberkante
ZA	Gewindetiefe absolut, bezogen auf das Werkstückkoordinatensystem
DN	Nenndurchmesser des Außengewindes
D	Gewindesteigung
Q	Gewinderillenzahl des Werkzeuges
V	Sicherheitsabstand von der Bohrungsoberkante

Auswahl-Adressen [..]:

W	Rückzugsebene
BG2	Bearbeitungsrichtung im Uhrzeigersinn
BG3	Bearbeitungsrichtung entgegen dem Uhrzeigersinn

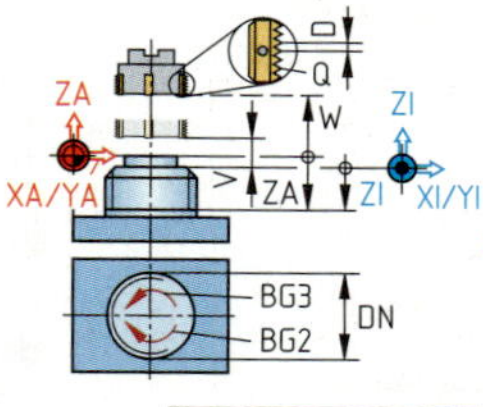

Bearbeitungsbeispiel

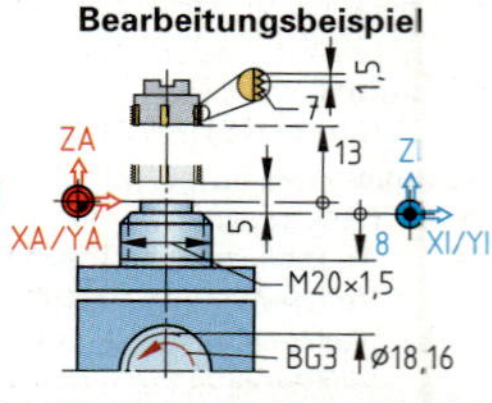


```
N10 ...
N15 G89 ZI-8 DN18.16 D1.5 Q7 V5 W13 BG3 F..
N20 G79 X.. Y.. Z.. ;Zyklusaufruf
```

A

Programmaufbau bei CNC-Maschinen nach PAL

PAL-Zyklen bei Fräsmaschinen

G72 Rechtecktaschenfräszyklus

Satzaufbau NC-Satz
G72 ZI/ZA LP BP D V [W] [RN] [AK] [AL] [EP] [DB] [RH] [DH] [O] [Q] [H] [E] [F] [S] [M]

Verpflichtende Adressen:
ZI/ZA Tiefe der Kreistasche in der Zustellachse
ZI inkrementell ab Oberkante der Tasche
ZA absolut vom Werkstückkoordinatensystem
LP Länge der Rechtecktasche in X-Richtung
BP Breite der Rechtecktasche in Y-Richtung
D maximale Zustelltiefe
V Sicherheitsabstand von der Materialoberfläche

Auswahl-Adressen [..]:
AK Aufmaß auf den Taschenrand
AL Aufmaß auf den Taschenboden
RN Eckenradius
EP0, EP1, EP2, EP3 Festlegung des Setzpunktes beim Zyklusaufruf
W Rückzugsebene im Eilgang
H Bearbeitungsart
H1 Schruppen H4 Schlichten
H2 Planschruppen der Rechteckfläche
H14 Schruppen und Schlichten mit gleichem WZ
E Vorschub beim Eintauchen

Bearbeitungsbeispiel

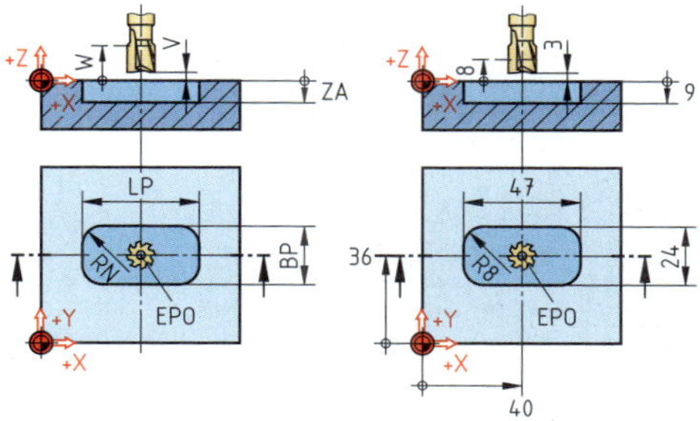


```
N15 G72 ZA-9 LP47 BP24 D4 V3 AK0.4 AL0.5 W8
N20 G79 X40 Y36    ;Zyklusaufruf für G72
```

G73 Kreistaschen- und Zapfenfräszyklus

Satzaufbau NC-Salz
G73 ZI/ZA R D V [W] [RZ] [AK] [AL] [DB] [RH] [DH] [O] [Q] [H] [E] [F] [S] [M]

verpflichtende Adressen:
ZI/ZA Tiefe der Kreistasche in der Zustellachse
ZI inkrementell ab Oberkante der Tasche
ZA absolut vom Werkstückkoordinatensystem
R Radius der Kreistasche
D maximale Zustelltiefe
V Sicherheitsabstand von der Materialoberfläche

Auswahl-Adressen [..]:
RZ Radius des optionalen Zapfens
AK Aufmaß auf den Taschenrand
AL Aufmaß auf den Taschenboden
DB Fräserbahnüberdeckung in %
W Rückzugsebene im Eilgang
H...E wie bei G72

Bearbeitungsbeispiel

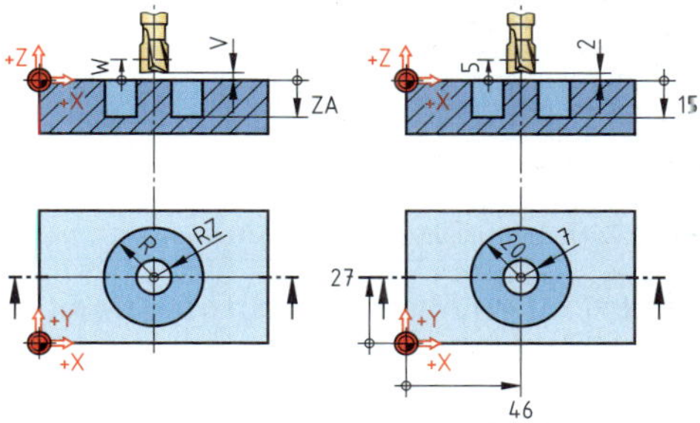


```
N15 G73 ZA-15 R20 D4 V2 AK0.4 AL0.5 W5
N20 G79 X46 Y27    ;Zyklusaufruf für G73
```

G74 Nutenfräszyklus (Längsnut)

Satzaufbau NC-Satz
G74 ZI/ZA R D V [W] [RZ] [AK] [AL] [DB] [RH] [DH] [O] [Q] [H] [E] [F] [S] [M]

verpflichtende Adressen:
ZI/ZA Tiefe der Nut in der Zustellachse
ZI inkrementell ab Oberkante der Nut
ZA absolut vom Werkstückkoordinatensystem
LP Länge der Nut BP Breite der Nut
D maximale Zustelltiefe V Sicherheitsabstand

Auswahl-Adressen [..]:
W Rückzugsebene
AK Aufmaß auf den Taschenrand
AL Aufmaß auf den Taschenboden
EP0, EP1, EP2, EP3 Festlegung des Setzpunktes beim Zyklusaufruf
O Zustellbewegung
O1 Senkrechtes Eintauchen des Wz
O2 Pendelndes Eintauchen des Wz
H...E wie bei G72

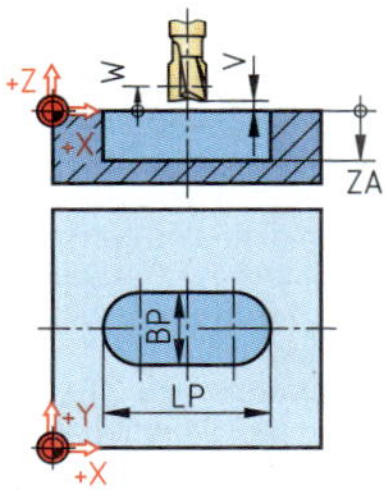

Bearbeitungsbeispiel

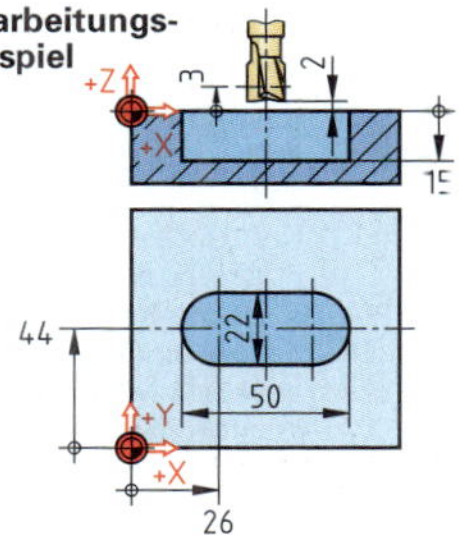


```
N15 G74 ZA-15 LP50 BP22 D3 V2 ;Definition Längsnut mit G74
N20 G79 X... Y...  ;Zyklusaufruf an einem Punkt mit G79
```

A

Programmaufbau bei CNC-Maschinen nach PAL

PAL-Zyklen bei Fräsmaschinen

G75 Nutenfräszyklus (Kreisbogen)

Satzaufbau NC-Satz:
G75 ZI/ZA BP RP AN/AO AO/AP D V (W) (AK) (AL) [EP] [O] [Q] [H] [E] [F] [S] [M]

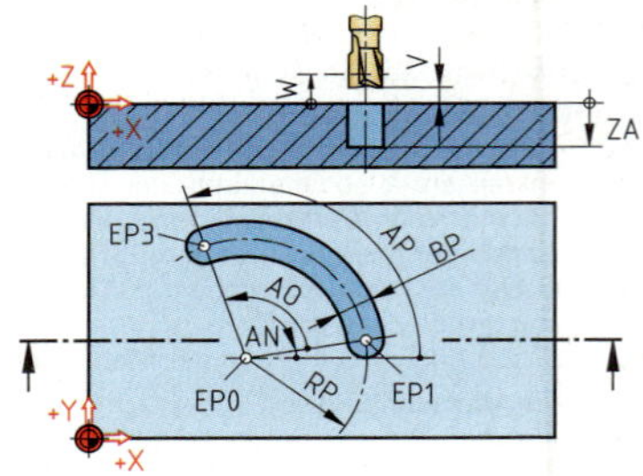

Verpflichtende Adressen:

ZI/ZA Tiefe der Nut
- ZI inkremental ab Nut Oberkante
- ZA Tiefe absolut

BP Breite der Nut
RP Radius der Nut
AN polarer Startwinkel bezogen auf die positive X-Achse und den Mittelpunkt des Nutanfangs
AO polarer Öffnungswinkel zwischen Nutanfangs und Mittelpunkt des Nutabschlusshalbkreises
AP polarer Endwinkel bezogen auf die positive X-Achse und den Mittelpunkt des Nutendes (Nur 2 von 3 Polarwinkeln müssen programmiert werden)
D maximale Zustelltiefe
V Sicherheitsabstand

Auswahl-Adressen (..):

EP Festlegung des Aufrufpunktes für den Zyklusaufruf der Nut
- EP0 Mittelpunkt der Ringnut
- EP1 Mittelpunkt des rechten bzw. oberen Abschlusshalbkreises
- EP3 Mittelpunkt des linken bzw. unteren Abschlusshalbkreises

W Rückzugsebene, im Eilgang
AK Aufmaß auf den Nutrand
AL Aufmaß auf den Nutboden
Q Bewegungsrichtung
- Q1 Gleichlauffräsen
- Q2 Gegenlauffräsen

H Bearbeitungsart
- H1 Schruppen
- H4 Schlichten
- H14 Schruppen und Schlichten

E Vorschub beim Eintauchen

Bearbeitungsbeispiel

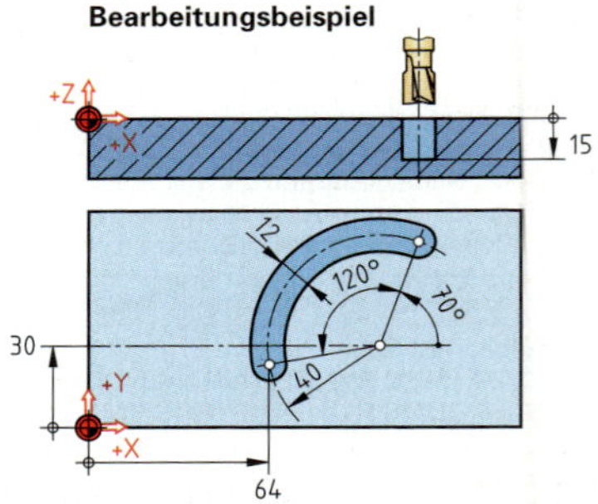


```
N15 G75 ZA-15 BP12 RP80 AN70 AO120 AK0.3 AL0.5 EP3 D5 V3 W6
N20 G79 X64 Y30   ;Zyklusaufruf für G75 bei EP3
```

G76 Zyklusaufruf auf einer Geraden (Lochreihe)

Satzaufbau NC-Satz:
G76 [X/XI/XA] [Y/YI/YA] [Z/ZI/ZA] AS D O [AR] [W] [H]

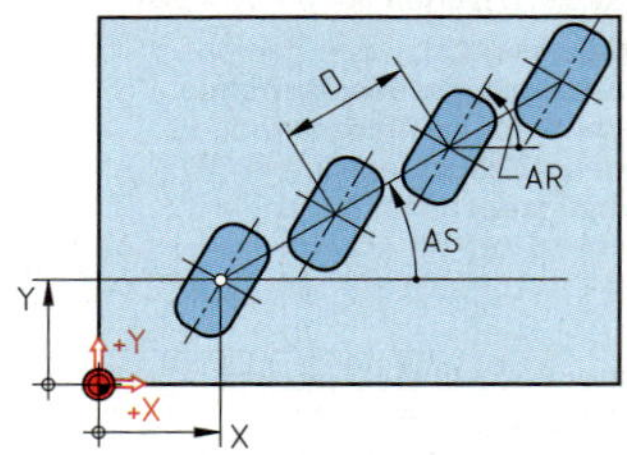

Verpflichtende Adressen:

AS Winkel der Geraden bezogen auf die 1. Geometrieachse
+ entgegen dem Uhrzeigersinnn
– im Uhrzeigersinn
D Abstand der Zyklusaufrufpunkte auf der Geraden
O Anzahl der Zyklusaufrufpunkte auf der Geraden

Auswahl-Adressen (..):

X, XI, XA X-Koordinate des ersten Punktes
- X absolute oder inkrementale X-Koordinate (G90, G91)
- XI Koordinatendifferenz zwischen aktueller Werkzeugposition und dem ersten Punkt auf der Geraden
- XA absolute Koordinateneingabe des Startpunktes

Y, YI, YA Y-Koordinate des ersten Punktes
- Y absolute oder inkrementale Y-Koordinate (G90, G91)
- YI Koordinatendifferenz zwischen aktueller Werkzeugposition und dem ersten Punkt auf der Geraden
- YA absolute Koordinateneingabe des Startpunktes

Z, ZI, ZA Z-Koordinate des ersten Punktes
- Z absolute oder inkrementale Z-Koordinate (G90, G91)
- ZI Koordinatendifferenz zwischen der aktuellen Werkzeugposition und dem ersten Punkt auf der Geraden
- ZA absolute Koordinateneingabe des Startpunktes

AR Drehwinkel bezogen auf die poitive X-Achse
W Rückzugsebene absolut
H Rückfahrposition
- H1 Sicherheitsebene wird zwischen 2 Positionen angefahren und die Rückzugsebene nach der letzten Position
- H2 Rückzugsebene wird zwischen 2 Positionen angefahren

Bearbeitungsbeispiel

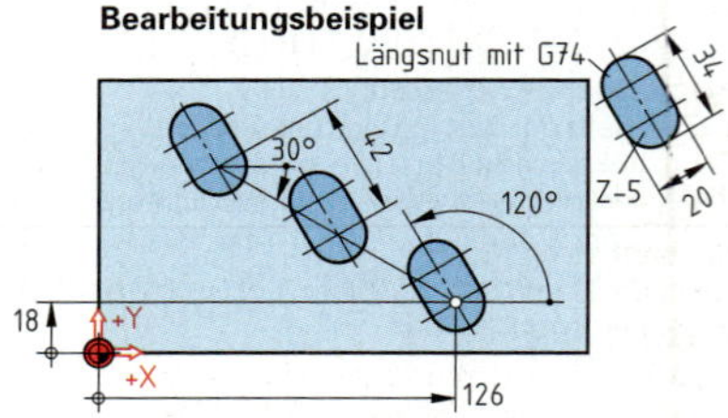


```
N15 G74 ZA-5 LP34 BP20 ....  ;Definition Längsnut mit G74
N20 G76 X126 Y18 Z0 AS120 D42 O3 AR-30  ;Zyklusaufruf
```

A

Programmaufbau bei CNC-Maschinen nach PAL

PAL-Funktionen bei Fräsmaschinen

G77 Zyklusaufruf auf einem Teilkreis (Lochkreis)

Satzaufbau NC-Satz:
G77 [I/IA] [J/JA] [Z/ZI/ZA] R AN/AI AI/AP O [AR] [W] [H] [FP]

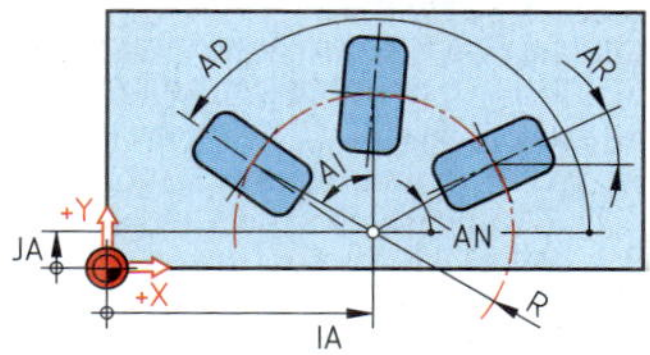

Verpflichtende Adressen:
R Radius des Teilkreises
AN Polarwinkel des ersten Objektes
AI konstanter Segmentwinkel
AP Polarwinkel des letzten Objektes
O Anzahl der Objekte auf dem Teilkreis

Auswahl-Adressen [..]:
I X-Koordinatendifferenz zwischen Kreismittelpunkt und Startpunkt
IA absolute X-Koordinate des Kreismittelpunktes
J Y-Koordinatendifferenz zwischen Kreismittelpunkt und Startpunkt
JA absolute Y Koordinate des Kreismittelpunktes
Z absolute oder inkremental Eingabe durch G90/G91
ZI Z-Koordinatendifferenz zwischen Wz-Istposition und Teilkreismittelpunkt
ZA absolute Koordinate des Zielpunktes
AR Drehwinkel zur positiven 1. Geometrieachse
Q Orientierung des zu bearbeitenden Objektes
Q1 Mitdrehen des Objektes Q2 Feste Orientierung des Objektes
W Rückzugsebene absolut
H Rückzugsbewegung
H1 nach Bearbeitungsende wird die Sicherheitsebene V angefahren
H2 nach Bearbeitungsende wird die Rückzugsebene W angefahren
H3 wie bei H1, jedoch wird die nächste Position auf dem Teilkreisbogen angefahren

Bearbeitungsbeispiel

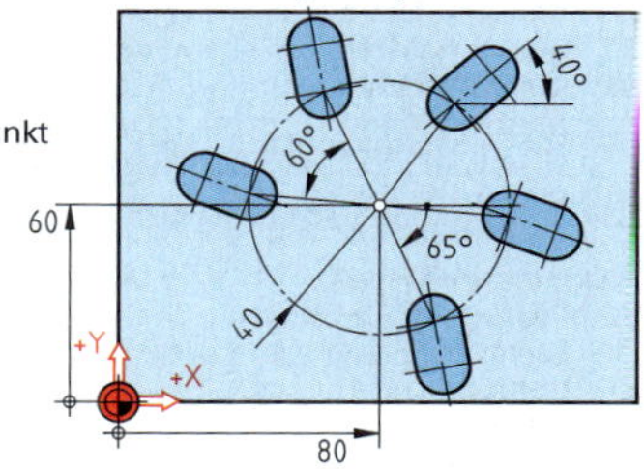

N15 G74 ZA-5 LP34 BP20 .... ;Längsnut mit G74
N20 G77 R40 AN-65 AI60 AR40 O5 IA80 JA60 ;Zyklusaufruf

G78 Zyklusaufruf an einem Punkt (mit Polarkoordinaten)

Satzaufbau NC-Satz:
G78 [I/IA] [J/JA] RP AP [Z/ZI/ZA] [AR] [W]

Verpflichtende Adressen:
I, IA X-Koordinate des Drehpols
J, JA Y-Koordinate des Drehpols
RP Polradius
AP Pol-Winkel bezogen auf die X-Achse

Auswahl-Adressen [..]:
Z, ZI, ZA Z-Koordinate der Oberkante
AR Drehwinkel des Objektes bezogen auf die X-Achse
W Rückzugsebene

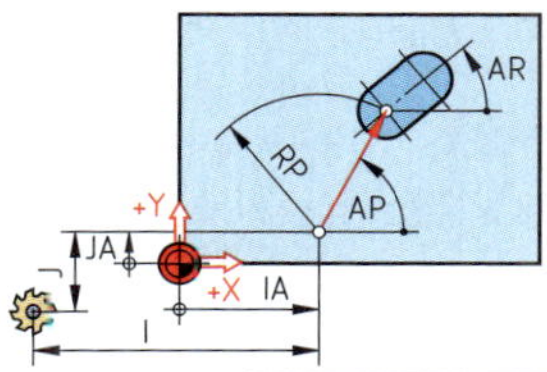

Bearbeitungsbeispiel

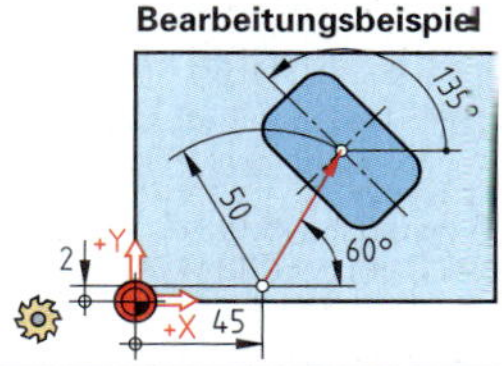

N15 G72 ZA.. LP.. BR.. ;Rechtecktasche mit G72
N20 G78 IA45 JA2 RP50 AP60 AR135 ;Zyklusaufruf G78

G79 Zyklusaufruf an einem Punkt (mit kartesischen Koordinaten)

Satzaufbau NC-Satz:
G79 [X/XI/XA] [Y/YI/YA] [Z/ZI/ZA] [AR] [W]

Auswahl-Adressen [..]:
X, XI, XA X-Koordinate des ersten Punktes
Y, YI, YA Y-Koordinate des ersten Punktes
Z, ZI, ZA Z-Koordinate des ersten Punktes
AR Drehwinkel des Objektes bezogen auf die X-Achse
W Rückzugsebene absolut in Werkstückkoordinaten

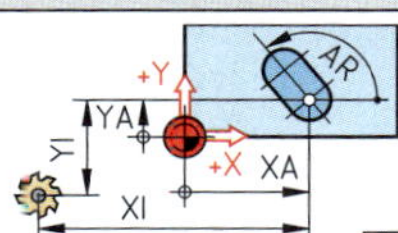

Bearbeitungsbeispiel

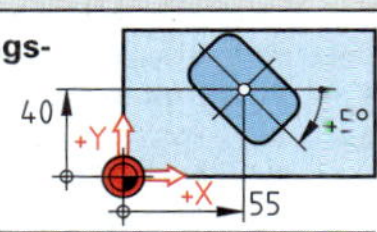

N15 G72 ZA.. LP.. BP.. ;Rechtecktasche mit G72
N20 G79 XA55 YA40 AR-45 ;Zyklusaufruf G79

G61 Linearinterpolation für Konturzüge

Satzaufbau NC-Satz:
G61 [XI/XA] [YI/YA] [Z/ZI/ZA] [D] [AT] [AS] [RN] [H] [O]

Auswahl-Adressen [..]:
XI, XA X-Koordinate des Zielpunktes
YI, YA Y-Koordinate des Zielpunktes
Z, ZI, ZA Zustellung in der Z-Achse
D Länge der Verfahrstrecke AT Übergangswinkel
AS Anstiegwinkel zur X-Achse
RN+ Verrundungsradius R– Fasenbreite
H1 kleiner Anstiegswinkel H2 größerer Anstiegswinkel
O1 kleine Streckenlänge O2 größere Streckenlänge

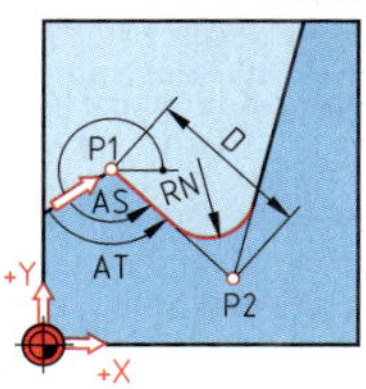

Bearbeitungsbeispiel

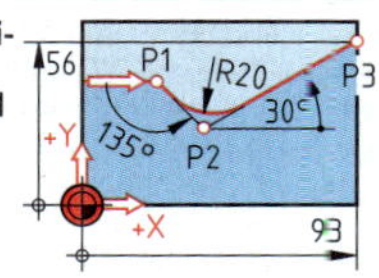

N15 G1 X... Y... ;P1
N20 G61 AT135 RN20 ;P2
N25 G61 XA93 YA56 AS30 ;P3

A

Programmaufbau bei CNC-Maschinen nach PAL

PAL-Zyklen bei Fräsmaschinen

G62/G63 Kreisinterpolation für Konturzüge

Satzaufbau NC-Satz:
G62 *oder* G63 [XI/XA] [YI/YA] [Z/ZI/ZA] [I/IA] [J/JA] [R] [AT] [AS] [AO] [O] [AE/AP] [RN] [H] [O] [F] [S] [M]

Auswahl-Adressen [..]:

XI, XA, YI, YA Koordinaten des Zielpunktes
Z, ZI, ZA Zustellung in der Z-Achse
R Radius des Kreisbogens
R+ kürzerer Bogen R– längerer Bogen

AS	Tangentenwinkel	AT	Übergangswinkel (Startpkt.)
AO	Öffnungswinkel	AE	Tangentenwinkel (Endpkt)
AP	Polarwinkel des Kreisbogenendpunktes		
RN+	Verrundungsradius	RN–	Fasenbreite
H1	kleinerer AT-Winkel	H2	größerer AT-Winkel
O1	kürzerer Kreisbogen	O2	längerer Kreisbogen

Bearbeitungsbeispiel

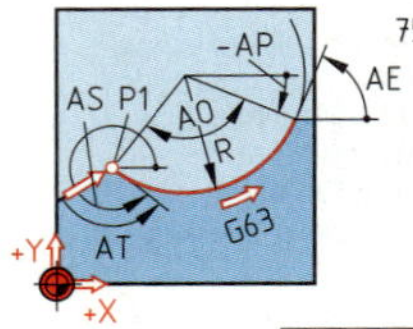

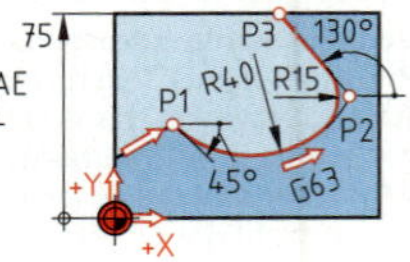

N15 G1 X... Y...	;P1
N20 G63 R+40 AS-45 RN15	;P2
N25 G61 Y75 AS130	;P3

G34–G39 Kreisintrpolation für Konturzüge

G34 Eröffnung des Konturtaschenzyklus (KTZ)

Satzaufbau NC-Satz: GM ZI/ZA [AK] [AL]
Verpflichtende Adressen:
ZI Bohrungstiefe ab Wz-Position
ZA Bohrungstiefe absolut
Auswahl-Adressen [..]:
AK Aufmaß auf die Berandung
AL Aufmaß auf den Taschenboden

G35 Schrupptechnologie des Konturtaschenzyklus

Satzaufbau NC-Satz:
G35 T D [V] [TC] [TR] [TL] [DM] [DB] [RH] [DH] [O] [Q] [E] [F] [S] [M]

G36 Restmaterial-Schrupptechnologie des Konturtaschenzyklus

Satzaufbau NC-Satz
G36 T D [V] [TC] [TR] [TL] [DM] [DB] [RH] [DH] [O] [Q] [E] [F] [S] [M]

G37 Schlichttechnologie des Konturtaschenzyklus

Satzaufbau NC-Satz:
G37 T D [V] [TC] [TR] [TL] [DB] [RH] [DH] [O] [Q] [H] [E] [F] [S] [M]

Verpflichtende Adressen für G35, G36, G37:
T Wz-Nummer D absolute Bohrungstiefe

Auswahl-Adressen für G35, G36, G37:

V	Sicherheitsabstand		
T...	Adressen zum Werkzeugwechsel (S. 388)		
DM	Zustellminimum für Inselhöhenoptimierung		
DB	Fräserbahnüberdeckung am Boden		
RH	Radius der Mittelpunktsbahn der Helixzustellung		
DH	Zustellung pro Helixumdrehung		
O1	Eintauchen	O2	Eintauchen Helixbewegung
Q1	Gleichlauffräsen	Q2	Gegenlauffräsen
H4	Schlichten, Rand/Boden	H4	Schlichten, Boden/Rand
H6	Schlichten nur Rand	H7	Schlichten nur Boden
E	Vorschub beim Eintauchen		

G38 Konturbeschreibung des Konturtaschenzyklus

Satzaufbau NC-Satz:
G38 H [ZI/ZA] [(IA JA R) / (LP BP IA JA [RN] [AR])]
Verpflichtende Adressen:
H1 Tasche H2 Insel H3 Tasche in einer Insel
Auswahl-Adressen [..]: siehe Seite 397

Bearbeitungsbeispiel

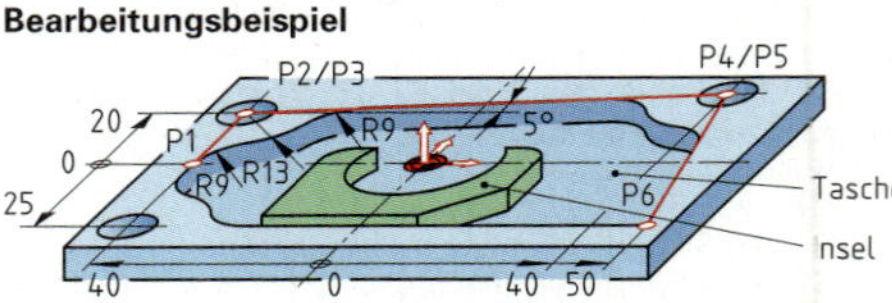

N5 G54	;Einstellbarer absoluter NP
N10 T1 M.. G97 S.. G94 F..	
N15 G34 ZA-10 AK0.5 AL0.5	**;Konturtaschenzyklus Eröffnung**
N20 G35 T01 D6 M3	;Schrupptechnologie des KTZ
N25 G37 T02 D6 M3 S.. F..	;Schlichttechnologie des KTZ
N30 G38 H1	**;Konturbeschreibung der Tasche**
N35 G0 X-40 Y0	;P1
N40 G61 AS90 RN+9	;P2
N45 G63 JA20 R13 RN+9 O1	;P3
N50 G61 AS5 RN+9	;P4
N55 G63 IA40 R13 RN+9 O1	;P5
N60 G1 X50 Y-25	;P6
N65 ...	
N70 G80	;Abschluss von G38
N75 G38 H2	**;Konturbeschreibung der Insel**
N870 ...	
N85 G80	;Abschluss von G38
N90 G39 ...	**;Zyklusaufruf der Konturtasche**

G39 Zyklusaufruf der Konturtasche mit konturparalleler oder schlingenförmiger Ausräumstragegie

Satzaufbau NC-Satz:
G39 Z/ZI/ZA V [W] [X/XI/XA] [Y/YI/YA] [AN] [H]
Verpflichtende Adressen:
Z, ZI, ZA Materialoberfläche in Z
V Sicherheitsabstand zur Materialoberfläche
Auswahl-Adressen (..]:
W Höhe der Rückzugsebene, absolut
X, XI, XA Startpunkt der Bearbeitung in X
Y, YI, YA Startpunkt der Bearbeitung in Y
AN Winkel für das schlingenförmige Ausräumen (wenn AN nicht programmiert, dann konturparallel)
H1 Schruppen H2 Freistellen (Planen) H4 Schlichten
H8 Freistellen im Schlichtmodus
H14 Schruppen und Schlichten

G80 Abschluss einer G38-Taschen/Insel-Konturbeschreibung

Satzaufbau NC-Satz: G39

A

Zahlensysteme

Dezimalsystem

Basis 10 Ziffern: 0, 1, 2, 3, 4, 5, 6, 7, 8, 9

Dezimalzahl z_{10} 205

Stellenwert	$10^2 = 100$	$10^1 = 10$	$10^0 = 1$	
Wert	$2 \cdot 100 = 200$	$0 \cdot 10 = 0$	$5 \cdot 1 = 5$	
Gesamtwert (dezimal) $z_{10} =$	200	+ 0	+ 5	= 205

Dualsystem

Basis 2 Ziffern: 0, 1

Dualzahl z_2 1010

Stellenwert	$2^3 = 8$	$2^2 = 4$	$2^1 = 2$	$2^0 = 1$	
Wert	$1 \cdot 8 = 8$	$0 \cdot 4 = 0$	$1 \cdot 2 = 2$	$0 \cdot 1 = 0$	
Gesamtwert (dezimal) $z_{10} =$	8	+ 0	+ 2	+ 0	= 10

Hexadezimalsystem (Sedezimalsystem)

Basis 16 Ziffern und Buchstaben: 0, 1, 2, 3, 4, 5, 6, 7, 8, 9, A, B, C, D, E, F
dezimaler Wert: 0, 1, 2, 3, 4, 5, 6, 7, 8, 9, 10, 11, 12, 13, 14, 15

Umwandlung in Dezimalzahl: A2F

Stellenwert	$16^2 = 256$	$16^1 = 16$	$16^0 = 1$	
Wert	$10 \cdot 256 = 2560$	$2 \cdot 16 = 32$	$15 \cdot 1 = 15$	
Gesamtwert (dezimal) $z_{10} =$	2560	+ 32	+ 15	= 2607

Umwandlung in Dualzahl:
Jede Ziffer stellt eine Gruppe von 4 Bit dar A2F

Ziffernwert	10	2	15
4-Bitgruppe (Tetrade)	1010	0010	1111
Dualzahl z_2 =	1010 0010 1111		

Dualzahlen z_2 und Hexadezimalzahlen z_{16} für die Dezimalzahlen z_{10} bis 255

1. Tetrade: b_8 b_7 b_6 b_5 — Bitmuster (Dualzahlen)

1. Tetrade																
b_8	0	0	0	0	0	0	0	0	1	1	1	1	1	1	1	1
b_7	0	0	0	0	1	1	1	1	0	0	0	0	1	1	1	1
b_6	0	0	1	1	0	0	1	1	0	0	1	1	0	0	1	1
b_5	0	1	0	1	0	1	0	1	0	1	0	1	0	1	0	1

Dezimalzahlen und Hexadezimalzahlen

2. Tetrade b_4 b_3 b_2 b_1	Zahl																
0 0 0 0	z_{10}	0	16	32	48	64	80	96	112	128	144	160	176	192	208	224	240
	z_{16}	00	10	20	30	40	50	60	70	80	90	A0	B0	C0	D0	E0	F0
0 0 0 1	z_{10}	1	17	33	49	65	81	97	113	129	145	161	177	193	209	225	241
	z_{16}	01	11	21	31	41	51	61	71	81	91	A1	B1	C1	D1	E1	F1
0 0 1 0	z_{10}	2	18	34	50	66	82	98	114	130	146	162	178	194	210	226	242
	z_{16}	02	12	22	32	42	52	62	72	82	92	A2	B2	C2	D2	E2	F2
0 0 1 1	z_{10}	3	19	35	51	67	83	99	115	131	147	163	179	195	211	227	243
	z_{16}	03	13	23	33	43	53	63	73	83	93	A3	B3	C3	D3	E3	F3
0 1 0 0	z_{10}	4	20	36	52	68	84	100	116	132	148	164	180	196	212	228	244
	z_{16}	04	14	24	34	44	54	64	74	84	94	A4	B4	C4	D4	E4	F4
0 1 0 1	z_{10}	5	21	37	53	69	85	101	117	133	149	165	181	197	213	229	245
	z_{16}	05	15	25	35	45	55	65	75	85	95	A5	B5	C5	D5	E5	F5
0 1 1 0	z_{10}	6	22	38	54	70	86	102	118	134	150	166	182	198	214	230	246
	z_{16}	06	16	26	36	46	56	66	76	86	96	A6	B6	C6	D6	E6	F6
0 1 1 1	z_{10}	7	23	39	55	71	87	103	119	135	151	167	183	199	215	231	247
	z_{16}	07	17	27	37	47	57	67	77	87	97	A7	B7	C7	D7	E7	F7
1 0 0 0	z_{10}	8	24	40	56	72	88	104	120	136	152	168	184	200	216	232	248
	z_{16}	08	18	28	38	48	58	68	78	88	98	A8	B8	C8	D8	E8	F8
1 0 0 1	z_{10}	9	25	41	57	73	89	105	121	137	153	169	185	201	217	233	249
	z_{16}	09	19	29	39	49	59	69	79	89	99	A9	B9	C9	D9	E9	F9
1 0 1 0	z_{10}	10	26	42	58	74	90	106	122	138	154	170	186	202	218	234	250
	z_{16}	0A	1A	2A	3A	4A	5A	6A	7A	8A	9A	AA	BA	CA	DA	EA	FA
1 0 1 1	z_{10}	11	27	43	59	75	91	107	123	139	155	171	187	203	219	235	251
	z_{16}	0B	1B	2B	3B	4B	5B	6B	7B	8B	9B	AB	BB	CB	DB	EB	FB
1 1 0 0	z_{10}	12	28	44	60	76	92	108	124	140	156	172	188	204	220	236	252
	z_{16}	0C	1C	2C	3C	4C	5C	6C	7C	8C	9C	AC	BC	CC	DC	EC	FC
1 1 0 1	z_{10}	13	29	45	61	77	93	109	125	141	157	173	189	205	221	237	253
	z_{16}	0D	1D	2D	3D	4D	5D	6D	7D	8D	9D	AD	BD	CD	DD	ED	FD
1 1 1 0	z_{10}	14	30	46	62	78	94	110	126	142	158	174	190	206	222	238	254
	z_{16}	0E	1E	2E	3E	4E	5E	6E	7E	8E	9E	AE	BE	CE	DE	EE	FE
1 1 1 1	z_{10}	15	31	47	63	79	95	111	127	143	159	175	191	207	223	239	255
	z_{16}	0F	1F	2F	3F	4F	5F	6F	7F	8F	9F	AF	BF	CF	DF	EF	FF

Ablesebeispiel: Die Dualzahl z_2 = **10110010** entspricht der Dezimalzahl z_{10} = **178** oder der Hexadezimalzahl z_{16} = **B2**

A

ASCII-Zeichensatz[1)]

7-Bit-ASCII-Code

Code z_{10}	Code z_{16}	Zeichen	Code z_{10}	Code z_{16}	Zeichen	Code z_{10}	Code z_{16}	Zeichen	Code z_{10}	Code z_{16}	Zeichen	Code z_{10}	Code z_{16}	Zeichen	Code z_{10}	Code z_{16}	Zeichen	Code z_{10}	Code z_{16}	Zeichen	Code z_{10}	Code z_{16}	Zeichen
0	0	NUL	16	10	DLE	32	20	SP	48	30	0	64	40	@	80	50	P	96	60	\	112	70	p
1	1	SOH	17	11	DC1	33	21	!	49	31	1	65	41	A	81	51	Q	97	61	a	113	71	q
2	2	STX	18	12	DC2	34	22	"	50	32	2	66	42	B	82	52	R	98	62	b	114	72	r
3	3	ETX	19	13	DC3	35	23	#	51	33	3	67	43	C	83	53	S	99	63	c	115	73	s
4	4	EOT	20	14	DC4	36	24	$	52	34	4	68	44	D	84	54	T	100	64	d	116	74	t
5	5	ENQ	21	15	NAK	37	25	%	53	35	5	69	45	E	85	55	U	101	65	e	117	75	u
6	6	ACK	22	16	SYN	38	26	&	54	36	6	70	46	F	86	56	V	102	66	f	118	76	v
7	7	BEL	23	17	ETB	39	27	´	55	37	7	71	47	G	87	57	W	103	67	g	119	77	w
8	8	BS	24	18	CAN	40	28	(	56	38	8	72	48	H	88	58	X	104	68	h	120	78	x
9	9	HT	25	19	EM	41	29	)	57	39	9	73	49	I	89	59	Y	105	69	i	121	79	y
10	A	LF	26	1A	SUB	42	2A	*	58	3A	:	74	4A	J	90	5A	Z	106	6A	j	122	7A	z
11	B	VT	27	1B	ESC	43	2B	+	59	3B	;	75	4B	K	91	5B	[	107	6B	k	123	7B	{
12	C	FF	28	1C	FS	44	2C	'	60	3C	<	76	4C	L	92	5C	\	108	6C	l	124	7C	|
13	D	CR	29	1D	QS	45	2D	–	61	3D	=	77	4D	M	93	5D	]	109	6D	m	125	7D	}
14	E	SO	30	1E	RS	46	2E	.	62	3E	>	78	4E	N	94	5E	^	110	6E	n	126	7E	~
15	F	SI	31	1F	US	47	2F	/	63	3F	?	79	4F	O	95	5F	–	111	6F	o	127	7F	DEL

Bedeutung der Steuerzeichen

Code z_{10}	Zeichen	Benennung	Code z_{10}	Zeichen	Benennung
0	NUL	Nil (NULL)	17	DC1	Gerätesteuerung 1 (DEVICE CONTROL 1)
1	SOH	Anfang des Kopfes (START OF HEADING)	18	DC2	Gerätesteuerung 2 (DEVICE CONTROL 2)
2	STX	Anfang des Textes (START OF TEXT)	19	DC3	Gerätesteuerung 3 (DEVICE CONTROL 3)
3	ETX	Ende des Textes (END OF TEXT)	20	DC4	Gerätesteuerung 4 (DEVICE CONTROL 4)
4	EOT	Ende der Übertragung (END OF TRANSMISSION)	21	NAK	Negative Rückmeldung (NEGATIVE ACKNOWLEDGE)
5	ENQ	Stationsaufforderung (ENQUIRY)	22	SYN	Synchronisierung (SYNCHRONOUS IDLE)
6	ACK	Positive Rückmeldung (ACKNOWLEDGE)	23	ETB	Ende der Übertragung (END OF TRANSMISSION BLOCK)
7	BEL	Klingel (BELL)			
8	BS	Rückwärtsschritt (BACKSPACE)	24	CAN	Ungültig (CANCEL)
9	HT	Horizontal-Tabulator (HORIZONTAL TABULATION)	25	EM	Ende der Aufzeichnung (END OF MEDIUM)
			26	SUB	Substitution (SUBSTITUTE CHARACTER)
10	LF	Zeilenvorschub (LINE FEED)	27	ESC	Code-Umschaltung (ESCAPE)
11	VT	Vertikal-Tabulator (VERTICAL TABULATION)	28	FS	Hauptgruppen-Trennung (FILE SEPERATOR)
12	FF	Formularvorschub (FORM FEED)	29	GS	Gruppen-Trennung (GROUP SEPERATOR)
13	CR	Wagenrücklauf (CARRIAGE RETURN)	30	RS	Untergruppen-Trennung (RECORD SEPERATOR)
14	SO	Dauerumschaltung (SHIFT-OUT)			
15	SI	Rückschaltung (SHIFT-IN)	31	US	Teilgruppen-Trennung (UNIT SEPERATOR)
16	DLE	Übertragungs-Umschaltung (DATA LINK ESCAPE)	32	SP	Zwischenraum (SPACE)
			127	DEL	Löschen (DELETE)

Bedeutung der Sonderzeichen (internationale Referenzversion)

Code z_{10}	Zeichen	Benennung	Code z_{10}	Zeichen	Benennung	Code z_{10}	Zeichen	Benennung
32		Zwischenraum	43	+	plus	64	@	kommerzielles à, engl. at
33	!	Ausrufungszeichen	44	,	Komma	91	[	eckige Klammer auf
34	"	Anführungszeichen	45	–	minus, Bindestrich	92	\	inverser Schrägstrich
35	#	Nummernzeichen	46	.	Punkt	93	]	eckige Klammer zu
36	$	Währungszeichen	47	/	Schrägstrich	94	^	Aufwärtspfeil, Zirkumflex
37	%	Prozent	58	:	Doppelpunkt	95	—	Unterstreichung
38	&	kommerzielles Und	59	;	Semikolon (Strichpunkt)	96	`	Gravis
39	'	Apostroph	60	<	kleiner als	123	{	geschweifte Klammer auf
40	(	runde Klammer auf	61	=	gleich	124	|	senkrechter Strich
41	)	runde Klammer zu	62	>	größer als	125	}	geschweifte Klammer zu
42	*	Stern	63	?	Fragezeichen	126	~	Tilde

Die Steuerzeichen (0...32 und 127 dezimal) sind am Bildschirm und Drucker nicht darstellbar; sie dienen zur Befehlsübermittlung des Systems.
Die Zeichen 128...255 (dezimal) im erweiterten ASCII-Zeichensatz sind entweder ebenso codiert wie die Zeichen 0...127 oder sie werden für Sonderzeichen genutzt (Kursivzeichen, Grafik-Sinnbilder, selbst definierter Zeichensatz). Zeichen 128 ist zum Beispiel das EURO-Zeichen €.

[1)] ASCII = AMERICAN STANDARD CODE FOR INFORMATION INTERCHANGE (Amerikanischer Standardcode für Informationsaustausch)

A

Sinnbilder für die Informationsverarbeitung

Sinnbilder für Programmablaufpläne

vgl. DIN 66001 (1983-12)

Sinnbild	Benennung, Bemerkung
	Verarbeitung, z. B. Addition, Subtraktion Verarbeitungseinheit, z. B. Mensch, Rechner
	manuelle Verarbeitung, z. B. Lesen, Schreiben manuelle Verarbeitungsstelle
	Verzweigung, z. B. bei Entscheidung Auswahleinheit, z. B. Schalter
	Schleifenanfang, Beginn eines sich wiederholenden Programmteiles
	Schleifenende, Ende eines sich wiederholenden Programmteiles
	Synchronisierung bei paralleler Verarbeitung Synchronisiereinheit
	Sprung mit Rückkehr
	Sprung ohne Rückkehr
	Unterbrechung von außen
	Steuerung von außen

Sinnbild	Benennung, Bemerkung
	Daten, allgemein Datenträger, allgemein
	maschinell zu verarbeitende Daten Datenträger für maschinell zu verarbeitende Daten
	manuell zu verarbeitende Daten manuelle Ablage, z. B. Kartei, Archiv
	Daten auf Schriftstück, z. B. Beleg; Ein-/Ausgabeeinheit für Schriftstück, z. B. Belegleser, Drucker
	Daten auf Karte, z. B. Lochkarte Lochkarteneinheit Leser, Stanzer
	Daten auf Lochstreifen Lochstreifeneinheit Leser, Stanzer
	Daten oder Gerät: Speicher mit **nur** sequentiellem Zugriff, z. B. Magnetband
	Daten oder Gerät: Speicher auch mit direktem Zugriff, z. B. Diskette oder Festplatte

Sinnbild	Benennung, Bemerkung
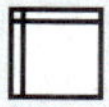	Daten im Zentralspeicher Zentralspeicher
	optische oder akustische Daten, z. B. Bild, Ton optische oder akustische Ausgabeeinheit, z. B. Bildschirm, Lautsprecher
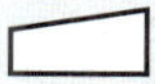	manuelle, optische oder akustische Daten Eingabeeinheit, z. B. Tastatur, Mikrofon
	Verarbeitungsfolge Zugriffsweg
	Datenübertragungsweg
	Grenzstelle zur Umwelt, z. B. Anfang
	Verbindungsstelle, verbindet Darstellungsteile
	Verfeinerung, entspricht Ausschnittvergrößerung
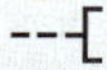	Bemerkung zur Anfügung erläuternder Texte

Darstellung von Verbindungslinien

Sinnbild	Benennung, Bemerkung
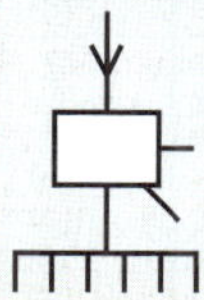	Wirkungsrichtung Anschluss an Sinnbild Auffächerung

Sinnbilder für Struktogramme (nach Nassi-Shneiderman)

vgl. DIN 66261 (1985-11)

Folgeblock

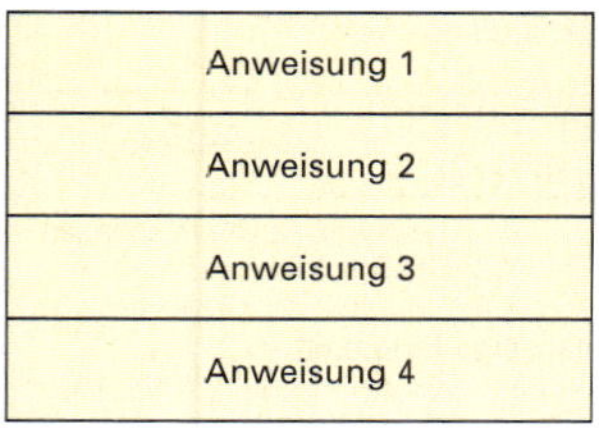

Wiederholungsblock
mit Anfangsbedingung

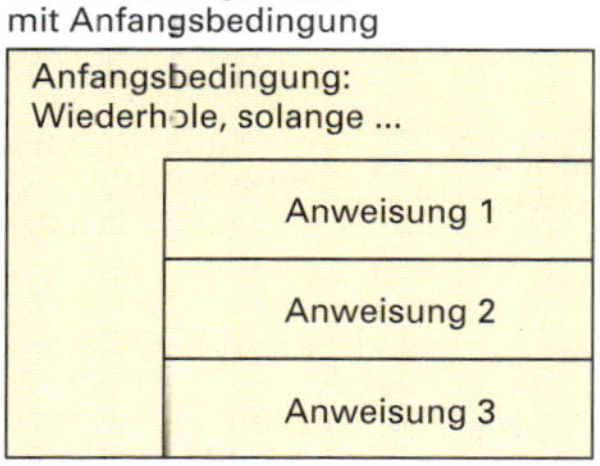

Wiederholungsblock
mit Schlussbedingung

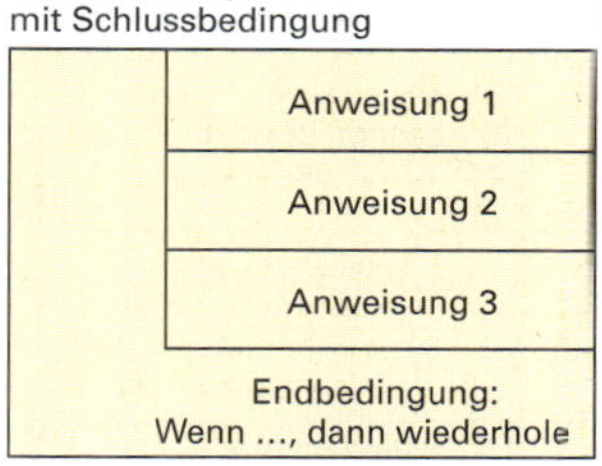

Alternative
Einfache Alternative

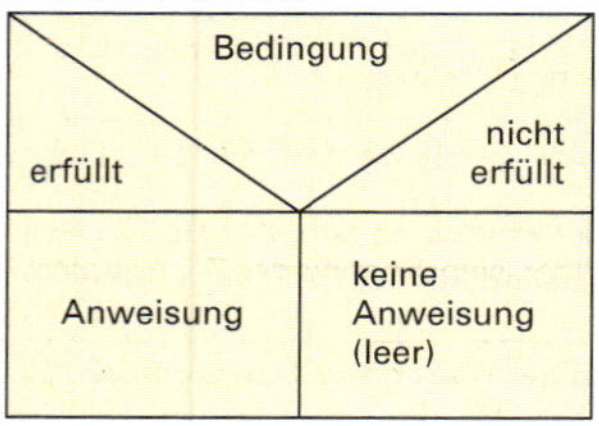

Alternative
Bedingte Alternative

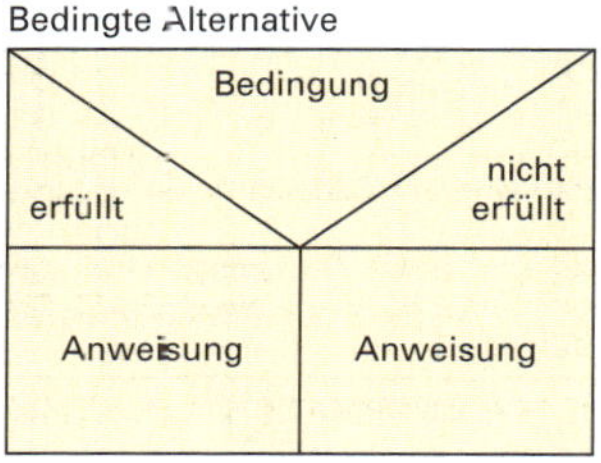

Alternative
Mehrfache Alternative

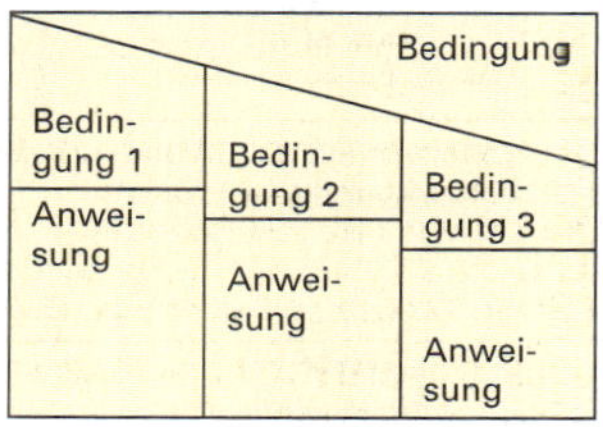

A

Sinnbilder für die Informationsverarbeitung

Programmablaufplan und Struktogramm

Beispiel: Kreisberechnung
Programmablaufplan

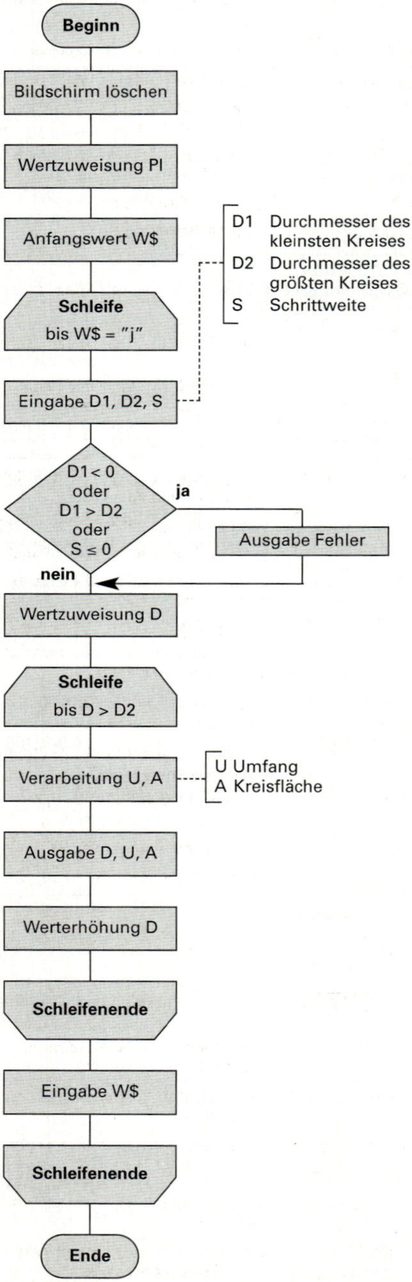

Struktogramm

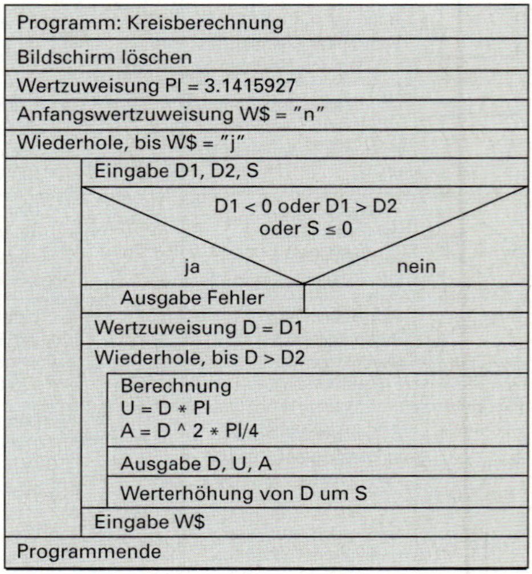

BASIC-Programm

```
REM    *** Programm Kreisberechnung ***
REM    *** fuer Kreisumfang und Kreisflaeche ***
CLS
PRINT
CONST PI = 3.1415927 #
W$ = "n"
REM    *** Werteeingabe ***
DO UNTIL W$ = "j"
  PRINT "Durchmesser Anfangswert:";
  INPUT D1
  PRINT "Durchmesser Endwert:";
  INPUT D2
  PRINT "Schrittweite:";
  INPUT S
       IF D1 < 0 OR D1 > D2 OR S < = 0
       THEN
       PRINT "Unzulaessige Eingabe"
       END IF
  REM *** Verarbeitung und Ausgabe ***
  PRINT "D", "U", "A"
  D = D1
       DO UNTIL D > D2
          U = D * PI
          A = D ^ 2 * PI/4
          PRINT D, U, A
          D = D + S
       LOOP
  REM *** Abschluss ***
  PRINT "Programm beenden? (j/n)";
  INPUT W$
LOOP
END
```

Befehle der Textverarbeitung Word

Befehl	Erklärung
Menü Datei	
Neu	Erstellt ein neues Dokument.
Öffnen	Öffnet ein bestehendes Dokument.
Schließen	Schließt das aktuelle Dokument.
Speichern	Speichert das aktuelle Dokument.
Speichern unter	Speichert das aktuelle Dokument unter einem wählbaren Namen.
Seite einrichten	Legt Seitenränder, Blattausrichtung, Blattgröße und Papierzufuhr fest
Seitenansicht	Zeigt ein Druckbild des Dokuments.
Drucken	Konfiguriert Drucker und Ausdruck.
Beenden	Beendet Word.
Menü Bearbeiten	
Rückgängig	Macht den letzten Arbeitsschritt rückgängig.
Wiederholen	Wiederholt den letzten Arbeitsschritt.
Ausschneiden	Löscht markierten Text und speichert ihn in der Zwischenablage.
Kopieren	Kopiert markierten Text oder Grafik in die Zwischenablage.
Einfügen	Fügt Inhalt aus der Zwischenablage ein.
Alles markieren	Markiert ein Dokument vollständig.
Suchen	Sucht nach Text oder Formatierung.
Ersetzen	Sucht und ersetzt Text oder Formatierung.
Gehe zu	Sprunganweisung zu Text oder Seite.
Menü Ansicht	
Normal	Normalansicht zur Dokumentenerstellung.
Seiten-Layout	Zeigt Druckbild des Dokuments an.
Gliederung	Zeigt Gliederungsansicht eines Dokuments.
Symbolleisten	Schaltet Symbolleisten ein und aus.
Lineal	Blendet Linealzeile ein oder aus.
Kopf- und Fußzeile	Fügt Text auf einer Seite oben oder unten ein.
Zoom	Vergrößert oder verkleinert Bildschirmanzeige.
Menü Format	
Zeichen	Legt Schriftart und Zeichendarstellung fest.
Absatz	Legt Absatzdarstellung fest.
Nummerierung und Aufzählung	Legt Nummerierung und Aufzählung fest.
Rahmen und Schattierung	Legt Rahmenart und Schattierung fest.
Tabstopp	Legt die Tabulatorstoppposition fest.
Absatzrichtung	Ändert Textorientierung von horizontal in vertikal.

Befehl	Erklärung
Menü Einfügen	
Manueller Umbruch	Legt Seiten oder Spaltenwechsel fest.
Seitenzahlen	Legt Ort und Anordnung fest.
Autotext	Fügt vordefinierten Text ein.
Symbol	Fügt Sonderzeichen aus vorhandener Zeichensätzen ein.
Index und Verzeichnisse	Markiert Text für eine Indexliste, erstellt Inhaltsverzeichnisse.
Grafik	Fügt eine Grafik ein.
Textfeld	Fügt ein Textfeld ein.
Datei	Fügt eine Datei ein.
Objekt	Fügt eine Formel, eine Tabelle usw. ein.
Hyperlink	Fügt eine Verknüpfung zu einer URL ein. URL = Uniform Resource Locator (Internet-Adresse)
Menü Fenster	
Neues Fenster	Öffnet neues Fenster mit dem Inhalt des aktuellen Fensters.
Alle anordnen	Ordnet alle geöffneten Dokumente an.
Teilen	Teilt ein Dokument in zwei Fenster.
1 Dokument 1	Liste der geöffneten Dokumente.
Menü Extras	
Rechtschreibung und Grammatik	Prüft Dokument auf Rechtschreib- und Grammatikfehler.
Sprache	Legt die Sprache für Korrekturhilfe fest.
Briefe und Sendungen	Verknüpft Dokument mit Daten einer Steuerdatei (Datenbank).
Makro	Fasst einzelne Befehle zu einem Befehlsschritt zusammen.
Anpassen	Stellt Bildschirmansicht ein.
Optionen	Legt Einstellungen für Word fest.
Menü Tabelle	
Tabelle zeichnen	Ermöglicht freies Festlegen einer Tabelle.
Einfügen	Fügt einzelne Zellen (Zeilen, Spalten) ein.
Löschen	Löscht einzelne Zellen (Zeilen, Spalten).
Markieren	Markiert einzelne Zellen (Zeilen, Spalten).
Zellen verbinden	Verbindet mehrere Zellen zu einer.
Zellen teilen	Teilt einzelne Zellen in mehrere.
Umwandeln	Wandelt Tabellen in Text und umgekehrt um.
Tabelleneigenschaften	Legt Zeilenhöhe, Spaltenbreite und Tabellenausrichtung fest.

A

Befehle der Tabellenkalkulation Excel

Befehl	Erklärung
Menü Datei	
Neu	Erstellt eine neue Mappe, Diagramm oder eine Makrovorlage. Beim Öffnen eines Diagramms ändern sich die Befehle der Menüleiste.
Öffnen	Öffnet eine bestehende Mappe.
Schließen	Schließt die aktuelle Mappe.
Speichern	Speichert die aktuelle Mappe.
Speichern unter	Speichert die aktuelle Mappe unter einem wählbaren Namen und Dateiformat.
Seite einrichten	Legt Seitenränder, Blattausrichtung, Blattgröße und Kopf-/Fußzeilen fest.
Druckbereich	Legt einen wählbaren Druckbereich fest.
Seitenansicht	Zeigt ein Druckbild der Mappe.
Drucken	Konfiguriert Drucker und Ausdruck.
Beenden	Beendet Excel.
Menü Bearbeiten	
Rückgängig	Macht den letzten Arbeitsschritt rückgängig.
Wiederholen	Wiederholt den letzten Arbeitsschritt.
Ausschneiden	Löscht markierte Tabellenbereiche und speichert sie in der Zwischenablage.
Kopieren	Kopiert markierten Text oder Grafik in die Zwischenablage.
Inhalte einfügen	Fügt aus der Zwischenablage oder anderen Anwendungen Diagramme oder Datenreihen ein.
Ausfüllen	Kopiert Inhalte markierter Felder nach unten, rechts, oben oder links.
Blatt löschen	Löscht Tabellenblatt einer Mappe.
Blatt verschieben/kopieren	Verschiebt oder kopiert einzelne Tabellenblätter innerhalb einer Mappe.
Suchen	Sucht nach Text oder Formatierung.
Ersetzen	Sucht und ersetzt Text oder Formatierung.
Menü Daten	
Sortieren	Sortiert Tabellenbereiche in alphabetischer Reihenfolge.
Externe Daten	Ermöglicht das Einlesen externer Datenbanken, Tabellen oder Texte.
Menü Ansicht	
Seitenumbruch-vorschau	Zeigt Ausdehnung einer Tabelle auf einem oder mehreren Blättern an.
Symbolleisten	Schaltet Symbolleisten ein und aus.
Lineal	Blendet Linealzeile ein oder aus.
Kopf- und Fußzeile	Fügt Text auf allen Seiten eines Dokuments oben oder unten ein.
Zoom	Vergrößert oder verkleinert Bildschirmanzeige.

Befehl	Erklärung
Menü Einfügen	
Zellen	Fügt einzelne Zellen ein.
Zeilen	Fügt ganze Zeilen ein.
Spalten	Fügt ganze Spalten ein.
Tabellenblatt	Fügt neues Tabellenblatt in die Mappe ein.
Diagramm	Fügt Diagramm in die Mappe ein.
Seitenumbruch	Legt Seiten- oder Spaltenwechsel fest.
Funktion	Fügt mathematische Funktionen zur Berechnung ein.
Grafik	Fügt eine Grafik ein.
Objekt	Fügt eine Formel, eine Tabelle, ein Diagramm usw. ein.
Hyperlink	Fügt eine Verknüpfung zu einer URL ein. URL = Uniform Resource Locator (Internet-Adresse)
Menü Fenster	
Neues Fenster	Öffnet neues Fenster mit dem Inhalt des aktuellen Fensters.
Anordnen	Legt Fensteranordnung der geöffneten Mappen fest.
Teilen	Teilt eine Mappe in zwei Fenster.
Fenster fixieren	Fixiert ein Tabellenblatt in der Bildschirmansicht.
1 Mappe 1	Liste der geöffneten Mappen.
Menü Extras	
Rechtschreibung	Prüft Tabelle auf Rechtschreibfehler.
Arbeitsmappe freigeben	Ermöglicht mehreren Benutzern das gleichzeitige Arbeiten an einer Mappe.
Schutz	Schützt Mappe oder einzelne Blätter vor unberechtigtem Zugriff.
Formel-überwachung	Sucht nach Fehlern innerhalb Funktionen und Querverweisen.
Makro	Fasst einzelne Befehle zu einem Befehlsschritt zusammen.
Anpassen	Stellt Bildschirmansicht ein.
Optionen	Legt Einstellungen für Excel fest.
Menü Format	
Zellen	Legt Zahlenformat, Ausrichtung, Schriftart und Rahmen fest.
Zeile	Legt Zeilenhöhe fest.
Spalte	Legt Spaltenbreite fest.
Blatt	Legt Blattbenennung fest.
Bedingte Formatierung	Legt die Formatzuweisung einer Zelle fest, wenn eine Bedingung wahr oder unwahr ist.

A

Verzeichnis der zitierten Normen und anderer Regelwerke

[1] Die Norm wurde zurückgezogen. Ersatznorm, sofern vorhanden, ist auf der genannten Buchseite angegeben.

Verzeichnis der zitierten Normen und anderer Regelwerke

[1] Die Norm wurde zurückgezogen. Ersatznorm, sofern vorhanden, ist auf der genannten Buchseite angegeben.

Verzeichnis der zitierten Normen und anderer Regelwerke

1) Die Norm wurde zurückgezogen. Ersatznorm, sofern vorhanden, ist auf der genannten Buchseite angegeben.

Verzeichnis der zitierten Normen und anderer Regelwerke

1) Die Norm wurde zurückgezogen. Ersatznorm, sofern vorhanden, ist auf der genannten Buchseite angegeben.

Verzeichnis der zitierten Normen und anderer Regelwerke

[1] Die Norm wurde zurückgezogen. Ersatznorm, sofern vorhanden, ist auf der genannten Buchseite angegeben.

Sachwortverzeichnis

A

B

C

D

E

F

G

H

I

K

L

M

N

O

P

Q

R

S

T

U

V

W

X

Z